CURSO DE DIREITO TRIBUTÁRIO

A Editora Fórum, consciente das questões sociais e ambientais, utiliza, na impressão deste material, papéis certificados FSC® (*Forest Stewardship Council*).

A certificação FSC é uma garantia de que a matéria-prima utilizada na fabricação do papel deste livro provém de florestas manejadas de maneira ambientalmente correta, socialmente justa e economicamente viável.

JOSÉ EDUARDO SOARES DE MELO

CURSO DE DIREITO TRIBUTÁRIO

12ª edição revista, ampliada e atualizada com a Reforma Tributária – EC nº 132/23

Belo Horizonte

2025

© 1997 Editora Dialética (SP)
2001 2ª edição
2002 3ª edição
2003 4ª edição
2004 5ª edição
2005 6ª edição
2007 7ª edição
2008 8ª edição
2010 9ª edição
2012 10ª edição
© 2018 11ª edição Editora Quartier Latin do Brasil (SP)
© 2025 12ª edição Editora Fórum Ltda.

É proibida a reprodução total ou parcial desta obra, por qualquer meio eletrônico, inclusive por processos xerográficos, sem autorização expressa do Editor.

Conselho Editorial

Adilson Abreu Dallari
Alécia Paolucci Nogueira Bicalho
Alexandre Coutinho Pagliarini
André Ramos Tavares
Carlos Ayres Britto
Carlos Mário da Silva Velloso
Cármen Lúcia Antunes Rocha
Cesar Augusto Guimarães Pereira
Clovis Beznos
Cristiana Fortini
Dinorá Adelaide Musetti Grotti
Diogo de Figueiredo Moreira Neto (in memoriam)
Egon Bockmann Moreira
Emerson Gabardo
Fabrício Motta
Fernando Rossi
Flávio Henrique Unes Pereira

Floriano de Azevedo Marques Neto
Gustavo Justino de Oliveira
Inês Virgínia Prado Soares
Jorge Ulisses Jacoby Fernandes
Juarez Freitas
Luciano Ferraz
Lúcio Delfino
Marcia Carla Pereira Ribeiro
Márcio Cammarosano
Marcos Ehrhardt Jr.
Maria Sylvia Zanella Di Pietro
Ney José de Freitas
Oswaldo Othon de Pontes Saraiva Filho
Paulo Modesto
Romeu Felipe Bacellar Filho
Sérgio Guerra
Walber de Moura Agra

FÓRUM
CONHECIMENTO JURÍDICO

Luís Cláudio Rodrigues Ferreira
Presidente e Editor

Coordenação editorial: Leonardo Eustáquio Siqueira Araújo / Thaynara Faleiro Malta
Revisão: Aline Almeida
Capa e projeto gráfico: Walter Santos
Diagramação: Derval Braga

Rua Paulo Ribeiro Bastos, 211 – Jardim Atlântico – CEP 31710-430
Belo Horizonte – Minas Gerais – Tel.: (31) 99412.0131
www.editoraforum.com.br – editoraforum@editoraforum.com.br

Técnica. Empenho. Zelo. Esses foram alguns dos cuidados aplicados na edição desta obra. No entanto, podem ocorrer erros de impressão, digitação ou mesmo restar alguma dúvida conceitual. Caso se constate algo assim, solicitamos a gentileza de nos comunicar através do *e-mail* editorial@editoraforum.com.br para que possamos esclarecer, no que couber. A sua contribuição é muito importante para mantermos a excelência editorial. A Editora Fórum agradece a sua contribuição.

Dados Internacionais de Catalogação na Publicação (CIP) de acordo com ISBD

M528c   Melo, José Eduardo Soares de

         Curso de direito tributário / José Eduardo Soares de Melo. -- 12. ed. rev. ampl. (Reforma Tributária – EC 132/23) --. Belo Horizonte: Fórum, 2025.

         740 p. 17x24cm
         12. ed. rev. ampl. (Reforma Tributária – EC 132/23)
         ISBN impresso 978-65-5518-913-1

         ISBN digital 978-65-5518-910-01.

         1. Curso de direito tributário. 2. Tributos. 3. Legislação. 4. Doutrina. 5. Jurisprudência. I. Título.

                                                                                   CDD: 331.39
                                                                                   CDU: 336

Ficha catalográfica elaborada por Lissandra Ruas Lima – CRB/6 – 2851

Informação bibliográfica deste livro, conforme a NBR 6023:2018 da Associação Brasileira de Normas Técnicas (ABNT):

MELO, José Eduardo Soares de. *Curso de direito tributário*. 12. ed. rev. ampl. (Reforma Tributária – EC 132/23). Belo Horizonte: Fórum, 2025. 740p. ISBN 978-65-5518-913-1.

A Tancinha, minha querida mulher, por todo amor, dedicação e felicidade, proporcionados em mais de seis décadas de muito namoro e companheirismo.

SUMÁRIO

CAPÍTULO 1
FUNDAMENTOS BÁSICOS DO DIREITO TRIBUTÁRIO..17
1.1 Atividade Financeira do Estado 17
1.2 A Posição Constitucional do Direito Tributário 18
1.3 A Inexistência de Autonomia do Direito Tributário e seu Relacionamento com os Demais Ramos do Direito 18
1.4 Princípios Constitucionais 20
1.4.1 Princípio federativo 21
1.4.2 Princípio republicano...22
1.4.3 Princípio da legalidade 24
1.4.4 Princípio da anterioridade 26
1.4.5 Princípio da irretroatividade 31
1.4.6 Princípio da igualdade 32
1.4.7 Princípio da capacidade contributiva 34
1.4.8 Princípio da vedação de confisco 37
1.4.9 Princípio da liberdade de tráfego..39
1.4.10 Princípios específicos para determinados impostos 39
1.4.11 Princípio da impessoalidade..42
1.4.12 Princípio da moralidade...42
1.4.13 Princípio da publicidade 44
1.4.14 Princípio da eficiência...45
1.4.15 Princípio da segurança jurídica...47
1.4.16 Princípio da Simplicidade 50
1.4.17 Princípio da Transparência 51
1.4.18 Princípio da Justiça Tributária..52
1.4.19 Princípio da Cooperação 53
1.4.20 Princípio do Meio Ambiente..54
1.4.21 Princípio da Neutralidade..56
1.5 Regime Jurídico 56
1.6 Contabilidade e Direito 58

CAPÍTULO 2
CONCEITO DE TRIBUTO..63
2.1 Noção Constitucional de Tributo e Definição no Código Tributário Nacional 63
2.2 Denominação...66
2.3 Destinação 67

CAPÍTULO 3
ESPÉCIES E CLASSIFICAÇÃO DE TRIBUTOS 71

3.1	Impostos	71
3.2	Taxas	72
3.2.1	Serviço público e poder de polícia	72
3.2.2	Pedágio	76
3.2.3	Distinção entre tarifa, taxa e preço público	77
3.2.4	Jurisprudência	81
3.3	Contribuições de Melhoria	88
3.4	Empréstimo Compulsório	91
3.5	Contribuições	92
3.5.1	Natureza jurídica	92
3.5.2	Parafiscalidade	95
3.5.3	Contribuições sociais, interventivas e de interesse de categorias profissionais e econômicas	96
3.5.3.1	Considerações genéricas	96
3.5.3.2	Contribuições de intervenção econômica	97
3.5.3.2.1	Lineamentos	97
3.5.3.2.2	Operações com petróleo, gás natural (e seus derivados) e álcool combustível	99
3.5.3.2.3	Adicional ao frete para renovação da marinha mercante	102
3.5.3.2.4	IAA	104
3.5.3.2.5	Programa de estímulo à integração universidade-empresa	104
3.5.3.2.6	Funttel	105
3.5.3.2.7	Fust	106
3.5.3.2.8	Condecine	106
3.5.3.2.9	Sebrae	108
3.5.3.2.10	Incra	109
3.5.3.3	Corporativas	112
3.5.3.4	Sociais genéricas	113
3.5.3.4.1	Salário-educação	113
3.5.3.4.2	FGTS	114
3.5.3.4.3	Serviços sociais autônomos	116
3.5.4	Cosip	119
3.5.5	Contribuições de seguridade social	121
3.5.5.1	Cofins	121
3.5.5.2	PIS	128
3.5.5.2.1	Pasep	134
3.5.5.3	PIS/Pasep – Cofins-Importação	134
3.5.5.4	Folha de salários e rendimentos de trabalho	136
3.5.5.5	Lucro	138
3.5.5.6	Trabalhadores e segurados da Previdência	139
3.5.5.7	Atividades rurais e pesca artesanal	140
3.5.5.8	Seguro de Acidente do Trabalho	140
3.5.5.9	Receita de Concurso de Prognóstico	142
3.5.5.10	CBS	143
3.6	Classificação dos Tributos	148

CAPÍTULO 4
COMPETÊNCIA TRIBUTÁRIA E PARTILHA DAS RECEITAS 151

4.1	Características	151
4.2	Competência Tributária da União	154
4.3	Competência Tributária dos Estados	154
4.4	Competência Tributária do Distrito Federal	155
4.5	Competência Tributária dos Municípios	155
4.6	Competência Tributária dos Territórios	155
4.7	A Partilha das Receitas	155
4.8	Bitributação e *Bis in Idem*	157

CAPÍTULO 5
IMUNIDADES 159

5.1	Natureza	159
5.2	Impostos	162
5.2.1	Recíproca	162
5.2.2	Templos	168
5.2.3	Partidos Políticos, suas Fundações, Entidades Sindicais dos Trabalhadores, Instituições de Educação e de Assistência Social	170
5.2.4	Livros, Jornais, Periódicos e Respectivo Papel	178
5.2.5	Exportações	181
5.2.5.1	Produtos e mercadorias	181
5.2.5.2	Serviços de transporte internacional	182
5.2.5.3	Serviço internacional de comunicação	185
5.2.5.4	Serviços municipais	187
5.2.6	Serviços de Radiodifusão	191
5.2.7	Transmissões Societárias e Desapropriação Rural	191
5.2.8	Petróleo, Lubrificantes, Combustíveis e Energia Elétrica em Operações Interestaduais	193
5.2.9	Ouro	195
5.2.10	Glebas Rurais	196
5.2.11	Fonogramas e videogramas musicais	196
5.3	Taxas	198
5.4	Contribuições Sociais	198

CAPÍTULO 6
FONTES DO DIREITO TRIBUTÁRIO 203

6.1	Constituição Federal e Emendas à Constituição	203
6.2	Lei Complementar	204
6.3	Lei Ordinária	209
6.4	Medida Provisória	210
6.5	Lei Delegada	212
6.6	Resoluções	212
6.7	Decretos Legislativos	213
6.8	Tratados Internacionais	213
6.9	Convênios	217
6.10	Decretos, Regulamentos e Atos Administrativos	218
6.11	A Recepção das Normas	220

CAPÍTULO 7
VIGÊNCIA, EFICÁCIA E APLICAÇÃO DA LEGISLAÇÃO TRIBUTÁRIA 223

7.1	Vigência – Conceito	223
7.2	Vigência no Tempo	223
7.3	Vigência no Espaço	225
7.4	Aplicação da Legislação	228
7.5	Fatos Futuros e Pendentes	229
7.6	Retroatividade Benigna	230

CAPÍTULO 8
INTERPRETAÇÃO E INTEGRAÇÃO DA LEGISLAÇÃO TRIBUTÁRIA 233

8.1	Introdução	233
8.2	Métodos de Interpretação	235
8.2.1	Noções gerais	235
8.2.2	Método gramatical	237
8.2.3	Método lógico	238
8.2.4	Método histórico	239
8.2.5	Método teleológico	239
8.2.6	Método sistemático	240
8.3	Lacunas e Métodos Integrativos	240
8.4	Analogia	243
8.5	Princípios Gerais de Direito	244
8.6	Equidade	244
8.7	Interpretação Literal	245
8.8	Interpretação Benigna	246
8.9	Interpretação com Base Econômica	246
8.10	Interpretação dos Tratados Internacionais	248

CAPÍTULO 9
OBRIGAÇÃO TRIBUTÁRIA E FATO GERADOR 249

9.1	Obrigação Principal	249
9.2	Obrigação Acessória	250
9.3	Fato Gerador	251
9.3.1	Considerações gerais	251
9.3.2	Aspectos do fato gerador	252
9.3.3	Momentos da ocorrência do fato gerador	255
9.3.4	Presunções, indícios e ficções	258
9.3.5	Atos ilícitos e tributação	261

CAPÍTULO 10
SUJEITOS ATIVO E PASSIVO DA OBRIGAÇÃO TRIBUTÁRIA 263

10.1	Sujeito Ativo – Competência e Capacidade Tributária	263
10.2	Contribuinte	263
10.3	Responsável	265
10.4	Solidariedade	267
10.5	Capacidade Passiva	269
10.6	Domicílio	270

CAPÍTULO 11
RESPONSABILIDADE TRIBUTÁRIA 273
11.1	Substituição 273
11.2	Sucessores 278
11.2.1	Natureza pessoal da obrigação tributária, negócios imobiliários e falecimento......278
11.2.2	Fusão, transformação, incorporação, cisão 280
11.2.3	Extinção e continuidade da atividade 281
11.3	Responsabilidade de Terceiros 284
11.4	Responsabilidade por Infrações 289
11.5	Denúncia Espontânea 290
11.6	Grupo Econômico 294
11.7	Sanções Tributárias 296
11.7.1	Juros 298
11.7.2	Multa moratória 299
11.7.3	Multas penais 300
11.7.4	Apreensão de bens 303
11.7.5	Perdimento de bens 304
11.7.6	Regimes especiais 307
11.7.7	Devedor remisso 308
11.7.8	Procedimento especial de fiscalização..309
11.7.9	Arrolamento 310
11.7.10	Interdição de estabelecimento 314
11.7.11	Protesto do título 314
11.7.12	Inscrição no Serasa. Serviço de proteção ao crédito 317
11.7.13	Perda da propriedade imóvel 318
11.7.14	Prisão (crimes tributários)..318

CAPÍTULO 12
CONSTITUIÇÃO DO CRÉDITO TRIBUTÁRIO 327
12.1	Noções Gerais 327
12.2	Lançamento, Conceito e Objeto 328
12.2.1	Alterações 333
12.3	Modalidades 334
12.3.1	Declaração 334
12.3.2	Revisão de ofício 335
12.3.3	Homologação 337
12.3.4	Arbitramento 339

CAPÍTULO 13
SUSPENSÃO DA EXIGIBILIDADE DO CRÉDITO TRIBUTÁRIO 341
13.1	Moratória 341
13.2	Depósito 342
13.3	Reclamações e Recursos Administrativos 345
13.4	Medida Liminar em Mandado de Segurança 346
13.5	Medida Liminar ou Tutela Antecipada em Outras Espécies de Ação Judicial 349
13.6	Parcelamento 351

CAPÍTULO 14
EXTINÇÃO DO CRÉDITO TRIBUTÁRIO 353

14.1	Pagamento	353
14.1.1	Considerações gerais	353
14.1.2	Consignação em pagamento	355
14.1.3	Repetição de pagamento indevido	356
14.1.4	Pagamento antecipado e homologação de lançamento	363
14.1.5	Dação em pagamento	363
14.2	Compensação	364
14.2.1	Compensação efetuada pelo sujeito passivo	369
14.2.2	Compensação de ofício	369
14.2.3	Disposições comuns	370
14.2.4	Créditos reconhecidos por decisão judicial	370
14.2.5	Imputação de pagamento	373
14.3	Transação	373
14.4	Remissão	375
14.5	Decadência	376
14.6	Prescrição	381
14.7	Conversão de Depósito em Renda	386
14.8	Decisão Administrativa Irreformável	386
14.9	Decisão Judicial Passada em Julgado	389
14.9.1	Pressupostos	389
14.9.2	Modulação	392
14.9.3	Relativização	394

CAPÍTULO 15
INCENTIVOS FISCAIS E EXCLUSÃO DO CRÉDITO TRIBUTÁRIO 397

15.1	Regime Jurídico	397
15.2	Isenção	398
15.3	Anistia	401
15.4	Guerra Fiscal	402
15.5	A Renúncia Tributária em face da Responsabilidade na Gestão Fiscal	408
15.6	*Drawback*	409
15.7	Microempresa e Empresa de Pequeno Porte (Simples Nacional)	412
15.7.1	Diretrizes	412
15.8	Zona Franca de Manaus	416

CAPÍTULO 16
GARANTIAS E PRIVILÉGIOS DO CRÉDITO TRIBUTÁRIO 419

16.1	Disposições Gerais	419
16.2	Presunção de Fraude	421
16.3	Preferências	422
16.4	Quitações de Tributos	423

CAPÍTULO 17
ADMINISTRAÇÃO TRIBUTÁRIA ... 425
17.1	Direitos e Deveres da Fiscalização	425
17.2	Dever de Informação	428
17.3	Sigilo	430
17.4	Dívida Ativa	436
17.5	Certidão Negativa	438

CAPÍTULO 18
IMPOSTOS FEDERAIS ... 441
18.1	Imposto de Importação	441
18.1.1	Materialidade	441
18.1.2	Sujeito ativo, contribuintes e responsável	445
18.1.3	Base de cálculo	446
18.1.4	Alíquota	447
18.1.5	Regimes Especiais	448
18.1.6	Siscoserv	450
18.2	Imposto de Exportação	451
18.2.1	Materialidade	451
18.2.2	Sujeito ativo, contribuinte e responsáveis	451
18.2.3	Base de cálculo	451
18.2.4	Alíquota	452
18.3	Imposto sobre a Renda e Proventos de Qualquer Natureza	453
18.3.1	Materialidade	453
18.3.2	Sujeito ativo, contribuinte e responsável	456
18.3.3	Base de cálculo	456
18.3.4	Alíquota	458
18.4	Imposto sobre Produtos Industrializados	459
18.4.1	Materialidade	459
18.4.2	Sujeito ativo, contribuinte e responsáveis	470
18.4.3	Base de cálculo	471
18.4.4	Alíquota	474
18.4.5	Não cumulatividade	475
18.4.6	Seletividade	479
18.4.7	Obrigações acessórias	481
18.4.8	EC nº 132/23	482
18.5	Imposto sobre Operações de Crédito, Câmbio e Seguro, e Relativas a Títulos e Valores Mobiliários	483
18.5.1	Materialidade	483
18.5.2	Sujeito ativo, contribuintes e responsáveis	485
18.5.3	Base de cálculo	486
18.5.4	Alíquota	487
18.5.5	EC nº 132/23	487
18.6	Imposto sobre a Propriedade Territorial Rural	487
18.6.1	Materialidade	487
18.6.2	Sujeito ativo, contribuinte e responsável	490
18.6.3	Base de cálculo	491

18.6.4	Alíquotas	492
18.7	Imposto sobre Grandes Fortunas	493
18.8	Imposto Seletivo	493

CAPÍTULO 19
IMPOSTOS ESTADUAIS 499

19.1	Imposto sobre Transmissão *Causa Mortis* e Doação, de Quaisquer Bens ou Direitos	499
19.1.1	Materialidade	500
19.1.2	Sujeito ativo	503
19.1.3	Contribuintes e responsáveis	505
19.1.4	Base de cálculo	506
19.1.5	Alíquota	508
19.1.6	EC nº 132/23	510
19.2	Imposto sobre Operações Relativas à Circulação de Mercadorias e sobre Prestações de Serviços de Transporte Interestadual e Intermunicipal, e de Comunicação – ICMS	510
19.2.1	Pressuposto jurídico	510
19.2.2	Materialidade	511
19.2.3	Sujeito ativo e contribuintes	522
19.2.4	Base de cálculo	523
19.2.5	Alíquota	524
19.2.6	Não cumulatividade	530
19.2.7	Seletividade	536
19.2.8	Obrigações acessórias	536
19.2.9	Substituição pelo IBS	540
19.3	Imposto sobre a Propriedade de Veículos Automotores	541
19.3.1	Materialidade	541
19.3.2	Sujeito ativo, contribuinte e responsáveis	541
19.3.3	Base de cálculo	544
19.3.4	Alíquota	544
19.3.5	EC nº 132/23	545

CAPÍTULO 20
IMPOSTOS MUNICIPAIS 547

20.1	Imposto sobre a Propriedade Predial e Territorial Urbana	547
20.1.1	Materialidade	547
20.1.2	Sujeito ativo e contribuinte	553
20.1.3	Base de cálculo	557
20.1.4	Alíquota e progressividade	557
20.1.5	EC nº 132/23	559
20.2	Imposto sobre a Transmissão *Inter Vivos* de Bens Imóveis, e de Direitos a ele Relativos	560
20.2.1	Materialidade	560
20.2.2	Sujeito ativo e contribuintes	562
20.2.3	Base de cálculo	562
20.2.4	Alíquota e progressividade	564

20.3	Imposto sobre Serviços de Qualquer Natureza	564
20.3.1	Materialidade	564
20.3.1.1	Conceito jurídico	564
20.3.1.2	Conceito legal (lista de serviços)	566
20.3.1.3	Serviços do exterior (importação)	571
20.3.1.4	Serviço público	572
20.3.2	Sujeito ativo	573
20.3.3	Contribuinte e responsáveis	578
20.3.4	Base de cálculo	581
20.3.5	Alíquota	587
20.3.6	Substituição pelo IBS	590

CAPÍTULO 21
IMPOSTO SOBRE BENS E SERVIÇOS (IBS) 593

21.1	Sujeito ativo	593
21.2	Sujeito passivo	595
21.3	Materialidade	598
21.4	Base de cálculo	603
21.5	Alíquota	604
21.6	Não cumulatividade	605
21.7	Operacionalização	612
21.8	Importações	613
21.9	Exportações	615
21.10	Imunidades e incentivos	616
21.11	Regimes aduaneiros especiais e zonas de processamento de exportação	617
21.12	Bem de capital	617
21.13	Devolução personalizada (*Cashback*)	619
21.14	Regimes diferenciados	620
21.15	Regimes específicos	621
21.16	Regime único	622
21.17	Zona franca de Manaus	622
21.18	Obrigações acessórias	623
21.19	Destinação	624
21.20	Transição para o IBS	624

CAPÍTULO 22
PROCESSO ADMINISTRATIVO FEDERAL 627

22.1	Consulta	627
22.2	Regime Especial	630
22.3	Imunidade – Reconhecimento e Suspensão	631
22.4	Reconhecimento de Direito Creditório – Restituição – Compensação – Ressarcimento – Reembolso	632
22.5	Contencioso	632
22.5.1	Medidas Preparatórias	632
22.5.2	Exigência de Crédito Tributário – Auto de Infração – Impugnação – Decisão – Recursos – Julgamentos	633

CAPÍTULO 23
MEDIDAS JUDICIAIS..639

23.1 Ações dos Particulares 639
23.1.1 Ação anulatória 639
23.1.2 Ação consignatória 641
23.1.3 Ação declaratória 643
23.1.4 Ação monitória 645
23.1.5 Ação de repetição de indébito 646
23.1.6 Ação rescisória 649
23.1.7 *Habeas* data..651
23.1.8 Mandado de injunção 653
23.1.9 Mandado de segurança 656
23.1.9.1 Cabimento 656
23.1.9.2 Direito líquido e certo 657
23.1.9.3 Prazo...658
23.1.9.4 Espécies..659
23.1.9.5 Autoridade coatora – Medida liminar – Execução 660
23.2 Ações de Controle de Constitucionalidade 662
23.2.1 Ação cível originária 662
23.2.2 Ação declaratória de constitucionalidade...................................664
23.2.3 Ação direta de inconstitucionalidade..666
23.2.4 Arguição de descumprimento de preceito fundamental..........669
23.2.5 Reclamação 670
23.3 Ações da Coletividade 672
23.3.1 Ação civil pública 672
23.3.2 Ação popular...674
23.4 Ações da Fazenda Pública..675
23.4.1 Medida cautelar fiscal 675
23.4.2 Execução fiscal 677
23.4.2.1 Legitimidade e título executivo..677
23.4.2.2 Redirecionamento da execução 679
23.4.2.3 Prazo...680
23.4.2.4 Exceção de pré-executividade 681
23.4.2.5 Garantia 682
23.4.2.6 Trâmites processuais..683

CAPÍTULO 24
SÚMULAS TRIBUTÁRIAS..685

24.1 Considerações Básicas 685
24.2 Vinculantes...687
24.2.1 Judiciais..687
24.2.2 Administrativas (Carf)...689

ÍNDICE ALFABÉTICO DE ASSUNTOS 711

REFERÊNCIAS..725

CAPÍTULO 1

FUNDAMENTOS BÁSICOS DO DIREITO TRIBUTÁRIO

1.1 Atividade Financeira do Estado

O País necessita de recursos para poder atingir seus objetivos fundamentais, consistentes na construção de uma sociedade livre, justa e solidária, no desenvolvimento nacional, na erradicação da pobreza e marginalização, na redução das desigualdades sociais e regionais, bem como na promoção do bem-estar da coletividade (art. 1º, §3º, da Constituição Federal).

A União, Estados, Distrito Federal e Municípios executam inúmeras e diversificadas atividades, como se colhe do simples exame de matérias previstas na Constituição Federal, concernentes aos Poderes Legislativo, Executivo, Judiciário (arts. 44/153); Forças Armadas e Segurança Pública (arts. 142/144); Seguridade Social (arts. 194/204); Educação, Cultura e Desporto (arts. 205/217); Ciência e Tecnologia (arts. 218/219); Meio Ambiente (art. 225); Família, Criança, Adolescente e Idoso (arts. 226/230). São, ainda, dotados de competência constitucional para participar da ordem econômica, e das políticas urbanas, agrícola e fundiária (arts. 170/191).

As entidades governamentais também podem atuar em setores dedicados à atividade privada, despindo-se de privilégios, prerrogativas e exclusivos interesses públicos, como ocorre no exercício de inúmeras atividades, como compra, alienação, locação de quaisquer espécies de bens etc.

A execução de todas essas atividades (natureza pública e privada) implica a utilização de pessoal (funcionários públicos, autônomos), aquisição de bens (veículos, materiais, imóveis, mobiliário etc.), realização de investimentos (estradas, hospitais, escolas, imóveis destinados aos Ministérios e Secretarias de Governo), demandando a imprescindível obtenção e manuseio de valores, atinentes às receitas, despesas, elaboração de orçamentos, significando um procedimento de autêntica gestão financeira.

Determinados valores pecuniários, compreendendo a receita derivada do patrimônio das pessoas privadas (naturais e jurídicas), têm a característica de *tributos*, consoante sistemática constitucional, regrados por peculiar regime jurídico, e que constituem objeto de exame nos demais itens deste *Curso*.

1.2 A Posição Constitucional do Direito Tributário

O sistema tributário, constituído por princípios e normas específicas, encontra-se expressamente disciplinado em capítulo próprio da Constituição Federal (arts. 145 a 156), e em demais dispositivos esparsos (arts. 7º, III, 195, 212, §5º, 239, §§1º e 4º e 240). Os lineamentos, os contornos, as balizas e os limites de tributação estão previstos na Constituição. O exame da matéria tributária impõe, necessariamente, a análise e a compreensão dos postulados e regras hauridas na Constituição, como lei fundamental e suprema do Estado, conferindo poderes, outorgando competências e estabelecendo os direitos e as garantias individuais.

A Constituição dispõe sobre as espécies tributárias (impostos, taxas, contribuições de melhoria, empréstimos compulsórios e contribuições sociais); estabelece as competências das pessoas jurídicas de Direito Público para promover a sua instituição, de conformidade com específicas materialidades; contempla princípios genéricos e peculiares para a criação e aplicação das normas tributárias; além de tratar da previsão de diplomas normativos (lei complementar, lei ordinária, medida provisória, convênios e resoluções) para sua implementação e operacionalização.

Depreende-se que o Direito Tributário possui efetiva dignidade constitucional devido ao significativo, peculiar e minucioso tratamento que lhe foi conferido pelo constituinte, o que tem o condão de revelar sua considerável importância no ordenamento jurídico, pela circunstância especial de, por um lado, representar fonte de receita para o Poder Público e, de outro, acarretar ingerência no patrimônio dos particulares.

A CF contém conceitos e diretrizes básicas que devem ser rigorosamente obedecidas por todos seus destinatários e perseguidas até suas últimas consequências, sendo inadmissível ao intérprete e aplicador do Direito tomar como ponto de partida norma infraconstitucional (lei, regulamento, portaria etc.), uma vez que esta deve sempre estar fundamentada em norma de escalão superior (como se categoriza a Constituição).

Assim, as entidades governamentais não podem instituir ou exigir tributos movidos por meros interesses pessoais, discricionários e arbitrários, segundo procedimento que lhes parecer mais conveniente e oportuno, uma vez que devem estrita obediência aos superiores postulados da Constituição Federal.

1.3 A Inexistência de Autonomia do Direito Tributário e seu Relacionamento com os Demais Ramos do Direito

O Direito constitui um sistema integrado por diversificadas normas que se encontram vinculadas, de modo horizontal e vertical, observando coerência e harmonia, em razão do que as classificações, ou divisões operadas pelos legisladores, ou intérpretes, têm como objetivo básico oferecer apenas um caráter utilitário. Sob esse prisma, as normas serão consideradas públicas na medida em que consubstanciarem a predominância do interesse coletivo, enquanto terão natureza privada no caso de positivar-se o interesse particular, inspirado no princípio da autonomia da vontade.

Esta classificação é meramente utilitária porque nem sempre há possibilidade de sustentar e manter uma rígida e dogmática divisão entre Direito Público e Privado. Sob esse aspecto, constata-se que, embora as normas de *Direito Penal* tenham por finalidade primordial a preservação de valores de superior interesse para a sociedade – como a vida, a liberdade, a saúde –, também contemplam regras de interesse particular, como é o caso dos crimes contra a honra (calúnia, difamação e injúria), cuja ação encontra-se condicionada à representação por parte do particular ofendido. O mesmo ocorre com o *Direito do Trabalho*, direcionado na relação empregador e empregado, mas que contém normas inderrogáveis pelas partes, como é o caso do salário mínimo, décimo terceiro salário, salário-família (previstos nos incisos IV, VIII e XII do art. 7º da CF).

Portanto, a classificação do Direito Tributário como ramo do Direito Público, em realidade, objetiva apenas assinalar que suas normas revelam caráter obrigatório, insuscetíveis de serem alteradas ou suprimidas pela vontade dos particulares, em razão do que o vendedor de uma mercadoria não pode combinar com o comprador a desobrigação de emitir nota fiscal ainda que não aja sob o pretexto de eliminar a incidência de imposto. Também o contribuinte de qualquer espécie tributária não poderá fazer acordos com a fiscalização para efetuar pagamento parcelado, ou ver-se desonerado de juros, multa, se inexistir lei tratando dessas matérias, em obediência ao princípio da indisponibilidade do crédito tributário.

O estudo, a compreensão e a aplicação do Direito Tributário não podem ser realizados de forma unilateral e isolada das inúmeras regras integrantes de demais segmentos jurídicos, uma vez que as normas tributárias incidem e recaem sobre uma infinidade de preceitos e institutos do universo jurídico, de natureza civil, comercial, trabalhista, previdenciária etc.

Considerando que o tributo decorre de fatos, operações, estados, situações, atividades públicas e particulares – disciplinadas pelos demais ramos do Direito – e a despeito de seu *status* constitucional (art. 24, I) torna-se absolutamente inviável cogitar-se de autonomia do Direito Tributário, porquanto seus preceitos mantêm permanente vinculação com os demais ramos do Direito, conforme facilmente se demonstra:

a) *Direito Constitucional*: discriminação das competências às pessoas políticas, indicação de espécies de tributos, princípios constitucionais genéricos e específicos, previsão de normas veiculadoras e disciplinadoras de matéria tributária (lei complementar, lei ordinária, resoluções, decretos);

b) *Direito Administrativo*: lançamento, fiscalização e arrecadação dos tributos, prestação de serviços públicos, exercício regular do poder de polícia e edição de normas regulamentares;

c) *Direito Financeiro*: observância de exercício financeiro como marco temporal dos impostos e orçamento específico para as contribuições sociais;

d) *Direito Processual*: procedimento indispensável à constituição do crédito tributário, com obediência dos princípios do contraditório e da ampla defesa; e processo judicial visando à cobrança do crédito (executivo fiscal), ou discussão sobre sua exigibilidade (mandado de segurança, declaratória, anulatória, consignação, repetição de indébito);

e) *Direito Penal*: sanções (prisão, multa, regime especial de fiscalização, interdição, perdimento de bens, apreensão de coisas, proibição de transacionar com repartições públicas) pela violação de normas tributárias (falta de pagamento de tributo, descumprimento de obrigações acessórias, sonegação fiscal, contrabando, descaminho, apropriação indébita);

f) *Direito Internacional*: tratados e acordos firmados entre os países, estabelecendo diminuição ou supressão de ônus tributários (eliminação de dupla exigência de imposto de renda, desoneração de imposto de importação);

g) *Direito Civil*: propriedade e transmissão de bens móveis e imóveis, entre particulares, serviços prestados por profissionais e sociedades civis, heranças;

h) *Direito Comercial*: negócios societários (constituição, fusão, cisão, incorporação, transformação); e

i) *Direito do Trabalho*: salários, utilidades, aviso prévio, fundo de garantia por tempo de serviço.

A análise dos inúmeros temas que são desenvolvidos neste *Curso* permitirá vislumbrar o indispensável entrelaçamento das normas tributárias com os diversos ramos do Direito, em consequência do que se pode claramente conceber que o estudo do Direito Tributário obriga, necessariamente, ao conhecimento das demais regras do ordenamento jurídico.

1.4 Princípios Constitucionais

O sistema jurídico contempla uma gama de preceitos, comandos, normas e *princípios* dispostos nas inúmeras manifestações dos Poderes Públicos. O elenco de regras constantes do universo jurídico deve respaldar-se em normas de categoria diferenciada, de índole superior, que constituem o alicerce, a base, o fundamento do edifício normativo, tendo por finalidade formar e informar os demais preceitos ditados pelos órgãos competentes.

Corporificando um plexo de normas regedoras dos poderes e direitos, a Constituição Federal abarca os mandamentos lineares, a estrutura do Estado federal, a forma republicana de governo, enunciando o modo de manifestação dos Poderes Públicos, sendo conceituada como "conjunto ordenado e sistemático de normas, constituído em torno de princípios coerentes e harmônicos em função de objetivos socialmente consagrados".[1]

A CF estabelece um sistema escalonado de normas, representado por uma autêntica pirâmide jurídica que, visualizada de baixo para cima, compreende num patamar inicial o seu próprio alicerce, denominado "princípios", tendo sido pontificado que "o sistema jurídico – ao contrário de ser caótico e desordenado – tem profunda harmonia interna. Esta se estabelece mediante uma hierarquia segundo a qual algumas normas descansam em outras, as quais, por sua vez, repousam em princípios que, de seu lado, se assentam em outros princípios mais importantes. Dessa hierarquia decorre que os princípios maiores fixam as diretrizes gerais do sistema e subordinam os princípios menores. Estes subordinam certas regras que, à sua vez, submetem outras".[2]

Importante ponderar, que "princípio é, por definição, mandamento nuclear de um sistema, verdadeiro alicerce dele, disposição fundamental que se irradia sobre diferentes normas compondo-lhes o espírito e servindo de critério para sua exata compreensão e inteligência exatamente por definir a lógica e a racionalidade do sistema normativo, no

---

[1] ATALIBA, Geraldo. *Sistema Constitucional Tributário*. São Paulo: RT, 1968. p. 8.
[2] ATALIBA, Geraldo. *Sistema Constitucional Tributário*. São Paulo: RT, 1968. p. 8.

que lhe confere a tônica e lhe dá sentido harmônico. É o conhecimento dos princípios que preside a intelecção das diferentes partes componentes do todo unitário que tem por nome sistema jurídico positivo".[3]

É fácil esclarecer a importância dos *princípios*: a Constituição Federal estabelece que é vedado à União, aos Estados, ao Distrito Federal e aos Municípios exigir ou aumentar tributo sem *lei* que o estabeleça (art. 150, I), traduzindo o *princípio da estrita legalidade tributária*, em razão do que, em regra, o imposto tem que ser previamente instituído por lei aprovada por representantes do povo (Congresso Nacional, Assembleia Legislativa ou Câmara dos Vereadores). O Poder Executivo (Presidente da República, Governadores dos Estados, do Distrito Federal e Prefeitos dos Municípios, e seus respectivos auxiliares) só poderá exercer atos de execução, como cobrar o imposto em estrita obediência aos elementos contidos na prévia lei tributária, não podendo introduzir nenhum tipo de inovação.

Os princípios representam conceitos dogmáticos, verdades normativas, tendo a Lei das Leis (como também é denominada a Constituição Federal), previsto princípios de natureza variada, de forma explícita, implícita e expressa, sendo certo que os direitos e as garantias constitucionais "não excluem outros decorrentes do regime e dos princípios por ela adotados ou dos tratados internacionais em que a República Federativa do Brasil seja parte" (§2º do art. 5º da CF).

1.4.1 Princípio federativo

A Federação constitui uma das pedras fundamentais do edifício jurídico (expressamente consagrada no primeiro artigo da Constituição Federal, e reiterada em inúmeras outras disposições constitucionais), com ampla aplicação no que concerne às normas de imposição tributária. Sua magnitude é ressaltada no art. 60, §4º, da mesma Constituição, que proíbe ao Congresso Nacional sobre eventual proposta tendente a aboli-la, vedando sua indissolubilidade.

Compreende a associação de Estados, implicando configuração jurídica de um novo Estado (federal), sendo que as características básicas do regime federativo podem ser assentadas na forma seguinte: "1. esquema de constituição rígida; 2. um poder constitucional próprio nos Estados; 3. existência de um território próprio; 4. existência de um povo próprio; 5. os poderes derivam da sua constituição compatibilizada com a repartição de competências que está na Constituição Federal; 6. representação proporcional da vontade do povo dos Estados no órgão legislativo da União, além da representação dos Estados, paritariamente nesse órgão; 7. Corte constitucional que assegure a supremacia da Constituição Federal".[4]

A Federação contém três ordens jurídicas distintas:

a) a *nacional* compreende o próprio Estado Federal, como o aspecto global do País, ou seja, o Estado brasileiro dotado de soberania que representa o País no quadro internacional das nações, exercendo seus direitos e cumprindo seus deveres, tanto que legisla superiormente para as demais entidades (União, Estados, Distrito Federal

---

[3] MELLO, Celso Antônio Bandeira de. *Curso de Direito Administrativo*. 15. ed. São Paulo: Malheiros, 2003; 26. ed. São Paulo: Malheiros, 2009. p. 974-975.
[4] ATALIBA, Geraldo. Federação. *Revista de Direito Público*, n. 81, p. 173-181, 1987.

e Municípios), mediante as leis *nacionais*, transcendendo as pessoas políticas, não se confundindo com as leis federais, estaduais, distritais e municipais.

O limite de validade e eficácia das leis *nacionais* contém-se na própria Constituição Federal, não só quanto à materialidade, mas também no que atina à impossibilidade jurídica de violarem a autonomia dos entes periféricos, limitando seus poderes tributários.

As normas *nacionais*, conquanto sejam fruto de atuação do mesmo órgão editor de leis federais – o Congresso Nacional –, com estas não se confundem, possuindo distinto âmbito de validade e diverso conteúdo. Desta forma, ao celebrar um Tratado, estará a União exercendo a competência do Estado (federal) com personalidade internacional.

As leis complementares previstas no Sistema Tributário Nacional (arts. 146, 146-A, 148, 149, 150, VI, *c*, 153, VII, 154, I, 155, X, *a*, XII, 156, III e §3º, e 195, §§4º e 7º, e preceitos específicos da EC 132/23) têm a natureza de normas nacionais, devendo ser observadas por todos os legisladores (federais, estaduais, distritais e municipais).

b) as *centrais* e as *regionais*, representando ordens parciais, compreendem a União, os Estados e o Distrito Federal, com as reservas de competências outorgadas e previstas pela Constituição Federal (arts. 21, 22, 23 e 24). Embora os Municípios não integrem formalmente o pacto federativo, e não possuam representação no Senado Federal, também constituem pessoas de Direito Público, dotadas de idêntica autonomia (art. 30 da Constituição Federal), e com o mesmo caráter isonômico.

Em razão da *autonomia*, existe absoluta igualdade entre a União, Estados, Distrito Federal e Municípios, e nenhum tipo de hierarquia, mas apenas fixação de competências distintas.

O *princípio federativo*, conjugado com a *autonomia municipal*, apresenta profundas e substanciais implicações no âmbito tributário, tendo em vista o plano eminentemente normativo, e as diferenciadas competências conferidas às referidas pessoas políticas, a saber: a) o Código Tributário Nacional (caracterizado como lei complementar) dispõe sobre normas gerais de Direito Tributário, sendo aplicado indistintamente na elaboração das normas tributárias federais, estaduais, distritais e municipais; b) as leis federais, conquanto fruto de atuação do mesmo órgão editor das leis nacionais (Congresso Nacional), e instituidoras de tributos de sua competência exclusiva, não podem determinar, ordenar ou impor seus comandos na elaboração de leis estaduais, distritais e municipais, o mesmo ocorrendo com estas que não podem intervir no âmbito federal. Por exemplo, nenhuma norma federal poderá preceituar que uma atividade tipificada como "serviço" (sujeita a imposto municipal – ISS) seja caracterizada como "industrialização" (sujeita ao imposto federal – IPI).

1.4.2 Princípio republicano

O regime republicano deve estar presente em todo estudo de Direito Tributário, por constituir uma das mais importantes instituições de Direito Público, representando um dos princípios fundamentais da estrutura constitucional brasileira, por inspirar e dar sustentação a demais postulados constitucionais.

Sua posição jurídica e hierárquica é marcantemente superior porque, além de estar topograficamente prevista no preceito inaugural da Constituição Federal, é vedada a propositura de emenda tendente a abolir diversos elementos integrantes da *República* (voto direto, secreto, universal e periódico; a separação dos Poderes; os direitos e garantias individuais), *ex vi* do §4º, do art. 60 da mesma Constituição:

> O princípio republicano não é meramente afirmado como simples projeção retórica ou programática. É desdobrado em todas suas consequências ao longo do Texto Constitucional: inúmeras regras dando conteúdo exato e precisa extensão da tripartição do poder; mandatos políticos e sua periodicidade, implicando alternância do poder; responsabilidades dos agentes públicos, proteção às liberdades políticas; prestação de contas, mecanismos de fiscalização e controle do povo sobre o governo, tanto na esfera federal como estadual ou municipal; a própria consagração dos princípios federal e da autonomia municipal; etc. Tudo isso aparece, formando a contextura constitucional como desdobramento, refração, consequência ou projeção do princípio, expressões concretas de suas exigências.[5]

Ilumina e permeia a edição e intelecção dos demais ditames constitucionais, numa autêntica coerência e sistematização do ordenamento jurídico, "repelindo a exclusão do arbítrio no exercício do poder, os privilégios que devem impedir o favorecimento de setores da sociedade, o que consegue pela aplicação dos *princípios da igualdade e da legalidade*. Dele decorrem a representatividade, o consentimento dos tributos, a segurança dos direitos, a exclusão do arbítrio (Sainz de Bujanda), a legalidade, a relação de administração, a previsibilidade da ação estatal e a lealdade informadora da ação pública, como expressões de todas as manifestações estatais".[6]

Consagrando a Constituição Federal a diretriz de que "todo o poder emana do povo, que o exerce por meio de representantes" (parágrafo único do art. 1º), os governantes devem zelar pelos interesses da coletividade, e não por negócios próprios, uma vez que são autênticos mandatários do povo, ao qual devem servir com ampla responsabilidade, porquanto as autoridades governamentais são responsáveis pelos danos a que derem causa, porque devem agir em estrita conformidade com a lei, tendo em vista que "a responsabilidade é corolário do regime republicano".[7]

Nesse ponto, destaca-se a tripartição do Poder como pedra angular da República, delimitando competências de cada Poder, estabelecendo sistema de controles eficazes da constitucionalidade das leis e legalidade dos atos infralegais, assegurando-se a conformidade da lei à Constituição e a fidelidade do regulamento à lei, dando eficácia e consequência à hierarquia das fontes do Direito.[8]

O Legislativo é dotado de competência para editar normas abstratas e gerais, em caráter ilimitado e universal sobre todos os tipos de matérias, o que, por si só, impossibilita beneficiar ou prejudicar interesses particulares e específicos, diante do que a lei é obrigatoriamente genérica, isônoma e abstrata. Ao Executivo compete tomar as providências concretas, agindo segundo e debaixo da lei, aplicando-a de ofício, sendo absoluta a prevalência da lei sobre atos executivos. Ao Judiciário cabe solucionar as controvérsias que lhe são submetidas.

---

[5] ATALIBA, Geraldo. *República e Constituição*. São Paulo: RT, 1985. p. 2 e 3.
[6] ATALIBA, Geraldo. Segurança do Direito, Tributação e Anterioridade – Imposto sobre a Renda (Exame do Dec. lei 1.967/82 – Exercício Social Encerrado em Março de 1983). *Revista de Direito Tributário*, n. 27/28, p. 55, jan./jun. 1984.
[7] TEMER, Michel. *Elementos de Direito Constitucional*. São Paulo: RT, 1990. p. 165.
[8] FAGUNDES, Seabra. *O Controle dos Atos Administrativos pelo Poder Judiciário*. 5. ed. Rio de Janeiro: Forense, 1971. p. 165.

Observando-se a forma republicana, mediante a tripartição de Poderes, está-se diante de um verdadeiro Estado de Direito, que só é possível conhecê-lo onde: a) o Estado se submeta à jurisdição; b) a jurisdição deva aplicar a lei preexistente; c) a jurisdição seja exercida por uma magistratura imparcial (obviamente independente) cercada de todas as garantias; d) o Estado a ela se submeta como qualquer *pars*, chamado a juízo em igualdade de condições com outro *pars*.[9]

As diretrizes contidas no *princípio republicano* constituem fecundas raízes para a edição e a aplicação das normas de tributação, especialmente porque contempla os postulados da *isonomia*, que veda a concessão de privilégios de categorias e pessoas; e da *legalidade*, mediante a plena obediência – por parte de todos os destinatários, Fisco, contribuinte e terceiros envolvidos na relação jurídico-tributária – às regras ditadas pelos representantes do povo. De modo específico, a tripartição dos Poderes assenta as competências tributárias constitucionais, especialmente os âmbitos de atuação do Legislativo e do Executivo.

1.4.3 Princípio da legalidade

O *princípio da legalidade* constitui uma das garantias do Estado de Direito, desempenhando uma função de proteção dos direitos dos cidadãos, insculpido como autêntico dogma jurídico pela circunstância especial de a Constituição Federal haver estabelecido, como direito e garantia individual, que "ninguém será obrigado a fazer ou deixar de fazer alguma coisa senão em virtude de lei" (art. 5º, II). Somente com a expedição de normas editadas pelos representantes do próprio povo (Poder Legislativo) é que tem nascimento, modificação ou extinção de direitos e obrigações, competindo à Administração Pública expressa obediência ao princípio da legalidade (art. 37 da CF).

O ordenamento jurídico contempla a reserva formal da lei, mediante a fixação precisa e determinada do órgão titular competente para sua expedição; e a reserva material da lei com a característica de ordem abstrata, geral e impessoal.

A instituição, majoração e extinção dos tributos (art. 150, I, III, *a* e *b*, da CF), bem como os casos de subsídio, isenção, redução de base de cálculo, concessão de crédito presumido, anistia ou remissão, relativos a impostos, taxas ou contribuições (art. 150, §6º) devem ser sempre previstos em "lei", compreendidos como espécie normativa editada pelo Poder Legislativo (excepcionalmente pelo Poder Executivo, nos casos de medidas provisórias, previstas no art. 62 da Constituição), contendo preceitos vinculantes.

A propósito, tem sido sublinhado que "é da essência de nosso regime republicano que as pessoas só devem pagar os tributos em cuja cobrança consentirem. Tal consentimento há que ser dado, por meio de lei ordinária, pelo Poder Legislativo, com este fito reunido, conforme a Constituição".[10]

O *princípio da legalidade* consubstancia os valores de *certeza* e *segurança jurídica*, sendo o vetor dos vetores, princípio constitucional carregado de carga valorativa, de transcendental importância ao Estado de Direito, e atina, também e sobretudo, à imunização dos administrados contra as próprias leis; coarta a discricionariedade do legislador.[11]

---

[9] ATALIBA, Geraldo. *República e Constituição*. São Paulo: RT, 1985. p. 94.
[10] CARRAZZA, Roque Antonio. *Curso de Direito Constitucional Tributário*. 24. ed. São Paulo: Malheiros, 2008. p. 245.
[11] FIGUEIREDO, Lucia Valle. Princípios de Proteção ao Contribuinte: Princípio da Segurança Jurídica. *Revista de Direito Tributário*, n. 47, p. 561, jan./mar. 1989.

Além disso, implica o *princípio da tipicidade*, que tem como caracteres a observância de *numerus clausus* (vedando a utilização de analogia e a criação de novas situações tributáveis), *taxatividade* (enumeração exaustiva dos elementos necessários à tributação), *exclusivismo* (elementos suficientes) e *determinação* (conteúdo da decisão rigorosamente prevista em lei), na temática de Alberto Xavier.[12]

A *tipicidade cerrada* funda-se na premissa de que o legislador contempla todos os elementos da hipótese de incidência tributária relativos à obrigação principal (credor, devedor, materialidade, base de cálculo, alíquota, momento e local da ocorrência do denominado fato gerador), e aos deveres instrumentais (notas e livros fiscais, informações). Significa a completude do sistema jurídico, prestigiando-se os princípios da segurança e da certeza do direito.

Na *tipicidade aberta* o legislador não esgota a previsão de todos os aspectos da tributação, utilizando conceitos vagos, e imprecisos, a serem completados por demais normas (leis e decretos). É o caso da legislação do ISS (LC nº 116/03), ao se referir a serviços "congêneres", "auxiliares", e "semelhantes", conferindo margem de discricionariedade ao destinatário da norma face à ausência de determinação e exaustividade dos preceitos. Esta situação implica insegurança, incompatível nos lindes tributários, na medida em que haja intromissão no patrimônio das pessoas privadas.

Entretanto, a Constituição Federal contém aparente exceção ao *princípio da legalidade*, ao facultar ao Poder Executivo, atendidas as condições e os limites estabelecidos em lei, alterar as alíquotas dos impostos de importação sobre produtos estrangeiros; exportação, para o exterior, de produtos nacionais ou nacionalizados; produtos industrializados; e operações de crédito, câmbio e seguro, ou relativas a títulos ou valores mobiliários (art. 150, §1º).

Não se trata, em absoluto, de delegação de competência do Legislativo ao Executivo posto que, primacialmente, é de exclusiva competência de a lei descrever todos os aspectos de sua hipótese de incidência tributária, inclusive sua quantificação, em que se compreende a figura da "alíquota", conforme será esclarecido em item posterior.

O Executivo não pode (sem amparo balizador na lei) instituir as alíquotas dos mencionados impostos. A excepcional competência outorgada constitucionalmente é apenas para flexionar as alíquotas, segundo os parâmetros legais (máximo e mínimo). Assim, no caso de a lei haver estabelecido uma alíquota de 70%, para o IPI relativamente a um determinado produto, o Executivo somente poderá diminuí-la até 0%, ou, em momento ulterior retornar ao referido teto (70%).

Peculiarmente, a CF permite que "a lei poderá atribuir a sujeito passivo de obrigação tributária a condição de responsável pelo pagamento de imposto ou contribuição, cujo fato gerador deva ocorrer posteriormente, assegurada a imediata e preferencial restituição da quantia paga, caso não se realize o fato gerador presumido" (art. 150, §7º, acrescentado pela Emenda Constitucional nº 3, de 17.03.93). Embora seja prestigiado o primado da "lei", a própria Emenda viola os postulados da segurança e da certeza da obrigação tributária, relativamente a fato ainda não acontecido, ou que sequer terá existência.

Do mesmo modo, relativamente às operações com combustíveis e lubrificantes definidos em lei complementar, a EC nº 33/01 (inserção do §4º ao art. 155) passou a

---

[12] *Apud* OLIVEIRA, Yonne Dolacio de. *A Tipicidade no Direito Tributário Brasileiro*. São Paulo: Saraiva, 1980. p. 39-41.

dispor que as alíquotas do ICMS serão definidas mediante deliberação (convênio) dos Estados e Distrito Federal.

O novo mandamento desvirtua o tradicional modelo constitucional ao suprimir a competência privativa do Senado Federal para estabelecer as alíquotas do ICMS em operações interestaduais (inciso IV, §2º do art. 155); e para fixar as alíquotas mínimas e máximas, em específicas situações nas operações internas (incisos V e VI, §2º do art. 155). Implicitamente, elimina a competência do Legislativo (Senado e Assembleias Legislativas dos Estados) no que concerne à normal fixação das alíquotas internas.

No que tange às contribuições de intervenção no domínio econômico, a EC nº 33/01 dispôs que, na incidência sobre as atividades de importação ou comercialização de petróleo e seus derivados, gás natural e seus derivados e álcool/combustível, a alíquota poderá ser reduzida e restabelecida por ato do Executivo (inserção da alínea *b*, inciso I, §4º, do art. 177, da CF).

1.4.4 Princípio da anterioridade

A anterioridade das normas jurídicas constitui um dos princípios básicos da atividade legislativa, iluminando as regras de edificação de normas de qualquer natureza, o procedimento da Administração Pública, as decisões judiciais e o comportamento dos seus destinatários.

O respeito ao direito adquirido, ao ato jurídico perfeito e à coisa julgada (art. 5º, XXXVI, da Constituição Federal, e art. 6º, §§1º e 3º da Lei Federal nº 12.376, de 30.12.00 – denominada Lei de Introdução às Normas do Direito Brasileiro – LINDB) encerra máximas jurídicas, sustentáculos do prestígio do direito, enquanto instrumento regrador do comportamento humano, tendo a mesma Constituição (art. 150, III, *b*) estabelecido que, sem prejuízo de outras garantias asseguradas ao contribuinte, é vedado à União, aos Estados, ao Distrito Federal e aos Municípios, cobrar tributos no mesmo exercício financeiro (ano civil) em que haja sido publicada a lei que os instituiu ou aumentou.

A EC nº 42/03 dispôs sobre a proibição de cobrar tributos "antes de decorridos noventa dias da data em que haja sido publicada a lei que os instituiu ou aumentou" (da alínea *c*, ao art. 150, III), observado o disposto na alínea *b*.

O *princípio da anterioridade* permite conferir aos contribuintes a certeza do *quantum* a ser recolhido aos cofres públicos, podendo planejar seus negócios ou atividades, traduzindo diretriz constitucional no sentido de que a lei tributária não pode retroagir em prejuízo do contribuinte, e nem atingir fato imponível que já teve seu início, ou que estava em formação.

Os fatos futuros é que se encaixarão à nova previsão normativa tributária, sendo que os fatos jurídicos anteriores foram plasmados em legislação vigente, válida e eficaz, tornando-se uma aberração jurídica a consideração de lei posterior a situações consumadas e perfeitas. A finalidade deste postulado é conferir segurança jurídica às atividades do contribuinte, mediante planejamento prévio à ocorrência de fatos tributários, evitando-se a surpresa fiscal.

A instituição e a majoração de tributo só podem incidir sobre fatos que passam a existir após sua vigência, tendo eficácia a partir do primeiro dia do exercício seguinte à de sua publicação (considerado o período de 90 dias).

Por exemplo, o aumento da alíquota do Imposto sobre Serviços de Qualquer Natureza (art. 156, III, da CF), realizado em 23.12.16, só poderá ser exigido sobre os fatos que passem a acontecer a partir de 31.03.16 (90 dias após o primeiro dia seguinte àquele em que a lei foi publicada).

O STJ entendera que o fato de o *Diário Oficial da União* (publicando a Lei nº 8.383/91, no dia 31.12.91) só ter circulado comercialmente no dia 02.01.92, não tem força para desconstituir a publicação mencionada, produzindo efeitos a partir de 1º.01.92 (AgRg nº AI 421.679-MG, 2ª Turma, rel. Min. Francisco Peçanha Martins, j. 7.12.04, *DJU* 1 de 21.3.04, p. 312).

A Constituição *contém exceções ao princípio da anterioridade*:
a) os impostos de importação, exportação, operações de crédito, câmbio, seguro, títulos ou valores mobiliários, e sobre a guerra (arts. 153, I, II, V, e 154, II) não se sujeitam às regras de anterioridade (alíneas *b* e *c*, inciso III, art. 150), conforme previsto no §1º, do art. 150 na redação da EC nº 42/03.
Exemplo: o aumento de alíquota do Imposto sobre Importação (art. 153, I), mediante norma ou ato publicado em 14.05.23, já poderá ser exigido na mesma data;
b) o imposto sobre a renda e proventos de qualquer natureza (art. 153, III) não se sujeita à regra de anterioridade de 90 dias (§1º, do art. 150 na redação da EC nº 42/03).
Exemplo: o aumento da alíquota do IR em 28.11.23 já poderá ser exigido em 1º.1.24;
c) o imposto sobre produtos industrializados (art. 153, IV) não se sujeita à regra da anterioridade ao exercício financeiro (alínea *b*, art. 150), mas deve considerar a anterioridade dos 90 dias (alínea *c*, art. 150), conforme consta do §1º, art. 150, na redação da EC nº 42/03.
Exemplo: o aumento da alíquota do IPI em 1º.12.23 poderá ser exigido a partir de 1º.3.24;
d) o empréstimo compulsório instituído para atender à despesas extraordinárias, decorrentes de calamidade, de guerra externa ou sua iminência (art. 148, I), constitui exceção às regras de anterioridade ao exercício e aos 90 dias (§1º, art. 150), na redação da EC nº 42/03.
Exemplo: lei federal poderá instituir e cobrar o referido empréstimo a partir do mesmo dia em que fora publicada na imprensa oficial;
e) os impostos sobre a propriedade de veículos automotores e sobre a propriedade predial e territorial urbana (arts. 155, III, e 156, I) poderão sofrer alteração de suas bases de cálculo, sem observar o período de 90 dias (§1º, art. 150, na redação da EC nº 42/03).
Exemplo: a lei estadual que ampliar a base de cálculo de veículo, em 30.12.23, já poderá ser exigida no dia 1º.01.24;
f) as contribuições sociais do empregador, da empresa e da entidade a ela equiparada, incidente sobre a folha de salários, demais rendimentos do trabalho, faturamento, receita, lucro dos trabalhadores, sobre a receita de concursos de prognósticos, do importador de bens ou serviços do exterior, ou de quem a lei a ele equiparar, e produtores rurais etc. (art. 195), podem ser exigidas após decorridos 90 dias da data da publicação da lei que as houver instituído ou modificado (art. 195, §6º, da CF).

Exemplificativamente, a Lei federal nº 7.689, de 15.12.88, que instituiu a Contribuição Social sobre o Lucro só pôde ser exigida após decorridos 90 (noventa) dias da data da sua publicação, isto é, somente alcançando os fatos que tenham ocorrido após esse período nonagesimal, fundamento que levou o Supremo Tribunal Federal (STF) a decidir que essa Contribuição não poderia ser exigida relativamente ao lucro apurado em exercício encerrado em 31.12.88 (RE nº 146.733-9-SP, Pleno, rel. Min. Moreira Alves, sessão de 29.06.92).

g) a contribuição de intervenção no domínio econômico relativa às atividades de importação ou comercialização de petróleo e seus derivados, gás natural e seus derivados e álcool combustível (art. 177, §4º, I, b, introduzido pela EC nº 33/01);

h) ICMS, ITR, ITCMD, ISS, Cide, FGTS, salário-educação, contribuição do Sistema "S", anterioridade tributária, observados os 90 dias (redação da EC nº 42/03).

Atendendo-se a estudo específico,[13] com a devida adaptação, apresenta-se quadro sinóptico contendo diferentes situações tributárias:

Espécies Tributárias	Anterioridade Tributária	Nova Noventena (EC nº 42/03)	Noventena (Contrib. Soc.)
I.I., I.E., IOF, Empréstimos Compulsório, Imp. Extraord.	Não	Não	Não
Contribuições Sociais (Seguridade Social)	Não	Não	Sim
IPI	Não	Sim	Não
IR, base de cálculo do IPVA e do IPTU	Sim	Não	Não
ICMS, ITR, ITCMD, ITBI, ISS, Cide, FGTS, Salário-Educação, Contribuições ao Sistema "S", e de interesse de Categorias Profissionais, Taxas, além do IPVA e IPTU (exceto suas bases de cálculo)	Sim	Sim	Não

O princípio da *anterioridade* não se confunde com o princípio da *anualidade*, que dispõe sobre a necessidade da lei tributária também ser anterior à lei orçamentária. Nesse passo, sublinho que na Constituição de 1946 (art. 141, §34) o orçamento deveria ser renovado anualmente (salvo a tarifa aduaneira e o imposto lançado por guerra), sendo tal princípio abolido com a Emenda nº 18/65 (art. 25), mas restaurado com a Constituição de 1967 (art. 153, §29), e mais uma vez suprimido com a Emenda nº 1/69.

---

[13] ASHIKAGA, Carlos Eduardo Garcia. O Legislador Tributário e as Recentes Ofensas aos Princípios Constitucionais da Anterioridade e da Noventena. *Revista Dialética de Direito Tributário*, n. 115, p. 49, abr. 2005.

Todavia, a vigente CF (art. 165, §2º) determina que "a lei de diretrizes orçamentárias compreenderá as metas e prioridades da Administração Pública federal, incluindo as despesas de capital para o exercício financeiro subsequente, orientará a elaboração da lei orçamentária anual, disporá sobre as alterações na legislação tributária e estabelecerá a política de aplicação das agências financeiras oficiais de fomento".

Em consequência, indaga-se o seguinte: referida regra restaura o princípio da anualidade tributária?

Embora não haja consenso doutrinário, penso que a LDO (Lei de Diretrizes Orçamentárias) constitui meras metas da Administração, concernindo à gestão dos recursos do Governo e despesas públicas, ou seja, matérias estranhas à tributação. Considerando que a Constituição Federal já estabelece mecanismo jurídico que evita a surpresa fiscal, por meio da anterioridade, não teria sentido jurídico a mesma Constituição configurar a existência de outro mecanismo de garantia do contribuinte, mediante a prévia previsão na LDO.

O STF tem consolidado jurisprudência, a saber:

a) Súmula nº 66 –"é legítima a cobrança do tributo que houver sido aumentado após o orçamento, mas antes do início do respectivo exercício financeiro". Repudia a aplicação do princípio da anualidade (prévia inclusão obrigatória dos valores tributários nos orçamentos);

A Súmula está superada uma vez que a CF-88 não contempla a necessidade de prévia autorização orçamentária para cobrança de tributos.

b) Súmula nº 67: "é inconstitucional cobrança do tributo que houver sido criado ou aumentado no mesmo exercício financeiro". Irrestrito prestígio ao princípio da anterioridade;

A Súmula é válida parcialmente, dadas as inúmeras exceções e limitações introduzidas pela CF-88 ao princípio da anterioridade.

c) Súmula nº 584: "ao imposto de renda calculado sobre os rendimentos do ano-base, aplica-se a lei vigente no exercício financeiro em que deve ser apresentada a declaração".

A análise da periodicidade do Imposto de Renda (IR) compreende-se na temática do aspecto temporal da norma tributária, ou seja, o momento em que concretamente ocorre o fato gerador do imposto de renda e proventos de qualquer natureza, mediante a aquisição de sua disponibilidade econômica ou jurídica (art. 43 do CTN).

O IR compreende uma sucessão de fatos/atos/operações acontecidos num ciclo de tempo, findo o qual será apurado um determinado resultado (positivo ou negativo). No período de sua apuração, o contribuinte realiza diversos atos mercantis, civis, financeiros, bem como procede a dispêndios de natureza variada.

Tanto os fatos geradores simples de realização instantânea (pagamento de salário), como os denominados compostos (resultados mensais ou existentes ao final do exercício) devem ser regulados pela lei em vigor anteriormente à sua ocorrência. Os fatos isolados que vão acontecendo no regime de apuração mensal também são relevantes juridicamente, pois o contribuinte necessita conhecer, com antecedência, os reflexos que acarretarão ao final do período de apuração. A lei deve preexistir a todos os elementos que compõem o fato gerador, pois, se pudesse incidir sobre os fatos pretéritos (embora ocorridos no mesmo período de apuração), violaria os princípios da anterioridade e da irretroatividade (art. 150, III, *a* e *b*, da CF) e do direito adquirido (art. 5º, XXXVI, da CF).

Se os atos e fatos jurídicos anteriores ao final do período foram plasmados em legislação existente, válida e eficaz no decorrer do próprio período, torna-se uma aberração jurídica a consideração de lei posterior a situações consumadas e perfeitas. No mesmo sentido encontra-se a legislação editada no curso do mesmo período, relativamente a fatos verificados na mesma época, mas anteriores a tal legislação.

O fato de a incidência do IR só ocorrer no momento culminante das atividades do contribuinte, em um certo período em que se concretiza o lucro ou a renda líquida tributável, não significa que os elementos formativos (ingressos e dispêndios) sejam juridicamente irrelevantes. Se, no momento em que se efetua determinada despesa, a empresa tem conhecimento de que a lei não permite a dedução de seu valor, na apuração do lucro tributável, poderia deixar de efetuá-la. Também a pessoa física, sabedora de que certos ganhos de capital não serão passíveis de tributação, certamente concentrará suas aplicações em determinados investimentos:[14]

> À vista da irretroatividade da lei impositiva, o preceito legal novo não pode ser aplicado a fatos ou atos anteriores à data da vigência da norma, ainda que eles se conjuguem com outros, posteriores à norma, para o aperfeiçoamento do fato gerador periódico do imposto de renda.[15]

A propósito, a Súmula nº 584 já se encontra superada, haja vista decisão do mesmo STF:

> *Imposto de Renda* – Pessoa Jurídica. Fato gerador. Encerramento do exercício social. Inaplicabilidade da Súmula 584 do STF. Recurso extraordinário não conhecido por falta de prequestionamento.
> O fato gerador do imposto de renda das pessoas jurídicas há de ser o exercício social, que não se confunde com o exercício financeiro do Poder Público, porquanto, diversamente do que prevalece para as pessoas físicas, nada impede que as jurídicas elejam o encerramento de seu próprio exercício e, por via de consequência, a data do implemento do fato gerador (RE nº 103.553-6-PR, 1ª Turma, j. 24.08.95, rel. Min. Octavio Gallotti, *DJU* 1 de 25.10.85).

Entretanto, considerou aplicável a Súmula relativamente à legislação editada no final do ano-base, que atingiu a renda apurada durante todo o ano, por entender que o fato gerador somente se completa e se caracteriza ao final do respectivo período, ou seja, 31 de dezembro (RE nº 194.612-1, 1ª Turma, rel. Min. Sydney Sanches, j. 24.03.98, *DJU* 1 de 08.05.98, p. 15), fundada nos RREE nº 104.259, 2ª Turma, j. 20.09.85, rel. Min. Cordeiro Guerra, *RTJ* nº 115/1.336 e nº 197.790, Pleno, j. 19.02.97, rel. Min. Ilmar Galvão).

O STF possui o entendimento consolidado no sentido de que o fato gerador do imposto sobre a renda se materializa no último dia do ano-base, isto é, em 31 de dezembro. Assim, a lei que entra em vigor antes do último dia do período de apuração poderá ser aplicada a todo o ano-base, sem ofensa ao princípio da anterioridade da lei

---

[14] MELO, José Eduardo Soares de. Periodicidade do Imposto de Renda. separata da *Revista de Direito Tributário*, set. 1993. p. 26-36.

[15] AMARO, Luciano. O Imposto de Renda e os Princípios da Irretroatividade e da Anterioridade. *Caderno de Pesquisas Tributárias*, Resenha Tributária e Centro de Estudos de Extensão Universitária, São Paulo, v. 11, p. 399, 1986.

tributária (Ag. Reg. no RE nº 553.508-PR, 2ª Turma, rel. Min. Ellen Gracie, j. 03.05.11, *DJe* de 16.05.11, p. 41).

Em decisão monocrática (22.02.06), o STF manteve a diretriz sumular, também sob o fundamento de que fora aprovada em 1976, não sendo aplicável o CTN, promulgado em 1966 (RE nº 245.193-PR, rel. Min. Sepúlveda Pertence, *DJU* 1 de 09.03.06, p. 37).

d) Súmula nº 615: "o princípio constitucional da anualidade (§29 do art. 153 da CF) não se aplica à revogação da isenção do ICM".

Súmula válida com ressalvas. O enunciado refere-se à CF-67, cujo art. 153, §29, tinha a seguinte redação: "Nenhum tributo será exigido ou aumentado sem que a lei o estabeleça; nenhum será cobrado em cada exercício sem prévia autorização orçamentária, ressalvados a tarifa alfandegária e o imposto lançado por motivo de guerra".

À época vigorava a exigência de prévia autorização orçamentária para cobrança de tributos em cada exercício, a qual não foi acolhida pela CF-88. Sob esse aspecto, a Súmula está superada.

Entretanto, há um aspecto do enunciado que justifica breves considerações, que pode ser expresso na indagação seguinte: a revogação da isenção de tributos tem efeitos jurídicos equivalentes ao da sua instituição?

Em relação ao antigo ICM, o STF respondeu a esta pergunta de forma negativa, fazendo coro com a regra do art. 178 do CTN, segundo o qual, quando não estiver sujeita a termo ou a condição, a isenção pode ser modificada ou revogada a qualquer tempo.

Todavia, observe-se, ainda, que, segundo o mesmo diploma, esta possibilidade de revogação ou modificação a qualquer tempo não opera para os impostos sobre o patrimônio ou a renda, em relação aos quais prevalece o princípio da anterioridade fiscal nos termos do art. 104, III, do diploma, a saber: "Entram em vigor no primeiro dia do exercício seguinte àquele em que ocorra a sua publicação os dispositivos de lei, referentes a impostos sobre o patrimônio ou a renda (...) que extinguem ou reduzem isenções, salvo se a lei dispuser de maneira mais favorável ao contribuinte, e observado o disposto no artigo 178".

Parece inquestionável que a revogação de uma isenção traz como consequência, sob o ponto de vista jurídico quanto econômico, a criação de incidência nova em circunstâncias que a CF-88 não autoriza sejam excepcionadas da regra da anterioridade prevista no art. 150, III, *b* e *c*.

Portanto, fortes razões justificam a afirmação de que a Súmula nº 615 pode ser questionada perante os preceitos constitucionais citados, conforme examinado em obra específica.[16]

e) Súmula Vinculante nº 50: "norma legal que altera o prazo de recolhimento da obrigação tributária não se sujeita ao princípio da anterioridade".

1.4.5 Princípio da irretroatividade

Tradicional diretriz jurídica estabelece que "a lei em vigor terá efeito imediato e geral, respeitados o ato jurídico perfeito, o direito adquirido e a coisa julgada" (art. 6º da Lei Federal nº 12.376, de 30.12.00).

---

[16] BOTTALLO, Eduardo Domingos; MELO, José Eduardo Soares de. *Comentários às Súmulas Tributárias do STF, STJ, TRFs e CARF*. 2. ed. São Paulo: Quartier Latin. 2011. p. 130-132.

A CF categoricamente veda a emissão de lei retroativa que possa desprestigiar direitos e interesses dos cidadãos, ao reiterar a referida norma (art. 5º, XXXVI), que consagra as garantias dos contribuintes, ao proibir a cobrança de tributos "em relação a fatos geradores ocorridos antes do início da vigência da lei que os houver instituído ou aumentado" (art. 150, III, *a*).

A lei tributária, como regra, só pode incidir, gravar, onerar os fatos futuros, mantendo íntima vinculação com o apontado princípio da anterioridade, com o escopo de permitir segurança e certeza às situações tributárias concernentes às suas atividades e interesses.

O CTN (art. 106, I e II) dispõe sobre os casos em que a legislação será aplicada a fatos pretéritos, como norma de natureza interpretativa, e as situações de retroatividade benigna (exclusão de situação infracional, minoração de penalidades), de conformidade com a sistemática do Código Penal (art. 2º, parágrafo único), o que será objeto de comentário em tópico específico (item 7.6).

1.4.6 Princípio da igualdade

O princípio da *isonomia* representa um dos pilares do Estado de Direito, estabelecendo a Constituição Federal a igualdade de todos perante a lei, sem distinção de qualquer natureza entre brasileiros e estrangeiros residentes no País (art. 5º, *caput*), inclusive entre homens e mulheres no que concerne a direitos e obrigações (art. 5º, I), vedando aos Poderes Públicos criar distinções entre brasileiros ou preferências entre si (art. 19, II). Também constituem objetivos fundamentais do Estado a redução das desigualdades sociais e regionais, bem como evitar a discriminação de nacionalidade, raça, sexo, cor e idade (art. 3º, III).

Estas diretrizes significam que o legislador não deve considerar pessoas diferentes, salvo se ocorrerem manifestas desigualdades. O aforismo de que a "regra da igualdade não consiste senão em aquinhoar desigualmente os desiguais, na medida em que se desigualam",[17] não representa mero jogo de palavras, ou simples recomendação ao legislador como norma programática, mas um postulado obrigatório, imprescindível para o exercício da atividade jurídica.

Deveras problemático, tormentoso, intricado e difícil precisar o conceito e os limites da igualdade, o tratamento isonômico a ser observado pelo legislador que não pode discriminar arbitrariamente, devendo observar o requisito constitucional da correlação lógica entre o fator do *discrímen* e a diferenciação consequente.[18]

O princípio da igualdade representa um dos fundamentos da tributação, dispondo a Constituição ser proibido aos Poderes Públicos "instituir tratamento desigual entre contribuintes que se encontrem em situação equivalente, proibida qualquer distinção em razão de ocupação profissional ou função por eles exercida, independentemente da denominação jurídica dos rendimentos, títulos ou direito" (art. 150, II). Entrelaça-se com os princípios da capacidade contributiva e da vedação de confisco (arts. 145, §1º, e 150, IV, da CF).

---

[17] BARBOSA, Ruy. *Oração aos Moços* – Escritos e Discursos Seletos. Rio de Janeiro: José Aguilar, 1960. p. 685.
[18] MELLO, Celso Antônio Bandeira de. *Conteúdo Jurídico do Princípio da Igualdade*. São Paulo: RT, 1978. p. 14 e 59.

A lei deve reger com iguais disposições os mesmos ônus e as mesmas vantagens – situações idênticas – e, reciprocamente, distinguir, na repartição de encargos e benefícios as situações que sejam entre si distintas, de sorte a aquinhoá-las ou gravá-las em proporção às suas diversidades. Os conceitos de igualdade e desigualdade são relativos, impõem a confrontação e o contraste entre duas ou várias situações, pelo que onde uma só existe não é possível indagar de tratamento igual ou discriminatório.[19]

Portanto, ao dispor sobre o Imposto de Renda e Proventos de Qualquer Natureza (IR), o legislador não poderá exigir um montante mais elevado de pessoa de distinta origem, por ser inviável cogitar-se de desigualdade tributária em razão da raça do contribuinte. Entretanto, a carga tributária poderá ser mais significativa para o empregado que aufere salários mais elevados do que seu colega de trabalho dado o motivo da discriminação decorrer da "renda".

Para uma mesma espécie de produto industrializado (automóvel), o legislador federal não pode impor o Imposto sobre Produtos Industrializados (IPI) mais elevado para um determinado fabricante, em benefício de outro industrial. Todavia, tal diferenciação é viável juridicamente, no caso de isenção que objetiva a valorização de fins, como é o caso da desoneração do IPI para os carros de utilização profissional (táxi), mantendo a incidência do tributo para os veículos destinados a particulares.

A discriminação tributária poderá ser praticada se a própria Constituição assim o determinar, como é o caso das operações realizadas com contribuintes domiciliados na Zona Franca de Manaus (art. 40 das Disposições Constitucionais Transitórias), e das contribuições sociais previstas no inciso I, do art. 195, que poderão ter alíquotas diferenciadas em razão da atividade econômica, da utilização intensiva da mão de obra, do porte da empresa ou da condição estrutural do mercado de trabalho, sendo também autorizada a adoção de bases de cálculo diferenciadas apenas no caso da alínea "c" do inciso I do *caput* (§9º do art. 195, na redação da EC nº 132/23).

O Poder Legislativo, mesmo após as Emendas Constitucionais nºs 20/1998, 42/2003 e 132/23, não poderia dispor sobre diferenciação entre os contribuintes em razão da atividade econômica ou da utilização intensiva de mão de obra: de um lado, porque isso excluiria um dos elementos essenciais da igualdade (a necessidade de relação de pertinência fundada e conjugada entre a medida de comparação e a finalidade), não se podendo admitir que uma modificação constitucional possa ter esse efeito, sob pena de ela própria ser inconstitucional; de outro, porque isso termina por restringir excessivamente o princípio da liberdade de exercício de atividade econômica, o que afetaria, nesse caso, a validade da lei.[20]

Em suma, "deve, portanto, ser considerado, na análise, se a lei tributária obedece ao requisito da igualdade os seguintes fatores: a) razoabilidade da discriminação, baseada em diferenças reais entre pessoas ou objetos taxados; b) existência de objetivo que justifique a discriminação; c) nexo lógico entre o objetivo perseguido que permitirá alcançá-lo".[21]

---

[19] FAGUNDES, Seabra. O Princípio Constitucional da Igualdade perante a Lei e o Poder Judiciário. *Revista dos Tribunais*, n. 253, p. 235, 1955.
[20] ÁVILA, Humberto. *Teoria da Igualdade Tributária*. São Paulo: Malheiros, 2008. p. 193.
[21] DÓRIA, Antonio Roberto Sampaio. *Princípios Constitucionais Tributários e a Cláusula "Due Process of Law"*. Tese de concurso à livre-docência na Faculdade de Direito da Universidade de São Paulo, São Paulo, 1964. p. 195-196.

A igualdade também se encontra prevista na regra que veda à União "instituir tributo que não seja uniforme em todo o território nacional ou que implique distinção ou preferência em relação a Estado, ao Distrito Federal ou a Município, em detrimento de outro, admitida a concessão de incentivos fiscais destinados a promover o equilíbrio do desenvolvimento socioeconômico entre as diferentes regiões do País" (art. 151, I, da CF), que consubstancia o subprincípio da *uniformidade de tributação*.

O *tratamento diferenciado da microempresa e empresa de pequeno porte (Simples Nacional)* não fere o dogma da igualdade, consoante diretriz do STF:

> Ementa
> (...)
> 1. O Simples Nacional surgiu da premente necessidade de se fazer com que o sistema tributário nacional concretizasse as diretrizes *constitucionais* do favorecimento às microempresas e às empresas de pequeno porte. A Lei Complementar nº 123, de 14 de dezembro de 2006, em consonância com as diretrizes traçadas pelos arts. 146, III, *d*, e parágrafo único; 170, IX; e 179 da Constituição Federal, visa à simplificação e à redução das obrigações dessas empresas, conferindo a elas um tratamento jurídico diferenciado, o qual guarda, ainda, perfeita consonância com os princípios da capacidade contributiva e da isonomia.
> 2. Ausência de afronta ao princípio da isonomia tributária. O regime foi criado para diferenciar, em iguais condições, os empreendedores com menor capacidade contributiva e menor poder econômico, sendo desarrazoado que, nesse universo de contribuintes, se favoreçam aqueles em débito com os fiscos pertinentes, os quais participariam do mercado com uma vantagem competitiva em relação àqueles que cumprem pontualmente com suas obrigações.
> 3. A condicionante do inciso V do art. 17 da LC 123/06, não se caracteriza, *a priori*, como fator de equilíbrio concorrencial, pois se constitui em exigência imposta a todas as pequenas e as microempresas (MPE), bem como a todos os microempreendedores individuais (MEI), devendo ser contextualizada, por representar, também, forma indireta de se reprovar a infração das leis fiscais e de se garantir a neutralidade, com enfoque na livre concorrência (...).
> (RE nº 627.543 – RS – Plenário – rel. Min. Dias Toffoli – j. 30.12.13 – *DJe* 29.10.14, p. 36)

1.4.7 Princípio da capacidade contributiva

Este princípio, que se vincula com o princípio da vedação de confisco, significa um dos fundamentos basilares da tributação, como autêntico corolário do princípio da isonomia, verdadeiro sinônimo da justiça fiscal. Constitui o elemento básico de onde defluem as garantias materiais diretas, de âmbito constitucional, como a generalidade, igualdade e proporcionalidade.

É cediço que só deve ocorrer imposição tributária quando se está diante de fatos, operações, situações e estados que denotem fundamento econômico (riqueza), jamais tendo cabimento incidir tributo sobre qualidades pessoais, físicas ou intelectuais.

Considerando-se que a tributação interfere no patrimônio das pessoas, de forma a subtrair parcelas de seus bens, não há dúvida de que será ilegítima (e inconstitucional) a imposição de ônus superiores às forças desse patrimônio, uma vez que os direitos individuais compreendem o absoluto respeito à garantia de sobrevivência de quaisquer categorias de contribuintes.

Embora sempre fosse legítimo conceber que o postulado da "capacidade contributiva" estivesse previsto (explícita ou implicitamente) nos ordenamentos constitucionais, a CF-88 estatuiu que, "sempre que possível, os impostos terão caráter pessoal e serão graduados segundo a capacidade econômica do contribuinte, facultado à Administração tributária, especialmente para conferir efetividade a esses objetivos, identificar, respeitados os direitos e garantias individuais e nos termos da lei, o patrimônio, os rendimentos e as atividades econômicas do contribuinte" (art. 145, §1º).

A capacidade econômica deveria ser o limite de tributação, um verdadeiro imperativo para os destinatários das normas, como se enquadram o legislador, o administrador fazendário e o Judiciário. Todavia, a verdade é que a expressa diretriz constitucional revela imprecisão e vaguidade, e um certo antagonismo, pois, se de um lado é determinante, de outro, revela condição (ou situação) que já traduz impossibilidade de difícil precisão.

Antes de tudo, convém traçar os lineamentos da capacidade econômica, como sendo a aptidão que determinada pessoa tem para arcar com parcela do custo das atividades públicas, ou o fenômeno revelador da riqueza; o que constitui tarefa difícil, pois o vocábulo "econômica" foge aos quadrantes do Direito, além de não possuir a mesma natureza de capacidade contributiva *financeira*, entendida como a existência de dinheiro suficiente para arcar com o ônus fiscal, e que não guarda nenhuma adequação com a mensuração do tributo.

É imperiosa a existência de correlação lógica, uma especial proporcionalidade entre a base de cálculo e a materialidade do tributo, sendo certo que a inexistência de dinheiro (incapacidade financeira) não eliminaria o dever imputado ao sujeito passivo da obrigação fiscal. O contribuinte não deve arcar com determinado volume tributário simplesmente porque tem dinheiro para tanto; é imprescindível que a exigência fiscal deva corresponder a um percentual do fato imponível (traduzido monetariamente).

A seu turno, a capacidade econômica – que pode ser compreendida conceitualmente como a existência de um patrimônio abrangendo bens e direitos de qualquer natureza – é também estranha à justa participação na carga tributária, uma vez que a distribuição equitativa desta, como medida de necessidade (para o Estado) e justiça (para os contribuintes), não pode tomar em conta a riqueza ou a pobreza das pessoas.

A questão complexa não se circunscreve, propriamente, à obrigação de a pessoa recolher dinheiro aos cofres públicos (tributo), em decorrência de ter sido eleito (legalmente) como seu sujeito passivo. Impõe-se solucionar em que medida deva ocorrer essa obrigação, tendo em vista os aspectos pessoais vinculativos e o tipo de tributo que enseja tal graduação.

A capacidade contributiva deveria estar subjacente em qualquer espécie tributária, revelada pelo valor do objeto (materialidade). Tendo em vista que a tributação se quantifica por uma base de cálculo (à qual se aplica uma alíquota) – salvo os casos excepcionais de tributo fixo –, e como esta nada mais é do que o próprio valor (econômico) da materialidade, sempre será possível medir a intensidade (econômica) de participação do contribuinte no montante do tributo.

A cláusula *sempre que possível* não poderia jamais vislumbrar a eventual impossibilidade de tal mensuração (como se poderia cogitar); ou seja, casos em que nem sempre é possível avaliar o cunho pessoal e o envolvimento econômico do devedor do imposto. Como a estrutura da norma tributária sempre revela a intensidade econômica do ônus imputado ao contribuinte, forçoso defluir o entendimento de que sempre é possível apreender o caráter pessoal e a capacidade econômica do contribuinte. O que nem sempre será possível é obter, com absoluta segurança e certeza, o caráter eminentemente pessoal e a exata capacidade econômica.

O STF aplica o princípio no âmbito do IPVA:

> Ementa: Agravo Regimental. Tributário. Imposto sobre a Propriedade de Veículos Automotores. IPVA. Progressividade.
> 1. Todos os tributos submetem-se ao princípio da capacidade contributiva (precedentes), ao menos em relação a um de seus três aspectos (objetivo, subjetivo e proporcional), independentemente de classificação extraída de critérios puramente econômicos.
> 2. Porém, as razões não deixam entrever a má utilização de critérios como essencialidade, frivolidade, utilidade, adequação ambiental etc. Considerado este processo, de alcance subjetivo, a alegação de incompatibilidade constitucional não pode ser genérica.
> (Ag. Rg. no RE nº 406.955-MG, 2ª Turma, rel. Min. Joaquim Barbosa, j. 04.10.11, *DJe* de 21.10.11, p. 27)

O aludido aresto reporta-se à aplicação do princípio a diversos tributos (Taxa da CVM devida por autônomos – ADI nº 453, Pleno, rel. Min. Gilmar Mendes, *DJ* de 16.03.07; Taxa da CVM escalonada de acordo com o porte do contribuinte – RE nº 177.835, Pleno, rel. Min. Carlos Velloso, *DJ* de 25.05.01; Contribuição de Iluminação Pública – RE nº 573.675, Pleno, rel. Min. Ricardo Lewandowski, *DJ* de 22.05.09; Taxa de Expediente – ADI nº 2.551-MC –, Pleno, rel. Min. Celso de Mello, *DJ* de 20.04.06).

No imposto sobre a renda é mais fácil aferir a capacidade de contribuir, pela circunstância de tomar como fato imponível o acréscimo do patrimônio da pessoa dentro de um quadro comparativo no início e no fim de um determinado período de tempo. A condição pessoal do contribuinte é elemento significativo da regra de tributação.

É difícil aceitar que nos tributos denominados indiretos ou objetivos – como é o caso do IPI – a verificação da riqueza não considera a pessoa (sujeito passivo), mas os negócios envolvendo as operações com produtos industrializados; muito embora se tenha entendido que a Constituição determina que o IPI seja seletivo em função da essencialidade dos produtos (art. 153, §3º, item I), realizando, de certo modo, o princípio da capacidade contributiva.[22]

Na verdade, existem certos produtos, mercadorias e serviços, cujo consumo constitui verdadeira demonstração de capacidade contributiva. Automóveis de luxo, sofisticados aparelhos eletrônicos, iates, joias, evidenciam por seu uso, ou consumo, elevada capacidade contributiva.

Não é fácil penetrar no universo das atividades particulares, ou empresariais dos contribuintes, conhecer complexos aspectos societários, ou sua intimidade pessoal, com o fito de avaliar a adequada carga fiscal, conquanto seja possível, nos lindes da economia, em um determinado momento histórico do País, aquilatar o limite máximo econômico, que possa ser suportável pelos contribuintes.

A expressão *sempre que possível* deve significar o ingente e exaustivo esforço a ser pautado pelo legislador, para disciplinar o ônus tributário, com a maior segurança

---

[22] MACHADO, Hugo de Brito. *Os Princípios Jurídicos da Tributação na Constituição de 1988*. 5. ed. São Paulo: Dialética, 2004. p. 75.

(possível), e com a menor margem de engano (também possível), a fim de que o contribuinte participe das necessidades coletivas (interesse público), com suportável parcela do seu patrimônio.

Observe-se que a capacidade contributiva não se refere apenas a impostos (art. 145, §1º), pois é possível inferir sua aplicação às taxas (art. 5º, LXXIV e LXXVII, da Constituição), no caso de o Estado ser obrigado a prestar assistência integral e tornar gratuito o registro civil de nascimento e certidão de óbito, aos que comprovarem insuficiência de recursos. Trata-se de situações excepcionais, uma vez que as taxas levam em consideração o custo dos serviços públicos, e não, particularmente, a situação patrimonial/econômica do beneficiário.

O princípio é aplicável, também, às contribuições sociais que tenham materialidades pertinentes aos impostos, tais como a Cofins (art. 195, I, *b*, da CF), e o PIS (art. 239 da CF), relativamente ao faturamento e à receita.

O ITCMD pode considerar a capacidade contributiva dos contribuintes, atrelada ao princípio da isonomia, *"verbis"*:

> Recurso Extraordinário. Tributário. Lei Estadual: Progressividade de Alíquota do Imposto sobre Transmissão *Causa Mortis* e Doação de Bens e Direitos. Constitucionalidade. Art. 145, §1º, da Constituição da República. Princípio da Igualdade Material Tributária. Observância da Capacidade Contributiva. Recurso Extraordinário Provido.
> (RE nº 562.045 – Rio Grande do Sul – Plenário – rel. p/acórdão Min. Cármen Lúcia – j. 06.12.13 – *DJe* 26.11.03).

1.4.8 Princípio da vedação de confisco

A Constituição Federal assegura o direito de propriedade (arts. 5º, XXII, e 170, II), mas também estabelece causas excepcionais para sua perda (desapropriação – arts. 5º, XXIV, 182, §4º, II, e 184; e pena acessória ao condenado criminal – art. 5º, XLV e XLVI, *b*).

O princípio que veda o confisco no âmbito tributário (art. 150, IV, da Constituição) está atrelado ao princípio da capacidade contributiva, positivando-se sempre que o tributo absorva parcela expressiva da renda, ou da propriedade dos contribuintes, sendo constatado, principalmente, pelo exame da alíquota, da base de cálculo, e mesmo da singularidade dos negócios e atividades realizadas.

É penosa a tarefa de fixar o limite para o confisco, pois se uma alíquota de 30% (trinta por cento) pode não representar confisco para o contribuinte do imposto sobre a renda, uma alíquota de 20% (vinte por cento), aplicada sobre o valor venal do imóvel do contribuinte, para fins de apuração do imposto predial e territorial urbano, significará confisco da propriedade.

A razão dessa aparente incongruência (alíquota menor representar confisco, enquanto alíquota maior não implicar esse efeito) repousa na circunstância de que a renda deriva do produto do capital e do trabalho (ou da combinação de ambos), representando parcela de riqueza produzida e renovável. Ao contrário, a propriedade imobiliária mantém-se estática (salvo os casos excepcionais de locação, em que o proprietário pode repassar o encargo tributário ao locatário), não gerando nova riqueza. Assim, à medida que a municipalidade cobra o imposto sobre a propriedade, é subtraída uma parcela desse patrimônio, que será mais substancial quanto maior for o gravame tributário.

Alíquotas e bases de cálculo excessivas sobre as materialidades tributárias representarão considerável (e condenável) subtração do patrimônio dos contribuintes, que, em muitos casos, poderão prejudicar o direito à habitação, ou à livre atividade empresarial, ainda que os valores tributários sejam trasladados (direta ou indiretamente) a terceiros, dentro de um ciclo negocial.

Todavia, é difícil estipular o volume máximo da carga tributária, ou fixar um limite de intromissão patrimonial, enfim, o montante que pode ser suportado pelo contribuinte. O Poder Público há de se comportar pelo critério da razoabilidade, a fim de possibilitar a subsistência ou sobrevivência das pessoas físicas, e evitar as quebras das pessoas jurídicas, posto que a tributação não pode cercear o pleno desempenho das atividades privadas e a dignidade humana.

Sob esse aspecto, tem cabimento a edição de lei complementar (de âmbito nacional) para regular as limitações ao poder de tributar (art. 146, II, da Constituição), tendo em mira os limites extremos compatíveis com a carga tributária suportável pelos contribuintes. Considerando todas as potencialidades tributárias, o legislador nacional terá condição de estabelecer um limite de ônus fiscal para os tipos de operações, em que pese a dificuldade que encontrará para não ferir o princípio da autonomia em matéria tributária.

Objetiva-se evitar o malsinado confisco, apurável nas mais variadas espécies tributárias contempladas na Constituição, a saber:

a) os *impostos* (arts. 153, 155, 156, e 156A) terão caráter confiscatório quando suas alíquotas se revelarem excessivas, como no caso de entravarem atividades voltadas para o comércio exterior (importação e exportação), onerarem o patrimônio e a renda (propriedade imobiliária, transmissão de bens e direitos), dificultarem a produção e circulações mercantis (IPI, ICMS), e negócios civis (ISS);

b) as *taxas* (art. 145, II) serão confiscatórias na medida em que o valor dos serviços públicos e a remuneração relativa ao exercício regular do poder de polícia venham a ser vultosos, não guardando nenhuma proporcionalidade com os custos, revelando-se incompatíveis com os fins perseguidos pelo interesse público (ausência de finalidade comercial);

c) a *contribuição de melhoria* (art. 145, III) também terá cunho confiscatório quando o valor exigido dos contribuintes seja superior à valorização imobiliária, decorrente de obras públicas;

d) os *empréstimos compulsórios* (art. 148) serão confiscatórios quando sejam significativos os valores entregues provisoriamente aos cofres públicos, para atender calamidade pública, guerra externa ou sua iminência; e investimentos públicos urgentes e relevantes, ocorrendo o retorno em montante inferior ao mutuado;

e) as *contribuições sociais* (arts. 7º, III, 149, 149-A, 195, 212, §5º, 239 e 240, EC nº 20/98, nº 33/01, nº 53/06, e nº 132/23) também conterão a mesma natureza se incidirem excessivas alíquotas sobre as remunerações das atividades previstas, ou sobre a folha de salário, faturamento e lucro.

A vedação de confisco também se aplica às multas (STF, RE nº 523.471-AgR, 2ª Turma, rel. Min. Joaquim Barbosa, *DJe* de 23.04.10 e AI nº 482.281-AgR, 1ª Turma, rel. Min. Ricardo Lewandowski, *DJe* de 21.08.09, conforme assinalado em específico julgado

(Ag. Reg. no RE com Agravo nº 637.717, 1ª Turma, rel. Min. Luiz Fux, j. 13.03.12, *DJe* de 30.03.12, p. 27).

Oportunas as lições doutrinárias no sentido de que "o poder de taxar é o poder de manter, e não o poder de destruir",[23] e que "o tributo que absorvesse todo o valor do patrimônio destruísse a empresa ou paralisasse a atividade não se afinaria pela capacidade econômica nem se ajustaria à proibição de confisco".[24]

1.4.9 Princípio da liberdade de tráfego

Dispõe a Constituição Federal (art. 150, V) que fica vedado às pessoas jurídicas de Direito Público estabelecer limitações ao tráfego de pessoas, ou bens, por meio de tributos interestaduais ou intermunicipais, ressalvada a cobrança de pedágio pela utilização de vias conservadas pelo Poder Público.

Este princípio constitui reafirmação do princípio federativo, coibindo a exigência de gravames tributários que acarretem o impedimento da livre circulação entre os Estados e Municípios, sendo que o seu destinatário é o legislador respectivo, não podendo ser criada uma autêntica barreira fiscal, como é o caso de dificultar a livre movimentação física de bens e pessoas, mediante a imposição de substanciais ônus de ICMS.

Nesse sentido, o legislador está proibido de fixar alíquotas excessivas ou cobrar taxas arbitrárias, em razão da procedência ou do destino dos bens e serviços.

1.4.10 Princípios específicos para determinados impostos

O princípio da *progressividade* é referido para o Imposto de Renda (IR) – art. 153, §2º –, Imposto sobre a Propriedade Territorial Rural (ITR) – art. 153, §4º – Imposto sobre a Propriedade Predial e Territorial Urbana (IPTU) – arts. 156, §1º, itens I e II (nova redação da EC nº 29 de 13.09.00), e 182, §4º, II –, e consiste na majoração das alíquotas à medida que a base de cálculo é elevada – Imposto sobre Transmissão *Causa Mortis* e Doação de Quaisquer Bens e Direitos (nova redação da EC nº 132, de 20.12.23).

Este postulado entrelaça-se com os princípios da "capacidade contributiva" e da "isonomia", de modo que a carga tributária seja mais significativa para os contribuintes que revelem superior riqueza, o que até mesmo seria um ideal para todos os impostos, uma vez que "os impostos que não sejam progressivos – mas que tenham a pretensão de neutralidade –, na verdade, são regressivos, resultando em injustiça e inconstitucionalidade", também se entendendo que "a progressividade é constitucionalmente postulada, tanto a de caráter fiscal (inerente ao próprio tributo) como a extrafiscal (promoção de uma igualação social – eliminação de desigualdade), o favorecimento dos desvalidos, a criação de empregos, o desenvolvimento econômico, a melhoria das condições de vida, a proteção do meio ambiente etc., são valores que mereceram do constituinte especial encômio".[25]

---

[23] PINTO, Bilac. A Crise da ciência das Finanças – Os Limites do Poder Fiscal do Estado – Uma Nova Doutrina sobre a Inconstitucionalidade das Leis Fiscais. *Revista Forense*, n. 82, p. 553, jun. 1940.
[24] BALEEIRO, Aliomar. *Limitações Constitucionais ao Poder de tributar*. 6. ed. Rio de Janeiro: Forense, 1955. p. 262 e 667.
[25] ATALIBA, Geraldo. Progressividade e Capacidade Contributiva. *Revista de Direito Tributário*, 1991. p. 49.

A Constituição estabeleceu de modo expresso, preciso, limitado e categórico as espécies de impostos que devem ser plasmados pela progressividade, não ficando ao mero interesse do legislador ordinário utilizar este princípio, do modo como melhor lhe aprouver.

A consideração da progressividade não tem ensejado controvérsia no âmbito do IR, em que o legislador fixa diversas alíquotas, variáveis segundo as classes de rendas ou lucros tributáveis.

A polêmica fora suscitada no tocante ao IPTU pela circunstância de que, enquanto um preceito constitucional (art. 156, §1º) utiliza a expressão "poderá ser progressivo", presumindo um caráter facultativo, outro dispositivo (art. 182, §4º) determina a "progressividade no tempo", no caso de o proprietário do solo urbano, incluído em Plano Diretor, não edificado, subutilizado ou não utilizado, não ter promovido seu adequado aproveitamento.

A propósito, a "progressividade imobiliária" deve levar em consideração diversas circunstâncias, a saber: tempo, espaço, valor venal do imóvel, superfície, equipamentos urbanos, gabarito das construções ou número de pavimentos, destinação dos imóveis, número de lotes do proprietário.[26]

A progressividade do IPTU ensejou acirrada celeuma em razão de a legislação paulistana, editada em 1991, haver criado alíquota mais elevada para terrenos ociosos ou imóveis não residenciais, sem que houvesse prévia definição em Plano Diretor (obrigatório para cidades com mais de 20 mil habitantes – art. 182, §1º, da Constituição). Embora o Tribunal de Justiça de São Paulo tenha julgado legítima a tributação graduada conforme o valor dos imóveis, com a assertiva de que a distinção entre residenciais e não residenciais não viola o princípio da isonomia tributária (ADIn nº 14.927.018, Pleno, j. 07.06.95). O antigo Primeiro Tribunal de Alçada Civil de São Paulo posicionou-se pela inconstitucionalidade da legislação municipal (Súmula nº 43).

Por fim, o STF acolheu a ADIn para decretar a inconstitucionalidade da tributação progressiva (RE nº 199.281-6, Pleno, rel. Min. Moreira Alves, j. 11.11.98, *DJU* 1 de 24.11.98, p. 2).

E, nesse sentido, fixou a diretriz de que "é inconstitucional a lei municipal que tenha estabelecido, antes da Emenda Constitucional nº 29/00, alíquotas progressivas para o IPTU, salvo se destinada a assegurar o cumprimento da função social da propriedade urbana" (Súmula nº 668).

A circunstância de a Constituição haver considerado a progressividade do IPTU em dois capítulos distintos (sistema tributário – art. 156, §1º, e ordem econômica – art. 182, §4º, II) não significa autonomia e tratamentos jurídicos diferenciados, uma vez que a progressividade se justifica no âmbito do desenvolvimento urbano, condicionando a prévia edição de lei específica para área incluída em Plano Diretor, no contexto da função social da propriedade (arts. 5º, XXIII, 170, II, e 182, *caput*). Injustificável a progressividade do IPTU como singelo procedimento fiscal, de cunho meramente arrecadatório, divorciado da política de desenvolvimento urbano.

---

[26] BARRETO, Aires. A Progressividade nos Impostos sobre Propriedade Imobiliária. *Suplemento Tributário*, n. 58, LTr, São Paulo, 1978. p. 225-238.

Nova diretriz constitucional (Emenda nº 29, de 13.09.00) possibilita, além da progressividade no tempo, a progressividade em razão do valor do imóvel, conforme examinado no item 20.01.04.[27]

O princípio da *não cumulatividade* do Imposto sobre Produtos Industrializados (IPI) – art. 153, §3º, II – e do Imposto sobre Operações Relativas à Circulação de Mercadorias e sobre Prestações de Serviços de Transporte Interestadual e Intermunicipal e de Comunicação (ICMS) – art. 155, §2º, I – significa que o valor tributário efetivamente devido é aquele que resulta da compensação, entre os tributos incidentes nas operações/serviços praticados pelo contribuinte, com as anteriores aquisições de bens e serviços, num determinado período de tempo.

Assim, ao realizar operações com produtos industrializados, com incidência do IPI, o industrial não deverá recolher integralmente o valor do tributo dessas operações, mas abatê-lo do montante do IPI incidente nas aquisições de bens (uso e consumo, matérias-primas, produtos intermediários, materiais auxiliares e de embalagem etc.). Do mesmo modo, ao realizar negócios mercantis e prestações de serviços de transporte interestadual e intermunicipal e de comunicação, o contribuinte abaterá o montante do ICMS incidente nas operações e prestações anteriores. Entretanto, deverá considerar que "a isenção ou não incidência, salvo determinação em contrário da legislação: a) não implicará direito para compensação com o montante devido nas operações ou prestações seguintes; b) acarretará a anulação do crédito relativo às operações anteriores" (art. 155, §2º, II).

A *não cumulatividade* implica a compensação de "créditos" com "débitos" dos mencionados impostos, gerados num determinado período de tempo (usualmente mensal), mediante a utilização de uma autêntica conta-corrente fiscal, em razão do que esta mesma sistemática deverá ser observada relativamente aos impostos que venham a ser criados com fundamento na competência residual da União (art. 154, I).

A EC nº 42/03 (inserção do §12 ao art. 195) estabelecera que a lei definirá os setores de atividade econômica para os quais as contribuições incidentes na forma dos incisos I, *b* (receita ou faturamento – Cofins), e IV do *caput* (importação de bens ou serviços do exterior), serão não cumulativas.

O princípio da *seletividade*, em função da essencialidade dos produtos, mercadorias e serviços, será obrigatório para o IPI (art. 153, §3º, I), consistindo na distinção de cargas tributárias, em razão de diferenciação desses bens, traduzidos basicamente em alíquotas descoincidentes, procurando-se atender ao princípio da isonomia. Decorre de valores colhidos pelo constituinte, como é o caso do salário mínimo, que toma em consideração as necessidades vitais básicas, como a moradia, a alimentação, a educação, a saúde, o lazer, o vestuário, a higiene, o transporte e a previdência (art. 7º, IV), diante do que os produtos necessários e indispensáveis à subsistência da população – como os gêneros alimentícios – devem implicar menores alíquotas de imposto, ao passo que os produtos supérfluos e artigos de luxo podem sofrer carga tributária mais significativa.

A seletividade é facultativa para o ICMS (art. 155, §2º, III da Constituição Federal), tendo a Lei Complementar nº 194, de 23.06.22, previsto a sua utilização para as operações relativas aos combustíveis, ao gás natural, à energia elétrica, às comunicações e ao transporte coletivo, em razão de serem essenciais e indispensáveis.

---

[27] MELO, José Eduardo Soares de. IPTU – a Função Social da Propriedade e a Progressividade das Alíquotas. *Revista Dialética de Direito Tributário*, n. 1, p. 41-56, s.d.

Os princípios da *generalidade* e da *universalidade*, previstos para o IR (art. 153, §2º), representam a incidência do tributo sobre todas as rendas e proventos, para quaisquer pessoas que os tenham auferido (no País e no exterior), sem qualquer espécie de distinção ou discriminação de sexo, raça, categoria econômica, profissional etc.

1.4.11 Princípio da impessoalidade

Consiste no exercício objetivo da função administrativa, que tem por finalidade primordial atender ao exclusivo interesse público, de forma isônoma, sem conceder privilégios ou interesses pessoais e particularizados (art. 37 da CF).

O agente público deve objetivar o atendimento geral da coletividade, sem efetuar qualquer discriminação, vantagem ou favorecimento a determinadas pessoas ou categorias econômicas, profissionais etc., como corolário do princípio da moralidade.

Significa que "a Administração tem que tratar a todos os administrados sem discriminações, benéficas ou detrimentosas. Nem favoritismo nem perseguições são toleráveis. Simpatias ou animosidades pessoais, políticas, ideológicas não podem interferir na atuação administrativa e muito menos interesses sectários, de facções ou grupos de qualquer espécie. O princípio em causa não é senão o próprio princípio da igualdade ou isonomia".[28]

Em termos tributários, não pode o Fisco conferir tratamento personalizado, especial, vantajoso (ou prejudicial) a certos contribuintes, em prejuízo de outros. Assim, deve, necessariamente, observar uma ordem natural e cronológica de atendimento no que concerne às orientações prestadas nos postos fiscais, às respostas às consultas formais, aos pedidos de concessão de regime especial (simplificação de documentos, utilização de sistema de processamento de dados etc.) e no trâmite dos processos contenciosos.

Embora a importância do crédito tributário envolvido, e a notória situação de inidoneidade, possam representar maior interesse para a Fazenda, não há como se menosprezar o interesse dos próprios contribuintes em ver agilizada uma decisão, para que estes possam estar seguros de seus procedimentos internos e apurar os reflexos patrimoniais.

1.4.12 Princípio da moralidade

Constitui princípio alçado à estatura constitucional (art. 37, da CF), como um dos fundamentos basilares dos atos dos representantes das pessoas jurídicas de Direito Público, evidenciando-se que não basta o ato administrativo conter seus elementos normais (competência, motivo, objeto, finalidade e forma), para projetar seus efeitos jurídicos, tornando-se imprescindível o comportamento moral, ético, honesto e justo.

Embora se trate de um conceito indeterminado, vago, impreciso, flutuante ao sabor do tempo e dos costumes, sendo dosado de certa flexibilidade, compete ao hermeneuta precisar um critério – ainda que pautado por margem de tolerância – para que esse princípio não seja espezinhado, ignorado ou até mesmo vilipendiado.

---

[28] MELLO, Celso Antônio Bandeira de. *Curso de Direito Administrativo*. 15. ed. São Paulo: Malheiros, 2003; 26. ed. São Paulo: Malheiros, 2009. p. 117.

Partindo-se do pressuposto de que o administrador público gera bens e direitos dos quais não é titular, deve perseguir os interesses coletivos até suas últimas consequências, mantendo um procedimento reto e legítimo no que for pertinente às finalidades que o ato objetiva.

A moralidade administrativa – nem sempre fácil de captar e precisar – encontra-se adstrita aos lindes do desvio do poder, ou seja, a utilização de meios ilícitos para atingir objetivos da Administração, mesmo que todos os elementos componentes do ato público guardem consonância (ainda que formal) com a norma.

É possível vislumbrar a configuração da imoralidade do ato administrativo nas práticas atentatórias aos bons costumes, na ofensa às regras da boa administração (falta de espírito público e de presteza ao servir à comunidade), na deslealdade e na surpresa, que constituem elementos nocivos à relação administrador (Fisco) e administrado (contribuinte).

O propalado princípio da supremacia do interesse público sobre o interesse individual, outorgando prerrogativas e privilégios para a Administração – identificável no exercício do poder de polícia e na prestação de serviços públicos –, não pode, em absoluto, representar um cheque em branco ao governo, de forma a ocasionar desrespeito aos administrados no que tange aos seus direitos e garantias individuais.

A imoralidade é mais facilmente configurada nos atos discricionários, em que se comete a faculdade ao administrador para agir segundo critérios de conveniência e oportunidade; enquanto, na bitola dos atos vinculados, praticamente inexiste margem de liberdade no exercício dos direitos e deveres administrativos.

Considerando que a atividade tributária é plenamente vinculada, defluindo a obrigatoriedade do servidor público de cobrar tributos, é compreensível a dificuldade de tipificar a imoralidade num ato da Administração que esteja consubstanciado por seus legítimos elementos.

Creio que nas matérias em que o Judiciário já tem decretado a inconstitucionalidade de normas, ou mesmo quando assenta sólidas posições a respeito de questões tributárias, o Fisco deve modificar seus procedimentos usuais para observar as diretrizes jurisprudenciais, uma vez que aqueles se revelam ineficazes. Reclama-se idêntico comportamento fiscal no caso de os próprios órgãos colegiados administrativos fixarem jurisprudência acerca das intributabilidades relativas a determinadas operações; ou mesmo quando estabelecem diretrizes, orientações e entendimentos firmes sobre específicas práticas tributárias.

Também viola a ética os expedientes dos julgadores tributários consistentes em diligências ou pedidos de vista de processos, com o propósito de procrastinar o julgamento do feito.

Arranha, ainda, o princípio da moralidade a demora na solução dos pedidos de restituição/compensação de tributos, sob pena de positivar-se o enriquecimento sem causa da Fazenda.

A moralidade administrativa restará prejudicada, no caso de parcelamento de débitos tributários, inclusive quando acompanhado de confissão de dívida, quando o Fisco promove penhora de bens do contribuinte, impossibilitando o pleno exercício de suas atividades pessoais ou particulares.

Na trilha da imoralidade, situam-se as medidas constrangedoras do patrimônio dos contribuintes, consoante sedimentada jurisprudência, quando são promovidas interdição de estabelecimento, apreensão de mercadorias, como meio coercitivo para a exigência dos tributos; proibição de despacho de mercadorias nas alfândegas e exercício profissional etc.

1.4.13 Princípio da publicidade

A eficácia dos atos administrativos implica obrigatoriamente o integral conhecimento pelos administrados, não só para que possam acompanhar a execução dos interesses de toda a coletividade; mas também de forma a evidenciar plena transparência, em absoluta consonância com o princípio da moralidade.

Salvo os casos de excepcional sigilo (art. 5º, XXXIII, da CF), a Administração não pode fazer nenhum segredo do exercício da função pública, que deve ser objeto de veiculação na imprensa oficial, para poder ser acompanhada e, até mesmo, fiscalizada pelas partes, uma vez que gera patrimônio público.

Há que se ponderar que "a publicidade não é elemento formativo do ato; é requisito de eficácia e moralidade. Por isso mesmo, os atos irregulares não se convalidam com a publicação, nem os regulares a dispensam para a sua exequibilidade, quando a lei ou o regulamento a exigem (...); a publicidade significa propiciar a todos os cidadãos um meio de fiscalização da atividade estatal".[29]

O princípio da publicidade (art. 37 da CF) não consiste apenas na divulgação oficial dos atos administrativos, mas também no oferecimento de condições para permitir o conhecimento da conduta dos seus agentes, atingindo também os pareceres, julgamentos etc.

No âmbito tributário deve ser promovida a publicidade dos atos, documentos, e de todos os elementos integrantes do lançamento tributário, especialmente nos casos de lavratura de autos de infração (instauração de processo administrativo). Para possibilitar o conhecimento destes eventos, é indispensável observar medidas práticas e eficazes (notificações pessoais, processo eletrônico, notícias na imprensa), que assegurem a certeza da ciência aos sujeitos passivos e aos demais interessados.

Ressalto que, em processos versando sobre a glosa de créditos fiscais (IPI e ICMS), em decorrência de decretação da inidoneidade de notas fiscais emitidas por terceiros, não é suficiente a simples menção aos expedientes fazendários respectivos em autos de infração. Torna-se indispensável a ciência formal, ao contribuinte, de todos os elementos constantes do procedimento que teria culminado com tais expedientes.

Do mesmo modo, a simples publicação do resultado da decisão administrativa no *Diário Oficial*, por si só, não constitui medida suficiente para que a imensa maioria dos autuados tenha conhecimento do julgamento, especialmente pela circunstância de que no processo administrativo não é necessária a participação de advogado. Realmente, salvo para as empresas e as instituições de grande porte, não é razoável supor que determinadas categorias de contribuintes (produtores rurais, ambulantes, açougueiros etc.) procedam à leitura diária dos jornais oficiais (durante anos), acessem periodicamente a internet, para terem conhecimento da situação processual de seu interesse.

---

[29] FERREIRA, Wolgran Junqueira. *Princípios da Administração Pública*. Bauru: Edipro, 1996. p. 93-94.

O bloqueamento de inscrição fiscal dos emitentes das notas fiscais (implicador da glosa dos créditos), promovido *interna corporis*, sem que tenha notícia oficial, também viola os postulados da boa-fé, lealdade administrativa e evitação de surpresa.

1.4.14 Princípio da eficiência

A presteza e os resultados satisfatórios das atividades públicas representam a almejada finalidade da Administração, como gestora dos bens da população.

Esse *plus* constitucional – (previsão no art. 37, da CF-88, introduzido pela Emenda nº 19/98) – reforça, reafirma e determina a celeridade e rapidez dos atos administrativos, para permitir a plena eficácia, porque de nada adianta a prestação de serviços morosos, que desacreditam a coletividade.

Ao formular pleitos à Administração, é natural que o contribuinte esteja aguardando uma pronta solução para que possa desenvolver suas atividades da forma mais adequada e conveniente aos seus interesses, conferindo-lhe a almejada segurança, de modo a evitar os naturais riscos.

Consagra um dos deveres da Administração sendo que "o princípio deve ser estendido e aplicado no sentido de que a atividade administrativa (causa) deve buscar e produzir um resultado (efeito) razoável em face do atendimento do interesse público visado. Por isso, do princípio da eficiência decorre o dever de eficiência".[30]

Na seara tributária, a morosidade também incomoda, e até mesmo prejudica, tanto os objetivos fazendários como os interesses particulares. A fiscalização que demora para concluir o seu trabalho junto a um empresário prejudica a Fazenda (falta de eventual lançamento) e o próprio contribuinte (insegurança de comprometimento de seu patrimônio).

O mesmo ocorre com o processo administrativo lento, que nunca termina, demorando anos para serem solucionados, causando transtornos às partes litigantes. A Fazenda vê-se prejudicada no tocante ao percebimento do crédito tributário, na hipótese de o contribuinte dilapidar seu patrimônio, cair em insolvência durante o trâmite processual, passando a inexistir bens suficientes para garantirem a execução judicial. O contribuinte também pode ver-se prejudicado na medida em que permanece na incerteza quanto à legitimidade do seu procedimento (objeto da autuação).

A EC nº 45, de 08.12.04, dispôs que "a todos, no âmbito judicial e administrativo, são assegurados a razoável duração do processo e os meios que garantam a celeridade de sua tramitação" (acréscimo do inciso LXXVIII, ao art. 5º, da CF).

Trata-se de mandamento que não é autoaplicável, necessitando de legislação ordinária que deverá estabelecer os limites temporais e as medidas que possam ser aplicadas, com o objetivo de almejar o eficiente princípio de justiça.

Embora a "razoável duração do processo" compreenda um conceito indeterminado, impregnado de subjetivismo, é possível visualizar em cada processo (administrativo ou judicial) o limite mínimo para a sua duração, tendo em vista a estipulação dos prazos previstos para as diversas manifestações das partes litigantes (oferecimento de defesa, recursos, realização de perícias etc.).

---

[30] MEIRELLES, Hely Lopes. *Direito Administrativo Brasileiro*. 42. ed. São Paulo: Malheiros, 2016. p. 1058.

A partir do lapso de tempo mínimo para a duração do processo, pode-se conceber a estipulação de período de tempo pertinente aos trâmites burocráticos (andamento dos processos nas repartições e cartórios), inclusive a consideração de tempo para as decisões singulares e dos órgãos colegiados.

Para tanto, há que se ter em conta que o princípio da razoabilidade implica relação lógica, adequada proporção e a coerência do sistema e dos atos jurídicos.[31] O postulado da razoabilidade (previsto na Lei federal nº 9.784, de 29.01.99, art. 2º; e na Constituição do Estado de São Paulo de 05.10.89, art. 111) está atrelado aos princípios da equidade e da proporcionalidade.

A Lei federal nº 11.457, de 16.03.07 (art. 24), dispôs sobre a obrigatoriedade de a decisão administrativa ser promovida no prazo máximo de 360 (trezentos e sessenta) dias a contar do protocolo de petições, defesas ou recursos administrativos do contribuinte.

O STJ (1ª Seção) entendera que a referida lei ostenta natureza processual fiscal, devendo ser aplicada imediatamente aos pedidos, defesas ou recursos administrativos pendentes (REsp nº 1.138.206-RS, rel. Min. Luiz Fux, j. 09.08.10, *DJe* de 1º.09.10). Todavia, nada dispôs com relação ao efeito específico e concreto no caso de inobservância do preceito legal.

O STJ decidira o seguinte:

Tributário – Prazo Razoável para Apreciação de Processo Administrativo Fiscal – Aplicação Subsidiária do art. 49 da Lei n. 9.784/99 – Possibilidade – precedentes.
1. O STJ, em homenagem aos princípios da eficiência e moralidade previstos na Constituição Federal, tem admitido, na falta de previsão legal, a possibilidade de se estabelecer prazo para o encerramento da instrução do processo administrativo quando sua apreciação se mostrar morosa e injustificada. Precedentes.
2. Não está o Poder Judiciário apreciando o mérito administrativo, apenas dando interpretação sistemática ao ordenamento jurídico, daí não se há falar em ofensa ao princípio da separação de poderes.
(AgRg no REsp nº 1.143.129-ES, 2ª Turma, rel. Min. Humberto Martins, j. 17.11.09, *DJe* de 25.11.09)

Entretanto, *de lege ferenda*, somente com a determinação (e aplicação) de medidas rigorosas (como é o caso da perempção do processo administrativo, e a prescrição intercorrente no processo judicial), é que a garantia constitucional poderá ser eficaz.

Vislumbra-se a previsão de celeridade nas diversas mudanças processuais, que (direta ou indiretamente) afetam a atividade tributária, a saber: Leis nº 11.187, de 20.10.05 (*agravos* – limita a interposição); nº 11.232, de 23.12.05 (*execução de títulos judiciais* – unifica fase de conhecimento e execução judicial, institui multa por não pagamento voluntário e elimina o efeito suspensivo dos embargos); nº 11.276, de 09.05.06 (*súmula impeditiva de recursos* – impede a apelação contra decisão baseada em súmula dos tribunais superiores); nº 11.277, de 09.05.06 (*processos repetitivos* – permite a reprodução de sentenças em disputas repetitivas sem citar a parte vencedora, quando o pedido for improcedente); nº 11.280, de 18.5.06 (*prazo para pedido de vista* – cria prazo de dez dias para pedido de vista, sujeito à renovação); nº 11.341, de 08.08.06 (*simplificação e informatização de procedimentos*

---

[31] COSTA, Regina Helena. *Praticabilidade e Justiça Tributária* – Exequibilidade de Lei Tributária e Direitos do Contribuinte. São Paulo: Malheiros, 2007. p. 53, 225 e 231.

– autoriza o uso de jurisprudência disponível na Internet para fundamentar recursos ao STJ); nº 11.382, de 07.12.06 (*execução de títulos judiciais* – altera regras para bloqueio e alienação de bens do devedor; autoriza penhora *online*, regulamenta a adjudicação e substitui leilão público por leilão privado; nº 11.417, de 20.12.06 (*repercussão geral dos recursos* – permite ao STF não aceitar recursos sem relevância social, econômica ou jurídica); nº 11.418, de 20.12.06 (*informatização de procedimentos* – autoriza e regulamenta a extinção do uso de papel e uso exclusivo do meio eletrônico no processamento de ações); nº 11.419, de 20.12.06 (*súmula vinculante* – regulamenta a aprovação e revogação de súmulas vinculantes do STF e sua vinculação ao Poder Público); e nº 11.672, de 08.05.08 para evitar a multiplicidade de recursos, no âmbito do STJ, com fundamento em idêntica questão de direito.

O CPC 2015 dispôs que "as partes têm o direito de obter em *prazo razoável* a solução integral do mérito, incluída a atividade satisfativa" (art. 4º).

Entende-se que a diretriz da eficiência traduz a ideia de praticabilidade, também conhecida como praticidade, pragmatismo ou factibilidade, compreendida como o conjunto de técnicas que visam viabilizar a adequada execução do ordenamento, mediante a adoção de regimes especiais ou simplificados; regime único de arrecadação de impostos e contribuições; recolhimento unificado e centralizado com distribuição imediata dos recursos decorrentes, arrecadação, fiscalização e cobrança compartilhadas entre os entes federados, bem como cadastro nacional único de contribuintes.[32]

Objetivando-se a adequada aplicação da praticabilidade tributária em decorrência de conceitos jurídicos indeterminados e cláusulas gerais previstas no CTN, tais como "valor fundiário" (art. 30), "valor venal do imóvel" (art. 33), "disponibilidade econômica", "disponibilidade jurídica", "produto do capital" e "produto do trabalho" (art. 43), são estabelecidas "plantas fiscais de valores", "pautas fiscais de valores", "lucro presumido" etc.[33]

1.4.15 Princípio da segurança jurídica

A expressão "segurança jurídica" encontra-se adstrita aos conceitos filosóficos (existencialismo, estruturalismo, individualismo, liberalismo etc.), colhidos pelos políticos, e dispostos no ordenamento jurídico de cada país, sofrendo a consideração dos operadores do Direito, segundo uma visão jusnaturalista ou positivista.

Em sentido estrito, a segurança manifesta-se como uma exigência objetiva de regularidade estrutural e funcional do sistema jurídico, através de suas normas e instituições. Em sua face subjetiva, apresenta-se como certeza do Direito, isto é, como projeção das situações pessoais. Em decorrência de sua publicidade, o sujeito de um ordenamento jurídico pode saber com clareza, e previamente, aquilo que é mandado, permitido ou proibido.[34]

---

[32] COSTA, Regina Helena. *Praticabilidade e Justiça Tributária* – Exequibilidade de Lei Tributária e Direitos do Contribuinte. São Paulo:Malheiros, 2007. p. 248, 257 a 262.
[33] ZANCANER, Weida. Razoabilidade e Moralidade: Princípios Concretizadores do Perfil Constitucional do Estado Social e Democrático de Direito. In: MELLO, Celso Antônio Bandeira de (org.). *Direito Administrativo e Constitucional* – Estudos em Homenagem a Geraldo Ataliba 2. São Paulo: Malheiros, 1997. p. 618-627.
[34] LUÑO, Antonio-Enrique Pérez. *La Seguridad Jurídica*. Barcelona: Ariel Derecho, 1991. p. 21-22.

Há que ser considerado o devido processo legal de inspiração norte-americana (cláusula *due process of law*, prevista na Décima Quarta Emenda à Constituição), em que se preserva o direito à vida, à liberdade e à propriedade, aplicando-se o *Bill of Rights*.[35]

Os cânones da federação, república, isonomia, irretroatividade das normas, prescrição, ato jurídico perfeito, direito adquirido, coisa julgada, controle judicial etc., constituem elementos fundamentais para a plena caracterização da segurança jurídica.

A estipulação dos direitos e obrigações das pessoas de Direito Público, e dos particulares, consagra os direitos fundamentais e confere certeza ao Direito, face à fixação de normas precisas e determinadas, significando a existência de um autêntico Estado Jurídico, com a eliminação de arbítrios e privilégios.

Pode-se cogitar de segurança jurídica onde os mecanismos republicanos de renovação periódica dos mandatos representativos sejam eficazes, e os instrumentos de responsabilização dos agentes públicos atuem fatalmente, sem interferências, bem como o controle jurisdicional dos atos administrativos.[36]

É nítida a configuração da segurança jurídica em matéria tributária face à fixação dos inúmeros princípios constitucionais concernentes à legalidade, anterioridade, irretroatividade, igualdade, capacidade contributiva, tipicidade, vedação de confisco, liberdade de tráfego, proporcionalidade, razoabilidade etc.

Precisa a lição prática:

> É o direito à segurança jurídica que define a sustentação, firmeza e eficácia do ordenamento jurídico. Ele *garante que cada pessoa pode saber de si, de seus direitos, tê-los por certos e seguros em sua aplicação, para que cada qual durma e acorde ciente de que os seus direitos são os que estão conhecidos do sistema, e que a sua mudança não se fará senão segundo e quando nele estabelecido (o que, numa democracia, não será de atropelo nem sem o prévio conhecimento do que vem a ser cada item jurídico mudado ou produzido como novo direito)*.[37]

Somente se pode considerar a segurança jurídica quando se observa supremacia da Constituição, controle da constitucionalidade, legalidade, certeza, estabilidade, garantia, tutela judiciária dos direitos, universalidade da jurisdição, legalidade estrita da tributação e previsibilidade da ação estatal.[38]

A *definição* do princípio da segurança jurídica contém-se em primorosos estudos jurídicos:

> *Princípio que, sobre fundar a validade e instrumentalizar a eficácia das normas jurídicas, exige a transparente respeitabilidade da ação do cidadão-contribuinte, e da argumentação que lhe é concernente, por meio da moderação estatal*.[39]

---

[35] EMANUEL, Steven L. Constitutional Law. *Harvard Law School, J. D., Aspen Law & Business*, 1976. p. 139.

[36] GIARDINO, Cléber; ATALIBA, Geraldo. Segurança do Direito, Tributação e Anterioridade – Imposto sobre a Renda (Exame do Dec. Lei 1.967/82 – Exercício Social Encerrado em Março de 1983). *Revista de Direito Tributário*, n. 27/28, p. 60, jan./jun. 1984.

[37] ROCHA, Carmen Lúcia Antunes. Princípio da Coisa Julgada e o Vício de Inconstitucionalidade. In: CLÈVE, Clèmerson Merlin *et al.* (org.). *Crédito-prêmio de IPI* – Estudos e Pareceres. Barueri: Minha Editora e Manole, 2005. p. 134.

[38] MALERBI, Diva. Segurança Jurídica e Tributação. *Revista de Direito Tributário*, n. 47, p. 202-210, jan./mar. 1989.

[39] ÁVILA, Humberto. *Segurança Jurídica*. São Paulo: Malheiros, 2011. p. 669.

Princípio garantia constitucional que tem por finalidade proteger expectativas de confiança legítima nos atos de criação ou de aplicação de normas, mediante certeza jurídica, estabilidade do ordenamento e confiabilidade na efetividade de direitos e liberdades, assegurada como direito público fundamental.[40]

Em termos práticos, o princípio da capacidade contributiva, vinculado à vedação de confisco, implica o estabelecimento de limites mínimo e máximo de tributação. Nos tributos que incidem sobre a atividade produtiva e sobre o consumo, é possível observar-se o mínimo isento para os produtos de primeira necessidade. Nos impostos que incidem sobre a propriedade, se dá pela isenção para os imóveis de padrão popular; enquanto para o imposto sobre a renda, deve ser observado o direito do cidadão a uma vida mais digna.[41]

Num plano ideal, é possível cogitar de efetiva segurança jurídica quando os contribuintes tenham o prévio conhecimento das exigências fiscais, que lhes permita planejar, e exercer, suas atividades particulares ou profissionais. A ciência antecipada dos gravames tributários possibilita ao empresário mensurar suas obrigações fiscais diretas sobre suas operações (Impostos de Importação, IPI, ICMS, ISS, Cofins, PIS, CSLL, IR etc.), ou, de modo indireto (IPTU, IPVA, IOF etc.).

A certeza tributária somente estará concretizada se o Judiciário decidir, com independência e rapidez, as controvérsias fiscais decorrentes da legislação ordinária (leis, decretos e atos administrativos), que violem os princípios e diretrizes constitucionais.

Entretanto, o ordenamento nacional contempla uma multiplicidade de tributos (simultâneos e concomitantes para uma mesma situação, estado ou negócio); além de excepcionar certos impostos do princípio da anterioridade (II, IPI, IOF etc.), o que leva os empresários a uma total insegurança, pelo fato de que, a qualquer momento, podem sofrer majoração excessiva de seus encargos.

É o caso do importador que planeja e realiza a importação de bens segundo uma específica situação tributária (carga baixa de tributos aduaneiros); mas que, logo após o embarque no exterior, se vê surpreendido pelo aumento significativo das alíquotas que passarão a ser aplicadas por ocasião do desembaraço aduaneiro.

O desrespeito à segurança jurídica também ocorre no caso de a legislação ordinária estabelecer ônus tributários, em manifesto desrespeito às diretrizes jurisprudenciais, que "além de influenciar, muitas vezes de forma decisiva, a produção legislativa, a ação administrativa e o horizonte decisional dos particulares, também pode propiciar outras conseqüências vinculadas à segurança jurídica: a) para as partes, na medida em que possibilita certa previsibilidade quanto à solução final do caso, operando assim como fator de segurança e de tratamento judicial isonômico; b) para o *Judiciário*, porque a jurisprudência sumulada agiliza as decisões, alivia a sobrecarga acarretada pelas demandas repetitivas e assim poupa precioso tempo, que poderá ser empregado no exame de casos mais complexos e singulares; c) para o próprio Direito, em termos de sua eficácia prática e credibilidade social, porque o *tratar igualmente as situações análogas*

---

[40] TÔRRES, Heleno Taveira. *Direito Constitucional Tributário e Segurança Jurídica*. São Paulo: Revista dos Tribunais. 2011. p. 186-187.
[41] GRUPENMACHER, Betina Treiger. Tributação e Direitos Fundamentais. In: FISCHER, Octavio Campos (coord.). *Tributos e Direitos Fundamentais*. São Paulo: Dialética, 2004. p. 14-16.

é algo imanente a esse ramo do conhecimento humano, certo que o *sentimento do justo* integra a essência do Direito desde suas origens: *jus est ars boni et aequo*".[42]

Restara positivada a insegurança jurídica nos casos em que a legislação dispusera sobre a incidência do ICMS nas transferências de mercadorias entre estabelecimentos da mesma pessoa jurídica (LC nº 87/96, art. 12, I), em razão de ter sido firmada jurisprudência acerca de inconstitucionalidade (súmula nº 166 do STJ, e ADC nº 49), no sentido de que "não constitui fato gerador do ICMS o simples deslocamento de mercadoria de um para outro estabelecimento do mesmo contribuinte".

No mesmo sentido enquadra-se a determinação constitucional que impede o questionamento em matéria constitucional na esfera administrativa (Decretos federais nº 70.235/72, art. 26-A; e nº 7.574/11, art. 59) salvo situações específicas, porque é absurdo jurídico proceder-se ao exame, e à decisão, de intrincadas questões, amparadas em normas hierarquicamente inferiores à Constituição Federal.

Em termos objetivos caracteriza-se a insegurança na utilização de conceitos indeterminados, conforme previsto na LC nº 116/03, dispondo sobre (i) as expressões "congêneres", "auxiliares", e "semelhantes", para a caracterização de serviços tributáveis pelo ISS; (ii) a relativização da coisa julgada material, desconsiderando sua eficácia face à posterior decisão judicial em distinta lide, da norma que embasava referida decisão projetando efeitos pretéritos; e (iii) a aplicação restrita dos entendimento fazendários (objeto de consultas) aos consulentes, apesar de guardar plena semelhança com as atividades de terceiros.

1.4.16 Princípio da Simplicidade

A simplificação da sistemática tributária sempre seria um ideal para os poderes públicos e contribuintes, porque possibilitaria o atendimento a todas as exigências tributárias mediante o regular cumprimento das obrigações de natureza principal (recolhimento) e acessória (deveres instrumentais).

Todavia, o ordenamento jurídico brasileiro é manifestamente complexo, pela previsão de um considerável número de tributos (e suas espécies), compreendendo impostos, taxas, contribuições sociais, contribuição de melhoria, empréstimos compulsórios.

Além disso, são previstas inúmeras obrigações acessórias atribuídas pela União, Estados, Distrito Federal e Municípios, em específicas legislações regulamentando os tributos, afastando por completo a desejada simplicidade tributária.

Criteriosa a observação seguinte:

> A simplicidade passa pela busca da redução do número de tributos do sistema, pela simplificação em sua legislação e, não menos importante, dos custos burocráticos concernentes à tributação. A ideia é de que, se ao contribuinte já é penoso arcar com os tributos, muito maior revolta lhe causam os custos administrativos relacionados à cobrança. A ideia de pagar para pagar um tributo", que resume os custos indiretos da tributação, é a antítese da simplicidade administrativa.[43]

---

[42] MANCUSO, Rodolfo de Camargo. Divergência Jurisprudencial e Súmula Vinculante. In: CLÈVE, Clèmerson Merlim *et al.* (org.). *Crédito-prêmio de IPI – Estudos e Pareceres*. Barueri: Minha Editora e Manole, 2005. p. 141.

[43] SCHOUERI, Luís Eduardo. *Direito Tributário*. 9. ed. São Paulo: Saraivajur, 2018. p. 45.

Embora objetivamente simples, a adoção de um "imposto único" nem sempre vingou em nosso país, dada a diversidade de materialidades tributárias (patrimônio, renda, produção, consumo), e de entidades tributantes.

Também se aponta "a necessidade de os contribuintes guardarem, por longuíssimo tempo, os documentos que comprovam suas operações. Efetivamente, dado o grande número de transações praticadas por um sem-número de contribuintes, torna-se impraticável a fiscalização imediata: o legislador deve assegurar à administração um tempo razoável para rever os atos e cálculos do contribuinte. Durante esse prazo, deve o contribuinte manter documentação que comprove seus atos".[44]

O princípio em comento poderá ser efetivamente praticado em consonância com a EC nº 132/23, na medida em que as leis complementares, que disciplinarão a nova sistemática tributária, dispuserem sobre um reduzido número de documentos fiscais.

A legislação vigente do Imposto sobre a Renda e sobre os tributos aduaneiros tem que ser, necessariamente, simplificada para que possa ser tranquilamente observada pelos seus destinatários.

1.4.17 Princípio da Transparência

A CF consagra direitos outorgados aos cidadãos (inclusive contribuintes) consistentes em informações de diversificada natureza, a saber:

> Art. 5º
> (...)
> XXXIII – Todos têm direito a receber dos órgãos públicos informações do seu interesse particular, ou de interesse coletivo ou geral, que serão prestadas no prazo da lei, sob pena de responsabilidade, ressalvadas aquelas cujo sigilo seja imprescindível à segurança da sociedade e do Estado.
>
> Art. 37. A administração pública direta e indireta de qualquer dos Poderes da União, dos Estados, do Distrito Federal e dos Municípios obedecerá aos princípios da legalidade, impessoalidade, moralidade, publicidade e eficiência (...);
> §3º – o acesso dos usuários a registros administrativos e as informações sobre os atos de governo (...).

No âmbito tributário estatui que "a lei determinará medidas para que os consumidores sejam esclarecidos acerca dos impostos que incidam sobre mercadorias e serviços" (§5º, do art. 150).

Assevera-se que "o princípio da transparência fiscal é implícito no texto constitucional. No Direito Tributário, busca garantir a adequada e clara informação ao sujeito passivo da carga tributária que lhe é imposta".[45]

E assinala que "antes de tudo, constitucionalmente, o legislador ordinário é obrigado a promover a cidadania tributária e precisa conscientizar os consumidores a

---

[44] SCHOUERI, *ob. cit.*, p. 47.
[45] ALMEIDA, Edvaldo Nilo. O princípio constitucional da transparência tributária no Direito atual. *Consultor Jurídico*, 29 fev. 2024.

respeito da incidência fiscal quando compram uma determinada mercadoria ou quando usufruem de um serviço, isto é, a lei deve esclarecer quais tributos que incidem e em que valor ou em que alcance percentual é a carga imposta ao cidadão que movimenta a economia" (*ob. cit.*)

Os atos administrativos de natureza tributária devem ser amplamente divulgados, não somente no que concerne à legislação (leis, decretos, portarias, resoluções etc.), mas também no que diz respeito aos entendimentos fazendários (respostas a consultas formuladas pelos contribuintes), e, ainda, no tocante à concessão de regimes especiais concedidos pela Fazenda.

1.4.18 Princípio da Justiça Tributária

Trata-se de princípio de difícil compreensão porque as pessoas (públicas e privadas) envolvidas na relação tributária, nem sempre observam idênticas diretrizes, princípios, e modelos jurídicos.

O ideal seria a aplicação do direito em consonância com os princípios e as regras contidas na Constituição Federal; a observância das diretrizes jurisprudenciais consagradas pelo STF, e STJ: bem como as normas contidas no CTN, leis complementares, de conformidade com conceitos e institutos previstos no ordenamento jurídico.

Oportunas as considerações jurídicas seguintes:

> "A noção de *justiça tributária* variou segundo as épocas e as formas de tributação. No passado o patrimônio individual e a produção agrícola foram os índices principais de aferição de capacidade econômica e, como justo, na Idade Média, predominava o destino das receitas justificado pelo "bem comum"; mais tarde, passou-se para os fatos signos presuntivos de riqueza e para os fatos com demonstração de capacidade contributiva, tendo-se a destinação da arrecadação dos tributos dirigida para atender à despesa pública e aos custos dos direitos fundamentais. Como se percebe, a justiça tributária é substantiva, por ser materialmente qualificada segundo certos critérios".[46]

Estudo adequado sobre a matéria traçara distinções básicas seguintes:[47]

I – Justiça formal

Princípios fundantes	Projeções específicas
Segurança jurídica e legalidade	– Irretroatividade – Tipicidade fechada – Vedação de analogia
Segurança jurídica	– Anterioridade – Não surpresa – Proteção de confiança

---

[46] TÔRRES, Heleno Taveira. *Direito Constitucional Tributário e Segurança Jurídica*. São Paulo: Revista dos Tribunais. 2011. p. 563.
[47] VELLOSO, Andrei Pitten; ÁVILA, Humberto (org.). *Justiça Tributária*. Fundamentos do Direito Tributário. São Paulo: Marcial Pons, 2012. p. 38-41.

II – Projeções normativas da justiça tributária material

Princípios gerais	Princípios específicos	Exigências específicas da capacidade contributiva
Igualdade	– Universalidade – Generalidade – Equivalência/benefício – Capacidade contributiva – Praticabilidade	– Desoneração do mínimo existencial – Não confisco – Pessoalidade e progressividade – Seletividade
Proporcionalidade	– Adequação – Necessidade – Proporcionalidade *Stricto sensu*	
Razoabilidade	– Racionalidade – Bom senso – Equivalência – Congruência	

Na realidade, torna-se problemático configurar uma plena e perfeita justiça tributária. Em termos práticos, os órgãos fazendários procuram observar as normas regulamentares, sendo vedada, muitas vezes, a apreciação de matéria constitucional, e nem sempre pautando-se pelas diretrizes jurisprudenciais (súmulas, repercussão geral).

1.4.19 Princípio da Cooperação

É cediço que os poderes públicos necessitam de recursos para fazer face aos inúmeros e diversificados interesses da coletividade, tais como saúde, educação, segurança, previdência, tendo em vista a construção de uma sociedade livre, justa e solidária, no desenvolvimento nacional, na erradicação da pobreza e marginalização, na redução das desigualdades sociais e regionais, bem como na promoção do bem-estar da coletividade.

O CTN preceitua que a Fazenda Pública da União, dos Estados, do Distrito Federal e dos Municípios prestar-se-ão mutuamente assistência para a fiscalização dos tributos respectivos e permuta de informações, na forma estabelecida, em caráter geral ou específico, por lei ou convênio (art. 199).

Nesse sentido, a Fazenda Pública da União, na forma estabelecida em tratados, acordos ou convênios, poderá permutar informações com Estados estrangeiros no interesse da arrecadação e da fiscalização de tributos, (parágrafo único, do art. 199 do CTN).

O poder público estabelece situações desonerativas de gravames tributários, mediante a concessão de incentivos e benefícios fiscais, e financeiros, com o natural objetivo de estimular o contribuinte à adoção de determinados comportamentos, qualificados como autênticos prêmios, sujeitando-se a regime jurídico diferenciado (extrafiscalidade).

Mediante procedimento administrativo, concede regime especial em situações de interesse do contribuinte, relativo à emissão de documentos; escrituração de livros fiscais; centralização de escrita; escrituração por processamento de dados; recolhimento de imposto nas operações de importação; manutenção de formulários contínuos de notas fiscais em estabelecimento de preposto etc.

As transações tributárias ajustadas por fisco e contribuinte consistem em concessões mútuas, que importam em pôr fim ao litígio e consequente extinção do crédito tributário com base no CTN (arts. 156, III, e 171, parágrafo único do CTN).

Trata-se de autêntico acordo firmado entre a Fazenda Pública e os devedores, em que as partes renunciam ao questionamento de seus eventuais direitos relativos ao tributo.

Nesta temática, observou-se que "do ponto de vista legislativo, o Princípio da Cooperação induz à [sic] produção de normas que impeçam o sancionamento de irregularidades meramente formais, que não impliquem prejuízo financeiro".[48]

Assinalou-se que "no âmbito Executivo, a cooperação exige do Fisco o dever de eliminar a prestação de informações e obrigações acessórias sobrepostas. E, também, a obrigação de afastar a aplicação de penalidades dobradas diante de um único fato, optando por aquela mais específica, com exclusividade, vedada a acumulação. No âmbito Judiciário, a abordagem cooperativa induz ao afastamento de multas sempre que o contribuinte justificar sua conduta em precedente administrativo ou judicial, presumindo-se, assim, razoável a escolha feita".

Nesta trilha jurídica aconselhável que, antes da lavratura de auto de infração, a fiscalização sempre procure obter do contribuinte os esclarecimentos devidos, e os documentos pertinentes, evitando-se a imposição de penalidades e exigibilidade de multas sancionatórias.

1.4.20 Princípio do Meio Ambiente

A CF assinala a proteção do meio ambiente (capítulo VI), dispondo basicamente o seguinte:

> Art. 225. Todos têm direito ao meio ambiente ecologicamente equilibrado, bem de uso comum do povo e essencial à sadia qualidade de vida, impondo-se ao Poder Público e à coletividade o dever de defendê-lo e preservá-lo para as presentes e futuras gerações.

Também constitui princípio da atividade econômica a defesa do meio ambiente, inclusive mediante tratamento diferenciado conforme o impacto ambiental dos produtos e serviços e de seus processos de elaboração e prestação (art. 170, VI).

Consagra-se a configuração do Direito Tributário Ambiental definido como "ramo da ciência do direito tributário que tem por objeto o estudo das normas jurídicas tributárias elaboradas em concurso com o exercício de competências ambientais, para determinar o uso de tributo na função instrumental de garantia ou preservação de bens ambientais".[49]

---

[48] ANDRADE, Leonardo Aguirra; GOLDSCHMITD, Fabio Brun. Por um princípio da cooperação tributária *Migalhas*, 04 jan. 2024. Disponível em: https://www.migalhas.com.br/depeso/399826/por-um-principio-da-cooperacao-tributaria. Acesso em: 08 out. 2024.

[49] TÔRRES, Heleno Taveira. *Direito Tributário Ambiental*. São Paulo: Malheiros, 2009. p. 101-102.

A CF não previra tributo de natureza ambiental, não havendo fundamento para tipificar como fato gerador a degradação do meio ambiente ou o uso indevido dos recursos naturais.

Entretanto, a sistemática tributária pode ser utilizada por meio de incentivos, no âmbito da extrafiscalidade, que constitui instrumento normativo consistente em estímulos fiscais relativos a desonerações tributárias (isenção, redução da base de cálculo, crédito presumido etc.) concernentes à realização de investimentos ou elevação de carga tributária.

O "ICMS Ecológico" constitui autêntica sanção premial visando à manutenção de atividades que preservam o meio ambiente; ao contrário do questionado princípio do "poluidor pagador", impondo ao causador de dano ambiental (emissão de poluente, exploração irracional de recursos naturais) arcar com os custos relativos à neutralização do dano.

Registra-se as possibilidades de tributação ambiental de tributos existentes:[50]

TRIBUTO	POSSIBILIDADES
Imposto de Renda	Incentivos a projetos de preservação ambiental mediante deduções no imposto; ou isenções em relação a rendimentos de atividades interessantes sob o ponto de vista ambiental.
IPTU e ITR	Deduções de áreas de interesse ambiental ao se calcular o imposto.
ICMS	Adoção de alíquota de acordo com a onerosidade ambiental dos produtos e serviços, de forma a incentivar o consumo de mercadorias e serviços ambientalmente corretos; destinação de parte das receitas do ICMS para municípios que tenham projetos de preservação ambiental (ICMS Ecológico).
IPVA	Alíquotas com base na capacidade poluidora dos automóveis, incentivando-se a compra de veículos menos poluentes.
ISS	Adoção de alíquota de acordo com a onerosidade ambiental dos serviços, incentivando-se os menos impactantes ao meio ambiente.
Taxas	Utilização de taxas para a prestação de serviços de natureza ambiental ou referente ao poder de polícia para a fiscalização e controle de atividades que prejudiquem o meio ambiente.
Contribuição de Melhoria	Instituição de contribuição de melhoria quando a obra executada pelo Poder Público que tenha por objetivo um fim ambiental provoque a valorização imobiliária particular.
CIDE	Instituição da CIDE para as atividades que tenham um grande potencial ofensivo ao meio ambiente, como no caso da indústria petrolífera.

---

[50] SALES, João Victor Porto. A Tutela do Meio Ambiente Através de Tributos. *Themis. Revista da Escola Superior da Magistratura do Estado do Ceará*, v. 8, n. 2, p. 180, 2010.

1.4.21 Princípio da Neutralidade

A EC nº 132/23 dispôs que o Imposto sobre Bens e Serviços (IBS) "será informado pelo princípio da neutralidade" (art. 156-A, §1º).

Até então inexistia uma previsão expressa sobre a obrigação e a aplicação da "neutralidade", mas apenas considerações de natureza econômica em razão da EC nº 42/03 haver introduzido na CF o preceito seguinte:

> Art. 146-A Lei complementar poderá estabelecer critérios especiais de tributação, com o objetivo de prevenir desequilíbrios da concorrência, sem prejuízo da competência de a União, por lei estabelecer normas gerais de igual objetivo.

Posições distintas foram firmadas com relação á implicação do princípio no âmbito tributário:

> A Neutralidade Tributária não significa a não interferência do tributo sobre a economia, mas, em acepção mais restrita, neutralidade da tributação em relação à Livre Concorrência, visando a garantir um ambiente de igualdade de condições competitivas, reflexo da neutralidade concorrencial do Estado.
> Em termos práticos, a Neutralidade Tributária significa que produtos em condições similares devem estar submetidos à mesma carga fiscal.[51]

> A neutralidade melhor representa uma manifestação estipulada da própria igualdade na sua conexão com o princípio da liberdade de concorrência, notadamente no aspecto negativo da atuação estatal.[52]

Assevera-se que somente se justificaria a existência de diferentes regimes tributários na medida em que permaneça a igualdade de condições entre os concorrentes.

O exame desta temática demonstrou sua conotação com a justiça fiscal; a inviabilidade de prejudicar os objetivos da extrafiscalidade; a concessão de benefícios e incentivos, fiscais e financeiros; e até mesmo a modulação dos efeitos da decisão de inconstitucionalidade na seara da guerra fiscal.[53]

Parece-nos que, embora a EC nº 132/23 passe a contemplar o princípio da neutralidade na instituição do IBS, o próprio texto constitucional contém diversas situações distintas de tributação, como é o caso dos regimes jurídicos diferenciados, específicos e favorecidos.

1.5 Regime Jurídico

O plano normativo constitucional constitui elemento fundamental para possibilitar a compreensão básica das essências, conceitos, diretrizes e critérios que conformam os aspectos ontológicos e fundamentais das espécies tributárias.

---

[51] *apud* SCHOUERI, Luís Eduardo. *Direito Tributário*. 9. ed. São Paulo: Saraivajur, 2018. p. 381-382.
[52] ÁVILA, Humberto. *Teoria da Igualdade Tributária*. São Paulo: Malheiros, 2008. p. 99.
[53] GODOY, Leonardo Rodrigues. A Guerra Fiscal e o Princípio da Neutralidade Tributária. *Revista Foco – interciplinary Studies*, Curitiba, v. 16, n. 11 e 3704, p. 1-27, 2023.

Imprescindível delimitar o âmbito das diversas conotações do *ser jurídico* – concernente ao regime, sistema, natureza, tratamento, interesse, interpretação e princípio –, despidas de considerações de distintas matizes econômicas, políticas, ideológicas etc.

Regime jurídico identifica o conjunto das normas aplicadas a uma situação ou determinada categoria, revelando direitos, obrigações e deveres;[54] constituindo "o complexo de normas e princípios disciplinadores de determinado instituto".[55]

Como categoria básica, o regime é instrumento útil para a evolução metodológica do Direito, justificando-se para compor uma unidade orgânica e sistemática de normas e princípios. O sistema de uma disciplina jurídica constitui-se do conjunto de princípios que lhe dão especificidade em relação ao regime de outras disciplinas.[56]

O regime jurídico-tributário é o conjunto de princípios, normas e categorias que informam o funcionamento do instituto jurídico do tributo. O conjunto de regras que integram o sistema de direito positivo e prescrevem como deve ser instituído o tributo forma o seu regime jurídico.[57] Trata-se de complexo lógico de princípios interligados no plano vertical e horizontal.

Tem como conteúdo os apontados princípios constitucionais genéricos (federativo, republicano, legalidade, anterioridade, irretroatividade, igualdade); tributários (capacidade contributiva, vedação de confisco, liberdade de tráfego); específicos (não cumulatividade, essencialidade, progressividade, generalidade, universalidade); pertinentes à Administração Pública (moralidade, impessoalidade, publicidade e eficiência); normas de competência; diplomas normativos (leis ordinárias, complementares, medidas provisórias, resoluções, decretos legislativos, tratados internacionais, convênios, resoluções); imunidades e desonerações tributárias.

A CF faz referência expressa ao regime jurídico da empresa pública, sociedade de economia mista e outras entidades que explorem atividade econômica (art. 173, §1º); regime previdenciário (art. 149, §1º); regime especial ou simplificado para as microempresas e para as empresas de pequeno porte (art. 146, III, *d,* na redação da EC nº 42/03); e regime de compensação do ICMS (art. 155, XII, *c*), evidenciando a observância de conjunto de princípios e normas de um dado sistema.

Sistema jurídico é o "conjunto ordenado e sistemático de normas, construído em torno de princípios coerentes e harmônicos, em função de objetivos".[58]

Natureza jurídica e *regime jurídico* são conceitos que apontam para duas linhas específicas de investigação. Na *natureza* são apontadas as características definitórias, os atributos de dada prestação (ser ou não tributo, possuir ou não destinação específica para os recursos). Para cada natureza jurídica, há um *regime jurídico* correspondente, compreendido como o conjunto de enunciados de autorização, princípios, imunidades e dispositivos complementares que regulam a instituição e a interpretação das normas.[59]

---

[54] HORTA, Raul Machado. Regime Jurídico das Serventias de Justiça – Competência Normativa do Poder Judiciário. *Revista de Direito Público*, n. 24, p. 63, 1998.
[55] FIGUEIREDO, Lucia Valle. *Estudos de Direito Tributário*. São Paulo: Malheiros, 1996. p. 40.
[56] MELLO, Celso Antônio Bandeira de. *Curso de Direito Administrativo*. 15. ed. São Paulo: Malheiros, 2003; 26. ed. São Paulo: Malheiros, 2009. p. 40.
[57] ATALIBA, Geraldo. Hermenêutica e Sistema Constitucional Tributário. In: MORAES, Bernardo Ribeiro de *et al.* (coords.). *Interpretação no Direito Tributário*. São Paulo: Educ e Saraiva, 1975. p. 19.
[58] ATALIBA, Geraldo. *Sistema Constitucional Tributário*. São Paulo: RT, 1968. p. 3.
[59] GAMA, Tácio Lacerda. Contribuições Especiais – Natureza e Regime Jurídico. In: SANTI, Eurico Marcos Diniz de (coord.). *Curso de Especialização em Direito Tributário* – Estudos Analíticos em Homenagem a Paulo de Barros Carvalho. Rio de Janeiro: Forense, 2005. p. 1.144.

Assinala-se que "o tipo de natureza repercute no regime jurídico aplicável. Sendo um tributo, os princípios que se lhe aplicam as imunidades, os dispositivos complementares que regulam sua instituição, arrecadação e fiscalização são de um tipo. Sem natureza tributária, os dispositivos que compõem o seu regime jurídico serão outros. Cada posição assumida sobre o tema implicará um tipo de regime jurídico".[60]

Critério jurídico pode ser entendido como a postura a ser adotada relativamente a específicas e determinadas situações tributárias, como é o caso de prevenir desequilíbrios da concorrência, sem prejuízo da competência de a União, por lei, estabelecer normas de igual objetivo (art. 146-A, acrescentado pela EC nº 42/03).

O *tratamento jurídico* adequado previsto para o ato cooperativo praticado pelas sociedades cooperativas (art. 146, III, *c*), e diferenciado e favorecido para as microempresas e para as empresas de pequeno porte (art. 146, III, *d*, na redação da EC nº 42/03), compreende as diretrizes a serem observadas em situações específicas.

1.6 Contabilidade e Direito

A *Contabilidade* objetiva registrar os eventos concernentes às atividades empresariais em função de sua configuração econômica, sem cogitar o substrato jurídico de tais atividades. Auxilia na apresentação das demonstrações financeiras, balanço patrimonial, demonstração dos lucros ou prejuízos acumulados, do resultado do exercício, dos fluxos de caixa.

O *Direito Tributário* tem por finalidade constatar os efeitos decorrentes dos resultados societários das pessoas jurídicas, a respectiva natureza jurídica (independente da aparência econômica), e sua adequação (ou não) às normas de incidência tributária. As técnicas contábeis constituem elementos auxiliares para apuração de uma específica situação tributária (lucro real, ou prejuízo fiscal, no âmbito do imposto de renda).

A IFRS (*International Financial Reporting Standards*) constitui normas internacionais de contabilidade e conjunto de pronunciamentos contábeis internacionais publicados e revisados pelo IASB (*International Accountig Standards Board*).

A legislação nacional básica sobre apuração de resultados societários (Lei nº 6.404/76) sofrera alterações com o objetivo de adaptar-se aos padrões internacionais contábeis, por meio da Lei federal nº 11.638, de 28.12.07 (e modificações da Lei federal nº 11.941, de 27.05.09). Trata de temas relativos à composição das contas do patrimônio (imobilizado, diferido, intangível); critérios de avaliação do ativo e do passivo; aspectos de demonstração do resultado do exercício e dos fluxos de caixa e do valor adicionado; reservas de lucro etc.

A regulamentação das práticas e princípios contábeis compete ao Conselho Federal de Contabilidade (CFC), que, de longa data, firmara os princípios fundamentais da contabilidade, a saber: (1) Entidade; (2) Continuidade; (3) Oportunidade; (4) Registro pelo Valor Original; (5) Atualização Monetária; (6) Competência; e (7) Prudência (Resolução CFC nº 750/93, alterada pela Resolução CFC nº 1.281/10).

A Comissão de Valores Mobiliários emite os respectivos pronunciamentos pelo Comitê de Pronunciamentos Contábeis (CPC), criado pela Resolução nº 1.055/05 (publicado no Diário Oficial da União de 24.10.05).

---

[60] Tácio Lacerda Gama, *ob. cit.*, p. 1.145.

O CPC tem por objetivo o estudo, o preparo e a emissão de Pronunciamentos Técnicos sobre procedimentos de Contabilidade e a divulgação de informações dessa natureza, para permitir a emissão de normas pela entidade reguladora brasileira, visando à centralização e à uniformização do seu processo de produção, levando em conta a convergência da Contabilidade brasileira aos padrões internacionais.

A questão nuclear consiste na aplicação (ou não) das novas normas contábeis em face da legislação tributária; ou se deve se considerar (ou não) se referidas normas têm por escopo fundamentar ou modificar os efeitos previstos na legislação tributária.

Primorosas as assertivas seguintes:

A principal função da contabilidade é registrar todos os acontecimentos diários da vida da pessoa jurídica, que tenham alguma significação econômica ou financeira (,,,);
A contabilidade nada cria, pois sua função é apenas a de registrar, mediante métodos científicos e confiáveis, e segundo o método das partidas dobradas, os fatos tais como se encontram na realidade fenomênica, e também tal como eles são regidos pelo direito que se lhes aplicar (...);
Os lançamentos contábeis devem observar as disposições jurídicas que os regem (...);
A contabilidade não tem o poder de acrescentar direitos ao patrimônio, nem de eliminar obrigações que nele existam (...);
A contabilidade não deve esconder direitos existentes ou apresentar obrigações inexistentes.[61]

Diante de preceitos de natureza diversificada, assinala-se o seguinte:

Juridicamente, em nosso país, as pessoas estão obrigadas a ter três contabilidades distintas: a comercial, segundo o Código Civil e o art. 176, inciso I, da Lei nº 6.404/76; a tributária, nos termos do DL nº 1.598/76, atualmente condensada no Controle Fiscal Contábil de Transição (FCONT), e a contabilidade que foi implantada pela Lei nº 11.638/07 e alterações contidas nos arts. 37 e 38 da Lei nº 11.941/09, previstas na Lei nº 6.404/76, adaptando-se aos princípios da Norma Contábil Internacional (NIC), também identificada pela sigla IFRS (*International Financial Reporting Standards*).[62]

Os *parâmetros da convergência contábil e os negócios jurídicos* implicam em assertivas e ponderações, conforme se passa a observar.

O Comitê de Pronunciamentos Contábeis (CPC), aprovando Deliberação CVM nº 539, de 14.3.08, entre outras diretrizes, assinalara o seguinte:

Item 35. Primazia da Essência sobre a Forma
Para que a informação represente adequadamente as transações e outros eventos que ela se propõe a apresentar, é necessário que essas transações e eventos sejam contabilizados e apresentados de acordo com a sua substância e realidade econômica, e não meramente sua forma legal. A essência das transações ou outros eventos nem sempre é consistente com o que aparenta ser com base na sua forma legal ou artificialmente produzida.

---

[61] OLIVEIRA, Ricardo Mariz de. *Fundamentos do Imposto de Renda*. São Paulo: IBDT, 2020. p. 1291 e 1294.
[62] RENCK, Renato Romeu. A nova contabilidade internacional: da adequação metodológica das três contabilidades exigidas pela legislação brasileira. *RDDT*, v. 204, p. 58, 2012.

Por exemplo, uma entidade pode vender um ativo a um terceiro de tal maneira que a documentação indique a transferência legal da propriedade a esse terceiro; entretanto, poderão existir acordos que assegurem que a entidade continuará a usufruir os futuros benefícios econômicos gerados pelo ativo e o recomprará depois de um certo tempo por um montante que se aproxima do valor original da venda acrescido de juros de mercado durante esse período. Em tais circunstâncias reportar a venda não representaria adequadamente a transação realizada.

Para a devida compreensão da postura contábil, torna-se necessário considerar os conceitos hauridos dos léxicos, conforme anotado na análise do conteúdo dos novos padrões contábeis e a interconexão da Contabilidade com o Direito, como segue:

> *Essência* é designada, muitas vezes, por substância, e é a própria natureza da coisa, opondo-se ao acidente. Essência é aquilo de que algo consiste, seu caráter essencial, sua existência. Essência opõe-se, também, à forma ou exteriorização da coisa. Há diversos conceitos de essência, metafísico, filosófico, religioso e de cada ciência, em particular. Essência e forma se contrapõem.
>
> *Forma*, em contrapartida, é sempre delimitação de certo conteúdo, a essência ou substância. A forma é o meio pelo qual a essência se manifesta para que se possam atingir os fins pretendidos. Como se observa, inexiste forma sem substância, sendo impossível a manifestação ou exteriorização da essência sem a forma.[63]

Categoricamente a autora entende o seguinte:

a) a ciência contábil trabalha com a essência econômica;
b) a partir da edição da Lei nº 11.638/07 consagrou-se, em definitivo, a distinção entre os princípios que norteiam as relações econômicas, para fins de registro contábil, e aqueles que norteiam as relações jurídicas, na atividade empresarial;
c) os novos padrões contábeis não foram incorporados ao Direito Tributário;
d) a prática contábil é nula, para efeitos de solução de um conflito envolvendo o Direito;
e) a primazia da essência sobre a forma deve ser concebida como técnica, ou recurso, com vistas a tornar os relatórios contábeis mais eficientes na sua função de servir de instrumento para análise prospectiva, não podendo, isoladamente, ser fundamento para aferição de vícios jurídicos.
(*ob. cit.* p. 127, 129, 137 e 162).

Na realidade, e em termos de competência, a Contabilidade não estabelece regras de tributação, e não pode alterar a fisionomia dos negócios jurídicos. Do mesmo modo, o Direito Tributário não pode traçar diretrizes relativas a lançamentos contábeis, classificação de contas etc., sequer interferir nos princípios que regram a Contabilidade.

A apuração dos tributos decorre da realização de atos, negócios, estados e situações de natureza jurídica, bem como atividades governamentais, de conformidade com as materialidades delineadas na Constituição Federal. A exigência tributária decorre da subsunção dos fatos efetivamente ocorridos com as previsões normativas.

---

[63] PALMA, Elidie Bifano. Contabilidade e direito: a nova relação. In: MOSQUERA, Roberto Quiroga; LOPES, Alexsandro Boredel (coord.). *Controvérsias jurídico-contábeis* – aproximações e distanciamentos. São Paulo: Dialética, 2010. p. 116-117.

Podem ocorrer deformações tributárias no caso de serem consideradas as exclusivas regras contábeis.

Há divergência (essência econômica e natureza jurídica) no tocante à "combinação de negócios", ou aquisição de ativos e a assunção de passivos, que pressupõem, independente do negócio jurídico realizado, a ocorrência de aquisição de uma entidade por outra, o pagamento de preço (moeda) mediante instrumento que não é dinheiro (ações, participações societárias, direitos patrimoniais e outros), resultando uma única entidade para fins contábeis.

A configuração contábil para determinadas operações, pautada por pressupostos meramente econômicos, pode acarretar distorções no âmbito tributário, como é o caso de distintos critérios na caracterização de "receita", "faturamento", "lucro", com a deformada incidência e quantificação do Imposto sobre a Renda da Pessoa Jurídica (IRPJ), Contribuição ao PIS (Programa de Integração Social), à Cofins (Contribuição ao Financiamento da Seguridade Social), e à CSLL (Contribuição Social sobre o Lucro Líquido).

O STF firmara os entendimentos seguintes:

a) o conceito de receita (art. 195, I, "b", da CF) não se confunde com o conceito contábil;
b) ainda que a contabilidade – elaborada para fins de informação ao mercado, gestão, e planejamento das empresas – possa ser tomada pela lei como ponto de partida para determinação das bases de cálculo de diversos tributos, de modo algum subordina a tributação;
c) a contabilidade constitui ferramenta utilizada também para fins tributários, mas moldada nesta seara pelos princípios e regras próprios do Direito Tributário.
(RE nº 606.107 – Plenário – rel. Min. Rosa Weber – j. 22.5.13)

CAPÍTULO 2

CONCEITO DE TRIBUTO

2.1 Noção Constitucional de Tributo e Definição no Código Tributário Nacional

A entidade *tributo* encontra-se plasmada na Constituição Federal, de conformidade com as finalidades e as competências outorgadas às pessoas jurídicas de Direito Público interno.

Conforme salientado anteriormente, o País tem necessidade de obter recursos para poder atingir seus objetivos fundamentais, originários de seus próprios bens, ou derivados do patrimônio dos particulares, em razão do que a absorção de valores pecuniários decorre de diversas causas como: a) contratos administrativos (alugueres, doações, juros, laudêmios, foros, preços); b) fianças, cauções, depósitos; c) multas decorrentes de sanções; d) indenizações; e) adjudicações; e f) tributos.

Tem sido explicitado que "se o Estado, tirante a sua condição de donatário, não está nem arrecadando bens pecuniários vacantes, nem recebendo multas, nem sendo indenizado em tempo de guerra ou de paz, nem percebendo pecúnia *extra contractu*, tudo o mais que entra como receita, excluídas as 'entradas' de caixa, tais como cauções e fianças, ou é tributo ou é enriquecimento sem causa. A questão é de ontologia jurídica e não de técnica legislativa".[64]

Interessante método é mostrado para efeito de reconhecimento de tributos, no sentido de que toda vez que alguém esteja colocado na contingência de ter comportamento específico de dar dinheiro ao Estado (ou à entidade por ele delegada pela lei) deveria inicialmente verificar se se trata de: a) multa; b) obrigação convencional; c) indenização por dano; d) tributo.[65]

A Constituição Federal engendrou um peculiar sistema tributário, estabelecendo as materialidades que podem ser objeto de exigência pelos Poderes Públicos, conformado

---

[64] COÊLHO, Sacha Calmon Navarro. *Comentários à Constituição de 1988* – Sistema Tributário. 7. ed. Rio de Janeiro: Forense, 1998. p. 13.
[65] ATALIBA, Geraldo. *Hipótese de Incidência Tributária*. 5. ed. 6. tir. São Paulo: Malheiros, 1997. p. 34.

e balizado por princípios genéricos e específicos, bem como os tipos de tributos (impostos, taxas, contribuições da melhoria, empréstimos compulsórios e contribuições sociais, de intervenção no domínio econômico e de interesse das categorias econômicas e profissionais). Contempla os direitos e as garantias individuais outorgados aos cidadãos e às demais pessoas privadas, inclusive no que tange à matéria tributária, o que constitui um autêntico estatuto do contribuinte.

A supremacia da CF tem como corolário o Estado de Direito, onde a Administração Pública deve obedecer tanto aos princípios da impessoalidade, moralidade, publicidade e eficiência, como à legalidade (art. 37), que se traduz na fonte inaugural da produção jurídica do País.

É induvidoso que a legalidade "é o marco a partir do qual se erige a ordem jurídica. Seria um contrassenso admitir-se que o que lhe vem abaixo – devendo sofrer o seu influxo – viesse de repente a insurgir-se contra esta ordem lógica, fornecendo critérios para a inteligência do próprio preceito que lhe serve de fundamento de validade".[66] Cristalinamente, enfatiza ser lógico que a regra é que a Constituição não pode ser interpretada a partir da legislação infraconstitucional, devendo, ademais, considerar o sistema jurídico como um todo harmônico, coerente, cabendo ao intérprete analisar as normas neste contexto múltiplo de preceitos inseridos num conjunto orgânico.

A estrutura jurídico-tributária deve assentar-se nos postulados da Constituição, razão pela qual esta premissa conduz à inexorável conclusão de que "o conceito de tributo é constitucional. Nenhuma lei pode alargá-lo, reduzi-lo ou modificá-lo. É que ele é conceito-chave para demarcação das competências legislativas e balizador do 'regime tributário', conjunto de princípios e regras constitucionais de proteção do contribuinte contra o chamado 'poder tributário'".[67]

Infere-se que a Constituição não cria tributos, mas outorga competências às pessoas jurídicas de Direito Público, relativamente a diversas materialidades, sendo que tal asserção permite traçar a nota marcante e distintiva do tributo, em confronto com os demais tipos de ingressos financeiros no patrimônio público.

A *compulsoriedade* constitui elemento essencial do tributo, consubstanciada numa obrigação de dar dinheiro ao Erário. Embora diversas obrigações cometidas aos particulares tenham como sujeito de direito o Estado e decorram de lei (ou contrato também submetido à lei), as de natureza *compulsória* contêm uma índole coativa, independente da vontade de seu devedor. Para tanto, basta a ocorrência concreta do pressuposto de fato previsto hipoteticamente na lei, para gerar a obrigação tributária.

A seu turno, o Código Tributário Nacional (CTN, art. 3º) estatui que "tributo é toda prestação pecuniária compulsória, em moeda, ou cujo valor nela se possa exprimir, que não constitua sanção de ato ilícito, instituída em lei e cobrada mediante atividade administrativa plenamente vinculada".

Apesar de representar simples preceito didático, posto que não é próprio da lei definir, esta definição de tributo conforma-se aos traços constitucionais, recebendo meditada análise doutrinária de Geraldo Ataliba, evidenciando o significado de seus elementos:

---

[66] BASTOS, Celso. *Curso de Direito Constitucional*. São Paulo: Saraiva, 1996. p. 100.
[67] ATALIBA, Geraldo. *Hipótese de Incidência Tributária*. 5. ed. 6. tir. São Paulo: Malheiros, 1997. p. 31.

Obrigação – vínculo jurídico transitório, de conteúdo econômico, que atribui ao sujeito ativo o direito de exigir do passivo determinado comportamento e que a este põe na contingência de praticá-lo, em benefício do sujeito ativo.

9.11. *Pecuniária* – circunscreve-se, por este adjetivo, o objeto da obrigação tributária: para que esta se caracterize, no direito constitucional brasileiro, há necessidade de que seu objeto seja: o comportamento do sujeito passivo consistente em levar dinheiro ao sujeito ativo.

9.12. *"Ex lege"* – a obrigação tributária nasce da vontade da lei, mediante a ocorrência de um fato (fato imponível) nela descrito. Não nasce, como as obrigações voluntárias (*ex voluntate*), da vontade das partes. Esta é irrelevante para determinar o nascimento deste vínculo obrigacional.

9.13. *Que não se constitua em sanção de ato ilícito* – o dever de levar dinheiro aos cofres (tesouro = fisco) do sujeito ativo decorre do fato imponível. Este, por definição, é fato jurídico constitucionalmente qualificado e legalmente definido, com conteúdo econômico – por imperativo da isonomia (art. 5º, *caput* e inciso I, da CF) – não qualificado como ilícito. Dos fatos ilícitos nascem multas e outras consequências punitivas, que não configuram tributo, por isso não integrando o seu conceito, nem submetendo-se a seu regime jurídico.

9.14. *Cujo sujeito ativo é em princípio uma pessoa pública* – regra geral ou o sujeito ativo é uma pessoa pública política ou 'meramente administrativa' – como bem designa às autarquias Ruy Cirne Lima. Nada obsta, porém, a que a lei atribua capacidade de ser sujeito ativo de tributos a pessoas privadas – o que, embora excepcional, não é impossível – desde que estas tenham finalidades de interesse público. Configura-se, assim, a parafiscalidade (v. CARRAZZA, Roque Antonio. *O Sujeito Ativo da Obrigação Tributária*. São Paulo: Resenha Tributária, 1977. p. 25 a 33).

9.15. *Cujo sujeito passivo é uma pessoa posta nesta situação pela lei* – a lei designa o sujeito passivo. A lei que qualifica o sujeito passivo explícito, o destinatário constitucional tributário. Geralmente são pessoas privadas as colocadas na posição de sujeito passivo, sempre de pleno acordo com os desígnios constitucionais. Em se tratando de impostos, as pessoas públicas não podem ser sujeitos passivos, devido ao princípio constitucional da imunidade tributária (art. 150, VI). Já no que se refere a tributos vinculados, nada impede que, também, pessoas públicas deles sejam contribuintes.[68]

A definição apontada tem sofrido críticas por haver redundância da expressão "prestação pecuniária em moeda", impropriedade e redundância da expressão "prestação compulsória", o credor do tributo não foi mencionado e exigência da atividade administrativa "não sancionatória de ato ilícito, instituída em lei e devida ao Estado ou a entidades não estatais de fins de interesse público".[69]

As considerações expendidas têm o escopo de positivar que a tributação tem como raiz a sistemática constitucional, de cujos princípios e regras permite conhecer a entidade tributária, e distingui-la de demais obrigações, bem como as características de cada tributo, em razão do que se pode extrair o conceito seguinte: *tributo* é a receita pública derivada do patrimônio dos particulares, de caráter compulsório e instituído em lei, consoante as materialidades e respectivas competências constitucionais, fundamentada em princípios conformadores de peculiar regime jurídico.

---

[68] ATALIBA, Geraldo. *Hipótese de Incidência Tributária*. 5. ed. 6. tir. São Paulo: Malheiros, 1997. p. 33 e 34.
[69] AMARO, Luciano. Conceito e Classificação dos Tributos. *Revista de Direito Tributário*, São Paulo, Revista dos Tribunais, n. 55, p. 239-296, 1991.

2.2 Denominação

A figura tributária não pode nunca ser caracterizada pela simples denominação expressada na norma, uma vez que não tem força legal alguma para disciplinar o regime jurídico aplicável, muito menos os princípios a serem considerados. O batismo legal dado aos tipos de receita pública, em princípio, nada representa, a não ser mero ponto de referência para os seus destinatários.

A relação de espécies tributárias veiculadas na Constituição Federal (impostos, taxas, contribuições de melhoria, pedágio, empréstimos compulsórios, contribuições), por si só, não tem maior significado e utilidade. Somente a análise sistemática de cada uma delas é que permite captar o elemento primordial, a nota distintiva, não obstante certas semelhanças que possam existir entre elas. Daí, então, revelada sua essência, é possível considerar o título constitucional como um verdadeiro dogma, aplicável a todas as demais exações que apresentem idêntica natureza.

Nesse sentido, os *impostos* – como será analisado em item subsequente – representam um tipo de tributo que tem como elemento fundamental um ato, negócio ou situação jurídica respaldada em substrato econômico, pertinente a uma pessoa privada, sem qualquer participação direta e imediata do Poder Público. Embora possam conter materialidades próprias dos impostos, as *contribuições* apresentam característica especial inerente à sua afetação constitucional a uma específica destinação.

Afirma-se que "na medida em que a Constituição conferiu regimes próprios a cinco modalidades tributárias diferentes, importa conhecer o respectivo regime jurídico. Não nos parece que seja, portanto, uma questão de palavras diferentes a encobrir coisas idênticas".[70]

Do mesmo modo, "o problema da classificação não se revolve se se atentar apenas para o rótulo que é dado às pretensas 'espécies'. A História e o Direito Comparado registram denominações que, em dado momento, ou em certo lugar, têm sentidos análogos ou opostos: tributos, impostos, taxas, contribuições, exações, cotizações, capitações, quintos, dízimos, vigésimas, centésimas, direitos, tarifas, direitos senhoriais, regalias, derramas, ajudas, donativos, empréstimos forçados ou compulsórios, confiscos, todas essas expressões e inúmeras outras representam, aqui ou ali, ontem e hoje, as prestações pagas pelos súditos do Estado, ao rei ou ao senhor".[71]

Sutilmente, "como expressa Hospers, as palavras não são mais do que rótulos nas coisas: colocamos rótulos nas coisas para que possamos falar delas, e, daí por diante, as palavras não têm mais relação com as coisas do que têm rótulos de garrafas com as próprias garrafas. Qualquer rótulo é conveniente na medida em que nos ponhamos de acordo com ele e o usemos de maneira consequente. A garrafa conterá exatamente a mesma substância, ainda que coloquemos nela um rótulo distinto, assim como a coisa seria a mesma ainda que usássemos uma palavra diferente para designá-la".[72]

---

[70] BASTOS, Celso. *Curso de Direito Constitucional.* São Paulo: Saraiva, 1996. p. 146.
[71] AMARO, Luciano. Conceito e Classificação dos Tributos. *Revista de Direito Tributário*, São Paulo, Revista dos Tribunais, n. 55, p. 273, 1991.
[72] GORDILLO, Augustin. *Princípios Gerais de Direito Público.* Tradução de Marco Aurélio Greco. São Paulo: RT, 1976. p. 2.

Adverte-se que "não é nome que dá essência à coisa, a coisa é o que é pela sua morfologia ou elementos componentes",[73] e que "bem frágil seria a garantia constitucional se a pudessem tornar inútil mediante simples mudança de rótulo".[74]

O tipo tributário é reconhecido por intermédio de sua essência jurídica, haurida exclusivamente do texto constitucional, razão pela qual "por mais cediço que possa parecer, o nome que um instituto recebe não é suficiente para desvendar a sua estrutura, até porque, infelizmente, a impropriedade técnica é um dos traços mais marcantes das nossas leis. O que define a natureza de uma exação é, apenas, a consistência material de sua hipótese de incidência".[75]

Traduzindo verdadeira norma programática, o CTN expressou que a natureza jurídica específica do tributo é determinada pelo fato gerador da respectiva obrigação, sendo irrelevante para qualificá-lo a sua denominação (art. 4º).

Nem sempre será fácil compreender, no discurso normativo, o significado das palavras no contexto em que se insere, alcançar a categoria jurídica em que se enquadra, seu verdadeiro sentido semântico, o rigor técnico, ou mesmo seu sentido vulgar, porque se apresentam diversas a linguagem do legislador e a do jurista, uma vez que o primeiro "se exprime numa linguagem livre, natural, pontilhada, aqui e ali, de símbolos técnicos, o mesmo já não se passa com o cientista do Direito. Sua linguagem, sobre ser técnica, é científica, na medida em que as proposições descritivas vêm carregadas de harmonia dos sistemas presididos pela lógica clássica, com as unidades de conjunto arrumadas e escalonadas, segundo critérios que observam, estritamente, os princípios da identidade, da não-contradição e do meio excluído".[76]

As considerações doutrinárias, por si só, já seriam mais do que suficientes para servir como alerta, um verdadeiro norte para qualquer aplicador e intérprete de normas, procurando, com ingente esforço e cautela, compreender os vocábulos e expressões dentro do contexto do ordenamento jurídico. A complexa engrenagem jurídica implica árdua tarefa cometida a todos os destinatários das normas, com o objetivo fundamental de conferir segurança e certeza ao Direito.

Portanto, na qualidade de intérpretes e aplicadores de seus preceitos, os destinatários das normas não devem se impressionar pelos títulos que venham a ser dados a certas figuras exacionais, como "adicional ao frete para renovação da marinha mercante", e "salário-educação", que não guardam nenhuma identidade nominal com as espécies descritas na Constituição. Também não deve impressionar o rótulo de "custeio para o serviço de iluminação pública", à exação de natureza municipal, porque, muitas vezes, revela a essência de imposto disfarçado, em razão de poder caracterizar serviço público genérico, prestado à coletividade.

2.3 Destinação

A norma jurídica descreve hipoteticamente uma figura composta de aspectos pessoais, materiais, quantitativos, temporais e espaciais, que, ocorridos no mundo feno-

---

[73] MAXIMILIANO, Carlos. *Comentários à Constituição Brasileira*. 2. ed. Rio de Janeiro: Jacinto Ribeiro dos Santos Editor, 1923. p. 194.
[74] Francisco Morato. Do Lançamento, sob Falso Nome, de um Tributo Municipal. *Miscelânea Jurídica*, v. I, p. 145.
[75] CARRAZZA, Roque Antonio. *O Sujeito Ativo da Obrigação Tributária*. São Paulo: Resenha Tributária, 1977. p. 52.
[76] CARVALHO, Paulo de Barros. *Curso de Direito Tributário*. 19. ed. São Paulo: Saraiva, 2007. p. 6.

mênico, terá a virtude de irradiar a obrigação de recolher dinheiro aos cofres públicos. Mediante o cumprimento do mencionado ônus, esta situação procedimental quadra-se ao regime jurídico próprio (de natureza tributária), compreendido como "o conjunto de princípios e normas constitucionais que regulam o exercício da tributação (ação de tributar que, nos termos da Constituição, é privativamente estatal)".[77]

Encontra-se arraigado em tradicional doutrina o entendimento de que, para fins de caracterização do tributo, é irrelevante a destinação do produto de sua arrecadação. A tipologia tributária é definida, basicamente, pela materialidade e sua respectiva dimensão (fato gerador e base de cálculo, respectivamente), numa adequada correlação lógica. Os elementos fático-jurídicos anteriores e posteriores ao nascimento e à extinção do tributo não teriam nenhuma implicação de índole tributária, representando aspectos de natureza política, social, econômica, financeira etc.

Nessa ótica, "uma vez efetuada a prestação, a relação jurídica tributária se extingue. O que acontece depois com o bem que dava consistência material ao tributo, acontece em momento posterior e em outra relação jurídica, esta última de natureza administrativa".[78] Tal posição encontra amparo no CTN (art. 4º, II) ao dispor que "a natureza jurídica específica do tributo é determinada pelo fato gerador da respectiva obrigação, sendo irrelevante para qualificá-la a destinação legal do produto da sua arrecadação".

Será que essa diretriz representa uma verdade científica e um dogma? Será que esse posicionamento jurídico não passa de um preconceito suscetível de desmistificação, uma vez que o próprio texto constitucional indica direção própria?

Deslindar essa controvérsia não constitui fácil empreitada, tendo em vista a postura assumida por eminentes mestres, sedimentada por construções jurídicas, após vários anos de labor científico.

Assim é que, de longa data, já havia sido registrado que "a destinação do produto da arrecadação, qualquer que seja, é irrelevante para qualificar a natureza jurídica do tributo. É nula a influência da afetação das receitas públicas, na atribuição de substância tributária a determinado instituto jurídico".[79]

Nesta mesma trilha, segue-se que "o retorno, sob forma de assistências diversas e aposentadoria, tal como nas taxas (uma licença, um alvará, um serviço de apanho de lixo), é irrelevante para caracterizar a espécie tributária, a teor do CTN. O destino da arrecadação é providência da tesouraria, embora a razão de ser da competência encontre nos fins a justificação para instituir contribuições parafiscais",[80] sendo também observado que "a destinação legal de um tributo não altera a natureza jurídica dele. Deveras, extinta a obrigação tributária, é logicamente inadmissível que exerça qualquer influência sobre ela, a posterior afetação a uma certa finalidade da receita obtida. Esta ideia, aliás, vem solenemente proclamada no art. 4º, inciso II, do Código Tributário Nacional".[81]

---

[77] ATALIBA, Geraldo. *Hipótese de Incidência Tributária*. 5. ed. 6. tir. São Paulo: Malheiros, 1997. p. 141-142.
[78] BECKER, Alfredo Augusto. *Teoria Geral do Direito Tributário*. São Paulo: Saraiva, 1963. p. 260-261.
[79] BARRETO, Aires. Contribuições no Sistema Constitucional Tributário. In: MARTINS, Ives Gandra da Silva (coord.). *Caderno de Pesquisas Tributárias*. São Paulo: Resenha Tributária e Centro de Extensão Universitária, 1977. v. 2. p. 26.
[80] COÊLHO, Sacha Calmon Navarro. *Comentários à Constituição de 1988* – Sistema Tributário. 7. ed. Rio de Janeiro: Forense, 1998. p. 14 e 15.
[81] CARRAZZA, Roque Antonio. *O Sujeito Ativo da Obrigação Tributária*. São Paulo: Resenha Tributária, 1977. p. 38.

A relutância em qualificar o destino como elemento considerável na caracterização integral do tributo, de minha parte, justifica-se pelo objetivo de sempre questionar e repensar velhos e tradicionais conceitos, pois "não é possível construir uma ciência operante e útil ao direito tributário, se não dissiparmos os preconceitos".[82] E, nesse passo, não se deve esquecer que, salvo para fins didáticos, o Direito Tributário não constitui ramo autônomo, porque não possui institutos jurídicos próprios.

Tem se ponderado que o banimento do critério da destinação, com suposto fundamento no art. 4º, II, do CTN, parece partir da equivocada premissa (não expressamente assumida) da autonomia do Direito Tributário, como se o tributo, como fenômeno jurídico, se contivesse todo (e se esgotasse) na relação obrigacional tributária, configurando-se uma exacerbação nacionalista do Direito Tributário.[83]

Além de haver vinculação e entrelaçamento entre os variados ramos do Direito, há que se convir que todos os tributos têm sempre um destino determinado: a) os impostos servem para atender às necessidades gerais da coletividade; b) as taxas são utilizadas para retribuir os ônus inerentes ao exercício regular do poder de polícia e os serviços públicos específicos e divisíveis, prestados ou postos à disposição dos particulares; c) a contribuição de melhoria relaciona-se com a valorização do bem imóvel particular em razão de obra pública; d) os empréstimos compulsórios visam atender a calamidades públicas, como guerra externa ou sua iminência, e investimento público de caráter urgente e relevante interesse nacional; e e) as contribuições objetivam a regulação da economia, os interesses de categorias profissionais e o custeio da seguridade social e educacional.

A assertiva de que a destinação do tributo é matéria afeta aos Direitos Financeiro e Administrativo, e que não tem nenhuma conotação com a identificação de cada tipo tributário, deve ser aceita com reserva e cautela. Como fora mencionado, as causas dos tributos não se assentam de forma exclusiva nas materialidades previstas no texto constitucional, ou seja, os negócios jurídicos, as situações patrimoniais e atividades públicas específicas, mas na sua vinculação aos destinos (gerais, para os impostos; e específicos para as taxas, empréstimos compulsórios, contribuições de melhoria e demais contribuições).

Embora se saiba que os princípios de Direito Privado e de Direito Público sejam distintos, plasmados na autonomia da vontade e na estrita legalidade, respectivamente, e que as normas financeiras também possuem diretrizes diferenciadas das tributárias, de conformidade com os postulados hauridos na Constituição, o que interessa distinguir é a previsão constitucional da destinação do tributo, e sua efetiva utilização, ou seja: a) a lei ordinária que instituir a exação tributária deverá estabelecer o destino do tributo, se este for previsto na Constituição, sob pena de desvirtuá-lo, tornando-o ilegítimo; b) a má aplicação do tributo, ingressado no cofre do Governo, constitui ato administrativo nocivo, danoso, ilegal, imoral, caracterizando desvio de finalidade.

Trata-se de situações distintas, inconfundíveis no âmbito jurídico e cronológico, pois concernem, respectivamente, a anterior exercício da atividade do Legislativo (estipulando o destino do tributo) e posterior atuação do Executivo (aplicando os

---

[82] ATALIBA, Geraldo. *Hipótese de Incidência Tributária*. 5. ed. 6. tir. São Paulo: Malheiros, 1997. p. 38.
[83] AMARO, Luciano. Conceito e Classificação dos Tributos. *Revista de Direito Tributário*, São Paulo, Revista dos Tribunais, n. 55, p. 239-296, 1991. p. 285.

recursos). O dado financeiro (destino do produto da arrecadação do tributo) integra o ordenamento jurídico, e passa a ser juridicizado pela via do ato competente (lei) pertinente ao tributo.

A pesquisa do critério de verificação da constitucionalidade das contribuições, no regime atual da Constituição de 1988, vislumbra no destino da arrecadação um conceito fundamental, no sentido de que "o critério do art. 4º do CTN pode ser adequado para os tributos, mas para as contribuições é ao contrário. Para as contribuições, o destino da arrecadação é um elemento essencial à definição da figura. Se a razão de ser da contribuição é pertencer a um determinado grupo, e pagar em solidariedade ao grupo, o destino da arrecadação é elemento essencial. Se não há arrecadação vinculada ao grupo, aquilo não é contribuição. É outra coisa".[84]

A CF (art. 165, §5º, III) determina que a lei orçamentária anual compreende especificamente "o orçamento da seguridade social", demonstrando que, no caso das contribuições, estas só revestirão a autêntica natureza de contribuições se a respectiva lei instituidora contiver expressamente a destinação dos respectivos valores.

Destarte, está demonstrado que a questão é repleta de controvérsias, não podendo aceitar-se, de forma absoluta, a regra inserta no inciso II do art. 4º do CTN, porque, além de nem sempre encontrar fundamento de validade no texto constitucional, é importante ter em conta a finalidade/destinação dos valores tributários arrecadados.

Contudo, ressalte-se que com a superveniência da EC nº 132, promulgada em 20.12.23 – no tocante à instituição do Imposto sobre Bens e Serviços (IBS), e a Contribuição sobre Bens e Serviços (CBS), fora estabelecido a destinação do produto da arrecadação (arts. 149-C, e 156-A), conforme descrito no capítulo 21.15.

---

[84] Marco Aurélio Greco. Seminário da Academia Brasileira de Direito Tributário. Realizado em 22.11.91, São Paulo.

CAPÍTULO 3

ESPÉCIES E CLASSIFICAÇÃO DE TRIBUTOS

3.1 Impostos

Imposto é o tributo cuja obrigação tem por fato gerador uma situação independentemente de qualquer atividade estatal específica relativa ao contribuinte, guardando plena consonância com as diretrizes constitucionais, que apenas indicam as materialidades relativas às competências dos Poderes Públicos (art. 16 do CTN).

Fica prejudicado preceito do CTN (art. 17), dispondo que os impostos componentes do sistema tributário nacional são exclusivamente os que constam deste Título, com as competências e limitações nele previstas, em razão da CF haver disciplinado de modo diverso (arts. 153, 155, e 156).

O fato imponível não se refere a comportamento das pessoas jurídicas de Direito Público interno; ao contrário, prende-se a um fato, ato, situação inerente a um particular, indicador de sua capacidade contributiva (art. 145, §1º, da Constituição). O Estado não oferece nenhuma utilidade, comodidade ou serviço fruível diretamente, não havendo nenhuma vinculação entre o pressuposto de fato previsto na norma instituidora do imposto e a atuação estatal.

Inequivocamente, "a Constituição, implicitamente, determina que a lei coloque na hipótese de incidência dos impostos fatos regidos pelo Direito Privado, isto é, da esfera pessoal dos contribuintes, e, portanto, desvinculados da ação do Estado (esta, sim, regida pelo Direito Público). Realmente, o Texto Magno, nos mencionados arts. 153, 155 e 156, autoriza o legislador ordinário a adotar, como hipótese de incidência de impostos, o fato de alguém: a) importar produtos; b) exportar produtos; c) auferir rendimento; d) praticar operação de crédito; e) ser proprietário de imóvel rural; f) praticar operação mercantil; g) ser proprietário de veículo automotor; h) ser proprietário de imóvel urbano; i) prestar, em caráter negocial, serviços de qualquer natureza etc.".[85] Acentua-se, também, que "todos esses fatos, como facilmente podemos perceber, têm a propriedade de, em si mesmos, revelar ou, pelo menos, fazer presumir, a capacidade

---

[85] CARRAZZA, Roque Antonio. *Curso de Direito Constitucional Tributário*. 24. ed. São Paulo: Malheiros, 2008. p. 522.

econômica das pessoas que os realizem (capacidade contributiva). Melhor dizendo, são *fatos-signos presuntivos de riqueza* (Becker)(...)".[86]

Os impostos implicam em diversas *classificações*:
a) *direto*, quando o valor econômico é suportado exclusivamente pelo contribuinte, como é o caso do IPVA (Imposto sobre a Propriedade de Veículos Automotores – art. 155, III, da Constituição). O proprietário do automóvel arca com o ônus do tributo, cujo valor não é repassado a terceiro;
b) *indireto*, quando a respectiva carga financeira tem condição de ser transferida a terceiro, como é o caso do IPI (Imposto sobre Produtos Industrializados – art. 153, IV, da Constituição). O contribuinte do tributo é o industrial, que fica obrigado a recolher o seu respectivo valor, mas pode vir a ser ressarcido (financeiramente) por ocasião do pagamento do preço por parte do adquirente;
c) *pessoal*, quando a quantificação do tributo decorre de condições peculiares ao contribuinte, como é o caso do IR (Imposto sobre a Renda e Proventos de Qualquer Natureza – art. 153, III, da Constituição). A carga do tributo será menos elevada na medida em que a pessoa física tenha efetuado maior volume de gastos com saúde, educação etc.;
d) *real*, quando o montante do tributo leva em conta o valor da coisa, como é o caso do IPTU (Imposto sobre a Propriedade Territorial Urbana – art. 156, I, da Constituição), consoante diretriz judicial (STF, RE nº 153.771-0-MG, j. 20.11.96).

Entretanto, essas classificações não têm nenhum caráter científico, mas mero cunho didático, uma vez que o aspecto marcante do imposto reside na sua materialidade (ato, negócio, patrimônio). A nota característica desta exação é tratar-se de tributo *não vinculado* à atividade estatal.

3.2 Taxas

3.2.1 Serviço público e poder de polícia

As *taxas* constituem tributos decorrentes da prestação de serviços públicos específicos e divisíveis, prestados ao contribuinte, ou postos à sua disposição; ou relativos ao exercício regular do poder de polícia (art. 145, II, da Constituição Federal).

O CTN (art. 77) dispôs que "as taxas cobradas pela União, pelos Estados, pelo Distrito Federal ou pelos Municípios, têm como fato gerador o exercício regular do poder de polícia, ou a utilização, efetiva ou potencial, de serviço público específico e divisível, prestado ao contribuinte ou posto à sua disposição".

Serviço público "é toda atividade de oferecimento de utilidade ou comodidade fruível diretamente pelos administrados, prestada pelo Estado ou por quem lhe faça as vezes, sob um regime de direito público – portanto consagrador de prerrogativas de supremacia e de restrições pessoais – instituído pelo Estado em favor dos interesses que houver definido como próprios do sistema normativo".[87]

---

[86] CARRAZZA, Roque Antonio. *Curso de Direito Constitucional Tributário*. 24. ed. São Paulo: Malheiros, 2008. p. 522.
[87] MELLO, Celso Antônio Bandeira de. *Prestação de Serviços Públicos e Administração Indireta*. 3. ed. 3. tir. São Paulo: Malheiros, 1996. p. 1.

O CTN (art. 79) considera como serviços públicos os:

I – utilizados pelo contribuinte:
a) efetivamente, quando por ele usufruído a qualquer título;
b) potencialmente, quando, sendo de utilização compulsória, sejam postos à sua disposição mediante atividade administrativa em efetivo funcionamento;
II – específicos, quando possam ser destacados em unidades autônomas de intervenção, de utilidade ou de necessidades públicas;
III – divisíveis, quando suscetíveis de utilização, separadamente, por parte de cada um dos seus usuários.

Os serviços remunerados pelas taxas são aqueles que o particular frui isoladamente (certidão, fornecimento de água etc.), ao passo que os serviços indivisíveis (impossíveis de serem utilizados individualmente) – como o de segurança pública – são reembolsados pelos impostos. Assim, "a taxa pela indisponibilidade do serviço só é exigível, quando o serviço é, por lei administrativa válida (conforme a Constituição), obrigatório. É o caso, p. ex., do abastecimento de água, coleta de esgoto, vacinação, identificação, enterramento de mortos, internação de loucos ou portadores de doenças contagiosas, remoção de lixo, demolição de edifícios perigosos, destruição de aparelhos e instrumentos danosos ao meio ambiente, apreensão de objetos instrumentais de delitos etc.".[88]

Adequadamente, "os serviços públicos se dividem em gerais e específicos. Os serviços públicos gerais, ditos também universais, são os prestados *uti universi*, isto é, indistintamente a todos os cidadãos. Eles alcançam a comunidade, como um todo considerada, beneficiando número indeterminado (ou, pelo menos, indeterminável) de pessoas. É o caso dos serviços de iluminação pública, de segurança pública, de diplomacia, de defesa externa do país etc. Todos eles não podem ser custeados, no Brasil, por meio de taxas, mas, sim, das receitas gerais do Estado, representadas, basicamente, pelos impostos".[89]

De outro lado, "os serviços públicos e específicos, também chamados *singulares*, são os prestados *uti singuli*. Referem-se a uma pessoa ou a um número determinado (ou, pelo menos, determinável) de pessoas. São de utilização individual e mensurável. Gozam, portanto, de *divisibilidade*, é dizer, da possibilidade de avaliar-se a utilização efetiva ou potencial, individualmente considerada. É o caso dos serviços de telefone, de transporte coletivo, de fornecimento domiciliar de água potável, de gás etc. Estes, sim, podem ser custeados por meio de taxas de serviços".[90]

A noção de serviço público depende inteiramente da qualificação que o Estado (nos termos da Constituição e das leis) atribui a um tipo das atividades; àquelas que reputou não devem ficar entregues simplesmente aos empenhos da livre iniciativa e que por isto mesmo – e só por isso – entendeu de assumir e colocar sob a égide do regime jurídico típico instrumentador e defensor dos interesses públicos: o regime peculiar do Estado.[91]

---

[88] ATALIBA, Geraldo. *Hipótese de Incidência Tributária*. 5. ed. 6. tir. São Paulo: Malheiros, 1997. p. 138-139.
[89] CARRAZZA, Roque Antonio. *Curso de Direito Constitucional Tributário*. 24. ed. São Paulo: Malheiros, 2008. p. 525-526.
[90] CARRAZZA, Roque Antonio. *Curso de Direito Constitucional Tributário*. 24. ed. São Paulo: Malheiros, 2008. p. 526.
[91] MELLO, Celso Antônio Bandeira de. Serviço Público e sua Feição Constitucional no Brasil. In: MELLO, Celso Antônio Bandeira de. *Direito do Estado*: Novos Rumos – Direito Administrativo. São Paulo: Max Limonad, 2001. t. 2. p. 20.

Os serviços qualificam-se como públicos por definição constitucional (caso do transporte coletivo, que tem caráter essencial, de competência municipal, art. 30, V, da CF); ou por nova criação legislativa (caso dos serviços funerários), situação em que coexistem com os mesmos serviços prestados pelos particulares.

Exemplificativamente é oferecida a distinção seguinte:

a) serviços de *prestação obrigatória e exclusiva do Estado* (serviço postal e correio aéreo nacional, art. 21, X, da CF);

b) serviços de *prestação obrigatória do Estado* e em que é também *obrigatório outorgar* em *concessão* a terceiros (serviços de rádio e televisão, art. 223, da CF);

c) serviços de *prestação obrigatória pelo Estado, mas sem exclusividade* (educação, saúde, previdência social – arts. 196/197, 205, 208, 211 e 213; e 201 e 202, da CF, respectivamente);

d) serviços de *prestação não obrigatória pelo Estado, mas não o prestando é obrigado a promover-lhes a prestação*, tendo, pois que outorgá-los em concessão ou permissão a terceiros (todos os demais serviços públicos, notadamente no art. 21, XI – telecomunicações).[92]

O CTN (art. 78) considera poder de polícia atividade da Administração Pública que, limitando ou disciplinando direito, interesse ou liberdade, regula a prática de ato ou abstenção de fato, em razão de interesse público concernente à segurança, à higiene, à ordem, aos costumes, à disciplina da produção e do mercado, ao exercício de atividades econômicas dependentes de concessão ou autorização do Poder Público, à tranquilidade pública ou ao respeito à propriedade e aos direitos individuais ou coletivos.

Considera-se regular o exercício do poder de polícia quando desempenhado pelo órgão competente nos limites da lei aplicável, com observância do processo legal e, tratando-se de atividade que a lei tenha como discricionária, sem abuso ou desvio de poder (parágrafo único, do art. 78, do CTN).

O *poder de polícia* compreende a atividade estatal condicionadora de liberdade e da propriedade dos particulares, caracterizando limitações administrativas, e imposições de medidas coercitivas (apreensões, interdições, que ocorrem mediante licenciamentos, autorizações, fiscalizações para construção).

Entendera-se que "poder de polícia é a atividade estatal, sempre e necessariamente fundada na lei, tendente a limitar a propriedade tendo em vista assegurar a igualdade no seu exercício, compatibilizar os interesses dos que exercem liberdade e propriedade, assegurar a ordem pública (Ruy Cirne Lima), e garantir a supremacia do interesse público sobre o privado, de tal sorte que a liberdade e a propriedade sejam asseguradas a todos os integrantes da comunidade (C. A. Bandeira de Mello, *Elementos de Direito Administrativo*, 1ª ed., 1980, p. 164 e ss.; cf. Celso Antônio, *Curso de Direito Administrativo*, 12ª ed., São Paulo, Malheiros, 2000, p. 675), em estudo doutrinário".[93]

Depois de ser indicada a origem do vocábulo "polícia", segue-se a elucidação de tratar-se de "toda a restrição ou limitação coercitivamente posta pelo Estado à atividade ou propriedade privada, para o efeito de tornar possível, dentro da ordem o concorrente exercício de todas as atividades e a conservação perfeita de todas as propriedades privadas".[94]

---

[92] MELLO, Celso Antônio Bandeira de. *Curso de Direito Administrativo*. 15. ed. São Paulo: Malheiros, 2003; 26. ed. São Paulo: Malheiros, 2009. p. 830.

[93] ATALIBA, Geraldo. *Hipótese de Incidência Tributária*. 5. ed. 6. tir. São Paulo: Malheiros, 1997. p. 157.

[94] LIMA, Ruy Cirne. *Princípios de Direito Administrativo*. 5. ed. São Paulo: RT, 1982. p. 107.

Há que se distinguir a polícia administrativa (caráter preventivo) da polícia repressiva (natureza judiciária concernente a ilícitos penais). O poder de polícia tem como atributos a discricionariedade, a autoexecutoriedade, a coercibilidade e a exigibilidade, tendo como limites a competência, forma, fins, motivos ou objetivo, observando a devida proporcionalidade.[95]

E esclarece-se que a "polícia administrativa" *visa* à expedição de *provimentos jurídicos:* atos que *habilitam* os administrados à prática de determinada atividade (licença de construir, licença para dirigir automóveis, autorização de porte de arma etc.), ou que, inversamente, *proíbe* (denegando os atos referidos), ou a *impede* (expedindo ordens, como ocorre quando o guarda de trânsito o desvia, obstando a circulação por vias congestionadas por algum incidente), ou, ainda, *sanciona* (expedindo multas, determinando o embargo de atividades), se desatendidas as normas pertinentes, quando constatada sua violação, o que ocorre como resultado de *fiscalização* do comportamento dos administrados.[96]

Importante esclarecer que "a taxa de polícia pressupõe o efetivo exercício de atividades ou diligências, por parte da Administração Pública, em favor do contribuinte, removendo-lhe obstáculos jurídicos, mantendo-os, fiscalizando a licença que foi concedida etc.";[97] sendo que o exercício regular do poder de polícia "se consubstancia num documento, denominado alvará, que implica uma exceção, manutenção ou fiscalização de exceção aberta", acentuando Régis Fernandes de Oliveira que não é o simples ato do Poder Público que enseja a cobrança da taxa de polícia, mas o desempenho efetivo da atividade dirigida ao administrado. Esta exação só poderá ser exigida quando a pessoa política competente, atuando, "remover obstáculo criado pela norma geral, mantê-lo ou fiscalizar a autorização ou a licença expedida".[98]

A distinção entre taxa e imposto reside em ser aquela um tributo vinculado, ao passo que este é um tributo sem vinculação,[99] sendo ofertada a explicação pormenorizada de que "os fatos geradores dos impostos são sempre acontecimentos (fatos, atos ou negócios), que denotem, simplesmente, uma capacidade econômica: venda, consignação, exportação, produção, rendimento ou renda. Na taxa, o fato gerador tem que ser uma ocorrência relacionada com a utilização, provocação ou disposição do serviço ou atividade do estado: a invocação do funcionamento da justiça, regularização de instrumentos de medição e pesagem".[100]

As taxas não poderão ter base de cálculo própria de impostos (§2º do art. 145 da CF), em razão do que uma taxa de licença para funcionamento de um imóvel de natureza comercial não pode ser calculada sobre o valor venal dessa propriedade (art. 33 do CTN), sendo também inconstitucional a taxa municipal de conservação de estradas de rodagem, cuja base de cálculo seja idêntica a do imposto territorial rural (Súmula nº 595 do STF).

---

[95] DI PIETRO, Maria Sylvia Zanella. *Direito Administrativo*. 10. ed. São Paulo: Atlas, 1998. p. 92-100.
[96] MELLO, Celso Antônio Bandeira de. Serviço Público e sua Feição Constitucional no Brasil. In: MELLO, Celso Antônio Bandeira de. *Direito do Estado*: Novos Rumos – Direito Administrativo. São Paulo: Max Limonad, 2001. t. 2. p. 25.
[97] CARRAZZA, Roque Antonio. *Curso de Direito Constitucional Tributário*. 24. ed. São Paulo: Malheiros, 2008. p. 508-509.
[98] CARRAZZA, Roque Antonio. *Curso de Direito Constitucional Tributário*. 24. ed. São Paulo: Malheiros, 2008. p. 528.
[99] SOUSA, Rubens Gomes de. Sujeito Passivo das Taxas. *Revista de Direito Público*, n. 16, p. 351.
[100] FALCÃO, Amílcar de Araújo. *Introdução ao Direito Tributário*. Rio de Janeiro: Financeiras, 1959. p. 15-21.

Em conclusão, a *taxa* é a remuneração de uma atividade vinculada ao Poder Público (serviço público, específico e divisível, efetivo ou potencial, incluindo-se ou concernente ao poder de polícia), regendo-se pelo princípio da retributividade.

3.2.2 Pedágio

O art. 150, V, da Constituição Federal, prevê a vedação de estabelecer limitações ao tráfego de pessoas, e bens, por meio de tributos interestaduais ou intermunicipais, ressalvada a cobrança de *pedágio* pela utilização de vias conservadas pelo Poder Público.

Considerando que o pedágio foi elevado à estatura constitucional, por expressa referência, torna-se conveniente examinar sua natureza jurídica e os princípios que lhe são aplicáveis. Como sua materialidade centra-se na "utilização de vias conservadas pelo Poder Público", é revelada nitidamente a figura da taxa, em razão dos mencionados serviços.[101]

Tal "conservação" significa "manter, preservar, resguardar de dano ou deterioração. Mais do que meros reparos, a conservação supõe a manutenção das vias públicas em estado normal de utilização (pista de rolamento, livre de buracos e de outras imperfeições, acostamentos, contenção de encostas, sinalização horizontal e vertical etc.)",[102] observando-se ademais que "não é a construção de uma estrada, de *per si*, que embasa a exigência do pedágio: essa obra pública pode dar lugar à contribuição de melhoria, exigível dos proprietários de imóveis adjacentes que, em decorrência se tenham valorizado. Já o pedágio é cobrável de quem trafegue pela via pública e, por isso, frui a utilidade propiciada pela obra do Estado".[103]

Assinala-se que "o pedágio no Direito brasileiro não é taxa que se deva pagar para passar ou trafegar em estradas, ruas e logradouros, como poderiam sugerir os seus antecedentes históricos. Devemos advertir que o pedágio, enquanto taxa, é cobrado, não pelo uso do bem público, ou seja, a rodovia, mas pelos especiais serviços públicos que determinados tipos de estradas, mantidas e conservadas pelo Poder Público, oferecem aos seus usuários (pistas duplas, iluminação feérica, vigilância constante, serviços de telefonia à margem, constante manutenção das pistas de rolamento e de placas ou signos de sinalização etc.)".[104]

Peculiarmente fora observado que o pedágio, dependendo da hipótese, será uma "tarifa", quando se constitui na remuneração de concessionário; ou será uma "taxa", no caso de o Estado prestar serviço ou acobertar obras públicas por ele exploradas. Caracterizando-se como a retribuição da concessionária de obra viária, entende-se tratar de "tarifa", revisível pelo próprio Executivo nos casos de eventos que afetem o equilíbrio econômico-financeiro estipulado, não podendo seguir o rígido regime tributário, que é aplicável às taxas.[105]

---

[101] ATALIBA, Geraldo; BARRETO, Aires. Pedágio Federal. *Revista de Direito Tributário*, n. 46, p. 523-524, out./dez. 1988.
[102] AMARO, Luciano. Conceito e Classificação dos Tributos. *Revista de Direito Tributário*, São Paulo, Revista dos Tribunais, n. 55, p. 269, 1991.
[103] AMARO, Luciano. Conceito e Classificação dos Tributos. *Revista de Direito Tributário*, São Paulo, Revista dos Tribunais, n. 55, p. 270, 1991.
[104] COÊLHO, Sacha Calmon Navarro. *Comentários à Constituição de 1988* – Sistema Tributário. 7. ed. Rio de Janeiro: Forense, 1998. p. 71-72.
[105] MELLO, Celso Antônio Bandeira de. Natureza Jurídica do Pedágio: Taxa? Preço? *Revista Trimestral de Direito Público*, n. 32, p. 21-26, 2000.

Entretanto, a LC nº 116, de 31.7.03 (subitem 22.01) submete à incidência do ISS os serviços de exploração de rodovia, mediante cobrança de pedágio, envolvendo execução de serviços de conservação, manutenção, melhoramentos para adequação de capacidade e segurança de trânsito, operação, monitoração, assistência aos usuários e outros serviços definidos em contrato, atos de concessão ou de permissão, ou em normas oficiais.

A jurisprudência entendera desnecessária a existência de via alternativa, a saber:

Ementa
Administrativo. Recursos Especiais. Cobrança de Pedágio em Rodovia Federal por Empresa Concessionária. Lei 9.648/88. Desnecessidade de Existência de Serviço Público que disponibilize gratuitamente Via Alternativa de Trânsito. Exigência somente Aplicável a Situações expressamente Previstas em Lei, que não é o caso dos autos. Recursos Especiais Providos para o Fim de Reconhecer Legítima a Cobrança do Pedágio e Impedir a Devolução das Quantias Pagas.
(STJ, REsp nº 671.002-PR, 1ª Turma, rel. Min. José Delgado, j. 05.06.07, *DJU* 1 de 29.06.07, p. 490)

Colocadas as posturas jurídicas dissonantes, inclino-me pela característica do pedágio como "taxa", tendo em vista a inquestionável prestação de serviços de conservação de estrada, que tem o condão de abranger, implicitamente, a utilização do bem público, traduzindo-se em atividade do Poder Público sem característica privada, não podendo ensejar cobrança de preço.

3.2.3 Distinção entre tarifa, taxa e preço público

O vocábulo *tarifa* advém do árabe, possuindo um sentido etimológico ligado à ideia de pauta de preços de navegação, de direitos alfandegários, que a cidade de Tarife, fundada pelos mouros, exigia dos mercadores quando por lá passavam com suas embarcações (uma espécie de tributo-pedágio). Tarifa, assim, exprime a ideia de uma tábua, de lista ou relação em que se fixam cotas.[106] É o caso das tarifas de energia elétrica, de correio (postais), de fornecimento de água etc.

Tarifa (arts. 150, §3º, e 175, parágrafo único, III, da CF) é a remuneração devida pelos usuários de serviços públicos, explorados por concessionários, ou permissionários, sob regime de Direito Administrativo.

A concessão de serviço público pode ser conceituada como "contrato administrativo pelo qual a Administração Pública delega a outrem a execução de um serviço público, para que o execute em seu próprio nome, por sua conta e risco, assegurando-lhe a remuneração mediante tarifa paga pelo usuário ou outra forma de remuneração decorrente da exploração do serviço".[107]

Trata-se de modalidade de transferência da prestação do serviço público, por meio do qual o titular da competência atribui a outrem o seu desempenho, mas que não deve produzir modificação do regime jurídico que preside a prestação do serviço público, não acarretando a transformação do serviço em privado.

---
[106] MORAES, Bernardo Ribeiro de. A Transferência do 'Pedágio' – uma Injusta e Ilegítima Concessão. *Revista Dialética de Direito Tributário*, n. 12, p. 9, set. 1996.
[107] DI PIETRO, *ob. cit.*, p. 303..

Esta peculiar situação permitira fixar o entendimento seguinte:

> (...) na concessão, o Estado continua a ser o titular do poder de prestação do serviço. Atribui-se a um particular uma parcela da competência pública, mas o núcleo dessa competência permanece na titularidade do Estado. Assim, o Estado não está renunciando ao poder de prestar o serviço, nem abre o poder de disciplinar as condições da prestação do serviço. Ressalte-se que o concessionário atua perante terceiros como se fosse o próprio Estado. Justifica-se, desse modo, o poder-dever de o Estado retomar os serviços concedidos, a qualquer tempo e independentemente do prazo previsto para a concessão. Pela mesma via se justifica o poder do Estado intervir nas atividades de prestação de serviço ou de modificar as regras relativas à sua prestação.[108]

Em realidade, positiva-se um regime jurídico complexo, porque, embora atue em nome próprio na sua relação com terceiros (usuários dos serviços), o concessionário presta os serviços no interesse público, não sendo nem mais e nem menos do que seria a Administração Pública.

Assim, "a delegação para o particular não transforma o serviço em privado. Nem retira da entidade delegante a titularidade do serviço. A delegação pressupõe a possibilidade de o serviço ser desempenhado por particular em condições, no mínimo, de eficiência idêntica ao que se passaria se o serviço fosse prestado diretamente pelo próprio Estado".[109]

O complexo de princípios e normas previstas na legislação regradora da concessão, e permissão, de prestação de serviços públicos, em consonância com os ditames constitucionais, traduz os critérios norteadores da mencionada prestação, evidenciando que os concessionários atuam como efetivos mandatários dos Poderes Públicos, como autêntica projeção ou prolongamento de sua personalidade.

Ponderável a argumentação de que "o que se concede não é o serviço, mas sim a sua execução. O serviço é sempre público; o titular é sempre a pessoa pública. Se o serviço é prestado pelo próprio Estado, cometido a concessionário seu, ou conferido a particulares, é o que menos importa. O serviço, em qualquer caso, seguirá sendo público".[110]

O negócio jurídico (*prestação de serviço público*) é o contrato entre o Poder Público (concedente), e as pessoas privadas (concessionárias), situação em que os seus usuários (coletividade) são caracterizados como meros destinatários.

As *taxas* remuneram os serviços públicos previstos constitucionalmente, e aqueles prestados sob regime de Direito Público, observando normas e princípios tributários e administrativos. Os preços públicos remuneram os serviços prestados sob o regime de Direito Privado, de conformidade com esquemas contratuais.[111]

A prestação de serviço público deve necessariamente ser remunerada por taxas, inexistindo campo facultativo dentro do qual o Poder Público poderia escolher se

---

[108] JUSTEN FILHO, Marçal. *Concessão de Serviços Públicos* – Comentários às Leis nos 8.987 e 9.074 de 1995. São Paulo: Dialética, 1997. p. 66.
[109] JUSTEN FILHO, Marçal. *Concessão de Serviços Públicos* – Comentários às Leis nos 8.987 e 9.074 de 1995. São Paulo: Dialética, 1997. p. 113.
[110] BARRETO, Aires. *ISS na Constituição e na Lei.* 3. ed. São Paulo: Dialética, 2009. p. 53 e 57.
[111] MELO, José Eduardo Soares de. Taxa e Preço Público. In: MARTINS, Ives Gandra da Silva (coord.). Caderno de Pesquisas Tributárias. São Paulo: Resenha Tributária e Centro de Extensão Universitária, 1985. v. 10. p. 201.

instituiria um preço ou uma taxa por se tratar de *res extra commercium*, regendo-se pelo princípio da indisponibilidade do interesse público, segundo o qual ela se dá em razão de um comando do ordenamento (que torna indisponível a prestação), e não de um interesse econômico ou ligado à obtenção do lucro, como ocorreria numa atividade reservada ao particular. O Estado pode, atendidas as regras constitucionais, desempenhar atividade econômica, com intuito de lucro, tal como qualquer empresa privada, mas quando assim atuar os serviços que prestar serão idênticos àqueles que uma empresa privada poderia prestar, submetidos, portanto, ao regime jurídico de Direito Privado.[112]

Tem se tornado extremamente problemático caracterizar, de *per si*, a natureza dos serviços, pelo simples exame de sua matéria, ou seja, saber se a comodidade ou a utilidade prestada a seus beneficiários ou usuários revelam caráter público ou privado. O contexto das regras constitucionais fornece o arcabouço das funções essenciais das pessoas políticas, tais como assegurar a justiça, manter a segurança, velar pela saúde pública, manter as vias de comunicação, administrar o domínio nacional. Existem serviços que se situam em zona fronteiriça, em que não transparece, logo e de súbito, o interesse público dominante, podendo o Governo atuar de forma suplementar à iniciativa privada. Numa outra extremidade percebe-se a execução de serviços explorados comercialmente, compatíveis com a livre iniciativa particular, não sendo prejudicados pelo desempenho simultâneo ou concomitante dos entes públicos.

Em linhas gerais, já fora pontificado que o critério "mais preciso e correto para discernir as prestações pecuniárias da natureza dos preços públicos e as taxas consiste em determinar a natureza das atividades que lhes dão causa, sob o prisma da sua inerência às funções do Estado; onde há esse nexo necessário, então haverá taxa, ao passo que teremos preço público quando, pela sua menor importância coletiva ou pela falta da sua vinculação com os elementos próprios das funções estatais, o serviço pode ser cometido a particulares".[113]

Claramente se assinala que o preço não se confunde com a taxa porque constitui regime "típico de direito privado, informado pela autonomia da vontade, de que decorrem a liberdade de contratar e a liberdade contratual, inconvenientes com o regime administrativo estritamente informador de toda a atividade pública", sendo de se concluir que "Se se tratar de atividade pública (art. 175) o correspectivo será taxa (art. 145, II); se se tratar de exploração de atividade econômica (art. 173) a remuneração far-se-á por preço".[114]

Pondera-se também que "o preço deriva de um contrato firmado, num clima de liberdade, pelas partes, com o fito de criarem direitos e deveres recíprocos. Sobremais, as cláusulas desta obrigação convencional não podem ser alteradas unilateralmente por qualquer dos contraentes, que devem observar, com fidelidade, o que pactuaram. Destarte, as prestações de cada uma das partes equivalem-se em encargos e vantagens, sendo umas causa e efeito das outras", como a "contrapartida de uma prestação contratual"; o que "diferentemente ocorre com a taxa que, nascida da lei, sobre ser compulsória,

---

[112] GRECO, Marco Aurélio. Distinção entre Taxa e Preço Público. In: MARTINS, Ives Gandra da Silva (coord.). *Caderno de Pesquisas Tributárias*. São Paulo: Resenha Tributária e Centro de Extensão Universitária, 1992. v. 10. p. 144, 114 e 119.

[113] CANTO, Gilberto de Ulhôa. Taxa e Preço Público. In: MARTINS, Ives Gandra da Silva (coord.). *Caderno de Pesquisas Tributárias*. São Paulo: Resenha Tributária, 1985. v. 10. p. 90.

[114] ATALIBA, Geraldo. *Hipótese de Incidência Tributária*. 5. ed. 6. tir. São Paulo: Malheiros, 1997. p. 142 e 150.

resulta de uma atuação estatal, desenvolvida debaixo de um regime de direito público e relacionada diretamente e imediatamente, ao contribuinte".[115]

A nota distintiva da "taxa" com o "preço público" não reside no caráter obrigatório ou facultativo dos serviços, como estratificado na Súmula nº 545 do STF: "Preços de serviços públicos e taxas não se confundem, porque estas, diferentemente daqueles, são compulsórias e têm sua cobrança condicionada à prévia autorização orçamentária, em relação à lei que as instituiu".

A estrutura normativa do serviço, e, consequentemente, a relação jurídica (prestador-usuário), é arquitetada pelo legislador segundo um esquema de imperatividade, ou assentado no princípio da autonomia da vontade.

O regime jurídico-administrativo tem como conteúdos fundamentais o princípio da supremacia do interesse público sobre o particular e a indisponibilidade dos interesses públicos, erigidos como autênticos dogmas imprescindíveis para o regular desempenho das atividades da Administração. Acoplado a esses princípios, o plexo de postulados constitucionais tributários conforma o regime jurídico de Direito Público, irradiados em diversos outros princípios, a saber: legalidade, isonomia, anterioridade, uniformidade, tipicidade, vedação de confisco, capacidade contributiva, privilégio da administração, autotutela, presunção de legitimidade, controle e continuidade administrativa.

Nos serviços prestados sob a tutela de Direito Privado, denota-se, basicamente, a ausência de privilégio do Poder Público, no objetivo financeiro e na preocupação de lucro, atendendo-se a esquema contratual, ocorrendo a remuneração pelo preço (contrapartida de prestação em regime de liberdade de contratar).

É lembrado que "os pronunciamentos da Corte que deram origem à aprovação da referida Súmula apreciaram situações ocorridas sob a égide da Constituição de 1946, cujo artigo 30, III, deixava margem para entendimento desse tipo e até desafiava o intérprete a bem entender qual a natureza do seu comando";[116] sendo que "hoje o critério relevante não é mais o de saber se o pagamento é voluntário ou compulsório, mas sim de verificar se a atividade concretamente executada pelo Poder Público configura um serviço público ou não".[117]

Aliás, "sendo o sistema jurídico uno e pleno, ele sempre oferece critérios para distinguir seus diversos institutos. O nosso sistema constitucional conceitua taxa com precisão. Não oferece um conceito de preço. Este será encontrado no Direito Privado. Taxa é tributo. O seu regime jurídico é de direito público, mais especificamente de direito tributário. É um tributo em cuja norma está feita a previsão, no núcleo do seu antecedente normativo, de uma atuação estatal diretamente referida ao sujeito passivo, que realiza a hipótese de incidência por um ato de livre vontade como em qualquer tributo. Preço é uma contraprestação por um serviço particular ou por uma compra e venda, ou retribuição por um serviço, o regime jurídico é o de direito privado".[118]

---

[115] CARRAZZA, Roque Antonio. *Curso de Direito Constitucional Tributário*. 24. ed. São Paulo: Malheiros, 2008. p. 533-534.

[116] CANTO, Gilberto de Ulhôa. Taxa e Preço Público. In: MARTINS, Ives Gandra da Silva (coord.). *Caderno de Pesquisas Tributárias*. São Paulo: Resenha Tributária, 1985. v. 10. p. 88.

[117] GRECO, Marco Aurélio; SOUZA, Hamilton Dias de. Distinção entre Taxa e Preço Público. In: MARTINS, Ives Gandra da Silva (coord.). *Caderno de Pesquisas Tributárias*. São Paulo: Resenha Tributária e Centro de Extensão Universitária, 1992. v. 10. p. 116.

[118] LACOMBE, Américo. Taxa e Preço Público. In: MARTINS, Ives Gandra da Silva (coord.). *Caderno de Pesquisas Tributárias*. São Paulo: Resenha Tributária e Centro de Extensão Universitária, 1985. v. 10. p. 21.

Os preços são absolutamente adequados como instrumento à percepção da receita decorrente de serviço ou atividade monopolizada, permanecendo como prestações contratuais decorrentes do exercício livre da vontade.[119]

Preço é a remuneração contratual livremente pactuada entre as pessoas públicas (despidas de privilégios), e os usuários de serviços realizados sob regime de Direito Privado, apesar de haver singela referência na CF (art. 150, §3º), no caso de serviços relacionados com exploração de atividades econômicas, regidas pelas normas aplicáveis a empreendimentos privados, fora do alcance da imunidade recíproca.

Nada impede que preços públicos sejam juridicamente transformados em taxas. Para tanto, seria necessário: a) que se tornem, por lei, compulsórios; b) que os serviços a eles correspondentes sejam efetivamente prestados aos contribuintes, ou postos à sua disposição; e c) que aludidos serviços atendam aos requisitos da especificidade e divisibilidade; observados estes parâmetros, caberá ao Estado-Prestador definir o regime de contraprestação dos serviços públicos.[120]

3.2.4 Jurisprudência

Destaco as posturas judiciais de maior significação:

Supremo Tribunal Federal:

1) *Taxa Judiciária*. Sua legitimidade constitucional, admitindo-se que tome por base de cálculo o valor da causa ou da condenação, o que não basta para subtrair-lhe a natureza de taxa e convertê-la em imposto. Precedentes (ADIn nº 948-GO, j. 09.11.95, Francisco Rezek; ADIn/MC nº 1.772-MG, j. 15.04.98, rel. Min. Carlos Velloso).

Súmula nº 667: "Viola a garantia constitucional de acesso à jurisdição a taxa judiciária calculada sem limite sobre o valor da causa";

2) Legítima em princípio, a *taxa judiciária* e as custas *ad valorem* afrontam, contudo, a garantia constitucional de acesso à jurisdição (CF, art. 5º, XXXV) se a alíquota excessiva ou a omissão de um limite absoluto as tornaram desproporcionadas ao custo do serviço que remuneraram. Precedentes (Repr. nº 1.077-RJ, j. 28.03.84, rel. Min. Moreira Alves, *RTJ* nº 112/34; Repr. nº 1.074, j. 15.08.84, rel. Min. Francisco Falcão, *RTJ* nº 112/499; ADIn nº 948-GO, j. 09.11.95, rel. Min. Francisco Rezek; ADIn/MC nº 1.378-5, j. 30.11.95, rel. Min. Celso de Mello, *DJU* 1 de 30.05.97; ADIn/MC nº 1.651-PB, rel. Min. Sydney Sanches, *DJU* 1 de 11.09.98; ADIn/MC nº 1.772-MG, j. 15.4.98, rel. Min. Carlos Velloso);

3) *Custas judiciais* são taxas, do que resulta – ao contrário do que sucede aos impostos (CF, art. 167, IV) – a alocação do produto de sua arrecadação ao Poder Judiciário, cuja atividade remunera; e nada impede a afetação dos recursos correspondentes a determinado tipo de despesas – no caso, as de capital, investimento e treinamento de pessoal da Justiça – cuja finalidade tem inequívoco liame instrumental com o serviço judiciário (ADIn nº 1.928-4/Medida Liminar, Plenário, rel. Min. Sepúlveda Pertence, j. 19.04.99, *DJU* 1 de 10.09.99, p. 2);

---

[119] VERLI, Fabiano. *Taxas e Preços Públicos*. São Paulo: RT, 2004. p. 72.
[120] BOTTALLO, Eduardo Domingos; MELO, José Eduardo Soares de. *Comentários às Súmulas Tributárias do STF, STJ, TRFs e CARF*. 2. ed. São Paulo: Quartier Latin. 2011. p. 85.

4) *Taxa de fiscalização dos mercados de títulos e valores mobiliários*

Ementa
1. Ação Direta de Inconstitucionalidade.
2. Art. 3º, da Lei nº 7.940, de 20.12.1989, que considerou os auditores independentes como contribuintes da taxa de fiscalização dos mercados de títulos e valores mobiliários.
3. Ausência de violação ao princípio da isonomia, haja vista o diploma legal em tela ter estabelecido valores específicos para cada faixa de contribuintes, sendo estes fixados segundo a capacidade contributiva de cada profissional.
4. Taxa que corresponde ao poder de polícia exercido pela Comissão de Valores Mobiliários, nos termos da Lei nº 5.172, de 1966 – Código Tributário Nacional.
5. Ação Direta de Inconstitucionalidade que se julga improcedente.
(ADI nº 453-1-DF, rel. Min. Gilmar Mendes , j. 30.08.06, *DJU* 1 de 16.03.07, p. 19)

Súmula nº 665: "É constitucional a Taxa de Fiscalização dos Mercados de Títulos e Valores Mobiliários instituída pela Lei nº 7.940/89";

5) *Taxa de fiscalização ambiental.* Deferida medida liminar em ação direta de inconstitucionalidade ajuizada pela Confederação Nacional da Indústria – CNI para suspender a eficácia do art. 8º da Lei nº 9.960/00 (acrescenta vários dispositivos à Lei nº 6.938/81), que cria a Taxa de Fiscalização Ambiental – TFA, em favor do Ibama, e dá outras providências.

O Tribunal reconheceu, à primeira vista, a plausibilidade jurídica da tese da inconstitucionalidade por ofensa ao princípio da isonomia, porquanto o valor da referida taxa é uniforme para todos os contribuintes, salientando, também, que o fato gerador da mencionada taxa é o exercício das "atividades potencialmente poluidoras ou utilizadoras de recursos ambientais", as quais não estão definidas na lei impugnada.

Considerou-se, ainda, a aparente ofensa ao art. 145, II, da CF, tendo em vista que o fato gerador da mencionada taxa é a atividade explorada pelo contribuinte e não o serviço prestado pelo ente público no exercício do poder de polícia – Lei nº 6.938/81, art. 17-B, §1º, acrescido pelo art. 8º impugnado: "Constitui fato gerador da TFA o exercício das atividades mencionadas no inciso II do art. 17 desta Lei(...)"; art. 17, II: "(...) atividades potencialmente poluidoras e/ou extração, produção, transporte e comercialização de produtos potencialmente perigosos ao meio ambiente(...)" (ADIn/Medida Cautelar nº 2.718-DF, rel. Min. Ilmar Galvão, j. 29.03.00, *Informativo STF* nº 183, de 05.04.00, *DJU* 1-E de 11.04.00, p. 7).

6) Tributário. *Taxa de fiscalização de obras.* Município de Belo Horizonte. Lei nº 5.641, de 22.12.89, art. 25, e correspondente Tabela I. Pretensa incompatibilidade com o art. 145, §2º da Constituição Federal. Tributo que, na conformidade dos dispositivos impugnados, é calculado em razão da extensão da obra, dado perfeitamente compatível com a exigência de divisibilidade do serviço público de fiscalização por ele remunerado, sem qualquer identidade com a base de cálculo do imposto predial. Recurso não conhecido (RE nº 214.569-6, 1ª Turma, rel. Min. Ilmar Galvão, j. 13.04.99, *DJU* 1 de 13.08.99, edição extra, p. 18);

7) Tributário. Lei nº 11.152, de 30.12.91, que deu nova redação aos arts. 7º, incisos I e II, 87, incisos I e II, e 94 da Lei nº 6.989/66, do Município de São Paulo. Imposto sobre a propriedade predial e territorial urbana. *Taxas de limpeza pública e de conservação de vias e logradouros públicos.* Inconstitucionalidade declarada dos dispositivos sob enfoque.

Os demais, por haverem violado a norma do art. 145, §2º, ao tomarem para base de cálculo das taxas de limpeza e conservação de ruas elemento que o STF tem por fator componente da base de cálculo do IPTU, qual seja, a área do imóvel e a extensão deste no seu limite com o logradouro público.

Taxas que, de qualquer modo, no entendimento deste relator, têm por fato gerador prestação de serviço inespecífico, não mensurável, indivisível e insuscetível de ser referido a determinado contribuinte, não sendo de ser custeado senão por meio do produto da arrecadação dos impostos gerais. Recurso conhecido e provido (RE nº 199.969-1-SP, Pleno, rel. Min. Ilmar Galvão, j. 27.11.97, *DJU* 1 de 06.02.98, p. 38).

8) Constitucional. Tributário. *Taxa de licenciamento de importação*. Lei nº 2.145, de 1953, art. 10, com a redação da Lei nº 8.387, de 1991. Licença ou guia de importação ou documento equivalente: a alteração do art. 10 da Lei nº 2.145, de 1953, pela Lei nº 8.387, de 1991, não mudou a natureza jurídica do crédito remunerador da atividade estatal específica, o exercício do poder de polícia administrativa, de taxa para preço público. Ofensa ao princípio da legalidade tributária, CF, art. 150, I, CTN, art. 97, IV, dado que a lei não fixa a base de cálculo e nem a alíquota. Inconstitucionalidade do art. 10 da Lei nº 2.145, de 1953, com a redação da Lei nº 8.387, de 1991. Recurso extraordinário conhecido (letra *b*), mas improvido (RE nº 188.107-1-SC, Plenário, rel. Min. Carlos Velloso, j. 20.03.97, *DJU* 1 de 30.05.97, p. 23.193);

9) *Taxa de segurança contra incêndio do Estado*. Sua inconstitucionalidade, por identidade de base de cálculo (valor unitário do metro quadrado) com a do imposto predial e territorial urbano (art. 18, §2º da Constituição de 1967 – Emenda nº 1/69) (RE nº 120.954-2, Plenário, rel. Min. Octavio Gallotti, j. 14.03.96, *DJU* 1 de 13.12.96, p. 50.179);

10) Taxa. Município de Porto Alegre. *Taxa de fiscalização de localização e funcionamento. Escritório de Advocacia.* Constitucionalidade. O Supremo Tribunal Federal tem sistematicamente reconhecido a legitimidade da exigência, anualmente renovável, pelas Municipalidades, da taxa em referência, pelo exercício do poder de polícia, não podendo o contribuinte furtar-se à sua incidência sob a alegação de que o ente público não exerce a fiscalização devida, não dispondo sequer de órgão incumbido desse mister. Recurso extraordinário conhecido e provido (RE nº 198.904-1, 1ª Turma, rel. Min. Ilmar Galvão, j. 28.05.96, *DJU* 1 de 27.09.96, p. 36.171).

11) Recurso extraordinário. *Taxa de melhoramento de portos* não tem a mesma base de incidência do imposto sobre importação. Reiterada jurisprudência do Supremo Tribunal Federal. Recurso conhecido e provido (RE nº 157.235, 2ª Turma, rel. Min. Maurício Corrêa, j. 16.05.96, *DJU* 1 de 08.09.95, p. 38.364);

12) *Tarifa de limpeza urbana*. Em face das restrições constitucionais a que se sujeita a instituição da taxa, não pode o Poder Público estabelecer, a seu arbítrio, que à prestação de serviço público específico e divisível corresponde a contrapartida sob a forma, indiferentemente, de taxa ou de preço público. Sendo compulsória a utilização do serviço público de remoção de lixo – o que resulta, inclusive, de sua disciplina como serviço essencial à saúde pública –, a tarifa de lixo instituída pelo Decreto nº 916, de 12.11.76, do Poder Executivo do Município do Rio de Janeiro, é, em verdade, taxa.

Inconstitucionalidade do referido Decreto, uma vez que taxa está sujeita ao princípio constitucional da reserva legal. Recurso extraordinário conhecido e provido (RE nº 89.876-RJ, Plenário, *RTJ* 98/23);

13) *Taxa de coleta de lixo.* Constitucional – Tributário – Taxa de Coleta de Lixo: Base de Cálculo – IPTU – Município de São Carlos/SP. O fato de um dos elementos utilizados na fixação da base de cálculo do IPTU – a metragem da área construída do imóvel, que é o valor do imóvel (CTN, art. 33) – ser tomado em linha de conta na determinação da alíquota da Taxa de Coleta de Lixo não quer dizer que teria essa taxa base de cálculo igual à do IPTU: o custo do serviço constitui a base imponível da taxa. Todavia, para o fim de aferir, em cada caso concreto, a alíquota, utiliza-se a metragem da área construída do imóvel, certo de que a alíquota não se confunde com a base imponível do tributo. Tem-se, com isto, também, forma de realização da isonomia tributária e do princípio da capacidade contributiva; CF, arts. 150, III, e 145, §1º (RE nº 232.393-1-SP, Pleno, rel. Min. Carlos Velloso, j. 12.08.99, *DJU* 1 de 05.04.02, p. 55);

14) *Taxa de coleta de lixo*

A taxa cobrada exclusivamente em razão dos serviços públicos de coleta, remoção e tratamento ou destinação de lixo ou resíduos provenientes de imóveis, não viola o art. 145, II, da CF (Súmula Vinculante nº 19);

15) O serviço de *iluminação pública* não pode ser remunerado mediante taxa. (Súmula Vinculante nº 41);

16) *Taxa sobre atividades notariais e de registro*

Ementa:
Constitucional. Ação Direta de Inconstitucionalidade. Inciso III do art. 4º da Lei nº 4.664, de 14 de dezembro de 2005, do Estado do Rio de Janeiro. Taxa Instituída sobre as Atividades Notariais e de Registro. Produto da Arrecadação Destinado ao Fundo Especial da Defensoria Pública do Estado do Rio de Janeiro.
É constitucional a destinação do produto da arrecadação da taxa de polícia sobre as atividades notariais e de registro, ora para tonificar a musculatura econômica desse ou daquele órgão do Poder Judiciário, ora para aportar recursos financeiros para a jurisdição em si mesma.
O inciso IV do art. 167 da Constituição passa *ao largo* do instituto da taxa, recaindo, isto sim, sobre qualquer modalidade de imposto.
O dispositivo legal impugnado não invade a competência da União para editar normas gerais sobre a fixação de emolumentos. Isto porque esse tipo de competência legisferante é para dispor sobre relações jurídicas entre o delegatário da serventia e o público usuário dos serviços cartorários. Relação que antecede, logicamente, a que se dá no âmbito tributário da taxa de polícia, tendo por base de cálculo os emolumentos já legalmente disciplinados e administrativamente arrecadados.
Ação direta improcedente.
(ADI nº 3.643-2-RJ, rel. Min. Carlos Britto, j. 08.11.06, *DJU* 1 de 16.02.07, p. 19-20)

17) *Elementos similares ao imposto*.

É constitucional a adoção, no cálculo do valor de taxa, de um ou mais elementos da base de cálculo própria de determinado imposto, desde que não haja integral identidade entre uma base e outra.
(Súmula Vinculante nº 29)

18) *Taxa de Matrícula*

A cobrança de taxa de matrícula nas universidades públicas viola o disposto no art. 206, IV, da Constituição Federal.
(Súmula Vinculante nº 12)

19) *Recursos hídricos*

TAXA – PODER DE POLÍCIA – EXERCÍCIO – CUSTOS – ARRECADAÇÃO – INCONGRUÊNCIA. Considerando o princípio da proporcionalidade, conflita com a Constituição Federal instituição de taxa ausente equivalência entre o valor exigido do contribuinte e os custos alusivos ao exercício do poder de polícia – artigo 145, inciso II, da Lei Maior –, sob pena de ter-se espécie tributária de caráter arrecadatório cujo alcance extrapola a obtenção do fim que lhe fundamenta a existência, dificultando ou mesmo inviabilizando o desenvolvimento da atividade econômica.
(ADI nº 6.211-AP – Plenário – rel. Min. Marco Aurélio – sessão de 04.12.19).

Superior Tribunal de Justiça:
1) Tributário. Taxa. *Estadia e pesagem de veículo*. Terminal alfandegário. É taxa e não preço público a exação correspondente ao uso compulsório de pátio que dá acesso a terminal alfandegário. Recurso improvido (REsp nº 221.488-RS, 1ª Turma, rel. Min. Garcia Vieira, j. 16.09.99, DJU 1 de 25.10.99, p. 65);

2) Tributário. *Taxa de licença de publicidade*. Base de cálculo. A taxa de licença de publicidade não pode ter como base de cálculo "o *espaço* ocupado pelo anúncio na fachada externa do estabelecimento", porque o trabalho da Fiscalização independe do tamanho da placa de publicidade (CTN, art. 78). Recurso especial conhecido e provido, em parte (REsp nº 78.048-SP, 2ª Turma, rel. Min. Ari Pargendler, j. 18.11.97, DJU 1 de 09.12.97, p. 64.657-64.658);

3) Tributário. *Taxas de limpeza e segurança*. Fato gerador. Divisibilidade e especificidade dos serviços prestados. Sujeição ao pagamento das taxas. Precedentes.
Conforme jurisprudência deste Tribunal, nos serviços públicos inerentes à limpeza de vias públicas e logradouros e de segurança (prevenção e combate a incêndio) estão presentes os requisitos de especificidade e divisibilidade (arts. 77 e 79 do CTN), sendo o fato gerador delas "o exercício do poder de polícia, a utilização, efetiva ou potencial, do serviço público específico e divisível, prestado ao contribuinte ou posto à sua disposição". Precedentes. Recurso provido (REsp nº 109.325-SP, 1ª Turma, rel. Min. José Delgado, j. 13.2.97, DJU 1 de 22.4.97, p. 14.383-14.384);

4) Tributário. *Taxa de conservação de estradas de rodagem*. Inexistência de identidade de sua base de cálculo com a do imposto territorial rural.
Elide a coincidência com a base de cálculo do imposto territorial rural o fato de a taxa de conservação de estradas de rodagem ter como base o custo do serviço de manutenção de estradas de rodagem, independente da área do imóvel, resultante, sim, da divisão do número de propriedades rurais. Recurso provido. Decisão unânime (REsp nº 15.640-SP, rel. Min. Demócrito Reinaldo, j. 18.11.96, DJU 1 de 16.12.96, p. 50.750);

5) Tributário. *Taxas de conservação e limpeza de vias públicas e de coleta de lixo*. Serviço divisível e específico. Os serviços de conservação e limpeza de vias públicas podem ser destacados como beneficiando unidades imobiliárias autônomas, por serem suscetíveis de utilização de modo separado por parte de cada usuário.

Não afronta os arts. 77 e 79 do CTN a imposição de taxas sobre conservação de vias públicas e coleta de lixo, tendo como base de cálculo o custo da atividade estatal, repartido entre os proprietários dos imóveis, tendo como critério a utilização do imóvel, se comercial ou residencial, em função de sua localização, área edificada, tendo-se em conta, ainda, a subdivisão da zona urbana, com aplicação anual, por metro quadrado, de um percentual da unidade fiscal criada pelo Município, obedecendo-se a um escalonamento previsto em lei. Recurso provido (REsp nº 95.863-SP, 1ª Turma, rel. Min. José Delgado, j. 07.11.96, *DJU* 1 de 09.12.96, p. 49.210);

6) Tributário. *Taxa de iluminação pública.* Ação de repetição de indébito. Especificidade e divisibilidade (arts. 77 e 79 do CTN). Ilegalidade da cobrança.

À luz dos princípios legais estatuídos nos arts. 77 e 79 do Código Tributário Nacional, os serviços de iluminação pública não têm o caráter de divisibilidade e especificidade, sendo ilegal a cobrança da respectiva taxa. Precedentes. Recurso a que se nega provimento. Decisão unânime (REsp nº 83.129-RJ, 1ª Turma, rel. Min. Demócrito Reinaldo, j. 17.06.96, *DJU* 1 de 19.08.96, p. 28.439);

7) *Taxa de ocupação do solo.* Tributário e administrativo – taxa de ocupação do solo – pagamento por empresa exploradora da comercialização de energia elétrica – utilização de área situada no solo ou subsolo abrangidos por logradouros públicos – mandado de segurança – entendimento do Tribunal *a quo* – fato gerador da cobrança de natureza administrativa – denegação da segurança – recurso ordinário.

A União, os Estados, o Distrito Federal e os Municípios poderão instituir "taxas, em razão do exercício do poder de polícia ou pela utilização, efetiva ou potencial, de serviços públicos específicos e divisíveis, prestados ao contribuinte ou postos à sua disposição" (arts. 145, II, da CF e 77 do CTN).

É ilegítima a cobrança de taxa instituída em lei municipal, para incidir na ocupação do solo pelas empresas dedicadas à comercialização de energia elétrica, se não restaram observados os pressupostos constitucionais e legais para configuração do fato gerador desta espécie de tributo. Precedente jurisprudencial. Recurso ordinário provido (ROMS nº 12.202-SE, 1ª Turma, rel. Min. Garcia Vieira, j. 18.06.02, *DJU* 1 de 26.08.02, p. 162);

8) *Tarifa aeroportuária – Infraero – taxa – preço.* A utilização de áreas e espaços nos aeroportos é remunerada pelo pagamento de uma taxa, criada por lei (Lei nº 6.009/73) e fixada por Portaria do Ministério da Aeronáutica, ou por preço cobrado das instituições que exploram a utilização dos espaços chamados civis dos aeroportos, hoje sob a égide da Infraero.

No pagamento das tarifas aeroportuárias, deve-se obedecer ao critério do serviço que é utilizado pelo contribuinte ou posto à sua disposição. Empresa que se utiliza de áreas da zona primária e, eventualmente, de áreas da zona secundária, sofre enquadramento mais oneroso do que as empresas que só se utilizam de uma das áreas (MS nº 8.060-DF, 1ª Seção, rel. Min. Eliana Calmon, j. 28.08.02, *DJU* 1 de 25.11.02, p. 178);

9) *Taxa de água e esgoto.* Tributário. Serviço de fornecimento de água e esgoto. Taxa. Natureza tributária. Precedentes. O serviço de fornecimento de água e esgoto é cobrado do usuário pela entidade fornecedora como sendo taxa, quando tem compulsoriedade. Trata-se, no caso, de serviço público concedido, tem natureza compulsória, visando atender necessidades coletivas ou públicas.

Não tem amparo jurídico a tese de que a diferença entre taxa e preço público decorre da natureza da relação estabelecida entre o consumidor ou usuário e a entidade prestadora ou fornecedora do bem ou do serviço, pelo que, se a entidade que presta o serviço é de Direito Público, o valor cobrado caracterizar-se-ia como taxa, por ser a relação entre ambos de Direito Público; ao contrário, sendo o prestador do serviço público pessoa jurídica de Direito Privado, o valor cobrado é preço público/tarifa.

Prevalência no ordenamento jurídico das conclusões do X Simpósio Nacional de Direito Tributário, no sentido de que "a natureza jurídica da remuneração decorre da essência da atividade realizadora, não sendo afetada pela existência da concessão. O concessionário recebe remuneração da mesma natureza daquela que o Poder Concedente receberia, se prestasse diretamente serviço".

O art. 11 da Lei nº 2.312, de 03.09.54 (Código Nacional de Saúde), determina: "É obrigatória a ligação de toda construção considerada habitável à rede de canalização de esgoto, cujo afluente terá destino fixado pela autoridade competente".

Obrigatoriedade do serviço de água e esgoto. A atividade pública (serviço) essencial posta à disposição da coletividade para o seu bem-estar e proteção à saúde. "A remuneração dos serviços de água e esgoto normalmente é feita por taxa, em face da obrigatoriedade da ligação domiciliar à rede pública" (MEIRELLES, Hely Lopes. *Direito Municipal Brasileiro*. 3. ed. São Paulo: RT, 1977. p. 492). "Se a ordem jurídica obriga a utilização de determinado serviço, não permitindo o atendimento da respectiva necessidade por outro meio, então é justo que a remuneração correspondente, cobrada pelo Poder Público, sofra as limitações próprias de tributo" (MACHADO, Hugo de Brito. Regime Tributário da Venda de Água. Verbete jurídico da *Procuradoria da Fazenda Estadual/Minas Gerais*, n. 5, p. 11, s.d.)

Adoção da tese, na situação específica examinada, de que a contribuição pelo fornecimento de água é taxa. Recurso especial não provido (REsp nº 636.300-MS, 1ª Turma, rel. Min. José Delgado, j. 04.11.04, *DJU* 1 de 21.03.05, p. 258);

10) *Taxa de serviços prestados por órgãos de segurança pública*. Ação Direta de Inconstitucionalidade. Lei nº 13.084, de 29.12.00, do Estado do Ceará. Instituição de taxa de serviços prestados por órgãos de Segurança Pública. Atividade que somente pode ser sustentada por impostos. Precedentes. Ação julgada procedente (ADIn nº 2.424-8, rel. Min. Gilmar Mendes, j. 1º.04.04, *DJU* 1 de 18.06.04, p. 44).

Em síntese, não se concebe e nem mais se justifica a confusão, a incerteza ou a dúvida a respeito das distintas naturezas de taxa e preços públicos, pautados por regimes e critérios jurídicos distintos e específicos;

11) *Taxa de classificação de produtos vegetais*. Os produtos vegetais em estado bruto, assim como os produtos ou subprodutos deles resultantes após processo de industrialização – no caso, algodão em pluma destinado à fabricação de fios e tecidos – sujeitam-se à incidência da referida taxa, instituída pelo art. 1º da Lei nº 6.305/75 (REsp nº 614.009-PB, 2ª Turma, rel. Min. João Otávio de Noronha, j. 06.02.07, *DJU* 1 de 26.02.07, p. 575);

12) A cobrança em face do concessionário de serviço público pelo *uso de solo, subsolo ou espaço aéreo* é ilegal (seja para a instalação de postes, dutos ou linhas de transmissão, por exemplo), porque i) utilização, neste caso, reverte em favor da sociedade – razão pela qual não cabe a fixação de preço público –; e ii) a natureza do valor cobrado não é de taxa, pois não há serviço público prestado ou poder de polícia exercido. Precedentes (REsp nº 863.577-RS, 2ª Turma, rel. Min. Mauro Campbell Marques, j. 10.08.10, *DJe* de 10.09.10).

3.3 Contribuições de Melhoria

Contribuição de Melhoria é tributo devido em razão da valorização mobiliária, decorrente de obra pública realizada pela União, pelos Estados, pelo Distrito Federal e pelos Municípios (art. 145, III, da CF)

O CTN (art. 81) dispusera que a contribuição de melhoria cobrada pela União, pelos Estados, pelo Distrito Federal ou pelos Municípios, no âmbito de suas respectivas atribuições, é instituída para fazer face ao custo de obras públicas de que decorra valorização imobiliária, tendo como limite o total à despesa realizada e como limite individual o acréscimo de valor que da obra resultar para cada imóvel beneficiado.

Embora seja extremamente conciso, é possível extrair do preceito constitucional os elementos constitutivos da figura tributária, tendo como "hipótese de incidência a valorização imobiliária causada por obra pública, tendo como base imponível a 'valorização' (diferença positiva de valor de um imóvel antes e depois da obra), e como sujeito ativo a pessoa que realiza a obra e sujeito passivo o dono do imóvel valorizado".[121]

Melhor esclarecendo, o "aspecto material da hipótese normativa (a descrição do fato jurígeno) é composto de: a) realização de obra pública mais b) valorização ou benefício para os imóveis sitos na área de influência da obra. Na consequência da norma, onde encontra-se a prescrição do dever tributário a ser cumprido, a base de cálculo será a parcela do custo da obra, debitável a contribuinte, ou a valorização específica que da obra resultar para o imóvel do contribuinte, dependendo do critério que presidir o elemento B da hipótese de incidência da contribuição de melhoria, conforme explicado *supra* (benefício ou valorização)".[122] Portanto, infere-se que dois são os elementos nucleares da proposição constitucional: a) obra pública; e b) valorização imobiliária.

Para a exata compreensão do tributo, e sua caracterização como espécie tributária, deve se distinguir os conceitos de serviços públicos (implicadores da taxa), e de obra pública (contribuição de melhoria), significando esta "a construção, edificação, reparação, ampliação ou manutenção de um bem imóvel, pertencente ou incorporado ao patrimônio público".[123]

A obrigação cometida ao proprietário do imóvel só pode ser exigida uma vez concretizada a materialidade do tributo (realização de obra pública), e configurada a valorização do imóvel, porquanto esta singela apuração só poderia ensejar a exigência de IPTU.

O elemento "valorização", entretanto, é que tem ensejado acirradas análises para permitir o adequado cumprimento ao desiderato constitucional e distingui-lo de outros tipos tributários, sendo ressaltado que "é de sua natureza tomar por critério a valorização causada. A obra pode custar muito e causar diminuta valorização. Pode custar pouco e causar enorme valorização. O gabarito da contribuição de melhoria é sempre a valorização, não importando o custo da obra. Se este for posto como critério do tributo, estar-se-á desvirtuando, como interposição de critério de taxa e não de contribuição de melhoria".[124]

---

[121] ATALIBA, Geraldo. *Hipótese de Incidência Tributária*. 5. ed. 6. tir. São Paulo: Malheiros, 1997. p. 150.
[122] COÊLHO, Sacha Calmon Navarro. *Comentários à Constituição de 1988* – Sistema Tributário. 7. ed. Rio de Janeiro: Forense, 1998. p. 85-86.
[123] Celso Antônio Bandeira de Mello, "Taxa de Serviço", *Revista de Direito Tributário* nº 9, p. 10-29.
[124] ATALIBA, Geraldo. *Hipótese de Incidência Tributária*. 5. ed. 6. tir. São Paulo: Malheiros, 1997. p. 151.

Há que se tomar em conta a preocupação relativa à "indefinição do texto constitucional brasileiro no que tange à contribuição de melhoria. Sob o suposto de que não teria especificado o tipo tributário adotado (recuperação de custos ou captação de mais valias imobiliárias)".[125] Evidente, ademais, que a valorização constitui elemento imprescindível para a concretização da norma impositiva desde que decorra inexoravelmente de uma obra pública, pois a simples valorização imobiliária só pode implicar com o IPTU e o ITR (arts. 156, I, e 153, VI, da Constituição Federal).

A respeito do "princípio da atribuição de mais-valia imobiliária, gerada por obra pública", já se ponderou que "se o proprietário em nada concorre para a obra – que gera a valorização – não é justo que se aproprie deste específico benefício", pertencendo à comunidade que custear a obra a "expressão financeira deste proveito".[126]

Relativamente à sua natureza jurídica, trata-se de "típico e perfeito tributo especial", no sentido de que não é imposto nem taxa,[127] porque nem decorre de uma atuação do próprio contribuinte, nem sequer de remuneração de serviço público, mas singela diferença de valor relativa a uma propriedade antes e depois da realização da obra.

Não se deve perder de vista que a importância de se tratar de qualificação jurídica reside na especial circunstância de que são distintos os princípios jurídicos norteadores de cada tipo tributário: a) imposto – capacidade contributiva do contribuinte; b) taxa – retribuição ou remuneração dos serviços públicos; e c) contribuição de melhoria – proporcionalidade ao benefício especial recebido pelo proprietário do imóvel em decorrência de obra pública realizada.

O CTN (art. 82) estabelecera que a lei relativa à contribuição de melhoria observará os seguintes requisitos mínimos:

I – publicação prévia dos seguintes elementos:
a) memorial descritivo do projeto;
b) orçamento do custo da obra;
c) determinação da parcela do custo da obra a ser financiada pela contribuição;
d) delimitação da zona beneficiada;
e) determinação do fato de absorção do benefício da valorização para toda a zona ou para cada uma das áreas diferenciadas, nela contidas;
II – fixação de prazo não inferior a 30 (trinta) dias, para impugnação, pelos interessados, de qualquer dos elementos referidos no inciso anterior;
III – regulamentação do processo administrativo de instrução e julgamento da impugnação a que se refere o inciso anterior, sem prejuízo da sua apreciação judicial.
§1º A contribuição relativa a cada imóvel será determinada pelo rateio da parcela do custo da obra a que se refere a alínea c, do inciso I, pelos imóveis situados na zona beneficiada em função dos respectivos fatores individuais de valorização.
§2º Por ocasião do respectivo lançamento cada contribuinte deverá ser notificado do montante da contribuição, da forma e dos prazos de seu pagamento, e dos elementos que integraram o respectivo cálculo.

---

[125] COÊLHO, Sacha Calmon Navarro. *Comentários à Constituição de 1988* – Sistema Tributário. 7. ed. Rio de Janeiro: Forense, 1998. p. 76-77.
[126] ATALIBA, Geraldo. *Hipótese de Incidência Tributária*. 5. ed. 6. tir. São Paulo: Malheiros, 1997. p. 154 e 155.
[127] SOUSA, Rubens Gomes de. A Previdência Social e os Municípios. *Revista de Direito Público*, n. 24, p. 215, 1974.

No espectro constitucional da contribuição de melhoria, revela-se a total ineficácia das normas contidas no art. 82 do CTN, que estabelecem a necessidade de haver participação do sujeito passivo no que tange aos projetos, obras, custos etc., contrariando a nota característica dos tributos (irrelevância e imprescindibilidade do consentimento do contribuinte).

Registre-se a jurisprudência do STF:

Constitucional. Tributário. Contribuição de Melhoria. Valorização imobiliária. CF/67, art. 18, II, com a redação da EC nº 23/83, CF/88, art. 145, III.
I – Sem valorização imobiliária, decorrente de obra pública, não há contribuição de melhoria, porque a hipótese de incidência desta é a valorização e a sua base é a diferença entre dois momentos: o anterior e o posterior à obra pública, vale dizer, o *quantum* da valorização imobiliária.
II – Precedentes do STF: RREE MS nº 115.863-SP e nº 116.147-SP (RTJ nº 138/600 e nº 614).
III – RE conhecido e provido.
(RE 114.069-1-SP, 2ª Turma, rel. Min. Carlos Velloso, sessão de 15.04.94, *DJU* 1 de 30.09.94)

Explicitando referida diretriz, o STJ decidiu o seguinte:

Tributário. Contribuição de Melhoria.
1. A entidade tributante ao exigir o pagamento de contribuição de melhoria tem de demonstrar o amparo das seguintes circunstâncias: a) a exigência fiscal decorre de despesas decorrentes de obra pública realizada; b) a obra pública provocou a valorização do imóvel; c) a base de cálculo é a diferença entre dois momentos: o primeiro, o valor do imóvel antes da obra ser iniciada; o segundo, o valor do imóvel após a conclusão da obra.
2. É da natureza da contribuição de melhoria a valorização imobiliária (Geraldo Ataliba).
3. Precedentes jurisprudenciais: a) RE nº 116.147-7-SP, 2ª Turma, *DJU* 08.05.92, rel. Min. Célio Borja; b) RE nº 116.148-4-SP, rel. Min. Octavio Gallotti, *DJU* 25.05.93; c) REsp nº 35.133-2-SC, rel. Min. Mílton Pereira, 1ª Turma, j. 20.04.95; REsp nº 634-0-SP, Rel. Min. Mílton Luiz Pereira, *DJU* 18.04.94.
4. Adoção, também, da corrente doutrinária que, no trato da contribuição de melhoria, adota o critério de mais valia para definir o seu fato gerador ou hipótese de incidência (no ensinamento de Geraldo Ataliba, de saudosa memória).
5. Recurso improvido.
(REsp nº 169.131-SP, 1ª Turma, rel. Min. José Delgado, j. 02.06.98, *DJU* 1 de 03.08.98, p. 143)

Singularmente, o STJ entendera o seguinte:

(...) 4. O município está autorizado a promover a execução de obra de interesse público, como é o caso da destinada à coleta de esgotos, por meio da instituição da contribuição de melhoria, pois se cuida de uma das hipóteses de obra pública que está especificada no diploma legal de regência dessa espécie tributária.
5. Não há vedação legal a que o município organize uma sociedade de economia mista e esta possa executar o serviço mediante a livre adesão dos particulares, ante a evidência de que a execução do serviço viria a valorizar os imóveis lindeiros.
(REsp nº 49.668-SP, 2ª Turma, rel. Min. Castro Meira, j. 15.04.04, *DJU* 1 de 28.06.04, p. 213)

3.4 Empréstimo Compulsório

Empréstimo Compulsório é tributo de competência da União, instituído por lei complementar I – para atender a despesas extraordinárias, decorrentes de calamidade pública, de guerra externa ou sua iminência; e II – no caso de investimento público de caráter urgente e de relevante interesse nacional (CF, art. 148), observado o disposto no art. 150, III, *b*, da CF.

O CTN – que deve adaptar-se à CF – dispusera o seguinte:

> Art. 15. Somente a União, nos seguintes casos excepcionais, pode instituir empréstimos compulsórios.
> I – guerra externa, ou sua iminência;
> II – calamidade pública que exija auxílio federal impossível de atender com os recursos orçamentários disponíveis;
> III – conjuntura que exija absorção temporária do poder aquisitivo.

A natureza tributária não decorre da singela circunstância de os "empréstimos" estarem previstos no Capítulo do "Sistema Tributário Nacional", pois é cediço que a situação topográfica é irrelevante. O que importa é a essência jurídica da exação, consoante lição de que "o empréstimo compulsório corresponde, seja à noção genérica de tributo, contida na Constituição (relação jurídica que se estabelece entre o Poder Público e o contribuinte, tendo por base a lei, em moeda, igualitária e decorrente de um fato lícito qualquer), seja à definição de tributo que o art. 3º do CTN nos oferece", salientando-se que "o empréstimo compulsório é uma prestação em dinheiro que, nos termos da lei (complementar), a União coativamente exige das pessoas que praticam certos fatos lícitos. Posto sob o regime tributário, o empréstimo compulsório é um tributo".[128]

De há muito se encontra superada a Súmula nº 418 do STF ("O empréstimo compulsório não é tributo e sua arrecadação não está sujeita à exigência constitucional da prévia autorização orçamentária"), uma vez que o próprio STF, examinando o denominado "empréstimo-calamidade", firmou a diretriz seguinte:

> Empréstimo compulsório – Dec.-lei 2.047, de 20.07.83. Súmula 418. A Súmula 418 perdeu validade em face do art. 21, §2º, II, da Constituição Federal (redação da Emenda Constitucional 1/69).
> (RE nº 111.954-3-PR, rel. Min. Oscar Correa, sessão de 1º.6.88, unânime, *Lex-JSTF* 118/184-205, outubro 1988)

Distintas são as correntes doutrinárias relativas à natureza jurídica dos empréstimos compulsórios, ou seja: a) contratual, tanto quanto os empréstimos públicos em geral;[129] b) requisição em dinheiro; e c) tributo.[130]

Oportuno destacar alguns excertos doutrinários: "a) os empréstimos compulsórios são tributos e, por isso, são-lhes aplicáveis todas as regras constitucionais pertinentes à

---

[128] CARRAZZA, Roque Antonio. *Curso de Direito Constitucional Tributário*. 24. ed. São Paulo: Malheiros, 2008. p. 559-560.
[129] GRIZIOTTI, Benvenuto. *Principios de Política, Derecho y Ciencia de la Hacienda*. Madrid: Reus, 1935. p. 14.
[130] FALCÃO, Amílcar de Araújo. Empréstimo Compulsório e Tributo Restituível. Sujeição ao Regime Jurídico Tributário. *Revista de Direito Público*, n. 6, p. 22-47, s. d.

instituição e cobrança de tributos. Dizer que o empréstimo compulsório é um tipo misto de empréstimo e de imposto pode ser afirmação válida do ponto de vista da Ciência das Finanças, mas nada significa sob o aspecto jurídico, que não admite um hibridismo dessa ordem";[131] "b) trata-se de tributo com cláusula de restituição, mas, nem por isso, deixa de ser tributo e não se elimina a fiscalidade".[132]

Em realidade, a Constituição não indica e nem pressupõe a materialidade tributária inerente ao empréstimo compulsório, daí ter sido aduzido que "o fato gerador do empréstimo não é a guerra, nem a calamidade pública, nem o investimento público, embora ele só possa ser instituído à vista dessas situações. A calamidade, a guerra e o investimento, nas circunstâncias previstas, condicionam o exercício da competência tributária (isto é, só se pode instituir o empréstimo se presente uma das situações referidas), e direcionam a aplicação do produto da arrecadação (vale dizer, absorvem, necessariamente os recursos arrecadados) (...) à lei (complementar) que instituir o empréstimo compulsório caberá definir-lhe o fato gerador".[133]

O empréstimo compulsório é um autêntico tributo, de características especiais, porque o elemento "restituível" não pode ser, simplesmente, desconsiderado na norma jurídica (tributária), que deve estabelecer, de modo específico e exaustivo, as condições de restituição do valor mutuado (ainda que coativamente), de modo a se recompor o patrimônio do contribuinte em sua situação original (anterior à ocorrência do empréstimo).

Esta é a nota peculiar e distintiva do empréstimo compulsório com relação às demais modalidades tributárias, não se podendo cogitar a restituição como um dado exclusivamente financeiro. Tanto isto tem pertinência que, se a hipótese de incidência legal não previr o retorno da quantia mutuada, em dinheiro (com todos os acréscimos respectivos, a fim de restabelecer o valor original), estará sendo plenamente descaracterizada a figura do "empréstimo compulsório", positivando-se a inconstitucionalidade (v. Empréstimo Compulsório incidente na aquisição de automóveis com resgate em quotas do Fundo Nacional de Desenvolvimento, STF, Pleno, RE nº 121.336-CE, rel. Min. Sepúlveda Pertence, sessão de 11.10.90, *RTJ* 139/624-639).

3.5 Contribuições

3.5.1 Natureza jurídica

Contribuição é o "tributo vinculado cuja hipótese de incidência consiste numa atuação estatal indireta e mediatamente (mediante uma circunstância intermediária) referida ao obrigado".[134] Embora se possa entender que "nenhum tributo até agora designado contribuição no Brasil – salvo a de melhoria – é contribuição verdadeira, no rigoroso significado do conceito", aceita-se que a Constituição de 1988 resgatou a boa doutrina tradicional e restaurou a certeza quanto à inquestionabilidade do cunho

---

[131] COSTA, Alcides Jorge. Natureza Jurídica dos Empréstimos Compulsórios. *Revista de Direito Administrativo*, n. 70, p. 1-11, 1962.
[132] PONTES DE MIRANDA, *apud* BALEEIRO, Aliomar. *Limitações Constitucionais ao Poder de tributar*. 6. ed. Rio de Janeiro: Forense, 1955; 7. ed. Rio de Janeiro: Forense, 1997. p. 246.
[133] AMARO, Luciano. Conceito e Classificação dos Tributos. *Revista de Direito Tributário*, São Paulo, Revista dos Tribunais, n. 55, p. 239-296, 1991. p. 265.
[134] ATALIBA, Geraldo. *Hipótese de Incidência Tributária*. 5. ed. 6. tir. São Paulo: Malheiros, 1997. p. 134.

tributário das contribuições (parafiscais ou não), notando-se que "o uso da expressão 'contribuição' induz o prestígio de um mínimo, pelo menos, daqueles elementos que constam da elaboração da ciência das finanças. Ou seja, há uma sugestão mínima que indica que as contribuições são tributos que não se confundem com os impostos ou com as taxas, na catadura geral e funcionalidade".[135]

Apesar de as concepções doutrinárias constituírem importantes suprimentos para a configuração do tipo tributário, importa examinar o texto constitucional, a positividade jurídica, para se extrair o cerne da exação fiscal, e, nesse passo, vislumbro que a Constituição caracteriza as *contribuições* como tributos, em razão de sua natureza (receitas derivadas, compulsórias), e por consubstanciarem princípios peculiares ao regime jurídico dos tributos.

A característica básica das *contribuições* (sociais, corporativas, interventivas, de seguridade social e educacional, previstas nos arts. 149, 149-A, 195, 212, §5º, 239 e 240, da CF) – como será analisado nos próximos tópicos – consiste na sua vinculação a fundos, entidades, categorias profissionais, beneficiando indiretamente a terceiros, que não os seus contribuintes. Essa assertiva tem especial fundamento na própria Constituição, uma vez que há determinação obrigatória da elaboração de "orçamento da seguridade social, abrangendo todas as entidades e órgãos a ela vinculados, da administração direta ou indireta, bem como os fundos e fundações instituídos e mantidos pelo Poder Público" (art. 165, III, da CF).

Como corolário desse preceito constitucional, tem sido decidido que "é da essência do regime jurídico específico da contribuição para a seguridade social a sua destinação constitucional. Não a destinação legal do produto da arrecadação, mas a destinação constitucional. Vale dizer, o vínculo estabelecido pela própria Constituição entre a contribuição e o sistema de seguridade social, como instrumento de seu financiamento direto pela sociedade, vale dizer, pelos contribuintes. O fato da lei destinar recursos do orçamento da União para a seguridade social configura forma indireta de financiamento desta pela sociedade. Não tem, nem poderia ter, a virtude de transformar as exações arrecadadas pela União em contribuições sociais" (TRF da 5ª Região, Arg. de Inconstitucionalidade na AMS nº 976, rel. Min. Hugo de Brito Machado, Plenário, sessão de 12.05.90, *Boletim da Associação dos Advogados de São Paulo* nº 1.734, p. 77).

Na mesma bitola jurídica, colhe-se o julgado "no sentido de ser a destinação específica de sua receita às atividades próprias da seguridade social que distingue a contribuição social do imposto" (TRF da 3ª Região, Arg. de Inconstitucionalidade na AMS nº 10.856, rel. Juíza Lucia Figueiredo, Pleno, 13.06.91, *Revista do Tribunal Regional Federal da 3ª Região* nº 7, São Paulo, Imesp, p. 185-224, 1991).

Não se discute que, como regra geral, são despiciendos os elementos financeiros, políticos, econômicos, existentes no mundo fenomênico, antes de ser editada a norma tributária, e também não se questiona – em princípio – que a utilização dos valores recolhidos aos cofres públicos não se insere na temática do Direito Tributário.

O que se aponta é que "a destinação, em regra, não integra a definição do regime jurídico do tributo. Nesse caso, obviamente, não se cogitará de desvio de finalidade para efeito de examinar a legitimidade da exação. O que se afirma é que a destinação, quando valorizada pela norma constitucional, como norma integrante do desenho de

---

[135] ATALIBA, Geraldo. *Hipótese de Incidência Tributária*. 5. ed. 6. tir. São Paulo: Malheiros, 1997. p. 160, 168 e 170.

certa figura tributária, representa critério hábil para distinguir essa figura de outras, cujo perfil não apresente semelhante especificidade".[136]

A indicação contida na Constituição (art. 145) de que tributos são "impostos, taxas e contribuição de melhoria", reiterando vetusta disposição do CTN (art. 5º), por si só é insuficiente para esgotar a questão, uma vez que também se revestem de natureza tributária as contribuições genéricas (art. 149) – expressamente previstas no Capítulo do "Sistema Tributário Nacional" –, como as contribuições destinadas à "seguridade social" (indicadas nos arts. 195 e 239, e EC nº 21/99), por estarem conformadas pelo regime jurídico tributário, por se lhe aplicarem os arts. 154, I e 150, III, b, da Constituição, próprios das exações dessa natureza.

Não é fundamental a asserção de que as contribuições não são tributos porque não lhes são aplicáveis todos os princípios conferidos aos impostos e taxas. Cada tipo tributário apresenta uma conotação distinta, regras diferenciadas; enfim, não são rigorosamente idênticos. Exemplificativamente: a) as imunidades genéricas só se aplicam a impostos (art. 150, VI); b) admite-se certa excepcionalidade ao princípio da legalidade para alguns impostos (art. 153, §1º); c) a anterioridade ao exercício financeiro não se aplica a determinados impostos (art. 153, I, II, IV e VI); d) as alíquotas seletivas só são previstas para o IPI (art. 153, IV, §3º, I), ICMS (art. 155, II, e §2º, III), IR (art. 153, III, e §2º) e IPTU (art. 156, I e §1º e art. 182 e §§2º e 4º), conforme já explicado anteriormente.[137]

Esse entendimento é perfilhado por significativa doutrina.[138]

O STF consagrara a *natureza tributária das contribuições sociais* (RE nº 138.284-CE, Pleno, rel. Min. Carlos Velloso, j. 1º.7.92, *DJU* 1 de 28.08.92), ressaltando o voto vencedor do Ministro Relator:

> As *contribuições parafiscais têm caráter tributário*. Sustento que constituem essas contribuições uma espécie de tributo ao lado dos impostos e das taxas, na linha, aliás, da lição de Rubens Gomes de Sousa (Natureza tributária da contribuição ao FGTS, *RDA* 112/27, *RDP* 17/305). Quer dizer, as contribuições não são somente as de melhoria. Estas são uma espécie do gênero contribuição; ou uma subespécie da espécie contribuição.
> (...)
> O citado art. 149 institui três tipos de contribuições: a) contribuições sociais; b) de intervenção; c) corporativas. As primeiras, as contribuições sociais, desdobram-se, por sua vez, em a.1) contribuições de seguridade social; a.2) outras de seguridade social; e a.3) contribuições sociais gerais.

---

[136] AMARO, Luciano. Conceito e Classificação dos Tributos. *Revista de Direito Tributário*, São Paulo, Revista dos Tribunais, n. 55, p. 286, 1991.

[137] MELO, José Eduardo Soares de. *Contribuições Sociais no Sistema Tributário*. 5. ed. São Paulo: Malheiros, 2006. p. 89.

[138] COÊLHO, Sacha Calmon Navarro. *Comentários à Constituição de 1988* – Sistema Tributário. 7. ed. Rio de Janeiro: Forense, 1998. p. 37; Misabel Derzi, "Contribuições", *Revista de Direito Tributário* nº 48, p. 222-223; CARRAZZA, Roque Antonio. *Curso de Direito Constitucional Tributário*. 24. ed. São Paulo: Malheiros, 2008. p. 320; LACOMBE, Américo. Contribuições no Direito Brasileiro. *Revista de Direito Tributário*, v. 13, n. 47, p. 191, jan./mar. 1989.; CARVALHO, Paulo de Barros. *Curso de Direito Tributário*. 5. ed. São Paulo: Saraiva, 1991; 17. ed. São Paulo: Saraiva, 2005; 19. ed. São Paulo: Saraiva, 2007. p. 42; MARTINS, Ives Gandra da Silva. Contribuições Sociais. In: MARTINS, Ives Gandra da Silva. *A Constituição Aplicada*. Belém: Cejup, 1991. v. 3. p. 15; MACHADO, Hugo de Brito. Contribuições Sociais. In: MARTINS, Ives Gandra da Silva (coord.). *Caderno de Pesquisas Tributárias*. São Paulo: Resenha Tributária e Centro de Extensão Universitária, 1992. v. 17. p. 9.

Embora essa decisão tenha sido proferida há mais de 30 anos, e criadas novas contribuições sociais, o STF mantém-se fiel à mencionada diretriz, reportando-se ao estudo do mencionado julgado.[139]

3.5.2 Parafiscalidade

A sistemática financeira concernente à descentralização da arrecadação das receitas públicas tem gerado dificuldades na precisa caracterização das *contribuições*.

Compreende o vocábulo *parafiscalité*, empregado pela primeira vez em 1947, no "Inventaire Schumann", elaborado pelo Ministro da Economia da França que lhe deu o nome, sendo que "a sua origem foi a desorganização que as guerras causaram nas coletividades, pelas perdas de vidas, de bens materiais, de habitações e de empregos, pela dispersão de pessoas e famílias e a incerteza do seu futuro, principalmente na Europa. Para enfrentar as necessidades de alojamento, alimentação, assistência médica, o Estado teve, subitamente, sem tempo, vagar ou inspiração para qualquer planejamento, que atender a milhões de pessoas de algum modo atingidas. Os recursos necessários ao custeio das atividades resultantes dos danos de guerra não poderiam provir de dotações orçamentárias normais. Por isso, urgência e presteza exigiram geração pronta de recursos e descentralização de métodos para torná-los disponíveis e aplicáveis aos fins a que destinados".[140]

A doutrina tem estudado com detença esta figura jurídica.[141]

Esta sistemática de arrecadação tem implicação específica com o aspecto pessoal da norma tributária, correspondente à *capacidade tributária*, que "é a aptidão de uma pessoa figurar no polo positivo da obrigação tributária. Correlaciona-se com o sujeito que ocupa a posição de credor dentro da obrigação tributária e que detém, portanto, a titularidade do direito subjetivo à prestação tributária", tratando-se de transferência (ou delegação) de tal capacidade, na figura de "auxiliares dos sujeitos ativos".[142]

---

[139] MANEIRA, Eduardo; DERZI, Misabel Abreu Machado (coord.). *Construindo o Direito Tributário na Constituição – Uma Análise da Obra do Ministro Carlos Mário da Silva Velloso*. Belo Horizonte: Del Rey, 2004. p. 59-72.

[140] SOUZA, Antonio Carlos Garcia de; CANTO, Gilberto de Ulhôa; FONSECA, Marcelo Beltrão da. Contribuições Sociais. In: MARTINS, Ives Gandra da Silva (coord.). *Caderno de Pesquisas Tributárias*. São Paulo: Resenha Tributária e Centro de Extensão Universitária, 1992. p. 27.

[141] MORSELLI, Emmanuelle. Le Point de Vue Théorique de la Parafiscalité. *Revue de Science et de Législation Financières*, v. 43, p. 84 e seguintes, 1951, e MORSELLI, Emmanuelle. Une République. *Revue de Science et de Législation Financières*, v. 43, p. 767 e seguintes, 1951; LAUFENBURGER, Henry. À Propos du Point de Vue Théorique de la Parafiscalité. *Revue de Science et de Législation Financières*, v. 43, n. 2, p. 340 e seguintes, s.d.; MERIGOT, Jean Guy. Éléments d'une Théorie de la Parafiscalité. Revue de Science et de Législation Financière, tradução de Guilherme dos Anjos. *Revista de Direito Administrativo*, v. 41, n. 33, p. 131 e seguintes s.d., com tradução de Guilherme dos Anjos; GONTIJO, Paulo César. *A Parafiscalidade*, 1958; FARIA, Sylvio dos Santos. *Aspectos da Parafiscalidade*, 1955; ARZUA, Heron. *Contribuição ao Estudo dos Tributos Parafiscais*: o Tributo Previdenciário Rural. São Paulo: Resenha Tributária, 1974; NASCIMENTO, Theodoro A. Preços, Taxas e Parafiscalidade. In: NASCIMENTO, Theodoro A. *Tratado de Direito Tributário Brasileiro*. Rio de Janeiro: Forense, 1977. v. VII; MEIRELLES, Hely Lopes. Autarquias e Entidades Parestatais. *Revista dos Tribunais*, v. 51, n. 322, p. 19-43, ago. 1962; ATALIBA, Geraldo. Regime Constitucional da Parafiscalidade. *Revista de Direito Administrativo*, n. 86, p. 16 e seguintes, 1966; NOGUEIRA, Ruy Barbosa. Contribuições Parafiscais. *Revista dos Tribunais*, n. 321, p. 38, 1962; BALEEIRO, Aliomar. Alcuni Problemi e Giuridici della Parafiscalità. *Archivio Finanziario*, p. 5 e seguintes, v. IV, 1956; SOUSA, Rubens Gomes de. Natureza Tributária da Contribuição para o FGTS. *Revista de Direito Público*, n. 17, p. 305 e seguintes, 1997; MACHADO, Brandão. São Tributos as Contribuições Sociais? *Direito Tributário Atual*, Resenha Tributária, São Paulo, v. 7/8, p. 1.813-1.870, 1987/88 e MACHADO, Brandão. *Princípios no Direito Brasileiro e Comparado – Estudos em Homenagem a Gilberto Ulhôa Canto*. Rio de Janeiro: Forense, 1988. p. 62 e seguintes.

[142] CARRAZZA, Roque Antonio. *O Sujeito Ativo da Obrigação Tributária*. São Paulo: Resenha Tributária, 1977. p. 101 e 40.

Em realidade, a *capacidade tributária ativa* consiste na arrecadação e emprego dos valores tributários (*contribuições*), por parte de terceiros (órgãos previdenciários, entidades corporativas ou de setor econômico), também denominados "entidades paraestatais", diversas das pessoas políticas dotadas de *competência* para instituir os tributos (União, Estados, Distrito Federal e Municípios), conforme será estudado em tópico posterior (capítulo 4).

A *parafiscalidade* decorre de mandamento constitucional, representando autorização para que as normas relativas às contribuições, necessariamente, disponham sobre a legitimidade dos órgãos assistenciais etc., para exigi-las e ficar com o produto de sua arrecadação. Não se cogita de simples expediente financeiro, de mera técnica de cobrança, ou facilidade operacional. Por inarredável diretriz constitucional, a lei deve contemplar o legítimo titular do direito à percepção do tributo (*contribuição*), observando rigorosamente o regime jurídico-tributário.

3.5.3 Contribuições sociais, interventivas e de interesse de categorias profissionais e econômicas

3.5.3.1 Considerações genéricas

A CF (art. 149) estabelece que "compete exclusivamente à União instituir contribuições sociais, de intervenção no domínio econômico e de interesse das categorias profissionais ou econômicas, como instrumento de sua atuação nas respectivas áreas, observado o disposto nos arts. 146, III, e 150, I e III, e sem prejuízo do disposto do previsto no art. 195, §6º, relativamente às contribuições a que alude o dispositivo".

O art. 149-A da CF dispõe que "os Municípios e o Distrito Federal poderão instituir contribuição, na forma das respectivas leis, para o custeio do serviço de iluminação pública, observado o disposto no art. 150, I e III" (EC nº 39, de 19.12.02).

O §1º estabelece que os Estados, o Distrito Federal e os Municípios poderão instituir contribuição, cobrada de seus servidores, para o custeio, em benefícios destes, de sistemas de previdência e assistência social.

A EC nº 33/01 determinou o seguinte:

§2º As contribuições de intervenção no domínio econômico de que trata o *caput* deste artigo:
I – não incidirão sobre as receitas decorrentes de exportação;
II – incidirão também sobre a importação de produtos estrangeiros ou serviços; (redação da EC nº 42/03)
III – poderão ter alíquotas:
a) *ad valorem*, tendo por base o faturamento, a receita bruta ou o valor da operação e, no caso de importação, o valor aduaneiro;
b) específica, tendo por base a unidade de medida adotada.
§3º A pessoa natural destinatária das operações de importação poderá ser equiparada a pessoa jurídica, na forma da lei.
§4º A lei definirá as hipóteses em que as contribuições incidirão uma única vez.

Essas contribuições – inseridas no Capítulo próprio do sistema tributário nacional – têm natureza tributária, devendo observar o seu peculiar regime jurídico, demandando obediência aos postulados da irretroatividade e anterioridade, vedação de efeito confiscatório e uniformidade de tributação.

A dicção constitucional nem sempre contém as materialidades tributárias, por vezes indicando as finalidades que devem atingir, em face do que se entende que "o legislador ordinário da União está autorizado, pelo Texto Magno, a instituir impostos ou taxas, para atender a uma destas finalidades, desde que não invada competência tributária dos Estados, dos Municípios ou do Distrito Federal, nem atropele os *direitos fundamentais dos contribuintes*".[143]

3.5.3.2 Contribuições de intervenção econômica

3.5.3.2.1 Lineamentos

Para a instituição dessa espécie de contribuição devem ser considerados os princípios gerais da atividade econômica, elencados nos arts. 170 a 181 (CF), especialmente no que tange à preservação da soberania nacional, propriedade privada, função social da propriedade, livre concorrência, defesa do consumidor, defesa do meio ambiente, redução das desigualdades regionais e sociais, busca do pleno emprego, tratamento favorecido para as empresas de pequeno porte etc.

Entretanto, esmerada doutrina aponta que "o critério material terá que conjugar dois fatores: a) a atividade do Estado; e b) o efeito causado por essa atividade a um determinado círculo de pessoas. Ocorre que esse efeito, como informamos, para atender àquelas finalidades constitucionalmente previstas, poderá ser traduzido na vantagem obtida por um grupo de pessoas devido à realização de uma atividade ou no resultado da atividade estatal provocada por um grupo de pessoas".[144]

As *contribuições interventivas* têm por âmbito o *domínio econômico*, cujo conceito não é de fácil compreensão e delimitação, devendo ser examinadas na Constituição Federal as inúmeras ingerências do Estado na esfera econômica – abrangendo a) os serviços públicos; b) o poder de polícia; c) as obras públicas; d) as atividades monopolizadas; e) a excepcional exploração direta da atividade econômica; f) a regulação da atividade econômica –, contrapostas às situações em que se outorga liberdade para a atuação dos particulares.

Os *serviços públicos* podem ser privativos do Estado, por determinação constitucional, exercidos diretamente ou sob regime de concessão ou permissão (CF – art. 21, incisos X – serviço postal e correio aéreo nacional; XI – telecomunicações; e XII – radiodifusão sonora e de sons e imagens; energia elétrica e aproveitamento energético dos cursos de água; navegação aérea, aeroespacial e infraestrutura portuária; transporte ferroviário e aquaviário; transporte rodoviário interestadual e internacional de passageiros; portos marítimos, fluviais e lacustres), sendo remunerados por *taxas*.

Os serviços de "Saúde" (art. 196), "Educação" (art. 205), e "Seguridade Social" (art. 194) podem ser entregues à iniciativa privada – situação em que não são qualificados como serviços públicos no sentido estrito.

O *poder de polícia* refere-se à atividade estatal condicionadora de liberdade e da propriedade dos particulares, de conformidade com os interesses coletivos, como é o

---

[143] CARRAZZA, Roque Antonio. *Curso de Direito Constitucional Tributário*. 24. ed. São Paulo: Malheiros, 2008. p. 578.
[144] HOFFMANN, Susy Gomes. *Contribuições no Sistema Constitucional Tributário*. Campinas: Copola, 1996. p. 134-135.

caso dos licenciamentos para construção e utilização de equipamentos de segurança, também sujeitos a *taxas*.

Enquadra-se no âmbito da polícia governamental a atuação do Estado como *agente normativo e regulador da atividade econômica*, exercendo as funções de fiscalização, incentivo e planejamento, sendo este determinante para o setor público e indicativo para o setor privado (art. 174, da CF).

As *obras públicas* concernem à construção, reparação, edificação ou ampliação de bem imóvel pertencente ou incorporado ao domínio público, com a valorização mobiliária, não sendo caracterizadas como serviço público, implicando a *contribuição de melhoria*.

No âmbito das *atividades monopolizadas* (arts. 176-177 da CF) inserem-se (art. 177, da CF): "I – a pesquisa e lavra de jazidas de petróleo e gás natural e outros hidrocarbonetos fluídos; II – a refinação do petróleo nacional ou estrangeiro; III – a importação e a exportação dos produtos e derivados básicos resultantes das atividades previstas nos incisos anteriores; IV – o transporte marítimo do petróleo bruto de origem nacional ou de derivados básicos de petróleo produzido no país, bem assim o transporte, por meio de conduto, de petróleo bruto, seus derivados e gás natural de qualquer origem; V – a pesquisa, a lavra, o enriquecimento, o reprocessamento, a industrialização e o comércio de minérios e minerais nucleares e seus derivados".

A *exploração direta da atividade estatal* reputa-se necessária à "segurança nacional" ou a "relevante interesse coletivo" (art. 173, da CF), ambas situações de notória imprecisão, ensejando medidas interventivas no espectro econômico (prestação de serviços de comercialização de bens) pelo Estado. "A lei reprimirá o abuso do poder econômico que vise à dominação dos mercados, à eliminação da concorrência e ao aumento arbitrário dos lucros" (§4º do art. 173 da CF).

A expressão "domínio econômico" (âmbito de atuação das pessoas privadas) distingue-se da "ordem econômica" (campo de atividade estatal). Assim, não tem sentido lógico entender que o Estado possa, ou deva, intervir em área que lhe é privativa, e exigir contribuição dos particulares para regular as atividades que são de sua exclusiva competência.

A intervenção deverá ter natureza transitória (tempo indispensável para recompor o desarranjo do "domínio econômico"); circunscrever-se a específico âmbito de atuação, mediante vinculação a determinados setores envolvidos no respectivo mercado; as respectivas contribuições devem ser exigidas unicamente das pessoas que tenham especial interesse na atividade estatal ou que dela aufiram benefício diferencial.[145]

Percuciente estudo aponta os parâmetros aplicáveis às contribuições de intervenção: "1 – só a União pode instituir intervenção; 2 – deve existir um campo em que caiba intervenção; 3 – intervenção/contribuição devem estar circunscritas a um setor/área/atividade; 4 – finalidade qualifica a contribuição; 5 – avaliação envolve juízo político; 6 – razoabilidade e proporcionalidade na disciplina das contribuições; 7 – deve existir um 'motivo' para a intervenção; 8 – não cabe superposição de contribuições para a mesma

---

[145] FERRAZ JUNIOR, Tercio Sampaio; SOUZA, Hamilton Dias de. Contribuições de Intervenção no Domínio Econômico e a Federação. In: MARTINS, Ives Gandra da Silva (coord.). *Contribuições de Intervenção no Domínio Econômico, Pesquisas Tributárias* – Nova Série 8. São Paulo: Centro de Extensão Universitária e RT, 2002. p. 22, e "deve respeitar a livre iniciativa (*caput* do art. 170, inciso II), a livre concorrência (inciso IV do art. 170) e o planejamento meramente indicativo para o setor privado (art. 174)" (MARTINS, Ives Gandra da Silva. As Contribuições de Intervenção no Domínio Econômico e a Constituição. *X Simpósio Nacional IOB de Direito Tributário*, IOB, 2001. p. 44).

finalidade; 9 – o 'tempo' como parâmetro da contribuição; 10 – contribuintes devem pertencer ao grupo; 11 – pertinência efetiva e não ficta ao grupo; 12 – nem todos que integram o grupo precisam ser contribuintes; 13 – interesse do grupo e valores positivos; 14 – contribuição de intervenção e extrafiscalidade; 15 – volume arrecadado deve ser aplicado na finalidade; 16 – volume arrecadado deve ser proporcional à intervenção; 17 – aplicação do recurso deve ser no grupo de onde provém; 18 – criação por lei ordinária; 19 – capacidade contributiva não é, obrigatoriamente, critério de dimensionamento; 20 – há bases de cálculo proibidas às contribuições de intervenção; 21 – dimensionamento da contribuição deve ser proporcional".[146]

O STF entende que é desnecessária a vinculação direta entre os benefícios decorrentes da Cide e o contribuinte (Ag. Reg. no RE nº 449.233, 1ª Turma, rel. Min. Ricardo Lewandowski, j. 008.2.11, *DJ* de 009.3.11, p. 25-26; e Ag. Reg. no RE nº 492.353, 2ª Turma, rel. Min. Ellen Gracie, j. 22.02.11, *DJe* de 14.03.11, p. 33). Decidira no mesmo sentido relativamente à contribuição à CONDECINE (Ag. Reg. no Recurso Extraordinário nº 700.160 – 1ª. T. – rel. Min. Rosa Weber – j. 09.04.14 – *DJe* 30.04.14, p. 57).

3.5.3.2.2 Operações com petróleo, gás natural (e seus derivados) e álcool combustível

A Emenda Constitucional nº 33/01 modificou postulados pertinentes às contribuições interventivas, passando a nominar específicas atividades (importação de petróleo e seus derivados, gás natural e seus derivados, e álcool combustível); indicar critérios para a sua estruturação; e dispor sobre alíquotas, contribuintes e incidência monofásica (art. 149, §2º, I a III, da CF).

Estatuiu que a lei instituidora da Cide relativa às atividades de importação ou comercialização dos mencionados produtos deverá atender a requisitos específicos no tocante às alíquotas e destinações dos recursos arrecadados (art. 177, §4º, I e II, da CF).

Esta específica contribuição deixou de ter a exclusiva validação finalística, para contemplar também a causa; além de distorcer o âmbito de aplicação das respectivas verbas (como é o caso do financiamento de projetos e infraestrutura de transportes referentes a atividade estranha ao domínio econômico, relativo a empresas vinculadas a petróleo, gás e álcool).

A EC nº 33/01 ampliou o art. 177 (CF), passando a dispor o seguinte:

§4º A lei que instituir contribuição de intervenção no domínio econômico relativa às atividades de importação ou comercialização de petróleo e seus derivados, gás natural e seus derivados e álcool combustível deverá atender aos seguintes requisitos:
I – a alíquota da contribuição poderá ser:
a) diferenciada por produto ou uso;
b) reduzida e restabelecida por ato do Poder Executivo, não se lhe aplicando o disposto no art. 150, III, *b*;
II – os recursos arrecadados serão destinados:

---

[146] GRECO, Marco Aurélio. Contribuição de Intervenção no Domínio Econômico – Parâmetros para sua Criação. In: GRECO, Marco Aurélio (coord.). *Contribuições de Intervenção no Domínio Econômico e Figuras Afins.* São Paulo: Dialética, 2001. p. 12-13.

a) ao pagamento de subsídios a preços ou transporte de álcool combustível, gás natural e seus derivados, e derivados de petróleo;
b) ao financiamento de projetos ambientais relacionados com a indústria de petróleo e do gás;
c) ao financiamento de programas de infra-estrutura de transportes.

A Lei federal nº 10.336, de 19.12.01 (com alterações) dispõe sobre a contribuição incidente sobre operações com petróleo (e seus derivados), gás natural (e seus derivados) e álcool etílico combustível, tendo *como contribuintes* o produtor, o formulador e o importador (pessoa física ou jurídica) dos combustíveis líquidos. Como formulador é considerada a pessoa jurídica, conforme definido pela Agência Nacional do Petróleo (ANP), autorizada a exercer, em Plantas de Formulação de Combustíveis, determinadas atividades.

Esta *Cide* tem *como fatos geradores* as operações realizadas pelos referidos contribuintes, de importação e de comercialização no mercado interno de: I – gasolinas e suas correntes; II – *diesel* e suas correntes; III – querosene de aviação e outros querosenes; IV – óleos combustíveis (*fuel-oil*); e V – gás liquefeito de petróleo, inclusive derivados de gás natural utilizados em mistura mecânica para a produção de gasolinas ou de *diesel*, de conformidade com as normas da ANP; e VI – álcool etílico combustível. A *base de cálculo* corresponde a determinadas unidades de medida e alíquotas específicas.

A *não cumulatividade* da Cide, aplicável na comercialização, no mercado interno, das gasolinas, *diesel*, querosenes, gás liquefeito de petróleo e álcool etílico combustível, consistira na dedução do valor da Cide a) paga na importação daqueles produtos e b) incidente quando da aquisição daqueles produtos de outro contribuinte.

Referida dedução deveria ser efetuada pelo valor global da Cide paga nas importações realizadas no mês, considerado o conjunto de produtos importados e comercializados, sendo desnecessária a segregação por espécie de produto. Essa dedução aplica-se às contribuições relativas a um mesmo período de apuração ou posteriores, ficando estabelecido que somente poderão ser deduzidos os valores efetivamente pagos a título de Cide-Combustíveis.

O contribuinte também poderia deduzir (*não acumular*) o valor da Cide paga na importação ou na comercialização, no mercado interno, dos valores da contribuição para o PIS/Pasep e da Cofins, devidos na comercialização, no mercado interno, dos produtos indicados no parágrafo anterior, até determinados limites.

Questão complexa refere-se à vigência das regras de não cumulatividade aplicáveis à Cide-Combustível (Lei nº 10.336/02), e a sua eficácia face à aplicação das novas regras genéricas (Lei nº 10.865/04).

A instituição da Cide-Combustível fundamentara-se no art. 149, §2º, inciso II (com a redação da EC nº 33/01), inaugurando a incidência das contribuições no âmbito das importações, operando-se a não cumulatividade mediante disposições relativas à dedução desta Cide dos valores relativos ao PIS/Pasep e da Cofins.

Esta peculiar sistemática não tinha nenhuma conotação com as sistemáticas previstas nas Leis nºs 10.637/02 e 10.833/03, porque estas não trataram da Cide, mas de contribuições ao PIS e à Cofins restritas a operações no mercado interno, naturalmente diante da inexistência de previsão constitucional.

Entretanto, a EC nº 42/03 impôs um âmbito mais amplo de incidência das contribuições relativas às importações, porque não manteve a limitação aos combustíveis

(EC nº 33/01), abrangendo a totalidade das importações de produtos estrangeiros, sem restrições.

No plano da legislação ordinária, a Lei nº 10.865/04 disciplinou todos os aspectos da hipótese de incidência dos produtos (em geral), oferecendo tratamento integral à matéria tributária (incidência das contribuições na importação).

Embora não tenha tratado das espécies de combustíveis (como constara da Lei nº 10.336/01), a Lei nº 10.865/04 dispõe de alíquotas pertinentes ao gás liquefeito de petróleo, querosene de aviação, gasolina e óleo diesel.

A Lei nº 10.865/04 possibilita ao importador ou fabricante de gasolinas, e de óleo diesel, a utilização de regime especial de apuração das contribuições para o PIS e a Cofins, cujos valores não possam ser fixados por unidade de metro cúbico do produto.

A dificuldade no deslinde da questão jurídica pode residir na circunstância de que a vinculação da Cide-Importação (art. 177, II, da CF) é distinta da destinação da Cofins, e do PIS (seguridade social). Além disso, a Lei nº 10.865/04 sequer faz referência à Lei nº 10.336/01, o que poderia presumir a manutenção dos seus efeitos jurídicos.

As mencionadas considerações jurídicas permitem firmar a convicção de que, a partir de 1º.5.04, não haveria condição jurídica para continuar prevalecendo a específica Cide (combustível), em paralelo e duplicidade com a nova sistemática (Lei nº 10.865/04), a despeito de não ter sido expressamente revogada, nos termos do art. 9º da LC nº 95 (com alterações).

Entretanto, o Decreto federal nº 5.060, de 30.04.04 (com alterações), trata da redução das alíquotas da Cide incidentes sobre a importação e a comercialização de petróleo e seus derivados, gás natural e seus derivados, e álcool etílico combustível (instituída pela Lei nº 10.336/01), numa demonstração de que permanecem vigentes as diferentes espécies de contribuições relativas à importação dos mencionados produtos.

No mesmo sentido, a Lei federal nº 10.866, de 04.05.04, acrescenta preceitos à Lei nº 10.336/01 relativos à destinação dos recursos (aplicação no financiamento de programas de infraestrutura de transportes).

Arguira-se a inconstitucionalidade da Cide sob os fundamentos seguintes:
a) É uma falsa contribuição interventiva, por haver transferido para a lei orçamentária a competência para determinar sua destinação, além de não apontar os fundamentos da intervenção;
b) Tem faturamento (receita bruta) como base de cálculo, que se confunde com uma das situações previstas no art. 195 da CF, o que é implicitamente proibido, desvirtuando sua finalidade, transformando-o em fonte de custeio da seguridade social;
c) Estabelece como hipóteses de incidência fatos (importação e comercialização) que a Constituição Federal reservou à tributação dos Estados e Distrito Federal, por via de ICMS.
d) Violou os princípios da estrita legalidade e da anterioridade ao autorizar o Executivo a reduzir ou restabelecer a alíquota, além de possibilitar sua aplicação imediata;
e) Carece de lei complementar (art. 154, I), por se tratar de novos impostos federais.[147]

---

[147] BOTTALLO, Eduardo Domingos; CARRAZZA, Roque Antonio. Inconstitucionalidade da Contribuição

O STF decidira o seguinte:

> PIS – COFINS – ATIVO IMOBILIZADO – CREDITAMENTO – LIMITAÇÃO – LEI Nº 10.865/2004. Surge inconstitucional, por ofensa aos princípios da não cumulatividade e da isonomia, o artigo 31, cabeça, da Lei nº 10.865, no que vedou o creditamento do PIS e da COFINS, relativamente ao ativo imobilizado adquirido até 30 de abril de 2004.
> (RE nº 599.316-SC – Plenário – rel. Min. Marco Aurélio – sessão de 29.06.20)

3.5.3.2.3 Adicional ao frete para renovação da marinha mercante

A contribuição foi instituída para atender os encargos da intervenção da União no apoio ao desenvolvimento da Marinha Mercante, e da indústria de construção e reparação naval brasileira.

O *fato gerador* é o início efetivo da operação de descarregamento da embarcação em porto brasileiro e incide sobre o frete, que é remuneração do transporte aquaviário da carga de qualquer natureza descarregada em porto brasileiro, de acordo com o conhecimento de embarque (documento hábil para a comprovação do valor da mencionada remuneração).

Deve ser *calculado* sobre o frete, considerado como a remuneração do transporte aquaviário, mercante porto a porto, incluídas as despesas portuárias com a manipulação de carga constantes do conhecimento de embarque, anteriores e posteriores a esse transporte, e outras despesas de qualquer natureza pertinentes ao transporte.

As *alíquotas* básicas são as seguintes: a) 8% na navegação de longo curso; (b) 8% na navegação de cabotagem; 40% na navegação fluvial e lacustre, por ocasião do transporte de granéis líquidos nas Regiões Norte e Nordeste; e 8% na navegação fluvial e lacustre, por ocasião do transporte de granéis sólidos e outras cargas nas Regiões Norte e Nordeste.

A RFB somente liberará mercadoria de qualquer natureza, ou autorizará sua saída da zona primária aduaneira ou sua inclusão nos regimes aduaneiros especiais, mediante a informação do pagamento do Adicional, de sua suspensão ou da não incidência, disponibilizada pelo Ministério dos Transportes.

O Adicional será recolhido pelo consignatário da mercadoria transportada, ou por seu representante legal, ou em prazo contado do início efetivo da operação de descarregamento da embarcação, e destinado ao Fundo de Marinha Mercante, a empresa brasileira de navegação.

O AFRMM é encargo de estranha denominação e imprecisão normativa, notadamente pelo fato de ter ingressado no mundo jurídico sob a égide da anterior Constituição (Decretos-Leis nºs 2.404, de 23.12.87, e 2.414, de 12.02.88), época em que o STF havia decidido que não era tributo, mas contribuição parafiscal, não sendo abrangido pela imunidade prevista na letra *d,* do inciso III, do art. 19 da Constituição Federal (Súmula nº 553).

Entretanto, na vigente Constituição é induvidoso que o AFRMM apresenta notas genéricas de imposto (ICMS – art. 155, II) – prestação de serviços de transporte

---

Interventiva Instituída pela Lei 10.336/2001. *Repertório IOB de Jurisprudência*, n. 14, caderno 1, 2ª quinzena jul. 2002. p. 543.

(exação não vinculada à atividade estatal) –, não reunindo as imprescindíveis condições jurídicas para ser recepcionado pela Constituição de 1988, porquanto se mostra incompatível com o apontado tributo estadual, revelando as mesmas materialidades e quantificações econômicas.

Além disso, não fora atendido o art. 36 do Ato das Disposições Constitucionais Transitórias ("os fundos existentes na data da promulgação da Constituição, excetuados os resultantes de isenções fiscais que passem a integrar patrimônio privado e os que interessem à defesa nacional, extinguir-se-ão, se não forem ratificados pelo Congresso Nacional no prazo de dois anos").[148]

Todavia, o STF dirimiu a controvérsia na forma consubstanciada na ementa seguinte:

> Constitucional. Tributário. Adicional ao Frete para Renovação da Marinha Mercante – AFRMM: Contribuição Parafiscal ou Especial de Intervenção no Domínio Econômico. CF, art. 149, art. 155, §2º, IX. ADCT, art. 36.
> I – O Adicional ao Frete para a Renovação da Marinha Mercante – AFRMM – é uma contribuição parafiscal ou especial, contribuição de intervenção no domínio econômico, terceiro gênero tributário, distinta do imposto e da taxa (CF, art. 149).
> II – O AFRMM não é incompatível com a norma do art. 155, §2º, IX, da Constituição. Irrelevância, sob o aspecto tributário, da alegação no sentido de que o Fundo da Marinha Mercante teria sido extinto, na forma do disposto no art. 36, ADCT.
> III – RE não conhecido.
> (RE nº 177.137-2-RS, rel. Min. Carlos Velloso, Plenário, sessão de 24.05.95)

O acórdão ressaltou que como contribuição de intervenção no domínio econômico foi recebida pela Constituição vigente, art. 149, destinando-se a atender aos encargos da intervenção da União nas atividades de navegação mercante. Afastou a aplicabilidade das diversas limitações previstas na CF (§2º do art. 145, arts. 153, 155 e 156), sublinhando que as vedações expressas na CF (arts. 150, 151 e 152) não são aplicáveis.

Finalizando, assentou que "é irrelevante, sob o aspecto tributário, a questão de o Fundo da Marinha Mercante ter sido extinto, ou não (CF, ADCT, art. 36). A uma, porque esse Fundo não constituía a única destinação do AFRMM, como bem registrou o acórdão, com base no Decreto-Lei 2.404/87, art. 8º, com a redação do Decreto-Lei 2.414/88; a duas, porque não é o mencionado Fundo que caracteriza a contribuição como de intervenção; a três, porque a natureza jurídica do tributo é determinada pelo fato gerador da respectiva obrigação, sendo irrelevante para qualificá-la a destinação legal do produto da sua arrecadação (CTN, art. 4º, II)".

Por conseguinte, firmou-se a diretriz no sentido de que o AFRMM possui validade jurídico-constitucional, tendo sido recepcionado pela CF-88, coexistindo com o ICMS relativamente a serviços de transporte de bens oriundos de outros países, sendo regulado pela Lei federal nº 10.893, de 13.07.04, e regulamentado pelo Decreto nº 8.257, de 29.05.14, sendo que a administração do tributo compete à Receita Federal do Brasil.

A Lei federal nº 10.893, de 13.07.04, (com alterações) dispõe sobre a sistemática vigente da contribuição.

---

[148] MELO, José Eduardo Soares de. O AFRMM e a Relação Conflituosa com o ICMS na Constituição de 1988. *Revista Dialética de Direito Tributário*, n. 2, p. 42-45, 1995.

3.5.3.2.4 IAA

A contribuição ao Instituto do Açúcar e do Álcool, regrada em legislação anterior à CF-88, consistira na obrigação de recolhimento pelos produtores de açúcar e de álcool para custeio da intervenção da União na economia canavieira nacional.

A Fazenda Nacional postulara a legitimidade da exação sob a argumentação básica seguinte: a) possibilidade jurídica da exigência da contribuição no mesmo exercício da expedição do Decreto-Lei nº 1.952/82, bem como a alteração de alíquotas e bases de cálculo na vigência da Constituição Federal de 1967; b) o art. 21, §2º, I, da CF de 1967 previa poder o Executivo modificar as alíquotas e bases de cálculo das contribuições para intervenção do domínio econômico, donde inconstitucionais as alterações de alíquotas somente após a Constituição Federal de 1988; c) os atos do Poder Executivo não se confundem com os atos privativos do Presidente da República, aqueles indelegáveis; e d) a indelegabilidade respeita apenas a diferentes esferas do Poder.

Os contribuintes pugnaram no sentido seguinte: a) a partir do Decreto-Lei nº 1.952/82 (16.7.82) o Conselho Monetário Nacional (CMN) deveria ter estabelecido a quantificação do valor devido, o que não aconteceu, sendo inadmissível que tal função houvesse sido transferida ao Instituto do Açúcar e do Álcool – IAA; b) no âmbito da Constituição Federal de 1967 (art. 6º, parágrafo único) era expressamente vedado a qualquer dos Poderes delegar suas atribuições a outro Poder, com exceções relativas à faculdade outorgada ao Executivo para alterar alíquotas de contribuições (art. 21, §2º, c/c o art. 21, I), mas não para estabelecer alíquotas; c) a Constituição Federal de 1988 não mais concedeu a faculdade de ser delegada ao Executivo a competência para alterar alíquotas das contribuições (art. 149). Decorre que se o Decreto-Lei nº 1.952/82 já poderia ser considerado como inconstitucional frente à Carta de 1967, com a Constituição Federal de 1988 restou derrogado na parte em que facultava ao CMN estabelecer as alíquotas da contribuição e do adicional.

Em razão de controvérsia, o STF solucionou definitivamente a questão:

> Constitucional – Tributário – Contribuição devida ao Instituto do Açúcar e do Álcool – IAA.
> A Constituição Federal/1988 recepcionou o Decreto-Lei nº 308/1967, com as alterações dos Decretos-leis nºs 1.712/1979 e 1.952/1982.
> Ficou afastada a ofensa ao art. 149 da CF/1988, que exige lei complementar para a instituição de contribuições de intervenção no domínio econômico.
> A contribuição para o IAA é compatível com o sistema tributário nacional. Não vulnera o art. 34, §5º, do ADCT/1988.
> É incompatível com a Constituição Federal/1988 a possibilidade da alíquota variar ou ser fixada por autoridade administrativa. Recurso não conhecido.
> (RE nº 214.206-9-AL, Pleno, rel. para o acórdão Min. Nelson Jobim, j. 15.10.97, *DJU* 1 de 19.05.98, p. 16)

3.5.3.2.5 Programa de estímulo à integração universidade-empresa

Constitui contribuição devida pela pessoa jurídica detentora de licença de uso ou adquirente de conhecimentos tecnológicos, bem como aquela signatária de contratos que impliquem transferência de tecnologia, firmados com residentes ou domiciliados no exterior (Lei federal nº 10.168, de 29.12.00, regulamentada pelo Decreto nº 4.195, de 11.04.02).

Consideram-se, para fins da aludida contribuição, contratos de transferência de tecnologia os relativos à exploração de patentes ou de uso de marcas e os de fornecimento de tecnologia e prestação de assistência técnica.

A partir de 1º de janeiro de 2002, a contribuição passa a ser devida também pelas pessoas jurídicas signatárias de contratos que tenham por objeto serviços técnicos e de assistência administrativa e semelhantes a serem prestados por residentes ou domiciliados no exterior, bem assim pelas pessoas jurídicas que pagarem, creditarem, entregarem, empregarem ou remeterem *royalties*, a qualquer título, a beneficiários residentes ou domiciliados no exterior (redação da Lei federal nº 10.332, de 10.12.01).

A contribuição incidirá sobre os valores pagos, creditados, entregues, empregados ou remetidos, a cada mês, a residentes ou domiciliados no exterior, a título de remuneração decorrente das mencionadas obrigações, aplicando-se a alíquota de 10% (dez por cento).

Esta contribuição será recolhida ao Tesouro Nacional e destinada ao Fundo Nacional de Desenvolvimento Científico e Tecnológico – FNDCT.

Argumenta-se que não se trata de intervenção no domínio econômico, porque a pesquisa tecnológica insere-se nas atividades das universidades, submetidas "ao princípio de indissociabilidade entre ensino, pesquisa e extensão", o mesmo ocorrendo em relação "às instituições de pesquisa científica e tecnológica" (art. 207, e seu §2º, *b*, da CF), constituindo *atividade social*, que integra o patrimônio educacional (art. 205), cultural (art. 216, III), científico e tecnológico do País (arts. 218 e 219), tratando-se da *ordem social*.[149]

O STJ entendera que esta contribuição não se confunde com a Fust (Fundo de Universalização dos Serviços de Telecomunicações), e com o Fustel (Fundo para o Desenvolvimento Tecnológico das Telecomunicações), examinadas nos itens seguintes, porque embora sejam espécies do gênero contribuição para a intervenção no domínio econômico (Cide), são diversas as incidências, bases de cálculos e finalidades, não ocorrendo *bis in idem* (REsp nº 894.129-RS, 2ª Turma, Rel. Min. Eliana Calmon, j. 08.09.09, *DJ* de 22.09.09).

A contribuição não incide sobre a remuneração pela licença de uso ou de direitos de comercialização ou distribuição de programa de computador, salvo quando envolverem a transferência da correspondente tecnologia (incluído pela Lei federal nº 11.452, de 2007).

3.5.3.2.6 Funttel

O Fundo para o Desenvolvimento Tecnológico das Telecomunicações tem por finalidade estimular o processo de inovação tecnológica, incentivar a capacitação de recursos humanos, fomentar a geração de empregos e promover o acesso de pequenas e médias empresas a recursos de capital, e da indústria brasileira de telecomunicações (Lei federal nº 10.052, de 28.11.00, regulamentada pelo Decreto nº 3.737, de 30.01.01).

Incidirá 0,5% (meio por cento) sobre a receita bruta das prestadoras de serviços de telecomunicações.

---

[149] FERRAZ JUNIOR, Tercio Sampaio; SOUZA, Hamilton Dias de. Contribuições de Intervenção no Domínio Econômico e a Federação. In: MARTINS, Ives Gandra da Silva (coord.). *Contribuições de Intervenção no Domínio Econômico, Pesquisas Tributárias* – Nova Série 8. São Paulo: Centro de Extensão Universitária e RT, 2002. p. 102-103.

Em realidade, por representar atividade da própria União (art. 21, XI e XII, *a*), não constitui efetiva intervenção no domínio econômico.

Entende-se que a contribuição não atende ao princípio da proporcionalidade, porque não há, no setor de telecomunicações, especial deficiência de competitividade que justifica a sua criação com vistas a incentivar a capacitação de recursos humanos, fomentar a geração de empregos e promover o acesso de pequenas empresas a recursos de capital, ampliando a competitividade.[150]

3.5.3.2.7 Fust

O *Fundo de Universalização dos Serviços de Telecomunicações* tem por finalidade estimular a expansão, o uso e a melhoria da qualidade das redes e dos serviços de telecomunicações, reduzir as desigualdades regionais e estimular o uso e o desenvolvimento de novas tecnologias de conectividade para promoção do desenvolvimento econômico e social (Lei federal nº 9.998, de 17.08.00, alterada pelas Leis nºs 14.109, de 2020, e 14.173, de 2021; e regulamentada pelo Decreto nº 3.624, de 05.10.00).

O produto da arrecadação (1% sobre a receita operacional bruta decorrente de serviços de telecomunicações, nos regimes público ou privado) deve destinar-se a programas projetos, planos, atividades, iniciativas e ações aprovados pelo Conselho Gestor, bem como educação (18% no mínimo, para estabelecimentos públicos de ensino.

A *"contribuição em questão acaba por beneficiar um grupo de pessoas totalmente desvinculadas das prestadoras de serviços de telecomunicação. Isto significa que, se o financiamento de estabelecimentos públicos de ensino é responsabilidade de toda a sociedade,* que deve assumi-la mediante impostos, a oneração especial das prestadoras de serviços de telecomunicação representa uma *discriminação arbitrária* perante o resto da sociedade, em afronta *violação ao princípio constitucional da igualdade* – arts. 5º, *caput,* e 150, II da CF de 1988".[151]

São contribuintes todas as prestadoras de serviços de telecomunicações, sob regime público ou privado.

3.5.3.2.8 Condecine

A Contribuição para o Desenvolvimento da Indústria Cinematográfica Nacional, *instituída pela Lei federal nº 10.168, de 29.12.00 (e Medida Provisória nº 2.228-1, de 06.09.01, com alterações) tem como* fato gerador:

I – a veiculação, a produção, o licenciamento e a distribuição de obras cinematográficas e videofonográficas com fins comerciais, por segmento de mercado a que forem destinadas;

---

[150] PAVAN, Cláudia Fonseca Morato. A Contribuição Destinada ao Fundo para o Desenvolvimento Tecnológico das Telecomunicações – Funttel. In: PAVAN, Cláudia Fonseca Morato. *Tributação nas Telecomunicações* –Tributação Setorial. São Paulo: IPT e Quartier Latin, 2005. p. 92.

[151] YAMASHITA, Douglas. Contribuições de Intervenção no Domínio Econômico. In: MARTINS, Ives Gandra da Silva (coord.). *Contribuições de Intervenção no Domínio Econômico, Pesquisas Tributárias* – Nova Série 8. São Paulo: Centro de Extensão Universitária e RT, 2002. p. 345.

II – a prestação de serviços que se utilizem de meios que possam, efetiva ou potencialmente, distribuir conteúdos audiovisuais nos termos da lei que dispõe sobre a comunicação audiovisual de acesso condicionado lista no Anexo I da Medida Provisória;

III – a veiculação ou distribuição de obra audiovisual publicitária incluída em programação internacional, nos termos do inciso XIV do art. 4º desta Medida Provisória, nos casos em que existir participação direta de agência de publicidade nacional, sendo tributada nos mesmos valores atribuídos quando da veiculação incluída em programação nacional.

A CONDECINE também incidirá sobre o pagamento, o crédito, o emprego, a remessa ou a entrega, aos produtores, distribuidores ou intermediários no exterior, de importâncias relativas a rendimento decorrente da exploração de obras cinematográficas e videofonográficas ou por sua aquisição ou importação, a preço fixo.

A contribuição será devida para cada segmento de mercado, por segmentos específicos, e corresponderá a valores das tabelas constantes do Anexo I da referida Medida Provisória.

O produto da arrecadação será destinado ao Fundo Nacional da Cultura – FNC e alocado em categoria de programação específica denominada Fundo Setorial do Audiovisual, para aplicação nas atividades de fomento relativas a determinados Programas.

Os *sujeitos passivos* são:

I – detentor dos direitos de exploração comercial ou de licenciamento no País, conforme o caso, para os segmentos de mercado previstos nas alíneas "a" a "e" do inciso I do art. 33;

II – empresa produtora, no caso de obra nacional, ou detentor do licenciamento para exibição, no caso de obra estrangeira, na hipótese do inciso II do art. 33;

III – o responsável pelo pagamento, crédito, emprego, remessa ou entrega das importâncias referidas no parágrafo único do art. 32;

IV – as concessionárias, permissionárias e autorizadas de serviços de telecomunicações, relativamente ao disposto no inciso II do art. 32;

V – o representante legal e obrigatório da programadora estrangeira no País, na hipótese do inciso III do art. 32.

Os valores das contribuições, e os casos se isenções, ficam reduzidos em situações específicas.

A análise da Cide permitiu conferir-lhe constitucionalidade, por "tratar-se de uma contribuição destinada ao custeio de uma atividade interventiva de incentivo a determinado setor econômico (indústria cinematográfica e videofonográfica), o qual auferirá as vantagens decorrentes da intervenção estatal. Os sujeitos alcançados com a atuação do Estado foram escolhidos como contribuintes, aos quais será destinado o produto da arrecadação do tributo. Estão preenchidos, portanto, os critérios da finalidade, razoabilidade, proporcionalidade (aspecto necessidade, adequação e proporcionalidade em sentido estrito), núcleo essencial do direito e o destino da arrecadação".[152]

---

[152] PIMENTA, Paulo Roberto Lyrio. *Contribuições de Intervenção no Domínio Econômico*. São Paulo: Dialética, 2002. p. 119.

A jurisprudência do STF consolidou-se no sentido de que é constitucional a instituição de contribuição social de intervenção no domínio econômico destinada ao setor cinematográfico, pois entende pela desnecessidade de vinculação direta entre o contribuinte e a destinação das receitas arrecadadas por meio do aludido tributo. Entendera pela desnecessidade de vinculação direta entre o contribuinte e a destinação das receitas tributárias arrecadadas (Ag. Reg. no Recurso Extraordinário nº 700.160 – 1ª. T. – rel. Min. Rosa Weber – j. 09.04.14 – *DJe* 30.04.14, p. 57).

3.5.3.2.9 Sebrae

O Serviço de Apoio às Micro e Pequenas Empresas – instituído pela Lei nº 8.029, de 12.04.90 (e alterações) – tem por objeto planejar, coordenar e orientar programas técnicos, projetos e atividades de apoio às micro e pequenas empresas, em conformidade com as políticas nacionais de desenvolvimento.

Para atendimento às referidas atividades, foram instituídos adicionais às alíquotas das contribuições ao Senai, Senac, Sesi e Sesc. Todavia, essa nova contribuição não tem qualificação tributária, pela razão de se tratar de entidade de natureza privada (criada após o advento da CF/88), que não regula, propriamente, a atividade econômica.

Assevera-se que "tem a natureza de contribuição de intervenção no domínio econômico, com fato gerador próprio do imposto; criada com a roupagem de contribuição social adicional sobre a folha de salários; é inconstitucional, por incompatibilidade com o art. 240 da Carta Federal, que só permite contribuição social sobre aquela folha a entidades da [sic] sistema sindical, que não é o caso do Sebrae"; sendo que "não pode ser exigida das empresas prestadoras de serviço em geral, e em especial das transportadoras, que não contribuem às entidades de serviços social filiadas ao sistema sindical do comércio ou da indústria, cujas contribuições são as únicas referidas em lei como critério para fato gerador e base de cálculo da primeira, já que o seu elemento subjetivo não foi tipificado na lei vigente".[153]

Entretanto, o STF decidiu que a contribuição do Sebrae é contribuição de intervenção no domínio econômico, não obstante a lei a ela se referir como adicional às alíquotas das contribuições sociais gerais relativas às entidades de que trata o art. 1º do Decreto-Lei nº 2.318/86, Sesi, Senai, Sesc, Senac. Não se inclui, portanto, no rol do art. 240, CF, sendo plenamente constitucional (RE nº 396.266-3, Pleno, rel. Min. Carlos Velloso, j. 26.11.03, *DJU* 1 de 27.02.04, p. 22).

O Tribunal também decidira o seguinte:

EMENTA: CONSTITUCIONAL E TRIBUTÁRIO. CONTRIBUIÇÕES DESTINADAS AO SERVIÇO BRASILEIRO DE APOIO À MICRO E PEQUENAS EMPRESAS (SEBRAE), À AGÊNCIA BRASILEIRA DE PROMOÇÃO DE EXPORTAÇÕES E INVESTIMENTOS (APEX) E À AGÊNCIA BRASILEIRA DE DESENVOLVIMENTO INDUSTRIAL (ABDI). RECEPÇÃO PELA EMENDA CONSTITUCIONAL 33/2001. DESPROVIMENTO DO RECURSO EXTRAORDINÁRIO.

---

[153] OLIVEIRA, José Marcos Domingues de. Contribuição ao Sebrae – Questões Polêmicas e Recentes Desdobramentos Jurisprudenciais. In: GRECO, Marco Aurélio (coord.). *Contribuições de Intervenção no Domínio Econômico e Figuras Afins*. São Paulo: Dialética, 2001. p. 303-304.

1. O acréscimo realizado pela EC 33/2001 no art. 149, §2º, III, da CF não operou delimitação exaustiva das bases econômicas passíveis de tributação por toda e qualquer contribuição social e de intervenção no domínio econômico.
2. O emprego, pelo art. 149, §2º, III, da CF, modo verbal "poderão ter alíquotas" demonstra tratar-se de elenco exemplificativo em relação á presente hipótese. Legitimidade da exigência de contribuição ao SEBRAE – APEX – ABDI incidente sobre a folha de salários, nos moldes das Leis 8.029/1990, 8.154/1990, 10.668/2003 e 11.080/2004, ante a alteração promovida pela EC 33/2001 no art. 149 da Constituição Federal.
3. Recurso Extraordinário a que se nega provimento. Tema 325, fixada a seguinte tese de repercussão geral: *As contribuições devidas ao SEBRAE, à APEX e à ABDI com fundamento na Lei 8.029/1990 foram recepcionadas pela EC 33/2001.*
(RE nº 603.624-SC – Plenário – red. ac. Min. Alexandre de Moraes – sessão de 23.09.20).

3.5.3.2.10 Incra

O *Serviço Social Rural* (criado pela Lei federal nº 2.613, de 23.09.55, e subordinado ao Ministério da Agricultura) estabelecera a contribuição de 3% sobre a soma paga aos empregados das pessoas naturais, e jurídicas, exercentes de diversificadas atividades industriais rurais. Ficara estabelecido que os contribuintes deixam de contribuir para os serviços sociais de aprendizagem do comércio (Sesc) e da indústria (Senai).

Essa contribuição passou a ser gerida pelo Incra (Instituto Nacional de Colonização e Reforma Agrária) e arrecadada pelo INSS (Instituto Nacional do Seguro Social), sendo disposta alíquota em 2,6% sobre a folha de salários, cabendo 2,4% ao Funrural (Fundo de Assistência ao Trabalhador Rural) – atualmente extinto –, resultando devida em 0,2%.

A natureza jurídica desta contribuição veio a ser positivada pelo STF como imposto de aplicação especial (art. 21, §2º, inciso I, da CF-67) – em razão de interesse de categorias profissionais (*RTJ* nº 123/616-629).

Os princípios e metas existentes na Constituição anterior foram substancialmente modificados pela CF-88, uma vez que (art. 194) estabeleceu uma significativa gama de diretrizes e objetivos, especialmente centrados na: I) universalidade da cobertura e do atendimento; II) uniformidade e equivalência dos benefícios e serviços às populações urbanas e rurais; e III) equidade na forma de participação do custeio.

Estes programas constitucionais decorrem do princípio básico de que a Seguridade compreende um conjunto integrado de ações de iniciativa dos Poderes Públicos e da sociedade, destinadas a assegurar os direitos relativos à saúde, à previdência e à assistência social (art. 194).

Portanto, não mais subsiste qualquer diferenciação entre empregadores/empregados urbanos e rurais, no tocante aos benefícios pertinentes à Seguridade Social. Implicitamente, passa a inexistir qualquer distinção relativa às contribuições, revelando-se impertinente (e inconstitucional) qualquer consideração a respeito da qualificação (âmbito geográfico) dos destinatários da Seguridade.

A circunstância de o empregador e o trabalhador estarem localizados na área urbana, ou desenvolverem suas atividades no campo, não tem qualquer importância, porquanto se impõe um tratamento igualitário no tocante aos recursos (contribuições) e serviços (benefícios).

O primado da igualdade atrela-se à diretriz básica (art. 195, *caput*) de que a Seguridade será financiada por toda a sociedade, de forma direta e indireta, nos termos da lei, mediante recursos provenientes dos orçamentos da União, dos Estados, do Distrito Federal e dos Municípios, e contribuições sociais (art. 195, I a III, e §§4º e 5º – redação original). Este mandamento dispõe sobre as fontes de recursos necessários para a consecução dos objetivos da Seguridade, compreendendo valores devidos pelos particulares e pelos Poderes Públicos, em face do que nenhuma norma poderá contemplar participação unilateral, pois toda a sociedade deve colaborar para tornar concretas as prestações dos referidos serviços.

A própria CF-88 (art. 62 do ADCT) estabeleceu que a lei criará o Serviço Nacional de Aprendizagem Rural (Senar), nos moldes da legislação relativa ao Senai e ao Senac, sem prejuízo das atribuições dos órgãos públicos que atuam na área.

Em consequência, a Lei federal nº 8.315, de 23.12.91, dispôs sobre a criação do referido Serviço, com o objetivo de organizar, administrar e executar em todo o território nacional o ensino da formação profissional rural e a promoção social do trabalhador rural, em centros instalados e mantidos pela instituição ou sob forma de cooperação, dirigida aos trabalhadores rurais.

Nesse sentido, estabeleceu contribuição mensal compulsória, a ser recolhida à Previdência Social, de 2,5%, sobre o montante da remuneração paga a todos os empregados pelas pessoas jurídicas de Direito Privado ou a elas equiparadas, que exerçam atividades: a) agroindustriais; b) agropecuárias; c) extrativistas, vegetais e animais; c) cooperativas rurais; e e) sindicais patronais (art. 3º, I).

Mantendo anterior critério, preceituou que a contribuição ao Senar desobrigava o recolhimento ao Senai e ao Sesc. Entretanto, este novo estatuto jurídico (objeto de administração da Receita Federal – Lei federal nº 8.022, de 12.04.90) não tratou da antiga contribuição (SSR/Incra), que continuou sendo arrecadada pelo INSS.

A simples leitura das normas do Senar permite compreender que assumiu as atividades e os objetivos anteriormente previstos para o SSR. Por conseguinte, as contribuições ao SSR revelam-se incompatíveis com o novo ordenamento constitucional, que não as recebeu, em razão do que não mais subsiste qualquer competência ao Incra/INSS, de conformidade com percuciente estudo sobre a matéria.[154]

Como comentado em outro tópico, a Lei federal nº 7.787/89 (art. 3º, §1º) – a partir de 1º.09.89 – suprimiu as contribuições ao Prorural, onde se compreendiam as contribuições ao Incra, por força da unificação ao Funrural (Lei Complementar nº 11/71, art. 15, II). As atividades implicadoras do Serviço Social Rural (Incra) foram substituídas e implementadas pelo Serviço Nacional de Aprendizagem Rural (Senar), com fundamento no art. 62 do ADT à Constituição Federal de 1988 e decorrente legislação federal própria.

O STJ firmou as diretrizes seguintes:

> Tributário – Contribuição para o Funrural – Empresa vinculada exclusivamente à Previdência Urbana – Impossibilidade de superposição contributiva – Embargos conhecidos e rejeitados.

---

[154] ARZUA, Heron; GALDINO, Dirceu. A Contribuição ao Incra e a Constituição de 1988. *Revista Dialética de Direito Tributário*, São Paulo, Oliveira Rocha – Comércio e Serviços, n. 16, p. 7-14, 1997.

Não é de se exigir o pagamento das contribuições relativas ao Funrural e ao Incra das empresas vinculadas exclusivamente à Previdência Urbana em face da impossibilidade da superposição contributiva.
(EREsp nº 173.380-DF, 1ª Seção, rel. Min. José Delgado, j. 08.11.00, *DJU* 1-E de 05.03.01, p. 119-120)

A contribuição de intervenção no domínio econômico para o Incra (Decreto-Lei nº 1.110/1970, devida por empregadores rurais e urbanos, não foi extinta pelas Leis ns. 7.787/1989, 8.212/1991 e 8.213/1991, não podendo ser compensada com a contribuição ao INSS.
(Súmula nº 516)

O STF consolidou o entendimento seguinte:

> Recurso extraordinário. Repercussão geral. Tributário. Contribuição ao INCRA incidente sobre a folha de salários. Recepção pela CF/88. Natureza jurídica. Contribuição de intervenção no domínio econômico (CIDE. Referibilidade. Relação indireta. Possibilidade. Advento da EC nº 33/01, incluindo o §2º, III, a, no art. 149 da CF/88. Bases econômicas. Rol exemplificativo. Contribuições interventivas incidentes sobre a folha de salário. Higidez.
> 1. Sob a égide da CF/881, diversos são os julgados reconhecendo a exigibilidade do adicional de 0,2% relativo á contribuição destinada ao INCRA incidente sobre a folha de salários.
> 2. A contribuição ao INCRA tem contornos próprios de contribuição de intervenção no domínio econômico (CIDE). Trata-se de tributo especialmente destinado a concretizar objetivos de atuação positiva do Estado consistentes na promoção da reforma agrária e da colonização com vistas a assegurar o exercício da função social da propriedade e a diminuir as desigualdades regionais e sociais (arts. 170, III e VII; e 184 da CF/88).
> 3. Não descaracteriza a exação o fato de o sujeito passivo não se beneficiar diretamente da arrecadação, pois a Corte considera que a inexistência de referibilidade direta não desnatura as CIDES, estando sua instituição "jungida aos princípios gerais da atividade econômica.
> 4. O §2º, III, a, do art. 149 da Constituição, introduzido pela EC nº 33/2001, ao especificar que as contribuições sociais e de intervenção no domínio econômico "poderão ter alíquotas" que incidam sobre o faturamento, a receita bruta (ou o valor da operação) ou o valor aduaneiro, não impede que o legislador adote outras bases econômicas para os referidos tributos, como a folha de salários, pois esse rol é meramente exemplificativo ou enunciativo".
> 5. É constitucional, assim, a CIDE destinada ao INCRA devida pelas empresas urbanas e rurais, inclusive, após o advento da EC nº 33/01.
> 6. Recurso extraordinário a que se nega provimento.
> 7. Tese fixada para o Tema nº 495: "É constitucional a contribuição de intervenção no domínio econômico destinada ao INCRA devida pelas empresas urbanas e rurais, inclusive após o advento da EC nº 33/2001".
> (RE nº 630.898-RS – Plenário – rel. Min. Dias Toffoli – sessão de 08.04.21).

3.5.3.3 Corporativas

As contribuições *corporativas* (interesse das categorias profissionais ou econômicas) objetivam "custear entidades (pessoas jurídicas de direito público, ou privado) que têm por escopo fiscalizar e regular o exercício de determinadas atividades profissionais ou econômicas (...): enquadram-se nesta categoria as *contribuições* arrecadadas de seus filiados, pelos sindicatos, as *contribuições* que os advogados e os estagiários pagam à Ordem dos Advogados do Brasil, as *contribuições* que os médicos pagam ao Conselho Regional de Medicina etc.".[155]

Roque Carrazza observa que os conselhos profissionais "praticam atos de polícia, já que deliberam sobre inscrições em seus quadros, decidem sobre assuntos relacionados à ética profissional, aplicam penalidades, aferem a habilitação profissional", entendendo que tais contribuições têm, no caso, a natureza jurídica de *taxa de polícia*.[156]

A jurisprudência entende que essas contribuições (a Conselhos Regionais de Farmácia, de Contabilidade, de Administração e de Enfermagem) têm natureza tributária (v. decisões publicadas na *Revista Dialética de Direito Tributário*, n. 29, p. 179, na *Revista Dialética de Direito Tributário*, n. 25, p. 204, e na *Revista Dialética de Direito Tributário*, n. 11, p. 170-171).

As contribuições pagas pelos filiados à Ordem dos Advogados do Brasil não têm natureza tributária, porque, embora definida como autarquia profissional de regime especial ou *sui generis*, a OAB não se confunde com as demais corporações incumbidas do exercício profissional, não estando subordinada à fiscalização contábil, financeira, orçamentária, operacional e patrimonial realizada pelo Tribunal de Contas da União (STJ, 1ª Seção, EREsp nº 503.252-SC, rel. Min. Castro Meira, j. 25.08.04, *DJU* 1 de 18.10.04, p. 181).

A contribuição anual devida à Bolsa de Valores, instituída por instrução do Presidente da Comissão de Valores Mobiliários, nada tem a ver com o Código Tributário Nacional. A Bolsa é entidade de natureza privada, cabendo aos seus associados decidir a forma de gestão dela (STJ, REsp nº 409.122-PE, 2ª Turma, rel. Min. Eliana Calmon, j. 17.06.04, *DJU* 1 de 13.09.04, p. 194-195).

Não se insere nesta situação a *contribuição sindical* – de natureza facultativa – prevista no art. 8º, IV, da CF, que estabelece o seguinte: "É livre a associação profissional ou sindical, observado o seguinte: (...) IV - a assembleia-geral fixará a contribuição que, em se tratando de categoria profissional, será descontada em folha, para custeio do sistema confederativo da representação sindical respectiva, independente da contribuição prevista em lei".

O STF decidiu que esta *contribuição confederativa* não tem caráter tributário e nem é compulsória para os empregados não sindicalizados, em razão do que não é necessária a edição de lei para fixá-la, mas apenas resolução de assembleia-geral, uma vez que se distingue da contribuição sindical de interesse das categorias profissionais, de natureza tributária, prevista no art. 149 da Constituição (RE nº 198.092-3, 2ª. Turma, rel. Min. Carlos Velloso, j. 27.08.96, *DJU* 1 de 11.10.96, p. 38.509); RE nº 191.022-4, 1ª. Turma, rel. Min. Ilmar Galvão, j. 03.12.96, *DJU* 1 de 14.01.97, p. 1.989).

---

[155] CARRAZZA, Roque Antonio. *Curso de Direito Constitucional Tributário*. 24. ed. São Paulo: Malheiros, 2008. p. 590.
[156] CARRAZZA, *ob. cit.*, p. 590, nota de rodapé nº 133.

Assim, estabeleceu que "a contribuição confederativa de que trata o art. 8º, IV, da Constituição Federal, só é exigível dos filiados ao sindicato respectivo" (Súmula Vinculante nº 40).

3.5.3.4 Sociais genéricas

3.5.3.4.1 Salário-educação

O *salário-educação* (previsto no art. 212, §5º, da CF, com a redação das Emendas nºs 14, de 12.09.96, e 53, de 19.12.06) estabelece que o ensino fundamental público terá como fonte adicional de financiamento a referida verba, tendo as Leis federais nºs 9.424, de 24.12.96, e 9.766, de 18.12.96 – regulamentadas pelo Decreto nº 6.003, de 28.12.06 – disposto o seguinte:

a) a contribuição obedecerá aos mesmos prazos, condições, sanções e privilégios relativos às contribuições sociais e demais importâncias devidas à Seguridade Social, aplicando-se, no que for cabível, as disposições legais e demais atos normativos atinentes às contribuições previdenciárias, ressalvada a competência do Fundo Nacional de Desenvolvimento da Educação (FNDE) sobre a matéria;

b) a contribuição será calculada com base na alíquota de 2,5% (dois inteiros e cinco décimos por cento), incidente sobre o total da remuneração paga ou creditada, a qualquer título, aos segurados empregados, ressalvadas as exceções legais;

c) são contribuintes as empresas em geral e as entidades públicas e privadas vinculadas ao Regime Geral da Previdência Social, entendendo-se como tais, para fins desta incidência, qualquer firma individual ou sociedade que assuma o risco de atividade econômica, urbana ou rural, com fins lucrativos ou não, bem assim a sociedade de economia mista, a empresa pública e demais sociedades instituídas e mantidas pelo Poder Público, nos termos do art. 173, §2º, da CF.

São isentos do recolhimento da contribuição:

I – a União, os Estados, o Distrito Federal, os Municípios e suas respectivas autarquias e fundações;

II – as instituições públicas de ensino de qualquer grau;

III – as escolas comunitárias, confessionais ou filantrópicas, devidamente registradas e reconhecidas pelo competente órgão de educação, e que atendam ao disposto no inciso II do art. 55 da Lei nº 8.212, de 1991;

IV – as organizações de fins culturais que, para este fim, vierem a ser definidas em regulamento;

V – as organizações hospitalares e de assistência social, desde que atendam, cumulativamente, aos requisitos estabelecidos nos incisos I a V do art. 55 da Lei nº 8.212, de 1991.

O STF decidiu que "é constitucional a cobrança do salário-educação, seja sob a Carta de 1969, seja sob a Constituição Federal de 1988, e no regime da Lei 9.424/96" (Súmula nº 732).

O produtor rural pessoa física não está obrigado ao salário-educação, consoante julgado do STJ:

> Tributário. Agravo Regimental no Recurso Especial. Salário-educação. Produtor Rural Pessoa Física. Não Incidência. Afirmação do Tribunal que houve Planejamento Fiscal Abusivo. Revisão. Impossibilidade. Súmula 7/STJ.
> 1. É entendimento pacífico neste Tribunal, mesmo antes do Código Civil de 2002, que a atividade do produtor rural pessoa física, desprovido de registro no Cadastro Nacional de Pessoa Jurídica (CNPJ), não se enquadra no conceito de empresa, para fins de incidência da contribuição ao salário-educação, prevista no art. 212, §5º, a CF/]88, haja vista a falta de previsão específica no art. 15 da Lei 9.424/96, semelhante ao art. 25 da Lei 8.212/91, que trata da contribuição previdenciária devida pelo empregador rural pessoa física.
> (REsp nº 1.514.187/SE, Rel. Ministra Assusete Magalhães, Segunda Turma, DJe 07.04.15)
> 2. No caso dos autos, a instância ordinária expressamente afastou a contratação dos empregados pela pessoa física, mas sim pela pessoa jurídica por eles constituída. A revisão de tal conclusão demandaria incursão na seara probatória, o que não se revela cabível na via especial, nos termos da Súmula 7/STJ.
> (AgRg no REsp nº 1.467.649-PR – 2ª. T. – rel. Min. Og Fernandes – j. 18.06.15 – *DJe* 29.06.15).

3.5.3.4.2 FGTS

O *Fundo de Garantia por Tempo de Serviço* – previsto no art. 7º, III, da CF – incorporando a sistemática anteriormente disciplinada em lei ordinária – constituído por saldo de contas bancárias, vinculadas em nome dos trabalhadores, decorrentes de depósitos efetuados por seus empregadores, correspondentes a percentuais de remunerações pagas ou devidas em mês anterior.

A Lei Complementar nº 110, de 29.06.01 (regulamentada pelo Decreto nº 3.913, de 11.09.01), criou uma nova contribuição devida pelos empregadores em caso de despedida de empregado sem justa causa (a título de multa), à alíquota de 10% (dez por cento) sobre o montante de todos os depósitos devidos referentes ao Fundo, durante a vigência do contrato de trabalho, acrescido das remunerações aplicáveis às contas vinculadas, a partir de 29.09.01.

Também instituiu contribuição à alíquota de 0,5% (cinco décimos por cento) sobre a remuneração devida, passando de 8% (oito por cento) para 8,5% (oito e meio por cento), pelo prazo de 60 (sessenta) meses, até fevereiro de 2006.

Essas contribuições são criticadas porque não privilegiam determinada categoria profissional e nem intervêm no domínio econômico; constituem fundo indenizatório (despesa não prevista pela CF) para propiciar recursos à Caixa Econômica Federal face a condenações judiciais em razão de aplicar correção com índices defasados; além de inexistir correlação lógica entre os beneficiários dos recursos (pessoas que não tiveram a integral correção), e os contribuintes (empregadores atuais).

O Supremo Tribunal Federal decidiu o seguinte:

> Ementa
> Ação direta de inconstitucionalidade. Impugnação de artigos e de expressões contidas na Lei Complementar federal nº 110, de 29 de junho de 2001. Pedido de liminar.
> – A natureza jurídica das duas exações criadas pela lei em causa, neste exame sumário, é a de que são elas tributárias, caracterizando-se como contribuições sociais que se enquadram

na sub-espécie "contribuições sociais gerais", que se submetem à regência do artigo 149 da Constituição e não a do artigo 195 da Carta Magna.

– Não-ocorrência de plausibilidade jurídica quanto às alegadas ofensas aos artigos 145, §1º, 154, I, 157, II e 167, IV, da Constituição.

– Também não apresentam plausibilidade jurídica suficiente para a concessão de medida excepcional, como é a liminar, as alegações de infringência ao art. 5º, LIV, da Carta Magna e ao artigo 10, I, de seu ADCT.

– Há, porém, plausibilidade jurídica no tocante à arguição de inconstitucionalidade do artigo 14, "caput", quanto à expressão "produzindo efeitos", e seus incisos I e II da Lei Complementar objeto desta ação direta, sendo conveniente, dada a sua relevância, a concessão da liminar nesse ponto.

– Liminar deferida em parte, para suspender "ex tunc" e até final julgamento, a expressão "produzindo efeitos" do "caput", do artigo 14, bem como seus incisos I e II, todos da Lei Complementar federal nº 110, de 29 de junho de 2001.

(Med. Caut. em Ação Direta de Inconstitucionalidade nº 2.556-DF, Pleno, rel. Min. Moreira Alves, j. 09.10.02, *DJU* 1 de 08.08.03, p. 87).

O STF firmara o entendimento seguinte:

RECURSO EXTRAORDINÁRIO. REPERCUSSÃO GERAL. TEMA 846. CONSTITUCIONAL TRIBUTÁRIO. CONTRIBUIÇÃO SOCIAL PREVISTA NO ART. 1º DA LEI COMPLEMENTAR 110, DE 29 DE JUNHO DE 2001. PERSISTÊNCIA DO OBJETO PARA A QUAL FOI INSTITUÍDA.

1. O Tributo previsto no art. 1º da Lei Complementar 110/2001 é uma contribuição social geral, conforme já devidamente pacificado no julgamento das ADIs 2556 e 2558. A causa de sua instituição foi a necessidade de complementação do Fundo de Garantia por Tempo de Serviço FGTS, diante da determinação desta SUPREMA CORTE de recomposição das perdas sofridas pelos expurgos inflacionários em razão dos planos econômicos denominados "Verão" (1988) e "Collor" (1989) no julgamento do RE 226.855.

2. O propósito da contribuição, à qual a sua cobrança encontra-se devidamente vinculada, não se confunde com os motivos determinantes de sua instituição.

3. O objetivo da contribuição estampada na Lei Complementar 110/2001 não é *exclusivamente* a recomposição financeira das perdas das contas do Fundo de Garantia por Tempo de Serviço – FGTS em face dos expurgos inflacionários decorrentes dos planos econômicos Verão e Collor.

4. A LC 110/2001 determinou que as receitas arrecadadas deverão ser incorporadas ao Fundo de Garantia por Tempo de Serviço – FGTS (art. 3º, §1º), bem como autorizou que tais receitas fossem utilizadas para fins de complementar a *atualização monetária resultante da aplicação, cumulativa, dos percentuais de dezesseis inteiros e sessenta e quatro centésimos por cento e de quarenta e quatro inteiros e oito décimos por cento, sobre os saldos das contas mantidas, respectivamente, no período de 1º de dezembro de 1988 a 28 de fevereiro de 1989 e durante o mês de abril de 1990* (art. 4º, *caput*).

5. Já o artigo 13 da Lei Complementar 110/2001 determina que *As leis orçamentárias anuais referentes aos exercício de 2001, 2002 e 2003 assegurarão destinação integral ao FGTS de valor equivalente à arrecadação das contribuições de que tratam os arts. 1º e 2º desta Lei Complementar.*

6. Ao estabelecer que, até o ano de 2003, as receitas oriundas das contribuições ali estabelecidas terão destinação integral ao FGTS, pode-se concluir que, a partir de 2004, *tais receitas poderão ser parcialmente destinadas a fins diversos, desde que igualmente voltados à preservação dos direitos inerentes ao FGTS, ainda que indiretamente.*

7. Portanto, subsistem outras destinações a serem conferidas à contribuição social ora impugnada, igualmente válidas, desde que estejam diretamente relacionadas aos direitos decorrentes do FGTS.

8. Recurso extraordinário a que se nega provimento. Tese de repercussão geral: "É constitucional a contribuição social prevista no artigo 1º da Lei Complementar nº 110, de 29 de junho de 2001, tendo em vista a persistência do objeto para a qual foi instituída".

(RE nº 878.313-SC – Plenário – red. ac. Min. Alexandre de Moraes – sessão de 18.08.20).

3.5.3.4.3 Serviços sociais autônomos

As contribuições relativas ao *Sistema "S"* referem-se às exações compulsórias dos empregadores sobre a folha de salários, destinadas às entidades privadas de serviço social, e de formação profissional, vinculadas ao sistema sindical (Senai, Sesi, Sesc e Senac).

Essas contribuições foram instituídas na vigência da CF-46, mas expressamente recepcionadas pela CF-88 (art. 240), enquadrando-se no âmbito do art. 149.

Consoante a legislação ordinária, por exemplo, o Sesc (Serviço Social do Comércio) tem por finalidade planejar e executar, direta ou indiretamente, medidas pertinentes ao bem-estar social e à melhoria do padrão de vida dos comerciários (Decreto-Lei nº 9.853, de 13.09.46); enquanto o Senac (Serviço Nacional de Aprendizagem Comercial) tem por escopo organizar e administrar escolas de aprendizagem comercial e cursos de especialização na área do comércio (Decreto-Lei nº 8.621, de 10.01.46).

Questionou-se a respeito da legitimidade de exigência dessas específicas contribuições de pessoas que não tivessem natureza comercial, como é o caso das empresas prestadoras de serviços, sob o fundamento de que tais verbas teriam destinação específica (âmbito comercial).

Ives Gandra da Silva Martins assinala que "tais contribuições se enquadram naquelas de interesse das categorias, na medida em que todo o sistema 'S' é dedicado a dar condições de integração na sociedade dos que frequentam tais escolas de aprendizagem"; "tendo como escopo maior exatamente a integração da juventude no mercado de trabalho", aduzindo que "não há serviço que não tenha integração de mercadorias ou mercadorias em que não haja prestação de serviços".[157]

Embora entendendo que se trata de contribuição de Seguridade Social, Arnoldo Wald também conclui que "a) as empresas prestadoras de serviços, ou não, estão obrigadas ao recolhimento da contribuição destinada ao Senac e b) todas as prestadoras cujas atividades – de acordo com o quadro do art. 577 da CLT – estiverem enquadradas nas federações e sindicatos coordenados pela CNC, bem como as sociedades de atividades mistas e que explorem, acessória ou concorrentemente, qualquer ramo econômico peculiar às empresas, devem contribuir para o Senac, para garantir o custeio do mesmo".[158]

---

[157] MARTINS, Ives Gandra da Silva. Contribuições Sociais para o Sistema "S" – Constitucionalização da Imposição por Força do Artigo 240 da Lei Suprema – Recepção pela Nova Ordem do Artigo 577 da CLT. *Revista Dialética de Direito Tributário*, n. 57, p. 127, 130 e 131, 2000.

[158] WALD, Arnoldo. A Contribuição para o Senac e as Prestadoras de Serviços. *Revista de Direito Tributário*, n. 82, p. 194, 2000.

O Superior Tribunal de Justiça (1ª Seção) fixou a diretriz seguinte:

Ementa

Tributário. Contribuição para o Sesc e Senac. Entidade Hospitalar: Entidade Vinculada à Confederação cuja Integração é Pressuposto da Exigibilidade da Exação. Recepção do art. 577 da CLT e seu Anexo pela Constituição Federal. Contribuição Compulsória Concretizadora da Cláusula Pétrea de Valorização do Trabalho e Dignificação do Trabalhador. Empresa Comercial. Autoqualificação, mercê dos Novos Critérios de Aferição de Ocorrência de Violação da Lei à Luz do Princípio de Supradireito determinando a Aplicação da Norma aos Fins Sociais a que se destina, à Luz de seu Resultado, Regras Maiores de Hermenêutica e Aplicação do Direito.

1. *As empresas prestadoras de serviços médicos e hospitalares* estão incluídas dentre aquelas que devem recolher, a título obrigatório, contribuição para o Sesc e para o Senac, porquanto enquadradas no plano sindical da Confederação Nacional do Comércio, consoante a classificação do artigo 577 da CLT e seu anexo, recepcionados pela Constituição Federal (art. 240) e confirmada pelo seu guardião, o STF, a assimilação no organismo da Carta Maior.

(...)

3. As Contribuições referidas visam a concretizar a promessa constitucional insculpida no princípio pétreo da 'valorização do trabalho humano', encartado no artigo 170 da Carta Magna: *verbis*: 'A ordem econômica, fundada na valorização do trabalho humano e na livre iniciativa, tem por fim assegurar a todos existência digna, conforme os ditames da justiça social (...).'

4. Os artigos 3º, do Decreto-Lei 9.583 de 1946, e 4º, do Decreto-Lei 8.612/46 estabelecem como sujeitos passivos da exação em comento os estabelecimentos integrantes da Confederação a que pertence e sempre pertenceu a recorrente (antigo IAPC; DL 2.381/40), conferindo 'legalidade' à exigência tributária.

5. Os empregados do setor de serviços dos hospitais e casas de saúde, ex-segurados do IAPC, antecedente orgânico das recorridas, também são destinatários dos benefícios oferecidos pelo Sesc e pelo Senac.

6. As prestadoras de serviços que auferem lucros são, inequivocamente, estabelecimentos comerciais, quer por força do seu ato constitutivo, oportunidade em que elegeram o regime jurídico próprio a que pretendiam se submeter, quer em função da novel categorização desses estabelecimentos, à luz do conceito moderno de empresa.

7. O Sesc e o Senac têm como escopo contribuir para o bem-estar social do empregado e a melhoria do padrão de vida do mesmo e de sua família, bem como implementar o aprimoramento moral e cívico da sociedade, beneficiando todos os seus associados, independentemente da categoria a que pertençam.

(...)

9. Consectariamente, a natureza constitucional e de cunho social e preventivo do empregado, das exações *sub judice*, implica que o empregador contribuinte somente se exonere do tributo, quando integrado noutro serviço social, visando a evitar relegar ao abrigo os trabalhadores do seu segmento, em desigualdade com os demais, gerando situação antieconômica e injusta.

10. A pretensão de exoneração dos empregadores quanto à contribuição compulsória em exame recepcionada constitucionalmente em benefício dos empregados encerra arbítrio patronal, mercê de gerar privilégio abominável aos que através da via judicial pretendem dispor daquilo que pertence aos empregados, deixando à calva a ilegitimidade da pretensão deduzida.

(REsp nº 431.347-SC, rel. Min. Luiz Fux, j. 23.10.02, *DJU* 1 de 25.11.02, p. 180). Destaco.

Em razão das reiteradas decisões sobre a matéria, o STJ consolidou o entendimento seguinte:

> As empresas prestadoras de serviços estão sujeitas às contribuições ao Sesc e ao Senac, salvo se integradas noutro serviço social.
> (Súmula nº 499 do STJ).

Os *clubes desportivos, recreativos e de lazer* também devem sujeitar-se às mencionadas contribuições, a saber:

> Ementa
> Tributário e Processual Civil. Agravo Regimental no Agravo Regimental no Recurso Especial. Contribuição ao Sesc. Clube Recreativo. Desportivo e de Lazer. Prestação de Serviço. Art. 577 da CLT. Matéria Julgada pela Sistemática do Art. 543-C do CPC.
> 1. Conforme consignado nas instâncias ordinárias, a parte autora é clube que "tem por objeto proporcionar, aos seus associados, ambientes e meios para o Lazer e diversões, nos campos social, recreativo, cultural, cívico e dos esportes amadores, inclusive participando de competição com outros Clubes e Associações similares", mantendo "obrigatoriamente, departamentos Social, de Golf, de Hipismo, de Tiro e de Tênis".
> 2. Por força do art. 55 da CLT e em atenção ao que foi decidido pela Primeira Seção do STJ, por ocasião do julgamento do REsp nº 1.255.433/PE, realizado na sistemática do art. 543-C do CPC, os clubes recreativos e desportivos estão obrigados ao recolhimento da contribuição ao Sesc, uma vez que estão vinculados à Confederação Nacional de Educação e Cultura e seus empregados estão vinculados à Confederação Nacional dos Trabalhadores em Estabelecimentos de Educação e Cultura.
> 3. Entendimento que se assemelha àquele externado no recurso especial repetitivo: "os empregados das empresas prestadoras de serviços não podem ser excluídos dos benefícios sociais das entidades em questão (Sesc e Senac) quando inexistente entidade específica a amparar a categoria profissional a que pertencem. Na falta de entidade que forneça os mesmos benefícios sociais e para a qual sejam vertidas contribuições de mesma natureza e, em se tratando de empresa prestadora de serviços, há que se fazer o enquadramento correspondente à Confederação Nacional do Comércio – CNC, ainda que submetida a atividade respectiva a outra Confederação, incidindo as contribuições ao Sesc e Senac que se encarregarão de fornecer os benefícios sociais correspondentes (REsp nº 1255433/PE, Rel. Ministro Mauro Campbell Marques, Primeira Seção, DJE 29.05.12).
> (AgRg no REsp nº 1.449.840-PE – 1ª. T. – rel. Min. Benedito Gonçalves – j. 19.05.15 – *DJe* 28.05.15)

O Serviço Social de Transporte (Sest) e o Serviço Nacional de Aprendizagem do Transporte (Senat) têm por objetivo gerenciar, desenvolver, executar e apoiar programas voltados à promoção social do trabalhador em transporte rodoviário e do transportador autônomo, notadamente nos campos de alimentação, saúde, cultura, lazer e segurança do trabalho (Lei federal nº 8.796, de 14.09.93, regulamentada pelo Decreto nº 1.007, de 13.12.93).

As rendas para a sua manutenção serão compostas basicamente: I) pelas atuais contribuições das empresas de transporte rodoviário, calculadas sobre o montante da remuneração paga pelos estabelecimentos contribuintes a todos os seus empregados e recolhidos pelo INSS em favor do Sesi e do Senai, que passarão a ser recolhidas em favor do Sest e Senat, respectivamente; e II) pela contribuição mensal dos transportadores autônomos equivalente a 1,5% e 1,0%, respectivamente, do salário de contribuição previdenciária.

As receitas, deduzidos 10% a título de taxa de administração superior, a cargo da Confederação Nacional do Transporte (CNT), serão aplicadas em benefício dos trabalhadores em transporte rodoviário, dos transportadores autônomos, dos seus familiares e dependentes, dos seus servidores, bem como dos trabalhadores de outras modalidades de transporte, que venham a ser a eles vinculados através de legislação específica.

Idêntica natureza possui o Serviço Nacional de Aprendizagem Rural (Senar) – previsto no art. 62 do Ato das Disposições Constitucionais Transitórias –, criado pela Lei nº 8.315, de 23.12.91, com o objetivo de organizar, administrar e executar, em todo o território nacional, o ensino da formação profissional rural e a promoção social do trabalhador rural, tendo como base de cálculo o valor da remuneração paga aos empregados à alíquota de 2,5%, devida pelas pessoas que ocupam determinadas atividades rurais.

Os serviços de fiscalização de profissões regulamentadas serão exercidos em caráter privado, por delegação do Poder Público, sendo que os conselhos serão disciplinados por decisão do plenário do conselho federal da respectiva profissão (Lei nº 9.649, de 27.05.98).

3.5.4 Cosip

A Emenda Constitucional nº 39, de 19.12.02, introduziu preceito à CF-88 (art. 149-A) dispondo sobre a *contribuição para o custeio do serviço de iluminação pública*. Entretanto, esta esdrúxula contribuição não se compadece com a sistemática constitucional tributária, porque reveste a fisionomia da malsinada taxa de iluminação pública, com inconstitucionalidade decretada pelo STF, na forma seguinte:

> Tributário – Município de Niterói – Taxa de Iluminação Pública – arts. 176 e 179 da Lei municipal nº 480, de 24.11.1983, com a redação dada pela Lei nº 1.244, de 20.12.1993.
> Tributo de exação inviável, posto ter por fato gerador serviço inespecífico, não mensurável, indivisível e insuscetível de ser referido a determinado contribuinte, a ser custeado por meio do produto da arrecadação dos impostos gerais.
> Recurso não conhecido, com declaração de inconstitucionalidade dos dispositivos sob epígrafe, que instituíram a taxa no Município.
> (RE nº 231.764-6, Pleno, rel. Min. Ilmar Galvão, j. 10.03.99, *DJU* 1 de 21.05.99, p. 25)

A jurisprudência firmara a diretriz seguinte:

> O serviço de iluminação pública não pode ser remunerado mediante taxa.
> (Súmula Vinculante nº 41 do STF)

Havendo o STF caracterizado a espécie tributária como "imposto" (exação não vinculada à atuação do Poder Público), não há embasamento constitucional para travesti-lo em outra espécie – "contribuição" – como se a simples denominação pudesse alterar sua essência jurídica.

Esta contribuição não se direciona a um grupo determinado de pessoas (ao contrário, atende a um número infinito da população municipal); não causa benefício especial ao contribuinte (mas à coletividade); e nem se vincula a uma determinada entidade. Continua sendo caracterizado como imposto com destinação específica, de notória inconstitucionalidade.

Em São Paulo, a Lei municipal nº 13.479, de 30.12.02 (com alterações), dispôs sobre a Cosip, sendo regulamentada pelo Decreto nº 56.751, de 29.12.15, destacando-se os pontos seguintes:

a) Finalidade: custeio do serviço de iluminação pública, que compreende a iluminação de vias, logradouros e demais bens públicos, a instalação, a manutenção, o melhoramento e a expansão da rede de iluminação pública, além de outras atividades a estas correlatas;

b) Contribuinte: todo aquele que possua ligação de energia elétrica regular ao sistema de fornecimento de energia;

c) Responsável: a concessionária de serviço público de distribuição de energia elétrica, competindo efetuar a cobrança na fatura de consumo de energia elétrica e repassar o valor do tributo arrecadado por conta do Tesouro Municipal especialmente designada para tal fim;

d) Valor: previsto na Lei nº 13.479, de 30.12.02, ou seja, R$3,50 para consumidores residenciais; e R$11,00 para consumidores não residenciais, atualizado nos termos da Lei nº 14.256, de 29.12.06, anualmente, pelo mesmo índice atualizado para o reajuste da tarifa de energia elétrica.

Embora esteja determinada a destinação da contribuição a um "fundo especial", vinculado exclusivamente ao custeio do serviço de iluminação pública, ficando o Executivo obrigado a encaminhar à Câmara Municipal programa de gastos e investimentos e balancete anual, o fato é que sua instituição fora cometida a regulamento, o que fere o princípio da legalidade, com naturais injuridicidades e inconveniências.

Argumenta-se que a competência para explorar os serviços e instalações de energia elétrica não é municipal e nem distrital, mas sim federal, nos termos do art. 21, XII, *b*, ao dispor que compete à União explorar, diretamente ou mediante autorização, concessão ou permissão, os serviços e instalações de energia elétrica, e o aproveitamento energético dos cursos de água, em articulação com os Estados, onde se situam os potenciais hidroenergéticos.[159]

Assevera-se que a nova contribuição constitui-se numa fraude à coisa julgada, atingindo a independência do Judiciário: "alveja o pacto federativo subjacente à partilha tributária, ao ensejar que uma tributação municipal restrinja o gasto de energia elétrica privativo de sujeição ao ICMS; somente um novo imposto residual poderia ser cogitado como a necessária fonte de custeio do serviço de iluminação pública; o munícipe não pode ser considerado contribuinte pelo fato de estar ligado à rede de fornecimento de energia domiciliar; e que a base de cálculo não pode alcançar as obras de extensão e melhoramento da rede elétrica pública, por serem encargos dos concessionários".[160]

---

[159] BOTTALLO, Eduardo Domingos. A Contribuição para o Custeio do Serviço de Iluminação Pública. *Portal Migalhas*, 10 set. 2003. Disponível em: https://www.migalhas.com.br/depeso/2642/a-contribuicao-para-o-custeio-do-servico-de-iluminacao. Acesso em: 28 out. 2024.

[160] OLIVEIRA, José Marcos Domingues de. A Chamada Contribuição de Iluminação Pública – Emenda Constitucional 39, de 2003. In: MARTINS, Ives Gandra da Silva; PEIXOTO, Marcelo de Magalhães; FERNANDES, Edison Carlos (coords.). *Tributação, Justiça e Liberdade* – Homenagem a Ives Gandra da Silva Martins, Marcelo de Magalhães Peixoto e Edison Carlos Fernandes. Curitiba: Juruá, 2005. p. 335-353.

O STF firmou o entendimento seguinte:

Constitucional. Tributário. RE Interposto contra Decisão Proferida em Ação Direta de Inconstitucionalidade Estadual. Contribuição para o Custeio do Serviço de Iluminação Pública. Cosip. Art. 149-A da Constituição Federal. Lei Complementar 7/2002 do Município de São José, Santa Catarina. Cobrança Realizada na Fatura de Energia Elétrica. Universo de Contribuintes que não coincide com o de Beneficiário do Serviço. Base de Cálculo que leva em Consideração o Custo da Iluminação Pública e o Consumo de Energia. Progressividade da Alíquota que expressa o Rateio das Despesas Incorridas pelo Município. Ofensa aos Princípios da Isonomia e da Capacidade Contributiva. Inocorrência. Exação que respeita os Princípios da Razoabilidade e Proporcionalidade. Recurso Extraordinário Improvido.
I – Lei que restringe os contribuintes da Cosip aos consumidores de energia elétrica do município não ofende o princípio da isonomia, ante a impossibilidade de se identificar e tributar todos os beneficiários do serviço de iluminação pública.
II – A progressividade da alíquota, que resulta do rateio do custo da iluminação pública entre os consumidores de energia elétrica, não afronta o princípio da capacidade contributiva.
III – Tributo de caráter *sui generis*, que não se confunde com um imposto, porque sua receita se destina a finalidade específica, nem com uma taxa, por não exigir a contraprestação individualizada de um serviço ao contribuinte.
IV – Exação que, ademais, se amolda aos princípios da razoabilidade e da proporcionalidade.
V – Recurso extraordinário conhecido e provido.
(RE nº 573.675-0, Pleno, rel. Min. Ricardo Lewandowski, j. 25.03.09, *DJe* de 21.05.09, p. 26)

A Emenda Constitucional nº 132, de 20.12.23, dispôs o seguinte:

Art. 149-A – Os Municípios e o Distrito Federal poderão instituir contribuição, na forma das respectivas leis, para o custeio, a expansão e a melhoria do serviço de iluminação pública e de sistemas de monitoramento para segurança e preservação de logradouros públicos, observado o disposto no art. 150, I e III.

Altera-se a redação constitucional anterior (art. 149-A), passando o custeio a considerar "a expansão e a melhoria do serviço de iluminação pública e de sistemas de monitoramento para segurança e preservação de logradouros públicos".

A ampliação contida no texto constitucional entra em vigor em 20.12.23 (data de publicação da EC nº 132/23).

3.5.5 Contribuições de seguridade social

3.5.5.1 Cofins

O art. 195, I, *b*, da CF (com a redação da Emenda Constitucional nº 20, de 15.12.98) dispôs sobre a contribuição do empregador, da empresa e da entidade a ela equiparada, na forma de lei, incidente sobre "a receita ou o faturamento".

A contribuição sobre o *faturamento* não incide singelamente sobre a existência de fatura, e nem deflui do mero resultado de seu somatório (faturamento), uma vez que esses elementos representam unicamente o registro documental e a quantificação de negócios jurídicos realizados pelo contribuinte.

Seria muito estranho exigir-se essa contribuição somente dos contribuintes que emitissem tal documento ("fatura"), porque o empresário que realizasse vendas à vista, mediante simples recibos, notas fiscais, cupons de máquinas registradoras (ou até mesmo sem emissão de documento), estaria desonerado da carga tributária, o que não teria nenhum propósito jurídico.

Na verdade, esta contribuição decorre da realização de "operações", que constituem o elemento cardeal para estabelecer o real significado de "faturamento". Não é pelo fato de a Constituição mencionar esse vocábulo para alguns parcos impostos (arts. 153, V, e 155, II) que não possa ser implicitamente considerado para as demais espécies tributárias.

A substância "operações" configura o verdadeiro sentido do fato juridicizado, compreendendo a prática de negócio jurídico, como a transmissão de um direito (posse ou propriedade). Trata-se de contratos mercantis (compra e venda), ou prestação de serviços (manutenção de máquinas, por exemplo).

Em consequência, seria questionável incluir os negócios de índole imobiliária no âmbito da incidência pelo fato de que os imóveis não são mercadorias (na acepção legal), além de não implicarem efetivo faturamento, mas escritura pública.

Entretanto, o STJ fixou entendimento de que "a empresa que comercializa imóveis é equiparada a empresa comercial, e, como tal, tem faturamento com base nos imóveis vendidos, como resultado econômico da atividade empresarial exercida" (Emb. Div. em REsp nº 147.680-PR, rel. Min. José Delgado, 1ª Seção, j. 14.12.00, *DJU* 1-E de 13.08.01, p. 39).

Conceitualmente, a *receita bruta* compreende verbas ingressadas no patrimônio da empresa, em razão de diversificadas atividades, tais como rendimentos brutos de aplicações financeiras, lucros e dividendos, juros e descontos, aluguéis, variações monetárias, prêmio de resgate de títulos.

Contabilmente, para a qualificação da *receita*, foram considerados os conceitos seguintes:

> 2. *Receita* corresponde a acréscimos nos ativos ou decréscimos nos passivos, reconhecidos e medidos em conformidade com princípios de Contabilidade geralmente aceitos, resultantes dos diversos tipos de atividades e que possam alterar o patrimônio líquido. Receita e despesa, como conceituadas neste pronunciamento, se restringem genericamente às atividades de empresas comerciais e industriais, não abrangendo, consequentemente, as empresas que exploram recursos naturais, transportes, e outras entidades, inclusive as sem fins lucrativos.
>
> 3. *Acréscimos* nos ativos e *decréscimos* nos passivos, designados como receita, são relativos a eventos que alteram bens, direitos e obrigações. Receita, entretanto, não inclui todos os acréscimos nos ativos ou decréscimos nos passivos. Recebimento de numerário por venda a dinheiro é receita, porque o resultado líquido da venda implica alteração no patrimônio líquido. Por outro lado, o recebimento de numerário por empréstimo tomado ou o valor de um ativo comprado a dinheiro não são necessariamente, de uma transação em numerário ou seu equivalente, como, por exemplo, a correção monetária desses valores.
>
> 4. *Receita* é um termo demasiadamente genérico. Os seguintes termos poderão ser empregados indiscriminadamente como sinônimos de receita, os quais têm estes significados:
>
> 5. *Receita operacional* – Corresponde ao evento econômico relacionado com a atividade ou atividades principais da empresa, independentemente de sua frequência. Nesse contexto, consequentemente, o conceito de receita é de elemento "bruto", e não líquido, correspondendo

em última análise ao valor pelo qual a empresa procura se ressarcir dos custos e despesas e auferir crédito.

6. *Receita não-operacional* – Corresponde aos eventos econômicos aditivos ao patrimônio líquido, não associados com a atividade ou atividades principais da empresa, independentemente da sua frequência. O conceito de receita não-operacional é de elemento líquido, ou seja, ela é considerada pelo líquido dos correspondentes custos. Como casos comuns desse tipo de receita temos os *ganhos de capital,* correspondentes às transações com imobilizados ou com investimentos de natureza permanente, desde que não relacionados com a atividade principal da empresa.

7. *Ganho* – Corresponde ao evento econômico aditivo ao patrimônio líquido que não resulta das operações típicas da empresa no período contábil, sendo consequentemente, de natureza inusitada e apresentando alto grau de anormalidade. O conceito de receita (ou lucro) extraordinária também é de elemento líquido, excluindo também a correspondente parcela do Imposto de Renda.[161]

No âmbito das *receitas públicas*, clássica doutrina assentara o seguinte:

3. *Entradas ou ingressos* – As quantias recebidas pelos cofres públicos são genericamente designadas "entradas" ou "ingressos". Nem todos esses ingressos, porém, constituem receitas públicas, pois alguns deles não passam de "movimentos de fundo", sem qualquer incremento do patrimônio governamental, desde que estão condicionados a restituição posterior ou representem mera recuperação de valores emprestados ou cedidos pelo Governo. Exemplificam esses "movimentos de fundos" ou simples "entradas de caixa", destituídas de caráter de receitas: as cauções, fianças e depósitos recolhidos ao Tesouro; os empréstimos contraídos pelos Estados, ou as amortizações daqueles que o Governo acaso concedeu; enfim, as somas que se escrituram sob reserva de serem restituídas ao depositante ou pagas a terceiro por qualquer razão de direito e as indenizações devidas por danos causados às coisas públicas e liquidados segundo o direito civil.[162]

Um resumo dos conceitos firmados nos âmbitos contábil e jurídico demonstra que "*receita* seria uma espécie de ingresso dentro de um gênero mais amplo, gênero este consistente em ingressos ou entradas de dinheiro, valores ou bens em determinado patrimônio, ao passo que a receita seria o ingresso de entrada derivado das atividades empresariais em que esse patrimônio seja explorado (receitas de vendas de mercadorias, por exemplo), ou da aplicação de bens desse patrimônio – juros de aplicações financeiras, por exemplo".[163]

Após exaustivo exame da questão, o autor firma o conceito de que *receita* é um *plus* jurídico, de qualquer natureza ou origem, que agrega um elemento positivo ao patrimônio, dependendo de específico tratamento legal; e que não atribua a terceiro qualquer direito contra o adquirente, não decorra de mero cumprimento de obrigação para um terceiro e nem represente simples direito à devolução de direito anteriormente existente, capital social ou reserva de capital.[164]

---

[161] IBRACON – Instituto Brasileiro de Contadores. *Princípios Contábeis.* 2. ed. São Paulo: Atlas, 1998. p. 112.
[162] BALEEIRO, Aliomar. *Uma Introdução à Ciência das Finanças.* 5. ed. Rio de Janeiro: Forense, 1968; 15. ed. Rio de Janeiro: Forense, 1988. p. 130.
[163] OLIVEIRA, Ricardo Mariz de. Conceito de Renda como Hipótese de Incidência das Contribuições para a Seguridade Social (para Efeito da Cofins e da Contribuição ao PIS). *Repertório IOB de Jurisprudência*, n. 1, IOB, São Paulo, caderno 1, p. 1-41, 1ª quinzena jan. 2001.
[164] OLIVEIRA, *ob. cit.*, p. 20-21.

Promovendo distinção da *receita* com renda, lucro, ganho de capital, alocação de capital e investimentos, movimentação financeira, primorosa doutrina firma o conceito seguinte: "*receita* é qualificada pelo ingresso de recursos financeiros no patrimônio da pessoa jurídica, em caráter definitivo, proveniente dos negócios jurídicos que envolvam o exercício da atividade empresarial, que corresponda à contraprestação pela venda de mercadorias, pela prestação de serviços, assim como pela remuneração de investimentos ou pela cessão onerosa e temporária de bens e direitos a terceiros, aferido instantaneamente pela contrapartida que remunera cada um desses eventos".[165]

Mencionada doutrina esclarece que não constituem receita o valor recebido antecipadamente; o ressarcimento ou recuperação de despesas e de custo anteriormente suportado pela pessoa jurídica; a recuperação de tributo; as mercadorias recebidas em bonificação e descontos obtidos na liquidação de obrigações; os ajustes intermediários e periódicos realizados antes da efetiva liquidação do contrato de câmbio; os ingressos provenientes de doações, contribuições e patrocínios; a subvenção governamental, o perdão da dívida; a troca (permuta de bens e direitos); e a reversão de provisões.[166]

O STF firmou a diretriz seguinte:

(...) face à redação do art. 195 da Carta Federal, anterior à Emenda Constitucional nº 20/98, a jurisprudência consolidou-se no sentido de tomar as expressões *receita bruta* e *faturamento* como sinônimos, jungindo-as à venda de mercadorias, de serviços, ou de mercadorias e serviços. É inconstitucional o §1º do artigo 3º da Lei nº 9.718/98, no que ampliou o conceito de receita bruta para envolver a totalidade das receitas auferidas por pessoas jurídicas, independentemente da atividade por elas desenvolvida e da classificação contábil adotada. (RE nº 346.084.6-PR, Plenário, rel. p/ ac. Min. Marco Aurélio, j. 09.11.05, *DJU* 1 de 1º.09.06).

Relativamente às atividades realizadas *pelas sociedades cooperativas*, o STF firmara a diretriz seguinte:

Ementa
Recurso Extraordinário. Repercussão Geral. Tributário. Ato Cooperativo. Cooperativa de Trabalho. Sociedade Cooperativa Prestadora de Serviços Médicos. Posto realizar com Terceiros não Associados (não Cooperados). Venda de Mercadorias e de Serviços sujeita-se à Incidência da <u>Cofins</u>, porquanto auferir Receita Bruta ou Faturamento através destes Atos ou Negócios Jurídicos. Construção do Conceito de 'Ato não Cooperativo' por Exclusão, no sentido de que são Todos os Atos ou Negócios Praticados com Terceiros não Associados (Cooperados), ex vi, Pessoas Físicas ou Jurídicas Tomadores de Serviço. Possibilidade de Revogação do Benefício Fiscal (Isenção da Cofins) Previsto no Inciso I, do Art. 6º, da LC nº 70/91, pela MP Nº 1.858-6 E Reedições Seguintes, Consolidada na Atual MP nº 2.158-35. A Lei Complementar a que se refere o Art. 146, III, "c" da CF/88. Determinante do 'Adequado Tratamento Tributário do Ato Cooperativo', ainda não foi Editada. Ex Positis, dou Provimento ao Recurso Extraordinário.

1. As contribuições ao PIS e à <u>COFINS</u> sujeitam-se ao mesmo regime jurídico, porquanto aplicável a mesma *ratio* quanto à definição dos aspectos da hipótese de incidência, em especial o pessoal (sujeito passivo) e o quantitativo (base de cálculo e alíquota), a recomendar solução uniforme pelo colegiado.

---

[165] MINATEL, José Antonio. *Conteúdo do Conceito de Receita e Regime Jurídico para sua Tributação*. São Paulo: MP e Apet, 2005. p. 124.
[166] MINATEL, *ob. cit.*, p. 201-249.

2. O princípio da solidariedade social, o qual inspira todo o arcabouço de financiamento da seguridade social, à luz do art. 195 da CF/88, matriz constitucional da Cofins, é mandamental com relação a todo o sistema jurídico, a incidir também sobre as cooperativas.
3. O cooperativismo no texto constitucional logrou obter proteção e estímulo à formação de cooperativas, não como norma programática, mas como mandato constitucional, em especial nos arts. 146, III, *c*; 174, §2º; 187, I, e VI, e 47, §7º, ADCT. O art. 146, *c*, CF/88, trata das limitações constitucionais ao poder de tributar, verdadeira regra de bloqueio, como corolário daquele, não se revelando norma imunitária, consoante já assentado pela Suprema Corte nos autos do RE 141.800, Relator Ministro Moreira Alves, 1ª. Turma, DJ 03.10.97;
(...)
11. *Ex positis, dou provimento* ao recurso extraordinário para declarar a incidência da Cofins sobre os atos (negócios jurídicos) praticados pela recorrida com terceiros tomadores de serviço, resguardadas as exclusões e deduções legalmente previstas (...).
(RE nº 598.085 – Plenário – rel. Min. Luiz Fux – j. 06.11.14 – *DJe* 10.02.15, p. 48-49).

A Lei federal nº 10.833, de 29.12.03 (com alterações até abril de 2024), dispôs que a Cofins, com a incidência não cumulativa, tem como *fato gerador* o total das receitas auferidas no mês pela pessoa jurídica, independentemente de sua denominação ou classificação contábil.

A *base de cálculo* é o total das receitas auferidas, excluídas as seguintes receitas: I) isentas ou não alcançadas pela incidência da contribuição ou sujeitas à alíquota zero II) de que trata o inciso IV do *caput* do art. 187 da Lei nº 6.404, de 15.12.76, decorrentes de venda de bens do ativo não circulante, classificado como investimento, imobilizado ou intangível; III) auferidas pela pessoa jurídica revendedora, na revenda de mercadorias em relação às quais a contribuição seja exigida da empresa vendedora, na condição de substituta tributária; (...); V) referentes a (a) vendas canceladas e aos descontos incondicionais concedidos; (b) reversões de provisões e recuperações de créditos baixados como perda que não representem ingresso de novas receitas, o resultado positivo da avaliação de investimentos pelo valor do patrimônio líquido e os lucros e dividendos derivados de participações societárias que tenham sido computados como receita. VI) decorrente de transferência onerosa a outros contribuintes do ICMS créditos de ICMS originados de operações de exportação, conforme o disposto no inciso II, do §1º, do art. 25 da Lei Complementar nº 87 de 13.09.1996; VII) financeiras decorrentes do ajuste a valor presente de que trata o inciso VIII do *caput* do artigo 182 da Lei nº 6.404, de 15.12.76 referente a receitas excluídas da base de cálculo da Cofins; VIII) relativas aos ganhos decorrentes de avaliação do ativo e passivo com base no valor justo; IX) de subvenções para investimento, inclusive mediante isenção ou redução do imposto, concedidas como estímulo à implantação ou expansão de empreendimentos econômicos e de doações feitas pelo poder público; X) reconhecidas pela construção, recuperação, reforma, ampliação ou melhoramento da infraestrutura, cuja contrapartida seja intangível representativo do direito de exploração, no caso de contratos de concessão de serviços públicos; XI) relativas ao prêmio de debêntures; XI relativas ao valor do imposto que deixar de ser pago em virtude das isenções e reduções de que tratam as alíneas "a", "b", "c" e "e" do §1º do art. 19 do Decreto-Lei nº 1.598, de 26.12.77 (redação dada pela Lei nº 14.592, de 2023); XII) relativas ao prêmio na emissão de debêntures; e XIII) relativas ao valor do ICMS que tenha incidido sobre a operação (redação dada pela Lei nº 14.592, de 2023).

O *contribuinte* é a pessoa jurídica que auferir as receitas.

Para a determinação do valor da Cofins, aplicar-se-á sobre a base de cálculo a *alíquota* básica de 3% (três por cento) na incidência cumulativa, e de 7,6% (sete inteiros e seis décimos por cento) na sistemática não cumulativa. Do valor apurado poderá *descontar créditos* calculados em relação a inúmeros bens, serviços, energia elétrica, aluguéis, despesas financeiras, máquinas, edificações e benfeitorias etc.

O crédito será determinado mediante a aplicação das alíquotas de 5,60% nas operações com os bens referidos no inciso VI do art. 28 da Lei nº 11.196, de 21.11.05; 7,60% na situação de trata a alínea "b" do inciso II do §5º do art. 2º desta Lei, e 4,60% nos demais casos.

O direito a crédito aplica-se exclusivamente em relação a:

I – bens adquiridos para revenda exceto em relação às mercadorias e a produtos específicos;

II – bens e serviços utilizados como insumos na prestação de serviços e na produção ou fabricação de bens e produtos destinados à venda, inclusive combustíveis e lubrificantes, exceto em relação ao pagamento de que trata o artigo 2º da Lei nº 10845, de 03.07.02, devido pelo fabricante ou importador, ao concessionário pela intermediação ou entrega dos veículos classificados nas posições 87.03 e 87.04, da TIPI;

III – energia elétrica e energia térmica, inclusive sob a forma de vapor, consumidas no estabelecimento da pessoa jurídica;

IV – aluguéis de prédios, máquinas e equipamentos, pagos a pessoa jurídica utilizados nas atividades da empresa;

V – o valor de contraprestações de operações de arrendamento mercantil de pessoa jurídica, exceto de optante pelo SIMPLES;

VI – máquinas, equipamentos e outros bens incorporados ao ativo imobilizado ou fabricados para locação a terceiros, ou para utilização na produção de bens destinados à venda ou na prestação de serviços;

VII – edificações e benfeitorias em imóveis próprios ou de terceiros, utilizados nas atividades da empresa;

VIII – bens recebidos em devolução cuja receita de venda tenha integrado faturamento do mês ou de mês anterior, e tributada conforme o disposto nesta Lei;

IX – armazenagem de mercadoria e frete na operação de venda, nos casos dos incisos I e II, quando o ônus for suportado pelo vendedor;

X – vale-transporte, vale-refeição ou vale-alimentação, fardamento ou uniforme fornecidos aos empregados por pessoa jurídica que explore as atividades de prestação de serviços de limpeza, conservação e manutenção;

XI – bens incorporados ao ativo intangível, adquiridos para utilização na produção de bens destinados à venda ou na prestação de serviços.

Na hipótese de a pessoa jurídica sujeitar-se à incidência não cumulativa da Cofins, em relação apenas a parte de suas receitas, o crédito será apurado, exclusivamente em relação aos custos, despesas e encargos vinculados a essas receitas.

Não dará direito a crédito o valor (I) de mão de obra paga a pessoa física; (II) da aquisição de bens e serviços não sujeitos ao pagamento da contribuição, inclusive no caso de isenção, esse último quando revendidos ou utilizados como insumo em produtos ou serviços sujeitos à alíquota 0 (zero), isentos ou não alcançados pela contribuição.

O direito a crédito aplica-se exclusivamente em relação:

I – aos bens e serviços adquiridos de pessoa jurídica domiciliada no País;

II – aos custos e despesas incorridos, pagos ou creditados à pessoa jurídica domiciliada no País;

III – aos bens e serviços adquiridos e aos custos e despesas incorridos a partir do mês em que se iniciar a aplicação do disposto nesta Lei.

Permanecem sujeitas às normas da legislação da Cofins, *não se aplicando o regime não cumulativo*, determinadas receitas de inúmeras atividades (art. 10).

A Instrução Normativa RFB nº 2121, de 15.12.22 (com alterações até abril de 2024), regulamenta a apuração, a cobrança, a fiscalização, a arrecadação e a administração da contribuição.

O STF decidiu, em caráter definitivo, por meio de precedente vinculante, que os conceitos de faturamento e receita, contidos no art. 195, I, "b", da Constituição Federal, para fins de incidência das contribuições ao PIS e da COFINS, não albergam o ICMS (RE nº 574.706, rel. Min. Cármen Lúcia, j. 15.03.17) firmando a seguinte tese de repercussão geral: "O ICMS não compõe a base de cálculo para a incidência do IPIS e da COFINS" (Tema 69).

No tocante ao ICMS-ST, contudo, nos autos do RE nº 1.258.842/RS, reconheceu a ausência de repercussão geral: "É infraconstitucional, a ela se aplicando os efeitos da ausência de repercussão geral, a controvérsia relativa à inclusão do montante correspondente ao ICMS destacado nas notas fiscais ou recolhido antecipadamente pelo substituto em regime de substituição tributária progressiva da base de cálculo a contribuição ao PIS e da COFINS" (Tema 1.098).

O STJ, em consequência, firmara a seguinte tese jurídica: "O ICMS-ST não compõe a base de cálculo da contribuição ao PIS e da COFINS, devidas pelo contribuinte substituído no regime de substituição tributária progressiva" (Tema 1125 do Repetitivo. REsp nº 1896678/RS – 1ª. Seção – rel. Min. Gurgel de Faria, sessão de 12.12.23).

Impôs a modulação dos efeitos desta decisão, a fim de que sua produção ocorra a partir da publicação da ata do julgamento no veículo oficial de imprensa, ressalvadas as ações judiciais e os procedimentos administrativos em curso (acórdão publicado no *DJe* de 28.02.24).

A Emenda Constitucional nº 132, promulgada em 20.10.23 (*reforma tributária*) dispôs que a partir de 2027 serão extintas as contribuições previstas no art. 195, I, "b" (incidente sobre a receita ou o faturamento), e IV (do importador de bens ou serviços do exterior, ou de quem a lei a ele equiparar), desde que instituída a Contribuição sobre Bens e Serviços – CBS – conforme previsto no artigo 126, II.

Lei Complementar disciplinará a forma de utilização dos créditos, inclusive presumidos das contribuições de que tratam o art. 195, I, *b*, não apropriados ou não utilizados até a extinção, mantendo-se, apenas, para os créditos que cumpram os requisitos estabelecidos na legislação vigente na data da extinção de tal tributo, a permissão para compensação com outros tributos federais, inclusive com a contribuição prevista no inciso V do *caput* do art. 195 da Constituição Federal (CBS), ou ressarcimento em dinheiro (art. 135 da EC nº 132/23).

3.5.5.2 PIS

O art. 239 da CF dispôs sobre as contribuições para o *Programa de Integração Social* (instituído pela Lei Complementar nº 7, de 07.09.70), destinado a financiar o "programa do seguro-desemprego" e o "abono" para empregados (até um salário-mínimo anual).

Em razão das regras estruturadoras do PIS/Pasep observarem identidade com as normas da Cofins, o STF teve oportunidade de analisar diversos aspectos jurídicos, que foram solucionados da forma seguinte:

a) Bitributação com o PIS, por incidir sobre a mesma base de cálculo (faturamento). Inaplicável a vedação do inciso I do art. 154, pelo fato de a Cofins não ser imposto novo, tendo ambos sede constitucional (arts. 195, I, e 239);

b) Cumulatividade com outros impostos. A eventual cumulatividade não tem obstáculos constitucionais, eis que a sua origem e fonte de validade situam-se no inciso I, art. 195, e não no §4º, art. 195;

c) Arrecadação pela Receita Federal. Trata-se de medida objetivando racionalizar o controle da exação, não alterando sua natureza e destinação dos respectivos valores;

d) Imposto inominado, de competência residual da União. Caracteriza a espécie "contribuição social", transmudada de imposto, segundo o novo ordenamento constitucional, afetada a finalidade específica.

E conclui na forma contida na ementa seguinte:

Ação declaratória de constitucionalidade. Arts. 1º, 2º, 9º (em parte), 10 e 13 (em parte) da Lei Complementar nº 70, de 30.12.91. Cofins.

Improcedência das alegações de inconstitucionalidade da contribuição social instituída pela Lei Complementar nº 70/91 (Cofins).

Ação de que se conhece em parte, e dela se julga procedente, para declarar-se, com os efeitos previstos no §2º do art. 102 da Constituição Federal, na redação da Emenda Constitucional nº 3, de 1993, a constitucionalidade dos arts. 1º, 2º e 10, bem como das expressões "A contribuição social sobre o faturamento de que trata esta Lei não extingue as atuais fontes de custeio da Seguridade Social', contidas no art. 9º, e das expressões 'Esta Lei Complementar entra em vigor na data de sua publicação, produzindo efeitos a partir do primeiro dia do mês seguinte nos 90 dias posteriores, àquela publicação (...)", constantes do art. 13, todos da Lei Complementar nº 70, de 30.12.91.

(ADC nº 1 – DF – Brasília, 1º de dezembro de 1993, Presidente Octavio Gallotti, rel. Moreira Alves, *DJU* 1 de 16.06.95, p. 18.213)

As contribuições foram previstas na Lei federal nº 10.637, de 30.12.2002 (e alterações até abril de 2024), sendo disposto que, na sistemática não cumulativa, incidem sobre o total das receitas auferidas no mês pela *pessoa jurídica*, independentemente de sua denominação ou classificação contábil.

Não integram a base de cálculo as receitas:

I – decorrentes de saídas isentas da contribuição ou sujeitas à alíquota zero;
(...)

III – auferidas pela pessoa jurídica revendedora, na revenda de mercadorias em relação às quais a contribuição seja exigida da empresa vendedora, na condição de substituta tributária;

(...);
V – referentes a:
a) vendas canceladas e aos descontos incondicionais concedidos:
b) reversões de provisões e recuperações de créditos baixados como perda, que não representem ingresso de novas receitas, o resultado positivo da avaliação de investimentos pelo valor do patrimônio líquido e os lucros e dividendos derivados de participações societárias, que tenham sido computados como receita.
VI – de que trata o inciso IV do caput do art. 187 da Lei nº 6.404, de 15.12.76, decorrentes da venda de bens do ativo não circulante, classificado como investimento, imobilizado ou intangível;
VII – decorrentes de transferência onerosa a outros contribuintes do ICMS de créditos originados de operações de exportação, conforme o disposto no inciso II do §1º do art. 25 da LC Nº 87/96;
VIII – financeiras decorrentes do ajuste a valor presente de que trata o inciso VIII do caput do art. 183 da Lei nº 6.404, de 15.12.76, referentes a receitas excluídas da base de cálculo da Contribuição para o PIS/Pasep;
IX – relativas aos ganhos decorrentes de avaliação de ativo e passivo com base no valor justo;
XI – reconhecidas pela construção, recuperação, reforma, ampliação ou melhoramento da infraestrutura, cuja contrapartida seja ativo intangível representativo de direito de exploração, no caso de contratos de concessão de serviços públicos;
XII – relativas ao valor do imposto que deixar de ser pago em virtude das isenções e reduções de que tratam as alíneas "a", "b", "c" e "e" do §1º, do art. 19 do Decreto-Lei nº 1.598, de 26.12.77;
XIII – relativas ao prêmio na emissão de debêntures; e
XIV – relativas ao valor do ICMS que tenha incidido sobre a operação.
Para a determinação do valor da contribuição aplicar-se-á sobre a base de cálculo a *alíquota* normal de 1,65% (um inteiro e sessenta e cinco centésimos por cento), salvo distintas alíquotas para específicas operações.
Do valor apurado, a pessoa jurídica poderá *descontar crédito* calculado em relação a:
I – bens adquiridos para revenda, exceto em relação às mercadorias e aos produtos referidos:
a) no inciso III do §3º do art. 1º desta lei;
b) nos §§1º e 1º-A do art. 2º desta lei.
II – bens e serviços, utilizados como insumo na prestação de serviços e na produção ou fabricação de bens ou produtos destinados à venda, inclusive combustíveis e lubrificantes, salvo exceções;
(...);
IV – aluguéis de prédios, máquinas e equipamentos, pagos a pessoa jurídica, utilizados nas atividades da empresa:
V – valor das contraprestações de operações de arrendamento mercantil de pessoa jurídica, exceto de optante pelo SIMPLES;
VI – máquinas, equipamentos e outros bens incorporados ao ativo imobilizado, adquiridos ou fabricados para locação a terceiros ou para utilização na produção de bens destinados à venda ou na prestação de serviços;

VII – edificações e benfeitorias em imóveis de terceiros, quando o custo, inclusive mão de obra, tenha sido suportado pela locatária;
VIII – bens recebidos em devolução, cuja receita de venda tenha integrado faturamento do mês ou de mês anterior, e tributada conforme o disposto nesta lei;
IX – energia elétrica e energia térmica, inclusive sob a forma de vapor consumida nos estabelecimentos da pessoa jurídica;
X – vale-transporte, vale-refeição, ou vale-alimentação, fardamento ou uniforme fornecidos aos empregados por pessoa jurídica que explore as atividades de prestação de serviços de limpeza, conservação e manutenção;
XI – bens incorporados ao ativo intangível, adquiridos para utilização na produção de bens destinados a venda ou na prestação de serviços.

A legislação dispõe sobre as situações em que *não se dará direito a crédito* (de mão de obra paga a pessoa física; aquisição de bens ou serviços não sujeitos ao pagamento da contribuição, inclusive no caso de isenção, esse último quando revendidos ou utilizados como insumo em produtos ou serviços sujeitos à alíquota 0 (zero), isentos ou não alcançados pela contribuição.

O crédito não aproveitado em determinado mês poderá sê-lo nos meses subsequentes.

Não se aplica a não cumulatividade a diversos contribuintes e atividades, tais como pessoas tributadas com base no lucro presumido ou arbitrado; pessoas optantes pelo Simples; imunes do imposto, órgãos públicos e as autarquias e fundações públicas; receitas decorrentes de operações com vendas de gasolina, óleo e gás natural, veículos etc., ou quaisquer outras submetidas à incidência monofásica; sujeitas à substituição tributária (ambas do PIS); e prestação de serviços de telecomunicações.

A sistemática *cumulativa* deve ser considerada a alíquota básica de 0,65% (sessenta e cinco centésimos por cento).

Significa a decisão do STJ:

Ementa
Tributário. PIS. Cofins. Leis nº 10.637/2002 e 10.833/2003. Não Cumulatividade. Concessão Discricionária do Legislador. Ativo Adquirido na Vigência do Sistema Cumulativo. Creditamento. Impossibilidade.
1. "O mecanismo da não-cumulatividade, típico do ICMS e do IPI, não está previsto como obrigatório na Constituição Federal de 1988 para as contribuições ao PIS e à Cofins. Aliás, é da própria natureza de tais tributos que assim o seja, porque incidentes sobre a receita bruta e não sobre o valor individualizado de cada operação. Sendo assim, *a concessão de benefício fiscal que produza efeito equivalente ou próximo à não-cumulatividade típica ocorre sob a marca da discricionariedade do legislador positivo*, de acordo com as orientações da política fiscal vigentes em cada época. Foi o que ocorreu, *v.g.*, com a publicação da Lei n. 10.833/2003 (Cofins), e da Lei n. 10.637/2002, com a extensão dada pelo art. 15, da Lei n. 10.833 (PIS/Pasep), que instituíram o regime denominado 'PIS/Cofins não-cumulativo'" (REsp nº 1.088.959/RS, Rel. Min. Mauro Campbell Marques, Segunda Turma, julgado em 14.12.10, DJe 10.02.11).
2. Indevida a pretensão da empresa em gerar créditos decorrentes de aquisições ocorridas antes da entrada em vigor do sistema da não cumulatividade, porquanto adquiridas ao tempo em que vigoravam as alíquotas de 0,65% para o PIS e 3% para a Cofins e, quando da aquisição, compuseram o ativo da empresa àquela razão.

3. Isto porque, se o recolhimento referente ao PIS ou Cofins na etapa anterior se deu sob as alíquotas menores do sistema cumulativo, configuraria enriquecimento ilícito, para fins de creditamento, a utilização das novas alíquotas do sistema não cumulativo (7,6% da Cofins e 1,65 do PIS), previstas nas Leis n. 10.637/02 e 10.833/03.
(REsp nº 1.239.472-RS, 2ª Turma, rel. Min. Humberto Martins, j. 1º.09.11, *DJe* de 09.09.11)

O *contribuinte* é a pessoa jurídica que auferir as receitas.

A contribuição *não incidirá* sobre as receitas a) decorrentes das operações de exportação de mercadorias para o exterior; b) prestação de serviços para a pessoa física ou jurídica residente ou domiciliada no exterior, cujo pagamento represente ingresso de divisas; e c) vendas a empresa comercial exportadora com o fim específico de exportação.

Relativamente às *sociedades cooperativas*, o STF solidificou a postura seguinte:

Ementa
Recurso extraordinário. Repercussão geral. Artigo 146, III, c, da Constituição Federal. Adequando tratamento tributário. Inexistência de imunidade ou de não incidência com relação ao ato cooperativo. Lei nº 5.764/71. Recepção como lei ordinária. PIS/Pasep. Incidência. MP nº 2.158-35/2001. Afronta ao princípio da isonomia. Inexistência.
1. O adequado tratamento tributário referido no art. 146, III, *c*, CF é dirigido ao ato cooperativo. A norma constitucional concerne à tributação do ato cooperativo, e não aos tributos dos quais as cooperativas possam vir a ser contribuintes.
2. O art. 146, III, *c*, CF pressupõe a possibilidade de tributação do ato cooperativo ao dispor que a lei complementar estabelecerá a forma adequada para tanto. O texto constitucional a ele não garante imunidade ou mesmo não incidência de tributos, tampouco decorre diretamente da Constituição direito subjetivo das cooperativas à isenção.
(...);
5. Na hipótese dos autos, a cooperativa de trabalho, na operação com terceiros – contratação de serviços ou vendas de produtos – não surge como mera intermediária de trabalhadores autônomos, mas, sim, como entidade autônoma, com personalidade jurídica própria, distinta da dos trabalhadores associados.
6. Cooperativa é pessoa jurídica que, nas suas relações com terceiros, tem faturamento, constituindo seus resultados positivos receita tributável.
(...);
10. Recurso extraordinário ao qual o Supremo Tribunal Federal dá provimento para declarar a incidência da contribuição ao PIS/Pasep sobre os atos (negócios jurídicos) praticados pela Impetrante com terceiros tomadores de serviço, objeto de tributação.
(RE nº 599.362 – Plenário – rel. Min. Dias Toffoli – j. 05.11.04 – *DJe* 10.02.15, p. 49-50)

Destaco a jurisprudência relativa às incidências específicas:
a) *Atividades Imobiliárias*

Entendimento firmado em ambas as Turmas componentes da Primeira Seção no sentido de que as receitas provenientes das atividades de construir, alienar, comprar, alugar, vender imóveis e intermediar negócios imobiliários integram o conceito de faturamento, para fins de tributação a título de PIS e Cofins, incluindo-se aí as receitas provenientes da locação de imóveis próprios e integrantes do ativo imobilizado, ainda que este não seja o objeto social da empresa, pois o sentido de faturamento acolhido pela lei e pelo Supremo Tribunal Federal não foi o estritamente comercial (...).
(AgRg no AgRg no Recurso Especial nº 1.464.801-PR – 1ª. T. – rel. Min. Sérgio Kukina – j. 05.02.15 – *DJe* 13.02.15).

A Contribuição para o Financiamento da Seguridade Social Cofins incide sobre as receitas provenientes das operações de locação de bens móveis
(Súmula nº 423 do STJ).

b) *Ativo Imobilizado – Depreciação.*

(...) os bens existentes em 1º de dezembro de 2002 no ativo permanente das empresas estão aptos a gerar o creditamento pelos encargos de depreciação e amortização para a contribuição ao PIS/Pasep, e os bens existentes em 1º de fevereiro de 2004 no ativo permanente das empresas estão aptos a gerar o creditamento pelos encargos de depreciação e amortização para a Cofins. Precedente: REsp nº 1.256.134-SC, Segunda Turma, Rel. Min. Mauro Campbell Marques, julgado em 10.04.12 ((...)).
(REsp nº 1.232.697-SC – 2ª. T. – rel. p/acórdão Min. Mauro Campbell Marques – j. 05.06.12 – *DJe* 14.11.04).

c) *Base de Cálculo*

O ICMS não compõe a base de cálculo para a incidência do PIS e da COFINS
(Tema 69 de Repercussão Geral – RE 574.706 – rel. Min. Cármen Lúcia, sessão de 15.03.17).

O ICMS-ST não compõe a base de cálculo da contribuição ao PIS e da COFINS, devidas pelo contribuinte substituído no regime de substituição tributária progressiva.
(Tema 1125 do Repetitivo – REsp nº 1896678/RS – 1ª. Seção – rel. Min. Gurgel de Faria, sessão de 12.12.23, *DJ* de 28.02.24)

d) *Comissões às Administradoras de Cartão de Crédito*

Ementa: Direito Tributário. Agravo Regimental em Recurso Extraordinário. PIS e Cofins. Taxas e Comissões Pagas às Administradoras de Cartão de Crédito. Receita Bruta e Faturamento. Totalidade dos Valores Auferidos com a Venda de Mercadorias, de Serviços ou de Mercadorias e Serviços. Acórdão Recorrido em Consonância com a Jurisprudência do Supremo Tribunal Federal. Agravo Regimental a que se nega Provimento.
1. Nos termos da jurisprudência da Corte, incide PIS e Cofins sobre a totalidade dos valores auferidos no exercício das atividades empresariais do contribuinte (...).
(Ag. Reg. no Recurso Extraordinário nº 853.463 – Pernambuco – 1ª. T. – rel. Min. Roberto Barroso – j. 04.08.15 – *DJe* 18.09.15, p. 57).

e) *Crédito Presumido de ICMS*

Cofins – PIS – Base de Cálculo – Crédito Presumido de ICMS – Artigo 150, §6º, e 195, Inciso I, Alínea "b" da Carta da República – Recurso Extraordinário – Repercussão Geral Configurada. Possui repercussão geral a controvérsia acerca da constitucionalidade da inclusão de créditos presumidos do ICMS nas bases de cálculo da Cofins e da contribuição ao PIS.
(Repercussão Geral no Recurso Extraordinário nº 835.818 – Plenário – rel. Min. Marco Aurélio – *DJe* 22.09.15, p. 39).

f) *Inclusão do ISS no Conceito de Receita ou Faturamento*

Tributário. Agravo Regimental no Recurso Especial. Prestador de Serviço. PIS e Cofins. Inclusão do ISSQN no Conceito doe Receita ou Faturamento. Possibilidade. Inexistência de violação dos arts. 109 e 110 do CTN. Matéria Julgada sob o Rito do Art. 543-C.
1. A Primeira Seção deste Tribunal Superior, por ocasião do julgamento do REsp nº 1.330.737/SP, submetido ao rito do art. 543-C do CPC, pacificou o entendimento de que o valor suportado pelo beneficiário do serviço, nele incluindo a quantia referente ao ISS, compõe o conceito de faturamento, para fins de incidência do PIS e da Cofins (...).
(AgRg no Recurso Especial nº 1.351.264-SP – 2ª. T. – rel. Min. Og Fernandes – j. 18.08.15 – *DJe* 26.08.15)

g) *Locação de Mão de Obra Temporária*

Cofins – Pis – Base de Cálculo – Locação doe Mão de Obra – Regime de Trabalho Temporário – No regime de trabalho temporário das empresas urbanas, estabelecido por meio da Lei nº 6.019, de 1964, o vínculo do trabalhador temporária e com a empresa de locação de mão de obra, que recebe o preço ajustado com a contratante dos serviços. Sobre o valor devem incidir a Cofins e a contribuição ao PIS – Recursos Extraordinários nº 357.950-9/RS, nº 390.840-5/MG, nº 358-273-9/RS e nº 346.0804-6/PR, de minha relatoria.
(Ag.Reg. nº Recurso Extraordinário com Agravo nº 875.868 – 1ª. T. – rel. Min. Marco Aurélio – j. 18.08.15 – *DJe* 04.09.15, p. 37).

h) *Locação de Vagas em Estacionamento*

Tributário. Recurso Especial. Ação Anulatória. Cofins. Base de Cálculo. LC n. 70/1991. Locação de Vagas em Estacionamento em Centro Comercial – Shopping Center. Receita sobre a qual incide a Cofins.
1. A receita proveniente da locação de vagas em estacionamento em centros comerciais – *shopping centers*, mesmo que estes estejam estruturados na forma de condomínio, compõe a base de cálculo da Cofins, por força do art. 2º da LC n. 70/1991, porquanto referidos centros comerciais são unidades econômicas autônomas para fins de tributação, nos termos do art. 126, inciso III, l do CTN (...).
REsp nº 1.301.956-RJ – 1ª. T. – rel. Min. Benedito Gonçalves – j. 10.01.15 – *DJe* 20.02.15).

A Instrução Normativa RFB nº 2121 de 15.12.22 (com alterações até abril de 2024) regulamenta a apuração, a cobrança, a fiscalização, a arrecadação e a administração da contribuição.

A partir de 2027 serão extintas as contribuições previstas no art. 239 da CF, desde que instituída a CBS (Contribuição sobre Bens e Serviços), referida na alínea "a" do inciso I, conforme previsto no art. 126, da Emenda Constitucional nº 132, promulgada em 20.12.23.

Lei Complementar disciplinará a forma de utilização dos créditos, inclusive presumidos da contribuição para o PIS a que se refere o art. 239, da CF, não apropriados ou não utilizados até a extinção, mantendo-se, apenas para os créditos que cumpram os requisitos estabelecidos na legislação vigente na data da extinção de tais tributos, a permissão para compensação com outros tributos federais, inclusive com a CBS (prevista no inciso V do *caput* do art. 195, da CF, ou ressarcimento em dinheiro (art. 136 da EC nº 132/23).

3.5.5.2.1 Pasep

A Lei Complementar nº 8, de 03.12.70, instituiu o Programa de Formação do Patrimônio do Servidor Público (Pasep), mediante contribuição da União, Estados, Municípios e Distrito Federal, de específicos percentuais aplicáveis sobre receitas correntes, deduzidas transferências feitas a outras entidades da Administração Pública.

Com o advento da CF-88 a contribuição passou a ter natureza tributária, tornando-se obrigatória (STF, ADIn nº 1.417, rel. Min. Sepúlveda Pertence, j. 02.08.99), tendo sua destinação por objeto o financiamento do Seguro-Desemprego e o abono devido aos empregados menos favorecidos (CF, art. 239, §3º).

O Pasep, sendo contribuição instituída pela própria Carta da República, não se confunde com aquelas que a União pode criar na forma dos arts. 149 e 195, nem se lhe aplicam quaisquer dos princípios ou restrições constitucionais que regulam as contribuições em geral (STF, Pleno, ACO nº 580-6-MG, rel. Min. Maurício Corrêa, j. 15.08.02, *DJU* 1 de 25.10.02, p. 23).

A União, os Estados, o Distrito Federal, os Municípios e suas autarquias são *contribuintes* do Pasep incidentes sobre as receitas correntes e arrecadadas e transferências correntes e de capital recebidas. A contribuição é obrigatória e independe de ato de adesão aos Programas de Integração Social e de Formação do Patrimônio do Servidor Público.

A Secretaria do Tesouro Nacional, na qualidade de *responsável*, efetuará a retenção do Pasep incidente sobre o valor das transferências correntes e de capital, efetuadas para as pessoas jurídicas de Direito Público, excetuada a hipótese de transferências para as fundações públicas. Não incidirá, em hipótese alguma, sobre as transferências mais de uma contribuição.

Na *base de cálculo* não devem ser incluídas as receitas das autarquias, os recursos classificados como receitas do Tesouro Nacional nos Orçamentos Fiscal e da Seguridade Social da União.

Nas receitas correntes serão incluídas quaisquer receitas tributárias, ainda que arrecadadas, no todo ou em parte, por outra entidade da Administração Pública e deduzidas as transferências efetuadas a outras entidades de Direito Público.

O Banco Central do Brasil deve apurar a contribuição para o Pasep com base no total das receitas arrecadadas, e consideradas como fonte para atender às suas dotações constantes do Orçamento Fiscal da União.

As fundações públicas contribuem com base na folha de salários, que corresponde à remuneração paga, devida ou creditada.

A *alíquota* do Pasep é de 1% quando aplicável sobre a folha de salários e sobre as receitas arrecadadas e as transferências recebidas.

A Instrução Normativa RFB nº 2121 de 15.02.22 (com alterações até abril de 2024) regulamenta a apuração, a cobrança, a fiscalização, a arrecadação e a administração da contribuição.

3.5.5.3 PIS/Pasep – Cofins-Importação

A Lei federal nº 10.865, de 30.04.04 (com alterações até abril de 2024), dispôs sobre as contribuições para o PIS/Pasep, e Cofins, na importação de produtos estrangeiros ou serviços do exterior (estes provenientes do exterior prestados por pessoa física ou jurídica, residente ou domiciliada no exterior), que sejam executados no País; ou executados no exterior, cujo resultado se verifique no País. As hipóteses de não incidência (art. 2º) e de isenção (art. 9º) estão indicadas em situações específicas.

O *fato gerador* será: I) a entrada de bens estrangeiros no território nacional; ou II) o pagamento, o crédito, a entrega, o emprego ou a remessa de valores a residentes ou domiciliados no exterior como contraprestação por serviço prestado.

Para efeito de *base de cálculo* das contribuições, considera-se ocorrido o fato gerador: I) na data do registro da declaração de importação de bens submetidos a despacho para consumo; II) no dia do lançamento do correspondente crédito tributário, quando se tratar de bens constantes do manifesto ou de outras declarações de efeito equivalente, cujo extravio ou avaria for apurado por autoridade aduaneira; III) na data do vencimento do prazo de permanência dos bens em recinto alfandegado, se iniciado o respectivo despacho antes de aplicada a pena de perdimento; IV) na data do pagamento, do crédito, da entrega, do emprego ou da remessa de valores.

Os serviços tributados são os provenientes do exterior prestados por pessoa física, ou pessoa jurídica, residente ou domiciliada no exterior, nas seguintes hipóteses: I) executados no País; ou II) executados no exterior, cujo resultado se verifique no País.

Contribuintes: I) o importador (pessoa física ou jurídica que promova a entrada de bens estrangeiros no território nacional); II) a pessoa física ou jurídica contratante de serviços de residente ou domiciliado no exterior; e III) o beneficiário do serviço, na hipótese em que o contratante também seja residente ou domiciliado no exterior.

Responsáveis solidários: I) o adquirente de bens estrangeiros, no caso de importação realizada por sua conta e ordem, ou por intermédio de pessoa jurídica importadora; II) o transportador, quando transportar bens procedentes do exterior ou sob controle aduaneiro, inclusive em percurso interno; III) o representante, no País, do transportador estrangeiro; IV) o depositário, assim considerado qualquer pessoa incumbida da custódia de bem sob controle aduaneiro; e V) o expedidor, o operador de transporte multimodal ou qualquer subcontratado para a realização do transporte multimodal.

A *base de cálculo* será: I) o valor aduaneiro, no caso da entrada de produtos no território nacional; II) o valor pago, creditado, entregue, empregado ou remetido para o exterior, antes da retenção do IR, acrescido do ISS e do valor das próprias contribuições.

A legislação estabelece específicas reduções de base de cálculo.

As contribuições serão calculadas mediante a aplicação, sobre a base de cálculo, das *alíquotas* básicas seguintes: (I) entrada de produtos – (a) 2,1% para o PIS/Pasep; e (b) 9,65% para a Cofins,; (II) contraprestação de serviços – 1,65% para o PIS/Pasep, e 7,65% para a Cofins, salvo os casos de específicas situações (alíquotas diferenciadas, inclusive zero).

As contribuições serão pagas: I) na data do registro da declaração de importação dos bens; II) na data do pagamento, crédito, entrega, emprego ou remessa, na hipótese da importação dos serviços; e III) na data do vencimento do prazo de permanência do bem no recinto alfandegado.

As pessoas jurídicas sujeitas à apuração das contribuições ao PIS/Pasep e Cofins, nas operações internas, poderão *descontar crédito*, para fins de determinação dessas contribuições, em relação às importações sujeitas ao pagamento das contribuições em exame, relativamente às situações seguintes:

I – bens adquiridos para revenda;
II – bens e serviços utilizados como insumo na prestação de serviços e na produção ou fabricação de bens destinados à venda, inclusive combustível e lubrificante;
III – energia elétrica consumida nos estabelecimentos da pessoa jurídica;
IV – aluguéis e contraprestação de arrendamento mercantil de prédios, máquinas e equipamentos, embarcações e aeronaves, utilizadas na atividade da empresa;
V – máquinas, equipamentos, e outros bens incorporados ao ativo imobilizado, adquiridos para locação a terceiros ou para utilização na produção de bens destinados à venda ou prestação de serviços.

A Instrução Normativa RFB nº 2121 de 15.12.22 (com alterações até abril de 2024) regulamenta a apuração, a cobrança, a fiscalização, a arrecadação e a administração da contribuição.

3.5.5.4 Folha de salários e rendimentos de trabalho

O art. 195, I, *a*, da CF (com a redação da Emenda nº 20/98) estabeleceu a contribuição do empregador, da empresa e da entidade a ela equiparada legalmente, sobre a *folha de salários* e *demais rendimentos do trabalho*, pagos ou creditados, a qualquer título, à pessoa física que lhe preste serviço, mesmo sem vínculo empregatício.

A primeira modalidade de contribuição deve levar em conta o conceito de "salário", como a remuneração do empregado como contraprestação dos serviços (art. 457 da Consolidação das Leis do Trabalho), em razão do que a inexistência de vínculo laboral efetivo afastaria a característica de "empregado" (prestação de serviços de modo contínuo e permanente, e sob subordinação hierárquica), no contexto empresarial.

A vinculação indireta do empregador com os benefícios e a vantagem especial inerente à contribuição, fruível de modo concreto e potencial pelos seus empregados, é que constituíra aspecto relevante para precisar o âmbito do art. 195, I, da CF, adstrita ao prisma "salário".

Considerando a controvérsia jurisprudencial decorrente do amplo conceito legal de "folha de salários" – abrangendo o total das remunerações pagas a quaisquer tipos de trabalhadores (empregados, empresários, avulsos e autônomos) – o STF cristalizou a diretriz seguinte:

> Constituição – Alcance político – Sentido dos vocábulos – Interpretação. O conteúdo político de uma Constituição não é conducente ao desprezo do sentido vernacular das palavras, muito menos ao do técnico, considerados institutos consagrados pelo Direito. Toda ciência pressupõe os institutos, as expressões e os vocábulos que a revelam – conceito estabelecido com a passagem do tempo, quer por força de estudos acadêmicos quer, no caso do Direito, pela atuação dos pretórios.
> *Seguridade Social* – Disciplina – Espécies – Constituições Federais – Distinção. Sob a égide das Constituições Federais de 1934, 1946 e 1967, bem como da EC 1/69, teve-se a previsão geral do tríplice custeio, ficando aberto campo propício a que, por norma ordinária, ocorresse a regência das contribuições. A Carta da República de 1988 inovou.
> Em preceitos exaustivos – incisos I, II e III do art. 195 – impôs contribuições, dispondo que a lei poderia criar novas fontes destinadas a garantir a manutenção, ou a expansão

da seguridade social, obedecida a regra do art. 154, inciso I, nela inserta (§4º do art. 195, em comento).

Contribuição Social – Tomador de serviços – pagamentos a administradores e autônomos – Regência. A relação jurídica mantida com administradores e autônomos não resulta de contrato de trabalho e, portanto, de ajuste formalizado à luz da Consolidação das Leis do Trabalho. Daí a impossibilidade de se dizer que o tomador dos serviços se qualifica como empregador e que a satisfação do que devido ocorra via folha de salários. Afastado o enquadramento no inciso I do art. 195 da Constituição Federal ao inciso I do art. 154 nela insculpido, impõe a observância do veículo próprio – a lei complementar. Inconstitucionalidade do inciso I do art. 37 da Lei 7.787/89, no que abrangido o que pago a administradores e autônomos. Declaração de inconstitucionalidade limitada pela controvérsia dos autos, no que não envolvidos pagamentos a avulsos.

(RE nº 166.772-9-RS, Pleno, rel. Min. Marco Aurélio, j. 12.05.94, *DJU* 1 de 16.12.04)

O STF também decretou a inconstitucionalidade das expressões "empresários" e "autônomos", dispostas no inciso I do art. 22 da Lei nº 8.212, de 25.07.91 (ADIn nº 1.102-2, Pleno, rel. Min. Maurício Corrêa, j. 05.10.95, *DJU* 1 de 16.10.95, p. 3.457).

Posteriormente, foi editada a Lei Complementar nº 84, de 18.01.96 (regulamentada pelo Decreto nº 1.826, de 29.02.96 depois revogada pela Lei federal nº 9.876, de 26.11.99), que voltou a dispor sobre a obrigação das empresas e pessoas jurídicas, inclusive cooperativas, de recolher contribuição previdenciária, calculada sobre o total das remunerações ou retribuições por elas pagas ou creditadas, pelos serviços que lhes prestem sem vínculo empregatício: a) os segurados empresários, b) os trabalhadores autônomos e equiparados e c) os avulsos.

O Judiciário confere legitimidade a essa contribuição, em razão de ter sido criada por lei complementar, inexistir identidade de base de cálculo com o IR e o ISS, e observar o disposto nos arts. 195, §4º, e 154, I, da CF (TRF da 5ª Região, Pleno, Arg. Inconst. na Ap. Cível nº 109.652-PB, rel. Juiz Ubaldo Ataíde Cavalcante, j. 05.08.98, *DJU* 2 de 02.10.98, p. 494-495), tendo o STF decidido por sua constitucionalidade (RE nº 228.321, Pleno, rel. Min. Carlos Velloso).

Face à EC nº 20/98 haver incluindo os "demais rendimentos do trabalho", no âmbito da contribuição –, é natural conceber que todas as verbas (em espécie, ou o valor correspondente *in natura*, independente do tipo ou do efetivo pagamento e da modalidade de trabalho) passam a integrar a base imponível da contribuição, embora tenha sido perspicaz a observação seguinte: "(...) *indenizações (v.g., ajuda-alimentação, habitualmente dada sob a forma de tíquetes, também chamados vales-alimentação, vale-refeição ou vales-supermercado), e pagamentos feitos para custear cursos do trabalhador* não são juridicamente *salários*, nem a eles podem ser equiparados. Destarte, não integram – e nem podem integrar – a base de cálculo de tais *contribuições sociais*".[167]

Deve ser considerado o Regulamento Geral da Previdência Social (Decreto federal nº 3.048, de 06.05.99), estipulando, basicamente (art. 201), as contribuições seguintes: I) 20% sobre o total das remunerações pagas, ou creditadas, no decorrer do mês, aos segurados empregado, e trabalhador avulso, além das contribuições previstas nos arts. 202 e 204; II) 20% sobre o total das remunerações ou retribuições pagas ou creditadas no

---

[167] CARRAZZA, Roque Antonio. *Curso de Direito Constitucional Tributário*. 24. ed. São Paulo: Malheiros, 2008. p. 594, nota de rodapé nº 136.

decorrer do mês ao segurado contribuinte individual; III) (revogado); IV) 1,7% sobre o total da receita bruta proveniente da comercialização da produção rural em substituição às contribuições previstas no inciso I do caput do art. 202, quando se tratar de pessoa jurídica que tenha como fim apenas a atividade de produção rural.

São considerados remunerações as importâncias auferidas em uma ou mais empresas, assim entendida a totalidade dos rendimentos pagos, devidos ou creditados a qualquer título, durante o mês, destinados a retribuir o trabalho, qualquer que seja a sua forma, inclusive os ganhos habituais sob a forma de utilidades (salvo exceções específicas), e excetuado o lucro distribuído ao segurado-empresário.

3.5.5.5 Lucro

A contribuição (art. 195, I, *c*, da CF) poderia ser concebida como uma figura assemelhada ou equiparada ao imposto de renda, até mesmo como um adicional deste, em razão de poder se vislumbrar a mesma base de cálculo (resultado societário positivo tomado ao final de um determinado período de tempo). Embora o constituinte tenha estabelecido a incidência do IR (art. 153, III, da CF), considerando o elemento renda, não há de confundir ou mesclar essas duas entidades, uma vez que suas quantificações podem apresentar-se de formas diversificadas.

O lucro societário – quantificador da contribuição social – não significa inexoravelmente o lucro (ou a renda) pertinente ao imposto, uma vez que as bases de cálculo não são necessariamente as mesmas. Conquanto possa representar uma aspiração da ciência contábil, a realidade jurídica é outra visto que o legislador do imposto de renda determina ao contribuinte que proceda a diversos ajustes (adições, exclusões ou compensações) ao seu resultado societário (lucro líquido de natureza contábil), para apurar o lucro real tributável (este é a base de cálculo do IR); enquanto a contribuição social atém-se ao lucro contábil, sem proceder a tais ajustes.

No mesmo sentido, penso que as isenções e os benefícios aplicáveis para determinadas categorias e atividades dos contribuintes do imposto de renda não se vinculam, necessariamente, à contribuição social não só porque interferem em momento ulterior à configuração do lucro societário, mas também pela específica afetação do destino das contribuições.

A CSLL encontra-se disposta na Instrução Normativa RFB nº 1700, de 14.03.17 (com alterações até abril de 2024), mediante a estipulação dos elementos básicos seguintes:

a) *contribuintes*: as pessoas jurídicas domiciliadas no País e as que lhe são equiparadas pela legislação do IRPJ; e as empresas individuais;

b) *materialidade*: lucro das pessoas jurídicas e equiparadas;

c) *base de cálculo*: determinada segundo a legislação vigente na data da ocorrência do respectivo fato gerador, é o resultado ajustado, resultado presumido ou resultado arbitrado, correspondente ao período de apuração;

As pessoas jurídicas sujeitas ao regime de tributação com base no lucro real, presumido ou arbitrado, conforme o caso, ficarão sujeitas ao mesmo critério para a determinação da base de cálculo da contribuição, mantidos os ajustes previstos na legislação.

d) *alíquotas* – variáveis (15%, 9% e 20% para atividades específicas).

3.5.5.6 Trabalhadores e segurados da Previdência

A CF (art. 195, II, com a redação da EC nº 20/98) dispusera sobre a referida contribuição que, entretanto, não incide sobre a aposentadoria e a pensão concedidas pelo regime geral de previdência social (art. 201).

A contribuição dos *trabalhadores* é devida por todo aquele que presta serviços, seja a empregador, seja a pessoa com a qual não mantém vínculo empregatício, sendo imprescindível o exercício de uma atividade laboral para auferir os respectivos direitos previdenciários. Assim, não poderia ser exigida contribuição dos sócios capitalistas, que não exercem nenhum tipo de atividade em suas empresas, ficando adstritos aos lucros operacionais.

Não definira a CF o suporte para a exigência da contribuição, mas é razoável entender-se que está a incidir sobre a remuneração percebida em razão de seu trabalho. Não pode a contribuição cobrada do trabalhador ter como base em qualquer outra coisa que não seja essa remuneração, posto que é ela que o qualifica como trabalhador".[168]

A Emenda Constitucional nº 103, de 12.11.19, introduzira as modificações seguintes à CF:

(art. 195) – que trata do financiamento da seguridade social mediante contribuições sociais: II – do trabalhador e dos demais segurados da previdência social, podendo ser adotadas alíquotas progressivas de acordo com o valor do salário de contribuição, não incidindo sobre aposentadoria e pensão concedidas pelo Regime Geral de Previdência Social.

(art. 195)
§9º As contribuições sociais previstas no inciso I do caput deste artigo poderão ter alíquotas diferenciadas em razão da atividade econômica, da utilização intensiva de mão de obra, do porte da empresa ou da condição estrutural do mercado de trabalho, sendo também autorizada a adoção de bases de cálculo diferenciadas apenas no caso das alíneas "b" e "c" do inciso I do caput.

O Regulamento Geral da Previdência Social (Decreto federal nº 3.048, de 08.05.99) enquadra (art. 9º) como *segurados obrigatórios* as pessoas físicas qualificadas como I) empregado; II) empregado doméstico; III e IV (...); V) contribuinte individual; VI) trabalhador avulso; e VII) segurado especial (produtor, parceiro, meeiro e arrendatário rurais, pescador artesanal e seus assemelhados).

Como *segurados facultativos* qualificam-se: I) a dona de casa; II) o síndico do condomínio, quando não remunerado; III) o estudante; IV) o brasileiro que acompanha cônjuge que presta serviço no exterior; V) aquele que deixou de ser segurado obrigatório; VI) o membro de conselho tutelar; VII) o bolsista e o estagiário que prestam serviços à empresa; VIII) o bolsista que se dedique em tempo integral à pesquisa, sob condições; IX) o presidiário que não exerce atividade remunerada, nem esteja vinculado a qualquer regime de previdência social; e X) o brasileiro ou domiciliado no Exterior, sob determinadas condições.

---

[168] MACHADO, Hugo de Brito. Contribuições Sociais. In: MARTINS, Ives Gandra da Silva (coord.). *Caderno de Pesquisas Tributárias*. São Paulo: Resenha Tributária e Centro de Extensão Universitária, 1992. v. 17. p. 104.

3.5.5.7 Atividades rurais e pesca artesanal

A CF (art. 195, §8º, com a redação da EC nº 20/98) dispõe que "o produtor, o parceiro, o meeiro e o arrendatário rurais, e o pescador artesanal, bem como os respectivos cônjuges, que exerçam suas atividades em regime de economia familiar, sem empregados permanentes, contribuirão para a seguridade social mediante a aplicação de uma alíquota sobre o resultado da comercialização do produto e farão jus aos benefícios nos termos da lei".

Constata-se que "a subsunção do trabalhador a essa espécie de contribuição pressupõe que o mesmo realiza suas atividades num regime de economia familiar, vale dizer, sem qualquer estrutura formal de empresa",[169] esclarecendo-se que "o constituinte deveria ter utilizado o termo genérico 'prestações' e não o específico 'benefícios', o que levaria, numa interpretação meramente gramatical, à exclusão dessa categoria de contribuintes do rol dos beneficiários dos serviços".

O mandamento constitucional indica os contribuintes e respectivos fatos geradores (hauridos de negócios mercantis ou civis), e, implicitamente, as bases de cálculo das contribuições (preços). No tocante à fixação da alíquota, o legislador deverá pautar-se pelo critério da razoabilidade, a fim de não prejudicar tais contribuintes (classes desfavorecidas), suas próprias atividades e subsistência familiar.

O Regulamento da Previdência Social enquadra como segurados obrigatórios a pessoa física, proprietária ou não, que explora atividade agropecuária, a qualquer título, em caráter permanente ou temporário, em área, contínua ou descontínua, superior a quatro módulos fiscais; ou quando em área igual ou inferior a quatro módulos fiscais ou atividade pesqueira ou extrativista, com auxílio de empregados, ou por intermédio de prepostos; ou ainda nas hipóteses dos §§8º e 23 deste artigo.

3.5.5.8 Seguro de Acidente do Trabalho

A CF consignou como direito dos trabalhadores o "seguro contra acidente do trabalho, a cargo do empregador" (art. 7º, XXVIII), e a previsão de contribuição previdenciária para atender à cobertura de eventos de doença, invalidez e morte, incluídos os resultantes de acidente do trabalho (art. 201, I).

A Lei nº 8.212, de 24.07.91 (Plano de Custeio da Seguridade Social), estabelecera (art. 22, II, *a, b, c*) a contribuição para o financiamento da complementação das prestações por acidente do trabalho, dos seguintes percentuais, incidentes sobre o total das remunerações pagas ou creditadas, no decorrer do mês, aos segurados empregados e trabalhadores avulsos, condicionado ao tipo de risco (1% leve; 2% médio; e 3% grave).

Mudanças normativas vieram acrescer novas alíquotas (6%, 9% e 12%), de conformidade com a atividade do segurado, relativamente à *aposentadoria especial*, ficando assentadas as situações seguintes:

a) segurado não sujeito à aposentadoria especial – alíquotas de 1%, 2% ou 3%, condicionadas aos graus de risco (leve, médio e grave);
b) segurado sujeito à aposentadoria especial – alíquotas básicas de 1%, 2% e 3%, aditadas de 6%, 9% e 12%.

---

[169] BALERA, Wagner. *Seguridade Social na Constituição de 1988*. São Paulo: RT, 1989. p. 72.

Considerando que as contribuições para fazer face aos "riscos ambientais do trabalho" (arts. 7º, XXVIII, e 201, §7º, da CF) e para a "aposentadoria especial" (art. 202 da CF) têm destinação suplementar aos planos de previdência social, tornar-se-ia necessária a edição de lei complementar (art. 195, §4º, da CF).

Embora se possa considerar que tais contribuições integram o universo dos encargos previdenciários, o fato é que não se encontram enquadradas na normal sistemática do art. 195, I, da CF. Realmente, é da natureza das contribuições a específica afetação (destinação) de suas receitas a uma certa e determinada finalidade; que, no caso do SAT, tem por objetivo financiar a aposentadoria especial, diferente das finalidades concorrentes do mencionado preceito constitucional.

Como reforço desse entendimento, cabe atentar para outra alteração promovida pela EC nº 20/98 (art. 201, I), ao suprimir – da exclusividade pública da previdência social – a cobertura de eventos resultantes de acidente do trabalho; passando a dispor que "a lei disciplinará a cobertura do risco de acidente do trabalho, a ser atendido concorrentemente pelo regime geral de previdência social e pelo setor privado" (inclusão do §10 ao art. 201).

O STF firmou a jurisprudência seguinte:

Ementa
Constitucional. Tributário. Contribuição: Seguro de Acidente do Trabalho – SAT. Lei 7.787/89, arts. 3º e 4º, Lei 8.212/91, art. 22, II, redação da Lei 9.732. Decretos 612/91, 2.173/97 e 3.048/99. C.F., artigo 195, §4º; art. 154, II; art. 5º, II; art. 150.
I. Contribuição para o Custeio do Seguro de Acidente do Trabalho – SAT: Lei 7.787/89, art. 3º, II, Lei 8.212/91, art. 22. Alegação no sentido de que são ofensivos ao art. 195, §4º, c/c art. 154, I, da Constituição Federal: improcedência. Desnecessidade de observação da técnica da competência residual da União. C.F., art. 154, I. Desnecessidade de lei complementar para a instituição da contribuição ao SAT.
II. O art. 3º, II, da Lei 7.787/89, não é ofensivo ao princípio da igualdade, por isso que o art. 4º da mencionada Lei 7.787/89 cuidou de tratar desigualmente os desiguais.
III. As Leis 7.787/89, art. 3º, II, e 8.212/91, art. 22, II, definem, satisfatoriamente, todos os elementos capazes de fazer nascer a obrigação tributária válida. O fato de a lei deixar para o regulamento a complementação dos conceitos de *"atividade preponderante"*, e *"grau de risco leve, médio e grave"*, não implica ofensa ao princípio da legalidade genérica, C.F., art. 5º, II, e da legalidade tributária, C.F., art. 150, I.
IV. Se o regulamento vai além do conteúdo da lei, a questão não é de inconstitucionalidade, mas de ilegalidade, matéria que não integra o contencioso constitucional.
V. Recurso extraordinário não conhecido.
(RE nº 343.446-2-SC, Pleno, rel. Min. Carlos Velloso, j. 20.03.03, *DJU* 1 de 04.04.03, p. 40)

Em termos operacionais, decidiu que "a alíquota da contribuição para o Seguro de Acidente do Trabalho – SAT – deve corresponder ao grau de risco da atividade desenvolvida em cada estabelecimento da empresa, mesmo quando esta possui um único CGC. Possuindo o parque industrial e o escritório da administração inscrições próprias no CGC/MF (atual CNPJ), o enquadramento na tabela de risco para fins de custeio do SAT será compatível com as tarefas desenvolvidas em cada um deles" (Emb. de Div. em REsp nº 353.482-SC, 1ª Seção, rel. Min. José Delgado, j. 10.11.04, *DJU* 1 de 18.04.05, p. 210).

O STJ consolidou a postura seguinte:

> A alíquota de contribuição para o Seguro de Acidente do Trabalho (SAT) é aferida pelo grau de risco desenvolvido em cada empresa, individualizada pelo seu CNPJ, ou pelo grau de risco da atividade preponderante quando houver apenas um registro.
> (Súmula nº 351)

A Lei federal nº 10.666, de 08.05.03, dispôs sobre níveis de flexionamento da carga tributária, na forma seguinte:

> Art. 10. A alíquota de contribuição de 1%, 2% ou 3%, destinada ao financiamento do benefício de aposentadoria especial, ou daqueles concedidos em razão do grau de incidência de incapacidade laborativa decorrente dos riscos ambientais do trabalho, poderá ser reduzida, em até 50%, ou aumentada em até 100%, conforme dispuser o regulamento, em razão do desempenho da empresa em relação à respectiva atividade econômica, apurado em conformidade com os resultados obtidos a partir dos índices de frequência, gravidade e custo, calculados segundo metodologia aprovada pelo Conselho Nacional de Previdência Social.

A Resolução nº 1.236, de 28.04.04, do Conselho Nacional de Previdência Social, dispõe sobre a metodologia que trata da flexibilização das alíquotas, que considera o CID (Código Internacional de Doenças), como novo parâmetro e fonte primária estatística.

O Decreto federal nº 6.042, de 12.02.07 (alterado pelo Decreto nº 6.257/07), disciplina a aplicação, acompanhamento e avaliação do Fator Acidentário de Prevenção – FAP, e do Nexo Técnico Epidemiológico.

O STF fixou a tese seguinte: "O Fator Acidentário de Prevenção (FAP), previsto no art. 10 da Lei nº 10.666/03, nos moldes do regulamento promovido pelo Decreto 3.048/99 (RPS) atende ao princípio da legalidade tributária (art. 150, I, CRFB/88)" – (Tema 554 de Repercussão Geral, RE nº 677725/RS – Plenário – rel. Min. Luiz Fux – sessão de 11.11.21).

3.5.5.9 Receita de Concurso de Prognóstico

Constitui receita da Seguridade Social a renda líquida dos concursos de prognósticos (art. 195, III, da CF), excetuando-se os valores destinados ao Programa de Crédito Educativo (art. 212 do Regulamento da Previdência).

Considera-se concurso de prognósticos todo e qualquer concurso de sorteio de números ou quaisquer outros símbolos, loterias e apostas de qualquer natureza, no âmbito federal, estadual, distrital ou municipal, promovidos por órgãos públicos do Poder Público, ou por sociedades comerciais ou civis.

Enquadra-se nessa categoria a Loteria Esportiva Federal, entidades turfísticas, jogos de bingo, Loto X – Loteca e Loto XI – Lotogol, Loto III – Quina, Loto V – Mega Sena, Loto VIII – Lotomania, Loto IX – Dupla Sena e Loto XII – Lotofácil.

A Lei federal nº 13.756, de 2018, dispõe que o produto da arrecadação será destinado ao financiamento da Seguridade Social; a base de cálculo equivale à receita auferida nos concursos de prognósticos, sorteios e loterias; e a alíquota corresponde ao percentual vinculado à Seguridade Social em cada modalidade lotérica, conforme previsto em lei.

Sujeito Passivo é o administrador dos concursos de prognósticos, não podendo ser o concorrente (apostador), que disponibiliza tal receita ao administrador. Assim, o adicional de 4,5% sobre cada bilhete de concursos revela-se ilegítimo.[170]

A Lei federal nº 14.790, de 29.12.23, dispõe sobre a modalidade lotérica denominada apostas de quota fixa; alterando as Leis nºs 5,768, de 20.12.71, e 13.756, de 12.12.18, e a Medida Provisória nº 2.158-35, de 24.08.01, revogando dispositivos do Decreto-Lei nº 204, de 27.12.67.

3.5.5.10 CBS

A Emenda Constitucional nº 132, promulgada em 20.12.23, instituíra a Contribuição sobre Bens e Serviços (CBS), com o escopo de extinguir as contribuições sociais incidentes sobre (i) a receita ou o faturamento; e (ii) a importação de bens e serviços do exterior, objeto do PIS (Programa de Integração Social) e da COFINS (Contribuição para o Financiamento da Seguridade Social).

Materialidade

O art. 195, V, da CF – no âmbito das contribuições sociais – passa a dispor sobre a tributação sobre *bens* e *serviços*, nos termos da lei complementar (a ser editada), determinando a aplicação de regras do art. 156-A (concernentes ao Imposto sobre Bens e Serviços – IBS), a saber:

§1º (...)
I – incidirá sobre operações com bens materiais ou imateriais (...) ou com serviços;
II – incidirá também sobre a importação de bens materiais ou imateriais (...) ou serviços, realizada por pessoa física ou jurídica, ainda que não seja sujeito passivo habitual do imposto, qualquer que seja a sua finalidade.

"Bens" – no âmbito do direito privado aplicável para fins tributários (art. 110 do CTN) são as coisas materiais ou imateriais que têm valor econômico e que podem servir de objeto a uma relação jurídica".[171]

"Serviços". Embora inexista um conceito ou definição no direito privado, significa esforço humano prestado a terceiros, com conteúdo econômico, em caráter negocial, sob regime de direito privado, tendendo à obtenção de um bem material ou imaterial.[172]

A diretriz constitucional consiste em substituir a tributação (PIS e COFINS) incidente sobre a receita, decorrente de operações jurídicas, tendo a jurisprudência se consolidado no sentido de tomar as expressões "receita bruta" e "faturamento" como sinônimos, jungindo-as à venda de mercadorias, de serviços ou de mercadorias e serviços.

A modificação dos fatos geradores da nova Contribuição poderá implicar na ocorrência de questionamentos jurídicos, pela circunstância do vocábulo "bens"

---

[170] VELLOSO, Andrei Pitten. Contribuições sobre a Receita de Concursos de Prognósticos. *Revista Dialética de Direito Tributário*, n. 114, p. 22, mar. 2005.
[171] Agostinho Alvim. *Curso de Direito Civil*, apostila PUC, v. 1, p. 13, *apud* DINIZ, Maria Helena. *Curso de Direito Civil Brasileiro*. 28. ed. São Paulo: Saraiva, 2013. p. 357.
[172] BARRETO, Aires. ISS – Não-incidência sobre Cessão de Espaço em Bem Imóvel. *Repertório IOB de Jurisprudência*, n. 19/99, caderno 1, p. 580, 1ª quinzena out. 1999.

compreender um amplo espectro genérico de situações (corpóreos e incorpóreos; móveis e imóveis; fungíveis e infungíveis; consumíveis e inconsumíveis; divisíveis e indivisíveis; singulares e coletivos), consoante os arts. 79 a 103 do Código Civil.

Lei complementar poderá estabelecer o conceito de serviços, seu conteúdo e alcance, admitida essa definição para quaisquer operações que não seja classificada como operação com bens materiais ou imateriais (art. 156-A, §8, da EC nº 132/23).

No tocante à "importação", amplia-se o vigente texto constitucional ("importador de bens ou serviços no exterior, ou de quem a ele equiparar" – art. 195, IV), passando a contemplar os bens materiais ou imateriais, inclusive serviços, por quaisquer pessoas (físicas, jurídicas, equiparados).

O fato gerador poderá vir a ser considerado como (i) a entrada de bens estrangeiros no território nacional; ou (ii) o pagamento, o crédito, a entrega, o emprego ou a remessa de valores a residentes ou domiciliados no exterior como contraprestação por serviço prestado.

Os serviços tributados poderão ser (i) provenientes do exterior prestados por pessoa física; ou (ii) executados no exterior, cujo resultado se verifique no país.

Sujeito Passivo

Considerando que a materialidade se atém a negócios jurídicos realizados com "bens" e "serviços", por decorrência jurídica o contribuinte passa a ser a pessoa que realiza a transferência onerosa desses bens a terceiros, e o prestador do serviço previsto em lei complementar.

Relativamente à importação deverão ser contribuintes a pessoa física ou jurídica, ainda que não seja sujeito passivo habitual do imposto, qualquer que seja a sua finalidade (art. 156-A, §1º, II, da EC nº 132/23).

Questionável a participação de terceiros por se revelar genérica, não contendo uma abrangência específica, que sequer denotaria a indispensável capacidade contributiva. Nesse sentido, até poderá ser equiparado a importador o destinatário da remessa postal internacional indicado pelo respectivo remetente e o adquirente de mercadoria entrepostada; bem como beneficiário do serviço, na hipótese em que o contratante também seja residente ou domiciliado no exterior.

Lei Complementar disporá sobre as hipóteses de devolução do tributo a pessoas físicas, inclusive os limites e os beneficiários (*cashback*), com o objetivo de reduzir as desigualdades de renda (art.156-A, §8º, VIII, da EC nº 132/23).

A devolução será obrigatória nas operações de fornecimento de energia elétrica e de gás liquefeito de petróleo ao consumidor de baixa renda, podendo a lei complementar determinar que seja calculada e concedida no momento da cobrança da operação (art. 156-A, §13, da EC nº 132/23).

Base de Cálculo

A contribuição não integrará a sua própria base de cálculo, nem a dos tributos previstos nos arts. 153, VIII (imposto seletivo, nos termos da lei complementar); 156-A (IBS). 195, I, *b* e IV; contribuição sobre o Programa de Integração Social previsto no art. 239 (art. 156-A, §17, da EC nº 132/23).

Recomendável que o tributo seja calculado de conformidade com (a) o valor (preço) dos bens e dos serviços; (b) o valor aduaneiro, no caso de entrada de bens no território nacional; e (c) o valor pago, creditado entregue, empregado ou remetido para o exterior, em razão da prestação de serviços.

Será o caso de serem excluídos os valores referentes a descontos, seguros e frete, multas, juros, correção monetária; bem como os valores dos materiais, despesas de terceiros etc., nas atividades comissionadas, por não corresponderem especificamente ao fornecimento dos bens e prestação de serviço.

Alíquota

A CBS poderá ser ter sua alíquota fixada em lei ordinária (art. 195, §15, incluído pela EC nº 132/23).

Resolução do Senado Federal fixará alíquota de referência da contribuição, nos termos da lei complementar, que será aplicada se outra não houver sido estabelecida (art. 156-A, §1º, XIII, da EC nº 132/23).

A aplicação da alíquota será a mesma para todas as operações com bens materiais ou imateriais, inclusive com serviços, ressalvadas as hipóteses previstas na Constituição Federal (art. 156, §1º, V, da EC nº 132/23).

Não Cumulatividade

Lei Complementar disporá sobre a sistemática de apuração do tributo:

(art. 156, §5º, da EC nº 132/23):
(...)
II o regime de compensação, podendo estabelecer hipóteses em que o aproveitamento do crédito ficará condicionado à verificação do efetivo recolhimento do imposto incidente sobre a operação com bens materiais ou imateriais, ou com serviços, desde que:
a) o adquirente possa efetuar o recolhimento do imposto incidente nas suas aquisições de bens ou serviços; ou
b) o recolhimento do imposto ocorra na liquidação financeira da operação.
III – a forma e o prazo para ressarcimento de créditos acumulados pelo contribuinte.
(...)
V – a forma de desoneração da aquisição de bens de capital pelos contribuintes, que poderá ser implementada por meio de:
a) crédito integral e imediato do tributo;
b) diferimento; ou
c) redução em 100% (cem por cento) das alíquotas do imposto.

Caracteriza-se a aplicação do crédito financeiro atinente a regime de caixa.

A isenção (I) não implicará crédito para compensação com o montante devido nas operações seguintes; (II) acarretará a anulação do crédito relativo às operações anteriores, salvo, na hipótese de imunidade, inclusive em relação ao inciso XI, do §1º, quando determinado em contrário em lei complementar (art. 156-A, §7º, da EC nº 132/23).

Não Incidência

Não serão tributadas as exportações, assegurados ao exportador a manutenção e o aproveitamento dos créditos relativos às operações nas quais seja adquirente de bem material ou imaterial, inclusive serviços (art. 156-A, §1º, III, da EC nº 132/23), observado a forma e o prazo para ressarcimento de créditos acumulados pelo contribuinte (art. 5º, III, da EC nº 132/23).

Não incidirá nas prestações de serviços de comunicação nas modalidades de radiodifusão sonora e de sons e imagens de recepção livre e gratuita (art. 156-A, §1º, XI da EC nº 132/23).

Desonerações Tributárias e Financeiras

Não será objeto de concessão de incentivos e benefícios financeiros ou fiscais relativos às contribuições ou de regimes específicos, diferenciados ou favorecidos de tributação, excetuadas as hipóteses previstas na Constituição Federal (art. 156-A, §1º, X, da EC nº 132/23).

Lei Complementar disporá sobre as hipóteses de diferimento e desoneração do imposto aplicáveis aos regimes aduaneiros especiais e às zonas de processamento de exportação (art. 156-A, §5º, da EC nº 132/23).

Regimes Específicos

Lei Complementar disporá sobre a tributação especial para:

I – combustíveis e lubrificantes sobre os quais o tributo incidirá uma única vez, qualquer que seja a sua finalidade, hipótese em que:
a) serão as alíquotas uniformes em todo o território nacional, específicas por unidade de medida e diferenciadas por produto, admitida a não aplicação do disposto no §1º, V a VII:
b) será vedada a apropriação de créditos em relação às aquisições dos produtos de que trata este inciso destinado a distribuição, comercialização ou revenda;
c) será concedido crédito nas aquisições dos produtos de que trata este inciso por sujeito passivo do imposto, observado o disposto na alínea *b*, e no §1º, VIII:

II – serviços financeiros, operações com bens imóveis, planos de assistência à saúde e concursos de prognósticos, podendo prever:
a) alterações nas alíquotas, nas regras de creditamento, e na base de cálculo, admitida, em relação aos adquirentes dos bens e serviços de que trata este inciso, e não aplicação do disposto no §1º, VIII;
b) hipótese em que o tributo incidirá sobre a receita ou o faturamento, com alíquota uniforme em todo o território nacional, admitida a não aplicação do disposto no §1º, V a VII, e, em relação aos adquirentes dos bens e serviços de que trata este inciso, também do disposto no §1, VIII;

III – sociedades cooperativas, que será optativo, com vistas a assegurar sua competitividade, observados os princípios da livre concorrência e da isonomia tributária, definindo, inclusive:
a) as hipóteses em que o imposto não incidirá sobre as operações realizadas entre a sociedade cooperativa e seus associados, entre estes e aquela e pelas sociedades cooperativas entre si quando associadas para a consecução dos objetivos sociais;
b) o regime de aproveitamento do crédito das etapas anteriores;

IV – serviços de hotelaria, parques de diversão e parques temáticos, agências de viagens e de turismo, bares e restantes, atividade esportiva e desenvolvida por Sociedade Anônima de Futebol e aviação regional, podendo prever hipóteses de alterações nas alíquotas, nas bases de cálculo e nas regras de creditamento, admitida não aplicação do disposto no §1º, V a VIII;

V – nas operações alcançadas por tratado ou convenção internacional, inclusive referentes a missões diplomáticas, repartições consulares, representações de organismos internacionais e respectivos funcionários acreditados;

VI – serviços de transporte coletivo de passageiros rodoviário intermunicipal e interestadual, ferroviário e hidroviário, podendo prever hipóteses de alterações nas alíquotas e nas regras de creditamento, admitida a não aplicação do disposto no §1º, V a VIII art. 156-A, §6º, I a VI, da EC nº 132/23.

Disposições Constitucionais Transitórias

A lei instituidora da CBS estabelecerá os mecanismos necessários, com ou sem contrapartidas, para manter, em caráter geral, o diferencial competitivo assegurado à Zona Franca de Manaus pelos arts. 40 e 92-A, e às áreas de livre comércio existentes em 31.05.23, nos níveis estabelecidos pela legislação relativa aos tributos extintos (a que se referem os arts. 126 a 129), observando regras específicas (art. 92-B, §§1º a 7º).

A transição para a CBS atenderá aos critérios estabelecidos nos arts. 125 a 133 do presente Ato; sendo que a contribuição será instituída pela mesma lei complementar de que trata o art. 156-A (art. 124).

Em 2026, a CBS será cobrada à alíquota de 0,9%, compensando-se com o valor devido das contribuições previstas nos arts. 195, I, *b*, e IV, e da contribuição para o PIS, previsto no art. 239. Caso o contribuinte não possua débitos suficientes para efetuar a compensação, o valor recolhido poderá ser compensado com qualquer outro tributo federal, ou ser ressarcido em até 60 (sessenta) dias, mediante requerimento (art. 125, §§1º e 2º).

Durante o referido período, os sujeitos passivos que cumprirem as obrigações acessórias relativas à contribuição poderão ser dispensados do seu recolhimento, nos termos de lei complementar (art. 125, §4º).

A partir de 2027 será cobrada a CBS, sendo extintas as contribuições previstas no art. 195, I, *b*, e IV, e a contribuição para o PIS, de que trata o art. 239, desde que instituída a contribuição referida na alíquota *a*, do inciso I (art. 126, I, *a* e II).

Resolução do Senado Federal fixará as alíquotas de referência previstas no art. 195, V, observado a forma de cálculo e os limites previstos em lei complementar, de forma a assegurar (I) de 2027 a 2033, que a receita da União, com a contribuição prevista no art. 195, V, todos da CF, seja equivalente à redução da receita das contribuições previstas no art. 195, I, *b*, e IV, e da contribuição para o PIS prevista no art. 239 (art. 130).

Lei complementar disciplinará a forma de utilização dos créditos, inclusive presumidos, das contribuições de que tratam o art. 195, I, *b*, e IV, e da contribuição para o PIS, a que se refere o art. 239, todos não apropriados ou não utilizados até a extinção, mantendo-se apenas para os créditos que cumpram os requisitos estabelecidos na legislação vigente na data da extinção de tais tributos, a permissão para compensação com outros tributos federais, inclusive a contribuição prevista no inciso V, do *caput*, do art. 195, ou ressarcimento em dinheiro (art. 135).

A Constituição Federal passa a vigorar com as seguintes alterações:

Art. 195
(...)
§17. A contribuição prevista no inciso V do *caput* não integrará sua própria base de cálculo nem a dos impostos previstos nos arts. 153, VIII, e 156A.
(...)
§19.
II – não integrará a base de cálculo para fins do disposto no art. 239.

A lei complementar que instituir a contribuição de que trata o art. 195, V, da CF, poderá prever os regimes diferenciados de tributação, desde que sejam uniformes em todo o território nacional, e sejam realizados os respectivos reajustes nas alíquotas de referência com vistas a reequilibrar a arrecadação da esfera administrativa. Definirá as operações beneficiadas com redução tributária, previsão de isenção; concessão de crédito ao contribuinte bens móveis usados de pessoa física não contribuinte para revenda, desde que esta seja tributada e o crédito seja vinculado ao respectivo bem, vedado o ressarcimento (art. 9º, §1º).

A revogação do art. 195, I, *b*, não produzirá efeitos sobre as contribuições incidentes sobre a receita ou o faturamento, vigentes na data da publicação desta Emenda Constitucional que substituam a contribuição de que trata o art. 195, I, *a* ambos da CF, e sejam cobradas com base naquele dispositivo (art. 11).

O Projeto de Lei Complementar, que regulamenta a reforma tributária promovida pela EC nº 132/23 (objeto da PLP nº 68/24), fora apresentada ao Congresso Nacional em 25.04.24.

<u>Comentários</u>
Considerando que a sistemática da *CBS* é substancialmente assemelhada ao *IBS* (Imposto sobre Bens e Serviços), e que, no Capítulo 21 foram examinados os aspectos jurídicos que se aplicam à *CBS*, torna-se despiciendo a reprodução de toda a análise promovida sobre a matéria.

3.6 Classificação dos Tributos

A classificação permite encontrar as notas iguais e distintivas do objeto estudado, facilitando o seu conhecimento específico, para permitir a aplicação do direito, pautada pelos critérios de segurança e certeza, supremos objetivos da justiça. Sua importância reside na utilidade e na fixação de critérios seguros e uniformes para interpretar e aplicar as regras de cada tipo tributário, consoante seu peculiar regime jurídico.

As classificações das normas tributárias devem tomar como ponto de partida a própria Constituição Federal, mediante plena compatibilização vertical com os demais preceitos espalhados no ordenamento jurídico. A tarefa classificatória não pode consistir na simples leitura do específico preceito do texto constitucional, impondo-se ao agente classificador o conhecimento amplo das espécies tributárias, segundo suas notas características, mediante harmônica e adequada sistematização. A circunstância de a

Constituição de 1988 dispor (art. 145) que os tributos são "impostos, taxas e contribuição de melhoria" não é suficiente para apreender todas as espécies tributárias contidas na Carta Magna. O texto contém diversos tipos de exações fiscais, com características especiais, como "empréstimos compulsórios" (art. 148, I e II) e contribuições especiais (arts. 149, 149-A, 195 e §4º, 201, §1º, 212, §5º, 239 e 240 e Emendas nºs 37/02, 39/02, 42/03 e 132/23).

Neste âmbito, "o problema que se põe é sobre qual que seja o 'verdadeiro' critério técnico ou jurídico. É claro que se o direito positivo ditar um critério, esse será o critério jurídico (positivo), o que não nos impedirá de examinar se ele é útil, técnico, adequado etc. Já vimos que o art. 4º do CTN quis dar um critério (e proibir outros) e demonstramos que esse preceito é insuficiente para distinguir todas as diferentes figuras previstas na Constituição", podendo-se concluir que "os critérios de classificação dos tributos não são certos ou errados. São mais adequados, menos adequados: a) no plano da teoria do Direito Tributário, ou b) no nível do Direito Tributário Positivo, como instrumento que permita (ou facilite) a identificação das características que devem compor cada espécie de tributo (no plano teórico ou num dado sistema jurídico-positivo)".[173]

A exata classificação da espécie tributária tem repercussões, uma vez que a repartição de competências, e a decorrente instituição no ordenamento, funda-se nessa classificação, encontrando-se as correntes seguintes:

a) bipartidas – impostos e taxas –;[174] também denominados "vinculados e não vinculados";[175]
b) tricotômicas – impostos, taxas e contribuições;[176]
c) quinquipartida – impostos, taxas, contribuições de melhoria, contribuições, empréstimo compulsório.[177]

Não discordo que os tributos têm a característica básica de "vinculados" (consistentes numa atuação estatal ou repercussão desta), ou "não vinculados" (consistentes num fato qualquer que não uma atuação estatal).[178] Também não ignoro que as classificações têm também peculiar implicação no que concerne aos princípios norteadores

---

[173] AMARO, Luciano. Conceito e Classificação dos Tributos. *Revista de Direito Tributário*, São Paulo, Revista dos Tribunais, n. 55, p. 280, 1991.

[174] XAVIER, Alberto. *Manual de Direito Fiscal*. Coimbra: Almedina, 1974. v. 1. p. 42; MIRANDA, Francisco Cavalcanti Pontes de. *Comentários à Constituição de 1969*. 3. ed. Rio de Janeiro: Forense, 1987. v. II. p. 362 e 371; BECKER, Alfredo Augusto. *Teoria Geral do Direito Tributário*. São Paulo: Saraiva, 1963. p. 346.

[175] ATALIBA, Geraldo. *Hipótese de Incidência Tributária*. 5. ed. 6. tir. São Paulo: Malheiros, 1997. p. 111; BARRETO, Aires. *Base de Cálculo, Alíquota e Princípios Constitucionais*. São Paulo: Resenha Tributária, 1987. p. 27; LACOMBE, Américo. Taxa e Preço Público. In: MARTINS, Ives Gandra da Silva (coord.). *Caderno de Pesquisas Tributárias*. São Paulo: Resenha Tributária e Centro de Extensão Universitária, 1985. v. 10. p. 8; COÊLHO, Sacha Calmon Navarro. *Comentários à Constituição de 1988 – Sistema Tributário*. 7. ed. Rio de Janeiro: Forense, 1998. p. 11; e CARVALHO, Paulo de Barros. *Curso de Direito Tributário*. 5. ed. São Paulo: Saraiva, 1991; 17. ed. São Paulo: Saraiva, 2005; 19. ed. São Paulo: Saraiva, 2007. p. 29.

[176] MICHELI, G. Antonio. *Corso di Diritto Tributário*. Turim: Utet, 1972. p. 74-75; GIANNINI, Achille Donato. *Istituzioni di Diritto Tributario*. 8. ed. Milano: Giuffrè, 1960; GARZA, Sergio Francisco de la. *Derecho Financiero Mexicano*. 4. ed. México: Porrua, 1969. p. 365-366; GONZÁLEZ, Eusebio; AYALA, José Luiz Pérez de. *Curso de Derecho Tributario*. Madrid: Edersa, 1975. v. 1. p. 210-211.

[177] MARTINS, Ives Gandra da Silva. *As Contribuições Especiais numa Divisão Qüinqüipartida dos Tributos*. São Paulo: Resenha Tributária, 1976; SANTOS, Claudio. As Contribuições Sociais na Constituição. In: MARTINS, Ives Gandra da Silva (coord.). *Caderno de Pesquisas Tributárias*. São Paulo: Resenha Tributária e Centro de Extensão Universitária, 1992. v. 17. p. 70.

[178] ATALIBA, Geraldo. *Hipótese de Incidência Tributária*. 5. ed. 6. tir. São Paulo: Malheiros, 1997. p. 117.

das figuras tributárias (capacidade contributiva para os impostos; remunerabilidade para as taxas; e proporcionalidade para as contribuições de melhoria).

Todavia, observo a existência de distinta característica nos empréstimos compulsórios, uma vez que o art. 148 da Constituição deixa nitidamente implícito ser indispensável que, na lei federal instituidora, haja expressa previsão de prazo, forma de reembolso e remuneração, o que é deveras importante e tem o condão de tipificar e especificar esta exação como tributo; tanto que o STF decretou a inconstitucionalidade de empréstimo compulsório que estabelecera remuneração em quotas do Fundo Nacional de Desenvolvimento (FND), ao invés de em moeda corrente, como anteriormente apontado.

O mesmo ocorre com as contribuições sociais, as de intervenção no domínio econômico ou de interesse de categorias profissionais ou econômicas, e destinadas à seguridade social (arts. 149 e 195), em que a legislação infraconstitucional deve determinar a destinação específica e direta aos entes beneficiados.

No caso das contribuições previstas no art. 195 (CF), é imprescindível que o montante exigido reverta diretamente às entidades da mesma "seguridade", integrando o seu específico orçamento (art. 165, §5º, item III), sendo que a omissão desse insuperável requisito normativo implica desnaturar o tipo tributário de "contribuição" para imposto residual, por exemplo; e, desse modo, poderiam ficar desatendidos os requisitos previstos no art. 154, I (CF).

Não se trata de elemento financeiro, que seria mais consentâneo à aplicação de recursos, mas certamente de circunstância inerente à própria norma impositiva. O fato de as contribuições sociais revestirem a materialidade de impostos ou taxas, e então seguirem seus respectivos princípios (capacidade contributiva ou remunerabilidade), não significa a inexistência de personalidade tributária e características para as contribuições (no caso, a mencionada destinação dos respectivos valores).

CAPÍTULO 4

COMPETÊNCIA TRIBUTÁRIA E PARTILHA DAS RECEITAS

4.1 Características

A titularidade dos tributos é outorgada às pessoas políticas de Direito Público interno (União, Estados, Distrito Federal e Municípios), de conformidade com as diretrizes estabelecidas na Constituição Federal. O princípio federativo e da autonomia municipal consagram uma forma de Estado, disciplinando os direitos conferidos aos entes políticos, mediante a fixação de expressas e precisas pautas de competência para dispor sobre as matérias tributárias tratadas na Constituição.

A competência tributária é a aptidão para criar os tributos, legalmente e de forma abstrata, indicando todos os elementos da hipótese de incidência, compreendendo o aspecto pessoal (sujeitos ativos e passivos), a materialidade, base de cálculo e alíquota.

A instituição de qualquer espécie tributária só pode ser exercida pela pessoa política eleita pela Constituição, que fixa os respectivos estados, fatos, situações e atividades, de modo a assegurar-lhe a decorrente receita financeira. A competência significa superior princípio constitucional que se caracteriza pela "privatividade, indelegabilidade, incaducabilidade, inalterabilidade, irrenunciabilidade e facultatividade do exercício".[179]

As pessoas políticas são dotadas de *privatividade* para criar os tributos que lhes foram reservados pela Constituição, o que, por via oblíqua, implica a exclusividade e consequente proibição de seu exercício por quem não tenha sido consagrado com esse direito. Trata-se de matéria de ordem pública, eivando-se de nulidade a instituição de um determinado imposto, por parte de quem não seja dotado de competência.

É o caso do imposto sobre produtos industrializados, de competência exclusiva da União (art. 153, IV), que não pode ser normatizado pelos Municípios, uma vez que o rol de direitos impositivos que lhes foram atribuídos (art. 156) não contempla essa modalidade de imposto. O mesmo se diga com referência a uma taxa de licença para

---

[179] CARRAZZA, Roque Antonio. *Curso de Direito Constitucional Tributário.* 24. ed. São Paulo: Malheiros, 2008. p. 505.

funcionamento de um estabelecimento comercial, decorrente do regular exercício de poder de polícia municipal, de conformidade com seu interesse local (art. 39, I e III), que não pode ser criada pela União.

O requisito da *indelegabilidade* proíbe que uma pessoa política transfira o direito à instituição do tributo a outra pessoa, simplesmente pela circunstância de que estaria sendo violado o princípio federativo, que conferiu a cada esfera de Governo tributos e receitas distintas. A intransferibilidade nem mesmo seria viável por emenda à Constituição, em face da vedação categórica contida no inciso I, §4º, do art. 60, de seu texto, por implicar a abolição da forma federativa do Estado. Portanto, não pode a União transferir aos Estados o exercício da competência para instituir quaisquer espécies de empréstimos compulsórios, porque o art. 149 conferiu-lhe competência exclusiva.

A arrecadação e a fiscalização dos tributos por outra pessoa política, ou terceiro particular, não caracterizam delegação. Assim, o fato de uma instituição financeira receber o Imposto Predial e Territorial sobre a Propriedade Urbana não representa nenhuma inconstitucionalidade, na medida em que o tributo já fora anteriormente instituído por lei municipal. O mesmo ocorre no caso de imposto estadual ser objeto de fiscalização por órgão municipal, em decorrência de convênio entre estas entidades tributantes (art. 7º do CTN).

Trata-se da figura da capacidade tributária ativa pertinente à cobrança dos tributos como, normalmente, é realizada pelas instituições financeiras, com o posterior repasse dos valores tributários recebidos aos titulares da competência (pessoas de Direito Público).

Nesse sentido, a Resolução nº 33, de 13.07.06, do Senado Federal, dispôs que podem os Estados, Distrito Federal e Municípios ceder a instituições financeiras a sua dívida ativa consolidada, para cobrança por endosso-mandato, mediante a antecipação de receita de até o valor de face dos créditos, desde que respeitados limites e condições legais (Lei Complementar nº 101, de 04.05.00, e Resoluções nºs 40 e 43, de 2001, do Senado Federal). A instituição financeira endossatária prestará contas mensalmente dos valores cobrados. Uma vez amortizada a antecipação, será repassado às pessoas públicas o saldo da cobrança efetivada, descontados os custos operacionais fixados no contrato.

Na realidade, não se verifica a transferência da propriedade dos créditos e nem usurpação da prestação de privativo serviço público, uma vez que não se trata de execução da dívida ativa, e nem representação judicial, mas mera cobrança amigável do crédito, inocorrendo violação ao art. 131, §3º, da CF.

Entretanto, a ADIn nº 3.786 (interposta pela Associação Nacional dos Procuradores de Estado – Anape, e distribuída ao relator em 13.08.15), e a ADIn nº 3.855 (ajuizada pela Federação Brasileira de Associações de Fiscais de Tributos Estaduais – Febrabite, e distribuída ao relator em 24.04.10), impugnaram a mencionada Resolução, sob os fundamentos básicos seguintes:

a) inconstitucionalidade formal, porque as matérias reservadas constitucionalmente ao Banco Central não abrigam a temática contida na Resolução nº 33/06: o art. 155, §2º, inciso V, *a* e *b* trata de fixação de alíquotas de ICMS; o art. 52, V a XI, cuida de Direito Financeiro relativo a obrigações externas, dívida consolidada dos Poderes Públicos, operações de crédito externo e interno, concessão de garantia nas referidas operações e dívida mobiliária (títulos) dos Estados, DF, e Municípios; ocorre violação ao art. 146, III, *b*, de exclusiva

competência de lei complementar, inclusive o art. 146, parágrafo único e inciso V, ao tratar do compartilhamento entre os entes federados; ao art. 61, §1º, II, *b*, que trata de normas gerais em matéria de legislação tributária, de iniciativa do Presidente da República; art. 24, I, por invasão de competência;
b) inconstitucionalidade material, ao usurpar as atividades essenciais ao funcionamento do Estado, exercidas por servidores de carreiras específicas (art. 37, incisos XXII e XVIII, combinado com o art. 145, §1º), como é o caso dos agentes do Fisco, que não poderiam ser delegadas a instituição financeira privada; além de violar o art. 132 que confere aos Procuradores dos Estados e do DF o exercício da representação judicial e consultoria das unidades federadas.

O STF decidira o seguinte:

AÇÃO DIRETA DE INCONSTITUCIOLIDADE. DIREITO TRIBUTÁRIO. DÍVIDA ATIVA. CESSÃO A INSTITUIÇÕES FINANCEIRAS POR ENDOSSO-MANDATO. IMPUGNAÇÃO DA RESOLUÇÃO DO SENADO FEDERAL 33/2006. INTELIGÊNCIA DO INCISO VII DO ART. 52 DA CONSTITUIÇÃO FEDERAL. AÇÃO DIRETA DE INCONSTITUCIONALIDADE JULGADA PROCEDENTE.

1. Não caracteriza como operação de crédito, para fins de submissão ao disposto no art. 52, inciso V II, da Constituição Federal, da autorização prevista pela Resolução do Senado Federal 33/2006, de cessão da Dívida Ativa de Estados, do Distrito Federal e de Municípios a instituições financeiras mediante emprego de endosso-mandato e antecipação de receita.

2. A leitura constitucional do conceito de operações de crédito, incluída a por antecipação de receita, deve atentar para o de responsabilidade fiscal.

3. Alteração na forma de cobrança da Dívida Ativa tributária e não tributária demanda tratamento estritamente legal.

4. Ação Direta de Inconstitucionalidade julgada procedente.

(ADI nº 3.786-DF – Plenário – rel. Min. Alexandre de Moraes – sessão de 03.10.19)

A *incaducabilidade* e a *facultatividade* constituem pressupostos da competência, em razão do que a falta de seu exercício não lhes afasta o direito assegurado pela Constituição, que não estabeleceu qualquer espécie de perda em razão de mera inércia legislativa. É irrelevante o fato de a União ainda não ter instituído o Imposto sobre Grandes Fortunas (art. 153, VII), decorridos mais de 36 anos da promulgação da Constituição, permanecendo no seu absoluto e exclusivo interesse exercer tal direito quando politicamente repute de sua particular conveniência. Esta mesma situação se verifica no âmbito do Estado de São Paulo, no tocante ao imposto sobre "doação", de quaisquer bens (art. 155, II), que só veio a ser instituído ao final do ano 2000 (Lei nº 10.705, de 28.12.00).

Este requisito da competência coaduna-se com a regra prevista no CTN (art. 8º), no sentido de que "o não-exercício da competência tributária não a defere a pessoa jurídica de direito público diversa daquela a que a Constituição a tenha atribuído".

A *inalterabilidade* é contemplada como elemento substancial da competência tributária, porque acode ao irrestrito prestígio do princípio federativo, não podendo ser modificada a matéria tributável. É inadmissível que a União passe a considerar como produtos industrializados, para fins de incidência do IPI (art. 153, IV), os bens corpóreos compreendidos na prestação de serviços, sujeita ao Imposto sobre Serviços de Qualquer Natureza (art. 156, III), de competência dos Municípios.

A *irrenunciabilidade* significa que as pessoas políticas não detêm o direito de dispor das receitas tributárias, que lhes são cometidas pela Constituição, o que não se confunde com o desinteresse no efetivo exercício de sua competência. É vedado à União editar lei negando sua competência relativamente ao Imposto sobre Grandes Fortunas, porque se trata de norma hierarquicamente inferior à Constituição, desprovida da indispensável eficácia.

4.2 Competência Tributária da União

A Constituição (art. 153) estabelece competência à União para instituir impostos sobre importação de produtos estrangeiros (I); exportação para o exterior, de produtos nacionais ou nacionalizados (II); renda e proventos de qualquer natureza (III); produtos industrializados (IV); operações de crédito, câmbio e seguro, ou relativas a títulos ou valores mobiliários (V); propriedade territorial rural (VI); grandes fortunas (VII); seletivo (VIII).

Atribui-lhe, ainda, competência "residual" (art. 154) para instituir, mediante lei complementar, impostos não previstos no artigo anterior, desde que sejam não cumulativos e não tenham fato gerador ou base de cálculo próprios dos discriminados na Constituição (I); e, na iminência ou no caso de guerra externa, impostos extraordinários, compreendidos ou não em sua competência tributária, os quais serão suprimidos, gradativamente, cessadas as causas de sua criação (II).

Fica prejudicado o disposto no CTN (art. 18, I), ao atribuir competência à União para instituir, nos Territórios Federais, os impostos atribuídos aos Estados e, se aqueles não forem divididos em Municípios, cumulativamente, os atribuídos a estes.

Cabe-lhe a instituição de taxas relativamente a matérias previstas nos arts. 21 e 22 da Constituição; de contribuição de melhoria (art. 145, III); de empréstimos compulsórios (art. 148); de contribuições sociais (genéricas); de intervenção no domínio econômico e de interesse das categorias profissionais ou econômicas (art. 149); de contribuições sociais destinadas à seguridade social (arts. 195 e 239); e de contribuições de bens e serviços (art. 195, V).

4.3 Competência Tributária dos Estados

A Constituição (art. 155) confere aos Estados competência para instituir impostos sobre transmissão *causa mortis* e doação, de quaisquer bens ou direitos (I); operações relativas à circulação de mercadorias e sobre prestações de serviços de transporte interestadual e intermunicipal e de comunicação, ainda que as operações se iniciem no exterior (II); propriedade de veículos automotores (III); e bens e serviços (art. 156-A).

Fica prejudicado o disposto no CTN (art. 18, II), ao atribuir competência aos Estados não divididos em Municípios instituir, cumulativamente, os impostos atribuídos aos Estados e Municípios.

Podem instituir "taxas" (matérias previstas nos arts. 23 e 25, §2º), contribuição de melhoria (art. 145, III) e contribuição social, cobradas de seus servidores, para o custeio, em benefício destes, de sistemas de previdência e assistência social (art. 149, parágrafo único).

Poderão instituir contribuição cobrada de seus servidores, para o custeio, em benefício destes, do regime previdenciário, de que trata o art. 40, cuja alíquota não será inferior à da contribuição dos servidores titulares de cargos efetivos da União (art. 149, §1º, acrescentado pela EC nº 41, de 19.12.03).

4.4 Competência Tributária do Distrito Federal

A Constituição (art. 32, §1º) atribui ao Distrito Federal as competências legislativas reservadas aos Estados e Municípios (conforme indicado nos itens 4.3 e 4.5), sendo desnecessário reproduzi-las.

Poderá instituir contribuição, cobrada de seus servidores, para o custeio, em benefício destes, do regime previdenciário de que trata o art. 40, cuja alíquota não será inferior à da contribuição dos servidores titulares de cargos efetivos (art. 149, §1º).

Poderá, também, instituir contribuição para o custeio do serviço de iluminação pública (art. 149-A, acrescentado pela EC nº 39/02).

4.5 Competência Tributária dos Municípios

A Constituição (art. 156) outorga aos Municípios competência para instituir impostos sobre: a propriedade predial e territorial urbana (I); sobre serviços de qualquer natureza (II); transmissão *inter vivos*, a qualquer título, por ato oneroso, de bens imóveis, por natureza ou acessão física, e de direitos reais sobre imóveis, exceto os de garantia, bem como cessão de direitos a sua aquisição (III); e sobre bens e serviços (art. 156-A).

Podem instituir taxas (matérias previstas nos arts. 23 a 25), contribuição de melhoria (art. 145, III) e contribuição social, cobrada de seus servidores, para o custeio, em benefício destes, do regime previdenciário, de que trata o art. 40, cuja alíquota não será inferior à da contribuição dos servidores titulares de cargos efetivos da União (art. 149, §1º).

Poderão instituir contribuição para o custeio do serviço de iluminação pública (art. 149-A acrescentado pela EC nº 39/02).

4.6 Competência Tributária dos Territórios

Os Territórios não integram a Federação, não são pessoas dotadas de autonomia política, participando da administração centralizada da União, além de não possuírem competência tributária própria, que é disciplinada pelo Congresso Nacional (art. 33 e parágrafos).

4.7 A Partilha das Receitas

A distribuição de competências – aptidão para instituir tributos – não deve ser confundida com a distribuição das receitas dos impostos, que objetiva conferir sua destinação às pessoas políticas de Direito Público em causa (arts. 157 a 162), tratando-se de matéria eminentemente financeira.

O STF firmou o entendimento seguinte:

EMENTA: RECURSO EXTRAORDINÁRIO. REPERCUSSÃO GERAL. INCIDENTE DE RESOLUÇÃO DE DEMANDAS REPETITIVAS (IRDR). DIREITO TRIBUTÁRIO. DIREITO FINANCEIRO. REPARTIÇÃO DE RECEITAS ENTRE OS ENTES DA FEDERAÇÃO. TITULARIDADE DO IMPOSTO DE RENDA INCIDENTE NA FONTE SOBRE RENDIMENTOS PAGOS, A QUALQUER TÍTULO, PELOS MUNICÍPIOS, A PESSOAS FÍSICAS OU JURÍDICAS CONTRATADAS PARA PRESTAÇÃO DE BENS OU SERVIÇOS. ART. 159, INCISO I, DA CONSTITUIÇÃO FEDERAL. RECURSO EXTRAORDINÁRIO DESPROVIDO. TESE FIXADA.
1. A Constituição Federal de 1988 rompeu com o paradigma anterior – no qual verificávamos a tendência de concentração do poder econômico no ente central (União) –, implementando a descentralização de competências e receitas aos entes subnacionais, a fim de garantir-lhes a autonomia necessária para cumprir suas atribuições.
2. A análise dos dispositivos constitucionais que versam sobre a repartição de receitas entre os Entes Federados, considerando o contexto histórico em que elaborados, deve ter em vista a tendência de descentralização dos recursos e os valores do federalismo de cooperação, com vistas ao fortalecimento e autonomia dos entes subnacionais.
2. A Constituição Federal, ao dispor no art. 158, I, que pertencem aos Municípios "o produto da arrecadação do imposto da União, sobre renda e proventos de qualquer natureza, incidente na fonte, sobre rendimentos pagos, a qualquer título, por eles, suas autarquias e pelas fundações que instituírem e mantiverem", optou por não restringir expressamente o termo *"rendimentos pagos"*, por sua vez, a expressão *"qualquer título"* demonstra nitidamente a intenção de ampliar as hipóteses de abrangência do referido termo. Desse modo, o conceito de rendimentos constante do referido dispositivo constitucional não deve ser interpretado de forma restritiva.
4. A previsão constitucional de repartição das receitas tributárias não altera a distribuição de competências, pois não influi na privatividade do ente federativo em instituir e cobrar seus próprios impostos, influindo, tão somente, na distribuição da receita arrecadada, inexistindo, na presente hipótese, qualquer ofensa ao art. 153, III, da Constituição Federal.
5. O direito subjetivo do ente federativo beneficiado com a participação no produto da arrecadação do Imposto de Renda Retido na Fonte – IRRF, nos termos dos arts. 157, I, e 158, I, da Constituição Federal, somente existirá a partir do momento em que o ente federativo competente criar o tributo e ocorrer seu fato imponível. No entanto, uma vez devidamente instituído o tributo, não pode a União – que possui a competência legislativa – inibir ou restringir o acesso dos entes constitucionalmente agraciado com a repartição de receitas aos valores que lhes correspondem.
6. O acórdão recorrido, ao fixar a tese no sentido de que *"O artigo 158, I, da Constituição Federal de 1988 define a titularidade municipal das receitas arrecadadas a título de imposto de renda retido na fonte, incidente sobre valores pagos pelos Municípios, a pessoas físicas ou jurídicas contratadas para a prestação de bens ou serviços"*, atentou-se à literalidade e à finalidade (descentralização de receitas) do disposto no art. 158, I, da Lei Maior.
7. Ainda que em dado momento alguns entes federados, incluindo a União, tenham adotado entendimento restritivo relativamente ao disposto no art. 159, I, da Constituição Federal, tal entendimento vai de encontro à literalidade do referido dispositivo constitucional, devendo ser extirpado do ordenamento jurídico pátrio.
8. A delimitação imposta pelo art. 64 da Lei 9.430/1996 – que permite a retenção do imposto de renda somente pela Administração federal – é claramente inconstitucional, na medida em que cria uma verdadeira discriminação injustificada entre os entes federativos, com nítida vantagem para a União Federal e exclusão dos entes subnacionais.

9. Recurso Extraordinário a que se nega provimento. Fixação da seguinte tese para o TEMA 1130: "Pertence ao Município, aos Estados e ao Distrito Federal a titularidade das receitas arrecadadas a título de imposto de renda retido na fonte incidente sobre valores pagos por eles, suas autarquias e fundações a pessoas físicas ou jurídicas contratadas para a prestação de bens ou serviços, conforme disposto nos arts. 158, I, e 157, I, da Constituição Federal. (RE nº 1293453 – Plenário – rel. Min. Alexandre de Moraes – sessão de 11.10.21)

4.8 Bitributação e *Bis in Idem*

A *bitributação* (em termos não científicos) corresponde à exigência de diversas imposições fiscais sobre um mesmo fato gerador, por parte de distintas pessoas de Direito Público; independentemente de sua previsão constitucional; ou mesmo da espécie tributária (impostos, contribuições etc.).

Assim, a realização de uma venda que implicasse a exigência de impostos (ICMS, IR) e contribuições (Cofins e PIS), por parte da União e dos Estados; o beneficiamento de um bem corpóreo exigindo distintos impostos (IPI, ICMS), pela União e Estados; e taxas de licença federais, estaduais e municipais sempre caracterizariam bitributação, na medida em que apenas fossem considerados objetivamente os diversos encargos fiscais.

Entretanto, a consideração da carga tributária há que ser dimensionada em razão das diretrizes consagradas pelo ordenamento jurídico, de modo fundamental e especial na Constituição Federal; devido à sua indiscutível supremacia hierárquica e a plena compatibilização com os princípios da capacidade contributiva, vedação de confisco etc.

A discriminação das competências tributárias pelas pessoas de Direito Público, de conformidade com as específicas materialidades – ainda que possam denotar semelhanças e vinculações –, impede que seja cogitada a bitributação, uma vez que a própria CF outorga o respectivo direito à imposição fiscal.

A *bitributação* (em termos científicos) consiste na dupla exigência de tributos, de modo ilegítimo, por parte de duas (ou mais) pessoas de Direito Público, sendo caracterizada pela compreensão dos elementos seguintes:
a) competência tributária concorrente – há dois ou mais sujeitos ativos exigindo tributos sobre a mesma situação (fato hábil a dar nascimento à obrigação tributária);
b) identidade de situação tributada – a mesma situação gera a pretensão tributária de dois ou mais sujeitos ativos, que a consideram atingida pela respectiva lei;
c) incidência sobre a economia do sujeito passivo, gravando-o sob o mesmo aspecto – o mesmo fato tributável, que criará o vínculo obrigacional entre Fisco e contribuinte, é perseguido por mais de uma pretensão tributária.[180]

Este fenômeno ocorre através de um concurso de normas sobre um mesmo fato gerador; e que pode formar-se tanto no interior de um dado sistema jurídico, como externamente nas relações entre sistemas jurídicos postos em concurso por um determinado fato tributário, formando assim, respectivamente, a dupla tributação interna ou internacional.[181]

---

[180] LIMA, Pérsio de Oliveira. Bitributação na Doutrina do Direito Tributário. *Revista de Direito Público*, n. 25, p. 145, jul./set. 1973.
[181] TÔRRES, Heleno Taveira. Tipologia da Dupla (Múltipla) Tributação Internacional de Rendas das Empresas: 'Dupla Tributação Jurídica Internacional' e 'Dupla Tributação Econômica Internacional', o Fim de um Paradigma. *RTJE*, v. 133, p. 33, fev. 1995.

Tem se entendido que "para que se verifique a dupla tributação, é necessário que ambas as normas se *apliquem* no caso concreto, dando origem ao nascimento de duas pretensões tributárias. Mas se o mesmo facto recai na *esfera de incidência* de duas normas, não havendo, porém, aplicação concreta de ambas, ou havendo apenas aplicação de uma, fala-se então em dupla tributação *virtual ou in thesi,* para a distinguir da dupla tributação *efectiva ou in praxi.* Na dupla tributação efectiva ocorre um concurso real de normas; na dupla tributação virtual, o concurso é meramente *aparente*".[182]

Exemplo: É patente a bitributação quando o fato (jurídico) relativo à montagem (a industrialização de produto) – com incidência do IPI (competência da União) – seja objeto de exigência do ISS, pelo Município, por qualificá-lo como prestação de serviço.

Também se pode cogitar de ilegitimidade na dupla exigência de imposto e taxa diante de naturezas distintas, porque ou se trata de exação vinculada à atuação do Poder Público; ou se cogita de imposição pertinente a negócio realizado por particular (exação não vinculada).

A positivação da bitributação (ou não) demanda o exame do texto constitucional para se aferir a possibilidade de múltiplas imposições de cargas tributárias (IPI, ICMS, PIS e Cofins), a despeito de decorrerem de uma mesma riqueza (econômica). Embora se trate de um único fato (operação com produto industrializado, suscetível de incidência do IPI – art. 153, IV, da CF), verifica-se o natural reflexo de outros fatos (operações mercantis – ICMS, art. 155, II, da CF; e faturamento/receita – Cofins, art. 195, I, *b*; e PIS – art. 239, da CF), não sendo o caso de bitributação.

A dupla tributação internacional ocorre peculiarmente no âmbito do IR, uma vez que é informado pelos critérios da generalidade e da universalidade (art. 153, §2º, I, da CF), alcançando todas as rendas e proventos de qualquer natureza, independentemente do local de sua produção, consumo ou destinação.

É o que se verifica quando um único fato isolado, por si mesmo, tiver como consequência jurídico-tributária a possibilidade de criar duas ou mais obrigações tributárias, não importando que estas venham a formalizar-se com lançamentos em momentos distintos. Exemplo, a riqueza produzida no Brasil que pode sofrer a tributação aqui e em Portugal, para onde foi remetida. Embora esta tributação se consuma em momentos diversos, temos o mesmo fato (a renda produzida) sendo tributado duas vezes.[183]

No *bis in idem* o fato jurídico é tributado por uma mesma pessoa política (única titularidade ativa), mais de uma vez; podendo tratar-se de simples adicional (uniformidade da espécie de tributo); além de cogitar-se de uma mesma base imponível. Exemplo: Imposto de Renda (art. 153, III, da CF) e Contribuição Social sobre o Lucro (art. 195, I, *c*), decorrente de um fato básico (lucro), compreendido como resultado positivo (acréscimo patrimonial), obtido pela pessoa jurídica ao final de um determinado período de tempo.

---

[182] XAVIER, Alberto. *Direito Tributário Internacional.* Coimbra: Almedina, 1993. p. 40-41.
[183] LIMA, *ob. cit.,* p. 137.

IMUNIDADES

5.1 Natureza

A imunidade significa a exclusão de competência da União, Estados, Distrito Federal e Municípios para instituir tributos relativamente a determinados atos, fatos e pessoas, expressamente previstos na Constituição Federal. Do mesmo modo que outorga as competências para instituir tributos sobre determinadas materialidades, a própria Constituição também estabelece outras específicas situações que são afastadas dos gravames tributários.

O objetivo imunitório é a preservação de valores considerados como de superior interesse nacional, tais como a manutenção das entidades federadas, o exercício das atividades religiosas, da democracia, das instituições educacionais, assistenciais e de filantropia, e o acesso às informações.

A temática constitucional não tem encontrado consenso doutrinário, no que concerne à sua real natureza, porque se de um lado se cogita tratar-se de "limitação constitucional ao poder de tributar";[184] de outro, se positiva tratar-se de normas constitucionais estabelecendo a incompetência das pessoas políticas para expedir regras tributárias, relativamente a específicas situações.[185]

O regime formal implica considerar os pressupostos básicos seguintes: 1) é matéria sob reserva da Constituição; 2) tem voz dirigida às entidades tributantes, vedando a instituição de imposto e alcançando indiretamente a competência tributária; 3) não pode ser recusada nem renunciada; 4) não pode ser tida como um privilégio, um favor ou um benefício fiscal; e 5) opera *ope legis* sem necessidade de concessões, autorizações ou despachos.[186]

---

[184] BALEEIRO, Aliomar. *Limitações Constitucionais ao Poder de tributar*. 6. ed. Rio de Janeiro: Forense, 1955; 7. ed. Rio de Janeiro: Forense, 1997. p. 226; CANTO, Gilberto de Ulhôa. *Temas de Direito Tributário*. Rio de Janeiro: Alba, 1963. v. III. p. 190.

[185] CARVALHO, Paulo de Barros. *Curso de Direito Tributário*. 5. ed. São Paulo: Saraiva, 1991; 17. ed. São Paulo: Saraiva, 2005; 19. ed. São Paulo: Saraiva, 2007. p. 203.

[186] MORAES, Bernardo Ribeiro de. A Imunidade Tributária e seus Novos Aspectos. In: MORAES, Bernardo Ribeiro de. *Imunidades Tributárias, Pesquisas Tributárias, Nova Série 4*. São Paulo: RT e Centro de Extensão Universitária, 1998. p. 115-118.

A imunidade tributária define-se como "a exoneração, fixada constitucionalmente, traduzida em norma expressa impeditiva da atribuição de competência tributária, ou extraível, necessariamente, de um ou mais princípios constitucionais, que confere direito público subjetivo a certas pessoas, nos termos por ela delimitados, de não se sujeitarem a tributação".[187]

Assim, é proibida a atuação do legislador ordinário na instituição de determinados tributos, tendo em vista as precisas materialidades e pessoas participantes das relações jurídicas, ressaltando-se que a imunidade não se restringe exclusivamente aos *impostos* (como se poderia supor da redação contida no art. 150, VI, da CF), mas também abrange as *taxas* (art. 5º, XXXIV, LXXIV, LXXVI e LXXVII, da CF) e as *contribuições sociais* (arts. 149, §2º, II e 195, §7º, da CF).

A *repercussão econômica* não era levada em consideração para fins imunitórios, porque o seu âmbito era restrito ao denominado "contribuinte de direito", ou seja, quem suportava o dever tributário relativo ao recolhimento do imposto. Na condição de adquirente ("contribuinte de fato") sujeitava-se ao respectivo encargo financeiro, uma vez que o STF firmara diretriz de que "a imunidade ou isenção tributária do comprador não se estende ao produtor, contribuinte do Imposto sobre Produtos Industrializados" (Súmula nº 591).

Todavia, argumenta-se no sentido de que "parece fora de dúvida razoável que a imunidade alcança também os chamados impostos indiretos, incidentes sobre mercadorias e serviços adquiridos pelas pessoas jurídicas de direito constitucional interno e seus órgãos nos casos em que os adquirentes suportaram o encargo econômico do imposto".[188]

Para tanto, assevera que "a regra que garante a imunidade se aplica a esses impostos quando eles não puderem ser recuperados pelo sistema de crédito (não cumulatividade), ou não puderem ser repassados a terceiros. Ora, se houver a tributação o adquirente suportará o peso econômico do tributo que reverterá em favor do ente tributante, e isso equivaleria a esvaziar o sentido da norma concessiva da imunidade. Esse entendimento começa a ser adotado pelo STF (*RTJ* nº 133/857 e nº 172/619), em alguns julgamentos em que se discute o alcance da imunidade tributária das entidades de educação e assistência social".[189]

Se, de um lado, existem razões – quando menos, econômicas – a fundamentar o não cabimento da imunidade se o titular do benefício (como contribuinte de direito) transfere o encargo financeiro para o contribuinte de fato; de outro, nos casos em que é esta a pessoa isenta ou imune, o panorama modifica-se, não prevalecendo o argumento de que o adquirente, sendo terceiro, não integra a relação jurídico-tributária. O relevo da condição que o contribuinte de fato adquire, em relação aos impostos indiretos, afasta essa ideia.

Em suma, pode-se afirmar que a Súmula nº 591 não vem sendo aplicada em casos de imunidade, como os previstos nas alíneas *a* e *c* do inciso VI, do art. 150, da CF. Nesses casos, o STF inclina-se a prestigiar o entendimento de que a exoneração fiscal favorece

---

[187] COSTA, Regina Helena. *Imunidades Tributárias* – Teoria e Análise da Jurisprudência do STF. 2. ed. São Paulo: Malheiros, 2006. p. 299.
[188] ANDRADE FILHO, Edmar Oliveira. Imunidades Tributárias na Constituição Federal. In: PEIXOTO, Marcelo Magalhães; CARVALHO, Cristiano (coords.). *Imunidade Tributária*. São Paulo: MP e Apet, 2005. p. 116.
[189] ANDRADE FILHO, *ob. cit.*, p. 116.

os seus titulares, mesmo quando se encontram na situação de adquirente (contribuinte de fato) de impostos que incidem sobre seu patrimônio, serviços ou rendas.[190]

É inexorável a existência do "contribuinte de fato", sendo "indefectível sua existência pela disposição que trata o CTN em seu art. 166, bem como a Súmula nº 546 do STF, em que todos dão conta da total existência e reconhecimento do contribuinte de fato, ou seja, aquele que embora não esteja diretamente obrigado a implementar o tributo acaba por fazê-lo".[191]

O STF retomou a lógica da Súmula nº 591, valorizando a condição de contribuinte de direito, e não de fato, reconhecendo que a imunidade tributária prevista pelo art. 150, inciso VI, *c*, da CF, abrange o ICMS sobre comercialização de bens produzidos por entidade beneficente. Considerou-se que o objetivo da referida norma constitucional é assegurar que as rendas oriundas das atividades que mantêm as entidades filantrópicas sejam desoneradas exatamente para se viabilizar a aplicação e o desenvolvimento dessas atividades; e, que, a cobrança do referido imposto desfalcaria o patrimônio, diminuiria a eficiência dos serviços e a integral aplicação das rendas de tais entidades. Vencidos os Ministros Ellen Gracie, relatora, Celso de Mello e Moreira Alves, por entenderem que o ICMS não onera a renda auferida pela entidade para a manutenção de seus objetivos institucionais, uma vez que repercute economicamente no consumidor (*Informativo* 299 do STF, EdivRE nº 210.151-SP, fev. 2003).

O STF invocara decisões conferindo alcance extensivo à imunidade tributária, a saber:

> São exemplos marcantes dessa tendência a aplicação liberal que a Casa tem dado à imunidade de *livros, jornais* e *periódicos* (*v.g.* RE nº 141.444, Pleno, 4.11.87, Sanches, *RTJ* nº 126/216; ERE nº 104.563, Pleno 09.06.93; Néri, RTJ nº 151/235), assim como à do *papel destinado à sua impressão* (RE nº 174.476, Pleno, 26.09.96, Min. Aurélio; RE nº 203.859, Pleno, 17.12.96, Corrêa).
> Também expressivo dessa mesma orientação é a decisão que alçou, não apenas a imunidade recíproca dos entes estatais, mas também as imunidades tributárias do art. 150, VI, *b* e *c*, à dignidade de limitações ao poder de reforma da Constituição, em razão da relevância dos direitos e liberdades fundamentais a cuja proteção estão voltadas.
> (RE nº 237.718-SP, Plenário, rel. Min. Sepúlveda Pertence, j. 29.03.01, *DJU* 1 de 06.09.01)

O STF acolhe a interpretação extensiva para a imunidade, mantendo a interpretação restritiva nos termos do art. 111 do CTN para as demais formas desonerativas, sendo explicitado o seguinte:

> É evidente que as normas constitucionais devem ser interpretadas através de uma exegese *ampla*, com a utilização de diversos métodos interpretativos, com o mais rigoroso exame do Texto Constitucional. Dar a norma constitucional um sentido restrito seria correr o perigo de caminhar na linha da inconstitucionalidade.[192]

---

[190] MELO, José Eduardo Soares de; BOTTALLO, Eduardo Domingos. *Comentários às Súmulas Tributárias do STF, STJ, TRFs e CARF*. 2. ed. São Paulo: Quartier Latin, 2011. p. 129.
[191] MAZETO, Cristiano de Souza; RIBEIRO, Maria de Fátima. A Imunidade dos Partidos Políticos e suas Repercussões no Contexto Econômico e Social. In: PEIXOTO, Marcelo Magalhães; CARVALHO, Cristiano (coords.). *Imunidade Tributária*. São Paulo: MP e Apet, 2005. p. 104.
[192] MORAES, Bernardo Ribeiro de. A Imunidade Tributária e seus Novos Aspectos. In: MORAES, Bernardo Ribeiro de. *Imunidades Tributárias, Pesquisas Tributárias, Nova Série 4*. São Paulo: RT e Centro de Extensão Universitária, 1998. p. 133.

Significativas as posturas firmadas pelo STF:

I – Esta Suprema Corte, nas inúmeras oportunidades em que debatida a questão da hermenêutica constitucional aplicada ao tema das imunidades, adotou a interpretação teleológica do instituto, a emprestar-lhe abrangência maior, com escopo de assegurar à norma supralegal máxima efetividade.

II – A interpretação dos conceitos utilizados pela Carta da República para outorgar competências impositivas (entre os quais se insere o conceito de "receita" constante do seu art. 195, I, "b") não está sujeita, por óbvio, á prévia edição de lei. Tampouco está condicionada à lei a exegese dos dispositivos que estabelecem imunidades tributárias, como aqueles que fundamentaram o acórdão de origem (arts. 149, §2º, I, e 155, §2º, X, "a", da CF). Em ambos os casos, trata-se de interpretação da Lei Maior voltada a desvelar o alcance de regras tipicamente constitucionais, com absoluta independência da atuação do legislador tributário (...).

(RE nº 606.107-RS – Plenário – rel. Min. Rosa Weber – sessão de 22.05.13)

Em 2017, firmou a tese seguinte:

A interpretação das imunidades tributárias deve se projetar no futuro e levar em conta os novos fenômenos sociais, culturais e tecnológicos. Com isso, evita-se o esvaziamento das normas imunizantes, por mero lapso temporal, além de se propiciar a constante atualização do alcance dos seus preceitos.

(RE nº 330817-RJ – Plenário – rel. Min. Dias Toffoli – sessão de 23.02.17)

5.2 Impostos

5.2.1 Recíproca

A Constituição (art. 150, VI, *a*) dispõe sobre a proibição à União, aos Estados, ao Distrito Federal e aos Municípios de instituir impostos sobre o patrimônio, renda ou serviços, uns dos outros, abrangendo as atividades das próprias pessoas políticas de Direito Público.

Assim: a) a União não poderá cobrar dos Estados, Distrito Federal e Municípios imposto sobre a renda relativamente a valores que estas pessoas políticas auferirem em razão de suas atividades públicas; b) aos Estados e Distrito Federal é vedado cobrar da União e dos Municípios o imposto sobre a propriedade de veículos automotores, referente aos carros pertencentes a estas pessoas; e c) os Municípios não poderão exigir da União, Estados e Distrito Federal o imposto sobre a propriedade predial urbana, no que concerne aos prédios de que estes sejam proprietários.

Trata-se da obediência ao federalismo, cuja manutenção é promovida com o objetivo de evitar cargas tributárias que possam desfalcar a capacidade econômica das pessoas políticas. Mediante a eliminação desses gravames, não ficarão prejudicadas e comprometidas no livre exercício de suas atividades públicas. Objetiva o preceito a igualdade, a harmonia e a independência das pessoas políticas.

Entendo que a imunidade à tributação do patrimônio não deve circunscrever-se apenas aos bens móveis e imóveis, mas também deve resguardar todos os elementos que o integram, especialmente os valores financeiros. A importação de produtos implica a normal incidência do imposto de importação e sobre produtos industrializados, obrigando o importador a recolher esses tributos com a decorrente diminuição de seu patrimônio financeiro. Por essa razão, tem pleno cabimento a aplicação da imunidade, excluindo a exigibilidade dos tributos aduaneiros nas importações realizadas pelos Estados, Distrito Federal e Municípios.

Do mesmo modo, as operações de financiamento acarretam a incidência do Imposto sobre Operações de Crédito (art. 153, V, da CF), de competência da União. No caso de o crédito ser obtido pelos Estados, Distrito Federal e Municípios, não deverá ser exigido este tributo, porque, embora não se caracterize conceitualmente como imposto sobre o patrimônio, mas sobre operações financeiras, tem a virtude de afetar o patrimônio financeiro destas entidades públicas.

A esse respeito, o STF decidiu questão afeta a aplicações financeiras realizadas pela Ordem dos Advogados do Brasil, do teor seguinte:

Ementa:
Processual Civil. Agravo Regimental. Constitucional. Tributário. Imunidade Recíproca. Ordem dos Advogados do Brasil. Seccional. Aplicações Financeiras. Investimentos. Imposto sobre Operações Financeiras – IOF. Abrangência. Dever de Fiscalização. Ausência de Prejuízo. Plena Vinculação da Constituição do Crédito Tributário.
1. A imunidade tributária gozada pela Ordem dos Advogados do Brasil é da espécie recíproca (art. 150, VI, *a*, da Constituição), na medida em que a OAB desempenha atividade própria de Estado (defesa da Constituição, da ordem jurídica do Estado democrático de direito, dos direitos humanos, da justiça social, bem como a seleção e controle disciplinar dos advogados).
2. A imunidade tributária recíproca alcança apenas as finalidades essenciais da entidade protegida. O reconhecimento da imunidade tributária às operações financeiras não impede a autoridade fiscal de examinar a correção do procedimento adotado pela entidade imune. Constatado desvio de finalidade, a autoridade fiscal tem o poder-dever de constituir o crédito tributário e de tomar as demais medidas legais cabíveis. Natureza plenamente vinculada do lançamento tributário que não admite excesso de carga.
(Ag. Reg. no RE nº 259.976, 2ª Turma, rel. Min. Joaquim Barbosa, j. 23.03.10, *DJe* de 29.04.10, p. 107)

O Judiciário já assentou que "não há invocar, para o fim de ser restringida a aplicação da imunidade, critérios de classificação dos impostos, adotados por normas infraconstitucionais, mesmo porque não é adequado distinguir entre bens e patrimônio, dado que este se constitui do conjunto daqueles" (RE nº 193.969-9-SP, rel. Min. Carlos Velloso, 2ª Turma, sessão de 17.09.96, *DJU* 1 de 06.12.96, p. 48.733).

Esta imunidade é extensiva às autarquias e às fundações instituídas e mantidas pelo Poder Público, no que se refere ao patrimônio, à renda e aos serviços, vinculados às suas finalidades essenciais ou às dela decorrentes (§2º do art. 150, da CF), significando que a fruição do benefício é também aplicável a tais entidades, em razão de serem consideradas como uma verdadeira extensão da Administração Pública, praticando atos e procedimentos que lhes são peculiares.

Nesse sentido, o *Serviço Autônomo de Água e Esgoto* é imune à tributação por impostos (art. 150, VI, *a*, e §§2º e 3º da Constituição), sendo que a cobrança de tarifas isoladamente considerada não altera a conclusão (Ag. Reg. no RE nº 399.307, 2ª Turma, rel. Min. Joaquim Barbosa, j. 16.03.10, *DJe* de 29.04.10, p. 108).

O STF considerou aplicável a imunidade tributária recíproca às autarquias e empresas públicas que prestam inequívoco serviço público, desde que, entre outros requisitos constitucionais e legais, não distribuam lucros ou resultados direta ou indiretamente a particulares, ou tenham por objetivo principal conceder acréscimo patrimonial ao Poder Público (ausência de capacidade contributiva) e não desempenhem atividade econômica, de modo a conferir vantagem não extensível às empresas privadas (livre iniciativa e concorrência).

Todavia, as vedações aos impostos "não se aplicam ao patrimônio, à renda e aos serviços, relacionados com exploração de atividades econômicas regidas pelas normas aplicáveis a empreendimentos privados, ou em que haja contraprestação ou pagamento de preços ou tarifas pelo usuário, nem exonera o promitente comprador da obrigação de pagar impostos relativamente ao bem imóvel" (§3º do art. 150).

Na medida em que os Poderes Públicos (inclusive autarquias e fundações) atuam como particulares, despidos das prerrogativas de Poder Público (especialmente a supremacia do interesse público sobre o privado), não há que se cogitar da referida desoneração tributária. É o que se dá no caso de tais entidades exercerem atividades particulares, de conformidade com o princípio da autonomia da vontade, em plena concorrência com aqueles, como acontece no caso de o Estado promover locação de veículos, em regime de liberdade contratual, situação em que tais receitas estarão sujeitas a tributos federal (imposto sobre a renda) e municipal (imposto sobre serviços).

O STF entende inaplicável a imunidade ao contribuinte de fato, na qualidade de simples adquirente de produto, serviço ou operação onerosa, realizada com intuito lucrativo, como é o caso do município de exonerar as operações de compra de mercadorias e prestação de serviços do pagamento de ICMS realizadas em território nacional, por equipará-las à "importação doméstica" (Ag. Reg. no Agravo de Instrumento nº 518.325, 2ª Turma, rel. Min. Joaquim Barbosa, j. 06.04.10, DJe de 29.04.10, p. 97).

Argutamente, o STF atentou para peculiar situação:

> Tributário. *IPTU*. Imóveis que compõem o Acervo Patrimonial do Porto de Santos. Integrantes do Domínio da União.
> Impossibilidade de tributação pela Municipalidade, independentemente de encontrarem-se tais bens ocupados pela empresa delegatária dos serviços portuários, em face da imunidade prevista no art. 150, VI, *a* da Constituição Federal.
> (RE nº 253.394-7, 1ª Turma, rel. Min. Ilmar Galvão, j. 26.11.02, *DJU* 1 de 11.04.03, p. 37)

Realmente, "na concessão, o Estado continua a ser o titular do poder de prestação do serviço. Atribui-se a um particular uma parcela da competência pública, mas o núcleo dessa competência permanece na titularidade do Estado; (...) o concessionário atua perante terceiros como se fosse o próprio Estado".[193]

E conclui o renomado mestre:

> (...) a delegação para o particular não transforma o serviço em privado. Nem retira da entidade delegante a titularidade do serviço. A delegação pressupõe a possibilidade de o serviço ser desempenhado por particular em condições, no mínimo, de eficiência idêntica ao que se passaria se o serviço fosse prestado diretamente pelo próprio Estado.[194]

---

[193] JUSTEN FILHO, Marçal. *Concessão de Serviços Públicos* – Comentários às Leis nos 8.987 e 9.074 de 1995. São Paulo: Dialética, 1997. p. 66.
[194] JUSTEN FILHO, *ob. cit.*, p. 113.

Importantes as posturas judiciais seguintes:

I – Constitucional. Competência. Supremo Tribunal Federal. Ação Cível Originária. Art. 102, I, "f", da Constituição do Brasil. *Empresa Brasileira de Correios e Telégrafos – EBCT*. Empresa Pública. Prestação de Serviço Postal e Correio Aéreo Nacional. Serviço Público. Art. 21, X, da Constituição do Brasil.
1. A prestação do serviço postal consubstancia serviço público (art. 175 da CB/88). A Empresa Brasileira de Correios e Telégrafos é uma empresa pública, entidade da Administração Indireta da União, como tal sendo criada pelo Decreto-Lei nº 509, de 10 de março de 1969.
2. O Pleno do Supremo Tribunal Federal declarou, quando do julgamento do RE 220.906, Relator o Ministro Maurício Corrêa, DJ 14.11.2002, à vista do disposto no artigo 6º do Decreto-Lei 509/69, que a Empresa Brasileira de Correios e Telégrafos é "pessoa jurídica equiparada à Fazenda Pública, que explora serviço de competência da União (CF, artigo 21, X)".
3. Impossibilidade de tributação de bens públicos federais por Estado-membro, em razão da garantia constitucional de imunidade recíproca.
4. O fato jurídico que deu ensejo à causa é a tributação de bem público federal. A imunidade recíproca, por sua vez, assenta-se basicamente no princípio da Federação. Configurado conflito federativo entre empresa pública que presta serviço público de competência da União e Estado-membro, é competente o Supremo Tribunal Federal para o julgamento da ação cível originária, nos termos do disposto no artigo 102, I, "f", da Constituição (...).
(Quest. Ord. em Ação Cível Originária nº 765-1, rel. p/ acórdão Min. Eros Grau, j. 1º.06.05, *DJe* de 06.11.08, p. 23)

Entretanto, pacificou-se o entendimento de que, após a vigência da Lei Complementar nº 116/03, incide ISS sobre os serviços realizados pelas *agências franqueadas dos Correios* (REsp nº 978.719-SP, 2ª Turma, rel. Min. Eliana Calmon, j. 05.05.09, *DJe* de 21.05.09).

II – Tributário – ISS – Fundação – Imunidade Recíproca – Isenção – *Contrato Executado por Empresa Privada* – art. 9º, IV, "a", e §2º, CTN – Decreto-Lei nº 406/68 – Decreto-Lei nº 834/69 – Lei Complementar nº 22/74.
1. A *imunidade* garantida às entidades públicas, no caso, Fundação instituída pelo Poder Público, não é obstáculo à tributação (ISS) dos serviços avençados contratualmente e prestados pela sociedade privada contratante.
2. Isenção inexistente.
3. Recurso improvido.
(STJ, REsp nº 5.058-0-PE, 1ª Turma, rel. Milton Pereira, j. 07.06.93, *DJU* 1 de 16.08.93)

III – Tributário. ICMS. *Energia Elétrica e Serviços de Telefonia*.
1. A imposição do princípio da imunidade tributária entre pessoas jurídicas de direito público não alcança o ICMS exigido do município por empresas concessionárias de serviço de telefonia ou de fornecimento de energia elétrica.
2. O Estado do Paraná cobra o ICMS das empresas concessionárias de telefonia ou de fornecimento de energia elétrica. Não o faz dos Municípios.
3. Essas entidades, empresas de direito privado, não estão favorecidas pela imunidade tributária. Esta só ocorre entre pessoas jurídicas de direito público.
4. Recurso improvido.
(STJ, RMS nº 6.827-PR, 1ª Turma, rel. Min. José Delgado, j. 05.06.96, *DJU* 1 de 14.10.96)

IV – Constitucional. Tributário. IPVA. Imunidade Tributária. *Instituição de Educação sem Fins Lucrativos*. CF, art. 150, VI, *e*. Súmula 279-STF.
(...)
II – Não há invocar, para o fim de ser restringida a aplicação da imunidade, critérios de classificação dos impostos adotados por normas infraconstitucionais, mesmo porque não é adequado distinguir entre bens e patrimônio, dado que este se constitui do conjunto daqueles. O que cumpre perquirir, portanto, é se o bem adquirido, no mercado interno ou externo, integra o patrimônio da entidade abrangida pela imunidade. Precedentes.
(STF, AgRg no Agravo de Instrumento nº 481.586-6, 2ª Turma, rel. Min. Carlos Velloso, j. 13.12.05, *DJU* 1 de 24.01.06, p. 34)

V – *Infraero* – Empresa Pública Federal Vocacionada a executar, como Atividade-fim, em Função de sua Específica Destinação Institucional, Serviços de Infraestrutura Aeroportuária – Matéria sob Reserva Constitucional de Monopólio Estatal (CF, art. 21, XII, "c"); (...)
Alto Significado Político-jurídico dessa Garantia Constitucional, que traduz uma das Projeções Concretizadoras do Postulado da Federação – Imunidade Tributária da Infraero, em Face do ISS, quanto às Atividades Executadas no Desempenho do Encargo, que, a Ela Outorgado, foi Deferido, constitucionalmente, à União Federal – Doutrina – Jurisprudência – Precedentes do Supremo Tribunal Federal – Agravo improvido (...).
(Ag. Reg. no RE nº 363.412-7, 2ª Turma, rel. Min. Celso de Mello, j. 07.08.07, *DJe* de 18.09.08, p. 197/8)

(...)
1. Merece plena manutenção a decisão agravada que, perfilhada ao entendimento jurisprudencial deste Superior Tribunal de Justiça, manifestou-se pela manutenção do direito à imunidade tributária (IPTU) concedida a autarquia (OAB) porquanto detém a posse do imóvel, ou seja, na qualidade de promitente-compradora, comprovada mediante escritura pública de promessa de compra e venda devidamente registrada no Cartório do Registro de Imóveis, podendo ser considerada contribuinte do IPTU. Precedente: REsp nº 979.970/SP, Rel. Min. Luiz Fux, DJ de 18.6.2008;
(...)
3. O Tribunal de origem concluiu pelo direito à imunidade encartada no artigo 150, VI, 'a', e seu §2º, da CF/88, ou seja, analisou a demanda sob enfoque constitucional. Asseverou, nesse esteio, que o conceito de patrimônio tal como prevê o art. 150, §2º, da CF, é amplo, não estando limitado à propriedade "stricto sensu", assim como consignou que o fato gerador do IPTU não é só o domínio, mas também a posse (...).
(AgRg no AI nº 1.061.875-RJ, 2ª Turma, rel. Min. Mauro Campbell Marques, j. 20.11.08, *DJe* de 16.12.08)

VI – Recurso Extraordinário. Constitucional. Imunidade Tributária. IPTU. Artigo 150, VI, 'b', CB/88. *Cemitério*. Extensão de Entidade de Cunho Religioso.
1. Os cemitérios que consubstanciam extensão de entidades de cunho religioso estão abrangidos pela garantia contemplada no artigo 150 da Constituição do Brasil. Impossibilidade de incidência do IPTU em relação a eles.
2. A imunidade aos tributos de que gozam os templos de qualquer culto é projetada a partir da interpretação da totalidade que o texto da Constituição e, sobretudo, do disposto nos artigos 5º, VI, 19, I, e 150, VI, "b".
3. As áreas da incidência e da imunidade tributária são antípodas.
Recurso extraordinário provido.
(RE nº 578.562-9, Plenário, rel. Min. Eros Grau, j. 21.05.08, *DJe* de 11.09.08, p. 54)

Relativamente ao imóvel utilizado para sediar *condutos de transporte de petróleo, combustíveis ou derivados*, em operações da Petróleo Brasileiro S. A. – Petrobrás (monopólio da União), o STF negou a aplicação da imunidade, sob os fundamentos seguintes:

VII – (...)
2. É irrelevante para a definição da aplicabilidade da imunidade tributária recíproca a circunstância de a atividade desempenhada estar ou não sujeita a monopólio estatal. O alcance da salvaguarda constitucional pressupõe o exame (i) da caracterização econômica da atividade (lucrativa ou não), (ii) do risco à concorrência e à livre-iniciativa e (iii) riscos ao pacto federativo pela pressão política ou econômica.
3. A imunidade tributária recíproca não se aplica à *Petrobrás*, pois:
3.1. Trata-se de sociedade de economia mista destinada à exploração econômica em benefício de seus acionistas, pessoas de direito público e privado, e a salvaguarda não se presta a proteger aumento patrimonial dissociado de interesse público primário;
3.2. A Petrobrás visa a distribuição de lucros, e, portanto, tem capacidade contributiva para participar do apoio econômico aos entes federados;
3.3. A tributação de atividade econômica lucrativa não implica risco ao pacto federativo.
(Ag. Reg. no RE nº 285.716, 2ª Turma, rel. Min. Joaquim Barbosa, j. 02.03.10, *DJe* de 25.03.10, p. 63)
VIII – *Rede Ferroviária Federal S. A.* adquirida pela União Federal.

A imunidade tributária recíproca não exonera o sucessor das obrigações tributárias relativas aos fatos jurídicos tributários ocorridos antes da sucessão (aplicação "retroativa" da imunidade tributária).
(RE nº 599.176 – PR – Plenário – rel. Min. Joaquim Barbosa – sessão de 05.06.14)
IX – IPVA – Alienação Fiduciária por Pessoa Jurídica de Direito Público.

Incide a imunidade prevista no artigo 150, inciso VI, alínea "a", da Constituição Federal, em se tratando de contrato de alienação fiduciária em que a pessoa jurídica de direito público surge como devedora.
(RE nº 727851 – MG – Plenário – rel. Min. Marco Aurélio – sessão de 22.06.20)

X – Sociedade de economia mista, cuja participação acionária é negociada em Bolsas de Valores, e que, inequivocamente, está voltada á remuneração do capital de seus controladores ou acionistas, não está abrangida pela regra de imunidade tributária prevista no art. 150, VI, "a", da Constituição, unicamente em razão das atividades desempenhadas.
(Tema 508 de Repercussão Geral – RE nº 600.867-SP – Plenário – red. p/ac. Min Luiz Fux – em 29.06.20)

XI – *Companhia do Metropolitano de São Paulo – Metrô*. Sociedade de Economia Mista Prestadora de Serviço Público Essencial. Imunidade Recíproca. Artigo 150, VI, A, da Constituição Federal. Extensão. Precedentes. Reconhecimento da Existência de Repercussão Geral da Questão Constitucional.
(RG no RE nº 1.320.054-SP – Plenário – rel. Min. Luiz Fux – em 07.05.21)

5.2.2 Templos

A imunidade dos "templos de qualquer culto" (art. 150, VI, *b*, da CF) significa que as atividades religiosas em igrejas, casas paroquiais, estádios, terrenos, podem ser exercidas sem a exigência de impostos, propiciando a prática da crença religiosa diversificada (católica, protestante, israelita, maometana, evangélica, xintoísta, budista etc.)

Os imóveis em que são celebrados os ofícios religiosos não se sujeitarão ao IPTU, incluindo os cinemas onde são exibidos os espetáculos intimamente vinculados aos interesses das entidades religiosas; o mesmo ocorrendo com os veículos (carros, barcos, caminhões) utilizados nessas atividades, que devem ficar fora do alcance do IPVA.

Os valores auferidos em decorrência de casamentos, batizados, missas e atividades correlatas não tipificam rendas e serviços tributáveis pelas pessoas públicas, que não podem cobrar IR e ISS.

Inserem-se no âmbito da desoneração tributária as vendas de velas e artigos sacros, que não devem ficar sujeitos ao ICMS, uma vez que também se trata de atividade intimamente vinculada ao objetivo religioso. No caso de manterem uma emissora de televisão por assinatura (com cobrança de valores dos usuários), que tenham por escopo a transmissão de programas de cunho religioso, poderão ficar imunes ao ICMS.

É evidente que a vedação impositiva ao patrimônio, à renda e aos serviços "relacionados com as finalidades essenciais dos templos" (art. 150, §4º, da CF), implicará obrigação tributária no caso de manterem supermercado, cobrarem pelo estacionamento de veículos, pelo ingresso em cinemas ou pela venda de caixões funerários.

A imunidade deve abranger também os imóveis locados (RE nº 257.700 ou utilizados como locatários (Emenda Constitucional nº 116, de 17.02.22), ou utilizados como escritório e residência de membros da entidade (RE nº 221.395), consoante entendimento do STF (RE nº 325.822-2-SP, Pleno, rel. Min. Ilmar Galvão, j. 18.12.02, *DJU* 1 de 14.05.04, p. 33).

As festas e recepções realizadas nos salões das igrejas, sem cunho eminentemente religioso e mediante a cobrança de valores, bem como o serviço de *buffet*, sujeitam-se ao ISS.

Vincula-se aos pressupostos religiosos dos serviços, sendo imprescindível que as receitas tenham origem na prática de liturgias, sendo traçada importante distinção:

> A venda de imagens de santos pela igreja está ao abrigo da imunidade, na medida em que os santos são integrantes do ritual de oração, constituindo-se num importante objeto para a prática religiosa. A mesma imagem de santo, vendida por uma pessoa que não seja a mantenedora do templo, a exemplo de um antiquário, não está agasalhada pela imunidade. Isso porque, embora essa pessoa comercialize um objeto sacro, a mesma pessoa não possui nenhum vínculo com o templo. O objeto da relação de imunidade é necessariamente vinculado ao templo e suas atividades.[195]

---

[195] VERGUEIRO, Guilherme Von Muller. Teoria Constitucional da Imunidade dos Templos Religiosos. In: PEIXOTO, Marcelo Magalhães; CARVALHO, Cristiano (coords.). *Imunidade Tributária*. São Paulo: MP e Apet, 2005. p. 162.

O autor aponta:

A venda de velas de sete dias, por exemplo, está ao abrigo da imunidade, pois essas integram o ritual de orações, ao passo que a simples venda de velas perfumadas não está, pois são meramente decorativas. Em razão disso, podemos notar que a imunidade não se relaciona com a natureza intrínseca do objeto, mas sim a destinação religiosa que se atribua ao mesmo fator extrínseco.[196]

Relativamente à imunidade do *ITBI*, o STF decidira o seguinte:

Processual Civil. Agravo Regimental no Agravo. Recurso Especial. Tributário. ITBI. Entidade Religiosa. Imunidade Tributária. Art. 333, Inciso II, do CPC. Ônus da Prova.
1. Tratando-se a recorrida de entidade religiosa, há presunção relativa de que o terreno adquirido para construção do templo gerador do débito é revertido para suas finalidades essenciais. Assim é que caberia à Fazenda Pública, nos termos do artigo 333, inciso II, do CPC, apresentar prova de que o terreno em comento estaria desvinculado da destinação institucional.
2. Precedentes (...).
(AgRg no Agravo em Recurso Especial nº 444.193-RS – 2ª. T. – Rel. Min. Mauro Campbell Marques – j. 04.02.14 – *DJe* 10.02.14)

As atividades de *assistência social* também se enquadram no âmbito da imunidade:

DIREITO TRIBUTÁRIO. RECURSO EXTRAORDINÁRIO COM REPERCUSSÃO GERAL. IMPOSTOS SOBRE IMPORTAÇÃO. IMUNIDADE TRIBUTÁRIA. ENTIDADES RELIGIOSAS QUE PRESTAM ASSISTÊNCIA SOCIAL.

1. Recurso extraordinário com repercussão geral reconhecida a fim de definir (i) se a filantropia exercida à luz de preceitos religiosos desnatura a natureza assistencial da entidade, para fins de fruição da imunidade prevista no art. 150, VI, *c*, da Constituição; e (ii) se a imunidade abrange o II e o IPI incidentes sobre as importações de bens destinados às finalidades essenciais das entidades de assistência social.
(...)
3. *Entidades religiosas e assistência social.* Diversas organizações religiosas oferecem assistência a um público verdadeiramente carente, que, muitas vezes, instala-se em localidades remotas, esquecidas pelo Poder Público e não alcançadas por outras entidades privadas. Assim sendo, desde que não haja discriminação entre os assistidos ou coação para que passem a aderir aos preceitos religiosos em troca de terem suas necessidades atendidas, essas instituições se enquadram no art. 203 da Constituição.
4. *O alcance da imunidade das entidades assistenciais sem fins lucrativos.* A imunidade das entidades listadas no art. 150, VI, *c* da CF/1988, abrange não só os impostos diretamente incidentes sobre patrimônio, renda e serviços, mas também aqueles incidentes sobe a importação de bens a serem utilizados para a consecução dos seus objetivos estatutários. Além disso, protege a renda e o patrimônio não necessariamente afetos às ações assistenciais, desde que os valores oriundos de sua exploração sejam revertidos para as suas atividades essenciais. Precedentes desta Corte.

---

[196] VERGUEIRO, *ob. cit.*, p. 162.

(...)
ACÓRDÃO
(...) Foi fixada a seguinte tese: "As entidades religiosas podem se caracterizar como instituições de assistência social a fim de se beneficiarem da imunidade tributária prevista no art. 150, VI, c, da Constituição, que abrangerá não só os impostos sobre o seu patrimônio, renda e serviços, mas também os impostos sobre a importação de bens a serem utilizados na consecução de seus objetivos estatutários".
(RE nº 630.790-SP – Plenário – rel. Min. Roberto Barroso – sessão de 11 a 18.03.22)

A Emenda Constitucional nº 116, de 17.02.22, dispôs que o IPTU não incide sobre templos de qualquer culto, ainda que as entidades abrangidas pela imunidade (alínea "b", do inciso VI do caput do art. 150 da CF), sejam locatárias do imóvel".

A Emenda Constitucional nº 132, de 20.12.23, altera o preceito imunitório, passando a compreender (na alínea b, do inciso VI, do art. 150) as "entidades religiosas e templos de qualquer culto, inclusive suas organizações assistenciais e beneficentes".

5.2.3 Partidos Políticos, suas Fundações, Entidades Sindicais dos Trabalhadores, Instituições de Educação e de Assistência Social

Essas associações e entidades não sofrerão a exigência de impostos sobre o patrimônio, a renda e os serviços, se não tiverem finalidade lucrativa, e atenderem aos requisitos da lei (art. 150, VI, da CF), que é o CTN. Embora este diploma jurídico tenha sido editado em 1966 (anteriormente à Constituição de 1988), já havia disciplinado idêntica regra constitucional (Emenda nº 18, de 1º.12.65, à Carta de 1946), sendo recepcionado pelo vigente ordenamento constitucional (art. 34, §5º, do Ato das Disposições Transitórias).

Categoricamente, a CF-88 deferiu à lei complementar a competência para regular as limitações constitucionais ao poder de tributar (art. 146, III), que constitui matéria pertinente às imunidades (Seção II, Capítulo I, Título VI, da CF), tendo o CTN (art. 9º) estabelecido os requisitos (art. 14) seguintes:

> I – não distribuírem qualquer parcela de seu patrimônio ou de suas rendas, a qualquer título [com a redação da LC 104/2001];
> II – aplicarem integralmente no país, os seus recursos na manutenção dos seus objetivos institucionais;
> III – manterem escrituração de suas receitas e despesas em livros revestidos de formalidades capazes de assegurar sua exatidão.

É perceptível a justificativa para considerar-se a exclusividade da lei complementar no regramento da imunidade, uma vez que, constituindo a competência matéria estritamente constitucional, é lógico que a exclusão de competência – como se configura a imunidade – só pode ser veiculada por norma (lei complementar), que tenha de ser considerada pelas pessoas políticas.

Realmente, se ao legislador ordinário fosse possibilitado instituir regras próprias de imunidade, as normas complementares poderiam ser alteradas, desprezadas ou suprimidas, eliminando-se obliquamente as limitações para tributar, que, a seu turno, consubstanciam irremovíveis direitos e garantias individuais.

Perspicaz a afirmativa de que "pode-se cogitar de uma situação intermediária, onde a lei complementar (CF, art. 146, III) e lei 'ordinária' (CF, art. 150, VI, c) conviveriam, harmonicamente, em campos próprios e compatíveis, de sorte a preservar, de um lado, o real e efetivo significado do instituto da imunidade e, de outro, os também respeitáveis interesses do Erário, que merecem ser tutelados, desde que isto se dê sem atropelo aos direitos e garantias fundamentais".[197]

A questão suscitada não representa mera indagação acadêmica, de cunho teórico; ao revés, revela importância e aplicação prática, especialmente à luz da Lei federal nº 9.532, de 11.12.97, que pretendeu introduzir preceitos próprios no âmbito da imunidade, modificando as diretrizes encartadas no CTN, e até mesmo os superiores princípios constitucionais.

Nesse contexto normativo, o STF decidiu:

Ementa (...)
II. Imunidade tributária (CF, art. 150, VI, c e 146, II): 'instituições de educação e de assistência social, sem fins lucrativos, atendidos os requisitos da lei': delimitação dos âmbitos da matéria reservada, no ponto, à intermediação da lei complementar e da lei ordinária: análise, a partir daí, dos preceitos impugnados (L. 9.532/97, arts. 12 a 14): cautelar parcialmente deferida. Conforme precedente no STF (RE 93.770, Muñoz, *RTJ* 102/304) e na linha da melhor doutrina, o que a Constituição remete à lei ordinária, no tocante à imunidade tributária considerada, é a fixação de normas sobre a constituição e funcionamento da entidade educacional ou assistencial imune: não o que diga respeito aos lindes da imunidade, que, quando suscetíveis de disciplina infraconstitucional, ficou reservado à lei complementar. (ADIn nº 1.802-3-DF, Pleno, rel. Min. Sepúlveda Pertence, j. 27.08.88, *DJU* de 13.02.04, p. 10 – grifei)

Em 2017, o STF firmou o entendimento de que "os requisitos para o gozo da imunidade hão de estar previstos em lei complementar" (ADIs nº 2.028, nº 2.036, nº 2.228 e nº 2.621, e RE nº 566.622 – Plenário de 02.03.17 – rel. Min. Marco Aurélio – Tema 32 de Repercussão Geral).

No que concerne à aplicação dos recursos, nem sempre pode ser realizada de modo preferencial ou exclusivo para as atividades básicas da instituição, como é o caso de aquisição de equipamentos cirúrgicos, ambulâncias, salários de médicos, ou compra de móveis, pagamento de funcionários etc.

A finalidade de tais investimentos consiste na manutenção dos bens da entidade, ou instituição, razão pela qual atendem os benefícios da imunidade os resultados percebidos em aplicações financeiras, os aluguéis de imóveis de sua propriedade etc., uma vez que estas entidades não estão concorrendo com terceiros, sequer praticando atividades especulativas.

Os vocábulos "instituições" ou "entidades" não apresentam peculiaridades e distinções para as finalidades imunitórias, compreendendo o terceiro setor, que "corresponde às instituições com preocupações e práticas sociais, sem fins lucrativos, que geram

---

[197] BOTTALLO, Eduardo Domingos. Imunidades de Instituições de Educação e de Assistência Social e Lei Ordinária – Um Intrincado Confronto. In: BOTTALLO, Eduardo Domingos. *Imposto de Renda* – Alterações Fundamentais. São Paulo: Dialética, 1998. v. 2. p. 53-63.

bens e serviços de caráter público, tais como: ONGs, instituições religiosas, clubes de serviços, entidades beneficentes, centros sociais, organizações de voluntariado etc.".[198]

Deve ser levado em conta o significado do vocábulo "educação", amplamente referido na CF (arts. 205, 208 e 214). Pugna-se pela interpretação ampla do conceito de *instituição de educação*, que não é "apenas a de caráter estritamente didático, mas toda aquela que aproveita à cultura em geral, como laboratório, instituto, centro de pesquisas, o museu, o *atelier* de pintura ou escultura, o ginásio de desportos, as academias de letras, artes e ciências".[199]

A CF preceitua o seguinte:

> Art. 203. A *assistência social* será prestada a quem dela necessitar, independentemente de contribuição à seguridade social, e tem por objetivos:
> I – a proteção à família, à maternidade, à infância, à adolescência e à velhice;
> II – o amparo às crianças e adolescentes carentes;
> III – a promoção da integração ao mercado de trabalho;
> IV – a habilitação e reabilitação das pessoas portadoras de deficiência e a promoção de sua integração ao mercado de trabalho;
> V – a garantia de um salário mínimo de benefício mensal à pessoa portadora de deficiência e ao idoso que comprovem não possuir meios de prover à própria manutenção ou tê-la provida por sua família, conforme dispuser a lei.

A *assistência social* pode significar o atendimento aos direitos sociais enumerados no art. 6º da CF (a educação, a saúde, o trabalho, o lazer, a segurança, a previdência social, a proteção à maternidade e à infância, a assistência aos desamparados), sendo de responsabilidade do Estado e da sociedade.[200]

Nesta temática devem ser consideradas diversas instituições que se enquadram no "terceiro setor", distinto dos âmbitos do primeiro setor (Estado) e do segundo setor (mercado), de natureza não lucrativa e não governamental, interagindo entre as esferas públicas e privadas, destacando-se os aspectos básicos seguintes:

a) *Organizações Sociais (OS)*, previstas na Lei federal nº 9.637, de 15.05.98, que têm por objetivo proporcionar o desenvolvimento, através de contrato de gestão firmado entre entidade e o poder público, de atividades dirigidas ao ensino, à pesquisa científica, ao desenvolvimento tecnológico, à proteção e preservação do meio ambiente, à cultura e à saúde;

b) *Organizações da Sociedade Civil de Interesse Público (Oscip)*, dispostas na Lei federal nº 9.790, de 23.09.99, compreendendo as pessoas jurídicas de direito privado, sem fins lucrativos, desde que os respectivos objetivos sociais e normas estatutárias atendam à promoção da I) assistência social; II) cultura, defesa e conservação do patrimônio histórico e artístico; III) gratuidade da educação; IV) gratuidade da saúde; V) segurança alimentar e nutricional; VI) defesa, preservação e conservação do meio ambiente e desenvolvimento

---

[198] CARDOSO, Laís Vieira. Imunidade e o Terceiro Setor. In: PEIXOTO, Marcelo Magalhães; CARVALHO, Cristiano (coords.). *Imunidade Tributária*. São Paulo: MP e Apet, 2005. p. 216.
[199] BALEEIRO, Aliomar. *Limitações Constitucionais ao Poder de tributar*. 6. ed. Rio de Janeiro: Forense, 1955; 7. ed. Rio de Janeiro: Forense, 1997. p. 314-315.
[200] SOUZA, Leandro Marins de. *Tributação do Terceiro Setor no Brasil*. São Paulo: Dialética, São Paulo, 2004. p. 165.

sustentável; VII) voluntariado; VIII) desenvolvimento econômico e social e combate à pobreza; IX) experimentação não lucrativa de novos modelos socioprodutivos e de sistemas alternativos de produção, comércio, emprego e crédito; X) direitos estabelecidos, construção de novos direitos e assessoria jurídica gratuita de interesse suplementar; XI) ética da paz, da cidadania, dos direitos humanos, da democracia e de outros valores universais; XII) estudos e pesquisas, desenvolvimento de tecnologias alternativas, produção e divulgação de informações e conhecimentos técnicos e científicos que digam respeito às atividades mencionadas;

c) *Organizações não Governamentais (ONGS)* que constituem associações (ou fundações), de natureza privada, sem finalidade lucrativa e mantidas por intermédio de doações, convênios com entidades de natureza pública ou privada, e prestação de serviços, que podem desempenhar atividades que se enquadram nos conceitos de educação ou de assistência social;[201]

d) *Escolas Comunitárias,* dispostas na Lei federal nº 9.394, de 20.12.96 (diretrizes e bases da educação nacional), são aquelas instituídas por grupos de pessoas físicas, ou por uma ou mais pessoas jurídicas, inclusive cooperativas de pais, professores e alunos, que incluam em sua entidade mantenedora representantes da comunidade;

e) *Escolas Confessionais* instituídas por grupos de pessoas físicas, ou por uma ou mais pessoas jurídicas, que atendam a orientação confessional (religiosa) e ideologia específicas;

f) *Escolas Filantrópicas,* significando atividade educacional desenvolvida de forma gratuita à coletividade, sem qualquer distinção (STF – ADIn nº 2.028).

A mencionada Lei federal nº 9.532/97 dispôs sobre diversos requisitos para a plena fruição da imunidade tributária, revelando-se pertinente a transcrição de todos os seus aspectos, e as específicas referências ao julgamento do STF (ADI nº 1.802-DF – Plenário de 12.04.19 – rel. Min. Dias Toffoli), a saber:

Art. 12. Para efeito do disposto no art. 150, inciso VI, alínea 'c' da Constituição, considera-se imune a instituição de educação ou de assistência social que preste os serviços para os quais houver sido instituída e os coloque à disposição da população em geral, em caráter complementar às atividades do Estado, sem fins lucrativos.

§1º Não estão abrangidos pela imunidade os rendimentos e ganhos de capital auferidos em aplicações financeiras de renda fixa ou de renda variável.

(Obs. Inconstitucionalidade declarada pelo STF);

§2º Para o gozo da imunidade, as instituições a que se refere este artigo, estão obrigadas a atender aos seguintes requisitos:

a) não remunerar, por qualquer forma, seus dirigentes pelos serviços prestados;

b) aplicar integralmente seus recursos na manutenção e desenvolvimento dos seus objetivos sociais;

c) manter escrituração completa de suas receitas e despesas em livros revestidos das formalidades que assegurem a respectiva exatidão;

---

[201] SOUZA, Leandro Marins de. *Imunidade Tributária* – Entidades de Educação e Assistência Social. Curitiba: Juruá Editora, 2001. p. 139.

d) conservar em boa ordem, pelo prazo de cinco anos, contada da data da emissão, os documentos que comprovem a origem de suas receitas e a efetivação de suas despesas, bem assim a realização de quaisquer outros atos ou operações que venham a modificar sua situação patrimonial;

e) apresentar, anualmente, Declaração de Rendimentos, em conformidade com o disposto em ato da Secretaria da Receita Federal;

f) *recolher os tributos retidos sobre os rendimentos por elas pagos ou creditados e a contribuição para a seguridade social relativa aos empregados, bem assim cumprir as obrigações acessórias daí decorrentes;*
(Obs. Inconstitucionalidade declarada pelo STF);

g) assegurar a destinação de seu patrimônio a outra instituição que atenda às condições para gozo da imunidade, no caso de incorporação, fusão, cisão ou de encerramento de suas atividades, ou a órgão público;

h) outros requisitos, estabelecidos em lei específica, relacionados com o funcionamento das entidades a que se refere este artigo.

§3º Considera-se entidade sem fins lucrativos a que não apresente superávit em suas contas ou, caso o apresente em determinado exercício, destine referido resultado, integralmente, à manutenção e ao desenvolvimento dos seus objetivos sociais.

Art. 13. Sem prejuízo das demais penalidades previstas na lei, a Secretaria da Receita Federal suspenderá o gozo da imunidade a que se refere o artigo anterior, relativamente aos anos-calendários em que a pessoa jurídica houver praticado ou, por qualquer forma, houver contribuído para a prática de ato que constitua infração a dispositivo da legislação tributária, especialmente no caso de informar ou declarar falsamente, omitir ou simular o recebimento de doações em bens ou em dinheiro, ou de qualquer forma cooperar para que terceiro sonegue tributos ou pratique ilícitos fiscais.
(Obs. Inconstitucionalidade declarada pelo STF).

§único. Considera-se, também, infração a dispositivo da legislação tributária o pagamento, pela instituição imune, em favor de seus associados ou dirigentes, ou, ainda, em favor de sócios, acionistas ou dirigentes de pessoa jurídica a ela associada por qualquer forma, de despesas consideradas indedutíveis na determinação da base de cálculo do imposto sobre a renda ou da contribuição social sobre o lucro líquido.

Art. 14. À suspensão do gozo da imunidade aplica-se o disposto no art. 32 da Lei nº 9.430, de 1996.
(Obs. Inconstitucionalidade declarada pelo STF).

O STF (ADI nº 1.802-DF) firmara os entendimentos seguintes:

(...) 2. A necessidade de lei complementar para disciplinar as limitações ao poder de tributar não impede que o constituinte selecione matérias passíveis de alteração de forma menos rígida, permitindo uma adaptação mais fácil do sistema às modificações fáticas e contextuais, com o propósito de velar melhor pelas finalidades constitucionais. Nos precedentes desta Corte, prevalece a preocupação em respaldar normas de lei ordinária direcionadas a evitar que falsas instituições de assistência e educação sejam favorecidas pela imunidade. É necessário reconhecer um espaço de atuação para o legislador ordinário no trato da matéria.

(...) 4. Os aspectos procedimentais necessários à verificação do atendimento das finalidades constitucionais da regra de imunidade, tais como as referentes à certificação, á fiscalização e ao controle administrativo, continuam passíveis de definição por lei ordinária (...).

As entidades de previdência privada deveriam ser consideradas imunes, mas o STF consolidou a diretriz seguinte:

> Recurso Extraordinário. Constitucional. Previdência Privada. Imunidade Tributária. Inexistência.
> 1. Entidade fechada de previdência privada. Concessão de benefício aos filiados mediante recolhimento das contribuições pactuadas. Imunidade tributária. Inexistência, dada a ausência das características de universalidade e generalidade da prestação, próprias dos órgãos de assistência social.
> 2. As instituições de assistência social, que trazem ínsito em suas finalidades a observância ao princípio da universalidade, da generalidade e concede [sic] benefícios a toda a coletividade, independentemente de contraprestação, não se confundem e não podem ser comparadas com as entidades fechadas de previdência privada que, em decorrência da relação contratual firmada, apenas contempla uma categoria específica, ficando o gozo dos benefícios previstos em seu estatuto social dependente do recolhimento das contribuições avençadas, *conditio sine qua non*, para a respectiva integração no sistema.
> Recurso extraordinário conhecido e provido.
> (RE nº 202.700-6-DF, Pleno, rel. Min. Maurício Corrêa, j. 08.11.01, *DJU* 1 de 1º.03.02)

Também pontificou o seguinte:

> Imposto – Transmissão de bem imóvel – Município de São Paulo – Entidade fechada de previdência social – Pretensão ao reconhecimento da imunidade tributária – Inviabilidade – Inocorrência do caráter de universalidade dos serviços prestados, nos termos daqueles providos pela assistência social oficial – Desatendimento do artigo 150, VI, *c*, da CF – Tributo devido – Segurança denegada – Recurso extraordinário conhecido e provido.
> (RE nº 237.401-9-SP, 1ª Turma, rel. Min. Moreira Alves, j. 18.12.01, *DJU* 1 de 08.03.01)

O aresto expressa o seguinte:

> Há pouco, em 08.11.2001, o Pleno desta Corte, ao concluir o julgamento do RE nº 202.700, Relator o eminente Ministro Maurício Corrêa, decidiu que, em face da atual Constituição, não se pode confundir instituição assistencial com entidade fechada de previdência privada, de gênese contratual e que só confere benefícios aos seus filiados desde que eles recolham as contribuições pactuadas, pois entidade assim constituída não possui o caráter de universalidade que tem a assistência oficial, daí extraindo que os serviços por ela realizados não podem ser entendidos como sendo de assistência social em sentido estrito, em cooperação com o Poder Público; e, em assim sendo, a entidade fechada de previdência privada com tais características não goza da imunidade tributária prevista no artigo 150, VI, *c*, da Carta Magna.

Sacramentou que "a imunidade tributária conferida a instituições de assistência social sem fins lucrativos pelo art. 150, VI, *c*, da Constituição, somente alcança as entidades fechadas de previdência privada se não houver contribuição dos beneficiários" (Súmula nº 730).

É injurídica a obrigatória destinação do superávit (utilização no ativo imobilizado), porque cria obrigação não prevista no CTN, acrescido da circunstância de que o administrador pode realizar diferentes espécies de aplicações, desde que estejam vinculadas à manutenção dos seus objetivos. Parece razoável a utilização do superávit para fazer face às despesas com professores, médicos, enfermagens, cursos de especialização.

Por vezes, é conveniente utilizar os valores financeiros de forma indireta, momentaneamente mais adequada para a preservação dos patrimônios das instituições imunes, como é o caso de aplicações no sistema financeiro, ou investimentos imobiliários, com o objetivo precípuo de evitar a perda do capital e a desvalorização da moeda, de modo a permitir futura reaplicação direta em seus objetivos assistenciais.

Nesse sentido, o STF entendeu que "ainda quando alugado a terceiros, permanece imune ao IPTU o imóvel pertencente a qualquer das entidades referidas pelo art. 150, V, c, da Constituição, desde que seja aplicado nas atividades essenciais de tais entidades" (Súmula Vinculante nº 52).

A utilização do imóvel para atividade de lazer e recreação não configura desvio de finalidade com relação aos objetivos da Fundação caracterizada como entidade de assistência social (RE nº 236.174-2, 1ª Turma, rel. Min. Menezes Direito, j. 02.09.08, *DJe* de 23.10.08, p. 82).

Entretanto, fora entendido que "a imunidade tributária das instituições de ensino e assistência social é patrimonial e alcança os bens efetivamente utilizados na consecução dos fins da entidade, não contemplando os que estejam estagnados, sem uso nenhum" (STJ, REsp nº 782.305-ES, 2ª Turma, rel. Min. João Otávio Noronha, j. 17.08.06, *DJU* 1 de 14.09.06, p. 302).

Ao suspender a vigência do §1º e a alínea *f* do §2º, ambos do art. 12, do art. 13, *caput*, e do art. 14, todos da Lei nº 9.532, de 10.12.97, o STF aplica precedente (RE nº 93.770, Munoz, *RTJ* 102, 304), no sentido de que a Constituição remete à lei ordinária, no tocante à imunidade tributária considerada, a fixação de normas sobre a constituição e o funcionamento da entidade educacional assistencial imune: não que o diga respeito aos lindes da imunidade, que, susceptíveis de disciplina infraconstitucional, ficou reservado à lei complementar (ADIn nº 1.803-DF, rel. Min. Sepúlveda Pertence, Pleno, j. 27.08.98, *DJU* 1 de 13.02.04, p. 10).

Por fim, entendo que *a imunidade não se restringe aos impostos classificados como incidentes sobre o patrimônio e a renda* (CTN, Título III, Capítulo III, como o ITR, IPTU, IR, ITBI e ISS). Também os impostos classificados no CTN como impostos sobre a produção e a circulação (ICMS, IPI e IOF) são compreendidos pela imunidade, porque afetam o patrimônio das associações e entidades.

Esta desoneração a tais impostos aplica-se na medida em que praticam os respectivos fatos geradores, como é o caso de a entidade fornecer produto industrializado, ficando a salvo do IPI, porque, normalmente, o fornecimento habitual desse bem corpóreo seria suscetível à tributação.

Nas operações de importação de bens e serviços, o ônus do ICMS é suportado diretamente pela importadora (entidade imune), razão pela qual há que se considerar a não incidência tributária, sendo despiciendo o fato de a CF (art. 150, IV, *a*) referir-se a "patrimônio, renda e serviço", porque o STF assentou o seguinte:

> Constitucional. Tributário. ICMS. Imunidade Tributária. Instituição de Educação sem Fins Lucrativos. CF, art. 150, VI, *c*.

I – Não há invocar, para o fim de ser restringida a aplicação da imunidade, critérios de classificação dos impostos adotados por normas infraconstitucionais, mesmo porque não é adequado distinguir bens e patrimônio, dado que este se constitui do conjunto daqueles. O que cumpre perquirir, portanto, é se o bem adquirido, no mercado interno ou externo, integra o patrimônio da entidade abrangida pela imunidade.
II – Precedentes do STF.
III – Agravo não provido.
(AgRg em RE nº 225.671-0, 2ª Turma, rel. Min. Carlos Velloso, j. 21.09.88, *DJU* 1 de 23.10.98, p. 6)

Relativamente ao ICMS incidente na venda de mercadorias por ente imune, o STF decidiu que não há imunidade, eis que o imposto seria suportado pelo adquirente (RE nº 191.067-4, 1ª Turma, rel. Min. Moreira Alves, j. 26.10.99, *DJU* 1 de 03.12.99, p. 23). No entanto, entendera que a imunidade tributária prevista no art. 150, VI, *c*, da Constituição, compreende as aquisições de produtos no mercado interno, desde que os bens adquiridos integrem o patrimônio dessas entidades beneficentes (Ag. Reg. no AI nº 535.922-3, 2ª Turma, rel. Min. Ellen Gracie, j. 30.09.08, *DJe* de 13.11.08, p. 108).

No que concerne ao IOF decidira o seguinte:

RECURSO EXTRAORDINÁRIO. REPERCUSSÃO GERAL RECONHECIDA. DIREITO TRIBUTÁRIO. IMUNIDADE. ART. 150, VI, "C", DA CONSTITUIÇÃO DA REPÚBLICA. ENTIDADES SINDICAIS, PARTIDOS POLÍTICOS, INSTITUIÇÕES DE EDUCAÇÃO E DE ASSISTÊNCIA SOCIAL SEM FINS LUCRATIVOS. IMPOSTO SOBRE OPERAÇÕES FINANCEIRAS – IOF.
1. Segundo a pacífica jurisprudência desta Suprema Corte, a imunidade tributária prevista no art. 150, VI, "c", da Constituição da República, alcança o Imposto sobre Operações Financeiras – IOF.
2. Os objetivos e valores perseguidos pela imunidade em foco sustentam o afastamento da incidência do IOF, pois a tributação das operações de crédito, câmbio e seguro, ou relativas a títulos ou valores mobiliários das entidades ali referidas, terminaria por atingir seu patrimônio ou sua renda.
3. A exigência de vinculação do patrimônio, da renda e dos serviços com as finalidades essenciais da entidade imune, prevista no §4º do artigo 150 da Constituição da República, não se confunde com afetação direta e exclusiva a tais finalidades. Entendimento subjacente à Súmula Vinculante 52.
4. Presume-se a vinculação, tendo em vista que impedidas, as entidades arroladas no art. 150, VI, "c", da Carta Política, de distribuir qualquer parcela do seu patrimônio ou de suas rendas, sob pena de suspensão ou cancelamento do direito à imunidade (artigo 14, I, e §1º, do Código Tributário Nacional). Para o reconhecimento da imunidade, basta que não seja provado desvio de finalidade, ônus que incumbe ao sujeito ativo da obrigação tributária.
(...)
ACÓRDÃO
(...) Tema nº 328 da repercussão geral, conhecer do recurso extraordinário, negar-lhe provimento e fixar a seguinte tese: "*A imunidade assegurada pelo art. 150, VI, 'c', da Constituição da República aos partidos políticos, inclusive suas fundações, às entidades sindicais dos trabalhadores e às instituições de educação e de assistência social, sem fins lucrativos, que atendam aos requisitos da lei, alcança o IOF, inclusive o incidente sobre aplicações financeiras*".
(RE nº 611.510-SP – Plenário – rel. Min. Rosa Weber – sessão virtual de 13.04.21)

Embora o requisito apontado no item III, do art. 14 do CTN, diga respeito à mera *obrigação acessória*, revela-se indispensável para que fique registrado o ingresso de verbas e respectivo manuseio, a fim de o Poder Público ter ciência do cumprimento das regras imunitórias. Todavia, a legitimidade do controle que pode ser realizado pelo Poder Público não lhe confere nenhum direito à legislação ordinária, sequer regulação ou criação de meros deveres instrumentais. Qualquer norma ou singela regra que objetive disciplinar a observância dos requisitos da imunidade padecerá de vício de inconstitucionalidade.

Merece crítica o próprio CTN, ao cometer à autoridade competente a faculdade de "suspender" a imunidade (§1º do art. 14), no caso de descumprimento dos apontados requisitos, ou ainda se a entidade deixar de reter tributos na fonte, na condição de responsável ou observar deveres acessórios (§1º do art. 9º). Ao administrador público não é concedido o poder de paralisar temporariamente os efeitos imunitórios, por mera discricionariedade, porque se trata de exclusão de competência constitucional. Se a entidade descumpre a Constituição e a lei (CTN), pode ocorrer a perda dos direitos à desoneração tributária, impondo-se a exigência dos impostos, que não é formulada simplesmente por critérios de conveniência e oportunidade.

Assinalo que a *assistência social prestada por entidades religiosas* fora objeto de análise pelo STF (*vide* item 5.2.2)

5.2.4 Livros, Jornais, Periódicos e Respectivo Papel

A imunidade prevista na CF (art. 150, VI, *d*) objetiva proteger a divulgação de ideias, conhecimentos, a livre expressão do pensamento, veiculados por estes instrumentos, traduzindo procedimento peculiar a um autêntico regime democrático.

Mediante a desoneração de impostos, torna-se mais facilitada a confecção e a sua distribuição, pouco interessando o seu formato e, principalmente, o conteúdo que neles se contêm, uma vez que o princípio da isonomia não consente qualquer efeito discriminatório. Embora muitas vezes seja fácil identificar a figura de um livro, nem sempre é possível caracterizá-lo, de forma precisa, o mesmo ocorrendo com os periódicos, tendo em vista as diferenciadas situações que se apresentam.

É o caso das listas telefônicas que vieram a ser alcançadas pela imunidade, sob o fundamento de que não estão excluídos da imunidade os "periódicos" que cuidam apenas e tão somente de informações genéricas ou específicas, sem caráter noticioso, discursivo, literário, poético ou filosófico (STF, Pleno, RE nº 101.441-5, rel. Min. Sydney Sanches, j. 04.11.87, *Revista dos Tribunais* nº 635, p. 300-333), o mesmo se verificando com os catálogos ou guias, mesmo que neles haja publicidade paga (RE nº 111.960-8, rel. Min. Sydney Sanches, *DJU* 1 de 12.08.88, p. 19.517).

Não se concebe qualquer distinção – para fins de imunidade – entre um livro que tenha estampado figuras de esportistas, artistas etc., e um álbum em que tais imagens (cromos) sejam adquiridas em separados, para serem coladas, como apontado que a "venda de um opúsculo ilustre a ser completado por 'figurinhas' periodicamente distribuídas pelas bancas, que podem ser adquiridas diretamente da editora, se assim o desejar a criança, em técnica de indiscutível atração não distinta daquela outra de venda de fascículos semanais, que terminam por formar um livro, embora objetivando a disputa de mercado é algo incensurável do ponto de vista ético-social, e não vedado pela imunidade constitucional, que, como já se disse, por ser objetiva, protege o veículo de expressão escrita, independente das intenções, difusão de ideias ou de imoralidades".[202]

A edição de *listas telefônicas* (catálogos e guias) é imune ao ISS (art. 19, III, *d*, da Constituição anterior), mesmo que nelas haja publicidade paga. A imunidade é ampla, abrangendo os serviços prestados pela empresa jornalística na transmissão de anúncios de propaganda, segundo precedentes do Pleno do STF: nº RE 87.049-1 (RE nº 111.228-SP, 2ª Turma, j. 09.06.87, *RTJ* nº 122/1.127).

A Constituição não distingue os processos tecnológicos de elaboração de livros, jornais e periódicos,[203] tendo o STF consolidado o entendimento de que "a imunidade prevista no art. 150, VI, *d*, da CF, abrange os filmes e papéis fotográficos necessários à publicação de jornais e periódicos" (Súmula nº 657).

Os processos tecnológicos para a elaboração dos livros, jornais e periódicos são totalmente irrelevantes – como é o caso de programas de computador (CD-ROM), disquetes, fitas cassete e demais elementos de informática também se encaixam na imunidade, uma vez que atendem às mesmas finalidades dos apontados veículos. Trata-se de novos instrumentos que também transmitem ideias, conhecimentos etc., e que, numa interpretação teleológica, inserem-se na mesma moldura cultural veiculada nos livros.

A aplicação da imunidade aos insumos necessários à impressão (clichês, tintas, maquinários, energia elétrica etc.) tem se revelado problemática, porque a interpretação das normas constitucionais que outorgam essa espécie de desoneração tributária deve ser ampla, sem o caráter restritivo que a lei impõe para a exegese de leis outorgantes de isenção. Também não seria o caso de discutir-se que, nessa construção integrativa, deve preponderar o critério finalístico que ampara os livros e periódicos, que é de assegurar meios para atuação concreta da garantia fundamental da liberdade de expressão cultural e de pensamento.

Impertinente a alegação de que o constituinte não pretendera estender a imunidade para os meios eletrônicos/computadorizados, porque se destinariam a pessoas com melhor poder aquisitivo, visto que tal assertiva demandaria exaustivo exame casuístico, que impediria conferir segurança e certeza à matéria constitucional.

Entendo que a comunicação jornalística e de natureza editorial via Internet, independente dos processos de sua elaboração (eletrônica, gráfica etc.), goza da imunidade tributária (art. 150, VI, *d*, da CF), uma vez que o objetivo constitucional é preservar a liberdade de expressão do pensamento, que constitui valor fundamental de uma sociedade livre e democrática.

Não se poderia conceber a existência de livros imunes (se elaborados com papel), e livros tributados (se elaborados por meios eletrônicos), sendo ponderado que "a importação de fitas de videocassetes, de agendas eletrônicas etc. virá beneficiar, especialmente os cegos, os analfabetos, os idosos que não podem ler, as crianças em tenra idade e as pessoas que, embora não de todo excepcionais, têm desenvolvimento

---

[202] MARTINS, Ives Gandra da Silva. Imunidade Constitucional de Publicações (Interpretação Teleológica da Norma Maior – Análise Jurisprudencial). *Revista de Direito Tributário*, n. 41, p. 221 e seguintes, jul./set. 1987.

[203] BALEEIRO, Aliomar. *Limitações Constitucionais ao Poder de tributar*. 6. ed. Rio de Janeiro: Forense, 1955; 7. ed. Rio de Janeiro: Forense, 1997. p. 205.

mental incompleto (...) especialmente porque a própria Constituição brasileira manda dispensar especial proteção às pessoas portadoras de deficiência".[204]

A Lei federal nº 10.753, de 30.10.03 – instituidora da política nacional do livro –, consagra o objetivo imunitório ao dispor que "o livro é o meio principal e insubstituível da difusão da cultura e transmissão do conhecimento, do fomento à pesquisa social e científica, da conservação do patrimônio nacional, da transformação e aperfeiçoamento social e da melhoria da qualidade de vida" (art. 1º, II).

Para tanto, considera como *livro* a publicação de textos escritos em fichas ou folhas, não periódica, grampeada, colada ou costurada, em volume cartonado, encadernado ou em brochura, em capas avulsas, em qualquer formato e acabamento.

O referido diploma estabelece que são equiparados a livro:

I – fascículos, publicações ou qualquer natureza que representem parte de livro;
II – materiais avulsos relacionados com o livro, impressos em papel ou em material similar;
III – roteiros de leitura para controle e estudo de literatura ou de obras didáticas;
IV – álbuns para colorir, pintar, recortar ou armar;
V – atlas geográficos, históricos, anatômicos, mapas e cartogramas;
VI – textos derivados de livro ou originais, produzidos por editores, mediante contrato de edição celebrado com o autor, com a utilização de qualquer suporte;
VII – livros em meio digital, magnético e ótico, para uso exclusivo de pessoas com deficiência visual;
VIII – livros impressos no Sistema Braille.

O STF firmou a tese de que "a imunidade tributária constante do art. 150, VI, *d*, da CF/88 aplica-se ao livro eletrônico (*e-book*), inclusive aos suportes exclusivamente utilizados para fixá-los" (Tema 593 de Repercussão Geral ao RE nº 330817, Plenário, rel. Min. Dias Toffoli, j. 08.03.17).

Dispõe que é permitida a entrada no País de livros em língua estrangeira ou portuguesa, imunes de impostos nos termos do art. 150, inciso VI, alínea *d*, da Constituição e nos termos do regulamento de tarifas alfandegárias prévias, sem prejuízo dos controles aduaneiros (art. 4º).

As *apostilas* têm sido alcançadas pela imunidade por serem consideradas veículos de transmissão de cultura simplificados (RE nº 183.403-2, 2ª Turma, rel. Min. Marco Aurélio, j. 07.11.00, *DJU* 1 de 04.05.01, p. 35).

Prestigiando interpretação teleológica e integrativa com a maior concretude possível, considera-se a imunidade relativa a livros, jornais e periódicos de modo amplo, total, apanhando produto, maquinário e insumos, sendo a referência a papel exemplificativa e não exaustiva (RE nº 202.149-RS, 1ª Turma, rel. p/ acórdão Min. Marco Aurélio, j. 26.04.11, *DJe* de 11.10.11, p. 31).

Também fora compreendido que o fato de os livros fazerem parte de coleção e virem embalados em conjuntos a *CDs*, e *fitas de videocassetes*, não impede a incidência da imunidade objetiva (TRF da 2ª Região, AMS nº 25.212, 1ª Turma, rel. Des. Ney Fonseca, j. 31.08.99). A expressão "livros (gênero) abrange o *livro eletrônico*, em razão de terem o mesmo objetivo, conteúdo e finalidade, ou seja, levar a informação e conhecimento

---

[204] CARRAZZA, Roque Antonio. Importação de Bíblias em Fitas – Sua Imunidade – Exegese do Art. 150, VII, d, da Constituição Federal. *Revista Dialética de Direito Tributário*, n. 26, p. 126-127, 1997.

ao seu usuário (TJSP, AC nº 70.233-5/9, 6ª Câmara de Direito Público, rel. Des. Ferreira Conti, j. 9.8.99, *DJSP* de 06.09.99, p. 42).

Os *componentes eletrônicos* do material didático mereceram apreciação específica do STF, a saber:

"A imunidade da alínea *d* do inciso IV do artigo 150 da Constituição Federal alcança componentes eletrônicos destinados, exclusivamente, a integrar unidade didática com fascículos" (Tema 259 de Repercussão Geral no RE nº 595.676/RJ, rel. Min. Marco Aurélio, j. 08.02.17).

O *álbum de figurinhas* enquadra-se na moldura da imunidade, porquanto o constituinte, ao instituir essa benesse, não fez ressalvas quanto ao valor artístico, ou didático, à relevância das informações divulgadas ou à qualidade cultural de uma publicação (RE nº 221.239-6-SP, 2ª Turma, rel. Min. Ellen Gracie, j. 25.05.04, *DJU* de 08.08.04).

Os *kits (pecinhas) que acompanham os fascículos* foram considerados imunes, pois têm nítido caráter educativo e servem para fixação e sedimentação da teoria obtida. No caso, o material demonstrativo para ministrar o curso de robótica deve ser abrangido pela imunidade, pois são peças indissociáveis para o reforço do aprendizado da matéria, assimilação e fixação do conteúdo, e não podem ser comercializadas separadamente (TRF da 2ª Região, AMS nº 2002.51.01.008864-2, 5ª Turma, rel. Juiz Federal Convocado França Neto, j. 16.11.04).

A *"caixinha redonda,* que acionada mecanicamente com um dedo, dá início à execução de uma música, com a intermitência de umas luzes que acendem e apagam, durante aproximadamente 30 segundos", mostra-se como acessório de livro, que vem acompanhado de estampas, gravuras, figuras ilustrativas e de textos impressos. Tem por finalidade tornar o aprendizado um processo lúdico e não enfadonho, em relação à faixa etária a que se destina, abrangendo os fins imunitórios, independendo do modelo ou tipo do livro (TRF da 3ª Região, Turma Suplementar da 2ª Seção, AC nº 94.03.026827-1-SP, rel. Juíza Convocada Eliana Marcelo, j. 27.09.07, *DJ* de 04.10.07).

Entretanto, a imunidade não abrange os serviços prestados por empresas que fazem a distribuição, o transporte ou a entrega de livros, jornais, periódicos e do papel destinado à sua impressão (Ag. Reg. no RE nº 530.121-PR, 1ª Turma, rel. Min. Ricardo Lewandowski, j. 09.11.10, *DJe* de 28.03.11, p. 28).

A imunidade tributária constante do art. 150, VI, *d*, da CF/88 aplica-se à importação e comercialização, no mercado interno, do *livro eletrônico* e dos *suportes exclusivamente utilizados para fixá-los*, como leitores de livros eletrônicos (*e-readers*), ainda que possuam funcionalidades acessórias (Súmula Vinculante nº 57).

5.2.5 Exportações

5.2.5.1 Produtos e mercadorias

O IPI não incidirá sobre produtos industrializados destinados ao exterior (art. 153, §3º, III, da CF).

O ICMS não incidirá sobre operações que destinem mercadorias para o exterior, assegurada a manutenção e o aproveitamento do montante do imposto cobrado nas operações e prestações anteriores (art. 155, X, *a*, na redação da Emenda Constitucional nº 42/03).

A Lei Complementar nº 87, de 13.09.96, já havia disposto que o ICMS não incidirá sobre operações e prestações que destinem ao exterior mercadorias, inclusive produtos primários, produtos industrializados, semielaborados e serviços (art. 3º, II).

O benefício fiscal aplica-se também à saída dos bens com fim específico de exportação para o exterior, destinada a Empresa Comercial Exportadora (inscrita no Cadastro de Exportadores e Importadores da Secretaria de Comércio Exterior – Secex – do Ministério da Indústria e Comércio), inclusive "Trading Companies" (Decreto-Lei nº 1.248, de 29.11.72); ou a outro estabelecimento da mesma empresa, bem como a armazém alfandegado ou entreposto aduaneiro.

As legislações ordinárias, por vezes, também consideram o benefício: a) na transferência de mercadoria de um para outro entreposto aduaneiro, mesmo quando situado em outro Estado, mantida a exigência do fim específico de exportação; e b) na saída do produto industrializado para uso e consumo de embarcação ou aeronave de bandeira estrangeira aportada no País.

Na denominada "exportação via balcão", em que o fornecedor apenas entrega a mercadoria a pessoas localizadas na fronteira, para posterior efetivação de vendas, será devido o imposto. O mesmo ocorre na alienação de mercadoria a empresa situada no exterior e entregue a estabelecimento situado em território nacional.

No caso de não ser realizada a exportação, por qualquer motivo, ou vir a ser concretizada a operação no mercado interno, o ICMS restará devido, uma vez que deixará de ser atendida a condicionante de não incidência.

O STF fixou a tese de que as imunidades previstas nos arts. 149, §2º, I e 153, §3º, III, da Constituição Federal, são aplicáveis às receitas das empresas optantes do Simples Nacional" (Tema 207 de Repercussão Geral – RE nº 598468/SC – Plenário – red. p/ac. Min. Edson Fachin, sessão de 22.05.20). Compreende as receitas decorrentes de exportação e sobre a receita oriunda de operações que destinem ao exterior produtos industrializados.

5.2.5.2 Serviços de transporte internacional

O ICMS não incidirá sobre serviços prestados a destinatários no exterior, assegurada a manutenção e o aproveitamento do imposto cobrado nas operações e prestações anteriores (art. 155, X, a, da CF, na redação da Emenda Constitucional nº 42/03).

Na redação original da CF/88 já se podia entender que as prestações de serviços de transporte para outros países não poderiam ser abrangidas pelo ICMS, uma vez que o tributo somente se aplicava àquelas prestações de natureza intermunicipal ou interestadual.

Nem sempre é fácil delimitar a linha divisória existente entre transportes internos e fora do país, como é o caso de serviços contratados por empresa nacional com destinatários no exterior, em que somente os veículos permissionados (com autorização específica) têm condições de cruzar as fronteiras.

Trata-se de acordo firmado entre os países que integram o Cone Sul que só autorizam alguns tipos de veículos e empresas, por razões de segurança, atendimento de pesos e cargas.

Por essa circunstância, a empresa transportadora (contratante do frete com o destinatário estrangeiro) vê-se compelida a fragmentar referido transporte, uma vez que se encontra impedida de ultrapassar os limites do território nacional.

Esta situação peculiar tem implicado entendimento fazendário de que, contratado o redespacho para efetuar serviço de transporte com início e fim em território brasileiro (interestadual ou intermunicipal), esta prestação será tributada normalmente pelo ICMS, pela ocorrência do respectivo fato gerador.

Também se entende que no caso de o transporte ser realizado desde o local do estabelecimento do exportador até o destinatário no exterior (porta a porta), pelo mesmo transportador e com o mesmo veículo, tal execução escapa à incidência do tributo, posto que este apenas recai sobre as prestações de natureza intermunicipal e interestadual.

O transbordo não constitui uma nova prestação de serviços, mas mera continuidade de prestação iniciada no País. Não se cogita de dois contratos de transporte, mas de um único apenas, quadrando-se à modalidade "sucessiva", isto é, quando a mercadoria, para alcançar o destino final, necessitar ser transportada em veículos da mesma modalidade de transporte (Lei federal nº 6.288/75, art. 8º, III).

A regra do art. 155, §2º, I, *b*, da CF/88, continha situação imunitória, de modo implícito e oblíquo, vedando a incidência do ICMS nas prestações de serviços de transporte destinado ao exterior. Esta a natural finalidade da falta de previsão legal da incidência do ICMS nos referidos serviços.

Considerando que a competência para legislar sobre o comércio exterior e interestadual é privativa da União (art. 22, VIII, da CF), é irrelevante a prestação de serviços de transporte por uma, ou mais, empresas, com efetivação (ou não) de transbordo, para fins de não incidência do imposto.

O STF decidira sobre a aplicação restritiva da desoneração tributária, a saber:

> Tributário. Serviço utilizado no Transporte Interestadual ou Intermunicipal de Produtos Industrializados destinados ao Exterior. Pretendida Não-incidência do ICMS. Art. 155, §2º, X, *a*, da Constituição Federal.
> Benefício restrito às operações de exportação de produtos industrializados, não abrangendo o serviço utilizado no transporte interestadual ou intermunicipal dos referidos bens.
> Precedentes do Supremo Tribunal Federal.
> Recurso não conhecido.
> (RE nº 218.975-7, 1ª Turma, rel. Min. Ilmar Galvão, j. 14.09.99, *DJU* 1 de 12.11.99, p. 13)

A CF conferira competência à lei complementar para excluir da incidência do ICMS, nas exportações para o exterior, de serviços (art. 155, XII, *e*). Mesmo considerando que a finalidade da desoneração tributária era possibilitar um barateamento dos bens destinados ao exterior (alcançando os produtos e o seu transporte), tornara-se problemático excluir a incidência do imposto nos referidos serviços de transporte, uma vez que o próprio texto constitucional estabelecera as distinções de tratamento tributário.

A simples leitura da LC nº 87/96 revela que a inexigibilidade tributária não se cinge, exclusivamente, aos serviços prestados no exterior – por parte do nacional – mas também abrange as prestações de serviços realizados no País e que tenham por escopo impulsionar bens (mercadorias) ao exterior.

A locução "prestação de serviços *para o exterior*" representa a realização de serviços numa manifesta amplitude geográfica (território nacional/exterior), prestigiando-se a interpretação teleológica, uma vez que a finalidade do preceito é eliminar o ônus tributário sobre todos os negócios jurídicos (operações mercantis e prestações de serviços), no contexto do comércio exterior.

Não haveria sentido entender-se que o incremento das exportações poderia ser obtido com desoneração parcial do tributo, limitada aos produtos em si, mas permanecendo a incidência do ICMS sobre os serviços de transporte desses mesmos produtos.

O STJ examinou questão relativa ao transporte interestadual de mercadorias para outro país, apontando o caminho que faz a soja exportada do interior do Mato Grosso até o exterior, elucidando o seguinte:

> 1) Mato Grosso não possui limites com o oceano. Mister se faz, por conseguinte, que a soja seja transportada em caminhões ao porto;
> 2) nesse sentido, faz-se necessária a travessia de um rio. Os caminhões, obviamente, não poderão fazê-lo. É dispensável a contratação de um barco. *O transporte, porém, é o mesmo e continua a destinar produtos primários ao exterior;*
> 3) do outro lado desse rio, em Itacoatiara, a soja é armazenada e colocada em grandes navios, que a levarão até o país importador. Essa última fase do transporte, do mesmo modo, não pode ser feita nem pelos caminhões que o iniciaram, nem pelos barcos que fizeram a travessia do rio.

Entendera que o transporte é um só, desde o início destina bens ao exterior, sendo irrelevante a eventual mudança na empresa transportadora; pois, muitas vezes, o transporte é dividido em etapas por questões técnicas, físicas ou econômicas.

Em razão de tais circunstâncias, decidira o seguinte:

> Tributário – ICMS – Transporte Interestadual de Mercadorias Destinada ao Exterior – Isenção – art. 3º, II, da LC 87/96.
> (...)
> 2. O art. 3º, II, da LC 87/96 dispôs que não incide ICMS sobre operações e prestações que destinem ao exterior mercadorias, de modo que esteja acobertado pela isenção tributária o transporte interestadual dessas mercadorias.
> 3. Sob o aspecto teleológico, a finalidade da exoneração tributária é tornar o produto brasileiro mais competitivo no mercado internacional.
> 4. Se o transporte pago pelo exportador integra o preço do bem exportado, tributar o transporte no território nacional equivale a tributar a própria operação de exportação, o que contraria o espírito da LC 87/96, e da própria Constituição Federal.
> 5. Interpretação em sentido diverso implicaria ofensa aos princípios da isonomia e do pacto federativo, na medida em que se privilegiaria empresas que se situam em cidades portuárias e trataria de forma desigual os diversos Estados que integram a Federação.
> (REsp nº 613.785-RO, 2ª Turma, rel. Min. Eliana Calmon, *DJU* 1 de 12.08.05, p. 278)

O STF firmara as posturas seguintes:

> (...) TRIBUTÁRIO. SERVIÇO UTILIZADO NO TRANSPORTE INTERESTADUAL OU INTERMUNICIPAL DE PRODUTOS INDUSTRIALIZADOS DESTINADOS AO EXTERIOR. PRETENDIDA NÃO INCIDÊNCIA DO ICMS. ARTIGO 155, §2º, X, A, DA CONSTITUIÇÃO FEDERAL.
> A imunidade tributária prevista no artigo 155, §2º, X, *a*, da Constituição Federal, é benefício restrito às operações de exportação de produtos industrializados, não abrangendo o serviço utilizado no transporte interestadual ou intermunicipal dos referidos bens (...).
> (RE nº 602.399-ED – 1ª. T., rel. Min. Roberto Barroso – *Dje* 1º.04.16).

Recurso extraordinário. Repercussão geral. Direito Tributário. Imunidade. Operações de exportação. Artigo 155, §2º, X, a, CF. ICMS. Operações e prestações no mercado interno. Não abrangência. Possibilidade de cobrança do ICMS. Manutenção e aproveitamento dos créditos.

1. A Corte sempre se manifestou sobre as imunidades constitucionais, se ateve às finalidades constitucionais às quais estão vinculadas as mencionadas regras. Nas operações de exportação, é clara a orientação quanto à impossibilidade de, a pretexto de se extrair da regra imunitória o máximo de efetividade, se adotar uma interpretação ampliativa, de modo a se abarcarem fatos, situações ou objetos *a priori* não abrangidos pela expressão literal do enunciado normativo.

2. Ao estabelecer a imunidade das operações de exportação ao ICMS, o art. 155, §2º, X, da Constituição se ocupa, a contrário senso, das operações internas, pressupondo a incidência e estabelecendo o modo pelo qual o ônus tributário é compensado, mediante a manutenção e o aproveitamento dos créditos respectivos.

3. Caso não houvesse imunidade para as operações internas, de modo que não fosse cobrado o ICMS em nenhuma das etapas anteriores à exportação, seria inútil e despropositada a manutenção e o aproveitamento dos créditos respectivos.

4. Diante do exposto, nega-se provimento ao recurso extraordinário.

5. Tese do Tema n. 475 da Gestão por Temas de Repercussão Geral:

'A imunidade a que se refere o art. 155, §2º, X, a, da CF, não alcança operações ou prestações anteriores à operação de exportação.

(RE nº 754.917-RS – Plenário – rel. Min. Dias Toffoli – sessão de 05.08.20)

5.2.5.3 Serviço internacional de comunicação

Interessa a prestação dos serviços de transmissão e recepção relativas ao exterior, objetivando a diminuição de encargos tributários nas atividades internacionais.

Esta questão fora examinada pela Procuradoria-Geral da Fazenda Nacional, por solicitação da Cotepe-ICMS, relativamente às *ligações telefônicas internacionais*, iniciadas no País, com destino ao exterior, por intermédio de canais instalados no Brasil.

Para tanto, a PGFN obteve manifestação da Anatel (Agência Nacional de Telecomunicações), que prestou os esclarecimentos seguintes:

> A prestação do serviço de longa distância internacional foi caracterizada no Plano Geral de Outorgas, promulgado pelo Decreto 2.534, de 2 de abril de 1998, em seu artigo 1º como:
> Art. 1º O serviço telefônico fixo comutado destinado ao uso público em geral será prestado nos regimes público e privado, nos termos dos arts. 18, inciso I, 64 e 65, inciso III, da Lei 9.472, de 16 de julho de 1997, e o disposto neste Plano Geral de Outorgas.
> §1º Serviço telefônico fixo comutado é o serviço de telecomunicações que, por meio da transmissão de voz e de outros sinais, destina-se à comunicação entre pontos fixos determinados, utilizando processo de telefonia.
> §2º São modalidades do serviço telefônico fixo comutado destinado ao uso público em geral o serviço local, o serviço de longa distância nacional e o *serviço de longa distância internacional*, nos seguintes termos:
> I – O serviço local destina-se à comunicação entre pontos determinados em uma mesma Área Local;
> II – O serviço de longa distância nacional destina-se à comunicação entre pontos fixos determinados situados em Áreas Locais distintas do território nacional; e

III – O serviço de *longa distância internacional destina-se à comunicação entre um ponto fixo situado no território nacional e um outro ponto no exterior.*

Assim, na modalidade de serviço telefônico fixo comutado de longa distância internacional, caracteriza-se como um serviço iniciado em ponto do território nacional e terminado em outro ponto situado fora do território nacional. O serviço somente pode ser caracterizado como de longa distância internacional se a comunicação efetiva entre os dois pontos situados, um no Brasil e outro no exterior, se realizar.

A Prestadora de Longa Distância Internacional se vale de canais internacionais, em geral cabos transoceânicos, de propriedade compartilhada entre diversas operadoras internacionais e das redes de telecomunicações de outros países para terminar chamadas.

Quanto ao fluxo de pagamentos pela prestação do serviço internacional, esclarecemos que o usuário chamador paga pela chamada originada no território nacional e a Prestadora do Serviço de Longa Distância Internacional, no Brasil, remunera as Prestadoras de Serviço nos outros países.

(*Parecer nº 2/98 da Anatel*)

A PGFN ressalta que

estão reunidos todos os elementos caracterizadores da incidência e cobrança do tributo. Há, indubitavelmente, a prestação do serviço de comunicação ligando um ponto situado no território nacional com outro ponto no exterior, o local da prestação define-se pela cobrança do serviço e a expressão quantitativa dá-se pelo valor desta operação (item 9).

Destaca que "o fluxo de pagamentos pela prestação dos serviços de ligação internacional às outras empresas participantes do sistema, aperfeiçoa-se via encontro de contas, após dado período de tempo, dependendo dos termos do acordo bilateral firmado para esse fim. Dessa forma, apura-se o quantitativo de ligações originadas do exterior com destino ao Brasil e vice-versa, compensando-se os custos. Caso haja crédito de algum dos lados, efetiva-se o repasse correspondente" (item 10); embora entenda que a particularidade do repasse não pode influir na caracterização da prestação de serviço (item 11).

Firma-se na expressão "operações e *prestações que destinem ao exterior* mercadorias e serviços" (item 14), para argumentar que "inexiste uma prestação de serviço destinado ao exterior. A ligação telefônica é que tem como destinatário alguém fora do território nacional, mas essa prestação de serviço dá-se internamente. O tomador do serviço (quem está utilizando a linha telefônica) paga, no Brasil (...). O destinatário da ligação não participa desta relação jurídica, então formada entre tomador e prestador do serviço de comunicação, nem lhe é prestado qualquer serviço. A referência feita quanto ao ponto situado no exterior vale apenas para caracterizar o serviço como de longa distância internacional, pois somente quando houver interligação entre os dois pontos situados, um no Brasil e outro no exterior, a comunicação se realiza" (item 15).

E assenta a conclusão seguinte: "a prestação de serviço consubstanciado em ligação telefônica internacional constitui-se em prestação interna, vez que tanto o tomador do serviço quanto a empresa que o efetiva estão localizados no território nacional, não sendo tal serviço albergado pela norma isentiva prevista no art. 3º, II, da Lei Complementar 87, de 1996" (*Parecer da PGFN/CAT nº 381/99*, aprovado em 08.04.99).

Penso que a postura fazendária não tem condição de ser acolhida, uma vez que pretende ignorar a efetiva comunicação internacional. O Serviço de Longa Distância

Internacional (nos termos da legislação disciplinadora do assunto, informada pela Anatel), destina-se "à comunicação entre um ponto fixo situado no território nacional e um outro ponto no exterior".

A "relação comunicativa" que caracteriza e tipifica a prestação de serviços de telecomunicação não pode cingir-se a âmbito parcial (prestadora de serviço/operadora telefônica e tomadora de serviço/usuário no País). Só se pode cogitar de ligação internacional no caso de ocorrer a efetiva participação do destinatário situado no exterior, uma vez que a relação jurídica (pessoas situadas no País), por si só, não ocasiona o efetivo serviço de comunicação internacional.

Na medida em que as ligações internacionais não sofram o ônus do ICMS, é evidente que se tornará possível um incremento de negócios com o exterior.

Precisa doutrina entende que a viabilização dos serviços de telecomunicação internacional, tanto quanto a própria prestação destes serviços, não se sujeita, nem mesmo em tese, à tributação por meio do ICMS, pelos motivos seguintes:

> I – as concessionárias limitam-se à prática, no território nacional, de atos preparatórios (atividade-meio) à implementação dos serviços em tela, que só ocorrem quando realizados "entre um ponto fixo situado no território nacional e um outro ponto no exterior" (Decreto nº 2.534/98, art. 1º, §2º, III);
>
> II – mesmo quando os serviços em tela se implementam, eles estão cobertos por uma situação de *não-incidência*, fruto das limitações decorrentes do *princípio da territorialidade* das leis tributárias brasileiras, que, no caso do *ICMS* não podem irradiar efeitos no exterior;
>
> III – ainda que superada a questão anterior, os serviços de comunicação internacional foram isentados do ICMS pelo art. 3º, II, e 32, ambos da Lei Complementar nº 87/96, que buscaram *fundamento de validade* no art. 155, §2º, XII, *e*, da Constituição Federal.[205]

5.2.5.4 Serviços municipais

A Emenda Constitucional nº 3, de 17.03.93, dispôs que cabe à lei complementar excluir da incidência do Imposto sobre Serviços de Qualquer Natureza (ISS) as exportações de serviços para o exterior (acréscimo do §3º, II, ao art. 156 da CF).

A Lei Complementar nº 116, de 31.07.03, estatuiu que o ISS não incide sobre as exportações de serviços para o exterior (art. 2º, I), não se enquadrando os serviços desenvolvidos no Brasil, cujo resultado aqui se verifique, ainda que o pagamento seja feito por residente no exterior.

Assim, entende-se que "dois elementos são vitais para a caracterização do 'resultado' (e respectivo local da ocorrência): (i) o beneficiário do efetivo serviço (quem está consumindo) – que deve estar fixado no exterior para que haja exportação – e, (ii) a delimitação dos efeitos imediatos diretos da prestação do serviço, descartando-se de plano quaisquer efeitos secundários".[206]

---

[205] CARRAZZA, Roque Antonio. ICMS e Serviços de Comunicação Internacional. *Revista Dialética de Direito Tributário*, n. 60, p. 25, 2000.

[206] GUEIROS, Juliana; TROIANELLI, Gabriel Lacerda. O ISS e Exportação e Importação de Serviços. In: PEIXOTO, Marcelo Magalhães; MARTINS, Ives Gandra da Silva (orgs.). *ISS – LC 116/03*. Curitiba: Apet e Juruá, 2004. p. 202.

O termo *resultado* significa "o que resulta, o que é a consequência, o feito de uma ação".²⁰⁷ No âmbito legal, a expressão "foi empregada no intuito de caracterizar a prestação de serviço a não-residente", sendo este "o beneficiário real e final dos serviços", significando a "efetiva prestação de serviços a não-residente". Assim, "não basta, pois, ser não-residente, é necessário ser o efetivo tomador do serviço".²⁰⁸

Considerando que o serviço é desenvolvido no território nacional (significando a sua ampla elaboração, execução e conclusão) o seu *resultado* no exterior representa os efeitos que devem ocorrer no estrangeiro, em razão de sua utilização, consumo e fruição por parte do tomador do serviço. Daí a razão pela qual fora ponderado sobre a situação em que se dá a exportação:

> A nosso ver, sempre que o tomador do serviço, sendo um não-residente, satisfizer, no exterior, a *necessidade* que o levou a contratar o prestador.
>
> Pouco importa, para fins de isenção de ISS, se o serviço foi totalmente prestado no Brasil, se sua prestação aqui apenas se iniciou, ouse foi integralmente executado no exterior. Em qualquer destas hipóteses não haverá incidência, porque o *resultado* da prestação se fez sentir no exterior.
>
> Apenas haverá incidência quando uma prestação de serviços avençada entre um nacional e um estrangeiro (pessoa domiciliada ou sediada no exterior) irradie seus efeitos no Brasil.²⁰⁹

Entretanto, o STJ apreciou a mencionada temática na forma seguinte:

> Tributário. Recurso Especial. ISSQN. Mandado de Segurança Preventivo. Serviço de Retífica, Reparo e Revisão de Motores e de Turbinas de Aeronaves. Não-caracterização. Serviço executado dentro do Território Nacional. Aplicação do art. 2º, parágrafo único, da LC nº 116/03.
>
> (...)
>
> 4. Nos termos do art. 2º, inciso I, parágrafo único, da LC 116/03, o ISSQN não incide sobre exportações de serviços, sendo tributáveis aqueles desenvolvidos dentro do território nacional cujo resultado aqui se verifique. *In casu*, a recorrente é contratada por empresas do exterior e recebe motores e turbinas para reparos, retífica e revisão.
>
> Inicia, desenvolve e conclui a prestação do serviço dentro do território nacional, exatamente em Petrópolis, Estado do Rio de Janeiro, e somente depois de testados, envia-os de volta aos clientes, que procedem à sua instalação nas aeronaves.
>
> 5. A Lei Complementar 116/03 estabelece como condição para que haja exportação de serviços desenvolvidos no Brasil que o resultado da atividade contratada não se verifique dentro do nosso País, sendo de suma importância, por conseguinte, a compreensão do termo "resultado" como disposto no parágrafo único do art. 2º.
>
> 6. Na acepção semântica, "resultado" é consequência, efeito, seguimento. Assim, para que haja efetiva exportação do serviço desenvolvido no Brasil, ele não poderá aqui ter consequência ou produzir efeitos. Ao contrário senso, os efeitos decorrentes dos serviços exportados devem-se produzir em qualquer outro País. É necessário, pois, ter-se em mente

---

²⁰⁷ HOUAISS, Antonio. *Dicionário Houaiss da Língua Portuguesa*. Rio de Janeiro: Objetiva, 2001. p. 2.443.

²⁰⁸ RAMALHO, Mariana Oiticica. ISS – Serviços de Importação e Exportação. In: RAMALHO, Mariana Oiticica. *Imposto sobre Serviços de Acordo com a Lei Complementar n. 116/03*. São Paulo: Quartier Latin, 2004. p. 121-123.

²⁰⁹ CARRAZZA, Roque Antonio. ISS – Serviços de Reparação de Turbinas de Aeronaves para Destinatários no Exterior – Não-incidência – Exegese do Art. 2º, I, e seu Parágrafo Único, da Lei Complementar 166/2003. *Revista de Direito Tributário*, São Paulo, n. 93, p. 36, 2005.

que (*sic*) os verdadeiros resultados do serviço prestado, os objetivos da contratação e da prestação.

7. O trabalho desenvolvido pelo recorrente não configura exportação de serviço, pois o objetivo da contratação, o resultado, que é o efetivo conserto do equipamento, é totalmente concluído no nosso território. É inquestionável a incidência do ISS no presente caso, tendo incidência o disposto no parágrafo único, do art. 2º, da LC 116/03: *"Não se enquadram no disposto no inciso I os serviços desenvolvidos no Brasil, cujo resultado aqui se verifique, ainda que o pagamento seja feito por residente no exterior"*.

(REsp nº 831.124-RJ, 1ª Turma, rel. Min. José Delgado, j. 15.08.06, DJU 1 de 25.09.06, p. 239/240)

A norma desonerativa do ISS acolheu o *princípio do país do destino* que regula (no que tange aos tributos que a economia rotula indiretos), as operações internacionais de bens e serviços. De acordo com este princípio, a transação internacional deve ser tributada apenas uma vez, no país importador, com a consequente exoneração das imposições sofridas no país de origem (onde o serviço foi prestado, ou o bem foi produzido), justamente para que não haja "exportação do imposto".[210]

A finalidade da desoneração do ISS consiste em promover o desenvolvimento nacional e fomentar as atividades internacionais, decorrendo o natural ingresso de divisas no País, embora o preceito enfocado não tenha conferido ênfase à realização do pagamento para fins do benefício fiscal. Vislumbra-se a *extrafiscalidade* quando os impostos são empregados como instrumentos de intervenção ou regulação pública, a função propriamente dita, ou 'puramente fiscal', e sobrepujada pelas funções 'extrafiscais'. A sua técnica é, então, adaptada ao desenvolvimento de determinada política ou diretriz".[211]

Nesse sentido, apontam-se sugestivos exemplos:

(...) uma companhia aérea com sede na Alemanha, que mantém rotas aéreas transitando pelo Brasil, pode sofrer danificação em suas aeronaves em território nacional. Nesse caso, ela provavelmente contratará os serviços de técnicos brasileiros para análise e possível conserto do equipamento. Nesse caso, os serviços têm como *resultado imediato* o conserto do equipamento, o restabelecimento da rota e o seguimento das atividades normais de empresa localizada no exterior do Brasil. Ou seja, os resultados imediatos do reparo da aeronave terão como beneficiário a empresa alemã, produzindo, portanto, os serviços, seus efeitos na Alemanha.

Um investidor residente nos Estados Unidos contrata uma empresa que desempenha trabalhos de análise econômica-financeira do País, realizando projeções e traçando panoramas da economia brasileira. Com base no relatório recebido e com as perspectivas de crescimento do País, o investidor-contratante resolve investir no Brasil no setor de óleo e gás, pelos próximos cinco anos. Onde se verifica o resultado do serviço?

E, se de outra forma, as informações traçadas no relatório são desanimadoras, e o mesmo investidor se decide por investir na China, no desenvolvimento de fábricas de bicicletas, onde se verifica o resultado do serviço, de consultoria financeira?

---

[210] CARRAZZA, Roque Antonio. ISS – Serviços de Reparação de Turbinas de Aeronaves para Destinatários no Exterior – Não-incidência – Exegese do Art. 2º, I, e seu Parágrafo Único, da Lei Complementar 166/2003. *Revista de Direito Tributário*, São Paulo, n. 93, 2005. p. 36.

[211] BALEEIRO, Aliomar. *Uma Introdução à Ciência das Finanças.* 5. ed. Rio de Janeiro: Forense, 1968; 15. ed. Rio de Janeiro: Forense, 1988. p. 189.

A resposta é a mesma para ambas as situações: nos Estados Unidos, onde se encontra o verdadeiro beneficiário da prestação, e não no Brasil.[212]

Em 2016, o STJ decidiu questão relativa à *confecção de projetos e anteprojetos de engenharia contratados por empresa situada na França*, consistente na (i) elaboração de plantas de execução do muro cilíndrico de proteção do reservatório de gás liquefeito de petróleo naval na França; (ii) dimensionamento dos blocos de estaca do edifício principal do centro cultural também em construção na França; e (iii) modelagem em elementos finitos da fachada principal do referido centro.

O STJ argumentara que "o resultado do projeto de engenharia, assim, não é a obra correlata, mas a sua exequibilidade, conforme a finalidade para que foi elaborado", consolidando o entendimento seguinte:

> Tributário. Agravo em Recurso Especial. Repetição de Indébito. Imposto sobre Serviços de Qualquer Natureza – ISSQN. Exportação de projetos de engenharia. Não incidência.
> (...)
> 2. A só confecção do projeto de engenharia, à luz dos arts. 109, 113, 114, 116, I, do CTN, é fato gerador do ISSQN, e sua posterior remessa ao contratante estrangeiro não induz, por si só, à conclusão de que se está exportando.
> 3. À luz do parágrafo único do art. 2º da LC n. 116/2003, a remessa de projetos ao exterior poderá configurar exportação quando se puder extrair do seu teor, bem como dos seus termos do seu teor, bem como dos seus termos do ato negocial, puder se extrair a intenção de sua execução no território estrangeiro.
> 4. Hipótese que se deve manter o acórdão *a quo*, porquanto o Tribunal consignou que as provas dos autos revelam a finalidade de execução do projeto em obras que só poderiam ser executadas na França ("elaboração das plantas de execução do muro cilíndrico de proteção do reservatório de gás liquefeito de petróleo naval TK1, a ser construído na cidade de Congreville-l'Orcher, França, e ao dimensionamento dos blocos de estacas do edifício principal do centro cultural Center Pompidou, a ser construído na cidade de Metz, França e a modelagem em elementos finitos da fachada principal do dito centro (...).
> (Ag no REsp nº 587.403-RS – 1ª. T. – rel. Min. Gurgel de Faria – j. 18.10.16, *DJe* 24.11.16)

Singular a decisão proferida pelo STJ:

> (...) SERVIÇOS DE REPAROS NAVAIS EM EMBARCAÇÕES DE BANDEIRA ESTRANGEIRA. EQUIPARAÇÃO A TERRITÓRIO ESTRANGEIRO PARA FINS DE CARACTERIZAÇÃO DE EXPORTAÇÃO DOS SERVIÇOS. INVIABILIDADE, OCORRÊNCIA DO RESULTADO DOS SERVIÇOS EM ÁGUAS MARÍTIMAS DO TERRITÓRIO NACIONAL. CONSEQUENTE INCIDÊNCIA DO ISSQN. INTELIGÊNCIA DOS ARTS. 2, PAR. ÚNICO, E 3., PAR. 3., DA LC 116/03.
> (REsp nº 1.805.226-SP – 1ª. T. – rel. Min. Sérgio Kukina – sessão de 09.11.21)

---

[212] GUEIROS, Juliana; TROIANELLI, Gabriel Lacerda. O ISS e Exportação e Importação de Serviços. In: PEIXOTO, Marcelo Magalhães; MARTINS, Ives Gandra da Silva (orgs.). *ISS – LC 116/03*. Curitiba: Apet e Juruá, 2004. p. 201-202.

5.2.6 Serviços de Radiodifusão

A Emenda Constitucional nº 42/03 estabeleceu que o ICMS não incidirá "nas prestações de serviço de comunicação nas modalidades de radiodifusão sonora de sons e imagens de recepção livre e gratuita" (art. 155, X, *d*, da CF).

A característica da *radiodifusão* (mantida pela Lei federal nº 9.472, de 16.07.97, art. 215, inciso I), reside na comunicação (transmissão de sons e imagens à coletividade, de forma generalizada, com o timbre da gratuidade).

Os serviços de comunicação prestados pelas emissoras de rádio e televisão, abertas ao público em geral, não se encontravam sujeitos ao ICMS por serem livres, e gratuitos, não se vislumbrando a base de cálculo para apuração do *quantum* tributário.

Esse posicionamento é compartilhado na forma seguinte:

> (...) quando uma mensagem é transmitida para pessoas indeterminadas (via televisão, por exemplo, em que há uma simples expectativa da emissora de que se encontre algum destinatário), há uma simples difusão de mensagens, intributável por via de ICMS. Como se isso não bastasse, não há nenhuma obrigação de fazer entre a emissora e seus destinatários (o que já descaracteriza o *fato imponível* do ICMS), e, ainda que houvesse, o imposto seria inexigível, por falta de base de cálculo, porquanto o serviço de televisão (como o de radiodifusão sonora) é gratuito (art. 6º, Lei 4.117/62).[213]

> Os serviços de comunicação não se confundem com os de radiodifusão. Se, por mais não fosse, em face do que dispõem os já estudados arts. 21, X e XII, "a", 22, IV, e 48, XII, todos da Constituição Federal. Além disso, na radiodifusão inexiste troca de mensagens entre o emissor e o receptor dos sinais.[214]

Oportuna a observação de que "a exploração dos serviços de radiodifusão pelas televisões de sinais abertos, no que concerne à transmissão da programação cotidiana (novelas, noticiários, filmes, shows), não se coaduna com o conceito de 'prestação de serviço', de comunicação, mas sim, como *mera atividade de comunicação*, afastando-se a incidência de tributação do ICMS".[215]

5.2.7 Transmissões Societárias e Desapropriação Rural

O Imposto sobre Transmissão *Inter Vivos* de Bens Imóveis (ITBI) não incide (1) em relação aos direitos e garantias pertinentes à transmissão de bens imóveis (art. 156, II, da CF); (2) na transmissão de bens ou direitos incorporados ao patrimônio da pessoa jurídica em realização de capital, e sobre a transmissão de bens ou direitos decorrentes de fusão, incorporação, cisão ou extinção de pessoa jurídica, salvo se, nesses casos, a atividade preponderante do adquirente for a compra e venda desses bens ou direitos, locação de bens imóveis ou arrendamento mercantil (art. 156, §21-C, I, da CF).

---

[213] ESCOBAR, S.C. Mariense. *O Novo Direito das Telecomunicações*. Porto Alegre: Livraria do Advogado, 1999. p. 41.
[214] CARRAZZA, Roque Antonio. *ICMS*. 17. ed. São Paulo: Malheiros, 2015. p. 318.
[215] CAMANO, Fernanda Donnabella. Incidência (ou não) das Normas Jurídicas Tributárias do 'ICMS' e 'ISS' sobre as Atividades de Telecomunicação Exploradas pelas Televisões de Sinais Abertos e 'TVs por Assinatura'. In: CAMANO, Fernanda Donnabella. *XII Congresso Brasileiro de Direito Tributário*. São Paulo: Idepe, 1998. p. 9.

Não pode ser exigido o imposto relativamente a direitos reais, como é o caso da hipoteca (art. 1.473, I, do Código Civil), que constitui direito de garantia que onera bem imóvel pertencente ao devedor, ou a terceiro, sem transmissão de posse ao credor.

Os negócios societários distinguem-se dos negócios mercantis (e imobiliários), razão pela qual não ocorre a efetiva transação sujeita à incidência do imposto nas apontadas situações:

a) fusão – operação pela qual se unem duas ou mais sociedades para formar sociedade nova, que lhes sucederá em todos os direitos e obrigações;

b) incorporação – operação pela qual uma ou mais sociedades são absorvidas por outra, que lhes sucede em todos os direitos e obrigações;

c) cisão – segregação de uma unidade patrimonial, que passa a constituir uma nova sociedade, que sucederá integralmente aquela unidade (estabelecimento);

d) extinção – liquidação societária com retorno, se for o caso, do patrimônio aos seus titulares.

O STJ decidiu que

> transformação, incorporação, fusão e cisão, constituem várias facetas de um só instituto: a transformação das sociedades. Todos eles são fenômenos de natureza civil, envolvendo apenas as sociedades objeto da metamorfose e os respectivos donos das cotas ou ações. Em todo o encadeamento da transformação não ocorre qualquer operação comercial. A sociedade comercial – pessoa jurídica corporativa pode ser considerada um condomínio de patrimônio ao qual a ordem jurídica confere direitos e obrigações diferentes daqueles relativos aos condôminos.
>
> (REsp nº 242.721-SC, 1ª Turma, rel. p/ acórdão Min. Humberto Gomes de Barros, j. 19.06.00, *DJU* 1 de 17.09.01, p. 112)

As transferências de imóveis desapropriados para fins de reforma agrária são desoneradas de impostos municipais (art. 185, §4º, da CF).

A desapropriação é realizada pela União por interesse social, em razão de o imóvel não estar cumprindo sua função social, sendo o expropriado indenizado em títulos da dívida agrária, com cláusula de preservação do valor real, resgatáveis no prazo de até cinco anos, a partir do segundo ano de sua emissão, sendo que as benfeitorias úteis e necessárias serão indenizadas em dinheiro.

Com relação à imunidade do ITBI em negócios societários, o STF decidira o seguinte:

> EMENTA. CONSTITUCIONAL E TRIBUTÁRIO. IMPOSTO DE TRANSMISSÃO DE BENS IMÓVEIS. ITBI. IMUNIDADE PREVISTA NO ART. 156, §2º, I, DA CONSTITUIÇÃO. APLICABILIDADE ATÉ O LIMITE DO CAPITAL SOCIAL A SER INTEGRALIZADO. RECURSO EXTRAORDINÁRIO IMPROVIDO.
>
> 1. A Constituição de 1988 imunizou a integralização do capital por meio de bens imóveis, não incidindo o ITBI sobre o valor do bem dado em pagamento do capital subscrito pelo sócio ou acionista da pessoa jurídica (art. 156, §2º).
>
> 2. A norma não imuniza qualquer incorporação de bens ou direitos ao patrimônio da pessoa jurídica, mas exclusivamente o pagamento, em bens ou direitos, que o sócio faz para integralização do capital social subscrito. Portanto, sobre a diferença do valor dos bens imóveis que superar o capital subscrito a ser integralizado, incidirá a tributação pelo ITBI.

3. Recurso Extraordinário a que se nega provimento: Tema 796, fixada a seguinte tese de repercussão geral: "*A imunidade em relação ao ITBI, prevista no inciso I do §2º do art. 156 da Constituição Federal, não alcança o valor dos bens que exceder o limite do capital social a ser integralizado.*

(RE nº 796376 – Plenário – red. p/ac. Ministro Alexandre de Moraes, sessão de 05.08.20)

5.2.8 Petróleo, Lubrificantes, Combustíveis e Energia Elétrica em Operações Interestaduais

A CF estabelecera que o ICMS não incidirá sobre operações que destinarem à outros Estados petróleo, inclusive lubrificantes, combustíveis líquidos e gasosos dele derivados, e energia elétrica (art. 155, X, *b*).

O permissivo é categórico e não deveria ensejar nenhum questionamento, ou seja, sempre deveria defluir o entendimento de que, em todos os negócios jurídicos (vendas etc.), compreendendo referidos bens, haveria a integral desoneração do ICMS.

Assim, tanto as remessas das mencionadas mercadorias, promovidas pelas pessoas localizadas no Estado remetente, como as entradas procedidas pelas pessoas situadas no Estado destinatário, não seriam sujeitas ao ICMS, em razão do imperativo constitucional.

Ante a inexistência de diferenciação de regime jurídico imunitório, não poderia ser editada medida normativa tendente a vislumbrar a tributação, segundo a qualificação de seu destinatário em outro Estado.

Para tanto, argumentou-se que inexiste desigualdade entre consumidores, não havendo ofensa à livre concorrência, uma vez que qualquer empresa pode fazer este tipo de venda a consumidor de outro Estado; os inconvenientes econômicos (situações mais vantajosas para contribuintes de outros Estados em operações interestaduais, do que as realizadas em seu próprio Estado) devem ser solucionados por emenda ou revisão constitucional; ninguém pode ser obrigado a realizar operações tributadas se as pode realizar sem a incidência do tributo.

Não tem cabimento jurídico invocar-se a aplicação da substituição tributária pela circunstância de que só poderia cogitar dessa situação no caso de haver operação tributada. O substituto (adquirente do produto no Estado de destino) apenas poderia ser responsável se e quando estivesse substituindo algum contribuinte. Como inexiste contribuinte e o substituído, fica prejudicada a imposição do ICMS para quaisquer das partes (alienante e adquirente de Estados diferentes).

O STJ proferira decisões divergentes:

> É devido o ICMS na aquisição de combustíveis e lubrificantes, quando se tratar de consumidor final, que adquire para seu consumo, produtos em outros Estados da federação. Imunidade tributária não conhecida.
> (RMS nº 6.174-MG, 1ª Turma, rel. Min. José de Jesus Filho, j. 16.10.95, *DJU* 1 de 27.11.95, p. 40.848/9)

> Constitucional e Processual Civil. Mandado de Segurança. ICMS. Petróleo e seus derivados. Operações destinadas a outros Estados. Imunidade.
> I – Consoante jurisprudência pacificada nesta Corte, não incide o ICMS nas operações interestaduais relativas à venda de petróleo e seus derivados.

II – A previsão legal sobre contribuintes do tributo está inscrita no art. 6º e seus parágrafos do Decreto-Lei nº 406, de 31.12.68, e somente pode ser modificada por norma de igual hierarquia, Lei Complementar, por isso a este nível foi elevado o Decreto-Lei pela Constituição Federal de 1988 (CF, art. 146, III, alínea "a"). Não cabe, assim, por impróprio, e por ser manifestamente inconstitucional, ao Convênio estabelecer outras hipóteses de substituição tributária. Precedentes.
III – Recurso a que se dá provimento, sem discrepância.
(RMS nº 5.537-0-MT, 1ª Turma, rel. Min. Demócrito Reinaldo, j. 26.03.99, DJU 1 de 06.05.96, p. 14.732)

Estranhamente, cindiu uma única operação mercantil, vilipendiando o regime jurídico estabelecido na CF, que prestigiou as operações com os aludidos produtos, a fim de se eliminar a carga tributária. Sutilmente desprezou a imunidade ao consubstanciar o entendimento de que se trataria de dois negócios jurídicos distintos.

Em verdade, conferiu o ICMS aos Estados destinatários dos referidos bens, sem qualquer arrimo constitucional, uma vez que a única hipótese em que tal situação é autorizada é aquela pertinente às alíquotas incidentes em específicas operações/prestações interestaduais, quando o destinatário for contribuinte do imposto ("caberá ao Estado da localização do destinatário, o imposto correspondente à diferença entre a alíquota interna e a interestadual" – inciso VIII, do art. 153, da CF).

Este preceito – que elimina parcialmente a desoneração tributária em operações interestaduais com aludidas mercadorias – padece de vício de inconstitucionalidade, face o que continua subsumindo-se à moldura normativa constitucional.

Todavia, o STF firmou a diretriz seguinte:

Tributário. ICMS. Lubrificantes e Combustíveis Líquidos e Gasosos. Derivados do Petróleo. Operações Interestaduais. Imunidade do art. 155, §2º, X, *b*, da Constituição Federal, mas do Estado do destino dos produtos em causa, ao qual caberá, em sua totalidade, o ICMS sobre eles incidentes, desde a remessa até o consumo.
Consequente descabimento das teses da imunidade e da inconstitucionalidade dos textos legais, com que a empresa consumidora dos produtos em causa pretendeu obviar, no caso, a exigência tributária do Estado de São Paulo.
(RE nº 198.088-5, 1ª Turma, rel. Min. Ilmar Galvão, j. 17.05.00, DJU 1 de 05.09.03, p. 32)

A partir da Emenda Constitucional nº 33/01 (art. 155, §2º, XII), a lei complementar passa a ser o diploma jurídico competente para "definir os combustíveis e lubrificantes sobre os quais o imposto incidirá uma única vez, qualquer que seja a sua finalidade, hipótese em que não se aplicará a regra do inciso X, *b*".

Portanto, devem ser consideradas duas situações jurídicas, acarretando distintos efeitos tributários: a) até que seja editada lei complementar, permanecerá a incidência tributária plurifásica, com a possibilidade de aplicação do regime de substituição; e b) após a edição da lei complementar, ocorrerá a incidência monofásica, sendo irrelevante a finalidade a que se destinem as mercadorias (uso próprio, comercialização, industrialização etc.).

A Lei Complementar nº 192, de 11.03.22, define os combustíveis sobre os quais incidirá uma única vez o ICMS, ainda que as operações se iniciem no exterior, destacando-se situações relativas à incidência monofásica, contribuintes, fatos geradores, celebração de convênios, substituição tributária.

5.2.9 Ouro

A CF dispôs que o "ouro, quando definido em lei como ativo financeiro ou instrumento cambial, sujeita-se exclusivamente à incidência do imposto de que trata o inciso V, do 'caput' deste artigo, devido na operação de origem" (art. 153, §5º). Esta diretriz foi reproduzida na LC nº 87/96 (art. 2º, IV).

Conjugando-se o art. 153, §5º, com o art. 155, I, *b* – ambos da CF – é legítimo o entendimento de que o "ouro" sofrerá a incidência do IOC (ou IOF), quando definido (em lei) como ativo financeiro ou instrumento cambial; e do ICMS, quando passar a ter tratamento exclusivamente mercantil, sendo devido ao Estado onde tenha sido extraído (LC nº 87/96, art. 11, I, *h*).

A Lei federal nº 7.766, de 11.05.89, conferiu tratamento tributário ao "ouro", da forma seguinte:

> Art. 1º O ouro, em qualquer estado de pureza, em bruto ou refinado, quando destinado ao mercado financeiro ou à execução da política cambial no País, em operações realizadas com a interveniência de instituições integrantes no Sistema Financeiro Nacional, na forma e condições autorizadas pelo Banco Central do Brasil, será, desde a extração inclusive, considerado ativo financeiro, ou instrumento cambial.
> §1º Enquadram-se na definição deste artigo:
> I – o ouro envolvido em operações de tratamento, refino, transporte, depósito ou custódia, desde que formalizado compromisso de destiná-lo ao Banco Central do Brasil ou instituição por ele autorizada;
> II – as operações praticadas nas regiões de garimpo onde o ouro é extraído, desde que o ouro na saída do município tenha o mesmo destino a que se refere o inciso I deste parágrafo.
> (...)
> Art. 8º O fato gerador do imposto é a primeira aquisição do ouro, ativo financeiro, efetuada por instituição autorizada, integrante do Sistema Financeiro Nacional.
> Parágrafo único. Tratando-se de ouro físico oriundo do exterior, ingressado no País, o fato gerador é o seu desembaraço aduaneiro.

O ouro como "ativo financeiro ou instrumento cambial, que, pela 'ficção constitucional' não é mercadoria, nem produto industrializado, passa a valer como se título fosse, e, ao longo de seu caminho, dentro do mercado financeiro, poderá encontrar-se nas várias situações descritas na lei, como fatos geradores do ISOF, nas operações relativas a títulos e valores mobiliários" (Parecer da Procuradoria-Geral da Fazenda Nacional – *DOU* de 30.11.90, p. 23.007/10).

A lei federal tem sofrido objeção constitucional por não ter sido veiculada como lei complementar (art. 146, II, da CF), em razão do que não possibilitaria a exigência do imposto federal, mantendo-se a legitimidade do ICMS, em quaisquer etapas do processo circulatório (desde a promulgação da CF/88).

Abalizada doutrina sublinha: "cabe ICMS (e, não o IOF) quando o 'ouro' é posto 'in commercium', para, por exemplo, ser utilizado na fabricação de uma joia. Aí ele assume a natureza jurídica de mercadorias e a operação com ele realizada assume a natureza mercantil".[216]

---

[216] CARRAZZA, Roque Antonio. *ICMS*. 17. ed. São Paulo: Malheiros, 2015. p. 489.

O ouro transformado em lingotes ou barras, mediante processo metalúrgico de fundição que não altera sua identidade química, passa a integrar o elenco de produtos industrializados, subordinando-se à competência tributária do Estado, e, por conseguinte, ao ICMS (STJ, REsp nº 841-0-PR, 2ª Turma, rel. Min. Peçanha Martins, j. 21.03.96, *DJU* 1 de 29.04.96, p. 13.401).

5.2.10 Glebas Rurais

A CF/1988 (na redação da Emenda nº 42, de 19.12.03) dispôs que o ITR não incidirá sobre pequenas glebas rurais, definidas em lei, quando as explore o proprietário que não possua outro imóvel.

A legislação ordinária havia definido o seguinte:

> Pequena gleba rural é o imóvel com área igual ou inferior a (Lei nº 9.393, de 1996, art. 2º, parágrafo único):
> I – 100 há, se localizado em município compreendido na Amazônia Ocidental ou no Pantanal mato-grossense e sul-mato-grossense;
> II – 50ha., se localizado em município compreendido no Polígono das Secas ou na Amazônia Oriental;
> III – 30ha., se localizado em qualquer outro município.

O novo Código Florestal (Lei federal nº 12.651, de 25.05.12, art. 3º, V) estabeleceu o seguinte:

> Pequena propriedade ou posse rural familiar: aquela explorada mediante o trabalho pessoal do agricultor familiar e empreendedor familiar rural, incluídos os assentamentos e projetos de reforma agrária e que atenda ao disposto no art. 3º da Lei nº 11.326, de 24 de julho de 2006.
> I – cem hectares, se localizado em município compreendido na Amazônia Ocidental ou no Pantanal mato-grossense e sul-mato-grossense;
> II – cinquenta hectares, se localizado em município compreendido no Polígono das Secas ou na Amazônia Ocidental;
> III – trinta hectares, se localizado em qualquer outro município.

A Lei federal nº 11.326/06 também dispôs sobre o conceito de agricultor familiar e empreendedor familiar rural, condomínio rural, silvicultores, aquicultores, extrativistas, pescadores, povos indígenas e integrantes de comunidades remanescentes de quilombos rurais e demais povos e comunidades tradicionais.

5.2.11 Fonogramas e videogramas musicais

A Emenda nº 75/13 dispôs sobre a imunidade aos "fonogramas e videogramas musicais produzidos no Brasil contendo obras musicais ou literomusicais de autores brasileiros, e ou obras em geral interpretadas por artistas brasileiros, bem como os suportes materiais ou arquivos digitais que os contenham, salvo na etapa de replicação industrial de mídias ópticas de leitura a laser".

Fonograma é o "registro exclusivamente sonoro em suporte material, como disco, fita magnética etc." ou "gravação de uma faixa de disco".

Videofonograma é o produto da fixação de imagem e som em suporte material", ou o registro de imagens e sons em determinado suporte" (*Novo Dicionário Aurélio da Língua Portuguesa*, 2009, p. 914 e 1943, respectivamente).

Musical é o relativo à música, literomusical. Diz-se de espetáculo, ou reunião social em que se leem trechos literários, se declamam poemas, e em que há, também, apresentações musicais", conforme o *Novo Dicionário da Língua Portuguesa*, 2009, p. 1220.

Objetiva favorecer a produção musical brasileira, fazendo com que seja menos impactada pelos efeitos da concorrência predatória de produtos falsificados comercializados sem o pagamento de tributos, bem como pelo acesso facilitado e gratuito que as pessoas têm à música através da internet.

A desoneração somente alcança os fonogramas e videogramas musicais produzidos no Brasil, tratando-se de proteção à indústria nacional do que à produção cultural como um todo. As referidas mercadorias, produzidas fora o país, não estão abrangidas pela imunidade, o que nos parece violar as normas do GATT, no ponto que veda a discriminação dos produtos estrangeiros, assegurando-lhes, quanto aos tributos internos, tratamento equivalente ao dos produtos nacionais.

Relativamente aos insumos, o legislador referiu-se de modo genérico aos "suportes materiais ou arquivos digitais", de modo que o seu alcance é amplo, incidindo sobre os suportes em qualquer material o formato.

A ressalva final – "salvo na etapa de replicação industrial de mídias ópticas de leitura a laser" – constitui preservação à Zona Franca de Manaus.

A Lei federal nº 9.610, de 19.02.98, regula os direitos autorais, já tendo a Constituição Federal (art. 5º), preceituado o seguinte:

XXVII: aos autores pertence o direito exclusivo de utilização, publicação, ou reprodução de suas obras, transmissível aos herdeiros pelo tempo que a lei fixar.

XXVIII: são assegurados nos termos da lei:

a) proteção à participações individuais em obras coletivas e à reprodução da imagem e voz humanas, inclusive nas atividades desportivas;

b) o direito de fiscalização do aproveitamento econômico das obras que criarem ou de que participarem aos criadores, aos intérpretes e às respectivas representações sindicais e associativas.

A mencionada legislação considera o seguinte:

(art. 5º)

I – *audiovisual* – a que resulta da fixação de imagens com ou sem som, que tenha a finalidade de criar, por meio de sua reprodução, a impressão de movimento, independentemente dos processos de sua captação, do suporte usado inicial ou posteriormente para fixa-lo, bem como dos meios utilizados para sua veiculação;

IX – *fonograma* – toda fixação de sons de uma execução ou interpretação ou de outros sons, ou de uma representação de sons que nãos seja uma fixação incluída em uma obra intelectual.

O contrato de edição pode prever a edição da obra nos meios de divulgação impressa ou aderidos a suportes físicos, digitalizados, e não aderidos a suportes tangíveis; bem como pelos demais meios de divulgação aderidos a suportes físicos ou digitais (CD-Rom, DVD), e não aderidos a suportes tangíveis (livro eletrônico, *e-Book*, Áudio-Livro, *Download*, Internet, Telefonia móvel-SMP, Serviço de Comunicação Multimídia-SCM. Aplicativos para *Tablets, Smartphones* ou *handsets*).

Argutas as ponderações seguintes:

> Difícil a missão de construir a norma de imunidade. Assim como se viu no caso dos livros, também aqui surgiria a tentação de uma proteção constitucional á cultura. Essa justificativa cairia por terra, entretanto, tendo em vista que são inúmeras as manifestações de cultura que se sujeitam á tributação.
>
> Tampouco se poderia invocar preocupação com o vetor Capacidade Contributiva a inspirar a presente imunidade. Trata-se de evidente atuação em pleno Domínio Econômico, objeto de indústria cuja importância econômica não é desprezível.
>
> Resta como vetor a construir a norma de imunidade seu viés indutor: trata-se de decisão do constituinte derivado de incentivar a produção cultural.[217]

5.3 Taxas

A Constituição veda a instituição de taxas relativamente às atividades seguintes:
a) petições aos Poderes Públicos em defesa de direito ou contra ilegalidade ou abuso do poder; e certidões em repartições públicas, para defesa de direitos e esclarecimento de situações de interesse pessoal (art. 5º, XXXIV);
b) assistência jurídica integral e gratuita aos que comprovarem insuficiência de recursos (art. 5º, LXXIV);
c) registro civil de nascimento e certidão de óbito, para os reconhecidamente pobres (art. 5º, LXXVI);
d) ações de *habeas corpus* e *habeas data*, e os atos necessários ao exercício da cidadania, na forma da lei (art. 5º, LXXVII).

O STF firmou tese no sentido de que "é imune ao pagamento de taxas para registro de regularização migratória o estrangeiro que demonstre sua condição de hipossuficiente, nos termos da legislação de regência" (RE nº 1.018.911 – Plenário – rel. Min. Luiz Fux – sessão de 11.11.21), abrangendo as taxas de "pedido de permanência; de registro de estrangeiro; e de carteira de estrangeiro primeira via".

5.4 Contribuições Sociais

A Constituição trata de imunidades nas situações seguintes:

I) <u>receitas decorrentes de exportação</u> (art. 149, §2º).

O fato de a norma referir-se a "*receita* de exportação", e não a "*lucro* de exportação", *de per si*, não teria o efeito de impedir a desoneração da contribuição social sobre o lucro (art. 195, I, *c*, da CF), sob a simples argumentação de tratar-se de conceitos distintos.

---

[217] SCHOUERI, Luís Eduardo. *Direito Tributário*. 9. ed. São Paulo: Saraivajur, 2018. p. 499.

O STF manteve a incidência da CSLL sobre o lucro relativo às exportações, não acolhendo a aplicação da imunidade, conforme os arestos seguintes:

Capacidade Tributária Ativa. A imunidade encerra exceção constitucional á capacidade tributária ativa, cabendo interpretar os preceitos regedores de forma estrita.
Imunidade – Exportação – Receita – Lucro. A imunidade prevista no inciso I do §2º do artigo 149 da Carta Federal não alcança o lucro das empresas exportadoras.
Lucro – Contribuição Social sobre o Lucro Líquido – Empresas Exportadoras. Incide no lucro das empresas exportadoras a Contribuição Social sobre o Lucro Líquido.
(RE nº 564.413, Plenário, rel. Min. Marco Aurélio, j. 12.08.10, DJe de 06.12.10)

Constitucional. Imunidade Tributária. Art. 149, §2º, I, da Constituição Federal. Extensão da Imunidade relativa à CPMF Incidente sobre Movimentações Financeiras Relativas a Receitas Decorrentes de Exportações. Impossibilidade. Interpretação Estrita da Norma. Recurso Extraordinário Desprovido.
I – O art. 149, §2º, I, da Constituição Federal é claro ao limitar a imunidade apenas às contribuições sociais e de intervenção no domínio econômico incidentes sobre as receitas decorrentes de exportação.
II – Em se tratando de imunidade tributária a interpretação há de ser restritiva, atentando sempre para o escopo pretendido pelo legislador.
(RE nº 566.259, Plenário, rel. Min. Ricardo Lewandowski, DJe de 24.09.10)

Recurso Extraordinário. (...) 2. Contribuições sociais. Contribuição Social sobre o Lucro Líquido (CSLL) e Contribuição Provisória sobre Movimentação Financeira (CPMF). 3. Imunidade. Receitas decorrentes de exportação. Abrangência. 4. A imunidade prevista no art. 149, §2º, I, da Constituição, introduzida pela Emenda Constitucional n. 33/2001, não alcança a Contribuição Social sobre o Lucro Líquido (CSLL), haja vista a distinção ontológica entre os conceitos de lucro e receita. 6. Vencida a tese segundo a qual a interpretação teleológica da mencionada regra de imunidade conduziria à exclusão do lucro decorrente das receitas de exportação da hipótese de incidência da CSLL, pois o conceito de lucro pressuporia o de receita, e a finalidade do referido dispositivo constitucional seria a desoneração ampla das exportações, com o escopo de conferir efetividade ao princípio da garantia do desenvolvimento nacional (art. 3º, I, da Constituição). 7. A norma de exoneração tributária prevista no art. 149, §2º, I, da Constituição também não alcança a Contribuição Provisória sobre Movimentação ou Transmissão de Valores e de Créditos e Direitos de Natureza Financeira (CPMF), pois o referido tributo não se vincula diretamente à operação de movimentações financeiras posteriormente realizadas. 8. Recurso extraordinário a que se nega provimento.
(RE nº 474.132, Plenário, rel. Min. Gilmar Mendes, DJe de 1º.12.10)

Analisando os acórdãos, fora apurado que os ministros do STF acolheram os seguintes fundamentos:
a) a imunidade da receita de exportações atinge apenas as contribuições sociais e interventivas que tenham por hipótese de incidência "receitas", excluindo-se, portanto, a CSL e a CPMF, por terem hipóteses com conceitos técnicos diferentes (lucro e movimentação financeira) na Constituição;
b) a imunidade, no caso, é objetiva e direta, favorecendo apenas as receitas de exportação, enquanto potencial objeto de tributação, não podendo favorecer as empresas exportadoras em relação a seus lucros e sua movimentação financeira, ainda que advindos de exportações;

c) os princípios da universalidade e da solidariedade social funcionam como diretrizes que favoreçam uma interpretação mais estrita das imunidades quando possam potencialmente dispensar contribuições importantes para o financiamento da seguridade social; e

d) a imunidade do art. 149, parágrafo 2º, I, não pode envolver a CSL, pois a desoneração do lucro dos exportadores brasileiros configuraria subsídio governamental vedado pelo Acordo sobre Subsídios e Medidas Compensatórias (ASMC), firmado pelo Brasil para incorporar os resultados da rodada Uruguai de negociações comerciais multilaterais do Gatt, em 1994, e que instituiu a Organização Mundial do Comércio (OMC), acordo esse promulgado no Brasil pelo Decreto presidencial nº 1.355/94.[218]

O STF firmou a tese de que "a imunidade prevista no art. 149, §2º, da CF, aplica-se sobre as receitas decorrentes de exportação realizadas pelas empresas optantes do *Simples Nacional*" (RE nº 598468/SC – Plenário – red. p. ac. Min. Edson Fachin, sessão de 22.05.20).

Adotara a postura de que "a norma imunizante contida no inciso I do §2º do art. 149 da Constituição da República alcança as receitas decorrentes de operações indiretas de exportação caracterizadas por haver participação de sociedade exportadora intermediária/*trading companies*" (RE nº 759.244-SP – Plenário – rel. Min. Edson Fachin, sessão de 12.02.20).

II) são isentas de contribuição para a seguridade social as entidades beneficentes de assistência social que atendam às exigências estabelecidas em lei" (art. 195, §7º).

Trata-se de autêntica imunidade, por se tratar de impedimento à competência tributária, em razão de sua raiz constitucional, sendo irrelevante a utilização do vocábulo isenção, pelo constituinte. A jurisprudência do STF *já identificou* na referida cláusula a existência de uma típica garantia de imunidade (e não de simples isenção) estabelecida em favor das entidades beneficentes de assistência social (precedente publicado na *RTJ* nº 137/965), em razão do que se revela a absoluta impossibilidade jurídica de a autoridade administrativa distorcer essa diretriz, negando-lhe o benefício fiscal (RE nº 22.192-9, 1ª Turma, rel. Min. Celso de Mello, j. 28.11.95, *DJU* 1 de 19.12.96, p. 51.802).

Somente a lei poderá regrar esta desoneração tributária, aplicando-se, no caso, unicamente os requisitos contidos no CTN (art. 14, incisos I a III), tornando-se impertinente a legislação federal que, entre outras condições, determine o reconhecimento formal de utilidade pública governamental e de entidade filantrópica.

Os serviços desenvolvidos pelas entidades beneficentes suplementam as atividades essenciais do Estado no que concerne à educação e assistência médica, hospitalar, farmacêutica, dentária, por ser notória a insuficiência do Executivo nas prestações de tais serviços. Tais atividades traduzem uma natural utilidade pública, razão pela qual as manifestações formais, oficiais, unilaterais por parte dos governos (federal, estadual e municipal), representam simples atos declaratórios, sem qualquer natureza constitutiva.

---

[218] PETRY, Rodrigo Caramori. O STF e a Imunidade Tributária das Receitas de Exportação (Art. 149, §2º, I, CF) em Face das Contribuições Sociais CSL, CPMF, PIS, Cofins e Funrural. *Revista Dialética de Direito Tributário*, n. 191, p. 85-86, ago. 2011.

Nesta bitola jurídica, encarta-se o reconhecimento de entidade de fins filantrópicos, uma vez que tal ato administrativo – sujeito às conveniências, interesses e interpretações pessoais – nada mais representará do que a devida consideração dos objetivos institucionais, a ausência de finalidade lucrativa e a aplicação dos recursos em suas finalidades societárias. O respectivo certificado tem efeito meramente declaratório de direito preexistente, caracterizando o simples reconhecimento de que a entidade já atendia aos pressupostos básicos à concessão do benefício previdenciário. Não se trata de subordinar a imunidade a uma condição meramente potestativa, de natureza constitutiva, o que poderia conduzir ao adiamento indefinido da manifestação administrativa.

A jurisprudência do STF

> é firme no sentido de afirmar a inexistência de direito adquirido a regime jurídico, razão motivo (sic) pelo qual não há razão para falar-se em direito à imunidade por prazo indeterminado. A exigência de renovação periódica do [Certificado de Entidade Beneficente de Assistência Social] Cebas, não ofende os artigos 146, II, e 195, §7º, da Constituição. Precedente [RE n. 428.815, Rel. Min. Sepúlveda Pertence, DJ de 24.6.05].
> (RO em MS nº 27.093-8, 2ª Turma, rel. Min. Eros Grau, j. 02.09.08, *DJe* de 13.11.08, p. 185)

O STJ firmou diretriz no sentido de que "a obtenção ou a renovação do Certificado de Entidade Beneficente de Assistência Social (Cebas) não exime a entidade do cumprimento dos requisitos legais supervenientes" (Súmula nº 352).

O STF assentou que "a norma imunizante contida no inciso I do parágrafo 2º, do art. 149, da Constituição da República alcança as receitas decorrentes de operações indiretas de exportação caracterizadas por haver participação negocial de sociedade exportadora intermediária" (RE nº 759244 – Plenário – rel. Min. Edson Fachin – sessão de 12.02.20 – Tema de Repercussão Geral 674).

CAPÍTULO 6

FONTES DO DIREITO TRIBUTÁRIO

6.1 Constituição Federal e Emendas à Constituição

Os fundamentos da produção normativa, que permitirão estabelecer os direitos e obrigações do Poder Público e dos contribuintes, têm origem na Constituição, que contém a estrutura básica do Estado, a forma de governo, a sistemática tributária – principalmente no que concerne às competências e às materialidades impositivas – e os direitos e garantias individuais.

A edição das normas tributárias, de conformidade com suas respectivas materialidades, encontra-se expressamente delineada no texto constitucional e disciplinada no Código Tributário Nacional, que constituem diplomas jurídicos básicos para que possam ser instituídos seus elementos estruturadores e instrumentos operacionais.

Todavia, o texto constitucional não pode configurar um diploma jurídico estático e permanente para toda uma eternidade, pois deve representar a vontade popular veiculada por intermédio do Congresso Nacional. Entretanto, no processo de sua reforma há que observar um rígido e formal procedimento legislativo, expressamente estratificado na própria Constituição (art. 60).

A mesma Constituição estabelece que "não será objeto de deliberação a proposta de emenda tendente a abolir: I – a forma federativa de Estado; II – o voto direto, secreto, universal e periódico; III – a separação dos Poderes; e IV – os direitos e garantias individuais" (art. 60, §4º).

Trata-se de "cláusulas pétreas", insuscetíveis de sofrerem qualquer espécie de modificação, por parte do mesmo Congresso Nacional, revelando-se imprescindível uma nova eleição de representantes do povo, para proceder à reforma dos superiores princípios consagrados no referido preceito constitucional. Nesse desiderato, qualquer modificação de competência tributária constante do atual texto para ampliar, restringir, ou mesmo suprimir o direito à instituição e arrecadação de tributos, acarretará mudança na "forma federativa do Estado", configurando patente inconstitucionalidade.

A vinculação ou a dependência de quaisquer dos Poderes, especialmente no que tange ao Legislativo e ao Executivo, alterando atribuições de natureza tributária, ferirá a vigente Constituição. Estará positivado o mesmo vício jurídico, no caso de os contribuintes virem a ser desprotegidos dos direitos e garantias individuais, no que concerne à instituição e exigências dos tributos. É o que ocorre, conceitualmente, com a Emenda Constitucional nº 3, de 17.03.93, que tratou do §7º do art. 150, dispondo que "a lei poderá atribuir a sujeito passivo da obrigação tributária a condição de responsável pelo pagamento do tributo ou contribuição, cujo fato gerador deva ocorrer posteriormente".

Realmente, ao estabelecer um fato gerador presumido, objetivado na substituição tributária regressiva, a Emenda permitiu o direito de o Poder Público instituir obrigação de ser recolhido dinheiro ao Erário, com manifesto desfalque do patrimônio particular, sem que ainda tivesse ocorrido qualquer acontecimento previsto como fato imponível, violando os princípios da segurança e certeza do Direito, tipicidade, igualdade, capacidade contributiva e vedação de confisco.

No entanto, o STF concluiu pela constitucionalidade do regime de substituição tributária (RE nº 213.396, rel. Min. Ilmar Galvão), entendendo que o fato gerador presumido, por isso mesmo, não é provisório, mas definitivo, não dando ensejo à restituição, ou complementação do ICMS pago, a não ser na hipótese de sua não realização final (ADIn nº 1.851-4, Pleno, rel. Min. Ilmar Galvão, j. 08.05.02, *DJU* 1 de 22.11.02, p. 55).

Em momento posterior (2016) modificara o entendimento, decidindo o seguinte:

> (...) 5. De acordo com o art. 150, §7º, in fine, da Constituição da República, a cláusula de restituição do excesso e respectivo direito à restituição se aplica a todos os casos em que o fato gerador presumido não se concretize empiricamente da forma como antecipadamente tributado (...).
> 6. Altera-se parcialmente o precedente firmado na ADI n. 1.851, de relatoria do Ministro Ilmar Galvão, de modo que os efeitos jurídicos desse novo entendimento se orientam apenas os litígios judiciais futuros e os pendentes submetidos à sistemática da repercussão geral (...).
> (RE nº 593.849-MG – Plenário – rel. Min. Edson Fachin – sessão de 19.10.16 – *DJe* 17.08.17)

Equivalem às emendas constitucionais os tratados e convenções internacionais sobre direitos humanos que forem aprovados, em cada Casa do Congresso Nacional, em dois turnos, por três quintos dos votos dos respectivos membros (§3º, do art. 5º, da CF, acrescentado pela EC nº 42/04).

A Emenda Constitucional nº 132, promulgada em 20.12.23, alterou o sistema tributário nacional, com a introdução específica de novos princípios (simplicidade, transparência, justiça tributária, cooperação, defesa do meio ambiente), instituição do Imposto sobre Bens e Serviços (IBS) – extinguindo o ICMS e o ISS; da Contribuição sobre Bens e Serviços (CBS) – extinguindo as contribuições para o PIS e a COFINS; do Imposto Seletivo; redução a zero de alíquotas do IPI, além de modificar demais tributos (ITCMD, IPVA, IPTU, COSIP), e conter a previsão de regimes únicos e diferenciados.

6.2 Lei Complementar

Na temática da legalidade, revela importância o exame da necessidade, ou impedimento, de lei complementar para estabelecer regras dos tributos, quer quanto aos seus elementos estruturadores, quer no atinente às normas gerais que lhes possam ser aplicáveis. Esta preocupação decorre da circunstância de a Constituição tratar da figura da lei complementar, prevista no art. 146, a quem cabe:

I – dispor sobre conflitos de competência, em matéria tributária, entre a União, os Estados, o Distrito Federal e os Municípios;
II – regular as limitações constitucionais ao poder de tributar;
III – estabelecer normas gerais em matéria de legislação tributária, especialmente sobre:
a) definição de tributos e de suas espécies, bem como, em relação aos impostos discriminados nesta Constituição, a dos respectivos fatos geradores, bases de cálculo e contribuintes;
b) obrigação, lançamento, crédito, prescrição e decadência tributários;
c) adequado tratamento tributário ao ato cooperativo praticado pelas sociedades cooperativas, inclusive em relação aos tributos previstos nos arts. 156-A e 195, V (redação da EC nº 132/23);
d) definição de tratamento diferenciado e favorecido para as microempresas e para as empresas de pequeno porte, inclusive regimes especiais ou simplificados no caso dos impostos previstos no art. 155, II, e 156-A, das contribuições sociais previstas no art. 195, I e V e §12 , e da contribuição a que se refere o art. 239 (redação da EC nº 132/23)
Parágrafo único. A lei complementar de que trata o inciso III, *d*, também poderá instituir um regime único de arrecadação dos impostos e contribuições da União, dos Estados, do Distrito Federal e dos Municípios, observado que:
I – será opcional para o contribuinte;
II – poderão ser estabelecidas condições de enquadramento diferenciadas por Estado;
III – o recolhimento será unificado e centralizado e a distribuição da parcela de recursos pertencentes aos respectivos entes federados será imediata, vedada qualquer retenção ou condicionamento;
IV – a arrecadação, a fiscalização e a cobrança poderão ser compartilhadas pelos entes federados, adotado cadastro nacional único de contribuintes.
Art. 146-A. Lei complementar poderá estabelecer critérios especiais de tributação, com o objetivo de prevenir desequilíbrios da concorrência, sem prejuízo da competência de a União, por lei, estabelecer normas de igual objetivo (Redação da EC nº 42/03).

Considerando que a Constituição dispôs sobre as específicas competências de cada ente tributante, em razão também das específicas materialidades, revela-se impertinente a edição de lei complementar para dirimir eventuais controvérsias, podendo ser entendida como mero veículo de natureza interpretativa.

Relativamente às "limitações constitucionais", trata-se de normas de caráter proibitivo, que conferem operacionalidade ao texto constitucional, como ocorre no caso das imunidades, disciplinadas pelo Código Tributário Nacional (art. 14), com consagrada natureza de lei complementar. O mesmo CTN também já disciplinou as matérias previstas na alínea *b* do inc. III do art. 146 da Constituição.

Interessa verificar a regra inserta na alínea *a* do citado preceito, que cuida da definição do tributo e dos elementos que o integram, com o escopo de se constatar se é possível a instituição de quaisquer espécies de exações sem que seu perfil esteja conformado por lei complementar.

A simples leitura do permissivo em foco – que nem chega a traduzir interpretação literal – conduziria ao afoito entendimento de que, à primeira vista, seria tranquila a competência (exclusiva) da lei complementar para a fixação dos lineamentos básicos das normas tributárias. Entretanto, para que se possa estabelecer o real alcance da regra constitucional e a eficácia da lei complementar, é imprescindível proceder-se a uma análise sistemática da Carta Magna. Imperioso tornar precisa a participação da lei complementar no processo de elaboração legislativa e sua harmonia com as demais espécies normativas, delimitando os respectivos âmbitos materiais.

Para se fixar a função e a finalidade da lei complementar, é mister atentar para a rigorosa classificação científica das normas constitucionais (segundo sua eficácia e aplicabilidade), a saber: "I – normas de eficácia plena e aplicabilidade direta, imediata e integral; II – normas de eficácia contida e aplicabilidade direta, imediata, mas possivelmente não-integral; III – normas de eficácia limitada, compreendendo: a) declaratórias de princípios instintivos ou organizativos; b) declaratórias de princípios programáticos".[219]

As leis complementares da Constituição (art. 59, II), que preveem a necessidade de quórum qualificado (maioria absoluta – art. 69), têm, essencialmente, a função e a finalidade de integrar a eficácia das normas constitucionais referentes à estrutura do Estado, à formação dos Poderes e suas relações,[220] revestindo a natureza formal de lei nacional, produto do Estado total (global), que inspira, fundamenta e determina a edição de normas federais, estaduais e municipais (ordens parciais do Estado brasileiro).

Em razão desta postura, "a lei nacional, categoria jurídico-positiva diversa de lei federal, é o produto legislativo do Estado nacional global. As dificuldades para o estabelecimento da distinção entre leis federais e nacionais decorrem da origem comum, porque ambas são editadas pela União".[221]

Não há superioridade formal da lei complementar, porque a lei complementar não pode revogar a lei ordinária, em virtude de dois argumentos: "1º os campos da lei complementar e da lei ordinária em princípio não se interpenetram, numa decorrência da técnica constitucional da distribuição *rationae materiae* de competências legislativas; 2º a superveniência da lei complementar somente suspende ou paralisa a eficácia da lei ordinária em casos excepcionais".[222]

Estas considerações demonstram que o art. 146 da Constituição confere à lei complementar apenas um mais abrangente âmbito de validade em matéria tributária, como não se continha na Constituição anterior.

No tocante às normas gerais de Direito Tributário, e de forma específica à definição dos tributos, transparece uma problemática atuação do legislador complementar, tendo em vista a competência outorgada às pessoas de Direito Público, em razão do que podem ser assumidas as posturas seguintes:

a) a lei complementar (mediante definição) delimita os tributos e especifica os fatos geradores, as bases de cálculo e os contribuintes dos impostos, restando uma mínima atuação legislativa das pessoas tributantes;

b) a lei complementar traça apenas os contornos dos tributos e impostos, permanecendo ampla margem legislativa das pessoas tributantes;

---

[219] SILVA, José Afonso da. *Aplicabilidade das Normas Constitucionais*. 2. ed. São Paulo: RT, 1982. p. 75.
[220] SILVA, ob. cit., p. 220.
[221] ATALIBA, Geraldo. Normas Gerais de Direito Financeiro e Tributário e Autonomia dos Estados e Municípios – Limites à Norma Geral – Código Tributário Nacional. *Revista de Direito Público*, v. 2, n. 10, p. 45-80, 1969.
[222] BORGES, Souto Maior. *Lei Complementar Tributária*. São Paulo: RT, 1975. p. 25.

c) a lei complementar caracteriza-se como lei federal, não sendo aplicável aos Estados, Distrito Federal e Municípios, em razão de suas autonomias.

Deslindar a questão não constitui tarefa simples, pois a competência da lei complementar restringe-se à *definição*, que representa temática mais apropriada ao campo doutrinário e que, em termos legais, deve ser concebida como mera finalidade prática. A definição na lei não se insere como elemento científico, visando apenas facilitar a aplicação das normas, podendo se entender que o intérprete e o aplicador da lei não se encontram adstritos às construções teóricas do legislador. Ao definir os tributos e os elementos específicos dos impostos, o legislador nada mais fez do que clarificar os implícitos comandos constitucionais, não criando nenhum direito novo.

Considerando que a Constituição expressamente indica as espécies tributárias, à lei complementar pouco restaria fazer, salvo a instituição de empréstimos compulsórios (art. 148), do imposto sobre grandes fortunas (art. 153, VII), bem como impostos e contribuições decorrentes da competência residual da União (arts. 154, I, e 195, §4º), ainda assim sem modificar a natureza de cada tipo tributário, que se encontra plasmado nas normas e princípios constitucionais, que podem ser captadas pelo hermeneuta.

Impertinente a definição de taxa, em face da compreensão do conceito encartado no inciso II do art. 145 ("exercício regular do poder de polícia pela utilização, efetiva ou potencial, e prestação de serviços públicos, específicos e divisíveis, prestados ao contribuinte ou postos à sua disposição"). A lei complementar que pretendesse defini-la nada poderia acrescentar muito menos restringir.

Também no que tange aos impostos, o empenho do legislador complementar revelaria mero caráter didático, porque, embora a Constituição (art. 145, I) só mencione o vocábulo "impostos", a pauta de competências tributárias arroladas nos arts. 153, 155 e 156 permite visualizar exação não vinculada à atuação do Poder Público. Apenas justificável sua presença relativamente a específicos impostos, como é o caso do ICMS (art. 155, XII – definição de mercadorias abrangidas pela incidência única) e do ISS (art. 156, III – serviços tributáveis).

O mesmo ocorre com as contribuições de melhoria (art. 145, III), contribuições sociais (arts. 149 e 195, entre outros), em que a própria Constituição permite apurar os seus lineamentos básicos, de conformidade com interpretação sistemática do quadro tributário.

Ressalte-se que, tendo a Constituição relacionado as materialidades tributárias, é de se supor, como lógica elementar, que todos os aspectos da hipótese de incidência devam estar vinculados às específicas materialidades. Além disso, seria irrelevante a inexistência de lei complementar definidora de fatos geradores, bases de cálculo e contribuintes, ou, se editada, o fizesse de modo restritivo, impossibilitando as pessoas políticas de exercerem suas competências.

Creio que a norma em pauta não alberga lei nacional aplicável às entidades periféricas, porque não pode impedir, tolher, sequer desvirtuar o exercício de seus direitos públicos subjetivos. Sua edição – sempre respaldada nas implícitas diretrizes constitucionais – não se faz imprescindível para a plena atuação dos poderes tributários, só tendo eficácia no âmbito federal, em razão de o mesmo órgão (Congresso Nacional) ser o produtor das normas federais. Conclui-se que a lei complementar objetiva explicitar a norma constitucional de eficácia limitada, caracterizando-se como lei nacional, que fundamenta a legislação federal, estadual e municipal.

Relativamente à legitimidade da Cofins (Lei Complementar nº 70/91), o STF (voto do relator) manifestou o entendimento seguinte:

> (...) essa contribuição poderia ser instituída por lei ordinária. A circunstância de ter sido instituída por lei formalmente complementar – a Lei Complementar nº 70/91 – não lhe dá, evidentemente, a natureza de contribuição social nova, a que se aplicaria o disposto no §4º do artigo 195 da Constituição, porquanto essa lei, com relação aos dispositivos concernentes à contribuição social por ela instituída – que são objeto desta ação –, é materialmente ordinária, por não tratar, nesse particular, de matéria reservada, por texto expresso da Constituição, à lei complementar.
>
> A jurisprudência desta Corte, sob o império da Emenda Constitucional nº 1/69 – e a Constituição atual não alterou esse sistema –, se firmou no sentido de que só se exige lei complementar para as matérias cuja disciplina a Constituição expressamente faz tal exigência e, se por ventura a matéria, disciplinada por lei cujo processo legislativo observado tenha sido o da lei complementar, não seja daquelas para que a Carta Magna exige essa modalidade legislativa, os dispositivos que tratam dela se têm como dispositivos de lei ordinária.
>
> (ADC nº 1-1-DF, Pleno, rel. Min. Moreira Alves, j. 1º.12.93, *DJU* 1 de 16.06.95, p. 18.213)

O STF tem reiterado a desnecessidade de lei complementar (RE nº 343.446-2-SC, Pleno, rel. Min. Carlos Velloso, j. 20.03.03, *DJU* 1 de 04.04.03).

Examinando divergência entre legislação municipal dispondo sobre contribuição de melhoria de modo contraditório à lei complementar, o STF manifestou o entendimento seguinte:

> Ementa: *Tributário. Conflito entre Legislação Local e Lei Complementar de Normas Gerais em Matéria Tributária. Interposição de Recurso Extraordinário antes da EC 45/2004 (art. 102, III, d). Matéria Infraconstitucional. Município de Laranjeiras do Sul. Contrariedade da Legislação Local ao Código Tributário Nacional. Aprovação do Benefício Individual Deficitária. Lei 43/1989. Projeto 09/1992. Edital 05/1994. Decreto 08/1995.*
>
> 1. Nem toda contraposição entre lei ordinária e lei complementar se resolve no plano constitucional. Dentre outras hipóteses, a discussão será de alçada constitucional se o ponto a ser resolvido, direta ou indiretamente, referir-se à *existência ou inexistência de reserva de lei complementar para instituir o tributo ou estabelecer normas gerais em matéria tributária*, pois é a Constituição que estabelece os campos materiais para o rito de processo legislativo adequado.
>
> 2. Num segundo ponto, é possível entrever questão constitucional prévia no confronto de lei ordinária com lei complementar, se for necessário interpretar a lei complementar à luz da Constituição para precisar-lhe sentido ou tolher significados incompatíveis com a Carta (técnicas da interpretação conforme a Constituição, declaração de inconstitucionalidade sem redução de texto e permanência da norma ainda constitucional).
>
> 3. Nenhuma das duas hipóteses está configurada neste caso, pois a parte-agravante invoca o Código Tributário Nacional como parâmetro de controle imediato de norma local que teria falhado em apurar o benefício individual aferido por cada contribuinte, mas, ao invés, limitou-se a fixar o valor global da obra para rateio.
>
> 5. Na época da interposição do recuso ainda não vigia o art. 102, III, *d*, da Constituição, incluído pela EC 45/2004.
>
> (Ag. Reg. no RE nº 228.339-PR, 2ª Turma, rel. Min. Joaquim Barbosa, j. 20.04.10, *DJe* de 27.05.10, p. 75)

O STF firmou diretriz no sentido de que a cobrança do diferencial de alíquota alusivo ao ICMS, conforme introduzido pela Emenda Constitucional nº 87/15, pressupõe edição de lei complementar veiculando normas gerais (RE nº 1287019, sessão de 24.02.21 – Tema 1093 de Repercussão Geral).

A Emenda Constitucional nº 132, promulgada em 20.12.23, estabelece a necessidade de serem editadas leis complementares para a implementação das mudanças no sistema tributário.

6.3 Lei Ordinária

O postulado da "legalitariedade"[223] constitui uma das garantias do Estado de Direito, desempenhando uma função de proteção dos direitos e garantias individuais, consubstanciando o consentimento dos cidadãos (representados pelo Congresso Nacional, Assembleia Legislativa dos Estados e Câmara dos Vereadores dos Municípios), para que seja exigida uma parcela de seus patrimônios, correspondente a um tributo.

A lei deve descrever todos os elementos integrantes do tributo, ou seja, os sujeitos ativo e passivo, as materialidades, bases de cálculo e alíquota, bem como os demais deveres de cunho acessório (utilização de documentos e livros fiscais). Entretanto, o prazo de recolhimento poderá ser fixado por ato regulamentar (STJ, REsp nº 72.804-SP, 1ª Turma, rel. Min. Demócrito Reinaldo, j. 13.12.95, DJU 1 de 26.02.96, p. 39.571; REsp nº 34.709-SP, 2ª Turma, rel. Min. Ari Pargendler, j. 17.10.96, DJU 1 de 04.11.96, p. 42.455).

O cânone da legalidade, correspondente ao princípio da reserva absoluta da lei formal,[224] pauta-se no sentido de que a lei ordinária (federal, estadual e municipal), necessariamente minuciosa, "deve conter não só o fundamento da conduta da Administração, mas também o próprio critério da decisão no caso concreto", de modo que esta possa ser obtida "por mera dedução da própria lei, limitando-se o órgão de aplicação a subsumir o fato da norma, independentemente de qualquer valoração pessoal".[225]

O CTN é categórico ao dispor que (art. 97) somente a lei pode estabelecer: I – a instituição de tributos, ou a sua extinção; II – a majoração de tributos, ou sua redução, ressalvado o disposto nos arts. 21, 26, 39, 57 e 65; III – a definição do fato gerador da obrigação tributária principal, ressalvado o disposto no inciso I do §3º, do art. 52, e do seu sujeito passivo (este revogado pelo art. 13 do Decreto-Lei nº 406/68); IV – a fixação da alíquota do tributo e da sua base de cálculo, ressalvado o disposto nos arts. 21, 26, 39, 57 e 65 (revogado o art. 57 pelo art. 31 do Decreto-Lei nº 406/68); V – a cominação de penalidades para as ações ou omissões contrárias a seus dispositivos, ou para outras infrações nela definidas; e VI – as hipóteses de exclusão, suspensão e extinção de créditos tributários, ou de dispensa ou redução de penalidades.

Num regime republicano, somente os representantes dos particulares é que podem criar suas próprias obrigações, inclusive aquelas obrigações incidentes sobre seus patrimônios, compelindo-os, por via da lei, ao recolhimento dos tributos.

---

[223] MIRANDA, Francisco Cavalcanti Pontes de. *Comentários à Constituição de 1967*. São Paulo: RT, 1967. t. V. p. 1.
[224] CARRAZZA, Roque Antonio. *Princípios Constitucionais Tributários e Competência Tributária*. São Paulo: Malheiros, 1986. p. 255.
[225] CARRAZZA, Roque Antonio. *Curso de Direito Constitucional Tributário*. 24. ed. São Paulo: Malheiros, 2008. p. 172.

6.4 Medida Provisória

O art. 62 da Constituição (com a redação da EC nº 32, de 11.09.01) dispõe: "Em caso de relevância e urgência, o Presidente da República poderá adotar medidas provisórias, com força de lei, devendo submetê-las de imediato ao Congresso Nacional".

Medida provisória que implique instituição ou majoração de impostos, exceto os previstos nos arts. 153, I, II, IV, V, e 154, II, só produzirá efeitos no exercício financeiro seguinte se houver sido convertida em lei até o último dia daquele em que foi editada (§2º).

As medidas provisórias, ressalvado o disposto nos §§11 e 12, perderão eficácia, desde a edição, se não forem convertidas em lei no prazo de 60 dias, prorrogável, nos termos do §7º, uma vez por igual período, devendo o Congresso Nacional disciplinar, por decreto legislativo, as relações jurídicas delas decorrentes (§3º).

O prazo a que se refere o §3º contar-se-á da publicação da medida provisória, suspendendo-se durante os períodos de recesso do Congresso Nacional (§4º).

A deliberação de cada uma das Casas do Congresso Nacional sobre o mérito das medidas provisórias dependerá de juízo prévio sobre o atendimento de seus pressupostos constitucionais (§5º).

Se a medida provisória não for apreciada em até 45 dias contados de sua publicação, entrará em regime de urgência, subsequentemente, em cada uma das Casas do Congresso Nacional, ficando sobrestadas, até que se ultime a votação, todas as demais deliberações legislativas da Casa em que estiver tramitando (§6º).

Prorrogar-se-á uma única vez por igual período a vigência de medida provisória que, no prazo de 60 dias, contado de sua publicação, não tiver a sua votação encerrada nas duas Casas do Congresso Nacional (§7º).

É vedada a reedição, na mesma sessão legislativa, de medida provisória que tenha sido rejeitada ou que tenha perdido sua eficácia por decurso de prazo (§10).

Não editado o decreto legislativo a que se refere o §3º até 60 dias após a rejeição ou perda de eficácia de medida provisória, as relações jurídicas constituídas e decorrentes de atos praticados durante sua vigência conservar-se-ão por ela regidas (§11).

Aprovado projeto de lei de conversão alterando o texto original da medida provisória, esta se manterá integralmente em vigor até que seja sancionado ou vetado o projeto (§12).

A leitura do texto poderia levar à compreensão equivocada de que a medida provisória seria equiparada a uma lei, podendo até suprimir (total ou parcialmente) competência exclusiva do Legislativo. Entretanto, é cediço que a inovação da ordem jurídica – compreendendo a atividade típica de legislar – só pode ser promovida pelos representantes do povo (princípio do consentimento).

Na competência do Executivo e nas atribuições do Presidente da República (e de seus Ministros de Estado), conforme os arts. 76 a 86, se contém exclusivamente a atividade administrativa consistente na "prática pelo Estado, como parte interessada de uma relação jurídica de atos infralegais destinados a atuar praticamente nas finalidades descritas na lei".[226]

---

[226] BASTOS, Celso. *Curso de Direito Constitucional*. São Paulo: Saraiva, 1996. p. 169.

É evidente que não há efetiva participação (completa e abrangente) do Executivo na elaboração da lei, ou, mais propriamente, no seu conteúdo; porque atua em momento anterior (iniciando o processo legislativo), ou posterior à sua edição (sancionando, promulgando, publicando ou vetando as leis), como deflui dos incisos III, IV e V do art. 84.

Entretanto, no que tange à medida provisória, a Constituição (na redação originária do art. 62) não havia estabelecido nenhum limite de conteúdo à atuação do Presidente da República; que, por esse veículo e em princípio, poderia inovar na ordem jurídica sobre todas as matérias, inclusive as de natureza tributária. Esta situação veio a ser excepcionada pela Emenda nº 7, de 15.08.95, ao incluir o art. 246 ao texto constitucional vedando a adoção de medida provisória de artigo da Constituição cuja redação tivesse sido alterada por meio de emenda promulgada a partir de 1995. Perquire-se, todavia, a respeito do âmbito de sua atuação, principalmente no que atina aos requisitos e limites contidos na Constituição, formulando-se as indagações seguintes: em que consistem os casos de relevância e urgência? Têm cabimento na seara tributária?

É inquestionável que o ato presidencial possui "força de lei", obrigando (do mesmo modo que a lei) os seus destinatários. No entanto, o critério de relevância é vago, impreciso, fluído, especialmente porque toda a produção legislativa contém relevância, que será intensa na medida em que seja fundamental para um universo abrangente de destinatários, tendo em vista o contexto em que é expedida.

Difícil precisar se à autoridade presidencial é concedida a faculdade para editar medida provisória sob o suposto de se tratar de situação de "relevância", sem que haja, ao menos, nenhum outro tipo de controle. Esta questão, de certa forma, já sofrera análise na vigência da Constituição anterior que, no art. 55, outorgava competência ao Presidente da República para expedir "decretos-leis" sobre determinadas matérias em casos de "urgência" e "interesse público relevante".

Não creio que o interesse público se enquadre como matéria de exclusivo arbítrio público, pois o próprio texto constitucional naturalmente estabelece uma escala de matérias mais importantes. Assim é que, sempre que se examine a temática dos "princípios", vem a lume a superioridade dos cânones da Federação e da República. O mesmo ocorrerá com o requisito de "relevância" (importância, preeminência), que, embora tenha conotação de caráter político, implica o exame das matérias postas na Constituição.

Ressalto que determinadas matérias não podem ser objeto de medidas provisórias, o que não é o caso de temas tributários, salvo aqueles privativos de lei complementar (art. 62, §1º, III).

A tarefa do intérprete vê-se mais facilitada no que cuida do requisito de "urgência", pois os próprios preceitos do art. 62 (na redação da EC nº 32/01) estabelecem os prazos respectivos.

Argutamente fora sublinhado que "relevância e urgência são importantes conceitos que explicam: a antecipação da eficácia e da aplicabilidade da lei, em que se hão de converter as medidas provisórias, a momento prévio de sua existência; a eficácia imediata desde a edição, como necessária e essencial propriedade das medidas provisórias; a inexistência de qualquer discricionariedade para o Chefe do Poder Executivo, o qual não tem a faculdade de adiar a eficácia e a aplicabilidade das medidas provisórias para data posterior à de sua edição, quer para o exercício subseqüente, quer para o momento de regulamentação. Ou se dão, no caso concreto, a relevância e a urgência, cabendo, sendo próprio e adequado o uso de medidas provisórias, ou não; a antinomia existente entre o princípio da anterioridade e as medidas provisórias, uma insolúvel contradição".[227]

O STF entende que "não cabe ao Poder Judiciário aquilatar a presença, ou não, dos critérios de relevância e urgência exigidos pela Constituição, para a edição de medida provisória – ADIns 162, 526, 1.397 e 1.417" (ADIn nº 1.667-9-DF, Medida Liminar, Pleno, rel. Min. Ilmar Galvão, j. 25.09.97, *DJU* 1 de 21.11.97, p. 60.580).

O fundamental é que a "força de lei", contida na medida provisória (art. 62) para qualificá-la, não permite equipará-la à lei, nem pode o Presidente da República substituir o Congresso Nacional, usurpando seus poderes constitucionais.

Observara o STF que "no julgamento da ADI 425, rel. Min. Maurício Corrêa, DJ 19.12.03, o Plenário já havia reconhecido, por ampla maioria, a constitucionalidade da instituição de medida provisória estadual, desde que, primeiro, esse instrumento esteja expressamente previsto na Constituição do Estado e, segundo, sejam observados os princípios e as limitações impostas pelo modelo adotado pela Constituição Federal, tendo em vista a necessidade da observância simétrica do processo legislativo federal, em consonância com demais precedentes: ADI 691, rel. Min. Sepúlveda Pertence, DJ 19.06.02 e ADI 812-MC, rel. Min. Moreira Alves, DJ 14.05.93" (ADI nº 2.391-8-SC, rel. Min. Ellen Gracie, j. 28.06.06, *DJU* 1 de 16.03.07, p. 20).

O STF firmou a diretriz seguinte:

> A medida provisória não apreciada pelo Congresso Nacional podia, até a Emenda constitucional nº 32.2001, ser reeditada dentro do seu prazo de eficácia de 30 dias, mantidos os efeitos de lei desde a primeira edição.
> (Súmula Vinculante nº 54)

6.5 Lei Delegada

A Constituição permite que esse instrumento legal seja elaborado pelo Presidente da República, mediante prévia solicitação ao Congresso Nacional (art. 68), vedando essa delegação relativamente aos atos de competência exclusiva do Congresso, aos de competência privativa da Câmara dos Deputados ou do Senado Federal, à matéria reservada à lei complementar e à legislação sobre: a) organização do Judiciário e do Ministério Público (carreira e garantia de seus membros); b) nacionalidade, cidadania, direitos individuais, políticos e eleitorais; c) planos plurianuais, diretrizes orçamentárias e orçamentos.

Esta espécie de norma, que constituiria exceção ao princípio da legalidade, não tem sido utilizada, além do que seria discutível seu tranquilo cabimento sobre matéria tributária, embora ocorra delegação dos representantes do povo (Congresso Nacional).

6.6 Resoluções

Este veículo normativo (art. 59, VII) encontra-se previsto em situações específicas e peculiares, como se contém no art. 155, IV, V, da Constituição Federal, conferindo

---

[227] DERZI, Misabel Abreu Machado. Medidas Provisórias – Sua Absoluta Inadequação à Instituição e Majoração de Tributos. *Revista de Direito Tributário*, n. 45, p. 134, jul./set. 1988.

competência ao Senado Federal para estabelecer alíquotas relativas ao ITCMD, ao ICMS em operações mercantis, bem como no art. 155, III, §6º, II, relativamente ao IPVA (acrescentado pela EC nº 42/03), e, ainda, no tocante ao IBS (acrescentado pela EC nº 132/23) com o objetivo de preservar o regime federativo, a fim de tornar equalitária a participação dos Estados e do Distrito Federal.

Evidente que a nomenclatura utilizada pelo constituinte não oferece maior relevância, em termos do exercício da competência do Senado, tendo em vista que, usualmente, diversos atos administrativos emanados do Poder Executivo também podem ser rotulados de "resoluções", sem que desnaturem seu emprego no âmbito constitucional ou prejudiquem os seus peculiares efeitos jurídicos.

A Emenda Constitucional nº 132, promulgada em 20.12.24 – que trata da reforma tributária – prevê a expedição de resoluções para a sua implementação.

6.7 Decretos Legislativos

Este instrumento legal (art. 59, VI) é utilizado pelo Congresso Nacional para efeito de aprovação dos tratados internacionais celebrados pelo nosso País (art. 49, I), configurando sua aceitabilidade e, principalmente, sua integração na ordem jurídica interna.

Passa também a ser utilizado para disciplinar as relações jurídicas decorrentes da edição de medidas provisórias (art. 62, §§3º e 11, inseridas pela EC nº 32/01).

6.8 Tratados Internacionais

Os tratados (inclusive convenções e atos internacionais) são celebrados pelo Presidente da República, ou seus auxiliares, sujeitos a referendo do Congresso Nacional, nos casos que acarretem encargos ou compromissos gravosos ao patrimônio nacional (arts. 84, VIII, e 49, I, da Constituição). Mediante a promulgação ocorre a integração de seus preceitos no ordenamento jurídico nacional, passando a constituir o próprio Direito interno, com aptidão para produzir efeitos jurídicos.

A viabilidade eficacial das normas dos tratados constitui diretriz do nosso ordenamento, consoante consagrado no art. 5º da Constituição:

> §2º Os direitos e garantias expressos nesta Constituição não excluem outros decorrentes do regime e dos princípios por ela adotados, ou dos *tratados internacionais* em que a República Federativa do Brasil seja parte.
>
> §3º Os tratados e convenções internacionais sobre direitos humanos que forem aprovados, em cada Casa do Congresso Nacional, em dois turnos, por três quintos dos votos dos respectivos membros, serão equivalentes às emendas constitucionais (acrescentado pela EC nº 42/04).

O texto constitucional não deixa margem à dúvida no sentido de que também aos tratados seriam conferidos os mesmos atributos concernentes às demais normas do Direito positivo interno; e, por decorrência lógica, em princípio, podem implicar supressão ou alteração das regras já existentes no contexto jurídico nacional.

A aplicabilidade das normas constantes dos tratados decorre do superior postulado da soberania (art. 1º, I, da Constituição), cujo conceito complexo e flutuante no decorrer da evolução histórica revela um caráter de supremacia, concernente ao poder jurídico, ou à qualidade distintiva do Estado dirigida a todos os habitantes de seu território, e, também, nas relações recíprocas entre os Estados.

A soberania nunca pode ser absoluta, por encontrar-se limitada pelo próprio ordenamento legal a) interno (direitos e garantias individuais) e b) externo (ordem jurídica internacional). Em realidade, emana do povo, em nome de quem é exercida nos limites da Constituição, sendo que "as leis, atos e sentenças de outro país, bem como quaisquer declarações de vontade, não terão eficácia no Brasil, quando ofenderem a *soberania nacional*, a ordem pública e os bons costumes" (Lei de Introdução ao anterior Código Civil, art. 17).

No espectro do direito das gentes significa que, imperando o princípio da igualdade jurídica e da autodeterminação dos povos (art. 4º, II e V, da Constituição), fica vedada a intromissão de um Estado nas atividades de outro Estado. Considerando a igualdade de direitos e obrigações, devem ser respeitados os princípios e normas constitucionais próprias, mediante a delimitação e respectiva competência normativa, conformadoras de uma ordem jurídica internacional.

Descarto a teoria monista (existência de uma única ordem jurídica interna/externa), aceitando o dualismo (distintas ordens jurídicas, com a necessidade de lei interna que reproduza os preceitos dos tratados internacionais).

Além da soberania, também a independência nacional (art. 4º, I, da Constituição) constitui elemento fundamental de uma nação livre e democrática, que inviabiliza a interferência de um Estado nas atividades do outro.

Usualmente, os tratados celebrados em matéria tributária colimam a eliminação de direitos alfandegários e restrições não tarifárias à circulação de produtos, bem como qualquer outra medida de efeito equivalente, objetivando o livre trânsito de bens, serviços e fatores produtivos entre os países signatários. Aliás, a Constituição Federal (parágrafo único do art. 4º) estabelece que o Brasil buscará a integração econômica, política, social e cultural dos povos da América Latina, visando à formação de uma comunidade latino-americana de nações.

Questionável tem sido a manutenção de eficácia do CTN (art. 98), dispondo que "os tratados e as convenções internacionais revogam ou modificam a legislação tributária interna e serão observados pela que lhes sobrevenham", relativamente a tributos internos que não sejam de exclusiva competência da União, sob o fundamento básico de que a esta é vedado "instituir isenções de tributos da competência dos Estados, do Distrito Federal ou dos Municípios" (art. 151, III, da Constituição).

Esta matéria foi apreciada pelo Judiciário, relativamente a imposto estadual (ICM/ICMS), tendo o STF cristalizado o entendimento de que "à mercadoria importada de país signatário do GATT, ou membros da Alalc, estende-se a isenção do imposto de circulação de mercadorias concedida a similar nacional" (Súmula nº 575), com posterior assentimento do STJ (Súmulas nºs 29 e 71). Esta postura prestigia a segurança jurídica nas relações entre as nações, conferindo à União a representatividade da totalidade do Estado brasileiro, com plena soberania e prevalecimento do interesse nacional sobre os interesses internos.

O STF firmou a diretriz seguinte:

Ementa.
Direito Tributário. Recepção pela Constituição da República de 1988 do Acordo Geral de Tarifas e Comércio. Isenção de Tributo Estadual Prevista em Tratado Internacional Firmado pela República Federativa do Brasil. Artigo 151, Inciso III, da Constituição da República. Artigo 98 do Código Tributário Nacional. Não Caracterização de Isenção Heterônoma. Recurso Extraordinário Conhecido e Provido.
1. A isenção de tributos estaduais prevista no Acordo Geral de Tarifas e Comércio para as mercadorias importadas dos países signatários quando o similar nacional tiver o mesmo benefício foi recepcionada pela Constituição da República em 1988.
2. O artigo 98 do Código Tributário Nacional *'possui caráter nacional com eficácia para a União, os Estados e os Municípios'* (voto do eminente Ministro Ilmar Galvão).
3. No direito internacional apenas a República Federativa do Brasil tem competência para firmar tratados (art. 52, §2º, da Constituição da República), dela não dispondo a União, os Estados-membros ou os Municípios. O Presidente da República não subscreve tratados como Chefe de Governo, mas como Chefe de Estado, o que descaracteriza a existência de uma isenção heterônoma, vedada pelo art. 151, inc. III, da Constituição.
4. Recurso extraordinário conhecido e provido.
(RE nº 229.096-RS, Plenário, rela. p/ acórdão Min. Cármen Lúcia, j. 16.08.07, *DJU* 1 de 11.04.08)

Todavia, argumenta-se em sentido oposto, porque a União – quer representando o Estado brasileiro, quer atuando como pessoa política interna – não pode obrigar Estados e Municípios a observarem regras ajustadas com demais países, porque acarretaria violação dos princípios federativos e da autonomia municipal. Existe absoluta igualdade entre a União e os Estados/Distrito Federal – e até mesmo os Municípios – delineando-se a natureza isonômica das pessoas de Direito Público, e nenhuma hierarquia, mas apenas distintas faixas de competência.

Louvados em tais assertivas, as isenções tributárias e os incentivos fiscais previstos no Tratado do Mercosul não vinculam os Estados, os Municípios e o Distrito Federal, salvo se o fizerem por meio dos instrumentos jurídicos adequados – leis ordinárias locais, ou, no caso do ICMS, convênios ratificados pelas respectivas Casas Legislativas –,[228] em que pesem os ponderáveis argumentos em sentido contrário.[229]

A integração entre os países decorre de diversos sistemas pertinentes a "Zonas Preferenciais" (redução de tarifas para determinados produtos), "União Aduaneira" (adoção de uma Tarifa Externa Comum), "Mercado Comum" (livre circulação de mercadorias e de fatores produtivos) e "Uniões Econômicas" (coordenação e harmonização de políticas econômicas, fiscais e monetárias entre os países-membros).

---

[228] CARRAZZA, Roque Antonio. Mercosul e Tributos Estaduais, Municipais e Distritais. *Revista de Direito Tributário*, n. 64, p. 190-191, s.d.
[229] MARTINS, Natanael. Tratados Internacionais em Matéria Tributária. In: MARTINS, Natanael. *Caderno de Direito Tributário e Finanças Públicas*. São Paulo: Resenha Tributária, v. 12. p. 193-201; COÊLHO, Sacha Calmon Navarro. Tratados Internacionais em Matéria Tributária (perante a Constituição Federal do Brasil de 1988). *Revista de Direito Tributário*, n. 59, p. 183-190, s.d.; e ROCHA, Valdir de Oliveira. Tratados Internacionais e Vigência das Isenções por Eles Concedidas, em face da Constituição de 1988. *Repertório IOB de Jurisprudência* n. 21/91, caderno 1, p. 83, 1ª quinzena mar. 1991.

Destaca-se a Convenção de Viena ao estabelecer regras disciplinadoras de negociação, conclusão, entrada em vigor, interpretação e extinção dos atos internacionais, firmando o conceito de tratado como um acordo internacional celebrado por escrito entre Estados e regido pelo Direito Internacional.

Salientam-se as regras relativas à extinção dos tratados por uma das formas seguintes: a) de conformidade com o que o próprio ato dispuser; b) pelo consentimento de todas as partes, após a consulta aos outros Estados contratantes, que não tenham chegado a se tornar partes pela falta de ratificação; c) quando for substituído por outro ato internacional, sobre o mesmo assunto e entre as mesmas partes; d) quando for violado substancialmente; e) quando seu cumprimento tornar-se impossível; f) quando deixar de existir uma circunstância de fato que tenha constituído uma condição essencial do consentimento das partes em obrigarem-se pelo ato, de sorte que, a partir do desaparecimento da circunstância de que se trate, transformem-se radicalmente as obrigações ainda pendentes de cumprimento em virtude do ato; e pela superveniência de uma norma de direito internacional costumeiro imperativo para todos os Estados e conflitante com o ato internacional.

Também são observadas as normas do GATT (Acordo Geral de Tarifas Aduaneiras e Comércio), que originara a OMC (Organização Mundial do Comércio); da Aladi (Associação Latino-americana de Integração), que substituíra a Alalc (Associação Latino-americana de Livre Comércio); e do Mercosul (Mercado Comum do Sul).

O Brasil tem celebrado tratados objetivando evitar a bitributação internacional da renda, concernentes às atividades de pessoas físicas relativas a profissões independentes, diretores, artistas e esportistas, aposentadorias pagas pelo governo e estudantes.[230]

Considerando o disposto no art. 5º, §3º, da Constituição Federal ("tratados e convenções internacionais sobre direitos humanos"), o STF firmou os entendimentos seguintes:

> Prisão Civil do Depositário Infiel, em Face dos Tratados Internacionais de Direitos Humanos. Interpretação da Parte Final do Inciso LXVII do art. 5º da Constituição Brasileira de 1988. Posição Hierárquico-normativa dos Tratados Internacionais de Direitos Humanos no Ordenamento Jurídico Brasileiro.
>
> Desde a adesão do Brasil, sem qualquer reserva, ao Pacto Internacional dos Direitos Civis e Políticos (art. 11) e à Convenção Americana sobre Direitos Humanos – Pacto de San José da Costa Rica (art. 7º), ambos no ano de 1992, não há mais base legal para a prisão de *depositário* infiel, pois o caráter especial desses diplomas internacionais sobre direitos humanos lhes reserva lugar específico no ordenamento jurídico, estando abaixo da Constituição, porém acima da legislação interna.
>
> O *status* normativo supra legal dos tratados internacionais de direitos humanos subscritos pelo Brasil torna inaplicável a legislação infraconstitucional com ele conflitante, seja ela anterior ou posterior ao ato de adesão. Assim ocorreu com o art. 1.287 do Código Civil de 1916 e com o Decreto-Lei nº 911/69, assim como em relação ao art. 652 do Novo Código Civil (Lei nº 10.406/02).
>
> (RE nº 349.703-RS – Plenário – rel. Min. Carlos de Britto – j. 03.12.08, *DJe* de 05.06.09)

---

[230] BELLAN, Daniel Vitor. *Tratados Internacionais contra Dupla Tributação* – Regime Jurídico Aplicável aos Rendimentos de Pessoa Física. 2008. Tese de Doutorado em Direito apresentada à Pontifícia Universidade Católica de São Paulo, São Paulo, 30 maio 2008, inédita.

Depositário Infiel – Prisão – A subscrição pelo Brasil do Pacto de São José da Costa Rica, limitando a prisão por dívida ao descumprimento inescusável de prestação alimentícia, implicou a derrogação das normas estritamente legais referentes à prisão do depositário infiel.
(HC nº 87.585-TO – Plenário – rel. Min. Marco Aurélio – j. 03.12.08, DJe de 26.06.09)

É vedado aos tratados internacionais versarem sobre matéria reservada à lei complementar, conforme entendimento do STJ, *verbis*:

Os tratados internacionais celebrados pelo Brasil – ou aos quais o Brasil venha a aderir – não podem, em consequência, versar matéria posta sob reserva constitucional de lei complementar. É que, em tal situação, a própria Carta Política subordina o tratamento legislativo de determinado tema ao exclusivo domínio normativo da lei complementar, que não pode ser substituída por qualquer outra espécie normativa infraconstitucional, inclusive pelos atos internacionais já incorporados ao direito positivo interno (...).
(ADIn nº 1.480-3-DF – Pleno – rel. Min. Celso de Mello, 04.09.97)

6.9 Convênios

Os Estados e o Distrito Federal têm competência para celebrar convênios para a concessão e a revogação de isenções, incentivos e benefícios fiscais relativos ao ICMS (art. 155, XII, *g*, da Constituição), dispondo sobre a dispensa de exigência do tributo, reduções de base de cálculo, créditos presumidos, manutenção de créditos etc., em consonância com a sistemática prevista na Lei Complementar nº 24, de 07.01.75.

O Ato das Disposições Constitucionais Transitórias (art. 41, §3º) trata da recepção dos convênios pela nova ordem jurídica, estabelecendo a obrigação de serem reavaliados e reconfirmados no prazo de dois anos a partir da data da promulgação da Constituição, em consequência do que centenas de convênios foram objeto de reexame (ratificados ou não) e outras centenas vêm sendo celebrados.

Interessa ponderar que tais convênios são firmados normalmente pelos Secretários de Fazenda ou de Finanças dos Estados, e do Distrito Federal, com ratificações (nacional e estadual) e posterior integração em cada uma das unidades federativas, mediante a participação usual e exclusiva do Executivo, nem sempre havendo determinação para que sejam aprovados pelo Legislativo.

Observando-se a diretriz constitucional (celebração de tratados pelo Executivo federal e decorrente aprovação pelo Congresso Nacional), os Estados e o Distrito Federal também deveriam contar com a participação dos dois Poderes, sem exclusão do Legislativo, na qualidade de autêntico representante do povo.

Transparece a configuração de meros arranjos administrativos, sem a compostura jurídica necessária para dispor sobre a norma tributária (diversificadas desonerações tributárias), o que, todavia, não tem ensejado questionamento judicial relativamente à ausência de lei estadual, pela singela circunstância de que tais convênios atendem aos interesses dos particulares.

A EC nº 3/93 veio determinar que "qualquer subsídio ou isenção, redução de base de cálculo, concessão de crédito presumido, anistia ou remissão, relativo a impostos, taxas ou contribuições, só poderá ser concedido mediante lei específica, federal, estadual ou municipal, que regule exclusivamente as matérias acima enumeradas ou o correspondente tributo ou contribuição, sem prejuízo do disposto no art. 155, §2º, XII, *g*" (nova redação ao art. 150, §6º, da CF).

A necessidade de lei não terá o condão de alterar entendimento do STF (exclusiva necessidade de convênio – ADIn nº 672-2-RJ, Pleno, unânime, *DJU* 1 de 29.11.96, p. 47.155-6), notadamente pela circunstância de que o §6º do art. 150 representa norma genérica, que deve conviver harmonicamente com o art. 152, §2º, inciso XII, letra *g* (norma especial).

A EC nº 33/01 estabelecera que as regras necessárias à aplicação do novo §4º – que trata da tributação única (ICMS) de combustíveis e lubrificantes, inclusive à apuração e à destinação do imposto – serão estabelecidas mediante deliberação dos Estados e DF, por meio de convênios.

O novo mandamento desvirtua o tradicional modelo constitucional, ao suprimir a competência privativa do Senado Federal para fixar as alíquotas de ICMS em operações interestaduais (inciso IV, §2º, do art. 155); e para fixar as alíquotas mínimas e máximas, em específicas situações nas operações internas (incisos V e VI, §2º, art. 155). Implicitamente suprime a competência das unidades federativas relativamente à normal fixação de alíquotas internas.

Viola diretriz constitucional (art. 60, §4º, I) que proibira a deliberação de proposta de emenda tendente a abolir a forma federativa do Estado (País); e a separação dos Poderes, pelo singelo fato de haver suprimido a competência do Poder Legislativo (Senado e Assembleias Legislativas dos Estados, e DF), que fica outorgada ao Executivo.

O CTN também prevê a possibilidade de serem realizadas outras espécies de convênios, quais sejam acordos entre pessoas políticas, relativamente às funções de arrecadar ou fiscalizar tributos (art. 7º, *caput*), revelando a natureza de normas complementares à legislação tributária (art. 100, IV, do CTN).

6.10 Decretos, Regulamentos e Atos Administrativos

Ao Presidente da República compete expedir decretos e regulamentos para a fiel execução das leis (art. 84, IV, da Constituição), sendo certo que o conteúdo e o alcance dos decretos se restringem aos das leis em função dos quais sejam expedidos (art. 99 do CTN). Salvo expressas previsões constitucionais, o Executivo não tem o poder de inovar na ordem jurídica, não podendo estabelecer normas que disponham sobre a criação, modificação e extinção dos tributos, em atendimento ao princípio da estrita legalidade tributária. Considerando que a lei (emanada do Legislativo) contém os elementos básicos da norma de tributação, atribui-se ao Executivo a faculdade de expedir regras apenas para possibilitar sua operacionalidade, fixando deveres meramente administrativos.

Os regulamentos representam normas do Executivo dispondo sobre os meios e elementos necessários à exigibilidade dos tributos, como é o caso de tratarem da autorização para impressão de documentos fiscais necessários às operações mercantis, sujeitas ao ICMS.

Os decretos/regulamentos têm como conteúdo regrar a aplicação de lei que institui tributos, de forma específica, tendo como limite os estritos termos da lei, não se concebendo a figura de regulamento autônomo. Assim, é vedado ao Executivo federal dispor que determinada despesa não poderá ser considerada na apuração do lucro real, para fins de apuração de imposto de renda, no caso de a lei ter disposto em sentido contrário, permitindo referida dedutibilidade, porque também não pode criar direitos e obrigações.

Oportuno salientar que "diante de uma patente omissão da lei tributária, mesmo que o Poder Legislativo não cuide de preencher a lacuna, nem assim, ficam franqueadas ao Poder Executivo as portas para solver o impasse, por meio do exercício de sua faculdade regulamentar. Se o fizer, estará cometendo invasão de atribuição e usurpação de competência. Não é porque o Executivo deve, por determinação constitucional, perseguir o bem público, que ele possa avocar para si as funções privativas do Legislativo".[231]

A operacionalidade e a execução das leis, tratados, convenções internacionais e decretos dão-se por intermédio de normas complementares (art. 100 do CTN), expedidas pelos funcionários da Administração Pública. Tais atos devem estar adstritos e restritos às regras veiculadas nos apontados instrumentos normativos dos quais decorrem, em cega obediência ao princípio da hierarquia material, uma vez que uma norma retira seu fundamento de validade de outra norma (superior), até alcançar a Constituição. Devem, também, atender à hierarquia funcional, de conformidade com a repartição de competências previstas na legislação que regula a organização administrativa, como é o caso de uma Secretaria de Fazenda do Estado que disciplina as atribuições de seus servidores, numa escala hierárquica (coordenadores, diretores, delegados, inspetores, chefes de postos etc.).

Caracterizam-se como normas complementares à legislação "os atos normativos expedidos pelas autoridades administrativas" (inciso I, do art. 100 do CTN), como é o caso de o coordenador tributário estabelecer a sistemática para a restituição de tributos, cuja determinação obriga demais funcionários.

As decisões dos órgãos singulares ou coletivos de jurisdição administrativa, a quem a lei atribua eficácia normativa (art. 100, II, do CTN), também se enquadram como complementares. Trata-se de normas previstas nos decretos e regimentos internos do Conselho Administrativo de Recursos Fiscais, do Ministério da Economia, Tribunais Administrativos das Secretarias de Estados, Distrito Federal e Conselho de Contribuintes dos Estados e Municípios, decorrentes de jurisprudência consolidada a respeito de determinadas matérias tributárias, desde que não contrariem a jurisprudência do Judiciário. Refletem o entendimento desses órgãos julgadores, podendo ser promovida a respectiva homologação por autoridade superior, a fim de ser obedecido pelos agentes fiscais, evitando procedimentos descoincidentes com a postura da cúpula fazendária.

As práticas reiteradamente observadas pelas autoridades administrativas (inciso III do art. 100 do CTN) representarão normas complementares, como ocorre nos pronunciamentos uniformes da Fazenda, em respostas às consultas formuladas pelos contribuintes ao procederem à interpretação da legislação tributária. Enquadram-se nesta situação as respostas exaradas por órgão consultivo da Fazenda sobre um determinado procedimento tributário, que podem ser aplicadas por quaisquer contribuintes, ainda que não tenham formulado consulta específica à Fazenda.

A mesma diretriz deve ser observada para os convênios que entre si celebrem a União, os Estados, o Distrito Federal e os Municípios (inciso IV), como é o caso dos acordos firmados pelas pessoas públicas consistentes no cruzamento de dados, informações etc. Exemplo: vendas apuradas com cartões de créditos pelo fisco estadual

---

[231] CARRAZZA, Roque Antonio. *O Regulamento no Direito Tributário Brasileiro*. São Paulo: RT, 1981. p. 163.

(para fins de ICMS) são informadas à Receita Federal para efeito de verificação de omissão de receitas tributáveis por impostos federais (IR, CSLL).

A observância das normas referidas neste artigo exclui a imposição de penalidades, a cobrança de juros de mora e a atualização do valor monetário da base de cálculo do tributo. Na medida em que o contribuinte adote procedimento previsto em respostas às consultas fazendárias, não poderá sofrer imposições tributárias.

6.11 A Recepção das Normas

O Ato das Disposições Constitucionais Transitórias da Constituição Federal de 1988 estabeleceu (art. 34, §5º) que "vigente o novo sistema tributário nacional, fica assegurada a aplicação da legislação anterior, no que não seja incompatível com ele e com a legislação referida nos §§3º e 4º", que, por sua vez, cuidam das leis necessárias à aplicação do sistema tributário pelas pessoas jurídicas de Direito Público interno, produzindo efeitos a partir do primeiro dia do quinto mês seguinte ao de sua promulgação, isto é, a partir de 1º.3.89.

Esta regra traduz o *princípio da recepção* das normas expedidas nos ordenamentos jurídicos anteriores à Constituição de 1988, que com esta guardem plena compatibilidade (formal e material), permitindo a preservação de seus preceitos, a continuidade de seus efeitos, evitando imprecisões no tocante à sua aplicabilidade e eficácia, mediante o acolhimento do princípio de economia de meios de formas.

É natural a existência de algumas dificuldades no plano do direito transitório ou intertemporal, a fim de ser superado o possível conflito da norma superior com as inferiores, uma vez que ambas não podem ser concomitantemente válidas ou inválidas, não se devendo concluir, sem maior exame, pela cessação das leis subordinadas, que devem ser em princípio preservadas, salvo manifesto conflito com a nova disposição constitucional.

Nem teria mesmo sentido obrigar as pessoas jurídicas de Direito Público (União, todos os Estados, Distrito Federal e mais de cinco mil Municípios) a reeditarem toda a legislação produzida anteriormente à nova Constituição, o que, além dos insuportáveis ônus e transtornos que seriam acarretados para todos os seus destinatários, importaria no surgimento natural de conflitos e pendências referentes à observância de inúmeros princípios constitucionais (especialmente a irretroatividade e a anterioridade tributária).

Certamente, nem sempre se revela fácil e tranquilo o trabalho de conciliação, compatibilização e mesmo a simples continuidade das normas anteriormente editadas, pois, para tanto, é necessário examinar, analisar, comparar e contrapor as regras existentes (leis e atos administrativos), com os princípios e normas básicas contidas no texto da nova Constituição.

Assim, a competência dos Estados para instituir imposto sobre a transmissão de bens imóveis e de direitos a eles relativos (art. 35 do CTN) ficou prejudicada, e esta norma teve sua eficácia paralisada pela circunstância de que a Constituição de 1988 conferiu a respectiva competência aos Municípios (art. 156, II).

Por outro lado, há que se examinar o fato de anterior Constituição (1967) haver disposto sobre impostos sobre "operações relativas à circulação de mercadorias" (art. 23, II), com a sua consequente regulação (Decreto-Lei nº 406, de 31.12.68), tendo a vigente Constituição (1988) mantido a competência dos Estados e do Distrito Federal sobre a mesma materialidade, com o acréscimo de "prestações de serviços de transporte interestadual e intermunicipal e de comunicação" (art. 155, II).

Nesta específica situação, como as competências e as materialidades tributárias não sofreram nenhuma alteração, não haveria razão jurídica para ser baixada nova legislação dispondo exatamente sobre a mesma matéria (operações com mercadorias). Apenas a ampliação da competência (prestação dos aludidos serviços) é que obrigou a emissão de novas normas para que fosse instituído o novo tributo estadual. Nesse sentido, as próprias disposições transitórias à Constituição (§8º do art. 34) dispuseram sobre a edição de lei complementar necessária à sua instituição, no prazo de 60 dias, após o que poderiam ser celebrados convênios (nos termos da Lei Complementar nº 24/75).

Considerando que o Convênio ICM nº 66/88 regrou inteiramente a matéria de ICMS (inclusive no que pertine às operações com mercadorias), o STF (RE nº 149.922-2, rel. Min. Ilmar Galvão, j. 23.02.94, *DJU* 1 de 29.04.94, p. 9.733) decidiu que a competência delegada aos Estados, no art. 34, §8º, do ADCT, para fixação, por convênio, de normas destinadas a regular provisoriamente o ICMS, limita-se pela existência de lacunas na legislação, sendo inconstitucional a alteração de base de cálculo que já se encontrava prevista na legislação anterior (Decreto-Lei nº 406/68, art. 2º, §8º).

Em suma, conforme consagrado pelo STF, "se o sistema constitucional atual não se diferencia do anterior, permanece o ordenamento jurídico anterior que não conflita com o sistema atualmente adotado. Não se declara inconstitucional uma norma emitida de acordo com a Constituição, que vigia anteriormente e que atende ao próprio sistema hoje vigente" (Pleno, rel. Min. Cordeiro Guerra, j. 09.10.74, *RTJ* nº 71/289-293).

VIGÊNCIA, EFICÁCIA E APLICAÇÃO DA LEGISLAÇÃO TRIBUTÁRIA

7.1 Vigência – Conceito

A legislação tributária deve atender a determinados requisitos e condições para que possa ser exigida e cumprida por todos os seus destinatários, de conformidade com tradicionais diretrizes consagradas pela Lei de Introdução às normas do direito brasileiro (Lei federal nº 12.376, de 30.12.10 – denominada LINDB, e alterações das Leis nº 12.874, de 2013, e nº 13.655, de 2018), que observa as disposições legais aplicáveis às normas jurídicas em geral e o CTN (arts. 101/104).

Vigência significa o requisito do ato jurídico decorrente de legítima produção formal e material, inserindo-se num dos planos dos atos jurídicos em geral, como a existência e a validade da lei, decorrentes de legítima produção formal e material.

Lei válida é aquela norma expedida pelo órgão legislativo competente, em seu constitucional âmbito de atuação, oficialmente publicada. A lei presume-se válida e apta a gerar os seus peculiares efeitos, salvo o caso de posterior modificação ou revogação, ou pronunciamento definitivo do Judiciário (decretação de inconstitucionalidade pelo Supremo Tribunal Federal, art. 102, I, *a*, III, *a*, *b*), com a consequente suspensão de sua execução pelo Senado Federal (art. 52, X, da Constituição).

7.2 Vigência no Tempo

A lei começa a vigorar em todo o País 45 (quarenta e cinco) dias depois de oficialmente publicada (art. 1º da LINDB). Normalmente, as leis expressam em seu último artigo que entram em vigor na data de sua publicação. Nos locais onde não haja imprensa oficial deveriam ser publicadas em Municípios vizinhos, observada também sua afixação nos respectivos prédios públicos da própria cidade.

Apesar de nem sempre os contribuintes terem fácil acesso à legislação, mormente no caso de residirem ou estarem estabelecidos em locais distantes das repartições fazendárias, vigora a regra de que "ninguém se escusa de cumprir a lei, alegando que não a conhece" (art. 3º da LINDB). Embora esta diretriz legal seja criticável – uma vez que também possa ser desconhecida do público em geral, devido às apontadas dificuldades – torna-se indispensável para que haja respeito ao cânone da legalidade.

A lei pode estabelecer prazo determinado para sua vigência, como ocorrera com a CPMF (Contribuição Provisória sobre Movimentação Financeira), prevista na Emenda Constitucional nº 12/96, estipulando o período não superior a dois anos. Entretanto, normalmente não é estabelecido prazo de vigência, podendo vigorar indefinidamente, a não ser que outra lei a modifique ou a revogue (art. 2º da LINDB).

Exemplo: o Imposto sobre Serviços de Qualquer Natureza (ISS), objeto de legislação nacional básica (Decreto-Lei nº 406, de 31.12.68), sendo alterada (Decreto-Lei nº 834, de 08.09.69, e Leis Complementares nº 56, de 13.12.87, nº 100, de 22.12.99, nº 116, de 31.07.03, nº 157, de 29.12.16, nº 175, de 23.09.20, e nº 183, de 22.09.21), refletindo o postulado de que "a lei posterior revoga a anterior quando expressamente a declare, quando seja com ela incompatível ou quando regule inteiramente a matéria de que tratava a lei anterior" (§1º do art. 2º da LINDB). Como toda a mencionada legislação tratou de modificação da lista de serviços tributáveis, somente o último diploma jurídico referido terá validade.

Entretanto, "a lei nova, que estabeleça disposições gerais ou especiais a par das já existentes, não revoga, nem modifica a anterior" (§2º, art. 2º da LINDB), porque devem ser preservadas as regras gerais. Assim, a legislação que tenha tratado genericamente da incidência do ISS sobre as atividades de arrendamento mercantil não terá modificado seu âmbito tributário no caso de ser editada posterior legislação especificando as modalidades do arrendamento.

Considerando que, "salvo disposição em contrário, a lei revogada não se restaura por ter a lei revogadora perdido a vigência" (§3º do art. 2º da LINDB), não ocorre o efeito repristinatório. Assim, no caso de uma lei municipal (A) fixando alíquota de ISS (2%) ser revogada por outra lei (B) majorando a alíquota (5%), não volta a ter vigência a primitiva lei (A) pelo fato de esta última norma (B) ter sido revogada por outra lei (C).

É o que deveria ter se verificado com a contribuição ao PIS, instituído pela Lei Complementar nº 7/70, modificada pelos Decretos-Leis nºs 2.444 e 2.449/88, julgados inconstitucionais (RE nº 148.754-2-RJ, rel. para o acórdão o Min. Francisco Rezek, sessão de 24.06.93, *JSTF-Lex* nº 185/206-250), tornando-se impossível o revigoramento da primitiva legislação (LC nº 7/70). Entretanto, o STF solucionou a questão sob o argumento de que a LC nº 7/70 fora recepcionada, sem solução de continuidade, pelo art. 239 da Constituição, em que pese modificação referente à sua arrecadação (RE nº 169.091-7, rel. Min. Sepúlveda Pertence, Pleno, sessão de 07.06.95, *DJU* 1 de 04.08.95, p. 22.522-3).

O período compreendido entre a publicação e a entrada em vigor da lei, denomina-se *vacatio legis*, significando que, embora tenha existência e validade, ainda não tem condição de projetar efeitos jurídicos. Entretanto, possibilita aos contribuintes o prévio conhecimento de seus comandos, evitando a malsinada surpresa fiscal, permitindo-lhes planejar seus negócios e atividades que somente não se tornam efetivamente viáveis no caso de medear certo período de tempo (lei publicada no último dia do ano, com eficácia a partir do primeiro dia do ano seguinte).

O CTN (art. 103) estabelecera que, salvo disposição em contrário, entram em vigor:

I – os atos administrativos a que se refere o inciso I do art. 100, na data da sua publicação;
II – as decisões a que se refere o inciso II do art. 100 quanto a seus efeitos normativos, 30 (trinta) dias após a data da sua publicação;
III – os convênios a que se refere o inciso IV do art. 100 na data neles prevista.

Também preceituara o seguinte:

Art. 104. Entram em vigor no primeiro dia do exercício seguinte àquele em que ocorra a sua publicação os dispositivos de lei, referentes a impostos sobre o patrimônio ou a renda:
I – que instituem ou majoram tais impostos;
II – que definem novas hipóteses de incidência;
III – que extinguem ou reduzem isenções, salvo se a lei dispuser de maneira mais favorável ao contribuinte, e observado o disposto no art. 178.

Estas regras temporais de vigência devem estar harmonizadas com o princípio da anterioridade, a respeito do qual a restrição de sua aplicabilidade a impostos sobre patrimônio ou a renda (art. 150, III, *b*) não se justifica, porque, à exceção dos impostos previstos nos arts. 153, I, II, IV e V, e 154, II, da Constituição, todos os demais somente passam a ter vigência a partir do seguinte exercício financeiro ao de sua edição, acrescidos de 90 dias. Relativamente às contribuições sociais destinadas à seguridade social, aplica-se o período nonagesimal (art. 195, §6º) ou, excepcionalmente, aplicabilidade imediata (art. 177, §4º, I, *b*).

Todavia, a regra da anterioridade tem sofrido certo tempero no que tange à revogação da isenção pelo instrumento do convênio, que acarreta a perda de direitos do contribuinte. Essa nova carga tributária só deveria ser considerada no que se refere aos fatos imponíveis que ocorressem a partir do primeiro dia do exercício seguinte ao em que houvesse sido publicada a norma que restaurou a aplicabilidade do tributo. Acontece que o STF estipulou que "o princípio constitucional da anualidade (anterioridade) não se aplica à revogação de isenção do ICM" (Súmula nº 615), diante do que convênio que, por exemplo, no meio de um exercício financeiro, revoga anterior convênio que concedera isenção de ICMS nas operações com táxi a álcool, passa a ter eficácia imediata, ficando o contribuinte obrigado a lançar este tributo nos negócios realizados no mesmo dia em que houver a publicação de sua ratificação/integração ao âmbito estadual.

A EC nº 33/01 permite a redução ou o restabelecimento de alíquotas de ICMS incidentes sobre operações com combustíveis e lubrificantes, no próprio exercício (art. 155, §4º, IV, *c*).

7.3 Vigência no Espaço

A lei editada pelas pessoas políticas só deve vigorar no seu respectivo território, de conformidade com as atribuições de competência, autonomia e soberania, fixando-se o "local da tributação".

As normas editadas pela União vigoram para todo o espaço geográfico do País, incidindo os tributos federais sobre negócios jurídicos que compreendam as riquezas de todo o território nacional; enquanto as normas das demais unidades federativas (Estados e Distrito Federal) e dos Municípios têm vigência em seus espaços territoriais.

Portanto, a União traça as regras do IPI com validade para todos os industrializadores de produtos sediados no Brasil inteiro; os Estados e o Distrito Federal dispõem sobre a incidência/exigência do IPVA para os proprietários de veículos automotores sediados e domiciliados em cada unidade federativa respectiva, independentemente do fato desses poderem estar transitando em outros Estados e Distrito Federal; e os Municípios também só podem cobrar o IPTU relativamente aos imóveis existentes no seu respectivo território.

Justificável a preeminência da territorialidade, em prestígio da competência constitucional, e ainda levando em consideração o local onde se verifica o fato gerador tributário e onde se revela a riqueza.

Todavia, a extraterritorialidade tem sido considerada em situações peculiares, porque, a despeito de a legislação federal dever incidir relativamente a fatos ocorridos dentro do Brasil, colhendo as pessoas aqui residentes e estabelecidas, a verdade jurídica é diversa, porquanto a legislação regra atos, fatos, estados e situações também verificados fora de nosso território.

Os nacionais dos países somente deveriam ser tributados pelo país em que residem, e nunca poderiam ser alcançados quando residentes no estrangeiro, segundo a concepção clássica do princípio da territorialidade, "independentemente de outras características que eventualmente pudessem concorrer na situação em causa, como a nacionalidade, o domicílio ou a residência do sujeito passivo".[232]

Sob esse prisma há de ser feita distinção entre os diversos sentidos da territorialidade: o "negativo", significando que as leis estrangeiras não se aplicam no território do país em causa, ou seja, que os órgãos de aplicação do Direito de cada Estado apenas aplicariam as suas próprias regras tributárias, jamais podendo desencadear a produção dos efeitos previstos nas leis tributárias estrangeiras; enquanto o "positivo" representa a função de excluir que a nacionalidade constitua, por si só, elemento capaz de fundamentar ou de afastar a tributação, traduzindo um mínimo de conexão das situações em causa com o território nacional.[233]

Constituem elementos de conexão nos impostos sobre o rendimento e o capital dois superiores princípios: o da "fonte", em que prevalece o país onde se obtém a renda produzida, e o da "residência", onde reside o titular dos fundos fornecidos e que aufere a renda dos capitais investidos no Exterior.

Essa incontornável e delicada situação geradora de conflitos tributários, nos quadrantes do Direito interno e internacional, ocasionou a celebração de tratados entre países com o escopo de evitar dupla tributação, integrados na ordem interna do País, por força de ato exclusivo do Congresso Nacional (art. 49, I, da Constituição), obrigando administrados e administradores. O critério de reciprocidade visa impedir que uma única e mesma materialidade (tipo rendimentos) sofra a incidência do tributo (imposto de renda), mediante a utilização de várias técnicas legislativas, desonerando tributos, diminuindo a carga tributária, mediante a aplicação de alíquotas menores dos que as usuais internamente, ou mesmo possibilitando a compensação dos tributos pagos no

---

[232] XAVIER, Alberto. *Direito Tributário Internacional*. Coimbra: Almedina, 1993. p. 23.
[233] XAVIER, Alberto. *Direito Tributário Internacional*. Coimbra: Almedina, 1993. p. 23-24.

exterior, para efeito de apuração do mesmo tributo no país em que o contribuinte é domiciliado.

A legislação tem contemplado a tributação do imposto de renda sobre inúmeras atividades e riquezas auferidas fora do território nacional (filiais, mandatários, comissários e agentes, no Brasil, de empresas do exterior; repatriamento de bens, resultados em bolsas de mercadorias no exterior, investimentos no exterior). Merece destaque a incidência do imposto de renda na fonte de serviços prestados por pessoas domiciliadas no exterior, com oscilação jurisprudencial ao longo do tempo, como é verificado nas seguintes Súmulas do STF:

> nº 585 – Não incide o imposto de renda sobre a remessa de divisas para pagamento de serviços prestados no Exterior, por empresa que não opera no Brasil.

A Súmula está superada porque o Decreto-Lei nº 1.418, de 03.09.76 (art. 6º) passou a dispor sobre a incidência do imposto de renda na fonte, relativamente aos rendimentos de serviços técnicos e de assistência técnica, administrativa e semelhantes derivados do Brasil e recebidos por pessoa física ou jurídica residente ou domiciliado no exterior, independente da forma de pagamento e do local e data em que os serviços tenham sido prestados (Regulamento do Imposto de Renda aprovado pelo Decreto federal nº 9.580/18, art. 888).

O STF proferiu distinta decisão relativa à remessa de numerário para o exterior, destinado ao pagamento de serviços prestados no estrangeiro, firmando a orientação (RE nº 101.066-5-SP, 1ª Turma, j. 19.09.84) no sentido de não se aplicar a Súmula nº 585, em se tratando de remessas ao exterior, para pagamento de serviços prestados no estrangeiro por empresa que não opera no Brasil, após o advento dos Decretos-Leis nºˢ 1.418/75 e 1.446/76 (RE nº 102.223-BA, 1ª Turma, rel. Min. Néri da Silveira, j. 02.10.84, *RTJ* 119.262/7).

> nº 587 – Incide o imposto de renda sobre o pagamento de serviços técnicos contratados no exterior e prestados no Brasil.

A Súmula permanece válida. Embora tenha sido fundamentada em diploma revogado (Decreto nº 55.866, de 25.03.65), a legislação superveniente (Decreto-Lei nº 1.481/75) dispôs sobre a incidência do imposto de renda sobre serviços técnicos e de assistência técnica, ou semelhantes, prestados à empresa do Brasil, por pessoas físicas ou jurídicas domiciliadas no exterior, sejam os serviços prestados dentro e fora do País, e independentemente do local e data em que a operação tenha sido contratada (Regulamento do Imposto de Renda, aprovado pelo Decreto nº 9.580/18, art. 888).

A diretriz observa o princípio da universalidade previsto para o IR (art. 153, §2º, da CF-88) significando que as rendas e os proventos de todas as espécies, independente de sua denominação, localização, condição jurídica, nacionalidade da fonte e da sua origem, devem submeter-se à incidência do tributo. Consagra o princípio da fonte, em que prevalece a legislação do país onde se obtém a renda produzida, excepcionando-se o princípio da territorialidade.

A Constituição estabelece especificamente que o ICMS é devido não só nas operações que se iniciem no exterior (art. 155, II), como ainda sobre os serviços prestados no exterior (art. 155, §2º, IX, *a*), numa demonstração inequívoca do caráter excepcional da extraterritorialidade.

O mesmo tributo tem ocasionado dificuldades para a plena observância do binômio competência/territorialidade no caso de operações mercantis, que não guardam adequação com as meras circulações físicas dos bens/mercadorias, ao envolverem distintas unidades da federação. Tal situação ocorre no caso de empresa com estabelecimento no Estado *A* que celebra contrato de alienação de bens importados com empresa estabelecida no Estado *B*, e que promove a respectiva importação e realiza o desembaraço físico dos bens em outro Estado (*C* ou mesmo *B*).

Nesta situação, há de se considerar a sistemática das importações que estabelece procedimentos flexíveis para permitir uma intensa operacionalidade do comércio internacional, inclusive para que os bens importados por empresa de um Estado possam ser desembaraçados em quaisquer pontos do território nacional.

Objetivando evitar conflitos de competência, não teria sentido que o importador – empresa situada no Estado *A* – tivesse que adotar um dos procedimentos seguintes: a) desembaraçar os bens em seu Estado *A*, ingressar fisicamente em seu estabelecimento e, depois, promover sua remessa para empresa do Estado *B*; ou b) abrir estabelecimento no Estado *B*, desembaraçar os bens importados (também no Estado *B*, para, então, remetê-los à empresa sediada no mesmo Estado *B*).

Estas duas hipóteses não ensejariam nenhum tipo de questionamento fiscal, posto que os fatos físicos estariam consentâneos com as operações mercantis, ficando perfeitamente delineada a territorialidade. Entretanto, tais práticas são onerosas, desnecessárias e incompatíveis com as dinâmicas empresariais; e, além de tudo, impertinentes para fins tributários, que devem considerar a realização de "operações jurídicas", e não meras "circulações físicas".[234]

No âmbito municipal, registro a obrigação pertinente ao ISS (LC nº 116/03, art. 3º), que considera como local da prestação do serviço o do estabelecimento prestador, ou, na falta de estabelecimento, o do domicílio do prestador, salvo específicas situações em que se leva em consideração o local em que se situa o tomador do serviço. Trata-se do caso em que há prestação de serviço (limpeza do prédio, por exemplo) no Município A, por parte de empresa cujo estabelecimento sede se encontra localizado no Município B.

Esta questão afeta à extraterritorialidade concerne a um artificialismo jurídico, que seria criticável porque não poderia arranhar, comprometer e sequer tisnar os princípios e normas constitucionais, de modo a caracterizar a invasão de competência. Mesmo que só se aceite o princípio da *lex loci actus* em oposição ao postulado constitucional da *lex domicili*, não se pode ignorar a realidade do mundo circundante, ou seja, diversificadas situações, como ausência, existência de um ou mais estabelecimentos prestadores de serviços e, ainda, a participação de duas (ou mais) unidades empresariais localizadas em Municípios diversos.

7.4 Aplicação da Legislação

A lei deve ser provida de *eficácia*, compreendida como o requisito normativo indispensável para a produção dos efeitos jurídicos dos seus preceitos. O fato gerador

---

[234] MELO, José Eduardo Soares de. Local da Incidência Tributária. *Revista de Direito Tributário*, n. 67, p. 323-338, s.d.

da obrigação tributária só passa a ter nascimento, permitindo sua exigibilidade, se a lei contiver todos os elementos do tipo tributário e atender aos princípios e normas previstos na Constituição e na respectiva legislação.

A aplicação da lei no espaço demonstra que as leis estrangeiras não podem ser consideradas sobre fatos ocorridos no território nacional, e que, também, a legislação brasileira só pode incidir sobre os fatos relativos a cada ente tributante em suas respectivas unidades geográficas. A aplicação da lei no tempo significa que somente podem ser exigidos tributos nos momentos expressamente estipulados na Constituição e no CTN.

Estas balizas espaciais e temporais, acopladas às diretrizes constitucionais e legais, representam os elementos indispensáveis para que a lei tributária possa ser considerada eficaz. Trata-se de eficácia jurídica porque, em termos objetivos e reais, é possível a produção de efeitos jurídicos mesmo no caso de não serem atendidos os aludidos pressupostos, situação que ocorre no recolhimento dos tributos, enquanto não venham a ser declarados inconstitucionais.

7.5 Fatos Futuros e Pendentes

A lei dispõe sobre preceitos gerais e abstratos pertinentes às regras de estrutura e de qualificação, que ocorrem a partir de sua edição, respeitando o ato jurídico perfeito (consumado segundo a lei vigente ao tempo em que se efetuou), o direito adquirido e a coisa julgada (decisão judicial de que não caiba recurso), de conformidade com o art. 6º e parágrafos da LINDB, bem como os princípios da irretroatividade e da anterioridade.

É evidente que não há plena condição de aplicar-se a legislação "imediatamente" a fatos futuros, o que seria impossível e ilógico. A incidência da norma só pode ocorrer se e quando se verificam, concretamente, os fatos nela previstos, em momento ulterior. Assim, um aumento de alíquota de ISS (de 4% para 5%), por exemplo, só pode alcançar negócios futuros, ou seja, serviços que venham a ser prestados a partir do nonagésimo primeiro dia do exercício financeiro seguinte.

Merece reflexão a eficácia do §7º do art. 150 da Constituição (encartado pela Emenda Constitucional nº 3/93), dispondo sobre a sistemática de substituição tributária e cogitando da possibilidade de a lei exigir tributo sobre fato gerador que deva ocorrer posteriormente, mediante a imputação da responsabilidade por obrigação tributária de terceiro que praticou o fato gerador, mas que tem vinculação indireta com o real contribuinte.

Patente a inconstitucionalidade desta modalidade de substituição progressiva por se tratar de matéria vedada em âmbito revisional, dispondo sobre garantias e direitos individuais (art. 60, §4º, IV, da Constituição), porque impõe obrigação tributária estribada em negócios inexistentes, situações, estados e fatos eventuais e imagináveis. A instituição do fato gerador presumido viola os princípios da segurança e certeza do direito, tipicidade, igualdade, capacidade contributiva e vedação de confisco.[235]

Penso que não se deve confundir a eficácia jurídica das normas sobre os fatos futuros, quando tenham real acontecimento – situação lógica e normal – com a eficácia

---

[235] MELO, José Eduardo Soares de. Substituição Tributária Progressiva e a Emenda Constitucional 3/93. *Revista de Direito Tributário*, n. 63, p. 253-263, 1993.

sobre fatos que ainda não ocorreram (invencionice jurídica que não se coaduna com os diversos princípios constitucionais apontados).

Examina-se a questão da aplicabilidade da lei aos fatos geradores pendentes, assim entendidos aqueles cuja ocorrência tenha tido início, mas que não esteja completa (art. 105 do CTN), nos termos do art. 106 do CTN, que considera ocorrido o fato gerador: I – tratando-se de situação de fato, desde o momento em que se verifiquem as circunstâncias materiais necessárias a que produza os efeitos que normalmente lhe são próprios; II – tratando-se de situação jurídica, desde o momento em que esteja definitivamente constituída, nos termos de direito aplicável.

Postura equivocada se contém no CTN no que concerne a fatos pendentes, uma vez que a norma tributária só pode ser aplicada aos fatos geradores efetivamente ocorridos, isto é, quando tenham se verificado, no mundo real, todos os elementos constantes da norma tributária (sujeitos ativo e passivo, materialidade, base de cálculo e alíquota). A lei não incide e nem pode ter eficácia sobre fatos geradores em formação, nos casos seguintes: a) o industrial que esteja fabricando um determinado produto não pode ficar obrigado a pagar o IPI; b) o comerciante que não tendo dado saída física da mercadoria de seu estabelecimento não fica sujeito ao ICMS; c) o advogado que aguarda o recebimento de seus honorários advocatícios não poderá ser considerado devedor do imposto de renda.

No âmbito do imposto de renda torna-se difícil precisar o momento em que deve ser considerada lei específica, tendo em vista o período de tempo em que se reputa acontecido o seu fato gerador (aquisição da disponibilidade econômica ou jurídica de renda – produto do capital, do trabalho ou da combinação de ambos –, e de proventos de qualquer natureza – acréscimos patrimoniais não compreendidos no conceito de renda) – art. 43 do CTN.

Observando-se determinação legal (período de apuração mensal, trimestral ou exercício social), o contribuinte tem o direito de ver-se tributado pela lei vigente (e eficaz) à época da ocorrência do fato gerador, pois, embora aconteça nas datas de aquisição das mencionadas disponibilidades, a legislação incidente deve ser conhecida antes do início desse mesmo período.

Estas considerações demonstram que "lei anterior é lei existente e conhecida antes de ocorridos os fatos sobre os quais incide. Aliás, só incide porque é necessariamente 'anterior' (...) todo e qualquer fato, pois, que deve juridicamente influir na configuração (e mensuração) do fato imponível ser tão relevante quanto o próprio fato imponível, estritamente considerado. Isolar este último de seus pressupostos implica reduzi-lo a uma ficção totalmente distanciada do conceito de renda, constitucionalmente implicado, e das próprias figuras fáticas – de conteúdo econômico – que a lei pretende alcançar".[236]

7.6 Retroatividade Benigna

O CTN (art. 106) estabelece que a lei se aplica a ato ou fato pretérito, em qualquer caso, quando seja expressamente interpretativa, excluída a aplicação de penalidade à infração dos dispositivos interpretados.

---

[236] ATALIBA, Geraldo; GIARDINO, Cléber. *ABDF – Resenha*, n. 4, p. 11 e 12.

Como examinado em item anterior, uma das peculiaridades ínsitas às normas jurídicas consiste na projeção de seus efeitos relativamente aos fatos posteriores ao momento em que passam a ter validade, vigência e eficácia, inexistindo embasamento jurídico para recair sua força sobre situações ocorridas no passado, prestigiando-se a regra da irretroatividade.

As denominadas leis interpretativas não poderiam encontrar espaço no ordenamento jurídico, uma vez que a tarefa de desvendar o sentido da norma constitui matéria cometida ao seu intérprete (doutrinador, destinatário, judiciário), em razão do âmbito da lei (regular comportamentos, qualificar situações).

Considerando sua existência no mundo jurídico, de longa data já se verberou que lei interpretativa é ou pode ser entendida como correção da lei interpretada, pelo menos no sentido de sua complementação, porque terá reconhecido que a lei interpretada carecia de esclarecimento por ser omissa ou obscura, ou confusa.[237]

Embora possam revelar utilidade, são desprovidas de legitimidade para alterar os comandos da norma de que se originam, muito menos podem violar os diversificados preceitos constitucionais tributários, e sequer impor sanções aos contribuintes que tenham agido de forma descoincidente daquela contida na nova lei interpretativa.

No caso de norma dispondo imprecisamente sobre a utilização de determinado documento fiscal, o fato de ser editada posterior lei interpretativa com o intuito de clarificar referida situação não pode ocasionar a imputação do dever ao contribuinte.

O CTN (inciso II do art. 106) regra, também, que a lei se aplica a ato ou fato pretérito, tratando-se de ato não definitivamente julgado: a) quando deixe de defini-lo como infração; b) quando deixa de tratá-lo como contrário a qualquer exigência de ação ou omissão, desde que não tenha sido fraudulento e não tenha implicado falta de pagamento de tributo; e c) quando lhe comine penalidade menos severa que a prevista na lei vigente ao tempo da sua prática.

Percebe-se que as duas primeiras alíneas do inciso em comento, em verdade, consubstanciam uma única diretriz. Trata-se do caso de dever cometido a um contribuinte no sentido de promover a entrega à Fazenda de guia contendo informações mensais referentes às suas operações mercantis. Surgindo no cenário jurídico uma nova lei eliminando tal determinação, esta regra mais recente alcança os fatos pretéritos.

No que tange à alínea *c,* acolhe-se tradicional diretriz dos Códigos Penais de que a lei mais benéfica tem cunho retroativo para alcançar situações passadas. Se o fabricante é multado em $100,00, por não ter declarado suas operações ao Fisco, a lei que diminuir esta penalidade (para $50,00, por exemplo), terá que ser considerada em seu benefício.

Sublinho que, para a adequada aplicação da retroatividade legal, o ato deverá estar sendo passível de processo (administrativo e/ou judicial), sem que tenha sido proferida decisão definitiva, em consequência do que o término do processo administrativo ou o recolhimento do valor tributário não possibilitará ao contribuinte utilizar-se da legislação mais benigna.

---

[237] SOUSA, Rubens Gomes de. *Compêndio de Legislação Tributária.* Rio de Janeiro: Financeiras, 1952. p. 18.

CAPÍTULO 8

INTERPRETAÇÃO E INTEGRAÇÃO DA LEGISLAÇÃO TRIBUTÁRIA

8.1 Introdução

O ordenamento jurídico é integrado por inúmeros preceitos e princípios (explícitos e implícitos), com conteúdos nitidamente diferenciados, participando de uma dinâmica procedimental, em decorrência de sua permanente aplicação requerida pela infinidade de situações fáticas do mundo fenomênico. A par dessa complexa situação, constantemente são editadas normas dispondo sobre novas matérias, ou mesmo alterando ou suprimindo regras jurídicas, diante do que esta problemática engrenagem jurídica demanda ingente trabalho cometido ao aplicador das normas, com o objetivo de conferir segurança e certeza ao Direito.

É cediço que os preceitos jurídicos nem sempre são claros e precisos, revelando ambiguidades e imperfeições, omissões e contradições entre diplomas vigentes, especialmente porque fruto da atividade humana. A elaboração legislativa é obra de políticos quase sempre não afeitos à linguagem jurídica, e, em que pese a depuração promovida pelas comissões técnicas das Casas do Legislativo, o resultado da atividade legisferante se traduz em redação deficiente.

Além disso, a produção normativa deve guardar absoluta coerência com os preceitos válidos e eficazes, e total observância aos superiores princípios constitucionais em plena compatibilização normativa (vertical e horizontal). Para tanto, todo e qualquer aplicador do Direito (magistrado, Ministério Público, autoridades, particulares etc.) deve sempre descobrir o real sentido da regra jurídica, apreender o seu significado e extensão.

Interpretar é explicar; dar o significado do vocábulo, atitude ou gesto; reproduzir por palavras o pensamento exteriorizado; mostrar o sentido verdadeiro de uma expressão; extrair, de frase, sentença ou norma, tudo o que nela se contém.[238]

---

[238] MAXIMILIANO, Carlos. *Hermenêutica e Aplicação do Direito*. Rio de Janeiro: Freitas Bastos, 1941. p. 23.

A atividade interpretativa não pode e nem deve ser exercida de modo desordenado, precipitado, atabalhoado, às pressas, impondo-se uma postura científica e obediência aos postulados da hermenêutica, cujo objetivo é o estudo e a sistematização dos processos aplicáveis à interpretação. Assim, "o ato de interpretar corresponde a uma atividade de conhecimento, pela qual o sujeito, enquanto desentranha o sentido da norma jurídica, com vistas à sua aplicação potencial ou natural, participa do fenômeno jurídico; essa forma de conhecimento, que é ao mesmo tempo criação e participação, situa-se no plano dogmático".[239]

O hermeneuta deve considerar o sentido da norma num contexto dinâmico, a sua permanente renovação e interação, porque os comandos que nela se contêm impõem uma atualização adaptada à realidade social. A mutabilidade dos acontecimentos, as transformações sociais obrigam à apreensão dos fenômenos sociais segundo uma atualidade, pois é claro que tanto os fatos quanto os conceitos (noções de bons costumes, ordem pública etc.) são plenamente alteráveis.

Esta diretriz tem a virtude de justificar o entendimento de que nada interessa a *mens legislatoris* (vontade do legislador), mas somente a *mens legis* (vontade da lei). A intenção do legislador e o seu desejo são elementos totalmente irrelevantes para captar o sentido jurídico da norma, não sendo o caso de psicanalisá-lo, porque, após editada, a norma rompe seu cordão umbilical com o legislador. Somente importa o direito "posto", sua sistematização e permanente revigoração, daí por que perene o aforismo "a lei é mais sábia do que o legislador".

Impende salientar que o processo de interpretação não pode nunca acarretar a edição de uma nova regra jurídica. À obviedade "o intérprete, portanto, não cria nem inova; limita-se a considerar o mandamento legal em toda a sua plenitude e extensão e, simplesmente, declarar-lhe a acepção, o significado e o alcance. Pode ocorrer de o legislador ter expressado mal a sua vontade, estabelecendo entre a edição da lei e o seu espírito uma inequivalência ou um desequilíbrio aparente, de modo que a fórmula verbal signifique menos (*minus dixit quam voluit*), ou mais (*plus dixit quam voluit*), do que se intentava dizer. Em qualquer dos dois casos, a interferência do intérprete, restabelecendo o sentido da norma, pela pesquisa do seu espírito (*mens legis*), não amplia, nem restringe, aquele mesmo sentido. É um erro, ou uma impropriedade, como se vê, falar, em um caso em interpretação extensiva e, no outro, em interpretação restritiva. Qualquer que seja a hipótese, será sempre declaratória a interpretação".[240]

Imprescindível a interpretação do texto legal, pois antes de se proceder à compreensão do seu sentido e alcance, impõe-se o prévio controle de sua constitucionalidade e harmonização com superiores princípios e normas gerais. O dogma axiológico *in claris cessat interpretatio* ("disposições claras não comportam interpretação") deve ser aceito com extrema cautela, uma vez que "o conceito de clareza é relativo: o que a um parece evidente, antolha-se obscuro e dúbio a outro, por ser este menos atilado e culto, ou por examinar o texto sob um prisma diferente ou diversa orientação".[241]

O critério da razoabilidade, como sinônimo de racionalidade (não contradição intrassistêmica), constitui fórmula utilizada na interpretação das regras infraconstitucionais

---

[239] COELHO, L. Fernando. *Lógica Jurídica e Interpretação das Leis*. Rio de Janeiro: Forense, 1979. p. 57.
[240] FALCÃO, Amílcar de Araújo. *Introdução ao Direito Tributário*. Rio de Janeiro: Financeiras, 1959. p. 84.
[241] MAXIMILIANO, Carlos. *Hermenêutica e Aplicação do Direito*. Rio de Janeiro: Freitas Bastos, 1941. p. 55.

de concretização do texto constitucional. A razoabilidade constitui importante *princípio de interpretação* a fim de que sejam evitadas medidas arbitrárias, iníquas, insensatas ou socialmente inaceitáveis. Essa diretriz assume fundamental importância quando se verifica a validade de medidas estatais que tocam o exercício de direitos e liberdades individuais.[242]

8.2 Métodos de Interpretação

8.2.1 Noções gerais

Embora constituam diretrizes e esquemas úteis aos aplicadores do Direito, os métodos de interpretação não revestem cunho obrigatório, nem podem apresentar qualquer tipo de hierarquia. O intérprete é realmente livre para utilizá-los, de modo isolado ou global, sucessivo ou simultâneo, sem que se possa conferir preeminência a quaisquer dos procedimentos aventados na legislação.

A interpretação constitui um processo mental de compreensão, integração e aplicação do discurso normativo, objetivando desentranhar o conteúdo do preceito, razão pela qual não há sentido jurídico algum em traçar limites para o hermeneuta, cerceando seu livre labor científico.

Entende-se que o pluralismo metodológico deve ser a pauta de comportamento do intérprete, pois "o que se observa é a pluralidade e a equivalência, sendo os métodos aplicados de acordo com o caso e com os valores ínsitos na norma; ora se recorre ao método sistemático, ora ao teleológico, ora ao histórico, até porque não são contraditórios, mas se completam e se intercomunicam".[243]

Lapidarmente se assevera que "ao defrontar-se com a regra jurídica, o seu intérprete deve ter em mente, com extrema nitidez, a 'estrutura lógica' e a 'atuação dinâmica' de toda e qualquer regra jurídica. Isto posto ele pode dividir a tarefa hermenêutica em quatro momentos: 1º) dissecar a estrutura lógica daquela determinada regra jurídica a interpretar; 2º) investigar e analisar os fatos jurídicos e não jurídicos que constituem os problemas práticos a resolver; 3º) diante da hipótese de incidência realizada, o intérprete conclui ter havido a incidência da regra jurídica porque esta é infalível; e 4º) o intérprete observa se foram respeitados os efeitos jurídicos que resultaram da incidência da regra jurídica".[244]

A interpretação deve ser realizada sem qualquer preconceito, desprovida de ideologias, sem apego ao positivismo, jusnaturalismo e influências de teorias sociais, políticas, econômicas etc., para que as normas possam se tornar operativas e eficazes.

Procedidas às digressões básicas, é o momento de deslindar espinhosa questão, versando sobre a necessidade de leis interpretativas para comandar a tarefa do aplicador do Direito, sendo arguta e jocosa observação de que "as normas sobre a interpretação e a integração do Direito são ambíguas, insuficientes ou redundantes. Necessitam elas próprias de interpretação".[245]

---

[242] PONTES, Helenilson Cunha. *O Princípio da Proporcionalidade e o Direito Tributário*. São Paulo: Dialética, 2000. p. 77 e 81.
[243] TORRES, Ricardo Lobo. *Normas de Interpretação e Integração do Direito Tributário*. Rio de Janeiro: Forense, 1991; 4. ed. Rio de Janeiro: Forense, 2006. p. 154.
[244] BECKER, Alfredo Augusto. *Teoria Geral do Direito Tributário*. São Paulo: Saraiva, 1963. p. 110.
[245] TORRES, *ob. cit.*, p. 21.

No entanto, o CTN é categórico ao precisar que "a legislação tributária será interpretada conforme o disposto neste Capítulo" (art. 107), colhendo a crítica de que "a regra é vazia e insuficiente, pois nem o CTN esgota a disciplina da interpretação, nem a interpretação se desenvolve à margem do processo democrático (legislativo, administrativo e judicial). Se for interpretado no sentido de que tem papel propedêutico, tornando aplicáveis os dispositivos seguintes, será redundante. Melhor teria sido que também não existisse o art. 107 do CTN".[246]

O Direito Tributário constitui elemento específico do Direito Público, integrado por princípios e normas cujo conteúdo básico é regular o comportamento das pessoas (públicas e particulares), tendo por objeto a prestação de dinheiro, em razão da ocorrência de determinados fatos, estados, situações. Esta característica não implica considerá-lo como ramo autônomo sujeito a critérios interpretativos distintos dos demais ramos do Direito. Aliás, representa um direito de superposição porque grava e incide sobre matérias pertinentes a outros âmbitos jurídicos, sendo formado e informado por comandos de natureza diversificada (constitucional, comercial, civil, administrativo etc.).

Por conseguinte, sábia a afirmativa de que "não existe um legislador tributário, distinto e contraponível a um legislador civil e comercial. Os vários ramos do Direito não constituem compartimentos estanques, mas são partes de um único sistema jurídico, de modo que qualquer regra jurídica exprimirá sempre uma única regra (conceito ou categoria, ou instituto jurídico), válida para a totalidade daquele único sistema jurídico".[247]

A despeito das considerações alinhadas, e ser aplicável a regra contida na Lei de Introdução às Normas do Direito Brasileiro (LINDB), no sentido de que "na aplicação da lei, o juiz atenderá aos fins sociais a que ela se dirige e às exigências do bem comum" (art. 5º), não pode ser o caso de ignorar-se ou torpedear-se simplesmente o art. 107 do CTN, mas adaptá-lo e conformá-lo às diretrizes gerais de interpretação das normas jurídicas, bem como aos princípios gerais de Direito.

Importante sempre considerar a *interpretação conforme a Constituição* pela especial circunstância de tratar-se do diploma normativo fundamental, estipulando um substancial rol de princípios norteadores da aplicação do ordenamento; consubstanciando infindáveis valores e conformando a pirâmide jurídica mediante a estruturação das normas.

Esta interpretação pode conduzir à declaração de inconstitucionalidade de parte da lei, já que nem sempre a nulidade de uma parte da norma conduz a sua invalidade total. Só pode ser feita quando o dispositivo for suscetível de múltiplos sentidos, dentre os quais um deles é compatível com a Constituição, situação em que só será viável se não contrariar o teor literal e o objetivo inequívoco da lei.[248]

Entretanto, examinando diversos preceitos do Estatuto da Advocacia (Lei nº 8.906/94), o STF adicionou novo conteúdo normativo, positivando interpretação corretiva, e não propriamente interpretação conforme a Constituição (ADI nº 1.105-DF e ADIn nº 1.127-DF).

Preconiza-se a *interpretação do direito como um sistema de linguagem*, que pede a investigação de seus três planos fundamentais: a sintaxe, a semântica e a pragmática.

---

[246] TORRES, *ob. cit.*, p. 47 e 48.
[247] BECKER, *ob. cit.*, p. 110.
[248] ÁVILA, Humberto. *Teoria da Igualdade Tributária*. São Paulo: Malheiros, 2008. p. 185.

O plano sintático é formado pelo relacionamento que os símbolos linguísticos mantêm entre si, sem qualquer alusão ao mundo exterior ao sistema; o semântico diz respeito às ligações dos símbolos com os objetos significados; enquanto a pragmática supõe a maneira como os sujeitos a utilizam dentro da comunidade em que vivem.[249]

O STF manifestara o entendimento seguinte:

(...)
1. As normas constitucionais devem ser interpretadas levando-se em conta o seu texto (interpretação gramatical), sua conexão com outras normas (interpretação sistemática), sua finalidade (interpretação teleológica), e aspectos do seu processo de criação (interpretação histórica). Portanto, nenhum desses elementos pode operar isoladamente. Logo, o fracionamento é extensível a todos os precatórios cujos valores forem superiores a 15% do montante dos requisitórios apresentados nos termos do §5º do art. 100 da CF (...).
(Ag. Reg. no RE com Agravo nº 1.344.854-SC – 1ª. T., rel. Min. Roberto Barroso – sessão de 03.07.23)

8.2.2 Método gramatical

Considera as próprias palavras do texto legal, o entendimento vernacular e a literalidade, a construção gramatical, o significado semântico, mantendo íntima conotação e conformidade com o método literal, que considera o apego à letra do texto da lei.

Visa compreender a forma empregada, em razão do que o processo gramatical exige a posse dos seguintes requisitos: a) conhecimento perfeito da língua empregada no texto, isto é, das palavras e frases usadas em determinado tempo e lugar; propriedade e acepções várias de cada uma delas; leis de composição; gramática; b) informação relativamente segura e minuciosa o quanto possível, sobre a vida, profissão, hábitos pelo menos intelectuais e estilo do autor; orientação do seu espírito, leituras prediletas, abreviaturas adotadas; c) notícia completa do assunto de que se trata, inclusive a história respectiva; d) certeza de autenticidade do texto, tanto conjunto como em cada uma das suas partes.[250]

Possui importância relativa porque as palavras não têm o mesmo sentido no atravessar dos tempos, demandando esforço de verificação do seu significado à época da edição do texto, e devido à sua importância tornou-se relativa ante os demais métodos de interpretação.

O STF posicionou-se no sentido de que "o conteúdo político de uma Constituição não é conducente ao desprezo do sentido vernacular das palavras, muito menos ao do técnico, considerados os institutos consagrados pelo Direito. Toda ciência pressupõe os institutos, as expressões e os vocábulos que a revelam – conceito estabelecido com a passagem do tempo, quer por força de estudos acadêmicos, quer, no caso do Direito, pela atuação dos pretórios" (RE nº 166.772-9-RS – Pleno, rel. Min. Marco Aurélio, j. 12.05.94, *DJU* 1 de 16.12.04).

A Constituição Federal de 1988 (art. 195, §7º) equivocou-se em mencionar que "são *isentas* de contribuição para a Seguridade Social as entidades beneficentes de

---

[249] CARVALHO, Paulo de Barros. *Curso de Direito Tributário*. 5. ed. São Paulo: Saraiva, 1991; 17. ed. São Paulo: Saraiva, 2005; 19. ed. São Paulo: Saraiva, 2007. p. 99 e 100.

[250] MAXIMILIANO, Carlos. *Hermenêutica e Aplicação do Direito*. Rio de Janeiro: Freitas Bastos, 1941. p. 137-138.

assistência social que atendem às exigências estabelecidas em lei". O vocábulo "isentas" está incorreto, porque deve ser considerado como "imunes", compreendendo a exclusão de competência tributária prevista em texto constitucional.

O STF (2019) firmou a diretriz seguinte:

> A lei complementar é forma exigível para a definição do modo beneficente de atuação das entidades de assistência social contempladas pelo art. 195, §7º, da CF, especialmente no que se refere à instituição de contrapartidas a serem por elas observadas.
> (Tema 32 de Repercussão Geral – Plenário – Emb. Decl. no RE nº 566622/RS, red. do ac.. Min. Rosa Weber – sessão de 18.12.19)

8.2.3 Método lógico

É o método que objetiva descobrir o pensamento e o sentido da lei, aplicando princípios científicos de lógica, que podem ser enunciados da forma seguinte:

a) princípio da identidade: uma coisa é idêntica a si mesma e não ao seu contrário;

b) princípio da contrariedade: o contrário do que é verdadeiro é falso; a mesma coisa não pode, ao mesmo tempo, ser e não ser;

c) princípio do terceiro excluído: entre duas proposições contraditórias, não há outra opção entre a verdadeira e a falsa;

d) princípio da razão suficiente: nada ocorre sem que haja uma causa ou razão determinante, fundamentando os princípios da metodologia científica, a saber:

　d.1) princípio da causalidade: toda mudança pressupõe uma causa;

　d.2) princípio do determinismo natural: sob idênticas circunstâncias, as mesmas causas produzem os mesmos efeitos;

　d.3) princípio da finalidade – toda atividade se dirige a um fim.[251]

A regulação dos fatos da vida – multiforme e complexa – e a realidade despida de lógica não têm condição de se enquadrar rigorosamente à rigidez deste processo, que reduz o ordenamento jurídico à precisão matemática.

Nesse sentido, examina-se o julgado do STF em matéria tributária:

> (...)
> 1. O tratamento inconstitucional por restrição de beneficiários de norma legal impõe ao órgão responsável pelo controle de validade <u>duas opções lógicas e aprioristicas</u>: *i)* invalidar completamente o benefício, ou *ii)* invalidar a restrição, de modo a estender o tratamento mais favorável segundo o critério constitucionalmente adequado.
> 2. O caso *sub examine* versa benefícios fiscais relativos ao Imposto sobre Circulação de Mercadorias e Serviços de Comunicação e de Transporte Interestadual e Intermunicipal de Bens e de Pessoas – ICMS incidente sobre produtos da cesta básica, impondo á Suprema Corte o dever de ponderar em seu cálculo de constitucionalidade variáveis específicas que nem sempre estão em discussão noutras matérias também ligadas a direitos fundamentais ou ao cerne inexorável de nossos modelos de República e de Estado. O pedido formulado pelo Requerente implica a extensão dos benefícios fiscais a produtos materialmente idênticos aos produtos beneficiados, porém de origem diversa.
> (ADI nº 5.363-MG – Plenário – rel. Min. Luiz Fux – sessão de 12.09.23)

---

[251] COELHO, *ob. cit.*, p. 76-77.

8.2.4 Método histórico

Objetiva esclarecer o sentido da norma por um trabalho de reconstituição de seu conteúdo original, encontrando os documentos atinentes à elaboração da lei, procurando descobrir a intenção real do legislador (*mens legislatoris*) e as circunstâncias histórico-sociais do momento. Considerando que o Direito é um produto lento da evolução e que o que vigora hoje germinou do passado, seria oportuno conhecer o elemento histórico que, todavia, pode conduzir a um perigo extremo, mediante apego exagerado ao passado, ao momento e meio em que nasceu a norma.

Nesta trilha, "a fim de descobrir o alcance eminentemente prático do texto, coloca-se o intérprete na posição do legislador. Procura saber por que despontou a necessidade, qual foi primitivamente o objeto provável da regra, escrita ou consuetudinária; põe a mesma em relação com todas as circunstâncias determinantes do seu aparecimento, as quais, por isso mesmo, fazem ressaltar as exigências morais, políticas e sociais, econômicas e até mesmo técnicas a que os novos dispositivos deveriam satisfazer; estuda, em suma, o ambiente social e jurídico em que a lei surgiu; os motivos da mesma, a sua razão de ser; as condições históricas apreciáveis como causa imediata da promulgação".[252]

Entretanto, nem todos os fatos da *occasio legis* são importantes, porque os acontecimentos e situações podem estar tão distantes do presente ou mesmo ter ocorrido causas diversas, razão pela qual perdem sua consistência e importância.

Decisão do STF sobre a matéria:

(...)
1. À luz da interpretação histórica e teleológica do art. 155, §2º, inciso VII, da Constituição Federal, com a redação conferida pela EC nº 87/15, não cabe ao Distrito Federal cobrar o ICMS-difal quanto à venda presencial de mercadorias em estabelecimento situado em outra unidade federada, com a entrega dessas lá mesmo, a consumidores finais não contribuintes do imposto fisicamente localizados no mesmo estabelecimento, muito embora estejam eles domiciliados no Distrito Federal (...).
(Ag. Reg. no RE nº 1.138.734-DF – 1ª. T. – rel. Min. Dias Toffoli – sessão de 03.11.22)

8.2.5 Método teleológico

Enfatiza a finalidade da norma, o resultado colimado pelo legislador, convertendo em realidade o objetivo ideado.

A interpretação deve ser pautada pelo escopo que atenda às finalidades objetivadas, regulando os comportamentos almejados, preservando instituições (Direito Civil), valores fundamentais (Direito Penal), democracia (Direito Eleitoral). Na esfera tributária, consistiria na observância do binômio direitos e garantias individuais/indisponibilidade do crédito tributário, sendo vedado perseguir exclusivamente fins arrecadatórios, que se verificassem totalmente divorciados dos princípios e normas constitucionais.

Exemplo: nas prestações de serviços de transporte para o estrangeiro, em que o prestador de serviços fosse compelido a transportar a carga para outro transportador

---

[252] MAXIMILIANO, Carlos. *Hermenêutica e Aplicação do Direito*. Rio de Janeiro: Freitas Bastos, 1941. p. 185.

(mero subcontratado), não se poderia descaracterizar o preceito imunitório do ICMS, em atendimento à interpretação finalística que visa desonerar as exportações nacionais, facilitando o acesso das empresas do país no mercado internacional.

A *interpretação da norma imunizante* "há que ser teleológica e sistemática – vale dizer, consentânea com os princípios constitucionais envolvidos e o contexto a que se refere, de molde a efetivar o princípio liberal por ela densificado".[253]

Postura firmada pelo STF:

> RECURSO EXTRAORDINÁRIO. CONSTITUCIONAL. TRIBUTÁRIO. IMUNIDADE. HERMENÊUTICA. CONTRIBUIÇÃO AO PIS E COFINS. NÃO INCIDÊNCIA. TELEOLOGIA DA NORMA. VARIAÇÃO CAMBIAL POSITIVA. OPERAÇÃO DE EXPORTAÇÃO.
> I – Esta Suprema Corte, nas inúmeras oportunidades em que debatida a questão da hermenêutica constitucional aplicada ao tema das imunidades, adotou a interpretação teleológica do instituto, a emprestar-lhe abrangência maior, com escopo de assegurar à norma supralegal máxima efetividade (...).
> (RE nº 627.81 – PR – Plenário – rel. Min. Rosa Weber – sessão de 23.05.13)

8.2.6 Método sistemático

Considera o sistema jurídico como um todo coerente, cabendo ao intérprete analisar a norma neste contexto múltiplo de preceitos inseridos num conjunto orgânico. Os preceitos são comparados com demais dispositivos do ordenamento, havendo íntima conexão entre os princípios, posto que "o Direito objetivo não é um conglomerado caótico de preceitos, constitui vasta unidade, organismo regular, sistema, conjunto harmônico de normas coordenadas, em interdependência metódica".[254]

Objetiva compreender a norma dentro do sistema jurídico, tendo como diretriz central a unidade entre os vários ramos do Direito, considerando seus princípios, institutos e conceitos.

A sistematização pode ser vislumbrada no item das contribuições sociais sobre o faturamento, a receita, a folha de salários e o lucro (art. 195), bem como o salário-educação (art. 212, §5º), que compreendem figuras típicas de natureza tributária, devido às suas peculiaridades, embora estejam catalogadas em capítulos específicos da Constituição (seguridade social e educação, respectivamente), distintos do sistema tributário nacional.

8.3 Lacunas e Métodos Integrativos

O art. 108 do CTN estabelece que, na ausência de disposição expressa, a autoridade competente para aplicar a legislação tributária utilizará, sucessivamente, na ordem indicada: I – a analogia; II – os princípios gerais de Direito Tributário; III – os princípios gerais de Direito Público; IV – a equidade; dispondo, ainda que: §1º o emprego da

---

[253] COSTA, Regina Helena. *Imunidades Tributárias* – Teoria e Análise da Jurisprudência do STF. 2. ed. São Paulo: Malheiros, 2006. p. 127.
[254] MAXIMILIANO, Carlos. *Hermenêutica e Aplicação do Direito*. Rio de Janeiro: Freitas Bastos, 1941. p. 161-162.

analogia não poderá resultar na exigência de tributo não previsto em lei; §2º o emprego da equidade não poderá resultar na dispensa do pagamento do tributo devido.

Texto criticável sob prismas variados, por estar eivado de imperfeições, omissões, e até mesmo (por incrível que pareça), lacunosidade.

A expressão "ausência de disposição expressa" merece detida análise, porque nem sempre significa omissão do texto legal que necessite da utilização do método interpretativo. Esta omissão pode ter sido deliberada com o intuito de não ser regrada uma determinada situação, que admite uma conotação especial no Direito Tributário.

É ponderável que "nem toda ausência de disposição expressa justifica a aplicação dos métodos de integração. A lacuna apenas se caracteriza quando há uma incompletude insatisfatória do Direito. Necessário que, sobre existir um vazio na regulamentação jurídica, careça ele de preenchimento para tornar satisfatória a ordem jurídica como um todo, em seu programa e em seus valores".[255]

A questão da lacuna envolve o exame da completude do sistema jurídico, circunstância em que o legislador teria normatizado todas as situações e fenômenos passíveis de regramento. O ordenamento conteria princípios explícitos e implícitos necessários e suficientes para solucionar os litígios.

A propósito, cabe sublinhar que "as ideias de completude ou incompletude do sistema, do caráter uno do sistema ou do seu aspecto multifário, de sistema aberto ou fechado, é que possibilitam a formulação de uma definição explícita de 'lacuna'. É, portanto, a partir de um modelo de sistema jurídico que se pode mostrar o funcionamento dos 'vazios' jurídicos. 'Tudo que não está proibido está permitido, de forma que tudo está permitido ou proibido'".[256]

Os modelos jurídicos constituem elementos fundamentais para se perquirir e constatar a existência de lacunas que necessitam ser colmatadas. A tipicidade aberta permite acréscimos e inclusões no seu repertório, consoante pauta de valores, denotando limites bastante fluídos, enquanto na tipicidade cerrada os elementos que nele se contêm não comportam extensões e dilatações.

As normas tributárias gravam a situação patrimonial dos particulares, sempre respaldada em lei; da mesma forma, os casos de desoneração tributária (imunidade, isenção) também se fundam em lei. As hipóteses de incidências tributárias encontram-se legisladas, devendo o aplicador das normas ater-se rigorosamente aos seus comandos.

As situações ainda não tributadas (como é o caso do Imposto sobre Grandes Fortunas, art. 153, VII, da Constituição) não se compreenderiam na temática da lacuna, sob a circunstância de o legislador não ter normatizado a imposição tributária. Todavia, não tendo nenhuma pretensão em direcionar o caminho certo, curvo-me ao entendimento de que "o termo 'lacuna' esconde ideias díspares e antagônicas, sendo bastante nebuloso, e que, a problemática das lacunas no Direito é uma questão sem saída; sobre ela não há resposta unânime, devido à pluridimensionalidade do Direito, que contém inúmeros elementos heterogêneos, o que dificulta uma abordagem unitária do tema. Se levantarmos todas as concepções de sistema dinâmico ou estático; aberto ou fechado; unitário ou composto de vários subconjuntos – devido à íntima conexão entre

---

[255] TORRES, *ob. cit.*, p. 94.
[256] DINIZ, Maria Helena. *As Lacunas no Direito*. São Paulo: RT, 1981. p. 21 e 49.

ele e a lacuna – teríamos um amontoado de opiniões incapaz de guiar no labirinto do problema, o que demonstra que o problema das lacunas continua aberto".[257]

Também censurável a expressão "autoridade competente para aplicar a legislação tributária", que concerniria exclusivamente a uma única categoria de destinatário da norma tributária, "parece alcançar só os agentes do Fisco",[258] visto que inexiste monopólio da atividade hermenêutica pelo juiz ou administrador. Além dos órgãos estatais, as associações, os indivíduos e os grupos estão autorizados a participar do processo hermenêutico, pois há necessidade de se alcançar um resultado comum na interpretação.

A normatividade não pode jamais ser compreendida em seu aspecto restrito, nem oferecer dois caminhos distintos no processo de interpretação; um de natureza limitada para a autoridade, e outro de natureza ampla, para os demais destinatários das normas, ferindo elementarmente o cânone da isonomia. A interpretação também não pode estar adstrita apenas a certos diplomas jurídicos, devendo ser a mais abrangente possível, inclusive tomando como ponto de partida a Constituição Federal.

O exame da antiga Constituição de 1946 já permitia concluir que, no exercício da função judicante, os "órgãos administrativos podem e têm mesmo o dever de não aplicar a lei ou regulamento que entendam e julguem inconstitucional. O fato de deixarem de aplicar a lei ou o regulamento por entendê-lo inconstitucional, como atividade jurídica, não é, porém, definitivo e suscetível de revisão do Poder Judiciário, o qual tem a competência específica e conclusiva do 'controle jurisdicional'".[259]

Indispensável proceder-se à distinção entre o exercício da administração ativa e da função judicante, pois, no primeiro caso, "o funcionário não pode negar aplicação à lei, sob mera alegação de sua inconstitucionalidade, em primeiro lugar porque não lhe cabe a função de julgar, mas de cumprir, e, em segundo, porque a sanção presidencial afastou do funcionário da administração ativa o exercício do 'poder executivo'. Porém, aquele investido da função de julgar não a pode exercer, sem levar em conta a Lei Magna, para conduzir o processo de interpretação e chegar a uma solução coerente dentro do quadro constitucional, ou mesmo deixar de aplicar a medida, se manifestamente contra a Constituição".[260]

Conclusivo o ensinamento de que "os órgãos judicantes fiscais, como qualquer hermeneuta no momento da interpretação, podem e têm o dever de examinar e estudar a lei e o regulamento em confronto com o texto constitucional, pois os princípios tributários constitucionais condicionam a interpretação da legislação ordinária, de tal forma que, muitas vezes, o sentido do texto legislativo ou regulamentar só é completo, só é possível, com a conjugação com o preceito constitucional".[261]

Os tribunais administrativos julgadores devem nortear suas decisões pela trilha da independência, captando todo o ordenamento jurídico, com plena autonomia para julgar, partindo sempre dos princípios e diretrizes constitucionais, uma vez que a singela norma regulamentar deve decorrer da lei, que, por sua vez, retira seu fundamento de

---

[257] DINIZ, Maria Helena. *As Lacunas no Direito*. São Paulo: RT, 1981. p. 102-103.
[258] BALEEIRO, Aliomar. *Direito Tributário Brasileiro*. 10. ed. Rio de Janeiro: Forense, 1984. p. 432.
[259] NOGUEIRA, Ruy Barbosa. *Da Interpretação e da Aplicação das Leis Tributárias*. 2. ed. São Paulo: RT, 1965. p. 32-33.
[260] NOGUEIRA, Ruy Barbosa. *Da Interpretação e da Aplicação das Leis Tributárias*. 2. ed. São Paulo: RT, 1965. p. 32, nota de rodapé nº 1.
[261] NOGUEIRA, Ruy Barbosa. *Da Interpretação e da Aplicação das Leis Tributárias*. 2. ed. São Paulo: RT, 1965. p. 37-38.

validade da Constituição. O julgamento decorre da interpretação das normas, dentro de um contexto sistemático, não sendo admissível sustentar o apego às regras de hierarquia inferior (regulamentos, pareceres normativos, orientações internas).

8.4 Analogia

A analogia encontra-se prevista no CTN (art. 108, I), na mesma trilha da LINDB (art. 4º), no sentido de que "quando a lei for omissa, o juiz decidirá o caso de acordo com a analogia, os costumes e os princípios gerais de direito", devendo ser utilizada com extrema cautela, a fim de não inovar a ordem jurídica ou atropelar normas válidas, vigentes e eficazes, não constituindo intransponível antagonismo à tese da plenitude do ordenamento jurídico.

Verifica-se que "a analogia no Direito Tributário deve observar parâmetros importantes, só se utiliza quando insuficiente a expressividade das palavras da lei; é necessário que haja semelhança notável entre o caso emergente e a hipótese escolhida para a comparação; beneficia assim o fisco que o contribuinte".[262]

Consiste "em aplicar um caso não previsto de modo direto ou específico por uma norma jurídica, uma norma prevista para uma hipótese distinta, mas semelhante ao caso não contemplado. Fundando-se na identidade do motivo e da norma e não na identidade do fato, há lacuna quando um fato não foi contemplado como pressuposto ou hipótese de uma norma". De modo conciso e objetivo, trata-se de um "procedimento que serve para integrar normas, partindo de um exame entre duas situações jurídicas, aplicando à não legislada as soluções dadas para as que têm caracteres essenciais semelhantes".[263]

A comparação com a interpretação extensiva revela as peculiaridades seguintes: a) ocupa-se com a semelhança entre duas questões; b) pressupõe falta de um dispositivo expresso, pesquisando uma norma que abrange um caso não contemplado por ela, desdobrando o preceito, de modo que se confunde com outro que lhe fica próximo; c) a conclusão tirada das premissas não é a que o legislador pretendeu determinar, mas a que determinaria se não houvesse omitido; d) procura determinar a *ratio legis* que justifique a possível aplicação analógica; e) em regra, não cabe no Direito comum.[264]

Constata-se que a analogia implica a observância de algumas regras básicas: serve para suprir lacunas, não cria direito novo (descobre o existente), integra a norma estabelecida, desenvolve preceitos latentes, ocupa-se com lacuna e pressupõe falta de dispositivo.

Em conclusão, o processo analógico é viável, factível, tem respaldo jurídico, mas só deve ser usado como recurso extremo do hermeneuta, principalmente no que concerne ao Direito Tributário, a fim de não prejudicar o princípio da estrita legalidade, evitando a ingerência danosa no patrimônio dos contribuintes, inclusive vedada sua utilização para a exigência de tributo não previsto em lei (§1º do art. 108 do CTN).

---

[262] TORRES, *ob. cit.*, p. 52.
[263] DINIZ, Maria Helena. *As Lacunas no Direito*. São Paulo: RT, 1981. p. 121-122.
[264] DINIZ, Maria Helena. *As Lacunas no Direito*. São Paulo: RT, 1981. p. 157.

8.5 Princípios Gerais de Direito

Correspondem a normas de direito natural, verdades jurídicas universais, perenes e imutáveis, representando o que há de constante no Direito, sendo o fundamento do Direito positivo, estando inspiradas no sentido da equidade. Constituem critérios não legislados nem costumeiros, compreendendo elementos constitutivos do próprio sistema.

Os postulados básicos – hauridos dos subsistemas normativos, derivados de diversificados ideais e correspondentes a subconjuntos axiológicos e fáticos que norteiam o sistema jurídico – são os seguintes: a) liberdade de contrato; b) os princípios gerais de Direito não são preceitos de ordem ética, política, sociológica ou técnica, mas elementos componentes do Direito; c) os princípios gerais de Direito não se confundem, ainda, com os brocardos ou máximas, embora sejam, em parte, integrados por estas; d) os princípios gerais de Direito são elementos normativos operantes nos casos concretos problemáticos, positivados ou não em normas.[265]

Argutamente se elucida que os princípios de Direito Público são máximas que se alojam na Constituição ou que se despregam das regras do ordenamento positivo, derramando-se por todo ele. Conhecê-las é pressuposto indeclinável para a compreensão de qualquer subdomínio normativo, podendo se enumerar a federação, a república, a igualdade, a legalidade, a irretroatividade das leis, a universalidade da jurisdição, a ampla defesa, o devido processo legal, a autonomia dos Municípios, a indisponibilidade dos bens públicos e a supremacia do interesse público ao do particular.[266]

Exemplificativamente, colhem-se do ordenamento jurídico os princípios seguintes: "a) o da moralidade, que impõe deveres positivos na obrigação de agir e negativos na abstenção de certos atos contrários aos sentimentos coletivos; b) o da igualdade de direitos e deveres perante o ordenamento jurídico; c) o da proibição de locupletamento ilícito; d) o da função social da propriedade; (...) j) o de que o dano causado por dolo ou culpa deve ser reparado; (...) q) o de que a interpretação a ser seguida é aquela que se revelar menos onerosa para o devedor; (...) s) o de que se responde pelos próprios atos e não pelos dos outros; (...) u) o de que não se pode responsabilizar alguém mais de uma vez pelo mesmo fato; (...)".[267]

8.6 Equidade

O conceito de equidade encontra-se intimamente relacionado às concepções jurídico-filosóficas, remontando-se a Aristóteles, inserindo-se no âmbito ou na equivalência com o justo, tratando-se de correção ou integração da norma.

A equidade pode ser concebida como o poder conferido ao magistrado para revelar o direito latente apesar de interferir na elaboração de normas jurídicas gerais ou de leis, que tracem diretivas ao comportamento do órgão judicante, estando ínsita na LINDB (arts. 4º e 5º), que estabelecem a obrigatoriedade de julgar, por parte do juiz,

---

[265] DINIZ, Maria Helena. *As Lacunas no Direito*. São Paulo: RT, 1981. p. 198-200.
[266] CARVALHO, Paulo de Barros. *Curso de Direito Tributário*. 19. ed. São Paulo: Saraiva, 2007. p. 104-105.
[267] DINIZ, Maria Helena. *As Lacunas no Direito*. São Paulo: RT, 1981. p. 194.

em caso de omissão ou defeito legal, dentro de certos limites, e a faculdade de adequar a lei às novas exigências, oriundas das mutações sociais das instituições.[268]

Sua função básica na interpretação das normas consiste na prevalência da finalidade da lei sobre a sua singela literalidade; preferência, entre várias interpretações possíveis, pela mais benigna e humana (segundo os valores morais); a harmonização dos meros preceitos previstos hipoteticamente na norma com a situação fática, permitindo a atuação discricionária – nunca arbitrária – do julgador.

O Código de Processo Civil (art. 140, parágrafo único, do novo CPC de 2015) reza que "o juiz só decidirá por equidade nos casos previstos em lei", sendo que o CTN aponta uma regra geral (art. 108, IV), que trata de sua utilização na ausência de disposição legal, salvo se resultar na dispensa de pagamento do tributo devido (art. 108, §2º) e outra, de cunho específico (art. 172, IV), em caso de remissão de crédito tributário.

8.7 Interpretação Literal

O CTN (art. 111) firma que se interpreta literalmente a legislação que disponha sobre: I – suspensão ou exclusão do crédito tributário; II – outorga de isenção; e III – dispensa do cumprimento de obrigações tributárias acessórias.

A literalidade do texto implicaria clareza e dispensaria qualquer interpretação, bastando sua simples leitura, o que, entretanto, não tem sido aceito por se entender que é confuso e ambíguo, nada esclarecendo sobre alcance e adequação entre a lei e o espírito da lei, asseverando-se que "o método literal, gramatical ou lógico-gramatical, é apenas o início do processo interpretativo, que deve partir do texto; tem por objetivo compatibilizar a letra com o espírito da lei; depende, por isso mesmo, das próprias concepções linguísticas acerca de adequação entre pensamento e linguagem".[269]

Tomando em consideração que a própria "letra" da lei pode ter significações diversas tomadas as palavras isoladamente temos que na lei, tem se salientado que, "mesmo encarando as palavras com o seu sentido gramatical, às vezes a palavra 'homem' se refere também à mulher e outras vezes não"; "A palavra liquidação pode ser entendida como tornar líquido ou solver uma obrigação".[270]

Como demonstrado ao longo deste capítulo, o intérprete deve buscar o sentido do texto, sua compreensão dentro do sistema jurídico, não se podendo conceber que a simples letra da lei seria, por si só, suficiente ao tratar de normas de isenção ou desoneração tributária. O que a expressão "interpretação literal" pode significar é que o sentido da lei deve ser aplicado com maior exatidão a fim de não criar isenção nele não prevista, nem eliminar isenção que nele se inclua.

É o caso do regime jurídico (imunidade) considerado para as operações que destinem a outros estados, petróleo, inclusive lubrificantes, combustíveis líquidos e gasosos (art. 155, IX, *a*, da CF), que não se aplicam aos produtos sólidos.

---

[268] DINIZ, Maria Helena. *As Lacunas no Direito*. São Paulo: RT, 1981. p. 216 e 231.
[269] TORRES, ob. cit., p. 197.
[270] HECK, Philip. *Interpretação da Lei e Jurisprudência dos Interesses*. São Paulo: Saraiva, 1948. p. 137, apud GUIMARÃES, Carlos da Rocha. *Interpretação Literal das Isenções Tributárias* –Proposições Tributárias. São Paulo: Resenha Tributária, 1975. p. 45-48.

Com probidade científica, tem se argumentado que "o desprestígio da chamada interpretação literal, como critério isolado da exegese, é algo que dispensa meditações mais sérias, bastando arguir que, prevalecendo como método interpretativo do Direito, seríamos forçados a admitir que os meramente alfabetizados, quem sabe com o auxílio de um dicionário de tecnologia jurídica, estariam credenciados a elaborar as substâncias das ordens legisladas, edificando as proporções do significado da lei. O reconhecimento de tal possibilidade roubaria à Ciência do Direito todo o teor de suas conquistas, relegando o ensino universitário, ministrado nas faculdades, a um esforço estéril, sem expressão e sentido prático de existência".[271]

Importante ressaltar que nem sempre os textos são claros, precisos, tranquilos, revelando imperfeições, obscuridades, que não permitem ao intérprete aplicar a desoneração tributária mediante simples leitura de seus preceitos, em razão do que "o legislador brasileiro daria cópia de atraso injustificável, se obrigasse o aplicador, mesmo em certos casos, a limitar-se à interpretação literal, uma vez que a interpretação das leis é um processo mental único, uma síntese de vários elementos gramatical, ou literal, lógico, sistemático, teleológico etc.".[272]

8.8 Interpretação Benigna

Dispõe o CTN (art. 112) que a lei tributária que define infrações, ou lhe comina penalidades, interpreta-se de maneira mais favorável ao acusado, em caso de dúvida quanto: I – à capitulação legal do fato; II – à natureza da extensão ou às circunstâncias materiais do fato, ou à natureza ou extensão dos seus efeitos; III – à autoria, imputabilidade ou punibilidade; e IV – à natureza da penalidade aplicável, ou à sua graduação.

Ao se tratar de equidade, em matéria penal, tem sido assinalado que "o art. 112 lança dúvida sobre a natureza do ilícito fiscal, criando dissonâncias com outros dispositivos do CTN, que só a martelo se eliminam",[273] porque, embora consubstancie matéria afeta à responsabilidade subjetiva, o mesmo CTN (art. 136) consagra a responsabilidade objetiva, situação em que a intenção do infrator é totalmente irrelevante. Nesta quadra jurídica também não há coadunação com o art. 118 do CTN, dispondo que a definição legal do fato gerador é interpretada mediante a abstração da validade dos atos e efetivamente praticados pelos contribuintes.

É estranha a diretriz apontada, uma vez que, imperando o princípio da legalidade em matéria tributária e a tipicidade (total e plena subsunção dos fatos à norma), não se compreende a aplicação de penalidades aos contribuintes quando não há certeza e segurança da prática do ilícito tributário.

8.9 Interpretação com Base Econômica

Objetivando compreender a norma jurídica, a declaração do seu sentido, de conformidade com o ordenamento jurídico, o hermeneuta só deveria utilizar

---

[271] CARVALHO, *ob. cit.*, p. 108.
[272] SILVEIRA, Alípio. *Hermenêutica no Direito Brasileiro*. São Paulo: RT, 1968. p. 111.
[273] TORRES, *ob. cit.*, p. 213.

instrumental jurídico, tendo em vista que os fatos (sociais, econômicos etc.) foram captados pelo legislador (político), e juridicizados, em razão do que não poderia servir-se de elementos, conceitos e critérios pertinentes a outras ciências, nem considerar finalidades estranhas ao Direito.

É incorreto pensar que, como o Direito Tributário tem por finalidade precípua a arrecadação de dinheiro dos particulares, importaria exclusivamente o conteúdo econômico da norma, o que poderia decorrer da análise de preceitos do CTN, assim dispostos:

> Art. 109. Os princípios gerais de Direito Privado utilizam-se para a pesquisa da definição, do conteúdo e do alcance de seus institutos, conceitos e formas, mas não para definição dos respectivos efeitos tributários.
>
> Art. 110. A lei tributária não pode alterar a definição, o conteúdo e o alcance dos institutos, conceitos e formas de Direito Privado, utilizados, expressa ou implicitamente, pela Constituição Federal, pelas Constituições dos Estados, ou pelas Leis Orgânicas do Distrito Federal e dos Municípios, para definir ou limitar competências tributárias.

Embora prestigiem os postulados básicos do Direito Privado, uma vez que a lei tributária grava o objeto das relações jurídicas que se encontram postas pelo mesmo Direito Privado, tem-se entendido a finalidade da norma como inserida num contexto econômico. O denominado fato gerador da obrigação sempre representaria um fato econômico, um signo presuntivo de riqueza, a própria capacidade contributiva do sujeito passivo da mesma obrigação.

A doutrina relativa à interpretação econômica no Direito Tributário é caudalosa, inspirada nas disposições do Código Tributário da Alemanha (1919), a respeito da qual assevera-se que, embora "a interpretação econômica não pressuponha a substituição de critério jurídico por outro, estranho ao Direito (...) o princípio da interpretação econômica foi adotado pelo Direito Positivo brasileiro".[274]

Conquanto já se tenha expressado que "os fundamentos econômicos da lei tributária não são elementos separáveis da própria lei, mas fazem parte do seu conteúdo normativo, isto é, os fundamentos econômicos da lei tributária vinculam e condicionam os efeitos jurídicos",[275] argumentou-se que "o fisco não pode influir na estruturação jurídico-privada dos negócios do contribuinte, para provocar ou exigir maior tributação. Se a forma jurídico-privada é legítima, o fisco tem de respeitá-la".[276]

Na mesma linha expositiva, assinala-se que "o método exegético de interpretação econômica não acarreta violação ao requisito da legalidade, sendo perfeitamente adequado ao princípio da legalidade em matéria de fato gerador",[277] com a ponderação de que "o art. 109 do CTN que muitos imaginam justificar a chamada interpretação econômica, em verdade, não chega a tanto – arts. 110, §1º, e 108, e inexiste no plano da legislação ordinária no Brasil preceito equivalente ao do Código Alemão", sendo que "o legislador brasileiro aceitou as premissas da teoria da prevalência econômica

---

[274] GRAU, Eros. *Conceito de Tributo e Fontes de Direito Tributário*. São Paulo: Resenha Tributária, 1975. p. 77 e 78.
[275] NOGUEIRA, Ruy Barbosa. *Da Interpretação e da Aplicação das Leis Tributárias*. 2. ed. São Paulo: RT, 1965. p. 128.
[276] NOGUEIRA, Ruy Barbosa. *Da Interpretação e da Aplicação das Leis Tributárias*. 2. ed. São Paulo: RT, 1965. p. 130.
[277] FALCÃO, Amílcar de Araújo. *Fato Gerador da Obrigação Tributária*. 4. ed. São Paulo: RT, 1977. p. 49-50.

consagrada no Código Alemão (cuja exatidão, aliás, não se pode realmente negar), mas opôs sérias restrições à admissibilidade de todas as consequências dela extraídas".[278]

Creio que o debate doutrinário acerca dos fundamentos de "interpretação econômica" decorre do desvirtuamento dos princípios e institutos de Direito Privado, num contexto de abuso de formas jurídicas, com o escopo de evitar, diminuir ou suprimir o débito tributário, mediante a utilização de figuras artificiosas, como a simulação, quando o ato existe apenas na aparência, mascarando e disfarçando a declaração real da vontade, com patente descoincidência entre a declaração externa e a interna.

Nesta ótica, "a simulação é absoluta quando não se quer nenhum negócio (fingindo-se celebrar uma venda sem que realmente se pretenda vender ou constituir qualquer outra relação jurídica); e relativa, se se deseja negócio diferente do pactuado (venda ocultando doação), se o sujeito é diferente do que integra a relação aparente (dou a *a* para encobrir a doação a *b*), ou se qualquer outro elemento da relação é falso (o preço)".[279] Na situação referida existirá um negócio verdadeiro (dissimulado) concretizado ordinariamente numa contradeclaração, e a ele sobreposto, escondendo-se o negócio aparente (simulado).

Procedendo à análise das manifestações doutrinárias e dos princípios e normas que regram a laboração interpretativa, formo a convicção de que o denominado abuso de formas não obriga, necessariamente, a interpretação econômica. Compreender o fenômeno jurídico, extrair o verdadeiro sentido do preceito legal, não pode significar tarefa adstrita a elementos econômicos divorciados dos quadrantes do Direito, cumprindo ao hermeneuta decompor a correta e adequada moldura jurídica, de conformidade com os institutos do Direito, e, daí, então, projetar (incidir) os efeitos tributários.[280]

8.10 Interpretação dos Tratados Internacionais

A Convenção de Viena, firmada em 23.06.69 por 110 países, estabelecera as regras disciplinadoras da negociação, da conclusão, da entrada em vigor, da interpretação e da extinção dos atos internacionais, firmando o conceito de tratado como um acordo internacional celebrado por escrito entre Estados e regido pelo Direito Internacional, quer conste de um instrumento único, quer de dois ou mais instrumentos conexos, qualquer que seja sua denominação específica.

As *regras de interpretação* (arts. 31 a 33) estabelecem que um tratado deve ser interpretado de boa-fé, segundo o sentido comum dos termos do tratado em seu contexto à luz de seu objeto e finalidade. O contexto compreende, além do texto, seu preâmbulo e anexos a) qualquer acordo relativo ao tratado e feito entre todas as partes por ocasião da conclusão do tratado; b) qualquer instrumento estabelecido por uma ou várias partes por ocasião da conclusão do tratado e aceito pelas outras partes como instrumento relativo ao tratado.

---

[278] COÊLHO, Sacha Calmon Navarro. Interpretação Econômica em Direito Tributário. Prevalência do Conteúdo sobre a Forma. Impossibilidade no Direito Brasileiro. Princípio da Legalidade. *Revista de Direito Tributário*, n. 49, p. 38-40, jan./mar. 1995.

[279] DÓRIA, Antonio Roberto Sampaio. *Elisão e Evasão Fiscal*. São Paulo: José Bushatsky e Ibet, 1977. p. 65.

[280] MELO, José Eduardo Soares de. Interpretação e Integração da Legislação Tributária. In: MARTINS, Ives Gandra da Silva (coord.). *Curso de Direito Tributário*. 11. ed. Belém: Cejup, 2009. v. 1. p. 145-170.

CAPÍTULO 9

OBRIGAÇÃO TRIBUTÁRIA E FATO GERADOR

9.1 Obrigação Principal

O Direito Tributário tem por objetivo regrar o comportamento das pessoas jurídicas de Direito Público e das pessoas privadas (naturais e jurídicas), relativamente à prestação pecuniária compulsória, necessária para satisfazer os interesses da coletividade.

As normas tributárias objetivam estabelecer um vínculo entre pessoas, tendo por objeto central a arrecadação de valores dos patrimônios dos particulares, que ficam compelidos a entregar dinheiro aos cofres públicos em razão de serem realizados os denominados fatos geradores previstos na legislação.

Esta situação implica o estabelecimento de um verdadeiro vínculo que une duas (ou mais) pessoas, em polos nitidamente opostos: de um lado, o *credor* (pessoa pública) desses valores, e de outro o respectivo *devedor* (pessoa privada), envolvendo uma obrigação *de dar*, de cunho nitidamente patrimonial. Não se cogita de nenhuma espécie de obrigação política ou moral, que pudesse ser vislumbrada na participação meramente solidária dos particulares com o Governo, objetivando atender os superiores valores constitucionais e os interesses arrecadatórios.

Trata-se de autêntica relação jurídico-tributária, não se diferenciando conceitualmente das demais relações de direito obrigacional comum, tendo como nota característica a participação do Poder Público – em seu polo ativo – com a essência da indisponibilidade de seus créditos. A divergência com as obrigações privadas não reside propriamente no fato de decorrer da "lei" – uma vez que estas (embora corporificadas em contratos) também têm como fonte a norma jurídica – mas porque no âmbito público não se considera o princípio da autonomia da vontade.

A obrigação *principal* surge com a ocorrência do fato gerador, tem por objeto o pagamento do tributo ou penalidade pecuniária e extingue-se juntamente com o crédito dela decorrente (§1º do art. 113 do CTN), em razão do que o vínculo jurídico – unindo o Poder Público e os particulares – nasce em virtude das atividades/situações tipificadas legalmente como tributos, e implicam o recolhimento do respectivo valor pecuniário.

A objeção que se possa fazer à consideração de penalidade como obrigação principal – pelo fato de enquadrar-se como sanção (estranha ao conceito de tributo – art. 3º do CTN) – não tem efeito prático, pela circunstância de compreender o recolhimento de valores aos cofres públicos, podendo ser considerada como obrigação *de dar*.

9.2 Obrigação Acessória

Esta obrigação decorre da legislação tributária e tem por objeto as prestações, positivas ou negativas, nela previstas no interesse da arrecadação ou da fiscalização dos tributos (§2º do art. 113 do CTN), tendo a natureza de obrigação *de fazer, não fazer*, ou mesmo *de tolerar*, desprovida do timbre da patrimonialidade.

Em termos práticos, consiste em atribuição de deveres aos administrados (contribuintes, responsáveis etc.), relativos à emissão de notas fiscais, escrituração de livros, prestação de informações, e não causar embaraço à fiscalização, com o objetivo fundamental de serem registrados e documentados fatos que tenham, ou possam ter, implicação tributária.

A legislação ordinária deve estabelecer as penalidades para o descumprimento desses deveres, que, apropriadamente, nem poderiam ser rotulados de "acessórios", porque nem sempre têm efetiva conexão com uma obrigação principal (não incidências, isenções, imunidades etc.). A importância dessa mera acessoriedade é patente na medida em que a infringência aos termos legais pode nem mesmo tipificar crime contra a ordem tributária, e até mesmo possibilitar relevação de penalidade pelo órgão julgador, diante da inexistência de efetivo dano ao Erário.

Embora conceitualmente seja inaceitável a proposição legal (§3º do art. 113 do CTN) de que sua simples inobservância se converte em obrigação principal, relativamente à penalidade pecuniária, em termos práticos isso não tem maior efeito, em razão de o infrator ficar compelido (legalmente) a também recolher dinheiro aos cofres públicos.

A legislação dispõe sobre a obrigatoriedade de inscrição no Cadastro de Pessoa Física (CPF), disciplinado pela Instrução Normativa RFB nº 2171, de 09.01.24; e no Cadastro Nacional de Pessoa Jurídica (CNPJ), regulado pela Instrução Normativa nº 1863, de 27.12.18.

Em termos objetivos, a legislação relativa ao IPI e ao ICMS sobre a emissão de *documentos fiscais* (notas, cupons de máquina registradora, conhecimentos de transporte, bilhetes, manifestos); *livros fiscais* (registro de entradas, saídas, inventário, controle da produção e estoque, apuração dos impostos etc.); GIA (Guia de Informação e Apuração do ICMS).

Apontam-se, ainda, os documentos seguintes:
a) DCTF (Declaração de Débitos e Créditos de Tributos Federais);
b) DIPJ (Declaração Integrada de Informações Econômico-Fiscais da Pessoa Jurídica);
c) LALUR (Livro de Apuração do Lucro Real);
d) DIMOB (Declaração de Atividades Imobiliárias);
e) DMED (Declaração de Serviços Médicos);
f) DBF (Declaração de Benefícios Fiscais);
g) DACON (Demonstrativo de Apuração de Contribuições Sociais);
h) DECRED (Declaração de Operações com Cartão de Crédito).

O *Sistema Público de Escrituração Digital – SPED* unifica as atividades de recepção, validação, armazenamento e autenticação de livros e documentos que integram a escrituração comercial e fiscal dos empresários e sociedades empresárias, mediante fluxo único, computadorizado, de informações.

Os livros e documentos serão emitidos em forma eletrônica, não dispensando os contribuintes de manter sob sua guarda e responsabilidade os livros e documentos na forma e prazos previstos na legislação aplicável.

9.3 Fato Gerador

9.3.1 Considerações gerais

A expressão "fato gerador" é muito simples e concisa para representar a causa, e a razão do nascimento da obrigação tributária, em toda sua extensão, não permite inferir e compreender todos os elementos que a integram, além de não revelar a exata adequação dos aspectos da hipótese de incidência prevista em lei, com os fatos efetivamente ocorridos no mundo real.

Considerando que a palavra "fato" representa simples acontecimento, não é lógico e nem razoável que possa abranger tanto as situações abstratas previstas na norma jurídica, como os acontecimentos efetivamente ocorridos envolvendo os particulares.

Entretanto, "fato gerador" fora previsto na Constituição Federal (arts. 146, III, *a*; 150, III, *a*, §7º; 154, I; 155, XI), ficou consagrado nas normas gerais de Direito Tributário (CTN, arts. 114 a 118) e nas legislações ordinárias, como elemento fundamental para o nascimento do tributo, apesar da crítica relativa à sua glorificação, sob o argumento de que representaria apenas um dos elementos da obrigação tributária, ou mais propriamente a sua materialidade.

O exame da legislação permite verificar que sempre se confere ênfase ao "fato gerador" – prestação de serviços (ISS), operações relativas à circulação de mercadorias (ICMS), entrada de mercadoria estrangeira no território nacional (Imposto de Importação) – embora represente unicamente um dos elementos do tributo, ou seja, sua materialidade (operação, negócio, estado, situação). Realmente, os demais aspectos da norma tributária – como sujeito passivo (contribuintes e responsáveis), bases de cálculo e alíquotas –, previstos em outros dispositivos legais, também deveriam integrar o referido fato gerador.

É importante ressaltar que a simples leitura de preceito legal que especifica o "fato gerador" é insuficiente para que se possa ter conhecimento de todos os requisitos de qualquer tipo de tributo, porque não adianta unicamente saber que sobre a prestação de serviços incide ISS; sobre "propriedade imobiliária urbana" incide IPTU; elaborar "produtos industrializados" obriga a recolher IPI. É fundamental também apurar se a lei contempla as figuras dos devedores e responsáveis, como se dimensiona o tributo (base de cálculo e alíquota), e quais os demais deveres (emissão de documentos, escrituração de livros e guias, prazos de recolhimento) conferidos aos destinatários tributários.

A regra de que o "fato gerador da obrigação principal é a situação definida em lei como necessária e suficiente à sua ocorrência" (art. 114 do CTN) é vaga e genérica, para que se possa ter conhecimento do seu verdadeiro sentido, também carecendo de precisão os vocábulos "necessária" e "suficiente".

A lei pode até definir uma situação abrangente e exaustiva (especificando os sujeitos ativo/passivo, materialidade, base de cálculo e alíquota), que, formalmente, se encaixaria à moldura legal. Entretanto, pode tal definição não manter consonância com os ditames constitucionais, como é o caso de considerar ocorrido o fato gerador do ICMS no transporte de mercadorias de um para outro estabelecimento da mesma empresa, o que se revela um total absurdo por ser impossível a realização de negócio (serviço de transporte) consigo mesmo.

O conceito que "fato gerador da obrigação acessória é qualquer situação que, na forma da legislação aplicável, impõe a prática ou a abstenção de ato que não configure obrigação principal" (art. 115 do CTN) também deve manter plena pertinência constitucional, uma vez que o legislador não pode estabelecer deveres que extravasem o âmbito de sua competência tributária, e nem violar sagrados princípios constitucionais.

De nada adianta estabelecer na lei do ICMS que o comerciante fica obrigado à exibição ao Fisco de todos os documentos pertinentes ao seu negócio, uma vez que este contribuinte não estará obrigado a mostrar seus extratos bancários, em razão do Direito Constitucional ao respectivo sigilo; o mesmo ocorrerá com a legislação do IPTU, que só permitirá ao Fisco conhecer documentos concernentes ao imóvel (compromisso/escritura, registros, plantas e dispêndios relativos às edificações), não podendo exigir documentos estranhos a essa situação (como salários, honorários etc.).

9.3.2 Aspectos do fato gerador

O fato gerador da obrigação tributária só ocorrerá quando os seus indispensáveis pressupostos, previstos em lei, tenham se verificado de modo real e concreto, pelo denominado fenômeno da subsunção. Para que possa ter nascimento o tributo, é necessária a previsão de diversos requisitos indicados na lei, compreendendo a figura da "hipótese de incidência" tributária.

A Constituição Federal não cria tributos, mas apenas outorga competência à União, aos Estados, Distrito Federal e Municípios, indicando as respectivas materialidades (com exceção de empréstimos compulsórios e determinadas contribuições sociais – art. 149), cabendo à legislação complementar e ordinária estabelecer tais elementos, além de seus possíveis devedores, os aspectos quantitativos (base de cálculo e alíquota), temporais e espaciais.

Dessa forma, a fiscalização somente poderá lançar o tributo, e os contribuintes/responsáveis só estarão compelidos a efetuar o seu respectivo recolhimento, se a legislação (formal e materialmente válida e eficaz) contiver a descrição precisa, clara e pormenorizada, das pessoas do credor e devedor (aspecto pessoal), a matéria sobre a qual poderá incidir o tributo (fato, estado, negócio, serviço público etc.), os valores pertinentes a tal materialidade (base de cálculo) e o percentual a ser aplicado sobre referida base (exceto as peculiares situações de tributos fixos), bem como o momento e o local em que se poderá reputar acontecido o referido fato.

O *aspecto pessoal* da norma tributária compreende as pessoas envolvidas na relação jurídico-patrimonial, e que se vinculam à obrigação tributária, isto é: a) os titulares da competência (União, Estados, Distrito Federal e Municípios), de conformidade com as partilhas das receitas previstas na Constituição Federal – denominados sujeitos ativos do tributo; e b) os contribuintes e responsáveis (pessoas privadas que mantêm relação com a materialidade), denominados sujeitos passivos.

O *aspecto material* consiste em determinados negócios jurídicos, estados, situações, serviços e obras públicas, dispostos na Constituição, que representem fenômeno revelador de riqueza (aspecto econômico), sejam praticados ou pertinentes ao próprio contribuinte, ou exercidos pelo Poder Público, a saber:

a) Impostos

Art. 153 da CF – importação; exportação; renda e proventos de qualquer natureza; produtos industrializados; operações de crédito, câmbio e seguro, ou relativas a títulos ou valores mobiliários; propriedade predial e territorial rural; grandes fortunas e seletivo.

Art. 155 da CF – transmissão *causa mortis* e doação, de quaisquer bens e direitos; operações relativas à circulação de mercadorias e sobre prestações de serviços de transporte interestadual e intermunicipal e de comunicação; propriedade de veículos automotores; bens e serviços.

Art. 156 da CF – propriedade predial e territorial urbana; transmissão *inter vivos*, a qualquer título, por ato oneroso, de bens imóveis, por natureza ou acessão física, e de direitos reais sobre imóveis (exceto os de garantia), bem como cessão de direitos a sua aquisição; serviços de qualquer natureza, não compreendidos no art. 155; bens e serviços.

b) Taxas

Exercício do poder de polícia, e utilização, efetiva ou potencial, de serviços públicos específicos e divisíveis, prestados ao contribuinte ou postos à sua disposição;

c) Contribuição de melhoria

Realização de obras públicas de que decorra valorização imobiliária;

d) Contribuições sociais (seguridade social)

Art. 195 – folha de salários, receita, rendimentos do trabalho, faturamento e lucro, bens e serviços;

e) Contribuições sociais genéricas, interventivas e de interesse de categorias profissionais ou econômica (arts. 149, 212, §5º);

f) Empréstimos compulsórios (art. 148) devem considerar as materialidades pertinentes à tributação de âmbito federal, uma vez que a CF só especifica a destinação dos valores.

A materialidade dos tributos não se restringe ao simples vocábulo ou expressão mencionada no texto constitucional: o IPI não incide pela simples existência de produto industrializado, mas pela realização de negócio (jurídico) relativo à elaboração dessa espécie de produto; o IPTU não grava singelamente o imóvel localizado em zona urbana, mas o fato de alguém ser proprietário do imóvel.

O *aspecto quantitativo* constitui a dimensão da obrigação pecuniária, positivando o *quantum* devido pelo contribuinte/responsável, ou seja, o efetivo valor a ser recolhido aos cofres públicos, sendo certo que a circunstância de a Constituição não ter indicado seus elementos (*base de cálculo* e *alíquota*) não significa que o legislador esteja livre para determiná-las, como melhor lhe aprouver.

A materialidade de cada tributo é suficiente para medir normativamente o valor a ser devido pelo sujeito passivo da obrigação, uma vez que os fatos, atos, operações, situações, estados, serviços etc. contêm ínsitas grandezas econômicas, em razão do que só é possível calcular o IPTU considerando o valor da propriedade imobiliária, por ser sua materialidade. Se este imposto for calculado tomando-se por base o valor do aluguel do imóvel, ocorrerá a tributação de sua renda, com manifesta inadequação da materialidade com a base de cálculo, patenteando-se a inconstitucionalidade da exigência.

Sob este prisma, o legislador estadual só poderá considerar o "valor da mercadoria", como base de cálculo do ICMS, compreendendo unicamente o elemento econômico da operação (negócio jurídico mercantil), sendo inconstitucional a inclusão em tal base de valores estranhos a essa realidade jurídica, como juros, multas, seguro, acréscimos financeiros etc.

Todavia, a exclusiva consideração da base de cálculo não é suficiente para apurar o montante do tributo, porque não se poderia considerar o montante do preço dos serviços, para se recolher o ISS, o que representaria a entrega de todo o valor total do negócio jurídico realizado, com a nítida configuração de confisco.

Assim, imprescindível a consideração da *alíquota* que representa um determinado percentual aplicável sobre a base de cálculo, em razão do que, para se apurar o ICMS, é necessário tomar como base de cálculo o valor das mercadorias, e aplicar um determinado percentual (18%, por exemplo), cujo resultado representará o efetivo ICMS incidente na operação mercantil.

O *aspecto temporal* consiste na fixação de um determinado momento em que se deve reputar acontecida a materialidade do tributo, tendo em vista que a norma deve conter a circunstância de tempo, certo e determinado. Embora a materialidade tributária possa ser composta, integrada, por diversos acontecimentos, tem que ser considerada una e incindível, razão pela qual é inadequada a classificação de fatos geradores simples ou complexos, instantâneos ou continuados. A incidência tributária ataca unicamente o resultado da materialidade, que, enquanto não verificada, não faz eclodir o tributo, desencadeando efeitos que lhe são pertinentes.

O instante do nascimento da obrigação tributária deve guardar efetivo vínculo com a matéria objeto de tributação, verificando-se que a legislação elege variados momentos em que o tributo passa a ter nascimento, fixando a "saída", a "entrada", o "fornecimento", o "primeiro dia do ano" etc.; o IPI não é devido simplesmente em razão da industrialização de um produto, sendo necessária a fixação de um determinado momento para ter início sua exigibilidade, ou seja, a *saída* do estabelecimento fabril ou o *desembaraço aduaneiro* do produto importado. O IPTU traça como marco temporal um determinado dia do exercício financeiro, como é o caso *do primeiro dia do ano.*

De tudo resulta que nada interessa a fase pré-jurídica (anterior à referida materialidade), como – no caso do IPI – a contratação, a elaboração do bem, o momento do emprego das maquinarias, da utilização e aplicação dos insumos etc., ou mesmo o exato instante da conclusão do processo de industrialização. Tais situações constituem fatos anteriores e pretéritos à operação (jurídica) com o bem industrializado. Somente com a transmissão de sua posse ou propriedade é que se encontra realizada sua materialidade; antes dessa coordenada de tempo não haverá condição jurídica para estatuir-se obrigação tributária.[281]

---

[281] MELO, José Eduardo Soares de. *O Imposto sobre Produtos Industrializados (IPI) na Constituição de 1988.* São Paulo: RT, 1991. p. 139.

É irrelevante, para fins de incidência do IPI, a existência de centenas de veículos no pátio de seu fabricante, sem que tenha ocorrido a respectiva *saída*; do mesmo modo, no caso de mercadoria importada, que tenha sido abandonada, não incidirá o IPI diante da inocorrência do seu *desembaraço aduaneiro*.

O *aspecto espacial* significa que, por uma situação natural, os fatos tributários ocorrem em um determinado lugar, cumprindo ao legislador estabelecer o local em que, uma vez acontecida a materialidade tributária, se repute devida a obrigação.

Compreende tanto o âmbito territorial de validade da lei, estendendo-se por todo o País (tributos federais), pelos limites geográficos dos Estados, Distrito Federal e Municípios, como um local específico, que se verifica no âmbito do ICMS, dispondo que o fato gerador ocorre na "saída de mercadoria do *estabelecimento*", cujo conceito (nos lindes do Direito Comercial) exclui a incidência do tributo nas saídas de bens de residências particulares.

9.3.3 Momentos da ocorrência do fato gerador

O CTN (art. 116) estabelece que, salvo disposição de lei em contrário, se considera ocorrido o fato gerador e existentes os seus efeitos:

I – tratando-se de situação de fato, desde o momento em que se verifiquem as circunstâncias materiais necessárias a que produza os efeitos que normalmente lhe são próprios;
II – tratando-se de situação jurídica, desde o momento em que esteja definitivamente constituída, nos termos do direito aplicável.

Os itens anteriores demonstram que o denominado fato gerador da obrigação tributária não se compreende, unicamente, numa simples ocorrência física, como é o caso de "saída", "entrada", "fornecimento", que constituem simples aspectos temporais de sua hipótese de incidência. Insisto que, para surgir obrigação válida em todo o seu esplendor jurídico – criando direitos (para o Fisco) e obrigação (para os contribuintes/responsáveis) –, é indispensável que tenham ocorrido no mundo real, concretamente, todas as respectivas situações previstas na lei.

O mero aspecto físico – como se dá com a "saída de mercadorias de estabelecimento" – pode não constituir fato gerador do ICMS, no caso de decorrer de furto, não se caracterizando a realização de "operações" (negócios jurídicos mercantis, implicadores de transmissão de propriedade de mercadorias), consoante preceituado no art. 155, II, da Constituição.

O simples fato de a pessoa jurídica receber dinheiro não significa a ocorrência do fato gerador do Imposto de Renda, uma vez que o contribuinte somente passa a ter tal obrigação na medida em que se verifica a aquisição de disponibilidade econômica ou jurídica de renda, ou proventos de qualquer natureza (art. 43 do CTN).

Do mesmo modo, a configuração de uma situação jurídica pode não implicar fato gerador, quando a lei reputar necessária a observância de acontecimento físico, que é o caso de contrato de fabricação e venda de produto industrializado, com pagamento de seu preço, e à disposição do comprador, mas que ainda não foi por ele retirado, inocorrendo a "saída" do estabelecimento industrial (momento estipulado para incidência do IPI).

O dispositivo mencionado (art. 116) preceitua:

> Parágrafo único. A autoridade administrativa poderá desconsiderar atos ou negócios jurídicos praticados com a finalidade de dissimular a ocorrência do fato gerador do tributo ou a natureza dos elementos constitutivos da obrigação tributária, observados os procedimentos a serem estabelecidos em lei ordinária (Inserido pela LC nº 104/01).

A norma antielisão é injustificada uma vez que, nos casos de simulação ou fraude, basta aplicar as regras de Direito Privado, para decretar a nulidade dos negócios aparentes, e considerar os atos efetivamente praticados, com os respectivos reflexos tributários.

É também injurídica nas situações permitidoras de opção contratual, ou negocial, não se podendo cogitar de abuso de forma, uma vez que a pessoa natural ou jurídica adota os próprios modelos previstos no ordenamento, possibilitando uma legítima economia fiscal.

Ao contribuinte compete exercer discricionariamente seus negócios, gerir seu patrimônio, respaldado no princípio da autonomia da vontade, considerando a função social dos contratos (art. 421 do Código Civil). Desde que não extrapole os lindes legais, não sofre limitação ou cerceamento no seu direito de agir, podendo efetuar (ou não) os mais diversos negócios jurídicos.

Enquanto o administrador público só pode atuar segundo o comando determinado em lei, aplicando-a de ofício; as pessoas privadas realizam negócios que atendam seus objetivos particulares, tendo como único limite as normas proibitivas. São livres para escolher a estrutura societária que entendam conveniente aos seus interesses (sociedade por quotas de responsabilidade limitada, anônima, comandita etc.), ou para promover a abertura de filiais em qualquer ponto do território nacional. Podem optar pela compra, locação, comodato ou mesmo promover a construção de imóvel residencial ou estabelecimento; ou, ainda, proceder à aquisição ou arrendamento mercantil de veículos, máquinas e equipamentos.

A livre vontade dos particulares é que determina a adoção dos modelos jurídicos dispostos pelo legislador (Código Civil, Comercial etc.) para o desempenho de suas atividades.

O próprio CTN (arts. 109 e 110) tem prestigiado os institutos, conceitos e formas de Direito Privado na interpretação e integração da legislação tributária. A moldagem jurídica promovida pelo contribuinte, a utilização de campos lacunosos, e até as imperfeições legais, constituem formas elisivas que trazem ínsito o propósito de uma economia fiscal.

Operando em consonância com os institutos jurídicos contemplados pelo legislador, a Administração fazendária não pode efetuar glosas fiscais, desconstituindo a forma legal utilizada pelo contribuinte.

A licitude do comportamento – em obediência ao princípio da estrita legalidade em matéria tributária, harmonizada com os princípios da autonomia da vontade e da livre empresa, que permeia os atos privados – significa que, salvo excepcional e específica restrição legal, a efetivação de negócio menos gravoso não deve sofrer objeção.

Em termos mais abrangentes, esta situação tipifica negócio indireto verificável em situações de exclusão (operações de não incidência), redução ou retardamento de carga tributária. É o caso de escolha de domicílio fiscal diferente do originário, com o fito de valer-se de tratamento tributário diverso. Mesmo o fato de celebrar uma operação mercantil a preço mais baixo do que o previsto no mercado, a fim de obter uma carga tributária menor, não tem o condão de desnaturar a operação.

A via oblíqua, ou a tipicidade do negócio (perfeito nos seus efeitos), colima resultado econômico diferenciado, não revestindo ilicitude a aparente desconexão entre o fato econômico e o ato jurídico negocial. Além de sua natureza lícita, a *elisão* delineia-se de conformidade com o momento da ação do contribuinte, não sendo cabível sua configuração após já estar positivada a obrigação tributária. Enquanto esta não estiver concretizada, ainda tem lugar a figura elisiva em virtude de penetrar na própria formação do ato privado e concomitante interferência nos seus efeitos tributários.

Inconcebível a prática de singela *evasão* fiscal, que pode ser compreendida como toda a ação (ou omissão) de natureza ilícita, minorando ou eliminando a obrigação tributária. Caracteriza-se por vício de consentimento, devido a fatores exógenos (dolo, erro, coação) ou endógenos (simulação, fraude), no contexto do Código Civil (arts. 86 a 113).

Exemplo marcante é encontrado na "simulação", em que o ato tem a aparência contrária à realidade, isto é, a descoincidência entre o verdadeiro escopo e aquele declarado formalmente com o intuito de prejudicar terceiros ou violar preceito legal. Situação típica é a doação disfarçada de venda, em que a transferência do domínio do bem não tem como contraprestação o efetivo recebimento de numerário.

Na "fraude" ocorre violação ao comando normativo, mediante omissão de receitas, adulteração de documentos, indicação de valores a recolher divergentes dos valores escriturados, manutenção de duplicatas a pagar, quando já foram quitadas (passivo fictício), saldo credor de caixa etc.

É tênue a linha divisória entre a *elisão* e a *evasão*, não se podendo cogitar de apego a aspectos subjetivos de conteúdo moral da norma, ou a intenção do legislador, porque, imperando o cânone da legalidade e a obediência dogmática aos preceitos normativos, é irrelevante adentrar no espírito ou nos sentimentos do contribuinte para poder avaliar a índole ou a natureza intrínseca dos seus atos.

O *planejamento tributário* constitui procedimento legítimo, em que se opera minuciosa análise do ordenamento jurídico que implique comportamento (obviamente lícito), objetivando evitar ou reduzir a carga tributária, sem resvalar em nenhuma injuridicidade, especialmente no que tange aos crimes tributários e previdenciários.

No âmbito desta temática, não tem cabimento cogitar-se da prevalência da interpretação do Direito Tributário segundo o princípio da realidade econômica, subjacente ao fato gerador, porque o sentido da lei deve ser compreendido consoante a sistemática constitucional, aplicando-se critérios e conceitos eminentemente jurídicos, conforme analisado anteriormente (item 8.9).

O STF proferira decisão – decorrente de pleito da Confederação Nacional do Comércio, contra o art. 1º, da LC nº 104/2001, na parte que acrescentara o aludido parágrafo único ao art. 166 do CTN – nos termos seguintes:

AÇÃO DIRETA DE INCONSTITUCIONALIDADE. LEI COMPLEMENTAR N. 104/2001. INCLUSÃO DO PARÁGRAFO ÚNICO AO ART. 116 DO CÓDIGO TRIBUTÁRIO NACIONAL: NORMA GERAL ANTIELISIVA. ALEGAÇÕES DE OFENSA AOS PRINCÍPIOS DA LEGALIDADE, DA LEGALIDADE ESTRITA EM DIREITO TRIBUTÁRIO E DA SEPARAÇÃO DOS PODERES NÃO CONFIGURADAS. AÇÃO DIRETA JULGADA IMPROCEDENTE.

(ADI nº 2.446-DF – Plenário – rel. Min. Cármen Lúcia – sessão de 11.04.22)

O CTN (art. 117) estabelece também que os atos e negócios jurídicos condicionais reputam-se perfeitos e acabados: I – sendo suspensiva a condição, desde o momento de seu implemento; II – sendo resolutória a condição, desde o momento da prática do ato ou da celebração do negócio, devendo ser observada a diretriz básica contida no Código Civil, na forma seguinte:

a) subordinando-se a eficácia do ato à condição suspensiva, enquanto este não se verificar, não se terá adquirido o direito, a que ele visa (art. 118);

b) se for resolutiva a condição, enquanto este não se realizar, vigorará o ato jurídico, podendo exercer desde o momento deste o direito por ele estabelecido, mas, verificada a condição, para todos os efeitos, extingue-se o direito a que ela se opõe (art. 119).

Nesta seara, interessante observar que as saídas de mercadorias a título de "demonstração" que podem preceder à sua venda, não tipifica fato gerador do ICMS (REsp nº 34.594-0-SP, 1ª Turma, rel. Min. Cesar Asfor Rocha, j. 11.04.94, *DJU* 1 de 09.05.94, p. 10.811). Somente após a situação jurídica estar definitivamente constituída (venda), e implementada a condição, é que terá nascimento o respectivo fato gerador.

Os fatos geradores têm sido classificados da forma seguinte: a) *instantâneos*, cuja ocorrência se verifica mediante a prática de um simples ato (imposto de renda exclusiva na fonte – a instituição financeira remunera os ganhos de capital, descontado no ato do pagamento, um determinado valor tributário); b) *continuados*, que compreendem uma situação estática que permanece ao longo de um período (imposto predial – a propriedade um imóvel se prolonga por um considerável período de tempo); c) *periódicos*, apurados mediante um determinado lapso de tempo (imposto de renda – apurado após a realização de inúmeros negócios e atividades); d) *compostos*, abrangendo diversos elementos para a sua formação (imposto de renda – compreendendo diversificados ingressos e dispêndios).

Híbrida é a natureza do ICMS, porque, embora possa enquadrar-se como "instantâneo" – cada saída de mercadoria (operação jurídica) configure um específico fato gerador –, o efetivo valor tributário devido (e exigível) só será apurado num determinado período de tempo (normalmente mensal), após a consideração do princípio constitucional da não cumulatividade (art. 155, §2º, I, da Constituição), abatendo-se os valores correspondentes ao ICMS, gerados nas operações anteriores.

Entretanto, essas classificações nem se encontram contempladas na lei e nem sempre revelam uma utilidade prática, porquanto o que importa é considerar todos os aspectos da norma de incidência (inclusive o lapso temporal) e a específica sistemática tributária.

9.3.4 Presunções, indícios e ficções

Considerando os princípios da tipicidade cerrada e da legalidade, somente se pode cogitar da existência do fato gerador da obrigação tributária quando ocorridos os aspectos previstos na norma de incidência, uma vez que as relações jurídicas devem pautar-se pelos critérios de segurança e certeza, não se aceitando lançamentos tributários louvados em singelas *presunções, ficções* e *indícios*.

A *presunção* é o resultado de um processo lógico, mediante o qual do fato conhecido, cuja existência é certa, infere-se o fato desconhecido ou duvidoso, cuja existência é provável. A presunção legal (*juris et de jure*) procura estabelecer uma verdade jurídica, ao passo que a presunção relativa (*juris tantum*) constitui mera conjectura.

De um modo geral, as presunções estão inseridas no âmbito processual das provas, objetivando caracterizar ou positivar atos, fatos, situações, que se encaixem às molduras jurídicas. Supor que um fato tenha acontecido ou que a materialidade tenha sido efetivada não é o mesmo que tornar concreta sua existência, de modo a conferir legitimidade à exigência tributária. Portanto, não deve a presunção manter atinência intrínseca aos aspectos estruturadores da norma de incidência, mas apenas referir-se a elementos que possam conduzir à tipificação tributária.

A realidade da vida demonstra que nem sempre os fatos geradores encontram-se devidamente tipificados e documentados, de modo a conferir-se segurança para a Fazenda e para os contribuintes/responsáveis no tocante à sua regularidade e exigibilidade. Nem sempre tais fatos encontram-se registrados, em razão de revelar-se imprecisa ou dificultosa sua configuração diante da infindável pletora de atos normativos, ou mesmo em decorrência da própria sonegação tributária.

Uma coisa é o Fisco constatar a existência de toda uma documentação perfeita, regular, criteriosa, em plena consonância com os ditames legais; outra situação é encontrar documentos imperfeitos (rasuras, controles paralelos, adulterações, falta de emissão de notas fiscais e escrituração de livros etc.), o que leva a proceder a levantamentos das atividades e negócios do contribuinte, que podem concluir (ou presumir) pela falta de lançamento de tributos.

O *indício* é uma circunstância conhecida, um meio, dado ou elemento que, tendo relação com o fato, constitui caminho para a apuração da verdade. Esses elementos devem ser graves (verossímeis), precisos (determinados), definidos e concordantes (relação de interdependência entre os indícios e o fato a provar). Insere-se nesta categoria a declaração unilateral de alguém de que adquirira mercadorias sem nota fiscal.

A *ficção jurídica* é a instrumentalização (criação legal) de uma situação inverídica (falsa) de forma a impor uma certeza jurídica, consagrando uma realidade, ainda que não guarde consonância com a natureza das coisas, ou mesmo, que altere títulos ou categorias do direito, como se dá com o preceito legal que equipara à exportação a remessa de bens à Zona Franca de Manaus, modificando o conceito natural de exportação (saída para o estrangeiro).

São consideradas como normas gerais e abstratas, criadoras de tributo, mas que não encontram fundamento no ordenamento jurídico. São normas fictícias que não revelam a correspondência com a realidade do sistema jurídico, portanto normas dissidentes e que não podem produzir efeitos jurídicos. Consequentemente, devem ser expulsas do sistema.[282]

Exemplos: equiparação de estabelecimento importador a estabelecimento industrial, para fins de incidência do IPI (Decreto nº 7.212, de 15.06.10); equiparação das empresas individuais imobiliárias às pessoas jurídicas, em relação às incorporações imobiliárias ou loteamentos com ou sem construção, para fins de incidência do IRI (art. 163 do Decreto nº 9.580, de 22.11.18); regime de estimativa, em função do porte ou da atividade do estabelecimento, para fins de incidência do ICMS (art. 26, III, da

---

[282] PACHECO, Ângela Maria da Motta. *Ficções Tributárias* – Identificação e Controle. São Paulo: Noeses, 2008. p. 97.

Lei Complementar nº 87, de 13.09.96); e incidência do ISS sobre serviço proveniente do exterior (art. 1º, §1º, da Lei Complementar nº 116, de 31.07.03).

A ficção jurídica é uma desvinculação normativa entre o real e o direito, que deve ser confrontada com os princípios constitucionais, de modo a submeter-se ao teste de constitucionalidade, sendo potencialmente ruptoras da segurança jurídica. A tipicidade cerrada e a verdade real no Direito Tributário vedam a produção de ficções criadoras de tributos.[283]

No *levantamento específico*, o Fisco verifica as quantidades das mercadorias entradas, saídas, estoques inicial e final, dos serviços prestados e recebidos, apura controles paralelos, notas espelhadas (valores diferentes nas vias dos talonários fiscais), que podem resultar na existência de diferenças desses bens (aquisição ou prestação sem documentação, ou saída de mercadorias ou realização de serviço, sem destaque do valor do ICMS).

A apuração dos negócios do contribuinte pode sustentar-se em levantamento *econômico*, que leva em conta a escrituração contábil e as demonstrações correspondentes, que poderão revelar possíveis fraudes tributárias, na medida em que concluam pela constatação de irregularidades no ativo e no passivo (oculto, fictício, irreal), estouro de caixa (inexistência de dinheiro suficiente para fazer face aos gastos), ou diferenças entre os registros fiscais e contábeis.

O *levantamento* de *produção* implica consideração dos insumos utilizados na industrialização de bens (matérias-primas, produtos intermediários, materiais auxiliares, embalagens), consumo de energia elétrica etc., aplicando as quebras e perdas no processo de fabricação, e estimando razoável margem de lucro, que também podem resultar em diferenças mediante o confronto com os valores ofertados à tributação.

Poderá o Fisco praticar *o arbitramento*, tendo em vista a não exibição de elementos e documentos, ou mesmo se inexistentes, quando não reflitam a realidade ou consignem valores inferiores aos reais (art. 148 do CTN), sendo, ademais, legítima a decretação de inidoneidade documental na hipótese de notas, livros, registros etc., que não retratarem a veracidade das operações, simulando negócios subjacentes.

Não é fácil distinguir essas figuras em razão da existência de certos pontos de semelhança entre as presunções comuns e os indícios, traduzidos na constatação de circunstâncias que podem permitir a inferência de certas situações tributáveis. As ficções jurídicas atinam com as presunções legais, porque veiculadas por atos emanados do Legislativo, com as características formais e materiais de lei, em que pese estas últimas continuarem traduzindo meras ilações, não havendo suporte jurídico constitucional para conceber-se a existência de presunção inserida na tipicidade tributária, a despeito da específica menção na Constituição Federal (art. 150, §7º).

As presunções legais foram vislumbradas nas hipóteses de "desconsideração de atos ou negócios jurídicos praticados com dissimulação; preços de transferências; tributação reflexa na pessoa do sócio; distribuição automática de lucros; sinais exteriores de riqueza; depósitos bancários; passivo fictício; suprimento de caixa; falta de emissão de documento fiscal; ausência de comprovação da origem dos recursos utilizados para a integralização do capital, assim como a efetividade da entrega desses valores à

---

[283] CARVALHO, Cristiano. *Ficções Jurídicas no Direito Tributário*. São Paulo: Noeses, 2008. p. 309-311.

empresa; liquidação de débitos dos sócios e finalmente omissão de receitas por parte do contribuinte pessoa física".[284]

Extrema cautela deve ser tomada no tocante à aplicação indiscriminada do princípio da praticabilidade que se dá a todos os meios e técnicas utilizáveis para tornar simples e viável a execução das leis, com o objetivo de economicidade e exequibilidade, de modo a evitar a investigação exaustiva do caso isolado, a dispensa da colheita de provas difíceis ou mesmo impossíveis em cada caso concreto.[285]

Penso que tais considerações, por si só, não permitem justificar as presunções, ficções legais e quantificações estabelecidas em lei, através de tetos e somatórios numericamente definidos, uma vez que não se compaginam com os superiores princípios da legalidade e tipicidade cerrada, conformadores da segurança e certeza do direito.

Assim, para a legitimidade do fato gerador, deve ser procedida à devida reflexão: a) as *presunções*, ainda que veiculadas por lei, traduzem meras suposições a serem consideradas em matéria de prova, suscetíveis de valoração e oposição; b) as *ficções jurídicas* representam autênticas normas, com seus respectivos atributos, devendo ser coerentes com os postulados constitucionais; c) os *indícios* consistem em meros dados que podem compor ou integrar uma presunção, sem jamais corporificar hipótese de incidência.[286]

9.3.5 Atos ilícitos e tributação

O CTN (art. 118) estipula que "a definição legal do fato gerador é interpretada abstraindo-se: I – da validade jurídica dos atos, efetivamente praticados pelos contribuintes, responsáveis, ou terceiros, bem como da natureza do seu objeto ou dos seus efeitos; II – dos efeitos dos fatos efetivamente ocorridos".

A obrigação tributária decorre da existência fática dos respectivos elementos previstos na lei, positivada sua materialidade (devidamente quantificada), realizada ou vinculada aos seus sujeitos passivos (contribuintes e responsáveis), independentemente da circunstância dos negócios, atos, fatos, estados e situações estarem plenamente revestidos de juridicidade.

A relação jurídica que se estabelece entre Fisco-Contribuinte nasce em razão de terem sido realizados os pressupostos legais, imputando-se unicamente a obrigação de recolher dinheiro aos cofres públicos. Basicamente, esta relação não acarreta nenhuma outra obrigação, diferentemente daquela existente na órbita do Direito Privado, em que as partes se sujeitam a diversas cláusulas, muitas vezes contendo direitos e obrigações recíprocas.

A venda de mercadorias obriga o comerciante ao pagamento do ICMS à Fazenda estadual e do Distrito Federal, independentemente do fato de encontrar-se devidamente inscrito nas repartições públicas (Junta Comercial, Receita Federal, Secretaria da Fazenda, Prefeitura), ou ter emitido nota fiscal. Nada interessa saber se o adquirente pagou as mercadorias, ou era insolvente, o que só é significativo no relacionamento

---

[284] FERRAGUT, Maria Rita. *Presunções no Direito Tributário*. São Paulo: Dialética, 2001. p. 160.
[285] DERZI, Misabel Abreu Machado. *Direito Tributário, Direito Penal e Tipo*. São Paulo: RT, 1988. p. 104-105.
[286] MELO, José Eduardo Soares de. Presunções no Direito Tributário. In: MARTINS, Ives Gandra da Silva (coord.). *Caderno de Pesquisas Tributárias*. São Paulo: Resenha Tributária e Centro de Extensão Universitária, 1984. v. 9. p. 331-356.

de natureza particular (vendedor e comprador), que se assenta e tem por fundamento normas de natureza diversa (Direito Comercial), inspiradas no princípio da autonomia da vontade (livre contratação).

A pessoa (física ou jurídica) que possui significativo patrimônio, com manifesto sinal exterior de riqueza, e que não comprova a origem de seus bens (produto de capital, trabalho, proventos), pode ficar sujeita à cobrança de imposto de renda (entendido como sonegado à tributação), tendo em vista a revelação de sua capacidade contributiva, independentemente da existência de documentos, e da licitude ou ilicitude de tais ganhos.

Embora a legitimidade dos atos jurídicos possa ter interferência nas atividades de natureza privada – sendo passíveis de decretação de nulidade ou anulabilidade (art. 145 do Código Civil) – no âmbito tributário não acarreta nenhuma desconsideração da exigência do valor pecuniário. A venda de um imóvel acarreta a incidência do ITBI, e pode implicar a incidência do IR – arts. 156, II, e 153, III da Constituição, apesar do negócio imobiliário (particular) possa vir a ser questionado.

SUJEITOS ATIVO E PASSIVO DA OBRIGAÇÃO TRIBUTÁRIA

10.1 Sujeito Ativo – Competência e Capacidade Tributária

O CTN estabelece que sujeito ativo da obrigação tributária é a pessoa jurídica de Direito Público, titular da competência para exigir o seu cumprimento (art. 119).

A matéria relativa à competência tributária já foi examinada em capítulo anterior, esclarecendo-se que a titularidade para instituir tributos decorre de expressa determinação constitucional, tendo a Constituição estabelecido os campos de atuação dos Poderes Públicos, de forma rígida e exaustiva.

Também fora informado que a capacidade se distinguia da competência, uma vez que aquela concernia apropriadamente ao direito de arrecadar e fiscalizar os tributos, sendo facultativa (em decorrência de mero interesse das entidades públicas, pautadas por discricionariedade) ou obrigatória (contribuições sociais – objeto do subitem 3.5.2).

A expressão "sujeito ativo" usualmente não é mencionada nas legislações ordinárias, o que não significa que as normas instituidoras dos tributos padeceriam do vício de inconstitucionalidade, sob o falso suposto de que não estaria integralmente tipificada a hipótese de incidência. Acontece que, sendo criada pelo legislador competente, se segue a decorrência lógica de que a pessoa pública já se encontra implicitamente prevista em seu texto.

10.2 Contribuinte

A norma jurídica deve conter a indicação do devedor do tributo, qualificado como sujeito passivo da obrigação de dar (recolhimento de valores aos cofres públicos) – de natureza principal – ou da penalidade pecuniária, na diretriz do CTN (art. 121), sendo que, em princípio, o pagamento do tributo deve ser realizado pelo contribuinte, em razão de manter relação pessoal e direta com a situação que constitua o respectivo fato gerador.

Normalmente, a Constituição não indica a pessoa que deve ser caracterizada como contribuinte do tributo, mas apenas contempla as materialidades suscetíveis de incidência, dispondo que cabe à lei complementar a edição de normas gerais para definir os contribuintes dos impostos (art. 146, III, *a*). Evidentemente que referida lei poderá apenas explicitar o comando constitucional, e especificar como "contribuinte" pessoa que esteja ligada ao cerne do tributo e ao fato abstratamente posto na norma.

Numa esfera pré-jurídica, o legislador colhe a pessoa intimamente vinculada à realização da materialidade, que deve traduzir-se no mero índice de capacidade contributiva. A íntima conexão da pessoa com a materialidade é que tem a virtude de revelar a figura do contribuinte, porque, ao realizar o fato imponível, terá que recolher aos cofres públicos uma parte da respectiva grandeza econômica, qualificada como tributo.

É fácil inferir tal assertiva no tocante aos *impostos*: ao dispor sobre o Imposto de Importação (art. 153, I), o legislador federal só poderá considerar como seu contribuinte alguém vinculado à referida materialidade (importação), ou seja, o "importador" (art. 22, I, do CTN); ao mencionar o Imposto sobre a Propriedade de Veículos Automotores (art. 155, III), o legislador estadual (e distrital) terá que indicar como contribuinte o proprietário dos veículos.

Nas demais espécies tributárias também se constata a veracidade dessa assertiva: nas *taxas*, o contribuinte terá que ser o tomador dos serviços públicos específicos e divisíveis, ou aquele que provocou o exercício do poder de polícia. A taxa para a expedição de passaporte é cobrada do titular deste, enquanto o proprietário de balança comercial (instalada em posto de gasolina, açougue etc.) será o devedor do tributo, decorrente da aferição de seu peso. No caso da *contribuição de melhoria*, nem será difícil supor que estará obrigado ao seu recolhimento o proprietário do imóvel, beneficiado pela sua valorização, decorrente de obras públicas.

No tocante às *contribuições sociais* destinadas à seguridade social, e incidentes sobre a folha de salários, faturamento e lucro, o constituinte indicou inquestionavelmente os empregadores, a empresa, a entidade a ela equiparada na forma da lei, como seus sujeitos passivos. O conceito de empregador é tradicional em nosso sistema jurídico, como sendo a empresa, individual ou coletiva, que, assumindo os riscos da atividade econômica, admite, assalaria e dirige a prestação pessoal de serviços (art. 2º da CLT).

Desta forma, não se poderia exigir contribuição de pessoas estranhas à folha de salários, como fora o caso do pagamento dos autônomos (STF, RE nº 166.772-9-RS, Pleno, rel. Min. Marco Aurélio, j. 12.05.94, *Revista dos Tribunais – Caderno de Direito Tributário e Finanças Públicas* v. 7, p. 237-245, 1994), mesmo diante do argumento de que as contribuições previdenciárias visam atender ao princípio da universalidade da cobertura e do atendimento em benefício de toda a sociedade (art. 194 da Constituição).

Como os empregadores têm a qualificação constitucional de contribuintes, por decorrência lógica "não empregadores não são contribuintes da contribuição de seguridade social incidente sobre o faturamento, independentemente da forma de sua constituição e atuação, grandeza etc. (...), casos como o de empresas *holdings*, firmas individuais, prestadores de serviços e quaisquer sociedades civis e comerciais, desde que sem empregados, dizem diretamente com situações de não-empregadores e, desse modo, mesmo que tenham faturamento não serão alcançadas pela contribuição de seguridade social prevista no inciso I do art. 195 da Constituição".[287]

---

[287] ROCHA, Valdir de Oliveira. Contribuições de Seguridade Social sobre o Faturamento – Incidência e não Incidência. *Repertório IOB de Jurisprudência*, n. 23/93, caderno 1, p. 371-478, 1ª quinzena de dezembro de 1993.

Considerando que a Constituição traçou as materialidades do ICMS (art. 155, II e IX, *a*), a tarefa do legislador ordinário viu-se facilitada ao instituir o tributo no que diz respeito aos contribuintes, que devem ser: a) as pessoas que pratiquem operações relativas à circulação de mercadorias; b) os prestadores de serviços de transporte interestadual e intermunicipal; c) os prestadores de serviços de comunicação; e d) os importadores de bens e mercadorias. Por conseguinte, encontram-se afastadas da categoria de contribuintes, entre outras, as pessoas que não praticam referidas operações, como os particulares que vendem seus bens, os prestadores de outros tipos de serviços, as instituições financeiras etc.

Em determinadas espécies tributárias, a identificação do contribuinte é bem simples, porque a materialidade vincula-se diretamente a uma única pessoa. É o caso do Imposto sobre a Renda e Proventos de Qualquer Natureza, que considera "renda e proventos" suscetíveis de serem referidos a uma determinada pessoa, tendo em vista suas características e peculiaridades.

Todavia, em outras exações, tais materialidades envolvem sempre uma ou mais pessoas, como partes integrantes dos negócios jurídicos, ambas reveladoras de capacidade econômica, a saber:

a) Imposto sobre Transmissão de Bens Imóveis *inter vivos*, incidente sobre o negócio imobiliário, instaurando-se uma relação jurídica de natureza particular entre vendedor e adquirente, tendo o CTN (art. 42) estabelecido que o contribuinte é qualquer das partes na operação tributada, como dispuser a lei. Em consequência, será contribuinte a pessoa eleita pelo legislador municipal;

b) ICMS e IPI também compreendem operações jurídicas, abrangendo o alienante (vendedor dos produtos) e o adquirente (comprador). Entretanto, diante da inexistência de qualquer previsão do CTN, contribuinte será a pessoa que realiza a operação (comerciante, industrial, produtor, importador e prestador de serviço).

Observo que a classificação doutrinária de contribuinte "de direito" e "de fato" só tem sentido no âmbito da restituição de pagamento indevido (art. 166 do CTN), obrigando a participação deste último (declarando não haver suportado o respectivo ônus financeiro, ou promovendo autorização ao requerente), a fim de evitar o locupletamento indevido, no caso de o legítimo contribuinte estar pretendendo receber da Fazenda o valor tributário que já lhe fora ressarcido pelo adquirente dos bens.

10.3 Responsável

O recolhimento do tributo pode também ser exigido de pessoa diversa daquela que realizou o fato típico tributário, ou seja, o responsável, que não reveste a condição de contribuinte, e sua obrigação decorre de expressa disposição de lei (art. 121, II, do CTN).

A carga fiscal pode ser cobrada de pessoa diversa da que praticou o negócio jurídico (com substrato econômico), estabelecendo o legislador critérios norteadores desses procedimentos, para que o hermeneuta e os destinatários da norma não se deparem com um verdadeiro caos tributário, decorrente de interpretações diferenciadas e equivocadas qualificações.

Embora seja compreensível que acontecimentos supervenientes ao nascimento da obrigação tributária podem impedir a liquidação do tributo pelo realizador do fato imponível (contribuinte), nem sempre é possível vislumbrar com nitidez a possibilidade jurídica de imputar-se a obrigação a pretensos terceiros, porque, na verdade, tais obrigados podem qualificar-se como contribuintes originários (condôminos).

Tradicionalmente, a legislação comina aos tomadores de serviços, empregadores, entidades financeiras etc., a obrigação de efetuar a retenção do imposto de renda, contribuições previdenciárias, IOF etc., como mera antecipação do que vier a ser devido na declaração de ajuste, ou até mesmo em caráter definitivo.

Esta sistemática vem sendo aplicada para demais tributos (ISS, ICMS nos casos de substituição tributária), tendo a Lei federal nº 10.833, de 29.12.03, disposto que os pagamentos efetuados pelas pessoas jurídicas a outras pessoas jurídicas de Direito Privado, pela prestação de determinados serviços, bem como pela remuneração de serviços profissionais estão sujeitos (a partir de 1º.2.04) à retenção na fonte da CSLL, da Cofins e da contribuição PIS/Pasep.

Reputo estranha a exigência do tributo de fontes pagadoras, pois acabam impossibilitando, ou mesmo eliminando, qualquer tipo de ação, participação ou ingerência do verdadeiro e autêntico contribuinte, na liquidação do tributo. A retenção e o recolhimento antecipado pela fonte pagadora podem revelar-se indevidos, no caso de lei (inconstitucional) que obrigue a proceder a retenção em pagamento de rendimentos isentos de imposto de renda, ou de imposto sobre serviços; ou de dividendos auferidos por entidade assistencial imune.

Por isso, acompanho o prudente conselho: "a lei ordinária que eleger como responsável tributário uma terceira pessoa sem que haja esse vínculo, rigorosamente interpretado *pro lege*, estaria sujeita a impugnação por inconstitucionalidade, pois a sujeição passiva indireta depende de norma legal expressa e válida, isto é, de lei que não extravase os limites demarcados pela lei complementar".[288]

Não creio que o princípio da capacidade contributiva – imanente e adstrito ao realizador do fato imponível – compreenda e permita a distribuição de cargas tributárias estranhas ao fato imponível, salientando-se que "b) para definir a liberdade que poderia ser outorgada ao legislador para construir a sujeição passiva tributária, é imprescindível investigar o princípio da capacidade contributiva (...) que (...) c) relativamente às determinações subjetiva e objetiva, impõe que o mandamento seja coerente e proporcionado com a hipótese de incidência. Nem é viável uma base imponível incompatível com a materialidade da hipótese, nem é admissível uma desvinculação entre o sujeito passivo tributário e o sujeito passivo envolvido na situação descrita na hipótese de incidência; d) será inconstitucional qualquer disposição que pretenda atribuir a condição de contribuinte a quem não seja o 'destinatário constitucional tributário', ou seja, a pessoa envolvida na situação signo-presuntiva de riqueza inserida na materialidade da hipótese de incidência tributária, por escolha da própria Constituição Federal".[289]

A denominada obrigação acessória também é cometida a pessoas expressamente designadas na lei, a quem se atribuem prestações (art. 122 do CTN). Se de um lado é o próprio contribuinte que tem o dever de emitir notas fiscais, escriturar livros, de outro, também os responsáveis podem ficar compelidos a prestar informações (tabeliães nas operações imobiliárias; inventariante nos processos de inventário de bens do falecido).

---

[288] TILBERY, Henry. Alteração do Exercício Social. Correção Monetária dos Lucros Apurados em cada Exercício Social. *Direito Tributário Atual*, Resenha Tributária, São Paulo, n. 2, p. 127, 2022.
[289] JUSTEN FILHO, Marçal. *Sujeição Passiva Tributária*. Belém: Cejup, 1986. p. 344.

A relação jurídico-tributária, vinculando o Poder Público (sujeito ativo) e as pessoas particulares (contribuintes e responsáveis), deflui de peremptória determinação legal, não podendo sofrer nenhum tipo de modificação. O constituinte e o CTN estabeleceram as diretrizes para regular a operacionalidade do sistema tributário, pautados pelos princípios e normas conferidoras de direitos e garantias públicas (Fazenda), e individuais (contribuintes e responsáveis).

Esta é a razão pela qual "salvo disposições de lei em contrário, as convenções particulares, relativas à responsabilidade pelo pagamento de tributos, não podem ser opostas à Fazenda Pública, para modificar a definição legal do sujeito passivo das obrigações tributárias" (art. 123 do CTN).

Os créditos e os débitos tributários são indisponíveis, imperando o dogma constitucional da imutabilidade dos direitos e obrigações tributárias, em razão do que, numa relação de Direito Privado, as partes não podem fazer quaisquer tipos de acertos com o intuito de modificar o polo passivo tributário.

Na venda de mercadorias, em que o comerciante é o contribuinte do ICMS, a combinação para que o comprador fique responsável pelo imposto não vincula o Fisco estadual, que pode continuar exigindo do devedor originário. Também é vedado às partes entender que uma operação mercantil é isenta deste mesmo tributo, e que, na hipótese de ser promovida cobrança fazendária, o adquirente suportará os respectivos encargos. O mesmo ocorre nos casos de retenção de imposto de renda na fonte, em que o trabalhador (empregado, profissional autônomo etc.) encontra-se proibido de fazer ajuste com o tomador dos serviços (fonte pagadora), para que este fique desonerado de tal retenção.

Em todas estas situações o Fisco simplesmente ignorará tais acertos, para somente considerar os ditames legais de natureza pública, exigindo o cumprimento da obrigação tributária por parte do devedor previsto na lei, embora tais convenções particulares possam até gerar efeitos no âmbito restrito desses particulares (como é o caso de ressarcimento do vendedor junto ao comprador).

Entretanto, no STJ tem sido decidido que a cláusula FOB opera entre as partes, exonerando o vendedor da responsabilidade pela entrega da mercadoria ao destinatário, nada valendo perante o Fisco (CTN, art. 123), que só homologa o pagamento do ICMS pela alíquota interestadual se a mercadoria for entregue no estabelecimento do destinatário em outra unidade da federação; não é a nota fiscal que define uma operação como interestadual, mas a transferência física da mercadoria de um Estado para outro (REsp nº 37.033-SP, 2ª Turma, rel. designado Min. Ari Pargendler, j. 06.08.98, *DJU* 1 de 31.08.98; e REsp nº 886.695-MG, 2ª Turma, rel. Min. Humberto Martins, j. 06.12.07, *DJU* 1 de 14.12.07).

10.4 Solidariedade

O CTN (art. 124) estabelece que são solidariamente obrigadas: "I – as pessoas que tenham interesse comum na situação que constitua o fato gerador da obrigação principal; II – as pessoas expressamente designadas por lei".

A solidariedade tributária consiste na possibilidade de a Fazenda poder exigir o tributo de mais de uma pessoa vinculada ao fato gerador. Embora o natural devedor do tributo seja o contribuinte, em face de sua vinculação pessoal e direta com a materialidade do tributo, podem existir outras pessoas a ele vinculadas, e que tenham interesse no respectivo ônus.

O Direito Civil não tem plena condição de ser aplicado na esfera tributária porque (i) trata de solidariedade ativa, enquanto o CTN centra-se na solidariedade passiva; e porque (ii) a solidariedade pode decorrer da vontade das partes (aval, fiança), ao passo que o CTN impõe previsão legal.

O pressuposto para a caracterização das pessoas como solidárias aos tributos devidos fulcra-se no denominado *"interesse comum"*, que deve ser captado de conformidade com os lineamentos normativos pertinentes aos negócios jurídicos que irradiam os decorrentes efeitos tributários.

Embora não haja uma definição legal para "interesse", somente se deve considerar a substância jurídica do fato gerador, vinculando intimamente as pessoas (jurídicas ou naturais). Não há nenhum sentido cogitar-se de interesse de distinta natureza (econômica, financeira, política), não só porque são despiciendos para o universo jurídico e permeados por meras elucubrações; mas também pela circunstância de não conferirem segurança e certeza fundamentadora do princípio da tipicidade cerrada.

As diversas materialidades tributárias podem delimitar o âmbito do "interesse comum" (de natureza jurídica), e, muitas vezes, evidenciar que os interesses são contrapostos, conflitantes, antagônicos.

Na venda de um produto industrializado, o fabricante fica sujeito ao lançamento do IPI, que deve ser indicado na nota fiscal, constituindo valor complementar ao preço, devido pelo adquirente do bem. Na medida em que inexista o lançamento do imposto, haverá diminuição do valor dessa operação, com manifesto interesse do comprador do produto.

Também na aquisição de mercadorias, o comprador poderá recuperar o ICMS incidente nessa operação, mediante crédito em sua escrita, para abatê-lo em suas futuras operações tributadas. Na hipótese de tal aquisição vir amparada por nota fiscal emitida por empresa inexistente de fato – em situação de que tenha efetivo conhecimento – estará positivado o interesse comum na incidência tributária.

A legislação estadual (caso do RICMS/SP – Decreto nº 45.490/00, art. 11), dispõe, entre outras situações, que são responsáveis solidários pelo pagamento do imposto devido, a) o armazém geral ou o depositário a qualquer título; o transportador, o contribuinte que promover a saída da mercadoria sem documentação fiscal, relativamente às operações subsequentes etc.

Também dispõe (art. 12) solidariamente, a pessoa natural ou jurídica, pelo débito fiscal do alienante, quando adquirir fundo de comércio ou estabelecimento comercial, industrial ou profissional, na hipótese de o alienante cessar a exploração do comércio, indústria ou atividade; a pessoa jurídica que tiver absorvido patrimônio de outra em razão de cisão, total ou parcial, pelo débito fiscal da pessoa jurídica cindida, até a data do ato; o sócio, no caso de liquidação de sociedade de pessoas, pelo débito fiscal da sociedade etc.

Nesses exemplos, transparece nítida a figura da solidariedade, podendo a Fazenda exigir o valor tributário de quem repute mais conveniente (vendedor ou comprador), objetivando a liquidação do respectivo débito.

Não me parece que basta a lei designar as pessoas responsáveis, para que a Fazenda possa compeli-las ao pagamento do tributo, uma vez que essas devem guardar íntima conexão com o fato tributário. Não pode exigir IPTU de vizinho de prédio do efetivo contribuinte; nem de filho, relativamente a qualquer tributo devido por seu pai.

Relativamente ao ITBI (transmissão onerosa de bens imóveis) é natural a participação de diversas pessoas (proprietário, corretor, tabelião, oficial de registro, adquirente), mas não há dúvida que os específicos interesses não são comuns, pois tratam de (i) venda com recebimento do preço; (ii) corretagem; (iii) legitimidade da transação; (iv) regularidade imobiliária; (v) aquisição da propriedade com pagamento do preço.

Considerando que a solidariedade não comporta o benefício de ordem (parágrafo único do art. 124, do CTN), o Fisco não fica adstrito a uma ordem de preferência, que lhe obrigaria a primeiro cobrar do contribuinte, para depois fazê-lo do devedor solidário. Tendo em vista que a legislação já especifica a solidariedade, fica liberado para agir de modo discricionário.

Encontra-se também determinado (art. 125 do CTN) que "salvo disposição de lei em contrário, são os seguintes os efeitos da solidariedade: I – o pagamento efetuado por um dos obrigados aproveita aos demais; II – a isenção ou remissão de crédito exonera todos os obrigados, salvo se outorgada pessoalmente a um deles, subsistindo, nesse caso, a solidariedade quanto aos demais pelo saldo; III – a interrupção da prescrição, em favor ou contra um dos obrigados, favorece ou prejudica aos demais".

Logicamente, sendo quitada a dívida tributária – não interessa por quem (contribuinte ou devedor solidário) – a Fazenda já recebeu o que lhe era devido, extinguindo-se a obrigação, não tendo o mínimo sentido, e muito menos qualquer legitimidade, cogitar-se de duplicidade de exigência. Do mesmo modo, a desoneração tributária não pode ser concedida parcialmente, abrangendo todos os devedores que se encontram na mesma posição.

O STJ decidira que

> as empresas que firmam contratos de subempreitadas são solidariamente responsáveis pelo recolhimento das contribuições previdenciárias decorrentes dos serviços prestados pela contratada. As empresas poderão isentar-se da responsabilidade solidária, especialmente as construtoras, em relação às faturas, notas de serviços, recibos ou documentos equivalentes que pagarem por tarefas subempreitadas, de obras a seu cargo, desde que façam o subempreiteiro recolher, previamente, quando do recebimento da fatura, o valor fixado como contribuições previdenciárias e de seguro de acidentes do trabalho, incidente sobre a mão-de-obra inclusa no citado documento. Interpretação do sistema legal fixado sobre a matéria.
> (REsp nº 376.318-SC, rel. Min. José Delgado, j. 18.03.02)

10.5 Capacidade Passiva

Uma pessoa será considerada devedora de um tributo, com a simples ocorrência do respectivo fato gerador, atendidos todos os aspectos da norma tributária, independentemente da legitimidade do negócio jurídico subjacente, como anteriormente examinado no item concernente à tributação das atividades ilícitas. A sujeição passiva tributária (contribuinte/solidário/responsável) não se condiciona à regularidade formal de seus integrantes, e nem se encontra dependente da capacidade civil das pessoas naturais (inciso I do art. 126 do CTN), em razão do que o menor de 16 anos de idade (absolutamente incapaz – art. 3º, I, do Código Civil), que efetuar a venda de mercadorias, ficará sujeito ao ICMS, sem se cogitar do fato de não possuir capacidade civil.

A exigência do tributo também poderá ser formulada independentemente de achar-se a pessoa natural sujeita a medidas que importem privação ou limitação do exercício de atividades civis, comerciais ou profissionais, ou da Administração direta de seus bens ou negócios (item II do art. 126 do CTN). O médico que recebe honorários em razão de atividades profissionais (consulta, cirurgia etc.) fica sujeito ao pagamento do respectivo imposto sobre serviços, ainda que esteja suspenso pelo respectivo órgão de classe; o mesmo se verificará com o presidiário que seja proprietário de imóvel, que também estará sujeito à cobrança do IPTU, a despeito de sua privação de liberdade.

Do mesmo modo, não tem nenhuma relevância a circunstância "de estar a pessoa jurídica regularmente constituída, bastando que configure uma unidade econômica ou profissional" (inciso III do art. 126 do CTN). A circunstância de estarem sendo praticados atos negociais sem que a sociedade não esteja ainda devidamente inscrita nas repartições competentes, ou careça de imprescindível autorização, não tem o condão de afetar as obrigações tributárias. As irregularidades cometidas, ou mesmo a simples situação de fato, não poderiam constituir motivos para afastar a imposição fiscal, o que poderia conduzir a uma situação paradoxalmente estranha: as empresas regulares sofreriam as cargas tributárias, enquanto as empresas irregulares seriam beneficiadas, ficando a salvo dos tributos.

10.6 Domicílio

Os devedores tributários (contribuintes e responsáveis) devem indicar o local de suas atividades e negócios, ou ainda onde podem ser encontrados, para que os respectivos direitos e obrigações possam ser regularmente exercidos. Esta providência é indispensável para que seja fixado o aspecto espacial tributário, vinculando os sujeitos ativo e passivo da obrigação, facilitando os respectivos relacionamentos.

O domicílio tributário pode ser livremente eleito pelos referidos devedores, que podem escolher – segundo seus particulares interesses – o lugar que entendam mais adequado para exercer suas atividades, em qualquer ponto do território nacional. A legislação também lhes confere a faculdade de residirem onde melhor lhes aprouver.

À falta de eleição será considerada a residência habitual como o domicílio das pessoas naturais, ou, sendo esta incerta ou desconhecida, o centro habitual de sua atividade (inciso I do art. 127 do CTN). Relativamente a estes locais é que os devedores terão que atender às suas obrigações, enquanto neles a Fazenda promoverá os lançamentos tributários, de fiscalização etc.

As pessoas jurídicas de Direito Privado ou as firmas individuais terão considerado como domicílio o lugar de sua sede, ou, em relação aos atos ou fatos que derem origem à obrigação, o de cada estabelecimento (inciso II do art. 127 do CTN). Este critério deve ser aplicado de conformidade com as diferentes espécies tributárias, pois se o imposto de renda é lançado tendo em vista a sede da empresa, os direitos/obrigações afetos ao ICMS/IPI têm que considerar a autonomia de cada estabelecimento para a apuração do *quantum* tributário (em face da aplicação do princípio constitucional da não cumulatividade), muito embora a empresa seja considerada em sua integralidade, para o fim de responder pelo débito tributário.

Relativamente às pessoas jurídicas de Direito Público interno, o domicílio deve ser compreendido em quaisquer de suas repartições no território da entidade tributante (inciso III do art.127 do CTN). Há de se atentar para a legislação que cuida da organização administrativa segundo a competência funcional, prevendo o relacionamento da Fazenda de cada unidade territorial (federal, estadual, distrital e municipal) com os seus respectivos administrados. Todavia, tal sistemática não impede que o agente fiscal de rendas estadual, lotado em posto fiscal da Capital, exerça sua atividade fiscalizadora em trânsito por qualquer ponto limitado à fronteira a outro Estado.

A fim de perseguir o interesse público tributário, poderá ser considerado como domicílio tributário o lugar da situação dos bens ou da ocorrência dos atos ou fatos que deram origem à obrigação, podendo ser recusado o domicílio eleito, quando impossibilite ou dificulte a arrecadação ou a fiscalização do tributo (§§1º e 2º do art. 127 do CTN). O primeiro caso cogita de situação deflagradora de tributo, em que o seu devedor não promovera sua regularização, agindo na clandestinidade, sendo encontrados produtos em locais sem inscrição e desamparados de documento pertinente. Na segunda hipótese, para fins fiscais, pode ser desconsiderado como domicílio societário o local de difícil acesso à fiscalização.

RESPONSABILIDADE TRIBUTÁRIA

11.1 Substituição

A substituição significa a imputação de responsabilidade por obrigação tributária de terceiro que não praticou o fato gerador, mas que tem vinculação indireta com o real contribuinte. O substituto tem que decorrer naturalmente do fato imponível, da materialidade descrita (hipoteticamente) na norma jurídica, não podendo ser configurado por mera ficção do legislador. Deve inserir-se em uma realidade do sistema jurídico, permeada pelos princípios da segurança, certeza e do direito de propriedade, uma vez que o patrimônio das pessoas só pode ser desfalcado por fatos efetivamente realizados, e que contenham ínsita a capacidade contributiva.

O CTN dispõe que "a lei pode atribuir de modo expresso a responsabilidade pelo crédito tributário a terceira pessoa vinculada ao fato gerador da respectiva obrigação, excluindo a responsabilidade do contribuinte ou atribuindo-a a este em caráter supletivo do cumprimento total ou parcial da referida obrigação" (art. 128).

Na substituição – num plano pré-jurídico – o legislador afasta por completo o verdadeiro contribuinte que realiza o fato gerador, prevendo a lei, desde logo, o encargo da obrigação a uma outra pessoa (substituto) que fica compelida a pagar como dívida própria, eis que a norma não contempla a dívida de terceiro (substituído).

Lapidarmente se tem apontado que "a utilização da ficção pelo legislador tributário deve ser parcimoniosa e, no caso, de instituição de contribuinte substituto do imposto, há de respeitar o princípio da capacidade contributiva e, consequentemente, a vinculação da pessoa eleita substituto à pessoa que seria o sujeito passivo natural (o substituído), de modo a permitir ao contribuinte repercutir o ônus do imposto até a pessoa do substituído".[290]

A realidade normativa contém três tipos de substituição tributária:
a) *para trás (regressiva)*, na qual o legislador atribui a determinado contribuinte a responsabilidade pelo pagamento do ICMS em relação às operações anteriores, pelo fenômeno do *diferimento*;

---

[290] NOGUEIRA, Johnson Barbosa. Contribuinte Substituto no ICM. *Revista de Direito Tributário* nºs 21/22, p. 103, 1982.

b) *concomitante (simultânea)*, que se caracteriza pela atribuição da responsabilidade pelo pagamento do ICMS a outro contribuinte, e não àquele que esteja realizando a operação-prestação, concomitante à ocorrência do fato gerador. Nesta espécie, positiva-se a substituição tributária dos serviços de transporte;
c) *para frente (progressiva)*, na qual o sujeito passivo recolher os dois impostos: o devido pelas operações próprias, e o devido pelas operações subsequentes, anteriormente à ocorrência dos fatos geradores das futuras operações.

Na substituição *regressiva*, a lei tem atribuído a responsabilidade a uma terceira pessoa distinta da obrigação tributária já concretizada, por razões de comodidade, praticidade, sendo utilizada para operações de pequeno porte, ou realizadas por contribuintes de proporções modestas, que não mantêm organização adequada de seus negócios, ou até sem possuírem um efetivo estabelecimento. Diversas atividades vêm sendo enquadradas nesta sistemática, como é o caso de operações realizadas com as seguintes mercadorias: algodão em caroço, café cru, cana-de-açúcar em caule, feijão, mamona, soja, produtos *in natura*, sementes, insumos agropecuários, coelho, gado em pé, equino de raça, subprodutos da matança de gado, leite, pescado, resíduos de materiais e metal não ferroso.

Em termos práticos, nas operações com sucata (restos, resíduos e fragmentos de metais, tecidos, vidro etc.) é comum exigir-se o ICMS do industrial que adquire tais mercadorias, ao invés do próprio sucateiro (verdadeiro contribuinte). Caracteriza-se o fenômeno do *diferimento*, compreendido como a postergação da exigência tributária para momento ulterior do ciclo mercantil, sendo aceitável a juridicidade desse expediente, uma vez que se verificaram, concretamente, todos os elementos componentes do fato gerador da obrigação.

Na substituição *progressiva* o legislador indica uma pessoa responsável pelo recolhimento de um determinado valor (referido como tributo), relativamente a fato futuro e incerto, com alocação de valor (também incerto), havendo definição, por antecipação, do sujeito passivo de uma obrigação não acontecida, que se presume venha a ser realizada no futuro. Esta sistemática tem sido considerada para diversas espécies de mercadorias, tais como combustível, lubrificante, álcool carburante, energia elétrica, fumo, cimento, refrigerante, cerveja, água mineral, sorvete, fruta, veículo novo, componentes de máquina/aparelho/equipamento e produtos farmacêuticos.

As específicas legislações ordinárias estabelecem os sujeitos passivos por substituição, no que se refere ao ICMS devido pelas operações ou prestações com mercadorias e serviços, que podem ser um dos seguintes participantes: fabricante, distribuidor, remetente, transportador, destinatário etc. Consideram-se na base de cálculo diversos elementos relativos às operações, como os preços máximos ou únicos de venda utilizados pelo contribuinte substituído; ou, na falta desse preço, o valor da operação praticada pelo substituído (incluídos os valores correspondentes a frete, carreto, seguro, impostos e outros encargos transferíveis ao varejista, acrescido de margem de lucro em variados percentuais) etc.

A figura da substituição – que também usualmente se viabiliza para as espécies tributárias em que se possa caracterizar a participação negocial de mais de uma pessoa – fora introduzida no ordenamento jurídico pela Lei Complementar nº 44, de 07.12.83 (art. 6º, §3º), sendo prevista no Convênio ICM nº 66, de 14.12.88 (art. 25, I, II), com posterior edição da Emenda Constitucional nº 3, de 17.03.93 (introduzindo o §7º no art. 150 da CF), na forma seguinte:

A lei poderá atribuir a sujeito passivo da obrigação tributária a condição de responsável pelo pagamento ou contribuição, cujo fato gerador deva ocorrer posteriormente, assegurada a imediata e preferencial restituição da quantia paga, caso não se realize o fato gerador presumido.

Entretanto, nem mesmo essa Emenda possuiria embasamento jurídico necessário para dirimir as controvérsias acerca da legitimidade da substituição regressiva, e constitucionalizar fato gerador futuro e presumido, pela circunstância de que o preceito revisor da Constituição de 1988 não se compadece com a própria Constituição (art. 60, §4º, IV), que veda deliberação de proposta de emenda tendente a abolir os direitos e garantias individuais.

Trata-se de *cláusula pétrea* prevista nos diversos incisos do art. 5º da Constituição, consubstanciando os princípios da segurança e certeza do direito, não permitindo preceito que traduza fato gerador presumido, uma vez que sua aceitação acarretaria ruptura de todo um sistema harmônico e coerente, de princípios e normas. É inadmissível que, em nome de aparente constitucionalidade (fruto da malsinada Emenda nº 3/93), se pretenda impor ônus tributários sobre riquezas inexistentes, fatos aleatórios, negócios jurídicos meramente presumidos, permitindo um disfarçado confisco de bens.

É inconcebível a aplicação da pseudoregra constitucional em comento aos impostos: a) sobre o patrimônio, mediante a cobrança de IPTU, antecipadamente, sobre os exercícios futuros de 2024 a 2026, pois é possível que seu proprietário venha a proceder à sua alienação antes desses exercícios; b) sobre presumida renda futura, pois pode ocorrer sua inexistência, falecimento da pessoa física, ou falência da pessoa jurídica; c) sobre a produção e circulação, uma vez que os industriais e comerciantes podem deixar de praticar os fatos geradores de ICMS e IPI, por inúmeros motivos (insolvência, desistência, perdimento do bem); d) sobre a transmissão *inter vivos* (*sisa*), porque o fato de ter sido celebrado prévio contrato de venda imóvel não significa que venha a ser lavrada a decorrente escritura pública com o posterior registro imobiliário, em razão de diversas circunstâncias (desistência, perda do bem, documentação defeituosa etc.).

Com peculiar perspicácia já se observou que "tal como prevê a futura ocorrência de um fato imponível incerto, o fisco também estima um preço a ser praticado. Inexiste qualquer certeza sobre a efetiva concretização do futuro fato imponível. Mas também não há qualquer dado acerca do preço que será praticado. O Fisco impõe, como necessário, um certo preço que pode ou não ser praticado (…) isso, se, algum dia, vier a ocorrer o fato imponível. *Tudo isso se configura como uma enorme ficção normativa. Não há 'fato gerador', não há base de cálculo, não há riqueza.* Embora seja pacífica a inexistência de fato signo-presuntivo de riqueza, a lei tributária pretende falsificar sua existência e impor aos sujeitos passivos o dever de pagar o tributo. Não é facultado ao Estado criar, de modo arbitrário, uma base imponível para efeito tributário, distinta daquela realmente praticada".[291]

Por outro lado, também se tem vislumbrado na "substituição tributária para frente" a figura do empréstimo compulsório,[292] situação em que só poderia ser instituída

---

[291] JUSTEN FILHO, Marçal. Princípios Constitucionais Tributários. In: MARTINS, Ives Gandra da Silva (coord.). *Caderno de Pesquisas Tributárias*. São Paulo: Resenha Tributária, 1993. v. 18. p. 155 e 156.

[292] SEABRA, Antonio Fernando. *Deslocamento do Fato Gerador*. São Paulo: José Bushatsky, 1982. p. 73; MARTINS, Ives Gandra da Silva. A Substituição Tributária no Fato Gerador do Imposto. *Repertório IOB de Jurisprudência*, n. 20/93, caderno 1, texto 1.6.749. p. 408.

por lei complementar (art. 154, I, da Constituição), o que também se revelaria dificultoso, porque inúmeras materialidades já são suscetíveis de incidência tributária, restando um restrito campo residual.

A engenhosa e cerebrina superação do apontado obstáculo constitucional – para mim, irremovível – obrigaria a adoção de inúmeros mecanismos legais, de cunho operacional, para evitar qualquer tipo de prejuízo ao contribuinte. A expressão "assegurada a imediata e preferencial restituição da quantia paga", caso não se realize o fato gerador presumido (§7º, art. 150, da CF), dificilmente tem condição de ser obedecida.

Com efeito, o contribuinte que recolheu antecipadamente o ICMS sobre venda que seria realizada no futuro, mas que não se concretizou (desistência do negócio ou extravio do bem), ou ainda no caso de positivar-se um valor tributário inferior ao presumido, provavelmente não terá condição de ressarcir-se do tributo "imediatamente" (no mesmo dia do evento); muito menos com a devida atualização (inclusive juros). Em termos práticos, objetivos e reais, é difícil conceber a presença do contribuinte num guichê de repartição fiscal, ou em razão de acesso virtual, para receber o respectivo numerário.

Patente a inconstitucionalidade desse regime tributário.[293] Entretanto, o STF decidira o seguinte:

> Tributário. ICMS. Estado de São Paulo. Comércio de Veículos Novos. Art. 155, §2º, XII, *b*, da CF/88. Convênios ICM nº 66/88 (art. 25) e ICMS nº 107/89, art. 8º, inc. XIII e §4º, da Lei Paulista nº 6.374/89.
>
> O regime de substituição tributária, referente ao ICM, já se achava previsto no Decreto-Lei nº 406/68 (art. 128 do CTN e art. 6º, §§3º e 4º, do mencionado Decreto-Lei), normas recebidas pela Carta de 1988, não se podendo falar, nesse ponto, em omissão legislativa capaz de autorizar o exercício, pelos Estados, por meio do Convênio ICM nº 66/88, da competência prevista no art. 34, §8º, do ADCT/88.
>
> Essa circunstância, entretanto, não inviabiliza o instituto que, relativamente a veículos novos, foi instituído pela Lei paulista nº 6.374/89 (dispositivos indicados) e pelo Convênio ICMS nº 107/89, destinado não a suprir omissão legislativa, mas a atender a exigência prevista no art. 6º, §4º, do referido Decreto-Lei nº 406/68, em face da diversidade de Estados aos quais o referido regime foi estendido, no que concerne aos mencionados bens.
>
> A responsabilidade, como substituto, no caso, foi imposta, por lei, como medida de política fiscal, autorizada pela Constituição, não havendo que se falar em exigência tributária despida de fato gerador.
>
> (RE nº 213.396-5-SP, 1ª Turma, rel. Min. Ilmar Galvão, j. 02.08.99, *DJU* 1 de 1º.12.00)

O STF também *fixara caráter restritivo da restituição* ao firmar o entendimento seguinte:

> O fato gerador presumido, por isso mesmo, não é provisório, mas definitivo, não dando ensejo a restituição ou complementação do imposto pago, senão, no primeiro caso, na hipótese de sua não realização final.
>
> Admitir o contrário, valeria por despojar-se o instituto das vantagens que determinaram a sua concepção e adoção, como a redução, a um só tempo, da máquina-fiscal e da evasão fiscal a dimensões mínimas, propiciando, portanto, maior comodidade, economia, eficiência e celeridade às atividades de tributação e arrecadação.
>
> (ADIn nº 1.851-4-AL, Pleno, rel. Min. Ilmar Galvão, j. 08.05.02, *DJU* 1 de 22.11.02, p. 55)

---

[293] MELO, José Eduardo Soares de. Substituição Tributária Progressiva e a Emenda Constitucional 3/93. *Revista de Direito Tributário*, n. 63, p. 253-263, 1993.

Neste aresto, foram assentados os pressupostos básicos seguintes:

> A *substituição progressiva*, ou para frente, que alguns acham ser instituição recente, posto prevista em nossa legislação pelo menos desde 1968 – repita-se – contrariamente à regressiva, *tem por contribuintes substituídos por sua vez, uma infinidade de revendedores do produto*, circunstância que dificultaria e oneraria, de maneira acentuada, a fiscalização.
>
> Sua prática impede a sonegação sem prejudicar a garantia do crédito tributário, visto que o *tributo pelas operações subsequentes, até a transferência da mercadoria ao consumidor final, é recolhido sobre valor agregado* (destaco).

Aponta demais justificativas para a legitimidade do regime de substituição:

> *Na verdade, visa o instituto evitar, como já acentuado, a necessidade de fiscalização de um sem-número de contribuintes*, centralizando a máquina-fiscal do Estado num universo consideravelmente menor, e com acentuada redução do custo operacional e consequente diminuição da evasão fiscal.
>
> Em suma, propicia ele maior comodidade, economia, eficiência e celeridade na atividade estatal ligada à imposição tributária (destaco).

Entretanto, o STF revisitou o tema (2016), fixando a tese jurídica seguinte:

> É devida a restituição da diferença do Imposto sobre Circulação de Mercadorias e Serviços – ICMS pago a mais no regime de substituição tributária para frente se a base de cálculo efetiva da operação for inferior à presumida.
> (Tema 201 de Repercussão Geral – Plenário – RE nº 593.849-MG – rel. Min. Edson Fachin – sessão de 19.10.16)

Não se pode confundir a sistemática da *substituição* com a prática da *antecipação* tributária, impondo recolhimento do ICMS sobre o estoque de mercadorias, ou relativamente às aquisições de outros Estados, diante da inexistência de operação mercantil, tendo o STF decidido:

> Processual Civil e Tributário. ICMS. Diferencial de Alíquota. Antecipação. Lei. Inexistência. Impossibilidade.
> 1. Discute-se a exigência antecipada de parcela do ICMS relativo à comercialização de determinadas mercadorias, no momento da entrada no território do Estado de destino. O Tribunal de origem afastou parcialmente a exigência, excluindo acréscimo à base de cálculo fixado por decreto a título de valor agregado.
> 2. Considerando a exclusão do valor agregado, a antecipação do ICMS equivale à diferença entre a alíquota interestadual e a interna.
> 3. <u>A antecipação de ICMS é inconfundível com a substituição tributária</u>. Nesta, o substituto recolhe o ICMS que seria devido posteriormente por outro comerciante (o substituído). Naquela, inexiste a figura do substituído, pois o tributo é exigido do mesmo contribuinte que, futuramente, realizará a operação de circulação interna da mercadoria tributada.
> 4. A antecipação do diferencial de alíquota nas operações interestaduais é admitida pela jurisprudência do STJ, mas sem dispensa de lei em sentido estrito.
> 5. O fundamento legal para a antecipação, indicado pelo Estado do Ceará (art. 18 da Lei 12.670-1996), trata de matéria absolutamente diversa, qual seja a substituição tributária nas operações com mercadorias destinadas a consumidores finais, contribuintes do imposto.

6. Não se discute, *in casu*, substituição tributária, pois inexiste a figura do substituído. Tampouco se trata de mercadorias destinadas a consumidor final, já que a impetrante é entidade representativa do setor de supermercados. O art. 18 da Lei 12.670-1996, portanto, não sustenta a exigência fiscal.
7. Recurso Ordinário provido.
(RMS nº 15.897-CE, 2ª Turma, rel. Min. Herman Benjamin, j. 23.06.09, *DJ* de 27.8.09) – Destaco.

O STF decidira o seguinte:

Direito Tributário. ICMS. Operações interestaduais. Regime de pagamento antecipado sem substituição tributária. Decreto estadual. Fato gerador do tributo. Cobrança antecipada. (Repercussão Geral no RE nº 598.677-RS – Plenário – rel. Min. Dias Toffoli – j. 05.08.11 – *Dje* 24.08.11)

No âmbito do ICMS, podem ser firmadas as *conclusões* básicas seguintes:
a) o regime de substituição tributária somente pode ser considerado nos negócios em que seja possível a realização de diversas operações mercantis, situação em que a uma determinada pessoa (vendedor) se atribui a responsabilidade pelo ICMS do ciclo operacional, que se presume venha a incidir nas subsequentes vendas de mercadorias;
b) o regime objetiva concentrar o montante do imposto devido na cadeia econômica em um único sujeito passivo, mediante a fixação de específica base de cálculo, suprimindo as responsabilidades dos demais participantes;
c) inexiste fundamento jurídico para ser aplicada a substituição na venda direta de mercadorias ao consumidor final, porque inexiste ciclo operacional, não ocorrendo subsequente operação mercantil e inexistirá imposto futuro a ser antecipado;
d) nas operações de venda de produtos realizadas por empresa fabricante a pessoas jurídicas destinadas ao consumo dessas mercadorias, independente de estarem inscritos como contribuintes do imposto, é inaplicável e injustificado o regime de substituição;
e) a indevida aplicação do regime, com a fixação de excessivas bases de cálculo (projetando efeitos tributários para futuras operações inexistentes), viola os princípios da capacidade contributiva e da vedação do confisco tributário.

11.2 Sucessores

11.2.1 Natureza pessoal da obrigação tributária, negócios imobiliários e falecimento

A obrigação tributária transfere-se para outro devedor em virtude de venda de imóveis, demais aquisições ou remições de bens, morte do contribuinte e alienação societárias, observando-se que essa responsabilidade "aplica-se por igual aos créditos tributários definitivamente constituídos ou em curso de constituição à data dos atos nela referidos, e aos constituídos posteriormente aos mesmos atos, desde que relativos a obrigações tributárias surgidas até a referida data" (art. 129 do CTN). Encontram-se disciplinados os eventos que implicam a transferência dos ônus a terceiros (sucessores), alcançando quaisquer situações em que se encontram os créditos tributários.

Os negócios com *bens imóveis* acarretam a responsabilidade por sucessão, pelo fato de o CTN (art. 130) haver disposto que "os créditos tributários relativos a impostos cujo fato gerador seja a propriedade, o domínio útil ou a posse de bens imóveis, e bem assim os relativos a taxa pela prestação de serviços referentes a tais bens, ou a contribuição de melhoria, subrogam-se na pessoa dos respectivos adquirentes, salvo quando conste do título a prova de sua quitação. No caso de arrematação em hasta pública, a sub-rogação ocorre sobre o respectivo preço".

Assim, o IPTU, as taxas de licença, incêndio, limpeza etc., e contribuições de melhoria (valorização imobiliária decorrente de obras públicas) passam a ser exigidos do comprador dos imóveis (casas, terrenos, apartamentos), independentemente de o nome destes constar do cadastro imobiliário da Prefeitura. No entanto, pelo fato de normalmente serem exigidas certidões negativas para possibilitar a lavratura de escritura, pertinente à transmissão da propriedade, tal sucessão fica prejudicada à vista da inexistência de tributo, salvo quando das mesmas constarem expressa ressalva de apuração de eventuais débitos.

A imputação de responsabilidade pessoal também se aplica "ao adquirente ou remitente, pelos tributos relativos aos bens adquiridos ou remidos" (inciso I do art. 131 do CTN). É o caso de o comprador de um veículo automotor ficar responsável pelo IPVA devido pelo anterior proprietário.

O *falecimento* do contribuinte imputa responsabilidade ao sucessor a qualquer título e ao cônjuge meeiro, pelos tributos devidos pelo *de cujus* até a data da partilha ou adjudicação, limitada esta responsabilidade ao montante do quinhão, do legado ou da meação (II); e ao espólio, pelos tributos devidos pelo *de cujus* até a data da abertura da sucessão (III), conforme art. 131 do CTN. Esta situação remete o aplicador da norma aos institutos e regras de direito de família e das sucessões (Código Civil), e ao processo de inventário (Código de Processo Civil).

O contribuinte pode ter falecido sem que tivesse liquidado variados tributos gerados durante sua vida – como o IPTU (propriedade imobiliária urbana), ISS (exercício de atividade profissional autônoma), IR (rendimentos líquidos apurados ao final de um exercício), IPVA (propriedade de veículos automotores). Estes deverão ser apurados, e constar do processo de inventário dos bens deixados pelo contribuinte falecido, em que serão relacionadas as pessoas que se habilitarão à sucessão de seu patrimônio (bens, direitos e obrigações), devidamente documentado, inclusive com a participação das Fazendas Públicas.

O sucessor (herdeiros) e o cônjuge meeiro (viúvo ou viúva casado em regime de comunhão universal de bens, que já é titular de metade dos bens) deverão arcar com os encargos relativos aos tributos devidos pelo sucedido, até a data da partilha ou adjudicação, limitada esta responsabilidade ao montante do quinhão (parcela que lhe couber na partilha), legado (bem atribuído ao legatário por testamento), ou da meação (metade dos bens do marido ou da mulher), nos termos do CTN (inciso II do art. 131 do CTN).

O espólio (massa de bens, representada pelo inventariante, compromissado no juízo do inventário) responderá pelos tributos devidos pelo falecido até a data da abertura da sucessão (inciso II do art. 131 do CTN).

11.2.2 Fusão, transformação, incorporação, cisão

Os negócios societários, implicadores de modificações básicas nas estruturas das pessoas jurídicas, também podem ocasionar a figura do responsável tributário pelos valores devidos pelos contribuintes originários, em face da impossibilidade físico/jurídica de seu cumprimento por parte destes.

Esta situação encontra-se prevista no CTN (art. 132): a pessoa jurídica de Direito Privado que resultar de fusão, transformação ou incorporação de outra, ou em outra, é responsável pelos tributos devidos até a data do ato pelas pessoas jurídicas de Direito Privado fusionadas, transformadas ou incorporadas.

Embora não conste expressamente do rol do art. 132 do CTN, a *cisão* da sociedade é modalidade de mutação empresarial sujeita, para efeito de responsabilidade tributária, ao mesmo tratamento jurídico conferido às demais espécies de sucessão (REsp nº 970.585-RS, 1ª Turma, rel. Min. José Delgado, *DJ* de 07.04.08; e REsp nº 852.972-PR, 1ª Turma, rel. Min. Teori Albino Zavascki, *DJe* de 08.06.10).

Tais figuras societárias encontram-se disciplinadas em legislação específica (Lei nº 6.404, de 15.12.76, que regula as Sociedades por Ações; e no Código Civil), cujas normas são também aplicáveis subsidiariamente às demais espécies de sociedades mercantis, a saber:

a) *fusão* é operação pela qual se unem duas ou mais sociedades para formar sociedade nova, que lhes sucederá em todos os direitos e obrigações (art. 228 da Lei de S/A; e arts. 1.119 a 1.122 do CC);

b) *transformação* é a operação pela qual uma sociedade passa, sem dissolução e liquidação, de um tipo para outro (arts. 222, 232, 233 e 234, da Lei de S/A; e arts. 1.113 a 1.115 do CC);

c) *incorporação* é a operação pela qual uma ou mais sociedades são absorvidas por outra que lhes sucede em todos os direitos e obrigações (art. 227 da Lei de S/A; e arts. 1.116 a 1.118 do CC);

d) *cisão* é a operação pela qual a companhia transfere parcelas do seu patrimônio, para uma ou mais sociedades, constituídas para esse fim ou já existentes, extinguindo-se a companhia cindida, se houver versão de todo o seu patrimônio, ou dividindo-se o seu capital, se parcial a versão (art. 229 da Lei de S/A).

Estas modalidades de negócios societários são plenamente legítimas; decorrem de decisões particulares das pessoas jurídicas em razão de suas exclusivas conveniências pessoais. Todavia, na medida em que sejam realizadas e registradas nos órgãos competentes, ocorre o fenômeno da responsabilidade tributária, por parte das novas pessoas jurídicas ou das remanescentes, relativamente aos débitos das antigas pessoas (contribuintes).

Apontam-se características comuns para a *fusão* e a *incorporação*, a serem observadas quando da aplicação das normas de sucessão tributária:

1) envolvimento no negócio de pelo menos duas sociedades;
2) ausência de processo liquidatório;
3) sucessão universal (transmissão global do patrimônio);
4) participação dos sócios/acionistas da fusionada, diretamente na nova sociedade, ou participação dos sócios/acionistas das incorporadas, na incorporadora;

5) extinção das sociedades fusionadas e incorporadas.[294]

Os tributos existentes, bem como aqueles que venham a ser apurados pelas Fazendas, no prazo decadencial, poderão ser exigidos das empresas resultantes dos referidos atos societários. As dívidas abrangem os acréscimos (juros e atualizações), mas não compreendem a inclusão de multas. Não se pode cogitar de penalidades, uma vez que o preceito normativo não trata de "crédito tributário" (o montante da exigência tributária), sendo certo que a expressão "tributos", em razão de conceito constitucional e legal (art. 3º do CTN), apenas se refere a impostos, contribuições etc.

Pondera-se que o direito dos contribuintes pertinente às mudanças societárias não poderia servir de instrumento de liberação de quaisquer ônus fiscais (inclusive penalidades), pois seria muito simples efetuar tais negócios, com o objetivo de acarretar o desaparecimento dos devedores originários, de quem nada mais se poderia exigir.

Embora se possa asseverar que a multa aplicada antes da sucessão teria de ser incorporada ao patrimônio do contribuinte, a cobrança do sucessor carece de legitimidade, pois implicaria atribuir-lhe exigência não contida no mencionado preceito.

Luciano Amaro exclui as multas da sucessão pelos fundamentos seguintes: a) em razão do princípio da personalização da pena, aplicável também em matéria de sanções administrativas; b) o próprio Código define tributo, excluindo expressamente a *sanção* de ilícito (art. 3º); c) ao cuidar o art. 134 da responsabilidade de terceiros não fala em tributos, mas em "obrigação tributária" (abrangente também de penalidades pecuniárias, *ex vi* do art. 113, §1º); e d) se quando o Código quis abranger penalidades, usou de linguagem harmônica com os conceitos por ele fixados, há de entender-se que, ao mencionar responsabilidade por tributos, não quis abarcar as sanções.[295]

Entretanto, o STJ firmou a diretriz seguinte:

> Na hipótese de sucessão empresarial, a responsabilidade da sucessora abrange não apenas os tributos devidos pela sucedida, mas também as multas moratórias ou punitivas referentes a fatos geradores ocorridos até a data da sucessão.
> (Súmula nº 554)

11.2.3 Extinção e continuidade da atividade

Aplica-se a responsabilidade "aos casos de extinção de pessoas jurídicas de direito privado, quando a exploração da respectiva atividade seja continuada por qualquer sócio remanescente, ou seu espólio, sob a mesma ou outra razão social, ou sob firma individual" (parágrafo único do art. 132 do CTN).

O término da pessoa jurídica pode ocorrer "de fato" (desaparecimento do estabelecimento), sem que tenha ocorrido "de direito" (dissolução contratual e baixa de seus registros nos órgãos competentes). Em quaisquer situações, as Fazendas têm o direito de receber seus tributos, que podem vir a ser exigidos das pessoas que deem prosseguimento às suas atividades.

Também "a pessoa natural ou jurídica de direito privado que adquirir de outra, por qualquer título, fundo de comércio ou estabelecimento comercial, industrial ou

---

[294] FERRAGUT, Maria Rita. *Responsabilidade Tributária e o Código Civil de 2002*. São Paulo: Noeses, 2005. p. 78.
[295] AMARO, Luciano. *Direito Tributário Brasileiro*. 14. ed. São Paulo: Saraiva, 2008. p. 282.

profissional, e continuar a respectiva exploração, sob a mesma ou outra razão social ou sob firma ou nome individual, responde pelos tributos, relativos ao fundo ou estabelecimento adquiridos, devidos até a data do ato: I – integralmente, se o alienante cessar a exploração do comércio, indústria ou atividade; II – subsidiariamente com o alienante, se este prosseguir na exploração ou iniciar dentro de 6 (seis) meses, a contar da data da alienação, nova atividade no mesmo ou em outro ramo de comércio, indústria ou profissão" (art. 133 do CTN).

Considera-se *fundo de comércio* "a universalidade de bens constituintes dos organismos por via dos quais o comerciante exercita sua função medianeira entre a produção e o consumo",[296] que compreende todo o "complexo de meios idôneos materiais e imateriais pelos quais o comerciante explora determinada espécie de comércio; sendo o organismo econômico aparelhado para o exercício do comércio".[297]

Nesse sentido, o *fundo de comércio* é formado de "elementos incorpóreos e corpóreos, todos eles servindo ao exercício do comércio pelo comerciante. Como elementos incorpóreos destacam-se: a) a propriedade comercial, ou seja, o direito ao local em que está sediado o estabelecimento; b) o nome comercial, composto de firma ou denominação; c) os acessórios do nome comercial, ou seja, o título do estabelecimento e as expressões ou sinais de propaganda; d) a propriedade industrial, isto é, os privilégios de invenção, bem como os privilégios dos modelos de utilidade e dos desenhos e modelos industriais, os direitos de uso de marcas de indústria e de comércio, ou de serviços e das indicações de proveniência; e) a propriedade imaterial, ou seja, o aviamento, que pode consistir na reputação e crédito do comerciante ou na boa qualidade e variedade de seus produtos etc. Como elementos corpóreos temos os bens móveis, sejam os utilizados pelo comerciante para aparelhar o seu estabelecimento, tais como as vitrinas, armações, prateleiras, mobiliário, balcões etc., sejam as mercadorias e produtos que servem ao seu negócio. Integram, também, o fundo de comércio, como elementos corpóreos, os bens imóveis pertencentes à empresa comercial".[298]

Entende-se que "não basta a simples transferência do prédio ou das instalações físicas ou de outros bens materiais para que fique configurada a responsabilidade do adquirente, a não ser que o próprio aviamento se encontre associado a esses elementos. Em outras palavras, a regra do art. 133 somente é aplicável quando, por força da alienação de determinados elementos, materiais ou imateriais, empregados na exploração da empresa, sejam transmitidos ao adquirente os fatores responsáveis pela formação do aviamento e da clientela associada ao fundo empresarial".[299]

Tradicionalmente, *estabelecimento* comercial tem sido compreendido da forma seguinte:

> 1º, é um complexo de bens, corpóreos e incorpóreos, que constituem os instrumentos de trabalho do comerciante, no exercício de sua atividade produtiva; 2º, não se configura como

---

[296] FERREIRA, Waldemar. *Instituições de Direito Comercial*. 3. ed. Rio de Janeiro: Freitas Bastos, 1955. v. 2. p. 32.

[297] MENDONÇA, J. X. Carvalho de. *Tratado de Direito Comercial Brasileiro*. Atualizado por Ricardo Negrão. Campinas: Bookseller, 2003. v. 3. t. 1. p. 22.

[298] MARTINS, Fran. *Curso de Direito Comercial*. 21. ed. Rio de Janeiro: Forense, 1995. p. 428-429.

[299] LEAL, Hugo Barreto Sodré. *Responsabilidade Tributária do Adquirente do Estabelecimento Empresarial*. Tese. Dissertação de Mestrado apresentada à Pontifícia Universidade Católica de São Paulo, 2005, inédita. p. 205 e 206, inédito.

o complexo de relações jurídicas do comerciante, no exercício do comércio, e, portanto, não constitui um patrimônio comercial distinto do patrimônio civil; 3º, é formado por bens econômicos, ou seja, por elementos patrimoniais, sendo duvidoso se compreende elementos pessoais; 4º, é uma reunião de bens ligados por uma destinação unitária que lhe é dada pela vontade do comerciante; 5º, apresenta um caráter instrumental em relação à atividade econômica exercida pelo comerciante.[300]

O Código Civil dispõe que "considera-se estabelecimento todo complexo de bens organizado, para o exercício da empresa, por empresário, ou por sociedade empresária" (art. 1.142).

No *âmbito tributário*, encontram-se os conceitos seguintes:

– IPI (Decreto nº 7.212, de 15.06.10, art. 609, III):

Estabelecimento diz respeito ao prédio em que são exercidas atividades geradoras de obrigações, nele compreendidos, unicamente, as dependências internas, galpões e áreas contínuas muradas, cercadas ou por outra forma isoladas, em que sejam, normalmente, executadas operações industriais, comerciais ou de outra natureza.

– ICMS (Lei Complementar nº 87, de 13.09.96, art. 11, §3º):

Estabelecimento é local, privado ou público, edificado ou não, próprio ou de terceiro, onde pessoas físicas ou jurídicas exerçam suas atividades em caráter temporário ou permanente, bem como onde se encontrem armazenadas mercadorias.

– ISS (Lei Complementar nº 116, de 31.07.03, art. 4º):

Estabelecimento prestador é o local onde o contribuinte desenvolve a atividade de prestar serviços, de modo permanente ou temporário, e que configure unidade econômica ou profissional, sendo irrelevantes para caracterizá-lo as denominações de sede, filial, agência, posto de atendimento, sucursal, escritório de representação ou contato de quaisquer outras que venham a ser utilizadas.

O "ponto" comercial – que não tem a mesma significação do "fundo de comércio", e do "estabelecimento" – conceitua-se simplesmente como o local em que o empresário desempenha sua atividade. Embora possa ser considerado como um dos elementos relativos ao estabelecimento, com este não se confunde.

O direito de propriedade do imóvel e a titularidade do estabelecimento ou do fundo de comércio encontram-se dissociados do direito ao ponto. Essa assertiva encontra mais forte fundamento nos casos em que o ponto é secundário comparativamente a outros elementos para a captação de clientela.

O disposto no *caput* do art. 133 (CTN) não se aplica na hipótese de alienação judicial: I – em processo de falência; e II – de filial ou unidade produtiva isolada, em processo de recuperação judicial. Esta regra não se aplica quando o adquirente for: I – sócio da sociedade falida ou em recuperação judicial, ou sociedade controlada pelo devedor falido ou em recuperação judicial; II – parente, em linha reta ou colateral até o 4º (quarto) grau, consanguíneo ou afim do devedor falido ou em recuperação judicial ou de qualquer de seus sócios; ou III – identificado como agente do falido ou do devedor em recuperação judicial com o objetivo de fraudar a sucessão tributária.

Em processo de falência, o produto da alienação judicial de empresa, filial ou unidade produtiva isolada, permanecerá em conta de depósito à disposição do juízo

---

[300] BARRETO FILHO, Oscar. *Teoria do Estabelecimento Comercial*. 2. ed. São Paulo: Saraiva, 1988. p. 75.

da falência pelo prazo de 1 (um) ano, contado da data da alienação, somente podendo ser utilizado para o pagamento de créditos extraconcursais ou de créditos que preferem ao tributário (redação inserida pela Lei Complementar nº 118, de 09.02.05).

Coerentemente com a diretriz esposada nos preceitos anteriores, emerge a figura da responsabilidade (pessoa que não praticou o fato gerador da obrigação tributária, mas que com ele mantém natural vinculação), a fim de que os tributos sejam liquidados por parte de pessoas que continuam a gerir os patrimônios empresariais.

O adquirente não revestirá a condição de solidário com as anteriores dívidas, mas sim de exclusivo responsável tributário, afastando-se a imputação de ônus do tributo ao devedor originário na hipótese de não ser apurada sua continuidade profissional. Caso o verdadeiro contribuinte continue desenvolvendo atividades empresariais ou profissionais, só haverá responsabilidade do adquirente após o alienante ser devidamente cobrado, e se não remanescer patrimônio necessário para saldar os tributos; por constituir medida plausível, uma vez que o referido alienante continuaria dotado de capacidade econômica.

O Código Civil dispôs que o sócio admitido em sociedade já constituída não se exime das dívidas sociais anteriores à admissão (art. 1.025).

11.3 Responsabilidade de Terceiros

O CTN (art. 134) estabelece que nos casos de impossibilidade de exigência do cumprimento da obrigação principal pelo contribuinte, respondem solidariamente com este nos atos em que intervierem ou pelas omissões de que forem responsáveis:

I – os pais, pelos tributos devidos por seus filhos menores;
II – os tutores e curadores, pelos tributos devidos por seus tutelados ou curatelados;
III – os administradores de bens de terceiros, pelos tributos devidos por estes;
IV – o inventariante, pelos tributos devidos pelo espólio;
V – o síndico e o comissário, pelos tributos devidos pela massa falida ou pelo concordatário;
VI – os tabeliães, escrivães e demais serventuários de ofício, pelos tributos devidos sobre os atos praticados por eles, ou perante eles, em razão do seu ofício;
VII – os sócios, no caso de liquidação de sociedade de pessoas.

A responsabilidade contida neste tópico não decorre tranquilamente de mera solidariedade, como se poderia supor da leitura do preceito, uma vez que a própria expressão "nos casos de impossibilidade de exigência do cumprimento da obrigação principal" não conduz a esse raciocínio. A contrário senso, sendo possível exigir o tributo do contribuinte, não haverá que se cogitar da figura do responsável.

Claramente se percebe não se tratar de solidariedade, como é o caso de a lei, no próprio texto, eleger o terceiro como devedor do tributo, na mesma posição do contribuinte.

Na questão enfocada, há primeiro de ser exaurida a viabilidade de concretizar-se a exigibilidade tributária do contribuinte, e somente após tal providência revelar-se impraticável é que, em caráter subsidiário, se compeliria o terceiro à liquidação tributária.

Tal responsabilidade só estará legitimada se houver participação (ativa ou omissiva) desse terceiro no fato gerador.

Assim, só se pode exigir de um tabelião o pagamento do ITBI se a legislação qualificar sua responsabilidade pela falta de exigência de prévio recolhimento de seu valor, por ocasião da lavratura da escritura, por parte dos contribuintes (vendedor ou comprador, na forma prevista em lei). Também o inventariante (administrador e representante do espólio – art. 618 do novo CPC de 2015) terá que pagar tributo relativo a negócios realizados (locação, alienação de bens etc.), no caso de ter se utilizado do respectivo numerário, e desde que o espólio não possua valores suficientes para arcar com o respectivo encargo.

Sucede que o CTN é categórico ao dispor que somente as penalidades de caráter moratório é que podem ser exigidas (parágrafo único do art. 134), ficando a salvo das multas punitivas, normalmente mais elevadas.

O Código Civil estabelece que se os bens da sociedade não lhe cobrirem as dívidas, respondem os sócios pelo saldo, na proporção em que participem das perdas sociais, salvo cláusula de responsabilidade solidária (art. 1.023).

Também preceitua que os bens particulares dos sócios não podem ser executados por dívidas da sociedade, senão depois de executados os bens sociais (art. 1.024).

Os administradores respondem solidariamente perante a sociedade e os terceiros prejudicados, por culpa no desempenho de suas funções (art. 1.016).

A responsabilidade do sócio, fundada no artigo 134, inciso VII, do CTN, é cabível quando: i) a sociedade liquidada for de pessoas, afastando-se assim os acionistas e os sócios das sociedades anônimas e das limitadas, dentre outras; ii) comprovadamente o sócio tiver tido poderes de gerência e, durante seu exercício, tiver intervido ou se omitido, com culpa, para o inadimplemento da obrigação tributária; e iii) houver a constatação do descumprimento da obrigação principal e a impossibilidade de se exigir do contribuinte a satisfação do crédito (responsabilidade subsidiária), conforme observação arguta.[301]

A responsabilidade pessoal pelos créditos correspondentes às obrigações tributárias resultantes de atos praticados com excesso de poderes ou infração de lei, contrato social ou estatutos (art. 135 do CTN) é prevista para: I – as pessoas referidas no artigo anterior; II – os mandatários, prepostos e empregados; e III – os diretores, gerentes ou representantes da pessoa jurídica de Direito Privado. Esta norma cuida de exigência tributária direta de terceiros que praticaram atos irregulares, em nome dos contribuintes, sem determinar a prévia, ou concomitante, exigência destes.

Os elementos necessários à caracterização da responsabilidade prevista no art. 135 do CTN são os seguintes:

> 1) *Elemento pessoal* – refere-se ao sujeito responsável pelo crédito tributário: executor material, partícipe ou mandante da infração. É o administrador da sociedade, podendo ser sócio, acionista, mandatário, preposto, empregado, diretor, gerente ou representante. Não deverão ser incluídas nesse conjunto pessoas sem poderes para decidir sobre a realização de fatos jurídicos, ou se com poderes, que, no caso concreto, não tiveram qualquer participação no ilícito;

---

[301] FERRAGUT, Maria Rita. *Responsabilidade Tributária e o Código Civil de 2002*. São Paulo: Noeses, 2005. p. 161, conclusão 27.

2) *Elemento fático* – refere-se às condutas reveladoras de infração que exija dolo; excesso de poderes ou infração de lei, contrato social ou estatuto.[302]

Importante proceder a digressões jurídicas a respeito da responsabilidade prevista no referido inciso III, pela circunstância de estar sendo aplicada na esfera judicial, e manter forte conotação com o princípio da personalidade jurídica prevista na legislação na forma seguinte:
   a) Código Civil – constituem-se as associações pela união de pessoas que se organizem para fins não econômicos (art. 53);
   b) Sociedade por Quotas de Responsabilidade Limitada (Código Civil, art. 1.052) – a responsabilidade dos sócios é restrita ao valor de suas quotas, mas todos respondem solidariamente pela integralização do capital social; (Código Civil, art. 1.080) – as deliberações infringentes do contrato ou da lei tornam ilimitada a responsabilidade dos que expressamente as aprovaram;
   c) Sociedades por Ações (Lei nº 6.404, de 15.12.76) – a responsabilidade dos sócios ou acionistas será limitada ao preço de emissão das ações subscritas ou adquiridas (art. 1º); o acionista controlador responde pelos danos causados por atos praticados com abuso de poder (art. 117); o administrador não é pessoalmente responsável pelas obrigações que contrair em nome da sociedade e em virtude de regular ato de gestão, salvo, porém, quando proceder com culpa ou dolo ou com violação da lei ou do estatuto (art. 158).
A esse respeito, anoto o seguinte:

> (...) quando a lei cuida de responsabilidade solidária, ou subsidiária, ou pessoal dos sócios, por obrigação da pessoa jurídica, ou quando ela proíbe que certas operações, vedadas aos sócios sejam praticadas pela pessoa jurídica, não é preciso *desconsiderar a empresa* para imputar as obrigações aos sócios, pois, mesmo *considerada a pessoa jurídica*, a implicação ou responsabilidade do sócio já decorre do preceito legal.[303]

Considerando o estatuído no art. 135 do CTN, configura-se a existência de uma teoria do superamento da personalidade jurídica, que se positiva nos casos de abuso de direito, em que os sócios, mediante atuação dolosa, cometem fraude a credores e manifesta violação a prescrições legais.

É evidente que não basta o mero descumprimento de uma obrigação, ou inadimplemento a um dever (trabalhista, comercial ou fiscal), até mesmo compreensível devido às gestões e dificuldades empresariais. Só se deve ignorar a personalidade jurídica para o fim de ser responsabilizado patrimonialmente o verdadeiro autor da fraude, tornando-se necessária a transposição da pessoa jurídica para este instituto.

É compreensível que o princípio da personalidade jurídica da empresa não pode servir para fins contrários ao Direito, de modo a consagrar-se a simulação, o abuso do direito. A teoria em causa não tem por irredutível escopo anular a personalidade da sociedade de forma total, mas somente desconstituir a figura societária no que concerne

---

[302] FERRAGUT, Maria Rita. *Responsabilidade Tributária e o Código Civil de 2002*. São Paulo: Noeses, 2005. p. 124.
[303] AMARO, Luciano. Desconsideração da Pessoa Jurídica no Código de Defesa do Consumidor. *Revista de Direito Mercantil, Industrial, Econômico e Financeiro*, v. 88, p. 73, 1993. grifei.

às pessoas que a integram, mediante declaração de ineficácia para efeitos determinados e precisos.[304]

Diretrizes firmadas pelo STJ:
1) o inadimplemento da obrigação tributária pela sociedade não gera, por si só, a responsabilidade solidária do sócio-gerente (Súmula nº 430 do STJ);
2) inexistência de bens penhoráveis no patrimônio da devedora (sociedade por quotas de responsabilidade limitada). Não configura, por si só, nem em tese, situação que acarreta a responsabilidade subsidiária dos representantes da sociedade (REsp nº 831.380-SP, 1ª Turma, rel. Min. Teori Albino Zavascki, j. 20.06.06, *DJU* 1 de 30.06.06, p. 192);
3) socioquotista que não tem poderes de administração e não participa da gestão da empresa. Não se pode atribuir responsabilidade substitutiva, e nem solidariedade, não podendo ter a execução redirecionada para si (REsp nº 238.668-MG, 2ª Turma, rel. Min. Francisco Peçanha Martins, j. 12.03.02, *DJU* 1 de 13.05.02, p. 186; REsp nº 751.858-SC, 1ª Turma, rel. Min. Teori Albino Zavascki, j. 04.08.05, *DJU* 1 de 22.08.05, p. 159; AgRg no REsp nº 641.831-PE, 1ª Turma, rel. Min. Francisco Falcão, j. 02.12.04, *DJU* 1 de 28.02.05, p. 229);
4) dissolução irregular da sociedade enseja o redirecionamento da execução fiscal contra os sócios-gerentes, independentemente de restar caracterizada a existência de culpa ou dolo, nos termos do art. 135, III, do CTN (AgRg no REsp nº 716.228-PR, 1ª Turma, rel. Min. Denise Arruda, j. 07.12.06, *DJU* 1 de 1º.02.07, p. 399; e AgRg no REsp nº 831.664-RS, 1ª Turma, rel. Min. Francisco Falcão, j. 07.11.06, *DJU* 1 de 14.12.06, p. 291);
5) presume-se dissolvida irregularmente a empresa que deixar de funcionar no seu domicílio fiscal, sem comunicação aos órgãos competentes, legitimando o redirecionamento da execução fiscal para o sócio-gerente (Súmula nº 435 do STJ);
6) a responsabilidade do sócio que autoriza o redirecionamento da execução fiscal, ante a dissolução irregular da empresa, não alcança os créditos tributários cujos fatos geradores precedem o seu ingresso na sociedade, como é próprio da responsabilidade meramente objetiva. Precedentes de ambas as Turmas da 1ª Seção do Superior Tribunal de Justiça (AgRg no REsp nº 1.140.372-SP, j. 27.04.10, *DJe* de 17.05.10);
7) o redirecionamento da execução contra o sócio deve se dar no prazo de cinco anos da citação da pessoa jurídica. Precedentes: REsp nº 751.508-RS, rel. Min. Francisco Peçanha Martins, *DJ* 13.02.06, REsp nº 769.152-RS, rel. Min. nº Min. Denise Arruda, *DJ* 18.06.07 (REsp nº 975.691-RS, 2ª Turma, rel. Min. Castro Meira, j. 09.10.07, *DJU* 1 de 26.10.07, p. 355);
8) na hipótese de sucessão empresarial, a responsabilidade da sucessora abrange não apenas os tributos devidos pela sucedida, mas também as multas moratórias ou punitivas referentes a fatos geradores ocorridos até a data da sucessão (Súmula nº 554 do STJ).

Também não pode ser imputada referida responsabilidade no caso de a insuficiência de pagamento ter ocorrido em período em que se encontrava ausente da sociedade (viagem, doença), ou mesmo não tendo nenhuma relação com os fatos tributários (exercício de atividades industriais, sem atuação na gestão tributária); ou, como cotista, não ter exercido função de gerência, ou administração da empresa.

---

[304] MELO, José Eduardo Soares de. Elisão e Evasão Fiscal. In: MARTINS, Ives Gandra da Silva (coord.). *Caderno de Pesquisas Tributárias*. São Paulo: Resenha Tributária e Centro de Extensão Universitária, 1988. v. 13. p. 503-517.

Os limites da responsabilidade dos sócios e administradores foram fixados pelo STJ, de conformidade com os parâmetros seguintes:

Ementa:
Tributário e Processual Civil. Agravo Regimental. Execução Fiscal. Responsabilidade de Sócio-gerente. Limites. Art. 135, III, do CTN. Uniformização da Matéria pela 1ª Seção desta Corte. Precedentes.
(...)
2. Os bens do sócio de uma pessoa jurídica comercial não respondem, em caráter solidário, por dívidas fiscais assumidas pela sociedade. A responsabilidade tributária imposta por sócio-gerente, administrador, diretor ou equivalente só se caracteriza quando há dissolução irregular da sociedade ou se comprova infração à lei praticada pelo dirigente.
3. Em qualquer espécie de sociedade comercial, é o patrimônio social que responde sempre e integralmente pelas dívidas sociais. Os diretores não respondem pessoalmente pelas obrigações contraídas em nome da sociedade, mas respondem para com esta e para com terceiros solidária e ilimitadamente pelo excesso de mandato e pelos atos praticados com violação do estatuto ou lei (art. 158, I e II, da Lei nº 6.404/76).
4. De acordo com o nosso ordenamento jurídico-tributário, os sócios (diretores, gerentes ou representantes da pessoa jurídica) são responsáveis, por substituição, pelos créditos correspondentes a obrigações tributárias resultantes da prática de ato ou fato eivado de excesso de poderes ou com infração de lei, contrato social ou estatutos (art. 135, III, do CTN).
5. O simples inadimplemento não caracteriza infração legal. Inexistindo prova de que se tenha agido com excesso de poderes, ou infração de contrato social ou estatutos, não há falar-se em responsabilidade tributária do ex-sócio a esse título ou a título de infração legal. Inexistência de responsabilidade tributária do ex-sócio. Precedentes desta Corte Superior.
6. Matéria que teve sua uniformização efetuada pela egrégia 1ª Seção desta Corte nos EREsp nº 260.107/RS, j. em 10/03/2004, unânime, *DJ* de 19.04.2004.
(AgRg no REsp nº 637.247-AL, 1ª Turma, rel. Min. José Delgado, j. 21.10.04, *DJU* 1 de 13.12.04, p. 241)

Significativas posturas do STJ elucidam o seguinte:

Ementa
Voto-Vencedor
Processual Civil. Recurso Especial. Art. 105, III, a, da CF/1988. Tributário. Embargos à Execução Fiscal. Responsabilidade Tributária do Sócio. Jurisprudência Consolidada pela Primeira Seção do STJ. CDA. Presunção Relativa de Certeza e Liquidez. Nome do Executado na Certidão de Dívida Ativa. CDA. Co-responsável Redirecionamento. Inversão do Ônus da Prova. Responsabilidade. Matéria Apreciada sob o Rito do Art. 543-C, do CPC (REsp nº 104.900/ES, DJe 1º.04.2009). Resolução STJ 8/2008).
1. A responsabilidade patrimonial secundária do sócio, na jurisprudência do Egrégio STJ, funda-se na regra de que o redirecionamento da execução fiscal, e seus consectários legais, para o sócio-gerente da empresa, somente é cabível quando reste demonstrado que este agiu com excesso de poderes, infração à lei ou contra o estatuto, ou na hipótese de dissolução irregular da empresa.
2. No julgamento dos Embargos de Divergência em Recurso Especial nº 702.232/RS, da relatoria do E. Ministro Castro Meira, publicada no DJ de 26.09.2005, a Primeira Seção desta Corte Superior assentou que: a) se a execução fiscal foi ajuizada somente contra a pessoa jurídica e, após o ajuizamento, foi requerido o seu redirecionamento contra o sócio-gerente, incumbe ao Fisco a prova da ocorrência de alguns dos requisitos do art. 135, do CTN;

b) quando reste demonstrado que este agiu com excesso de poderes, infração à lei ou contra o estatuto, ou na hipótese de dissolução irregular da empresa; c) constando o nome do sócio-gerente como co-responsável tributário na Certidão de Dívida Ativa – CDA cabe a ele o ônus de provar a ausência dos requisitos do art. 135 do CTN, independentemente se a ação executiva foi proposta contra a pessoa jurídica e contra o sócio ou somente contra a empresa, tendo em vista que a CDA goza de presunção relativa de liquidez e certeza, nos termos do art. 204 do CTN c/c o art. 3º da Lei nº 6.830/80.

3. Consectariamente, a Primeira Seção desta Corte, no julgamento do REsp nº 1.104.900/ES, representativo da controvérsia, nos termos do artigo 543-C, do Código de Processo civil, reafirmou referido entendimento, no sentido de que "se a execução foi ajuizada apenas contra a pessoa jurídica, mas o nome do sócio consta da CDA, a ele incumbe o ônus da prova de que não ficou caracterizada nenhuma das circunstâncias previstas no art. 135 do CTN, ou seja, não houve a prática de atos 'com excesso de poderes ou infração de lei, contrato social ou estatutos".

(REsp nº 1.182.462-AM, 1ª Seção, rel. Min. Eliana Calmon, j. 25.08.10, *DJe* de 14.12.10)

11.4 Responsabilidade por Infrações

O CTN (art. 136) estabelece que "salvo disposição de lei em contrário, a responsabilidade por infrações da legislação tributária independe da intenção do agente ou do responsável e da efetividade, natureza e extensão dos efeitos do ato".

De início, verifica-se que o legislador ordinário (federal, estadual, distrital e municipal) não tem de observar o CTN, pois pode dispor em sentido diametralmente oposto, podendo condicionar a responsabilidade tributária à intenção das pessoas envolvidas no ilícito tributário e à sua efetividade, extensão e efeitos do ato.

Procurou-se consagrar a teoria da responsabilidade objetiva no sentido de ser totalmente irrelevante apurar a vontade dos participantes e interessados na situação infracional, para poder se conferir a respectiva e específica responsabilidade. Como regra, afasta-se a necessidade de se positivar a conduta dolosa, consubstanciada no desejo de obter um determinado resultado, ou aceitar o eventual risco de sua ocorrência, bastando apenas a manifestação do comportamento, mediante a prática de ato violador de regra tributária.

Nem se cuida, também, do alcance da infração, pois tanto pode acarretar falta de pagamento de tributo (importação irregular caracterizadora de contrabando), como simples descumprimento de dever acessório (falta de entrega de guia negativa de informações).

A responsabilidade é pessoal ao agente (art. 137 do CTN): I – quanto às infrações conceituadas por lei como crimes ou contravenções, salvo quando praticadas no exercício regular de administração, mandato, função, cargo ou emprego, ou no cumprimento de ordem expressa emitida por quem de direito; II – quanto às infrações em cuja definição o dolo específico do agente seja elementar; III – quanto às infrações que decorram direta e exclusivamente de dolo específico a) das pessoas referidas no art. 134 do CTN, contra aquelas por quem respondem; b) dos mandatários, prepostos ou empregados, contra seus mandantes, preponentes ou empregadores; e c) dos diretores, gerentes ou representantes de pessoas jurídicas de Direito Privado, contra estas.

As figuras delituosas têm forte carga valorativa, uma vez que procuram atribuir responsabilidade exclusivamente às pessoas que representam terceiros, eliminando a sujeição passiva sobre estes.

No inciso I não se desloca a figura do verdadeiro responsável, no caso de o agente haver agido de conformidade ou em razão de manifesta imposição daquele a quem representa – o que não ocorre se descurou ou descumpriu suas determinações. Nas hipóteses dos incisos II e III, há que se atentar para a configuração do tipo delituoso, especialmente no que tange à figura do dolo, segundo os institutos, ditames e categorias previstas na legislação penal. É o que se dá na aquisição de mercadorias amparadas por notas fiscais inidôneas (emitidas por empresa inexistente), que não permitem a dedutibilidade dos respectivos valores para fins de apuração de lucro real, sujeito ao imposto de renda.

11.5 Denúncia Espontânea

A responsabilidade é excluída pela denúncia espontânea da infração, acompanhada, se for o caso, do pagamento do tributo devido e dos juros de mora, ou do depósito da importância arbitrada pela autoridade administrativa, quando o montante do tributo dependa de apuração (art. 138 do CTN).

Trata-se de situação em que os contribuintes e/ou responsáveis apuram a existência de infrações relativas ao fato gerador, ou aos deveres acessórios, que podem ocorrer dos mais variados procedimentos possíveis: declaração de débito de tributo sem o seu efetivo recolhimento; descoincidência entre os valores consignados nas notas fiscais e aqueles escriturados nos livros fiscais; falta de emissão ou preenchimento irregular de notas fiscais; lançamento de despesas sem existência do respectivo documento; falta de comunicação de alteração dos dados cadastrais do contribuinte etc.

As infrações podem até passar despercebidas dos sujeitos passivos e, mesmo no caso de sua ciência, podem não querer saná-las, colocando-se sob risco de ação fiscal (e criminal); ou, ao contrário, podem os sujeitos passivos proceder à sua regularização, a fim de guardar plena obediência aos ditames legais. Sob este último aspecto, podem adotar procedimentos internos e pessoais sem a necessária participação do Fisco, mediante lançamentos em sua escrita fiscal (estorno de créditos; aviso aos seus fornecedores para que corrijam os dados constantes de suas notas fiscais).

Muitas vezes, todavia, é imprescindível que seja procedida comunicação ao Fisco sobre as infrações cometidas, para que os contribuintes possam ficar a salvo de responsabilidades e exigências de valores pecuniários, bem como para evitar futuras representações por crimes contra a ordem tributária. É óbvio que a mera informação verbal ao agente fiscal de rendas constitui precária providência, desprovida de qualquer segurança, e que, por si só, não tem o amplo efeito de excluir as pretendidas responsabilidades.

A denúncia da infração deve ser especificada e formalizada por escrito, devidamente instruída com os elementos e documentos pertinentes, de modo a conter todos os aspectos da situação tributária. Caso a infração refira-se a um descumprimento de obrigação acessória (falta de comunicação de mudança de endereço, ou de alteração de membros do quadro societário), bastará proceder a tais informações, via formulários ou eletronicamente.

Entretanto, se a violação cometida tiver patente implicação com o fato gerador do tributo, acarretando falta de seu pagamento, não basta a simples confissão. Nesse caso, além de retratar o ilícito cometido, impõe-se o prévio recolhimento do tributo (não lançado, ou sonegado), e dos juros de mora (atraso na sua liquidação), sendo questionável a exigibilidade de multa de mora, salvo se não tiver condição de apurar com exatidão o débito tributário, caso em que competirá ao Fisco proceder ao regular arbitramento de seu montante, que deverá ser objeto de depósito.

O STJ traçou a diretriz seguinte:

Ementa
O instituto da denúncia espontânea da infração constitui-se num favor legal, uma forma de estímulo ao contribuinte, para que regularize sua situação perante o Fisco, procedendo, quando for o caso, ao pagamento do tributo, antes do processo administrativo ou medida de fiscalização relacionada com a infração.

Nos casos em que há parcelamento do débito tributário, não deve ser aplicado o benefício da denúncia espontânea da infração, visto que o cumprimento da obrigação foi desmembrado, e só será quitada quando satisfeito integralmente o crédito. O parcelamento, pois, não é pagamento, e a este não substitui, mesmo porque não há a presunção de que, pagas algumas parcelas, as demais igualmente serão adimplidas, nos termos do artigo 158, I, do mencionado Codex.

Esse parece o entendimento mais consentâneo com a sistemática do Código Tributário Nacional, que determina, para afastar a responsabilidade do contribuinte, que haja o pagamento do devido, apto a reparar a delonga do contribuinte.

Nesse sentido o enunciado da Súmula nº 208 do extinto Tribunal Federal de Recursos: *"a simples confissão de dívida, acompanhada do seu pedido de parcelamento, não configura denúncia espontânea"*.

A Lei Complementar nº 104, de 10 de janeiro de 2001, que acresceu ao Código Tributário Nacional, dentre outras disposições, o artigo 155-A, veio em reforço ao entendimento ora esposado, ao estabelecer, em seu §1º, que *"salvo disposição de lei em contrário, o parcelamento do crédito tributário não exclui a incidência de juros e multas"*.

(REsp nº 378.795-GO, 1ª Seção, rel. Min. Franciulli Netto, j. 27.10.04, *DJU* de 21.03.05)

O STJ consagrou os entendimentos seguintes:

Ementa
Processual Civil. Embargos de Divergência em Recurso Especial. Tributário. Denúncia Espontânea. CTN, art. 138. Impossibilidade de Exclusão da Multa Moratória. Súmula 168/STJ.
(...)
2. Deveras, pacificou-se a jurisprudência da Primeira Seção no sentido de *"não admitir o benefício da denúncia espontânea no caso de tributo sujeito a lançamento por homologação, quando o contribuinte, declara a dívida, efetua o pagamento a destempo, à vista ou parceladamente"* (AgRg no EREsp nº 636.064/SC, Rel. Min. Castro Meira, DJ 05.09.05)

3. Ressalte-se, outrossim, que a denúncia espontânea, na sua essência, configura arrependimento fiscal, deveras proveitoso para o Fisco, porquanto o agente infrator, desistindo do proveito econômico que a infração poderia carrear-lhe, adverte a mesma à entidade fazendária, sem que ela tenha iniciado qualquer procedimento para apuração desses fundos líquidos.

4. Trata-se de técnica moderna indutora ao cumprimento das leis, que vem sendo utilizada, inclusive nas ações processuais, admitindo o legislador que a parte que se curva ao *decisum* fique imune às despesas processuais, como sói ocorrer na ação monitória, na ação de despejo e no novel segmento dos juizados especiais.

5. Obedecida essa *ratio essendi* do instituto, exigir qualquer penalidade, após a espontânea denúncia, é conspirar contra a norma inserida no art. 138 do CTN, malferindo o fim inspirador do instituto, voltando a animar e premiar o contribuinte que não se mantém obstinado ao inadimplemento.

6. Desta sorte, tem-se como inequívoco que a denúncia espontânea exoneradora que extingue a responsabilidade fiscal é aquela procedida antes da instauração de qualquer procedimento administrativo. Assim, engendrada a denúncia espontânea nestes moldes, os consectários da responsabilidade fiscal desaparecem, por isso que se reveste de *contraditio in terminis* impor ao denunciante espontâneo a obrigação de pagar a "multa", cuja natureza sancionatória é inquestionável. Diverso é o tratamento quanto aos juros de mora, incidentes pelo fato objetivo do pagamento a destempo, bem como a correção monetária, mera atualização do principal.

7. À luz da lei, da doutrina e da jurisprudência, é cediço na Corte que:

I) *"Não resta caracterizada a denúncia espontânea, com a consequente exclusão da multa moratória, nos casos de tributos sujeitos a lançamento por homologação declarados pelo contribuinte e recolhidos fora do prazo de vencimento"* (REsp nº 624.772-DF);

II) *"A configuração da 'denúncia espontânea'", como consagrada no art. 138 do CTN não tem a elasticidade pretendida, deixando sem punição as infrações administrativas pelo atraso no cumprimento das obrigações fiscais. A extemporaneidade no pagamento do tributo é considerada como sendo o descumprimento, no prazo fixado pela norma, de uma atividade fiscal exigida do contribuinte. É regra de conduta formal que não se confunde com o não-pagamento do tributo, nem com as multas decorrentes por tal procedimento* (EDAG nº 568.515-MG);

III) A denúncia espontânea não se configura com a notícia da infração seguida do parcelamento, porquanto a lei exige o pagamento integral, orientação que veio a ser consagrada no novel art. 155-A do CTN.

IV) Por força de lei *'não se considera espontânea a denúncia apresentada após o início de qualquer procedimento administrativo ou medida de fiscalização, relacionados com a infração'* (art. 138, §único, do CTN).

8. Estabelecidas as referidas premissas, forçoso concluir que:

a) Tratando-se de autolançamento, o Fisco dispõe de um quinquênio para constituir o crédito tributário pela homologação tácita, por isso que, *superado esse prazo*, considerando o rito do lançamento procedimento administrativo, a notícia da infração, acompanhada do depósito integral do tributo, com juros moratórios e correção monetária, configura a denúncia espontânea exoneradora da multa moratória;

b) A *fortiori*, pagamento em atraso, bem como cumprimento da obrigação acessória a destempo, antes do decurso do quinquênio constitutivo do crédito tributário, não constitui denúncia espontânea;

c) Tratando-se de lançamento de ofício, o pagamento após o prazo prescricional da exigibilidade do crédito, sem qualquer demanda proposta pelo Erário, implica denúncia espontânea, tanto mais que o procedimento judicial faz as vezes do rito administrativo fiscal;

d) Tratando-se de lançamento por arbitramento, somente se configura denúncia espontânea após escoar o prazo de prescrição da ação, contada da data da ultimação da *apuração* a que se refere o art. 138 do CTN, exonerando-se o contribuinte da multa correspectiva.

9. Essa exegese, mercê de conciliar a jurisprudência da Corte, cumpre o postulado do art. 112 do CTN, afinado com a novel concepção de que o contribuinte não é objeto de tributação senão sujeito de direitos, por isso que *"A lei tributária que define infrações, ou lhe comina penalidades, interpreta-se da maneira mais favorável ao acusado, em caso de dúvida quanto: I – à capitulação legal do fato; II – à natureza ou às circunstâncias materiais do fato, ou à natureza ou extensão dos seus efeitos; III – à autoria, imputabilidade, ou punibilidade; IV – à natureza da penalidade aplicável, ou à sua graduação"* (art. 112, CTN). Nesse sentido: *RE nº 110.399/SP*,

Rel. Min. Carlos Madeira, DJ 27.01.87, *RE nº 90.143/RJ*, Rel. Min. Soares Muñoz, DJ 16.03.79, Rel. Min. Garcia Vieira, DJ 13.12.99.
10. Inegável, assim, que engendrada a denúncia espontânea nesses termos, revela-se incompatível a aplicação de qualquer punição. Memorável a lição de Ataliba no sentido de que: *"O art. 138 do C.T.N. é incompatível com qualquer punição. Se não indiscerníveis as sanções punitivas, tornam-se peremptas todas as pretensões à sua aplicação. Por tudo isso, sentimo-nos autorizados a afirmar que a autodenúncia de que cuida o art. 138 do C.T.N. extingue a punibilidade de infrações (chamadas penais, administrativas ou tributárias)"* (Leandro Paulsen, Direito Tributário, p. 979, 6ª ed. Cit. Geraldo Ataliba in Denúncia espontânea e exclusão de responsabilidade penal, em Revista de Direito Tributário nº 66, Ed. Malheiros, p. 29).
11. Agravo Regimental desprovido.
(AgRg nos Embargos de Divergência em REsp nº 814.990-SC, 1ª Seção, rel. Min. Luiz Fux, j. 23.05.07, *DJU* 1 de 25.06.07, p. 213)

O benefício da denúncia espontânea não se aplica aos tributos sujeitos a lançamento por homologação regularmente declarados, mas pagos a destempo (Súmula nº 360 do STJ).

Portanto, comunicar sem antes recolher não constitui causa excludente de responsabilidade, o mesmo ocorrendo com a simples confissão de dívida, acompanhada de singelo pedido de parcelamento que não se adeque aos ditames legais. Nesse caso, o Fisco deverá efetuar o lançamento dos valores tributários com os acréscimos pertinentes (juros e multa de mora).

Não se considera espontânea a denúncia apresentada após o início de qualquer procedimento administrativo ou medida de fiscalização, relacionados com a infração (parágrafo único do art. 138 do CTN).

Certamente, não se questiona que a espontaneidade evidencia a boa-fé do devedor tributário em confessar as irregularidades praticadas, tendo por objetivo saná-las, a fim de atender às exigências legais, evitando imposições fiscais. É o que também ocorre quando o sujeito passivo, ou qualquer outro interessado, formula consulta formal à Fazenda para obter o seu posicionamento a respeito da legislação tributária, relativamente a fatos, estados, situações e operações específicas. Nestas situações, a fiscalização deve aguardar o resultado dos exames verificados em decorrência da denúncia espontânea, e as respostas que sejam proferidas nas consultas, porque somente após os seus resultados é que terá condição, se for o caso, de promover exigências tributárias.

Do mesmo modo, "início de qualquer procedimento administrativo" ou "medida de fiscalização" não significam meras visitas dos fiscais ao contribuinte, fiscalizações genéricas, ou mesmo pendências de processos (administrativo ou judicial) sobre outras matérias tributárias que não guardem correspondência com os fatos irregulares (objeto da denúncia espontânea ou da consulta à Fazenda).

A prejudicial da espontaneidade (parágrafo único do art. 138 do CTN) só se positiva no caso de as providências fazendárias serem substancialmente pertinentes à matéria tributária, não bastando que o agente fazendário lavre simples termo de início de fiscalização, em livro destinado a ocorrências, sem especificar o âmbito do trabalho fazendário. Não é crível admitir, e conceber, que o simples registro da presença fazendária no domicílio do contribuinte possa inibir e torpedear a salutar prática da boa-fé compreendida no direito à espontaneidade.

11.6 Grupo Econômico

Empresas pertencentes aos mesmos titulares (pessoas naturais ou jurídicas) podem realizar atividades diversificadas, para melhor otimização de seus objetivos societários (fornecimento de bens, serviços, obtenção de lucros), sob orientação central, mediante a utilização (ordenada e sincronizada) de imóveis, máquinas e equipamentos, atividades administrativas.

Os conglomerados empresariais também podem ser vislumbrados nos negócios em que distintas sociedades realizam atividades coordenadas, como é o caso de empresa fabricante de componentes de equipamentos, mantendo associação (mesmo sem formalidade) com comerciantes e prestadores de serviços, com a finalidade de concluir o fornecimento de bens e atender adequadamente o mercado consumidor. Pode tratar-se de complexa atividade relativa a pontes rolantes na qual se concretizam diversas operações: (i) projeto elaborado sob encomenda; (ii) fabricação de partes e peças; (iii) transporte dos materiais para o canteiro de obras; (iv) montagem com a conclusão do produto; e (v) supervisão de montagem.

As empresas abrangidas pelos aludidos negócios coordenam suas atividades, colimando a diminuição de ônus (administrativos, financeiros e fiscais) mediante a utilização de bens disponíveis (evitando ociosidade), que também podem redundar em ofertas de preços mais atraentes no curso do ciclo econômico (fornecedores, distribuidores etc.), pautados pelo princípio da autonomia da vontade empresarial, diretriz da atividade empresarial.

O *grupo econômico* pode ser constituído com amparo jurídico na forma prevista na Lei federal nº 6.404, de 15.12.76 (Legislação das Sociedades Anônimas):

> Art. 265. A sociedade controladora e suas controladas podem constituir, nos termos deste Capítulo, grupo de sociedades, mediante convenção pela qual se obriguem a combinar recursos ou esforços para a realização dos respectivos objetos, ou a participação de atividades ou empreendimentos comuns.

"Controlada" é (I) a sociedade de cujo capital outra sociedade possua a maioria de votos nas deliberações dos quotistas ou da assembleia geral e poder de eleger a maioria dos administradores; (II) a sociedade cujo controle, referido no inciso antecedente, esteja em poder de outra, mediante ações ou quotas possuídas por sociedades por estas já controladas (Código Civil, art. 1.098).

As relações entre as sociedades, a estrutura administrativa do grupo e a coordenação ou subordinação dos administradores das sociedades filiadas serão estabelecidas na convenção do grupo, mas cada sociedade conservará personalidade e patrimônios distintos; sendo o grupo constituído por convenção aprovada pelas sociedades que o componham, mediante específicos requisitos e com validade a partir da data do arquivamento no Registro do Comércio (Lei nº 6.404/76, arts. 266, 269 e 271).

Nos *negócios societários* a questão afeta à solidariedade tem que ser examinada com parcimônia, e de conformidade com rigorosos critérios jurídicos, como se contém do aresto seguinte: "o entendimento consagrado no Superior Tribunal de Justiça é no sentido de que o fato de duas pessoas jurídicas pertencerem ao mesmo grupo econômico não caracteriza, necessariamente, a solidariedade entre essas pessoas (STJ – Primeira Turma. Rel. Arnaldo Esteves de Lima, j. 05.09.13, DJe 17.09.13. Disponível em http://www.jusbrasil.com.br/ diários 61905085/STJ-201102013-pg 545. Acesso em: 16 fev. 2014).

No *consórcio empresarial* não há solidariedade tributária dos consorciados face o Fisco. Constitui negócio jurídico celebrado entre companhias e quaisquer outras sociedades, com a finalidade de executar determinado empreendimento, não revestindo personalidade jurídica, situação em que as consorciadas somente se obrigam nas condições previstas no respectivo contrato, respondendo cada uma por suas obrigações, sem presunção de solidariedade (art. 278 da Lei Federal nº 6.404/76).

É o caso de consórcio celebrado por empresas de engenharia que tem por objeto o fornecimento de materiais, equipamentos e serviços relativos a projeto de detalhamento, construção e montagem, pré-comissionamento, partida e operação de unidades industriais para determinada empresa.

As consorciadas participam da execução das obras e serviços adjudicados em determinados percentuais, estabelecendo-se a administração e a execução das obras, liderança, representação perante o cliente, obrigações e responsabilidades, contabilidade e faturamento, rateio de despesas, partilha de resultados e penalidades.

As empresas integrantes do consórcio respondem pelos tributos administrados pela Receita Federal, devidos em relação às operações praticadas pelo consórcio, na proporção de sua participação no empreendimento.

Inaplicável o redirecionamento da cobrança do crédito tributário para pessoas jurídicas que integram "grupo econômico", porque a situação jurídica examinada não se adéqua aos preceitos do CTN (art. 124, I, 128, 134 e 135), que cogitam de situações nitidamente distintas, que tratam de solidariedade, substituição tributária e imputação de responsabilidade a pessoas físicas.

Na *esfera previdenciária* fora disposto que "as empresas que integram grupo econômico de qualquer natureza respondem entre si, solidariamente, pela obrigação previdenciária principal (Instrução Normativa RFB 2110, de 17.10.22).

No *âmbito trabalhista* (Decreto-Lei nº 5.452/43) fora previsto (art. 2º) o seguinte:

> §2º Sempre que uma ou mais empresas, tendo, embora, cada uma delas, personalidade jurídica própria, estiverem sob a direção, controle ou administração de outra, constituindo *grupo econômico*, serão, para os efeitos da relação de emprego, solidariamente responsáveis a empresa principal e cada uma das subordinadas.

Embora o conceito de grupo econômico seja objeto de distintas considerações normativas – para efeitos trabalhistas, previdenciários etc. – para efeito de responsabilidade tributária há que ser obedecido o tratamento jurídico disposto na lei complementar (CTN), sob pena de manifesta inconstitucionalidade de regras administrativas.

Sensíveis as ponderações contidas nos arestos do STJ:

TRIBUTÁRIO. EXECUÇÃO FISCAL. ISS. LEGITIMIDADE PASSIVA. *GRUPO ECONÔMICO*. SOLIDARIEDADE. INEXISTÊNCIA. SÚMULA Nº 7/STJ.
1. A jurisprudência do STJ entende que existe responsabilidade tributária solidária entre empresas de um mesmo grupo econômico apenas quando ambas realizem conjuntamente a situação configuradora do fato gerador, não bastando o mero interesse econômico na consecução da referida situação.

2. A pretensão da recorrente em ver reconhecido o interesse comum entre o Banco Bradesco S/A e a empresa de *leasing* na ocorrência do fato gerador do crédito tributário encontra óbice na Súmula nº 7 desta Corte" (AgRg no AREsp nº 21.073/RS, Rel. Min. Humberto Martins, 2ª. T., j. 18.10.11, DJe 26.10.11).

3. (...) O Tribunal de origem declarou que é fato incontroverso nos autos que as três embargantes compartilham instalações, funcionários e veículos. Além disso, a fiscalização previdenciária relatou diversos negócios entre as empresas como empréstimos sem o pagamento de juros e cessão gratuita de bens, que denotam que elas fazem parte de um mesmo grupo econômico. O sócio gerente da (...) tem uma procuração que o autoriza a prática atos de gerência em relação às outras empresas, sendo irmão do sócio-gerente delas. Ou seja, no plano fático não há separação entre as empresas, o que comprova a existência de um grupo econômico e justifica o reconhecimento da solidariedade entre as executadas/embargantes.

4. Incide a regra do art. 124, inciso II, do CTN c/c o art. 30, inciso IX, da Lei nº 8.212/91, nos casos em que configurada, no plano fático, a existência de grupo econômico entre empresas formalmente distintas, mas que atuam sob comando único e compartilhando funcionários, justificando a responsabilidade solidária das recorrentes pelo pagamento das contribuições previdenciárias incidentes sobre a remuneração dos trabalhadores a serviço de todas elas indistintamente (...).

(REsp nº 1.144.884/SC. Rel. Min. Mauro Campbell Marques, j. 07.12.20)

11.7 Sanções Tributárias

O descumprimento das normas tributárias tem acarretado a imputação de diversificados ônus para os contribuintes, correspondentes à cobrança de valores pecuniários e a restrição ao exercício das atividades pessoais e profissionais.

Normalmente, a *sanção* tem sido entendida como reparação (punição) pela prática de ilícito tributário (falta de pagamento dos tributos) e administrativo (inobservância a deveres documentais, informações etc.). Tem por finalidade inibir os possíveis infratores da legislação; puni-los e evitar reincidências, com função educativa e proteção aos interesses da arrecadação, de modo a estimulá-los ao cumprimento das obrigações tributárias.

O *prêmio* também é uma espécie de sanção, consistente na concessão de incentivos fiscais e demais recompensas, com o objetivo de estimular os destinatários da norma à adoção de determinados comportamentos, tendo como propósito subjacente a realização de diversificados interesses.

A *sanção administrativa* decorre da responsabilidade objetiva e compreende a cobrança de valores pecuniários (ex.: multa de 150% do valor do imposto de renda, por falta de pagamento em razão de fraude – art. 998, II, do Regulamento do Imposto de Renda – RIR/18); ou positiva-se pela restrição do exercício das atividades pessoais ou profissionais (ex.: impedimento para a realização de operações de crédito que envolvam a utilização de recursos públicos, em face da inclusão no Cadin – Lei federal nº 10.522, de 19.07.02).

Caracteriza, também, no caso de exigência de garantia real como condição para a autorização de impressão de documentos fiscais, que constitui violação do livre exercício da atividade econômica (art. 170, §1º, da CF), causando constrangimento desnecessário ao contribuinte, uma vez que o Estado dispõe de outros instrumentos para cobrança de seus créditos (REsp nº 598.726-RS, 2ª Turma, rel. Min. João Otavio Noronha, *DJ* de

16.04.07; e REsp nº 540.923-RS, 2ª Turma, rel. Min. Herman Benjamin, j. 06.09.07, *DJU* de 08.02.08, p. 638).

A *sanção penal* implica responsabilidade subjetiva (dolo) e privação de liberdade (ex.: pena de reclusão de 2 a 5 anos, no caso de falsificar ou alterar nota fiscal, fatura, duplicata, nota de venda, ou qualquer outro documento relativo à operação tributável – art. 1º, III, da Lei federal nº 8.137, de 27.12.90).

O princípio da unidade ontológica do ilícito não possibilitaria a implicação de distintas antijuridicidades (administrativa, tributária, penal etc.). Tratando-se de específico fato ilícito (ex.: apropriação de créditos de ICMS sem amparo em operação mercantil), e um único bem jurídico tutelado (patrimônio público), não se revelaria legítima a cumulação de sanções.

Não se justificaria a imposição de pena privativa de liberdade para constranger o particular à liquidação de meras dívidas, ainda que revelem interesse público.

Entretanto, o legislador confere significativo valor ao bem jurídico tutelado, cominando diversificadas sanções.

O operador do Direito deve sempre examinar se a norma sancionatória guarda absoluta conexão e identidade com a indispensável norma anterior que estabelece um específico comportamento. Pode ocorrer que a penalidade tipifique uma situação não prevista no ordenamento; ou, ao contrário, a legislação estabeleça comportamentos para os quais inexista uma penalidade específica.

Trata-se da estatuição de norma penal em branco, como um modelo aberto em que pudessem ser encaixadas situações genéricas, sem uma precisa determinação, como é o caso da legislação estipulando multa no caso de crédito indevido de ICMS em hipóteses não previstas em alíneas anteriores (Decreto estadual-SP nº 45.490, de 30.11.00, art. 527, II, *j*). Tal norma afronta os princípios da legalidade, tipicidade fechada e segurança jurídica.

Criteriosamente se considera que "o princípio da proporcionalidade constitui o adequado instrumento jurídico para o controle das sanções tributárias que escapam à vedação constitucional à utilização do tributo com efeito de confisco".[305]

O conteúdo do princípio da proporcionalidade encontra-se, dessa forma, intrinsecamente associado a outros princípios também relacionados à dosagem do instrumento sancionador do Estado, e assume especial relevância no ordenamento jurídico a partir da constatação de que a crescente exigência de tutela penal, pelos diversos setores da sociedade, vem acarretando um processo de progressiva erosão na esfera de liberdade individual.[306]

O STF "tem historicamente confirmado e garantido a proibição constitucional às sanções políticas, invocando, para tanto, o direito ao exercício de atividades econômicas e profissionais lícitas (art. 170, par. ún. da Constituição), a violação do devido processo legal substantivo (falta de proporcionalidade e razoabilidade de medidas gravosas que se predispõem a substituir os mecanismos de cobrança de créditos tributários), e a violação do devido processo legal manifestado no direito de acesso aos órgãos do

---

[305] PONTES, Helenilson Cunha. *O Princípio da Proporcionalidade e o Direito Tributário*. São Paulo: Dialética, 2000. p. 134.

[306] GOMES, Mariângela Gama de Magalhães. *O Princípio da Proporcionalidade no Direito Penal*. São Paulo: RT, 2003. p. 74.

Executivo ou do Judiciário tanto para controle de validades dos créditos tributários, cuja inadimplência pretensamente justifica a nefasta penalidade, quanto para controle do próprio ato que culmina na restrição" (ADIn nº 173-6, Plenário, rel. Min. Joaquim Barbosa, j. 25.09.08, *DOU* de 15.04.09).

O aresto assevera que "a orientação firmada pelo Supremo Tribunal Federal não serve de escusa ao deliberado e temerário desrespeito à legislação tributária. Não há que se falar em sanção política se as restrições à prática de atividade econômica objetivam combater estruturas empresariais que têm na inadimplência tributária sistemática e consciente sua maior vantagem concorrencial. Para ser tida como inconstitucional, a restrição ao exercício de atividade econômica deve ser desproporcional, e não-razoável".

11.7.1 Juros

Significam e exprimem os lucros que a pessoa tira da inversão de seus capitais ou dinheiro, ou a verba que recebe do devedor como compensação pela demora no pagamento do que lhe é devido.

Interessam os juros *moratórios* (perdas e danos do dinheiro) cobrados em razão do inadimplemento do devedor, e sobre o período que medeou entre a data do vencimento da obrigação e a data do pagamento.

O CTN (art. 161, §1º) dispôs sobre a incidência dos juros calculados à taxa de 1% (um por cento). Sobre os débitos de impostos federais, cujos fatos geradores ocorreram a partir de 1º.01.97, são aplicados juros calculados à taxa referencial do Sistema Especial de Liquidação e Custódia – Selic, para títulos federais, acumulada e mensalmente, a partir do primeiro dia do mês subsequente ao vencimento do prazo até o mês anterior ao do recolhimento, de um por cento ao mês de recolhimento (Lei nº 9.430/96).

O STJ firmara a seguinte postura relativamente à consideração da *Selic*:

> A Taxa Selic ora tem a conotação de juros moratórios, ora de remuneração, a par de neutralizar os efeitos da inflação, constituindo-se em correção monetária por vias oblíquas.
>
> A aplicação de juros de mora é devida na repetição de indébito ou na compensação, ainda que o lançamento do tributo questionado se dê por homologação. Ora, se basta a declaração do contribuinte para o nascimento do débito perante o Poder Público, com a consequente aplicação das penalidades por eventual atraso no pagamento, quando o tributo é pago regularmente pelo contribuinte, mas indevidamente cobrado pelo Fisco, naturalmente deve incidir a mesma punição, diante da regra de isonomia.
>
> Nada mais razoável que se reconheça a mora do Estado, pois que, na espécie, repita-se, o indébito sequer decorreu de mero erro do contribuinte, mas sim de pagamento *determinado* por norma reconhecidamente inconstitucional e afastado do ordenamento jurídico desde sua edição.
>
> A Primeira Seção deste egrégio Superior Tribunal de Justiça, na assentada de 14.05.2003, consolidou o entendimento no sentido da aplicação da Taxa Selic, na restituição/compensação de tributos, a partir da data da entrada em vigor da lei que determinou sua incidência no campo tributário, conforme dispõe o artigo 39 da Lei n. 9.250/95 (Embargos de Divergência no Recurso Especial n. 399.497/SC, da relatoria do Ministro Luiz Fux).
>
> Embargos de Divergência acolhidos para determinação a aplicação da Taxa Selic a partir de janeiro de 1996, ressalvado o entendimento deste subscritor no sentido da inconstitucionalidade e ilegalidade da sua incidência para fins tributários.
>
> (Embargos de Divergência em REsp nº 129.766-SC, 1ª Seção, rel. Min. Franciulli Netto, j. 27.08.03, *DJU* 1 de 28.10.03, p. 182)

O STJ explicita e confirma esse entendimento (Emb. Div. em REsp nº 399.497-SC, 1ª Seção, rel. Min. Luiz Fux, j. 14.05.03, *DJU* 1 de 07.03.05, p. 134-135).

11.7.2 Multa moratória

Decorre do simples atraso no recolhimento de tributo declarado, revelando natureza penal (e não ressarcitória), uma vez que o valor devido (normalmente) não guarda nenhuma proporção com o prejuízo real da Fazenda. Sempre revela caráter sancionatório porque não tem em mira a recomposição do patrimônio do credor pelo tempo transcorrido após o vencimento do prazo estipulado para pagamento do débito.

Constitui pena administrativa, não se incluindo no crédito habilitado na falência (Súmula nº 565 do STF), consubstanciando enunciado prevalecente mesmo após a superveniência da atual Constituição (STJ, Agravo Regimental em AG nº 152.793-RS, 2ª Turma, rel. Min. Ari Pargendler, j. 1º.09.97, *DJU* 1 de 22.09.97, p. 46.437).

Todavia, com o advento da Lei nº 11.101, de 09.02.05, que revogou a antiga Lei de Falências, as multas tributárias passaram a ser incluídas no rol dos créditos na falência (art. 83, VII), não sendo mantida a exoneração objeto do art. 23, parágrafo único, III, da antiga Lei de Falências (Decreto-Lei nº 7.661, de 21.06.45). Também restou superada a Súmula nº 250 do STJ que legitimara a cobrança de multa fiscal de empresa em regime de concordata.

O contribuinte informa à fiscalização suas operações realizadas dentro de um determinado período de tempo de apuração – por intermédio de DCTF (Declaração de Contribuição de Tributo Federal), GIA (Guia de Informação e Apuração do ICMS), ou documento equivalente, mas deixa de efetuar o recolhimento do tributo. Em consequência, o Fisco passa a exigir (na esfera administrativa ou judicial) a referida multa (em percentuais variáveis sobre o valor do débito).

Esta penalidade não poderia alcançar até 40% do valor do tributo (como previsto em determinadas legislações), e deveria ser balizada pela Lei federal nº 9.289, de 1º.08.96, que introduziu modificação no Código de Defesa do Consumidor, reduzindo de 10% para 2% o percentual máximo das multas moratórias face ao inadimplemento das obrigações.

A denúncia espontânea da infração, com o recolhimento do tributo e acréscimos devidos, por força do art. 138 do CTN, não afasta a imposição de multa penal, consoante a mais recente posição do STJ.

A simples confissão do débito, mesmo que acompanhada de pedido de parcelamento, não configura denúncia espontânea, em ordem a afastar a cobrança de multa e juros moratórios (Súmula nº 208 do TFR).

Entretanto, não deve incidir sobre o débito oriundo de multa de ofício, sendo que a interposição de ação judicial favorecida com medida liminar interrompe a incidência da multa de mora, desde a concessão da medida, até 30 dias após a data da publicação da decisão judicial que considerar devido o tributo ou a contribuição, de âmbito federal.

Relativamente *ao caráter confiscatório da multa*, o STF decidira o seguinte:

> Agravo Regimental no Agravo de Instrumento. Tributário. Multa Moratória de 30%. Caráter Confiscatório Reconhecido. Interpretação do Princípio do Não Confisco à Luz da Espécie de Multa. Redução para 20% nos Termos da Jurisprudência da Corte.

1. É possível realizar uma dosimetria do conteúdo da vedação ao confisco à luz da espécie de multa aplicada no caso concreto.

2. Considerando que as multas moratórias constituem um erro desestímulo ao adimplemento tardio da obrigação tributária, nos termos da jurisprudência da Corte, é razoável a fixação do patamar de 20% do valor da obrigação principal.

(Ag. Rg. no Agravo de Instrumento nº 727.872 – Rio Grande do Sul – 1ª. T. – rel. Min. Roberto Barroso – j. 28.04.15 – *DJe* 18.05.15, p. 57)

No que concerne à aplicação concomitante de *multa isolada e multa de ofício*, o STJ decidira o seguinte:

> Processual Civil. Tributário. Violação do Art. 535 do CPC. Deficiência da Fundamentação. Súmula 284/STF. Multa Isolada e de Ofício.
> Art. 44 da Lei nº 9.430/96 (Redação Dada pela Lei nº 11.488/07). Exigência Concomitante. Impossibilidade no Caso.
> 1. Recurso especial em que se discute a possibilidade de cumulação das multas dos incisos I e II do art. 44 da Lei n. 9.430/96 no caso de ausência do recolhimento do tributo.
> 2. Alegação genérica de violação do art. 535 do CPC. Incidência da Súmula 284 do Supremo Tribunal Federal.
> 3. A multa de ofício do inciso I do art. 44 da Lei n. 9.430/96 aplica-se aos casos de "*totalidade ou diferença de imposto ou contribuição nos casos de falta de pagamento ou recolhimento, de falta de declaração e nos de declaração inexata*.
> 4. A multa na forma do inciso II é cobrada isoladamente sobre o valor do pagamento mensal: *a) na forma do art. 8º da Lei nº 7.713, de 22 de dezembro de 1988, que deixar de ser efetuado, ainda que não tenha sido apurado imposto a pagar na declaração de ajuste, no caso de pessoa física: (Incluída pela Lei nº 11.488, de 2007) e b) na forma do art. 2º desta Lei, que deixar de ser efetuado, ainda que tenha sido apurado prejuízo fiscal ou base de cálculo negativa para a contribuição social sobre o lucro líquido, no ano-calendário correspondente, no caso de pessoa jurídica (Incluída pela Lei n. 11.488, de 2007).*
> 5. As multas isoladas limitam-se aos casos em que não possam ser exigidas concomitantemente com o valor total do tributo devido.
> 6. No caso, a exigência isolada da multa (inciso II) é absorvida pela multa de ofício (inciso I). A infração mais grave absorve aquelas de menor gravidade. Princípio da consunção.
> (REsp nº 1.496.354-PR – 2ª. T. – rel. Min. Humberto Martins – j. 17.03.15 – *DJe* 24.03.15)

11.7.3 Multas penais

Constituem medidas repressivas, objetivando punir o devedor por infração a preceitos legais (obrigações principais ou acessórias). Em abstrato, como mera previsão normativa, pairam como ameaça ao contribuinte, colimando reprimir o ilícito.

A graduação de tais penalidades toma em conta o montante tributário envolvido ou o valor da operação (importação, venda, serviço, renda etc.), podendo ser flexionadas em razão de circunstâncias agravantes (reincidência, inobservância de instruções fazendárias) ou qualificativas (sonegação, fraude, conluio), dimensionadas de conformidade com a gravidade da infração, existência de dolo etc. (arts. 556 a 565 do Decreto nº 7.212/10 – Regulamento do IPI).

Podem ser reduzidas ou relevadas por órgão julgador administrativo, desde que a infração tenha sido praticada sem dolo, fraude ou simulação, e não implique falta de pagamento de imposto (Decreto nº 45.490/00, art. 527-A, que dispõe sobre o Regulamento do ICMS no Estado de São Paulo).

Jurisprudência (STF)
– *Abrandamento das multas* penais pelo Judiciário:

Executivo Fiscal. Graduação de multa, de acordo com a gravidade da infração e com a importância desta para os interesses da arrecadação. Pode o Judiciário, atendendo às circunstâncias do caso concreto, reduzir a sanção excessiva, aplicada pelo Fisco.
(STF, RE nº 57.904-SP, 1ª T., rel. Min. Evandro Lins e Silva, j. 25.04.66, *RTJ* 37/296-297)

– *Multa de 300% (trezentos por cento sobre o valor da operação)*:
Exame da Lei federal nº 8.846, de 21.01.94, que estabelecera o seguinte:

Art. 3º Ao contribuinte, pessoa física ou jurídica, que não houver emitido a nota fiscal, recibo ou documento equivalente, na situação de que trata o artigo 2º, ou não houver comprovado sua emissão, será aplicada a *multa pecuniária de trezentos por cento sobre o valor do bem objeto da operação ou do serviço prestado*, não passível de redução, sem prejuízo da incidência do Imposto sobre a Renda e proventos de qualquer natureza e das contribuições sociais.

Nesse sentido, prolatou a decisão seguinte:

Ementa
Ação Direta de Inconstitucionalidade – Lei nº 8.846/94 Editada pela União Federal – Alegação de Ofensa aos Postulados Constitucionais da Federação e da Separação de Poderes – Inocorrência – Exercício, pela União Federal, de sua Competência Impositiva, com Estrita Observância dos Limites que definem essa Atribuição Normativa – Diploma Legislativo que não usurpa a Esfera de Competência Tributária dos Estados-membros e dos Municípios – Legitimidade do Poder Regulamentar Deferido aos Ministros de Estado – Atribuição Regulamentar de Segundo Grau que possui Extração Constitucional (CF, art. 87, parágrafo único, II) – Inocorrência de Outorga, pela Lei nº 8.846/94, de Delegação Legislativa ao Ministro da Fazenda – Poder Regulamentar Secundário Desvestido de Conteúdo Normativo Primário – Transgressão, no entanto, pela Lei nº 8.846/94 (art. 3º e seu parágrafo único), ao Princípio Constitucional da Não-confiscatoriedade Tributária – Suspensão Cautelar da Eficácia de tal Preceito Legal – Medida Cautelar Deferida, em Parte.
A Tributação Confiscatória é Vedada pela Constituição da República.
– É cabível, em sede de controle normativo abstrato, a possibilidade de o Supremo Tribunal Federal examinar se determinado tributo ofende, ou não, o princípio constitucional da não-confiscatoriedade consagrado no art. 150, IV, da Constituição da República. Hipótese que versa o exame de diploma legislativo (Lei nº 8.846/94, art. 3º e seu parágrafo único) que instituiu multa fiscal de 300% (trezentos por cento).
– A proibição constitucional de confisco em matéria tributária – ainda que se trate de multa fiscal resultante do inadimplemento, pelo contribuinte, de suas obrigações tributárias – nada mais representa senão a interdição, pela Carta Política, de qualquer pretensão governamental que possa conduzir, no campo da fiscalidade, à injusta apropriação estatal, no todo ou em parte, do patrimônio ou dos rendimentos dos contribuintes, comprometendo-lhes pela insuportabilidade da carga tributária, o exercício do direito a uma existência digna, ou a prática de atividade profissional lícita, ou, ainda, a regular satisfação de suas necessidades vitais básicas.

– O Poder Público, especialmente em sede de tributação (mesmo tratando-se da definição do *'quantum'* pertinente ao valor das multas fiscais), não pode agir imoderadamente, pois a atividade governamental acha-se essencialmente condicionada pelo princípio da razoabilidade que se qualifica como verdadeiro parâmetro de aferição da constitucionalidade material dos atos estatais;
(...).
(Med. Caut. em Ação Direta de Inconstitucionalidade nº 1.075-DF, rel. Min. Celso de Mello, j. 17.06.98, *DJU* 1 de 24.11.06)

– *Desproporcionalidade*:

A desproporção entre o desrespeito à norma tributária e sua consequência jurídica, a multa, evidencia o caráter confiscatório desta, atentando contra o patrimônio do contribuinte, em contrariedade ao mencionado dispositivo do texto constitucional federal.
(ADIn 551-RJ, Plenário, rel. Min. Ilmar Galvão, j. 24.10.02, *DJU* 1 de 14.02.02, p. 58)

Justifica-se a postura judicial porque as multas devem guardar proporção com o valor da prestação tributária, sob pena de destruição da fonte produtora (pessoa natural ou jurídica), e violar o direito de propriedade, o direito de associação, a capacidade contributiva e o princípio do não confisco.[307]

– *Multa de 150% (cento e cinquenta por cento)*:

Recurso Extraordinário – Alegada Violação ao Preceito Inscrito no ARt. 150, Inciso IV, da Constituição Federal – Caráter Supostamente Confiscatório da Multa Tributária Cominada em Lei – Considerações em Torno da Proibição Constitucional de Confiscatoriedade do Tributo – Cláusula Vedatória que traduz Limitação Material ao Exercício da Competência Tributária e que também se estende às Multas de Natureza Fiscal – Precedentes – Indeterminação Conceitual da Noção de Efeito Confiscatório – Doutrina – Percentual de 150% sobre o Valor Retido e não Repassado pelo Responsável Tributário, à Fazenda Pública – 'Quantum' da Multa Tributária que ultrapassa, no Caso, o Valor do Débito Principal – Efeito Confiscatório Configurado – Ofensa às Cláusulas Constitucionais que impõem ao Poder Público o dever de Proteção à Propriedade Privada, de Respeito à Liberdade Econômica e Profissional e de Observância do Critério da Razoabilidade – Agravo Improvido".
(Ag.Reg. no RTE nº 771.660 – Rio Grande do Sul – 2ª. T. – rel. Min. Celso de Mello – j. 23.09.14 – *DJe* 16.10.14, p. 63)

– *Valor superior ao tributo. Confisco*:

Tributário – Multa – Valor Superior ao do Tributo – Confisco – Artigo 150, Inciso IV, da Carta da República. Surge inconstitucional multa cujo valor é superior ao do tributo devido. Precedentes: Ação Direta de Inconstitucionalidade nº 551/RJ – Pleno, relator Ministro Ilmar Galvão – e Recurso Extraordinário nº 582.461/SP – Pleno, relator Ministro Gilmar Mendes. Repercussão Geral.
(Ag.Reg. no RE nº 833.106 – 1ª. T. – rel. Min. Marco Aurélio – j. 25.11.14 – *DJe* 12.12.14, p. 38)

---

[307] PACHECO, Ângela Maria da Motta. *Sanções Tributárias e Sanções Penais Tributárias*. São Paulo: Max Limonad, 1997. p. 253.

– *Multa de 100% (cem por cento) do valor do tributo*:

Agravo Regimental no Agravo de Instrumento. Reconhecimento de Repercussão Geral. Necessidade de Preliminar Fundamentada em Outros Processos. Multa Punitiva. 100% do Valor do Tributo. Caráter Pedagógico. Efeito Confiscatório não Configurado. Precedentes (...).
O entendimento desta Corte é no sentido de que a abusividade da multa punitiva apenas se revela naquelas arbitradas acima do montante de 100% (cem por cento) do valor do tributo.
(Ag.Reg. no Agravo de Instrumento nº 851.038 – 1ª. T. – rel. Min. Roberto Barroso – j. 10.02.15 – *DJe* 12.03.15, p. 70)

– *Multa de 75% (setenta e cinco por cento) do valor do tributo*:

Segundo Agravo Regimental no Recurso Extraordinário. Multa Punitiva. 75% do Valor do Tributo. Caráter Pedagógico. Efeito Confiscatório não Configurado. Precedentes. A multa punitiva é aplicada em situações nas quais se verifica o descumprimento voluntário da obrigação prevista na legislação pertinente. Trata-se da sanção prevista para coibir a prática de ilícitos tributários. Nessas circunstâncias, conferindo especial relevo ao caráter pedagógico da sanção, que visa desestimular a burla à atuação da Administração tributária, deve ser reconhecida a possibilidade de aplicação da multa em percentuais mais rigorosos. Nesses casos, a Corte vem adotando como limite o valor devido pela obrigação principal.
(Segundo Ag. Reg. no RE nº 602.686 – Pernambuco – 1ª. T. – rel. Min. Roberto Barroso – j. 09.12.14 – *DJe* 05.02.15, p. 87)

11.7.4 Apreensão de bens

A legislação permite a retenção de livros e documentos, para serem examinados pela fiscalização fora do estabelecimento; a apreensão de mercadorias de procedência estrangeira encontradas fora da zona primária, em situações específicas; bem como a apreensão de bem ou mercadoria que constituir prova material de infração às normas tributárias.

Estes procedimentos têm por escopo averiguar a situação fiscal do contribuinte, inserindo no regular exercício do poder de polícia que norteia as atividades da Administração Pública.

Entretanto, "é inadmissível a apreensão de mercadorias como meio coercitivo para pagamento de tributo" (Súmula nº 323 do STF), em razão do que, procedendo ao lançamento tributário (intimação, notificação ou lavratura de auto de infração), não se justifica a manutenção dos bens apreendidos com a repartição fiscal, a fim de não prejudicar o livre exercício das atividades profissionais.

Assim, é inconstitucional a norma que permite ao Fisco deixar de proceder à devolução do bem, livro, documento, impresso, papel, programa ou arquivo magnético.

O STF decidiu o seguinte:

Ementa
Fiscalização Tributária – Apreensão de Livros Contábeis e Documentos Fiscais Realizada, em Escritório de Contabilidade, por Agentes Fazendários e Policiais Federais, sem Mandado Judicial – Inadmissibilidade – Espaço Privado, não Aberto ao Público, Sujeito à Proteção Constitucional da Inviolabilidade Domiciliar (CF, art. 5º, XI) – Subsunção ao

Conceito Normativo de "Casa". Necessidade de Ordem Judicial – Administração Pública e Fiscalização Tributária – dever de Observância por Parte de seus Órgãos e Agentes, dos Limites Jurídicos Impostos pela Constituição e pelas Leis da República – Impossibilidade de Utilização pelo Ministério Público de Prova Obtida em Transgressão à Garantia da Inviolabilidade Domiciliar – Prova Ilícita – Inidoneidade Jurídica – "Habeas Corpus" Deferido.
(Habeas Corpus nº 82.788-8-RJ, 2ª Turma, rel. Min. Celso de Mello, j. 12.04.05, *DJU* 1 de 02.06.06, p. 43)

Entretanto, nem sempre se considerara injustificada a apreensão:

Ementa: Ação Direta de Inconstitucionalidade. Art. 163, §7º, da Constituição de São Paulo: Inocorrência de Sanções Políticas. Ausência de Afronta ao art. 5º, inc. XIII, da Constituição da República.

1. A retenção da mercadoria, até a comprovação da posse legítima daquele que a transporta, não constitui coação imposta em desrespeito ao princípio do devido processo legal tributário.
2. Ao garantir o livre exercício de qualquer trabalho, ofício ou profissão, o art. 5º, inc. XIII, da Constituição da República não o faz de forma absoluta, pelo que a observância dos recolhimentos tributários no desempenho dessas atividades impõe-se legal e legitimamente.
3. A hipótese de retenção temporária de mercadorias prevista no art. 163, §7º, da Constituição de São Paulo, é providência para a fiscalização do cumprimento da legislação tributária nesse território e consubstancia exercício do poder de polícia da Administração Pública Fazendária, estabelecida legalmente para os casos de ilícito tributário. Inexiste, por isso mesmo, a alegada coação indireta do contribuinte para satisfazer débitos com a Fazenda Pública.
4. Ação Direta de Inconstitucionalidade julgada improcedente.
(ADIn nº 395-0, Pleno, rel. Min. Cármen Lúcia, j. 17.05.07, *DJU* 1 de 17.08.07, p. 22)

11.7.5 Perdimento de bens

O Regulamento Aduaneiro (Decreto Federal nº 6.759 de 05.02.09) dispõe sobre a pena de *perdimento de mercadoria e veículo*, (arts. 689 a 670), em diversas hipóteses que configurarem dano ao Erário, quando se encontrarem em situação ilegal; quando descarregarem mercadoria estrangeira fora da zona aduaneira; ocultada a bordo de veículo ou na zona primária; abandonada; chegada ao País com falsa declaração de conteúdo etc. (com a redação básica do DL nº 1.455, de 07.04.76, art. 23, e Lei federal nº 10.637, de 30.12.02, art. 23).

Para tanto, será lavrado auto de infração, acompanhado de termo de apreensão e, se for o caso, de guarda fiscal, podendo ser apresentada impugnação, com posterior decisão do Ministro da Fazenda (atual Ministério da Economia).

Este procedimento ensejara ações judiciais calcadas na inconstitucionalidade do DL nº 1.455/76, a seguir apontadas:
   a) não ocorrência de dano ao Erário, que deve existir em caso concreto. A demora no desembaraço, por exemplo, não resulta em diminuição patrimonial da União, porque o importador arca com os tributos aduaneiros, em valores atualizados;

b) caracterização de confisco, em face do desapossamento de um bem do particular, sem prévia indenização. O perdimento representa o ressarcimento da União pelo prejuízo causado a alguém, revestindo a natureza de uma pena;
c) a ficção jurídica – dano ao Erário em face do abandono de mercadoria em virtude de decurso de prazo – não pode ferir o direito de propriedade. A perda desse direito somente é concebida como ressarcimento de um dano que tenha efetivamente ocorrido. A ficção é impraticável para contornar garantia e direitos constitucionais;
d) a caracterização do abandono deve estar positivada em processo regular, em que inexista o mínimo interesse do importador. A supressão da garantia do devido processo legal viola direitos dos cidadãos.

O vigente ordenamento jurídico (CF/88) não contém preceito específico sobre o "perdimento de bens por danos causados ao erário", a exemplo do que dispunha a Constituição anterior (art. 153, §11).

A atual CF (art. 5º) estabelece um elenco significativo de direitos e garantias individuais, estabelecendo que "ninguém será privado da liberdade ou de seus bens sem o devido processo legal" (inciso LIV), em face do que sua aplicação somente poderia ser promovida pelo Judiciário, em caso de condenação criminal (inciso XLV, b). Ademais, o DL nº 1.455/76 teria perdido eficácia porque não fora objeto de ratificação pelo Congresso Nacional (art. 25, §1º do Ato das Disposições Transitórias).

Apenas se encontra prevista a decretação de perdimento de bens, nos termos da lei, em situações concernentes à pena criminal, que constitui matéria distinta da alfandegária, de cunho administrativo. Além disso, a CF-88 garante o direito de propriedade (art. 5º, inciso XXII) e o livre exercício de qualquer trabalho, ofício ou profissão, e de atividades econômicas (arts. 5º, inciso XIII, e 170, parágrafo único), que estará sendo coartado na medida em que o importador fique desapossado de seus bens.

A Lei federal nº 9.779, de 19.01.99, estabelece um abrandamento da punição ao permitir que o importador, antes de ser aplicada a pena de perdimento, poderá iniciar o respectivo despacho aduaneiro, mediante o cumprimento das formalidades exigidas e o pagamento dos tributos incidentes na importação, acrescidos de juros e multa, e das despesas decorrentes da permanência da mercadoria em recinto alfandegado.

A pena de perdimento poderá ser convertida, a requerimento do importador e antes de ocorrida a destinação, em multa equivalente ao valor aduaneiro da mercadoria, sendo que a entrega ao importador fica condicionada à comprovação do pagamento da multa e ao atendimento das normas de controle administrativo.

O Regulamento também estabelece a pena de *perdimento de moeda* nacional ou estrangeira, em espécie, no valor excedente a R$10.000,00, ou o equivalente em moeda estrangeira, em poder de pessoa que ingresse no território aduaneiro ou dele saia, salvo na hipótese em que o porte do valor excedente esteja autorizado em legislação específica (art. 700).

Pertinente a decisão proferida pelo STJ:

1. A aquisição, no mercado interno, de mercadoria importada, mediante nota fiscal, gera a presunção de boa-fé do adquirente, cabendo ao Fisco a prova em contrário.
2. A pena de perdimento não pode desconsiderar a boa-fé do adquirente, *máxime* quando o veículo fora adquirido, originariamente, em estabelecimento comercial sujeito a fiscalização, desobrigando-se o comprador a investigar o ingresso da mercadoria no país.

3. Aplicar-se ao comprador a perda de perdimento da mercadoria, em razão de a vendedora não ter comprovado o pagamento dos tributos devidos pela importação, revela solução deveras drástica para quem não importou e nem é responsável tributário, quiçá inconstitucional, à luz da cláusula pétrea de que a sanção não deve passar a pessoa do infrator (CF, art. 5º, XLV). Precedentes da 1ª Seção.
(AgRg no Agravo de Instrumento nº 487.282-RS, 1ª Turma, rel. Min. Luiz Fux, j. 20.11.03, *DJU* 1 de 19.12.03, p. 331)

Relativamente ao *abandono de carga*, positivara o seguinte:

O abandono da carga por seu dono é fato sujeito a procedimento administrativo fiscal com vistas à aplicação da pena de perdimento da respectiva mercadoria, mas não induz à apreensão do container que a embalou, uma vez que este tem existência concreta para atingir sua finalidade, conforme se depreende da análise conjunta da Lei nº 9.611/98, com o artigo 92, do Código Civil/02 e artigo 3º, da Lei nº 6.288/75. Precedente: REsp nº 526.767/PR, Rel. Min. Denise Arruda, DJ de 19/09/05.
(REsp nº 914.700-SP, 1ª Turma, rel. Min. Francisco Falcão, j. 17.04.07, *DJU* 1 de 07.05.07, p. 298)

O STJ afastara a pena de perdimento, no caso de mero *erro no preenchimento equivocado da fatura comercial*:

Tributário. Mercadoria em Trânsito Aduaneiro. Divergência entre o Descrito na Fatura e a Mercadoria Encontrada. Mera Irregularidade Formal. Perdimento. Incabimento. Princípios da Razoabilidade e da Proporcionalidade. Ausência de Prejuízo ao Fisco.
(...)
2. O preenchimento equivocado da fatura comercial por parte do exportador (irregularidade meramente formal já sanada através de retificação) não tem o condão de manter a decretação da pena de perdimento, pois no âmbito administrativo deve-se levar em consideração o princípio da proporcionalidade, no qual não pode o administrador (Fisco) abusar do poder de polícia que lhe é inerente, aplicando uma sanção que implicaria em afronta a CF/88, por tratar-se de praticamente de um confisco de bens em razão de uma infração de potencial inexpressivo.
3. Não havendo provas do efetivo prejuízo ao Erário, incabe a aplicação da pena de perdimento, sobretudo quando não há proporcionalidade entre o bem expropriado e a infração cometida. Precedente da Primeira Seção desta Colenda Corte.
(REsp nº 569.163-PR, rel. Min. Luiz Fux, j. 1º.04.04, *DJU* 1 de 09.03.04)

Tributário – Importação – *Erro no Preenchimento da Guia* – Correção Posterior (art. 169, III, DL 37/66 com a Redação da Lei 6.562/78).
1. Constitui-se em irregularidade administrativo-tributária o errôneo preenchimento da guia de importação.
2. A norma do art. 169, III pune com multa o simples erro, sem importar-se quanto ao alcance de prejuízo para o Fisco.
3. Interpretação abrandada pela jurisprudência, para harmonizar o texto legislativo com o princípio da finalidade da sanção.
4. Não havendo prejuízo para o Fisco e sendo o erro corrigido pelo contribuinte, antes do desembaraço aduaneiro, inexiste sanção.
(REsp nº 24.391-CE, 2ª Turma, rel. Min. Eliana Calmon, *DJU* 1 de 1º.10.01, p. 186)

Administrativo – Pena de Perdimento – art. 23 do Decreto-Lei 1.455/76 – Dano ao Erário Inexistente – Princípio da Proporcionalidade.
A jurisprudência desta e. Segunda Turma firmou o entendimento de que se deve flexibilizar a pena de perdimento de bens, quando ausente o elemento danoso.
(REsp nº 331.548-PR, 2ª Turma, rel. Min. Francisco Peçanha Martins, j. 16.02.06, *DJU* 1 de 04.05.06, p. 154)

No caso de *subfaturamento do valor da mercadoria*, fora excluído perdimento, a saber:

Tributário. Direito Aduaneiro. Declaração de Importação. Subfaturamento do Valor da Mercadoria. Pena de Perdimento. Descabimento. Aplicação da Multa Prevista no Art. 108, Parágrafo Único, do Decreto-Lei nº 37/66. Critério da Especialidade da Norma. Princípio da Proporcionalidade e da Razoabilidade. Consideração.
1. A falsidade ideológica consistente no subfaturamento do valor da mercadoria na declaração de importação dá ensejo à aplicação da multa prevista no art. 105, parágrafo único, do Decreto-Lei nº 37/66, que equivale a 100% do valor do bem, e não à pena de perdimento do art. 105, VI, daquele mesmo diploma legal.
2. Interpretação harmônica com o art. 112, IV, do CN, bem como com os princípios da especialidade da norma, da razoabilidade e da proporcionalidade. Precedentes (...).
(REsp nº 1.218.798-PR – 1ª. T. – rel. Min. Sérgio Kukina – j. 08.09.15 – *DJe* 1.10.15)

Exclui a pena de perdimento em casos de *desproporcionalidade*, a saber:

Tributário. Perdimento de Veículo Utilizado no Transporte de Mercadorias Contrabandeadas. Desproporcionalidade entre Valor do Veículo e Valor das Mercadorias. Impossibilidade. Recurso Especial a que se dá Provimento.
(REsp nº 1.037.734-PR, 1ª Turma, rel. Min. Teori Albino Zavascki, j. 13.05.08, *DJe* de 28.05.08)

11.7.6 Regimes especiais

Trata-se de sistema temporário de controle e pagamento de tributo, imposto pelo Fisco em decorrência de embaraço à fiscalização, constituição por pessoas que não sejam os verdadeiros sócios, realização de operações sem a devida inscrição, reincidências de infrações à legislação tributária.
No âmbito do ICMS, tais regimes têm consistido nos procedimentos seguintes:
a) manutenção de fiscalização ininterrupta no estabelecimento;
b) recolhimento compulsório do imposto, antes da saída da mercadoria do estabelecimento comercial, ou após a saída e antes da entrega ao destinatário;
c) vedação aos negociantes adquirentes de bens de utilizarem crédito do imposto a que têm direito, quando desacompanhados de guia especial de pagamento do tributo por parte do vendedor;
d) retenção dos talonários de nota fiscal, para aposição de um carimbo, mostrando que o contribuinte encontra-se sob regime especial;
e) publicação do ato impositivo da Administração na imprensa oficial.

Embora seja louvável a preocupação do Fisco em coibir as práticas sonegatórias, o fato é que, muitas vezes, esses expedientes violam diversos direitos individuais:
a) princípio da legalidade, ao estipular prazo de pagamento de forma diversa da constante da legislação;

b) princípio da indelegabilidade de poderes, ao permitir à autoridade administrativa a execução dos referidos atos, sem embasamento jurídico;
c) princípio do livre exercício do trabalho, ao dificultar a prática dos negócios dos contribuintes;
d) princípio do sigilo profissional, ao divulgar a situação econômica e financeira do contribuinte, expondo-o ao conhecimento da coletividade.

O STF já firmou diretriz no sentido de que "o regime especial do ICM, autorizado em lei estadual, porque impõe restrições e limitações à atividade comercial do contribuinte, viola a garantia constitucional da liberdade de trabalho (CF-67, art. 153, §23; CF-88, art. 5º, XIII), constituindo forma oblíqua de cobrança do tributo, assim execução política que a jurisprudência do Supremo Tribunal Federal sempre repeliu" (Súmulas nºs 70, 323 e 547; ERE nº 115.452-7-SP, Pleno, rel. Min. Carlos Velloso, j. 04.10.90, *DJU* de 16.11.90, *Lex-JSTF* 146/129-134).

Também decidira que "consubstancia sanção política visando o recolhimento de tributo condicionar a expedição de notas fiscais a fiança, garantia real ou fidejussória por parte do contribuinte. Inconstitucionalidade do parágrafo único do artigo 42 da Lei nº 8.820/89 do Estado do Rio Grande do Sul" (RE nº 565.048 – Plenário – rel. Min. Marco Aurélio – j. 29.05.14 – *DJe* 09.10.14, p. 36-37).

11.7.7 Devedor remisso

As autoridades fazendárias, de longa data, cerceiam as atividades das pessoas (naturais e jurídicas) que estão com débito tributário, tendo o Judiciário posto cobro a tais práticas, mediante a expedição dos entendimentos seguintes:

> Não é lícito à autoridade proibir que o contribuinte em débito adquira estampilhas, despache mercadorias nas alfândegas e exerça suas atividades profissionais.
> (Súmula nº 547 do STF)

> Os certificados de quitação e de regularidade não podem ser negados, enquanto pendente decisão, na via administrativa, o débito levantado.
> (Súmula nº 29 do TFR)

> Os certificados não podem ser negados se o débito estiver garantido por penhora regular.
> (Súmula nº 38 do TFR)

Todavia, a Lei federal nº 10.522, de 19.07.02, dispôs sobre o Cadastro Informativo dos créditos não quitados de órgãos e entidades federais (Cadin), contendo a relação das pessoas físicas e jurídicas que: I) sejam responsáveis por obrigações pecuniárias vencidas e não pagas, para os órgãos federais; II) estejam com a inscrição nos cadastros do Ministério da Fazenda a) suspensa ou cancelada no CPF; b) declarada inapta perante o CNPJ.

É obrigatória a consulta prévia ao Cadin, pelos órgãos e entidades da Administração Pública Federal, direta e indireta, para (I) realização de operações de crédito que envolvam a utilização de recursos públicos; (II) concessão de incentivos fiscais e financeiros; (III) celebração de convênios, acordos, ajustes ou contratos que envolvam desembolso, a qualquer título de recursos públicos, e respectivos aditamentos.

11.7.8 Procedimento especial de fiscalização

A Instrução Normativa SRF nº 1986, de 29.10.20, dispôs sobre procedimento de fiscalização utilizado no combate às *fraudes aduaneiras*, ao qual estão sujeitos quaisquer intervenientes nas operações de comércio exterior.

O procedimento poderá ser instaurado (i) antes de as mercadorias serem submetidas a despacho aduaneiro; (ii) depois do início do despacho aduaneiro e antes das mercadorias serem desembaraçadas; e (iii) depois de as mercadorias serem desembaraçadas, observado o prazo decadencial.

O Auditor Fiscal da RFB responsável pela execução poderá adotar, dentre outras que considerar necessárias, as seguintes providências:

I – realizar diligência do interveniente fiscalizado ou de terceiro relacionado, inclusive para coleta de documentos e informações, em meio físico ou digital, ou solicitar a sua realização a outra unidade da RFB;

II – solicitar laudo técnico para identificar ou quantificar as mercadorias, inclusive suas matérias-primas constitutivas, ou laudo expedido por entidade ou técnico especializado para apurar preços no mercado internacional;

III – apurar a veracidade da declaração e a autenticidade do certificado de origem das mercadorias, inclusive por meio de intimação do importador ou do exportador para apresentar documentação comprobatória sobre a localização, a capacidade operacional e o processo de fabricação para a produção dos bens importados;

IV – intimar o importador, o exportador ou outro interveniente na operação a apresentar informações sobre a movimentação financeira e, se necessário, elaborar relatório circunstanciado com vista à expedição de Requisição de Informações sobre Movimentação Financeira (RMF);

V – intimar o importador, o exportador, ou outro interveniente na operação a apresentar informações e documentos adicionais que se mostrem necessários ao andamento dos trabalhos, inclusive os relativos a outras operações de comércio exterior que tenha realizado;

VI – exigir a apresentação dos registros contábeis do importador, do exportador ou de qualquer outro interveniente;

VII – intimar a empresa a comprovar seu efetivo funcionamento e sua condição de real adquirente, encomendando ou vendedor das mercadorias, inclusive mediante o comparecimento de sócio com poder de gerência ou diretor, acompanhado, se for o caso, da pessoa responsável pelas transações internacionais e comerciais;

VIII – intimar a empresa a comprovar a origem, a disponibilidade e a efetiva transferência, se for o caso, dos recursos necessários à prática das operações; e

IX – propor a apresentação, à Assessoria de Relações Internacionais (Asain), de pedido de requisição de informações à administração aduaneira do país de qualquer das partes envolvidas na operação, caso exista, para tal fim, tratado, acordo ou convênio vigente com o referido país.

O Procedimento poderá acarretar, dentre outras consequências e nos termos da legislação em vigor:

I – a aplicação da pena de perdimento das mercadorias e da multa equivalente ao seu valor aduaneiro;
II – a constituição de créditos relativos a tributos e multas;
III – a aplicação de sanções administrativas;
IV – a representação para declaração de inaptidão da inscrição no Cadastro Nacional de Pessoa Jurídica (CNPJ);
V – a representação fiscal para fins penais;
VI – a representação para fins penais;
VII – a representação à fiscalização de tributos internos;
VIII – a representação para outros órgãos da Administração Pública; e
IX – a revisão de habilitação para operação nos sistemas de comércio exterior.

A "retenção das mercadorias" poderá ser efetuada sempre que houver indícios de infração punível com a pena de perdimento; estando, ainda, regulada a "apreensão das mercadorias" vinculadas ao Procedimento.

11.7.9 Arrolamento

O Decreto federal nº 4.523, de 17.12.02, e a Instrução Normativa RFB nº 2091, de 22.06.22, estabeleceram requisitos para o arrolamento de bens e direitos, definindo os procedimentos para a formalização de representação para a propositura de medida cautelar fiscal, que poderá ser efetuado sempre que a soma dos créditos tributários administrados pela Secretaria da Receita Federal do Brasil (RFB), de responsabilidade do sujeito passivo, exceder, simultaneamente, a: (I) 30% (trinta por cento) do seu patrimônio conhecido; e (II) R$2.000.000,00 (dois milhões de reais).

Para fins de apuração do valor previsto no inciso I, considera-se patrimônio conhecido:

I – no caso de pessoa física, aquele informado na ficha de bens e direitos da última Declaração de Ajuste Anual do Imposto sobre a Renda da Pessoa Física (DIRPF), sem a dedução dos valores registrados no campo destinado a informações sobre dívidas e ônus reais, excluídos os bens e direitos em nome de dependentes e incluídos aqueles em nome do cônjuge ou companheiro em união estável;

II – no caso de pessoa jurídica, o total do ativo informado no último balanço patrimonial registrado na contabilidade, constante da Escrituração Fiscal Contábil (ECF) ou da Escrituração Contábil Digital (ECD).

A requerimento do sujeito passivo ou de ofício pela RFB, os bens e direitos poderão ser avaliados:

I – se bens imóveis:
a) pelo valor de aquisição constante do respectivo título, ainda que pendente de registro no cartório de imóveis, no caso de escritura pública formalizada no tabelionato de notas;
b) pelo valor que serve de base de cálculo para lançamento do IPTU;
c) pelo Valor da Terra Nua (VTN) utilizado para apuração do ITR, no caso de imóvel rural;

d) pelo valor que serve de base de cálculo do ITBI;

e) pelo valor constante do registro público, em decorrência de avaliação realizada de acordo com o §2º do art. 64-A da Lei nº 9.532, de 10.12.97;

f) pelo valor constante do contrato de hipoteca ou de alienação fiduciária a favor de instituição financeira, registrado na matrícula do imóvel no cartório de registro de imóveis, no caso de financiamento total do valor do imóvel, ou por aquele somado ao valor pago à vista, no caso de financiamento parcial;

g) pelo valor constante de apólice de seguro vigente, adquirida de instituição seguradora autorizada pela Susep;

h) pelo valor informado em avaliação judicial, desde que averbada na matrícula do imóvel; e

II – se bens móveis ou direitos:

a) pelo valor de aquisição constante da nota fiscal de compra ou de documento equivalente;

b) pelo valor que serve de base de cálculo do IPVA, no caso de veículos;

c) pelo valor de mercado, conforme parâmetros informados em veículo de divulgação especializado ou laudo de órgão oficial, exceto no caso de títulos ou valores mobiliários;

d) no caso de aeronaves, pela certidão emitida pela Anac, se dela constar o valor da compra ou da importação;

e) no caso de aeronaves e embarcações importadas, pelo valor constante da declaração de importação ou pelo valor apurado com base em parâmetros informados em veículo de divulgação especializado, publicação ou laudo de órgão oficial;

f) pelo valor decorrente de avaliação realizada de acordo com o §2º do art. 64-A da Lei nº 9.532, de 1997;

g) pelo valor constante do contrato de alienação fiduciária ou reserva de domínio em favor de instituição financeira ou revendedora de veículos, embarcações, aeronaves ou máquinas, registrado em cartório de registro de títulos e documentos, no caso de financiamento total do valor do bem, ou por aquele somado ao valor pago à vista, no caso de financiamento parcial; ou

h) pelo valor constante de apólice de seguro vigente adquirida de instituição seguradora autorizada.

Poderão ser arrolados os seguintes bens e direitos, em valor suficiente para satisfação do montante dos créditos tributários de responsabilidade do sujeito passivo, excluídos os garantidos com depósito judicial ou depósito administrativo realizado para liberação de mercadorias no âmbito aduaneiro:

I – se pessoa física, os integrantes do seu patrimônio, sujeitos a registro público, inclusive os que estiverem em nome do cônjuge e do companheiro em união estável adquiridos na constância da união, exceto se gravados com cláusula de incomunicabilidade ou cuja incomunicabilidade decorra de lei, aplicando-se ainda, no caso de união estável, o disposto no contrato escrito formalizado entre os companheiros mediante escritura pública, conforme o disposto no art. 1.725 da Lei nº 10.406, de 10.01.02;

II – se pessoa jurídica, os de sua propriedade, integrantes do ativo não circulante, sujeitos a registro público, inclusive os registrados em nome de suas filiais ou de pessoas jurídicas incorporadas, transformada, cindidas ou fusionadas.

São arroláveis os bens e direitos que estiverem registrados em nome do sujeito passivo nos respectivos órgãos ou entidades competentes de registro e controle mesmo que não integrem a declaração de bens e direitos da pessoa física ou não estejam regularmente registrados na contabilidade da pessoa jurídica.

O arrolamento será realizado na seguinte ordem de prioridade:

I – bens imóveis não gravados;
II – bens imóveis gravados; e
III – demais bens e direitos passíveis de registro.

Não serão objeto de arrolamento os bens e direitos:

I – da Fazenda federal, estadual, municipal e do Distrito Federal e suas respectivas autarquias e fundações públicas; e
II – de empresa com falência decretada, sem prejuízo do arrolamento em face dos eventuais responsáveis;
III – de instituições sujeitas a controle por autarquias federais do Poder Executivo e com liquidação extrajudicial decretada, sem prejuízo do arrolamento em face dos eventuais responsáveis.

O titular da unidade da RFB do domicílio tributário do sujeito passivo, ou outra autoridade administrativa por delegação de competência, encaminhará aos órgãos de registro competentes a relação de bens e direitos, para fins de averbação ou registro do arrolamento ou ainda de seu cancelamento, independentemente do pagamento de custas ou emolumentos, conforme abaixo:

I – cartório de registro de imóveis, relativamente aos bens imóveis;
II – órgãos ou entidades nos quais, por força de lei, os bens móveis ou direitos sejam registrados ou controlados; ou
III – cartório de títulos e documentos e registros especiais do domicílio tributário do sujeito passivo, relativamente aos demais bens e direitos, onde será feito o registro do Termo de Arrolamento de Bens e Direitos.

A IN estabelece os procedimentos para o arrolamento, acompanhamento, cancelamento, substituição de bens e direitos adquiridos, configurando hipóteses de cancelamento do arrolamento:

I – a desapropriação pelo Poder Público federal, estadual, municipal ou do Distrito Federal, ou a transferência do bem ou direito para esses órgãos;
II – a perda total do bem ou direito, motivada por acidente de qualquer natureza, decorrente ou não de causas naturais, por roubo ou furto, ou pela extinção do direito;
III – a expropriação judicial;
IV – a comunicação do órgão de registro, em decorrência do disposto inciso II do *caput* do art. 14;
V – a ordem judicial,
VI – a nulidade ou a retificação do lançamento, por decisão administrativa ou judicial definitiva, que implique redução da soma dos créditos tributários para montante que não justifique o arrolamento;
VII – a transferência de propriedade por sentença de homologação de partilha em processo de inventário judicial ou pela escritura pública de inventário extrajudicial a que se refere o §1º do art. 610 da Lei nº 13.105, de 16.03.15 – Código de Processo Civil;

VIII – a transferência de propriedade por escritura pública de divórcio consensual, separação consensual ou extinção consensual de união estável, nos termos do art. 733 da Lei nº 13.105, de 2015, desde que o título respectivo já tenha sido levado a registro nos órgãos competentes;

IX – a consolidação extrajudicial da propriedade fiduciária de coisa imóvel ao credor fiduciário, nos termos dos §§1º, 7º e 8º do art. 26 e do art. 27 da Lei nº 9.514, de 20.11.97; e

X – a consolidação extrajudicial da propriedade fiduciária de coisa móvel ao credor fiduciário, nos termos do §3º do art. 66-B da Lei nº 4.728, de 14.07.65, do art. 2º do Decreto-Lei nº 911, de 1969, e do parágrafo único do art. 1.365 do Código Civil.

É facultado ao sujeito passivo apresentar recurso administrativo no processo de arrolamento de bens e direitos, no prazo de 10 (dez) dias contados da data da ciência da decisão recorrida.

O recurso será apreciado, na primeira instância, pelo Auditor-Fiscal da RFB que lavrou o TABD, ou proferiu a decisão recorrida, em exercício na Egar da região fiscal em que estiver localizado o domicílio tributário do sujeito passivo ou na equipe correspondente da unidade da RFB que não tem a atividade de garantia do crédito tributário integrada à Egar Regional, o qual, se não reconsiderar a decisão, encaminhará o recurso ao titular.

A decisão proferida pelo titular da unidade da RFB competente para analisar o recurso, em segunda instância, será definitiva na esfera administrativa.

O STJ havia se manifestado da forma seguinte:

Ementa

Tributário. Arrolamento de Bens e Direitos do Contribuinte Efetuado pela Administração Tributária. Artigo 64, da Lei 9.532/97. Inexistência de Gravame ou Restrição ao Uso, Alienação ou Oneração do Patrimônio do Sujeito Passivo. Desnecessidade de Prévia Constituição do Crédito Tributário. Legalidade da Medida Acautelatória.

1. O arrolamento de bens e direitos do sujeito passivo da obrigação tributária pode ocorrer: 1) *por iniciativa do contribuinte,* para fins de seguimento do recurso voluntário interposto contra decisão proferida nos processos administrativos de determinação e exigência de créditos tributários da União (Decreto nº 70.235/72) ou, em se tratando de Programa de Recuperação Fiscal – Refis, para viabilizar a homologação da opção nos termos da Lei nº 9.964/00; e 2) *por iniciativa da autoridade fiscal competente,* para acompanhamento do patrimônio passível de ser indicado como garantia de crédito tributário em medida cautelar fiscal.

2. O arrolamento de bens de iniciativa da Administração Tributária encontra-se regulado pela Lei 9.532/97, na qual foi convertida a Medida Provisória nº 1.602, de 14 de novembro de 1997, podendo ocorrer sempre que a soma dos créditos tributários exceder 30% (trinta por cento) do patrimônio do contribuinte e, simultaneamente, for superior a quantia de R$ 500.000,00 (quinhentos mil reais). A finalidade da referida medida acautelatória é conferir maior garantia aos créditos tributários da União, assegurando a futura excussão de bens e direitos do sujeito passivo suficientes à satisfação do débito fiscal.

3. Efetivado o arrolamento fiscal, deve o mesmo ser formalizado no registro imobiliário, ou em outros órgãos competentes para controle ou registro, ficando o contribuinte, a partir da data da notificação do ato de arrolamento, obrigado a comunicar à unidade do órgão fazendário a transferência, alienação ou oneração dos bens ou direitos arrolados. O descumprimento da referida formalidade autoriza o requerimento de medida cautelar fiscal contra o contribuinte.

4. Depreende-se, assim, que o arrolamento fiscal não implica em qualquer gravame ou restrição ao uso, alienação ou oneração dos bens e direitos do contribuinte, mas apenas, por meio de registro nos órgãos competentes, resguarda a Fazenda contra interesses de terceiros, assegurando a satisfação de seus créditos.

5. Ademais, a extinção do crédito tributário ou a nulidade ou retificação do lançamento, que implique redução do débito tributário para montante que não justifique o arrolamento, imputa à autoridade administrativa o dever de comunicar o fato aos órgãos, entidades ou cartórios para que sejam cancelados os registros pertinentes.

6. Tribunal de origem que entendeu desarrazoado o arrolamento de bens procedido pela Fazenda Pública, enquanto pendente de recurso o processo administrativo tendente a apurar o valor do crédito tributário, uma vez que não haveria crédito definitivamente constituído.

7. A medida cautelar fiscal, ensejadora de indisponibilidade do patrimônio do contribuinte, pode ser intentada mesmo antes da constituição do crédito tributário, nos termos do artigo 2º, inciso V, 'b', e inciso VII, da Lei nº 8.397/92 (com a redação dada pela Lei nº 9.532/97), o que implica em raciocínio analógico no sentido de que o arrolamento fiscal também prescinde de crédito previamente constituído, uma vez que não acarreta em efetiva restrição ao uso, alienação ou oneração dos bens e direitos do sujeito passivo da obrigação tributária, revelando caráter *ad probationem*, e por isso autoriza o manejo da ação cabível contra os cartórios que se negarem a realizar o registro de transferência dos bens alienados.

8. Recurso especial provido.

(REsp nº 689.472-SE, 1ª Turma, rel. Min. Luiz Fux, j. 05.10.06, *DJU* 1 de 13.11.06, p. 227/228)

O STJ entende que "o arrolamento de bens, instituído pelo art. 64 da Lei nº 9.532/97 gera cadastro em favor do Fisco, destinado apenas a viabilizar o acompanhamento da evolução patrimonial do sujeito passivo da obrigação tributária. Este último permanece no gozo dos atributos da propriedade, tanto que os bens arrolados, por não se vincularem à satisfação do crédito tributário, podem ser transferidos, alienados ou onerados, independentemente da concordância da autoridade fazendária" (AgRg no Agravo em Recurso Especial nº 289.805-SC – 2ª. T. – rel. Min. Herman Benjamin – j. 06.08.13 – *DJe* 12.09.13).

A impenhorabilidade do bem de família não impede seu arrolamento fiscal (REsp nº 1.382.985-SC – 2ª. T. – rel. Min. Eliana Calmon – j. 15.08.13 – *DJe* 22.08.13).

11.7.10 Interdição de estabelecimento

Impede a execução dos negócios e atividades do contribuinte, sendo inadmissível como meio coercitivo para a cobrança de tributo (Súmula nº 70 do STF).

Justifica-se apenas como exercício regular do poder de polícia, para impedir que sejam desenvolvidas atividades profissionais em estabelecimentos e locais que não ofereçam condições de segurança, higiene etc.; ou consoante previsão em legislação excepcional (entidades financeiras etc.).

11.7.11 Protesto do título

A Lei federal nº 9.492, de 10.09.97 (com alterações básicas da Lei federal nº 14.711, de 30.10.23), disciplina os serviços de protesto de títulos considerado como o ato formal e solene pelo qual se prova a inadimplência e o descumprimento de obrigação originada em títulos e outros documentos de dívida.

Compete privativamente ao Tabelião de Protestos de Títulos, na tutela dos interesses públicos e privados, a protocolização, a intimação, o acolhimento da devolução ou do aceite, o recebimento do pagamento, do título e de outros documentos, de dívida, bem como lavrar e registrar o protesto ou acatar a desistência do credor em relação ao mesmo, proceder às averbações, prestar informações e fornecer certidões relativas a todos os atos praticados.

A Portaria nº 429 de 04.06.14, da PGF, dispôs que as Certidões de Dívida Ativa da União, respectivamente aqueles cujos valores não ultrapassem o limite estabelecido pela Portaria MF nº 49/04, poderão ser levadas a *protesto*, antes do ajuizamento da ação de execução fiscal.

O judiciário tem se manifestado na forma seguinte:

(...);
I – A Certidão da Dívida Ativa, a teor do que dispõe o art. 204 do CTN, goza de presunção de liquidez e certeza que somente pode ser afastada mediante apresentação de prova em contrário.
II – A presunção legal que reveste o título emitido unilateralmente pela Administração Tributária serve tão somente para aparelhar o processo executivo fiscal, consoante estatui o art. 38 da Lei 6.830/80 (Lei de Execuções Fiscais).
III – Dentro desse contexto, revela-se desnecessário o protesto prévio do título emitido pela Fazenda Pública (...).
(REsp nº 287.824/MG – 1ª. T. – rel. Min. Francisco Falcão – j. 20.10.05 – DJ 20.02.06, p. 205)

Ementa
Tributário e Processual – Certidão de Dívida Ativa – Protesto Prévio – Desnecessidade – Presunção de Certeza e Liquidez – Ausência de Dano Moral – Deficiência de Fundamentação – Súmulas 284/STF.
(...)
A Certidão de Dívida Ativa além da presunção de certeza e liquidez é também ato que torna público o conteúdo do título, não havendo interesse de ser protestado, medida cujo efeito é só a publicidade.
É desnecessário e inócuo o protesto prévio da Certidão da Dívida Ativa. Eventual protesto não gera dano moral *in re ipsa* (...).
(REsp nº 1.93.601-RJ – 2ª. T. – rel. Min. Eliana Calmon – j. 18.11.08 – DJe de 15.12.08)

Como razão de decidir fora argumentado que a Fazenda Pública cobra título por ela própria produzido, unilateralmente, sem qualquer manifestação de vontade do devedor, dentro da potestade que reveste a gênese da tributação. Assinala que a função do protesto é caracterizar a impontualidade e o inadimplemento do devedor, constituindo-o em mora.

Enfatiza o aresto que a simples ausência de recolhimento da exação tributária aos cofres públicos, no prazo legal, tem o condão de constituir o contribuinte em mora, o que revela a desnecessidade de protesto para este fim específico. Tendo a CDA presunção relativa de certeza e liquidez, servindo como prova pré-constituída, resta caracterizado o inadimplemento como elemento probante.

Assim, sobressairia a falta de interesse ao ente público que justifique o protesto prévio da Certidão da Dívida para satisfação do crédito tributário que este título representa.

Significativa a postura seguinte:

> Em decisão monocrática foram acolhidos os argumentos de que a Certidão de Dívida Ativa, por si só, já configura título executivo e que o fato de se promover o protesto a partir do boleto bancário conflita com a disciplina referente à cobrança do tributo. Entendera que a execução deve ser realizada da maneira menos gravosa para o devedor, sendo o protesto, inegavelmente, mediante coercitiva, conduzindo à execração pública, inserindo no rol dos inadimplentes.
> (STF – Suspensão de Segurança nº 2.080-3 – rel. Min. Marco Aurélio – j. 18.10.02 – *DJU* 20.12.02)

A Lei federal nº 12.767, de 27.12.12, acrescentou o parágrafo único, ao artigo 1º da Lei nº 9.492/97, dispondo que "incluem-se entre os títulos sujeitos a protesto, as certidões da dívida ativa da União, dos Estados, do Distrito Federal, dos Municípios e das respectivas autarquias e fundações públicas".

O STJ proferiu decisão sob os fundamentos seguintes:

> Ementa
> Processual Civil e Administrativo. Protesto de CDA. Lei 9.492/1997. Interpretação Contextual com a Dinâmica Moderna das Relações Sociais e o "I Pacto Republicano do Estado por um Sistema de Justiça mais Acessível, Ágil e Efetivo". Superação da Jurisprudência do STJ.
> 1. Trata-se de Recurso Especial que discute, à luz do art. 1º da Lei 9.492/1997, a possibilidade de protesto da Certidão da Dívida Ativa (CDA), título executivo extrajudicial (art. 586, VIII, do CPC) aparelha a Execução Fiscal regida pela Lei 6.830/80.
> 2. Merece destaque a publicação da Lei nº 12.762/2012, que promoveu a inclusão do parágrafo único no art. 1º da Lei nº 9.492/1997, para expressamente consignar que estão incluídas 'entre os títulos sujeitos a protesto as certidões de dívida ativa da União, dos Estados, do Distrito Federal, dos Municípios, e das respectivas autarquias e fundações públicas;
> (...);
> 6. Dada à natureza bifronte do protesto, não é dado ao Poder Judiciário substituir-se à Administração para eleger, sob o enfoque da necessidade (utilidade ou conveniência), as políticas públicas para recuperação, no âmbito extrajudicial, da dívida ativa da Fazenda Pública.
> 7. Cabe ao Judiciário, isto sim, examinar o tema controvertido sob o espectro jurídico, ou seja, quanto à sua constitucionalidade e legalidade, nada mais. A manifestação sobre essa relevante matéria, com base na valoração da necessidade e pertinência desse instrumento extrajudicial de cobrança de dívida, carece de legitimação, por romper com os princípios da *independência dos poderes* (art. 2º da CF/1988) e da *imparcialidade*.
> 8. São falaciosos os argumentos de que o ordenamento jurídico (Lei 6.830/80) já institui mecanismo para a recuperação do crédito fiscal e de que o sujeito passivo não participou da constituição do crédito.
> (...);
> 11. A inscrição em dívida ativa, de onde se origina a posterior extração da Certidão que poderá ser levada a protesto, decorre ou do exaurimento da instância administrativa (onde foi possível impugnar o lançamento e interpor recursos administrativos), ou de

documento de confissão de dívida, apresentado pelo próprio devedor (*e.g.*, DCTF, GIA, Termo de Confissão para adesão ao parcelamento etc.).

12. O sujeito passivo, portanto, não pode alegar que houve 'surpresa' ou 'abuso do poder' na extração da CDA, uma vez que esta pressupõe sua participação na apuração do débito. Note-se, aliás, que o *preenchimento e entrega da DCTF ou GIA (documentos de confissão de dívida) corresponde integralmente ao ato do emitente do cheque, nota promissória ou letra de câmbio).*
13. A possibilidade de protesto da CDA implica ofensa aos princípios do *contraditório* e do *devido processo legal*, pois subsiste, para todo e qualquer efeito, o controle jurisdicional, mediante provocação da parte interessada em relação à higidez do título levado a protesto.
(...)
15. O CNJ considerou que estão conformes com o princípio da *legalidade* normas expedidas pelas Corregedorias de Justiça dos Estados do Rio de Janeiro e de Goiás que, respectivamente, orientam seus órgãos a providenciar e admitir o protesto de CDA e sentenças condenatórias transitadas em julgado, relacionadas às obrigações alimentares (...)
(REsp nº 1.126.515-PR – 2ª. T. – rel. Min. Herman Benjamin – j. 03.12.13 – *DJe* 16.12.03)

O STF decidira o seguinte:

Ementa: DIREITO TRIBUTÁRIO. AÇÃO DIRETA DE INCONSTITUCIONALIDADE. LEI Nº 9.492/1997. ART. 1º, PARÁGRAFO ÚNICO. INCLUSÃO DAS CERTIDÕES DE DÍVIDA ATIVA NO ROL DE TÍTULOS SUJEITOS A PROTESTO. CONSTITUCIONALIDADE.
5. Ação Direta de Inconstitucionalidade julgada improcedentes. Fixação da seguinte tese: *"O protesto das Certidões de Dívida Ativa constitui mecanismo constitucional e legítimo, por não restringir de forma desproporcional quaisquer direitos fundamentais garantidos aos contribuintes e, assim, não constituir sanção política.*
(ADI nº 5.135 – DF – Plenário – rel. Min. Roberto Barroso, sessão de 09.10.16)

11.7.12 Inscrição no Serasa. Serviço de proteção ao crédito

O *Serasa* é uma empresa privada, constituída com base na Lei das Sociedades Anônimas, que se dedica à atividade de prestação de serviços de interesse geral, a partir de seu banco de dados de informações para crédito, sendo reconhecida pelo Código de Proteção e Defesa do Consumidor, como entidade de caráter público. A Lei federal nº 8.078, de 11.09.90 (art. 43, §4º) estabelece que os bancos de dados e cadastros relativos a consumidores, os serviços de proteção ao crédito e congêneres são considerados entidades de caráter público.

Sua atuação abrange todos os Estados, reunindo dados sobre empresas e pessoas obtidos diretamente dos próprios interessados, cartórios extrajudiciais e outras serventias públicas, instituições financeiras, publicações oficiais e outras fontes próprias e pertinentes.

Referidas medidas cerceiam as atividades, pessoais e profissionais, das pessoas privadas na medida em que ficam impossibilitadas de obter financiamentos, realizar atos societários, adquirir imóveis, participar de licitações etc.

Todavia, o STJ manifestou o entendimento seguinte:

Recurso Especial – Divergência jurisprudencial – Não comprovação – Omissão – Inocorrência – Ação de Indenização – Dano moral – *Inscrição no Serasa* – Execução fiscal

– Fato verídico, público e previamente conhecido pelo consumidor – Ausência de comunicação do cadastramento – Irrelevância – Recurso não conhecido.
(...)
5. Reconhecimento pela própria recorrente de inequívoca ciência do procedimento administrativo fiscal ajuizado, com vistas à inscrição do débito, como dívida ativa e expedição da respectiva certidão, o qual, segundo tramitação legalmente prevista, apenas culminou com a propositura da execução fiscal.
6. E, cuidando-se de dado extraído do Diário Oficial e constante do Cartório Distribuidor da Justiça Federal, ainda que não passasse a constar de cadastro mantido por órgão de proteção ao crédito, já possuía acesso franqueado ao público, pelo que inviável cogitar-se de prejuízo mora da sistematização de dados públicos pelo Serasa.
7. À vista do somatório das peculiaridades, do caso *sub judice*, quais seja, inserção de dado verídico, público, e previamente conhecido pela recorrente, em banco de dados mantido pelo Serasa, não obstante a ausência de prévia comunicação acerca do cadastramento, afasta-se a ocorrência de dado moral imputável à recorrida.
(REsp nº 720.493-SP – 4ª. T. – rel. Min. Jorge Scartezzini – j. 10.06.05 – *DOU* 1 de 1º.07.05, p. 558)

11.7.13 Perda da propriedade imóvel

A falta de cumprimento dos ônus fiscais relativos a imóvel urbano que o proprietário abandonar, com a intenção de não mais o conservar em seu patrimônio, e que não se encontra na posse de outrem, que implica a arrecadação como bem vago, passando à propriedade do Município ou à do Distrito Federal, presume a intenção de seu abandono, acarretando a perda da propriedade (Código Civil, art. 1.275, II, e art. 1.276, §2º).

11.7.14 Prisão (crimes tributários)

Crime: suprimir ou reduzir tributo, ou contribuição social e qualquer acessório (Lei federal nº 8.137/90, art. 1º) mediante as seguintes condutas: I) omitir informações, ou prestar declaração falsa às autoridades fazendárias; II) fraudar a fiscalização tributária, inserindo elementos inexatos, ou omitindo operação de qualquer natureza, em documento ou livro exigido pela lei fiscal; III) falsificar ou alterar nota fiscal, fatura, duplicata, a nota de venda, ou qualquer outro documento relativo à operação tributável; IV) elaborar, distribuir, fornecer, emitir ou utilizar documento que saiba ou deva saber falso ou inexato; V) negar ou deixar de fornecer, quando obrigatório, nota fiscal ou documento equivalente, relativa à venda de mercadoria ou prestação de serviço, efetivamente realizada ou fornecê-la em desacordo com a legislação.

Caracteriza crime (Lei nº 8.137/90, art. 2º): I) fazer declaração falsa ou omitir declaração sobre rendas, bens ou fatos, ou empregar outra fraude, para eximir-se, total ou parcialmente, de pagamento de tributo; II) deixar de recolher, no prazo legal, valor de tributo ou de contribuição social, descontado ou cobrado, na qualidade de sujeito passivo de obrigação e que deveria recolher aos cofres públicos; III) exigir, pagar ou receber, para si ou para o contribuinte beneficiário, qualquer percentagem sobre a parcela dedutível ou deduzida de imposto ou de contribuição como incentivo fiscal; IV) deixar de aplicar, ou aplicar em desacordo com o estatuído, incentivo fiscal ou parcelas de imposto liberadas por órgão ou entidade de desenvolvimento; V) utilizar ou divulgar programa de processamento de dados que permita ao sujeito passivo da obrigação tributária possuir informação contábil diversa daquela que é, por lei, fornecida à Fazenda Pública.

O Código Penal (art. 168-A) configura crime deixar de repassar à previdência social as contribuições recolhidas dos contribuintes, no prazo e na forma legal ou convencional. Também caracteriza crime (art. 337-A) suprimir ou reduzir contribuição social previdenciária e qualquer acessório mediante as seguintes condutas: I) omitir de folha de pagamento da empresa ou de documento de informações previsto pela legislação previdenciária segurados empregado, empresário, trabalhador avulso ou trabalhador autônomo ou a este equiparado que lhe prestem serviços; II) deixar de lançar mensalmente nos títulos próprios da contabilidade da empresa as quantias descontadas dos segurados ou devidas pelo empregador ou pelo tomador de serviços; e III) omitir, total ou parcialmente, receitas ou lucros auferidos, remunerações pagas ou creditadas e demais fatos geradores de contribuições sociais previdenciárias.

O conceito normativo consubstancia o dano, no plano da antijuridicidade, com embasamento natural no resultado. Reconhecida a ilicitude da conduta (antijuridicidade do fato típico) e constatado o dano, ou lesão (desfalque do Erário), estará positivado o fenômeno da subsunção, com implicação punitiva.

Nos "crimes de resultado", o pagamento do tributo (inclusive contribuição), e adicionais, é fundamental para se afastar a tipicidade, diferentemente dos "crimes de mera conduta" em que – procedendo (ou não) ao recolhimento de valores tributários – o agente incorre nas penas cominadas, uma vez que importa unicamente o elemento volitivo, independente da lesão ao patrimônio público.

Procedimento e Representação Criminal: Instauração mediante a apuração material de fatos considerados como crimes e mediante suficientes indícios de sua autoria; mas consubstanciando mera presunção de crime e de sua culpabilidade, sem nenhuma segurança ou certeza da concretização desses, que permitam a prisão de um presumível criminoso, ante a existência de um presumível crime.

A falta de pagamento do tributo ou a insuficiência no seu recolhimento, certamente, pode implicar penalidade pecuniária, em razão do princípio da responsabilidade objetiva (art. 136 do CTN). Constatando inadimplemento de obrigação tributária, o agente de rendas não necessita perquirir a respeito da causa desta situação, os propósitos ou a intenção de seu infrator, sequer se agiu com culpa ou dolo.

Todavia, no Direito Penal, a condenação e mesmo a prisão devem, necessariamente, decorrer de responsabilidade pessoal do criminoso, de nada importando a simples constatação do fato objetivo (falta ou insuficiência de tributo).

Nos crimes tributários, as condutas especificadas revelam o caráter doloso do agente mediante fraudes, falsificações, adulterações e artifícios, ou seja, revelando manifesto propósito de obter o resultado sonegatório.

A Súmula nº 609 do STF, que estabelece que "é pública incondicionada a ação penal por crime de sonegação fiscal", cuida apenas da procedibilidade autônoma (esferas administrativa e judicial), não declarando que a ação penal possa concluir tenha havido, ou seja, que haja crime de sonegação.

A Portaria nº 199, de 13.07.22, do Secretário da Receita Federal do Brasil, dispõe sobre representação fiscal para fins penais referentes a crimes contra a ordem tributária, bem como contra a Previdência Social, e de contrabando ou descaminho, sobre representação para fins penais referente a crimes contra a Administração Pública Federal, em detrimento da Fazenda Nacional ou contra administração pública estrangeira, de falsidade de títulos, papéis e documentos públicos e de "lavagem" ou ocultação de bens, direitos e valores, e sobre representação referente a atos de improbidade administrativa.

O STF (1998) firmara diretriz no sentido de que o Ministério Público pode promover a instauração da ação penal pública mediante o conhecimento de atos criminosos na ordem tributária, não ficando impedido de agir, desde logo, mediante a utilização dos meios de provas a que tiver acesso, independente do curso do processo administrativo (ADIn nº 1.571-1, Pleno, rel. Min. Néri da Silveira, j. 20.03.97, *DJU* 1 de 25.09.98, p. 11).

Por consequência, em razão do processo administrativo (fiscal), poderia ser promovida a abertura do inquérito policial, com trâmites distintos, ocorrendo o oferecimento da denúncia pelo MP, o seu recebimento pelo Juiz de Direito, o andamento do processo criminal. Nesta ambígua situação, o contribuinte (ou responsável) tributário pode até ser condenado (coisa julgada) pela prática de crime; e, posteriormente, ser decretada a improcedência do lançamento tributário (em decisão administrativa, ou judicial).

Todavia, o STF reexaminou esta questão para firmar o entendimento seguinte:

Ementa: I – Crime material contra a ordem tributária (L. 8.137/90, art. 1º): lançamento do tributo pendente de decisão definitiva do processo administrativo: falta de justa causa para a ação penal, suspenso, porém, o curso da prescrição enquanto obstada a sua propositura pela falta do lançamento definitivo.
1. Embora não condicionada a denúncia à representação da autoridade fiscal (ADInMC 1.571), falta justa causa para a ação penal pela prática do crime tipificado no art. 1º da L. 8.137/90 – que é material ou de resultado –, enquanto não haja decisão definitiva do processo administrativo de lançamento, quer se considere o lançamento definitivo uma condição objetiva de punibilidade ou um elemento normativo do tipo.
2. Por outro lado, admitida por lei a extinção da punibilidade do crime pela satisfação do tributo devido, antes do recebimento da denúncia (L. 9.249/95, art. 34), princípios e garantias constitucionais eminentes não permitem que, pela antecipada propositura da ação penal, se subtraia do cidadão os meios que a lei mesma lhe propicia para questionar, perante o Fisco, a exatidão do lançamento provisório, ao qual se devesse submeter para fugir ao estigma e às agruras de toda sorte do processo criminal.
3. No entanto, enquanto dure, por iniciativa do contribuinte, o processo administrativo suspende o curso de prescrição da ação penal por crime contra a ordem tributária que dependa do lançamento definitivo.
(Habeas Corpus nº 81.611-DF, Pleno, rel. Min. Sepúlveda Pertence, j. 10.02.03, *DJU* 1 de 13.05.05)

O STJ assentou que "o lançamento definitivo do crédito tributário é condição objetiva de punibilidade nos crimes contra a ordem tributária" (Ação Penal nº 449-AM, Corte Especial, rel. Min. Humberto Gomes de Barros, j. 21.11.07, *DJU* 1 de 06.12.07, p. 286).

Entretanto, o STF decidiu seguinte:

O tipo penal previsto no artigo 2º, inc. I, da Lei 8.137/90, é crime formal e, portanto, independe da consumação do resultado naturalístico correspondente à aferição de vantagem ilícita em desfavor do Fisco, bastando a omissão de informações ou a prestação de declaração falsa, não demandando a efetiva percepção material do ardil aplicado. Dispensável, por conseguinte, a conclusão de procedimento administrativo para configurar a justa causa legitimadora da persecução.
(Emb. Decl. no Recurso em Habeas Corpus nº 90.532-3-CE, Pleno, rel. Min. Joaquim Barbosa, j. 23.09.09, *DJe* de 05.11.09, p. 17)

O STF consolidou o entendimento seguinte:

Não se tipifica crime material contra a ordem tributária, previsto no art. 1º, incisos I a IV, da Lei nº 8.137/90, antes do lançamento definitivo do tributo.
(Súmula Vinculante nº 24)

Revisitando o tema (2022) decidira o STF:

AÇÃO DIRETA DE INCONSTITUCIONALIDADE. LEI N. 9.430/1996. ART. 83, REDAÇÃO DA LEI Nº 12.350/2010. CRIME DE APROPRIAÇÃO INDÉBITA PREVIDENCIÁRIA. REPRESENTAÇÃO FISCAL PARA FINS PENAIS. EXAURIMENTO DO PROCESSO ADMINISTRATIVO-FISCAL. NORMA DE NATUREZA ADMINISTRATIVA. INEXISTÊNCIA DE AFRONTA AO ART. 62, CAPUT E §1º, "B", DA CONSTITUIÇÃO FEDERAL. VIOLÊNCIA AOS ARTS. 3º, 150, II; 194, *CAPUT* E §1º, "B" DA CONSTITUIÇÃO FEDERAL. INOCORRÊNCIA. NÃO COMPROMETIMENTO DAS ATRIBUIÇÕES DO MINISTÉRIO PÚBLICO. TUTELA DA OPÇÃO DO LEGISLADOR. LINEARIDADE DO PROCEDIMENTO ADMINISTRATIVO-FISCAL. DIREITO PENAL ENQUANTO *ULTIMA RATIO*.
(...)
5. A exigência do exaurimento do processo administrativo para efeito de encaminhamento da representação fiscal ao Ministério Público é disciplina que, em vez de afrontar, privilegia os princípios da ordem constitucional brasileira e se mostra alinhada com a finalidade do direito penal enquanto *ultima ratio*.
6. O art. 83 da Lei n. 9.430/1996, com a redação da Lei n. 12.350/2010, apenas estabelece requisito, direcionado ao agente administrativo, quanto ao encaminhamento da representação fiscal para fins penais ao Ministério Público. Em cada modifica a natureza jurídica do crime de apropriação indébita previdenciária, tampouco trata da justa causa para os delitos contra a ordem tributária.
(...)
8. Ação direta de inconstitucionalidade conhecida e, no mérito, julgada improcedente.
(ADI nº 4980/DF – Plenário – rel. Min. Nunes Marques – sessão de 10.02.22)

Todavia, o STF tem decidido que o "crime de descaminho" caracteriza-se como crime formal (consumação antecipada), em que não há necessidade de prévia apuração por parte da autoridade fiscal relativamente à obrigação tributária, *"verbis"*:

DESCAMINHO – PROCESSO ADMINISTRATIVO FISCAL – DESNECESSIDADE. Sendo o crime de descaminho formal, inadequado é assentar a necessidade de procedimento administrativo fiscal com a constituição do crédito tributário.
(HC nº 121.798 – BA – 1ª. T., rel. Min. Marco Aurélio – sessão de 29.05.18)

Responsabilidade: Não se admite que alguma pessoa seja denunciada exclusivamente por figurar no contrato social como diretor presidente, presumindo-se, por isso, ser sua a responsabilidade pela administração da empresa, sem que seja narrada qualquer conduta que teria sido por ele praticada. É formalmente inepta a denúncia que não individualiza a conduta do réu, limitando-se a mencionar o cargo por ele ocupado na empresa (Embargos de Divergência em REsp nº 687.594-CE, 3ª Seção, rel. Min. Maria Thereza de Assis Moura, j. 24.02.10, *DJe* de 14.04.10).

Entende-se que o "fundamento da aplicação cumulativa das sanções reside na diversidade de finalidades de cada uma, motivo pelo qual, ainda que o Estado tenha sido ressarcido do prejuízo decorrente do fato, e tenha sido satisfeita a finalidade compensatória da sanção administrativa, como a penal criminal não possui o mesmo sentido teleológico (posterior cobrança de indenização ou compensação dos efeitos do fato), sua incidência é justificada pelo efeito preventivo de proteção do patrimônio público contra lesões decorrentes de práticas de outras condutas criminosas, tanto pelo próprio autor do fato (prevenção especial ou individual), quanto por autores em potencial (prevenção geral ou coletiva), conforme abalizada doutrina".[308]

Prisão: Examina-se a legitimidade da "prisão preventiva" nos crimes tributários face aos preceitos constitucionais (art. 5º) determinando que (LIV) "ninguém será privado de liberdade ou de seus bens sem o devido processo legal"; (LV) "aos litigantes, em processo judicial ou administrativo, e aos acusados em geral são assegurados o contraditório e ampla defesa com os meios e recursos a ela inerentes"; e (LVII) "ninguém será considerado culpado até o trânsito em julgado de sentença penal condenatória".

Por outro lado, o poder de cautela judicial objetiva afastar do convívio da sociedade as pessoas violadoras das leis penais, tendo em vista diversas circunstâncias, como a gravidade do delito, a periculosidade da pessoa infratora ou o próprio clamor social.

Entretanto, os referidos preceitos constitucionais dificultam, ou mesmo impossibilitam, o constrangimento à liberdade, porque, embora preexista (ou esteja em curso) o "devido processo legal", seja assegurado "o contraditório e a ampla defesa", inexiste, ainda, coisa julgada decretando a condenação definitiva do infrator.

Prevalece em nosso ordenamento o princípio da excepcionalidade do crime culposo (modalidade não prevista nos crimes tributários), e da presunção da inocência, haurida da Declaração Universal dos Direitos dos Homens, de 1948, *verbis:*

> Todo homem acusado de um ato delituoso tem o direito de ser presumido inocente até que a sua culpabilidade tenha sido provada de acordo com a lei, em julgamento público, no qual lhe tenham sido asseguradas todas as garantias necessárias à sua defesa.

A Constituição Federal contempla demais preceitos consagradores da liberdade pessoal (art. 5º), constantes dos incisos seguintes: (LXI) "ninguém será preso, senão em flagrante delito ou por ordem escrita e fundamentada de autoridade judiciária competente, salvo nos casos de transgressão militar ou crime propriamente militar, definidos em lei"; (LXV) "a prisão ilegal será imediatamente relaxada pela autoridade

---

[308] EISELE, Andreas. *Crimes contra a Ordem Tributária.* 2. ed. São Paulo: Dialética, 2002. p. 46.

judiciária"; (LXVI) "ninguém será levado a prisão ou nela mantido quando a lei admitir a liberdade provisória, com ou sem fiança"; (LXVII) "não haverá prisão civil por dívida, salvo a do responsável pelo inadimplemento voluntário e inescusável de obrigação alimentícia e a do depositário infiel".

Nesse sentido, fora decidido que "1. a liberdade é a regra no Estado de Direito Democrático; a restrição à liberdade é a exceção, que deve ser excepcionalíssima, aliás. Ninguém é culpado de nada enquanto não transitar em julgado a sentença penal condenatória; ou seja, ainda que condenado por sentença judicial, o acusado continuará presumidamente inocente até que se encerrem todas as possibilidades para o exercício do seu direito à ampla defesa. 2. Assim, sem o trânsito em julgado, qualquer restrição à liberdade terá finalidade meramente cautelar. A lei define as hipóteses para essa exceção e a Constituição Federal nega validade ao que o Juiz decidir sem fundamentação" (STJ, *Habeas Corpus* nº 3.871-RS, 5ª Turma, rel. Min. Edson Vidigal, j. 02.10.95, *DJU* 1 de 13.11.95, p. 38.584/5).

Entretanto, "a prisão decorrente da omissão do recolhimento de contribuições previdenciárias descontadas dos empregados, por se referir à conduta tipificada criminalmente, não pode ser confundida com a prisão de natureza civil. Daí a impertinência na alegação de ofensa à Constituição Federal ou ao Pacto de São José da Costa Rica" (STJ, *Habeas Corpus* nº 13.957-RJ, 5ª Turma, rel. Min. Edson Vidigal, j. 05.12.00, *DJU* 1-E de 19.02.01, p. 190).

Excludentes: A simples inexistência de recolhimento integral do tributo é um elemento precário para imputar-se, com absoluta tranquilidade, a autoria e a responsabilidade de uma determinada pessoa, além de situações que interferem na sistemática penal como o erro quanto aos elementos do tipo, de proibição, ou mesmo mudanças de critério jurídico por parte da própria Administração Pública.

Ademais, questões importantes podem constituir situações prejudiciais ao próprio curso do processo criminal, como a mudança de critério jurídico por parte da Fazenda não mais entendendo determinado ato como contrário à legislação tributária, ou, ainda, postura jurisprudencial declarando a inconstitucionalidade de norma que, originariamente, implicara a ação penal.

Assim, "a errônea exegese da lei tributária quanto ao cálculo correto do ICMS no lançamento do crédito, em face da diferença de alíquotas praticadas no Estado de destino e no de origem, ausente o elemento fraude, não configura infração tipificada no art. 1º, incisos I e II, da Lei nº 8.137/90. A segurança jurídica não pode nem deve permitir que simples desencontros interpretativos, ocorrentes muitas vezes até mesmo nas altas esferas do Judiciário, sirvam de pretexto para acionamento da Justiça Criminal, como meio rápido, eficaz e expedito de incrementar as receitas governamentais" (STJ, Recurso em *Habeas Corpus* nº 7.798-PR, rel. Min. Fernando Gonçalves, 6ª Turma, j. 25.05.99, *DJU* 1 de 14.06.99, p. 227).

O simples fato de o Fisco haver dado início ao processo administrativo não significa que se esteja diante de um ilícito tributário, de natureza criminal, com perfeita caracterização de responsabilidade penal da pessoa do infrator (criminoso). É precária a legislação que determina a imediata representação criminal ao Ministério Público, e a instauração de inquérito policial, uma vez que a materialidade do ilícito consiste em falta, ou insuficiência, de tributo, ou seja, "crime de dano".

Apropriação Indébita: O STF firmara o entendimento seguinte:

DIREITO PENAL. RECURSO EM HABEAS CORPUS. NÃO RECOLHIMENTO DO VALOR DE ICMS COBRADO DO ADQUIRENTE DA MERCADORIA OU SERVIÇO. TIPICIDADE.
1. O contribuinte que deixa de recolher o valor do ICMS cobrado do adquirente da mercadoria ou serviço apropria-se de valor de tributo, realizando o tipo penal do art. 2º, II, da Lei nº 8.137/1990.
(...)
6. A caracterização do crime depende da demonstração do dolo de apropriação, a ser apurado a partir de circunstâncias objetivas factuais, tais como o inadimplemento prolongado sem tentativa de regularização dos débitos, a venda de produtos abaixo do preço de custo, a criação de obstáculos à fiscalização, a utilização de "laranjas" no quadro societário, a falta de tentativa de regularização dos débitos, o encerramento irregular das suas atividades, a existência de débitos inscritos em dívida ativa em valor superior ao capital social integralizado etc.
7. Recurso desprovido.
8. Fixação da seguinte tese: *"O contribuinte que deixa de recolher, de forma contumaz e com dolo de apropriação, o ICMS cobrado do adquirente da mercadoria ou serviço incide no tipo penal do art. 2º, II, da Lei nº 8.137/90."*
(ROHC nº 163.334 – SC – Plenário – rel. Min. Roberto Barroso – sessão de 18.12.19)

Extinção da Punibilidade: A extinção da punibilidade (crimes definidos nas Leis nºs 8.137/90 e 4.729/65) ocorre quando o agente promover o pagamento do tributo ou contribuição social, inclusive acessórios, antes do recebimento da denúncia (art. 34 da Lei federal nº 9.249, de 26.12.95). O STJ aplicou a analogia em *bonam partem* para também aplicar referida regra quanto ao crime previsto no art. 95, letra *d* da Lei nº 8.212/91, embora não incluído no art. 34 da Lei nº 9.249/95, que também tratara da extinção da punibilidade (Ação Penal nº 100-RS, Corte Especial, rel. Min. Antônio de Pádua Ribeiro, j. 1º.08.96, *DJU* 1 de 21.10.96, p. 40.188).

A Lei federal nº 9.964, de 10.04.00 (art. 15) dispôs sobre a suspensão da pretensão punitiva do Estado (crimes previstos nos arts. 1º e 2º da Lei nº 8.137/90, e no art. 95 da Lei nº 8.212/91) durante o período em que a pessoa jurídica relacionada com agente dos mencionados crimes estiver incluída no Refis. E a Lei nº 9.983, de 14.07.00, também dispôs sobre a mesma extinção nas situações previstas nos arts. 168-A e 337-A do Código Penal.

Parcelamento: O STJ firmara a posição de que o seu deferimento em momento anterior ao recebimento da denúncia implicava a extinção da punibilidade, sendo desnecessário o pagamento integral do débito (RO em HC nº 11.598-SC, 1ª Seção, rel. Min. Gilson Dipp, j. 08.05.02, *DJU* 1 de 02.09.02, p. 145). Todavia, o STF já assentara que o simples parcelamento do débito não significava o pagamento do tributo para o efeito de extinção da punibilidade (Questão de Ordem no Inquérito nº 1.028-6, Pleno, *DJU* 1 de 30.08.96), mas veio manifestar-se no sentido de que "o pagamento do tributo, a qualquer tempo, ainda que após o recebimento da denúncia, extingue a punibilidade do crime tributário" (HC nº 81.929-0-RJ, 1ª Turma, rel. p/ o acórdão Min. Cezar Peluso, j. 16.12.03, *DJU* 1 de 27.02.04, p. 27).

Importante considerar as diretrizes do STJ:

Ementa
Processual Civil. Recurso em Habeas Corpus. Depositário Infiel. Penhora sobre Faturamento. Representante Legal da Executada que, sem Nada ter recebido em Depósito, assumiu o Compromisso de efetuar Mensalmente o Recolhimento de Parte do Faturamento da Empresa. Não-configuração da Condição de Depositário. Ilegitimidade da Prisão Civil.
1. A prisão civil constitui meio executivo de caráter excepcional, recaindo somente em relação a *"responsabilidade pelo inadimplemento voluntário e inescusável de obrigação alimentícias e a do depositário infiel"* (art. 5º, LXVII, da CF/1988).
2. O depositário cuja empresa revela estado de inatividade e consequentemente não apresenta faturamento se incide em inadimplência desembolso mensal do *quantum* (30%) fixado para a penhora, não comete o ilícito da infidelidade do depósito o que deslegitima a ordem de prisão.
3. É que *"não há depositário sem que tenha havido a regular constituição de um depósito, legal ou consensual. E não se pode considerar como depositário infiel quem, nada tendo recebido em depósito, simplesmente deixou de cumprir a obrigação que assumira de recolher em juízo parte do futuro faturamento da pessoa jurídica, para fins de penhora"* (RHC nº 19.246/SC – rel. Min. Teori Albino Zavascki – Primeira Turma – *DJ* 29.05.06).
4. Deveras, *"a penhora sobre o faturamento deve observar as formalidades dos arts. 677 e 678, parágrafo único, do Código de Processo Civil, de sorte a assegurar que a medida não acarrete solução de continuidade nos serviços desenvolvidos pela empresa executada".*
5. Ademais, *"a elaboração de um plano de administração constitui verdadeiro pressuposto legal da penhora sobre o faturamento, de modo que somente depois de aprovado dito plano pelo juiz é que tem lugar a implementação da medida constritiva"* (HC nº 49.469/SP, rel. Min. João Otávio de Noronha, Segunda Turma, DJ 04.10.06).
6. *Habeas corpus* concedido.
(RHC nº 20.075-SP, 1ª Turma, rel. Min. Francisco Falcão, j. 17.10.06, DJU 1 de 13.11.06, p. 225)

CONSTITUIÇÃO DO CRÉDITO TRIBUTÁRIO

12.1 Noções Gerais

O crédito tributário representa o direito que o Poder Público tem de perceber valores das pessoas particulares, em face da realização do respectivo fato gerador, concretizado com a ocorrência real de todos os aspectos previstos na lei. Mediante a prática de negócios jurídicos, prestações de serviços públicos específicos e divisíveis, valorização imobiliária decorrente de obras públicas etc., devidamente enquadradas na legislação, o sujeito ativo passa a ter o direito à prestação pecuniária, isto é, ao recebimento do referido valor (em dinheiro) dos sujeitos passivos.

O fato jurídico-tributário estabelece um vínculo entre credor e devedor, tendo por objeto uma prestação pecuniária compulsória. Portanto, se de um lado o contribuinte ou o responsável tem o dever de recolher valores financeiros aos cofres públicos; de outro, a União, os Estados, o Distrito Federal e os Municípios têm o direito ao respectivo recebimento.

O CTN (art. 139) dispõe que "o crédito tributário decorre da obrigação principal e tem a mesma natureza desta"; e que (art. 140) "as circunstâncias que modificam o crédito tributário, sua extensão ou seus efeitos, ou as garantias ou os privilégios a ele atribuídos, ou que excluem sua exigibilidade, não afetam a obrigação tributária que lhe deu origem".

A leitura apressada destes textos poderia dar a impressão de que estaríamos tratando de duas distintas realidades jurídicas, nascidas em momentos diferenciados, caracterizando a teoria dualista (crédito e obrigação). Entretanto, não há condição lógica e segura para segregarem-se esses dois fundamentais componentes da relação jurídica, pois é impossível conceber a existência de obrigação sem crédito ou se supor que este ocorreria em momento ulterior.

Incisivamente, deve-se considerar que só existe obrigação relativa a um direito, e vice-versa, sendo certo que a possibilidade de modificação no crédito tributário ou a exclusão de sua exigibilidade – conforme se verá em outros itens – apenas têm atinência a aspectos de eficácia de sua realização pelo Poder Público.

Em regra, a obrigação tributária, em si, não sofre qualquer modificação diante da ocorrência do respectivo fato gerador. O crédito tributário – que já teve nascimento concomitante à obrigação (como faces da mesma moeda) – é que sofre alterações em razão de procedimentos e situações de naturezas fáticas e jurídicas.

Contudo, é importante sublinhar que, relativamente a diversos tributos, a obrigação tributária é cumprida de modo a satisfazer mediatamente o respectivo crédito, evidenciando a sua íntima conexão com o mesmo, sem qualquer dissociação temporal, tendo o CTN (art. 141) previsto que "o crédito tributário regularmente constituído somente se modifica ou extingue, ou tem sua exigibilidade suspensa ou excluída, nos casos previstos nesta Lei, sob pena de responsabilidade funcional na forma da lei, a sua efetivação ou as respectivas garantias".

Trata-se de mero preceito antecipatório dos atos relativos à formalização do crédito tributário e eventuais alterações ou supressões, denotando-se o timbre da absoluta legalidade e responsabilidade do agente de rendas no tocante ao lançamento do tributo. Os minuciosos e pormenorizados procedimentos concebidos pelo CTN demonstram o rigor no trato do crédito tributário, oferecendo farto instrumental para que o Fisco não descure e nem disponha dos interesses públicos; e os devedores possam exercer todos os direitos e garantias, na forma exata prevista em lei.

12.2 Lançamento, Conceito e Objeto

O CTN (art. 142) reza que "compete privativamente à autoridade administrativa constituir o crédito tributário pelo lançamento, assim entendido o procedimento administrativo tendente a verificar a ocorrência do fato gerador da obrigação correspondente, determinar a matéria tributável, calcular o montante do tributo devido, identificar o sujeito passivo e, sendo caso, propor a aplicação da penalidade cabível"; e que "a atividade administrativa de lançamento é vinculada e obrigatória, sob pena de responsabilidade funcional" (parágrafo único).

Indaga-se: será que, sempre e necessariamente, o crédito tributário tem que ser formalmente constituído pelo servidor público? É imprescindível a prática do ato administrativo de lançamento para que o crédito possa ser realizado? O contribuinte só estará compelido a pagar o tributo após a efetiva cobrança fazendária?

Não é fácil responder a tais perguntas, não só porque a doutrina tem se posicionado de forma diferenciada, mas também pela circunstância de que a legislação ordinária tem atuado em descompasso com o CTN.

Ao conferir exclusiva competência ao funcionário público para constituir o crédito, o preceito em tela não poderia permitir nenhum entendimento em sentido contrário, ou seja, a exigibilidade do tributo sem a participação do Poder Público. Nesse sentido, o devedor tributário sempre teria que aguardar o lançamento do tributo para que, somente após esse ato, pudesse cumprir sua obrigação mediante o recolhimento do valor tributário.

Ademais, seria razoável argumentar que o citado preceito (parágrafo único do art. 142) não contemplaria norma programática ou simples sugestão; ao contrário, seria peremptória, mandamental, impondo efeito punitivo à sua transgressão, sendo que a razão da responsabilidade funcional seria constituir uma permanente ameaça (legal) ao funcionário, para não desprezar as receitas do Estado.

Além disso, não haveria previsão (legal) de estranha competência ao contribuinte para realizar o lançamento, porque constitui ato privativo da Administração Pública, provocando uma aberração, porquanto confundiria na mesma pessoa (contribuinte ou responsável) as figuras do devedor e credor da obrigação tributária. Os deveres cometidos aos particulares não retirariam o caráter obrigatório na efetivação do lançamento pela autoridade.[309]

A realidade jurídica, entretanto, é outra porque, na maioria dos tributos, as respectivas obrigações tributárias são liquidadas sem que ocorra o lançamento, mesmo em momento posterior. Nascida a obrigação, o devedor efetua o recolhimento do respectivo valor sem prévia participação, anuência, ou sequer conhecimento fazendário.

É o que ocorre na sistemática adotada para diversos impostos, como é o caso do ICMS, em que o contribuinte registra suas operações mercantis (ou prestações de serviços) em notas fiscais, consignando o valor do tributo, escritura seus livros fiscais, apura o *quantum* tributário e, ao final de um determinado período de tempo, procede ao seu recolhimento.

Essa situação é denominada "tributo sem lançamento", em que inexiste a atuação da autoridade administrativa, que nem mesmo pode ser vislumbrada na figura da pseudo-homologação tácita do lançamento, conforme será examinado em item posterior.

A propósito, o STF tem decidido que o débito declarado prescinde do efetivo lançamento (RE nº 93.036-SP, 1ª Turma, rel. Min. Rafael Mayer, j. 30.09.80, *RTJ* 96/926-7; RE nº 87.244-SP, 1ª Turma, rel. Min. Soares Muñoz, j. 14.11.78, *RTJ* 91/587-590; AI nº 63.424(AgRg)-SP, 1ª Turma, rel. Min. Cunha Peixoto, j. 17.10.75, *RTJ* 75/743-4).

O STJ adotou a postura seguinte:

A entrega de declaração pelo contribuinte reconhecendo débito fiscal constitui o crédito tributário, dispensada qualquer outra providência por parte do fisco.
(Súmula nº 436)

Significativa a postura do STJ:

Ementa
Tributário. Certidão Negativa de Débito. Declaração do Débito pelo Contribuinte. Forma de Constituição do Crédito Tributário Independente de Qualquer Outra Providência do Fisco.
1. A apresentação, pelo contribuinte, de Declaração de Débitos e Créditos Tributários Federais –DCTF (instituída pela IN SRF 129/86, atualmente regulada pela IN SRF 395/04, editada com base nos arts. 5º do DL 2.124/84 e 16 da Lei 9.779/99), ou da Guia de Informação e Apuração do ICMS – GIA, ou de outra declaração dessa natureza, prevista em lei, é modo de formalizar a exigência por parte do Fisco. Precedentes da 1ª Seção: AgRg nos EREsp nº 638.069/SC, DJ de 13.06.05; AgRg nos EREsp nº 509.950/PR, DJ de 13.06.05.
2. No que se refere especificamente às contribuições sociais declaradas em GFIP (Guia de Recolhimento do FGTS e Informações à Previdência Social), cuja apresentação obrigatória está prevista no art. 32, IV, da Lei 8.212/91 (regulamentada pelo art. 225, IV e seus §§1º a 6º, do Decreto 3.048/99), a própria Lei instituidora é expressa no sentido de que a referida declaração é um dos modos de constituição do crédito da seguridade social (Lei 8.212/91, art. 33, §7º, redação da Lei 9.528/97).

---

[309] MELO, José Eduardo Soares de. Do Lançamento. In: MARTINS, Ives Gandra da Silva (coord.). *Caderno de Pesquisas Tributárias*. São Paulo: Resenha Tributária e Centro de Extensão Universitária, 1987. p. 53-96.

3. À falta de recolhimento, no devido prazo, do valor correspondente ao crédito tributário assim regularmente constituído acarreta, entre outras consequências, as de (a) autorizar a sua inscrição em dívida ativa; (b) fixar o termo *a quo* do prazo de prescrição para a sua cobrança; (c) inibir a expedição de certidão negativa de débito; (d) afastar a possibilidade de denúncia espontânea.
(REsp nº 832.394-SP, 1ª Turma, rel. Min. Teori Albino Zavascki, j. 08.08.06, *DJU* 1 de 31.08.06, p. 258)

Por conseguinte, a aplicação dos comandos do CTN deve ser feita com cautela para não se cometer o equívoco de sempre se aguardar o efetivo ato de lançamento do crédito tributário.

Considerando que o crédito nasce no mesmo instante em que também tem nascimento a obrigação, em virtude da ocorrência do fato gerador, deflui a inexorável natureza "declaratória" do lançamento. O referido ato administrativo não cria o crédito tributário, tendo por objeto declarar todos os aspectos do tributo (sujeitos ativo e passivo, materialidade, base de cálculo e alíquota), indicando o montante devido, com o objetivo de formalizar o crédito tributário, permitindo sua exigibilidade mediante a instituição de título inscrito na dívida ativa (arts. 201 e 202 do CTN).

Observo que a expressão "propor a aplicação da penalidade cabível" ensejou algumas dificuldades conceituais e operacionais, porque além de a figura penal (sanção de ato ilícito) não se moldar à configuração do tributo (art. 3º do CTN), a mera proposição obrigaria a edição de ulterior ato administrativo, com os mesmos efeitos e reflexos do tributo, sem maior utilidade prática. No entanto, o que tem ocorrido é o lançamento conter tanto a exigência do tributo quanto a cobrança da multa, sem implicar efetivo questionamento.

De outra parte, o lançamento não consubstancia um autêntico "procedimento" administrativo, que poderia trazer importantes consequências; mas trata de expressão equivocada porque procedimento tem por conformação uma série de atividades devidamente interligadas, compondo um todo unitário. Embora não se desconheça que o trabalho da fiscalização pode demandar diversas providências, tais como o levantamento e análise da documentação do contribuinte, a obtenção de dados e informações de terceiros, declaração de pessoas relacionadas com as atividades dos devedores, laudos de entidades especializadas etc., esses elementos e documentos constituem meros atos preparatórios do lançamento, pelo fato de que apenas interessa o resultado da ação fazendária, o último ato praticado que positivará o lançamento.

Pondere-se que as atividades anteriores podem até ser importantes para permitir o embasamento fático do lançamento, e conferir-lhe liquidez e certeza. Todavia, a coleta desses elementos não é suficiente para permitir a formalização e a exigibilidade do crédito tributário.

A real importância de revestir a natureza de procedimento é que não se poderia considerar concluído o lançamento apenas com a simples expedição de aviso ao devedor (notificação, intimação, ou mesmo lavratura de auto de infração), para pagamento do débito tributário. Tendo em vista que os referidos atos poderiam ser suscetíveis de alteração, somente a última decisão administrativa consolidaria a figura do lançamento.

Supondo-se que tais acontecimentos formam o procedimento administrativo de lançamento, a consequência inevitável seria a efetiva dilatação do prazo decadencial. Com efeito, a perda do direito da Fazenda em constituir o crédito tributário não teria como termo inicial o primeiro dia do exercício seguinte àquele em que o lançamento poderia ter sido efetuado (art. 173, I, do CTN), ou o dia da ocorrência do fato gerador (§4º do art. 150 do CTN). A contagem do prazo decadencial só começaria a fluir a partir da última decisão prolatada no processo, situação em que acabariam sendo prestigiadas a inércia e a morosidade dos processos por culpa da Fazenda – a quem cabe promover o seu impulso –, o que seria um injustificável absurdo.

Forma-se, assim, a convicção de tratar-se de "ato" administrativo, e não de "procedimento".[310]

O ato de lançamento é vinculado, exprimindo total obediência à prévia e objetiva tipificação legal, em que o representante do Poder Público não emite nenhum juízo ou critério pessoal, mesmo valorativo, sendo totalmente impertinente (e ilícita) qualquer apreciação de índole subjetiva. A vinculação da atividade estatal reside tanto nos aspectos substanciais como nos de natureza formal do ato administrativo, concernente ao fato tributário. Ao Executivo é vedado inovar a ordem jurídica, só lhe competindo realizar o comando normativo, produtor de regra concreta e individual, regulando e exercendo os preceitos abstratos para cumpri-los fielmente.

Devido à preeminência da matéria tributária, resguardando-se os sagrados direitos e garantias individuais do sujeito passivo, repudia-se a ação fiscal discricionária, louvada em meros critérios pessoais, de conveniência e oportunidade. A circunstância de o Fisco, alternativamente, adotar um determinado método para a apuração das operações realizadas pelo sujeito passivo não significa negligência ou menoscabo à atividade vinculada. Assim, na busca da verdade material, pode realizar levantamento específico (movimentação de mercadorias), econômico (elementos contábeis), ou mesmo de produção (emprego de insumo, utilização de maquinários, consumo de energia elétrica).

O CTN (art. 143) estatui que "salvo disposição de lei em contrário, quando o valor tributário esteja expresso em moeda estrangeira, no lançamento far-se-á sua conversão em moeda nacional ao câmbio do dia da ocorrência do fato gerador da obrigação". Esta regra ratifica a natureza declaratória do lançamento, pois interessa apenas quantificar a dívida tributária no dia da ocorrência do fato gerador.

A certeza e a liquidez do crédito tributário constituem requisitos fundamentais do lançamento, para se tornar preciso e exato o valor a ser liquidado, ou passível de questionamento pelo sujeito passivo. Tratando-se de fato gerador decorrente de operação, fato, negócio jurídico etc., relativo à moeda estrangeira, é imprescindível sua conversão para a moeda nacional. É preciso tomar cuidado nos casos de *variação cambial* decorrente de importação de bens (para ativo fixo ou para uso/consumo do estabelecimento importador), em que ocorrem fechamentos de câmbio, existindo diferenças de valores, ou seja, descoincidência entre o valor recolhido por ocasião do fato gerador e o valor efetivamente pago quando da liquidação de tal fechamento.

Enquanto o Fisco assevera que o valor constante do contrato de câmbio constitui exceção ao art. 143 do CTN, exigindo o recolhimento da eventual diferença quando se passa a conhecer o valor definitivo do câmbio do dia, os importadores argumentam que só pode ser aplicado o valor vigente ao tempo do desembaraço aduaneiro.

---

[310] AMARO, Luciano. *Direito Tributário Brasileiro*. 14. ed. São Paulo: Saraiva, 2008. p. 325; Horvath, Estevão. *Lançamento Tributário e "Autolançamento"*. São Paulo: Dialética, 1997. p. 31-35; e SANTI, Eurico Marcos Diniz de. *Lançamento Tributário*. São Paulo: Max Limonad, 1996. p. 135.

Esta questão possui relevância no âmbito do ICMS incidente sobre as operações de importação (art. 155, IX, *a*, da Constituição), em que ocorre o fato gerador no momento do recebimento da mercadoria (STF, RE nº 192.711-9-SP, Pleno, rel. Ilmar Galvão, j. 23.10.96, *DJU* 1 de 18.04.97, p. 13.789/90), tendo o STJ julgado que, "quando o valor tributário estiver expresso em moeda estrangeira, no lançamento far-se-á conversão em moeda nacional ao câmbio do dia da ocorrência do fato gerador da obrigação (CTN, art. 143); nenhuma diferença de ICM pode ser exigida em razão da variação cambial verificada entre a data do desembaraço aduaneiro e a da efetiva liquidação do contrato de câmbio, salvo se, desconhecida a taxa cambial na ocasião da liberação das mercadorias importadas, a cobrança do tributo se deu por estimativa. Recurso especial conhecido e provido" (REsp nº 15.450-SP, 9120756-0, 2ª Turma, rel. Min. Ari Pargendler, j. 08.02.96, *DJU* 1 de 04.03.96, p. 5.394).

Ao realizar o lançamento, a autoridade administrativa tem a obrigação de examinar e aplicar a legislação válida e eficaz no momento em que ocorreu o fato gerador tributário. Não deverá considerar a legislação que tenha sido editada posteriormente (art. 144, *caput*, do CTN), salvo no caso de retroatividade benigna (art. 106 do CTN).

Além de reiterar sua natureza declaratória, o lançamento deve manter plena subsunção (adequação) dos fatos geradores com a respectiva legislação, pois não haveria nenhum sentido aplicar norma tributária vigente na data do lançamento, relativamente a fato (tributário) ocorrido em momento anterior, quando poderia ter sido outra a legislação. Exemplificando: o lançamento realizado em 1º.02.19, relativo a fato gerador ocorrido em 1º.03.19, deve considerar unicamente a legislação vigente nesta última data. Se, entretanto, após 1º.03.19 a legislação reduziu a multa concernente ao ilícito cometido pelo contribuinte, o lançador deve aplicar a penalidade mais benéfica.

A respeito desta questão, o CTN expressa que "aplica-se ao lançamento a legislação que, posteriormente à ocorrência do fato gerador da obrigação, tenha instituído novos critérios de apuração ou processos de fiscalização, ampliado os poderes de investigação das autoridades administrativas, ou outorgado ao crédito maiores garantias ou privilégios, exceto, neste último caso, para o efeito de atribuir responsabilidade tributária a terceiros" (§1º do art. 144).

Referido preceito direciona-se, mais propriamente, ao âmbito administrativo, no sentido de que, no interregno entre o fato gerador e o lançamento, possam ter sido introduzidos sistemas fiscalizatórios mais objetivos e céleres, objetivando a apuração adequada de todos os aspectos tributários, sem nenhuma interferência no polo passivo tributário. O aperfeiçoamento da máquina fazendária com o aprimoramento da investigação e fiscalização, bem como a utilização mais racional da informática, por exemplo, tornam plenamente legítima e justificável tal diretriz, que tem por finalidade uma garantia mais eficaz do crédito tributário.

Embora haja previsão para não ser aplicada tal diretriz aos impostos lançados por período certo de tempo, desde que a respectiva lei fixe expressamente a data em que o fato gerador se considera ocorrido (§2º do art. 144 do CTN), o dado é que acaba sendo configurada a regra inserida no *caput* do mesmo artigo. Realmente, se for estabelecido como fato gerador do IPTU o dia 1º de julho de cada ano, o lançamento terá que aplicar a legislação válida neste específico dia.

12.2.1 Alterações

O lançamento não representa um ato administrativo rígido, e fixo, que não possa sofrer nenhum tipo de modificação, uma vez que mesmo a presunção de legitimidade dos atos administrativos pode fenecer diante de determinadas situações em que se constatam defeitos de seus elementos (competência, forma, motivo, conteúdo e finalidade).

Tanto os contribuintes e responsáveis como a própria Fazenda podem praticar atos que permitam refutar a precariedade do lançamento, acarretando sua nulidade ou anulabilidade, em consequência do que passarão a não ter condição jurídica de assegurar a exigência do crédito tributário. É inadmissível cogitar-se de lançamento provisório, uma vez que este ato reveste natureza declaratória (da obrigação/crédito tributário) definitiva, pois, no momento de sua edição, terá guardado consonância com a legislação.

Perspicaz a observação seguinte:

> A susceptibilidade a impugnações é predicado de todos os atos administrativos, judiciais e legislativos, com exceção somente daqueles que se tornaram imutáveis por força de prescrições do próprio sistema do direito positivo, como é o caso da decisão administrativa irreformável e da decisão judicial transitada em julgado, não mais podendo ser atacada por ação rescisória. Entre os atos legislativos, bem como sabemos, existem enunciados constitucionais que não podem ser alterados, sequer por meio de Emendas à Constituição. De fora, partem esses casos, especialíssimos, todos os outros atos, administrativos, judiciais ou legislativos, estão prontos para receber contestações, podendo ser modificados.[311]

O lançamento regularmente notificado ao sujeito passivo só pode ser alterado em virtude de: "I – impugnação do sujeito passivo; II – recurso de ofício; III – iniciativa de ofício da autoridade administrativa, nos casos previstos no art. 149 do CTN" (art. 145 do mesmo CTN).

O item I cuida de situação em que a pessoa (contribuinte ou responsável), que sofreu a cobrança tributária, oferece sua *impugnação* (também denominada reclamação, defesa, recurso etc.), nos termos do processo administrativo pertinente a cada pessoa de Direito Público. Neste sentido, a União, Estados, Distrito Federal e Municípios podem instituir legislação própria para regular os trâmites deste processo referente ao lançamento e cobrança do crédito, dispondo sobre prazos, requisitos e demais condições. Devem assegurar o contraditório e a ampla defesa, com os meios e recursos a ela inerentes (art. 5º, inciso LV, da Constituição).

O item II refere-se a *recurso de ofício*, ou seja, providência que compete à própria Administração fazendária com o escopo de ver revista, obrigatoriamente, a decisão que lhe fora desfavorável (diminuição ou supressão da exigência tributária contida no lançamento). Também, neste caso, a legislação processual, específica de cada ente tributante, poderá dispor a respeito das decisões que têm de ser submetidas à revisão oficial (possibilitando novo julgamento por autoridade hierarquicamente superior), bem como as situações que não comportariam tal reexame (limite de valor do débito).

Ainda nessa temática, "a modificação introduzida, de ofício ou em consequência de decisão administrativa ou judicial, nos critérios jurídicos adotados pela autoridade administrativa no exercício do lançamento somente pode ser efetivada, em relação

---
[311] CARVALHO, Paulo de Barros. *Curso de Direito Tributário*. 19. ed. São Paulo: Saraiva, 2007. p. 446.

a um mesmo sujeito passivo, quanto a fato gerador ocorrido posteriormente à sua introdução" (art. 146 do CTN).

Advirta-se que este preceito não diz respeito ao "erro de fato", que ocorre quando o Fisco considera no lançamento do fato gerador aspectos diferentes daqueles efetivamente acontecidos (os valores registrados nas notas fiscais foram transcritos incorretamente). Não se atina, também, com o "erro de direito", ou seja, com a capitulação legal imprópria (menção a dispositivos legais inadequados para o fato gerador e para a penalidade).

Peculiarmente, o *critério jurídico* pode ser entendido como a postura, interpretação ou tese adotada relativamente a específicas e determinadas situações tributárias, a saber: a) não caracteriza "subfaturamento" a venda de veículos por preço inferior ao de sua aquisição, de forma a se presumir sonegação de ICMS relativamente à respectiva diferença de preço; b) não considera "passivo fictício" a manutenção de duplicatas vencidas no balanço da empresa, de modo a presumir venda de mercadorias sonegadas à tributação.

Se, posteriormente, em razão de novo entendimento fazendário (contido em respostas de sua consultoria, ou decorrente de jurisprudência administrativa), houver modificação dos apontados critérios, a nova diretriz não terá efeito retroativo, só podendo ser praticada em futuros lançamentos contra o mesmo sujeito passivo, em face do que os fatos passados sujeitam-se ao critério anterior, mesmo porque já fora consagrado que "a mudança de critério adotado pelo fisco não autoriza a revisão de lançamento" (Súmula nº 227 do TFR).

A observância dos critérios fazendários confere aos sujeitos passivos a segurança de que deverá haver coerência e uniformidade dos atos administrativos. Por atentar ao regime democrático, consagrador de direitos e garantias constitucionais, é inconcebível a utilização da vetusta figura da "avocatória", e censurável a utilização do recurso hierárquico, sem a participação dos contribuintes (e responsáveis), porque vilipendia o respeito que se deve considerar às decisões administrativas que encerram o processo fiscal.

É ponderável que "a administração pode anular seus próprios atos, quando eivados de vícios que os tornam ilegais, porque deles não se originam direitos; ou revogá-los, por motivo de conveniência e oportunidade, respeitados os direitos adquiridos e ressalvada, em todos os casos, a apreciação judicial" (Súmula nº 473 do STF), que ressalta o princípio da autotutela.

Entretanto, este postulado é inaplicável nos processos veiculadores de lançamento, em razão de se tratar de ato vinculado e de julgamentos proferidos à luz da prova dos autos, dos argumentos jurídicos, num contexto valorativo, encerrando, ainda, considerações de natureza subjetiva, porque os julgados não são proferidos de forma automática.

12.3 Modalidades

12.3.1 Declaração

O lançamento é efetuado com base na declaração do sujeito passivo ou de terceiro, quando um ou outro, na forma da legislação tributária, presta à autoridade administrativa informações sobre a matéria de fato, indispensáveis à sua efetivação (art. 147 do CTN).

O devedor tributário tem a obrigação de informar ao Fisco todas as operações, estados, fatos e situações ocorridas num preciso momento, ou relativas a um determinado período de tempo. Mediante esses dados, a Fazenda tem condição de proceder à sua consideração e, de conformidade com a legislação aplicável, emitir o ato de lançamento.

Esta sistemática era tradicionalmente prevista na legislação do imposto de renda, em que as pessoas físicas eram compelidas a preencher um formulário contendo as variadas espécies de rendimentos, os dispêndios efetuados para a produção desses, os gastos pessoais, as declarações de bens e, também, as aplicações realizadas em investimentos, de conformidade com o regime de caixa (entradas e saídas de dinheiro).

Também as pessoas jurídicas indicavam ao Fisco as mutações patrimoniais ocorridas no exercício financeiro, envolvendo os ingressos, despesas, custos etc., devidamente contabilizados, segundo regime de competência. Embora devessem efetuar recolhimentos a título de antecipação e duodécimos, somente após a formalização do lançamento é que ficava plenamente caracterizado o débito tributário.

Nessa situação, admissível a retificação da declaração por iniciativa do próprio contribuinte, objetivando reduzir ou excluir o tributo, desde que comprovado o erro cometido, e antes de notificado do lançamento. Assim, detectando engano nos dados informados ao Fisco, o contribuinte tem meios de evitar o lançamento por valor superior ao efetivamente devido, devendo esta providência ser realizada antes de ter ciência da cobrança do tributo.

Os erros contidos na declaração, e apuráveis pelo seu exame, serão retificados de ofício pela autoridade administrativa a que competir a revisão daquela (§2º do art. 147 do CTN). Isto acontece quando o Fisco constata erros de cálculo, ou na informação dos valores sem amparo documental etc., passando a desconsiderar os dados incorretos da declaração, e, conforme o caso, promove o lançamento do tributo no valor efetivamente correto.

12.3.2 Revisão de ofício

O lançamento é efetuado e revisto de ofício pela autoridade administrativa (art. 149), nos seguintes casos: "I – quando a lei assim o determine; II – quando a declaração não seja prestada por quem de direito, no prazo e na forma da legislação tributária; III – quando a pessoa legalmente obrigada, embora tenha prestado declaração nos termos do inciso anterior, deixe de atender, no prazo e na forma da legislação tributária, a pedido de esclarecimento formulado pela autoridade administrativa, recuse-se a prestá-lo ou não o preste satisfatoriamente; IV – quando se comprove falsidade, erro ou omissão quanto a qualquer elemento definido na legislação tributária como sendo de declaração obrigatória; V – quando se comprove omissão ou inexatidão, por parte da pessoa legalmente obrigada, no exercício da atividade a que se refere o artigo seguinte; VI – quando se comprove ação ou omissão do sujeito passivo, ou de terceiro legalmente obrigado, que dê lugar à aplicação de penalidade pecuniária; VII – quando se comprove que o sujeito passivo, ou terceiro em benefício daquele, agiu com dolo, fraude ou simulação; VIII – quando deva ser apreciado fato não conhecido ou não provado por ocasião do lançamento anterior; IX – quando se comprove que, no lançamento anterior, ocorreu fraude ou falta funcional da autoridade que o efetuou, ou omissão, pela mesma autoridade, de ato ou formalidade essencial".

O item I cuida dos casos em que o contribuinte não se encontra obrigado a prestar informações periódicas sobre os fatos que poderiam tipificar o tributo (art. 147 do CTN), ou procede ao seu recolhimento sem qualquer participação fazendária (art. 150 do CTN). É o caso típico do IPTU, em que, já estando de posse de dados da propriedade imobiliária (escritura, localização, metragem), o Fisco municipal tem plena condição de lançar o tributo, normalmente emitindo um carnê contendo os elementos identificativos da obrigação tributária.

Os itens II a IV – como facilmente se percebe – traduzem manifestas omissões, incorreções e negligências por parte dos obrigados tributários, o que acontece com o próprio IPTU, quando o contribuinte realiza edificações no imóvel (construção de casa, reformas com aumentos do prédio), sem ter atendido às exigências legais e posturas administrativas (licença para construção, alvará de funcionamento, averbação no Registro de Imóveis etc.), e, consequentemente, impede o respectivo conhecimento pela Prefeitura.

Os itens V e VI referem-se mais especificamente a faltas relativas ao exercício profissional, em que são realizados fatos geradores de tributos, tendo ocorrido omissão por parte dos contribuintes ou dos terceiros, a quem cabiam prestar informações ao Fisco; enquanto o item VII contempla um comportamento específico da pessoa que se omitiu no dever legal, mediante ação eivada de dolo, fraude ou simulação.

O item VII trata de atuação do sujeito passivo, ou de terceiro, com dolo, fraude ou simulação.

O item VIII aplica-se no caso em que, tendo o Fisco lançado tributo relativo a operações mercantis realizadas pelo contribuinte, em um determinado período, venha a tomar conhecimento por declarações de terceiros que tais operações foram efetivadas por valores superiores aos efetivamente registrados.

O item IX trata de erros cometidos pela própria autoridade administrativa (indicação incorreta de valores, omissão de documentos, capitulação indevida do fato tributário etc.), obrigando-se à retificação do lançamento para inserir os elementos corretos.

Usualmente, esses lançamentos são instrumentalizados em auto de infração, em que, além de declarar todos os aspectos do fato gerador da obrigação principal, ou acessória, aplica (ou considera) também a infração que teria sido cometida pelo sujeito passivo, indicando as capitulações legais, tendo sido vislumbrada a existência de dois atos e duas realidades jurídicas distintas, ou seja, o ato de lançamento propriamente dito e o ato de aplicação de sanção.[312]

A regra de que "a revisão do lançamento só pode ser iniciada enquanto não extinto o direito da Fazenda Pública" (parágrafo único do art. 149 do CTN) constitui reforço da diretriz de que não pode ser efetuada cobrança do tributo nos casos previstos no art. 156 do CTN (a ser examinado em item específico).

---

[312] HORVATH, Estevão. *Lançamento Tributário e "Autolançamento"*. São Paulo: Dialética, 1997. p. 60.

12.3.3 Homologação

O CTN (art. 150) estabelece que "o lançamento por homologação, que ocorre quanto aos tributos cuja legislação atribua ao sujeito passivo o dever de antecipar o pagamento sem prévio exame da autoridade administrativa, opera-se pelo ato em que a referida autoridade, tomando conhecimento da atividade assim exercida pelo obrigado, expressamente a homologa".

Esta esdrúxula figura jurídica merece um exame mais atento, pela circunstância de que, além de não se tratar – rigorosamente – de autêntico ato administrativo de lançamento (com todas as suas peculiaridades e desdobramentos), vem sendo prevista acentuadamente na legislação ordinária, na maioria dos impostos.

A realidade jurídica tem demonstrado que diversas espécies tributárias não necessitam da participação do Fisco – mediante declaração prévia do sujeito passivo (art. 147 do CTN), ou revisão oficial (art. 149 do CTN) – para que possam ser objeto de regular liquidação, com o respectivo ingresso de seus valores nos cofres públicos.

Neste âmbito encontram-se o IPI, o ICMS e o ISS, em que os contribuintes (ou responsáveis) registram as operações e prestações de serviços em documentos apropriados, procedem à sua escrituração em livros fiscais, informam tais negócios em guias apropriadas e, finalmente, efetuam o recolhimento dos valores tributários, sem que tenha ocorrido nenhuma atuação fazendária.

Inexiste lançamento tributário em razão de não ter sido celebrado nenhum ato privativo da autoridade administrativa, que se mantém totalmente inerte, revelando-se a prescindibilidade da formalização do crédito tributário, diante da desnecessidade de se positivar o requisito da exigibilidade.

O posterior conhecimento fazendário dos atos realizados pelo sujeito passivo, inclusive o pagamento do tributo, pode acarretar um ato expresso da Fazenda, singularmente rotulado de "homologação de lançamento", mas que não deveria ter esta fisionomia jurídica, pelo fato de que o devedor tributário não realiza lançamento algum, em consequência do que não se estaria homologando lançamento, mas simplesmente confirmando a legitimidade do procedimento do particular.

Embora aceite a assertiva de que "a quantia apurada pelo sujeito passivo é u'a mera *proposta* de lançamento, porquanto o único ato a este correspondente, com caráter definitivo, segundo o CTN, é aquele emanado da Administração",[313] parece-me questionável o entendimento de que esta proposta se confundirá com o lançamento administrativo no momento em que após o transcurso do prazo para lançar a Administração permaneça inerte, ocorrendo a equiparação a um ato de lançamento tácito, confirmando o lançamento efetuado pelo sujeito passivo.[314]

Com efeito, a omissão do Fisco no tocante às operações documentadas, escrituradas e com tributo pago não pode jamais representar "lançamento por homologação tácita", mas simplesmente extinção do crédito tributário, que não pode ser objeto de revisão na medida em que se tenha positivado a decadência (art. 156, V, do CTN). Nesse ponto, também peculiar a situação de não ter havido o devido pagamento dos tributos (desoneração tributária), que não pode implicar homologação de algo inexistente.

---

[313] HORVATH, *ob. cit.*, p. 165.
[314] HORVATH, *ob. cit.*, p. 165.

Outrossim, "o pagamento antecipado pelo obrigado nos termos deste artigo extingue o crédito, sob condição resolutória da ulterior homologação do lançamento" (§1º do art. 150, do CTN), a respeito do qual se apontam as impropriedades seguintes: a) inconsistência do enunciado na medida em que contradiz o *caput* do art. 142, ao falar em extinção do *crédito*, pois, segundo se proclama no citado artigo, o crédito só se constituiria pelo lançamento; b) menção à natureza *resolutória* da homologação, porque se como está dito, pondo a homologação como condição, a natureza desta seria *suspensiva*; c) a dicção de que a homologação é do lançamento, porque, se o Código diz que o lançamento se opera com a homologação, antes desta não existe nenhum lançamento.[315]

Finalmente, há que se examinar a afirmativa de que "não influem sobre a obrigação tributária quaisquer atos anteriores à homologação, praticados pelo sujeito passivo ou por terceiro, visando à extinção total ou parcial do crédito" (§2º do art. 150 do CTN), mas que "serão, porém, considerados na apuração do saldo porventura devido, e, sendo o caso, na imposição de penalidade, ou sua graduação" (§3º do art. 150 do CTN).

Devem ser plenamente considerados os referidos atos praticados antes da homologação, por consistirem no pagamento de valores tributários, que influirão decisivamente por ocasião do denominado ato homologatório, sendo certo, ademais, que a questão afeta à aplicação de penalidades envolve outra modalidade de lançamento (o de ofício).

Questão importante deflui do §4º do art. 150 do CTN, vazado nos termos seguintes: se a lei não fixar prazo à homologação, será ele de 5 (cinco) anos, a contar da ocorrência do fato gerador; expirado esse prazo sem que a Fazenda se tenha pronunciado, considera-se homologado o lançamento e definitivamente extinto o crédito, salvo se comprovada a ocorrência de dolo, fraude ou simulação.

Esta regra carece de alguns esclarecimentos específicos, a saber:
a) o prazo normal de decadência, para ser efetuado o denominado lançamento, é de 5 (cinco) anos contado de cada fato gerador (período estipulado na legislação regradora de cada tributo);
b) a lei "ordinária" só pode manter o referido prazo, ou estabelecer um período menor, uma vez que a decadência é matéria de norma geral, necessitando de lei "complementar" (como é o caso do CTN). Só se admitiria fixação de prazo superior a cinco anos se o tributo for normatizado por lei complementar;
c) a decadência, devido à inércia da Fazenda em determinado lapso de tempo, opera a extinção do crédito tributário, quer tenha ocorrido (ou não) o registro dos fatos geradores pelo contribuinte;
d) a conduta viciada do sujeito passivo (dolo, fraude ou simulação) acarreta a aplicação da regra geral da contagem de prazo decadencial (art. 173, I, do CTN), isto é, a partir do primeiro dia do exercício seguinte àquele em que o lançamento poderia ter sido efetuado.

Exemplificativamente, em se tratando de ICMS, a denominada homologação deve ser realizada no prazo máximo de cinco anos, contado de cada fato gerador (a operação mercantil foi realizada em 05.03.21, o Fisco só pode cobrar o contribuinte até 05.03.26), salvo se ocorreram os apontados vícios de comportamento, situação que posterga o

---
[315] AMARO, Luciano. *Direito Tributário Brasileiro*. 14. ed. São Paulo: Saraiva, 2008. p. 366.

início da contagem de prazo para o primeiro dia do exercício seguinte (1º.1.22), com vencimento no último dia do quinto ano seguinte (31.12.26).

Ressalto que o fato de o Fisco haver ignorado o fato gerador diário, procedendo a levantamento das operações de todo o exercício (normalmente um período de um ano), não contém fundamento jurídico para deslocar o termo decadencial. Assim, quando considera o exercício de 2020 entendendo como devido imposto, o termo decadencial não deveria iniciar-se somente em 1º.01.26, pois o Fisco viola a sistemática legal (de período mensal para anual), o que não pode redundar em prejuízo do contribuinte. Com mais forte razão tem nenhum respaldo jurídico iniciar a contagem do prazo em 1º.01.18.

12.3.4 Arbitramento

Quando o cálculo do tributo tenha por base, ou tome em consideração, o valor ou o preço de bens, direitos, serviços ou atos jurídicos, a autoridade lançadora, mediante processo regular, arbitrará aquele valor ou preço, sempre que sejam omissos ou não mereçam fé as declarações ou os esclarecimentos prestados, ou os documentos expedidos pelo sujeito passivo ou pelo terceiro legalmente obrigado, ressalvada, em caso de contestação, avaliação contraditória, administrativa ou judicial (art. 148 do CTN).

O contribuinte ou o responsável devem sempre atender às solicitações fazendárias, relativamente aos seus patrimônios e atividades, que possam implicar fato gerador tributário.

Em quaisquer negócios que realizam (produção industrial, comércio, prestação de serviços em geral, operações imobiliárias, financeiras etc.) ficam compelidos a esclarecer o respectivo valor, com pleno amparo documental.

Considerando que as obrigações tributárias necessitam ser quantificadas, referidos valores servirão para apurar corretamente o tributo devido. Terão utilidade, também, para apurar a legitimidade dos negócios, na medida em que permitam evidenciar capacidade econômica, ou, se for o caso, permitir práticas sonegatórias.

Sempre que o Fisco apurar que a aquisição, ou a venda, de mercadorias seja realizada habitualmente por valores inferiores ao de mercado, poderá arbitrar o valor adequado. Também se o valor consignado a título de frete se revelar ínfimo caberá desconsiderá-lo, para o fim de exigir o tributo sobre o valor normalmente praticado por terceiros.

Obviamente, este excepcional procedimento fazendário não pode ser arbitrário e adotado para quaisquer situações, sem que exista cabal fundamento (documentos ou empresas inidôneas, situação patrimonial privilegiada, incompatível com os ganhos e valores estipulados pelo particular).

O arbitramento deve possibilitar o contraditório, conferindo-se ao sujeito passivo oferecer todos os elementos contestatórios, ressalvando-se que, em regra, pode adotar os valores e os preços que entender conveniente, no desenvolvimento de suas atividades, tendo em vista o princípio da autonomia da vontade, aplicável aos negócios particulares.

Embora não haja menção expressa, a avaliação contraditória poderá ser oferecida por intermédio de impugnação (fase administrativa), ou em embargos à execução (processo judicial).

SUSPENSÃO DA EXIGIBILIDADE DO CRÉDITO TRIBUTÁRIO

13.1 Moratória

Consiste na prorrogação de prazo para pagamento do crédito tributário, constituindo causa de suspensão de sua exigibilidade (art. 151, III, do CTN), mediante regramento detalhado e sujeito a diversos requisitos.

A moratória somente pode ser concedida: "I – em caráter geral: a) pela pessoa jurídica de Direito Público competente para instituir o tributo a que se refira; e b) pela União, quanto a tributos de competência dos Estados, do Distrito Federal ou dos Municípios, quando simultaneamente concedida quanto aos tributos de competência federal e às obrigações de Direito Privado; II – em caráter individual, por despacho da autoridade administrativa, desde que autorizada por lei nas condições do inciso anterior" (art. 152 do CTN).

Os incisos transcritos cuidam de competência e do ato administrativo concessivo da moratória, sempre em decorrência da imprescindível previsão em lei (art. 97, VI, do CTN), que deverá especificar: "I – o prazo de duração do favor; II – as condições da concessão do favor em caráter individual; III – sendo o caso: a) os tributos a que se aplica; b) o número de prestações e seus vencimentos, dentro do prazo a que se refere o inciso I, podendo atribuir a fixação de uns e outros à autoridade administrativa, para cada caso de concessão em caráter individual; c) as garantias que devem ser fornecidas pelo beneficiado no caso de concessão em caráter individual" (art. 153 do CTN).

Criticável, todavia, a exclusiva faculdade cometida à União (art. 152, I, *b*, do CTN) por não possuir competência para se intrometer no âmbito tributário das demais pessoas de Direito Público.

A dilatação do prazo de pagamento – que constitui o cerne da moratória – pode ter normalmente uma causa geral de ordem estrutural (enchente, seca, devastação), que impede o cumprimento das obrigações tributárias, nos prazos legais, razão pela qual "a lei concessiva de moratória pode circunscrever expressamente a sua aplicabilidade a determinada região do território da pessoa jurídica de direito público que a expedir, ou a determinada classe ou categoria de sujeitos passivos" (parágrafo único do art. 152 do CTN).

O CTN também contempla demais regramentos, que dispensam comentários, a saber:

> Art. 154. Salvo disposição de lei em contrário, a moratória somente abrange os créditos definitivamente constituídos à data da lei ou do despacho que a conceder, ou cujo lançamento já tenha sido iniciado àquela data por ato regularmente notificado ao sujeito passivo.
> Parágrafo único. A moratória não aproveita aos casos de dolo, fraude ou simulação do sujeito passivo ou do terceiro em benefício daquele.

Também é auto explicativo o disposto no art. 155:

> A concessão da moratória em caráter individual não gera direito adquirido e será revogada de ofício, sempre que se apure que o beneficiado não satisfazia ou deixou de satisfazer as condições ou não cumpria ou deixou de cumprir os requisitos para a concessão do favor, cobrando-se o crédito acrescido de juros de mora:
> I – com imposição da penalidade cabível, nos casos de dolo ou simulação do beneficiado, ou de terceiro em benefício daquele;
> II – sem imposição de penalidade, nos demais casos.
> Parágrafo único. No caso do inciso I deste artigo, o tempo decorrido entre a concessão da moratória e sua revogação não se computa para efeito da prescrição do direito à cobrança do crédito; no caso do inciso II deste artigo, a revogação só pode ocorrer antes de prescrito o referido direito.

13.2 Depósito

O sujeito passivo tem a faculdade de realizar o depósito dos valores concernentes ao crédito da Fazenda, em seu montante integral (tributo, juros, correção monetária e multa, se for o caso), com o objetivo de suspender sua exigibilidade (art. 151, II, do CTN).

O depósito na repartição fazendária na pendência de processo administrativo, que normalmente se sujeita à legislação específica de cada pessoa de Direito Público, apenas tem o efeito de cessar a incidência de quaisquer acréscimos, pois, normalmente, não paralisa o processo.

O depósito judicial constitui medida preparatória de uma ação principal (declaratória ou anulatória de ato administrativo), de modo a permitir ao sujeito passivo questionar a pretensão fazendária (iminente ou já acontecida), sem que, simultaneamente, sofra cobrança judicial da Fazenda, salientando-se a necessidade de ser realizado em dinheiro (Súmula nº 112 do STJ).

Apesar da imposição legal do prévio depósito no caso da *ação anulatória*, a jurisprudência adota distinta postura:

> Não constitui pressuposto da ação anulatória do débito fiscal o depósito de que cuida o art. 38 da Lei n. 6.830, de 1980.
> (Tribunal Federal de Recursos, Súmula nº 247)
>
> A doutrina e a jurisprudência enraizaram a compreensão de que o depósito prévio ditado no art. 38, Lei 6.830/80, não constitui indispensável pressuposto de procedibilidade da ação anulatória de débito fiscal.
> (STJ, REsp nº 183.969-SP, 1ª T., rel. Min. Milton Luiz Pereira, *DJU* 1 de 22.05.00)

Ação anulatória de débito fiscal. Depósito prévio, art. 38 da lei de execuções fiscais (Lei 6.830/80).
Pressuposto da ação anulatória da dívida ativa é o lançamento do crédito tributário, não havendo sentido em protraí-lo ao ato de inscrição da dívida.
O depósito preparatório do valor do débito não é condição de procedibilidade da ação anulatória, apenas, na circunstância, não é impeditiva da execução fiscal, que com aquela não produz litispendência, embora haja conexidade.
(RE nº 103.400-9-SP, 1ª T., rel. Min. Rafael Mayer, *DJU* 1 de 1º.02.85)

Com efeito, o requisito de procedibilidade impediria o acesso à justiça – lesionando o princípio da universalidade da jurisdição (art. 5º, XXXV, da Constituição) –, além de redundar em patente ilogicidade, porquanto não teria sentido obrigar o sujeito passivo ao desembolso de valores que entende indevidos.

Embora o depósito não tenha a finalidade de satisfazer o débito fiscal em discussão, estará garantindo os interesses da Fazenda, até se entendendo que a autoridade administrativa não estará inibida de lançar, mas ficará inibida de cobrança, em execução fiscal.[316]

Também já se tem argumentado que o depósito susta, na realidade, a ação de execução, eis que a dívida pode estar inscrita e o processo de execução paralisado.[317]

Apesar de tais suprimentos doutrinários, há que se ponderar que o Fisco não poderá cobrar multa e juros de mora, no caso de depósito integral do tributo, eis que de nada valeria haver desembolsado, e depositado, o montante integral do crédito, numa inequívoca demonstração de boa-fé.

Ocorrendo êxito ao contribuinte, o depósito poderá ser levantado com os acréscimos pertinentes; no caso de sucesso da Fazenda, o depósito será convertido em renda, extinguindo o respectivo crédito tributário (art. 156, IV, do CTN).

Arguta a postura em sentido inverso:

> se o juiz simplesmente converte em renda o valor depositado – ao fim da ação – estará ele imiscuindo-se em seara a que não está permitido, ou a que está impedido, pois que, além de adentrar na propriedade do sujeito passivo (autor) estará, em muitos casos (quiçá em todos), lançando tributo cuja competência é exclusiva da Administração Pública.[318]

Entretanto, o STJ (Primeira Seção) pacificou o entendimento de que, nos casos de extinção do feito sem exame do mérito, os depósitos efetuados para suspender a exigibilidade do crédito tributário devem ser convertidos em renda da Fazenda Pública. Nos tributos sujeitos a lançamento por homologação, o depósito judicial efetuado para suspender a exigibilidade do crédito torna desnecessário o lançamento de ofício, pelo que não há falar em decadência (AgRg no REsp nº 626.001-MG, 2ª Turma, rel. Min. Herman Benjamin, j. 28.04.09, *DJe* de 21.08.09).

---

[316] CARRAZZA, Roque Antonio. Depósito do Montante Integral do Crédito Tributário (arts. 151, II, do CTN e 38 da Lei das Execuções Fiscais). Garantia em Dinheiro. Possibilidade Jurídica de sua Substituição. *Revista de Processo*, v. 17, p. 51, abr./jun. 1992.

[317] LACOMBE, Américo. Mandado de Segurança e Ações Cautelares. *Revista de Direito Tributário*, v. 12, n. 46, p. 40, out./dez. 1988.

[318] VIEIRA, Maria Leonor Leite. Imposto Territorial Rural: Hipótese de Incidência e Base de Cálculo – Provocações. In: SANTI, Eurico Marcos Diniz de (coord.). *Curso de Especialização em Direito Tributário* – Estudos Analíticos em Homenagem a Paulo de Barros Carvalho. Rio de Janeiro: Forense, 2005. p. 55.

Na hipótese de ter sido efetuado o depósito, ocorrendo *a posteriori* propositura de ação judicial contra a exigência, a autoridade administrativa transferirá para a conta à ordem do juiz da causa, mediante requisição deste, os valores depositados, que poderão ser complementados para efeito de suspensão da exigibilidade do crédito tributário.

A pretendida exigibilidade de depósito caracteriza violação ao princípio constitucional da ampla defesa (art. 5º, LV), que confere aos litigantes em processo administrativo a utilização dos recursos inerentes à sua defesa, para que os órgãos da superior instância (normalmente de composição paritária) possam reexaminar toda a matéria e proferir decisão totalmente imparcial.

A ampla defesa só estará plenamente assegurada na medida em que o contribuinte possa interpor o seu recurso (de índole constitucional), sem qualquer limitação ou ônus, como é o caso do malsinado depósito recursal, que também viola o princípio constitucional de petição aos Poderes Públicos (art. 5º, XXXIV, *a*).

O STJ havia entendido legítima a exigência do depósito (ADIn nº 1.922-9, indeferimento de medida liminar, Pleno, rel. Min. Moreira Alves, j. 06.10.99, *DJU* 1 de 14.10.99, p. 2).

O Tribunal elucidara o seguinte:

> Tributário. Processual Civil. Depósito Efetuado com o Objetivo de Suspender a Exigibilidade do Crédito Tributário, nos Autos de Ação em que se discute a Legitimidade do Tributo. Vinculação do Destino do Depósito ao Desfecho da Demanda em que Efetuado.
>
> 1. O depósito do montante integral do crédito tributário, na forma do art. 151, II, do CTN, é faculdade de que dispõe o contribuinte para suspender sua exigibilidade. Uma vez realizado, porém, o depósito passa a cumprir também a função de garantia do pagamento do tributo questionado, permanecendo indisponível até o trânsito em julgado da sentença e tendo seu destino estritamente vinculado ao resultado daquela demanda em cujos autos se efetivou.
>
> 2. Tal regime de indisponibilidade das quantias, até o trânsito em julgado da sentença, foi positivado com o advento da Lei 9.703/98, cujo art. 1º, §3º, estatui que *'mediante ordem da autoridade judicial ou, no caso de depósito extrajudicial, da autoridade administrativa competente, o valor do depósito, após o encerramento da lide ou do processo litigioso, será: I –devolvido ao depositante pela Caixa Econômica Federal, no prazo máximo de vinte e quatro horas, quando a sentença lhe for favorável ou na proporção em que o for, acrescido de juros, na forma estabelecida pelo §4º do art. 39 da Lei 9.250, de 26 de dezembro de 1995, e alterações posteriores; ou II – transformado em pagamento definitivo, proporcionalmente à exigência do correspondente tributo ou contribuição, inclusive seus acessórios, quando se tratar de sentença ou decisão desfavorável à Fazenda Nacional'.* Trata-se de disposição cujo âmbito de incidência não se limita, a toda a evidência, à ação executiva fiscal.
>
> 3. No caso concreto, transitou em julgado sentença julgando improcedente a ação declaratória em cujos autos foi efetuado o depósito, após a homologação de pedido de desistência dos recursos especial e extraordinário apresentado contra o acórdão que negara provimento à petição da autora, sendo devida, por essa razão, a conversão daquele valor em renda à parte vitoriosa.
>
> 4. Recurso especial provido.
>
> (REsp nº 547.312-CE, 1ª Turma, rel. Min. Teori Albino Zavascki, j. 1º.09.05, *DJU* 1 de 19.09.05, p. 187)

Entretanto, o STJ revelou cautela em peculiar situação:

No caso concreto, transitou em julgado sentença concessiva da segurança, que reconheceu à impetrante o direito ao pagamento do PIS na forma da LC 7/70, afastadas as inconstitucionais disposições dos Decretos-leis 2.445/88 e 2.449/88. Sendo assim, a quantia passível de levantamento é aquela correspondente à diferença entre (a) a totalidade dos valores recolhidos ou depositados a título de PIS, na forma dos aludidos Decretos-leis, e (b) os valores que efetivamente devidos, de acordo com a sistemática da LC 7/70. A base de incidência a ser utilizada para o cálculo é o faturamento declarado pela impetrante para fins de pagamento do tributo, que se presume verdadeira, ressalvado o direito da Fazenda a eventual impugnação, mediante o procedimento administrativo próprio.
(REsp nº 589.992-PE, 1ª Turma, rel. Min. Teori Albino Zavascki, j. 17.11.05, *DJU* 1 de 28.11.05, p. 193)

A Lei federal nº 9.703, de 17.11.98 (regulamentada pelos Decretos nºs 2.850/98 e 2.924/99), dispôs sobre *os depósitos judiciais e extrajudiciais de tributos e contribuições federais*, administrados pela Receita Federal, que serão efetuados na Caixa Econômica Federal, repassados para a Conta Única do Tesouro Nacional.

Mediante ordem judicial, ou no caso de depósito extrajudicial, da autoridade administrativa, o valor do depósito, após o encerramento da lide ou do processo litigioso, será: I – devolvido ao depositante pela CEF, no prazo máximo de 24 horas, quando a sentença lhe for favorável ou na proporção que o for, acrescido de juros, ou II – transformado em pagamento definitivo, proporcionalmente à exigência do correspondente tributo ou contribuição, inclusive seus acessórios, quando se tratar de sentença ou decisão favorável à Fazenda Nacional.

Os depósitos judiciais e administrativos em dinheiro, referentes a processos judiciais ou administrativos tributários, ou não tributários, nos quais o *Estado*, o *Distrito Federal* ou os *Municípios* sejam parte, deverão ser efetuados em instituição financeira oficial, federal, estadual ou distrital (Lei Complementar nº 151, de 05.08.15, art. 2º).

13.3 Reclamações e Recursos Administrativos

A exigibilidade do crédito tributário também ficará suspensa no caso de o contribuinte oferecer "as reclamações e os recursos, nos termos das leis reguladoras do processo tributário administrativo" (inciso II, do art. 151, CTN).

Havendo sido efetuado o lançamento (por declaração ou de ofício), pode o sujeito passivo insurgir-se contra quaisquer dos seus elementos a fim de ser objeto de posterior julgamento, oferecendo reclamações (também denominadas "defesa" e "impugnação"). A decisão que mantiver a exigência fazendária pode permitir a interposição de recurso à superior instância administrativa, até que ocorra julgamento definitivo.

A legislação específica de cada pessoa de Direito Público constitui o instrumento competente para regular o processo fiscal:
   a) federal – Decretos nº 70.235/72 (e alterações) e Portarias MF nº 343, de 09.06.15, nº 39 de 15.02.16, e nº 152, de 03.05.16, nº 1.634, de 21.12.23 (Regimento Interno do Conselho Administrativo de Recursos Fiscais);
   b) estadual – SP – Leis nº 13.457, de 18.03.09 (e alterações); Decreto nº 56.235/15; e Portaria CAT nº 141, de 22.07.09 (Regimento Interno do Tribunal de Impostos e Taxas);

c) municipal – SP – Lei nº 14.107, de 12.12.05; Lei nº 14.141, de 27.03.06; Decreto nº 62.137, de 29.12.22 e Portaria SF nº 213, de 26.08.21 (Regimento Interno do Conselho Municipal de Tributos).

Também no caso de a legislação ordinária permitir a formulação de consulta a órgão, com a suspensão da exigibilidade do crédito, enquanto não for exarada resposta, não pode ser lançado o tributo. E, mesmo no caso de ser desfavorável ao consulente, somente após o decurso de prazo fixado na mesma resposta, é que poderá ser exigido o crédito.

A *Consulta* encontra-se regulada no âmbito *federal* (Decreto nº 70.235/72, arts. 46 a 58; Lei federal nº 9.430, de 27.12.96, arts. 48 a 50, e Instrução Normativa RFB nº 2058 de 09.12.21); *estadual-SP* (Decreto nº 45.490, de 30.11.00, arts. 510 a 526), e *municipal-SP* (Lei nº 14.107, de 12.12.05 (arts. 73 a 78); e Decreto nº 62,137, de 29.12.22, arts. 737 a 742).

A garantia constitucional da ampla defesa afasta a exigência do depósito como pressuposto de admissibilidade de recurso administrativo, em razão do que fora decretada a inconstitucionalidade do §2º, do art. 33 do Decreto nº 70.235/72, com a redação dada pelo art. 32 da Lei nº 10.522, de 19.07.02 (STF, RE nº 388.359-3, Pleno, rel. Min. Marco Aurélio, j. 02.04.07, *DJU* 1 de 22.06.07, p. 17).

O STJ firmou a diretriz de que "é ilegítima a exigência de depósito prévio para admissibilidade de recurso administrativo" (Súmula nº 373).

O STF aprovou o entendimento que "é inconstitucional a exigência de depósito ou arrolamento prévios de dinheiro ou bens para admissibilidade de recurso administrativo" (Súmula Vinculante nº 21).

13.4 Medida Liminar em Mandado de Segurança

O mandado de segurança pode ser promovido para proteger direito líquido e certo, não amparado por *habeas corpus* ou *habeas data* sempre que, ilegalmente ou com abuso de poder, qualquer pessoa física ou jurídica sofrer violação ou houver justo receio de sofrê-la por parte de autoridade, seja de que categoria for e sejam quais forem as funções que exerça (art. 5º, LXIX da CF, e Lei federal nº 12.016, de 07.08.09, art. 1º). Requisito básico para o *mandamus* é a violação do mencionado direito, que possa ser demonstrado de plano, sendo impertinente a apresentação de posterior prova, ainda que exclusivamente documental.

No MS *repressivo*, o impetrante (contribuinte, responsável, entidade de classe etc.) deve insurgir-se contra ato efetivamente realizado (cobrança regular, auto de infração etc.), no prazo de 120 dias (Súmula nº 632 do STF e art. 23 da Lei nº 12.016/09), sendo que, nas prestações de trato sucessivo, o prazo decadencial se conta da lesão do direito do impetrante na oportunidade da satisfação de cada prestação (STJ, MS nº 1.706-DF, Corte Especial, rel. Min. Waldemar Zveiter, j. 10.09.92, *DJU* 1 de 13.10.92).

Assim, no lançamento do IPTU com determinação de pagamento em dez parcelas mensais, o prazo do MS recomeça a fluir a partir de cada parcela (mês a mês) do imposto a ser pago (jurisprudência referida no REsp nº 630.858-RJ, 1ª Turma, rel. Min. José Delgado, j. 18.05.04, *DJU* 1 de 07.06.04, p. 176).

No MS *preventivo*, o impetrante tem justo receio que seja cometida a ilegalidade, ou abuso de poder, relativamente a fatos, e atos, particulares que devem sofrer questionamento tributário.

É o caso do contribuinte que formula consulta à Fazenda, dando o seu entendimento quanto à aplicação de dispositivo isencional incidente sobre negócios de seu interesse, e obtém resposta desfavorável, em razão do que é patente a ameaça de sofrer sanção fiscal e concreta agressão ao seu patrimônio, mediante lavratura de auto de infração e posterior cobrança judicial (REsp nº 615.335-SP, 1ª Turma, rel. Min. Luiz Fux, j. 11.05.04, *DJU* 1 de 31.05.04, p. 238).

Enquadra-se, nessa situação, a edição de lei que implique novos gravames tributários, que passarão a onerar os fatos a serem realizados pelos contribuintes, positivando-se o cabimento do MS preventivo (REsp nº 18.432-PE, 1ª Seção, rel. Min. Humberto Gomes de Barros, *DJU* 1 de 04.03.96).

Incabível o questionamento da lei em tese, que ocorre quando a impetração se dirige contra o mero preceito legal (ou regulamentar), de natureza abstrata, e que não tenha concreta vinculação com o contribuinte (Súmula nº 266 do STF).

As relações jurídicas continuativas compreendem determinadas situações (isenção, não incidência, imunidade, redução de base de cálculo, de alíquota), que não sofrem modificação fática e de cunho legal. Nesse caso, a concessão de MS deveria projetar efeito permanente, não se traduzindo um efeito normativo.

Havendo sido configurado o *fumus boni iuris* (a fumaça do bom direito) e o *periculum in mora* (o perigo na demora), o Juiz de Direito poderá conceder a "medida liminar", suspendendo (ou sustando) a cobrança tributária, paralisando o curso do processo dela decorrente, ou impedindo que ela venha a ser promovida.

Exemplificando: a) o aumento de alíquota do ISS de 2% para 5% (dezembro/2021), com início de vigência em janeiro de 2022, fere o princípio da anterioridade; b) a vedação ao crédito de ICMS na aquisição de materiais intermediários viola o princípio da não cumulatividade; c) a exigência de ITBI calculado por alíquotas progressivas aplicáveis ao valor venal do imóvel contraria a Súmula nº 656 do STF; d) a apreensão de mercadorias como meio coercitivo para pagamento do tributo constitui ato administrativo em desconformidade com entendimento do STF (Súmula nº 323).

A legislação estabelece que é facultado ao juiz exigir do impetrante caução, fiança ou depósito, com o objetivo de assegurar o ressarcimento à pessoa jurídica (Lei nº 12.106/09, art. 7º, III). Entretanto, a condição para ser concedida a liminar deve ser examinada com redobrada atenção, para que não sejam cerceados ou limitados direitos constitucionais (REsp nº 83.893-MG, 1ª Turma, rel. Min. José Delgado, *DJ* 15.04.96, p. 11.503). Por outro lado, que não sejam prejudicadas as cautelas e as garantias relativas ao crédito tributário, que devam ser tomadas em situações peculiares.

Dispõe que não será concedida liminar que tenha por objeto a compensação de créditos tributários, a entrega de mercadorias e bens provenientes do exterior (Lei nº 12.106/09, art. 7º, §2º). Referidas restrições são inconstitucionais, uma vez que não pode a legislação ordinária cercear as atividades dos contribuintes, por meio de instrumentos processuais.

Também na hipótese da "liminar" – medida judicial que suspende a exigibilidade dos valores tributários – não há impedimento para o lançamento, mas proíbe a Fazenda de executar judicialmente o seu crédito.[319]

---

[319] MELO, José Eduardo Soares de. Decisões Judiciais e Tributação. In: MARTINS, Ives Gandra da Silva (coord.). *Caderno de Pesquisas Tributárias*. São Paulo: Resenha Tributária e Centro de Extensão Universitária, 1994. p. 132.

No âmbito federal, mesmo sendo concedida a liminar, poderá ser constituído o crédito (exclusivo lançamento do tributo, vedada a imposição de multa de ofício), destinado a prevenir a decadência (art. 63, *caput*, da Lei federal nº 9.430, de 27.12.96).

A suspensão da exigibilidade do crédito não dispensa o cumprimento das obrigações acessórias dependentes da obrigação principal, cujo crédito seja suspenso, ou dela consequente (parágrafo único do art. 151 do CTN).

Portanto, mesmo estando o sujeito passivo desonerado de proceder à incidência de tributo em venda de determinada mercadoria – com amparo em liminar – continua obrigado a emitir notas fiscais, escriturar livros fiscais e atender a demais deveres administrativos.

O STJ entende que emitida ordem judicial suspensiva não é lícito à Administração Tributária proceder a qualquer atividade que afronte o comando judicial, sob pena de cometimento do delito de desobediência, hodiernamente, consagrado e explicitado no art. 14, V e parágrafo único, do Código Penal.

E assevera que, ao sustar a exigibilidade do crédito tributário, o Judiciário tanto pode endereçar a sua ordem a que não se constitua o crédito, posto do seu surgimento gerar ônus ao contribuinte até mesmo sob o ângulo da expedição de certidões necessárias ao exercício de atividades laborais, como também vetar a sua cobrança, ainda que lançado o tributo previamente à ordem (REsp nº 453.762-RS, 1ª Turma, rel. Min. Luiz Fux, j. 03.06.03, *DJU* 1 de 17.11.03, p. 205-206).

O STJ pontificara que "a suspensão da exigibilidade do crédito tributário na via judicial impede o Fisco de praticar qualquer ato contra o contribuinte visando a cobrança de seu crédito, tais como a inscrição em dívida, execução e penhora, mas não impossibilita a Fazenda de proceder a regular constituição do crédito tributário para prever a decadência do direito de lançar" (Embargos de Divergência em REsp nº 572.603-PR, 1ª Seção, rel. Min. Castro Meira, j. 08.06.05, *DJU* 1 de 05.09.05, p. 199).

Os efeitos da liminar, salvo se revogada ou cassada, persistirão até a prolação da sentença. Será decretada a perempção ou caducidade da medida liminar *ex officio* ou a requerimento do Ministério Público quando, concedida a medida, o impetrante criar obstáculo ao normal andamento do processo ou deixar de promover, por mais de 3 (três) dias úteis, os atos e as diligências que lhe cumprirem (Lei federal nº 12.106/09, art. 7º, §3º, e art. 8º).

A suspensão da liminar em MS, salvo determinação em contrário da decisão que a deferir, vigorará até o trânsito em julgado da decisão definitiva de concessão de segurança, ou, havendo recurso, até a sua manutenção pelo STF, desde que o objeto da liminar deferida coincida, total ou parcialmente, com o da impetração (Súmula nº 626 do STF).

O mandado de segurança coletivo pode ser impetrado por partido político com representação no Congresso Nacional, na defesa de seus interesses legítimos relativos a seus integrantes ou à finalidade partidária, ou por organização sindical, entidade de classe ou associação legalmente constituída e em funcionamento há, pelo menos, 1 (um) ano, em defesa de direitos líquidos e certos da totalidade, ou de parte, dos seus membros ou associados, na forma dos seus estatutos e desde que pertinentes às suas finalidades, dispensando, para tanto, autorização especial (Lei nº 12.106/09, art. 21, e Súmula nº 626 do STF). Tem legitimação ativa ainda quando a pretensão veiculada interesse apenas a uma parte da respectiva categoria (Súmula nº 630 do STF), situação em que beneficiaria os representantes das mencionadas entidades.

A *sentença* tem peculiar natureza mandamental com a implicação de ordem judicial à autoridade impetrada para que anule o ato coator; ou se abstenha de praticar ato que viole direito líquido e certo do impetrante. Tem sido admitida, em caráter excepcional, a eficácia da liminar após a sentença denegatória de flagrante ilegalidade ou abusividade, ou de dano irreparável ou de difícil reparação (*RSTJ* 96/175, e REsp nº 422.587-RJ, 1ª Turma, rel. Min. Garcia Vieira, j. 03.09.02, *DJU* 1 de 28.10.02, p. 241).

A respeito do restabelecimento da liminar:

> A aplicação da Súmula n. 405 do STF enseja ressalvas, porquanto se apoia em precedentes julgados anteriormente à vigência do atual CPC, que deu nova sistemática e dimensão às cautelares, e não considerou a legislação superveniente relativa à matéria. A regra, a ser observada, é a de que a eficácia da liminar pode ser suspensa, revogada ou mesmo restabelecida, tendo em conta o caso concreto e os parâmetros legais de regência.
> (RMS nº 2.438-6-MS, 2ª Turma, rel. Min. Antônio de Pádua Ribeiro, j. 29.11.93, *DJU* 1 de 07.02.94, p. 1.152)

13.5 Medida Liminar ou Tutela Antecipada em Outras Espécies de Ação Judicial

Trata-se de situações que permitiam a suspensão da exigibilidade do crédito tributário (inciso V, art. 151, do CTN, inserido pela LC nº 104/01), equiparando decisões judiciais de idêntica natureza, proferidas em diversos procedimentos e ações judiciais, aos efeitos da liminar concedida em mandado de segurança (item 13.4).

O *processo cautelar* tinha por finalidade a realização de depósito judicial (art. 796, do CPC de 1973), pertinente à propositura de ação ordinária objetivando a declaração de certeza relativamente à existência de obrigação (ou desobrigação) tributária, tendo em vista a adequação dos fatos descritos na lide ao ordenamento jurídico.

Nesta situação, o autor poderia promover o depósito do valor integral do tributo questionado, nos próprios autos da ação, e independente de autorização judicial, a fim de suspender sua exigibilidade (EDiv. no REsp nº 49.737-DF, 1ª Seção, rel. Min. Hélio Mosimann, j. 09.09.98, *DJU* 1 de 05.10.98, p. 3-4; e Súmula nº 112).

Teria cabimento no caso de imprecisão sobre o Município competente para exigir o ISS (local da prestação x domicílio do contribuinte). Mediante o depósito referente ao imposto, de conformidade com a legislação aplicável no Município do juízo; e concessão de *liminar* seria evitado o lançamento tributário.

O novo CPC de 2015 não mais trata de procedimento cautelar, mas de tutela provisória que pode fundamentar-se em urgência ou evidência. Na tutela de urgência, cautelar ou antecipada, pode ser concedida em caráter antecedente ou incidental (art. 294 e parágrafo único).

É o caso de ajuizamento de ação declaratória de inexistência de relação jurídica atinente à exigência de Cofins e PIS, sob o fundamento de que a nova legislação contém vícios formais e materiais, referentes à majoração da alíquota e ampliação da base de cálculo.

A antecipação dos efeitos da tutela objetiva impedir que a União exija as referidas contribuições, sob pena de ficar prejudicado o direito do contribuinte. O perigo da demora na prolação de decisão definitiva pode constituir dano irreparável, uma vez que o contribuinte fica obrigado a recolher as contribuições em valores mais significativos do que os devidos. Além disso, o descumprimento da legislação implicará a inscrição no Cadastro de Informações (Cadin), acarretando entraves operacionais.

A tutela provisória conserva sua eficácia na pendência do processo, mas pode, a qualquer tempo, ser revogada ou modificada. Salvo decisão judicial em contrário, a tutela conservará a eficácia durante o período de suspensão do processo. O juiz poderá determinar as medidas que considerar adequadas para efetivação da tutela.

A jurisprudência entendia que não vingava a tutela antecipada contra a Fazenda Pública para se determinar a repetição de indébito de ICMS cobrado em regime de substituição tributária, onde se pretende reaver imposto que se entende ter sido pago a maior. Só tem cabimento no campo tributário quando há entendimento largamente uniformizado na jurisprudência sobre a relação jurídica em debate (STJ, REsp nº 148.072-RJ, 1ª Turma, rel. Min. José Delgado, j. 27.11.97, *DJU* 1 de 23.03.98, p. 34).

A petição inicial da ação que visa à prestação de tutela cautelar em caráter antecedente indicará a lide seu fundamento, a exposição sumária do direito que se objetiva assegurar e o perigo de dano ou o risco ao resultado útil do processo (art. 305 do novo CPC de 2015).

Na Ação Direta de Inconstitucionalidade (ADIn), prevista no art. 102, I, *a*, da CF, poderá ser concedida *liminarmente* medida cautelar, dotada de eficácia contra todos os contribuintes abrangidos pela lide, com efeitos *ex nunc*, salvo se o tribunal entender deva ser concedida eficácia retroativa (Lei federal nº 9.868, de 10.11.99, arts. 10 a 12).

É o caso da ADIn promovida pela Confederação Nacional da Indústria – CNI – para suspender a eficácia do art. 8º da Lei federal nº 9.960/00 (acrescenta vários dispositivos à Lei nº 6.938/81), que cria a Taxa de Fiscalização Ambiental – TFA, em favor do Ibama.

O STF deferiu a *medida liminar* por reconhecer a plausibilidade jurídica da tese da inconstitucionalidade por ofensa ao princípio da isonomia, porquanto o valor da referida taxa é uniforme para todos os contribuintes, salientando que não está definido o fato gerador (exercício das atividades potencialmente poluidoras ou utilizadoras de recursos ambientais), constituindo atividade explorada pelo contribuinte e não serviço do ente público no exercício do poder de polícia (STF, ADInMC nº 2.178-DF, rel. Min. Ilmar Galvão, j. 29.03.00, *Informativo STF* nº 183, de 05.04.00, *Revista Dialética de Direito Tributário*, n. 56, p. 150).

Na Ação Declaratória de Constitucionalidade (ADC), prevista no art. 102, I, *a*, da CF, poderá ser concedida *liminarmente* medida cautelar, para que seja determinado aos juízes e tribunais que suspendam o julgamento dos processos que envolvam a aplicação da lei ou do ato normativo objeto da ação até seu julgamento definitivo (Lei federal nº 9.868/99, art. 21, *caput*).

É o caso da ADC relativa à constitucionalidade de preceitos da LC nº 70/91, de 30.12.91, instituidora da Cofins, examinando questões relativas à bitributação com o PIS, cumulatividade com outros impostos, arrecadação pela Receita Federal etc. (ADC 1-DF, rel. Min. Moreira Alves, j. 1º.12.93, *DJ* de 16.06.95, *Revista Dialética de Direito Tributário*, n. 1, p. 79).

Trata-se de "mero *efeito paralisante* das demais ações em curso (nos tribunais de 1º e 2º grau de jurisdição e também no STJ), por não ter ainda o efeito vinculante que é da natureza da decisão final (art. 28, parágrafo único da Lei nº 9.868/99), somente suspende o *julgamento* dos processos e não alcança os efeitos de medidas liminares ou mesmo sentenças ou acórdãos já publicados, isto é, suspende-se temporariamente 'o julgamento' do processo que contenha como questão prejudicial a matéria constitucional abrangida pela ADC, mas *não estarão suspensos seus efeitos externos,* como, *v.g.,* liminares em mandado de segurança ou antecipação de tutela que tenham suspendido a exigibilidade de tributo (ou mesmo o julgamento já ocorrido), mesmo que a exação suspensa tenha como fundamento a norma objeto da medida cautelar concedida em sede da ADC".[320]

E conclui o apontado estudo:

> Por não ter efeito vinculante, mas meramente paralisante, a concessão da *medida prevista no art. 21 (que não tenha tido seus efeitos expressamente dilatados pelo STF)* não impede o exercício do direito de ação por parte do contribuinte, que pode propor sua ação individual ou coletiva e pedir a concessão de liminar que poderá produzir efeitos mesmo durante a vigência da medida cautelar no bojo da ADC.[321]

Na Arguição de Descumprimento de Preceito Fundamental (ADPF), proposta para evitar ou reparar lesão a preceito fundamental, resultante de ato do Poder Público, o STF poderá deferir pedido *liminar* que consistirá na determinação de que os juízes e tribunais suspendam o andamento de processo ou os efeitos de decisões judiciais, ou de qualquer outra medida objeto da referida arguição, salvo se decorrente da coisa julgada (Lei federal nº 9.882, de 03.12.99).

13.6 Parcelamento

O parcelamento constitui causa de suspensão de exigibilidade do crédito, sendo concedido na forma e condição estabelecidas em lei específica, não excluindo a incidência de juros e multas (salvo disposição de lei em contrário), aplicando-se subsidiariamente as regras relativas à moratória (arts. 151, VI, e 155-A, §§1º e 2º, CTN, inseridos pela LC nº 104/01).

Lei específica disporá sobre as condições de parcelamento dos créditos tributários do devedor em recuperação judicial. A inexistência desta lei importa na aplicação das leis gerais de parcelamento do ente da Federação ao devedor em recuperação judicial, não podendo, neste caso, ser o prazo de parcelamento inferior ao concedido pela lei federal específica (§§3º e 4º, do art. 155-A, inseridos pela LC nº 118/05).

Constitui forma de pagamento de débitos tributários, após o período de seus vencimentos, normalmente em prestações mensais durante alongado período de tempo, revestindo a natureza de uma moratória (STJ, Embargos de Divergência no Recurso Especial nº 137.388-RS, 1ª Seção, rel. Min. José Delgado, j. 23.09.98, *DJU* 1 de 23.11.98, p. 113), sendo distinto da denúncia espontânea (art. 138) que impõe o recolhimento integral do tributo.

Apresenta-se com a característica de ato discricionário da atividade administrativa e subordinado ao exame da matéria fática, só ocorrendo o seu direito líquido e certo para o contribuinte após ser concedido pela autoridade administrativa (STJ, MS nº 4.435-DF,

---

[320] MARINS, James. *Direito Processual Tributário Brasileiro.* São Paulo: Dialética, 2001. p. 780.
[321] MARINS, *ob. cit.,* p. 780.

1ª Seção, rel. Min. José Delgado, j. 10.11.97, *DJU* 1 de 15.12.97, p. 66.183), que não pode retirar nenhum dos encargos que recaem sobre a dívida, em face de indisponibilidade do interesse público (STJ, REsp nº 45.390-9-SP, 2ª Turma, rel. Min. Antônio de Pádua Ribeiro, j. 08.08.96, *DJU* 1 de 26.08.96, p. 29.660), sendo vedada a sua concessão pelo Judiciário.

O STJ decidiu o seguinte:

> 1. O parcelamento do débito na execução fiscal implica, tão-somente, a suspensão do processo, conservando-se perene a Certidão da Dívida Ativa a sustentar a execução até que se extinga a dívida, podendo operar-se a continuidade da execução fiscal pelo saldo remanescente, se o parcelamento não restar cumprido integralmente pelo sujeito passivo.
> 2. A figura do parcelamento não se confunde com a transação extintiva do crédito. A autocomposição bilateral ou transação é forma de extinção do crédito tributário, consoante determina o art. 156, III, do CTN, implicando no término do direito da Fazenda Pública de cobrar a obrigação tributária.
> 3. Considerando que a transação é a forma pela qual as partes previnem ou terminam litígios mediante concessões mútuas, enquanto o parcelamento é a mera dilação de prazo para o devedor honrar sua dívida, não há que falar em naturezas semelhantes. Ao revés, no parcelamento, a dívida ativa não se desnatura pelo fato de ser objeto de acordo de parcelamento, posto que não honrado o compromisso, retoma ela os seus privilégios, incidindo a multa e demais encargos na cobrança via execução fiscal.
> 4. É novel regra assente no Código Tributário Nacional que o parcelamento do débito é meramente suspensivo.
>
> (REsp nº 514.351-PR, 1ª Turma, rel. Min. Luiz Fux, j. 20.11.03, *DJU* 1 de 19.12.03, p. 347)

Entretanto, entendo inconstitucional a cláusula que obriga o contribuinte a renunciar, expressamente, à discussão judicial dos débitos tributários (constantes do termo de parcelamento), porque é inafastável o princípio da universalidade da jurisdição (art. 5º, XXXV, da CF). Os particulares só se encontram obrigados a pagar os débitos se e quando ocorram os fatos geradores tributários, em razão do que no caso de apurarem incorreções nas declarações de parcelamento, como operações não tributadas (imunidade, não incidência, isenção), com base de cálculo reduzida, alíquota minorada etc., têm pleno direito de acionar o Judiciário para recolherem o valor efetivamente devido.

A instituição financeira que for cessionária de dívida ativa consolidada dos Estados, Distrito Federal e Municípios, para cobrança por endosso-mandato, poderá parcelar os débitos tributários nas mesmas condições em que as referidas pessoas de Direito Público poderiam fazê-lo (Resolução nº 33, de 13.07.06, do Senado Federal).

EXTINÇÃO DO CRÉDITO TRIBUTÁRIO

14.1 Pagamento

14.1.1 Considerações gerais

O crédito tributário é normalmente extinto mediante a entrega de dinheiro, pelo sujeito passivo (contribuinte ou responsável) ao sujeito ativo (União, Estados, Distrito Federal e Municípios), conforme determina o CTN (art. 156, I).

A imposição de penalidade não ilide o pagamento integral do crédito tributário (art. 157, I, do CTN), em razão do que a circunstância de o Poder Público impor multa pelo descumprimento de obrigação tributária não afasta o ônus do devedor. Em realidade, todos os valores legalmente exigidos (tributo, multa, juros, correção monetária) constituem o montante do crédito, que se extinguirá na medida em que seja integralmente liquidado.

O pagamento de um crédito não importa em presunção de pagamento (art. 158 do CTN), quando parcial, das prestações em que se componha (I); quando total, de outros créditos referentes a esse ou a outros tributos (at. 158, II, do CTN).

O CTN modifica o preceito contido no Código Civil (art. 943), este no sentido de que, "quando o pagamento for em quotas periódicas, a quitação da última estabelece, até prova em contrário, a presunção de estarem solvidas as anteriores".

No caso de o IPTU ser lançado em dez parcelas mensais, e o contribuinte só pagar o valor da última parcela, não pode ser entendido que tenha pago as nove parcelas anteriores. Do mesmo modo, não é pelo fato de haver recolhido o imposto de renda de um determinado exercício que prevalecerá a presunção do pagamento deste mesmo imposto, referente a demais exercícios.

Como o pagamento do tributo só deve ser considerado pelo seu respectivo valor, não tendo nenhuma relevância o fato de terem sido (ou não) realizados os pagamentos anteriores, pode-se também compreender que a Fazenda terá que aceitar o recolhimento de quaisquer parcelas, para efeito de extinção da obrigação, não podendo condicionar o pagamento da última parcela do IPTU ao efetivo recolhimento de parcelas anteriores.

O *local* do pagamento é a repartição competente do domicílio do sujeito passivo, salvo quando a legislação tributária não dispuser a respeito (art. 159 do CTN). Trata-se de dispositivo diverso daquele do Código Civil (art. 950), que dispõe que o pagamento efetuar-se-á no domicílio do devedor.

O sujeito passivo deverá comparecer à repartição fiscal de seu domicílio, ou residência, para efetuar o recolhimento tributário, a não ser que a Fazenda tenha estipulado que o pagamento seja realizado em local diverso (bancos, por exemplo). De qualquer forma, o devedor não deve ficar aguardando a visita do agente fazendário, ou representante, em seu estabelecimento ou residência.

O *prazo* para pagamento do crédito tributário é, usualmente, estabelecido em legislação ordinária específica de cada Poder Público competente, que poderá fixá-lo discricionariamente. Inexiste a determinação de um limite mínimo de tempo para a referida liquidação, podendo ser estipulado que o pagamento seja realizado no dia seguinte à ocorrência do fato gerador, como dentro de qualquer outro período de tempo (cinco, dez, 60 dias etc., desta ocorrência).

A redução de prazos de recolhimento – em períodos inflacionários, decorrentes da desvalorização da moeda – significa maiores encargos aos particulares e, indiretamente, aumento de tributo, o que demandaria sua fixação por lei. Todavia, o STJ tem entendido o seguinte: a) a edição de decreto antecipando o prazo de recolhimento do ICMS, ainda durante o período (mês) de competência, não ofende o princípio da legalidade, por não se configurar a data de vencimento como elemento constitutivo do tributo (REsp nº 72.804-SP, 1ª Turma, rel. Min. Demócrito Reinaldo, j. 13.12.95, *DJU* 1 de 26.02.96, p. 3.957); b) a fixação do prazo de pagamento de tributos está afeta à *legislação tributária* (CTN, art. 160), expressão que abrange os decretos e as normas regulamentares (CTN, art. 96 c/c o art. 100) – (REsp nº 34.709-SP, 2ª Turma, rel. Min. Ari Pargendler, j. 17.10.96, *DJU* 1 de 4.11.96, p. 42.455).

Inexistindo expressa previsão legal, o *vencimento* do crédito ocorre 30 dias depois da data em que se considera o sujeito passivo notificado do lançamento (parágrafo único do art. 160 do CTN); regra inaplicável aos tributos sujeitos a lançamento por homologação, tendo em vista a inocorrência de notificação.

Não serão devidos juros de mora na pendência de consulta formulada pelo devedor dentro do prazo legal para pagamento do crédito tributário (§2º do art. 161 do CTN). Para que não incidam juros, é necessário que se trate de consulta escrita, e que atenda às exigências legais. Caso a resposta disponha sobre o cumprimento de obrigação tributária, o contribuinte poderá recolher o tributo, sem o acréscimo de juros.

A *forma* de pagamento é em dinheiro (moeda corrente nacional), cheque ou vale postal, bem como estampilhas, papel selado, ou por processo mecânico (art. 162, incisos I e II, do CTN), observadas as condições seguintes:

a) a legislação tributária pode determinar as garantias exigidas para o pagamento por cheque ou vale postal, desde que não torne impossível ou mais oneroso que o pagamento em moeda corrente (§1º);

b) o crédito pago por cheque somente se considera extinto com o resgate deste pelo sacado (§2º);

c) o crédito pagável em estampilha considera-se extinto com a inutilização regular daquela, ressalvado o disposto no art. 150 (§3º);

d) a perda ou destruição da estampilha, ou o erro no pagamento por esta modalidade não dão direito à restituição, salvo nos casos expressamente previstos na legislação tributária, ou naqueles em que o erro seja imputável à autoridade administrativa (§4º);
e) o pagamento em papel selado ou por processo mecânico equipara-se ao pagamento em estampilha (§5º).

Existindo simultaneamente dois ou mais débitos do mesmo sujeito passivo para a mesma pessoa jurídica de Direito Público, relativos ao mesmo ou a diferentes tributos ou provenientes de penalidade pecuniária ou juros de mora, a autoridade administrativa competente para receber o pagamento determinará a respectiva imputação, obedecidas as seguintes regras, na ordem em que são enumeradas: I – em primeiro lugar, aos débitos por obrigação própria, e em segundo lugar aos decorrentes de responsabilidade tributária; II – primeiramente, contribuições de melhoria, depois taxas e por fim impostos; III – na ordem crescente dos prazos de prescrição; e IV – na ordem decrescente dos montantes.

Aparentemente, este fenômeno da imputação não oferece caráter prático, uma vez que as guias de recolhimentos apresentadas aos estabelecimentos bancários não contêm as apontadas situações discriminatórias, ficando o agente arrecadador sem nenhuma condição de atender ao art. 163 do CTN.

14.1.2 Consignação em pagamento

É forma de extinção do crédito (arts. 156, VIII, e 164 do CTN), consistindo em ação judicial (arts. 539 e seguintes do novo CPC de 2015) que compete ao sujeito passivo ou terceiro interessado, tendo por objeto o depósito do respectivo valor tributário, com o intuito de liquidação do débito, em situações específicas:

I – recusa de recebimento, ou subordinação deste ao pagamento de outro tributo ou penalidade, ou ao cumprimento de obrigação acessória. É o caso do prestador de serviço que não consegue recolher o ISS (calculado à alíquota de 2% sobre o preço do serviço, por exemplo), porque a Prefeitura exige a aplicação de alíquota diversa (3%), instituída em decreto municipal. Este preceito também é aplicável quando não é aceito o recebimento do IPTU, sob a alegação fazendária de que o contribuinte é devedor do ISS;

II – subordinação do recebimento ao cumprimento de exigências administrativas sem fundamento legal. Cuida-se, por exemplo, de negativa ao recebimento de Imposto de Renda pelo fato de o contribuinte não haver comunicado sua situação bancária (protegida pelo sigilo de dados);

III – exigência, por mais de uma pessoa jurídica de Direito Público, de tributo idêntico, sobre um mesmo fato gerador. É o caso de dois Municípios exigirem o IPTU relativo a um mesmo imóvel; o Estado e o Município cobrarem ICMS e ISS referentes a um único negócio jurídico (fornecimento de argamassa); ou, ainda, a União e o Município lançarem IPI e ISS relativos à venda de etiquetas adesivas a bens do contribuinte.

A consignação só pode versar sobre o crédito que o consignante se propõe a pagar (§1º, do art. 164 do CTN).

Pode ser combinada com repetição de indébito no caso em que o ato administrativo que se pretenda anular guarde consonância com os pagamentos efetuados acerca da mesma matéria jurídica (REsp nº 911.802-RS, 1ª Seção, rel. Min. José Delgado, j. 24.10.07, *DJe* de 1º.09.08).

Embora o novo CPC de 2015 apenas tenha mencionado que "requerer-se-á a consignação no lugar do pagamento" (art. 540), no caso de conflitos entre as Fazendas estadual, distrital e municipal, deve-se levar em conta a Lei de Organização Judiciária do Estado. Participando a União no polo passivo, a ação deve ser ajuizada na Justiça federal (art. 109 da CF).

O *depósito judicial* constitui condição imprescindível para permitir a regular tramitação judicial, como providência indispensável à extinção do crédito tributário e obtenção do termo de quitação da dívida, sendo impertinente a realização de depósito bancário, na forma prevista no novo CPC de 2015 (art. 539, §1º). Deve ser integral o depósito, a ser efetivado no prazo de cinco dias contados do deferimento do pedido, incluindo multa por atraso de pagamento, e correção monetária, sob pena de improcedência (STJ, REsp nº 369.773-ES, 1ª Turma, rel. Min. Garcia Vieira, j. 16.04.02, *DJU* 1 de 20.05.02, p. 104).

Tratando-se de prestações periódicas, uma vez consignada a primeira, pode o devedor continuar consignando (no mesmo processo e sem mais formalidades) as que forem vencendo, desde que os depósitos sejam realizados até cinco dias, contados da data do vencimento (art. 541 do novo CPC de 2015).

É o caso do tributo devido mensalmente em que o devedor entende correta a utilização de uma alíquota inferior à exigida pelo Fisco, cabendo-lhe efetuar o depósito a cada mês, no prazo cominado, até o trânsito em julgado da decisão final.

Na primeira situação, ocorre o efetivo pagamento do crédito, uma vez que o valor tributário fora consignado com o objetivo de liquidar a obrigação, mas que não deve ser confundida com a "conversão do depósito em renda" (art. 156, VI, do CTN), que tem por intuito apenas garantir o valor do tributo, e não efetuar a liquidação.

Na segunda situação, o Fisco poderá promover o lançamento dos valores tributários devidos (tributo, correção monetária, juros e multa), em razão de positivar-se a liquidez e a certeza do crédito, consubstanciada na coisa julgada. Contudo, não poderá utilizar-se do valor depositado para satisfazer o crédito tributário.

Julgada procedente a consignação, o pagamento se reputa efetuado e a importância consignada é convertida em renda; julgada improcedente a consignação no todo ou em parte, cobra-se o crédito acrescido de juros de mora, sem prejuízo das penalidades cabíveis (§2º, do art. 164).

A Instrução Normativa RFB nº 2.055, de 06.12.21, dispôs sobre o tema.

Observo que demais questões processuais foram examinadas em capítulo específico (22.1.2).

14.1.3 Repetição de pagamento indevido

Esta matéria não concerne, propriamente, à extinção do crédito, mas à questão de diferente natureza, ou seja, de ressarcimento de valores que foram indevidamente recolhidos aos cofres públicos.

A repetição de indébito (arts. 165 a 169 do CTN) tem assento no enriquecimento sem causa, instituto com raízes na Teoria Geral do Direito, consistente em restituir valores indevidamente recolhidos aos cofres públicos. Na verdade, a expressão "restituição do tributo" é equivocada porque tributo devido não é restituível; o que se restitui é uma quantia oferecida ao Erário rotulada incorretamente como tributo, mas que não atende aos pressupostos formais e materiais desta exação.

Os preceitos do CTN concernentes à repetição de indébito revelam natureza financeira, porque têm como finalidade básica o retorno de valores ao patrimônio dos contribuintes. Esta relação jurídica estabelece-se de forma inversa à relação tributária, eis que no polo passivo situa-se o Poder Público.

A restituição independe de prévio protesto, não se condicionando o pagamento indevido anterior à existência de formal ressalva pelo seu pagador. Aliás, o correto seria a Fazenda promover a espontânea restituição, o que só tem se verificado em situações excepcionalíssimas (imposto de renda das pessoas físicas, por exemplo).

Situações previstas para repetição de indébito (art. 165 do CTN):

I – cobrança, ou pagamento espontâneo do tributo indevido ou maior que o devido em face da legislação tributária aplicável, ou da natureza ou circunstâncias materiais do fato gerador efetivamente ocorrido;

II – erro na edificação do sujeito passivo, na determinação da alíquota aplicável, no cálculo do montante do débito ou na elaboração ou conferência de qualquer documento relativo ao pagamento;

III – reforma, anulação, revogação ou rescisão de decisão condenatória.

Os dois primeiros incisos cuidam de situações em que não se concretizaria uma autêntica obrigação tributária, diante da inexistência de, ao menos, um de seus aspectos (pessoal, material, quantitativo, temporal, espacial), como se colhe dos exemplos seguintes:

a) recolhimento por parte de quem não era devedor do tributo (instituição financeira pagando ICMS em venda de bens de seu ativo);
b) inexistência de fato gerador (recolhimento de ICMS em meras transferências de bens entre estabelecimentos da mesma empresa);
c) inclusão de juros moratórios no cálculo do IPI;
d) aplicação de alíquota superior à legalmente prevista.

Há direito do contribuinte à repetição do indébito relativamente a pagamento de crédito tributário prescrito (inexistente), a partir de uma interpretação conjunta dos arts. 156, inciso V, que considera a prescrição como uma das formas de extinção do crédito; e 165, inciso I, que trata a respeito do tributo (REsp nº 646.328-RS, 2ª Turma, rel. Min. Mauro Campbell Marques, j. 04.06.09, *DJe* de 18.06.08; REsp nº 636.495-RS, rel. Min. Denise Arruda, *DJ* de 02.08.07).

O inciso III refere-se à decisão que julgara devido o tributo, mas que, posteriormente, veio a ser objeto de modificação, concluindo pela improcedência do crédito tributário.

O CTN (art. 166) estabelece que "a restituição de tributos que comportem, por sua natureza, *transferência do respectivo encargo financeiro* somente será feita a quem prove haver assumido referido encargo, ou, no caso de tê-lo transferido a terceiro, estar por este expressamente autorizado a recebê-la".

Este artigo tem natureza procedimental, pertinente a elementos probatórios, no que atina ao encargo financeiro do valor recolhido indevidamente sob a capa de tributo.

Em sua essência, é figura estranha ao sistema tributário, por traduzir norma financeira, só colhendo a categoria do tributo no que concerne à natureza do tributo que implique a translação da carga financeira. Por conseguinte, deve respaldar-se em princípios e normas peculiares ao regime jurídico, financeiro e processual.

Os tributos vinculam exclusivamente os sujeitos passivos (contribuintes e responsáveis), porque mantêm correspondência estrita com a materialidade tributária, exaurindo-se com o comportamento positivo de seus devedores (recolhimento de dinheiro ao Erário).

O fato de o valor tributário também corresponder a um encargo financeiro, que, a seu turno, possa ser transferido a terceiros, não significa que estes devam participar da repetição de indébito. A repercussão a terceiros só ocorre em relação a sujeitos passivos que impulsionam suas riquezas de forma a afetar patrimônio desses terceiros, como é o caso de operações com produtos industrializados, relativas à circulação de mercadorias e prestações de serviços de transportes interestadual e intermunicipal e de comunicação.

Diversas espécies tributárias não comportam, de nenhum modo, quaisquer repercussões de seus ônus financeiros a terceiros, como é o caso daqueles que só dizem respeito à própria pessoa do sujeito passivo. Encaixam-se nessa situação os tributos pertinentes às pessoas físicas, como o IPTU devido pela propriedade do imóvel residencial ou o IPVA de veículo de particular.

Apenas os tributos que venham a compor um processo econômico é que poderão gerar o fenômeno da repercussão. As incidências tributárias que gravam o patrimônio do contribuinte, agregando-se a custos, despesas, acréscimos às margens de lucro, formam um montante caracterizado como preço, ou valor da operação, que, dentro do ciclo operacional, passa a ser suportado pelos adquirentes, usuários e tomadores.

Entretanto, a transferência do encargo não ocorre de forma inevitável, porque nem sempre é imputado a terceiro, uma vez que a competitividade do mercado, a lei da oferta e da procura e as situações de crise podem impedir uma energia oposta, ocorrendo pressão do terceiro ao contribuinte, com o consequente empobrecimento deste. Não se segue inexoravelmente, como um dogma, que o valor correspondente ao tributo sempre seja suportado pelo terceiro.

O STJ pacificou o entendimento de que o fenômeno da repercussão não pode ser exigido nos casos de repetição ou compensação de contribuições, tributo considerado direto, especialmente quando a lei que impunha a cobrança foi julgada inconstitucional (EREsp nº 168.469-SP, 1ª Seção).

Portanto, nem todos os tributos encadeados num ciclo operacional permitem a transferência dos correspondentes valores financeiros. Deve se cogitar apenas daqueles que permitam uma transferência direta, em que os valores tributários se encontram intimamente vinculados a tal ciclo, nos casos em que os fatos geradores irradiam efeitos diretos a terceiros.

Esta espécie de tributo envolve duas pessoas: o sujeito passivo (impulsionador da riqueza) e o terceiro que efetiva a operação, ou negócio jurídico que ensejou a ocorrência do fato gerador do tributo. Na dualidade de sujeitos plasmada em determinadas operações, o valor do tributo insere-se no próprio valor da operação, vislumbrando-se, concomitantemente, a relação tributária (sujeito ativo-sujeito passivo) e a relação de caráter civil ou comercial (sujeito passivo-terceiro).

Este alinhavo jurídico permite a configuração de critério jurídico para identificar os tributos que impliquem translação do encargo financeiro, na forma colimada no art. 166 do CTN. Centra-se em uma operação – cerne da materialidade – atando dualidade de pessoas, cuja grandeza numérica (preço, valor da operação) exprimirá o valor tributário pertinente ao valor negocial.

Exemplo: o IPI e o ICMS são típicos tributos que atendem aos pressupostos implicadores da translação da carga financeira a terceiros. Tanto o fabricante como o comerciante, ao realizarem operações jurídicas (vendas de produtos), em regra, são obrigados a lançar os referidos impostos, em suas notas fiscais. Apesar de estes tributos serem devidos pelos sujeitos passivos, os respectivos valores são considerados nos preços dos produtos, e acabam sendo suportados financeiramente por seus adquirentes.

Embora os sujeitos passivos seja que mantenham relação jurídica direta com a Fazenda, e estejam obrigados ao recolhimento do IPI e do ICMS, não transferindo este encargo tributário a terceiros, em realidade, e em termos financeiros, estes valores são normalmente arcados pelos terceiros (adquirentes dos bens), o que tipifica a transferência aludida no art. 166 do CTN.

Nesse sentido, o STJ entendera o seguinte:

> O tributo examinado (ICMS) é de natureza indireta. Apresenta-se com essa característica porque o contribuinte real é o consumidor da mercadoria, objeto da operação (contribuinte de fato) e a empresa (contribuinte de direito) repassa, no preço da mercadoria, o imposto devido, recolhendo, após, aos cofres públicos o imposto já pago pelo consumidor de seus produtos. Não assume, portanto, a carga tributária resultante dessa incidência.
> (Emb. Div. em REsp nº 664.374-SP, 1ª Seção, rel. Min. José Delgado, j. 13.09.06, *DJU* 1 de 02.10.06, p. 215)

> A jurisprudência desta Corte posicionou-se no sentido de que o ISS é um tributo indireto, necessitando, por conseguinte, da demonstração da prova da sua não-repercussão financeira ou a autorização de quem a assumiu, nos termos do art. 166 do CTN, para fins de repetição de indébito.
> (EDc no AgRg no REsp nº 1.128.094-SC, 2ª Turma, rel. Min. Humberto Martins, j. 19.11.09, *DJe* de 20.11.09)

Em consequência, ocorrendo as hipóteses previstas no art. 165 (CTN), e em se tratando de tributos (IPI, ICMS, ISS) que impliquem a transferência do respectivo encargo financeiro, torna-se imprescindível a autorização dos terceiros (adquirentes dos bens e dos serviços) para receber os valores recolhidos indevidamente pelo sujeito passivo.

Entretanto, deve ser considerada a participação da *distribuidora* da mercadoria, a saber:

> Processual Civil. Recurso Especial. Tributário. IPI. Ciclo de Incidência. Transferência do Encargo. Legitimidade Ativa.
> 1. "A distribuidora de bebidas, ao adquirir o produto industrializado da fabricante para posterior revenda ao consumidor final, suporta o encargo financeiro do IPI, cujo valor vem, inclusive, destacado na nota fiscal da operação. A fabricante, portanto, ostenta a condição de contribuinte de direito (responsável tributário) e a distribuidora a de contribuinte de fato" (REsp nº 817.323/CE, 1ª Turma, Rel. Min. Teori Albino Zavascki, DJ de 24.04.06).
> 2. Essa conclusão decorre do fato de que entre a saída do produto do estabelecimento do fabricante e a aquisição pelo consumidor final ocorrem ao menos duas operações (1ª: aquisição da mercadoria pelo revendedor com o fabricante; 2ª: venda da mercadoria ao

consumidor final), sendo que apenas na primeira ocorre a incidência do imposto. Assim, na hipótese, encerrando-se o ciclo na primeira operação, conclui-se que o revendedor figura como contribuinte (de fato) do IPI (REsp nº 435.575/SP, 1ª Turma, Rel. Min. Eliana Calmon, DJ de 04.04.05)

(...).

(REsp nº 702.325-AL, 1ª Turma, rel. Min. Denise Arruda, j. 26.06.07, *DJU* 1 de 02.08.07, p. 345)

O preceito do art. 166 visa obstar a duplicidade de reposição de valores ao sujeito passivo: a) do terceiro, mediante o pagamento do preço dos produtos incluindo os valores tributários; e b) da Fazenda, ao proceder à restituição desses mesmos valores.

Todavia, "cabe restituição do tributo pago indevidamente, quando reconhecido por decisão, que o contribuinte *de jure* não recuperou do contribuinte *de facto* o *quantum* respectivo" (Súmula nº 546 do STF).

Inaplicável o art. 166 do CTN no caso de não ser identificado o terceiro, como acontece com as operações realizadas com consumidores finais dos bens e serviços, porque acabaria sendo inviabilizada a restituição ao sujeito passivo, o que caracterizaria o locupletamento da Fazenda, que recebera valores sem causa jurídica.[322]

Outrossim, no *regime de substituição tributária*, o STF não admite a restituição ou a cobrança suplementar do ICMS quando a operação ou a prestação subsequente à cobrança do imposto se realizar com valor inferior ou superior ao anteriormente estabelecido.

Entendia o STF que a restituição assegurada pelo §7º, do art. 150, da CF (na redação introduzida pela EC nº 3/93), restringe-se apenas às hipóteses de não vir a ocorrer o fato gerador presumido, não havendo que se falar em tributo pago a maior ou a menor por parte do contribuinte substituído, porquanto o sistema da substituição tributária progressiva é adotado para produtos cujos preços de revenda final são previamente fixados ou tabelados, sendo, por isso, apenas eventuais as hipóteses de excesso de tributação (ADIn nº 1.851-AL, rel. Min. Ilmar Galvão, j. 08.05.02, Pleno, *Informativo STF* nº 267, de 6 a 10.05.02).

O STF passou a permitir a restituição do ICMS-ST (Substituição Tributária) nos casos em que as operações/prestações venham a ser realizadas em valor inferior à presumida, nos termos contidos na ementa seguinte:

> RECURSO EXTRAORDINÁRIO, REPERCUSSÃO GERAL. DIREITO TRIBUTÁRIO. IMPOSTO SOBRE CIRCULAÇÃO DE MERCADORIAS E SERVIÇOS – ICMS. SUBSTITUIÇÃO TRIBUTÁRIA PROGRESSIVA OU PARA FRENTE. CLÁUSULA DE RESTITUIÇÃO DO EXCESSO. BASE DE CÁLCULO PRESUMIDA. BASE DE CÁLCULO REAL. RESTITUIÇÃO DA DIFERENÇA. ARTIGO 150, §7º, DA CONSTITUIÇÃO DA REPÚBLICA. REVOGAÇÃO PARCIAL DO PRECEDENTE. ADI 1.851.
>
> Fixação da tese jurídica ao Tema 201 da sistemática de repercussão geral: "É devida a restituição da diferença do Imposto sobre Circulação de Mercadorias e Serviços – ICMS pago a mais no regime de substituição tributária para frente se a base de cálculo efetiva da operação for inferior à presumida".

---

[322] MELO, José Eduardo Soares de. Repetição do Indébito. In: MARTINS, Ives Gandra da Silva (coord.). *Caderno de Pesquisas Tributárias*. São Paulo: Resenha Tributária e Centro de Extensão Universitária, 1983. v. 8. p. 253-266.

(...)
Modulação: Os efeitos jurídicos desse novo entendimento orientam apenas os litígios futuros e os pendentes submetidos à sistemática da repercussão Geral.
(RE nº 593849/MG, Plenário, rel. Min. Edson Fachin, j. 19.10.16)

A restituição total ou parcial do tributo dá lugar à restituição, na mesma proporção dos juros de mora e das penalidades pecuniárias, salvo as referentes a infrações de caráter formal não prejudicadas pela causa da restituição. A restituição vence juros não capitalizáveis, a partir do trânsito em julgado da decisão definitiva que a determinar (art. 167, *caput* e parágrafo único, do CTN). Os *juros de mora* na repetição de indébito, ainda que de tributos declarados inconstitucionais, são devidos a partir do trânsito em julgado da sentença, na conformidade do que dispõem o art. 167 do CTN e a Súmula nº 188/STJ. Precedentes da 1ª Seção: EREsp nº 738.958-RS, Min. Castro Meira, *DJ* de 03.04.06; AgEDEREsp nº 297.048-SP, Min. Teori Albino Zavascki, *DJ* de 21.11.05; EREsp nº 548.343/PE, Min. Luiz Fux, *DJU* 1 de 20.02.06 e recente aresto do STJ, AgRg nos ED em REsp nº 732.169-RS, 1ª Seção, rel. Min. Teori Albino Zavascki, j. 13.12.06, *DJU* 1 de 12.02.07, p. 233).
Pendência no STJ (até abril de 2024):

RECURSOS ESPECIAIS REPRESENTATIVOS DE CONTROVÉRSIA. RITO DOS ARTS. 1.036 E SEGUINTES DO CPC/2015. RESP nº 2.035.550/MG E RESP nº 2.034.977/MG ADMISSÃO.
1. Admitida a afetação com a seguinte delimitação da tese controvertida: "Necessidade de observância, ou não, do que dispõe o artigo 166 do CTN nas situações em que se pleiteia a restituição/compensação de valores pagos a maior a título de ICMS no regime de substituição tributária para frente quando a base de cálculo efetiva da operação for inferior à presumida.
2. Recursos Especiais submetidos ao regime dos arts. 1.036 e seguintes do CPC".
(REsp nº 2.034.975-MG, 1ª. Seção, rel. Min. Herman Benjamin, sessão de 04.04.23)

Em situação singular – *"atividade de transportador aéreo"* – fora decidido sobre a inaplicabilidade do art. 166 do CTN, a saber:

Processual Civil e Tributário. Desnecessidade de Produção de Prova. Julgamento Antecipado da Lide. Livre Convencimento do Magistrado. Acervo Documental Suficiente. Não-ocorrência de Cerceamento de Defesa. ICMS. Execução Fiscal. Empresas Aéreas. Preço Controlado pelo Governo Federal (DAC). Repasse de Encargo Financeiro ao Consumidor Final. Inexistência. Art. 166 do CTN. Não-aplicação, *in Casu*. Legitimidade Ativa.
(...)
4. A jurisprudência do STJ é no sentido de que o art. 166 do CTN contém referência clara ao fato de que deve haver, pelo intérprete, sempre identificação se o tributo, por sua natureza, comporta a transferência do respectivo encargo financeiro para terceiro ou não, quando a lei, expressamente, não determina que o pagamento da exação é feito por terceiro, como é o caso do ICMS e do IPI. Esse entendimento consolidou-se por se considerar que o art. 166 do CTN só tem aplicação aos tributos indiretos, isto é, que se incorporam explicitamente aos preços, como é o caso do ICMS, do IPI etc. Há que se notar a natureza do tributo, se direta ou indireta, para fins de verificar a transferência do respectivo encargo financeiro para terceiros.

5. No caso específico dos autos, há a certidão na qual consta registro de que, na composição dos custos das empresas aéreas (concessionárias de serviços públicos de transporte), inclusive nos anos de 1989, 1990, 1991, 1992, 1993 e 1994, o ICMS não foi incluído. No período em que foi inconstitucionalmente exigido da recorrente o recolhimento do ICMS, o preço dos serviços de transportes aéreos era controlado pelo Governo Federal (Departamento de Aviação Civil), ficando a recorrente sem campo de ação para estabelecer qualquer critério de fixação de sua remuneração. Não há, *in casu*, formação da base tarifária nem possibilidade do repasse de qualquer tributo aos usuários.

6. Não há como o transportador aéreo repassar ao consumidor final (o passageiro ou o expedidor de cargas) eventual tributo exigido pelo Fisco. Tais empresas não desempenham atividades mercantis geradoras de ICMS, sendo, portanto, inaplicável o art. 166 do CTN. (STJ, REsp nº 902.327-PR, 1ª Turma, rel. Min. José Delgado, j. 19.04.07, *DJU* 1 de 10.05.07, p. 357)

Anteriormente, decidira que "a exportação de café em grãos, com *preço tabelado no mercado internacional*, não deixa espaço para que se faça a cobrança do ICMS do adquirente (o importador que realiza a operação pelo valor de mercado), implicando sistemática que não enseja o fenômeno da repercussão para se obter a devolução" (REsp nº 317.920-BA, 2ª Turma, rel. Min. Eliana Calmon, *DJU* de 30.09.02).

O direito de pleitear a restituição extingue-se com o decurso do prazo de cinco anos, contados: I – nas hipóteses dos incisos I e II do art. 165, da data da extinção do crédito tributário; II – na hipótese do inciso III do art. 165, da data em que se tornar definitiva a decisão administrativa ou passar em julgado a decisão judicial que tenha reformado, anulado, revogado ou rescindido a decisão condenatória (art. 168 do CTN).

O sujeito passivo poderá promover a restituição administrativa, mediante requerimento à própria Fazenda, do local em que o recolhimento fora efetuado; ou diretamente ao Judiciário, mediante ação própria, não sendo esta condicionada ao prévio pedido administrativo.

No tocante à *compensação de débito de sucumbência*, fora pontificado o seguinte:

(...)
1. O crédito da Fazenda Pública em relação a tributos, consagrado em resolução de mérito dos embargos, não se confunde com o débito do Erário relativo à sucumbência, porquanto ambos têm natureza diversa.
2. Deveras, permitir ao contribuinte compensar crédito contra a Fazenda Pública de qualquer valor com o débito da mesma, revela violação ao sistema do precatório, por isso que a compensação é modalidade de pagamento, e uma vez expedido o precatório impõe-se cumprir a ordem de preferência constitucional.
3. Deveras, a possibilidade de compensar tributos ou recebê-los por via precatório obedece ao Princípio da Legalidade, por isso que essa opção recebeu o beneplácito legal até a otimização dessa forma de pagamento em prol da Administração Tributária (art. 66, §2º da Lei 8.383/91).
(REsp nº 374.181-RS, 1ª Turma, rel. Min. Francisco Falcão, j. 05.12.06, *DJU* 1 de 1º.02.07, p. 394)

A Instrução Normativa RFB nº 2055, de 06.12.21 (com alterações anotadas até abril de 2024), disciplina a restituição de quantias recolhidas a título de tributo administrado pela RFB, nas situações seguintes: (i) cobrança ou pagamento espontâneo, indevido ou em valor maior que o devido; (ii) erro na identificação do sujeito passivo, na determinação da alíquota aplicável, no cálculo do montante do débito ou na elaboração ou conferência de qualquer documento relativo ao pagamento; ou (iii) reforma, anulação, revogação ou rescisão de decisão condenatória.

Poderão ser restituídas, também, as quantias recolhidas a título de multa e de juros moratórios previstos nas leis instituidoras de obrigações tributárias principais ou acessórias, relativas aos tributos administrados pela RFB.

Especificamente, disciplina as situações relativas à restituição (i) na hipótese de sucessão ou extinção; (ii) retenção indevida ou a maior; (iii) relativas ao Imposto sobre a Renda de Pessoa Física e à CPSS; (iii) do saldo negativo do IRPJ e da CSLL; (iv) contribuição para o PIS/Pasep e da Cofins retidas na fonte; (v) decorrente de cancelamento ou de retificação de declaração de importação; (vi) de valores referentes à retenção de contribuições previdenciárias na cessão de mão de obra e na empreitada; (vii) receita não administrada pela RFB; (vii) do AFRMMM e da Taxa de utilização do Sistema de Controle de Arrecadação do AFRMM.

Prescreve em 2 (dois) anos a ação anulatória da decisão administrativa que denegar a restituição. O prazo de prescrição é interrompido pelo início da ação judicial, recomeçando o seu curso, por metade, a partir da data da intimação validamente feita ao representante judicial da Fazenda Pública interessada (art. 169, e parágrafo único, do CTN).

A taxa de juros de mora incidente na repetição de indébito de tributos estaduais deve corresponder a utilizada para cobrança do tributo pago em atraso, sendo legítima a incidência da taxa Selic, em ambas as hipóteses, quando prevista na legislação local, vedada sua cumulação com quaisquer outros índices (Súmula nº 523 do STJ)

14.1.4 Pagamento antecipado e homologação de lançamento

Existem tributos em que o recolhimento do respectivo montante é realizado antes que a Fazenda promova o seu lançamento, ou mesmo no caso em que este não seja formalizado.

É o caso do IPI e do ICMS (por exemplo), em que, sendo realizados os respectivos fatos geradores, emitidas as notas fiscais e escriturados os livros fiscais, o contribuinte apura o montante efetivamente devido, entregando o respectivo valor aos cofres públicos. Este procedimento é efetuado exclusivamente pelo devedor tributário, antecipando-se ao lançamento administrativo, que, até mesmo, pode nem se verificar.

Esta antecipação extingue o crédito tributário, sob a condição resolutória da ulterior homologação (arts. 150, §1º, e 156, VII do CTN). Por decorrência lógica, inocorrendo pagamento do tributo devido, não há cogitar de homologação de lançamento, porque não se pode homologar aquilo que é inexistente.

14.1.5 Dação em pagamento

Extingue o crédito tributário a dação em pagamento em bens imóveis, nas formas e condições estabelecidas em lei (inciso XI, art. 156, do CTN, inserido pela LC nº 104/01).

Consiste num acordo promovido entre credor (pessoa jurídica de Direito Público) e devedor (contribuinte ou responsável), tendo por objetivo a entrega de coisa diversa (imóvel) de dinheiro, mediante determinação do respectivo preço, regulando-se pelas normas do contrato de compra e venda previsto no Código Civil (arts. 356 e 357), ao qual também se aplicam as obrigações mercantis (art. 428 do Código Comercial).

Trata-se de extinção do liame obrigacional, dependente da vontade do credor, segundo expressa disposição legal, deduzindo-se os requisitos imprescindíveis para a sua configuração: *existência de um débito vencido* (dívida tributária líquida e certa); *animus solvendi* (entrega da imóvel pelo devedor ao credor com o objetivo de efetuar o pagamento); e *diversidade de objeto oferecido em relação ao devido* (o imóvel dado em pagamento constitui bem diverso do objeto do dinheiro), consoante diretriz de abalizada doutrina.[323]

Evidente que a simples previsão no CTN não permite à Fazenda e/ou ao devedor tributário utilizar os imóveis como forma de pagamento do débito, sendo imprescindível a edição de legislação ordinária que fixe os específicos critérios e requisitos.

A dação em pagamento – que não se confunde com a moratória e a transação –, pode ser criada por lei estadual, sendo desnecessária a edição de convênio, uma vez que não se trata da concessão de favor fiscal (Med. Caut. em ADIn nº 2.405-1-RS, Pleno, rel. p/ acórdão o Min. Sepúlveda Pertence, j. 06.11.02, *DJU* 1 de 17.02.06, p. 54).

A Lei federal nº 13.259, de 16.03.16, dispôs o seguinte:

> Art. 4º O crédito tributário inscrito em dívida ativa da União poderá ser extinto, nos termos do inciso XI do caput do art. 156 da Lei nº 5.172, de 25 de outubro de 1966 – Código Tributário Nacional, mediante *dação em pagamento* de bens imóveis, a critério do credor, na forma desta Lei, desde que atendidas as seguintes condições:
> I – a dação seja precedida de avaliação do bem ou dos bens ofertados, que devem estar livres e desembaraçados de quaisquer ônus, nos termos de ato do Ministério da Fazenda; e
> II – a dação abranja a totalidade do crédito ou créditos que se pretende liquidar com atualização, juros, multa e encargos legais, sem desconto de qualquer natureza, assegurando-se ao devedor a possibilidade de complementação em dinheiro de eventual diferença entre os valores da totalidade da dívida e o valor do bem ou dos bens ofertados em dação.
> §1º O disposto no caput não se aplica aos créditos tributários referentes ao Regime Especial Unificado de Arrecadação de Tributos e Contribuições devidos pelas Microempresas e Empresas de Pequeno Porte – Simples Nacional.
> §2º Caso o crédito que se pretenda extinguir seja objeto de discussão judicial, a dação em pagamento somente produzirá efeitos após a desistência da referida ação pelo devedor ou corresponsável e a renúncia do direito sobre o qual se funda a ação, devendo o devedor ou o corresponsável arcar com o pagamento das custas judiciais e honorários advocatícios.
> §3º A União observará a destinação específica dos créditos extintos por dação em pagamento, nos termos de ato do Ministério da Fazenda.

14.2 Compensação

Este instituto (previsto originariamente nos arts. 368 e 369 do Código Civil, e no art. 439 do Código Comercial) consiste basicamente em extinguir obrigações entre pessoas que, ao mesmo tempo, são credoras e devedoras, uma das outras, relativamente a dívidas líquidas e vencidas.

---

[323] DINIZ, Maria Helena. *Curso de Direito Civil Brasileiro*. 14. ed. revista. São Paulo: Saraiva, 2000. v. 2. p. 271-272.

Funda-se na justiça e na equidade, revelando significativa utilidade, pois objetiva (implicitamente) evitar a multiplicação de providências administrativas e demandas judiciais. Notória a vantagem da compensação na medida em que inúmeras transações se entrecruzam em sentidos diversos. Dessa forma, poupam-se várias complicações e ônus, em razão da simples amortização dos créditos recíprocos, eliminando-se repetidas transferências ou movimentações de dinheiro e os naturais riscos de atrasos, perdas etc.

A compensação pressupõe que o devedor seja titular do contracrédito, envolvendo a existência e a contraposição de dois ou mais créditos. Trata-se de bilateralidade de créditos e dívidas, e não, propriamente, de negócio jurídico. É, portanto, a extinção de obrigações recíprocas entre as mesmas pessoas que se reputam pagas (totalmente ou parcialmente). Existem uma garantia, uma preferência e dois pagamentos, sem que nenhum dos devedores tenha de fazer qualquer desembolso.

Dívida líquida e certa é aquela certa quanto à sua existência e determinada quanto ao seu objeto, enquanto a ilíquida depende de uma prestação de contas, para se apurar o saldo devedor.

A reciprocidade representa a extinção total dos créditos (se iguais), ou parcial (se desiguais), ou maior até a ocorrência do menor, que desaparecerá por completo. A exigível é aquela dívida cujo pagamento pode ser pleiteado em juízo. A fungibilidade das coisas compensadas constitui consequência necessária do princípio legal de que ninguém pode ser obrigado a receber coisa diversa daquela que lhe é devida.

Além da função liberatória das obrigações, a compensação acarreta os efeitos seguintes: os juros deixam de fluir; os acessórios (garantias reais, penhores, hipoteca, fiança) extinguem-se com os créditos; a prescrição não mais se consuma e impede a ocorrência de mora do devedor.

O Código Civil de 1916 estabelecera que "as dívidas fiscais da União, dos Estados e dos Municípios também não podem ser objeto de compensação, exceto nos casos de encontro entre a administração e o devedor, autorizados nas leis e regulamentos da Fazenda" (art. 1.017). Tal vedação arrimou-se no interesse público que exige que o Fisco não fique privado de suas fontes de recursos para fazer face aos dispêndios da Administração Pública, e nem que haja desfalque de suas receitas por arbítrio do devedor. O vigente Código Civil (2002) nada estatui a respeito.

O CTN passou a dispor que: extingue o crédito tributário a compensação (art. 156), e que (art. 170) a lei pode, nas condições e sob as garantias que estipular, ou cuja estipulação em cada caso atribuir à autoridade administrativa, autorizar a compensação de créditos tributários com créditos líquidos e certos, vencidos ou vincendos, do sujeito passivo contra a Fazenda Pública.

Sendo vincendo o crédito do sujeito passivo, a lei determinará a apuração do seu montante, não podendo, porém, cominar redução maior que a correspondente ao juro de 1% (um por cento) ao mês pelo tempo a decorrer entre a data da compensação e a do vencimento (parágrafo único, do art. 17).

O STJ entende que "a compensação tributária se rege por normas próprias, e não pelo Código Civil. Não havendo, na legislação tributária, disposição a respeito de imputação e quitação, em caso de compensação parcial, devem elas ser promovidas levando em conta a integralidade da dívida sem o regime de preferência dos juros sobre o capital, específico para pagamentos parciais disciplinados no Código Civil. As normas tributárias têm, por natureza, caráter cogente, não permitindo, por isso mesmo, disposições de ato de vontade em sentido contrário mediante, nem, portanto, a aplicação subsidiária de regra de natureza dispositiva, como é a do art. 374 do Código Civil" (REsp nº 1.052.174-SC, rel. Min. Teori Albino Zavascki, j. 02.02.10, *DJe* de 12.02.10).

Portanto, salvo o específico regime de compensação previsto na Constituição Federal, para apuração de IPI (art. 153, §3º), de ICMS (art. 155, §2º, I) e de Cofins (art. 195, §1º), compete ao legislador ordinário traçar as regras para disciplinar a aplicabilidade da compensação entre créditos e débitos.

O sujeito passivo não pode promover a compensação se não tiver sido editada legislação ordinária específica sobre a matéria. O fato de haver recolhido ISS em valor superior ao que seria devido (incorreta utilização de alíquota) por si só, não permite que proceda à compensação com o valor do ISS que venha a ser devido em futuras prestações de serviços, se a legislação municipal não houver disciplinado a matéria.

No entanto, a legislação que institua o regime de compensação não pode estabelecer condições e restrições que acabem inviabilizando ou inibindo a plena e integral compensação. Se o sujeito passivo efetuou recolhimento indevido de imposto, acrescido de multa e juros, a legislação não poderá limitar a compensação unicamente ao valor do imposto, por ser irrelevante a natureza de cada uma dessas verbas, que só podem ter preeminência no âmbito escritural (contábil).

O STJ (EREsp nº 760.290-PR, 1ª Seção, rel. Min. Castro Meira, j. 13.06.07) decidiu pela possibilidade de compensação do valor da multa, paga indevidamente com tributos (EREsp nº 831.278-PR, 1ª Seção, rel. Min. Humberto Martins, j. 14.11.07, *DJU* 1 de 03.12.07, p. 255).

Merece reflexão a norma que só possibilita a *compensação entre tributos da mesma espécie*, porque pode conduzir o intérprete a dois caminhos distintos, isto é, a) tributos (da mesma espécie) são as cinco espécies contempladas pela Constituição Federal (impostos, taxas, contribuições de melhoria, empréstimos compulsórios e contribuições sociais), *ou* b) cada uma das subespécies (de cada espécie) só poderia ser considerada entre si mesmas. Tomando o caso dos impostos, o IOF (art. 153, V, da Constituição Federal), pago indevidamente, só poderia ser compensado unicamente com o próprio IOF devido pelo contribuinte, e nunca com outra subespécie de imposto (IR, IPI etc.).

Não parece gerar dúvida a compensação de tributos do mesmo tipo/espécie, como é o caso do IR recolhido indevidamente com o IR devido pelo contribuinte; ou o mesmo IOF em operação isenta com o IOF legitimamente devido em outro negócio jurídico. Penso ser viável compensarem-se impostos de natureza diversa – mas pertinentes à mesma pessoa jurídica de Direito Público – como é o caso do IPI com o IOF, pois, para a entidade envolvida (União), o dinheiro será sempre destinado a atender às necessidades gerais da coletividade.

O STJ permitia a compensação dos valores excedentes recolhidos a título de contribuições para o PIS (Programa de Integração Social), com os débitos de PIS (REsp nº 121.045-RS, 2ª Turma, rel. Min. Hélio Mosimann, j. 19.05.97, *DJU* 1 de 09.06.97, p. 25.524).

Do mesmo modo, o fato de a receita de um tributo federal ter destinatário constitucional diverso (Estados, Distrito Federal e Municípios) também não impede a compensação, embora possa até apresentar certa complexidade. Isto se observa com relação à repartição constitucional de receitas tributárias (arts. 157 a 162 da Constituição Federal), que comete às referidas pessoas públicas o direito de receberem produtos da arrecadação de determinados tributos federais.

Exemplo: 50% do ITR (Imposto Territorial Rural) arrecadado pela União pertencerão aos Municípios onde estiverem situados os respectivos imóveis (art. 158, II, da Constituição Federal, salvo a previsão específica da totalidade do montante devido – EC nº 42/03). Na hipótese de o contribuinte não recolher qualquer imposto federal, devido em determinadas operações, mediante a compensação do ITR que teria sido recolhido indevidamente, não pode implicar objeção do Município sob a assertiva de ficar prejudicado. Realmente, como a União já teria repassado aos Municípios valores superiores ao ITR efetivamente devido, essas pessoas públicas não teriam sustentação jurídica para impugnar a compensação.

Todavia, é questionável a compensação de tributos de natureza manifestamente diversa, no caso de a própria Constituição estabelecer expressa destinação dos recursos tributários. Nesta seara, encontram-se as contribuições sociais, cujas receitas pertencem a orçamento específico (art. 165, §5º, III, da CF), que não se confunde com o orçamento da União (inciso I do mesmo preceito). Tormentosa a compensação nesta peculiar situação, haja vista que a seguridade social poderá restar prejudicada e comprometida se suas respectivas verbas não forem recebidas porque teriam sido compensadas com quaisquer tipos de impostos.[324]

O STJ não admitia a compensação de quantias recolhidas indevidamente a título de PIS, com contribuições para a Cofins por envergar espécime diferente e natureza jurídica diversa, ambos com destinações orçamentárias próprias (Ag. Reg. nos Emb. de Div. no REsp nº 144.767-CE, 1ª Seção, rel. Min. José Delgado, j. 09.09.98, *DJU* 1 de 26.10.98, p. 11).

O STJ vedara a compensação de distintas contribuições sociais, na forma seguinte:

A contribuição para o Incra não se destina a financiar a Seguridade Social. Os valores recolhidos indevidamente a este título não podem ser compensados com outras contribuições arrecadadas pelo INSS que se destinam ao custeio da Seguridade Social. Não se aplica, portanto, o §1º do art. 66 da Lei nº 8.383/91. O encontro de contas só pode ser efetuado com prestações vincendas da mesma espécie, ou seja, com a mesma destinação orçamentária. (EREsp nº 714.394-SC, 1ª Seção, rel. Min. Castro Meira, j. 13.12.06, *DJU* 1 de 05.02.07, p. 186)

Encontram-se assentados no STJ os entendimentos seguintes:

Não é possível a compensação de débitos tributários de ICMS com créditos havidos de precatório do Ipergs, autarquia previdenciária com autonomia administrativa e financeira, não havendo correspondência entre credor e devedor por se tratar de pessoas distintas. (AgRg no AgRg nos EDcl no AI nº 866.406-RS, 1ª Turma, rel. Min. José Delgado, j. 20.5.08, *DJe* de 19.06.08)

O reconhecimento da penhorabilidade de precatório não significa reconhecimento da compensabilidade desse crédito, seja com a dívida em execução, seja com qualquer outra. (AgRg no REsp nº 1.104.791-PR,1ª Turma, rel. Min. Francisco Falcão, j. 16.04.09, *DJe* de 27.04.09)

---

[324] MELO, José Eduardo Soares de. Compensação de Créditos Tributários. separata da *Revista de Direito Tributário*, p. 68-74, set. 1993.

A declaração do direito à compensação tributária pode ser promovida pelo mandado de segurança (Súmula nº 213 do STJ e Lei Federal nº 12.016/09, art. 7º, §2º), razão pela qual a vedação de compensação dos créditos tributários, pela via de medida liminar (Súmula nº 212 do STJ), não se aplicaria ao *mandamus*, em razão da inviabilidade de positivar-se uma antinomia jurídica; mas seria aplicável à tutela antecipada, considerada como medida incabível para a referida compensação (STJ, REsp nº 171.097-SP, 1ª Seção, rel. Min. Garcia Vieira, j. 17.08.98, *DJU* 1 de 14.09.98, p. 25).

A Súmula nº 212 do STJ passou a ter a redação seguinte: "A compensação de créditos tributários não pode ser deferida em ação cautelar ou por medida liminar, cautelar ou antecipatória" (precedentes: REsp nº 546.150-RJ; REsp nº 128.700-CE; AgRg no REsp nº 357.028-RJ), conforme alteração em maio de 2005.

O mandado não demanda dilação probatória, bastando a prova pré-constituída do recolhimento indevido, sendo de competência da Administração apurar a liquidez e a certeza dos créditos compensáveis (STJ, REsp nº 198.232-SP, 2ª Turma, rel. Min. Francisco Peçanha Martins, j. 16.03.99, *DJU* 1 de 20.09.99, p. 55).

A ação cautelar revelava-se inadequada para requerer a compensação de tributos, tanto pela sua satisfatividade, como pela ausência de demonstração de perigo na demora, uma vez que a autoridade fazendária não pode impingir constrição num direito que é futuro, qual seja o de compensar créditos inexistentes à época do ajuizamento da ação (STJ, EREsp nº 183.627-SP, 1ª Seção, rel. Min. Nancy Andrighi, j. 10.05.00, *DJU* 1-E de 26.02.00).

Doravante, é vedada a compensação mediante o aproveitamento do tributo, objeto de contestação judicial pelo sujeito passivo, antes do trânsito em julgado da respectiva decisão judicial (art. 170-A, do CTN, inserido pela LC nº 104/01).

Merece especial referência postura assumida pelo STJ:

> Operado o trânsito em julgado da decisão que determinou a repetição do indébito, é facultado ao contribuinte manifestar a opção de receber o respectivo crédito por meio de precatório regular ou *compensação*, eis que constituem, ambas as modalidades, formas de execução do julgado colocadas à disposição da parte quando procedente a ação.
>
> Não há na hipótese dos autos violação à coisa julgada, pois a decisão que reconheceu o direito do autor à *compensação* das parcelas pagas indevidamente fez surgir para o contribuinte um crédito que pode ser quitado por uma das formas de execução do julgado autorizadas em lei, quais sejam, a restituição via precatória ou a própria *compensação* tributária.
>
> (REsp nº 551.184-PR, 2ª Turma, rel. Min. Castro Meira, j. 21.10.03, *DJU* 1 de 1º.12.03, p. 341)

No âmbito federal, a Instrução Normativa RFB nº 2055, de 06.12.21 (com alterações anotadas até abril de 2024), disciplina a compensação das quantias recolhidas a título de tributo administrados pela Receita Federal do Brasil, a compensação de outras receitas da União arrecadadas mediante Darf (Documento de Arrecadação de Receitas Federais), ou GPS (Guia da Previdência Social), e a compensação de créditos do IPI, PIS/Pasep e Cofins e Reintegra.

Ressalve-se que o STJ assentou o entendimento de que "as IN's RFB 900/2008 e 1.300/12, no lugar de estabelecerem os *termos e condições* a que se referem o art. 89, *caput* da Lei n. 8.212/91, simplesmente vedaram a compensação pelo sujeito passivo. Desse modo, encontram-se eivadas de ilegalidade, porquanto exorbitam sua função meramente regulamentar" (REsp nº 1.498.234-RS – 2ª. T. – rel. Min. Og Fernandes – j. 24.02.15 – DJe 06.03.15).

Nos tópicos seguintes são destacadas as situações básicas previstas nas mencionadas instruções normativas da RFB.

14.2.1 Compensação efetuada pelo sujeito passivo

O sujeito passivo que apurar crédito – inclusive o reconhecido por decisão judicial transitada em julgado, relativo a tributo administrado pela RFB, passível de restituição ou de ressarcimento – tem a faculdade de utilizá-lo na compensação de débitos próprios, vencidos ou vincendos, relativos a quaisquer tributos administrados pela RFB, ressalvadas as contribuições previdenciárias, que devem observar procedimento específico (IN RFB nº 2055, de 6.12.21).

A compensação será efetuada mediante a apresentação da Declaração de Compensação gerada a partir do Programa PER/DCOMP ou, na impossibilidade de sua utilização, mediante a apresentação à RFB do formulário da mencionada Declaração. Essa compensação extingue o crédito tributário, sob condição resolutória da ulterior homologação do procedimento.

A compensação declarada extingue o crédito tributário, sob condição resolutória da ulterior homologação do procedimento, constituindo confissão de dívida e instrumento hábil e suficiente para a exigência dos débitos indevidamente compensados.

O sujeito passivo poderá apresentar a declaração de compensação que tenha por objeto crédito apurado ou decorrente de pagamento efetuado há mais de 5 (cinco) anos, desde que o crédito tenha sido objeto de pedido de restituição ou de ressarcimento apresentado à RFB antes do transcurso do referido prazo.

A compensação, declarada à RFB, de crédito tributário lançado de ofício, importa renúncia às instâncias administrativas ou desistência de eventual recurso interposto.

A extinção do crédito tributário mediante compensação somente é possível em caso de lei autorizativa na esfera do Estado, de conformidade com precedentes do STJ. É inviável a extinção de crédito de ICMS por meio de precatório devido por pessoas jurídicas distintas (autarquia estadual – Departamento Nacional de Estradas de Rodagem). Nesse contexto, é desnecessária a análise de suposto poder liberatório, pois o art. 78, §2º, do ADCT é expresso ao referir-se a "tributos da entidade devedora". A inexistência de identidade entre os devedores dos precatórios e o credor do tributo (Estado) afasta a aplicabilidade do dispositivo constitucional (STJ, Edcl no Recurso em Mandado de Segurança 29.806-PR, 2ª Turma, rel. Min. Herman Benjamin, j. 15.10.09, DJe de 28.10.99).

14.2.2 Compensação de ofício

A restituição e o ressarcimento de tributos administrados pela RFB, ou a restituição de receita da União não administrada pela RFB arrecadada mediante DARF e GPS, será efetuada depois de verificada a ausência de débitos em nome do sujeito passivo credor perante a Fazenda Nacional (IN RFB nº 2055/21, arts. 92 a 98).

Na hipótese de haver débito, inclusive débito já encaminhado para inscrição em Dívida Ativa da União, de natureza tributária ou não, o valor da restituição ou do ressarcimento deverá ser utilizado para quitá-lo, mediante compensação efetuada por meio de procedimento de ofício.

Previamente à compensação de ofício, deverá ser solicitado ao sujeito passivo que se manifeste quanto ao procedimento no prazo de 15 (quinze) dias contado da data do recebimento de comunicação formal enviada pela RFB competente para efetuá-la, reterá o valor da restituição ou do ressarcimento até que o débito seja liquidado.

Na hipótese de restituição de determinadas contribuições arrecadadas em GPS, a compensação será realizada com débitos vencidos e exigíveis das referidas contribuições, na ordem crescente dos prazos de prescrição.

O crédito do sujeito passivo com a Fazenda Nacional que remanescer da compensação, deverá ser compensado de ofício com os seguintes débitos do sujeito passivo, em determinada ordem. A compensação de ofício do débito do sujeito passivo será efetuada com obediência à proporcionalidade entre o principal e os respectivos acréscimos e encargos legais.

14.2.3 Disposições comuns

No prazo máximo de 30 (trinta) dias úteis, contado da data em que a compensação for efetuada de ofício, ou em que for apresentada a declaração de compensação, compete à RFB adotar os seguintes procedimentos:

(I)) debitará o valor bruto da restituição, acrescido de juros, se cabíveis, ou do ressarcimento à conta do tributo respectivo; (II) creditará o montante utilizado para a quitação dos débitos à conta do respectivo tributo e dos respectivos acréscimos e encargos legais, quando devidos; (III)) registrará a compensação nos sistemas de informação da RFB que contenham informações relativas a pagamentos e compensações; e (IV) certificará, se for o caso a) no pedido de restituição ou de ressarcimento, qual o valor utilizado na quitação de débitos, e, se for o caso, o saldo a ser restituído ou ressarcido; b) no processo de cobrança, qual o montante de crédito tributário extinto pela compensação e, sendo o caso, o saldo remanescente do débito; e (V) expedirá aviso de cobrança, na hipótese de saldo remanescente de débito, ou ordem bancária, na hipótese de remanescer saldo a restituir ou a ressarcir depois de efetuada a compensação de ofício (IN RFB nº 2055, de 06.12.21).

14.2.4 Créditos reconhecidos por decisão judicial

É vedada a compensação do crédito do sujeito passivo com a Fazenda Nacional, objeto de discussão judicial, antes do trânsito em julgado da decisão que reconhecer o direito creditório.

Na hipótese de ação de repetição de indébito, bem como nas demais hipóteses em que o crédito esteja amparado em título judicial passível de execução, a compensação somente poderá ser efetuada se o requerente comprovar a homologação da desistência da execução do título judicial pelo Poder Judiciário, ou a renúncia à sua execução, e a assunção de todas as custas e honorários advocatícios do processo de execução.

Não poderão ser objeto de compensação os créditos relativos a títulos judiciais já executados perante o Judiciário, com ou sem emissão de precatório.

Na hipótese de crédito decorrente de decisão judicial transitada em julgado, a Declaração de Compensação será recepcionada pela RFB somente depois de prévia habilitação do crédito pela DRF, ou pela Delegacia Especializada da RFB com jurisdição sobre o domicílio tributário do sujeito passivo, instruída com determinados documentos.

O pedido de habilitação de crédito será deferido mediante a confirmação de que:
I – o sujeito passivo figura no polo ativo da ação;
II – a ação refere-se a tributo administrado pela RFB;
III – a decisão judicial transitou em julgado;
IV – o pedido foi formalizado no prazo de 5 (cinco) anos, contado da data do trânsito em julgado da decisão ou da homologação da desistência da execução do título judicial e a assunção de todas as custas e honorários advocatícios referentes ao processo de execução, ou a apresentação de declaração pessoal de inexecução do título judicial na Justiça Federal e de certidão judicial que a ateste.

A Procuradoria-Geral da Fazenda Nacional elaborou parecer (PGFN/CDA/Cat nº 1.499/05, aprovado em 28.09.05) manifestando entendimentos relativos à compensação (autorização e requisitos legais; impossibilidade de compensação de crédito de um contribuinte com débito de outro; manifestações de inconformidade; confissão de dívida, créditos decorrentes de decisão judicial, com e sem trânsito em julgado; multa isolada e lançamento de ofício; e prazo prescricional).

Relativamente aos sucessivos regimes de compensação e a aplicação do direito superveniente, o STJ consolidou a orientação seguinte:

1. A compensação, modalidade excepcional de extinção do crédito tributário, foi introduzida no ordenamento pelo art. 66 da Lei 8.383/91, limitada a tributos e contribuições da mesma espécie.
2. A Lei 9.430/96 trouxe a possibilidade de compensação entre tributos de espécies distintas, a ser autorizada e realizada pela Secretaria da Receita Federal, após a análise de cada caso, a requerimento do contribuinte ou de ofício (Decreto 2.138/97), com relação aos tributos sob administração daquele órgão.
3. Essa situação somente foi modificada com a edição da Lei 10.637/02, que deu nova redação ao art. 74 da Lei 9.430/96, autorizando, para os tributos administrados pela Secretaria da Receita Federal, a compensação de iniciativa do contribuinte, mediante entrega de declaração contendo as informações sobre os créditos e débitos utilizados, cujo efeito é o de extinguir o crédito tributário, sob condição resolutória de sua ulterior homologação.
4. Além disso, desde 10.01.2001, com o advento da Lei Complementar 104, que introduziu no Código Tributário o art. 170-A, segundo o qual "é vedada a compensação mediante o aproveitamento do tributo, objeto de contestação judicial pelo sujeito passivo, antes do trânsito em julgado da respectiva judicial", agregou-se novo requisito para a realização da compensação tributária: a inexistência de discussão judicial sobre os créditos a serem utilizados pelo contribuinte na compensação.
5. Atualmente, portanto, a compensação será viável apenas após o trânsito em julgado da decisão, devendo ocorrer, de acordo com o regime previsto na Lei 10.637/02, isto é, (a) por iniciativa do contribuinte, (b) entre quaisquer tributos administrados pela Secretaria da Receita Federal, (c) mediante entrega de declaração contendo as informações sobre os créditos e débitos utilizados, cujo efeito é o de extinguir o crédito tributário, sob condição resolutória de sua ulterior homologação.
6. É inviável, na hipótese, apreciar o pedido à luz do direito superveniente, porque os novos preceitos normativos, ao mesmo tempo em que ampliaram o rol das espécies tributárias

compensáveis, condicionaram a realização da compensação a outros requisitos, cuja existência não constou da causa de pedir e nem foi objeto de exame nas instâncias ordinárias.
7. Assim, tendo em vista a causa de pedir posta na inicial e o regime normativo vigente à época da postulação (1995), é de se julgar improcedente o pedido, o que não impede que a compensação seja realizada nos termos atualmente admitidos, desde que presentes os requisitos próprios.
(Emb. Div. em REsp nº 488.992-MG, 1ª Seção, rel. Min. Teori Albino Zavascki, j. 26.05.04, *DJU* 1 de 07.06.04, p. 156)

O STJ proferiu importante decisão relativa à adequada aplicação da compensação em razão dos diplomas legais aplicáveis, a saber:

Ementa
Processual Civil e Tributário. Embargos de Divergência. Compensação Tributária. Sucessivas Modificações Legislativas. Lei 8.383/91, Lei 9.430/96, Lei 10.637/02. Regime Jurídico Vigente à Época da Propositura da Demanda. Legislação Superveniente. Inaplicabilidade.
1. A compensação, posto modalidade extintiva do crédito tributário (artigo 156, do CTN), exsurge quando o sujeito passivo da obrigação tributária é, a mesmo tempo, credor e devedor do erário público, sendo mister, para sua concretização, autorização por lei específica e créditos líquidos e certos, vencidos e vincendos, do contribuinte para com a Fazenda Pública (artigo 170, do CTN).
2. A Lei 8.383, de 30 de dezembro de 1991, ato normativo que, pela vez primeira versou o instituto da compensação na seara tributária, autorizou-a apenas entre tributos da mesma espécie, sem exigir prévia autorização da Secretaria da Receita Federal (artigo 66).
3. Outrossim, a Lei 9.430, de 27 de dezembro de 1996, na Seção intitulada 'Restituição e Compensação de Tributos e Contribuições', determina que a utilização dos créditos do contribuinte e a quitação de seus débitos serão efetuadas em procedimentos internos da Secretaria da Receita Federal (artigo 73, *caput*), para efeito do disposto no artigo 7º, do Decreto-Lei 2.287/86.
4. A redação original do artigo 74, da Lei 9.430/96, dispõe: *'Observado o disposto no artigo anterior, a Secretaria da Receita Federal, atendendo a requerimento do contribuinte, poderá autorizar a utilização de créditos a serem a ele restituídos ou ressarcidos para a quitação de quaisquer tributos e contribuições sob sua administração.'*
5. Consectariamente, a autorização da Secretaria da Receita Federal constituía pressuposto para a compensação pretendida pelo contribuinte, sob a égide da redação primitiva do artigo 74, da Lei 9.430/96, em se tratando de tributos sob a administração do aludido órgão público, compensáveis entre si.
6. A Lei 10.637, de 30 de dezembro de 2002 (regime jurídico atualmente em vigor), sedimentou a desnecessidade de equivalência da espécie dos tributos compensáveis, na esteira da Lei 9.430/96, a qual não mais albergava esta limitação.
7. Em consequência, após o advento do referido diploma legal, tratando-se de tributos arrecadados e administrados pela Secretaria da Receita Federal, tornou-se possível a compensação tributária, independentemente do destino de suas respectivas arrecadações, mediante a entrega pelo contribuinte de declaração na qual constem informações acerca dos créditos utilizados e respectivos débitos compensados, termo *a quo* a partir do qual se considera extinto o crédito tributário, sob condição resolutória de sua ulterior homologação, que se deve operar no prazo de 5 (cinco) anos.
8. Deveras, com o advento da Lei Complementar 104, de 10 de janeiro de 2001, que acrescentou o artigo 170-A ao Código Tributário Nacional, agregou-se mais um requisito à compensação tributária a saber:

"*Art. 170-A. É vedada a compensação mediante o aproveitamento de tributo, objeto de contestação judicial pelo sujeito passivo, antes do trânsito em julgado da respectiva decisão judicial*".

9. Entrementes, a Primeira Seção desta Corte consolidou o entendimento de que, em se tratando de compensação tributária, deve ser considerado o regime jurídico vigente à época do ajuizamento da demanda, não podendo ser a causa julgada à luz do direito superveniente, tendo em vista o inarredável requisito do prequestionamento, viabilizados do conhecimento do apelo extremo, ressalvando-se o direito de o contribuinte proceder à compensação dos créditos pela via administrativa, em conformidade com as normas posteriores, desde que atendidos os requisitos próprios (EREsp nº 488.992/MG).

10. *In casu*, a empresa recorrente impetrou mandado de segurança em 07/01/99, pleiteando a compensação de valores recolhidos indevidamente a título de PIS com débitos, impostos e contribuições administrados pela SRF.

11. À época do ajuizamento da demanda, vigia a Lei 9.430/96, sem as alterações levadas a efeito pela Lei 10.673/02, sendo admitida a compensação entre quaisquer tributos e contribuições administrados pela Secretaria da Receita Federal, desde que atendida exigência de prévia autorização daquele órgão em resposta a requerimento do contribuinte, que não podia efetuar a compensação *sponte sua*, o que denota que o pleito estampado na petição inicial não poderia, com base no direito então vigente, ser acolhido.

12. Embargos de divergência rejeitados.

(Emb. Div. em REsp nº 603.079-PE, 1ª Seção, rel. p/ acórdão Min. Luiz Fux, j. 13.09.06, *DJU* 1 de 05.02.07, p. 185)

A Instrução Normativa RFB nº 2055, de 06.12.21 (arts, 100 a 108), dispõe sobre a compensação de créditos decorrentes de decisão transitada em julgado.

14.2.5 Imputação de pagamento

Procedimento fiscal consistente na realização do pagamento do crédito tributário realizado pelo contribuinte. No caso de haver efetuado o recolhimento parcial dos tributos sem discriminação, ou com especificação (imposto e juros de mora, sem considerar a multa), o Fisco promove o abatimento do montante indevido para exigir a diferença não recolhida levando em conta a referida discriminação.

A compensação tributária se rege por normas próprias, e não pelo Código Civil. Caso não disponha a legislação tributária sobre a imputação e quitação, em caso de compensação parcial, devem ser promovidas levando em conta a integralidade da dívida, sem o regime de preferência dos juros sobre o capital, específico para pagamentos parciais disciplinados no Código Civil.

O STJ sedimentara jurisprudência no sentido de que "a regra de imputação de pagamento estabelecida no art. 354 do Código Civil, não se aplica às hipóteses de compensação tributária" (Súmula nº 464).

14.3 Transação

A lei pode facultar, nas condições que estabeleça, aos sujeitos ativo e passivo da obrigação tributária, celebrar transação que, mediante concessões mútuas, importe pôr fim ao de litígio e consequente extinção de crédito tributário, indicando a autoridade competente para autorizar a transação em cada caso (arts. 156, III, e 171, parágrafo único do CTN).

O Poder Público, sem embasamento legal, não pode dispensar qualquer gravame fiscal em razão de o crédito tributário ser indisponível.

Trata-se de autêntico acordo entre a Fazenda Pública e os devedores, em que estas partes renunciam ao questionamento de seus eventuais direitos relativos ao tributo. É o caso de a lei dispor que, se o contribuinte recolher o imposto atrasado de uma só vez, ficará dispensado das multas; ou, se o contribuinte desistir de ação judicial impugnando exigibilidade tributária, não serão devidos honorários de sucumbência.

A Lei federal nº 13.988, de 14.04.20 (com alterações), estabelece os requisitos e as condições para que a União, as suas autarquias e fundações, e os devedores ou as partes adversas realizem *transação resolutiva de litígio relativo à cobrança de créditos da Fazenda Pública, de natureza tributária ou não tributária*.

Para fins de aplicação e regulamentação, serão observados, entre outros, os princípios da isonomia, capacidade contributiva, transparência, moralidade, razoável duração dos processos e da eficiência, e resguardadas as informações protegidas por sigilo, o princípio da publicidade.

Aplica-se o disposto nesta Lei:

I – aos créditos tributários sob a administração da Secretaria Especial da RFB do Ministério da Economia;

II – à dívida ativa e aos tributos da União, cujas inscrição, cobrança e representação incumbam à Procuradoria Geral da Fazenda Nacional (PGFN);

III – no que couber, à dívida das autarquias e das fundações públicas federais, cuja inscrição, cobrança e representação incumbam à Procuradoria-Geral Federal, e aos créditos cuja cobrança seja competência da Procuradoria-Geral da União, nos termos do ato do Advogado-Geral da União e sem prejuízo do disposto na Lei nº 9.649, de 10.07.97.

São modalidades de transação as realizadas:

I – por proposta individual ou por adesão, na cobrança de créditos inscritos na dívida ativa da União, de suas autarquias e fundações públicas, na cobrança de créditos que seja da competência da Procuradoria-Geral da União, ou em contencioso administrativo fiscal;

II – por adesão, nos demais casos de contencioso judicial ou administrativo tributário; e

III – por adesão, no contencioso tributário de pequeno valor.

Implica a rescisão da transação:

I – o descumprimento das condições, das cláusulas ou dos compromissos assumidos;

II – a constatação, pelo credor, de ato tendente ao esvaziamento patrimonial do devedor como forma de fraudar o cumprimento da transação, ainda que realizado anteriormente à sua celebração;

III – a decretação de falência ou de extinção, pela liquidação, da pessoa jurídica transigente;

IV – a comprovação de prevaricação, de concussão ou de corrupção passiva na sua formação;

V – a ocorrência de dolo, de fraude, de simulação ou de erro essencial quanto à pessoa ou quanto ao objeto do conflito;

VI – a ocorrência de alguma das hipóteses rescisórias adicionalmente previstas no respectivo termo de transação; ou

VII – a inobservância de quaisquer disposições desta Lei do ou do edital.
É vedada a transação que:
I – reduza multas de natureza penal;
II – conceda descontos a créditos relativos ao:
   a) Regime Especial Unificado de Arrecadação de Tributos e Contribuições devidos pelas Microempresas e Empresas de Pequeno Porte (Simples Nacional), enquanto não editada lei complementar autorizativa;
   b) FGTS, enquanto não autorizado pelo seu Conselho Curador.
III – envolva devedor contumaz, conforme definido em lei específica.

Na hipótese de a proposta de transação envolver valores superiores aos fixados em ato do Ministro da Economia, ou do Advogado-Geral da União, a transação, sob pena de nulidade, dependerá de prévia e expressa autorização ministerial, admitida a delegação.

A Lei federal nº 14.375, de 21.06.22, estabelece os requisitos e as condições para a realização das *transações resolutivas de litígio relativas à cobrança de créditos do Fundo de Financiamento Estudantil (Fies)*.

14.4 Remissão

O CTN (art. 172) estabelecera que a lei pode autorizar a autoridade administrativa a conceder, por despacho fundamentado, *remissão* total ou parcial do crédito tributário, atendendo:
I – à situação econômica do sujeito passivo;
II – ao erro ou ignorância escusáveis do sujeito passivo, quanto à matéria de fato;
III – à diminuta importância do crédito tributário;
IV – à consideração de equidade, em relação às características pessoais ou materiais do caso;
V – a condições peculiares a determinada região do território da entidade tributante.

O parágrafo único dispusera que o despacho referido neste artigo não gera direito adquirido, aplicando-se, quando cabível, o disposto no art. 155.

Remissão é perdão fazendário a débito tributário, como forma de extinção do respectivo crédito (art. 156, IV, CTN) evidenciada a discricionariedade da Administração Pública, excepcionando-se o princípio da indisponibilidade do crédito tributário e, conquanto decorra de situações objetivas específicas, compreenderia certa dose de subjetividade.

Não há maior interesse em positivar-se a necessidade de ter sido praticado o lançamento, para ser possível efetivar-se a remissão, em virtude de o preceito legal cogitar de crédito tributário. Como a autoridade administrativa tem de decidir sobre sua concessão, é natural e imprescindível que o sujeito passivo forneça previamente todos os elementos relativos à situação específica em que se encontra.

A *remissão* não deve ser confundida com a *anistia*, que é a forma de exclusão do crédito tributário (art. 175, II, CTN) sujeita a condições diversas e peculiares (arts. 180 a 182), especialmente porque esta somente abrange penalidades pecuniárias.

Entretanto, com o advento da Lei Complementar nº 24, de 07.01.75, quaisquer favores fiscais concedidos no âmbito do antigo ICM (à época), e, atualmente ICMS (por força do art. 34, §5º, das Disposições Constitucionais Transitórias, que trata da recepção das normas), que resultem a redução ou a eliminação, direta ou indireta, do respectivo ônus, ficariam condicionados à edição de convênios celebrados e ratificados pelos Estados e Distrito Federal.

A Emenda Constitucional nº 3, de 17.03.93, modificando o §6º, do art. 150, da CF, estabeleceu que "qualquer subsídio ou isenção, redução de base de cálculo, concessão de crédito presumido, anistia ou *remissão* relativo a impostos, taxas ou contribuições, só poderá ser concedido mediante lei específica, federal, estadual ou municipal, que regule exclusivamente as matérias acima enumeradas ou o correspondente tributo ou contribuição, sem prejuízo do disposto no art. 155, §2º, XII, *g*".

Assim, fica prejudicada a discricionaridade administrativa, tornando-se imperiosa a edição de específica lei dispondo sobre as situações contempladas com a remissão, pautando-se os atos administrativos pelo cunho da vinculação.

14.5 Decadência

É a perda do direito da Fazenda Pública em efetuar o lançamento tributário em decorrência da omissão do seu exercício, no prazo estipulado em lei.

O perecimento do direito é plenamente justificável não só porque as relações jurídicas não devem ser perpétuas, tornando-se imprescindível sua estabilização no tempo; mas também porque a inércia revela desinteresse da Fazenda que não pode ser prestigiada, não devendo o sujeito passivo manter indefinidamente os elementos e documentos relativos a seus fatos tributários.

O CTN (art. 156, V) estatui a extinção do crédito tributário pela decadência, fixando (art. 173) – como regra geral – que o direito de a Fazenda Pública efetuar o lançamento fenece após 5 (cinco) anos contados da forma seguinte:

a) do primeiro dia do exercício seguinte àquele em que o lançamento poderia ter sido efetuado

Esta regra geral determina que o sujeito ativo só pode lançar o tributo dentro do período compreendido entre o exercício em que ocorre o fato gerador e o último dia do quinquênio posterior. Assim, tendo o sujeito passivo procedido à *declaração* de seus fatos tributários (exercício de 2014), o Fisco terá que lançar o tributo até 31.12.19; enquanto havendo apurado sonegação de tributos (gerados em 2012), o Fisco só poderá efetuar o lançamento *de ofício* até 31.12.17.

b) da ocorrência de cada fato gerador

A sistemática prevista na alínea "*a*" não se aplica aos denominados lançamentos por *homologação*, em que o prazo decadencial não é contado de conformidade com os exercícios, pois estabelece (§4º, art. 150 do CTN) que "se a lei não fixar prazo à homologação, será ele de 5 (cinco) anos, a contar da ocorrência do fato gerador; expirado esse prazo sem que a Fazenda Pública se tenha pronunciado, considera-se homologado o lançamento e definitivamente extinto o crédito, salvo se comprovada a ocorrência de dolo, fraude ou simulação".

Tendo sido realizados os fatos geradores de tributos, cuja modalidade é a antecipação de pagamento – como é o caso de IPI, ICMS, ISS –, o Fisco só poderá efetuar a cobrança dos valores efetivamente devidos e não recolhidos no prazo de cinco anos contados de cada fato gerador. Tendo a empresa, ou o profissional autônomo, prestado serviços em 31.03.20, sem recolher o ISS, o Município só poderá lançar este tributo até 31.03.25.

Carece de base jurídica o argumento fazendário no sentido de que o prazo de 5 (cinco) anos, previsto no §4º do art. 150 somente poderia ser aplicado para as situações de débito, e que não seria considerado relativamente aos créditos do imposto, por ausência de expressa referência.

Entendimento do texto:
a) o §4º decorre do *caput* do mesmo art. 150, devendo guardar coerência e harmonia, mediante integração normativa;
b) o termo inicial (para a contagem da decadência) não pode ser compreendido de modo restrito, distinto, atrelado exclusivamente a uma parte das atividades tributárias realizadas pelo contribuinte (data das operações mercantis, com desprezo à fruição dos créditos);
c) as atividades tributárias exercidas pelo obrigado (a teor do *caput* do art. 150), abrangem todos os atos relativos à apuração do valor (ICMS) que venha a ser efetivamente devido (caso de saldo devedor), ou de inexistência de imposto a recolher (caso de saldo credor);
d) ao Fisco compete verificar a legitimidade de todos os atos praticados pelo contribuinte (escrituração de créditos, registro de débitos, cumprimento de obrigações acessórias), de modo uniforme, dentro do mesmo período de tempo (cinco anos contados de cada um desses atos);
e) sendo o ICMS regrado pela não cumulatividade, para fins de apuração do imposto não tem sentido dissociar a figura dos "créditos" dos "débitos";
f) na composição do *quantum* devido não tem nenhum sentido lógico dissociar entidades (crédito e débito) que são necessariamente integradas;
g) é plenamente justificável a circunstância do §4º do art. 150 somente haver se referido a fato gerador, porque o CTN (no capítulo da decadência) não trata das peculiaridades de cada um dos tributos, em razão do que sequer menciona créditos de imposto;
h) o CTN fora editado em 1966, quando inexistia a sistemática do ICMS (créditos e débitos), devendo ser harmonizado ao ordenamento vigente (Constituição de 1988 que trata da não cumulatividade);
i) a cobrança de valores tributários relativos ao ICMS, concernente às atividades desenvolvidas pelos respectivos contribuintes, deve ser exercida no prazo de 5 (cinco) anos contados da ocorrência dos fatos tributários praticados (créditos, débitos, emissão de documentos, escrituração de livros etc.).

A utilização de métodos fazendários para apuração de fatos geradores de ICMS (operações mercantis) não possibilita ao Fisco dilatar o prazo decadencial. Considerando-se que é mensal o período usual de apuração deste imposto, não pode proceder a levantamento (econômico, específico, de produção), compreendendo o exercício (período anual), e, por consequência, pretender que o termo inicial seja o primeiro dia do exercício seguinte. Neste particular, verificado o fato gerador no final de maio de 2020 – com início de prazo de decadência em 1º.06.20 (art. 150, §4º, do CTN) –, não pode a Fazenda levar em conta o exercício anual (2020), e somente começar a contagem da decadência em 1º.01.16 (art. 173, I, do CTN).

A ressalva contida no §4º do art. 150 do CTN – "se a lei não fixar prazo à homologação" – não pode significar uma porta aberta ao legislador ordinário para ampliar o prazo decadencial para a homologação, uma vez que compete exclusivamente à lei complementar (no caso, o CTN) estabelecer normas gerais em matéria de legislação tributária, especialmente sobre decadência tributária (art. 146, III, *a*, da Constituição Federal). Tendo o CTN fixado o prazo de 5 (cinco) anos, não há embasamento jurídico para cogitar-se de prazo superior.

Todavia, no caso de "creditamento indevido de ICMS" implicando débito de imposto, a jurisprudência entendera aplicável a regra inserta no art. 173, I, do CTN; mas, inexistindo débito, tem cabimento o art. 150, §4º, do CTN.

> TRIBUTÁRIO. AGRAVO REGIMENTAL NOS EMBARGOS DE DIVERGÊNCIA EM RECURSO ESPECIAL. ICMS. DECADÊNCIA. PRAZO PARA A CONSTITUIÇÃO DE DÉBITO PELA FAZENDA ESTADUAL. PAGAMENTO A MENOR EM DECORRÊNCIA DE SUPOSTO CREDITAMENTO INDEVIDO. APLICAÇÃO DO ART. 150, §4º, DO CTN. MATÉRIA PACIFICADA EM SEDE DE RECURSO ESPECIAL REPRESENTATIVO DE CONTROVÉRSIA (RESP nº 973.733/SC).
> (...);
> 2. A Primeira Seção do STJ no julgamento do REsp nº 973.733/SC, realizada nos termos do art. 543-C e sob a relatoria do Ministro Luiz Fux, sedimentou o entendimento de que o art. 173, I, do CTN se aplica aos casos em que a lei não prevê o pagamento antecipado da exação ou, quando, a despeito da previsão legal, não há o pagamento, salvo nos casos de dolo, fraude ou simulação.
> 3. (...) ocorrendo o pagamento antecipado por parte do contribuinte, o prazo decadencial para o lançamento de eventuais diferenças é de cinco anos a contar do fato gerador, conforme estabelece o §4º do art. 150 do CTN" (AgRg nos EREsp nº 216.758/SP, Rel. Ministro Teori Albino Zavascki, Primeira Seção, DJ 10.04.06).
> 4. Com efeito, a jurisprudência consolidada por esta Corte dirime a questão jurídica apresentada a partir da existência, ou não, de pagamento antecipado por parte do contribuinte. Para essa finalidade, salvo os casos de dolo, fraude ou simulação, despiciendo se mostra indagar a razão pela qual o contribuinte não realizou o pagamento integral do tributo.
> 5. A dedução aqui considerada (creditamento indevido) nada mais é do que um crédito utilizado pelo contribuinte decorrente a escrituração do tributo apurado em determinado período (princípio da não cumulatividade), que veio a ser recusada (glosada) pela Administração. Se esse crédito abarcasse todo o débito tributário a ponto de dispensar qualquer pagamento, aí sim, estar-se-ia, como visto, diante de uma situação excludente da aplicação do art. 150, §4º, do CTN.
> 6. Na espécie, o acórdão que julgou o recurso especial foi claro ao consignar que houve pagamento a menor de débito tributário em decorrência de creditamento indevido. Dessa forma, deve-se observar o disposto no art. 150, §4º, do CTN.
> 7. Agravo regimental não provido.
> (AgRg nos EREsp nº 1.199.262/MG –Primeira Seção – rel. Min. Benedito Gonçalves – j. 26.10.11 – *DJe* 07.11.11)

c) ocorrência de dolo, fraude ou simulação

Nos casos dos apontados vícios jurídicos – excepcionados do aludido §4º, art. 150, do CTN – penso que para se fixar o termo inicial de decadência, deve ser aplicada a regra geral (inciso I do art. 173 do CTN), porque a desconsideração de cinco anos contados a partir do conhecimento do ato fraudulento ocasionará dilatação do seu início, sem que haja previsibilidade de um momento certo e determinado, permanecendo indefinido tal marco temporal, o que não se coaduna com o princípio da segurança que norteia as relações jurídicas.

d) da data em que se tornar definitiva a decisão em que houver sido anulado, por vício formal, o lançamento anteriormente efetuado

Nesta situação, o Fisco realiza o lançamento, que, em razão de impugnação do sujeito passivo, ou espontânea manifestação fazendária, implica ulterior decisão (administrativa ou judicial), que julga pela sua impropriedade de cunho formal, como é o caso de preterição de direito de defesa. Em consequência, ao Fisco é reaberto um novo prazo de cinco anos para proceder a novo lançamento, sanando a irregularidade (formal), revelando-se nítida a excepcional interrupção de decadência, uma vez que se reinicia toda a contagem desse prazo, desprezando-se o lapso de tempo anterior.

Inaplicável essa diretriz se a decisão julgou a insubsistência do lançamento por vício material, analisando o conteúdo da exigência tributária. É o que se dá quando inexistem provas da prática do fato gerador; a atribuição de responsabilidade tributária a quem não a tenha legalmente; situações de imunidade, isenção etc. Se a decisão for proferida após cinco anos dos fatos, opera-se a decadência.

O CTN (parágrafo único do art. 173) expressa que "o direito a que se refere este artigo extingue-se definitivamente com o decurso do prazo nele previsto, contado da data em que tenha sido iniciada a constituição do crédito tributário pela notificação, ao sujeito passivo, de qualquer medida preparatória indispensável ao lançamento".

Este preceito concerne a atos administrativos realizados com o objetivo de apurar as operações, negócios e atos dos sujeitos passivos, que possam irradiar fatos geradores de tributos, ou situações afetas a deveres secundários. Constituem medidas preparatórias indispensáveis ao lançamento, fixando-se a notificação como marco inicial para a contagem do prazo decadencial. Este ato administrativo, que deve ser específico e veiculado formalmente, antecipa o termo inicial do referido lapso de tempo; isto é, para o fato gerador que ocorre em 31.05.22 – que implicaria o início do prazo de decadência para 1º.01.23 –, a notificação promovida em 31.08.22 anteciparia o termo inicial para esta última data (e o final para 31.08.27).

Tratando-se de Declaração de Contribuições de Tributos Federais (DCTF) cujo débito declarado não foi pago pelo contribuinte, torna-se prescindível a homologação formal, passando a ser exigível independentemente de prévia notificação ou da instauração de procedimento administrativo fiscal.

O STJ firmou o entendimento seguinte:

Ementa.
Tributário. Embargos de Divergência. Tributo Sujeito a Lançamento por Homologação. Decadência. Termo Inicial. Art. 150, §4º e 173, I, ambos do CTN.
1. No lançamento por homologação, o contribuinte, ou o responsável tributário, deve realizar o pagamento antecipado do tributo, antes de qualquer procedimento administrativo, ficando a extinção do crédito condicionada à futura homologação expressa ou tácita pela autoridade fiscal competente. Havendo pagamento antecipado, o Fisco dispõe do prazo decadencial de cinco anos, a contar do fato gerador, para homologar o que foi pago ou lançar a diferença acaso existente (art. 150, §4º do CTN).
2. Se não houve pagamento antecipado pelo contribuinte, não há o que homologar nem se pode falar em lançamento por homologação. Surge a figura do lançamento direto

substitutivo, previsto no art. 149, V do CTN, cujo prazo decadencial rege-se pela regra geral do art. 173, I do CTN.

3. Com o encerramento do prazo para homologação (art. 150, §4º do CTN), inicia-se a contagem do prazo previsto no art. 173, I do CTN. Inexistindo pagamento antecipado, conclui-se ter o Fisco o prazo de 10 anos, após a ocorrência do fato gerador, para constituir o crédito tributário.

4. Em síntese, o prazo decadencial para a Fazenda Pública constituir o crédito tributário será: *a)* de cinco anos a contar do primeiro dia do exercício seguinte àquele em que o lançamento poderia ser efetuado, se o tributo sujeitar-se a lançamento direto ou por declaração (regra geral do art. 173, I do CTN); *b)* de cinco anos a contar da ocorrência do fato gerador no caso de lançamento por homologação em que há pagamento antecipado pelo contribuinte (aplicação do art. 150, §4º do CTN); e *c)* de dez anos a contar do fato gerador nos casos de lançamento por homologação sem que nenhum pagamento tenha sido realizado pelo sujeito passivo, oportunidade em que surgirá a figura do lançamento direto substitutivo do lançamento por homologação (aplicação cumulativa do art. 150, §4º com o art. 173, I, ambos do CTN).

5. Precedentes da Primeira Seção e das duas Turmas de Direito Público.

6. Embargos de divergência providos.

(Embargos de Divergência em REsp nº 466.779-PR, 1ª Seção, rel. Min. Castro Meira, j. 08.06.05, *DJU* 1 de 1.08.05, p. 307)

O STJ sedimentou a diretriz seguinte:

Quando não houver declaração do débito, o prazo decadencial quinquenal para o Fisco constituir o crédito tributário conta-se exclusivamente na forma do art. 173, I, do CTN, nos casos em que a legislação atribui ao sujeito passivo o dever de antecipar o pagamento sem prévio exame da autoridade administrativa.

(Súmula n. 555)

Considerando *a natureza tributária das contribuições previdenciárias*, o prazo decadencial manteve-se obediente aos cinco anos previstos no art. 174 do CTN (STJ, AgRg nos Emb. Div. em REsp nº 190.287-SP, 1ª Seção, rel. Min. Luiz Fux, j. 23.8.06, *DJU* 1 de 2.10.06, p. 213, AI Emb. Div. em REsp nº 644.736-PE, Corte Especial, j. 6.6.07).

O STJ firmou o entendimento seguinte:

Ementa

Constitucional. Processual Civil e Tributário. Incidente de Inconstitucionalidade. Do Artigo 45 da Lei 8.212, de 1991. Ofensa ao art. 146, III, *b*, da Constituição.

1. As contribuições sociais, inclusive as destinadas a financiar a seguridade social (CF, art. 195), têm, no regime da Constituição de 1988, natureza tributária. Por isso mesmo, aplica-se também a elas o disposto no art. 146, III, *b*, da Constituição, segundo o qual cabe à lei complementar dispor sobre normas gerais em matéria de prescrição e decadência tributárias, compreendida nessa cláusula inclusive a fixação dos respectivos prazos. Consequentemente, padece de inconstitucionalidade formal o artigo 45 da Lei 8.212, de 1991, que fixou em dez anos o prazo de decadência para o lançamento das contribuições sociais devidas à Previdência Social.

2. Arguição de inconstitucionalidade julgada procedente.

(AI no REsp nº 616.348-MG, Corte Especial, rel. Min. Teori Albino Zavascki, j. 15.08.07, *DJU* 1 de 15.10.07, p. 210)

O STF fixou a seguinte diretriz:

> São inconstitucionais o parágrafo único do artigo 5º do Decreto-Lei nº 1.569/1977 e os artigos 45 e 46 da Lei nº 8.212/1991, que tratam de prescrição e decadência de crédito tributário.
> (Súmula Vinculante nº 8)

14.6 Prescrição

É a perda do direito de ação judicial para a cobrança do crédito tributário, em razão de inércia da Fazenda Pública após o transcurso de prazo determinado em lei.

Este instituto objetiva desestimular o desinteresse da Fazenda no tocante ao recebimento dos valores tributários que lhes são devidos, fixando prazo para seu exercício, sob pena de extinção (art. 156, V, do CTN). Não tendo havido o recolhimento do tributo, a Fazenda só passa a ter condição de vir a recebê-lo mediante cobrança judicial da dívida regularmente inscrita na repartição competente.

A ação para a cobrança do crédito tributário prescreve em 5 (cinco) anos contados da data da sua constituição definitiva (art. 174 do CTN), que ocorre no momento em que a Fazenda passa a ter condição jurídica de ingressar com a ação judicial.

Para tanto, torna-se necessário promover o lançamento (direto ou de ofício), e aguardar transcurso de prazo para o sujeito passivo apresentar defesa; ou, caso esta tenha sido oferecida, esperar decisão administrativa definitiva que mantenha a exigência tributária. Também a declaração de débito tributário por parte do sujeito passivo implicará o mesmo efeito jurídico. Somente após serem verificadas as situações apontadas é que a Fazenda estará apta para reclamar judicialmente o crédito tributário.

A circunstância de o Fisco haver lançado o tributo, objeto de posterior reclamação ou recurso, por si só não permite o ingresso de ação judicial, uma vez que a exigibilidade tributária estará suspensa, carecendo de liquidez e certeza, mesmo porque a decisão administrativa final poderá julgar insubsistente a cobrança do tributo. Nesta singela situação não há ainda de se considerar que teria havido constituição "definitiva" do crédito, mesmo porque a concomitância de ação judicial com processo administrativo gerará sérias dificuldades, na hipótese de decisões divergentes.[325]

Considerando-se as premissas apontadas, com o lançamento do tributo não há mais de se cogitar de *decadência*; e, sendo promovida defesa administrativa, não se pode considerar, ainda, a *prescrição*, diante da inexistência de constituição definitiva do crédito tributário. Esta a postura assumida de longa data pelo STF, como se colhe do acórdão seguinte:

> Ementa – Prazos de prescrição e de decadência em direito tributário.
> Com a lavratura do auto de infração, consuma-se o lançamento do crédito tributário (art. 142 do CTN). Por outro lado, a decadência só é admissível no período anterior a essa lavratura; depois, entre a ocorrência dela e até que flua o prazo para a interposição do recurso administrativo, ou enquanto não for decidido o recurso dessa natureza de que se tenha valido o contribuinte, não mais corre prazo para decadência, e ainda não se iniciou a fluência de prazo para prescrição; decorrido o prazo para interposição do recurso

---

[325] MELO, José Eduardo Soares de. A Coexistência dos Processos Administrativo e Judicial Tributário. MELO, José Eduardo Soares de. *Processo Administrativo Fiscal*. São Paulo: Dialética, 1997. v. 2. p. 65-77.

administrativo, sem que ela tenha ocorrido, ou decidido o recurso administrativo interposto pelo contribuinte, há a constituição definitiva do crédito tributário, a que alude o art. 174, começando a fluir, daí, o prazo de prescrição da pretensão do Fisco.
É esse o entendimento atual de ambas as Turmas do STF. Embargos de divergência conhecidos e recebidos.
(ERE nº 94.462-1-SP, Pleno, rel. Min. Moreira Alves, j. 17.12.82, *RTJ* 106/263)

Objetivando prestigiar a segurança das relações jurídicas, evitando o indefinido curso do processo administrativo, vislumbrou-se respaldo legal (parágrafo único do art. 173 do CTN) para a consideração da figura da *perempção*, concernente a um prazo para a conclusão desse procedimento, sob pena de sua extinção.[326] Neste sentido, se do início do procedimento fiscal até sua conclusão decorre lapso de tempo superior a cinco anos, estaria caduco o direito da Fazenda, com relação ao crédito tributário.

A *interrupção* da prescrição ocorre (parágrafo único, art. 174, do CTN) nas situações seguintes: I – pelo despacho do juiz que ordenar a citação em execução fiscal (redação da Lei Complementar nº 118, de 09.02.05); II – pelo protesto judicial ou extrajudicial (redação da Lei Complementar nº 208, de 02.07.24); III – por qualquer ato judicial que constitua em mora o devedor; IV – por qualquer ato inequívoco ainda que extrajudicial, que importe em reconhecimento do débito pelo devedor.

A Lei federal nº 6.830, de 22.09.80 – que dispõe sobre a cobrança judicial da Dívida Ativa da Fazenda Pública –, estabeleceu que: a) a inscrição da dívida suspenderá a prescrição, para todos os efeitos de direito, por 180 (cento e oitenta) dias ou até a distribuição da execução fiscal (§3º do art. 2º); e b) o despacho do juiz que ordenar a citação interrompe a prescrição (§2º do art. 8º).

Entretanto, cuida-se de lei ordinária, ou seja, instrumento jurídico incompetente para modificar os preceitos de lei complementar (CTN), que é a norma legítima para dispor sobre prescrição (art. 146, III, *b*, da Constituição Federal).

O Judiciário solucionou a controvérsia da forma seguinte:

Ementa
Tributário. Execução Fiscal. Embargos do Devedor. Prescrição. Lei 6.830/80, art. 2º, §3º, CTN, art. 174. Prevalência da Lei Complementar sobre a Lei Ordinária. Princípio da Hierarquia das Leis. Precedentes.
1. O art. 2º, §3º, da Lei nº 6.830/80, nos termos em que foi admitido em nosso ordenamento jurídico, não tem prevalência. A sua aplicação há de sofrer os limites impostos pelo art. 174, do Código Tributário Nacional.
2. É de 5 (cinco) anos a prescrição da ação para cobrança do crédito tributário, contados da data da sua constituição definitiva, nos termos do art. 174, do CTN, que é lei complementar.
3. A prescrição estabelecida no art. 2º, §3º, da Lei nº 6.830/80, é incompatível com a norma do art. 174, do CTN, a cujas disposições gerais é reconhecida a hierarquia de lei complementar.
4. Precedentes desta Corte de Justiça e do Colendo STF.
5. Recurso desprovido.
(STJ, REsp nº 249.262-DF, 1ª Turma, rel. Min. José Delgado, j. 18.05.00, *DJU* 1-E de 19.06.00, p. 120)

---

[326] GRECO, Marco Aurélio. Perempção no Lançamento Tributário. *Princípios Tributários no Direito Brasileiro e Comparado*. Rio de Janeiro: Forense, 1988. p. 502-517.

CAPÍTULO 14
EXTINÇÃO DO CRÉDITO TRIBUTÁRIO

Relativamente a *débito declarado*, considera-se o seguinte:

PROCESSUAL CIVIL. RECURSO ESPECIAL REPRESENTATIVO DE CONTROVÉRSIA. ARTIGO 543-C DO CPC (arts. 1036 do novo CPC de 2015). TRIBUTÁRIO. EXECUÇÃO FISCAL PRESCRIÇÃO DA PRETENSÃO DE O FISCO COBRAR JUDICIALMENTE O CRÉDITO TRIBUTÁRIO SUJEITO A LANÇAMENTO POR HOMOLOGAÇÃO. CRÉDITO TRIBUTÁRIO CONSTITUÍDO POR ATO DE FORMALIZAÇÃO PRATICADO PELO CONTRIBUINTE (IN CASU). DECLARAÇÃO DE RENDIMENTOS). PAGAMENTO DO TRIBUTO DECLARADO. INOCORRÊNCIA. TERMO INICIAL, VENCIMENTO DA OBRIGAÇÃO TRIBUTÁRIA DECLARADA. PECULIARIDADE: DECLARAÇÃO DE RENDIMENTOS QUE NÃO PREVÊ DATA POSTERIOR DE VENCIMENTO DA OBRIGAÇÃO PRINCIPAL, UMA VEZ JÁ DECORRIDO O PRAZO PARA PAGAMENTO, CONTAGEM DO PRAZO PRESCRICIONAL A PARTIR DA DATA DA ENTREGA DA DECLARAÇÃO.

1. O prazo prescricional quinquenal para o Fisco exercer a pretensão de cobrança judicial do crédito tributário conta-se da data estipulada como vencimento para o pagamento da obrigação tributária declarada (mediante DCTF, GIA, entre outros), nos casos de tributos sujeitos a lançamento por homologação, em que, não obstante cumprido o dever instrumental de declaração da exação devida, não restou adimplida a obrigação principal (pagamento antecipado), nem sobreveio quaisquer das causas suspensivas da exigibilidade do crédito ou interruptivas do prazo prescricional (Precedentes da Primeira Seção (...)(...).);

2. A prescrição, causa extintiva do crédito tributário, resta assim regulada pelo artigo 174 do Código Tributário Nacional, *"verbis"* (...);

3. A constituição definitiva do crédito tributário, sujeita à decadência, inaugura o decurso do prazo prescricional quinquenal para o Fisco exercer a pretensão de cobrança judicial do crédito tributário.

4. A entrega de Declaração de Débitos e Créditos Tributários Federais – DCTF, de Guia de Informação e Apuração do ICMS – GIA, ou de outra declaração dessa natureza prevista em lei (dever instrumento adstrito aos tributos sujeitos a lançamento por homologação), é modo de constituição do crédito tributário, dispensando a Fazenda Pública de qualquer outra providência conducente à formalização do valor declarado (Precedente da Primeira Seção submetido ao rito do artigo 434-C do CPC (art. 1.036 do novo CPC de 2015) (...);

5. O aludido entendimento jurisprudencial culminou na edição da Súmula 436/STJ, *verbis*: A entrega de declaração pelo contribuinte, reconhecendo o débito fiscal, constitui o crédito tributário, dispensada qualquer outra providência por parte do Fisco".

6. Consequentemente, o dies a quo do prazo prescricional para o Fisco exercer a preensão de cobrança judicial do crédito tributário declarado, mas não pago, é a data do vencimento da obrigação tributária expressamente reconhecida.

(...);

8. Deveras, o imposto sobre a renda das pessoas jurídicas, independentemente da forma de tributação (lucro real, presumido ou arbitrado), é devido mensalmente, à medida em que os lucros forem auferidos (Lei 8.541/92 e Regulamento do Imposto de Renda vigente à época – Decreto 1.041/94).

(...);

11. Vislumbra-se, portanto, peculiaridade no caso sub examine, uma vez que a declaração de rendimentos entregue no final de abril de 1997 versa sobre tributo que já deveria ter sido pago no ano-calendário anterior, inexistindo obrigação legal de declaração prévia a cada mês de recolhimento, consoante se depreende do seguinte excerto do acórdão regional (...);

12. Consequentemente, o prazo prescricional para o Fisco exercer a pretensão de cobrança judicial da exação declarada, *in casu*, vale dizer, em 30.04.1997, escoando-se em 30.04.2002, não se revelando prescritos os créditos tributários na época em que ajuizada a ação (05.03.02).

13. Outrossim, o exercício do direito de ação pelo Fisco, por intermédio de ajuizamento da execução fiscal, conjura a alegação de inação do credor, revelando-se incoerente a interpretação segundo a qual o fluxo do prazo prescricional continua a escoar-se, desde a constituição definitiva do crédito tributário, até a data em que se der o despacho ordenador da citação do devedor (ou até a data em que se der a citação válida do devedor, consoante a anterior redação do inciso I, do parágrafo único, do artigo 174, do CTN).

14. O Codex Processual, no §1º, do artigo 219, estabelece que a interrupção da prescrição, pela citação, retroage à data da propositura da ação, o que, na seara tributária, após as alterações promovidas pela Lei Complementar 118/2005, conduz ao entendimento de que o marco interruptivo atinente à prolação do despacho que ordena a citação do executado retroage à data do ajuizamento do feito executivo, a qual deve ser empreendida no prazo prescricional.

(...)

16. Destarte, a propositura da ação constitui o dies ad quem do prazo prescricional e, simultaneamente, o termo inicial para sua recontagem sujeita às causas interruptivas previstas no artigo 174, parágrafo único, do CTN.

17. Outrossim, é certo que "incumbe à parte promover a citação do réu nos 10 (dez) dias subsequentes ao despacho que a ordenar, não ficando prejudicada pela demora imputável exclusivamente ao serviço judiciário" (art. 240, §2º e 3º, do novo CPC de 2015).

18. Consequentemente, tendo em vista que o exercício do direito de ação deu-se em 05.03.2002, antes de escoado o lapso quinquenal (30.04.2002), iniciado com a entrega da declaração de rendimentos (30.04.1997), não se revela prescrita a pretensão executiva fiscal, ainda que o despacho inicial e a citação do devedor tenham sobrevindo em junho de 2002 (...).

(REsp nº 1.120295/SP – Primeira Seção – rel. Min. Luiz Fux – j. 12.05.10 – DJe 21.05.10)

No caso de *parcelamento*, assinala-se a jurisprudência seguinte:

TRIBUTÁRIO. AGRAVO REGIMENTAL NO RECURSO ESPECIAL. PARCELAMENTO. PRESCRIÇÃO. APRESENTAÇÃO DO REQUERIMENTO. CAUSA INTERRUPTIVA. ART. 174, IV, DO CTN. SUSPENSÃO DA EXIGIBILIDADE CONDICIONADA AO DEFERIMENTO DO PEDIDO PELA ADMINISTRAÇÃO. ART. 151, VI, DO CTN. RECURSO ESPECIAL REPETITIVO 957.509/RS. MEDIDA CAUTELA EM ADI SUSPENDENDO OS EFEITOS DA LEI ENSEJADORA DO PARCELAMENTO. CAUSA PARA O INDEFERIMENTO DO PEDIDO. IMPOSSIBILIDADE DE A ADMINISTRAÇÃO APRECIAR O PEDIDO ATÉ O JULGAMENTO DE MÉRITO DA ADI. ÓBICE NÃO EVIDENCIADO. PRESCRIÇÃO RECONHECIDA.

1. Agravo regimental contra decisão que deu provimento ao recurso especial do contribuinte para reconhecer a prescrição dos créditos tributários cobrados pelo fisco.

(...)

4. O pedido de parcelamento, como cediço, implica reconhecimento dos débitos tributários correspondentes pelo devedor e, por isso, é causa de interrupção da prescrição, conforme dispõe o art. 174, IV, do CTN, devendo ser reiniciada a contagem do lapso prescricional a partir da apresentação desse requerimento administrativo. A esse respeito (...). Tem-se, portanto, que, nos caso dos autos, o prazo da prescrição recomeçou a fluir no dia de apresentação do pedido de parcelamento, ou seja, 23/3/2000.

5. No entanto, diversamente do consignado pelo Tribunal de origem, a mera apresentação do pedido de parcelamento, não obstante interrompa a prescrição, não é suficiente para suspender a exigibilidade do crédito tributário e, por conseguinte, influenciar na contagem da prescrição, Com efeito, a Primeira Seção, em sede de recurso especial representativo de controvérsia (art. 543-C do CPC, art. 1.0336 do novo CPC de 2015), ao analisar o

art. 151, VI, do CTN, firmou o entendimento de que "a produção de efeitos suspensivos da exigibilidade do crédito tributário, advindos do parcelamento, condiciona-se à homologação expressa ou tácita do pedido formulado pelo contribuinte junto ao Fisco" (REsp 957.509/RS, Rel. Ministro Luiz Fux, DJe 25/08/2010). Tem-se, portanto, que o pedido de parcelamento ainda não deferido, por não suspender a exigibilidade do crédito tributário, não impede a Fazenda Pública de promover a cobrança da exação.
(AgRg no REsp nº 1.234.207/DF, Agravo Regimental no Recurso Especial, 1ª. T. – rel. Min. Benedito Gonçalves – j. 05.06.12 – DJe 12.06.12)

A *prescrição intercorrente* decorre da negligência fazendária em dar prosseguimento aos processos decorrentes de lançamentos e exigibilidades tributárias.

Embora já tenha sido afastada em feito administrativo (Súmula nº 12 do 1º Conselho de Contribuintes, DJU 1 de 26.06.06, p. 27; e Súmula nº 4/03 do Tribunal de Impostos e Taxas-SP), irradia-se para a seara da execução fiscal, devendo ser considerada "em defesa dos princípios da moralidade administrativa, eficiência do serviço público, segurança e certeza das relações jurídicas".[327]

O STJ decidira o seguinte:

Ementa
1. O prazo prescricional das contribuições previdenciárias sofrera oscilações ao longo do tempo.
a) até a EC 08/77 – prazo quinquenal (CTN);
b) após a EC 08/77 – prazo de trinta anos (Lei 3.807/60); e
c) após a Lei 8.212/91 – prazo de dez anos.
2. Se o contribuinte é pessoa jurídica de direito público, o prazo prescricional em seu favor, em qualquer época, é quinquenal, por força do Decreto 20.910/32 – Súmula 07 do extinto TFR.
(Emb. Div. em REsp nº 192.507-PR, 1ª Seção, rel. Min. Eliana Calmon, j. 27.11.02, DJU 1 de 10.03.03, p. 80)

A jurisprudência firmou a diretriz seguinte:

Em execução fiscal, não localizados bens penhoráveis, suspende-se o processo por um ano, findo o qual se inicia o prazo da prescrição quinquenal intercorrente.
(Súmula nº 314 do STJ)

Também explicitou o entendimento seguinte:

AGRAVO REGIMENTAL NO AGRAVO EM RECURSO ESPECIAL. PROCESSUAL CIVIL E TRIBUTÁRIO. EXECUÇÃO FISCAL. *PRESCRIÇÃO INTERCORRENTE.* REQUERIMENTOS DE DILIGÊNCIAS INFRUTÍFERAS QUE NÃO AFETAM A CONTAGEM DO PRAZO PRESCRICIONAL. PRECEDENTES: EDCL NO AGRG NO ARESP. 594.062/RS; AGRG NO AG. 1.372.530/RS; E AGRG NO ARESP. 383.507/G0. AGRAVO REGIMENTAL DA FAZENDA NACIONAL A QUE SE NEGA PROVIMENTO.

---

[327] MELO, Marcia Soares de. O Lançamento Tributário e a Decadência. In: MACHADO, Hugo de Brito (coord.). *Lançamento Tributário e Decadência.* São Paulo: Dialética e Icet, 2002. p. 394.

1. Requerimentos de diligências infrutíferas não são capazes de interromper ou suspender o fluxo da prescrição intercorrente, que se consuma depois de cinco anos contados do fim do prazo anual durante o qual se suspende o curso do feito.

2. Prestigiando o efeito estabilizador de expectativas que decorre da fluência do tempo, pretende-se evitar a prática de pedidos de desarquivamento dos autos, em momento próximo ao lustro fatal, para a realização de diligências inócuas, seguidas por novos pleitos de suspensão do curso da execução, com o reprovável intuito de escapar os créditos executados do instituto da prescrição.

3. Precedentes (...).

AgRg no AREsp nº 251.790/GO – 1ª. T. – rel. Min. Napoleão Nunes Maia Filho – j. 10.11.15 – DJe 30.11.15)

14.7 Conversão de Depósito em Renda

Os depósitos são realizados com a finalidade de suspender a exigibilidade do crédito tributário, sendo o respectivo montante oferecido pelo sujeito passivo como garantia.

Colimando evitar cobranças tributárias, aos particulares é concedida a faculdade de realizar o depósito dos respectivos valores em processos judiciais (mandado de segurança, declaratória, anulatória). Nesse caso, a conclusão do processo judicial desfavorável ao sujeito passivo tem implicado determinação do Juiz de Direito para que os depósitos sejam simplesmente convertidos em renda da Fazenda, operando-se a extinção do crédito tributário (art. 156, VI, do CTN).

Esta prática é objetada sob o argumento de que o Juiz estará "imiscuindo-se em seara a que não está permitido, ou a que está impedido, pois que, além de adentrar na *propriedade* do sujeito passivo (autor), estará em muitos casos (quiçá em todos), *lançando* tributo cuja competência é exclusiva da Administração Pública".[328]

Sucede que "a jurisprudência do Superior Tribunal de Justiça se firmou no sentido de que, embora voluntário, o depósito dos tributos controvertidos fica vinculado ao processo e sujeito ao regime de indisponibilidade até o seu término, sendo o respectivo montante devolvido ao autor ou convertido em renda da Fazenda Pública, conforme a ação seja bem ou mal-sucedida" (REsp nº 116.480-PE, 2ª Turma, rel. Min. Ari Pargendler, j. 15.05.97, *DJU* 1 de 02.06.97, p. 23.782).

14.8 Decisão Administrativa Irreformável

A extinção do crédito tributário também ocorre no caso de ser proferida decisão administrativa definitiva, que não mais possa ser objeto de ação anulatória, na esteira do preceituado no CTN (art. 156, IX).

O crédito poderá ser objeto de análise pela própria Administração Pública, normalmente em decorrência de impugnações (reclamações, defesas, recursos), sendo objeto de decisão por autoridade singular, ou órgãos colegiados.

O processo administrativo, previsto na legislação ordinária específica das pessoas de Direito Público, é que regrará as diversas fases de julgamentos que poderão

---

[328] VIEIRA, *ob. cit.*, p. 55.

ser proferidos em razão dos litígios tributários. Embora possam conter variedade de recursos, todos eles devem observar os princípios do *contraditório* e da *ampla defesa* (art. 5º, LV, CF), concluindo sempre com um último julgamento.

As decisões prolatadas pelos órgãos colegiados (CARF – Conselho Administrativo de Recursos Fiscais do Ministério da Fazenda; TIT – Tribunal de Impostos e Taxas da Secretaria da Fazenda de São Paulo; e CMT – Conselho Municipal de Tributos de São Paulo) devem ser observadas pelas Administrações fazendárias, em última instância recursal, a fim de prestigiar a postura jurídica, prudente e equilibrada que naturalmente decorre de órgãos de composição paritária, após diversos debates sob todos os seus ângulos, mantendo-se a perfeita integração entre Fisco e contribuinte.

Nos processos concernentes a lançamentos tributários, entendo que não deve competir a quaisquer autoridades (Ministros, Secretários de Estado e demais administradores da Fazenda etc.) a alteração do conteúdo dessas decisões, e nem mesmo valer-se do princípio da hierarquia, que normalmente rege os atos administrativos.

No processo fiscal, a correção de situações eivadas de vícios ou defeitos jurídicos, para o fim precípuo de revestir o lançamento da mais completa legitimidade, deve competir aos órgãos julgadores, em última instância administrativa. Esta espécie de processo corresponde a um autêntico lançamento, que não pode sofrer mutações movidas por meros critérios subjetivos da Administração fiscal.

A hierarquia só é válida e só deve ser utilizada em questões ligadas a aspectos de conveniência e oportunidade (*discricionariedade*), que, efetivamente, não têm aplicação e cabimento nos rígidos processos de lançamento (*vinculabilidade*). Não teria sentido desprestigiar-se os atos decisórios dos órgãos colegiados, mediante manifestações isoladas para, simplesmente, alterar-lhes a substância e o conteúdo.

O recurso hierárquico no contencioso administrativo – inconstitucional face a inexistência do contraditório – implica desprestígio aos órgãos julgadores, que, além de estarem munidos de competência específica para decidir as controvérsias tributárias e encontrarem-se tecnicamente aparelhados para a prática de atos dessa natureza, ficariam totalmente desprovidos de autoridade, sujeitos a total obediência.

É certo que a subordinação só deve ocorrer, em princípio, nas questões de índole administrativo-funcional, mas nunca no tocante ao mérito das decisões colegiadas; mesmo porque inaplicável à espécie o invocado princípio da autotutela, que permite à Administração anular seus próprios atos quando eivados de vícios que os tornam ilegais, porque deles não se originam direitos; ou revogá-los, por motivos de conveniência ou oportunidade, respeitados os direitos adquiridos e ressalvada a apreciação judicial (Súmulas nºs 346 e 473 do STF).

Os tribunais granjeiam o respeito dos contribuintes e das autoridades públicas, com especial atenção do Judiciário, na medida em que possuam independência de liberdade de pensamento, não devendo ficar atrelados a prévias orientações ou determinações das autoridades fiscais. Devem necessariamente constituir a última instância administrativa em matéria tributária, razão pela qual suas decisões não podem ser reexaminadas (sequer modificadas) por qualquer autoridade, a quem não se confere faculdade de proceder (ou não) à sua homologação.

Nesta seara situa-se a figura da *avocatória*, consistente no reexame dos atos administrativos por parte da autoridade superior, suprimindo os graus hierárquicos de jurisdição administrativa da autoridade inferior, de considerável utilização no âmbito previdenciário por parte do Ministro de Estado.

Esta prática administrativa caracteriza medida arbitrária (inconstitucional), porque, além de desprestigiar o órgão julgador de instância inferior, desorganiza o normal funcionamento do serviço público, ofende preceitos constitucionais (art. 5º, LV).

Entretanto, o STJ decidiu que "todo e qualquer órgão da Administração Federal, direta ou indireta, está sujeita a supervisão do Ministro da Fazenda competente, cabendo-lhe também conhecer de recursos providos de órgãos subordinados ou de entidades vinculadas ao seu ministério, com base na hierarquia ou na supervisão ministerial" (MS nº 6.737-DF, *DJU* 1 de 13.05.00, p. 143).

Criteriosa é a diretriz do STJ:

> Administrativo – Mandado de Segurança – Conselho de Contribuintes – Decisão Irrecorrida – Recurso Hierárquico – Controle Ministerial – Erro de Hermenêutica.
>
> I – A competência ministerial para controlar os atos da administração pressupõe a existência de algo descontrolado, não incide nas hipóteses em que o órgão controlado se conteve no âmbito de sua competência e do devido processo legal.
>
> II – O controle do Ministro da Fazenda (arts. 19 e 20 do DL 200/67) sobre os acórdãos dos Conselhos de Contribuintes tem como escopo e limite o reparo de nulidades. Não é lícito ao Ministro cassar tais decisões, sob o argumento de que o colegiado errou na interpretação da Lei.
>
> III – As decisões do Conselho de Contribuintes, quando não recorridas, tornam-se definitivas, cumprindo à Administração, de ofício, 'exonerar o sujeito passivo dos gravames decorrentes do litígio' (Dec. 70.235/72, art. 45).
>
> IV – Ao dar curso a apelo contra decisão definitiva de Conselho de Contribuintes, o Ministro da Fazenda põe em risco direito líquido e certo do beneficiário da decisão recorrida.
>
> (MS nº 8.810-DF, 1ª Seção, rel. Min. Humberto Gomes de Barros, j. 13.08.03, *DJU* 1 de 06.10.03, p. 197)

No âmbito federal (despacho do Ministro da Fazenda de 11.08.04, aprovando o Parecer PGFN/CRJ nº 1.087/04 de 19.07.04, *DOU* de 23.08.04, p. 15-17), admitira-se a possibilidade jurídica de as decisões do Conselho de Contribuintes do Ministério da Fazenda, que causassem lesão patrimônio público, fossem submetidas ao crivo do Poder Judiciário, pela Administração Pública, quanto à sua legalidade, juridicidade, ou diante de erro de fato, podendo ser intentados ação de conhecimento, mandado de segurança, ação civil pública ou ação popular.

A Portaria nº 820/04 da PGFN (*DOU* de 29.10.04) dispõe que as decisões dos mencionados órgãos do Ministério da Fazenda podem ser submetidas à apreciação do Poder Judiciário, desde que expressa, ou implicitamente, afastem a aplicabilidade de leis ou decretos e, cumulativa ou alternativamente:

> I – versem sobre valores superiores a R$50.000,00 (cinquenta milhões de reais);
>
> II – cuidem de matéria cuja relevância temática recomenda a sua apreciação na esfera judicial;
>
> III – possam causar grave lesão ao patrimônio público.

A ação de rito ordinário e o mandado de segurança podem ser propostos pela Procuradoria-Geral da Fazenda Nacional, por meio de sua unidade do foro da ação; a ação civil pode ser proposta pelo órgão competente; já a ação popular somente pode ser proposta por cidadão, nos termos da CF.

De qualquer forma, não é tradição em nosso direito a Fazenda Pública postular judicialmente a anulação de seus próprios atos, em razão do que se pode cogitar da efetiva existência de coisa julgada administrativa.

14.9 Decisão Judicial Passada em Julgado

14.9.1 Pressupostos

O crédito tributário poderá ser objeto de questionamento judicial, tanto pelo sujeito passivo (mandado de segurança, ação declaratória, anulatória, consignatória, repetição de indébito), como pela Fazenda Pública (executivo fiscal), que culminará com uma decisão definitiva, pondo um ponto final no litígio entre as partes envolvidas na relação jurídica.

Na medida em que seja apreciado o mérito da controvérsia tributária, forma-se a coisa julgada, consagrada como garantia constitucional (inciso XXXVI do art. 5º) e entendida como a decisão judicial de que já não caiba recurso (§3º do art. 6º da Lei Federal nº 12.376, de 30.12.10), ficando a Fazenda impedida de cobrar o valor tributário respectivo.

A *coisa julgada material* denomina-se a autoridade que torna imutável e indiscutível a decisão de mérito não mais sujeita a recurso (art. 502 do novo CPC de 2015), tendo por finalidade conferir segurança jurídica às relações entre as partes litigantes.

Tem como efeitos fundamentais a) a imutabilidade (evitar a eternização dos litígios); b) a definitividade (função prática existente para assegurar a estabilidade da tutela jurisdicional; e c) o limite à identificação da causa de pedir vinculando as partes.

Para que se opere a coisa julgada deve haver tríplice identidade entre as ações, ou seja, suas partes, causa de pedir e pedido devem ser os mesmos (STJ. 3ª Turma, rel. Min. Nancy Aldrighi, j. 07.06.05, *DJU* de 27.06.05, p. 363).

Não fazem coisa julgada I) os motivos, ainda que importantes para determinar o alcance da parte dispositiva da sentença; e II) a verdade dos fatos, estabelecida como fundamento da sentença (art. 504 do novo CPC de 2015).

Entretanto, diversas situações podem interferir e prejudicar a almejada pacificação e estabilidade nas referidas relações jurídicas, especialmente naquelas de natureza fiscal, tendo em vista as peculiaridades das espécies de tributos, a superveniência de decisões antagônicas e os tipos de medidas judiciais.

Assim, se o comerciante obtém uma decisão definitiva, transitada em julgado, reconhecendo o direito à imunidade do ICMS na venda de livros eletrônicos, o Fisco não poderá promover nenhuma medida objetivando o recebimento do imposto estadual, enquanto o comerciante continuar realizando operações mercantis com as mencionadas espécies de livros (mesma situação fática), e na medida em que não haja alteração do texto constitucional (mesma situação jurídica).

Trata-se de *uma relação jurídica continuativa*, de conformidade com o disposto no novo CPC de 2015 (art. 505, I), sem sobrevir modificação no estado de fato ou de direito, em que fica objetada a faculdade de a parte pedir a revisão do que fora estatuído na sentença (transitada em julgado). Nessa situação, encaixam-se os tributos cujas materialidades são realizadas de modo uniforme e repetitivo, como é o caso do IPI, ICMS e ISS.

Relativamente ao âmbito dos remédios jurídicos e o seu alcance pertinente à coisa julgada, oportuna a consideração seguinte:

1ª) Na execução fiscal não embargada não se pode falar de coisa julgada material. 2ª) A sentença que concede, ou denega, mandado de segurança apreciando o mérito do pedido faz coisa julgada material. A que denega sem examinar o mérito do pedido não impede seja o mesmo novamente formulado pela via ordinária, ou até em outro mandado de segurança, conforme o caso. 3ª) A coisa julgada, relativamente a sentença proferida em embargos à execução fiscal, ação anulatória de lançamento tributário, e mandado de segurança, não alcança a relação jurídico-tributária cuja existência, inexistência ou modo de ser constitui questão prejudicial, cujo exame fornece apenas premissas lógicas para a decisão. 4ª) Na sentença proferida em ação declaratória, a declaração da existência, inexistência ou modo de ser da relação jurídico-tributária, transita em julgado, porque constitui a própria decisão. 5ª) Assim, a extensão dos efeitos da coisa julgada à relação jurídico-tributária pode ser obtida por meio da ação declaratória, principal ou incidental.[329]

Arguta a ponderação de que "mantida a liminar por um, dois ou mais anos, continuada e duradouramente, prosseguirá surtindo efeitos enquanto a relação tributária permaneça *continuada e duradoura*. Se assim se dá com a medida liminar, com muito, muitíssimo mais razão há que se dar com a decisão final, transitada em julgado, que confirme a medida provisória concedida. Se a medida liminar, que é decisão judicial de natureza transitória, podendo promanar efeitos duradouramente, por vários exercícios fiscais – e quanto a isso não nos consta que haja discrepância doutrinária ou jurisprudencial – não há razão lógica ou jurídica para que o mesmo efeito não possa surtir a sentença final transitada em julgado".[330]

A norma jurídica individual e concreta transitada em julgado definirá um "esquema de agir" entre Estado e contribuinte (Tércio Sampaio Ferraz), o que se requer num *decisum* de uma sentença para valer para processos futuros, que envolva as mesmas partes, a mesma *causa petendi* e o mesmo objeto. Obviamente a pressuposta identidade não pode se referir ao ato concreto, único e irrepetível, mas aos *esquemas de agir* ou atividade, sendo definido judicialmente o regime jurídico a ser aplicado.[331]

No caso de *relação jurídica descontinuada*, em que ocorre modificação da situação fática e/ou jurídica, a coisa julgada pode revelar-se prejudicada, deixando de projetar efeitos garantidores do *decisum* anterior.

Trata-se, por exemplo, de empresa que tinha por atividade a prestação de serviços de conservação de bens, com enquadramento na Lei Complementar nº 56, de 15.12.87, e em legislação municipal editada em 1988, sendo prolatada sentença determinando a aplicação da alíquota de ISS de 3%. No caso de modificar sua atividade, para a manutenção de bens, advindo nova Lei Complementar (nº 116, de 31.07.03) e posterior legislação municipal no exercício de 2003, é evidente que não poderá prevalecer a coisa julgada, podendo revelar-se ineficaz a aplicação da referida alíquota.

---

[329] MACHADO, Hugo de Brito. Aspectos da Coisa Julgada em Matéria Tributária. *Revista dos Tribunais*, n. 663, p. 19, 1991.

[330] MARINS, *ob. cit.*, p. 696.

[331] PONTES, Helenilson da Cunha; MACHADO, Hugo de Brito (coord.). *Coisa Julgada Tributária, Coisa Julgada – Constitucionalidade e Legalidade em Matéria Tributária*. São Paulo; Ceará: coedição Dialética e Instituto Cearense de Estudos Tributários – Icet, 2006. p. 130.

Transitada em julgado a declaração de não incidência do tributo questionado, por submissão à eficácia da *res judicata*, somente novo tratamento legal da mesma questão poderá ter efeito nas operações realizadas pelo contribuinte beneficiário da favorável declaração judicial (STJ, REsp nº 81.849-MG, 2ª Turma, rel. Min. Milton Luiz Pereira, j. 10.10.96, *DJU* 1 de 18.11.96, p. 44.846).

Além disso, há que se considerar o alcance da vetusta Súmula nº 239 do STF estipulando que a "decisão que declara indevida a cobrança do imposto em determinado exercício não faz coisa julgada em relação aos posteriores".

Mencionada Súmula originou-se de decisão prolatada em ação de Execução Fiscal (Agravo de Petição nº 11.227, rel. Min. Castro Nunes, j. 05.06.44), consubstanciada na seguinte ementa:

> Executivo Fiscal. Imposto de Renda sobre juros de apólices. Coisa julgada em matéria fiscal. É admissível em executivo fiscal a defesa fundada em "coisa julgada" para ser apreciada pela sentença final. Não alcança os efeitos da coisa julgada em matéria fiscal, o pronunciamento sobre nulidade do lançamento do imposto ou da sua prescrição referente a um determinado exercício, que não obsta o procedimento fiscal nos exercícios subsequentes.

Outro julgado que embasou a Súmula (Recurso em Mandado de Segurança nº 11.714, j. 06.11.63) decidira sobre a aplicação da isenção do Imposto sobre a Renda e Proventos de Qualquer Natureza à determinada companhia portuária, bem como sobre o alcance do art. 17, da Constituição Federal vigente à época, que conferiu igualdade de tratamento tributário aos portos. O STF tanto tem conferido interpretação extensiva, quanto aplicação mais restritiva à coisa julgada em matéria fiscal, segundo alentados estudos sobre a matéria.[332]

Realmente, a observância literal aos termos da Súmula em causa obrigaria o contribuinte a demandar, periodicamente, sobre a mesma situação fático-jurídica (objeto de anterior coisa julgada), sem nenhum objetivo primordial.

Distinguindo-se a "atividade de formação periódica" da "atividade de formação contínua", conclui-se que não se aplica a mencionada Súmula às questões de inconstitucionalidade, isenção ou imunidade referentes aos *tributos diretos*.[333]

Se a declaração judicial de não incidência transitou em julgado, somente novo tratamento legal da matéria tributária poderá viabilizar a cobrança do imposto, contra o beneficiário da decisão (STJ, REsp nº 66.523-MG, 1ª Turma, rel. Min. Humberto Gomes de Barros, j. 06.12.95, *DJU* 1 de 04.03.96, p. 5.360).

> 4. Superveniência de situações jurídica que afetam a imutabilidade da coisa julgada quando se trata de declaração de inconstitucionalidade não examinada, na situação debatida, pelo STF e proclamada na apreciação de relação jurídico-tributária de natureza continuativa. (STJ, REsp nº 281.209-GO, 1ª Turma, rel. Min. José Delgado, j. 07.06.01, *DJU* 1-E de 27.08.01, p. 227)

---

[332] ROSAS, Roberto. *Direito Sumular*. 3. ed. São Paulo: RT, p. 100; e CARVALHO, Fabio Junqueira; MURGEL, Maria Inês. Limites da Coisa Julgada em Matéria Tributária. In: ROCHA, Valdir de Oliveira (coord.). *Problemas de Processo Judicial Tributário*. São Paulo: Dialética, 1999. v. 3. p. 174-177.

[333] FERRAZ JUNIOR, Tercio Sampaio. Coisa Julgada em Matéria Tributária. *Revista dos Tribunais*, n. 663, p. 19, s.d.

1 – O prevalecimento de obrigações tributárias cuja fonte legal foi declarada inconstitucional pelo STF constitui injúria à lógica jurídica, ofendendo os princípios da legalidade e da igualdade tributárias.

A Súmula nº 343/STF "nada mais é do que a repercussão, na esfera da ação rescisória, da Súmula nº 400 – que se aplica a texto constitucional – no âmbito do recurso extraordinário" (*RTJ* 101/124). "Se a lei é conforme a Constituição e o acórdão deixa de aplicá-la à guisa de inconstitucionalidade, o julgado se sujeita à ação rescisória ainda que na época os Tribunais divergissem a respeito. Do mesmo modo, se o acórdão aplica lei que o Supremo Tribunal Federal, mais tarde, declara inconstitucional' (REsp nº 128.239-RJ, rel. Min. Ari Pargendler). Multiplicidade de precedentes".

(REsp nº 154.708-DF, 1ª Turma, rel. Min. Milton Luiz Pereira, j. 23.02.99, *DJU* 1 de 10.05.99)

Transitada em julgado a declaração de não-incidência do tributo questionado, por submissão à eficácia da *res judicata*, somente novo tratamento legal da mesma questão poderá ter efeito nas operações realizadas pelo contribuinte beneficiário da favorável declaração judicial.

(REsp nº 81.849-MG, 1ª Turma, rel. Min. Milton Luiz Pereira, j. 10.10.96, *DJU* 1 de 18.11.96, p. 44.846)

14.9.2 Modulação

A modulação dos efeitos das decisões do STF, em controle concentrado de constitucionalidade, significa procedimento judicial previsto na legislação ordinária.

A Lei federal nº 9.868, de 10.11.99, que disciplina a Ação Direta de Inconstitucionalidade (ADIn), preceitua:

Art. 27. Ao declarar a inconstitucionalidade de lei ou ato normativo, e tendo em vista razões de segurança jurídica ou de excepcional interesse social, poderá o Supremo Tribunal Federal, por maioria de dois terços de seus membros, restringir os efeitos daquela declaração ou decidir que ela só tenha eficácia a partir de seu trânsito em julgado ou de outro momento que venha a ser fixado.

A Lei federal nº 9.882, de 03.12.99, que dispõe sobre o julgamento de Arguição de Descumprimento de Preceito Fundamental (ADPF), estabelece:

Art. 11. Ao declarar a inconstitucionalidade de lei ou ato normativo, no processo de arguição de descumprimento de preceito fundamental, e tendo em vista razões de segurança jurídica ou de excepcional interesse social, poderá o Supremo Tribunal Federal, por maioria de dois terços de seus membros, restringir os efeitos daquela declaração ou decidir que ela só tenha eficácia a partir de seu trânsito em julgado ou de outro momento que venha a ser fixado.

As decisões judiciais em matéria de inconstitucionalidade de norma tributária, em controle concentrado (STF), ou em controle difuso (qualquer órgão judicante), implicam os efeitos básicos seguintes:

a) *ex tunc*, operando retroativamente desde o início em que a norma fora editada, com a natureza de nulidade;
b) *ex nunc*, estabelecendo que a decisão atua para o futuro, ensejando a anulação da norma.

Embora a Constituição Federal não tenha tratado do efeito dos julgados, entendo que a decisão de inconstitucionalidade tem natureza declaratória, retroagindo seus efeitos à data em que a respectiva norma fora expedida, ficando prejudicada a eficácia de exigibilidade do crédito tributário. Parte-se do fundamento de que a norma inconstitucional é sempre nula.

A modulação dos efeitos poderia levar em consideração a segurança jurídica, a ponderação de valores, o interesse social e a aplicação de princípios relevantes pertinentes à lealdade, à boa-fé e à confiança legítima, impregnadas de conceitos indeterminados de imprecisa aferição.

O STF tem se posicionado na forma seguinte:

A declaração de inconstitucionalidade reveste-se, ordinariamente, de eficácia *ex tunc* (RTJ 146/461-462 – RTJ 164/506-509), retroagindo ao momento em que editado o ato estatal reconhecido inconstitucional pelo Supremo Tribunal Federal.

O Supremo Tribunal Federal tem reconhecido, excepcionalmente, a possibilidade de proceder à modulação ou limitação temporal dos efeitos da declaração de inconstitucionalidade, mesmo quando proferida, por esta Corte, em sede de controle difuso. Precedente: RE 197.917/SP, rel. Min. Maurício Corrêa (Pleno).

Revela-se inaplicável, no entanto, a teoria da limitação temporal dos efeitos, se e quando o Supremo Tribunal Federal, ao julgar determinada causa, nesta formular juízo negativo de recepção, por entender que certa lei pré-constitucional mostra-se materialmente incompatível com normas constitucionais a ela supervenientes.

A não-recepção de ato estatal pré-constitucional, por não implicar a declaração de sua inconstitucionalidade – mas o reconhecimento de sua pura e simples revogação (RTJ 143/355 – RTJ 145/339) –, descaracteriza um dos pressupostos indispensáveis à utilização da técnica da modulação temporal, que supõe, para incidir, dentre outros elementos, a necessária existência de um juízo de inconstitucionalidade.

(STF, RE nº 395.902-AgR, rel. Min. Celso de Mello, *DJ* de 25.08.05. No mesmo sentido: RE nº 438.025-AgR, rel. Min. Celso de Mello, *DJ* de 25.08.06; AI nº 421.354-AgR, rel. Min. Celso de Mello, *DJ* de 15.09.06 e AI nº 463.026-AgR, rel. Min. Celso de Mello, *DJ de* 15.09.06)

Exemplos de *efeitos prospectivos* de decisões judiciais:
a) Crédito de IPI decorrente de aquisição de matéria-prima não tributada, ou sobre a qual incide a alíquota zero (RE nº 353.657-5-PR, Pleno);
b) PIS e Cofins concernente à modificação da base de cálculo – de faturamento para receita bruta – sob o fundamento de que a Emenda Constitucional nº 20, de 15.12.98, não poderia retroagir à legislação editada anteriormente (novembro de 1998), tendo em vista o princípio da irretroatividade das normas.

O novo CPC de 2015 dispôs que "na hipótese de alteração de jurisprudência dominante do Supremo Tribunal Federal e dos tribunais superiores ou daquela oriunda de julgamento de casos repetitivos, pode haver *modulação* dos efeitos da alteração no interesse social e no da segurança jurídica" (§3º, do art. 927).

Exemplos:
a) Programas de computador. Subitem 1.05 da lista anexa à LC nº 116/03.

Atribuição de eficácia *ex nunc*, a contar da publicação da ata de julgamento do mérito em questão para a) impossibilitar e repetição de indébito do ICMS incidente sobre operações

com *softwares* em favor de quem recolheu esse imposto até a véspera da data da publicação da ata de julgamento do mérito, vedando, nesse caso, que os municípios cobrem o ISS em relação aos mesmos fatos geradores; b) impedir que os estados cobrem o ICMS em relação aos fatos geradores ocorridos até a véspera da data da publicação da ata de julgamento do mérito. Ficam ressalvadas (i) as ações judiciais em curso, inclusive de repetição de indébito e execuções fiscais em que se discutam a incidência do ICMS, e (ii) as hipóteses de comprovada bitributação, caso em que o contribuinte terá direito á repetição do indébito do ICMS. Por sua vez, incide o ISS no caso de não recolhimento do ICMS ou do ISS, em relação aos fatos geradores ocorridos até a véspera da data da publicação da ata de julgamento do mérito.
(ADI nº 5.659-MG – Plenário – rel. Min. Dias Toffoli – sessão de 24.02.21)

b) ICMS. Substituição tributária. Restituição.

O precedente deve orientar todos os litígios judiciais pendentes submetidos à sistemática da repercussão geral e os casos futuros oriundos de antecipação do pagamento de fato gerador presumido, realizada após a fixação do presente entendimento, tendo em conta o necessário realinhamento das administrações fazendárias dos Estados-membros e do sistema judiciais como um todo decidido por essa Corte.
(RE nº 593.849-MG – Plenário – rel. Min. Edson Fachin – sessão de 19.10.16)

c) ICMS. Seletividade. Energia Elétrica. Alíquota.

Produção de efeitos a partir do exercício financeiro de 2024, ressalvando as ações ajuizadas até a data do início do julgamento do mérito (05.02.21).
(RE nº 714.139-SC – Plenário – red. ac. Min. Dias Toffoli)

14.9.3 Relativização

Excepcional afastamento da eficácia da coisa julgada e posterior ação judicial concernente à constitucionalidade (ou inconstitucionalidade) da norma que embasava a referida decisão, prestigiando valor do ordenamento jurídico (princípio constitucional da isonomia).

Exemplificando: contribuinte obtém coisa julgada conferindo direito a crédito de IPI relativamente à aquisição de insumos sujeitos à alíquota zero do imposto. Posteriormente, o STF muda de orientação jurisprudencial passando a decidir pela negativa do referido crédito alcançando terceiros. Para que não ocorra divergência de tratamento jurídico, entende-se que a primeira decisão passa a ser relativizada, em razão do que a União poderia promover a sua rescisão, a fim de manter igualdade de postura jurídica entre os contribuintes que se enquadram na mesma situação.

O STF (decisão proferida em abril de 2024) proferiu importante julgado concernente à quebra de coisa julgada tributária a respeito de questões, transitadas em julgado (em 992), que reconhecera o direito de alguns contribuintes não recolher a Contribuição Social sobre o Lucro Líquido, instituída pela Lei nº 7.689/99, em razão de declaração incidental de inconstitucionalidade da norma, fundamentada na inexistência de lei complementar disciplinadora do tributo.

Porém, em 2007, no julgamento da ADI nº 15 (sessão de 14.06.07), o STF afirmara que a contribuição era constitucional e deveria ser paga, cabendo à Corte definir se a coisa julgada anterior impede, ou não, a futura cobrança do tributo, tendo em vista a posterior manifestação judicial em sede de controle abstrato, circunstância que denota uma virada no suporte jurídico que fundamentara a decisão proferida no Tribunal de origem.

Decisão proferida no RE nº 955227 (Tema 885), em 04.04.24, mantivera sua diretriz, entendendo não caber modulação – no sentido de ser devido o pagamento do tributo desde 2007 –, acolhendo embargos de declaração para afastar exclusivamente as multas tributárias de qualquer natureza impostas aos contribuintes que tiveram decisão favorável transitada em julgado em ações judiciais propostas para questionar a exigibilidade da CSLL e cujo fato gerador tenha ocorrido até a data da publicação da ata de julgamento do mérito (13.02.23), ficando preservada a incidência dos juros de mora e da correção monetária e vedada a repetição dos valores já recolhidos referentes a multas de qualquer natureza.

CAPÍTULO 15

INCENTIVOS FISCAIS E EXCLUSÃO DO CRÉDITO TRIBUTÁRIO

15.1 Regime Jurídico

O Poder Público estabelece situações desonerativas de gravames tributários, mediante a concessão de incentivos e benefícios fiscais, com o natural objetivo de estimular o contribuinte à adoção de determinados comportamentos, tendo como propósito subjacente a realização de diversificados interesses.

Qualificam-se como *prêmios* as imunidades, isenções, reduções de base de cálculo, créditos outorgados etc., sujeitando-se a um regime jurídico diferenciado (*extrafiscalidade*), porque representam dispêndio para o Poder Público e benefício para os contribuintes.

O direito à utilização, fruição ou realização dos benefícios fiscais – em termos lógico-jurídicos – não pode ter vinculação ou atinência estrita ao regime jurídico de tributação, uma vez que na referida relação jurídica o contribuinte é o credor (sujeito ativo), enquanto o Poder Público qualifica-se como devedor (sujeito passivo). A relação eminentemente tributária consubstancia situação nitidamente oposta, ou seja, o Poder Público é o sujeito ativo enquanto o contribuinte é o sujeito passivo.

Os incentivos fiscais só podem ser enquadrados em regime jurídico distinto do tributário, compreendendo este o auferimento de receitas públicas (tributos). O *regime financeiro* não se encontra adstrito à rigidez dos inúmeros princípios de natureza constitucional, havendo significativa discricionariedade na aplicação dos estímulos fiscais, com a manutenção dos direitos dos contribuintes.

Assim, ocorrendo a adesão espontânea do contribuinte ao plexo de incentivos, "será favorecido com vantagens fiscais que funcionam como *sanções premiais,* no objetivo de estimulá-lo a, voluntariamente, participar das atividades prestigiadas de acordo com o planejamento estatal".[334]

---

[334] OLIVEIRA, Yonne Dolacio de. *A Tipicidade no Direito Tributário Brasileiro*. São Paulo: Saraiva, 1980. p. 153.

O *Direito Premial* denota singular característica jurídica no sentido de que os benefícios e as recompensas são outorgados, regulados e operacionalizados sem a rigidez normativa. A elasticidade na concessão de quaisquer incentivos fiscais em absoluto implica desrespeito ao consagrado postulado da legalidade, significando peculiarmente que os princípios, critérios e procedimentos norteadores desses benefícios (natureza financeira) não se revestem da mesma inflexibilidade das normas fiscais (natureza tributária).

15.2 Isenção

Caracteriza causa de exclusão do crédito tributário, não dispensando o cumprimento das obrigações acessórias, dependentes da obrigação principal cujo crédito seja excluído, ou dela consequente (art. 175, I, e parágrafo único, do CTN).

A isenção, segundo a doutrina estrangeira, tem sido enquadrada como: a) delimitação negativa do suposto das normas tributárias;[335] fato impeditivo da obrigação tributária,[336] b) valor jurídico autônomo, objeto de tutela legal específica, diversamente das exclusões, segundo critério extrajurídico, que configuraria mera expressão de irrelevância jurídica de determinados fatos.[337]

Os juristas nacionais trilharam por vias diversas: a) exclusão do tributo que poderia ser decretado constitucionalmente;[338] b) omissão do ente público que tem competência para cobrar determinados tributos do exercício de sua competência;[339] c) norma jurídica não juridicizante;[340] d) hipótese de não incidência legalmente qualificada;[341] e) dispensa legal do pagamento do tributo devido;[342] f) fórmula inibitória da operatividade funcional da regra-matriz, impedindo a irradiação de seus efeitos, porque a relação obrigacional não se instaura.[343]

Destaco obra científica,[344] analisando o instituto e as diversas correntes do pensamento, concluindo que "as normas de isenção se caracterizam como normas permissivas que abrem exceção a uma norma de obrigação, traduzindo sempre a configuração jurídica de um interesse público relevante de natureza não tributária que, sobrepondo-se à obrigação tributária, funciona como fato jurídico impeditivo do nascimento desta".

Veiculada por legislação ordinária, a *isenção* delimita a regra de incidência tributária, impedindo que ocorra o nascimento do respectivo fato gerador, diferenciando-se da *imunidade*, que consiste na exclusão da própria competência tributária, originária da

---

[335] XAVIER, Alberto. *Conceito e Natureza do Lançamento Tributário.* São Paulo: Juriscredi, 1972. p. 388.
[336] ALLÓRIO, Eurico. *Diritto Processuale Tributario.* 5. ed. Turim: Unione Tipografico, 1969. p. 388; BERLIRI, Antonio. *Corso Istituzionale di Diritto Tributario.* Milano: Giuffrè, 1974. v. I. p. 191; Sainz de BUJANDA, Sainz de. *Hacienda y Derecho.* Madrid: IEP, 1963. v. III. p. 430-431; VILLEGAS, Hector. *Curso de Finanzas, Derecho Financiero y Tributario.* 2. ed. Buenos Aires: Depalma, 1975. p. 252.
[337] ROSA, Salvatore de la. *Eguaglianza Tributaria ed Esenzionini Fiscali.* Milano: Giuffrè, 1968.
[338] BALEEIRO, Aliomar. Isenção de Impostos Estaduais. *Revista de Direito Administrativo,* n. 61, p. 308, 1960.
[339] CANTO, Gilberto de Ulhôa. Algumas Considerações sobre a Imunidade Tributária dos Entes Públicos. *Revista de Direito Administrativo,* n. 52, p. 34, 1958.
[340] BECKER, Alfredo Augusto. *Teoria Geral do Direito Tributário.* São Paulo: Saraiva, 1963. p. 276.
[341] BORGES, Souto Maior. *Isenções Tributárias.* São Paulo: Sugestões Tributárias, 1969. p. 182.
[342] SOUSA, Rubens Gomes de. *Estudos de Direito Tributário.* São Paulo: Saraiva, 1960. p. 252.
[343] CARVALHO, Paulo de Barros. *Curso de Direito Tributário.* 5. ed. São Paulo: Saraiva, 1991. p. 332.
[344] AUGUSTO FILHO, João. *Isenções e Exclusões Tributárias.* São Paulo: José Bushatsky, 1979. p. 153-154.

própria Constituição Federal; enquanto a *não incidência* significa que os atos, situações, estados e negócios jurídicos não se enquadram ao tipo tributário.

Na *isenção* exclui-se da tributação o fato que naturalmente geraria a obrigação tributária. Assim, a saída de produtos industrializados do estabelecimento industrial é fato gerador do IPI, mas o legislador estabelece que é *isenta* deste imposto as operações com o soro antiofídico. Na *imunidade*, a Constituição Federal excluída competência tributária da União a produção de livros, que, normalmente, seriam objeto de incidência do IPI, em razão de representarem produto industrializado. E, na *não incidência*, o fato não pode ser contemplado como gerador de determinado tributo, como é o caso da lavagem de roupas que não constitui fato gerador do IPI.

A lei instituidora do tributo deve discriminar os respectivos fatos geradores e as isenções tributárias, mas não é imprescindível que relacione os casos de imunidade, porque já previstos na Constituição Federal, e também os de não incidência, porque naturalmente não são abrangidos pelo específico tributo; se o fizer se revestirá de mero caráter prático, mas sem nenhum conteúdo inovador. Não constitui conteúdo próprio da lei a concessão de imunidade e não incidência.

A *isenção* e a *imunidade* apresentam diferenças que podem ser assim sumariadas: "1) a imunidade é, por natureza, *norma constitucional*, enquanto a isenção é *norma legal*, com ou sem suporte expresso em preceito constitucional; 2) a norma imunizante situa-se no plano da *definição da competência tributaria*, alocando-se a isenção, por seu turno, no plano do *exercício da competência tributária*; 3) ainda que a isenção tenha suporte em preceito constitucional específico, a norma constitucional que a contém possui eficácia limitada, enquanto a imunidade abriga-se em norma constitucional de eficácia plena ou contida; e 4) a eliminação da norma imunitória somente pode ser efetuada mediante o exercício *do Poder Constituinte Originário*, porquanto as imunidades são cláusulas pétreas, e a partir de então a competência tributária pode ser exercida, desde que não seja o caso de imunidade ontológica; uma vez eliminada a isenção, por lei, restabelece-se a eficácia da lei instituidora do tributo, observados os princípios pertinentes".[345]

Ainda quando prevista em contrato, a *isenção* é sempre decorrente de lei que especifique as condições e requisitos exigidos para a sua concessão, os tributos a que se aplica, e, sendo caso, o prazo de sua duração (art. 176 do CTN). Assim, como o Poder Público é dotado de competência constitucional para instituir o tributo, e proceder à sua majoração/redução/extinção, também tem a faculdade de dispor sobre as situações em que não deverá ocorrer sua exigibilidade.

Embora a lei seja o instrumento jurídico competente para dispor sobre a isenção, no âmbito do ICMS está prevista uma sistemática, conferindo-se à lei complementar a regulação da forma como, mediante deliberação dos Estados e do Distrito Federal, serão as isenções concedidas e revogadas (§3º do art. 155 da Constituição Federal), como já era o caso da Lei Complementar nº 24, de 07.01.75, que dispôs sobre a celebração de convênios entre as unidades das federações.

A estipulação de que "a isenção pode ser restrita a determinada região do território da entidade tributante, em função de condições a ela peculiares" (parágrafo único do art. 176 do CTN) colide parcialmente com o texto constitucional (art. 150, I), que estabelece um tratamento isonômico, ou seja, um tratamento tributário uniforme

---

[345] COSTA, *ob. cit.*, p. 120-121.

por parte da União, admitida, entretanto, a concessão de incentivos fiscais destinados a promover o equilíbrio do desenvolvimento socioeconômico entre as diferentes regiões do País. A propósito, o art. 40 do ADCT dispõe sobre incentivos concernentes à Zona Franca de Manaus, enquanto o art. 41 também tratou da reavaliação de todos os incentivos fiscais de natureza setorial.

Excetuada disposição de lei em contrário, a isenção não é extensiva: I) às taxas e às contribuições de melhoria; II) aos tributos instituídos posteriormente à sua concessão (art. 178 do CTN), evidenciando sua aplicabilidade natural aos impostos, embora nada expresse com relação às demais espécies tributárias (empréstimos compulsórios e contribuições sociais).

Salvo se concedida por prazo certo e em função de determinadas condições, a *isenção* pode ser revogada ou modificada por lei, a qualquer tempo, observado o disposto no inciso III do art. 104 do CTN (art. 178 do mesmo Código). No caso de o legislador outorgar isenção de impostos municipais, por um período de tempo (dez anos), terá de cumprir esta regra no referido prazo, pois, se proceder à sua revogação antes do referido lapso de tempo, causará prejuízos aos beneficiados, que poderão socorrer-se do Judiciário para obter o reconhecimento de seu direito à referida desoneração tributária.

O STJ examinara questionamento referente ao prevalecimento de isenção de imposto de importação, concedido há mais de 60 anos. Nesse sentido, decidiu que "admitir-se a irrevogabilidade de uma isenção concedida por prazo indeterminado é aceitar que o legislador de 1945 pudesse suprimir a competência legislativa de todas as legislaturas futuras com relação à matéria o que, a toda evidência, infringe princípios básicos da Democracia Representativa e do Estado Republicano" (REsp nº 575.806-PE, 2ª Turma, rel. Min. Herman Benjamin, j. 11.09.07, *DJU* 1 de 19.11.07, p. 217).

Entretanto, o direito de proceder à livre revogação da isenção, que não esteja condicionada a prazo, implica a obediência ao princípio constitucional da anterioridade (art. 150, III, *b*), que veda a cobrança dos tributos no mesmo exercício financeiro em que haja sido publicada a lei que os instituiu ou os aumentou, em razão do que, ao revogar uma isenção de ISS, em maio de 2021, referido tributo só poderá voltar a ser exigido a partir de 1º.01.22.

Esse mandamento também se aplicaria rigorosamente ao ICMS, uma vez que a exceção ao cânone da anterioridade só é considerada para os impostos de importação, exportação, produtos industrializados, operações de crédito, câmbio, seguro ou relativas a títulos ou valores mobiliários e de guerra (art. 150, §1º, da Constituição Federal). Entretanto, o STF consagrou que o princípio da anualidade (anterioridade) não se aplica à revogação de isenção do ICM (Súmula nº 615).

A isenção, quando não concedida em caráter geral, é efetivada, em cada caso, por despacho da autoridade administrativa, em requerimento com o qual o interessado faça prova do preenchimento das condições e do cumprimento dos requisitos previstos em lei ou contrato para sua concessão (art. 179 do CTN).

Por exemplo: lei instituidora de isenção de IPI em vendas de produtos industrializados a empresas fabris nacionais, mediante a observância das condições seguintes: a) os fornecimentos sejam destinados a projetos de interesse nacional, aprovados por órgão governamental competente; b) as aquisições decorram de licitação internacional; e c) os pagamentos sejam efetuados com recursos obtidos de agências governamentais de crédito.

Assim, a autoridade administrativa competente autorizará a efetivação dos incentivos fiscais (no caso, a isenção), ficando seus beneficiários obrigados a fazer prova dos elementos indicados, nos prazos e na forma prevista em lei, sob pena de sofrerem a cobrança do IPI.

As isenções tributárias concedidas sob condição onerosa não podem ser livremente suprimidas (Súmula nº 544 do STF), em razão de ter sido configurado um autêntico contrato administrativo, em face do que, sendo desconsideradas, caberá ao prejudicado obter o ressarcimento dos respectivos valores tributários.

Tratando-se de tributo lançado por período certo de tempo, o despacho referido neste artigo será renovado antes da expiração de cada período, cessando automaticamente os seus efeitos a partir do primeiro dia do período para o qual o interessado deixar de promover a continuidade do reconhecimento da isenção. O despacho referido neste artigo não gera direito adquirido, aplicando-se, quando cabível, o disposto no art. 155 (§§1º e 2º do art. 179 do CTN).

A exclusão do crédito tributário não dispensa o cumprimento das obrigações acessórias, dependentes da obrigação principal cujo crédito seja excluído, ou dela consequente (art. 175, I e parágrafo único), em razão do que mesmo que tenha sido concedida isenção dos tributos (imposto, taxa, contribuição de melhoria, empréstimo compulsório, contribuição social), o sujeito passivo deve continuar observando os deveres administrativos (emissão de nota fiscal, escrituração de livros etc.).

Os fatos tributários devem ser registrados documentalmente para que a Fazenda tenha meios de examinar a legitimidade e pertinência da isenção, em razão do que a circulação de produtos – ainda que envolvendo operações isentas – pode implicar a sua desconsideração, no caso de estarem desamparados documentalmente.

15.3 Anistia

Caracteriza causa de exclusão do crédito tributário, mas que não dispensa o cumprimento das obrigações acessórias, dependentes da obrigação principal cujo crédito seja excluído, ou dela consequente (art. 175, II, e parágrafo único, do CTN).

A *anistia* é o perdão das infrações cometidas pelo sujeito passivo anteriormente à vigência da lei que a concede, não se aplicando: I – aos atos qualificados em lei como crimes ou contravenções e aos que, mesmo sem essa qualificação, sejam praticados com dolo, fraude ou simulação pelo sujeito passivo ou por terceiro em benefício daquele; II – salvo disposição em contrário, às infrações resultantes de conluio entre duas ou mais pessoas naturais ou jurídicas (art. 180 do CTN).

Distingue-se da *remissão* (art. 156, IV, do CTN), que apresenta maior amplitude, abrangendo todo o montante do crédito tributário (imposto, multa, juros e correção monetária).

Pode ser concedida: I – em caráter geral; II – limitadamente a) às infrações da legislação relativa a determinado tributo; b) às infrações punidas com penalidades pecuniárias até determinado montante, conjugadas ou não com penalidades de outra natureza; c) à determinada região do território da entidade tributante, em função de condições a ela peculiares; d) sob condição do pagamento de tributo no prazo fixado pela lei que a conceder, ou cuja fixação seja atribuída pela mesma lei à autoridade administrativa (art. 181 do CTN).

A lei municipal pode estabelecer, genericamente, que ficam anistiadas as multas decorrentes da falta de pagamento de tributos municipais, em todo seu território, durante um determinado mês, sem que o texto da norma tenha especificado os motivos de sua concessão.

Entretanto, a lei municipal poderá limitar o perdão apenas às multas relativas à falta de pagamento do ISS; estipular um teto de valor para o benefício; restringir o perdão apenas aos locais em que estejam situados os estabelecimentos envolvidos por situações de calamidade pública (enchentes, por exemplo); ou, ainda, estabelecendo prazo para recolhimento do tributo.

Caso não seja concedida em caráter geral, é efetivada em cada caso, por despacho da autoridade administrativa, em requerimento com o qual o interessado faça prova do preenchimento das condições e do cumprimento dos requisitos previstos em lei para sua concessão (art. 182 do CTN).

Assim, não é automático o perdão das multas decorrentes de ilícitos tributários cometidos, ficando os respectivos sujeitos passivos obrigados a promover específico pedido à autoridade competente, comprovando o preenchimento das condições legais. Entretanto, não se vislumbra razão plausível na regra que estabelece que o referido despacho não gera direito adquirido, aplicando-se, quando cabível, o disposto no art. 155 (parágrafo único do art. 182 do CTN).

A exclusão do crédito tributário, pela anistia, também não dispensa o cumprimento das obrigações acessórias, dependentes da obrigação principal, cujo crédito seja excluído, ou dela consequente (art. 175, II e parágrafo único, do CTN), como comentado anteriormente (item 15.1).

15.4 Guerra Fiscal

I – *ICMS* – Os convênios celebrados pelos Secretários de Fazenda e Finanças dos Estados, e do Distrito Federal, têm concedido isenções, reduções de base de cálculo, crédito presumido e anistia do imposto.

Entretanto, unilateralmente, as unidades federativas têm expedido leis, decretos e atos administrativos, outorgando vantagens fiscais, financeiras, creditícias e operacionais, que afetam a carga impositiva, a saber:

a) *fiscais*: isenção de imposto para novas empresas, sem produção similar no Estado, válida por determinado período de tempo; isenção ou redução do imposto para as micro e pequenas empresas, redução da alíquota do imposto para situações e produções especiais; postergação dos prazos de pagamento, adiamento do pagamento do imposto por longo prazo; isenção ou redução do imposto sobre produtos específicos destinados ao exterior;

b) *financeiros*: aquisição de ativos fixos; formação ou recomposição de capital de trabalho; financiamento do pagamento do imposto; participação acionária; financiamento para o desenvolvimento tecnológico; financiamento para empresas de turismo;

c) *estímulo para infraestrutura*: venda de lotes e galpões por preços reduzidos; permuta de terrenos para localização de empresas; doação de áreas e lotes industriais; implantação de áreas e distritos industriais;

d) *outros estímulos*: simplificação do processo de registro de empresas; simplificação do processo de licitação para pequenas empresas; assistência técnica na elaboração do projeto; apoio à formação de capacitação de pessoal.

O STF tem apreciado questões envolvendo os Estados e Distrito Federal concedentes dos benefícios, rejeitando os procedimentos unilaterais, como nos casos seguintes:

i) créditos de operações ligadas aos produtos finais do sistema eletrônico de processamento de dados (ADIn nº 902-8-SP, rel. Min. Marco Aurélio, j. 03.03.94, *DJU* 1 de 22.04.94);

ii) créditos presumidos sobre valor das operações de saída de produtos resultantes de abate de aves (ADInMC nº 1.999-SP, rel. Min. Octavio Gallotti, j. 30.6.99, *Informativo STF* nº 155 de 28.06.99 a 1º.07.99);

iii) redução do imposto incidente sobre as prestações de serviços de transporte rodoviário de passageiros, mediante concessão, permissão e autorização, inclusive os de turismo (ADIn nº 1.577-0-RJ, rel. Min. Néri da Silveira, j. 17.04.97, *DJU* 1-E de 31.08.01, p. 35);

iv) desoneração do imposto nas operações com insumos, materiais e equipamentos destinados à indústria de construção e reparação naval e de lavra das jazidas de petróleo e de gás (MC em ADIn nº 2.377-2-MG, rel. Min. Sepúlveda Pertence, j. 22.02.01, *DJU* 1-E de 07.11.03, p. 81);

v) cancelamento de notificações fiscais e devolução dos correspondentes valores recolhidos ao Erário (ADIn nº 2.345-SC, rel. Min. Cezar Peluso, j. 30.06.11, *DJe* de 05.08.11, p. 74);

vi) dispensa de acessórios – multa e juros de mora e parcelamento, relativo ao recolhimento do tributo (ADIn nº 2.906, rel. Min. Marco Aurélio, j. 1º.06.11, *DJe* de 10.08.11, p. 17).

Entretanto, foram afastadas do âmbito da referida sistemática as específicas atividades das igrejas, como consta do aresto seguinte:

ICMS – Serviços Públicos Estaduais Próprios. Delegados, Terceirizados ou Privatizados de Água, Luz, Telefone e Gás – Igrejas e Tempos de Qualquer Crença – Contas – Afastamento – "Guerra Fiscal" – Ausência de Configuração. Longe fica de exigir consenso dos Estados a outorga de benefício a igrejas e templos de qualquer crença para excluir o Imposto sobre Circulação de Mercadorias e Serviços nas contas de serviços públicos de água, luz, telefone e gás.

(ADIn nº 3.421-PR, Plenário, rel. Min. Marco Aurélio, j. 05.05.10, *DJe* de 27.05.10, p. 13)

O Conselho Administrativo de Defesa Econômica (CADE), órgão do Ministério da Justiça, respondeu consulta formulada pela entidade Pensamento Nacional das Bases Empresariais (PNBE) referente a aspectos concorrenciais envolvendo as unidades federativas e pertinentes à "guerra fiscal", destacando sua nocividade à livre concorrência e a promoção do bem-estar social, que devem compatibilizar-se com outros princípios, como o da redução das desigualdades regionais.

No seu entender, os incentivos podem gerar os efeitos seguintes: retira o estímulo ao aumento constante do nível geral de eficiência da economia, permitindo uso menos eficiente de recursos e afetando negativamente a capacidade de geração de riquezas do País; protege as empresas incentivadas da concorrência, mascarando seu desempenho, permitindo que mantenham práticas ineficientes e desestimulando melhorias na produção ou inovação; possibilita que empresas incentivadas, ainda que auferindo lucros, possam "predatoriamente" eliminar do mercado suas concorrentes não favorecidas, mesmo que estas sejam mais eficientes e inovadoras, em função da enorme vantagem de que dispõem.

Também apontara o prejuízo para as demais empresas que, independentemente de sua capacidade, terão maiores dificuldades na luta pelo mercado, gerando com isso mais desincentivo ao investimento, à melhoria de eficiência e inovação; gera incerteza e insegurança para o planejamento e tomada de decisão empresarial, dado que qualquer cálculo pode ser drasticamente alterado – e qualquer inversão realizada pode ser inviabilizada com a concessão de um novo incentivo –; desestimula a realização de investimentos novos quanto à expansão de atividades em andamento, gerando perda de eficiência alocativa na economia, com consequente redução de bem-estar (Consulta nº 38/99, rel. Cons. Marcelo Calliari, j. 22.03.00, *DOU* 1-E de 28.04.00, p. 1).

Os incentivos concedidos ao arrepio dos convênios favorecem indevidamente específicos empreendimentos estabelecidos numa determinada unidade federativa. Assim, os Estados (e o Distrito Federal) que se sentem prejudicados – em razão da fuga de empresas para outras regiões do País – possuem fundamento para pleitear a invalidação dos incentivos outorgados unilateralmente.

Todavia, a "guerra fiscal" não poderia atingir terceiros estranhos aos benefícios, como é o caso dos adquirentes das mercadorias, ou os tomadores dos serviços (transporte interestadual, intermunicipal e de comunicação), especialmente quando se encontrem estabelecidos em distinta unidade da federação.

Os mencionados adquirentes dos bens e serviços não podem sofrer a glosa de crédito fiscal, ou qualquer outra medida constritiva, por parte do Fisco estadual (ou distrital), a quem estejam vinculados, sob a assertiva de que o Estado (ou Distrito Federal) da localidade do fornecedor da mercadoria, ou do serviço, concedera indevido incentivo.

Em síntese, *a guerra fiscal pode ocasionar as situações seguintes*:
a) Estado de origem das mercadorias (concedente dos benefícios).
   Cobrança dos valores tributários (incentivos usufruídos) dos contribuintes localizados no mesmo Estado. No caso de decisão judicial proferida com efeito *ex tunc*, a exigência será formulada com efeito retroativo aos últimos cinco anos, acrescida de juros, multa etc.
b) Contribuinte do Estado de origem.
   Impugnação da exigência sob o argumento de que aproveitara os incentivos em observância à legislação estadual (até então vigente, válida, eficaz), aplicando o princípio da moralidade (art. 37 da CF); não podem ser impostas penalidades, juros e atualização monetária (art. 100, parágrafo único, do CTN), havendo impossibilidade de repassar os valores aos destinatários das mercadorias.
c) Estado de destino das mercadorias.
   No caso de o contribuinte apropriar crédito de ICMS no valor integral, após decisão do STF, poderá cobrar os respectivos valores tributários com os acréscimos legais.
d) Contribuinte do Estado de destino.
   Na hipótese de continuar aproveitando integralmente os créditos de ICMS, poderá sofrer cobrança administrativa, acrescida de todos os ônus legais.

e) Ministério Público.

Ingresso com ações judiciais contra empresas atacadistas e o governo (no caso do Distrito Federal), pleiteando a devolução de quantias correspondentes a créditos de ICMS concedidos no período de 2000 a 2008, em razão de ter sido julgada procedente a Ação Cível Originária nº 541 (rel. Min. Gilmar Mendes, j. 19.04.06, *DJU* de 20.06.06) ajuizada pelos Estados da Bahia e de São Paulo, face o DF e empresas beneficiadas que postularam a anulação da Tare (Termo de Acordo de Regime Especial) nº 1/98.

f) Municípios.

A CF determina que pertencem aos municípios 25% do produto da arrecadação do ICMS (art. 158, inciso IV), que deverá ser creditado conforme os seguintes critérios: I) ¾, no mínimo, na proporção do valor adicionado nas operações relativas à circulação de mercadorias, e nas prestações de serviços, realizadas em seus territórios; II) até ¼, de acordo com o que dispuser lei estadual (parágrafo único).

A Lei Complementar nº 124, de 03.01.07, instituiu a Superintendência do Desenvolvimento da Amazônia – *Sudam*, de natureza autárquica especial, administrativa e financeiramente autônoma, integrante do Sistema de Planejamento e de Orçamento Federal, com sede na cidade de Belém, Estado do Pará e vinculada ao Ministério da Integração Social. Tem por finalidade promover o desenvolvimento includente e sustentável de sua área de atuação (Estados do Acre, Amapá, Amazonas, Mato Grosso, Rondônia, Roraima, Tocantins, Pará e Maranhão, na sua porção a oeste do Meridiano 44º), e integração competitiva da base produtiva regional na economia nacional e internacional.

Em suas competências, inclui-se o estímulo, por meio de administração de incentivos e benefícios fiscais, aos investimentos privados primários, as atividades produtivas e as iniciativas de desenvolvimento sub-regional em sua área de atuação, conforme definição do conselho deliberativo, em consonância com o §2º do art. 43 da CF e na forma da legislação vigente.

A Lei Complementar nº 125, de 03.01.07, instituiu a Superintendência do Desenvolvimento do Nordeste – *Sudene*, de natureza autárquica especial, administrativa e financeiramente autônoma, integrante do Sistema de Planejamento e de Orçamento Federal, com sede na cidade de Recife, Estado de Pernambuco, e vinculada ao Ministério da Integração Nacional. Tem por finalidade promover o desenvolvimento includente e sustentável de sua área de atuação e a integração competitiva da base produtiva regional na economia nacional em específica área de atuação (Estados do Maranhão, Piauí, Ceará, Rio Grande do Norte, Paraíba, Pernambuco, Alagoas, Sergipe, Bahia e específicos municípios do Estado de Minas Gerais).

Em suas competências, inclui-se o estímulo, por meio da administração de incentivos e benefícios fiscais, os investimentos privados prioritários, as atividades produtivas e as iniciativas de desenvolvimento sub-regional em sua área de atuação, conforme definição do conselho deliberativo, em consonância com o §2º do art. 43 da CF e na forma da legislação vigente.

A Lei Complementar nº 160, de 07.08.17, dispõe sobre convênio que permite aos Estados, e ao Distrito Federal, deliberar sobre a *remissão* dos créditos tributários constituídos, ou não, decorrentes das isenções, incentivos, e benefícios fiscais ou financeiro-fiscal instituídos em desacordo com a Constituição Federal (alínea "g", do inciso XII, do parágrafo 2º, do art. 155), e a *reinstituição* das respectivas isenções, incentivos e benefícios, alterando a Lei nº 12.973, de 13.05.14.

O Convênio ICMS nº 190/17, de 15.12.17 (com alterações), dispôs sobre a *remissão* dos créditos tributários, constituídos ou não, decorrentes das isenções, dos incentivos e dos benefícios fiscais ou financeiro-fiscais, relativos ao ICMS, instituídos por legislação estadual ou distrital publicada até 08.08.17, em desacordo com o disposto na CF, bem como sobre a *reinstituição* dessas isenções etc.

Nesse sentido, instituíra o Portal Nacional da Transparência Tributária disponibilizado no sítio eletrônico do Confaz, onde devem ser publicadas as informações e a documentação comprobatória dos atos normativos, e dos atos concessórios relativos aos benefícios fiscais, reservado o acesso às administrações tributárias dos Estados e do Distrito Federal.

A Lei Complementar nº 186, de 27.10.21, altera a LC nº 160/17 para permitir a prorrogação por até 15 (quinze) anos, das isenções, incentivos e benefícios fiscais ou financeiro-fiscais vinculados ao ICMS, destinados à manutenção ou ao incremento das atividades comerciais, desde que o beneficiário seja o real remetente da mercadoria, às prestações interestaduais com produtos agropecuários e extrativos vegetais in natura e à manutenção ou ao incremento das atividades portuária e aeroportuária vinculadas ao comércio internacional, incluída a operação subsequente à da importação, praticada pelo contribuinte importador.

Modificara o art. 3º, da LC nº 160/17, relativamente à fixação de prazos pertinentes aos mencionados segmentos econômicos, e a adequação do convênio – de que trata o art. 1º da LC 16/17 –, considerando as alterações introduzidas pela LC nº 186/21, e pela LC nº 170/91, sob pena de essas alterações serem automaticamente incorporadas ao referido convênio.

II – *ISS* – Os municípios são dotados de competência para dispor sobre as desonerações tributárias, fundamentada no princípio da autonomia municipal, especialmente no que concerne ao direito de legislar sobre assunto de interesse local; instituir e arrecadar os tributos de sua competência (art. 30, I e III, da CF), mediante a expedição de lei (Câmara de Vereadores), e regulamento (Prefeitura) para possibilitar a devida operacionalidade.

Os estímulos fiscais somente podem ser concedidos com relação às pessoas (naturais e jurídicas) que estejam regularmente localizadas no território do município, e promovam o exercício de efetivas atividades prestadoras de serviços.

Para a outorga dos benefícios, inexistia necessidade de observar sistemática específica, e nem havia previsão de estarem adstritos a quaisquer espécies de parâmetros (amplitude dos incentivos, fixação de prazos etc.), como tradicionalmente fora previsto no âmbito do ICMS (convênios previstos na LC nº 24/75).

A Emenda Constitucional nº 37, de 12.06.02 (modificando o art. 156, §3º, da CF), dispôs o seguinte:

a) cabe à lei complementar regular a forma e as condições como isenções, incentivos e benefícios fiscais serão concedidos e revogados (inciso III, art. 156, da CF);

b) na ausência de lei complementar, não será objeto de concessão de isenções, incentivos e benefícios fiscais, que resulte, direta ou indiretamente, na redução de alíquota mínima de 2% (art. 88 do Ato das Disposições Constitucionais Transitórias).

A LC nº 116/03, que disciplinou o ISS, não tratou de desonerações tributárias, e sequer dispôs sobre a alíquota mínima, em razão do que há de se examinar a eficácia das legislações municipais com relação à temática.

Relativamente aos *benefícios outorgados*, e face à inexistência de lei complementar (até a edição da Lei Complementar nº 157, de 29.12.16), a redução da carga tributária deveria preservar a alíquota de 2% (dois por cento); o que nem sempre será factível, uma vez que não há total segurança na mensuração dos benefícios (especialmente nos casos de estímulos para infra-estrutura, facilidade operacional e burocrática).

Os Municípios que conseguem atrair empresas com o escopo de desenvolverem as atividades operacionais em seus territórios, mediante a concessão de incentivos, podem acarretar prejuízos aos demais municípios que não podem contar com os serviços das referidas empresas, acarretando queda na receita tributária.

Esta concentração de atividades empresariais em determinados municípios, por si só, não poderia ocasionar a guerra fiscal, salvo nos casos em que ficasse comprovado que inexistiriam estabelecimentos nos referidos municípios, não passando de meras "caixas-postais", ou "escaninhos de escritórios de terceiros".

Entretanto, os municípios onde são efetivamente prestados os serviços e que se sentem prejudicados pelo fato de não receberem o devido valor do ISS – que acaba sendo recolhido em outro município (onde inexiste a realização de serviços – têm adotado as posturas seguintes: (i) ingresso com medida judicial impugnando a inscrição do estabelecimento no outro município; (ii) exigência de inscrição fiscal e cobrança do imposto em seu município, desde que consigam apurar a inexistência do estabelecimento no outro município.

Limites territoriais para o exercício da fiscalização são decisivos para demarcar a competência impositiva, conforme assentado pelo STJ:

> Tributário. Fiscalização municipal. Apresentação de livros e documentos fiscais. Estabelecimentos situados em outros municípios.
> 1. A fiscalização municipal deve restringir-se à sua área de competência e jurisdição.
> 2. Ao permitir que o Município de São Paulo exija a apresentação de livros fiscais e documentos de estabelecimentos situados em outros Municípios, estar-se-ia concedendo poderes à municipalidade de fiscalizar fatos ocorridos no território de outros entes federados, inviabilizando, inclusive, que estes exerçam o seu direito de examinar referida documentação de seus próprios contribuintes (...).
> (Resp nº 73.086-SO – rel. Min. João Otávio Noronha – 2ª. T. – *DJ* 30.06.03)

A Lei Complementar nº 157, de 29.12.16, modificando a LC nº 116/03, estabelecera o seguinte:

> Art. 8º-A A alíquota mínima do Imposto sobre Serviços de Qualquer Natureza é de 2% (dois por cento).
> §1º. O imposto não será objeto de concessão de isenções, incentivos ou benefícios tributários ou financeiros, inclusive de redução de base de cálculo ou de crédito presumido ou outorgado, ou sob qualquer forma que resulte, direta ou indiretamente, em carga tributária menor que a decorrente da aplicação da alíquota mínima estabelecida no *caput*, exceto para os serviços a que se referem os subitens 7.02, 7.05 e 16.01 da lista anexa a esta Lei Complementar.

§2º É nula a lei ou o ato do Município ou do Distrito Federal que não respeite as disposições relativas á alíquota mínima previstas neste artigo no caso de serviço prestado a tomador ou intermediário localizado em Município diverso daquela onde está localizado o prestador do serviço.

§3º A nulidade a que se refere o §2º deste artigo gera, para o prestador do serviço, perante o Município ou o Distrito Federal que não respeitar as disposições deste artigo, o direito à restituição do valor efetivamente pago do Imposto sobre Serviços de Qualquer Natureza calcula sob a égide de lei nula.

Determinara, ainda, que "constitui ato de improbidade administrativa qualquer ação ou omissão para conceder, aplicar ou manter benefício financeiro ou tributário contrário ao que dispõe o *caput* e o §1º do art. 8º-A da Lei Complementar nº 116, de 31 de julho de 2003" (art. 10-A).

15.5 A Renúncia Tributária em face da Responsabilidade na Gestão Fiscal

A Lei Complementar nº 101, de 04.05.00, dispôs sobre normas de finanças públicas voltadas para a responsabilidade dos administradores fazendários, que contêm íntima conotação com a concessão dos incentivos fiscais.

Estabeleceu (art. 1º, §1º) que a responsabilidade na gestão fiscal pressupõe a ação planejada e transparente, em que se previnem riscos e corrigem desvios capazes de afetar o equilíbrio das contas públicas, mediante o cumprimento de metas de resultado entre receitas e despesas e a obediência a limites e condições no que tange à renúncia da receita, geração de despesas com pessoal, da seguridade social e outras, dívidas consolidada e mobiliária, operações de crédito, inclusive por antecipação de receita, concessão de garantia e inscrição em restos a pagar.

Determinou ainda o seguinte:

> Art. 14. A concessão ou ampliação de incentivo ou benefício de natureza tributária da qual decorra renúncia de receita deverá estar acompanhada de estimativa do impacto orçamentário-financeiro no exercício em que deva iniciar sua vigência e nos dois seguintes atender ao disposto na lei de diretrizes orçamentárias e a pelo menos uma das seguintes condições:
>
> I – demonstração pelo proponente de que a renúncia foi considerada na estimativa de receita da lei orçamentária, na forma do art. 12, e de que não afetará as metas de resultados fiscais previstas no anexo próprio da lei de diretrizes orçamentárias;
>
> II – estar acompanhada de medidas de compensação, no período mencionado no *caput*, por meio do aumento de receita, proveniente da elevação de alíquotas, ampliação da base de cálculo, majoração ou criação de tributo ou contribuição.
>
> §1º A renúncia compreende anistia, remissão, subsídio, crédito presumido, concessão de isenção em caráter não geral, alteração de alíquota ou modificação de base de cálculo que implique redução discriminada de tributos ou contribuições, e outros benefícios que correspondam a tratamento diferenciado.
>
> §2º Se o ato de concessão ou ampliação do incentivo ou benefício de que trata o *caput* deste artigo decorrer da condição contida no inciso II, o benefício só entrará em vigor quando implementada as medidas referidas no mencionado inciso.

A concessão dos incentivos fiscais continua plenamente válida de conformidade com a sistemática instituída pela Lei Complementar nº 24/75, não ficando afetada e nem prejudicada pela superveniência da LC nº 101/00.

Todavia, como os benefícios fiscais implicam natural e automática renúncia de receita, doravante os agentes públicos passam a ficar sujeitos a determinadas limitações, e condições, para que tais benefícios não acarretem a imputação de responsabilidade.

Face este estatuto jurídico, os agentes não mais se encontram totalmente tranquilos para conceder benefícios fiscais, não só pelo risco de eventual providência por parte do Estado (e Distrito Federal) que se sinta prejudicado, mas também pela circunstância de que o desatendimento às condições da LC nº 101 pode redundar na aludida responsabilidade. De nada adiantará conceder incentivos, se, por outro lado, ficam compelidos a aumentar a receita com a imposição de novos ônus tributários.

15.6 *Drawback*

Considerando o objetivo deste Curso (aplicar os conceitos teóricos às questões práticas), examina-se esta figura jurídica (de ampla repercussão em vários tributos), cujo objetivo consiste basicamente no incentivo à exportação que permite eliminar os gravames tributários incidentes na importação de mercadorias, que tenham por objeto a utilização nas operações concernentes à fabricação, beneficiamento, acondicionamento ou complementação de produtos destinados à exportação.

O incentivo colima diminuir o custo de produtos nacionais, para possibilitar que concorram com seus similares estrangeiros.

A legislação (DL nº 37/66, art. 78, I a III; e Decreto federal nº 6.759, de 05.02.09, arts. 383 a 403) estabelece as modalidades seguintes:

a) *suspensão* do pagamento dos tributos federais exigíveis na importação de mercadoria a ser exportada após beneficiamento ou destinada à fabricação, complementação ou acondicionamento de outra a ser exportada;

b) *isenção* dos tributos exigíveis na importação de mercadoria, em qualidade e quantidade equivalente à utilizada no beneficiamento, fabricação, complementação ou acondicionamento de produto exportado;

c) *restituição*, total ou parcial, dos tributos pagos na importação de mercadoria exportada após beneficiamento, ou utilizada na fabricação, complementação ou acondicionamento de outra exportada.

Relativamente ao âmbito das operações e bens abrangidos pelo incentivo, o estímulo pode ser aplicado:

a) à mercadoria importada para beneficiamento no País e posterior exportação;

b) à mercadoria – matéria-prima, produto semielaborado ou acabado – utilizada na fabricação de outra exportada, ou a exportar;

c) à peça, parte, aparelho e máquina complementar de aparelho, máquina, veículo ou equipamento exportado ou a exportar;

d) à mercadoria destinada à embalagem, acondicionamento ou apresentação de produto exportado ou a exportar;

e) aos animais destinados a abate e posterior exportação.

Na *suspensão*, o benefício será concedido após o exame do plano da exportação do beneficiário, mediante expedição, em cada caso, de ato concessório do qual constarão:

a) qualificação do beneficiário;
b) especificação e código tarifário das mercadorias a serem importadas, com as quantidades e os valores respectivos, estabelecidos com base na mercadoria a ser exportada;
c) quantidade e valor da mercadoria a exportar;
d) prazo para a exportação.

Na *isenção*, o benefício será concedido mediante ato do qual constarão:
a) valor e especificação da mercadoria exportada sujeita ao regime fiscal;
b) especificação e código tarifário das mercadorias a serem importadas, com as quantidades e os valores respectivos, estabelecidos com base na mercadoria exportada;
c) valores da unidade importada utilizada no beneficiamento, fabricação, complementação ou acondicionamento da mercadoria exportada.

Na *restituição*, de competência da Secretaria da Receita Federal, o benefício consistirá na concessão de crédito fiscal a ser utilizado em qualquer importação posterior.

Cada modalidade implica uma maior (ou menor) gama de benefícios, resultante da desoneração tributária, em contrapartida com a perda de parte dos incentivos e outras condições de caráter fiscal e comercial, que afetam as operações aduaneiras.

A legislação vigente no momento do pleito dos incentivos – e também à época de sua efetiva utilização – é que determinará a amplitude do regime e a maior (ou menor) vantagem referente a cada tipo de modalidade.

A *suspensão* permite ao importador não suportar o ônus financeiro dos tributos incidentes na importação, ou seja, Imposto de Importação, IPI, ICMS – entre os principais –, e as demais contribuições que não correspondam à efetiva contraprestação de serviços, tais como o AFRMM.

Trata-se de benefício condicional, uma vez que o importador firma termo de responsabilidade na repartição aduaneira no momento da liberação dos bens importados, comprometendo-se – em determinado prazo – a cumprir as obrigações previstas nos atos concessórios governamentais, sob pena de exigência dos tributos.

Esse regime tem sido utilizado em casos peculiares, como em operações no mercado interno, destinando-se os produtos industrializados (com os insumos importados) a empresas estabelecidas no País.

Especificamente tem sido aplicado nas seguintes situações:
a) aquisições pelas companhias comerciais exportadoras (*tradings companies*) de matérias-primas ou produtos intermediários;
b) remessas pelas *trading companies* desses mesmos bens industriais a terceiros para fabricação de produtos industrializados;
c) exportação do produto industrializado pelas *tradings*.

Convênios possibilitaram a aplicação do regime para o ICMS – modalidade de *suspensão* – mediante as condições seguintes:

I – haja a concessão de suspensão do pagamento do Imposto de Importação e do IPI;
II – resulte, para a exportação, produto para o qual a legislação estabeleça a manutenção do crédito;
III – o importador entregue à repartição fiscal a documentação atinente à importação, e promova a efetiva exportação do produto resultante da industrialização da mercadoria importada, devidamente comprovada.

O regime também pode ser aplicado nas modalidades seguintes:
I – *"drawback" integrado suspensão*: a aquisição no mercado interno ou a importação, de forma combinada ou não, de mercadorias para emprego ou consumo na industrialização de produto a ser exportado, com suspensão dos tributos exigíveis na importação, e na aquisição no mercado interno.
II – *"drawback" integrado isenção*: a aquisição no mercado interno ou a importação, de forma combinada ou não, de mercadoria equivalente à empregada ou consumida na industrialização de produto exportado, com isenção do Imposto de Importação e com redução a zero do IPI, da Cofins e do PIS.
O regime *integrado suspensão* aplica-se também:
a) à aquisição no mercado interno ou à importação de mercadorias para emprego em reparo, criação, cultivo ou atividade extrativista de produto a ser exportado:
b) às aquisições no mercado interno ou importações de empresas denominadas fabricantes intermediários, para industrialização de produto intermediário, a ser diretamente fornecido às empresas industriais-exportadoras, para emprego ou consumo na industrialização do produto final a ser exportado (*drawback intermediário*).
O regime *integrado isenção* aplica-se também à aquisição no mercado interno ou à importação, de mercadoria equivalente à empregada:
a) em reparo, criação, cultivo ou atividade extrativista de produto já exportado;
b) na industrialização de produto intermediário fornecido diretamente à empresa industrial exportadora, e empregado ou consumido na industrialização de produto final já exportado.
III – *"drawback" genérico* – operação especial concedida apenas na modalidade suspensão – seja integrado, fornecimento ao mercado interno ou embarcação – em que é admitida a discriminação genérica da mercadoria e o seu respectivo valor, dispensadas a classificação na NCM e a quantidade;
IV – *"drawback" sem expectativa de pagamento* – operação especial, concedida exclusivamente na modalidade de suspensão – seja integrado, fornecimento ao mercado interno ou embarcação – que se caracteriza pela não expectativa de pagamento, parcial ou total, da importação;
V – *"drawback" intermediário* – operação especial concedida a empresas denominadas fabricantes-intermediários, que importam e/ou adquirem no mercado interno mercadorias destinadas à industrialização de produto intermediário a ser fornecido a empresas industriais-exportadoras, para emprego na industrialização de embarcação, destinada ao mercado interno;
VI – *"drawback" para fornecimento no mercado interno* – operação especial concedida para importação de matérias-primas, produtos intermediários e componentes destinados à fabricação no País de máquinas e equipamentos a serem fornecidos no mercado interno, em decorrência de licitação internacional, contra pagamento em moeda conversível proveniente de financiamento concedido por instituição financeira internacional, da qual o Brasil participe, ou por entidade governamental estrangeira, o ainda pelo BNDES, com recursos captados no exterior.

Para cumprimento do compromisso de exportação, o STJ decidira que "para a concessão do regime de *drawback* não é necessário que exista uma identidade absoluta do produto que foi importado e o exportado, pois em se tratando de bem fungível pode ser utilizado outro de igual espécie, qualidade e quantidade para que faça valer o benefício fiscal, segundo precedentes do STJ" (AgRg no REsp nº 591.624-RS – 2ª. T. – rel. Min. Humberto Martins – j. 23.04.09 – *Dje* 08.05.09).

Não há necessidade de que o insumo importado integre o produto final a ser exportado, sendo suficiente apenas que tenha de qualquer forma (direta ou indireta) participado da industrialização.

Trata-se de incentivo à exportação aplicável aos bens importados com os objetivos seguintes:
a) desonerar a importação de insumos importados empregados na produção de bens destinados à exportação com objetivo de estímulo e causando o ingresso de divisas no País;
b) reduzir o custo final do produto;
c) aprimorar o grau de competitividade dos exportadores brasileiros no mercado externo, retirando dos seus produtos encargos fiscais que incidiram sobre a importação de insumos, partes, peças, e
d) fortalecer a indústria nacional.

A Portaria Secex nº 44, de 24.07.20, regulamenta a concessão e a gestão dos regimes aduaneiros especiais de *"drawback suspensão"* e *"drawback isenção"*.

A Lei federal nº 14.440, de 02.09.22, dispôs que, a partir de 1º.01.23, a aquisição no mercado interno ou a importação de forma combinada ou não, de serviço direta e exclusivamente vinculado à exportação ou entrega no exterior de produto resultante da utilização do regime de *"drawback"*, poderão ser realizadas com suspensão das contribuições (PIS/Pasep, Cofins, e PIS/Pasep Importação e Cofins-Importação, aplicando-se a diversas espécies de serviços (seguro de cargas, armazenagem de mercadorias, despacho aduaneiro etc.).

15.7 Microempresa e Empresa de Pequeno Porte (Simples Nacional)

15.7.1 Diretrizes

A Lei Complementar nº 123, de 14.12.06 (e alterações até abril de 2024) estabelece normas gerais relativas ao tratamento diferenciado e favorecido a ser dispensado às microempresas (MP) e empresas de pequeno porte (EPP) no âmbito dos poderes da União, dos Estados, do Distrito Federal e dos Municípios, especialmente no que se refere: I – à apuração e recolhimento dos impostos e contribuições, mediante regime único de arrecadação, inclusive obrigações acessórias; II – ao cumprimento de obrigações trabalhistas e previdenciárias, inclusive obrigações acessórias; III – ao acesso a crédito e ao mercado, inclusive quanto à preferência nas aquisições de bens e serviços pelos Poderes Públicos, à tecnologia, ao associativismo e às regras de inclusão; e IV – ao cadastro nacional único de contribuintes a que se refere o inciso IV do parágrafo único do art. 146, *in fine*, da Constituição Federal.

O tratamento fiscal será gerido pelo Comitê Gestor de Tributação das MP e EPP, vinculado ao Ministério da Economia, composto por dois representantes da SRFB, e dois representantes da SRP, como representantes da União, dois dos Estados e do DF (indicados pelo Confaz), e dois dos Municípios (indicados, um pela entidade representativa das Secretarias de Finanças das Capitais, e outro pelas entidades de representação nacional dos municípios brasileiros) para tratar dos aspectos tributários.

Também será gerido pelo Fórum Permanente das Microempresas e Empresas de Pequeno Porte, com a participação dos órgãos federais competentes e das entidades vinculadas ao setor; bem como o Comitê para Gestão da Rede Nacional para Simplificação do Registro e da Legalização de Empresas e Negócios (CGSIM).

Considera-se MP ou EPP, a sociedade empresária, a sociedade simples, a empresa individual de responsabilidade limitada e o empresário (Código Civil, art. 966), registrados no Registro e Empresas Mercantis ou no Registro Civil de Pessoas Jurídicas, conforme o caso, desde que: I) no caso das MP, aufira, em cada ano-calendário, receita bruta igual ou inferior a R$360 mil; II) no caso das EPP, aufira, em cada ano-calendário, receita bruta superior a R$360 mil e igual ou inferior a R$4,8 milhões.

Caracteriza receita bruta o produto da venda de bens e serviços nas operações de conta própria, o preço dos serviços prestados e o resultado nas operações em conta alheia, não incluídas as vendas canceladas e os descontos incondicionais concedidos. No caso de início de atividade no próprio ano-calendário, o referido limite será proporcional ao número de meses em que a MP ou a EPP houver exercido atividade, inclusive as frações de meses.

O enquadramento do empresário ou da sociedade simples, ou empresária como MP ou EPP, bem como o seu desenquadramento, não implicarão alteração, denúncia ou qualquer restrição em relação a contratos por elas anteriormente firmados.

Não poderá se beneficiar do tratamento jurídico diferenciado, a pessoa jurídica I) de cujo capital participe outra pessoa jurídica; II) que seja filial, sucursal, agência ou representação no País de pessoa jurídica com sede no exterior; III) de cujo capital participe pessoa física que seja inscrita como empresário ou seja sócia de outra empresa que recebe tratamento jurídico diferenciado, desde que a receita bruta global ultrapasse R$4.800 mil; IV) cujo titular ou sócio participe com mais de 10% do capital de outra empresa não beneficiada pela LC nº 123/06, desde que a receita bruta global ultrapasse o limite indicado no inciso II; V) cujo sócio ou titular seja administrador ou equiparado de outra pessoa jurídica com fins lucrativos, desde que a receita bruta global ultrapasse o limite indicado no inciso III; VI) constituída sob a forma de cooperativas, salvo as de consumo; VII) que participe do capital de outra pessoa jurídica; VIII) que exerça atividade de banco comercial, de investimentos e de desenvolvimento, de caixa econômica, de sociedade de crédito, financiamento e investimento ou de crédito imobiliário, de corretora ou de distribuidora de títulos, valores mobiliários e câmbio, de empresas de arrendamento mercantil, de seguros privados e de capitalização ou de previdência complementar; IX) resultante ou remanescente de cisão ou qualquer outra forma de desmembramento de pessoa jurídica que tenha ocorrido em um dos cinco anos-calendários anteriores; X) constituída sob a forma de sociedade por ações, e XI) cujos titulares ou sócios guardem, cumulativamente, com o contratante do serviço, relação de pessoalidade, subordinação e habitualidade.

O disposto nos incisos IV e VII não se aplica à participação no capital de cooperativas de crédito, bem como em centrais de compras, bolsas de subcontratação, no consórcio previsto na LC nº 123/06 e na sociedade de propósito específico, e em associações assemelhadas, sociedades de interesse econômico, sociedades de garantia solidária e outros tipos de sociedade, que tenham como objetivo social a defesa exclusiva dos interesses econômicos das MP e EP.

Institui o Regime Especial Unificado de Arrecadação de Tributos e Contribuições devidos pela MP e EPP – *Simples Nacional*, que implica o recolhimento mensal mediante documento único de arrecadação dos seguintes tributos: Imposto sobre a Renda da Pessoa Jurídica (IRPJ); Imposto sobre Produtos Industrializados (IPI); Contribuição Social sobre o Lucro Líquido (CSLL); INSS Patronal; Cofins; PIS/Pasep; ICMS; ISS.

O recolhimento na forma antes indicada não exclui a incidência dos seguintes tributos devidos na qualidade de contribuinte ou responsável, em relação aos quais será observada a legislação aplicável às demais pessoas jurídicas: IOF; Imposto sobre a Importação; Imposto sobre a Exportação; ITR; IR relativo aos rendimentos ou ganhos líquidos auferidos em aplicações de renda fixa ou variável (de forma definitiva); IR relativo aos ganhos de capital auferidos na alienação de bens do ativo permanente; CPMF; FGTS; Contribuição para a Manutenção da Seguridade Social relativa ao trabalhador; Contribuição para a Seguridade Social, relativa à pessoa do empresário, na qualidade de contribuinte individual; IR relativo aos pagamentos ou créditos efetuados pela pessoa jurídica a pessoas físicas; Contribuição para o PIS/Pasep; Cofins e IPI incidentes na importação de bens e serviços.

Também não exclui a incidência do I) ICMS devido a) nas operações ou prestações sujeitas ao regime de substituição tributária; b) por terceiro, a que o contribuinte se ache obrigado, por força da legislação estadual ou distrital vigente; c) na entrada, do Estado ou do DF, de petróleo, inclusive lubrificantes e combustíveis líquidos e gasosos dele derivados, bem como energia elétrica, quando não destinados à comercialização ou à industrialização; d) por ocasião do desembaraço aduaneiro; e) na aquisição ou manutenção em estoque de mercadoria desacobertada de documento fiscal; f) na operação ou prestação desacobertada de documento fiscal; g) nas operações com mercadorias sujeitas ao regime de antecipação do recolhimento do imposto, bem como do valor relativo à diferença entre a alíquota interna e a interestadual, nas aquisições em outros Estados e DF, nos termos da legislação estadual ou distrital.

Permanece a incidência do ISS devido a) em relação aos serviços sujeitos à substituição tributária ou retenção na fonte; b) na importação de serviços; e III) demais tributos de competência da União, dos Estados, do DF ou dos Municípios, não relacionados nos incisos anteriores.

As MP e EPP optantes pelo Simples Nacional ficam dispensadas do pagamento das demais contribuições instituídas pela União, inclusive as contribuições para as entidades privadas de serviço social e de formação profissional vinculadas ao sistema sindical (art. 240 da CF), e demais entidades de serviço social autônomo.

Consideram-se isentos do IR na fonte, e na declaração de ajuste do beneficiário, os valores efetivamente pagos ou distribuídos ao titular ou sócio da MP ou EPP, optante pelo Simples Nacional, salvo os que corresponderem a pró-labore, aluguéis ou serviços prestados.

Não poderão recolher os impostos e contribuições na forma do Simples Nacional a MP ou a EPP nas situações seguintes:

I) que explore atividade de prestação cumulativa e contínua de serviços de assessoria creditícia, gestão de crédito, seleção e riscos, administração de contas a pagar e a receber, gerenciamento de ativos (*asset management*) ou

compra de direitos creditórios resultantes de vendas mercantis a prazo ou de prestação de serviços (*factoring*) ou que execute operações de empréstimo, de financiamento e de desconto de títulos de crédito, exclusivamente com recursos próprios, tendo como contrapartes microempreendedores individuais, MP e EPP, inclusive sob a forma de empresa simples de crédito;
II) que tenha sócio domiciliado no exterior;
III) de cujo capital participe entidade da Administração Pública, direta ou indireta, federal, estadual ou municipal;
IV) (revogado);
V) que possua débito com o INSS, ou com as Fazendas Públicas Federal, Estadual ou Municipal, cuja exigibilidade não esteja suspensa;
VI) que preste serviço de transporte intermunicipal e interestadual de passageiros, exceto quando na modalidade fluvial ou quando possuir características de transporte urbano ou metropolitano ou realizar-se sob fretamento contínuo em área metropolitana para o transporte de estudantes ou trabalhadores;
VII) que seja geradora, transmissora, distribuidora ou comercializadora de energia elétrica;
VIII) que exerça atividade de importação ou fabricação de automóveis e motocicletas;
IX) que exerça atividade de importação de combustíveis;
X) que exerça atividade de produção ou venda no atacado de bebidas alcoólicas, cigarros, cigarrilhas, charutos etc.;
XI) (revogado);
XII) que realize cessão ou locação de mão de obra;
XIII) (revogado);
XIV) que se dedique ao loteamento e à incorporação de imóveis;
XV) que realize atividade de locação de imóveis próprios, exceto quando se referir à prestação de serviços tributados pelo ISS;
XVI) com ausência de inscrição ou com irregularidade em cadastro fiscal federal, estadual ou municipal, quando exigível.

As vedações relativas a exercício de atividades anteriormente previstas não se aplicam às pessoas jurídicas que se dediquem exclusivamente às atividades referidas nos §5º B e 5º E, do art. 18, da LC nº 123/06.

Poderão optar pelo Simples Nacional sociedades que se dediquem exclusivamente à prestação de outros serviços que não tenham sido objeto de vedação expressa anteriormente referida.

O montante devido mensalmente será determinado mediante a aplicação de tabelas progressivas (variação de alíquotas específicas para cada tributo, em razão da elevação das receitas brutas em doze meses), específicas para o comércio, indústria, serviços e locação de bens móveis, serviços e folha de salários.

Os tributos apurados deverão ser pagos por meio de documento único de arrecadação, segundo códigos específicos para cada espécie de receita, por intermédio da matriz. Poderá ser adotado sistema simplificado de arrecadação do Simples Nacional, inclusive sem utilização da rede bancária, mediante requerimento das pessoas políticas ao Comitê Gestor.

A Emenda Constitucional nº 132, promulgada em 20.12.23, mantem a competência da lei complementar (art. 146, III, *d*) para estabelecer "a definição de tratamento diferenciado e favorecido para as microempresas e para as empresas de pequeno porte (...)".

15.8 Zona Franca de Manaus

A Zona Franca de Manaus (ZFM) é uma área de livre comércio de importação e exportação e de incentivos fiscais especiais, estabelecida com a finalidade de criar no interior da Amazônia um centro industrial, comercial e agropecuário dotado de condições econômicas que permitam seu desenvolvimento, em face dos fatores locais e de grande distância, a que se encontram, os centros consumidores de seus produtos (Decreto-Lei nº 288, de 28.02.67).

A administração das instalações e serviços será exercida pela Superintendência da Zona Franca de Manaus (SUFRAMA), entidade autárquica, com personalidade jurídica e patrimônio próprio, autonomia administrativa e financeira, com sede e fôro na cidade de Manaus, capital do Estado do Amazonas, e vinculada ao Ministério do interior.

A área básica inclui a cidade de Manaus, e os municípios de Presidente Figueiredo e Rio Preto da Eva, tendo parte dos incentivos sido estendido para a Amazônia Ocidental (Acre, Rondônia e Roraima), sendo posteriormente criadas as Áreas de Livre Comércio de Tabatinga (Amazonas), Guajará-Mirim (Rondônia), Boa Vista e Bonfim (Roraima), Brasiléia/ Epitaciolândia e Cruzeiro do Sul (Acre) e Macapá/Santana (Amapá).

Os incentivos federais abrangem atividades relativas ao Imposto de Importação (II), Imposto sobre Produtos Industrializados (IPI), as Contribuições Sociais do Programa de Integração Social e de Formação do Patrimônio do Servidor (PIS/PASEP) e da Contribuição Social para o Financiamento da Seguridade Social (COFINS); o Imposto de Renda da Pessoa Jurídica (IRPJ) e o Adicional ao Frete para a Renovação da Marinha Mercante (AFRMM).

Os incentivos estaduais compreendem o Imposto sobre Operações Relativas à Circulação de Mercadorias e sobre Prestação de Serviços de Transporte Interestadual e Intermunicipal e de Comunicação (ICMS).

A EC nº 83/14 havia prorrogado os incentivos fiscais da ZFM até o ano de 2073 (art. 92-A, no ADCT/CF/1988), tendo a Lei federal nº 14.788, de 28.12.23, também previsto a ampliação para 31.12.73, o prazo para o prevalecimento dos benefícios fiscais (previstos no art. 77, da Lei federal nº 9.532, de 10.12.97).

A EC nº 132/23 (reforma tributária) manteve o IPI em relação aos produtos que tenham industrialização incentivada na ZFM, conforme critérios estabelecidos em lei complementar, em paralelo ao Imposto Seletivo (art. 153, VIII, da CF), que deverá ser cobrado a partir de 2027 (art. 126, I, *b*, do ADCT/CF/1988.

Confira-se o preceito seguinte:

> Art. 92-B. As leis instituidoras dos tributos previstos nos arts. 156-A e 195, V, da Constituição Federal (respectivamente IBS e CBS), estabelecerão os mecanismos necessários, com ou sem contrapartidas, para manter, em caráter geral, o diferencial competitivo assegurado á Zona Franca de Manaus pelos arts. 40 e 92-A, e às áreas de livre comércio existentes em 31 de maio de 2023, nos níveis estabelecidos pela legislação relativa aos tributos extintos a que se referem os arts. 126 a 129, todos deste Ato das Disposições Constitucionais Transitárias.

§1º. Para assegurar o disposto no *caput*, serão utilizados, isolada ou cumulativamente, instrumentos fiscais, econômicos ou financeiros.

§2º. Lei Complementar instituirá Fundo de Sustentabilidade e Diversificação Econômica do Estado do Amazonas que será constituído com recursos da União e por ela gerido, com a efetiva participação do Estado do Amazonas na definição das políticas, com o objetivo de fomentar o desenvolvimento e a diversificação das atividades econômicas do Estado.

Julgamento do STF (em 12.12.23) solucionou embate do Estado do Amazonas com o Estado de São Paulo, a respeito de glosa de créditos de ICMS por empresas localizadas em território paulista em virtude de incentivos concedidos pela ZFM, nos termos seguintes:

EMENTA: ARGUIÇÃO DE DESCUMPRIMENTO DE PRECEITO FUNDAMENTAL. ATOS ADMINISTRATIVOS DO FISCO PAULISTA E DO TRIBUNAL DE IMPOSTOS E TAXAS DO ESTADO DE SÃO PAULO – TIT QUE DETERMINAM A SUPRESSÃO DE CRÉDITOS DE ICMS RELATIVOS A MERCADORIAS ORIUNDAS DA ZONA FRANCA DE MANAUS CONTEMPLADAS COM INCENTIVOS FISCAIS CONCEDIDOS UNILATERALMENTE. VALIDADE DA CONCESSÃO DE INCENTIVOS FISCAIS RELATIVOS AO ICMS ÀS INDÚSTRIAS INSTALADAS OU QUE VIEREM A SE INSTALAR NA ZONA FRANCA DE MANAUS SEM AMPARO EM CONVÊNIO CELEBRADO NO ÂMBITO DO CONSELHO NACIONAL DE POLÍTICA FAZENDÁRIA – CONFAZ. ARTIGO 15 DA LEI COMPLEMENTAR FEDERAL 24/1975. DISPOSIÇÃO INTEGRANTE DO QUADRO NORMATIVO RECEPCIONADO PELO ARTIGO 40 DO ATO DAS DISPOSIÇÕES CONSTITUCIONAIS TRANSITÓRIAS. EXCEÇÃO À REGRA DO ARTIGO 155, §2º, XII, "G", DA CONSTITUIÇÃO FEDERAL. IMPOSSIBILIDADE DE OS DEMAIS ESTADOS DA FEDERAÇÃO GLOSAREM CRÉDITOS DE ICMS RELATIVOS A MERCADORIAS ORIUNDAS DA ZONA FRANCA DE MANAUS CONTEMPLADAS COM INCENTIVOS FISCAIS CONCEDIDOS UNILATERALMENTE ÀS INDÚSTRIA ALI INSTALADAS COM FUNDAMENTO NO ARTIGO 15 DA LEI COMPLEMENTAR FEDERAL 24/1975. ARGUIÇÃO CONHECIDA E JULGADO PROCEDENTE O PEDIDO.
(...)
5. A Constituição Federal de 1988, ao tratar do (...) ICMS, sucessor do antigo (...) ICM, manteve a exigência de deliberação dos Estados e do Distrito Federal para a concessão de isenções, incentivos e benefícios fiscais relativos ao tributo, conforme a disciplina de lei complementar (artigo 155, §2º, XII, "g" da CRFB/1988).
6. O constituinte originário também optou por preservar provisoriamente o regime tributário diferenciado da Zona Franca de Manaus, dispondo que *"é mantida a Zona Franca de Manaus, com suas características de área livre de comércio, de exportação e importação, e de incentivos fiscais, pelo prazo de vinte e cinco anos, a partir da promulgação da Constituição"* (artigo 40, caput, do ADCT). O prazo de vigência da regra transitória foi ampliado em 60 (sessenta) anos pelos artigos 92 e 92-A do ADCT, incluídos, respectivamente, pelas Emendas Constitucionais 42/2003 e 83/2014.
7. A vedação á concessão de isenções heterônomas, introduzida pela nova ordem constitucional artigo 15I, III, da CRFB/1988), não tem o condão de restringir aos tributos federais os incentivos fiscais mantidos na Zona Franca de Manaus, vez que *i)* o constituinte originário pode criar exceções às regras princípios por ele estabelecidos, ainda que considerados cláusulas pétreas, pois não há hierarquia entre normas constitucionais originárias (ADI 815, Plenário, Rel. Min. Moreira Alves, *DJ* de 10/5/1996; e *ii)* não há a alegada restrição a tributos federais no artigo 40 do ADCT ou na legislação por ele abarcada. Nesse sentido foi a conclusão do Supremo Tribunal Federal no julgamento da AD 310, Plenário, Rel. Min. Cármen Lúcia, *DJe* de 09.09.2014, ocasião em que declarou a inconstitucionalidade

dos Convênios ICMS 1, 2 e 6, todos de 1990, do Conselho Nacional de Política Fazendária – CONFAZ, que suprimiram benefícios fiscais relativos ao ICMS concedidos no âmbito da Zona Franca de Manaus.

(...)

10. O artigo 15 da Lei Complementar federal 24/1975, que dispensa a prévia autorização em convênio interestadual para a concessão de benefícios fiscais relativos ao ICMS às indústrias instaladas ou que venham a se instalar na Zona Franca de Manaus, está inserido no contexto do regime tributário diferenciado da Zona Franca de Manaus, expressamente mantido pelo artigo 40 do ADCT, não havendo incompatibilidade com o disposto no artigo 155, §2º, XII, "G", do corpo permanente da Constituição Federal, justamente por se tratar de exceção encampada por disposição transitória originária, com o objetivo de promover o desenvolvimento daquela região (artigo 170, VII, da CRFB/1988).

(...)

12. O artigo 15 da Lei Complementar federal 24/1975, além de dispensar a anuência dos demais Estados e do Distrito Federal para a concessão de incentivos fiscais relativos ao ICMS às indústrias instaladas ou que vierem a se instalar na Zona Franca de Manaus, também é categórico ao vedar que as demais Unidades da Federação determinem a exclusão de referidos incentivos fiscais.

13. Os demais Estados da Federação não podem glosar créditos de ICMS relativos à aquisição de mercadorias provenientes da Zona Franca de Manaus contempladas com incentivos fiscais amparados no artigo 15 da Lei Complementar federal 24/1975 invocando a ausência de prévia autorização em Convênio do Conselho Nacional de Política Fazendária – CONFAZ para a concessão do benefício.

(...)

15. Arguição de Descumprimento de Preceito Fundamental CONHECIDA E JULGADO PROCEDENTE o pedido, para declarar a inconstitucionalidade de quaisquer atos administrativos do Fisco paulista e do Tribunal de Impostos e Taxas do Estado de São Paulo – TIT que determinem a supressão de créditos de ICMS relativos à aquisição de mercadorias oriundas da Zona Franca de Manaus, contempladas com incentivos fiscais concedidos unilateralmente ás indústrias ali instaladas com fundamento no artigo 15 da Lei Complementar federal 24/1975.

(Arguição de Descumprimento de Preceito Fundamental nº 1.004-SP – Plenário – rel. Min. Luiz Fux – sessão de 12.12.23)

GARANTIAS E PRIVILÉGIOS DO CRÉDITO TRIBUTÁRIO

16.1 Disposições Gerais

O crédito tributário reveste indiscutível interesse público, tendo em vista que os valores que abrange visam atender às amplas necessidades da coletividade, em razão do que sua indisponibilidade constitui um verdadeiro dogma. O atingimento das finalidades públicas torna indispensável à obtenção dos recursos oriundos da atividade tributária, justificando-se a concessão de garantias e privilégios para seus credores.

A enumeração das garantias atribuídas pelo CTN, ao crédito tributário, não exclui outras que sejam expressamente previstas em lei, em função da natureza ou das características do tributo a que se refiram. A natureza das garantias atribuídas ao crédito tributário não altera a natureza deste, nem a da obrigação tributária a que corresponda (art. 183 e parágrafo único).

O CTN (editado em 25.10.66) procura cercar o crédito tributário de uma gama significativa de garantias, ao estabelecer que "sem prejuízo dos privilégios especiais sobre determinados bens, que sejam previstos em lei, responde pelo pagamento do crédito tributário a totalidade dos bens e das rendas, de qualquer origem ou natureza, do sujeito passivo, seu espólio ou sua massa falida, inclusive os gravados por ônus real ou cláusula de inalienabilidade ou impenhorabilidade, seja qual for a data da constituição do ônus ou da cláusula, excetuados unicamente os bens e rendas que a lei declare absolutamente impenhoráveis" (art. 184 do CTN).

Todavia, o novo CPC de 2015 dispôs que não estão sujeitos à execução os bens que a lei considera impenhoráveis ou inalienáveis (art. 832), especificando aqueles que são absolutamente impenhoráveis (art. 833); I – os bens inalienáveis e os declarados, por ato voluntário, não sujeitos a execução; II – os móveis, os pertences e as utilidades domésticas que guarnecem a residência do executado, salvo os de elevado valor ou que ultrapassem as necessidades comuns, correspondentes a um médio padrão de vida; III – os vestuários, bem como os pertences de uso pessoal do executado, salvo se de elevado valor; IV – os vencimentos, os subsídios, os soldos, os salários, as remunerações, os proventos de aposentadoria, as pensões, os pecúlios e os montepios; bem como as quantias recebidas por liberalidade de terceiro e destinadas ao sustento do devedor e de sua família; os ganhos de trabalhador autônomo e os honorários de profissional liberal, ressalvado o §2º; V – os livros, as máquinas, as ferramentas, os utensílios, os instrumentos ou outros bens móveis necessários ou úteis ao exercício da profissão do executado; VI – o seguro de vida; VII – os materiais necessários para obras em andamento, salvo se essas forem penhoradas; VIII – a pequena propriedade rural, assim definida em lei, desde que trabalhada pela família; IX – os recursos públicos recebidos por instituições privadas para aplicação compulsória em educação, saúde, ou assistência social; X – a quantia depositada em caderneta de poupança, até o limite de 40 (quarenta) salários mínimos; XI – os recursos públicos do fundo partidário recebidos por partido político, nos termos da lei; XII – os créditos oriundos de alienação de unidades imobiliárias, sob regime de incorporação imobiliária, vinculados à execução da obra.

A impenhorabilidade não é oponível à execução da dívida relativa ao, inclusive, àquela contraída para sua execução. O disposto nos incisos IV e X não se aplica à hipótese de penhora para pagamento de prestação alimentícia, independentemente de sua origem, bem como às importâncias excedentes a 50 (cinquenta) salários mínimos mensais, devendo a constrição observar o disposto no art. 528, §8º, e no art. 529, §3º.

Incluem-se na impenhorabilidade prevista no inciso V do *caput* os equipamentos, os implementos e as máquinas agrícolas pertencentes à pessoa física ou à empresa individual produtora rural, exceto quando tais bens tenham sido objeto de financiamento e estejam vinculados em garantia a negócio jurídico ou quando respondam por dívida de natureza alimentar, trabalhista ou previdenciária.

A Lei federal nº 6.830, de 22.9.80 – regrando a cobrança judicial da dívida ativa da Fazenda Pública –, dispôs que a penhora não poderá recair sobre bens que a lei declara absolutamente impenhoráveis (arts. 10 e 30).

Além disso, a Lei federal nº 8.009, de 29.03.90, tratou da impenhorabilidade do *bem de família*, no sentido de que o imóvel residencial próprio do casal, ou da entidade familiar, é impenhorável e não responderá por qualquer tipo de dívida civil ou de outra natureza contraída pelos cônjuges ou pelos pais ou filhos que sejam seus proprietários e nele residam, salvo nas hipóteses previstas nesta lei (art. 1º). A impenhorabilidade compreende o imóvel sobre o qual se assentam a construção, as plantações, as benfeitorias de qualquer natureza e todos os equipamentos, inclusive os de uso profissional, ou móveis que guarnecem a casa, desde que quitados (parágrafo único).

Não se sujeitam à penhora os veículos de transporte, obras de arte e seus adornos suntuosos (art. 2º). No caso de imóvel locado, a impenhorabilidade aplica-se aos bens móveis quitados que guarneçam a residência, e que sejam de propriedade do locatário, observado o disposto nesse artigo (parágrafo único).

A impenhorabilidade é oponível em qualquer processo de execução civil, *fiscal*, previdenciária, trabalhista ou de outra natureza (art. 3º), salvo – entre outras situações – se movido para a cobrança de impostos, predial ou territorial, taxas e contribuições devidas em função do imóvel familiar (item IV).

Considera-se residência um único imóvel utilizado pelo casal ou pela entidade familiar para moradia permanente. Na hipótese de o casal, ou entidade familiar, ser possuidor de vários imóveis utilizados como residência, a impenhorabilidade recairá sobre o de menor valor, salvo se outro tiver sido registrado para esse fim no Registro de Imóveis e na forma dos arts. 1.711 e 1.714 do Código Civil (art. 5º e parágrafo único da Lei nº 8.009/90).

Por conseguinte, fica parcialmente prejudicada a diretriz consagrada no CTN (art. 184), reduzindo-se significativamente as garantias para os créditos tributários que não têm condição jurídica de alcançar os bens absolutamente impenhoráveis, por força de legislação posterior. Todavia, o sujeito passivo poderá sofrer a constrição relativamente a todos os demais bens (imóveis, móveis, valores financeiros, títulos etc.).

16.2 Presunção de Fraude

Presume-se fraudulenta a alienação ou oneração de bens ou rendas, ou seu começo, por sujeito passivo em débito com a Fazenda Pública por crédito tributário regularmente inscrito como dívida ativa (art. 185 do CTN com a redação da LC nº 118/05).

Este preceito não se aplica na hipótese de terem sido reservados, pelo devedor, bens ou rendas suficientes ao total pagamento da dívida ativa.

Na falência: I – o crédito tributário não prefere aos créditos extraconcursais ou às importâncias passíveis de restituição, nos termos da lei falimentar, nem aos créditos com garantia real, no limite do valor do bem gravado; II – a lei poderá estabelecer limites e condições para a preferência dos créditos decorrentes da legislação do trabalho; e III – a multa tributária prefere apenas aos créditos subordinados (parágrafo único do art. 186, acrescentado pela LC nº 118/05).

A inscrição na dívida ativa constitui ato de controle administrativo da legalidade, realizado para apurar a liquidez e a certeza do crédito tributário. A Dívida Ativa da União é apurada e inscrita na Procuradoria da Fazenda Nacional (§§3º e 4º do art. 2º da Lei nº 6.830/80), enquanto nos Estados, Distrito Federal e Municípios, a competência para a realização do referido ato caberá à autoridade administrativa indicada nas respectivas legislações ordinárias.

Compete à autoridade verificar a legitimidade dos créditos decorrentes de lançamentos (por declaração ou de ofício), e também das informações prestadas pelos sujeitos passivos declarando os valores devidos, em que esteja positivada a falta de pagamento dos tributos.

A Fazenda constitui seu próprio título de crédito, dotado de presunção de liquidez e certeza, em razão do que o respectivo devedor não poderá desviar seus bens, por constituírem garantia do Poder Público. Salvo no caso de terem sido reservados pelo devedor bens ou rendas suficientes ao total pagamento da dívida em fase de execução (parágrafo único do art. 185 do CTN com a redação da LC nº 118/05), a Fazenda poderá propor ação judicial (denominada revocatória), objetivando anular a alienação (venda, doação, troca etc.), ou a oneração (hipoteca, penhor etc.). Esta anulação só tem cabimento no caso de a dívida ativa se encontrar em fase de execução, ou seja, quando já tenha sido distribuída a petição inicial (execução fiscal) da Fazenda no órgão judiciário competente.

A LC nº 118/05 insere no CTN a regra seguinte:

> Art. 185-A. Na hipótese de o devedor tributário, devidamente citado, não pagar nem apresentar bens à penhora no prazo legal e não forem encontrados bens penhoráveis, o juiz determinará a indisponibilidade de seus bens e direitos, comunicando a decisão, preferencialmente por meio eletrônico, aos órgãos e entidades que promovem registros de transferência de bens, especialmente ao registro público de imóveis e às autoridades supervisoras do mercado bancário e do mercado de capitais, a fim de que, no âmbito de suas atribuições, façam cumprir a ordem judicial.

§1º A indisponibilidade de que trata o *caput* deste artigo limitar-se-á ao valor total exigível, devendo o juiz determinar o imediato levantamento da indisponibilidade dos bens ou valores que excederem esse limite.

§2º Os órgãos e entidades aos quais se fizer a comunicação de que trata o *caput* deste artigo enviarão imediatamente ao juízo a relação discriminada dos bens e direitos cuja indisponibilidade houverem promovido.

O STJ firmou a diretriz seguinte:

A decretação da indisponibilidade de bens e direitos, na forma do art. 185-A do CTN, pressupõe o exaurimento das diligências na busca por bens penhoráveis, o qual fica caracterizado quando infrutíferos o pedido de constrição sobre ativos financeiros e a expedição de ofícios aos registros públicos do domicílio do executado, ao Denatran ou Detran. (Súmula nº 560 do STJ)

16.3 Preferências

O sujeito passivo pode encontrar-se obrigado a pagamento de débitos de natureza variada (civil – compra de bem imóvel; comercial – aquisição de mercadorias; financeiro – empréstimos; trabalhista – salários; e tributários – impostos etc.).

O crédito tributário prefere a qualquer outro, seja qual for a natureza ou o tempo da constituição deste, ressalvados os créditos decorrentes da legislação do trabalho ou do acidente do trabalho (art. 186 do CTN), em razão do que o sujeito passivo deve arcar, inicialmente, com todos os encargos trabalhistas (salários, décimo terceiro salário, aviso prévio, férias etc.), após o que passam a ter preferência os créditos fiscais independentemente de quaisquer características que possam revestir.

A cobrança judicial do crédito tributário não é sujeita a concurso de credores ou habilitação em falência, recuperação judicial, concordata, inventário ou arrolamento (art. 187 do CTN, redação da LC nº 118/05, e art. 29 da Lei nº 6.830/80). A Fazenda não concorre com nenhum dos outros credores (civis, comerciais, financeiros), e nem está obrigada a postular seu crédito nos apontados processos, de modo a ter que aguardar rateio, devendo ser paga preferencialmente.

O concurso de preferência somente se verifica entre pessoas jurídicas de Direito Público, na seguinte ordem: I – União; II – Estados, Distrito Federal e Territórios, conjuntamente e *pro rata*; III – Municípios, conjuntamente e *pro rata* (parágrafo único do art. 187 do CTN, e parágrafo único do art. 29 da Lei nº 6.830/80). Este concurso revela compatibilidade com o art. 9º, I, da Constituição Federal, que – dispondo sobre o direito de greve – trata dos serviços ou atividades essenciais e atendimento das necessidades inadiáveis da comunidade.

Todavia, a ordem de preferência pode ser objetada pelas demais pessoas de Direito Público, porquanto fere o princípio constitucional da isonomia, que impõe um tratamento jurídico equalitário tendo em vista a inexistência de níveis de governo, mas distintas esferas de competência.

São extraconcursais os créditos tributários decorrentes de fatos geradores ocorridos no curso do processo de falência. Contestado o crédito tributário, o juiz remeterá as partes ao processo competente, mandando reservar bens suficientes à extinção total do crédito e seus acrescidos, se a massa não puder efetuar a garantia da instância por outra forma, ouvido, quanto à natureza e valor dos bens reservados, o representante da Fazenda Pública interessada (art. 188, redação da LC nº 118/05 e parágrafo único do CTN).

O síndico – como administrador da massa falida (patrimônio do comerciante) – deve cumprir suas obrigações (inclusive as de natureza fiscal), recolhendo os tributos devidos, mas, também, impugnando aqueles que não tenham embasamento jurídico.

São pagos preferencialmente a quaisquer créditos habilitados em inventário ou arrolamento, ou a outros encargos do monte, os créditos tributários vencidos ou vincendos, a cargo do *de cujus* ou de seu espólio, exigíveis no decurso do processo de inventário ou arrolamento. Contestado o crédito tributário, o juiz remeterá as partes ao processo competente, mandando reservar bens suficientes à extinção total do crédito, se o espólio não puder oferecer outra garantia (art. 189, e parágrafo único, do art. 189 do CTN).

Também terão preferência os pagamentos a quaisquer outros os créditos tributários vencidos ou vincendos, a cargo de pessoas jurídicas de Direito Privado em liquidação judicial ou voluntária, exigíveis no decurso da liquidação (art. 190 do CTN).

Reforçando a garantia fazendária, nos processos de falência, concordata, liquidação, inventário, arrolamento ou concurso de credores, nenhuma alienação será judicialmente autorizada sem a prova de quitação da Dívida Ativa ou a concordância da Fazenda Pública (art. 31 da Lei nº 6.830/80).

16.4 Quitações de Tributos

A extinção das obrigações do falido requer prova de quitação de todos os tributos (art. 191 do CTN, na redação da LC nº 118/05). A concessão de recuperação judicial depende da apresentação da prova de quitação de todos os tributos, observado o disposto nos arts. 151, 205 e 206 do CTN (art. 191-A, acrescentado pela LC nº 118, de 09.02.05).

Nenhuma sentença de julgamento de partilha ou adjudicação será proferida sem prova da quitação de todos os tributos relativos aos bens do espólio, ou às suas rendas (art. 192 do CTN). O concordatário, o síndico e o inventariante deverão fazer a juntada das certidões negativas de débitos tributários, aos respectivos processos judiciais, para que se torne viável a prática dos referidos atos.

Salvo quando expressamente autorizado por lei, nenhum departamento da Administração Pública da União, dos Estados, do Distrito Federal ou dos Municípios, ou sua autarquia, celebrará contrato ou aceitará proposta em concorrência pública sem que o contratante ou proponente faça prova da quitação de todos os tributos devidos à Fazenda Pública interessada, relativos à atividade em cujo exercício contrata ou concorre (art. 193 do CTN).

A pessoa jurídica em débito com o sistema de seguridade social, como estabelecido em lei, não poderá contratar com o Poder Público nem dele receber benefícios ou incentivos fiscais ou creditícios (§3º do art. 195, CF). É o que ocorre com empresas que mantêm convênios com órgãos públicos para manutenção de instituições de educação, saúde, creches etc., e necessitam de recursos ou subsídios governamentais.

Ressalte-se a diretriz firmada de longa data no sentido de que os certificados de quitação e de regularidade não podem ser negados, enquanto pendente de decisão, na via administrativa, o débito levantado (Súmula nº 29 do extinto Tribunal Federal de Recursos – TFR), uma vez que inexiste certeza ou liquidez com relação ao crédito tributário, que pode até nem subsistir por força de ulterior decisão. Tais certificados também não podem ser negados se o débito estiver garantido por penhora regular (Código Tributário Nacional, art. 206), conforme estratificado na Súmula nº 38 do TFR.

ADMINISTRAÇÃO TRIBUTÁRIA

17.1 Direitos e Deveres da Fiscalização

A competência constitucional outorgada às pessoas de Direito Público para instituir tributos implica, necessariamente, a competência para proceder ao exercício da respectiva fiscalização junto aos sujeitos passivos e todos aqueles que com eles mantenham algum tipo de vinculação. Considerando que a Constituição confere os fins – direito ao recebimento dos tributos –, deve também propiciar os respectivos meios para a sua efetivação.

A fiscalização constitui um autêntico poder-dever cometido às Fazendas, prestigiando os superiores princípios da supremacia do interesse público sobre o interesse privado e da indisponibilidade dos créditos tributários.

A legislação tributária, observado o disposto no CTN, regulará, em caráter geral, ou especificamente em função da natureza do tributo de que se tratar, a competência e os poderes das autoridades administrativas em matéria de fiscalização da sua aplicação. Será aplicável às pessoas naturais ou jurídicas, contribuintes ou não, inclusive às que gozem de imunidade tributária ou de isenção de caráter pessoal (art. 194 do CTN).

A União, os Estados, o Distrito Federal e os Municípios deverão editar sua própria legislação, disciplinando as competências das autoridades para o exercício da atividade tributária, especificando as mais variadas funções, a saber: a) fiscalização e cobrança dos créditos tributários; b) julgamento dos litígios instaurados em razão de lançamentos; c) restituição e compensação de tributos; d) consultoria; e) planejamento.

No âmbito federal, compete à Secretaria da Receita Federal do Brasil (RFB) o exercício das mencionadas atividades relativamente aos tributos federais, que também abrange as contribuições sociais a) das empresas, incidentes sobre a remuneração paga ou creditada aos segurados a seu serviço; b) dos empregadores domésticos; c) dos trabalhadores, incidentes sobre o seu salário de contribuição, e das contribuições instituídas a título de substituição; e d) das contribuições devidas a terceiros, assim entendidas outras entidades e fundos, e desde que tenham as mesmas bases de cálculo que incidem sobre a remuneração paga, devida ou creditada a segurados do Regime

Geral de Previdência Social, ou instituídas sobre outras bases a título de substituição (Lei federal nº 11.457, de 16.03.07).

A legislação deve ser considerada para as pessoas naturais ou jurídicas, contribuintes ou não, inclusive às que gozam de imunidade tributária ou de isenção de caráter pessoal (parágrafo único do art. 194 do CTN), em razão do que é amplo o quadro de destinatários da fiscalização, que deve abranger também as pessoas que possam encontrar-se desoneradas de tributação. Para estas, a fiscalização também é imprescindível para ser verificado se estão sendo atendidos os requisitos constitucionais e legais.

Para os mencionados efeitos, não têm aplicação quaisquer disposições legais excludentes ou limitativas do direito de examinar mercadorias, livros, arquivos, documentos, papéis e efeitos comerciais ou fiscais dos comerciantes, industriais ou produtores, ou da obrigação destes de exibi-los (art. 195 do CTN). Os livros obrigatórios de escrituração comercial e fiscal e os comprovantes dos lançamentos neles efetuados serão conservados até que ocorra a prescrição dos créditos tributários decorrentes das operações a que se refiram (parágrafo único do art. 195 do CTN).

De há muito se encontra superado o sigilo dos livros e assentos mercantis, tendo a jurisprudência se solidificado no sentido de que "estão sujeitos à fiscalização tributária ou previdenciária, quaisquer livros comerciais, limitado o exame aos pontos objeto da investigação" (Súmula nº 439 do STF).

Embora o CTN seja omisso, penso que também os livros e documentos dos demais sujeitos passivos (prestadores de serviços, instituições financeiras etc.) podem ser objeto de exame, segundo a regular competência para exigir tributos, que só se viabiliza no caso de se proceder ao exame das atividades, negócios, estados e situações de todos os sujeitos passivos. Todavia, a fiscalização deve estar adstrita aos elementos de interesse, não podendo extravasar a competência administrativa, como no caso de o Fisco municipal fiscalizar os empréstimos realizados pelo contribuinte.

A autoridade administrativa que proceder ou presidir a quaisquer diligências de fiscalização lavrará os termos necessários para que se documente o início do procedimento, na forma da legislação aplicável, que fixará prazo máximo para a conclusão daquelas (art. 196 do CTN). Os termos a que se refere este artigo serão lavrados, sempre que possível, em um dos livros fiscais exibidos; quando lavrados em separado deles se entregará, à pessoa sujeita à fiscalização, cópia autenticada pela autoridade a que se refere este artigo (parágrafo único do art. 196 do CTN).

A Administração Pública deverá formalizar a fiscalização, que terá que ser concluída num determinado período de tempo, uma vez que este procedimento não deve se projetar indefinidamente no tempo, para não causar entraves ou constrangimentos ao sujeito passivo. É importante que o Fisco especifique os documentos solicitados (fixando prazo), e o objeto da matéria fiscalizada, pois o sujeito passivo poderá agir com espontaneidade com relação aos seus demais negócios e atividades (recolhendo tributos sem multa penal, ou formulando consulta às autoridades fazendárias, suspendendo a exigibilidade do respectivo crédito tributário).

Deverá obedecer aos princípios da legalidade, impessoalidade, moralidade, publicidade e eficiência (art. 37 da CF), não havendo margem de dúvida de que não basta ser observados os requisitos formais e materiais dos atos administrativos para que possam ser providos de eficácia, pois, necessariamente, requer-se observância a um *plus* constitucional, qual seja, obediência às normas morais que regem o ato público.

As Fazendas Públicas da União, dos Estados, do Distrito Federal e dos Municípios prestar-se-ão mutuamente assistência para a fiscalização dos tributos respectivos e permuta de informações, na forma estabelecida, em caráter geral ou específico, por lei ou convênio (art. 199 do CTN), que ocorre, por exemplo, nas situações seguintes: a) na importação de produtos estrangeiros, a respectiva liberação é promovida por órgão da Receita Federal, que exige o recolhimento do ICMS; b) o Fisco federal, em decorrência de declaração de imposto de renda de pessoa física, demonstrando o exercício de atividade profissional, promove informação ao Fisco municipal para fins de inscrição em seu cadastro e recolhimento de tributos (imposto sobre serviços, taxa de licença); c) o Fisco de um determinado Estado comunica a situação de empresa mercantil, ao Fisco de outro Estado, para que este examine a regularidade tributária nas operações interestaduais.

A CF preceitua que as administrações tributárias exercem atividades essenciais ao funcionamento do Estado, e atuarão de forma integrada, inclusive com o compartilhamento de cadastros e informações fiscais, na forma da lei ou do convênio (art. 37, XXII, acrescentado pela Emenda nº 42, de 19.12.03).

Nesse sentido, poderão requisitar o auxílio de força pública federal, estadual, ou municipal, e reciprocamente quando vítimas de embaraço ou desacato no exercício de suas funções, ou quando necessário à efetivação de medida prevista na legislação tributária, ainda que não se configure fato definido em lei como crime ou contravenção (art. 200 do CTN).

A Lei Complementar nº 105, de 10.01.01 (art. 6º), dispôs que as autoridades e os agentes fiscais tributários da União, dos Estados, do Distrito Federal e dos Municípios somente poderão examinar documentos, livros e registros de instituições financeiras, inclusive os referentes a contas de depósitos e aplicações financeiras, quando houver processo administrativo instaurado ou procedimento fiscal em curso e tais exames sejam considerados indispensáveis pela autoridade administrativa competente.

O Decreto federal nº 3.724, de 10.01.01, regulamenta o art. 6º da LC nº 105/01 relativamente à requisição, acesso e uso, pela RFB, de informações referentes a operações e serviços das instituições financeiras e das entidades a elas equiparadas.

Os procedimentos fiscais relativos a tributos e contribuições administrados pela RFB terão início mediante expedição prévia de Termo de Distribuição do Procedimento Fiscal – TDPF (redação dada pelo Decreto nº 8.303, de 2014).

Nos casos de flagrante constatação de contrabando, descaminho ou de qualquer outra prática de infração à legislação tributária, em que o retardamento do início do procedimento fiscal coloque em risco os interesses da Fazenda Nacional, pela possibilidade de subtração da prova, o Auditor Fiscal deverá iniciar imediatamente o procedimento fiscal e, no prazo de cinco dias, contado da data de seu início, será expedido TDPF especial, do qual será dada ciência ao sujeito passivo.

O TDPF não será exigido nas hipóteses de procedimento de fiscalização:

I – realizado no curso do despacho aduaneiro;
II – interno, de revisão aduaneira;
III – de vigilância e repressão ao contrabando e descaminho, realizado em operação ostensiva;
IV – relativo ao tratamento automático das declarações (malhas fiscais).

17.2 Dever de Informação

Mediante intimação escrita, são obrigados a prestar à autoridade administrativa todas as informações de que disponham com relação aos bens, negócios ou atividades de terceiros: I – os tabeliães, escrivães e demais serventuários de ofício; II – os bancos, casas bancárias, Caixas Econômicas e demais instituições financeiras; III – as empresas de administração de bens; IV – os corretores, leiloeiros e despachantes oficiais; V – os inventariantes; VI – os síndicos, comissários e liquidatários; VII – quaisquer outras entidades ou pessoas que a lei designe, em razão de seu cargo, ofício, função, ministério, atividade ou profissão (art. 197 do CTN).

Referida obrigação não abrange a prestação de informações quanto a fatos sobre os quais o informante esteja legalmente obrigado a preservar segredo em razão de cargo, ofício, função, ministério, atividade ou profissão (parágrafo único do art. 197 do CTN).

Inúmeras pessoas (físicas e jurídicas) encontram-se direta ou indiretamente vinculadas a fatos tributários, tornando-se justificável o direito de o Fisco obter esclarecimentos dessas, objetivando apurar a regularidade do cumprimento das obrigações tributárias. É o caso dos tabeliães que tratam das transações imobiliárias, em que poderá incidir o imposto de renda e o imposto de transmissão de bens imóveis *inter vivos*; das instituições bancárias que concedem empréstimos a terceiros, envolvendo a incidência do imposto sobre operações financeiras; e das administradoras de bens imóveis que têm conhecimento dos impostos incidentes sobre o imóvel e a locação.

Sem prejuízo do disposto na legislação criminal, é vedada a divulgação, por parte da Fazenda Pública ou de seus servidores, de informação obtida em razão do ofício sobre a situação econômica ou financeira do sujeito passivo ou de terceiros e sobre a natureza e o estado de seus negócios ou atividades (art. 198 do CTN).

A Fazenda Pública e seus servidores somente poderão prestar informação obtida em razão do ofício sobre a situação econômica, ou financeira, do sujeito passivo ou de terceiros e sobre a natureza e o estado de seus negócios ou atividades, nos casos seguintes:

 a) requisição de autoridade judiciária no interesse da justiça;
 b) solicitações de autoridade administrativa no interesse da Administração Pública, desde que seja comprovada a instauração regular de processo administrativo, no órgão ou na entidade respectiva, com o objetivo de investigar o sujeito passivo a que se refere a informação, por prática de infração administrativa.

O intercâmbio de informação sigilosa, no âmbito da Administração Pública, será realizado mediante processo regularmente instaurado, e a entrega será feita pessoalmente à autoridade solicitante, mediante recibo, que formalize a transferência e assegure a preservação do sigilo.

Não é vedada a divulgação de informações relativas às I) representações fiscais para fins penais; II) inscrições na dívida ativa da Fazenda Pública; e III) parcelamento ou moratória (§§1º, 2º, 3º do art. 198 do CTN, inseridos pela LC nº 104/01). O art. 198 (na redação da LC nº208, de 02/07/24) passa a compreender os dispositivos seguintes:

§ 4º Sem prejuízo do disposto no art. 197, a administração tributária poderá requisitar informações cadastrais e patrimoniais do sujeito passivo de crédito tributário a órgãos ou entidades, públicos ou privados, que, inclusive por obrigação legal, operem cadastros e registros ou controlem operações de bens e direitos.

§ 5º Independentemente da requisição prevista no § 4º deste artigo, os órgãos e as entidades da administração pública direta e indireta de qualquer dos Poderes colaborarão com a administração tributária visando ao compartilhamento de bases de dados de natureza cadastral e patrimonial de seus administrados e supervisionados,

Demais situações atinentes a informações decorrentes da quebra de sigilo de dados bancários são esclarecidas em capítulo específico (item 17.3), ressaltando-se que está prevista a indispensabilidade dos exames fiscais nas seguintes hipóteses:

I) subavaliação de valores de operação, inclusive de comércio exterior, de aquisição ou alienação de bens ou direitos, tendo por base os correspondentes valores de mercado;
II) obtenção de empréstimos de pessoas jurídicas não financeiras ou de pessoas físicas, quando o sujeito passivo deixar de comprovar o efetivo recebimento dos recursos;
III) prática de operação por qualquer pessoa física ou jurídica residente ou domiciliada em país com tributação favorecida ou beneficiária de regime especial;
IV) omissão de rendimentos ou ganhos líquidos, decorrentes de aplicações financeiras de renda fixa ou variável;
V) realização de gastos ou investimentos em valor superior à renda disponível;
VI) remessa, a qualquer título, para o exterior, por intermédio de conta de não residente, de valores incompatíveis com as disponibilidades declaradas;
VII) previstas no art. 33 da Lei nº 9.430, de 1996;
VIII) pessoa jurídica enquadrada no Cadastro Nacional da Pessoa Jurídica (CNPJ), como cancelada ou inapta (falta de declaração anual de rendimentos, ou não localizada em seu endereço);
IX) pessoa física sem inscrição no Cadastro de Pessoas Físicas (CPF), ou com inscrição cancelada;
X) negativa, pelo titular de direito da conta, da titularidade de fato ou da responsabilidade pela movimentação financeira;
XI) presença de indício de que o titular de direito é interposta pessoa do titular de fato; e
XII) intercâmbio de informações, com fundamento em tratados, acordos ou convênios internacionais, para fins de arrecadação e fiscalização de tributos.

Observa-se que não se aplica o disposto nos incisos I a VI, quando as diferenças apuradas não excedam a dez por cento dos valores de mercado ou declarados, conforme o caso.

As autoridades administrativas federais poderão requisitar o *auxílio de força pública* federal, estadual, ou municipal, e reciprocamente, quando vítimas de embaraço ou desacatado no exercício de suas funções, ou quando necessário à efetivação de medida prevista na legislação tributária, ainda que não se configure fato definido em lei como crime ou contravenção.

O STJ examinou peculiar situação:

Ementa
Recurso Especial – alínea "a" – Tributário – Mandado de Segurança – Administradora de Shopping Center – Exibição de Documentos Elaborados com Base nos Relatórios de Vendas das Lojas Administradas – Obrigatoriedade – art. 195, *caput*, e 197, inciso III do CTN.

O dever de prestar informações à autoridade fiscal não se restringe ao sujeito passivo das obrigações tributárias, ou seja, o contribuinte ou responsável tributário, alcançando também terceiros, na forma prevista em lei.
(REsp nº 201.459-DF, 2ª Turma, rel. Min. Franciulli Netto, j. 17.02.04, *DJU* 1 de 03.09.07, p. 154)

17.3 Sigilo

O sigilo de informações tem sido objeto de proteção legal nas mais diversas atividades, tendo o Código Penal estabelecido sanções para a violação de segredo profissional (art. 154) e de sigilo funcional (art. 325).

Direitos de natureza assemelhada também são conferidos aos cidadãos, conforme estipulado no Código Civil (art. 229), Código de Processo Civil (arts. 347, II e IV, e 406, II), Código de Processo Penal (art. 207), desobrigando o depoimento quanto a fatos protegidos por segredo profissional, e Código Comercial (arts. 17 e 19) conforme apontado anteriormente.

A Lei de Informática (nº 7.323/84) protege o sigilo de dados armazenados, processados e vinculados, que sejam do interesse da privacidade das pessoas (art. 2º, VII); bem como a Lei de Imprensa (nº 5.250/67), que dispõe sobre a responsabilidade civil nos casos de calúnia e difamação e o fato imputado, ainda que verdadeiro, quando disser respeito à vida privada do ofendido e a divulgação não for motivada em razão de interesse público.

Demais atividades profissionais devem observar sigilo, como o advogado (Lei nº 8.906/94, arts. 7º, XIX, 34, VII, e 36, I), que "tem o direito-dever de negar-se a depor quando em jogo questão e ou pessoa postos sob seu patrocínio" (*RSTJ* 57/125), o jornalista ou radialista (Lei nº 5.250/67, art. 71), e o militar (Decreto-Lei nº 1.029/69, art. 34).

A CF-88 estabelece o seguinte:

Art. 5º
(...)
X – são invioláveis a intimidade, a vida privada, a honra e a imagem das pessoas, assegurado o direito à indenização pelo dano material ou moral decorrente de sua violação:
(...)
XII – é inviolável o sigilo de correspondência e das comunicações telegráficas, de dados e das comunicações telefônicas, salvo, no último caso, por ordem judicial, nas hipóteses e na forma que a lei estabelecer para fins de investigação criminal ou instrução processual penal.

A *intimidade* e a *privacidade* constituem valores prestigiados constitucionalmente, mantendo íntima conexão com o *sigilo de dados*, atendidas as ressalvas apontadas, podendo ser transplantadas para a órbita profissional em que se impõe confiança e discrição.

O segredo profissional objetiva preservar aspectos pessoais, impedindo que terceiros tenham conhecimento da vida alheia, resguardando-se a própria dignidade humana, que constitui um dos princípios fundamentais do Estado Democrático de Direito.

O *sigilo bancário* – independente das teorias que o disciplinam (contratualista, direito de personalidade, responsabilidade civil, segredo profissional, contrato de adesão) – constitui "condição imprescindível não só para a segurança do interesse dos clientes do banco como para o próprio êxito da atividade bancária. Raros seriam, por certo, os clientes de bancos, senão contassem com a reserva do banqueiro e seus prepostos. Em nenhuma outra atividade profissional é de se atender, com mais adequação, a advertência de que a alma do negócio é o segredo. Pode-se dizer, aqui, em relação a certos fatos, que 'le secret va de soi'. Entrando no conhecimento da vida financeira de seus clientes, o banqueiro está adstrito a silêncio em torno de quaisquer fatos que, se revelados ou comunicados a terceiros, acarretariam àqueles efetivo ou possível dano".[346]

Informar a situação pessoal abala o natural relacionamento com seus clientes (fundados na confiança e no crédito), pois acarreta significativos reflexos porque pode despertar a cobiça de terceiros (com fins criminosos mediante sequestro, roubos etc.), a participação desleal de concorrentes em negócios, o irado procedimento de credores (perspectivas de bloqueios de valores), e da própria família (interpelação relativa a ganhos, gastos etc.).

Assim, somente em casos especialíssimos, pautados pela prudência, razoabilidade, equilíbrio e ponderação do Judiciário é que poderia ser revelada a situação financeira dos particulares.

Compete à Administração proceder à fiscalização dos atos, negócios, estados e operações realizadas pelos particulares para apurar e cobrar (se for o caso) os pertinentes valores tributários, além do que, "como agente normativo e regulador da atividade econômica, o Estado exercerá, na forma da lei, as funções de fiscalização, incentivo e planejamento, sendo este determinante para o setor público e indicativo para o setor privado" (art. 174 da CF).

É cediço que a Administração Pública tem de estar dotada dos instrumentos necessários para conhecer os elementos patrimoniais (bens, direitos e obrigações), os rendimentos de qualquer natureza e as atividades dos contribuintes (com substrato econômico), para ser captado o princípio da capacidade contributiva.

Não se questiona seja importante o conhecimento do trânsito de valores patrimoniais dos cidadãos e das entidades, em geral, para apurar a legitimidade de suas atividades e negócios de natureza financeira, não só no que tange ao cumprimento de obrigações tributárias, mas também no que atina à prática de crimes contra a ordem tributária, tráfico de entorpecentes, contrabando etc.

Também não se ignora que a imposição de limites e restrições à ação fazendária, impossibilitando o conhecimento dos negócios e valores movimentados, pode acarretar a ineficácia à persecução de seu objetivo constitucional (recebimento de tributos), o que poderia tornar indispensável a obtenção de informações mais amplas de quaisquer pessoas e entidades.

Essas considerações evidenciam a existência de antinomia jurídica em face da existência dos princípios pertinentes ao direito à intimidade e à privacidade, e do interesse público na apuração de negócios, razão pela qual se ponderou que "numa questão tão delicada e complexa como esta do sigilo bancário, que envolve um difícil *balanceamento de valores,* entre o polo da intocabilidade pertinente à pessoa e o polo oposto do que é exigido pelo interesse coletivo – não se podendo afirmar que um deles seja superior ao outro – penso que se deve optar por uma linha de *prudente adequação* à conjuntura de

---

[346] HUNGRIA, Nelson. *Comentários ao Código Penal*. Rio de Janeiro: Forense, 1980. p. 271.

cada caso concreto, obedecendo-se, desse modo, à diretriz indicada pelas mais atuantes correntes contemporâneas sobre o direito como concreção e experiência".[347]

Evidente que as pautas axiológicas não podem ocasionar a supremacia e a consideração exclusiva de um princípio, de forma a positivar-se o direito absoluto do sigilo bancário, competindo ao Judiciário determinar, em cada caso concreto, a quebra do segredo dos atos privados mediante a transparência e elucidação da verdade, de conformidade com o devido processo legal, conforme apontado em trabalho específico.[348]

Os depósitos bancários, por si só, não representam valores que necessariamente tenham implicação tributária, nem mesmo sinais exteriores de riqueza, sequer presunção de negócios e operações, mas meros indícios que obrigam à efetiva comprovação documental.

Tais depósitos – ainda que em valores desproporcionais à renda – não justificam a incidência tributária, porque podem decorrer dos mais variados motivos (estranhos aos tributos), a saber:
a) os depósitos representariam bens de terceiros que não teriam ingressado no patrimônio do contribuinte, como é o caso do advogado que recebe numerário do cliente para fazer frente a custas, despesas etc., ou correspondem a levantamentos judiciais que ainda não foram objeto de repasse a eles;
b) os depósitos corresponderiam a ingressos patrimoniais não tributáveis;
c) os depósitos decorreriam de atividades sujeitas à incidência tributária, mas que já teriam sido oferecidos à tributação.

Considerando que pode ser variada a gama de situações estranhas à tributação, e que a simples existência de depósitos não conduziria à apontada presunção, o Judiciário firmou a diretriz de que "é ilegítimo o lançamento do Imposto de Renda arbitrado com base apenas em extratos ou depósitos bancários" (Súmula nº 182 do antigo Tribunal Federal de Recursos).

Devem conservar sigilo, em suas operações ativas e passivas e serviços prestados, as instituições financeiras (bancos; distribuidoras e corretoras de valores mobiliários; as sociedades de crédito, financiamento e investimentos; as sociedades de crédito imobiliário; as administradoras de cartões de crédito; as sociedades de arrendamento mercantil; as administradoras de mercado de balcão organizado; as cooperativas de crédito; as associações de poupança e empréstimo; as bolsas de valores e de mercadorias e futuros; as entidades de liquidação e compensação; outras sociedades que, em razão da natureza de suas operações, assim venham a ser consideradas pelo Conselho Monetário Nacional; e as empresas de fomento comercial ou *factoring*), também extensivo ao Banco Central do Brasil.

A quebra do sigilo poderá ser decretada quando necessária para a apuração de ocorrência de qualquer ilícito, em qualquer fase do inquérito ou do processo judicial, e relativamente a específicos crimes, inclusive contra a ordem tributária e a previdência social. Serão prestadas pelo Banco Central, pela Comissão de Valores Mobiliários e pelas instituições financeiras as informações ordenadas pelo Judiciário, preservado o

---
[347] REALE, Miguel. O Sigilo Bancário no Direito Brasileiro. *Ciclo de Estudos de Direito Econômico*. São Paulo: IBCB, 1993. p. 139.
[348] MELO, José Eduardo Soares de. Direitos Fundamentais do Contribuinte. *Pesquisas Tributárias, Nova Série 6*. São Paulo: Centro de Extensão Universitária e RT, 2000. p. 309.

seu caráter sigiloso, mediante acesso restrito às partes, que delas não poderão servir-se para fins estranhos à lide.

As situações e as pessoas envolvidas no sigilo das operações das instituições financeiras observam disciplina jurídica específica, inclusive a constituição de crime (LC nº 105/01), sendo estabelecido procedimento para a "quebra do sigilo", a saber:
a) a RFB, por intermédio de servidor ocupante do cargo de Auditor-Fiscal da Receita Federal do Brasil, somente poderá examinar informações relativas a terceiros, constantes de documentos, livros e registros de instituições financeiras e de entidades a elas equiparadas, inclusive os referentes a contas de depósitos e de aplicações financeiras, quando houver procedimento de fiscalização em curso e tais exames forem considerados indispensáveis;
b) poderão requisitar as informações as autoridades competentes para expedir o TDPF, sendo formalizada mediante documento denominado Requisição de Informações sobre Movimentação Financeira (RMF), e será dirigida, conforme o caso, ao:
I – Presidente do Banco Central do Brasil, ou a seu preposto;
II – Presidente da Comissão de Valores Mobiliários, o a seu preposto;
III – presidente de instituição financeira, ou entidade a ela equiparada, ou a seu preposto;
VI – gerente de agência.
c) a RMF será precedida de intimação ao sujeito passivo para apresentação de informações sobre movimentação financeira, necessárias à execução do procedimento fiscal, sendo que este poderá atender a intimação por meio de autorização ou apresentação das informações;
d) as informações prestadas pelo sujeito passivo poderão ser objeto de verificação nas instituições financeiras e entidades a elas equiparadas, inclusive por intermédio do Bacen ou da CVM, bem assim de cotejo com outras informações disponíveis na RFB;
e) na RMF deverá constar, no mínimo, a identificação do sujeito passivo, número da TDPF, informações, requisitos, autoridade emitente, forma de apresentação das informações, endereço para entrega, código de acesso à internet que permitirá a instituição requisitada identificar a RMF;
f) as informações requisitadas deverão ser apresentadas, no prazo estabelecido na RMF, à autoridade que a expediu ou aos Auditores-Fiscais da RFB; subsidiar o procedimento de fiscalização em curso; integrar o processo administrativo instaurado, quando interessarem à prova do lançamento de ofício;
g) as informações, os resultados dos exames fiscais e os documentos obtidos serão mantidos em sigilo fiscal.

Entretanto, é questionável a juridicidade da competência ao Executivo relativamente à requisição, acesso e uso de informações referentes a operações e serviços das referidas entidades, ou a ela equiparadas (art. 6º da LC nº 105/01, e Decreto federal nº 3.724/01).

Evidente que não é pelo veículo da legislação infraconstitucional que o Executivo pode engendrar mecanismos de seu interesse para prejudicar princípios constitucionais (intimidade, privacidade e sigilo bancário), por constituírem cláusulas pétreas que não podem ser alteradas por emenda constitucional, concernindo a direitos e garantias dos cidadãos e dos contribuintes (art. 60, §4º, IV, da CF). O direito do Poder Público de promover ampla ação fiscalizadora se contém na própria dicção constitucional, mediante requisições judiciais e observância do devido processo legal.

O STJ decidiu sobre a possibilidade de utilização de dados da CPMF para constituição de crédito de outros tributos, pontificando que "inexiste direito adquirido de obstar a fiscalização de negócios tributários, máxime porque, enquanto não extinto o crédito tributário a Autoridade Fiscal tem o dever vinculativo do lançamento em correspondência ao direito de tributar da entidade estatal" (REsp nº 498.354-SC, rel. Min. Luiz Fux, 1ª Turma, j. 02.12.03, *DJU* 1 de 16.02.04, p. 210).

O STF solucionou a questão da forma seguinte:

> *Sigilo de dados – Afastamento.* Conforme disposto no inciso XII do art. 5 da Constituição Federal, a regra é a privacidade quanto à correspondência, às comunicações telegráficas, aos dados e às comunicações, ficando a exceção – a quebra do sigilo – submetido ao crivo de órgão equidistante – o Judiciário – e, mesmo assim, para efeito de investigação criminal ou instrução processual penal.
>
> *Sigilo de dados bancários – Receita Federal.* Conflita com a Carta da República norma legal atribuindo à Receita Federal – parte na relação jurídico-tributária – o afastamento do sigilo de dados relativo ao contribuinte.
>
> (RE nº 389.808-PR, Plenário, rel. Min. Marco Aurélio, j. 15.12.10, *DJe* de 10.05.11)

Fundamentos básicos da decisão:
a) o primado do Judiciário para afastar o sigilo de dados bancários para fins exclusivos de investigação criminal ou instrução processual penal, que não pode ser transferido a outros órgãos da Administração federal, estadual e municipal;
b) o acesso delimitado e direto ao Procurador-Geral da República, na qualidade de fiscal da lei e titular exclusivo da ação penal pública perante o STF;
c) o Procurador não se confunde com a Receita Federal porque esta é parte da relação jurídico-tributária, tendo atuação restrita à cobrança de tributos;
d) o Ministro de Estado da Fazenda também não pode ter acesso a dados bancários de certo cidadão;
e) cabe ao Juiz decidir pela quebra do sigilo bancário, porque a Administração tributária não guarda posição de equidistância com o contribuinte;
f) embora o sigilo bancário não tenha caráter absoluto, deixando de prevalecer em casos excepcionais, diante de exigências impostas pelo interesse público, reflete expressiva projeção da garantia fundamental da privacidade e da intimidade financeira das pessoas, em particular;
g) a decretação de quebra pressupõe, sempre, a existência da ordem judicial, sem o que não se imporá à instituição financeira o dever de fornecer as informações solicitadas à Administração tributária, ao Ministério Público e à Polícia Judiciária;
h) a tutela do valor pertinente ao sigilo bancário não significa qualquer restrição ao poder de investigar e/ou de fiscalizar do Estado; as autoridades referidas sempre poderão requerer aos juízes e tribunais que ordenem às instituições financeiras o fornecimento das referidas informações;

i) a legislação de regência (Lei federal nº 9.311/96, a Lei Complementar nº 105/01, e Decreto nº 3.724/01) tem que ser interpretada conforme a Constituição Federal, sendo conflitante com ela a legislação que implique afastamento do sigilo bancário do cidadão, da pessoa natural ou da jurídica sem ordem emanada do Judiciário.

Em 2016, o STF julgou quatro processos que questionavam dispositivos da LC nº 105/01, para o fim de estabelecer que a obtenção de informações previstas no respectivo art. 6º depende de processo administrativo, devidamente regulamentado por cada ente da federação, em que se assegure, tal como se dá com a União, por força da Lei nº 9.784/99, e do Decreto nº 3.724/01, no mínimo as seguintes garantias: a) notificação do contribuinte quanto à instauração do processo e a todos os demais atos; b) sujeição do pedido de acesso a um superior hierárquico do requerente; c) existência de sistemas eletrônicos de segurança que sejam certificados e com registro de cesso; d) estabelecimento de mecanismos efetivos de apuração e correção de desvios" (ADIs nº 2.386, nº 2.390; nº 2.397; e nº 2.859, todos da relatoria do Min. Dias Toffoli – Plenário de 17.02.16 – DOU 29.02.16).

O STF, procedendo ao exame da LC nº 105/01 (art. 6º) face à Lei federal nº 10.174/01, proferiu a decisão seguinte:

> RECURSO EXTRAORDINÁRIO. REPERCUSSÃO GERAL. DIREITO TRIBUTÁRIO. DIREITO AO SIGILO BANCÁRIO. DEVER DE PAGAR IMPOSTOS. REQUISIÇÃO DE INFORMAÇÃO DA RECEITA FEDERAL ÀS INSTITUIÇÕES FINANCEIRAS. ART. 6º DA LEI COMPLEMENTAR 105/01. MECANISMOS FISCALIZATÓRIOS. APURAÇÃO DE CRÉDITOS RELATIVOS A TRIBUTOS DISTINTOS DA CPMF. PRINCÍPIO DA IRRETROATIVIDADE DA NORMA TRIBUTÁRIA. LEI 10.174/01.
> 1. O litígio constitucional posto se traduz em um confronto entre o direito ao sigilo bancário e o dever de pagar tributos, ambos referidos a um mesmo cidadão e de caráter constituinte no que se refere à comunidade política, à luz da finalidade precípua da tributação de realizar a igualdade em seu duplo compromisso, a autonomia individual e o autogoverno coletivo.
> 2. Do ponto de vista da autonomia individual o sigilo bancário é uma das expressões do direito de personalidade que se traduz em ter suas atividades e informações bancárias livre de ingerências ou ofensas, qualificadas como arbitrárias ou ilegais, de quem quer que seja, inclusive do Estado ou da própria instituição financeira.
> 3. Entende-se que a igualdade é satisfeita no plano do autogoverno coletivo por meio do pagamento de tributos, na medida da capacidade contributiva do contribuinte, por sua vez vinculado a um Estado soberano comprometido com a satisfação das necessidades coletivas de seu Povo.
> 4. Verifica-se que o Poder Legislativo não desbordou dos parâmetros constitucionais, ao exercer sua relativa liberdade de conformação da ordem jurídica, na medida em que estabeleceu requisitos objetivos para a requisição de informação pela Administração Tributária às instituições financeiras, assim como manteve o sigilo dos dados a respeito das transações financeiras do contribuinte, observando-se um traslado do dever de sigilo da esfera bancária para a esfera fiscal.
> 5. A alteração na ordem jurídica promovida pela Lei 10.174/01 não atrai a aplicação do princípio da irretroatividade das leis tributárias, uma vez que aquela se encerra na atribuição de competência administrativa à Secretaria da Receita Federal, o que evidencia o caráter instrumental da norma em questão. Aplica-se, portanto, o artigo 144, §1º, do Código Tributário Nacional.

6. Fixação de tese em relação ao item "a" do Tema 225 da sistemática de repercussão geral: "O art. 6º da Lei Complementar 105/01 não ofende o direito ao sigilo bancário, pois realiza a igualdade em relação aos cidadãos, por meio do princípio da capacidade contributiva, bem como estabelece requisitos objetivos e o translado do dever de sigilo da esfera bancária para a esfera fiscal.
(RE nº 601.314-SP – Plenário – rel. Min. Edson Fachin – sessão de 24.02.16)

A Emenda Constitucional nº 115, de 10.02.22, incluiu a proteção de dados pessoais, entre as diretrizes e garantias fundamentais, e para fixar a competência privativa da União, para legislar sobre proteção e tratamento de dados pessoais.

17.4 Dívida Ativa

Constitui dívida ativa tributária a proveniente de crédito dessa natureza, regularmente inscrita na repartição competente, depois de esgotado o prazo fixado para pagamento, pela lei ou por decisão final proferida em processo regular. A fluência de juros de mora não exclui a liquidez do crédito (art. 201 e parágrafo único do CTN).

A Fazenda não pode ingressar diretamente na Justiça, mediante a propositura de ação judicial, objetivando a cobrança de valores tributários, pois estes careceriam dos imprescindíveis requisitos de liquidez e certeza.

É necessária a prévia constituição do seu título de crédito (tributário), que demanda lançamento (por declaração ou de ofício), ou exigência administrativa concernente a valores que não tenham sido antecipados pelo sujeito (no caso do denominado lançamento por homologação). Somente após observados todos os trâmites do processo administrativo, com a participação dos sujeitos passivos, e decisões acerca da legitimidade dos créditos, é que ocorrerá sua constituição definitiva, conferindo-se à Fazenda o direito de promover sua inscrição.

O termo de inscrição na dívida ativa, autenticado pela autoridade competente, indicará obrigatoriamente: I – o nome do devedor e, sendo caso, o dos corresponsáveis, bem como, sempre que possível, o domicílio ou a residência de um e de outros; II – a quantia devida e a maneira de calcular os juros de mora acrescidos; III – a origem e a natureza do crédito, mencionada especificamente a disposição da lei em que seja fundado; IV – a data em que foi inscrita; V – sendo caso, o número do processo administrativo de que se originar o crédito (art. 202 do CTN). A certidão conterá, além dos requisitos deste artigo, a indicação do livro e da folha da inscrição (parágrafo único do art. 202 do CTN).

Este preceito consubstancia todos os elementos imprescindíveis do crédito tributário, inclusive a tipificação legal dos valores que compreende (tributo, juros, multa, correção monetária), sendo acolhido pela legislação que regra o processo de sua cobrança judicial (Lei nº 6.830/80, §5º, art. 2º).

A omissão de quaisquer dos requisitos previstos no art. 202 do CTN ou o erro a eles relativo são causas de nulidade da inscrição e do processo de cobrança dela decorrente, mas a nulidade poderá ser sanada até a decisão de primeira instância, mediante substituição da certidão nula, devolvido ao sujeito passivo, acusado ou interessado, o prazo para defesa, que somente poderá versar sobre a parte modificada (art. 203 do CTN).

O título tributário (materializado no termo de inscrição da dívida) fundamenta e instrui a petição inicial do procurador da Fazenda do processo de execução fiscal, que não necessita reproduzir todos os específicos documentos e elementos que o embasaram. Basta, apenas, que seja feita referência aos aspectos básicos da específica situação tributária.

Todavia, a ausência de quaisquer dos apontados requisitos impede o executado de conhecer os pontos específicos da exigência tributária, implicando autêntico cerceamento de defesa; além do que, nem mesmo o Juiz de Direito poderá oferecer a devida e regular prestação jurisdicional diante das omissões acaso existentes.

A dívida regularmente inscrita goza da presunção de certeza e liquidez e tem o efeito de prova pré-constituída, mas tem caráter relativo e pode ser ilidida por prova inequívoca, a cargo do sujeito passivo ou do terceiro a que aproveite (art. 204 e parágrafo único do CTN, e art. 3º e parágrafo único da Lei federal nº 6.830/80).

A presunção de legitimidade dos atos administrativos insere-se no regime jurídico de Direito Administrativo, mas, de nenhuma forma, pode constituir-se em presunção absoluta. Para tanto, ao sujeito passivo são concedidos todos os meios de defesa (pela via de embargos à execução), em que poderá demonstrar a ilegitimidade (parcial ou total) da cobrança tributária, mediante o oferecimento de quaisquer meios de prova (documental, testemunhal etc.).

Para tanto, tem direito a requisitar o processo administrativo correspondente à inscrição da dívida (art. 41 da Lei federal nº 6.830/80), bem como apresentar elementos complementares, que podem redundar na injuridicidade dos atos administrativos concernentes ao lançamento, inscrição e cobrança tributários.

Podem os Estados, Distrito Federal e Municípios ceder às instituições financeiras a sua dívida ativa consolidada, para cobrança por endosso-mandato, mediante a antecipação de receita de até o valor de face dos créditos, desde que respeitados limites e condições legais previstas na LC nº 101, de 04.05.00, e nas Resoluções nºs 40 e 41 de 2006, do Senado Federal (*vide* item 4.1).

A Lei federal nº 13.606, de 09.01.18 (art. 25), altera a Lei Federal nº 10.522, de 19.07.02, nos termos seguintes:

> Art. 20-B Inscrito o crédito em dívida ativa da União, o devedor será notificado para, em até cinco dias, efetuar o pagamento do valor atualizado monetariamente, acrescido de juros, multa e demais encargos nela indicados.
> §1º A notificação será expedida por via eletrônica ou postal para o endereço do devedor e será considerada entregue depois de decorridos quinze dias da respectiva expedição.
> §2º Presume-se válida a notificação expedida para o endereço informado pelo contribuinte ou responsável à Fazenda Pública.
> §3ºNão pago o débito no prazo fixado no *caput* deste artigo, a Fazenda Pública poderá:
> I – comunicar a inscrição em dívida ativa aos órgãos que operam bancos de dados e cadastros relativos a consumidores e aos serviços de proteção ao crédito e congêneres; e
> II – averbar, inclusive por meio eletrônico, a certidão de dívida ativa nos órgãos de registro de bens e direitos sujeitos a arresto ou penhora, tornando-os indisponíveis.

> Art. 20-C A Procuradoria-Geral da Fazenda Nacional poderá condicionar o ajuizamento de execuções fiscais à verificação de indícios de bens, direitos ou atividade econômica dos devedores ou corresponsáveis, desde que úteis á satisfação integral ou parcial dos débitos a serem executados.

Parágrafo único. Compete ao Procurador-Geral da Fazenda nacional definir os limites, critérios e parâmetros para o ajuizamento da ação de que trata o *caput* deste artigo, observados os critérios de racionalidade, economicidade e eficiência.

Art. 20-E A Procuradoria-Geral da Fazenda Nacional editará atos complementares para o fiel cumprimento do disposto nos arts. 20-B, 20-C e 20-D desta Lei.

17.5 Certidão Negativa

A lei poderá exigir que a prova da quitação de determinado tributo, quando exigível, seja feita por certidão negativa, expedida à vista de requerimento do interessado, que contenha todas as informações necessárias à identificação de sua pessoa, domicílio fiscal e ramo de negócio ou atividade e indique o período a que se refere o pedido. A certidão negativa será sempre expedida nos termos em que tenha sido requerida e será fornecida dentro de 10 (dez) dias da data da entrada do requerimento na repartição (art. 205 e parágrafo único do CTN)

No caso de concorrências públicas, justifica-se a exigência de prova de que os licitantes são pessoas idôneas e não se encontram em débito com o Poder Público, com quem pretendem contratar, em face do que ficam compelidos a apresentar diversas certidões negativas de débitos federais, que devem especificar a exata situação e os valores respectivos. Também nas transações imobiliárias justifica-se a exigência de certidão negativa de tributos municipais.

Equipara-se a uma situação negativa de débitos, a certidão de que conste a existência de créditos não vencidos, em curso de cobrança executiva em que tenha sido efetivada a penhora, ou cuja exigibilidade esteja suspensa (art. 206 do CTN), pela circunstância de que o débito executado se encontra garantido, inocorrendo nenhum prejuízo à Fazenda, observando-se a antiga diretriz do Tribunal Federal de Recursos (Súmula nº 38), como apontado anteriormente.

O direito à certidão positiva com efeitos negativos ocorre no caso de penhora, por garantir a execução e acautelar os interesses e garantia da cobrança em execução fiscal (STJ, ROMS nº 10.229, 1ª Turma, rel. Min. Milton Luiz Pereira, j. 02.12.99, *DJU* 2-E de 28.02.00, p. 40); quando ofertada caução real no processo cautelar (STJ, REsp nº 363.518, 1ª Turma, rel. Min. Garcia Vieira, j. 12.03.00, *DJU* 1 de 15.04.02, p. 175); e no caso de parcelamento (STJ, REsp nº 201.513-SC, 1ª Turma, rel. Min. Garcia Vieira, j. 20.04.99, *DJU* 1 de 07.06.99, p. 67; e REsp nº 172.555-SC, 2ª Turma, rel. Min. Ari Pargendler, j. 15.09.98, *DJU* 1 de 13.10.98, p. 72).

A existência de registros de CNPJ diferentes caracteriza a autonomia patrimonial, administrativa e jurídica de cada um dos estabelecimentos. Desse modo, cada um destes opera de modo independente em relação aos demais. É possível a expedição de certidões positivas de débito com efeitos negativos às empresas cujas filiais possuam débitos com a Fazenda Pública, desde que possuam números de CNPJ distintos (STJ, AgRg no Agravo de Instrumento nº 1.413.153-RS, 2ª Turma, rel. Min. Castro Meira, j. 20.09.11, *DJe* de 21.11.11).

A certidão só pode ser negada se houver crédito definitivamente constituído, ou seja, com lançamento devidamente realizado. Ainda que na esfera administrativa esteja em discussão se o contribuinte tem ou não direito à compensação, a certidão deve ser expedida (STJ, AgRg no REsp nº 303.357-RS, 1ª Turma, rel. Min. Francisco Falcão, j. 05.06.01, *DJU* 1 de 22.10.01, p. 271).

A Advocacia-Geral da União firmou os entendimentos seguintes: a) da decisão judicial que determinar a expedição de certidão positiva de débitos com efeito de negativa, sem a exigência de garantia posterior ao parcelamento regularmente em cumprimento, não se interporá recurso (Súmula nº 17, de 19.06.02); e b) da decisão judicial que determinar a concessão de Certidão Negativa de Debito (CND), em face da inexistência de crédito tributário constituído não se interporá recurso (Súmula nº 18, de 19.06.02).

Entende-se que é inviável a expedição mediante oferta de caução, por não oferecer rígida garantia, e que não pode ser equiparada à constituição da penhora, na execução fiscal (STJ, REsp nº 545.871-PR, 1ª Turma, rel. Min. Teori Albino Zavascki, j. 03.03.05, *DJU* 1 de 28.03.05, p. 189).

Independentemente de disposição legal permissiva, será dispensada a prova de quitação de tributos, ou o seu suprimento, quando se tratar de prática de ato indispensável para evitar a caducidade de direito, respondendo, porém, todos os participantes no ato pelo tributo porventura devido, juros de mora e penalidades cabíveis, exceto as relativas a infrações cuja responsabilidade seja pessoal ao infrator (art. 207 do CTN).

É o caso de determinadas situações em que os atos, negócios etc. têm de ser realizados com urgência e toda celeridade possível, não havendo tempo para se requerer e obter a certidão negativa no prazo normalmente previsto pela repartição fiscal. Na hipótese de posteriormente vir a ser apurado débito tributário, os contribuintes/responsáveis deverão arcar com os ônus apontados.

A certidão negativa expedida com dolo ou fraude, que contenha erro contra a Fazenda Pública, responsabiliza pessoalmente o funcionário que a expedir, pelo crédito tributário e juros de mora acrescidos, não excluindo a responsabilidade criminal e funcional que no caso couber (art. 208 e parágrafo único do CTN). Natural, lógica e correta a determinação contida neste preceito, salvo no caso de se apurar a participação do sujeito passivo beneficiado, que também deverá sujeitar-se às mencionadas exigências.

A jurisprudência do STJ firmou-se no sentido de que não se admite a responsabilidade objetiva, mas subjetiva do sócio, não constituindo infração à lei o não recolhimento de tributo, sendo necessária a prova de que agiu o mesmo dolosamente, com fraude ou excesso de poderes, excepcionando-se a hipótese de dissolução irregular da sociedade comercial. Não se tratando de responsabilidade objetiva, tem o sócio, na qualidade de pessoa física, direito a certidão negativa de débito (REsp nº 439.198-ES, 2ª Turma, rel. Min. Eliana Calmon, j. 27.05.03, *DJU* 1 de 23.06.03, p. 323).

Decidiu-se ser descabida a recusa de fornecimento da CND a uma empresa sob o fundamento de que um de seus sócios é integrante de outra sociedade devedora do Fisco (STJ, REsp nº 146.690-ES, 2ª Turma, rel. Min. Francisco Peçanha Martins, j. 08.02.00, *DJU* 1-E de 20.03.00, p. 63).

Entretanto, verificada a irregularidade na constituição de nova pessoa jurídica, com o mesmo objeto social e os mesmos sócios de sociedade devedora do Fisco, restando assente o intuito simulatório da medida, tem-se como legítimo o óbice da Fazenda para a emissão da certidão negativa de débito. A concessão da Certidão Negativa implica prestigiar a fraude contra o Fisco, em verdadeira quebra da isonomia em detrimento de milhões de contribuintes que com dificuldade operam suas empresas com regularidade (STJ, REsp nº 650.852-MG, 1ª Turma, rel. Min. Francisco Falcão, j. 07.06.05, *DJU* 1 de 05.09.05, p. 233).

O STJ assentou que "em se tratando de tributo sujeito a lançamento por homologação, inexistente este, não há que se falar em crédito constituído e vencido, o que torna ilegítima a recusa da autoridade coatora em expedir a CND" (Emb. Div. em REsp nº 176.477-SC, 1ª Seção, rel. Min. João Otávio de Noronha, j. 14.02.05, *DJU* 1 de 14.03.05, p. 186).

E cristalizou a diretriz seguinte: "A entrega de declaração pelo contribuinte reconhecendo débito fiscal constitui o crédito tributário, dispensada qualquer outra providência por parte do fisco" (Súmula nº 436).

A Portaria Conjunta RFB/PGFN nº 1751, de 02.10.14, da Secretaria da Receita Federal e Procuradoria-Geral da Fazenda Nacional (com alterações até outubro de 2022), dispôs sobre a prova de regularidade fiscal perante a Fazenda Nacional, e a expedição de certidão conjunta referente a todos os créditos tributários federais e à Dívida Ativa da União (DAU) por elas administrados.

IMPOSTOS FEDERAIS

18.1 Imposto de Importação

18.1.1 Materialidade

O *fato gerador* é a entrada de mercadoria estrangeira no território aduaneiro, que abrange a "zona primária" (portos e aeroportos alfandegados e área adjacente aos pontos de fronteira alfandegados), e a "zona secundária" (entrepostos aduaneiro e especial, depósitos, terminais ou outros locais destinados ao armazenamento).

No caso de mercadoria despachada para consumo, será considerado ocorrido o respectivo fato na data do registro da declaração de importação, na repartição aduaneira (art. 153, I, da CF; art. 19, do CTN; Decreto-Lei nº 37 de 18.11.66, alterado pelo Decreto-Lei nº 2.472, de 1º.09.88, e Decreto federal nº 6.759, de 05.02.09 – Regulamento Aduaneiro).

Aplica-se a legislação vigente na data da entrada no País – relativamente às mercadorias em geral –, enquanto, para aquelas despachadas para consumo, considera-se a legislação vigente na data do registro da declaração de importação.

O simples ingresso dos bens importados no País, por si só, não possibilita o cumprimento da respectiva obrigação tributária. Somente quando a embarcação, o veículo e a aeronave adentram o porto, ou aeroporto, é que passa a existir condição operacional para que os contribuintes possam atender às exigências legais pertinentes.

Para efeito de ocorrência do fato gerador, considerar-se-á entrada no território nacional a mercadoria que constar como tendo sido importada, e cuja falta venha a ser apurada pela autoridade aduaneira. Assim, é suficiente que a mercadoria esteja relacionada no manifesto de carga, ou conhecimento de embarque (do navio, aeronave, ou outro veículo transportador), para se presumir tenha sido realizada a importação, o que seria objetável em face do princípio da territorialidade das leis.

A expressão "mercadoria estrangeira" não constitui redundância, sob o natural suposto de que, tratando-se de imposto de importação, não haveria de se cogitar de mercadoria "nacional"; além do que a mercadoria estrangeira, anteriormente ingressada no País, mediante regular liberação aduaneira, passa a ser considerada como nacionalizada. Entretanto, quando a pessoa viaja para o exterior, deverá efetuar o registro da mercadoria (estrangeira nacionalizada) na repartição aduaneira (ou na polícia federal), para que, por ocasião do retorno ao País, não venha a ser objeto de fato gerador.

Não constitui fato gerador a entrada no território aduaneiro:

I – de mercadorias à qual tenha sido aplicado o regime de exportação temporária;

II – de mercadorias que retornem ao País nas seguintes condições: a) enviadas em consignação e não vendidas nos prazos autorizados; b) por defeito técnico que exija sua devolução para reparo ou substituição; c) por motivo de modificações na sistemática de importação por parte do país importador; d) por motivo de guerra ou calamidade pública; e e) por quaisquer fatores alheios à vontade do exportador;

III – do pescado capturado fora das águas territoriais do País, por empresa localizada no seu território, desde que satisfeitas as exigências que regulam a atividade pesqueira.

O Regulamento Aduaneiro (art. 71) dispõe que o imposto não incide sobre:

I – mercadoria estrangeira que, corretamente descrita nos documentos de transporte, chegar ao País por erro inequívoco ou comprovado de expedição, e que for redestinada ou devolvida para o exterior;

II – mercadoria estrangeira idêntica, em igual quantidade e valor, e que se destine à reposição de outra anteriormente importada que se tenha revelado, após o desembaraço aduaneiro, defeituosa ou imprestável para o fim a que se destinava, desde que observada a regulamentação editada pelo Ministério da Fazenda;

III – mercadoria estrangeira que tenha sido objeto de pena de perdimento, exceto na hipótese em que não seja localizada, tenha sido consumida ou revendida;

IV – mercadoria estrangeira devolvida para o exterior antes do registro da declaração de importação, observada a regulamentação editada pelo Ministério da Fazenda;

V – embarcações construídas no Brasil e transferidas por matriz de empresa brasileira de navegação para subsidiária integral no exterior, que retornem ao registro brasileiro, como propriedade da mesma empresa nacional de origem;

VI – mercadoria estrangeira em trânsito aduaneiro de passagem, acidentalmente destruída.

O STJ decidira o seguinte:

Tributário. Imposto de Importação. Devolução de Mercadorias Exportadas por Equívoco. Retorno por Motivo Alheio à Vontade do Exportador: Art. 1º, §1º, alínea e, do Dec.-lei 37/1966. Não Incidência da Exação.
(...)
2. A devolução das mercadorias na hipótese ocorreu por fator alheio à vontade do exportador, eis que não é razoável cogitar que este tenha dirigido sua vontade livre e consciente no envio equivocado de mercadorias para o exterior, sobretudo em razão dos incômodos suportados por ambos, importador e exportador, e as despesas que este terá de arcar no

reenvio de mercadorias ao estrangeiro. Assim, o caso está albergado pela exceção prevista na alínea "e" do §1º do art. 1º do Dec.-lei 37/1966, não havendo que se falar em incidência de imposto de importação.
(REsp nº 1.213.245/RS, 2ª. T., rel. Min. Mauro Campbell Marques, j. 16.11.10, *DJe* 25.11.10)

O *despacho aduaneiro* da mercadoria importada é o procedimento mediante o qual é verificada a exatidão dos dados declarados pelo importador em relação à mercadoria importada, aos documentos apresentados e à legislação vigente, com o objetivo de promover sua entrega ao importador e regular ingresso no País.

Toda mercadoria procedente do exterior, importada a título definitivo ou não, sujeita ou não ao pagamento do imposto de importação, deverá ser submetida a despacho de importação, que será realizado com base em declaração apresentada à unidade aduaneira sob cujo controle estiver a mercadoria, que compreende o despacho para (a) consumo, (b) admissão em regime aduaneiro especial, e (c) internação, quando relativo à introdução no restante do território nacional, de mercadoria procedente da Zona Franca de Manaus, Amazônia Ocidental, ou Área de livre Comércio.

O despacho de importação poderá ser efetuado em zona primária ou em zona secundária, e deverá ser iniciado em i) até 90 dias da descarga, se a mercadoria estiver em recinto alfandegado da zona primária; ii) até 45 dias, após esgotar-se o prazo de permanência da mercadoria em recinto da zona secundária; e iii) até 90 dias, contados do recebimento do aviso de chegada da remessa postal.

O despacho terá por base declaração do importador por meio do Siscomex (Sistema Informatizado do Comércio Exterior), mediante sua numeração automática única, sequencial e nacional, reiniciada a cada ano. O registro da declaração somente será efetivado a) se verificada a regularidade da situação cadastral do importador; b) após o licenciamento da operação de importação e a verificação do atendimento às normas cambiais; c) após a chegada da carga (exceto na modalidade de despacho antecipado); d) após a confirmação pelo banco da aceitação do débito relativo aos tributos, contribuições e direitos devidos, inclusive da taxa de utilização do Siscomex.

A Declaração de Importação (DI registrada) será instruída com a via original do conhecimento de carga (*Bill of Lading*) ou documento equivalente; a via original da fatura comercial (*Invoice*), ou conhecimento aéreo (*Airwaybill*); o Darf (Documento de Arrecadação da Receita Federal), comprovando o recolhimento dos impostos e demais valores devidos; e outros exigidos em decorrência de Acordos Internacionais ou legislação específica.

Após o registro, a DI será submetida à análise fiscal e selecionada por um dos canais de conferência aduaneira: (I) verde – sistema registra desembaraço, dispensados o exame documental e a verificação da mercadoria; (II) amarelo – realização de exame documental; efetuado o desembaraço aduaneiro, dispensada a verificação da mercadoria; (III) vermelho – a mercadoria somente será desembaraçada após a realização do exame documental e da verificação da mercadoria; e (IV) cinza – realização do exame documental, verificação da mercadoria e aplicação de procedimento especial de controle aduaneiro, para verificar elementos indiciários de fraude.

O exame documental das declarações selecionadas para conferência consiste no procedimento fiscal destinado a verificar i) a integridade dos documentos; ii) a exatidão e correspondência das informações prestadas; iii) o cumprimento dos requisitos de ordem legal; iv) o mérito do benefício fiscal pleiteado; v) a descrição da mercadoria na declaração.

A verificação da mercadoria poderá ser realizada, total ou parcialmente (inclusive por amostragem), no estabelecimento do importador ou em outro local adequado. Poderão ser desembaraçados sem conferência física determinados bens de caráter cultural, e bens destinados às atividades relacionadas com a intercomparação de padrões metrológicos.

A entrega da mercadoria ao importador poderá ser autorizada pelo chefe da unidade da Receita Federal de despacho, antes de totalmente realizada a conferência aduaneira, em situações de comprovada impossibilidade de sua armazenagem em local alfandegado ou, ainda, em outras situações justificadas, tendo em vista a natureza da mercadoria ou circunstâncias específicas da importação.

Concluída a conferência aduaneira, a mercadoria será imediatamente objeto de desembaraço aduaneiro, salvo objeto de exigência fiscal de qualquer natureza, situação em que ficará condicionada à apresentação de garantia. Deverá ser constada a regularidade do pagamento do Adicional ao Frete para a Renovação da Marinha Mercante (AFRMM) e do ICMS, ou de sua exoneração.

Para a retirada das mercadorias do recinto alfandegado, o importador deverá apresentar ao depositário os documentos seguintes: i) via original de conhecimento de carga, ou de documento equivalente, como prova de posse ou propriedade da mercadoria; ii) comprovante de recolhimento do ICMS, ou de sua exoneração; iii) nota fiscal de entrada emitida em seu nome, ou documento equivalente; e iv) documentos de identificação da pessoa responsável pela retirada das mercadorias.

Poderá ser promovida a Declaração Simplificada de Importação (DSI) para casos de pequeno valor e situações específicas.

O STJ firmou diretriz no sentido de que "na importação é indevida a exigência de nova certidão negativa de débito no desembaraço aduaneiro, se já apresentada comprovação da quitação de tributos federais quando da concessão do benefício relativo ao regime de drawback" (Súmula nº 569).

Esta metodologia legal não poderia contemplar a importação de produtos obtidos eletronicamente – via *download* – em que ocorre o transporte de arquivos da Internet para outro computador, ou transferência de dados de um micro a outro micro, como é o caso de fornecimento de filmes, discos, vídeos etc.

Todavia, o STF decidira sobre a incidência tributária sobre *software*, por entender ser irrelevante a existência (ou não) bem corpóreo ou mercadoria em sentido estrito. Asseverara que o Tribunal não pode se furtar a abarcar situações novas, consequências concretas do mundo real, com base em premissas jurídicas que não são mais totalmente corretas. O apego a tais diretrizes jurídicas acaba por enfraquecer o texto constitucional, pois não permite que a abertura dos dispositivos da Constituição possa se adaptar aos novos tempos, antes imprevisíveis (ADIn nº 1.945-7/MT, Plenário, rel. p/acórdão Min. Gilmar Mendes – j. 26.05.10, *DJe* de 14.03.11).

O STF entendera que "surge compatível com a Constituição Federal o condicionamento, do desembaraço aduaneiro de bem importado, ao pagamento de diferença tributária apurada por arbitramento da autoridade fiscal" (RE nº 1.090.591-SC – Plenário – rel. Min. Marco Aurélio – sessão de 16.09.20).

18.1.2 Sujeito ativo, contribuintes e responsável

O imposto é de competência da *União*, cabendo ao Ministério da Fazenda a fiscalização e o controle essencial à defesa dos interesses fazendários nacionais. A estrutura do comércio exterior do Brasil compreende os órgãos seguintes:

- Câmara de Comércio Exterior (Camex), que tem por objetivo formular, adotar, implementar e coordenar políticas e atividades do setor;
- Secretaria de Comércio Exterior (Secex), que constitui o órgão licenciador do comércio exterior, incumbido do tratamento administrativo no contexto comercial;
- Secretaria da Receita Federal do Brasil (RFB), que tem por finalidade a administração dos tributos internos e aduaneiros da União. Controla as entradas e saídas de produtos do País e arrecada os direitos aduaneiros;
- Banco Central do Brasil (Bacen), que estabelece normas sobre movimentação de moedas e operações de câmbio.

Consideram-se *contribuintes* a) o importador, considerado qualquer pessoa (física ou jurídica) que promova a entrada de mercadoria estrangeira no território aduaneiro; b) o destinatário de remessa postal internacional indicado pelo respectivo remetente; e c) o adquirente de mercadoria entrepostada.

No caso de serem localizadas mercadorias importadas fora do local do porto, ou aeroporto, ou tenham sido ingressadas ilegalmente no País, o importador não pode providenciar o seu desembaraço aduaneiro, sendo promovido o respectivo leilão, configurando-se sujeito passivo diverso do importador.

É *responsável* pelo imposto a) o transportador, quando transportar mercadoria procedente do exterior ou sob controle aduaneiro, inclusive em percurso interno; b) o depositário, assim considerada qualquer pessoa incumbida da custódia de mercadoria sob controle aduaneiro.

É responsável *solidário* i) o adquirente ou cessionário de mercadoria beneficiada com isenção, ou redução do imposto; ii) o representante, no País, do transportador estrangeiro; iii) o adquirente de mercadoria de procedência estrangeira, no caso de importação realizada por sua conta e ordem, por intermédio de pessoa jurídica importadora; iv) o encomendante predeterminado que adquire mercadoria de procedência estrangeira de pessoa jurídica importadora; v) o expedidor, o operador de transporte multimodal ou qualquer subcontratado para a realização do transporte multimodal; e vi) o beneficiário de regime aduaneiro suspensivo destinado à industrialização para exportação, no caso de admissão de mercadoria no regime para outro beneficiário, mediante sua anuência, com vistas à execução de etapa da cadeia industrial do produto a exportar.

O antigo Conselho de Contribuintes do Ministério da Fazenda decidira sobre a responsabilidade pelo imposto de importação na forma seguinte:

a) o *transportador*, a partir da data de seu recebimento, provada com a emissão do conhecimento de carga; bem como no caso de avaria ou extravio;
b) o *agente marítimo*, ao assinar termo de responsabilidade, que se torna passível de obrigação principal, como representante do transportador, na condição de agente consignatário; sendo responsável pelo pagamento dos tributos, multas e outras irregularidades, participando como *representante do transportador estrangeiro* responsável por faltas e avarias.

O STJ "firmou a compreensão segundo a qual, no caso de extravio de mercadoria importada ao abrigo de isenção do tributo, o transportador não é responsável pelo valor deste. Se na hipótese de isenção o transportador não responde, na importação efetivada ao abrigo de redução legal do imposto também não responderá, logicamente, pelo que exceder ao valor que seria devido caso se concretizasse a importação" (AgRg no REsp nº 1.090.518/RJ, 1ª. T., 18.08.11, rel. Min. Arnaldo Esteves de Lima, *DJe* 24.08.11).

18.1.3 Base de cálculo

A base de cálculo é a) quando a mercadoria for *ad valorem*, o valor aduaneiro apurando segundo as normas do art. VII do Acordo Geral sobre Tarifas e Comércio – GATT 1994; e b) quando a alíquota for específica, a quantidade de mercadoria expressa na unidade de medida estabelecida pela legislação.

O Acordo de Valoração Aduaneira (aprovado pelo Conselho do Mercosul – Decreto nº 1.765, de 28.12.95), disciplinado pela Instrução Normativa RFB nº 2.090, de 22.06.22, dispõe sobre a declaração e o controle do valor aduaneiro de mercadorias importadas, também abrangendo os casos de reimportação de mercadoria exportada temporariamente para aperfeiçoamento passivo.

O valor aduaneiro será o valor da transação, isto é o preço efetivamente pago ou a pagar pelas mercadorias importadas, objeto de uma venda para exportação para o território nacional, ajustado de acordo com as disposições do Artigo 8º do AVA/GATT.

Objetiva excluir a utilização de valores aduaneiros arbitrários ou fictícios, baseando-se em critérios simples e equitativos, condizentes com as práticas comerciais, impedindo que as importações sejam "subfaturadas" (natureza fiscal), implicando recolhimento a menor de tributos aduaneiros. Por decorrência, também impede que sejam "superfaturadas" (natureza cambial), propiciando a evasão de divisas mediante a remessa de indevidos valores ao exterior.

Distingue-se do "preço de transferência" (*transfer pricing*) que significa o preço cobrado por uma empresa nas alienações de mercadorias, prestações de serviços e bens intangíveis, realizadas com filial, subsidiária ou empresa vinculada, com o objetivo de promover a remessa de lucros para o exterior, subtraindo a incidência do imposto sobre a renda e sobre a contribuição social sobre o lucro.

Cuida-se do cotejo de preços dos bens tangíveis estabelecidos numa transação, de cunho internacional, entre partes vinculadas, com os preços que teriam sido pactuados, se não houvesse o vínculo entre as partes contratantes. A ação é realizada com o fito de identificar e submeter à tributação uma transferência indireta de lucros, observando-se o seguinte: (a) pessoas vinculadas; (b) domiciliadas em diferentes países; (c) preço distinto daquele que seria estabelecido numa operação entre partes não vinculadas; e (d) vantagem fiscal para as partes contratantes.[349]

Embora a "valoração aduaneira" e o "preço de transferência" possuam pontos de semelhança, mantenham atinência a uma determinada realidade (valores artificiais em importações), e objetivem afastar fraudes fiscais, possuem peculiaridades e amparos jurídicos distintos, em razão do que se permite a sua consideração sem que haja qualquer antinomia que possa implicar em insegurança jurídica.

---

[349] Paulo Ayres Barreto, *Imposto sobre a Renda e preços de transferência*. 1ª. ed., São Paulo, Dialética, 2001, p. 98/99.

18.1.4 Alíquota

As *alíquotas* – "específica" e *ad valorem* (conforme anteriormente esclarecido) – são previstas em Tabelas Aduaneiras, observando acordos celebrados pelo País, em que são discriminadas as espécies de mercadorias, classificadas em posições, segundo convenções internacionais.

A Tarifa Aduaneira do Brasil é denominada TEC (Tarifa Externa Comum), sendo aplicada a Nomenclatura Comum do Mercosul, baseada no Sistema Harmonizado de Classificação de Mercadorias, que substituiu a NBM (Nomenclatura Brasileira de Mercadorias), que possui suas notas explicativas (NESH).

Os valores expressos em moeda estrangeira deverão ser convertidos em moeda nacional, à taxa de câmbio vigente na data em que se considerar ocorrido o fato gerador do imposto.

O Poder Executivo, atendidas as condições e os limites estabelecidos em lei, poderá alterar as alíquotas do imposto (§1º, art. 153, da CF), o que não constitui delegação de competência, mas fixação de parâmetros (pelo Legislativo) que podem ser flexionados (pelo Executivo).

Esta situação peculiar tem implicado problemas jurídicos no caso de serem majoradas alíquotas após o embarque das mercadorias, no exterior, mas antes da chegada no País. Exemplificando: no caso de o importador contratar a importação de uma determinada mercadoria (alíquota prevista de 7%), promover o seu embarque no exterior (em 02.04.21), mas ser alterada a legislação durante o trânsito da mercadoria (elevação da alíquota para 70%, em 15.04.21), exige-se o imposto majorado por ocasião da ocorrência do fato gerador (entrada no território nacional em 22.04.24).

Embora o aumento da alíquota tenha sido efetivado antes do fato gerador, não há dúvida de que foram violados princípios constitucionais (direito adquirido e segurança jurídica), considerando a circunstância de que o importador não tem nenhuma condição de evitar a ocorrência do fato, porque não pode simplesmente determinar o retorno do navio ao porto de origem. No momento da realização do negócio jurídico (aquisição de produto estrangeiro), vigorava uma determinada alíquota, que deveria ser aplicada pela autoridade aduaneira.

Todavia, fundada em antiga diretriz do extinto Tribunal Federal de Recursos (Súmula nº 4), a jurisprudência predominante vem entendendo que, antes do nascimento do fato gerador tributário (entrada da mercadoria no território nacional), o importador não adquire o direito ao pagamento do imposto de importação pela alíquota vigente na data da compra ou do embarque da mercadoria no exterior. Inocorre surpresa tributária se, antes de comprar e embarcar a mercadoria no exterior, o importador tinha o dever jurídico de conhecer a existência de norma que o sujeitava à eventual alteração daquela alíquota.

Seguem-se diretrizes do STF:

> O imposto de importação tem como fato gerador a entrada de produtos estrangeiros no território (CTN-66, art. 19). Tratando-se de mercadoria despachada para consumo, considera-se ocorrido o fato gerador na data do registro, na repartição competente, da declaração apresentada pelo importador (DL 37/66, art. 23 c/c 44), sendo irrelevante para esse efeito específico, a data da celebração do contrato de compra e venda ou a do embarque ou a do ingresso no país de mercadoria importada.
> (ADIn nº 1.293-DF)

Imposto de Importação. Fixou-se em Plenário RE 91.337-8/SP, em 6.2.80 a jurisprudência do Supremo Tribunal no sentido de que em se tratando de mercadoria despachada para consumo, o fato gerador ocorre na data do registro, na repartição competente, da declaração de importação. Ausência de incompatibilidade entre o artigo 19 do CTN e o artigo 23 do Decreto-Lei nº 37/66, embargos conhecidos, porém rejeitados.
(ERE nº 91.309-2/SP, Pleno, rel. Min. Cordeiro Guerra, j. 12.03.80, *DJ* de 18.04.80, p. 2.566)

A Resolução nº 94, de 08.12.11, da Câmara de Comércio Exterior (publicada em 12.12.11), publicara as alíquotas como se contém de forma exemplificativa:

Capítulo 49
Livros, jornais, gravuras e outros produtos das indústrias gráficas; textos manuscritos ou datilografados, planos e plantas.
49.01 – Livros, brochuras e impressos semelhantes, mesmo em folhas.
49.01.91.00 – Dicionários e enciclopédias, mesmo em fascículos – 0% (zero)
4903.00.00 – Álbuns ou livros de ilustrações e álbuns para desenhar ou colorir, para crianças – 16% (dezesseis por cento).

18.1.5 Regimes Especiais

a) <u>Trânsito Aduaneiro</u>: permissão para o transporte de mercadoria, sob controle aduaneiro, de um ponto a outro do território aduaneiro, com suspensão do pagamento de tributos.

O regime subsiste do local de origem ao local de destino, e desde o momento do desembaraço para o trânsito aduaneiro pela unidade de origem, até o momento em que a unidade de destino conclui o trânsito aduaneiro.

O STJ entendera que, no caso da mercadoria, submetida a regime especial de trânsito aduaneiro pelo território nacional, ocorrer extravio ou avaria antes de sua entrega em país estrangeiro, não se consuma o fato gerador do imposto de importação (REsp nº 1.125.366/SP, 2ª. T., rel. Min. Castro Meira – j. 17.08.00 – *DJe* 26.08.10).

b) <u>Admissão Temporária</u>: regime que permite a importação de bens que devam permanecer no País durante prazo fixado, com suspensão total do pagamento de tributos, ou com suspensão parcial, no caso de utilização econômica, na forma e condições previstas no regulamento aduaneiro (art. 353), como é o caso dos bens destinados (i) a competições ou exibições esportivas; (ii) reposição temporária de bens importados, em virtude de garantia; (iii) a feiras, exposições, congressos e outros eventos científicos ou técnicos etc.

c) <u>Admissão Temporária para Aperfeiçoamento Ativo</u>: regime que permite o ingresso, para permanência temporária no País, com suspensão do pagamento de tributos, de mercadorias estrangeiras ou desnacionalizadas, destinadas a operações de aperfeiçoamento ativo e posterior reexportação.

São condições básicas para aplicação do regime (i) que as mercadorias sejam de propriedade de pessoa sediada no exterior e admitidas sem cobertura cambial; (ii) que o beneficiário seja pessoa jurídica sediada no País; e (iii) que a operação esteja prevista em contrato de prestação de serviços.

d) <u>Entreposto Aduaneiro</u>: permissão para armazenagem de mercadoria estrangeiro em recinto alfandegado de uso público, com suspensão do pagamento dos impostos federais, e também das contribuições para o Pis e Cofins-Importação incidente na importação.

Beneficiam-se do regime (i) o promotor do evento; (ii) o contratado pela empresa sediada no exterior; e (iii) o consignatário da mercadoria entrepostada.

A mercadoria deverá ter uma das seguintes destinações, em até 45 dias do término do prazo de vigência do regime, sob pena de ser considerada abandonada: (i) despacho para consumo; (ii) reexportação; (iii) exportação; ou (iv) transferência para outro regime aduaneiro especial ou aplicado em áreas especiais.

e) <u>Entreposto Industrial sob Controle Aduaneiro Informatizado – Recof</u>: o regime permite a empresa importar, com ou sem cobertura cambial, e com suspensão do pagamento de tributos, sob controle aduaneiro informatizado, mercadorias que, depois de submetidas a operação de industrialização, sejam destinadas à exportação.

Parte da mercadoria admitida no regime, no estado em que foi importada ou depois de submetida a processo de industrialização, poderá ser despachada para consumo. Pode, ainda, ter uma das seguintes destinações: (i) exportação; (ii) reexportação; ou (iii) destruição.

f) <u>Loja Franca</u>: regime que permite a estabelecimento instalado em zona primária de porto ou de aeroporto alfandegado vender mercadoria nacional ou estrangeira a passageiro em viagem internacional, contra pagamento em moda nacional ou estrangeira.

A mercadoria estrangeira importada diretamente pelos concessionários das lojas francas permanecerá com suspensão do pagamento de tributos até a sua venda, nas condições previstas no regulamento aduaneiro. A venda converterá a suspensão na isenção.

A importação será realizada em consignação, permitido o pagamento ao consignante no exterior somente após a efetiva comercialização da mercadoria, que poderão ser adquiridas em específicas situações.

g) <u>Depósito Especial</u>: regime que permite a estocagem de partes, peças, componentes e materiais de reposição ou manutenção, com suspensão do pagamento dos impostos federais, das contribuições para o Pis e a Cofins-Importação, para veículos, máquinas, equipamentos, aparelhos e instrumentos, estrangeiros ou nacionalizado ou não, e nacionais em que tenham sido empregados partes, peças e componentes estrangeiros.

h) <u>Zona Franca de Manaus</u>: a entrada de mercadorias estrangeiras na ZFM, destinadas a seu consumo interno, industrialização em qualquer grau, inclusive beneficiamento, agropecuária, pesca, instalação e operação de indústrias e serviços de qualquer natureza, bem como a estocagem para reexportação, será isenta dos impostos de importação e sobre produtos industrializados.

A isenção fica condicionada à efetiva aplicação das mercadorias nas finalidades indicadas e ao cumprimento das demais condições e requisitos legais. Os produtos nacionais exportados para o exterior, e, posteriormente, importados pela ZFM, não gozarão dos referidos benefícios.

i) <u>Áreas de Livre Comércio</u>: constituem áreas de livre comércio e de exportação, as que, sob regime fiscal especial, são estabelecidas com a finalidade de áreas fronteiriças específicas da Região Norte do País e de incrementar as relações bilaterais com os países vizinhos, segundo a política de integração latino-americana. Referidas áreas são configuradas por limites que envolvem, inclusive, os perímetros urbanos dos municípios de Tabatinga (AM), Guajará-Mirim (RO), Boa Vista e Bonfim (RR), Macapá e Santana (AP) e Brasiléia, com extensão para o município de Epitaciolândia e Cruzeiro do Sul (AC).

As entradas de produtos estrangeiros nas referidas áreas serão feitas com suspensão do pagamento dos impostos de importação e sobre produtos industrializados, que será convertida em isenção quando os produtos tiverem determinadas destinações.

18.1.6 Siscoserv

O SISCOSERV (Sistema Integrado de Comércio Exterior de Serviços, Intangíveis e Outras Operações que Produzam Variações no Patrimônio) trata de sistema informatizado, desenvolvido pelo governo federal como ferramenta para o aprimoramento das ações, de estímulo, formulação, acompanhamento e aferição das políticas públicas relacionadas a serviços e intangíveis, bem como para orientação de estratégias empresariais.

Conforma-se às diretrizes do Acordo Geral sobre Comércio de Serviços (GATS) da Organização Mundial do Comércio (OMC), aprovado pelo Decreto Legislativo 30, de 15.12.94, e promulgado pelo Decreto nº 1.355, de 30.12.94.

O sistema conta com dois Módulos: (a) Venda – registra os serviços, intangíveis e operações que produzam variações no patrimônio, vendidos por residentes ou domiciliados no País a residentes ou domiciliados no exterior, abrangendo o registro das operações realizadas por meio de presença comercial no exterior; (b) Aquisitivo – registra os serviços, intangíveis e outras operações que produzam variações ao patrimônio, adquiridos por residentes ou domiciliados no País de residentes ou domiciliados no exterior.

São considerados os seguintes *intangíveis* para fins de registro:

I – o licenciamento (autorização para usar ou explorar comercialmente direito patrimonial), e a cessão, temporária ou definitiva, dos direitos de propriedade intelectual objeto das Seções 1 a 7 da Parte II do Acordo sobre os Aspectos dos Direitos de Propriedade Intelectual Relacionados ao Comércio, conforme o Anexo 1C do Acordo Constitutivo da Organização Mundial do Comércio constante da Ata Final que incorpora o Resultado das Negociações Comerciais Multilaterais da Rodada Uruguai, aprovada pelo decreto nº 1.355, de 31.12.94.

II – os contratos de transferência de tecnologia envolvendo a prestação de serviços de assistência técnica e científica, combinadamente ou não, e o fornecimento de tecnologia – *know how*;

III – os contratos de franquia;

IV – a exploração dos recursos naturais e o licenciamento dos direitos sobre conhecimento tradicional; e

V – o licenciamento dos direitos relativos ao acesso a recursos genéticos.

18.2 Imposto de Exportação
18.2.1 Materialidade

O imposto de exportação, para o exterior, de produtos nacionais ou nacionalizados, tem como *fato gerador* a saída destes do território nacional, que se considera ocorrido na data de registro da exportação no Siscomex (art. 153, II, da CF; Decreto-Lei nº 1.598, de 11.10.77; Lei federal nº 9.716, de 26.11.98, e Decreto federal nº 6.759, de 05.02.09 – Regulamento Aduaneiro).

Questionável a previsão contida na norma regradora do tributo pelo elementar argumento de que os legisladores (constitucional e complementar) estabeleceram um momento preciso, e determinado, para o nascimento da obrigação tributária, ou seja, a *saída* do produto para o exterior, que coincide com o momento do embarque no navio, aeronave, ou qualquer outro veículo transportador. É inadmissível a antecipação do fato gerador traduzida na simples emissão de documento relativo à exportação.

O STJ entende que o fato gerador do imposto de exportação é contado do registro de venda no Siscomex, conforme indicam o REsp nº 382.494/PR, rel. Min. João Otávio Noronha, *DJ* 29.03.06; AgRg no Resp nº 225.546/PR, rel. Min. Francisco Falcão; REsp nº 546.836/PE, rel. Min. Castro Meira. O registro de venda do negócio jurídico celebrado que produz efeitos no exterior não se confunde com o registro de exportação, momento este em que a lei considera ocorrida a saída da mercadoria exportada. Aquele antecede a este e tem por finalidade apenas o exercício de controle fiscal (REsp nº 964.151-PR, 1ª Turma, rel. Min. José Delgado, j. 22.04.08, *DJe* de 21.05.08).

18.2.2 Sujeito ativo, contribuinte e responsáveis

A União é a pessoa competente para instituir o imposto, e as normas operacionais por meio da Câmara de Comércio Exterior, Secretaria de Comércio Exterior, Secretaria da Receita Federal do Brasil e Banco Central do Brasil, conforme esclarecido no âmbito do imposto de importação (item 18.1.2).

Contribuinte é o exportador, assim considerada qualquer pessoa que promova a saída de mercadoria do território nacional. Num plano infraconstitucional, o CTN (art. 27) estabelece que contribuinte também é a pessoa aquém a lei a ele equiparar. São *responsáveis* o transportador, o depositário, e outras pessoas expressamente designadas na legislação.

18.2.3 Base de cálculo

A *base de cálculo* do imposto é o preço normal que a mercadoria, ou sua similar, alcançaria, ao tempo da exportação, em uma venda em condições de livre concorrência no mercado internacional, observadas as normas expedidas pela Câmara de Comércio Exterior. Quando o preço da mercadoria for de difícil apuração ou for suscetível a oscilações bruscas no mercado internacional, poderão ser fixados critérios específicos ou estabelecida pauta de valor mínimo para apuração da base de cálculo. Para efeito da determinação da base de cálculo, o preço de venda das mercadorias exportadas não poderá ser inferior ao seu custo de aquisição e da margem de lucro de 15% (quinze por cento) sobre a soma dos custos, mais impostos e contribuintes.

18.2.4 Alíquota

O imposto será calculado pela *alíquota* de 30% (trinta por cento) sobre a base de cálculo. Para atender aos objetivos da política cambial e do comércio exterior, a Câmara de Comércio Exterior poderá reduzir ou aumentar a alíquota do imposto. Em caso de elevação, a alíquota não poderá ser superior a 150% (cento e cinquenta por cento).

O STF firmou o entendimento seguinte:

Tributário. Imposto de exportação. Alteração de alíquota. Art. 153, §1º, da CF/1988. Competência privativa do Presidente da República não configurada. Atribuição deferida à Camex. Constitucionalidade. Faculdade Discricionária cujos limites encontram-se estabelecidos em lei. Recurso extraordinário desprovido.
I – É compatível com a Carta Magna a norma infraconstitucional que atribui a órgão integrante do Poder Executivo da União a faculdade de estabelecer as alíquotas do Imposto de Exportação.
II – Competência que não é privativa do Presidente da República.
III – Inocorrência de ofensa aos arts. 84, *caput*, IV e parágrafo único, e 153, §1, da CF/1988 ou ao princípio da reserva legal. Precedentes.
IV – Faculdade discricionária atribuída à Câmara de Comércio Exterior – Camex, que se circunscreve ao disposto no Dec.-lei 1.578/1977 e às demais normas regulamentares (...)". (RE nº 570.680 – Plenário – j. 28.10.09 – rel. Min. Ricardo Lewandowski – *DJe* 03.12.09, p. 30-31)

a) cigarro contendo fumo – tabaco (NCM nº 2402.20.00 – 150% – exportações destinadas à América do Sul e América Central, inclusive Caribe – Decreto nº 2.876/98);
b) armas e munições, suas partes e acessórios (NCM nº 93) – 150% – exportações destinadas à América do Sul, exceto Argentina, Chile e Equador; e à América Central, inclusive Caribe (Resolução Camex nº 17/2001);
c) couros e peles em bruto de bovinos – incluídos os búfalos – ou de equídeos – frescos ou salgados, secos, tratados pela cal, "piclados" ou conservados de outro modo (NCM 4101) – 9% – (Res. Camex nº 42/2006);
d) peles em bruto de ovinos – frescas ou salgadas, secas, tratadas pela cal, "picladas" ou conservadas de outro modo (NCM nº 4102) – 9% (Res. Camex 42/2006);
e) outros couros e peles em bruto – frescos, ou salgados, secos, tratados pela cal, "piclados" ou conservados de outro modo (NCM 4103) – 9% – (Res. Camex nº 42/2006);
f) couros e peles curtidos de bovinos – incluídos os búfalos – depilados, mesmos divididos, mas não preparados de outra forma (NCM nº 4104.19) – 9% (Res. Camex 42/2006).

Relativamente à "majoração de alíquota", o STJ decidira o seguinte:

Tributário. Imposto de exportação. Majoração de alíquota. Ato do executivo. Mérito. Reexame pelo judiciário. Impossibilidade. Teratologia. Inexistência. Lei 9.716/1998. Violação.
1. Hipótese em que o Executivo majorou para 150% a alíquota do Imposto sobre a Exportação de armas e munições para as Américas do Sul e Central. Justificou adequadamente o

aumento, ressaltando a necessidade de combate ao contrabando consistente no retorno ilegal ao Brasil de armamento aqui mesmo fabricado, fato de grande notório impacto na Segurança Pública (motivação transcrita no acórdão recorrido).

2. Em harmonia com a ordem constitucional (art. 15, §1º, da CF/1988), o Dec.-lei 1.578/1997, com a redação dada pela Lei 9.716/1998, fixou a alíquota básica do Imposto de Exportação em 30% e admitiu sua redução e majoração pelo Executivo (até o teto de 150%) "para atender os objetivos da política cambial e do comércio exterior".

3. O Tribunal de origem, apesar de reconhecer a existência de motivação, julgou que a majoração não atingiu os referidos objetivos.

4. Cabe ao Judiciário aferir se o Executivo motivou adequadamente a alteração de alíquota do Imposto de Exportação e observou o limite legal, e não valorar essa motivação ou determinar qual seria a forma adequada de atender às políticas cambial e do comércio exterior.

5. Inexiste teratologia que evidencia nulidade do ato, o que impede a intervenção do Judiciário no mérito da decisão.

6. Recurso Especial provido.

(REsp nº 614.890/RS – 2ª. T. – rel. Min. Herman Benjamin – j. 02.04.09 – *DJe* 20.04.09)

Despacho de exportação é o procedimento mediante o qual se processa o desembaraço aduaneiro de mercadoria destinada ao exterior, seja ela exportada a título definitivo ou não. Também se sujeitam a despacho as mercadorias que, importadas a título não definitivo, devam ser objeto de reexportação.

O despacho será processado através do Siscomex, tendo por base declaração formulada pelo exportador, ou seu mandatário, conectada ao terminal do computador, contendo todas as indicações relativas à exportação, podendo ser realizado em recinto não alfandegado de zona secundária. Será instruída com a primeira via da Nota Fiscal a via original do Conhecimento e do Manifesto Internacional de Carga e outros documentos indicados na legislação, sendo verificada a mercadoria, após o que se dará o desembaraço aduaneiro e a consequente autorização para o seu trânsito, embarque ou transposição de fronteira.

A Declaração Simplificada de Exportação (DSI) será formulada pelo exportador em exportação de valor limitado ou em situações específicas.

A jurisprudência assentou-se no entendimento de que, se o contrato de exportação foi levado ao Siscomex, antes de entrar em vigor a Resolução que aumentou a alíquota do tributo, esta não pode onerar o ato jurídico celebrado à luz do ordenamento anterior (STJ, REsp nº 538.786-SC, 1ª Turma, rel. Min. Humberto Gomes de Barros, j. 15.06.04, *DJU* 1 de 28.06.04, p. 194-195).

Os *regimes aduaneiros especiais* são considerados nas situações seguintes: (i) trânsito aduaneiro; (ii) entreposto aduaneiro; (iii) exportação temporária; (iv) exportação temporária para aperfeiçoamento ativo; (v) exportação de bens destinados às atividades de pesquisa e de lavra das jazidas de petróleo e de gás natural – Repetro; (vi) depósito alfandegado certificado; (vii) Zona Franca de Manaus; (viii) áreas de livre comércio; e (ix) zonas de processamento de exportação.

18.3 Imposto sobre a Renda e Proventos de Qualquer Natureza

18.3.1 Materialidade

O Decreto federal nº 9.580, de 22.11.18, regulamenta a tributação, fiscalização, arrecadação e administração do imposto.

O *fato gerador* é a aquisição da disponibilidade econômica ou jurídica de: I – *renda*, assim entendido o produto do capital, do trabalho, ou da combinação de ambos; II – de *proventos de qualquer natureza*, assim entendidos os acréscimos patrimoniais não compreendidos no inciso anterior (art. 153, III, da CF, e art. 43, do CTN).

O conceito constitucional de renda compreende o acréscimo patrimonial (saldo positivo resultante do confronto entre certas entradas e saídas), representado por qualquer espécie de direitos ou bens, de qualquer natureza, ao longo de um período de tempo, distinguindo-se de conceitos tangenciais como faturamento, capital, lucro, ganho, resultado e patrimônio.[350]

A *disponibilidade jurídica* consiste no direito de usar a renda, ou os proventos, definitivamente constituídos na forma da lei, alcançando os atos e operações colhidos pelo Direito, como é o caso de salários, honorários, vencimentos etc. (resultantes do trabalho); e dos juros, aluguéis e lucro nas operações imobiliárias etc. (decorrentes de aplicação de capital).

A *disponibilidade econômica* concerne a uma situação de fato irrelevante ao direito (ganhos de jogos), ou até mesmo de atividade ilícita (contrabando, juros usurários).

Embora a disponibilidade jurídica seja sempre econômica (implicadora de uma situação patrimonial), a disponibilidade econômica nem sempre será jurídica, tendo em vista a própria distinção traçada no CTN.

Os proventos abrangem os ingressos pertinentes à disponibilidade jurídica (doação, que não resulta propriamente do capital e do trabalho), como à econômica, que compreende situações de fato (dívida de jogo), ou ilícitas (exploração do lenocínio).

A *disponibilidade financeira* corresponde ao ingresso de dinheiro no patrimônio particular, que nem sempre constitui fato gerador do imposto.

Os regimes de apuração dos resultados são os seguintes:
a) econômico ou jurídico (*competência*), que toma em consideração as receitas ingressadas no patrimônio do contribuinte, independente da realização em moeda, os custos e as despesas incorridas juridicamente, independentemente de seu pagamento. O valor correspondentemente ao preço de venda de mercadorias será considerado renda, independentemente de ter sido pago o seu preço, pela circunstância delas já terem sido entregues ao comprador. O frete relativo ao transporte das mercadorias será considerado como despesa, independentemente de ter sido pago, pelo fato de haver sido efetuada a respectiva prestação de serviços;
b) financeiro (*caixa*), que leva em conta, exclusivamente o dinheiro ingressado ou saído do patrimônio.

É fácil inferir que, em regra, o fluxo de dinheiro (ingressos e saídas de numerário) do patrimônio do contribuinte pode revelar-se indiferente para caracterizar a disponibilidade econômica ou jurídica de renda/proventos. Com efeito, nem todas as receitas ou rendimentos realizam-se em dinheiro, e os gastos – muitas vezes – são pagos em bens de natureza diversa (móveis, imóveis, cessão de créditos).

---

[350] GONÇALVES, José Artur Lima. *Imposto sobre a Renda* – Pressupostos Constitucionais. 5. tir. São Paulo: Malheiros, 2002. p. 177-185.

No caso de *indenização decorrente da desapropriação de bem* ocorre mera mutação patrimonial, ou seja, o imóvel do particular – que é transferido para o Poder Público – é objeto de recomposição financeira. Inexiste riqueza nova, o patrimônio não recebe nenhum acréscimo, em razão do que não se caracteriza efetiva renda.

Na *indenização decorrente de ato ilícito* (dano decorrente da inexecução de contrato de venda de produto industrial, por exemplo), o objetivo é eliminar o prejuízo que o particular (industrial) certamente incorreria pelo fato de ser obstada a fabricação, negociação etc. do referido bem.

Incide o imposto de renda sobre os valores percebidos a título de *indenização por horas extraordinárias trabalhadas*, ainda que decorrente de acordo coletivo (Súmula nº 463 do STJ).

É indevida a incidência de Imposto de Renda sobre o valor da complementação de aposentadoria, pago por entidade de previdência privada, e em relação ao resgate de contribuições recolhidas para referidas entidades patrocinadoras no período de 1º.11.89 a 31.12.95, em razão da isenção concedida pelo artigo 6º, VII, b, da Lei nº 7.713/98, na redação anterior à que lhe foi dada pela Lei nº 9.250/95 (Súmula nº 556 do STJ).

Os valores percebidos a título de *auxílio-creche*, benefício trabalhista de nítido caráter *indenizatório*, não integram o salário de contribuição, assim como não sofrem a incidência do imposto de renda (STJ, AgRg no AgRg no REsp nº 1.131.143-RS, 1ª Turma, rel. Min. Luiz Fux, j. 02.09.10, *DJe* de 23.09.10).

O elemento financeiro é irrelevante para configurar a disponibilidade jurídica da renda, porque esta só se verificará no momento em que a situação (ato/operação relativa ao capital ou trabalho) estiver completada de acordo com o direito.

O direito de a pessoa jurídica receber o preço da venda de produtos (disponibilidade jurídica) só se configura em razão de sua entrega, em face do que os eventuais adiantamentos só representarão simples disponibilidade financeira. Do mesmo modo, pode positivar-se a disponibilidade econômica sem que haja a entrada de dinheiro, quando forem recebidos bens de outra característica (automóvel), em pagamento de dívida de jogo de carteado (sem proteção jurídica) ou jogo de bicho (contravenção penal).

Todavia, o legislador também tem fixado a disponibilidade financeira como elemento participante da tipificação do imposto, como no caso de incidência do tributo na fonte, devido pelo pagamento efetivo. Insere-se neste quadro normativo a tributação das pessoas jurídicas que consideram o regime de competência, consoante os princípios e critérios contábeis.[351]

A incidência do imposto independe da denominação da receita ou do rendimento, da localização, condição jurídica ou nacionalidade da fonte, da origem e da forma de percepção. Na hipótese de receita ou de rendimento oriundos do exterior, a lei ordinária estabelecerá as condições e o momento em que se dará sua disponibilidade, para fins de incidência do imposto (§§1º, 2º, art. 43, do CTN, inseridos pela redação da LC nº 104/01).

Pessoas Físicas: o imposto considera os rendimentos de trabalho assalariado (salários, férias, licença especial, gratificações, comissões etc.), de trabalho não assalariado e semelhantes (honorários de profissões, corretagens, direitos autorais, aluguéis, *royalties*,

---

[351] MELO, José Eduardo Soares de. O Fato Gerador do Imposto sobre a Renda e Proventos de Qualquer Natureza. In: MARTINS, Ives Gandra da Silva (coord.). *Caderno de Pesquisas Tributárias*. São Paulo: Resenha Tributária e Centro de Extensão Universitária, 1986. v. 11. p. 298-310.

alimentos, lucro do comércio e indústria, multa, resgate de títulos, juros, dividendos, atividade rural etc.).

O imposto *não incide* sobre diversos rendimentos brutos (ajuda de custo, alienação de bens de pequeno valor, alienação de único imóvel, alimentação, transporte e uniformes, auxílio-alimentação, benefícios de deficientes mentais, bolsas de estudo, caderneta de poupança, cessão gratuita de imóvel, diárias, indenização por rescisão de contrato de trabalho, decorrente de acidente, danos patrimoniais, lucros e dividendos distribuídos, seguros específicos, aquisição de bens por doação ou herança, pecúlio previdenciário, PIS-Pasep, salário-família, seguro-desemprego etc.).

Pessoas Jurídicas (e equiparadas): o imposto será considerado na medida em que os rendimentos, ganhos e lucros forem sendo auferidos, em razão das atividades principais ou acessórias (venda de bens, prestação de serviços, ganhos de capital etc.).

O *fato gerador* do imposto ocorre nos momentos previstos em lei, conforme examinado (subitem 1.4.4 relativo ao princípio da anterioridade), também sendo estipulado o regime de tributação na fonte (antecipação do valor a ser devido no ajuste anual; ou de forma exclusiva, sem antecipação).

18.3.2 Sujeito ativo, contribuinte e responsável

O imposto é de competência da União relativamente às rendas e proventos auferidos no País, ou no exterior.

Contribuinte é a pessoa física ou jurídica (incluindo as empresas individuais, as empresas públicas e sociedades de economia mista e as sociedades cooperativas de consumo), domiciliadas ou residentes no Brasil (inclusive as filiais, agências ou representações no País, de pessoas com sede no exterior) titulares da disponibilidade jurídica, ou econômica, da renda e dos proventos referidos, sem prejuízo de atribuir a lei essa condição ao possuidor, a qualquer título, dos bens produtores de renda ou dos proventos tributáveis (art. 45 do CTN).

O *responsável* pelo imposto poderá ser a fonte pagadora da renda ou dos proventos tributáveis, cabendo-lhe efetuar sua retenção e recolhimento (parágrafo único do art. 45 do CTN), sob pena de ser-lhe exigido o valor respectivo.

18.3.3 Base de cálculo

A *base de cálculo* do imposto das *pessoas físicas* considera os valores correspondentes aos rendimentos (assalariado, não assalariado, ganhos imobiliários, financeiros, proventos etc.), deduzindo os gastos com contribuição previdenciária e empregados; e abatendo os dispêndios com dependentes, pensão alimentícia, médicos, educação etc.

A base do imposto devido no ano-calendário será a diferença entre as somas de todos os rendimentos percebidos (exceto os isentos, os não tributáveis, os tributáveis exclusivamente na fonte e os sujeitos à tributação definitiva) e de todas as referidas deduções e abatimentos.

A *base de cálculo* do imposto das *pessoas jurídicas* é o montante real, arbitrado ou presumido, de renda ou dos proventos tributáveis (art. 44 do CTN), nos termos da legislação ordinária básica (Decreto federal nº 9.580/18), estabelecendo os aspectos fundamentais seguintes:

a) *lucro real*: é o lucro líquido do período-base, ajustado pelas adições, exclusões ou compensações prescritas ou autorizadas pela lei fiscal; sendo que o lucro líquido é a soma algébrica do lucro operacional, dos resultados não operacionais, do saldo da conta de correção monetária e das participações.
O lucro operacional compreende o resultado das atividades, principais ou acessórias, que constituam objeto da pessoa jurídica. Será classificado como lucro bruto o resultado da atividade de venda de bens ou serviços que constituam objeto da pessoa jurídica. Corresponde à diferença entre a receita líquida das vendas e serviços, e o custo dos bens e serviços vendidos.
A receita bruta das vendas e serviços abrange o produto da venda de bens nas operações de conta própria, o preço dos serviços e o resultado auferido nas operações de conta alheia. Na receita bruta, não se incluem os impostos não cumulativos cobrados destacadamente, do comprador ou do contratante, dos quais o vendedor dos bens ou o prestador dos serviços não seja mero depositário. A receita líquida de vendas e serviços será a receita bruta diminuída das vendas canceladas, dos descontos concedidos incondicionalmente e dos impostos incidentes sobre vendas.
A pessoa jurídica apura os resultados de sua atividade (lucro ou prejuízo societário), de conformidade com os princípios e critérios contábeis, abrangendo as receitas (remunerações de prestações de serviços, venda de mercadorias, aplicações financeiras etc.).
Deverá levar em conta os dispêndios relativos a custos e despesas operacionais necessárias à atividade da empresa e à manutenção da respectiva fonte produtora (tributos, multas, salários e respectivos encargos trabalhistas e previdenciários; conservação de bens e instalações, pesquisas científicas e tecnológicas; aluguéis, *royalties* e assistência técnica; contraprestações de arrendamento mercantil; remuneração de administradores; serviços assistenciais, planos de poupança; propaganda, formação profissional, alimentação do trabalhador etc.).
As despesas enumeradas no Regulamento do Imposto de Renda não são taxativas, implicam limites de abatimento e observância a determinadas condições. Para ser consideradas, devem possuir amparo documental, terem vinculação e/ou necessidade com as atividades societárias e ser debitadas no exercício competente.
O prejuízo compensável é o apurado na demonstração do lucro real e registrado no livro competente. O valor máximo admitido para a compensação dos prejuízos fiscais acumulados em períodos anteriores corresponde a 30% do lucro contábil.
Em seguida, o contribuinte promove os ajustes determinados pela lei tributária, mediante acréscimo ou diminuição de determinados valores, concluindo pela existência de resultado positivo (*lucro real*) ou negativo (*prejuízo fiscal*).

b) *lucro arbitrado*: é o valor considerado pelo Fisco nos seguintes casos: ausência de escrituração na forma das leis comerciais e fiscais; falta de elaboração de demonstrações financeiras; escrituração com vícios, erros ou deficiências etc. No caso de ser conhecida a receita bruta, o lucro corresponderá a uma porcentagem dela; e se desconhecida, o lucro é determinado mediante a utilização de coeficientes, segundo regras específicas.

c) *lucro presumido*: é o valor considerado para as empresas de pequeno porte (com determinado limite de receita bruta), salvo exceções previstas em lei (sociedades por ações, sociedades com participação de entidades da Administração Pública em seu capital etc.). A base de cálculo será determinada mediante a aplicação do percentual de 8% sobre a receita bruta auferida mensalmente, observado o disposto no art. 12 do DL nº 1.598, de 1977, deduzida das devoluções, vendas canceladas e dos descontos incondicionais concedidos, sem prejuízo do disposto nos arts. 30, 32, 34 e 35 da Lei nº 8.981, de 1995.
Os coeficientes fixados legalmente para aplicação sobre a receita bruta, específicas para determinadas atividades, variam de 1,6% a 32%.

d) *simples nacional*: aplicável às pessoas jurídicas enquadradas como microempresa (receita bruta do ano-calendário que não ultrapassa R$360.000,00), e como empresa de pequeno porte entre aquele limite e R$3.600.000,00, com a exclusão legal de determinadas atividades operacionais, e formas societária, sujeitando-se a alíquotas específicas.

18.3.4 Alíquota

As *alíquotas* para as *pessoas físicas* serão de 7,5% a 27,5% de conformidade com os valores pertinentes à base de cálculo, a partir do mês de abril do ano-calendário de 2015 (Lei nº 13.149/15), de conformidade com a tabela progressiva mensal:

Imposto de Renda – vigente em janeiro de 2022 – Lei nº 13.149/15
Tabela Progressiva Mensal

Bases de cálculo (R$)	Alíquota (%)	Parc. deduzir (R$)
até 1.903,98	--	--
de 1.903,99 até 2.826,65	7,5	142,80
de 2.826,66 até 3.751,05	15	354,80
de 3.751,06 até 4.664,68	22,5	636,13
acima de 4.664,68	27,5	869,36

Deduções:
a) R$189,59 por dependente; b) pensão alimentar integral; c) R$1.903,98 para aposentados, pensionistas e transferidos para a reserva remunerada que tenham 65 anos de idade ou mais; d) contribuição à Previdência Social; e) R$3.561,50 por despesas com instrução do contribuinte e de seus dependentes (Lei nº 9.250/95).

Para as *pessoas jurídicas* a alíquota será 15%, sendo que a parcela do lucro (real, presumido ou arbitrado) que exceder o valor resultante da multiplicação de 20 mil reais pelo número de meses do respectivo período de apuração se sujeita à alíquota de 10%.

O recolhimento mensal obrigatório ("*carnê-leão*") deve ser utilizado pela pessoa física que receber de outra pessoa física, ou de fontes situadas no exterior, rendimentos que não tenham sido tributados na fonte, no País, tais como:

I – os emolumentos e custas dos serventuários da Justiça, como tabeliães, notários, oficiais públicos e outros que não forem remunerados exclusivamente pelos cofres públicos;

II – os rendimentos recebidos em dinheiro, a título de alimentos, ou pensões, em cumprimento de decisão judicial ou acordo homologado judicialmente, inclusive alimentos provisionais;

III – os rendimentos recebidos por residentes ou domiciliados no Brasil que prestem serviços a embaixadas, repartições consulares, missões diplomáticas ou técnicas ou a organismos internacionais de que o Brasil faça parte;
IV – os rendimentos de aluguéis recebidos de pessoas físicas.

A *tributação definitiva* aplica-se aos ganhos de capital na alienação de bens ou direitos pela pessoa física, que devem ser apurados no mês em que forem auferidos, sendo tributados em separado, não integrando a base de cálculo do imposto na declaração de rendimentos, e o valor do imposto pago não poderá ser deduzido do devido na declaração.

Na apuração do ganho de capital serão consideradas as operações que importem alienação, a qualquer título, de bens ou direitos ou cessão ou promessa de cessão de direitos à sua aquisição, tais como as realizadas por compra e venda, permuta, adjudicação, desapropriação, dação em pagamento, doação, procuração em causa própria, promessa de compra e venda, cessão de direitos ou promessa de cessão de direitos e contratos afins. A tributação independe da localização dos bens ou direitos.

Não se considera ganho de capital o valor decorrente de indenização I) por desapropriação para fins de reforma agrária, e II) por liquidação de sinistro, furto ou roubo, relativo a objeto segurado.

O ganho de capital percebido por *pessoa física* em decorrência da alienação de bens e direitos de qualquer natureza sujeita-se à Incidência do IR à alíquota de 15%; e, a partir de 1º.01.17, (Ato Declaratório Interpretativo nº 3, de 29.04.16 da RFB) às seguintes alíquotas:

I – 15% sobre a parcela dos ganhos que não ultrapassar R$5.000.000,00 (cinco milhões de reais);
II – 17,5% sobre a parcela dos ganhos que exceder R$5.000.000,00 (cinco milhões de reais) e não ultrapassar R$10.000.000,00 (dez milhões de reais);
III – 20% sobre a parcela dos ganhos que exceder R$10.000.000,00 (dez milhões de reais) e não ultrapassar R$30.000.000,00 (trinta milhões de reais); e
IV – 22,5% sobre a parcela dos ganhos que ultrapassar R$30.000.000,00 (trinta milhões de reais).

O ganho de capital percebido por *pessoa jurídica* em decorrência da alienação de bens e direitos do ativo circulante sujeita-se à incidência do imposto sobre a renda, com a aplicação das alíquotas previstas no *caput* do art. 21 da Lei nº 8.981, de 20.01.95, e do disposto nos §§1º, 3º e 4º do referido artigo, exceto para as pessoas jurídicas tributadas com base no lucro real, presumido ou arbitrado.

18.4 Imposto sobre Produtos Industrializados

18.4.1 Materialidade

A Constituição Federal de 1988 dispõe:

Art. 153. Compete à União instituir impostos sobre:
(...)
IV – produtos industrializados.

A materialidade tributária não se contém na simples expressão constitucional, muito menos no conceito de "produto industrializado", previsto no CTN (art. 46), como sendo aquele bem que tenha sido submetido a qualquer operação que lhe modifique a natureza, a finalidade ou o aperfeiçoe para consumo.

A incidência tributária não se verifica apenas sobre o ato de elaboração do bem (produção industrial), inserida exclusivamente no âmbito de "fazer" alguma coisa.

A realização de "operações" é que molda a tipicidade prevista na CF, configurando o verdadeiro sentido do fato juridicizado, ou seja, a prática de operação jurídica, como a transmissão de um direito (posse ou propriedade). Essa operação tem produto industrializado por objeto, em razão do que, para a configuração jurídica do IPI, podem ser apontados os requisitos seguintes: a) a existência de um produto industrializado; e b) um negócio jurídico, conforme examinado em outro estudo.[352]

Isoladamente, os termos "operações" e "produto industrializado" não revelam um significado abrangente, não chegando tais situações a irradiar qualquer efeito jurídico. Ao adjetivar o produto como "industrializado", o legislador excepcionou o meio e o resultado produtivo, apartou todos os demais tipos de produtos que não resultem de processo de industrialização. Todos os esforços humanos realizados sobre bens materiais – que não perfaçam um produto, e que não decorram ou se vinculem a "atos de indústria" – excluem-se do âmbito material do IPI.

Essas premissas permitem firmar a conclusão de que "à falta de operação inexiste fato imponível de IPI. Por isso, o que seja produto industrializado e eventualmente a saída do estabelecimento produtor sem constituir-se em objeto de uma 'operação' não é tributável, porque tal singela saída, em si mesma considerada, não configura exteriorização de um processo legalmente qualificado: o processo exige 1) a produção, 2) a prática de um ato negocial e o consequente 3) impulso à circulação (que se exterioriza pela 'saída'). *Na operação assim está o cerne da incidência do IPI, como consagrado constitucionalmente*".[353]

De modo arguto e conciso, observou-se que "as operações com produtos industrializados, contidas no descritor da regra-padrão do IPI, constituem operações sempre jurídicas. E operações jurídicas que promovem a saída de produtos industrializados, transferindo-lhes a propriedade ou ao menos a posse, donde se pode afirmar que a materialidade da hipótese de incidência do IPI consiste numa *obrigação de dar*".[354]

Não há dúvida de que a industrialização de um bem constitui atividade imprescindível para cogitar da existência concreta do fato gerador do IPI. Para conceituar "produto industrializado", o intérprete deve pautar-se por elementos técnicos, físicos e operacionais (e mesmo empresariais), dentro de um contexto constitucional.

Produtos industrializados podem ser considerados "aqueles obtidos pelo esforço humano aplicado sobre bens móveis quaisquer, em qualquer estado, com ou sem uso de instalações ou equipamentos. Haverá produto industrializado se, do esforço humano sobre bem móvel, resultar acréscimo ou alteração de utilidade, pela modificação de

---

[352] MELO, José Eduardo Soares de. *O Imposto sobre Produtos Industrializados (IPI) na Constituição de 1988*. São Paulo: RT, 1991. p. 117.

[353] GIARDINO, Cléber; ATALIBA, Geraldo. Hipótese de Incidência do IPI. *Revista de Direito Tributário*, ano 10, n. 37, p. 150, jul./set. 1986.

[354] VIEIRA, José Roberto. *IPI – a Regra-matriz de Incidência – Texto e Contexto*. Curitiba: Juruá, 1993. p. 80.

qualquer de suas características. Inocorrendo tal efeito tratar-se-á de simples prestação de serviços".[355]

Compreendem-se "por *industrialização* as atividades materiais de produção ou beneficiamento de bens, realizadas em massa, em série, estandardizadamente; os bens industrializados surgem como espécimes idênticos dentro de uma classe ou de uma 'série intensivamente produzida' (ou produtível 'denotando homogeneidade não personificada nem personificável de produtos'), sendo certo que *industrializar*, em suma, é conceito que reúne dois requisitos (aspectos) básicos e necessários, quais sejam: a) alteração da configuração de um bem material; b) padronização e massificação".[356]

Nesse contexto, há fundamento para aceitar o arraigado conceito encartado no Regulamento do IPI (Decreto federal nº 7.212, de 15.06.10, alterado pelo Decreto federal nº 10.668, de 08.04.21), ao qual apontamos entendimentos fazendários (Pareceres Normativos da Coordenação do Sistema de Tributação da Secretaria da Receita Federal), *verbis*:

> Art. 4º Caracteriza industrialização qualquer operação que modifique a natureza, o funcionamento, o acabamento, a apresentação ou a finalidade do produto, ou o aperfeiçoe para consumo, tal como (Lei nº 4.502, de 1964, art. 3º, parágrafo único, e Lei nº 5.172, de 25 de outubro de 1966, art. 46, parágrafo único):
>
> I – a que, exercida sobre matéria-prima ou produto intermediário, importe na obtenção de espécie nova (*transformação*);
>
> [Exemplos: a preparação de sorvete (PN nº 483/70-5), a confecção de toalhas (PN nº 483/70-4), a fabricação de ferramentas (PN nº 483/70-8), a trituração de refugos plásticos, solas de sapatos velhos ou rasgados, através de moagem, obtendo-se grão, destinados a venda para industrialização (PN nº 483/70-8).
>
> Não se considera transformação a simples colocação de produtos em obras de construção civil, no mesmo estado em que saíram do estabelecimento (PN nº 307/71-6)]
>
> II – a que importe modificar, aperfeiçoar ou, de qualquer forma, alterar o funcionamento, a utilização, o acabamento ou a aparência do produto (*beneficiamento*);
>
> [Exemplos: o bordado feito em toalhas (PN nº 483/70-4): o corte, biselamento, galvanização, decapagem, revestimento, trepanação efetuada em tubos de aço (PN nº 3.391/82); a gravação pelo processo de serigrafia (*silk screen*) em produtos de terceiros (vidros, tecidos etc.), usando telas (PN nº 157/71); a plastificação (PN nº 170/73); a colocação em caminhões de uma peça denominada terceiro eixo *truck*, e a adaptação de chassis para receber reboque ou a sua conversão em cavalo mecânico (PN nº 102/71); a colocação de fechaduras (PN nº 154/71); a gravação de fita virgem (PN nº 421/70).
>
> Não se considera beneficiamento a simples pintura de tubo de aço (PN nº 369/71); a colocação de pulseiras em relógio (PN nº 471/70); o ajuste em calçados ortopédicos, por ocasião da venda (PN nº 306/72); a simples colocação de antenas em aparelhos de televisão (PN nº 81/74)]
>
> III – a que consista na reunião de produtos, peças ou partes e de que resulte um novo produto ou unidade autônoma, ainda que sob a mesma classificação fiscal (*montagem*);
>
> [Exemplos: a colocação de carroçarias em chassis de veículos (PN nº 206/70 e nº 102/71); aparelhos eletrônicos (PN nº 332/70).
>
> A Receita Federal também entende caracterizar montagem a fabricação de elevador fora do estabelecimento industrial (PNº 682/82). Todavia, o STJ decidiu que "a atividade de

---

[355] CRUZ, Antonio Maurício da. *O IPI* – Limites Constitucionais. São Paulo: RT, 1984. p. 55.
[356] JUSTEN FILHO, Marçal. *O Imposto sobre Serviços na Constituição*. São Paulo: RT, 1985. p. 115.

fornecimento de elevadores, que envolve a produção sob encomenda e a instalação no edifício, encerra, precipuamente, uma obra de engenharia que complementa o serviço de construção civil, não se enquadrando no conceito de montagem industrial, para fins de incidência do IPI (REsp nº 1.231.669-RS – 1ª. T. – rel. Min. Benedito Gonçalves – j. 07.11.13 – *DJe* 16.05.14).

Não constitui montagem a colocação de pneus e câmaras de ar em chassis (PN nº 84/71); a colocação ou instalação, no local de uso, de esquadrias metálicas ou de madeira, balcões frigoríficos, sorveterias, vitrinas, guindastes, tanques, moinhos, anúncios luminosos, armários divisórios e janelas (PN nº 526/71)

IV – a que importe em alterar a apresentação do produto, pela colocação da embalagem, ainda que em substituição da original, salvo quando a embalagem colocada se destine apenas ao transporte da mercadoria (*acondicionamento ou recondicionamento*);

Exemplos: engarrafamento de vinho (PN nº 160/71); enlatamento de azeite e óleos vegetais, adquiridos a granel (PNs nº 17/70 e nº 472/70).

Não constitui acondicionamento a colocação de sal marinho em envoltórios e embalagens (PN nº 424/70); a colocação de produtos em sacos, destinados à entrega em filiais, quando esses sacos retornam à matriz (PN nº 460/70)]

V – a que exercida sobre produto usado ou parte remanescente de produto deteriorado ou inutilizado, renove ou restaure o produto para utilização (*renovação ou recondicionamento*).

[Exemplos: a recauchutagem, recapeamento, de pneus, salvo para uso do próprio executor ou encomendante (PNs nº 299/70 e nº 437/70); as reformas e serviços executados em semi-reboques, carroçarias e cavalos mecânicos usados, com o fim de aperfeiçoá-los para a finalidade a que se propõem (PN nº 102/71)].

Entendimentos do Judiciário:

A atividade de *confecção de sacos para embalagens* de mercadorias, prestada por empresa industrial, deve ser considerada, para efeitos fiscais, atividade de industrialização. A inserção, no produto assim confeccionado, de impressões gráficas, contendo a identificação da mercadoria a ser embalada e o nome do seu fornecedor, é um elemento eventual, cuja importância pode ser mais ou menos significativa, mas é invariavelmente secundário no conjunto da operação.

A Súmula 156 do STJ, segundo a qual '*a prestação de serviço de composição gráfica, personalizada e sob encomenda, ainda que envolva fornecimento de mercadorias, está sujeita, apenas, ao ISS*', tem por pressuposto, conforme evidenciam os precedentes que a sustentam, que os serviços de impressão gráfica sejam preponderantes na operação considerada. Pode-se afirmar, portanto, sem contradizer a súmula que a fabricação de produtos, ainda que envolva secundariamente serviços de impressão gráfica, não está sujeita ao ISS.

(STJ, REsp nº 725.246-PE, 1ª Turma, rel. Min. Teori Albino Zavascki, j. 25.10.05, *DJU* 1 de 14.11.05, p. 215 – grifei)

A fabricação de papelão através de reciclagem de sucata de papel caracteriza industrialização, ensejando o cálculo do IPI na forma do art. 67 do Decreto 87.981/92 (RIPI).

(STJ, REsp nº 388.046-PR, 2ª Turma, rel. Min. João Otávio Noronha, j. 14.02.06, *DJU* de 21.03.06 – grifei)

Não constitui renovação o conserto, a restauração e o recondicionamento de navios destinados ao uso da própria executora, ou quando tais operações são executadas por encomenda de terceiros não estabelecidos com o comércio de navios (PN nº 47/78).

O processo utilizado para a obtenção do produto, a localização e as condições das instalações ou dos equipamentos empregados são irrelevantes para caracterizar a operação como de industrialização. Além disso, não tem caráter taxativo o critério legal especificado, podendo ser consideradas outras modalidades de industrialização, devido ao desenvolvimento industrial, criando novos métodos e meios operacionais, alterando o conceito de *produto industrializado*.

O RIPI contempla operações que *não se consideram industrialização* (art. 5º), como o i) preparo de produtos alimentares, não condicionados em embalagem de apresentação, na residência do preparador ou em restaurantes, bares, sorveterias, confeitarias, padarias, quitandas e semelhantes, desde que os produtos se destinem à venda direta a consumidor; ii) à confecção ou preparo de produto de artesanato; iii) à confecção de vestuário, por encomenda direta do consumidor ou usuário, em oficina ou na residência do confeccionado; iv) ao preparo de produto, por encomenda direta do consumidor ou usuário, na residência do preparador ou em oficina, desde que, em qualquer caso, seja preponderante o trabalho profissional; v) à manipulação em farmácia, para venda direta a consumidor, de medicamentos oficinais e magistrais, mediante receita médica; vi) a operação efetuada fora do estabelecimento industrial, consistente na reunião de produtos, peças ou partes de que resulte a) edificação, como casas, edifícios, pontes, hangares, galpões e semelhantes e suas coberturas; b) instalação de oleodutos, usinas hidrelétricas, torres de refrigeração, estações e centrais telefônicas ou outros sistemas de telecomunicação e telefonia, estações, usinas e redes de distribuição de energia elétrica e semelhantes; ou c) fixação de unidades ou complexos industriais ao solo; vii) a montagem de óculos, mediante receita médica.

Para poder se precisar a materialidade do IPI também é necessário verificar demais materialidades dispostas na CF, como é o caso do Imposto sobre Serviços de Qualquer Natureza (art. 156, III) e do Imposto sobre Operações Relativas à Circulação de Mercadorias (art. 155, II). Há que se considerar as características de "produto industrializado", ou "industrialização de produtos", que devem se arranjar com os conceitos de "mercadorias" e "serviços", uma vez que também se traduzem em coisas corpóreas.

Mercadoria – tradicionalmente – é bem corpóreo (ou virtual) da atividade empresarial do importador, produtor, industrial e comerciante, tendo por objeto a distribuição para consumo, compreendendo-se no estoque da empresa, distinguindo-se das coisas que tenham qualificação diversa segundo a ciência contábil (ativo permanente), como apontado em estudo específico.[357]

Serviço tributável é o desempenho de atividade economicamente apreciável, produtiva de utilidade para outrem, porém sem subordinação, sob regime de Direito Privado, com o fito de remuneração.[358]

No IPI, a obrigação tributária decorre da realização de "operações", no sentido jurídico (ato de transmissão de propriedade ou posse), de um bem elaborado (esforço humano que implicou a sua transformação ou criação de utilidade), pelo próprio realizador da operação (jurídica). É imprescindível que o operador tenha produzido um bem, traduzido em seu esforço, consistindo sua obrigação na entrega desse bem, no oferecimento de algo corpóreo (materializado).

---

[357] MELO, José Eduardo Soares de. *ICMS* – Teoria e Prática. 11. ed. São Paulo: Dialética, 2009.
[358] ATALIBA, Geraldo; BARRETO, Aires. *X Curso de Especialização em Direito Tributário*. São Paulo: Resenha Tributária, 1983. p. 158.

O IPI tem como *fatos geradores:* a) o desembaraço aduaneiro de produtos de procedência estrangeira; e b) a saída dos produtos industrializados dos estabelecimentos do importador, industrial, comerciante equiparado ou arrematante.

Relativamente à ocorrência de *furto/roubo,* o STJ firmou o entendimento seguinte:

TRIBUTÁRIO. EMBARGOS DE DIVERGÊNCIA EM RECURSO ESPECIAL. IPI. FATO GERADOR. ROUBO DE MERCADORIA APÓS A SAÍDA DO ESTABELECIMENTO DO FABRICANTE. EMBARGOS DE DIVERGÊNCIA DO CONTRIBUINTE PROVIDOS.

1. Discute-se nos presentes autos se a saída física do produto do estabelecimento industrial ou equiparado é suficiente para a configuração do fato gerador do IPI, sendo irrelevante a ausência de concretização do negócio jurídico subjacente em razão do furto e/ou roubo das mercadorias.

2. A controvérsia já se encontra superada em ambas as Turmas de Direito Público do Superior Tribunal de Justiça, restando consolidado o entendimento de que a operação passível de incidência da exação é aquela decorrente da saída do produto industrializado do estabelecimento do fabricante e que se aperfeiçoa com a transferência da propriedade do bem, porquanto somente quando há a efetiva entrega do produto ao adquirente a operação é dotada de relevância econômica capaz de ser oferecida á tributação.

3. Na hipótese em que ocorre o roubo/furto da mercadoria após a sua saída do estabelecimento do fabricante, a operação mercantil e não se concretiza, inexistindo proveito econômico para o fabricante sobre o qual deve incidir o tribute, ou seja não se configura o evento ensejador da incidência do IPI, não gerando, por conseguinte, a obrigação tributária respectiva. Precedentes: AgInt no Resp nº 1.552/RS, Rel. Min. Assusete Magalhães, DJe 22.11.06; AgInt no Resp 1.190.231/RJ, Rel. Min. Sérgio Kukina, DJe 17.08.16; Resp nº 1.203.236/RJ, Rel. Min. Herman Benjamin, DJe 30.08.12.

4. Embargos de Divergência da Contribuinte providos, para julgar procedentes os Embargos à Execução, e, por conseguinte, desconstituir o crédito tributário.

(EREsp nº 734403/RS – 1ª. Seção – rel. Min. Napoleão Nunes Maia, sessão de 14.11.18)

Nas *operações de importação,* o fato gerador não ocorre pela simples entrada dos produtos estrangeiros no território nacional, ou mesmo pela singela circunstância de os produtos estarem relacionados em manifesto de carga, no caso de extravio, como ocorre no imposto de importação. É necessária a efetiva realização do "desembaraço" dos bens, mediante a liberação pela autoridade aduaneira, em razão do que o extravio dos produtos importados ou mesmo o abandono no recinto alfandegado não acarretam a incidência do IPI.

Há fundamento jurídico para se entender que não deveria haver a incidência do IPI na importação de quaisquer espécies de produtos (ao contrário do disposto no art. 46, I, do CTN; e art. 238 do Decreto nº 6.759/09 – Regulamento Aduaneiro) porque, além de inexistir industrialização no território nacional, a Constituição já prevê um imposto federal relativo à importação.

Em razão do "princípio da territorialidade", somente os fatos, atos e negócios efetuados dentro do País é que podem ser objeto de tributação, salvo os casos excepcionais contemplados na CF (Imposto de Importação – art. 153, I; Imposto de Renda – art. 153, III, §2º, I; ICMS – art. 155, II, e IX, *a*; ITCMD – art. 155, I e III, *b*; Cide, PIS-Importação – art. 149, §2º, II; e Cofins-Importação – art. 195, IV).

O IPI não se qualifica como "imposto sobre comércio exterior" (como é o caso dos impostos sobre a importação e do imposto sobre a exportação), mas como imposto sobre a "produção", tornando-se imprescindível promover a distinção entre o "ato industrial realizado no estrangeiro" e o "ato industrial realizado no Brasil", uma vez que "para a configuração da hipótese do fato gerador tem de ser considerado o ato industrial, que é elemento essencial à concretização do elemento material dessa hipótese. Ele é um *prior* em relação a esse elemento material, que é, afinal, produto industrializado".[359]

No que tange aos negócios internacionais relativos a produtos oriundos de outros países, a União só poderia dispor de um único tipo de imposto ("importação"), para que não se configure o malsinado *bis in idem* (exigência de dois impostos pela mesma pessoa jurídica – União – sobre uma única e mesma materialidade).

A jurisprudência seguira a trilha da *incidência do IPI na importação*, conforme os arestos seguintes:

> O STJ possui entendimento de que o fato gerador do IPI incidente sobre mercadoria importada é o desembaraço aduaneiro, consoante a dicção do art. 46, I, do CTN, sendo irrelevante se adquirida a título de compra e venda ou arrendamento, ainda que ocorra apenas a utilização temporária do bem.
> (AgRg no AREsp nº 236.0546/AP, 2ª. T., rel. Min. Herman Benjamin, *DJe* 13.09.13)

> Agravo Regimental no Recurso Extraordinário. Tributário. Arrendamento Mercantil. Constitucionalidade da Incidência do Imposto sobre Produtos Industrializados – IPI. Precedentes. Agravo Regimental ao qual se nega Provimento.
> (Ag.Reg. no Recurso Extraordinário nº 600.891 – Paraná – 2ª. T. – rel. Min. Cármen Lúcia – j. 27.08.13 – *DJe* 23.09.13, p. 27)

> (...)
> O fato gerador do IPI incidente sobre mercadoria importada é o desembaraço aduaneiro, na forma do art. 46, I, do CTN, irrelevante se adquirida a título de compra e venda ou arrendamento (art. 2º, §2º, da Lei n. 4.502/64), tendo por base de cálculo o preço que o produto alcançaria (ou seja, "poderia alcançar") em uma venda idealizada (art. 47, I, c/c art. 20, II, do CTN).
> (AgRg no Agravo em Recurso Especial nº 750.290-MG – 2ª. T. – rel. Min. Mauro Campbell Marques – j. 03.09.15 – *DJe* 17.09.15)

Entretanto, também decidira pela *não incidência do IPI na importação*, nas situações seguintes:

> STF
> Analisando a matéria *sob o prisma da não-cumulatividade* (art. 153, §3º, inciso II, da Constituição Federal) definiu ser inconstitucional a exigência da exação de pessoa física não contribuinte habitual do tributo e que não importa a mercadoria para uso próprio, ressalvada a hipótese de previsão expressa, a exemplo da nova redação do art. 155, §2º, inciso IX, alínea "a", da Constituição Federal, conferida pela EC 33/01 (entre outros precedentes, cita-se o RE 550.170/SP, Rel. Min. Ricardo Lewandowski, DJe de 03.08.11).

---

[359] BRITO, Edvaldo. *Comentários ao Código Tributário Nacional*. São Paulo: Saraiva, 1998. v. 1. p. 379.

Ementa
Agravo regimental no recurso extraordinário. Incidência do IPI na importação de produtos por sociedade civil prestadora de serviços. Impossibilidade. Operação dissociada da base econômica constitucionalmente definida.
1. A jurisprudência vem evoluindo para entender que o critério material de incidência na importação não pode decorrer da mera entrada de um produto no país, na medida em que o IPI não é um imposto próprio do comércio exterior.
2. A base econômica do IPI é única, devendo ser analisada à luz do art. 153, inciso IV e §3º, inciso II, da Constituição Federal.
3. Não há previsão constitucional expressa que ampare a incidência do IPI na importação, diferentemente do que ocorre com o ICMS, a que se refere o art. 155, §2º, inciso IX, alínea *a*, da Constituição Federal, com a redação da EC nº 33/01 (...).
(Ag. Reg. no Recurso Extraordinário nº 643.525 – Rio Grande do Sul – 1ª. T. – rel. Min. Dias Toffoli – j. 26.02.13 – *DJe* 26.04.13)

STJ
A Primeira Seção desta Corte Superior, em sede de recurso representativo de controvérsia, sedimentou o entendimento segundo o qual não incide IPI na importação de veículo automotor, por pessoa física, para uso próprio. Precedente: REsp nº 1.396.488/SC, Rel. Min Humberto Martins, Primeira Seção, DJe 17.03.15).
(AgRg no Agravo em Recurso Especial nº 356.363-PR – 2ª. T. – rel. Min. Og Fernandes – j. 07.04.15 – *DJe* 15.04.15)

O STF consolidou o entendimento seguinte:

CONSTITUCIONAL E TRIBUTÁRIO. IMPOSTO SOBRE PRODUTOS INDUSTRIALIZADOS. BENS IMPORTADOS. INCIDÊNCIA NO DESEMBARAÇO ADUANEIRO E NA SAÍDA DO ESTABELECIMENTO IMPORTADOR PARA COMERCIALIZAÇÃO NO MERCADO INTERNO. CONSTITUCIONALIDADE.
1. A sistemática legal de tributação dos bens importados pelo imposto sobre produtos industrializados – IPI é compatível com a Constituição.
2. Recurso Extraordinário a que se nega provimento, com a fixação da seguinte tese de julgamento para o Tema 906 da repercussão geral: "É constitucional a incidência do Imposto sobre Produtos Industrializados – IPI no desembaraço aduaneiro de bem industrializado e na saída do estabelecimento importador para comercialização no mercado interno.
(RE nº 946.648-SC – Plenário – red. p/ac. Min. Alexandre de Moraes – sessão de 24.08.20)

Para tornar preciso o momento da incidência tributária, deve ser procedida à distinção prática seguinte:
I) *fabricação de elevador*: os componentes são normalmente produzidos no estabelecimento do industrializador, e remetidos para o canteiro de obras (adquirente), local em que será realizada a respectiva montagem (operação de industrialização), sujeito à incidência do IPI;
II) *fabricação de motor marítimo* no próprio estabelecimento industrial, onde é montado e submetido a testes de funcionamento. Por razões operacionais, o motor é desmontado e transportado em carretas até o estaleiro (adquirente), ocorrendo a incidência do IPI por ocasião da saída dos componentes do

estabelecimento. No momento em que o motor é instalado no navio, não há que se cogitar de nova incidência do IPI porque já ocorrera a fase de industrialização;

III) *fabricação de ponte rolante*: os componentes são enviados para o estabelecimento adquirente, sendo objeto de incidência do IPI (relativos aos componentes). Caso a montagem do produto seja efetuada pelo próprio fabricante, haverá a incidência do IPI sobre referida atividade. Na hipótese de ser realizada a montagem por terceiros (prestador de serviços), somente incidirá o ISS sobre esta última atividade;

IV) *instalação de equipamento promovida pela empresa de construção civil*, encontra-se fora do âmbito da industrialização, porque já fora concluído o ciclo mercantil, sujeitando-se exclusivamente ao ISS.

Considera-se ocorrido o fato gerador (art. 36 do RIPI):

I – na entrega ao comprador, quanto aos produtos vendidos por intermédio de ambulantes;

II – na saída de armazém-geral ou outro depositário do estabelecimento industrial, ou equiparado a industrial depositante, quanto aos produtos entregues diretamente a outro estabelecimento;

III – na saída da repartição que promoveu o desembaraço aduaneiro, quanto aos produtos que, por ordem do importador, forem remetidos diretamente a terceiros;

IV – na saída do estabelecimento industrial diretamente para estabelecimentos da mesma firma ou de terceiro, por ordem do encomendante, quanto aos produtos mandados industrializar por encomenda;

V – na saída de bens produção dos associados para as suas cooperativas, equiparadas, por opção, a estabelecimento industrial;

VI – no quarto dia da data da emissão da respectiva nota fiscal, quanto aos produtos que até o dia anterior não tiverem deixado o estabelecimento do contribuinte;

VII – no momento em que ficar concluída a operação industrial, quando a industrialização se der no próprio local do consumo ou de utilização do produto, fora do estabelecimento industrial;

VIII – no início do consumo ou da utilização do papel destinado à impressão de livros, jornais e periódicos, em finalidade diferente da que lhe é prevista na imunidade, ou na saída do fabricante, do importador ou de seus estabelecimentos distribuidores, para pessoas que não sejam empresas jornalísticas ou editoras;

IX – na aquisição ou, se a venda tiver sido feita antes de concluída a operação industrial, na conclusão desta, quanto aos produtos que, antes de sair do estabelecimento que os tenha industrializado por encomenda, sejam por estes adquiridos;

X – na data da emissão da Nota Fiscal pelo estabelecimento industrial, quando da ocorrência de qualquer das hipóteses enumeradas no inciso VII do art. 25;

XI – no momento da sua venda, quanto aos produtos objeto de operações de venda que forem consumidos ou utilizados dentro do estabelecimento industrial;

XII – na saída simbólica de álcool das usinas produtoras para as suas cooperativas, equiparadas, por opção, a estabelecimento industrial; e

XIII – na data do vencimento do prazo de permanência da mercadoria no recinto alfandegado, antes de aplicada a pena de perdimento, quando as mercadorias forem consideradas abandonadas pelo decurso do referido prazo.

Não constituem fato gerador (art. 38 do RIPI):

I – o desembaraço aduaneiro de produto nacional que retorne ao Brasil, nos seguintes casos:
a) quando enviado em consignação para o exterior e não vendido nos prazos autorizados;
b) por defeito técnico que exija sua devolução, para reparo ou substituição;
c) em virtude de modificações na sistemática de importação do País importador;
d) por motivo de guerra ou calamidade pública;
e) por quaisquer outros fatores subsequentes à primeira;
II – as saídas de produtos subsequentes à primeira:
a) nos casos de locação ou arrendamento, salvo se o produto tiver sido submetido a nova industrialização; ou
b) quando se tratar de bens do ativo permanente, industrializados ou importados pelo próprio estabelecimento industrial ou equiparado a industrial, destinados à execução de serviços pela própria firma remetente;
III – a saída de produtos incorporados ao ativo permanente, após cinco anos de sua incorporação, pelo estabelecimento industrial ou equiparado a industrial, que os tenha industrializado ou importado; ou
IV – a saída de produtos por motivo de mudança de endereço do estabelecimento.

Entretanto, o RIPI (art. 9º) estabelece *que se equiparam a estabelecimento industrial*:

I – os estabelecimentos importadores de produtos de procedência estrangeira, que derem saída a esses produtos;
II – os estabelecimentos, ainda que varejistas, que receberem, para comercialização, diretamente da repartição que os liberou, produtos importados por outro estabelecimento da mesma firma;
III – as filiais e demais estabelecimentos que exercerem o comércio de produtos importados, industrializados ou mandados industrializar por outro estabelecimento do mesmo contribuinte, salvo se aqueles operarem exclusivamente na venda a varejo e não estiverem enquadrados na hipótese do Inciso II;
IV – os estabelecimentos comerciais de produtos cuja industrialização haja sido realizada por outro estabelecimento da mesma firma ou de terceiro, mediante a remessa, por eles efetuada, de matérias-primas, produtos intermediários, embalagens, recipientes, moldes, matrizes ou modelos;
V – os estabelecimentos comerciais de produtos do Capítulo 22 da TIPI (bebidas, líquidos alcoólicos e vinagres) cuja industrialização tenha sido encomendada a estabelecimento industrial, sob marca ou nome de fantasia de propriedade do encomendante, de terceiro ou do próprio executor da encomenda;
VI – os estabelecimentos comerciais atacadistas dos produtos classificados nas posições 71.01 a 71.16 (pérolas, pedras e metais preciosos);
VII – os estabelecimentos atacadistas e cooperativas de produtores que derem saída a bebidas alcoólicas e demais produtos, de produção nacional, classificados nas posições 22.04, 22.05, 22.06 e 22.08 da TIPI acondicionados em recipientes de capacidade superior ao limite máximo permitido para venda a varejo, com destino a determinadas espécies de estabelecimentos;
VIII – os estabelecimentos comerciais atacadistas que adquirirem de estabelecimentos importadores produtos de procedência estrangeira, classificados nas posições 33.03 a 33.07 da TIPI;

IX – os estabelecimentos, atacadistas ou varejistas, que adquirirem produtos de procedência estrangeira, importados por sua conta e ordem, por intermédio de pessoa jurídica importadora, observado o disposto no §2º;
X – os estabelecimentos atacadistas dos produtos na posição 87.0;03;
(...);
XVI – relativamente às saídas de produtos a que se referem os art. 209 e art. 222, os estabelecimentos de pessoa jurídica que:

a) seja caracterizada na forma definida no art. 243 da Lei nº 6.404, de 15 de dezembro de 1976, como controladora, controlada ou coligada de pessoa jurídica que industrialize ou importe os referidos produtos ((...) incluído pelo Decreto nº 10.668, de 2021);

b) juntamente com pessoa jurídica que industrialize ou importe os referidos produtos, estiver sob controle societário ou administrativo comum ((...) incluído pelo Decreto nº 10.668, de 2021);

c) apresente sócio ou acionista controlador, em participação direta ou indireta, que seja cônjuge, companheiro ou parente, consanguíneo ou afim, em linha reta ou colateral, até o terceiro grau, de sócio ou acionista controlador de pessoa jurídica que industrialize ou importe os referidos produtos ((...) incluído pelo Decreto nº 10.668, de 2021);

d) tenha participação no capital social de pessoa jurídica que industrialize ou importe os referidos produtos, exceto nas hipóteses de participação inferior a um por cento em pessoa jurídica com registro de companhia aberta na Comissão de Valores Mobiliários ((...) incluído pelo Decreto nº 10.668, de 2021);

e) tenha, em comum com pessoa jurídica que industrialize ou importe os produtos a que se referem os arts. 209 e art. 222 ((...)incluído pelo Decreto nº 10.668, de 2021);

XVII – os estabelecimentos que tiverem adquirido ou recebido em consignação, no ano anterior, mais de vinte por cento do volume de saída de pessoa jurídica que industrialize ou importe os produtos a que se referem os art. 209 e art. 222 ((...) incluído pelo Decreto nº 10.688, de 2021).

A *equiparação a estabelecimento industrial* poderá também se verificar por opção pelos estabelecimentos comerciais que derem saída a bens de produção, para estabelecimentos industriais ou revendedores.

Consideram-se: I) estabelecimento comercial atacadista, o que efetuar vendas a) de bens de produção, exceto a particulares em quantidade que não exceda a normalmente destinada ao seu próprio uso; b) de bens de consumo, em quantidade superior àquela normalmente destinada a uso próprio do adquirente; e c) a revendedores; e II) estabelecimento comercial varejista, o que efetuar vendas diretas a consumidor, ainda que realize vendas por atacado esporadicamente, considerando-se esporádicas as vendas por atacado quando, no mesmo semestre civil, o seu valor não exceder 20% do total das vendas realizadas.

Na *revenda de produtos importados* ocorre a incidência do IPI, segundo nova postura sedimentada pelo STJ, *"verbis"*:

Ementa
Embargos de Divergência em Recurso Especial. Direito Tributário. Recurso Representativo da Controvérsia. Art. 543-C, do CPC. Imposto sobre Produtos Industrializados – IPI. Fato Gerador. Incidência sobre os Importadores na Revenda de Produtos de Procedência Estrangeira. Fato Gerador Autorizado pelo Art. 46, II, C/C 51, Parágrafo único do CTN. Sujeição Passiva Autorizada pelo Art. 51, II, do CTN, C/C Art. 4º, I, da Lei n. 4.502/64. Previsão nos arts. 9, I e 35, II, do RIPI/2010 (Decreto n. 7.212/2010).

1. Seja pela combinação dos artigos 46, II e 51, parágrafo único do CTN – que compõem o fato gerador, seja pela combinação do art. 51, II, do CTN, art. 4º, I, da Lei n. 4.502/64, art. 79, da Medida Provisória n. 2.158-35/2001 e art. 13, da Lei n. 11.281/2006 – que definem a sujeição passiva, nenhum deles até então afastados por inconstitucionalidade, os produtos importados estão sujeitos a uma nova incidência do IPI quando de sua saída do estabelecimento importador na operação de revenda, mesmo que não tenham sofrido industrialização no Brasil.

2. Não há qualquer ilegalidade na incidência do IPI na saída dos produtos de procedência estrangeira do estabelecimento do importador, já que equiparado a industrial pelo art. 4º, I, da Lei n. 4.502/64, com a permissão dada pelo art. 51, II, do CTN.

3. Interpretação que não ocasiona a ocorrência de bis in idem, dupla tributação ou bitributação, porque a lei elenca dois fatos geradores distintos, o desembaraço aduaneiro proveniente da operação de compra de produto industrializado do exterior e a saída do produto industrializado do estabelecimento importador equiparado a estabelecimento produtor, isto é, a primeira tributação recai sobre o preço de compra onde embutida a margem de lucro da empresa estrangeira, e a segunda tributação recai sobre o preço da venda, onde já embutida a margem de lucro da empresa brasileira importadora. Além disso, *não onera a cadeia além do razoável*, pois o importador na primeira operação apenas acumula a condição de contribuinte de fato e de direito em razão da territorialidade, já que o estabelecimento industrial produtor estrangeiro não pode ser eleito pela lei nacional brasileira como contribuinte de direito do IPI (os limites da soberania tributária o impedem), sendo que a empresa importadora nacional brasileira acumula o crédito do imposto a ser pago na saída do produto como contribuinte de direito (não-cumulatividade), mantendo-se a tributação apenas sobre o valor agregado.

4. Precedentes (...);

5. Tese julgada para efeito do art. 543-C, do CPC: "os produtos importados estão sujeitos a uma nova incidência do IPI quando de sua saída do estabelecimento importador na operação de revenda, mesmo que não tenham sofrido industrialização no Brasil (...)".
(Embargos de Divergência em REsp nº 1.403.532-SC – rel. p/acórdão Min. Mauro Campbell Marques – j. 14.10.15 – *DJe* 18.12.15)

O STF pautara-se na mesma diretriz, no âmbito da revenda do produto importado (RE nº 946.648-SC – Plenário – red. p/acórdão Min. Alexandre de Moraes – sessão de 24.08.20).

18.4.2 Sujeito ativo, contribuinte e responsáveis

A União é a pessoa de Direito Público competente para instituir o IPI, em razão do que o legislador federal só pode colher como sujeito passivo a pessoa que esteja vinculada ao cerne do imposto, ou seja, quem mantenha relação pessoal e direta com a respectiva materialidade, e que, voluntariamente, realiza o respectivo fato gerador.

O *contribuinte* só pode ser a pessoa (natural ou jurídica) que pratica atos de industrialização, adstrito ao princípio da capacidade contributiva, razão pela qual é impertinente a exigência do IPI de adquirente do produto industrializado, porque a real capacidade é intrínseca ao fabricante do produto, face à sua natural estrutura empresarial, estando aparelhado para efetuar industrializações mediante a utilização de maquinário, tecnologia e pessoal habilitado.

Inaceitáveis os mecanismos engendrados pelo legislador nacional com a finalidade de obter a liquidação do tributo por pessoas estranhas à realização da industrialização, em razão do que o quadro da sujeição passiva não pode ser ampliado de modo a permitir à União a exigência tributária fora dos parâmetros constitucionais.

É o caso do art. 51 do CTN, ao estabelecer como contribuinte do IPI: I) o importador ou a quem a lei a ele equiparar; II) o comerciante de produtos sujeitos ao imposto, que os forneça aos contribuintes definidos no inciso anterior; e III) o arrematante de produtos apreendidos ou abandonados, levados a leilão.

Considerando que o importador, o comerciante e o arrematante não praticam atos de industrialização, os mencionados preceitos do art. 51 do CTN podem ser inquinados de inconstitucionais em se tratando que não haveria fundamento para incidir o IPI na importação (*vide* subitem 18.4.1).

O STF decidiu que não incide o IPI na importação de veículo para uso próprio de pessoa física não comerciante e nem empresário, mediante a aplicação do princípio constitucional da não cumulatividade (Ag. Reg. no RE nº 255.682-3-RS, 2ª Turma, rel. Min. Carlos Velloso, j. 29.11.05, *DJU* 1 de 10.02.06, p. 14 e Ag. Reg. no RE nº 501.773-7, 2ª Turma, rel. Min. Eros Grau, j. 24.06.08, *DJe* de 14.08.08, p. 60).

Embora o contribuinte seja o industrializador (pessoa jurídica – regra geral), a legislação federal estabelece o princípio da *autonomia dos estabelecimentos*, em que cada unidade fabril apura o IPI efetivamente devido. Não é a empresa (como um todo) que, efetivamente, considera-se como um único contribuinte, mas cada um de seus distintos estabelecimentos.

São considerados *responsáveis* os transportadores (produtos transportados desacompanhados de documentação comprobatória de sua procedência); os possuidores ou detentores (produtos mantidos para fins de venda ou industrialização, sem documentação); o estabelecimento adquirente de produtos usados (falta de comprovação de origem). O RIPI também contempla o responsável como contribuinte substituto, solidário e por infração.

É responsável por *substituição*, o industrial ou equiparado a industrial, mediante requerimento em relação às operações anteriores, concomitantes ou posteriores às saídas que promover, cabendo à RFB instituir o respectivo regime especial (IN SRF 260/02), mediante a descrição das atividades envolvendo o contribuinte substituto e o substituído, com a discriminação dos produtos e respectivas alíquotas de IPI, e das operações contempladas com benefícios fiscais e regimes aduaneiros especiais.[360]

18.4.3 Base de cálculo

A *base de cálculo* do IPI é a seguinte: I – dos produtos de procedência estrangeira: a) o valor que servir ou que serviria de base de cálculo dos tributos aduaneiros, por ocasião do despacho de importação, acrescido do montante desses tributos e dos encargos cambiais efetivamente pagos pelo importador ou dele exigíveis; b) o preço da operação, na saída do estabelecimento importador; II – dos produtos nacionais, o preço da operação de que decorre o fato gerador.

A base imponível deve representar a grandeza, a quantificação compreendida na operação relativa a produtos industrializados realizada pelo fabricante do bem, ou

---

[360] MELO, José Eduardo Soares de. *IPI* – Teoria e Prática. São Paulo: Malheiros, 2009. p. 29-30.

seja, o valor do produto industrializado (como é o caso do preço do produto no caso de venda).

No cálculo somente deveriam ser considerados os elementos financeiros inerentes ao valor da operação, bem como os reajustes e acréscimos intrinsecamente vinculados a tal valor. Não devem ser incluídos elementos estranhos ao preço (no caso de operação onerosa), como seguros, juros e quaisquer outras importâncias recebidas ou debitadas (multas, indenizações), pois tais verbas têm natureza jurídica diversa dos valores das operações, e também porque o IPI não incide sobre meras entradas de caixa ou créditos.

Os valores relativos a descontos/abatimentos (condicionais ou incondicionais) sempre caracterizam diminuição do preço dos produtos.

Assim, não é adequada a previsão no CTN (art. 47, II) de que "no caso de saída de mercadoria do estabelecimento 'a base de cálculo é a) o valor da operação de que decorrer a saída da mercadoria; b) na falta do valor a que se refere a alínea anterior, o preço corrente da mercadoria, ou sua similar, no mercado atacadista da praça do remetente".

Embora "valor da operação" configure uma correta expressão, não se pode cogitar de mercadoria, mas sim de produto industrializado (alínea *a*). É incompreensível a utilização de preços distintos (alínea *b*) do efetivo valor apurado na elaboração do bem industrial, porque se não se cogita de transmissão onerosa (venda) – mas gratuita (doação, troca sem reposição) –, será sempre possível apurar o valor do bem industrializado (custo contábil etc.).

Ao se conceber o fato gerador do IPI, no caso de produto estrangeiro, deverão ser adotadas bases de cálculo específicas (art. 46, I e III), atinentes a) ao produto estrangeiro objeto de desembaraço aduaneiro (preço normal, acrescido do Imposto sobre a Importação, das taxas líquidas exigidas para a entrada do produto no País, dos encargos cambiais efetivamente pagos ou dele exigível – alíneas *a, b, c*, do inciso III do art. 47 do CTN); e b) ao produto estrangeiro abandonado objeto de arrematação (preço da arrematação – inciso III do art. 47 do CTN).

Os descontos incondicionais e as bonificações concedidas nas operações mercantis podem ser excluídos da base de cálculo do IPI (STJ, REsp nº 971.880-CE, 1ª Turma, rel. Min. José Delgado, j. 06.09.07, *DJU* 1 de 22.10.07, p. 227; e REsp nº 510.551-MG, 2ª Turma, rel. Min. João Otávio Noronha, j. 10.04.07, *DJU* 1 de 25.04.07, p. 299-300).

O STF decidira o seguinte: Imposto sobre Produtos Industrializados – Valores de Descontos Incondicionais – Base de Cálculo – Inclusão – Artigo 15 da Lei nº 7.798/89 – Inconstitucionalidade Formal – Lei Complementar – Exigibilidade. Viola o artigo 146, inciso III, alínea "a", da Carta Federal norma ordinária segundo a qual hão de ser incluídos, na base de cálculo do Imposto sobre Produtos Industrializados – IPI, os valores relativos a descontos incondicionais concedidos quando das operações de saída de produtos, prevalecendo o disposto na alínea "a" do inciso II do artigo 47 do Código Tributário Nacional" (RE nº 567.935 – Santa Catarina – Plenário – rel. Min. Marco Aurélio – j. 28.08.14 – *DJe* 04.11.14, p. 39).

Relativamente à aplicação das *pautas fiscais*, o STF sedimentou as posturas seguintes:

> RECURSO EXTRAORDINÁRIO. REPERCUSSÃO GERAL. TEMA 324. CONSTITUCIONAL. TRIBUTÁRIO. IMPOSTO SOBRE PRODUTOS INDUSTRIALIZADOS – IPI. CÁLCULO. ESTABELECIMENTO DE VALORES PRÉ-FIXADOS ("PAUTAS FISCAIS"). RESERVA DE LEI COMPLEMENTAR. INEXISTÊNCIA. CONSTITUCIONALIDADE DO ARTIGO

3º DA LEI ORDINÁRIA 7.798/1989.

1. O Imposto sobre Produtos Industrializados, previsto nos artigos 153, IV e §3º da Constituição Federal e 46 a 51 do CTN, é de competência da União e incide sobre *o produto que tenha sido submetido a qualquer operação que lhe modifique a natureza ou a finalidade, ou o aperfeiçoe para o consumo* (art. 46, parágrafo único, do CTN).

2. O art. 146, III, a, da CF/1988 dispõe que compete à lei complementar definir normas gerais acerca de definição de tributos e dos respectivos fatos geradores, bases de cálculo e contribuintes. O Código Tributário Nacional (Lei 5172/1966), recepcionado pela Constituição de 1988 como lei complementar, regulamentou o IPI, definindo que a base de cálculo do imposto é o valor da operação de que decorrer a saída da mercadoria.

3. A Lei 7.798/1989, objeto de conversão da Medida Provisória 69, de 19 de junho de 1989, trouxe em seu art. 3º que o Poder Executivo poderá estabelecer classes de valores a serem pagos a título de IPI, para determinadas bebidas e alimentos.

4. As chamadas "pautas fiscais" estabelecem valores de referência para a base de cálculo do imposto e têm como escopo facilitar a tributação e evitar a evasão fiscal. O Fisco utiliza valores pré-fixados para enquadramento do produto, buscando eliminar a possibilidade de manipulação dos preços da operação.

5. Tal mecanismo, enfim, facilita a fiscalização tributária e evita a sonegação fiscal.

6. A reserva legal no âmbito do direito tributário significa que todos os aspectos da regra matriz da hipótese de incidência tributária, seja os elementos antecedentes da norma (material, temporal e espacial), seja os consequentes (quantitativo e pessoal), devem ser taxativamente regulados por lei em sentido estrito.

7. Entretanto, tendo a doutrina tributária mais moderna, quando esta CORTE SUPREMA vem empregando ideia mais flexível do princípio da legalidade tributária, permitindo, por vezes, o complemento de determinado aspecto da obrigação tributária mediante ato infralegal, desde que a lei trace limites á regulamentação pelo Executivo.

8. Quanto ao tema, veja-se trecho do ilustre Min. DIAS TOFFOLI nos autos do RE 838.284, que, julgado sob o rito da repercussão geral (Tema 829), fixou a tese de que *Não viola a legalidade tributária a lei que, prescrevendo o teto, possibilita o ato normativo infralegal fixar o valor de taxa em proporção razoável com os custos da atuação estatal, valor que não pode ser atualizado por ato do próprio conselho de fiscalização em percentual superior aos índices de correção monetária legalmente previstos.*

9. A Lei 7.798/1998 tratou apenas de regulamentar o que já estava disposto no CTN, conceituando, portanto, o que seria valor da operação para fins de definição da base de cálculo do IPI. A legislação aplicável ao IPI cuidou de trazer todos os aspectos da regra matriz de incidência tributária, de forma que ao Poder Executivo foi delegada apenas a possibilidade de esmiuçar o conceito de valor da operação para fins de determinar o valor de IPI a ser pago.

10. Não houve qualquer alteração de base de base de cálculo; apenas se instituiu uma técnica de tributação que leva em consideração o próprio valor da operação comumente verificada no mercado, em respeito, portanto, ao que determina o CTN.

11. Do mesmo modo, não há falar em usurpação do arquétipo constitucional e legal que regulamenta a matéria. Confirma esse entendimento o disposto no artigo 1º da Lei 8.218/1991, que, al delegar ao Ministro da Economia, Fazenda e Planejamento a possibilidade de alterar os valores de Io IPI, impôs que a alteração deva se dar *até o limite que corresponder ao que resultaria da aplicação da alíquota a que o produto estiver sujeito na TIPI sobre o valor tributável.*

12. Assim, a instituição de classes de valores utiliza como parâmetro o preço convencional do produto (valor médio costumeiramente cobrado). Logo, é evidente que o preço do produto não perdeu seu caráter essencial na definição do valor a ser cobrado, e que demonstra a compatibilização da Lei 7.798/1989 com a sistemática do CTN.

13. Recurso extraordinário a que se dá provimento para julgar improcedente o pedido inicial. Tese de repercussão geral: "É constitucional o artigo 3º da Lei 7.798;1989, que estabelece valores pré-fixados para o IPI".
(Tema 324 de Repercussão Geral).
(RE nº 602.917 – Plenário – red. p/ac. Min. Alexandre de Moraes – j. 29.06.20)

18.4.4 Alíquota

As *alíquotas* constam da Tabela de Incidência do IPI (TIPI) – aprovada pelo Decreto nº 11.158, de 29.07.22 (vigente a partir de 1º.08.22) – que tem por base a Nomenclatura Comum do Mercosul –, NCM (constante do Anexo I do Decreto nº 2.367, de 12.11.97, e Decreto nº 10.668, de 08.04.21), passando a constituir a nova Nomenclatura Brasileira de Mercadorias, baseada no Sistema Harmonizado – NBM/SH.

Os produtos encontram-se classificados na TIPI por seções, capítulos, subcapítulos, posições, subposições, itens e subitens. As Notas Explicativas do Sistema Harmonizado de Designação e de Codificação de Mercadorias (NESH), do Conselho de Cooperação Aduaneira na versão luso-brasileira, efetuada pelo Grupo Binacional Brasil/Portugal, e suas alterações aprovadas pela RFB, constituem elementos subsidiários de caráter fundamental para a correta interpretação do conteúdo das posições e subposições, bem como das Notas de Seção, Capítulo, Posições e de Subposições da Nomenclatura do Sistema Harmonizado.

Considerando a natureza complexa das referidas Regras, é conveniente apenas elucidar (exemplificativamente) os elementos constantes da TIPI:

Capítulo 4
Leite e laticínios; ovos de aves; mel natural; produtos comestíveis de origem animal, não especificados nem compreendidos em outros Capítulos.
(...)
04.01. Leite e creme de leite (nata), não concentrados nem adicionados de açúcar ou de outros edulcorantes.
(...)
401.10.10. Leite UHT *(Ultra High Temperature)* NT (não tributado)
(...)
04.02. Leite e creme de leite, nata, concentrados ou adicionados de açúcar ou de outros edulcorantes (zero)
(...)
0402.21.10. Leite integral (zero)
(...)
Capítulo 22
Bebidas, líquidos alcoólicos e vinagres
(...)
22.08. Álcool etílico não desnaturado, com um teor alcoólico, em volume inferior a 80% vol.; aguardente, licores e outras bebidas espirituosas.
(...)
2208.60.00 Vodca 19,5%.

A Emenda Constitucional nº 132, promulgada em 20.12.23, dispôs (art. 126, III, a) que, a partir de 2027, o imposto previsto no art. 153, IV, da Constituição Federal – no caso o IPI – "terá suas alíquotas reduzidas a zero, exceto em relação aos produtos que tenham industrialização incentivada na Zona Franca de Manaus, conforme critérios estabelecidos em lei complementar".

18.4.5 Não cumulatividade

A CF dispõe que o IPI "será não-cumulativo, compensando-se o que for devido em cada operação com o montante cobrado nas anteriores" (art. 153, IV e §3º).

Trata-se de direito público subjetivo oponível à União pelo contribuinte, mas que também constitui obrigação cometida ao contribuinte. É inadmissível a inobservância do comando constitucional, tanto no lançamento do débito (operações "jurídicas" realizadas com produtos industrializados), quanto na escrituração do crédito (aquisição de bens). Como o débito deve ser exigido, lançado e satisfeito, o mesmo ocorre com o crédito, sem o que o princípio resultaria ineficaz, frustrando-se a dicção constitucional.

O *crédito* nasce das operações anteriores relativas à aquisição de bens necessários e utilizáveis pelo industrial, direta ou indiretamente, compreendendo-se os insumos (matérias-primas, materiais auxiliares, de embalagem e produtos intermediários) bens do ativo (imobilizado) e bens de uso e consumo do estabelecimento.

O RIPI (arts. 225/229) admite a apropriação de *créditos* do imposto relativo a produtos entrados no estabelecimento do contribuinte, também sendo atribuído para anular o *débito* do imposto referente a produtos saídos do estabelecimento e a este devolvidos ou retornados.

O *débito* nasce da realização de negócio jurídico, tendo por objeto produto industrializado pelo próprio contribuinte, devidamente quantificado.

Crédito e *débito* concernem a categorias jurídicas distintas que implicam relações independentes, nas quais devedor e credor se alternam. Na primeira, a União é credora e o contribuinte devedor, enquanto na segunda as posições se invertem, submetendo-se a princípios, critérios e regras distintas.

O cânone da não cumulatividade – consistente na compensação dos valores creditados com os valores debitados, em determinado período de tempo (geralmente mensal) – não integra a estrutura do IPI nem se confunde com a base de cálculo, tendo operatividade em momento posterior à configuração da operação realizada com produto industrializado.

O RIPI expressa que "a não-cumulatividade do imposto é efetivada pelo sistema de crédito do imposto relativo a produtos entrados no seu estabelecimento, para ser abatido do que for devido pelos produtos dele saídos, num mesmo período" (art. 225).

Os valores (créditos e débitos) – consignados em notas fiscais – devem ser escriturados em livros fiscais concernentes às entradas, saídas, controle da produção e do estoque, inventário e apuração do IPI.

O STJ assentara o entendimento de que "o benefício fiscal do ressarcimento do crédito presumido do IPI relativo às exportações incide mesmo quando as matérias-primas ou os insumos sejam adquiridos de pessoa física ou jurídica não contribuinte do PIS/Pasep" (Súmula nº 494).

Possibilita-se o *ressarcimento de crédito*, no caso de créditos que remanescerem ao final de um período de apuração, podendo ser transferidos a outro estabelecimento da pessoa jurídica, caso se refiram a a) créditos presumidos de IPI, como ressarcimento da contribuição para o PIS e para a Cofins; b) créditos decorrentes de estímulos fiscais; e c) créditos passíveis de transferência a filial atacadista.

Todavia, a peculiaridade do IPI reside na adoção dessa forma singular de apuração do *quantum* tributário efetivamente devido, não havendo embasamento constitucional na legislação que determina a anulação dos créditos do IPI, em diversas situações (industrialização de produtos isentos, empregados em operações de conserto, relativo a produtos devolvidos, bens do ativo permanente etc. – art. 254 do RIPI).

Relativamente à natureza dos bens utilizados pelo contribuinte, a jurisprudência considera o seguinte:

a) *ativo fixo*: "O critério constitucional da não cumulatividade adota o regime do crédito físico. Assim, somente gera direito a crédito a mercadoria associada, empregada ou integrada fisicamente no processo de industrialização ou comercialização. Para que seja reconhecido o crédito na hipótese, sob o regime financeiro, é imprescindível que haja previsão em legislação infraconstitucional. Não é o que se verifica na situação sob análise" (STF – Ag. Reg. no Agravo de Instrumento nº 848.516 – 1ª. T. – rel. Min. Roberto Barroso – j. 25.02.14 – *DJe* 31.03.14, p. 78; Ag. Reg. no RE nº 598.048 – 1ª. T. – j. 20.05.14 – rel. Min. Roberto Barroso – *DJe* 17.06.14, p. 44).

b) *ativo permanente*: "A aquisição de bens integrantes do ativo permanente da empresa não gera direito a creditamento de IPI" (Súmula nº 495 do STJ);

c) *energia elétrica*: "Não pode ser considerada como insumo e não gera direito à crédito a ser compensado com o montante devido a título de IPI na operação de saída do produto industrializado. Precedentes: RE nº 353.657, Relator o Ministro Marco Aurélio, Plenário, DJe de 07.03.08; AI nº 753.227, AgR, Relatora a Ministra Cármen Lúcia, Segunda Turma, DJE 195 de 04.10.12; RE nº 561.676-AgR, Relator o Ministro Ricardo Lewandowski, Primeira Turma, DJE 145 de 06.08.10, entre outros (Ag.Reg. no Recurso Extraordinário nº 573.217 – 1ª. T. – rel. Min. Luiz Fux – j. 05.02.13 – *DJe* de 20.03.13, p. 26-27);

d) *produtos intermediários*: O STJ já firmou o entendimento no sentido de que o conceito de "matérias-primas" ou "produtos intermediários" para efeito da legislação de IPI são aqueles que se incorporam no processo de transformação do qual resulta a mercadoria industrializada.

e) *construção civil*: "A atividade de construção civil não está sujeita à incidência do Imposto sobre Produtos Industrializados, carecendo a empresa de construção, por isso, do direito ao creditamento respectivo" (AgRg no Agravo em Recurso Especial – 1ª. T. – rel. Min. Ari Pargendler – j. 15.10.13 – *DJe* 29.10.13).

Neste diapasão, uniformes, produtos sanitários, combustíveis e lubrificantes não constituem insumo a ensejar o creditamento de valores do qual resultará o produto industrializado.

Os referidos itens não se equiparam a insumo ou a matéria-prima propriamente dita, porquanto não se incorporam no processo de transformação do qual resulta a mercadoria industrializada. Assim, incabível aceitar que tais produtos façam parte do sistema de crédito escritural derivado de insumos desonerados, uma vez que o produto industrializado é aquele que passa por um processo de transformação, modificação, composição, agregação ou agrupamento de componentes, resultando, com isto, diverso dos produtos inicialmente empregados nesse processo. Precedentes" (REsp nº 1.263.722-SC – 2ª. T. – rel. Min. Humberto Martins – j. 24.04.12 – *DJe* 02.05.12).

Os créditos do imposto serão utilizados mediante dedução do imposto devido pelas saídas de produtos dos mesmos estabelecimentos. Resultando saldo credor, será este transferido para o período seguinte. O saldo credor acumulado, decorrente de insumos aplicados na industrialização, que o contribuinte não puder deduzir do imposto devido, poderá ser utilizado mediante compensação com demais débitos.

A CF não estabelece nenhuma restrição para fruição do crédito do IPI, ou seja, não veda a sua manutenção na dependência de ocorrerem aquisições e/ou saídas com isenção ou não incidência. Em decorrência, deveria ser pleno o direito ao crédito do IPI, mesmo nos casos de aquisições de bens isentos, sujeitas à alíquota zero, imunes, livres de direitos etc.

Esta questão fora apreciada pelo STF, que fixara a diretriz seguinte:

Constitucional. Tributário. IPI. Isenção Incidente sobre Insumos. Direito de Crédito. Princípio da Não-cumulatividade. Ofensa não Caracterizada.
Não ocorre ofensa à CF (art. 153, §3º, II) quando o contribuinte do IPI credita-se do valor do tributo incidente sobre insumos adquiridos sob regime de isenção.
Recurso não conhecido.
(RE nº 212.484-2-RS, rel. p/ acórdão Min. Nelson Jobim, Pleno, j. 05.03.98, *DJU* 1 de 27.11.98, p. 22)

No acórdão foram assentadas as considerações seguintes:

a) a negativa do direito a crédito de IPI, em operações isentas, tornaria o imposto cumulativo, inviabilizando essas desonerações tributárias durante o processo produtivo;
b) a restrição constitucional ao crédito operou-se exclusivamente para o ICMS (a partir da Emenda Constitucional nº 23, de 1983), continuando o IPI a receber (na CF-88) o mesmo tratamento jurídico (CF-67, com a Emenda nº 1/69) que havia conduzido o STF a aceitar uma jurisprudência tranquila no sentido do direito ao crédito;
c) o crédito é imprescindível para não transformar a isenção em simples diferimento, projetando no tempo o recolhimento do tributo;
d) a negativa ao crédito corresponderia à anulação do benefício da isenção, não se podendo acolher uma diretriz que importe em reconhecer a possibilidade de o Estado dar com uma das mãos e retirar com a outra.

Relativamente às aquisições *desoneradas* do imposto, o STF decidira o seguinte:

IPI – Insumo – Alíquota Zero – Ausência de Direito ao Creditamento. Conforme o disposto no inciso II do §3º do artigo 153 da Constituição Federal, observa-se o princípio da não-cumulatividade compensando-se o que for devido em cada operação com o montante cobrado nas anteriores, ante o que não se pode cogitar de direito a crédito quando o insumo entra na indústria considerada a alíquota zero.
IPI – Insumo – Alíquota Zero – Creditamento – Inexistência do Direito – Eficácia. Descabe, em face do texto constitucional regedor do Imposto sobre Produtos Industrializados e do sistema jurisdicional brasileiro, a modulação de efeitos do pronunciamento do Supremo, com isso sendo emprestada à Carta da República a maior eficácia possível, consagrando-se o princípio da segurança jurídica.
(RE nº 353.657-5, Plenário, rel. Min. Marco Aurélio, j. 25.06.07, *DJe* de 06.03.08, p. 49)

Relativamente a operações com a Zona Franca de Manaus, firmou a diretriz seguinte:

> TRIBUTÁRIO. REPERCUSSÃO GERAL. IMPOSTO SOBRE PRODUTOS INDUSTRIALIZADOS – IPI. CREDITAMENTO NA AQUISIÇÃO DIRETA DE INSUMOS PROVENIENTES DA ZONA FRANCA DE MANAUS. ARTIGOS 40, 92 E 92-A DO ADCT. CONSTITUCIONALIDADE. ARTIGOS 3º, 43, §2º, III, 151, I E 170, I E VII DA CONSTITUIÇÃO FEDERAL. INAPLICABILIDADE DA REGRA CONTIDA NO ARTIGO 153, §II DA CONSTITUIÇÃO FEDERAL À ESPÉCIE.
> O fato de os produtos serem oriundos da Zona Franca de Manaus reveste-se de particularidade suficiente a distinguir o presente feito dos anteriores julgados do Supremo Tribunal Federal, sobre o creditamento do IPI quando em jogo medidas desonerativas.
> O tratamento constitucional conferido aos incentivos fiscais direcionados para sub-região de Manaus é especialíssimo. A isenção do IPI em prol do desenvolvimento da região é de interesse da federação como um todo, pois este desenvolvimento é, na verdade da nação de modo a assegurar a concretização da finalidade pretendida.
> Á luz do postulado da razoabilidade, a regra da não cumulatividade esculpida no artigo 153, §3º, II, da Constituição, se compreendida como uma exigência de crédito presumido para creditamento diante de *toda e qualquer* isenção, cede espaço para a realização da igualdade, do pacto federativo, dos objetivos fundamentais da República Federativa do Brasil e da soberania nacional.
> Recurso extraordinário desprovido.
> Por unanimidade fixara a seguinte tese: "*Há direito ao creditamento de IPI na entrada de insumos, matéria-prima e material de embalagem adquiridos junto à Zona Franca de Manaus sob o regime de isenção, considerada a previsão de incentivos regionais constante do art. 43, §2º, III, da Constituição Federal, combinada com o comando do art. 40 da ADCT*" (Tema 322 de Repercussão Geral).
> (RE nº 592.891 – São Paulo, Plenário, rel. Min. Rosa Weber – j. 25.04.19)

O STJ (Primeira Seção), por ocasião do julgamento do Recurso Especial repetitivo nº 860.369/PE, albergando o entendimento do STF, assentou que o direito ao crédito de IPI, fundado no princípio da não cumulatividade, decorrente da aquisição de matéria-prima, produto intermediário e material de embalagem utilizados na fabricação de produtos isentos ou sujeitos ao regime de alíquota zero, exsurgiu apenas com a vigência do art. 11 da Lei nº 9.779/99" (REsp nº 1.044.790-SP – 2ª. T. – rel. Min. Humberto Martins – j. 16.09.14 – *DJe* 23.09.14).

O STJ firmou o entendimento de que "é devida a *correção monetária* ao creditamento do IPI quando há oposição ao seu aproveitamento decorrente de resistência ilegítima do Fisco" (Súmula nº 411). O próprio STF também admite a incidência da correção referente ao período em que se reconheceu ilegítima a oposição fazendária ao aproveitamento de créditos do imposto (Ag. Reg. no AI nº 663.636-7-RS, rel. Min. Marco Aurélio, j. 09.06.09, *DJ* de 13.08.09, p. 58).

O STF assentou o entendimento de que "inexiste direito a crédito de IPI relativamente á entrada de insumos isentos, sujeitos à alíquota zero ou não tributáveis, o que não contraria o princípio da não cumulatividade" (Súmula Vinculante nº 58).

18.4.6 Seletividade

A Constituição estabelece que o IPI "será seletivo em função da essencialidade do produto" (art. 153, §3º).

A finalidade do princípio é amenizar a injustiça do imposto, determinando o impacto tributário que deve ser suportado pelas classes mais protegidas e onerando os bens consumidos em padrões sociais mais altos.

A seletividade significa discriminação ou sistema de alíquotas diferenciadas por espécies de mercadorias, como adequação do produto à vida do maior número dos habitantes do País. As mercadorias essenciais à existência civilizada deles devem ser tratadas mais suavemente, ao passo que as maiores alíquotas devem ser reservadas aos produtos de consumo restrito, isto é, o supérfluo das classes de maior poder aquisitivo.[361]

No tocante à essencialidade, é o contexto da Constituição que deve oferecer os fundamentos básicos para dimensionar o arquétipo do IPI, não se tratando de mera recomendação, devendo ser rigorosamente obedecido pelo legislador ordinário. A essencialidade decorre da devida compreensão dos valores captados pela Constituição, como é o caso do salário mínimo que toma em consideração as necessidades vitais básicas como moradia, alimentação, educação, lazer, vestuário, higiene, transporte e previdência (art. 8º, VI).

Esta temática demandou peculiar estudo pertinente à "tributação ecológica", tendo em vista preceito constitucional (art. 225) declarando que "todos têm direito ao meio ambiente ecologicamente equilibrado", cabendo "ao Poder Público e à coletividade o dever de defendê-lo e preservá-lo para as presentes e futuras gerações", sendo firmada a conclusão seguinte:

> (...) produtos industriais afinados com a proteção do meio ambiente – equipamentos, máquinas, bens de consumo –devem ser tributados minimamente, ou mesmo, não tributados pelo *IPI*. É o caso, pois, de colocar, sob salvaguarda da *seletividade* os produtos que poderíamos denominar de "ecologicamente corretos", como os fabricados com matérias-primas biodegradáveis, os que não oferecerem riscos à camada de ozônio ou que resultem da *reciclagem responsável* dos resíduos industriais, dejetos, e semelhantes.[362]

Entendendo que a escala de valoração da essencialidade dos bens resulta sempre do trabalho discricionário, também se asseverara o seguinte:

> Não há indicações, no direito positivo, de critérios específicos para graduar a necessidade social dos produtos industrializados.
> Sendo o subprincípio da seletividade em função da essencialidade vinculado ao princípio maior da *capacidade contributiva*, que por seu turno, se subordina à ideia de *justiça distributiva*, segue-se que a sua concretização na norma jurídica se faz mediante os critérios jurídicos e éticos do legislador, que lhe abrem a possibilidade de valorar os dados políticos e econômicos da conjuntura social. Em suma, não existe nenhuma 'regra de ouro', clara e unívoca, aplicável à justiça tributária em matéria de impostos sobre o consumo.[363]

---

[361] BALEEIRO, Aliomar. *Direito Tributário Brasileiro*. 10. ed. Rio de Janeiro: Forense, 1984. p. 206.
[362] BOTTALLO, Eduardo Domingos. *Fundamentos do IPI*. São Paulo: RT, 2002. p. 57.
[363] TÔRRES, Ricardo Lobo. O IPI e o princípio da seletividade. *Revista Dialética de Direito Tributário*, n. 18, p. 98, mar. 1997.

A Tabela de Incidência do IPI (Decreto federal nº 11.158, de 29.07.22,) contempla a seletividade, conforme se exemplifica:

– carnes e miudezas, comestíveis (Capítulo 2 da Seção I) – alíquota zero;
– leites e laticínios (Capítulo 4 da Seção I) – NT e alíquota zero;
– produtos farmacêuticos (Capítulo 30 da Seção VI) – alíquota zero;
– vestuário e seus acessórios exceto de malha (Capítulo 62 da Seção XI) – alíquota zero;
– relógios de pulso (capitulo 91) de mostrador mecânico – 16,15%.
Bebidas (capítulo 22) – aguardente de vinho – 19,5%
– bilhares de qualquer espécie (95.04) – 26%
A TIPI (alteração pelo Decreto federal nº 11.764, de 31.10.23, também estabelece o seguinte:
– revólveres e espingardas (93.03) – 55%.

Entretanto, a prática demonstra que a fixação de alíquota excessiva nem sempre se aplica a produto supérfluo, ou de modo a desestimular o consumo, mas como efetiva fonte de arrecadação, como é o caso das águas minerais (alíquota de 27% – Posição nº 2202.10.00 da TIPI).

A seletividade é realizada no caso do formol (insumo beneficiado pela alíquota zero), que pode ser utilizado para a produção de três itens industriais diferentes: preparado para alisar cabelos (alíquota de 20%); preparado para limpeza de vidros (alíquota de 10%); e medicamentos diversos (alíquota zero).

Em julgado do STF (RE nº 353.657 – voto da Min. Ellen Gracie) fora observado que os insumos (alíquota de 0%) são utilizados na fabricação de artigos essenciais (alíquota de 0%), sendo marcada com a mesma alíquota nula. É o caso do trigo (NT = não tributado), utilizado para a fabricação de sêmola de trigo (alíquota de 0%), macarrão (alíquota de 0%), e sopas prontas (alíquota de 0%); ou o algodão (NT) utilizado para a fabricação de algodão penteado (0%), ou de tecido de algodão (0%), ou casado (0%); e cabos de filamentos sintéticos (alíquota de 0%), utilizados na fabricação de fibras sintéticas (5%), ou tecidos sintéticos (alíquota de 0%); ou cobertores (alíquota de 0%).

Verifica-se que os mesmos itens são utilizados como insumos para a produção de bens de diferentes graus de essencialidade, ou de todo supérfluos, a saber:

a) a partir das mesmas fibras sintéticas podem ser produzidos, além de cobertores, mantas e roupas (0%), cerdas para escovas de dentes (0%), perucas artificiais (60%), e velas para barcos (10%);

b) com cacau em pó (0%), pode-se produzir biscoitos (0%), achocolatados (0%), chocolate (5%), e licor de cacau (60%);

c) com barras ou pó de platina (0%), tanto se produzem peças e aparelhos cirúrgicos e ortopédicos (0%), como catalisadores químicos (10%), e alianças de platina (20%);

d) lentes (0%) servem à fabricação de óculos de correção (5%), binóculos (15%), e câmeras cinematográficas (30%);

e) o formol (0%) tanto entra na composição de medicamentos (0%), quanto de preparados cosméticos (20%);

f) o enxofre (0%) é insumo para a fabricação de fósforos (0%), e de fungicidas (0%), mas também para a indústria de munição de revólveres (45%).

18.4.7 Obrigações acessórias

O RIPI dispõe que os estabelecimentos emitirão os seguintes documentos, conforme a natureza de suas atividades:

I – Nota Fiscal, modelos 1 ou 1-A;
II – Documento de Arrecadação;
III – Declaração do Imposto;
IV – Documento de Prestação de Informações Adicionais de interesse da Administração tributária.

Os contribuintes manterão, em cada estabelecimento, conforme a natureza das operações que realizarem, os seguintes livros fiscais:

I – Registro de Entradas, modelo 1;
II – Registro de Saídas, modelo 2;
III – Registro de Controle da Produção e do Estoque, modelo 3;
IV – Registro de Entrada e Saída do Selo de Controle, modelo 4;
V – Registro de Impressão de Documentos Fiscais, modelo 5;
VI – Registro de Utilização de Documentos Fiscais, modelo 6;
VII – Registro de Inventário, modelo 7;
VIII – Registro de Apuração do IPI, modelo 8.

O *Sistema Público de Escrituração Digital – SPED*, instituído pelo Decreto nº 6.022, de 22.01.07, constitui instrumento que unifica as atividades de recepção, validação, armazenamento e autenticação de livros e documentos que integram a escrituração contábil e fiscal dos empresários, inclusive das pessoas imunes e isentas, mediante fluxo único, computadorizado, de informações.

Os livros e documentos serão emitidos em forma eletrônica, não dispensando os empresários e as pessoas jurídicas de manter sob sua guarda e responsabilidade os livros e documentos na forma e prazos previstos na legislação aplicável.

O acesso às informações armazenadas no *SPED* deverá ser compartilhado com seus usuários (RFB, Administrações Tributárias dos Estados, Distrito Federal e dos Municípios), órgãos e entidades das Administrações Públicas, no limite de suas respectivas competências e sem prejuízo da observância à legislação referente aos sigilos comercial, fiscal e bancário.

O acesso também será possível aos empresários e às pessoas jurídicas, inclusive imunes ou isentas, em relação às informações por eles transmitidas ao *SPED*.

A *Escrituração Fiscal Digital – EFD*, instituída pelo Convênio ICMS 143, de 15.12.06, é parte integrante do projeto *SPED*, e busca promover a integração dos Fiscos federal, estaduais, do Distrito Federal e, futuramente, municipais, e dos órgãos de controle mediante padronização, racionalização e compartilhamento das informações fiscais, digitais. Objetiva integrar todo o processo relativo à escrituração fiscal, com a substituição do atual documentário em meio físico (papel) por documento eletrônico com validade jurídica para todos os fins.

Constitui um conjunto de registros de apuração de impostos referentes às operações e prestações praticadas pelo contribuinte, bem como de documentos fiscais e outras informações de interesse dos Fiscos das unidades federadas e da RFB.

O contribuinte deverá substituir a escrituração e a impressão de livros fiscais (de Entradas, Saídas, Inventário, e de Apuração) pela escrituração fiscal digital (EFD), em arquivo digital, na forma da legislação específica.

A escrituração do Livro de Registro de Controle da Produção e do Estoque – Bloco K (Ajuste Sinief nº 13, de 11.12.15) será obrigatória na EFD a partir de:

- I – 1º de janeiro de 2017 a) para os estabelecimentos industriais classificados nas divisões 10 a 32 da Classificação Nacional de Atividades Econômicas (CNAE) pertencentes a empresa com faturamento anual igual ou superior a R$300.000.000,00;
- b) para os estabelecimentos industriais de empresa habilitado ao Regime Aduaneiro Especial de Entreposto Industrial sob Controle Informatizado (Recof) ou a outro regime alternativo a este;
- II – 1º de janeiro de 2018, para os estabelecimentos industriais classificados nas divisões 10 a 32 da CNAE pertencentes a empresa com faturamento anual ou igual ou superior a R$78.000.000,00;
- III – 1º de janeiro de 2019, para: os demais estabelecimentos industriais; os estabelecimentos atacadistas classificados nos grupos 462 a 469 da CNAE e os estabelecimentos equiparados a industrial.

18.4.8 EC nº 132/23

A Emenda Constitucional nº 132, de 20.12.23, estabelecera o seguinte:

Art. 126. A partir de 2027:
(...)
III – o imposto previsto no art. 153, IV, da Constituição Federal:
a) terá suas alíquotas reduzidas a zero, exceto em relação aos produtos que tenham industrialização incentivada na Zona Franca de Manaus, conforme critérios estabelecidos em lei complementar; e
b) não incidirá na forma cumulativa com o imposto previsto no art. 153, VIII, da Constituição Federal.
Art. 133:
O imposto não integrará a base de cálculo do imposto de que trata o art. 156-A (IBS), da Constituição Federal.

Art. 135:
Lei Complementar disciplinará a forma de utilização dos créditos, inclusive presumidos, do imposto, não apropriados ou não utilizados até a extinção, mantendo-se apenas para os créditos que cumpram os requisitos estabelecidos na legislação vigente na data da extinção de tais tributos, a permissão para compensação com outros tributos federais, inclusive com a contribuição prevista no inciso V do caput do art. 195 da Constituição Federal (CBS), ou ressarcimento em dinheiro.

Art. 7º
A partir de 2027 a União compensará eventual redução no montante dos valores entregues nos termos do art. 159, I e II, em razão da substituição da arrecadação do imposto previsto no art. 153, IV (IPI), pela arrecadação do imposto previsto no art. 153, VIII (Seletivo), todos da Constituição Federal, nos termos da lei complementar.

Entendo que a redução das alíquotas não significa que o imposto tenha sido extinto pelos motivos básicos seguintes: (i) permanece a sua cobrança com relação aos produtos industrializados na Zona Franca de Manaus; e (ii) não fora estabelecida revogação expressa nos incisos do art. 22 da EC nº 132/23).

Dessa forma, há que permanecer a sistemática básica estabelecida para a operacionalidade do produto (conceitos de industrialização, emissão de notas fiscais, escrituração de livros, fiscalização etc.).

18.5 Imposto sobre Operações de Crédito, Câmbio e Seguro, e Relativas a Títulos e Valores Mobiliários

18.5.1 Materialidade

O imposto tem como *fatos geradores* as operações de I) crédito; II) câmbio; III) seguro realizadas por seguradoras; IV) títulos e valores mobiliários; e V) com ouro ativo financeiro ou instrumento cambial (art. 153, V, CF; art. 63, CTN; e legislação ordinária básica Decretos nº 6.306, de 14.02.07 (com alterações) – que regulamenta o tributo.

A incidência definida no inciso I exclui a definida no inciso IV e, reciprocamente, quanto à emissão, ao pagamento ou resgate do título representativo de uma mesma operação de crédito. Exclui-se da incidência do imposto referido no inciso I a operação de crédito externo, sem prejuízo da incidência definida no inciso II deste artigo.

"Operações" significam negócios jurídicos que, embora devam conter substrato econômico (possibilitando quantificar o tributo, segundo a capacidade contributiva), não podem configurar natureza econômica, devendo ser compreendidas no âmbito legal.

O *fato gerador nas operações de crédito* é a entrega do montante ou do valor que constitua o objeto da obrigação, ou sua colocação à disposição do interessado, em situações específicas (efetiva entrega; liberação das parcelas; adiantamento a depositante; registro por crédito liquidado no exterior; excesso de limite; novação, composição, consolidação, confissão de dívida e dos negócios assemelhados; lançamento contábil em transferências internas).

A expressão "operações de crédito" compreende I) empréstimo sob qualquer modalidade, inclusive abertura de crédito e desconto de título; II) alienação, à empresa que exercer as atividades de *factoring*, de direitos creditórios resultantes de vendas a prazo; e III) mútuo de recursos financeiros entre pessoas jurídicas ou entre pessoa jurídica e pessoa física (segundo as normas aplicáveis às operações de financiamento e empréstimo praticadas pelas instituições financeiras).

Nesse sentido, fora decidido que o imposto incide sobre contratos de mútuos firmados por empresas na condição de integrante de um mesmo grupo econômico com o objetivo de redirecionar os recursos financeiros obtidos pelas financeiras (REsp nº 522.294, 2ª Turma, rel. Min. Eliana Calmon, j. 19.12.03).

Nos depósitos judiciais não incide o IOF (Súmula nº 185 do STJ).

É isenta a operação de crédito para fins habitacionais; realizada mediante conhecimento de depósito e *warrant*, representativos de mercadorias depositadas para exportação, em entreposto aduaneiro; efetuada por meio de cédula e nota de crédito à exportação; para a aquisição de automóvel de passageiros, de fabricação nacional, com até 127 HP de potência bruta; em que os tomadores sejam missões diplomáticas e repartições consulares de carreira.

O *fato gerador nas operações de câmbio* é a entrega de moeda nacional ou estrangeira, ou de documento que a represente, ou sua colocação à disposição do interessado, em montante equivalente à moeda estrangeira ou nacional entregue ou posta à disposição por este. O imposto torna-se devido no ato da liquidação da operação.

Os negócios cambiais têm por objetivo a realização de pagamento de importações, implicando diversas modalidades, tais como remessa antecipada, remessa sem saque, cobrança (à vista, documentária, a prazo).

É isenta a operação de câmbio realizada para pagamento de bens importados; realizada para pagamento de bens importados destinados aos empreendimentos que se implantarem, ampliarem ou diversificarem no Nordeste e na Amazônia e que sejam considerados de interesse para o desenvolvimento destas regiões; em que os compradores ou vendedores da moeda estrangeira sejam missões diplomáticas e repartições consulares de carreira etc.

O *fato gerador nas operações de seguro* é o recebimento do prêmio. Essas operações compreendem seguros de vida e congêneres, seguro de acidentes pessoais e do trabalho, seguros de bens, valores, coisas e outros não especificados. O imposto torna-se devido no ato do recebimento total ou parcial do prêmio.

É isenta a operação de seguro rural; em que os segurados sejam missões diplomáticas e repartições consulares de carreira.

O *fato gerador nas operações relativas a títulos ou valores mobiliários* é a aquisição, cessão, resgate, repactuação ou pagamento para liquidação de títulos e valores mobiliários. O imposto torna-se devido no ato da realização das referidas operações.

A *incidência* aplica-se a qualquer operação financeira, independentemente da qualidade ou da forma jurídica de constituição do beneficiário da operação ou do seu titular, estando abrangidos os fundos de investimentos e carteiras de títulos e valores mobiliários, fundos ou programas, ainda que sem personalidade jurídica, entidades de Direito Público, beneficentes, de assistência social, de previdência privada e de educação.

A simples distinção entre bens mobiliários e imobiliários (arts. 79 a 84 do Código Civil) não é suficiente para precisar um conceito de "valores mobiliários", para fins tributários, tendo o legislador (Lei federal nº 6.385, de 07.12.76, art. 2º, com alterações) estatuído a respectiva relação: I – as ações, debêntures, e bônus de subscrição; II – os cupons, direitos, recibos de subscrição e certificados de desdobramento relativos aos valores mobiliários referidos no inciso II; III – os certificados de depósito de valores mobiliários; IV – as cédulas de debêntures; V – as cotas de fundos de investimento em valores mobiliários ou de clubes de investimento em quaisquer ativos; VI – as notas comerciais; VII – os contratos futuros, de opções e outros derivativos, cujos ativos subjacentes sejam valores mobiliários; VIII – outros contratos derivativos, independentemente dos ativos subjacentes; IX – quando ofertados publicamente quaisquer outros títulos ou contratos de investimento coletivo que gerem direito de participação, de parceria ou de remuneração, inclusive resultante de prestação de serviços, cujos rendimentos advém do esforço empreendedor ou de terceiros.

A Lei federal nº 10.198, de 14.02.01 (art. 1º), dispõe que "constituem valores mobiliários, sujeitos a regime da Lei nº 6.385/76, quando efetuados publicamente, os títulos ou contratos de investimento coletivo, que gerem direito de participação, de parceria ou de remuneração, inclusive resultante de prestação de serviços, cujos rendimentos advêm do esforço do empreendedor ou de terceiros".

Trata-se de papéis negociados em massa (em contraposição aos títulos individuais), representando direitos de sócios ou empréstimos a longo prazo, contratados pelo emissor (companhia pública, ou privada, Estado etc.), seja emissão de ações ou de obrigações, tendo como objetivo emprestar dinheiro a outro para obter um resultado, realizando colocação de capitais. Portanto, títulos ou valores mobiliários são bens de investimentos, enumerados em lei, com as características básicas de títulos de crédito, salvo sua negociação em massa e em mercado, com o objetivo de obter uma renda.

É *isenta* a operação com títulos ou valores mobiliários efetuada com recursos e em benefício dos Fundos Constitucionais de Financiamento do Norte, do Nordeste e do Centro-Oeste; de negociações com Cédula de Produto Rural realizadas nos mercados de bolsas e de balcão; de negociações com Certificado de Depósito Agropecuário e com *Warrant* Agropecuário etc.

O *fato gerador nas operações com ouro* (ativo financeiro ou instrumento cambial – §5º, art. 153, da CF) é a primeira aquisição do ouro, efetuada por instituição autorizada integrante do Sistema Financeiro Nacional. Ocorre na data de sua aquisição; e no desembaraço aduaneiro, quando se tratar de ouro físico oriundo do exterior.

Entende-se por ouro ativo financeiro ou instrumento cambial, desde sua extração, inclusive, o ouro que, em qualquer estado de pureza, em bruto ou refinado, for destinado ao mercado financeiro ou à execução da política cambial do País, em operação realizada com a interveniência de instituição integrante do Sistema Financeiro Nacional, na forma e condições autorizadas pelo Banco Central do Brasil.

Enquadra-se nessa definição o ouro a) envolvido em operações de tratamento, refino, transporte, depósito ou custódia, desde que formalizado compromisso de destiná-lo ao Banco Central do Brasil ou a instituição por ele autorizada; b) adquirido na região de garimpo, onde o ouro é extraído, desde que, na saída do Município, tenha o mesmo destino a que se refere a alínea precedente; e c) importado, com interveniência das referidas instituições.

18.5.2 Sujeito ativo, contribuintes e responsáveis

O imposto é de competência da União.

Nas *operações de crédito*, são *contribuintes* as pessoas físicas ou jurídicas tomadoras de crédito, e o alienante pessoa física ou jurídica, no caso de alienação de direitos creditórios resultantes de vendas a prazo a empresas de *factoring*. São *responsáveis* pela cobrança do imposto e pelo seu recolhimento ao Tesouro Nacional i) as instituições financeiras que efetuarem operações de crédito; ii) as empresas de *factoring* adquirentes do direito creditório; e iii) a pessoa jurídica que conceder o crédito, nas operações de crédito correspondentes a mútuo de recursos financeiros.

Nas operações de câmbio, são *contribuintes* os compradores e vendedores de moeda estrangeira nas operações referentes às transferências financeiras para o ou do exterior, respectivamente. São *responsáveis* pela cobrança do imposto e seu recolhimento ao Tesouro Nacional as instituições autorizadas a operar em câmbio.

Nas *operações de seguro*, são *contribuintes* as pessoas físicas ou jurídicas seguradas, e *responsáveis* pela cobrança do imposto e pelo seu recolhimento ao Tesouro Nacional as seguradoras ou as instituições financeiras a quem estas encarregarem da cobrança do prêmio.

Nas *operações relativas a títulos e valores mobiliários*, são *contribuintes* (I) os adquirentes, no caso de aquisição de títulos ou valores mobiliários, e os titulares de aplicações financeiras, nos casos de resgate, cessão ou repactuação; (II) as instituições financeiras e demais instituições autorizadas a funcionar pelo Banco Central do Brasil em hipótese específica.

São *responsáveis* pela cobrança e pelo seu recolhimento o Tesouro Nacional (I) as instituições autorizadas a operar na compra e venda de títulos e valores mobiliários; (II) as bolsas de valores, de mercadorias, de futuros e assemelhadas, em relação às aplicações financeiras realizadas em seu nome, por conta de terceiros e tendo por objeto recursos destes; (III) a instituição que liquidar a operação perante o beneficiário final, no caso de operação realizada por meio do SELIC ou da Central de Custódia e de Liquidação Financeira de Títulos – CETIP; (IV) o administrador do fundo de investimento; (V) a instituição que receber as importâncias referentes à subscrição das cotas do Fundo de Investimento Imobiliário e do Fundo Mútuo de Investimento em Empresas Emergentes.

Nas *operações com ouro, contribuintes* são as instituições autorizadas pelo Banco Central do Brasil que efetuarem a primeira aquisição do ouro, ativo financeiro, ou instrumento cambial.

O STF adotou o entendimento de que, para fins de incidência do IOF, não se exige, obrigatoriamente, a participação de instituição financeira na operação:

> IOF. Incidência sobre operações de *factoring* (Lei nº 9.532/97, art. 58): aparente constitucionalidade que desautoriza a medida cautelar.
> O âmbito constitucional de incidência possível do IOF sobre operações de crédito não se restringe às praticadas por instituições financeiras, de tal modo que, à primeira vista, a lei questionada poderia atendê-la às operações de *factoring*, quando impliquem financiamento (*factoring* com direito de regresso ou com adiantamento do valor do crédito vincendo – *conventional factoring*); quando, ao contrário, não contenha operação de crédito, o *factoring*, de qualquer modo, parece substantivar negócio relativo a títulos e valores mobiliários, igualmente susceptível de ser submetido por lei à incidência tributária questionada.
> (ADIn nº 1.763-8-DF, Pleno, rel. Min. Sepúlveda Pertence, j. 20.08.98, *DJU* 1 de 26.09.93)

18.5.3 Base de cálculo

A base de cálculo é o valor da operação, compreendida da forma seguinte: crédito: o valor do principal que constitua o objeto da obrigação; câmbio: o montante em moeda nacional recebido, entregue ou posto à disposição, correspondente ao valor, em moeda estrangeira, da operação; seguro: é o valor dos prêmios pagos; títulos ou valores mobiliários: (i) o valor de aquisição, resgate, cessão ou repactuação; (ii) o valor da operação de financiamento realizada em bolsas de valores, de futuros, de mercadorias e assemelhadas; (iii) o valor de aquisição ou resgate de quotas de fundos de investimento e de clubes de investimento; (iv) o valor do pagamento para liquidação das operações referidas no inciso i; ouro: o preço de sua aquisição, observados os limites de variação da cotação vigente no mercado doméstico, no dia da operação. Tratando-se de ouro físico, oriundo do exterior, o preço de aquisição, em moeda nacional, será determinado com base no valor de mercado doméstico na data do desembaraço aduaneiro.

No caso das operações de empréstimo, não se pode levar em conta o valor dos bens em sua integralidade, uma vez que o tributo não grava o patrimônio (não se tributa o dinheiro); mas operações relativas aos rendimentos decorrentes desse patrimônio. Esse entendimento também se aplica nas operações relativas a títulos e valores mobiliários, em que não se tributa o valor patrimonial que representa (custódia de títulos, ação etc.).

18.5.4 Alíquota

As *alíquotas* do imposto são variáveis em função das específicas operações e de conformidade com o período de tempo das operações, assinalando-se basicamente o seguinte: *crédito* (máximo de 1,5% ao dia sobre o valor das operações); *câmbio* (máximo de 25%); *seguro* (máximo de 25%); *títulos e valores mobiliários* (máximo de 25%); e *ouro* (1%).

As *alíquotas são reduzidas* em inúmeras específicas situações.

18.5.5 EC nº 132/23

A CF (redação original) estabelecera o seguinte:

Art. 153. Compete à União instituir impostos sobre:
(...)
V – operações de crédito, câmbio e seguro, ou relativas a títulos e valores mobiliários.

A EC nº 132, promulgada em 20.12.23, passou a dispor:

Art. 153. A Constituição Federal passa a vigorar com as seguintes alterações:
(...)
V – operações de crédito e câmbio ou relativas a títulos e valores mobiliários.

A simples leitura do novo texto constitucional demonstra haver ocorrido a omissão do vocábulo "seguro", evidenciando a supressão da referida materialidade tributária.

Assim, embora o art. 22 da EC nº 132/23 não contenha a expressão "revogação", é de se entender que não mais prevalece a sua incidência tributária.

18.6 Imposto sobre a Propriedade Territorial Rural

18.6.1 Materialidade

O imposto tem *como fatos geradores* a propriedade, o domínio útil ou a posse de imóvel por natureza, localizado fora da zona urbana do Município, em 1º de janeiro de cada ano (art. 153, VI, da CF; art. 29, do CTN, Lei federal nº 9.393, de 19.12.96, Decreto federal nº 4.382, de 19.09.02, Código Florestal instituído pela Lei federal nº 12651, de 25.05.12).

O Código Civil (art. 79) define os bens imóveis como o solo e tudo quanto se lhe incorporar natural ou artificialmente.

Considera-se *imóvel rural* a área contínua, formada de uma ou mais parcelas de terras, localizadas na zona rural do Município, ainda que, em relação a alguma parte do imóvel, o sujeito passivo detenha apenas a posse. Considera-se *área contínua* a área total do prédio rústico, mesmo que fisicamente dividida por ruas, estradas, rodovias, ferrovias, ou por canais ou cursos de água.

O conceito de *zona rural* é extraído de critério jurídico de *zona urbana* (art. 32, §1º, do CTN), entendida como aquela definida em lei municipal, observado o requisito mínimo da existência de melhoramentos indicados em pelo menos dois dos incisos seguintes, construídos ou mantidos pelo Poder Público: I) meio-fio ou calçamento, com canalização de águas pluviais; II) abastecimento de água; III) sistema de esgotos sanitários; IV) rede de iluminação pública, com ou sem posteamento para distribuição domiciliar; e V) escola primária ou posto de saúde a uma distância máxima de três quilômetros do imóvel considerado.

A *destinação rural do imóvel*, ainda que localizado em área urbana, tem sido considerada como elemento importante para a configuração do imposto, consoante diretriz jurisprudencial:

> Tributário. Imóvel na Área Urbana. Destinação Rural. IPTU. Não-Incidência. Art. 15 do DL 57/1966. Recurso Repetitivo. Art. 543-C do CPC.
> 1. Não incide IPTU, mas ITR, sobre imóvel localizado na área urbana do Município, desde que comprovadamente utilizado em exploração extrativa, vegetal, agrícola, pecuária ou agroindustrial (art. 15 do DL 57/1966).
> Recurso Especial provido. Acórdão sujeito ao regime do art. 453-C.
> (REsp nº 1.112.646/SP – 1ª. Seção – rel. Min. Herman Benjamin – j. 26.08.09, *DJe* 28.08.09)
> Diversos arestos elucidaram o seguinte:
> "1. O critério da localização do imóvel não é suficiente para que se decida sobre a incidência do IPTU ou ITR, sendo necessário observar-se, também, a destinação econômica, conforme já decidiu a Egrégia 2ª. Turma, com base em posicionamento do STF sobre a vigência do Decreto-Lei 57/66 (...)".
> 3. Necessidade de comprovação perante as instâncias ordinárias de que o imóvel é destinado à atividade rural. Do contrário, deve incidir sobre ele o IPTU (...).
> (AgRg no AG nº 993.224/SP – 1ª. T. – rel. Min. José Delgado – j. 06.05.08, *DJe* 04.06.08)

1. Ao ser promulgado, o Código Tributário Nacional valeu-se do critério topográfico para delimitar o fato gerador do Imposto sobre a Propriedade Territorial urbana (IPTU) e o Imposto sobre a Propriedade Territorial Rural (ITR): se o imóvel estivesse situado naquela zona urbana, incidiria o IPTU; se na zona rural, incidiria o ITR.

2. Antes mesmo da entrada em vigor do CTN, o Decreto-Lei nº 57/66 alterou esse critério, estabelecendo estarem sujeitos à incidência do ITR os imóveis situados na zona rural quando utilizados em exploração vegetal, agrícola, pecuária ou agroindustrial.

3. A jurisprudência reconheceu a validade do DL 57/66, o qual, assim como o CTN, passou a ter o status de lei complementar em face da superveniente Constituição de 1967. Assim, o critério topográfico previsto no art. 32 do CTN deve ser analisado em face do comando do art. 15 do DL 57/66, de modo que não incide o IPTU quando o imóvel situado na zona

urbana receber quaisquer das destinações previstas nesse diploma legal (...).
(REsp nº 492.869/PR – 1ª. T. – rel. Min. Teori Albino Zavascki – j. 15.02.05 – *DJ* 07.03.05, p. 141)

O imposto *não incidirá* sobre:

I – a pequena gleba rural, desde que o seu proprietário a explore só ou com sua família, e não possua outro imóvel;
II – os imóveis rurais da União, dos Estados, do Distrito Federal e dos Municípios;
III – os imóveis rurais de autarquias e fundações instituídas e mantidas pelo Poder Público, desde que vinculados às suas finalidades essenciais ou às delas decorrentes;
IV – os imóveis rurais de instituições de educação e de assistência social, sem fins lucrativos, relacionados às suas finalidades essenciais.

Pequena gleba rural é considerado o imóvel com área igual ou inferior a (I) 100 hectares, se localizado em Município compreendido na Amazônia Ocidental ou no Pantanal Mato-Grossense e Sul-Mato-Grossense; (II) 50 hectares, se localizado em Município compreendido no Polígono das Secas ou na Amazônia Oriental; e (III) 30 hectares, se localizado em qualquer outro Município.

Diversas situações jurídicas e fáticas caracterizam a *perda da propriedade rural*, destacando-se o seguinte:

I – Desapropriação: (CF – política agrícola, fundiária e reforma agrária).

Art. 184. Compete à união desapropriar por interesse social, para fins de reforma agrária, o imóvel rural que não esteja cumprindo sua função social, mediante prévia e justa indenização em títulos da dívida agrária, com cláusula de preservação do valor real, resgatáveis no prazo de até vinte anos, a partir do segundo ano de sua emissão, e cuja utilização será definida em lei.
(...);
§3º Cabe à lei complementar estabelecer procedimento contraditória especial, de rito sumário, para o processo judicial de desapropriação.
(...);
§5º São isentas de impostos federais, estaduais, e municipais as operações de transferência de imóveis desapropriados para fins de reforma agrária.

Art. 185. São insuscetíveis de desapropriação para fins de reforma agrária: (I) a pequena e média propriedade rural, assim definida em lei, desde que seu proprietário não possua outra; e (II) a propriedade produtiva.

II – Culturas Ilegais (CF)

Art. 243. As glebas de qualquer região do País onde forem localizadas culturas ilegais de plantas psicotrópicas serão imediatamente expropriadas e especificamente destinadas ao assentamento de colonos, para o cultivo de produtos alimentícios e medicamentosos, sem qualquer indenização ao proprietário e sem prejuízo de outras sanções previstas em lei.

O STJ firmou significativa diretriz a respeito do descabimento da exigibilidade do imposto em razão de perda de propriedade, a saber:

Ementa.
Tributário. ITR. Incidência sobre Imóvel. Invasão do Movimento 'Sem Terra'. Perda do Domínio e dos Direitos Inerentes à Propriedade. Impossibilidade da Subsistência da Exação Tributária. Princípio da Proporcionalidade. Recurso Especial não Provido.
(...)
2. Verifica-se que houve a efetiva violação ao dever constitucional do Estado em garantir a propriedade da impetrante, configurando-se uma grave omissão do seu dever de garantir a observância dos direitos fundamentais da Constituição.
3. Ofende aos princípios básicos da razoabilidade e da justiça o fato do Estado violar o direito de propriedade e, concomitantemente, exercer a sua prerrogativa de constituir ônus tributário sobre imóvel expropriado por particulares (proibição de *venire contra factum proprium*).

4. A propriedade plena pressupõe o domínio, que se subdivide nos poderes de usar, gozar, dispor e reinvidicar (*sic*) a coisa. Em que pese ser a propriedade um dos fatos geradores do ITR, essa propriedade não é plena quando o imóvel se encontra invadido, pois o proprietário é tolhido das faculdades inerentes ao domínio sobre o imóvel.
5. Com a invasão do movimento 'sem terra', o direito da recorrida ficou tolhido de praticamente todos seus elementos: não há mais posse, possibilidade de uso ou fruição do bem; consequentemente, não havendo a exploração do imóvel, não há, a partir dele, qualquer tipo de geração de renda ou de benefícios para a proprietária.
6. Ocorre que a função social da propriedade se caracteriza pelo fato do proprietário condicionar o uso e a exploração do imóvel não só de acordo com os seus interesses particulares e egoísticos, mas pressupõe o condicionamento do direito de propriedade à satisfação de objetivos para com a sociedade, tais como a obtenção de um grau de produtividade, o respeito ao meio ambiente, o pagamento de impostos etc.
7. Sobreleva nesse ponto, desde o advento da Emenda Constitucional n. 42/2003, o pagamento do ITR como questão inerente à função social da propriedade. O proprietário, por possuir o domínio sobre o imóvel, deve atender aos objetivos da função social da propriedade; por conseguinte, se não há um efetivo exercício de domínio, não seria razoável exigir desse proprietário o cumprimento da sua função social, o que se inclui aí a exigência de pagamento dos impostos reais.
8. Na peculiar situação dos autos, ao considerar-se a privação antecipada da posse e o esvaziamento dos elementos de propriedade sem o devido êxito do processo de desapropriação, é inexigível o ITR diante do desaparecimento da base material do fato gerador e da violação dos princípios da propriedade, da função social e da proporcionalidade.
(REsp nº 1.144.982-PR, 2ª Turma, rel. Min. Mauro Campbell Marques, j. 13.10.09, *DJe* de 15.10.09)

18.6.2 Sujeito ativo, contribuinte e responsável

O *sujeito ativo* do imposto é a União, sendo que o imóvel que pertencer a mais de um Município deverá ser enquadrado no Município onde fique a sede do imóvel; e, se esta não existir, será enquadrado no Município onde se localize a maior parte do imóvel.

Contribuinte é o proprietário do imóvel rural, o titular de seu domínio útil (aquele que adquiriu o imóvel por enfiteuse ou aforamento), ou o seu possuidor, a qualquer título (usufruto; ou quem detenha a posse com justo título e boa-fé, sem oposição, independentemente de justo título e boa-fé; por ocupação autorizada, ou não, pelo Poder Público; ou por promessa ou compromisso particular de compra e venda).

Estão obrigados a cadastrar seus imóveis rurais na unidade local da Receita Federal do Brasil, devendo declarar o Valor da Terra Nua (VTN) – que refletira o preço de mercado de terras, apurado em 1º de janeiro, e demais informações que permitam apurar o valor do imposto correspondente ao imóvel. A apuração e o pagamento do ITR serão efetuados pelo contribuinte, sujeitando-se à homologação posterior.

Ficam compelidos a comunicar alterações imobiliárias concernentes a desmembramento, anexação, transmissão por alienação da propriedade ou dos direitos a ela inerentes, sucessão *causa mortis*, cessão de direitos, constituição de reservas ou usufruto.

Responsável pelo crédito tributário é o sucessor, a qualquer título, nos termos dos arts. 128 a 133 do CTN.

18.6.3 Base de cálculo

A base de cálculo *é o valor fundiário* (art. 30 do CTN), considerando-se os elementos seguintes:

> I – Valor da Terra Nua (VTN) é o valor de mercado do imóvel, excluídos os valores de mercado relativos a I) construções, instalações e benfeitorias; II) culturas permanentes e temporárias; III) pastagens cultivadas e melhoradas; e IV) florestas plantadas;
> II – O VTN refletirá o preço de mercado de terras, apurado em 1º de janeiro do ano de ocorrência do fato gerador, e será considerado auto-avaliação da terra nua a preço de mercado;
> III – incluem-se no conceito de construções, instalações e benfeitorias, os prédios, depósitos, galpões, casas de trabalhadores, estábulos, currais, mangueiras, aviários, pocilgas e outras instalações para abrigo ou tratamento de animais, terreiros e similares para secagem de produtos agrícolas, eletricidade rural, colocação de água subterrânea, abastecimento ou distribuição de águas, barragens, represas, tanques, cercas, e, ainda, as benfeitorias não relacionadas com a atividade rural;
> IV – O VTNT (Valor da Terra Nua Tributável) é obtido mediante a multiplicação do VTN pelo quociente entre a área tributável e a área total do imóvel.

Área tributável é a área total do imóvel, excluídas as áreas de I) preservação permanente; II) de reserva legal; III) de reserva particular do patrimônio natural; IV) de servidão florestal; V) de interesse ecológico para a proteção dos ecossistemas, assim declaradas mediante ato do órgão competente, federal ou estadual, e que ampliem as restrições de uso previstos nos incisos I e II deste item; VI) comprovadamente imprestáveis para a atividade rural, declaradas de interesse ecológico mediante ato do órgão competente, federal ou estadual.

Pondera-se que "não é possível, por antijurídico, que a 'terra' submersa por represa para a geração de energia elétrica, asfaltada ou sobre a qual se colocaram trilhos para que se trafegue os trens, possa ter o mesmo valor que aquelas destinadas ao cultivo de primeira ou, mesmo, que ser equiparada àquela própria para o cultivo de cana, de café, de pastagem etc. Tudo leva a crer que ela está fora do âmbito de incidência do imposto".[364]

---

[364] VIEIRA, Maria Leonor Leite. Imposto Territorial Rural: Hipótese de Incidência e Base de Cálculo – Provocações. In: SANTI, Eurico Marcos Diniz de (coord.). *Curso de Especialização em Direito Tributário* – Estudos Analíticos em Homenagem a Paulo de Barros Carvalho. Rio de Janeiro: Forense, 2005. p. 1.112.

A doutrina enfatiza que "não é possível, portanto, arbitrar o valor da terra considerando os mesmos parâmetros para as 'terras submersas' ou 'com trilhos' e 'asfaltada ou preparada como rodovia' e sobre ele aplicar o *GU* (grau de utilização: relação percentual entre a área efetivamente utilizada e a área aproveitável), sem qualquer exclusão, mesmo as constitucionalmente asseguradas, ofende os mais elementares princípios constitucionais tributários. Aliás, convém lembrar que a busca da *verdade material* é imperativo para o exercício da atividade administrativa estipulada no art. 142 do Código Tributário Nacional, em observância aos ditames maiores de índole constitucional".[365]

O CARF consolidou o entendimento seguinte:

> O Imposto sobre a Propriedade Territorial Rural não incide sobre áreas alagadas para fins de constituição de reservatório de usinas hidroelétricas.
> (Súmula nº 45)

A posse e o domínio útil das terras submersas pertencem à União Federal, pois a água é bem público que forma o seu patrimônio nos termos da Constituição Federal, não podendo haver incidência do imposto sobre tais terras.

Assinalara que o tributo incide sobre a terra nua (arts. 10 e 11 da Lei federal nº 9.393/1966), recaindo sobre o valor patrimonial da propriedade rural, exclusivamente das terras, pois se trata de imposto territorial (e não territorial e predial, como é o caso do IPTU), excluindo-se toda e qualquer benfeitoria existente sobre as terras. O signo de riqueza é o patrimônio advindo da referida propriedade, o denominado legalmente "valor da terra nua – VTN". Os contribuintes são os proprietários, os que detêm a posse ou o domínio útil da propriedade rural.

18.6.4 Alíquotas

As *alíquotas* (variáveis de 0,03% a 20%) são aplicadas sobre o Valor da Terra Nua Tributável, consideradas a área total do imóvel (variação de área até 50 hectares a acima de 5.000 hectares considerando o Grau de Utilização, que consiste na relação entre a área efetivamente utilizada pela atividade rural e a área aproveitável do imóvel, constituindo critério, juntamente com a área total do imóvel rural, para a determinação das alíquotas do ITR).

A progressividade aplicada na lei do ITR é um típico exemplo de extrafiscalidade que tributa de forma mais gravosa os imóveis rurais inexplorados ou de baixa produtividade, para atender a uma finalidade social e econômica e não o incremento da receita, aumentando alíquotas à medida que diminui o grau de utilização do imóvel rural,[366] por exemplo:

> a) um imóvel que mede até 50 ha, cujo grau de utilização for maior que 80%, receberá uma alíquota de 0,03%, ao passo que se o mesmo imóvel tiver um grau de utilização de até 30%, sua alíquota será de 1,00%;

---

[365] VIEIRA, *ob. cit.*, p. 1.112.
[366] NEVES, Luís Fernando de Souza. Apontamentos sobre o ITR e sua Progressividade. In: SANTI, Eurico Marcos Diniz de (coord.). *Curso de Especialização em Direito Tributário* – Estudos Analíticos em Homenagem a Paulo de Barros Carvalho. Rio de Janeiro: Forense, 2005.

b) um imóvel que mede entre 500 e 100 ha, cujo grau de utilização for maior que 80%, receberá uma alíquota de 0,15%, ao passo que se o mesmo imóvel tiver um grau de utilização de até 30%, sua alíquota será de 4,70%;

c) um imóvel que mede acima de 5.000 ha, cujo grau de utilização for maior que 80%, receberá uma alíquota de 0,45%, ao passo que se o mesmo imóvel tiver um grau de utilização de até 30%, sua alíquota será de 20,00%.

18.7 Imposto sobre Grandes Fortunas

A Constituição outorga competência à União para instituir o IGF, nos termos de lei complementar (inciso VII, art. 153).

Entretanto, referido imposto ainda não foi instituído (até novembro 2024), em razão do que não há comentários a serem feitos, salvo a ponderação de que deverá ser veiculado por norma específica (lei complementar), observando os demais princípios regradores da tributação (anterioridade, irretroatividade, isonomia, capacidade contributiva, vedação de confisco etc.).

Ademais, haverá legitimidade de conviver com os demais impostos que gravam o patrimônio, diante da previsibilidade constitucional.

18.8 Imposto Seletivo

A Emenda Constitucional nº 132, promulgada em 20.12.23, alterou o art. 153, da CF para instituir imposto sobre (VIII) "produção, extração, comercialização ou importação de bens e serviços prejudiciais à saúde ou ao meio ambiente, nos termos de lei complementar".

Inseriu os dispositivos seguintes:

§6º O imposto previsto no inciso VIII do *caput* deste artigo:
I – não incidirá sobre as exportações nem sobre as operações com energia elétrica e com telecomunicações;
II – incidirá uma única vez sobre o bem ou serviço;
III – não integrará a sua própria base de cálculo;
IV – integrará a base de cálculo dos tributos previstos nos arts. 155, II, 156, III, 156-A e 195, V;
V – poderá ter o mesmo fato gerador e base de cálculo de outros tributos;
VI – terá suas alíquotas fixadas em lei ordinária, podendo ser específicas, por unidade de medida adotada, ou *ad valorem*;
VII na extração, o imposto será cobrado independentemente da destinação, caso em que a alíquota máxima corresponderá a 1% (um por cento) do valor de mercado do produto.

Não incidirá sobre os bens e serviços cujas alíquotas sejam reduzidas nos termos do §1º deste artigo (9º do Ato das Disposições Transitórias).

A PLP nº 68/24, apresentada ao Congresso em 25.04.24 disciplina o imposto contendo os preceitos básicos seguintes:

Incidência

(art. 393)

§1º (...) consideram-se prejudiciais à saúde ou ao meio ambiente os bens classificados nos códigos da NCM/SH listados no Anexo XVIII, referentes a: I – veículos; II – embarcações e aeronaves; III – produtos flumígenos; IV – bebidas alcoólicas; V – bebidas açucaradas; e VI – bens minerais extraídos.

Comentários

A indústria de alimentos assevera que não haveria respaldo científico para a tributação de "ultraprocessados", num país como o Brasil com milhões de pessoas em situação de insegurança alimentar, não se podendo cogitar de nova tributação sobre a comida.

Nos segmentos de mineração e do petróleo, empresários reclamam que a cobrança vai onerar o setor produtivo, com possibilidade de tributação em mais de um ponto da cadeia, inclusive na exportação, o que seria um contrassenso em relação aos princípios da reforma.

Argumenta-se que a utilização do imposto com o objetivo de induzir opções econômicas pode conduzir a um efeito altamente regressivo sobre pessoas com menor capacidade contributiva.

A incidência sobre a "produção, comercialização ou importação" potencialmente transforma em tributo o que deveria ser sobre o consumo do bem ou serviço, que onera todo o ciclo produtivo ou de aquisição. Nesse sentido, pode implicar numa incidência em cascata ao longo de diversas etapas, tornando o produto ou serviço final proibitivo o seu consumo.

Entende-se que deve haver reavaliação periódica (trienal) dos impactos do tributo, de modo a garantir a sua eficácia indutora, evitando-se tornar um custo adicional sobre bens e serviços.

> Art. 394. O Imposto Seletivo incidirá uma única vez sobre o bem, sendo vedado qualquer tipo de aproveitamento de crédito do imposto com operações anteriores ou geração de créditos para operações posteriores.
>
> Art. 395. Compete à RFB a administração e a fiscalização do Imposto Seletivo.
>
> Art. 396. O contencioso administrativo no âmbito do Imposto Seletivo atenderá ao disposto no Decreto nº 70.235, de 6 de março de 1972.

Fato Gerador
(art. 397)

I – a primeira comercialização; II – a arrematação em hasta pública; III – a transferência não onerosa de bem mineral extraído ou produzido; IV – a incorporação do bem ao ativo imobilizado; V – a exportação de bem mineral extraído ou produzido; ou VI – o consumo do bem produtor-extrativista ou fabricante.

Comentários

Considerando que no item 1 restringe-se a incidência à natureza da operação – "comercialização" – pode-se entender que não ocorreria a tributação a outras situações jurídicas e atividades relativas à industrialização, prestação, ou quaisquer outras saídas sem efetiva realização de negócio jurídico (mútuo, comodato, empréstimo, demonstração etc.).

Questionável a incidência na arrematação na medida em que o bem já tenha sido objeto de anterior comercialização, o que caracterizaria a realização de outro negócio jurídico.

Tendo em vista que a transferência significa mera circulação física – distinta de operação jurídica – pode ser objetada a incidência, em consonância com diretriz firmada no âmbito do ICMS (ARE nº 1.255.885, j. 14.08.20, Tema 1.099 de repercussão geral, e ADC 49, julgado em 19.04.21).

A ativação de bens (item IV) não teria condição jurídica de configurar fato imponível, uma vez que inexiste negócio jurídico e circulação operacional. A tributação do autoconsumo é injurídica porque carece de fundamento tributar-se circulação de natureza contábil.

Esse entendimento observa diretriz do STF no sentido de que não o ICMS sobre operações de integração, ao ativo fixo de empresa, de equipamentos de sua própria fabricação (RE nº 158.834-SP – Plenário – rel. Min. Sepúlveda Pertence – j. 23.10.02, *DJU* 1 de 05.09.03).

Não Incidência

Art. 398. Aplica-se:
I – imunidade do Imposto Seletivo para:
a) as exportações para o exterior dos bens de que trata o art. 393, ressalvado o disposto no inciso V do art. 397; e
b) as operações com energia elétrica e telecomunicações;
II – não incidência do Imposto Seletivo sobre:
a) os bens e serviços com redução de 60% (sessenta por cento) da alíquota padrão do IBS e da CBS nos regimes diferenciados de que trata o Capítulo III do Título IV do Livro I; e
b) os serviços de transporte público coletivo de passageiros rodoviário e metroviário de caráter urbano e metropolitano de que trata o Capítulo V do Título IV do Livro I.

Base de Cálculo
(Art. 399)
I – o valor de venda na comercialização;
II – o valor de arremate na arrematação;
III – o valor de referência na transação não onerosa ou no consumo do bem; ou
IV – o valor contábil de incorporação do bem ao ativo imobilizado;
(...)
§2º Ato do Chefe do Poder Executivo definirá a metodologia para o cálculo do valor de referência mencionado no inciso III do caput com base em cotações, índices ou preços vigentes na data do fato gerador, em bolsas de mercadorias e futuros, em agências de pesquisa ou em agências governamentais reconhecidas e confiáveis.

Art. 400. Na comercialização de bem sujeito à alíquota ad valorem, a base de cálculo é o valor integral cobrado nas operações a qualquer título, incluindo o valor correspondente a:
I – acréscimos decorrentes de ajuste do valor da operação;
II – juros, multas, acréscimos e encargos;

III – descontos concedidos sob condição;
IV valor do transporte cobrado como parte do valor da operação, seja o transporte efetuado pelo próprio fornecedor ou por sua conta e ordem;
V – tributos e preços públicos, inclusive tarifas, incidentes sobre a operação ou suportados pelo fornecedor, exceto aqueles previstos no art. 811; e
VI – demais importâncias cobradas ou recebidas como parte do valor da operação, inclusive seguros e taxas.

Art. 402. Não integram a base de cálculo do IS (I) o montante da CBS, do IBS e do próprio Imposto Seletivo incidente na operação; e (II) os descontos incondicionais.

Comentários

Não poderiam ser objeto de tributação todos os valores auferidos pelo contribuinte, devendo ser objeto de exclusão os descontos (condicionais e incondicionais), fretes, correção monetária, seguros, multas (contratuais, moratórias, fiscais, penais), juros de mora, acréscimos financeiros, tributos, preços públicos.

Mencionados valores não integram a efetiva remuneração das atividades de comercialização, consistindo em meros reembolsos, atualização de valores, ou elementos sujeitos a distintas tributações.

Alíquotas

O art. 404 dispõe que as alíquotas aplicáveis a determinados veículos serão estabelecidas em lei ordinária, tendo sido prevista (art. 405) a redução a zero.

O art. 405 preceitua que as alíquotas aplicáveis nas operações com os bens referidos no Anexo XVIII são aquelas previstas em lei ordinária.

Sujeição Passiva

Art. 408. O contribuinte do Imposto Seletivo é:
I – o fabricante, na primeira comercialização, na incorporação do bem ao ativo imobilizado, na tradição do bem em transação não onerosa e no consumo do bem;
II – o importador na entrada do bem de procedência estrangeira no território nacional;
III – o arrematante na arrematação; ou
IV – o produtor-extrativista que realiza a extração, na primeira comercialização, no consumo, na transação não onerosa ou na exportação do bem".
O art. 409 trata dos responsáveis ao pagamento do imposto (transportador, possuidor ou detentor etc.).
O art. 410 cuida da não incidência no fornecimento de bens com o fim específico de exportação a empresa comercial exportadora que atenda ao disposto no caput e nos §§1º e 2º do art. 81.

Comentários

Questionável a sujeição passiva na incorporação do bem, não só porque não se representa efetiva operação jurídica, mas porque pode nem ser realizada pelo fabricante, mas por terceiro adquirente.

Pena de perdimento (art. 412) será aplicada nas hipóteses de transporte, depósito ou exposição à venda dos produtos fumígenos relacionados no Anexo XVIII desacompanhados de documentação fiscal comprobatória de sua procedência, sem prejuízo da cobrança do Imposto Seletivo devido.

Comentários

O perdimento de bens (mercadoria e veículo) constituira sanção tributária prevista na legislação aduaneira (Decreto federal 6.759, de 05.02.09, arts. 689 a 670), em diversas hipóteses que configurarem dano ao Erário. Este procedimento ensejara ações judiciais calcadas nas inconstitucionalidades do DL nº 1.455/76.

A CF/88 não contém preceito específico sobre o "perdimento de bens por danos causados ao erário", a exemplo do que dispunha a Constituição anterior (art. 153, §11). Estabelece (art. 5º) um elenco significativo de direitos e garantias individuais, dispondo que "ninguém será privado da liberdade ou de seus bens sem o devido processo legal" (inciso LIV), e, face do que sua aplicação somente poderia ser promovida pelo Judiciário, em caso de condenação criminal (inciso LXV, b).

Apenas se encontra prevista a decretação da pena de perdimento de bens, nos termos da lei, em situações concernentes à pena criminal, que constitui matéria distinta da alfandegária e tributária

Apuração e Pagamento

O período de apuração do imposto é mensal (art. 413), podendo ser reduzido por regulamento, que também estabelecerá (art. 414) o prazo para conclusão da apuração e a data de vencimento. A apuração relativa ao imposto deverá consolidar as operações por todos os estabelecimentos do contribuinte.

O imposto será pago mediante recolhimento do montante devido pelo sujeito passivo, e será centralizado em um único estabelecimento, na forma do regulamento (arts. 416 e 417).

Importações

O art. 418 dispõe que o Imposto Seletivo incide sobre a importação dos bens de que trata o art. 393", aplicando, no que couber as disposições do Capítulo IV do Título I do Livro I, inclusive no que se referirem à não incidência e à isenção (art. 419), não se aplicando ao IS (parágrafo único):

I – disposições relativas a bens imateriais e serviços;

II – disposições sobre bens não referidos no art. 393;

III – disposições relativas ao local da importação de bens materiais; e

IV – disposição relativa à inclusão do Imposto Seletivo na base de cálculo da importação de bens materiais.

IMPOSTOS ESTADUAIS

19.1 Imposto sobre Transmissão *Causa Mortis* e Doação, de Quaisquer Bens ou Direitos

A CF outorga competência à lei complementar (art. 155, §1º, I) para regular os impostos a) se o doador tiver domicílio ou residência no exterior; e b) se o *de cujus* possuía bens, era residente ou domiciliado ou teve o seu inventário processado no exterior. Além disso, também confere à lei complementar (art. 146, III, *a*) competência para estabelecer normas gerais em matéria de legislação tributária, especialmente sobre os fatos geradores, bases de cálculo e contribuintes dos impostos.

Embora o CTN tenha *status* de lei complementar, não regula as transmissões de bens e direitos móveis, porque à época de sua entrada em vigor (1966) não existia previsão constitucional.

Entretanto, considerando os princípios federativo e republicano, fora entendido que, "não existindo lei complementar dispondo sobre normas gerais para os impostos sobre transmissão *causa mortis* e doação de bens móveis, os Estados-membros e o Distrito Federal podem legislar, por serem detentores da competência impositiva e também em razão da autorização contida no art. 34, §§3º, 4º e 5º do ADCT e no art. 24, e parágrafos da CF".[367]

Inexistindo lei complementar dispondo sobre os aspectos nucleares dos impostos, as legislações ordinárias nem sempre observam uma idêntica estrutura tributária, razão pela qual – em termos didáticos – torna-se adequado mencionar determinados diplomas jurídicos (no caso as Lei estadual nº 10.705, de 28.12.00, com alterações; regulamentadas pelo Decreto nº 46.655, de 1º.04.02, de São Paulo).

---

[367] FERNANDES, Regina Celi Pedrotti Vespero. *Imposto sobre Transmissão Causa Mortis e Doação – ITCMD*. São Paulo: RT, 2002. p. 59-60.

19.1.1 Materialidade

O imposto (ITCMD) incide sobre a transmissão de qualquer bem ou direito I) havido por sucessão legítima ou testamentária, inclusive a sucessão provisória; II) por doação; ocorrendo tantos fatos geradores distintos quantos forem os herdeiros, legatários ou donatários.

Compreende-se no item I a transmissão de bem ou direito por qualquer título sucessório, inclusive o fideicomisso. A legítima dos herdeiros, ainda que gravada, e a doação com encargo sujeitam-se ao imposto como se não o fossem.

Enfatiza que a abertura da sucessão é o ponto de partida de todo o fenômeno hereditário. É começar o fato sucessório. O elemento essencial de toda a disciplina jurídica da transmissão por morte é o próprio fato da sucessão, enquanto continuação nos sucessores das relações jurídicas que compõem o patrimônio do falecido.

Causa Mortis. O fato gerador do imposto dá-se com a transmissão da propriedade ou de quaisquer bens e direitos, e ocorre no momento do óbito. Aplica-se a lei vigente à época da sucessão, afastando-se o artigo 106 do CTN (STJ, REsp nº 628.715-SP, 2ª Turma, rel. Min. Castro Meira, j. 11.10.05, *DJU* 1 de 07.11.05, p. 203).

A incidência compreende os bens que, na divisão de patrimônio comum, na partilha ou adjudicação, forem atribuídos a um dos cônjuges, a um dos conviventes, ou a qualquer herdeiro, acima da respectiva meação ou quinhão.

Também se sujeita ao imposto a transmissão de:

I – qualquer título ou direito representativo do patrimônio ou capital de sociedade e companhia, tais como ação, quota, quinhão, participação civil ou comercial, nacional ou estrangeira, bem como direitos societários, debênture, dividendo e crédito de qualquer natureza;

II – dinheiro, haver monetário em moeda nacional ou estrangeira e título que a represente, depósito bancário e crédito em conta-corrente, depósito em caderneta de poupança e a prazo fixo, quota ou participação em fundo mútuo de ações, de renda fixa, de curto prazo, e qualquer outra aplicação financeira e de risco, seja qual for o prazo e a forma de garantia;

III – bem incorpóreo em geral, inclusive título e crédito que o represente, qualquer direito ou ação que tenha de ser exercido e direitos autorais.

O imposto *não incide* na renúncia pura e simples de herança ou legado; sobre o fruto e rendimento do bem do espólio havidos após o falecimento do autor da herança ou legado; sobre a importância deixada ao testamenteiro, a título de prêmio ou remuneração, até o limite legal; a consolidação da propriedade plena na pessoa do nu-proprietário, pela extinção do usufruto, quando o imposto respectivo houver sido pago sobre a integralidade do bem, na ocasião de sua inscrição; sobre bens imóveis adquiridos pelo cônjuge supérstite em data bem anterior ao casamento, ainda levados a registro na constância deste, por não terem adentrado no patrimônio da esposa falecida.

O STJ decidira o seguinte:

> Tributário. Imposto de transmissão *causa mortis*. Imóvel alienado pelo *de cujus* mediante promessa de compra e venda.
> 1. No direito brasileiro somente a transmissão transfere juridicamente a propriedade. A promessa particular de compra e venda não transfere o domínio senão quando devidamente registrada.

2. O imposto de transmissão *mortis causa*, entretanto, findo o enfoque eminentemente civil, grava o benefício econômico deixado aos herdeiros, guiando-se pelo critério do fenômeno econômico.
3. Imóvel vendido por compromisso de compra e venda não registrado, com pagamento do preço fixado pelo *de cujus*, não gera imposto de transmissão *mortis causa*.
(REsp nº 177.453-MG, 2ª Turma, rel. Min. Eliana Calmon, j. 03.04.01, *DJU* 1 de 27.08.01)

Continua válida a Súmula nº 114 do STF dispondo que "o imposto de transmissão *causa mortis* não é exigível antes da homologação do cálculo".

A homologação judicial da avaliação constitui ato imprescindível para a fixação do valor do bem ou direito, objeto da transmissão hereditária, como elemento integrante e necessário para a apuração e quitação do imposto.

Compreende o julgamento do cálculo do imposto (art. 638, §2º, do novo CPC de 2015), sendo preceituado (art. 654 do novo CPC de 2015) que, pago o imposto de transmissão, a título de morte, e juntada aos autos a certidão ou informação negativa de dívida com a Fazenda Pública, o juiz julgará por sentença a partilha.

A existência de dívida com a Fazenda Pública não impedirá o julgamento da partilha, desde que o seu pagamento esteja devidamente garantido (parágrafo único, do art. 654, do novo CPC de 2015).

O CTN (art. 192) estabelece que nenhuma sentença de julgamento de partilha, ou adjudicação, será proferida sem prova da quitação de todos os tributos relativos aos bens do espólio, ou das suas rendas. Por conseguinte, resulta o entendimento de que somente após o trânsito em julgado e a homologação do cálculo do imposto é que poderá ser exigido o pagamento do imposto.

Por conseguinte, resulta o entendimento de que somente após o trânsito em julgado da homologação do cálculo do imposto é que poderá ser exigido o pagamento do imposto.

Poder-se-ia sustentar até que, em certa medida, se está diante de um ato de lançamento tributário a cargo do juiz, o que, se confirmado, terá o condão de lançar sombras sobre a competência privativa da autoridade administrativa a que alude o art. 142 do CTN.

Doação. Relativamente ao item II, aplicam-se os conceitos de Direito Privado, tendo o Código Civil (art. 538) estabelecido como *doação* "o contrato em que uma pessoa, por liberalidade, transfere do seu patrimônio bens ou vantagens para o de outro".

Como o imposto incide sobre a "transmissão (gratuita) de qualquer bem ou direito", é imprescindível que ocorra a mudança (jurídica) de sua titularidade, da pessoa do doador para o donatário, com espírito de liberalidade, com efetivo *animus donandi*, mediante o empobrecimento do doador, e o enriquecimento patrimonial do donatário.

Na doação de *bens imóveis*, o fato gerador somente ocorrerá no momento da efetiva transcrição realizada no Registro de Imóveis, sendo impertinente o preceito que determine o recolhimento antes da celebração da respectiva escritura pública.

No que concerne aos *bens móveis ou direitos*, somente poderá ser considerada a transmissão mediante sua tradição (física, escritural etc.); e, se for o caso, com o respectivo registro (veículos no Departamento de Trânsito, Capitania dos Portos etc.; quotas de capital, ou ações, na Junta Comercial ou Registro de Títulos e Documentos).

Também caracteriza doação a liberação de dívida, gastos por conta de outra pessoa e liberação do devedor resultante de prescrição.

O espírito de liberalidade constitui a nota característica da doação, o que não se verifica se o benefício decorre do adimplemento de obrigação jurídica (contraprestação de serviços, fornecimento de bens etc.), recompensas (atendimento gratuito por médico da família), ou cumprimento de dever moral e social (gratificação em razão de benefícios).

A doação feita em contemplação do merecimento do donatário não perde o caráter de liberalidade, como não o perde a doação remuneratória, ou gravada, no excedente, ou ao encargo exigido (art. 540 do Código Civil). Não desnatura a doação a desproporcionalidade, a maior, existente entre a importância doada e o valor normal dos serviços.

Na "doação modal" – em que uma pessoa doa a outra os recursos para adquirir um imóvel – a compra é realizada diretamente no nome da pessoa beneficiária (donatário). Nesta situação, incidirão dois tributos, o ITCMD (doação) e o ITBI (compra e venda do bem imóvel).

Os *alimentos* representam valores imprescindíveis para a satisfação das necessidades vitais de quem não tem condição de sustentar-se, sendo destinados ao vestuário, habitação, saúde, lazer, instrução e alimentação. A relação do doador com o beneficiário pode decorrer de vínculo familiar (parentesco, filho maior), como pertinente à caridade (pobres), e obrigação legal ou judicial (pensão alimentícia ao ex-cônjuge).

A Constituição Federal preceitua que "os pais têm o dever de assistir, criar e educar os filhos menores, e os filhos maiores têm o dever de ajudar e amparar os pais na velhice, carência ou enfermidade" (art. 229); e que "a família, a sociedade e o Estado têm o dever de amparar as pessoas idosas, assegurando sua participação na comunidade, defendendo sua dignidade e bem-estar e garantindo-lhes o direito à vida" (art. 230).

O direito aos alimentos também é previsto em diversos dispositivos do Código Civil (arts. 1.694 a 1.707).

O Código Civil dispõe que "(...) podem os parentes, os cônjuges ou companheiros pedir uns aos outros os alimentos de que necessitem para viver de modo compatível com a sua condição social, inclusive para atender às necessidades de sua educação" (art. 1.694); "são devidos os alimentos quando quem os pretende não tem bens suficientes, nem pode prover, pelo seu trabalho, a própria mantença, e aquele, de que se reclamam, pode fornecê-los, sem desfalque do necessário ao seu sustento" (art. 1.695); "o direito à prestação de alimentos é recíproco entre pais e filhos, e extensivo a todos os ascendentes, recaindo a obrigação nos mais próximos em grau, uns em falta de outros" (art. 1.696); "se, fixados os alimentos, sobrevier mudança na situação financeira de quem os supre, ou na de quem os recebe, poderá o interessado reclamar ao juiz, conforme as circunstâncias, exoneração, redução ou majoração do encargo" (art. 1.699).

O quadro normativo apontado permite inferir os *pressupostos* essenciais aos *alimentos*, como existência de companheirismo, vínculo de parentesco ou conjugal entre alimentando e alimentante; necessidade do alimentando; possibilidade econômica do alimentante; proporcionalidade, na sua fixação, entre as necessidades do alimentado e os recursos econômico-financeiros do alimentante; e com as *características* seguintes: direito personalíssimo; transmissível aos herdeiros do devedor; incessível em relação ao credor; irrenunciável; imprescritível; impenhorável; incompensável; intransacionável; atual e irrestituível.[368]

---

[368] DINIZ, Maria Helena. *Curso de Direito Civil Brasileiro*. 18. ed. São Paulo: Saraiva, 2002. p. 487.

Embora os alimentos revistam características semelhantes à doação – ato gratuito com empobrecimento do doador e enriquecimento do donatário – não se pode cogitar de uma autêntica liberalidade, porque decorre de imposição legal (pátrio poder), princípio da solidariedade familiar (filhos maiores ou familiares carentes), ou social (idosos e pobres).

Relativamente aos filhos menores, constituem *dever de sustento* (fisionomia assemelhada aos alimentos) de todos os bens e verbas necessárias, e adequadas, para permitir a sua manutenção, atendidas as necessidades mencionadas; sendo ponderável conceber que, numa família rica, a educação de filhos seja proporcionada em escolas em que as mensalidades são elevadas ou cursos no exterior; mediante o fornecimento de veículos mais possantes etc., tendo em vista a disponibilidade de recursos e a posição social.

No tocante aos filhos maiores, deixaria de manter-se a obrigação alimentar que, no entanto, pode permanecer no caso de não ter economia própria, desde que tal sustento atenda aos parâmetros de necessidade e razoabilidade.

É evidente que a transmissão de vários imóveis a um mesmo filho pode ter o efeito de extrapolar as necessidades vitais básicas, desnaturar a característica alimentar, tipificando doação.

No que concerne aos *alimentos* entre cônjuges e parentes, decorre das necessidades vitais mínimas; no que tange àqueles fixados judicialmente, presume-se a natureza alimentar passível de alteração (majoração ou minoração), condicionada às variações das capacidades e contingências econômicas e financeiras das partes, o mesmo ocorrendo com relação aos pobres, em que também deverá haver moderação.

Na separação judicial, a legalização dos bens da meação não está sujeita à tributação. Em havendo a entrega a um dos cônjuges de bens de valores superiores à meação, sem indícios de compensação pecuniária, entende-se que ocorreu *doação*, passando a incidir o Imposto de Transmissão por Doação sobre valor que ultrapassar a meação, de competência dos Estados (art. 155, I, da CF), consoante julgado do STJ (REsp nº 723.587-RJ, 2ª Tuma, rel. Min. Eliana Calmon, j. 05.05.05, *DJU* 1 de 06.06.05, p. 300).

No âmbito de *não incidência* do imposto, considera-se a situação seguinte:

> Inventário – Herdeiros que informam as doações que o pai fez em vida (adiantamentos de legítimas) para, a partir de seus efeitos, apresentarem plano de partilha proporcional sobre os bens que remanescem –Hipótese de partilha justa ou equânime que se fez em vida (art. 1.776 do CC), inviabilizando a tese de que caberá recolher imposto *causa mortis* também sobre o valor dos bens doados –Bitributação inadmissível. Provimento.
> (TJSP, 3ª Câmara de Direito Privado, rel. Ênio Santarelli Zuliane, j. 03.12.02, *DJSP* 1 de 28.01.03, p. 36)

Não é devido o imposto de doação sobre extinção de fideicomisso, sob pena de ocorrência de bitributação, uma vez que, ao ser extinto o fideicomisso não há transmissão de propriedade.
(REsp nº 1.004.707-RJ, 1ª Turma, rel. Min. José Delgado, j. 27.05.08, *DJe* de 23.06.08)

19.1.2 Sujeito ativo

O imposto é de competência dos Estados e do Distrito Federal (art. 155, I, e §1º, I a III, da CF), cuja titularidade alcança operações realizadas fora dos seus limites territoriais, a saber:

I – relativamente a bens imóveis e respectivos direitos, compete ao Estado da situação do bem, ou ao Distrito Federal;
II – relativamente a bens móveis, títulos e créditos, compete ao Estado onde se processar o inventário ou arrolamento, ou tiver domicílio o doador, ou ao Distrito Federal;
III – terá a competência para sua instituição regulada por lei complementar:
a) se o doador tiver domicílio ou residência no exterior:
b) se o *de cujus* possuía bens, era residente ou domiciliado ou teve o seu inventário processado no exterior.

Neste sentido, a referida legislação estadual dispôs o seguinte:
I – a transmissão de propriedade ou domínio útil de bem imóvel e de direito a ele relativo, situado no Estado, sujeita-se ao imposto, ainda que o *respectivo inventário ou arrolamento seja processado em outro Estado,* no Distrito Federal ou no exterior; e, no caso de doação, ainda que doador, donatário ou ambos não tenham domicílio ou residência neste Estado.
II – o imposto é devido nas hipóteses abaixo especificadas, sempre que o doador residir ou tiver *domicílio no exterior,* e, no caso de morte, se o *de cujus* possuía bens, era residente ou teve seu inventário processado fora do país:
II.1 – sendo corpóreo o bem transmitido, quando se encontrar no exterior e o herdeiro, legatário ou donatário tiver domicílio neste Estado;
II.2 – sendo incorpóreo o bem transmitido:
a) quando o ato de sua transferência ou liquidação ocorrer neste Estado;
b) quando o ato referido na alínea anterior ocorrer no exterior e o herdeiro, legatário ou donatário tiver domicílio neste Estado.
No tocante a esta última situação, o STF decidira o seguinte:

Recurso extraordinário. Repercussão geral. Tributário. Competência suplementar dos estados e do Distrito Federal. Artigo 146, III, a, CF. Normas gerais em matéria de legislação tributária. Artigo 155, I, CF. ITCMD. Transmissão *causa mortis*. Doação. Artigo 155, §1º, III, CF. Definição de competência. Elemento relevante de conexão com o exterior. Necessidade de edição de lei complementar. Impossibilidade de os estados e o Distrito Federal legislarem supletivamente na ausência da lei complementar definidora da competência tributária das unidades federativas.
(...)
2. Ao tratar do ITCMD, o texto constitucional já fornece certas regras para a definição da competência tributária das unidades federadas (estados e Distrito Federal), determinando basicamente duas regras de competência, de acordo com a natureza dos bens e direitos: é competente a unidade federada em que está situado o bem, se imóvel; é competente a unidade federada onde se processar o inventário ou arrolamento ou onde tiver domicílio o doador, relativamente a bens móveis, títulos e créditos.
(...)
5. Prescinde a lei complementar a instituição do imposto sobre transmissão causa mortis e doação de bens imóveis – e respectivos direitos –, móveis, títulos e créditos no contexto nacional. Já nas hipóteses em que há um elemento relevante de conexão com o exterior, a Constituição exige lei complementar para se estabelecerem os elementos de conexão e fixar a qual unidade federada caberá o imposto.
6. O art. 4º da Lei paulista nº 10.705/00 deve ser entendido, em particular, como de eficácia contida, pois ele depende de lei complementar para operar seus efeitos. Antes da edição da referida lei complementar, descabe a exigência do ITCMD a que se refere aquele artigo,

visto que os estados não dispõem de competência legislativa em matéria tributária para suprir a ausência de lei complementar nacional exigida pelo art. 155, §1º, inciso III, CF. A lei complementar referida não tem o sentido único de norma geral ou diretriz, mas de diploma necessário á fixação nacional da exata competência dos estados.
(...)
8. Tese de repercussão geral:
"É vedado aos estados e ao Distrito Federal instituir o ITCMD nas hipóteses referidas no art. 155, §1º, III, da Constituição Federal sem a edição da lei complementar exigida pelo referido dispositivo constitucional".
9. Modulam-se os efeitos da decisão, atribuindo a eles eficácia ex nunc, a contar da publicação do acórdão em questão, ressalvando as ações judiciais pendentes de conclusão até o mesmo momento, nas quais se discuta: (1) a qual estado o contribuinte deve efetuar o pagamento do ITCMD, considerando a ocorrência de bitributação; e (2) a validade da cobrança desse imposto, não tendo sido pago anteriormente.
(RE nº 851108-SP – Plenário – rel. Min. Dias Toffoli – sessão de 1º.03.21)

Em âmbito de dois embargos declaratórios fora decidido o seguinte:

1. Exceto quanto aos itens (1) e (2) da ressalva quanto à modulação dos efeitos da decisão, verifica-se não haver omissão, contradição, obscuridade ou erro material no acórdão embargado.
2. O caráter dos citados itens é alternativo, e não cumulativo. Faltaria equidade à decisão embargada se nela fossem ressalvadas da modulação de seus efeitos apenas as ações judiciais que preencheram ambas as condições mencionadas naqueles itens, deixando-se de fora dessa ressalva aquelas ações que preencheram somente a condição do item (1) ou somente a condição do item (2).
3. Embargos de declaração parcialmente acolhidos, sanando-se a obscuridade em questão.
(Segundos Emb. Decl. no RE nº 851.108-SP – Plenário – rel. Min. Dias Toffoli – sessão de 08.09.21)

19.1.3 Contribuintes e responsáveis

São *contribuintes* do imposto:
I – na transmissão *causa mortis*: o herdeiro ou o legatário;
II – no fideicomisso: o fiduciário;
III – na doação: o donatário;
IV – na cessão de herança ou de bem ou direito a título não oneroso: o cessionário.
No caso do inciso III, se o donatário não residir nem for domiciliado no Estado, o contribuinte será o doador.
No caso de impossibilidade de exigência de cumprimento da obrigação pelo contribuinte, respondem solidariamente com este nos atos em que intervierem ou pelas omissões de que forem responsáveis:
I – o tabelião, escrivão e demais serventuários de ofício, em relação aos atos tributáveis praticados por eles ou perante eles, em razão de seu ofício;
II – a empresa, instituição financeira e bancária e todo aquele a quem couber a responsabilidade do registro ou a prática do ato que implique a transmissão de bem móvel ou imóvel e respectivo direito e ação;

III – o doador, o cedente de bem ou direito, e, no caso de não residir e nem for domiciliado no Estado, o responsável será o donatário;
IV – qualquer pessoa física ou jurídica que detiver o bem transmitido ou estiver na sua posse;
V – os pais, pelos tributos devidos pelos seus filhos menores;
VI – os tutores e curadores, pelos tributos devidos pelos seus tutelados ou curatelados;
VII – os administradores de bens de terceiros, pelos tributos devidos por estes;
VIII – o inventariante, pelos tributos devidos pelo espólio.

Não se aplica o ITCMD nos bens pertencentes à viúva meeira, pois ela não é herdeira, incidente o imposto somente sobre a meação partilhável. Se o tributo fosse devido, correto seria cobrá-lo da herdeira (STJ, AgRg no REsp nº 821.904-DF, 2ª Turma, rel. Min. Herman Benjamin, j. 03.09.09, DJe de 11.09.09).

19.1.4 Base de cálculo

É o *valor venal* do bem ou direito transmitido, expresso em moeda nacional ou em Unidades Fiscais do Estado (Ufesp, em São Paulo), considerando-se o valor de mercado do bem ou direito na data da abertura da sucessão, ou da realização do ato ou contrato de doação.

A lei estabelece reduções em transmissões não onerosas de domínio útil e direito; de usufruto, e de nua-propriedade não onerosa.

O valor do bem ou direito na transmissão *causa mortis* é o atribuído na avaliação judicial e homologado pelo Juiz. Se não couber ou for prescindível a avaliação, o valor será o declarado pelo inventariante, desde que haja expressa anuência da Fazenda, ou o proposto por esta e aceito pelos herdeiros, seguido, em ambos os casos, da homologação judicial.

Na hipótese de avaliação judicial ou administrativa, será considerado o valor do bem ou direito na data da sua realização, aplicando-se, no que couber, às demais partilhas ou divisões de bens sujeitas a processo judicial das quais resultem atos tributáveis.

No cálculo do imposto não serão abatidas quaisquer dívidas que onerem o bem transmitido, nem as do espólio.

Bem imóvel: o valor da base de cálculo não será inferior: I) em se tratando de imóvel urbano ou direito a ele relativo, ao fixado para o lançamento do IPTU; II) em se tratando de imóvel rural ou direito a ele relativo, ao valor total do imóvel declarado para efeito de lançamento do ITR.

Bens móveis e direitos: valor corrente de mercado do bem, título, crédito ou direito, na data da transmissão ou do ato translativo. À falta desse valor, admitir-se-á o que for declarado pelo interessado, ressalvada a revisão do lançamento pela autoridade competente.

Veículos: informações contidas em publicações especializadas.

Ações representativas do capital de sociedade: o valor é determinado de conformidade com a cotação média alcançada em bolsa de valores, nos últimos 30 dias anteriores à ocorrência da transmissão.

Nos casos em que a ação, quota, participação ou qualquer título representativo do capital social não for objeto de negociação, admitir-se-á o respectivo valor patrimonial.

Ação, quota social ou participação em empresas de capital fechado: a base de cálculo corresponderá aos valores das quotas ou quinhões de capital apurados por meio do balanço patrimonial da empresa relativo ao exercício anterior ao da data do óbito. Referido valor é obtido mediante a divisão do valor do patrimônio líquido pelo número de ações, quotas ou participação que compõem o patrimônio da empresa.

Seguro de vida e previdência complementar (VGBL e PGBL): os seguros estão excluídos da incidência tributária, porque o seu recebimento ocorre após a morte do titular do direito. Assim, em princípio, não há necessidade de serem inventariados os valores decorrentes de seguro, salvo situações excepcionais decorrentes do questionamento de sua natureza jurídica.

Consórcio: o valor das parcelas pagas antes da abertura da sucessão; mas, se o autor da herança houver sido contemplado, a base de cálculo deverá corresponder ao valor integral do consórcio.

Alienação Fiduciária em Garantia: no contrato, a propriedade do Banco é resolúvel, sendo que, até a quitação do preço, o devedor alienante (falecido) é mero possuidor do bem (depositário), nos termos do art. 1.363 do CC. O que se transmite aos herdeiros são direitos decorrentes do contrato, constituídos pelos valores já quitados até aquela data, e não a propriedade do bem, detida pela financeira, ainda que resolúvel.

O valor da base de cálculo é considerado na data da abertura da sucessão, do contrato de doação ou da avaliação, devendo ser atualizado monetariamente segundo a variação dos índices oficiais, até a data do pagamento do imposto.

Continua válida a Súmula nº 115 do STF dispondo que "sobre os honorários de advogado contratado pelo inventariante, com a homologação do juiz, não incide o imposto de transmissão *causa mortis*".

No processo de inventário deve constar a relação completa e individualizada de todos os bens do espólio, e dos alheios que nele forem encontrados, tais como imóveis, móveis, semoventes, dinheiro, joias, títulos, bem como as dívidas ativas e passivas, direitos e ações (art. 620, IV do novo CPC de 2015).

O imposto incide sobre a transmissão do patrimônio hereditário (bens pertencentes ao *de cujus*); não alcançando as despesas geradas com o curso do inventário, porque não se tratam de bens transmitidos.

O inventariante é o administrador da herança (CC, art. 1.797), a quem incumbe praticar atos de natureza variada, tais como representar o espólio ativa e passivamente em juízo ou fora dele, promover alienação de bens, fazer despesas necessárias, pagar dívidas do espólio (art. 681, I; art. 619, I e III, do novo CPC de 2015), especialmente os honorários devidos a advogado contratado para o patrocínio no processo de inventário.

A Súmula nº 113 ("o imposto de transmissão *causa mortis* é calculado sobre o valor dos bens na data da avaliação") encontra-se superada.

Fundamentara-se nos arts. 483 e 499 do CPC (de 1973), revogados pelos arts. 1.003 a 1.013 do CPC (de 1973), que tratam da avaliação e cálculo do imposto, tendo o art. 38 do CTN estabelecido que a base de cálculo do imposto é o valor venal dos bens ou direitos transmitidos.

O STJ demonstra que, apesar da diretriz contida na Súmula, a jurisprudência posterior do STF assentou ser possível a fixação de tal momento na data da transmissão dos bens (REsp nº 15.071-0-RJ, 2ª Turma, rel. Min. José de Jesus Filho, j. 05.09.94, *DJU* 1 de 10.10.94).

Para tanto, apoiara-se em julgados do STF que entenderam que a Súmula nº 113 (expedida em 1962) é anterior à lei da correção monetária (1964), pelo que o objetivo a que ela visava, de evitar distorções prejudiciais ao Fisco, encontrava-se atendido com a aplicação da correção monetária. Assim, se antes não interessava ao contribuinte pagar a Fazenda prontamente o imposto que era devido, mas com a correção monetária, a distorção foi evitada (RE nº 97.459, 2ª Turma, rel. Min. Aldir Passarinho, j. 1º.10.82, *DJU* 1 de 12.11.02. No mesmo sentido o RE nº 102.903-0-RJ, rel. Min. Néri da Silveira, j. 04.03.88, *DJU* 1 de 08.09.89).

Não teria mesmo sentido considerar elementos integrantes do imposto em dois momentos distintos, ou seja, a alíquota fixada na data da abertura da sucessão (Súmula nº 112), e a base de cálculo apurada em fase posterior, com a avaliação dos bens (Súmula nº 113).

Permanece válida a Súmula nº 509 do STF, estabelecendo que "calcula-se o imposto de transmissão *causa mortis* sobre o saldo credor da promessa de compra e venda de imóvel, no momento da abertura da sucessão do promitente vendedor".

O STJ decidiu que "fazendo-se a apuração de haveres nos próprios autos do inventário, sem a participação dos sócios remanescentes, apenas interessa aos herdeiros e à meeira. Terceiros não podem dela valer-se como se constituísse título líquido e certo" (REsp nº 5.780-SP, 3ª Turma, rel. Min. Claudio Santos, j. 05.03.91, *DJU* 1 de 15.04.91, p. 4.299).

Se todos forem capazes e concordes, o inventário e a partilha poderão ser feitos por escritura pública, a qual constituirá documento hábil para qualquer ato de registro, bem como para levantamento de importância depositada em instituições financeiras. O tabelião somente lavrará a escritura pública se todas as partes interessadas estiverem assistidas por advogado ou por defensor público, cuja qualificação e assinatura constarão do ato notarial (art. 610, §§1º e 2º do novo CPC de 2015), os Estados e DF podem exigir que, antes da lavratura da escritura pública, devem ser apresentados no Posto Fiscal da área da localização do tabelião eleito para a realização do ato os demonstrativos do ITCMD e a guia de recolhimento.

19.1.5 Alíquota

A alíquota máxima será de 8% (oito por cento), a partir de 1º.01.92 (inciso IV do art. 155, CF; e Resolução nº 9, de 05.05.92, do Senado Federal).

A *progressividade* fora considerada legítima consoante diretriz firmada pelo STF:

> Recurso Extraordinário. Tributário. Lei Estadual: Progressividade de Alíquota do Imposto sobre Transmissão *Causa Mortis* e Doação de Bens e Direitos. Constitucionalidade. Art. 145, §1º, da Constituição da República. Princípio da Igualdade Material Tributária. Observância da Capacidade Contributiva. Recurso Extraordinário Provido.
> (RE nº 562.045 – Rio Grande do Sul – Plenário – rel. p/acórdão Min. Cármen Lúcia – j. 06.02.13 – *DJe* 26.11.03)

Examinou-se a distinção entre impostos de natureza real (que não consideram as condições particulares dos contribuintes), e o de natureza pessoal (em que são sopesadas as qualidades individuais dos sujeitos passivos para a graduação do tributo). A dosagem da exação, nos reais, dá-se com base em critérios objetivos.

Fora assinalado que a progressividade melhor se evidencia nos tributos pessoais, ao menos do ponto de vista da proporcionalidade e razoabilidade da exação.

Ponderou-se que não se pode afirmar quanto à capacidade econômica daquele que recebe uma herança, um legado ou uma doação, ainda que de grande valor, apenas em razão de tal circunstância. É possível que haja, em certos casos, um incremento em seu patrimônio, mas não se mostra razoável chegar-se a qualquer conclusão quanto à respectiva condição financeira apenas por presunção.

Por vezes, uma pessoa abastada herda algo de pequeno valor, ao passo que alguém de posses modestas é aquinhoado com bens de considerável expressão econômica. Há casos em que as dívidas do herdeiro superam, em muito, o próprio valor dos bens herdados.

Não são raras as situações em que os processos de inventário ficam paralisados durante longo tempo, porque os herdeiros não têm condições de saldar os impostos que incidem sobre a herança, vendo-se obrigados a desfazer-se de algum bem ou direito para cumprir suas obrigações relativamente ao Fisco.

O mesmo ocorre na doação, em que a obrigação tributária pode recair tanto sobre o doador, quanto sobre o donatário. Na primeira hipótese, o doador sofre uma dupla diminuição em seu patrimônio, seja pela perda de um valor que o integrava, seja pelo próprio recolhimento do tributo.

Assim, se fosse possível aferir a capacidade econômica simplesmente pelo valor dos bens ou direitos transmitidos no caso do ITCMD, não haveria qualquer razão para obstar a progressividade de outros impostos de natureza real.

Nesse passo, o constituinte admite a progressividade para alguns impostos reais (ITR, art. 153, §4º; e, IPTU, art. 156, §1º, I, e 182, §4º), conforme voto do Min. Ricardo Lewandowski.

Tratando-se de ITCMD, fora observado que a Magna Lei não possui condição semelhante à que havia em relação à progressividade do IPTU, antes da EC nº 29/00. Daí que a norma geral do §1º, do art. 145, passa a incidir pelo modo mais desembaraçado para, naturalmente, admitir a progressividade das alíquotas "*segundo a capacidade econômica do contribuinte*". No âmbito do ITCMD não há e nunca houve necessidade de emenda constitucional para que o imposto fosse progressivo (voto do Min. Ayres Brito).

Em razão da análise do imposto em comento, assinalou-se que permite mais do que uma simples presunção indireta de capacidade contributiva do contribuinte. Não se trata de um tributo que incida sobre a propriedade de um bem, de característica estática e dissociada da situação do contribuinte ou que tome qualquer outra realidade econômica de modo isolado.

Nesse sentido, o imposto *causa mortis* é devido pelo beneficiário ou recebedor do bem ou direito transmitido por ocasião do direto e necessário acréscimo patrimonial que a transmissão implica. Não se trata de um típico imposto de caráter real, mas, um imposto que revela efetiva capacidade contributiva de quem percebe a transferência patrimonial (voto da Min. Ellen Gracie).

19.1.6 EC nº 132/23

A Emenda Constitucional nº 132, promulgada em 20.12.23, inseriu novos dispositivos no texto constitucional, a saber:

> (Art. 155)
> (...)
> II – relativamente aos bens móveis, títulos e créditos, compete ao Estado onde era domiciliado o *de cujus*, ou tiver domicílio o doador, ou ao Distrito Federal;
> (...);
> IV – será progressivo em razão do valor do quinhão, do legado ou da doação.
> VII – não incidirá sobre as transmissões e as doações para as instituições sem fins lucrativos com finalidade de relevância pública e social, inclusive as organizações religiosas e institutos científicos e tecnológicos, e por elas realizadas na consecução dos seus objetivos sociais, observadas as condições estabelecidas em lei complementar.
>
> Art. 16 (Ato das Disposições Transitórias).
> Até que lei complementar regule o disposto no art. 155, §1º, III, da Constituição Federal, o imposto incidente nas hipóteses de que trata o referido dispositivo competirá:
> I – relativamente a bens imóveis e respectivos direitos, ao Estado da situação do bem, ou ao Distrito Federal;
> II – se o doador tiver domicílio ou residência no exterior:
> a) ao Estado onde tiver domicílio o donatário ou ao Distrito Federal;
> b) se o donatário tiver domicílio ou residir no exterior, ao Estado em que se encontrar o bem ou ao Distrito Federal;
> III – relativamente aos bens do *de cujus*, ainda que situados no exterior, ao Estado onde era domiciliado, ou, se domiciliado ou residente no exterior, onde tiver domicílio o sucessor ou legatário, ou ao Distrito Federal.
>
> Art. 17. A alteração do art. 155, §1º, II, da Constituição Federal, promovida pelo art. 1º desta Emenda Constitucional, aplica-se às sucessões abertas a partir da data de publicação desta Emenda Constitucional.

Entendo que o novo preceito constitucional – referente à competência tributária – tornara-se necessário em razão de postura firmada pelo STF ((RE nº 851.108-SP – Plenário – rel. Min. Dias Toffoli – sessão de 1º.03.21, *DJe* 19.04.21).

19.2 Imposto sobre Operações Relativas à Circulação de Mercadorias e sobre Prestações de Serviços de Transporte Interestadual e Intermunicipal, e de Comunicação – ICMS

19.2.1 Pressuposto jurídico

A Constituição Federal conferiu tratamento significativo ao ICMS (art. 155, II, §2º, incisos I a XII, e §3º e §§4º e 5º, com a redação da EC nº 33/01 da EC nº 42/03, da EC 87/15, e da EC 132/23), o que implica a obediência irrestrita às normas constitucionais – como fonte inaugural do ordenamento jurídico –, compreendendo princípios e conceitos dogmáticos.

Cabe à lei complementar a) definir seus contribuintes; b) dispor sobre substituição tributária; c) disciplinar o regime de compensação; d) fixar, para efeito de sua cobrança e definição do estabelecimento responsável, o local das operações relativas à circulação de mercadorias e das prestações de serviços; e) excluir da sua incidência, nas exportações para o exterior, serviços e outros produtos além de mercadorias; f) prever casos de manutenção de crédito, relativamente à remessa para outro Estado e exportação para o exterior, de serviços e de mercadorias; g) regular a forma, como mediante deliberação dos Estados e do Distrito Federal, isenções, incentivos e benefícios fiscais serão concedidos e revogados; h) definir os combustíveis e lubrificantes sobre os quais o imposto incidirá uma única vez, qualquer que seja sua finalidade; e i) fixar a base de cálculo de modo que o imposto a integre, também na importação do exterior de bem, mercadoria ou serviço.

A competência não pode significar a plena e total liberdade ao legislador complementar para modificar os postulados e parâmetros do ICMS estruturados na Constituição. A lei nacional tem por único objetivo operacionalizar o tributo, estabelecendo tratamento uniforme para as entidades tributantes (em razão do princípio federativo), sem desvirtuar o modelo constitucional.

Assim, as Leis Complementares vigentes (nº 87, de 13.09.96 e suas alterações, até a LC nº 204 de 28.12.23) só têm juridicidade na medida em que observem rigorosamente os pressupostos constitucionais do ICMS, sendo desprovidas de eficácia as regras que ampliem o quadro de materialidades e devedores tributários, ou restrinjam o princípio da não cumulatividade.

19.2.2 Materialidade

O imposto tem como *fatos geradores*:

I – *operações relativas à circulação de mercadorias*, significando o negócio jurídico mercantil com as saídas das mercadorias do estabelecimento, de produtor, industrial, comerciante.

"Operações" significam a prática de negócio jurídico como a transmissão de um direito (posse ou propriedade). Ninguém fica obrigado a recolher o tributo pelo simples fato de possuir uma mercadoria.

"Circulação" é a passagem das mercadorias de uma pessoa para outra, sob o manto de um título jurídico fundamentado em ato ou contrato, implicando mudança de patrimônio. É irrelevante a mera circulação física ou econômica.

"Mercadoria" é o bem corpóreo (ou virtual) da atividade empresarial, tendo por objeto a sua distribuição para consumo, compreendendo-se no estoque da empresa, distinguindo-se das coisas que tenham qualificação diversa, segundo a ciência contábil, como é o caso do ativo permanente. A energia elétrica caracteriza-se como mercadoria por força de previsão constitucional (art. 155, §3º).

Os conceitos de "operação", "circulação" e "mercadoria" permanecem intimamente vinculados, devendo ser considerados em sua concepção jurídica. O ICMS não é imposto incidente sobre o tráfico jurídico, não sendo cobrado pela celebração de contratos.

A *venda* constitui o negócio jurídico significativo e usual, que gera a incidência do ICMS (praticada por estabelecimento produtor, comercial ou industrial), cujas características estão disciplinadas no Código Civil (arts. 481 a 532), compreendendo a transferência do domínio de certa coisa (mercadoria), mediante o pagamento do preço em dinheiro (regra geral). Distingue-se da venda realizada por particulares (não empresários), e de determinadas espécies de bens (integrantes do ativo imobilizado, ou de uso e consumo), e que não devem ser inseridos no âmbito do ICMS.

Nesta temática, interessante estudo[369] delineou as espécies de vendas:
a) *venda para entrega imediata,* que consiste na entrega direta (de pronto) ao comprador, mediante a respectiva tradição;
b) *venda para entrega futura,* em que a entrega do produto é realizada em momento posterior à efetivação (formal) do negócio jurídico (art. 483 do Código Civil).

Preocupa-se o mencionado estudo em determinar o momento da incidência do imposto, ou seja, a celebração do contrato ou a entrega do produto. Acompanho o entendimento de que o negócio estará realizado, e apto a produzir seus efeitos tributários, quando houver a efetiva transferência da titularidade da coisa transacionada tratando-se de condição suspensiva (art. 117 do CTN).

O vendedor não estará obrigado a emitir nota fiscal no ato da celebração do contrato, ou do recebimento das parcelas contratuais, enquanto não for efetuado o fornecimento do produto, ou de seus componentes. Nesta situação, tem cabimento a emissão de recibo, não ocorrendo o fato gerador do ICMS.

Operacionalmente, o legislador ordinário prevê a emissão de duas notas fiscais, em dois momentos distintos: a primeira, denominada *simples faturamento,* que pode (faculdade do contribuinte) ser emitida no momento da celebração do acordo, vedado o destaque do ICMS (não há exigência de pagamento do imposto); a segunda, denominada *remessa da mercadoria,* obriga a nota fiscal que deverá conter o destaque do ICMS, que deverá reportar-se à nota fiscal de simples faturamento, se houver.
c) *venda à ordem,* em que o produto comprado se entrega diretamente a um terceiro, diferente do comprador original. Embora o negócio seja realizado entre duas pessoas, o comprador autoriza o vendedor a entregar o produto por sua conta e ordem a um terceiro, alheio ao negócio original (ob. cit., p. 148).

A entrega da mercadoria a terceiro pode dar-se a título de operação mercantil, situação em que ocorrem duas vendas, e respectivas incidências tributárias; ou, remessa de natureza distinta, para industrialização, ou prestação de serviço (construção civil etc.).

Singularmente, a "água" será considerada (ou não) como mercadoria, de conformidade com sua configuração jurídica: a) a água engarrafada e vendida por empresa comercial, a consumidor final, é mercadoria; mas não será mercadoria; b) a água em estado bruto (bem público não destinado a comércio); c) a água utilizada no preparo de alimentos; e d) a água encanada e tratada (sujeita à taxa) não é caracterizada como mercadoria.

Explicitando referida diretriz, o STF pontificou o seguinte:

> Tributário. ICMS. Fornecimento de água tratada por concessionárias de serviço público. Não incidência. Ausência de fato gerador.
> 1. O fornecimento de água potável por empresas concessionárias desses serviços públicos não é tributável por meio do ICMS.

---

[369] COSTA, Eliud José Pinto da. *ICMS Mercantil.* São Paulo: Quartier Latin, 2008. p. 142 a 149.

2. As águas em estado natural são bens públicos e só podem ser exploradas por particulares mediante concessão, permissão ou autorização.

3. O fornecimento de água tratada à população por empresas concessionárias, permissionárias ou autorizadas não caracteriza uma operação de circulação de mercadoria.

4. Precedentes da Corte. Tema já analisado na liminar concedida na ADI nº 567, da relatoria do Ministro Ilmar Galvão, e na ADI nº 2.224-5-DF, Relator o Ministro Néri da Silveira (...). (RE nº 607.056 – Rio de Janeiro – Plenário – rel. Min. Dias Toffoli – j. 10.04.13 – *Dje* 16.05.13, p. 19 – Tema 362 de Repercussão Geral)

Categoricamente, assentara o entendimento de que somente pode incidir o ICMS no caso de realização de ato de mercancia, sendo necessária a prática de operação jurídica com tramitação de posse e propriedade de bens (ARE nº 1.255.885 – rel. Min. Dias Toffoli – sessão de 14.08.20 – Tema nº 1.099 de Repercussão Geral).

II – *entrada de bem ou mercadoria importados do exterior* por pessoa física ou jurídica, ainda que não seja contribuinte habitual do imposto, qualquer que seja a sua finalidade, assim como sobre o serviço prestado no exterior.

A LC nº 87/96 (alterada pela LC nº 114/02) preceituou que o local da operação, para efeitos de cobrança do imposto e definição do estabelecimento responsável, é o estabelecimento onde ocorrer a entrada física (art. 11, I, *d,*), o domicílio do adquirente, quando o estabelecido (art. 11, I, *c*), ou aquele em que seja realizada a licitação, no caso de arrematação de mercadoria ou bem importados do exterior e apreendidos ou abandonados.

Considerou como fato gerador o momento do "desembaraço aduaneiro" (art. 12, IX), tendo o STF consagrado o entendimento de que "na entrada de mercadoria importada do exterior, é legítima a cobrança do ICMS por ocasião do desembaraço aduaneiro (Súmula Vinculante nº 48). A LC nº 87/96 estabelecera que, após a ocorrência deste, a entrega pelo depositário, de mercadoria ou bem importado do exterior deverá ser autorizada pelo órgão responsável pelo referido desembaraço, que somente se fará mediante a exibição do comprovante do pagamento do ICMS incidente no ato do despacho aduaneiro, salvo disposição em contrário" (art. 12, §2º).

Na hipótese de entrega de mercadoria ou bem importados do exterior, antes do desembaraço aduaneiro, considera-se ocorrido o fato gerador neste momento, devendo a autoridade responsável, salvo disposição em contrário, exigir a comprovação do pagamento do imposto (inserção do §3º ao art. 12 da LC nº 87/96, alterada pela LC nº 114/02).

Apenas para efeito de fixação de responsabilidade é que a LC nº 87/96 trata de outros locais (estabelecimento e domicílio) distintos do porto ou aeroporto, onde legalmente se promove o desembaraço de coisas importadas.

A sistemática das importações estabelece procedimentos flexíveis para permitir intensa operacionalidade do comércio internacional, desde que exista amparo documental. Possibilita que bens importados por empresa estabelecida em um Estado possam ingressar (fisicamente) em porto (ou aeroporto) de outro Estado, e, ainda, sejam destinados a um terceiro Estado.

O imposto deve ser exigido sem considerar a destinação da coisa importada (mercancia, industrialização, prestação de serviço, integração no ativo fixo, consumo, uso particular etc.).

Entretanto, o STF consolidou o entendimento seguinte:

Ementa
Recurso Extraordinário. ICMS. Não-incidência. Entrada de mercadoria Importada do Exterior. Art. 155, II, da CB. *Leasing* de Aeronaves e/ou Peças ou Equipamentos de Aeronaves. Operação de Arrendamento Mercantil.
1. A importação de aeronaves e/ou peças ou equipamentos que as componham em regime de *leasing* não admite posterior transferência ao domínio do arrendatário.
2. A circulação de mercadoria é pressuposto de incidência do ICMS. O imposto –diz o artigo 155, II, da Constituição do Brasil –é sobre 'operações relativas à circulação de mercadorias e sobre prestações de serviço de transporte interestadual e intermunicipal e de comunicação, ainda que as operações e as prestações se iniciem no exterior'.
3. Não há operação relativa à circulação de mercadoria sujeita à incidência do ICMS em operação de arrendamento mercantil contratado pela indústria aeronáutica de grande porte para viabilizar o uso, pelas companhias de navegação aérea, de aeronaves por ela construídas.
4. Recurso Extraordinário de TAM –Linhas Aéreas S/A que se julga prejudicado.
(RE nº 461.968-7-SP, Plenário, rel. Min. Eros Grau, j. 30.05.07, *DJU* 1 de 24.08.07, p. 56)

Também poderá haver ônus tributário nos casos de admissão temporária concernente a bens que devam permanecer no País durante prazos determinados em razão de diversificadas situações, tais como feiras, exposições, congressos, pesquisas científicas, espetáculos artísticos, competições esportivas, promoções, reposição e conserto em virtude de garantia.

III – *fornecimento de mercadorias com prestação de serviços em bares, restaurantes e estabelecimentos similares,* com a incidência do imposto sobre o valor total da operação.

O STJ firmou a diretriz seguinte: "O fornecimento de mercadorias com a simultânea prestação de serviços em bares, restaurantes e estabelecimentos similares constitui fato gerador do ICMS a incidir sobre o valor total da operação" (Súmula nº 163).

IV – *fornecimento de mercadorias, peças e materiais em prestações de serviços tributados pelo imposto de competência municipal (ISS),* quando houver ressalva em lei complementar.

Na prestação de serviços de qualquer natureza, excepcionalmente, incidirá o ICMS como é o caso da menção específica constante da lista de serviços (LC nº 116, de 31.7.03):

– Item 7.02. Execução, por administração, empreitada ou subempreitada, de obras de construção civil, hidráulica ou elétrica e de outras obras semelhantes, inclusive sondagem, perfuração de poços, escavação, drenagem e irrigação, terraplenagem, pavimentação, concretagem e instalação e montagem de produtos, peças e equipamentos (exceto o fornecimento de mercadorias produzidas pelo prestador de serviços fora do local da prestação dos serviços, que fica sujeito ao ICMS);

– Item 7.05. Reparação, conservação e reforma de edifícios, estradas, pontes, portos e congêneres (exceto o fornecimento de mercadorias produzidas pelo prestador dos serviços, fora do local da prestação dos serviços, que fica sujeito ao ICMS);

– Item 14.01. Lubrificação, limpeza, lustração, revisão, carga e recarga, conserto, restauração, blindagem, manutenção e conservação de máquinas, veículos, aparelhos, equipamentos, motores, elevadores ou de qualquer objeto (exceto peças e partes empregadas, que ficam sujeitas ao ICMS);

– Item 14.03. Recondicionamento de motores (exceto partes e peças empregadas, que ficam sujeitas ao ICMS);

– Item 17.11. Organização de festas e recepções, bufê (exceto o fornecimento de alimentação e bebidas, que fica sujeito ao ICMS).

Juridicamente, não se deveria cogitar de dupla incidência (ICMS e ISS), uma vez que não se trata de operações mistas, mas distintos negócios jurídicos que deveriam implicar efeitos tributários diferenciados, face à aplicação da distinção haurida do Direito Privado (obrigações de dar e de fazer), acolhendo-se os aspectos práticos seguintes:
a) a venda de mercadorias constitui atividade-fim (obrigação de dar) sujeita ao ICMS, sendo irrelevante (em termos tributários) o serviço-meio para a sua consecução;
b) a prestação de serviços de conserto constitui atividade-fim (obrigação de fazer) sujeita ao ISS, sendo irrelevante (termos tributários) a aplicação de peças.

O STJ fixou entendimento relativo às competências dos Estados e Municípios, na forma seguinte:

> Constitucional. Tributário. Delimitação da Competência Tributária entre Estados e Municípios. ICMS e ISSQN. Critérios. Serviços Farmacêuticos. Manipulação de Medicamentos. Serviços Incluídos na Lista Anexa à LC 116/03. Incidência de ISSQN.
> 1. Segundo decorre do sistema normativo específico (art. 155, II, §2º, IX, *b* e 156, III da CF, art. 2º, IV da LC 87/96 e art. 1º, §2º da LC 116/03), a delimitação dos campos de competência tributária entre Estados e Municípios, relativamente à incidência do ICMS e de ISSQN, está submetida aos seguintes critérios; (a) sobre operações de circulação de mercadorias e sobre serviços de transporte interestadual e internacional (*sic*) e de comunicações incide o ICMS; (b) sobre operações (sic) de prestações de serviços compreendidos na lista de que trata a LC 116/03, incide ISSQN; e (c) sobre operações mistas, assim entendidas as que agregam mercadorias e serviços, incide o ISSQN sempre que o serviço agregado estiver compreendido na lista de que trata a LC 116/03 e incide ICMS sempre que o serviço agregado não estiver previsto na referida lista. Precedentes de ambas as Turmas do STF.
> 2. Os serviços farmacêuticos constam do item 4.07 da lista anexa à LC 116/03 como serviços sujeitos à incidência do ISSQN. Assim, a partir da vigência dessa Lei, o fornecimento de medicamentos manipulados pelas farmácias, por constituir operação mista que agrega necessária e substancialmente a prestação de um típico farmacêutico, não está sujeita a ICMS, mas a ISSQN (...).
> (REsp nº 881.035-RJ, 1ª Turma, rel. Min. Teori Albino Zavascki, j. 06.03.08, *DJe* de 25.03.08)

O STF firmou a postura seguinte:

> Recurso Extraordinário. Repercussão geral. Direito Tributário. Incidência do ICMS ou do ISS. Operações mistas. Critério objetivo. Definição de serviço em lei complementar. Medicamentos produzidos por manipulação de fórmulas, sob encomenda, para entrega posterior ao adquirente, em caráter pessoal. Subitem 4.07 da lista anexa à LC nº 116/03. Sujeição ao ISS. Distinção em relação aos medicamentos de prateleira, ofertados ao público consumidor, os quais estão sujeitos ao ICMS.
> 1. A Corte tradicionalmente resolve as ambiguidades entre o ISS e o ICMS com base em critério objetivo: incide apenas o primeiro se o serviço está definido por lei complementar como tributável por tal imposto, ainda que sua prestação envolva a utilização ou o fornecimento de bens, ressalvadas as exceções previstas na lei; ou incide apenas o segundo se a operação de circulação de mercadorias envolver serviço não definido por aquela lei complementar.

2. O critério objetivo pode ser afastado se o legislador definir como tributáveis pelo ISS serviços que, ontologicamente, não são serviços ou sempre que o fornecimento de mercadoria seja de vulto significativo e com efeito cumulativo.

3. À luz dessas diretrizes incide o ISS (subitem 4.07 da Lista anexa à LC nº 116/03) sobre as operações realizadas por farmácias de medicamentos encomendados para posterior entrega aos fregueses, em caráter pessoal, para consumo; incide ICMS sobre os medicamentos de prateleira ofertados ao público consumidor e produzidos por farmácias de manipulação.

4. Fixação da seguinte tese para o Tema nº 379 da Gestão por temas de repercussão geral: "Incide ISS sobre as operações de venda de medicamentos preparados por farmácia de manipulação sob encomenda. Incide ICMS sobre as operações de venda de medicamentos por elas ofertados aos consumidores em prateleiras".

(RE nº 605.552 – Rio Grande do Sul – Plenário – rel. Min. Dias Toffoli – j. 05.08.20)

V – *prestações de serviço de transporte interestadual e intermunicipal*, por qualquer via, de pessoas, bens, mercadorias ou valores.

Incide sobre serviços prestados em regime de Direito Privado, demandando a existência de duas (ou mais) pessoas (físicas ou jurídicas) nas qualidades de prestador e tomador (ou usuário) dos serviços, não podendo cogitar-se de "serviço consigo mesmo".

A legislação regula os transportes rodoviários de cargas por conta de terceiros, de passageiros, aquaviário, ferroviário, multimodal de cargas, que compreende, além do transporte em si, os serviços de coleta, unitização, desunitização, movimentação, armazenagem e entrega de carga ao destinatário, bem como a realização dos serviços correlatos que forem contratados entre a origem e o destino, inclusive os de consolidação e desconsolidação documental de cargas.

As atividades de "transporte" e "agenciamento" de serviços de transporte têm acarretado polêmicas, cabendo efetuar a distinção no sentido da incidência do ICMS no caso em que a empresa é contratada para retirar a encomenda no estabelecimento do cliente e encaminhá-la ao aeroporto, retirando este as encomendas destinadas ao mesmo cliente. Neste caso, assume a responsabilidade de coletar as encomendas e entregá-las ao destinatário por sua conta, risco e ordem.

Pertinente o entendimento de que, mesmo a prestação de serviço de transporte rodoferroviário de *containers* vazios, é fato gerador do ICMS; enquanto a transmissão de energia elétrica não pode ser considerada como "transporte" de mercadorias para fins de incidência do ICMS, como já se verificara relativamente à cobrança pelo Paraná face à energia de Itaipu para Furnas.

A LC nº 87/96 dispôs que são fatos geradores:
a) o início da prestação de serviço de transporte interestadual e intermunicipal, por qualquer via, de pessoas, bens, mercadorias e valores, ou a utilização, por contribuinte, de serviços cuja prestação se tenha iniciado em outro Estado, e não estejam vinculados à operação ou prestação subsequente (arts. 2º, II, e 12, V, VI e XIII);
b) o ato final do transporte iniciado no exterior, no caso de serviço prestado no exterior, ou cuja prestação se tenha iniciado no exterior (arts. 2º, II, e 12, VI).

O serviço *postal* compreende o recebimento, expedição, transporte e entrega de objetos de correspondência (carta, cartão-postal, impresso, cecogramas e pequena encomenda), valores (remessa de dinheiro através de carta com valor declarado), remessa de ordem de pagamento por meio de vale-postal, recebimento de tributos, prestações, contribuições e obrigações pagáveis à vista por via postal, e encomendas (remessa e entrega de objetos, com ou sem valor mercantil, por via postal).

As atividades básicas desempenhadas pela Empresa de Correios e Telégrafos (ECT) tipificam prestação de serviços de transporte de bens e correspondências (natureza principal ou complementar), sendo certo que os Correios propiciam o transporte de mensagem, e não a singela comunicação.

VI – *prestação onerosa de serviços de comunicação*, por qualquer meio, inclusive a geração, a emissão, a recepção, a transmissão, a retransmissão, a repetição e a ampliação de comunicação de qualquer natureza.

O conceito de "comunicação" (obrigação de fazer) representa o aspecto fundamental para se precisar a essência da materialidade tributária. O fato gerador não ocorre pelo simples ato que torna possível a prestação de serviço de comunicação, sem que os sujeitos desta relação negocial (prestador e tomador, devidamente determinados) tenham efetiva participação.

Na comunicação, é necessária a participação de elementos específicos (emissor, mensagem, canal e receptor), podendo ocorrer (ou não) a compreensão pelo destinatário.

Os *serviços de telecomunicações* são aqueles explorados diretamente pela própria União, ou mediante concessão ou permissão, destinados ao público em geral (Serviço Telefônico Fixo Comutado) segundo regime de Direito Público; enquanto os serviços privados (não sujeitos à universalização e continuidade) podem ser explorados pelos particulares, mediante autorização (Serviço Móvel Celular) sob regime privado (autonomia da vontade, liberdade de contratação).

O Regulamento Geral dos Serviços de Telecomunicações dispõe que não caracterizam serviços de telecomunicações o provimento de capacidade de satélite, a atividade de habilitação ou de cadastro de usuário e equipamento para acesso a serviços de valor adicionado.

Os *serviços de radiodifusão sonora* e de sons e imagens de recepção livre gratuita são imunes ao imposto (art. 155, X, *d*, da CF, na redação da EC nº 42/03).

O *Serviço Especial por Assinatura* (TVA) possui elementos distintos da radiodifusão, uma vez que constitui prestação de serviço especial a assinante, mediante remuneração, consistente na distribuição de sons e imagens por sinais de codificação, com a utilização de canais do espectro radioelétrico.

O *Serviço de TV a cabo* tem como ponto marcante a fruição de específicos e diferenciados serviços, prestados de modo oneroso a tomadores identificados, e materializados em contrato. Tais características operacionais e legais permitem vislumbrar que apenas estas comunicações televisivas tipificam autênticos serviços de comunicação sujeitos ao ICMS.

A prestação dessa espécie de serviço caracteriza a hipótese de incidência do ICMS. A transmissão de sinal, quando realizada de maneira onerosa pelas empresas de TV a cabo, é considerada serviço de comunicação (art. 2º da LC nº 87/96), e se submete à tributação estadual.

As *produtoras de programas para TV a cabo ou comerciais* que, efetivamente, não distribuem tais programas por nenhum meio físico ao público em geral, mas apenas contratam com a operadora/distribuidora de sinais de TV, não estão sujeitas ao recolhimento de ICMS, uma vez que os serviços que prestam não estão previstos na Lei

Complementar nº 87/96. Os serviços de comunicação a que se referem os arts. 2º, III, e 12, VIII, da LC nº 87/96 são os relativos às atividades de transmissão/recepção de sinais de TV (STJ, REsp nº 726.103-MG, 2ª Turma, rel. Min. João Otávio Noronha, j. 26.06.07, *DJU* 1 08.08.07, p. 365).

As *ligações telefônicas* (inclusive telex e celulares) enquadram-se como típicos serviços de comunicação, porque as concessionárias promovem ligação – "relação comunicativa" – entre duas ou mais pessoas que participam de um processo interativo.

O *Serviço Telefônico Fixo Comutado (STFC)* constitui a atividade convencional de telefonia, prestada mediante instalações fixas, antes denominado Serviço Telefônico Público. É caracterizado legalmente como serviço de telecomunicações, que, por meio da transmissão da voz e de outros sinais, destina-se à comunicação entre pontos fixos e determinados, utilizando processos de telefonia.

A prestação de serviço é realizada em determinada área geográfica de atuação da operadora (local – longa distância nacional e internacional), por redes de telecomunicações que possuem pontos de terminação da rede. O usuário é qualquer pessoa que utiliza o referido serviço, independente de contrato ou inscrição junto à prestadora; e assinante é a pessoa que firma contrato com o prestador para a fruição do serviço.

O *Serviço Móvel Celular (SMC)* é serviço de telecomunicações móvel terrestre, aberto à correspondência pública, que utiliza o sistema de radiocomunicações com técnica celular, interconectado à rede pública e acessado por meio de terminais portáteis, transportáveis ou veiculares, de uso individual.

No SMC, o próprio assinante adquire a estação móvel ("equipamento terminal" de seu interesse em modelo certificado pelo Ministério das Comunicações, que deverá ser levado a registro junto à concessionária por ocasião da ativação da linha). No desempenho dessas atividades são realizadas habilitação, assinatura, utilização e facilidades adicionais (transferência temporária de chamada, bloqueio, correio de voz, conversa simultânea etc.).

Apenas as efetivas prestações (comunicações realizadas) é que constituem fatos geradores do ICMS, sendo remuneradas por tarifas, enquanto as comunicações telefônicas de um para outro aparelho dentro do Município sujeitam-se ao ISS, em razão da autonomia municipal.

Os atos de habilitação, cadastro de usuários e equipamentos, ativação, instalação de terminais, desligamento do aparelho, locação, fornecimento de listas telefônicas e transferência da titularidade que – embora sejam importantes para a regular execução dos serviços –, por si só, não representam efetiva comunicação, uma vez que concernem a meros atos preparatórios ou posteriores às atividades tributadas.

O ICMS não incide sobre o serviço de *habilitação de telefone celular* (Súmula nº 350 do STJ).

O STF assentou o entendimento seguinte:

> (...)
> 1. Os serviços preparatórios aos serviços de comunicação, tais como: habilitação, instalação, disponibilidade, assinatura, cadastro de usuário e equipamento, entre outros serviços, configuram atividades-meio ou serviços suplementares. O serviço de comunicação propriamente dito, consoante previsto no art. 60, §1º, da Lei nº 9.472/97 (Lei Geral de Telecomunicações), para fins de incidência do ICMS, é aquele em que um terceiro, mediante prestação negocial onerosa, mantém interlocutores (emissor/receptor) em

contato por qualquer meio, inclusive a geração, a emissão, a recepção, a transmissão, a retransmissão, a repetição e a ampliação de comunicação por qualquer natureza (REsp nº 402047/MG, Rel. Ministro Humberto Gomes de Barros, Primeira Turma, julgado em 04.11.03, DJ 09.12.03).
(...);
6. O ato de habilitação de aparelho móvel celular não enseja qualquer serviço efetivo de telecomunicação, senão de disponibilização do serviço, de modo a assegurar ao usuário a possibilidade de fruição do serviço de telecomunicações. O ICMS incide, tão somente, na atividade final, que é o serviço de telecomunicação propriamente dito, e não sobre o ato de habilitação do telefone celular, que se afigura como atividade intermediária (...).
(RE nº 572020 – Plenário – rel. p/acórdão Min. Luiz Fux – j. 06.02.14)

Todavia, o STF aprovara a seguinte tese de repercussão geral: "O Imposto de Circulação de Mercadorias e Serviços (ICMS) incide sobre a tarifa de assinatura básica mensal pelas prestadoras de serviços de telefonia, independentemente da franquia de minutos conferida ou não ao usuário" (RE nº 912.888-RS – Plenário – Rel. Min. Teori Zavascki – j. 13.10.16).

O *sistema de "banda larga" (virtua)* vale-se de uma mídia preexistente (telefonia, a cabo, rádio ou satélite), com a qual compartilha o suporte físico da transmissão. O cabeamento é secionado em duas partes, cada qual denominada de "banda", e que apresenta frequências diferentes: uma mais estreita para o trânsito dos impulsos de áudio e vídeo da TV a cabo (ou sinais de voz da telefonia), e a outra mais larga, destinada à conexão com a Internet.

O serviço de "banda larga" não se confunde com aquele realizado pelo provedor de acesso. Este último viabiliza a conexão com a internet, enquanto o primeiro apresenta-se como etapa antecedente, que propicia o suporte físico necessário, já que possibilita uma navegação mais rápida, eficiente, e segura, ao tempo em que permite a desobstrução da linha telefônica ao usuário.

Também não se confunde com o serviço de TV a cabo. Embora se utilizem do mesmo cabeamento, vale dizer, da mesma estrutura de fios e fibras óticas, os serviços destinam-se a finalidades diversas (STJ, ROMS nº 16.767-MG, 2ª Turma, rel. Min. Eliana Calmon, j. 05.10.04, *DJU* de 17.12.04).

O *serviço de "roaming"* compreende a interconexão de redes das operadoras brasileiras de serviço móvel celular com as redes das operadoras estrangeiras, possibilitando o uso dos celulares no País e no exterior. Quando o usuário faz o uso deste serviço, dá ensejo a duas relações jurídicas: uma entre o usuário e a operadora titular; outra entre a operadora titular e a operadora visitada.

O "roaming internacional" pode se dar sob duas formas: a) o usuário de telefone celular de operadora brasileira utiliza, no exterior, a rede de operadora de telefonia estrangeira pra efetuar e receber ligações locais, interurbanas ou internacionais (*roaming internacional sainte*); b) o usuário de telefonia celular de operadora estrangeira utiliza, no Brasil, a rede de operadora de telefonia brasileira para efetuar e receber ligações locais, interurbana e internacional (*roaming internacional receptivo*). Cada um dos usuários irá efetuar o pagamento por essa utilização às operadoras de telefonia de seus respectivos Países.

As prestações de serviços por operadoras estrangeiras no "roaming internacional receptivo" constituem receitas de exportações de serviços (isentas de ICMS). As prestações de serviços por operadoras estrangeiras para operadoras brasileiras no "roaming internacional sainte" sujeitam-se ao ICMS.[370]

O *Serviço Especial de Radiochamada* constitui serviço de telecomunicações destinado a transmitir sinais de chamadas unidirecionais, especialmente codificados e endereçados a assinantes de serviços, objetivando transmitir sinais a um determinado usuário, utilizando-se de aparelho de recado específico (*pager* ou *bip*), em decorrência de celebração de negócio jurídico oneroso.

A realização do serviço ocorre na forma seguinte: a pessoa interessada em comunicar-se com o assinante liga para uma central, onde o recado será objeto de registro, que, por sua vez, aciona a respectiva transmissão ao referido assinante, mediante chamada. Nesta atividade, foram visualizadas situações distintas: a) anotação de recados pela secretaria, mediante a utilização de equipamentos (atividade-meio); e b) transmissão das mensagens e decorrente recepção pelo destinatário-assinante (atividade-fim).

No âmbito das *operações com satélites e serviços especiais*, vislumbra-se a utilização de "sistema de rádio troncalizado" (*trunking*), interligando remotamente ramais móveis, em que os usuários podem se comunicar entre si, e alguns ramais especiais que podem acessar a rede de telefonia pública. O equipamento utilizado para operar o sistema consiste numa estação central chamada "Radio-Base", que se compõe de equipamentos de transmissão/recepção, de supervisão de antena, em que os usuários utilizam o sistema através de um rádio móvel.

A LC nº 157/16 introduziu, na lista de serviços anexa à LC nº 116/03, as atividades seguintes:

1.09 Disponibilização, sem cessão definitiva, de conteúdos de áudio, vídeo, imagem e texto por meio da internet, respeitada a imunidade de livros, jornais e periódicos (exceto a distribuição de conteúdos pelas prestadoras de Serviço de Acesso Condicionado, de que trata a Lei nº 12.485, de 12.09.11, *sujeita ao ICMS*).

O STF fixara a seguinte tese de repercussão geral: "Tema 705 – A *inadimplência do usuário* não afasta a incidência ou a exigibilidade do ICMS sobre os serviços de telecomunicações" (RE nº 1.003.758 – Rondônia – Plenário – rel. p/ac. Min. Alexandre de Moraes – sessão de 17.05.21).

VII – *entrada, no território do Estado destinatário, de petróleo, inclusive lubrificantes e combustíveis líquidos e gasosos dele derivados, e de energia elétrica*, quando não destinados à comercialização ou industrialização, decorrentes de operações interestaduais, cabendo o imposto ao Estado onde estiver localizado o adquirente.

O dispositivo (LC nº 87/96, art. 2º, §1º, III) tem que ser compatibilizado com o preceito imunitário no sentido de que "o ICMS não incidirá sobre operações que destinarem a outros Estados petróleo, inclusive lubrificantes, combustíveis líquidos e gasosos dele derivados, e energia elétrica" (art. 155, X, *b*, da CF).

Essa assertiva está prevista na mesma LC nº 87/96 (art. 3º, III), ao dispor que o ICMS não incide sobre operações interestaduais relativas à energia elétrica e petróleo, inclusive lubrificantes e combustíveis líquidos e gasosos, dele derivados, quando destinados à industrialização ou à comercialização.

---

[370] UTUMI, Ana Claudia Akie. A Tributação dos Serviços Internacionais de Telecomunicações. In: BORGES, Eduardo de Carvalho (org.). *Tributação nas Telecomunicações*. São Paulo: Tributação Setorial – Ipet e Quartier Latin, 2005. p. 45.

A LC nº 192/22 (art. 1º) define os combustíveis sobre os quais incidirá uma única vez o ICMS, ainda que as operações se iniciem no exterior, com as características seguintes (art. 2º): gasolina e etanol anidro combustível; diesel e biodiesel; e gás liquefeito de petróleo, inclusive o derivado de gás natural. A mencionada regra não se aplicará em operações específicas (art. 3º).

O ICMS *não incidirá* a) sobre coisas corpóreas que não tenham a característica de mercadorias (bens de particulares); b) na alienação de bens de ativo imobilizado por quaisquer pessoas jurídicas; c) na aplicação, emprego e fornecimento de bens pelos prestadores de serviços em geral, pelas entidades financeiras etc.; d) nas transferências de mercadorias de um para outro estabelecimento da mesma empresa (Súmula nº 166 do STJ, ARE nº 1.255.885, ADC 49 do STF), e LC nº 204/23); e) nas remessas de mercadorias para demonstração e/ou consignação; f) na mudança integral do estabelecimento da pessoa jurídica, mediante o deslocamento de seu patrimônio para outro local; g) na integralização de bens (máquinas, equipamentos, mobiliário, veículos etc.) pela pessoa jurídica para constituição, ou ampliação, de um outra empresa, em razão de constituir mero negócio societário (fusão, cisão, incorporação); h) sobre a prestação de serviço de transporte aéreo de passageiros intermunicipal, interestadual, internacional e de transporte aéreo internacional de cargas pelas empresas aéreas nacionais, enquanto persistirem os convênios de isenção por empresas estrangeiras; i) no empréstimo gratuito (comodato, art. 570 do Código Civil – Súmula nº 573 do STF); j) nas transmissões de bens patrimoniais corpóreos realizadas com liberalidade (doações); l) na ativação de bens de fabricação própria (autoconsumo), porque não há como tributar o mero registro contábil; m) no serviço de transporte efetuado dentro do Município (LC nº 116/03, item 16.01); n) nos serviços prestados por provedores de acesso à Internet (Súmula nº 334 do STJ); o) na disponibilização de computadores e máquinas conectadas à Internet no *cyber café* e na *lan house*, por constituírem cessão temporária de direito de uso.

A LC nº 87/96 (art. 3º) também dispõe sobre a *não incidência*:

I – operações com livros, jornais, periódicos e o papel destinado a sua impressão;

II – operações e prestações que destinem ao exterior mercadorias, inclusive produtos primários e produtos industrializados semi-elaborados, ou serviços;

III – operações interestaduais relativas à energia elétrica e petróleo, inclusive lubrificantes e combustíveis líquidos e gasosos dele derivados, quando destinados à industrialização ou à comercialização;

IV – operações com ouro, quando definido em lei como ativo financeiro ou instrumento cambial;

V – operações relativas a mercadorias que tenham sido ou que se destinem a ser utilizadas na prestação, pelo próprio autor da saída, de serviço de qualquer natureza definido em lei complementar como sujeito ao imposto sobre serviços, de competência dos Municípios, ressalvadas as hipóteses previstas na mesma lei complementar;

VI – operações de qualquer natureza de que decorra a transferência de propriedade de estabelecimento industrial, comercial ou de outra espécie;

VII – operações decorrentes de alienação fiduciária em garantia, inclusive a operação efetuada pelo credor em decorrência do inadimplemento do devedor;

VIII – operações de arrendamento mercantil, não compreendida a venda do bem arrendado ao arrendatário;
IX – operações de qualquer natureza de que decorra a transferência de bens móveis salvados de sinistro para companhias seguradora (redação dada pela LC nº 194, de 2022);
X – serviços de transmissão e distribuição e encargos setoriais vinculados às operações com energia elétrica (incluído pela LC nº 194, de 2022).

19.2.3 Sujeito ativo e contribuintes

O ICMS é de competência dos Estados e do Distrito Federal, observando-se o seguinte:
a) nas operações de importação, o sujeito ativo da obrigação tributária de ICMS incidente sobre a mercadoria importada é o Estado-Membro no qual está domiciliado ou estabelecido o destinatário legal da operação que deu causa à circulação da mercadoria com a transferência do domínio (RE nº 665.134/MG – Plenário, rel. Min. Edson Fachin, sessão de 17.04.20; e Emb. Decl com Agravo – rel. Min. Edson Fachin, sessão de 11.11.20 – Tema 520 de repercussão geral);
b) nas operações e prestações interestaduais, que destinem mercadorias, bens e serviços a consumidor final (contribuinte ou não do imposto), caberá ao Estado de localização do destinatário o imposto correspondente à diferença entre a alíquota interna do Estado e o imposto correspondente à diferença entre a alíquota interna do Estado e a alíquota interestadual;
c) nas operações com combustíveis são contribuintes o produtor e aqueles que lhe sejam equiparados, e o importador de combustíveis.

Contribuintes são qualquer pessoa (física ou jurídica) que realize com habitualidade ou em volume que caracterize intuito comercial que a) pratiquem operações relativas à circulação de mercadorias; b) os prestadores de serviços de transporte interestadual e intermunicipal; c) os prestadores de serviços de comunicação; d) os importadores de mercadorias e bens de qualquer natureza, ainda que não sejam contribuintes habituais do imposto; e) o destinatário de serviço prestado no exterior; f) o adquirente em licitação de mercadorias ou bens apreendidos ou abandonados; g) o adquirente de lubrificantes e combustíveis líquidos e gasosos derivados de petróleo e energia elétrica oriundos de outro Estado, quando não destinados à comercialização ou à industrialização; h) o destinatário da mercadoria, bem ou serviço, na hipótese de contribuinte do imposto e o remetente da mercadoria ou bem ou o prestador de serviço, na hipótese de o destinatário não ser contribuinte do imposto – nas operações ou prestações que destinem mercadorias, bens e serviços a consumidor final domiciliado ou estabelecido em outro Estado, em relação à diferença entre a alíquota interna do Estado de destino e a alíquota interestadual.

Responsáveis podem ser as pessoas vinculadas ao respectivo fato gerador, ou seja, o armazém geral ou o depositário; o transportador; o arrematante; o leiloeiro; os intermediários de serviços, o representante, mandatário, comissário ou gestor de negócios; o adquirente de fundo de comércio ou estabelecimento na hipótese de o alienante cessar a exploração empresarial; a empresa que resultar de fusão, transformação ou incorporação, pelo débito da pessoa fusionada, transformada ou incorporada; ou que tiver absorvido patrimônio de outra em razão da cisão, bem como o espólio, o sócio remanescente etc.

Nas operações e prestações interestaduais que destinem bens e serviços a consumidor final, contribuinte ou não do imposto, a responsabilidade pelo recolhimento do imposto será atribuída (i) ao destinatário, quando este for contribuinte do imposto; e (ii) ao remetente, quando o destinatário não for contribuinte do imposto.

A responsabilidade poderá ser atribuída em relação ao imposto incidente sobre uma ou mais operações ou prestações, sejam antecedentes, concomitantes ou subsequentes, hipótese em que assumirá a condição de *substituto tributário* (conforme análise específica item 11.1).

19.2.4 Base de cálculo

A *base de cálculo* deve representar a quantificação compreendida na "operação mercantil", e na "prestação de serviços de transporte e de comunicação", isto é, o valor da operação mercantil (o preço, na venda) e o preço dos serviços.

Constituem elementos estranhos à base de cálculo os valores correspondentes a seguro, juros e quaisquer outras importâncias recebidas, que revelem natureza diversa do valor e dos preços. É inconstitucional a cobrança baseada em pauta de valores mínimos, com desprezo do critério natural do valor da operação (STF, Repr. 1.231-SC, Pleno, rel. Min. Décio Miranda, j. 09.05.85, *DJU* 1 de 07.06.85, *RTJ* 114/494; STJ, Súmula nº 431), bem como a inclusão de valor de juros de financiamento em operações realizadas através de cartão de crédito (STF, RE nº 101.103-0, 2ª Turma, rel. Min. Aldir Passarinho, j. 18.11.88, *JSTF* 127/130-145; STJ, Súmula nº 237), salvo os juros incidentes na venda a prazo (Súmula nº 395 do STJ). Não deveriam integrar a base de cálculo os descontos incondicionais, as bonificações, multas e correção monetária.

O STF entende que é constitucional a inclusão do ICMS em sua própria base de cálculo (RE nº 582461 – Plenário – rel. Min. Gilmar Mendes – j. 18.05.11 – Repercussão Geral Tema 214).

Nas operações de importação, a base de cálculo tem sido fixada como o valor constante dos documentos de importação, convertido em cruzeiros à taxa cambial efetivamente aplicada em cada caso, e acrescido do valor dos impostos de importação, sobre produtos industrializados sobre operações de câmbio e contribuições, e demais despesas aduaneiras efetivamente pagas.

Entendem-se como despesas aduaneiras todas as importâncias indispensáveis cobradas ou debitadas ao adquirente no controle e desembaraço da mercadoria, ainda que venham a ser conhecidas somente após o desembaraço, em especial o Adicional ao Frete para a Renovação da Marinha Mercante, o Adicional de Tarifa Aeroportuária, a Taxa de Utilização do Siscomex, os valores desembolsados com despachante, bem como as contribuições para os Sindicatos dos Despachantes Aduaneiros, o manuseio de contêiner, a movimentação com empilhadeiras, a armazenagem, a capatazia, a estiva e desestiva, a arqueação, a paletização, o demurrage, a alvarengagem, as multas aplicadas no curso do despacho aduaneiro, os direitos antidumping, a amarração e a desamarração de navio, a unitização e a desconsolidação.

Todavia, inexistiria respaldo jurídico para considerar os tributos federais no cálculo do imposto, uma vez que este tributo só poderia ser calculado sobre o valor da operação mercantil e dos serviços de transporte, compreendidos como tais exclusivamente os valores das mercadorias, e dos bens importados, bem como sobre o preço dos serviços, sendo inadmissível a agregação de valores que não se compreendem no ajuste realizado entre exportador e importador.

Entretanto, a EC nº 33/01 possibilita a integração do montante do ICMS na importação de bem, mercadoria ou serviço (alínea *e*, XII, §2º do art. 155).

Nesta temática, o ICMS não compreenderá, em sua base de cálculo, o montante do imposto sobre produtos industrializados, quando a operação realizada entre contribuintes e relativa a produto destinado à industrialização ou à comercialização, configure fato gerador dos dois impostos (inciso X, art. 155, da CF).

A LC º 190/22 assinala que integra a base de cálculo do imposto, além do inciso V, nos casos dos incisos seguintes:

> IX – (a) o valor da operação ou prestação no Estado de origem, para o cálculo do imposto devido a esse Estado; (b) o valor da operação ou prestação no Estado de destino, para o cálculo do imposto devido a esse Estado.
>
> X – nas hipóteses dos incisos XIII e XVI do caput do art. 12, o valor da operação ou o preço do serviço, para o cálculo do imposto devido ao Estado de origem e ao de destino.
>
> §6º Utilizar-se-á, para os efeitos do inciso IX do caput deste artigo:
>
> I – a alíquota prevista para a operação ou prestação interestadual, para estabelecer a base de cálculo da operação ou prestação no Estado de origem;
>
> II – a alíquota prevista para a operação interna no Estado de destino, a alíquota prevista para a operação ou prestação interna no Estado de destino para estabelecer a base de cálculo da operação ou prestação.

Relativamente à "falta de valor e preço determinado", o imposto deve ser calculado, de modo básico (LC nº 87/96, art. 15), considerando I) o preço corrente da mercadoria, ou de seu similar, no mercado atacadista regional, caso o remetente seja produtor, extrator ou gerador, inclusive de energia; II) o preço FOB estabelecimento industrial à vista, caso o remetente seja industrial; e III) o preço FOB estabelecimento comercial à vista, na venda a outros comerciantes e industriais, caso o remetente seja comerciante, atendidas situações específicas.

A LC nº 190/22 alterara a LC nº 87/96 na forma seguinte:

> (art. 13)
>
> IX – nas hipóteses dos incisos XIII e XV do caput do art. 12 desta Lei Complementar:
>
> a) o valor da operação ou prestação no Estado de origem, para o cálculo do imposto devido a esse Estado;
>
> b) o valor da operação ou prestação no Estado de destino, para o cálculo do imposto devido a esse Estado".
>
> X – nas hipóteses dos incisos XIV e XVI do caput do art. 12 desta Lei Complementar, o valor da operação ou o preço do serviço, para o cálculo do imposto devido ao Estado de origem e ao de destino".

19.2.5 Alíquota

A Constituição Federal (redação original) dispusera (§2º, art. 155) da forma seguinte:

IV – resolução do Senado Federal, de iniciativa do Presidente da República ou de um terço dos Senadores, aprovada pela maioria absoluta de seus membros, estabelecerá as alíquotas aplicáveis às *operações e prestações, interestaduais* e de exportação;

V – é facultado ao Senado Federal:

a) estabelecer alíquotas mínimas nas operações internas, mediante resolução de iniciativa de um terço e aprovada pela maioria absoluta de seus membros;

b) fixar alíquotas máximas nas mesmas operações para resolver conflito específico que envolva interesse de Estados, mediante resolução de iniciativa da maioria absoluta e aprovada por dois terços de seus membros;

VI – salvo deliberação em contrário dos Estados e do Distrito Federal, nos termos do disposto no inciso XII, *g*, as alíquotas internas, nas operações relativas à circulação de mercadorias e nas prestações de serviços, não poderão ser inferiores às previstas para as operações interestaduais;

VII – em relação às operações e prestações que destinem bens e serviços a consumidor final localizado em outro Estado, adotar-se-á:

a) a alíquota interestadual, quando o destinatário for contribuinte do imposto;

b) a alíquota interna, quando o destinatário não for contribuinte dele;

VIII – na hipótese da alínea *a* do inciso anterior, caberá ao Estado da localização do destinatário o imposto correspondente à diferença entre a alíquota interna e a interestadual.

Nas operações interestaduais com gás natural e seus derivados, e lubrificantes e combustíveis (não incluídos os lubrificantes e combustíveis derivados de petróleo) o Senado Federal é competente para I) para fixar alíquotas mínimas e II) estabelecer alíquotas diferenciadas em função do tipo e utilização (§6º do art. 155, acrescentado pela EC nº 42/03).

Resta prejudicada a Súmula nº 569 do STF, que dispôs ser inconstitucional a discriminação de alíquotas do imposto de circulação de mercadorias nas operações interestaduais, em razão de o destinatário ser, ou não, contribuinte, haja vista ter sido expedida em época anterior à Emenda Constitucional nº 23/83, que estabeleceu novo regime tributário sobre a matéria, amparado pela vigente Constituição.

As *alíquotas internas*, de importação (inclusive serviços prestados no exterior) são livremente estipuladas pelos Estados e Distrito Federal (usualmente 17% ou 18% para operações e serviços em geral; e 25% para comunicações), tendo o Senado Federal fixado as *alíquotas interestaduais* seguintes:

a) operações ou prestações interestaduais, destinadas a contribuintes localizados nos Estados de Minas Gerais, Rio de Janeiro, São Paulo, Paraná, Santa Catarina e Rio Grande do Sul – 12%;

b) operações ou prestações destinadas a contribuintes localizados em demais Estados não previstos na alínea anterior – 7%;

c) serviços de transporte aéreo – 4%;

d) operações interestaduais com bens e mercadorias importadas do exterior – 4%.

A Resolução nº 13, de 25.04.12, do Senado Federal (objeto da alínea *d*), aplica-se a *bens e mercadorias importados do exterior* que, após o seu desembaraço aduaneiro:

I – não tenham sido submetidos a qualquer processo de transformação, beneficiamento, montagem, acondicionamento, reacondicionamento, renovação ou recondicionamento, e que resultem e mercadorias ou bens com "Conteúdo de Importação" superior a 45%;

II – o "Conteúdo de Importação" é o percentual correspondente ao quociente entre o valor da parcela importada do exterior e o valor total da operação de saída interestadual da mercadoria ou bem;

III – o Conselho Nacional de Política Fazendária (Confaz) poderá baixar normas para fins de definição dos critérios e procedimentos a serem observados no processo de "Certificação de Conteúdo de Importação (CCI)";

IV – o disposto nos incisos anteriores não se aplica:

a) aos bens e mercadorias importados do exterior que não tenham similar nacional, a serem definidos em lista a ser editada pelo Conselho de Ministros da Câmara de Comércio Exterior (Camex) para os fins da Resolução do Senado;

b) aos bens produzidos em conformidade com os processos produtivos básicos de que tratam o Decreto-Lei nº 288, de 28.02.67, e as Leis nºs 8.248, de 23.10.91, 8.387, de 30.12.91, 10.176, de 11.01.01, e 11.484, de 31.05.07.

V – o disposto nesta Resolução não se aplica às operações que destinem gás natural importado do exterior a outros Estados.

VI – a Resolução entrou em vigor em 1º.01.13.

A *construtora* (ou equiparada) não tem que recolher o ICMS relativamente à diferença de alíquota em operação interestadual, porque se encontra fora do campo de incidência do tributo, tendo o judiciário firmado as diretrizes seguintes:

> As construtoras que adquirem material em Estado-membro instituidor de alíquota de ICMS mais favorável não estão compelidas, ao utilizarem essas mercadorias como insumos em suas obras, à satisfação do diferencial de alíquota de ICMS do Estado destinatário, uma vez que são, de regra, contribuintes do Imposto sobre Serviços de Qualquer Natureza, de competência dos Municípios.
> (STF, Ag. Reg. no RE nº 598.075-8, 2ª Turma, rel. Min. Eros Grau, j. 12.05.09, *DJe* de 28.05.09, p. 89)

> As empresas de construção civil não estão obrigadas a pagar ICMS sobre mercadorias adquiridas como insumos em operações interestaduais.
> (Súmula nº 432 do STJ)

Relativamente às operações com *combustíveis e lubrificantes* definidos em lei complementar, a EC nº 33/01 (inserção do §4º, ao art. 155) passou a dispor o seguinte:

> IV – as alíquotas do imposto serão definidas mediante deliberação dos Estados e Distrito Federal, nos termos do §2º, XII, *g*, observando-se o seguinte:
> *a)* serão uniformes em todo o território nacional, podendo ser diferenciadas por produto;
> *b)* poderão ser específicas, por unidade de medida adotada, ou *ad valorem*, incidindo sobre o valor da operação ou sobre o preço que o produto ou seu similar alcançaria em uma venda em condições de livre concorrência;
> *c)* poderão ser reduzidas e restabelecidas, não se lhes aplicando o disposto no art. 150, III, *b*.

Este mandamento desvirtuaria o modelo tradicional ao suprimir a competência privativa do Senado Federal para estabelecer alíquotas em operações interestaduais; e para fixar as alíquotas mínimas e máximas em específicas situações nas operações internas.

Violaria preceito constitucional (art. 60, §4º) pelo singelo fato de haver suprimido a competência do Legislativo (Senado e Assembleias Legislativas dos Estados e do DF), que fica outorgada ao Executivo.

A Emenda Constitucional nº 87, de 16.04.15, altera o §2º, do art. 155 da CF, e inclui o art. 99 no ADCT, para tratar da sistemática de cobrança do imposto incidente sobre as operações e prestações que destinem bens e serviços a consumidor final, contribuinte ou não do imposto, localizado em outro Estado (operações e prestações interestaduais), na forma seguinte:

> Art. 155
> (§2º)
> VII – nas operações e prestações que destinem bens e serviços a consumidor final, contribuinte ou não do imposto, localizado em outro Estado, adotar-se-á a alíquota interestadual e caberá ao Estado de localização do destinatário o imposto correspondente à diferença entre a alíquota interna do Estado destinatário e a alíquota interestadual:
> a) (revogada)
> b) (revogada)
> VIII – a responsabilidade pelo recolhimento do imposto correspondente à diferença entre a alíquota interna e a interestadual de que trata o inciso VII será atribuída:
> a) ao destinatário, quando este for contribuinte do imposto;
> b) ao remetente, quando o destinatário não for contribuinte do imposto.

O Ato das Disposições Constitucionais Transitórias passara a vigorar acrescido do seguinte artigo:

> Art. 99. Para efeito do disposto no inciso VII do §2º, do art. 155, no caso de operações e prestações que destinem bens e serviços a consumidor final não contribuinte localizado em outro Estado, o imposto correspondente à diferença entre a alíquota interna e a interestadual será partilhado entre os Estados de origem e de destino, na seguinte proporção:
> I – para o ano de 2015: 20% (vinte por cento) para o Estado de destino e 80% (oitenta por cento) para o Estado de origem;
> II – para o ano de 2016: 40% (quarenta por cento) para o Estado de destino e 60% (sessenta por cento) para o Estado de origem;
> III – para o ano de 2017: 60% (sessenta por cento) para o Estado de destino e 40% (quarenta por cento) para o Estado de origem;
> IV – para o ano de 2018: 80% (oitenta por cento) para o Estado de destino e 20% (vinte por cento) para o Estado de origem;
> V – a partir do ano de 2019: 100% (cem por cento) para o Estado de destino.

O Convênio ICMS nº 93, de 17.09.15 (alterado pelo Convênio ICMS nº 152, de 11.12.15, e revogado pelo Convênio ICMS nº 236, de 27.12.21) dispusera sobre os procedimentos a serem observados relativamente às normas contidas na EC nº 87/15.

O STF decidira a respeito da matéria, destacando-se os julgados seguintes:

> Ação direta de inconstitucionalidade. Legitimidade ativa da associação autora. Emenda Constitucional nº 87/15. ICMS. Operações e prestações em que haja destinação de bens e

serviços a consumidor final não contribuinte do ICMS localizado em estado distinto daquele do remetente. Inovação constitucional. Matéria reservada à lei complementar (art. 146, inciso III, d, e parágrafo único, CF/88), Cláusulas primeira, segunda, terceira e sexta do Convênio ICMS nº 93/2015. Inconstitucionalidade. Tratamento tributário diferenciado e favorecido destinado a microempresas e empresas de pequeno porte. Simples Nacional. Cláusula nona do Convênio ICMS nº 93/2015. Inconstitucionalidade: Cautelar deferida na ADI nº 5.464/DF, *ad referendum* do Plenário.

((…)2.Cabe à lei complementar dispor sobre conflitos de competência em matéria tributária e estabelecer normas gerais sobre os fatos geradores, as bases de cálculo, os contribuintes dos impostos discriminados na Constituição e a obrigação tributária (art. 146, I e III, a e b). Também cabe a ela estabelecer normas gerais em matéria de legislação tributária sobre definição de tratamento tributário diferenciado e favorecido para as microempresas e as empresas de pequeno porte, podendo instituir regime jurídico de arrecadação de impostos e contribuições.

3. Especificamente no que desrespeito ao ICMS, o texto constitucional consigna caber à lei complementar, entre outras competências, definir os contribuintes do imposto, dispor sobre substituição tributária, disciplinar o regime de compensação do imposto e de definição do estabelecimento responsável e fixar a base de cálculo do imposto 9art. 155, §2º, XII, a, b, c e i).

4. A EC nº 87/15 criou uma nova relação jurídico-tributária entre o remetente do bem ou serviço (contribuinte) e o estado de destino nas operações com bens e serviços destinados a consumidor final não contribuinte do ICMS. Houve, portanto, substancial alteração na sujeição passiva da obrigação tributária. O ICMS incidente nessas operações e prestações, que antes era devido totalmente ao estado de origem, passou a ser dividido entre dois sujeitos ativos, cabendo ao estado de origem o ICMS calculado com base na alíquota interestadual e sua alíquota interna.

5. Convênio interestadual não pode suprir a ausência de lei complementar dispondo sobre obrigação tributária, contribuintes, bases de cálculo/alíquotas e créditos de ICMS nas operações ou prestações interestaduais com consumidor final não contribuinte do imposto, como fizeram as cláusulas primeira, segunda, terceira e sexta do Convênio nº 93/2015.

(…)

9. Existência de medida cautelar deferida na ADI nº 5.464/DF, *ad referendum* do Plenário, para suspender a eficácia da cláusula nona do Convênio ICMS nº 93/15, editado pelo Conselho Nacional de Política Fazendária (CONFAZ), por invasão de campo próprio de lei complementar federal.

(…)

11. Modulação dos efeitos da declaração de inconstitucionalidade das cláusulas primeira, segunda, terceira, sexta e nona do convênio questionado, para que a decisão produza efeitos quanto à cláusula nona, desde a data da concessão da medida cautelar nos autos da ADI nº 5.464/DF, e, quanto às cláusulas primeira, segunda, terceira e sexta, a partir do exercício financeiro seguinte à conclusão deste presente julgamento (2022), aplicando-se a mesma solução em relação às respectivas leis dos estados e do Distrito Federal, para as quais a decisão deverá produzir efeito a partir do exercício financeiro seguinte à conclusão deste julgamento (2022), exceto no que diz respeito às normas legais que versarem sobre a cláusula nona do Convênio ICMS nº 93/15, cujos efeitos deverão retroagir à data da concessão da medida cautelar nos autos da ADI nº 5.464/DF. Ficam ressalvadas da modulação as ações judiciais em curso.

(ADI nº 5.469-DF – Plenário – rel. Min. Dias Toffoli – Sessão de 24.02.21)

O STF decidira o seguinte:

Recurso extraordinário. Repercussão geral. Direito tributário. Emenda Constitucional n 87/2015. ICMS. Operações e prestações em que haja a destinação de bens e serviços a consumidor final não contribuinte do ICMS localizado em estado distinto daquele do remetente. Inovação constitucional. Matéria reservada a lei complementar (art. 146, I e III, a e b: e art. 155, §2º, XII, a, b, c, d e i, da CF/88). Cláusulas primeira, segunda, terceira e sexta do Convênio ICMS nº 93/15. Inconstitucionalidade. Tratamento tributário diferenciado e favorecido destinado a microempresas e empresas de pequeno porte. Simples Nacional. Matéria reservada a lei complementar (art. 146, III, d, e parágrafo único, da CF/88). Cláusula nona do Convênio ICMS nº 93/15. Inconstitucionalidade.
(...);
2. Convênio interestadual não pode suprir a ausência de lei complementar dispondo sobre obrigação tributária, contribuintes, bases de cálculo/alíquotas e créditos de ICMS nas operações e prestações interestaduais com consumidor final não contribuinte do imposto, como fizeram as cláusulas primeira, segunda, terceira e sexta do Convênio ICMS nº 93/15.
Tese fixada para o Tema nº 1.093 de Repercussão Geral:
"A cobrança do diferencial de alíquota alusivo ao ICMS, conforme introduzido pela EC nº 87/2015, pressupõe a edição de lei complementar veiculando normas gerais.
Modulação de efeitos (...)".
(RE nº 1.287.019 – Plenário – red. p/ac. Min. Dias Toffoli – sessão de 24.02.21)

A LC nº 190, de 04.01.22, disciplina a cobrança do ICMS nas operações e prestações interestaduais destinadas a consumidor final não contribuinte do imposto, dispondo sobre contribuinte; local da operação; fato gerador; base de cálculo; alíquota; crédito; portal próprio; apuração e recolhimento do imposto; revogando a alínea "c", do inciso XIII, do art. 12, da LC 87/96.

A LC nº 194, de 22.06.22, introduzira preceito na LC nº 87/96:

Art. 32-A. As operações relativas aos combustíveis, ao gás natural à energia elétrica, às comunicações e ao transporte coletivo, para fins de incidência do imposto de que trata esta Lei Complementar, são consideradas operações de bens e serviços essenciais e indispensáveis, que não podem ser tratados como supérfluos.
§1º Para efeito do disposto neste artigo:
I – é vedada a fixação de alíquotas sobre as operações referidas no caput deste artigo em patamar superior aos das operações em geral, considerada a essencialidade dos bens e serviços;
II – é facultada ao ente federativo competente a aplicação de alíquotas reduzidas em relação aos bens referidos no caput deste artigo, como forma de beneficiar os consumidores em geral; e
III – é vedada a fixação de alíquotas reduzidas de que trata o inciso II deste parágrafo, para os combustíveis, a energia elétrica e o gás natural, em percentual superior ao da alíquota vigente por ocasião da publicação deste artigo.
§2º No que se refere aos combustíveis, a alíquota definida conforme o disposto no §1º deste artigo servirá como limite máximo para a definição das alíquotas específicas (ad rem) a que se refere a alínea b do inciso V do caput do art. 3º da Lei Complementar nº 192, de 11 de março de 2022.

19.2.6 Não cumulatividade

O ICMS é não cumulativo, compensando-se o que for devido em cada operação relativa à circulação de mercadorias ou prestação de serviços com o montante incidente nas operações e prestações anteriores pelo mesmo ou outro Estado, ou Distrito Federal (art. 155, §2º, I).

Este princípio já fora esclarecido em capítulo anterior (item 18.4.5), cabendo apenas prestar esclarecimentos adicionais para a perfeita compreensão dos seus objetivos, tendo em vista os desdobramentos e implicações operacionais.

A sistemática consiste na compensação de créditos de ICMS (gerados pela aquisição de bens e serviços), com os débitos de ICMS (decorrentes de operações mercantis e serviços de transporte e comunicação), num determinado período de tempo, com a apuração de saldo devedor (ICMS a ser recolhido), ou saldo credor (ICMS passível de aproveitamento, ou transferências a terceiros, nos períodos seguintes, e objeto de futuras compensações).

Cabe apontar demais pontos de interesse para o entendimento do postulado da "não cumulatividade", a saber:

a) o direito de crédito não se condiciona à circunstância de o fornecedor de bens/serviços ter efetivamente cobrado, ou pago, o ICMS incidente nessas atividades, mas decorre do fato de ter havido sua incidência nos negócios anteriores;

b) o crédito não pode ser simplesmente objetado por questões de natureza formal, relativas a meras incorreções constantes das notas fiscais do fornecimento de bens/serviços;

c) a glosa dos créditos é injustificável nos casos em que ocorre inidoneidade do emitente das notas fiscais, à qual os adquirentes dos bens/serviços são totalmente estranhos, especialmente porque não lhes cabe exercer o poder de polícia de cunho fiscalizatório;

d) a restrição ao crédito não se condiciona à vinculação dos negócios jurídicos envolvendo os mesmos bens adquiridos, uma vez que o direito à sua fruição decorre exclusivamente de anterior realização de negócios mercantis, ou civis;

e) a aquisição dos bens destinados ao uso, consumo ou ativo permanente do estabelecimento – que não deve implicar operação/serviço tributado –, deveria ter assegurado o direito ao crédito, desde a data de sua aquisição, por inocorrer enquadramento à restrição constitucional;

f) a aquisição de energia elétrica também confere direito a crédito desde a data de sua utilização, ou consumo em quaisquer espécies de estabelecimentos (fabris, comerciais, serviços, escritórios), pela circunstância de que as operações com energia elétrica constituem fatos geradores do tributo;

g) os serviços de comunicação deveriam implicar o direito de crédito para quaisquer espécies de contribuintes;

h) o furto, o perecimento, ou a deterioração dos bens adquiridos, não deveriam acarretar o estorno do crédito, uma vez que não tipificam efetiva operação, não podendo se cogitar de saída isenta, ou com não incidência.

Por conseguinte, entendo que seriam inconstitucionais as seguintes restrições ao direito ao crédito: a) bens do ativo permanente somente a partir de 1º.01.96, em seu valor integral; e a partir de 1º.01.01 à razão de 1/48 do seu valor; b) bens de uso e consumo;

c) energia elétrica, vinculada a serviços de energia elétrica, industrialização, vedado às atividades comerciais; d) serviço de comunicação restrito aos prestadores dos mesmos serviços; e) bens alheios à atividade do estabelecimento.

Todavia, a LC nº 87/96 tem disposto sobre o aproveitamento dos créditos (art. 20) na forma seguinte:

> Art. 33. Na aplicação do art. 20 observar-se-á o seguinte:
> I – somente darão direito de crédito as mercadorias destinadas ao uso ou consumo do estabelecimento nele entradas a partir de 1º de janeiro de 2033 (redação dada pela LC nº 171, de 2019);
> II – somente dará direito a crédito a entrada de energia elétrica no estabelecimento (redação dada pela LC nº 102, de 2000)
> a) quando for objeto de operação de saída de energia elétrica;
> b) quando consumida no processo de industrialização;
> c) quando seu consumo resultar em operação de saída ou prestação para o exterior, na proporção destas sobre as saídas ou prestações totais; e
> d) a partir de 1º de janeiro de 2033, nas demais hipóteses (redação dada pela LC nº 171, de 2019);
> III – somente darão direito de crédito as mercadorias destinadas ao ativo permanente do estabelecimento, nele entradas a partir da data da entrada desta Lei Complementar em vigor;
> IV – somente dará direito a crédito o recebimento de serviços de comunicação utilizados pelo estabelecimento
> a) ao qual tenham sido prestados na execução de serviços da mesma natureza;
> b) quando sua utilização resultar em operação de saída ou prestação para o exterior, na proporção desta sobre as saídas ou prestações totais; e
> c) a partir de 1º de janeiro de 2033, nas demais hipóteses (redação data pela LC nº 171, de 2019).

Destaco a jurisprudência sobre a matéria:

a) *Aquisição com alíquota reduzida*
A mercadoria adquirida de outra unidade federativa sob o regime de alíquota reduzida não gera direito ao crédito pela diferença, não havendo que se falar em afronta ao princípio da não-cumulatividade do ICM.
(RE nº 278.885-6-SP, 1ª Turma, rel. Min. Ilmar Galvão, j. 26.09.00, *DJU* 1-E de 02.02.01, p. 143)

b) *Bens de uso e consumo*
As peças de máquinas, aparelhos, equipamentos industriais e materiais para manutenção, inclusive com a frota de veículos para o transporte de mercadoria a clientes, não permitem a apropriação do respectivo crédito, porque não são consumidas ou integradas no produto final, inocorrendo processo de transformação em nova mercadoria.
(RE nº 195.894-4, 2ª Turma, rel. Min. Marco Aurélio, j. 14.11.00, *DJU* 1-E de 16.02.01, p. 140)

c) *Base de Cálculo Reduzida*
Ementa: Tributo. Imposto sobre Circulação de Mercadorias. ICMS. Créditos relativos à entrada de insumos usados em industrialização de produtos cujas saídas foram realizadas

com redução da base de cálculo. Caso de isenção fiscal parcial. Previsão de estorno proporcional. Art. 41, inc. IV, da Lei estadual nº 6.374/89, e art. 32, inc. II, do Convênio ICMS nº 66/88. Constitucionalidade reconhecida. Segurança denegada. Improvimento ao recurso. Aplicação do art. 155, §2º, inc. II, letra 'b', da CF. Voto vencido. São constitucionais o art. 41, inc. IV, da Lei nº 6.374/89, do Estado de São Paulo, e o art. 32, incs. I e II, do Convênio ICMS nº 66/88.
(RE nº 174.478, Pleno, rel. p/ acórdão Min. Cezar Peluso, j. 17.03.05, DJU 1 de 30.09.05)

d) *Correção Monetária*
Tributário. ICMS. Correção de Créditos Escriturados. Afronta aos Princípios da Não-cumulatividade e da Isonomia.
Ambas as Turmas do Supremo Tribunal Federal já se manifestaram no sentido de que não têm os contribuintes do ICMS o direito de corrigir monetariamente os créditos escriturais excedentes (RE 213.583, Rel. Min. Maurício Corrêa, e AgRg 181.138, Rel. Min. Moreira Alves).
Recurso conhecido e provido.
(RE nº 238.116-0-SP, 1ª Turma, rel. Min. Moreira Alves, j. 13.04.99, DJU de 06.08.98)

1. Créditos escriturais não realizados no momento adequado por óbice do Fisco, em observância à suspensão cautelar da norma autorizadora. Retorno da situação ao *status quo* anterior. Garantia de eficácia da lei desde sua edição. Correção monetária devida, sob pena de enriquecimento sem causa da Fazenda Pública.
2. Atualização monetária que não advém da permissão legal de compensação, mas do impedimento causado pelo Estado para o lançamento na época própria. Hipótese diversa da mera pretensão de corrigir-se, sem previsão legal, créditos escriturais do ICMS. Acórdão mantido por fundamentos diversos.
(RE nº 282.120-9-PR, 2ª Turma, rel. Min. Maurício Corrêa, j. 15.10.02, DJU 1 de 22.11.02, p. 55)

e) *Crédito Financeiro*
TRIBUTÁRIO. ICMS. CRÉDITO. BENS DE USO E CONSUMO. MERCADORIAS DESTINADAS À EXPORTAÇÃO. EMENTA CONSTITUCIONAL N. 42/2003. MANUTENÇÃO DA SISTEMÁTICA DO CRÉDITO FÍSICO. TEMA 633 DA SISTEMÁTICA DA REPERCUSSÃO GERAL.
A EC 42/2003 manteve a fórmula do crédito físico para fins de apropriação do ICMS.
Possibilidade de a legislação complementar ampliar as possibilidades de compensação e de creditamento do ICMS, de maneira a adotar o crédito misto ou o crédito financeiro integralmente.

Tese de repercussão geral fixada no sentido de que A imunidade e a que a se refere o art. 155, §2º, X, a, CF/88, não alcança, nas operações de exportação, o aproveitamento de créditos de ICMS decorrentes de aquisições de bens destinados ao uso e consumo da empresa, que depende de lei complementara para sua efetivação.
(RE nº 704815/SC – Plenário – red. p/ac Min. Gilmar Mendes – sessão de 27.10 a 07.11.23)

f) *Desvinculação dos Negócios Jurídicos*
O creditamento somente é factível nas hipóteses restritas e constantes do parágrafo 1º do artigo 20 da Lei Complementar n. 87/96, qual seja a entrada de mercadorias que façam parte da atividade do estabelecimento. Consectariamente, é de clareza hialina porque

o direito de creditamento do ICMS pago anteriormente somente exsurge quando se tratar de insumos que se incorporam ao produto final ou que são consumidos no curso do processo de industrialização. Precedentes: REsp nº 762.748-SC, Rel. Min. Luiz Fux, DJ 12.04.07; REsp nº 626.181-SC, Rel. Min. Eliana Calmon, DJ 16.05.06, Segunda Turma, julgado em 04.04.06, DJ 16.05.06).
(REsp nº 889.414-RJ, 1ª Turma, rel. Min. Luiz Fux, j. 17.04.08, *DJe* de 14.05.08)

g) *Diferimento*
Constitucional. Tributário. ICMS. Diferimento. Transferência de Crédito ao Adquirente. Princípio da Não-cumulatividade. Impossibilidade.
1. O regime de diferimento, ao substituir o sujeito passivo da obrigação tributária, com o adiamento do recolhimento do imposto, em nada ofende o princípio da não-cumulatividade (RE nº 112.098, DJ 14.02.92 e RE nº 102.354, DJ 23.11.84).
2. O princípio da não-cumulatividade do ICMS consiste em impedir que, nas diversas fases da circulação econômica de uma mercadoria, o valor do imposto seja maior que o percentual correspondente à sua alíquota prevista na legislação. O contribuinte deve compensar o tributo pago na entrada da mercadoria com o valor devido por ocasião da saída, incidindo a tributação somente sobre o valor adicional ao preço.
3. Na hipótese dos autos, a saída da produção dos agravantes não é tributada pelo ICMS, pois sua incidência é diferida para a próxima etapa do ciclo econômico. Se nada é recolhido na venda da mercadoria, não há que se falar em efeito cumulativo.
4. O atacadista ou industrial, ao comprar a produção dos agravantes, não recolhe o ICMS, portanto não escritura qualquer crédito desse imposto. Se a entrada da mercadoria não é tributada, não há créditos a compensar na saída.
5. Impertinente a invocação do princípio da não cumulatividade para permitir a transferência dos créditos de ICMS, referente à compra de insumos e maquinário para os compradores da produção agrícola, sob o regime de diferimento.
(AgReg no RE nº 325.623-8, 2ª Turma, rel. Min. Ellen Gracie, j. 14.03.06, *DJU* 1 de 07.12.06, p. 65)

h) *Energia Elétrica*
Tributário. Pretendido crédito relativo ao ICMS incidente sobre a energia elétrica consumida em estabelecimento comercial.
Não implicará o crédito para compensação com o montante do imposto devido nas operações ou prestações seguintes, a entrada de bens destinados a consumo ou à integração no ativo fixo do estabelecimento (art. 31, II, do Convênio ICM 66/88).
Se não há saída do bem, ainda que na qualidade de componente do produto industrializado, não há falar-se em cumulatividade tributária.
(RE nº 200.168-6-RJ, 1ª Turma, rel. Min. Ilmar Galvão, j. 08.10.96, *DJU* 1 de 22.11.96, p. 458)

As atividades de panificação e congelamento de alimentos, realizadas por estabelecimento comercial, não se caracterizam como processo de industrialização, razão pela qual inexiste direito ao creditamento do ICMS recolhido em relação à energia elétrica consumida na realização de tais atividades.
(REsp nº 1.117.139-RJ, 1ª Seção, rel. Min. Luiz Fux, *DJe* de 28.02.10)

i) *Energia Elétrica*
Tributário. Serviços de Telecomunicação. Energia Elétrica. Creditamento. Possibilidade. Art. 33, II, 'b', da LC 87/96. Decreto 640/02. Equiparação à Indústria Básica para Todos os

Efeitos Legais. Validade e Compatibilidade com o Ordenamento Jurídico Atual. Ordem em Mandado de Segurança Concedida. Recurso Especial. Não Provido.

1. O art. 1º do Decreto nº 640/42, que equiparou, para todos os efeitos legais, os serviços de telecomunicação à indústria básica, é compatível com o ordenamento jurídico vigente, em especial com a Lei Geral de Telecomunicações, com o Regulamento do IPI e com o Código Tributário Nacional.

2. O art. 33, II, 'b', da LC 87/96 autoriza o creditamento do imposto incidente sobre energia elétrica quando 'consumida no processo de industrialização'. Como o art. 1º do Decreto 640/42 equipara, para todos os efeitos legais, a atividade de telecomunicações ao processo industrial, faz jus a impetrante ao creditamento pretendido.

3. Segundo a regra do art. 155, II, da CF/88, o ICMS comporta três núcleos distintos de incidência: (i) circulação de mercadorias; (ii) serviços de transporte; e (iii) serviços de comunicação.

4. O princípio da não cumulatividade, previsto no §2 do art. 155 da CF/88, abrange três núcleos de incidência, sem exceção, sob pena de tornar o imposto cumulativo em relação a um deles.

5. No caso dos serviços de telecomunicação, a energia elétrica além de essencial, revela-se como único insumo, de modo que impedir o creditamento equivale a tornar o imposto cumulativo em relação a um deles.

6. O art. 33, II, da LC 87/96 precisa ser interpretado conforme a Constituição, de modo a permitir que a não cumulatividade alcance os três núcleos de incidência do ICMS previstos no Texto Constitucional, e não apenas a circulação de mercadorias, vertente central, mas não única da hipótese de incidência do imposto.

7. O ICMS incidente sobre a energia elétrica consumida pelas empresas de telefonia, que promovem processo industrial por equiparação, pode ser creditado para abatimento do imposto devido quando da prestação dos serviços.

8. Recurso especial não provido.

(REsp nº 842.270-RS, 1ª Turma, rel. Min. Luiz Fux, j. 23.05.12, *DJe* de 26.06.12)

j) *Energia elétrica*
A demanda de potência elétrica não é passível, por si só, de tributação via ICMS, porquanto somente integram a base de cálculo desse imposto os valores referentes àquelas operações em que haja efetivo consumo de energia elétrica pelo consumidor.
(Tema 176 de repercussão geral. RE nº 593824-SC – Plenário – rel. Min. Edson Fachin – Sessão virtual de 17 a 24.04.20)

k) *Insumos não integrando o produto*
A aquisição de insumos que, apesar de integrarem o processo de industrialização, não integram o produto final, tampouco são consumidos de forma imediata e integral, não geram direito ao creditamento do ICMS. Precedentes desta Corte.
(AgRg no Agravo de Instrumento nº 438.945-SP, rel. Min. Francisco Falcão, j. 10.12.02, *DJU* 1 de 31.03.03, p. 156)

l) *Licenciamento*
É inconstitucional a incidência do ICMS sobre o licenciamento ou cessão do direito de uso de programas de computador.
(ADIn nº 5.576 – SP – Plenário – rel. Min. Roberto Barroso, sessão de 25.06 a 02.08.21)

m) *Material de Construção*
Execução Fiscal. ICMS. Hipermercado. Material de Construção utilizado na Edificação da Sede. Art. 20, §11, da Lei Complementar nº 87/96. Emprego em Atividade alheia à Finalidade da Empresa. Creditamento. Impossibilidade (...).

Esta Corte tem-se manifestado no sentido da possibilidade de creditamento dos valores despendidos para aquisição de bens destinados ao ativo imobilizado. Todavia, a hipótese dos autos se subsume à exceção prevista no parágrafo 1º do artigo 20 da Lei Complementar nº 87/96, pois os bens adquiridos pelo executado foram empregados na construção do prédio onde funciona o hipermercado.

Neste caso, por serem aplicados em atividade alheia à finalidade da empresa, a aquisição dos referidos bens não dá direito ao creditamento pretendido.

(REsp nº 860.701-MG, 1ª Turma, rel. Min. Francisco Falcão, j. 19.04.07, *DJU* 1 de 17.05.07, p. 215)

n) *Não Cumulatividade*
Não viola o princípio da não cumulatividade (art. 155, §2º, incisos I e XII, alínea *c*, da CF/1988, lei complementar que prorroga a compensação de créditos de ICMS relativos a bens adquiridos para uso e consumo no próprio estabelecimento do contribuinte.

Conforme o artigo 150, III, *c*, da CF/1988, o princípio da anterioridade nonagesimal aplica-se somente para leis que instituem ou majorem tributos, não incidindo relativamente às normas que prorrogam a data de início da compensação de crédito tributário.

(Tema 346 de Repercussão Geral – RE nº 601.967-RS – Plenário – red. p/ac. Alexandre de Moraes – sessão de 18.08.20)

o) *Não Cumulatividade*
O diferimento do ICMS relativo à saída do álcool etílico anidro combustível (AEAC) das usinas ou destilarias para o momento da saída da gasolina C das distribuidoras (Convênios ICMS nº 80/97 e 110/07) não gera o direito de crédito do imposto para as distribuidoras.
(Tema nº 694 da Repercussão Geral – RE nº 781.926-GO – Plenário – rel. Min. Dias Toffoli – sessão de 27.03.23)

p) *Notas Inidôneas*
Processo Civil. Recurso Especial Representativo de Controvérsia. Artigo 543-C do CPC. Tributário. Crédito de ICMS. Aproveitamento (Princípio da Não-cumulatividade). Notas Fiscais Posteriormente Declaradas Inidôneas. Adquirente de Boa-fé.

1. O comerciante de boa-fé que adquire mercadoria, cuja nota fiscal (emitida por empresa vendedora) posteriormente seja declarada inidônea, pode engendrar o aproveitamento do crédito de ICMS pelo princípio da não-cumulatividade, uma vez demonstrada a veracidade da compra e venda efetuada, porquanto o ato declaratório de inidoneidade somente produz efeitos a partir de sua publicação (Precedentes das Turmas de Direito Público).

2. A responsabilidade do adquirente de boa-fé reside na exigência, no momento da celebração do negócio jurídico, da documentação pertinente à assunção da regularidade do alienante, cuja verificação de inidoneidade incumbe ao fisco, razão pela qual não incide, à espécie, o artigo 136, I, do CTN, segundo o qual *'salvo disposição de lei em contrário*, a responsabilidade por *infrações da legislação tributária independe da intenção do agente ou do responsável e da efetividade, natureza e extensão dos efeitos do ato'* (norma aplicável, *in casu*, ao alienante). (...)

4. A boa-fé do adquirente em relação às notas fiscais declaradas inidôneas após a celebração do negócio jurídico (o qual fora efetivamente realizado), uma vez caracterizada, legitima o aproveitamento dos créditos de ICMS (...).

(REsp nº 1.148.444-MG, 1ª Turma, rel. Min. Luiz Fux, j. 14.04.10, *DJe* de 27.04.10)

k) *Notas Inidôneas*
É lícito ao comerciante de boa-fé aproveitar os créditos de ICMS decorrentes de nota fiscal posteriormente declarada inidônea.
(Súmula nº 509 do STJ)

19.2.7 Seletividade

O imposto poderá ser seletivo em função da essencialidade das mercadorias e serviços, devendo decorrer de valores colhidos pelo constituinte que toma em consideração as necessidades vitais básicas, como moradia, alimentação, educação, saúde, lazer, vestuário, higiene, transporte e previdência (art. 7º, IV).

O STF examinou controvérsia relativa à constitucionalidade de norma, dispondo sobre a alíquota de 25%, alusiva ao ICMS incidente no fornecimento de energia elétrica, e nos serviços de telecomunicação, em patamar superior ao estabelecido para as operações em geral (17%).

Decidira pelo direito da impetrante ao recolhimento do ICMS incidente sobre as mencionadas atividades, considerada a alíquota geral de 17%, conforme previsto na Lei estadual nº 10.297/1966 de Santa Catarina (sessão de 21.06.21). O STF (Pleno – RE nº 714.139), por maioria de votos, modulou os efeitos da decisão, estipulando que produza efeitos a partir do exercício financeiro de 2024, ressalvando as ações ajuizadas até a data do início do julgamento do mérito (05.02.21), nos termos do voto ora reajustado do Min. Dias Toffoli, redator para o acórdão, vencido o Min. Edson Fachin (sessão virtual de 10.12.21 a 17.12.21).

A LC nº 194, de 23.06.22, introduziu preceito no CTN, reproduzido na LC nº 87/96, na forma seguinte:

> Art. 32-A As operações relativas aos combustíveis, ao gás natural, à energia elétrica, às comunicações e ao transporte coletivo, para fins de incidência do imposto de que trata esta Lei Complementar, são consideradas operações de bens e serviços essenciais e indispensáveis, que não podem ser tratados como supérfluos.
> §1º. Para efeito do disposto neste artigo:
> I – é vedada a fixação de alíquotas sobre as operações referidas no caput em patamar superior ao das operações em geral, considerada a essencialidade dos bens e serviços;
> II – é facultada ao ente federativo competente a aplicação de alíquotas reduzidas em relação aos bens referidos no caput deste artigo, como forma de beneficiar os consumidores em geral;
> III – é vedada a fixação de alíquotas reduzidas de que trata o inciso II deste parágrafo, para os combustíveis, a energia elétrica e o gás natural, em percentual superior ao da alíquota vigente por ocasião da publicação deste artigo.

19.2.8 Obrigações acessórias

O diploma que instituiu as obrigações (Convênio ICM de 15.12.70, aprovando o Sinief – Sistema Nacional Integrado de Informações Econômico-Fiscais) sofreu diversas alterações (ajustes), especialmente com a promulgação da Constituição Federal (1988), sendo previsto nas legislações ordinárias.

No âmbito de São Paulo (Regulamento do ICMS-2000, arts. 124 a 212), as pessoas inscritas no Cadastro de Contribuintes do ICMS emitirão os seguintes *documentos fiscais*:

I – Nota Fiscal;
II – Nota Fiscal de Venda a Consumidor;
III – Cupom Fiscal emitido por Equipamento Emissor de Cupom Fiscal;
IV – Nota Fiscal de Produtor;
V – Nota Fiscal/Conta de Energia Elétrica;
VI – Nota Fiscal de Serviço de Transportes;
VII – Conhecimento de Transporte Rodoviário de Cargas;
VIII – Conhecimento de Transporte Aquaviário de Cargas;
IX – Conhecimento Aéreo;
X – Conhecimento de Transporte Ferroviário de Cargas;
XI – Bilhete de Passagem Rodoviário;
XII – Bilhete de Passagem Aquaviário;
XIII – Bilhete de Passagem e Nota de Bagagem;
XIV – Bilhete de Passagem Ferroviário;
XV – Despacho de Transportes;
XVI – Resumo de Movimento Diário;
XVII – Ordem de Coleta de Carga;
XVIII – Nota Fiscal de Serviço de Comunicação;
XIX – Nota Fiscal de Serviço de Telecomunicação;
XX – Manifesto de Carga.
XXI – Conhecimento de Transporte Multimodal de Carga;
XXII – Documento Fiscal Eletrônico;
XXIII – Documento Auxiliar da Nota Fiscal Eletrônica (DANFE);
XXIV – Nota Fiscal de Serviço de Transporte Ferroviário;
XXV – Documento Auxiliar do Conhecimento de Transporte Eletrônico (DACT);
XXVI – Documento Auxiliar do Manifesto Eletrônico de Documentos Fiscais (DAMDEF);
XXVII – Documento Auxiliar da Nota Fiscal de Consumidor Eletrônico (DANFE-MFC-e);
XXVIII – Extrato de Emissão do Cupom Fiscal Eletrônico.

O contribuinte deverá manter em cada estabelecimento, conforme as operações ou prestações que realizar, os seguintes *livros fiscais* (arts. 213 a 252):

I – Registro de Entradas (dois modelos);
II – Registro de Saídas (dois modelos);
III – Registro de Controle da Produção e do Estoque;
IV – Registro de Selo Especial de Controle;
V – Registro de Impressão de Documentos Fiscais e Termos de Ocorrências;
VI – Registro de Inventário;
VII – Registro de Apuração do IPI;
VIII – Registro de Apuração do ICMS;
IX – Livro de Movimentação de Combustíveis;
XX – Livro de Movimentação de Produtos.

A pessoa inscrita deverá declarar em Guia de Informação – GIA (arts. 253 a 258) – os valores das operações e das prestações do período; o valor do imposto a recolher ou do saldo credor; informações relativas ao seu movimento econômico; informações relacionadas à apuração dos índices de participação dos municípios paulistas na arrecadação dos impostos; suas operações interestaduais de entrada ou saída de mercadoria, bem como os serviços tomados ou prestados, com detalhamento dos valores por Estado remetente ou destinatário; e outras informações econômico-fiscais relacionadas com sua atividade.

O contribuinte poderá obter (a critério do Fisco) a adoção de *regime especial* para pagamento do imposto, bem como para a emissão de documentos e escrituração de livros fiscais, mediante a apresentação dos modelos relativos ao sistema previsto, e (quando for o caso) cópia do ato concessivo de regime acaso concedido por outro Estado.

É o caso, por exemplo, de empresa prestadora de serviços de manutenção de elevadores, com utilização de materiais e aplicação de peças, cujos funcionários devam sair do estabelecimento várias vezes durante o dia. Se fosse normalmente observar as disposições regulamentares, o contribuinte teria que emitir inúmeras notas fiscais (de entrada, saída etc.), com a decorrente escrituração (livros de entrada, saída etc.), com perda natural de tempo, dispêndios etc.

Assim, para facilitar suas atividades (simplificação documental e diminuição de custos), poderá pleitear a concessão de "regime especial", para que possa emitir uma única nota fiscal (saídas/entradas) por dia, estando os materiais e mercadorias acompanhados de romaneio etc.

Em substituição à Nota Fiscal (modelo 1) pelos contribuintes, poderá ser emitida *Nota Fiscal Eletrônica*, que tem como objetivo a implantação de um modelo nacional de documento fiscal eletrônico para a substituição da sistemática atual de emissão do documento fiscal em papel, que atualmente acoberta as operações com mercadorias entre empresas (modelos 1 e 1-A), reduzindo custos, simplificando as obrigações acessórias dos contribuintes e permitindo, ao mesmo tempo, o acompanhamento em tempo real das operações comerciais pelo Fisco.

O conceito adotado trata a Nota Fiscal Eletrônica como um documento de existência apenas digital, emitido e armazenado eletronicamente, com o intuito de documentar, para fins fiscais, uma operação de circulação de mercadorias ou uma prestação de serviços, ocorrida entre as partes, e cuja validade jurídica é garantida pela assinatura digital do emissor (garantia de autoria e de integridade) e pela recepção, pela Fazenda, do documento eletrônico, antes da ocorrência da circulação ou saída da mercadoria.

Este documento implica mudanças significativas no processo de emissão e gestão das informações fiscais, objetivando trazer benefícios para os contribuintes, para a sociedade, e para as Administrações Tributárias, a saber:

a) Benefícios para o Contribuinte Vendedor (Emissor da NF-e):
– redução de custos de impressão;
– redução de custos de aquisição de papel;
– redução de custos de envio do documento fiscal;
– redução de custos de armazenagem de documentos fiscais;
– simplificação de obrigações acessórias, como dispensa de AIDF (Autorização para Impressão de Documentos Fiscais);
– redução de tempo de parada de caminhões em postos fiscais de fronteira;

- incentivo a uso de relacionamentos eletrônicos com clientes;
- benefícios para o contribuinte comprador (receptor da NF-e);
- eliminação de digitação de Notas Fiscais na recepção de mercadorias;
- planejamento de logística de entrega pela recepção antecipada da informação da NF-e;
- redução de erros de escrituração devido a erros de digitação de Notas Fiscais;
- incentivo a uso de relacionamentos eletrônicos com fornecedores (B2B).

b) Benefícios para a Sociedade:
- redução do consumo de papel, com impacto em termos ecológicos;
- incentivo ao comércio eletrônico e ao uso de novas tecnologias;
- padronização dos relacionamentos eletrônicos entre empresas;
- surgimento de oportunidades de negócios e empregos na prestação de serviços ligados à Nota Fiscal Eletrônica.

c) Benefícios para as Administrações Tributárias:
- aumento na confiabilidade da Nota Fiscal;
- melhoria no processo de controle fiscal, possibilitando um melhor intercâmbio e compartilhamento de informações entre os Fiscos;
- redução de custos no processo de controle das Notas Fiscais capturadas pela fiscalização de mercadorias em trânsito;
- diminuição da sonegação e aumento da arrecadação;
- suporte aos projetos de escrituração eletrônica contábil e fiscal da Secretaria da Receita Federal Brasil (Sistema Público de Escrituração Digital – SPED).

(Portal do Governo do Estado de São Paulo – Secretaria da Fazenda – 09.05.08)

O Controle de Crédito de ICMS do Ativo Permanente (Ciap) constitui documento próprio para permitir ao contribuinte o aproveitamento do referido crédito do imposto anteriormente incidente em operações de que tenha resultado a entrada (real ou simbólica) de bens no estabelecimento.

A nova sistemática do Sintegra (Sistema Integrado de Informações sobre Operações Interestaduais com Mercadorias e Serviços), adotada por alguns Estados para a totalidade das operações, objetiva o seguinte:

a) reduzir e simplificar as obrigações tributárias acessórias dos contribuintes na prestação de informações sobre operações com mercadorias e serviços;
b) consolidar o uso de sistemas informatizados para aperfeiçoamento dos controles do Fisco sobre as operações com mercadorias e serviços realizadas pelos contribuintes.

O Sistema Público de Escrituração Digital – Sped é um instrumento que unifica as atividades de recepção, validação, armazenamento e autenticação de livros e documentos (emitidos de forma eletrônica) que integram a escrituração comercial e fiscal dos empresários e das sociedades empresárias, mediante fluxo único, computadorizado, de informações.

São usuários do *Sped* (I) a Receita Federal do Brasil; (II) as Administrações Tributárias dos Estados, do Distrito Federal e dos Municípios, mediante convênio celebrado com a SRFB; e (III) os órgãos e as entidades da Administração Pública Federal direta e indireta que tenham atribuição legal de regulação, normatização, controle e fiscalização dos empresários e das sociedades empresárias.

A Escrituração Fiscal Digital – EFD (instituída pelo Convênio ICMS nº 143, de 15.12.06, e substituído pelo Ajuste Sinief nº 02/2009), pelo contribuinte do ICMS e do IPI, é parte integrante do projeto *Sped*, constituindo um conjunto de registros de apuração de impostos referentes às operações e prestações praticadas pelo contribuinte, bem como de documentos fiscais e outras informações de interesse dos Fiscos das unidades federadas e da RFB.

O Convênio ICMS nº 235, de 27.12.21, instituiu o *Portal Nacional* da diferença entre as alíquotas internas da unidade federada de destino, e interestadual nas operações e prestações destinadas a não contribuinte do ICMS localizado em outra unidade da federação, produzindo efeitos a partir de 1º.01.22.

A LC nº 190/22 dispôs que os Estados e o Distrito Federal divulgarão, em *portal próprio*, as informações necessárias ao cumprimento das obrigações principais e acessórias, nas operações e prestações interestaduais.

19.2.9 Substituição pelo IBS

O ICMS será substituído pelo IBS (Imposto sobre Bens e Serviços), consoante disposto na Emenda Constitucional nº 132, promulgada em 20.12.23, observadas as regras básicas seguintes:

> Art. 128. De 2029 a 2032, as alíquotas dos impostos previstos nos arts. 155, II, da CF (ICMS), E 156, da CF (ISS) serão fixadas nas seguintes proporções das alíquotas fixadas nas respectivas legislações:
> I – 9/10 (nove décimos) em 2029;
> II – 8/10 (oito décimos) em 2030;
> III – 7/10 (sete décimos) em 2031;
> IV – 6/10 (seis décimos) em 2031".
> §1º Os benefícios ou incentivos fiscais ou financeiros relativos aos arts. 155, II e 156, III, da Constituição Federal não alcançados pelo disposto no *caput* deste artigo serão reduzidos na mesma proporção.
> §2º Os benefícios e incentivos fiscais ou financeiros referidos no art. 3º da Lei Complementar nº 160, de 7 de agosto de 2017, serão reduzidos na forma deste artigo, não se aplicando a redução prevista no §2º-A do art. 3º da referida Lei Complementar.
> §3º Ficam mantidos em sua integralidade, até 31 de dezembro de 2031, os percentuais utilizados para calcular os benefícios ou incentivos fiscais ou financeiros já reduzidos por força da redução das alíquotas, em decorrência do disposto no *caput*.

Saldos Credores
Os saldos credores existentes ao final de 2032 serão aproveitados pelos contribuintes na forma deste artigo (134) e nos termos de lei complementar.

Extinção
A partir de 2033 o ICMS ficará extinto (art. 130).

19.3 Imposto sobre a Propriedade de Veículos Automotores

19.3.1 Materialidade

O IPVA tem como *fato gerador* a propriedade de veículo automotor de qualquer espécie (art. 155, III, da CF), que se considera como ocorrido a) na data de sua primeira aquisição (veículo novo – que não foi objeto de saída para o consumidor final); b) na data do seu desembaraço aduaneiro (veículo de procedência estrangeira).

A simples posse do veículo (a título precário, ou mera detenção), por si só, não representa o fato imponível do imposto, não se vinculando à propriedade do bem, uma vez que deve ocorrer a capacidade econômica (elemento ínsito ao proprietário).

O imposto é devido anualmente no local onde o veículo deva ser registrado e licenciado, inscrito ou matriculado, perante as autoridades de trânsito (automóveis), da Marinha (embarcações), ou da Aeronáutica (aeronaves). Estando desobrigado das referidas formalidades, o imposto será devido no local de domicílio de seu proprietário.

O imposto não incidira sobre as embarcações e aeronaves (STF, RE nº 255.111-2, Pleno, rel. Min. Marco Aurélio, j. 24.10.02, *DJU* 1 de 13.12.02, p. 60), porque uma embarcação movida por fonte de energia natural afasta-se da noção de veículo automotor, enquanto as aeronaves significam aparelho manobrável em voo, apto a se sustentar e circular no espaço aéreo mediante reações aerodinâmicas. Devem ser registradas no Registro Aeronáutico Brasileiro e no Tribunal Marítimo, sendo certo que não se vinculam ao Município e sequer aos Estados, haja vista a existência de Capitania dos Portos que abrangem mais de uma unidade federada.

19.3.2 Sujeito ativo, contribuinte e responsáveis

O imposto compete aos Estados e ao Distrito Federal, inclusive no tocante à fixação de sanção no caso de não pagamento do imposto, consistente na impossibilidade de renovação da licença de trânsito; não se tratando de matéria afeta à União (RE nº 255.111-2 – Pleno, rel. Min. Marco Aurélio – j. 24.10.02 – *DJU* 1 de 13.12.02, p. 60).

O *local do recolhimento* do imposto implicou na postura adotada pelo STF:

> RECURSO EXTRAORDINÁRIO. REPERCUSSÃO GERAL. TEMA 708. CONSTITUCIONAL. TRIBUTÁRIO. IMPOSTO SOBRE A PROPRIEDADE DE VEÍCULOS AUTOMOTORES (IPVA). RECOLHIMENTO EM ESTADO DIVERSO DAQUELE QUE O CONTRIBUINTE MANTÉM SUA SEDE OU DOMICÍLIO TRIBUTÁRIO. IMPOSSIBILIDADE.
> 1. Cuida-se, na origem, de ação por meio da qual empresa proprietária de veículos automotores busca declaração judicial de que não está sujeita à cobrança do Imposto sobre a Propriedade de Veículos automotores busca declaração judicial de que não está sujeita à cobrança do Imposto sobre a propriedade de Veículos Automotores (IPVA) por parte do Estado em que se encontra domiciliada, mas sim pelo Estado em que licenciados os veículos.
> 2. O Estado de Minas Gerais, na qual a empresa tem sua sede defende a tributação com base na Lei Estadual 14.937/2003, art. 1º, parágrafo único, dispõe que "o IPVA incide também sobre a propriedade de veículo automotor dispensado de registro, matrícula ou licenciamento no órgão próprio, desde que seu proprietário seja domiciliado no Estado".
> 3. Embora o IPVA esteja previsto em nosso ordenamento jurídico desde a Emenda 27/1985 à Constituição de 1967, ainda não foi editada a lei complementar estabelecendo suas normas

gerais, conforme determinado o art. 146, III, da CF/1988. Assim, os Estados poderão editar as leis necessárias à aplicação do tributo, conforme estabelecido pelo art. 24, §3º, da Carta, bem como pelo art. 34, §3º, do Ato das Disposições Constitucionais Transitórias – ADCT.
4. A presente lide retrata uma das hipóteses de "guerra fiscal" entre entes federativos, configurando-se a conhecida situação em que uma Estado busca aumentar sua receita por meio da oferta de uma vantagem econômica para o contribuinte domiciliado ou sediado em outro.
5. A imposição do IPVA supõe que o veículo automotor circule no Estado em que licenciado. Não por acaso, o inc. III do art. 158 da Constituição de 1988 atribui cinquenta por cento do produto da arrecadação do imposto do Estado sobre a propriedade de veículos automotores aos Municípios em que licenciados os automóveis.
6. Portanto, o art. 1º, parágrafo único da Lei Mineira (14.937/2003 encontra-se em sintonia com a Constituição, sendo válida a cobrança do IPVA pelo Estado de Minas Gerais relativamente aos veículos automotores cujos proprietários se encontram nele sediados.
7. Tese para fins de repercussão geral: "*A Constituição autoriza a cobrança do Imposto sobre a Propriedade de Veículos Automotores (IPVA) somente pelo Estado em que o contribuinte mantém sua sede ou domicílio tributário (...)*".
(RE nº 1.016.605-MG – Plenário – red. p/ac Min. Alexandre de Moraes – sessão de 16.06.20 – Tema 708 da Repercussão Geral)

Contribuinte é o proprietário do veículo, podendo ser *responsáveis* I) o adquirente (em relação ao veículo adquirido sem o pagamento do imposto do exercício ou exercícios anteriores); II) o titular do domínio e/ou possuidor a qualquer título; III) o proprietário de veículo de qualquer espécie, que o alienar e não comunicar a ocorrência ao órgão público encarregado do registro e licenciamento, inscrição ou matrícula de veículo de qualquer espécie, sem a prova de pagamento ou do reconhecimento de isenção ou imunidade do imposto.

O proprietário do veículo, com certa segurança, poderá se eximir de responsabilidades (civis e penais) decorrentes da utilização do seu veículo que tenha sido subtraído, desde que faça prova da existência de furto ou roubo. Nesta situação, ficará excluído de quaisquer ônus e encargos perante terceiros – em casos de abalroamentos, lesões, indenizações –, bem como perante a justiça criminal, no caso de o veículo haver implicado o cometimento de infrações penais por parte daqueles que o tenham utilizado.

Todavia, é problemática a exclusão da responsabilidade, tendo em vista a apontada materialidade constitucional – *propriedade de veículos* – embora exista fundamento para o proprietário não se sujeitar ao imposto, pela razão de que se encontra privado do veículo, e nem tem condição de exercitar seu direito de propriedade, mediante a alienação do bem, diante do desconhecimento do seu paradeiro.

Ademais, se pudesse ser mantida a exigência do IPVA, o proprietário do veículo continuaria obrigado ao seu pagamento, indefinidamente, desfalcando seu patrimônio pessoal, a despeito de não mais encontrar-se em sua posse.

O STJ tem examinado a questão da responsabilidade nas operações de *leasing*, a saber:

> Processo Civil e Tributário. Imposto sobre a Propriedade de Veículo Automotor – IPVA. Contrato de Arrendamento Mercantil. Arrendante. Responsabilidade pelo Pagamento do Tributo. Art. 1º, §§7º e 8º da Lei 7.431/85.
> (...)

II – No tocante à solidariedade, *in casu*, entre arrendante e arrendatário, ao pagamento do IPVA, verifica-se que a figura do arrendante equivale a possuidor indireto do veículo, posto ser-lhe possível reavê-lo em face de eventual inadimplemento, uma vez que somente com a tradição definitiva poderia ser afastado o seu direito real alusivo à propriedade, ou não haveria razão para a cláusula *'com reserva de domínio'*, que garante exatamente o seu direito real.

III – Nesse contexto, não se deve confundir *contribuinte do tributo* com *responsável pelo pagamento*, uma vez que a segunda figura, notadamente quando se relaciona com o instituto da solidariedade, apenas reforça a proteção ao crédito tributário, viabilizando sua realização para o Erário Público.

IV – Outrossim, perceba-se que o inciso III do §8º da Lei n. 7.431/85 prevê solidariedade entre o alienante e o adquirente, nos casos em que aquele não providencia a comunicação da alienação ao órgão público encarregado do registro do veículo. Em outras palavras, se até mesmo no contrato de compra e venda direta que importa na sua conclusão em transferência da propriedade, há a possibilidade de o Estado buscar sua satisfação do crédito tributário diretamente do alienante desidioso, pode a solidariedade alcançar aqueles que ostentam a qualidade de possuidor indireto, equivalente, *in casu*, à expressão *'titular do domínio'*, para fins de responsabilização pelo pagamento do tributo. A *ratio essendi* das disposições legais ante transcritas, portanto, não afastam, mas ao contrário, impõe a solidariedade quanto ao pagamento do IPVA.

(REsp nº 868.246-DF, 1ª Turma, rel. Min. Francisco Falcão, j. 28.11.06, *DJU* 1 de 18.12.06, p. 342-343)

Tributário – Processual e Civil – IPVA – Arrendamento Mercantil – Arrendante – Responsável Solidário – Transferência de Veículos – Matéria Fática – Súmula 7/STJ – Divergência Jurisprudencial não Demonstrada.

Em arrendamento mercantil, o arrendante é responsável solidário para o adimplemento da obrigação tributária concernente ao IPVA, nos termos do art. 1, p. 7, da Lei Federal n. 7.431/85, por ser ela possuidora indireta do bem arrendado e conservar a propriedade até o final do pacto. Precedente (REsp nº 868.246/DF, Rel. Min. Francisco Falcão –Primeira Turma –Data do Julgamento 28.11.06. Data da Publicação/Fonte DJ 18.12.06, p. 342).
(...).
(REsp nº 897.205-DF, 2ª Turma, rel. Min. Humberto Martins, j. 15.03.07, *DJU* 1 de 12.04.07, p. 239)

A arrematação de bem em hasta pública é considerada como aquisição originária, inexistindo relação jurídica entre o arrematante e o anterior proprietário do bem, em razão do que os débitos anteriores à arrematação subrogam-se ao preço do leilão. Assim, a responsabilidade pelo pagamento do IPVA não deve recair sobre o arrematante (REsp nº 807.455-RS – 2ª. T. – rel. Min. Eliana Calmon – j. 28.10.08, *DJe* 21.11.08).

É legítima a cobrança do imposto no caso em que já se alienara o veículo, independentemente da ausência de comunicação da transferência ao órgão de trânsito. Por se tratar de norma relativa a trânsito, o art. 134 do Código de Trânsito Brasileiro não pode ter âmbito de aplicação extrapolado para a hipótese de responsabilidade tributária (AgRg no Agravo em Recurso Especial nº 296.318-SC – 2ª. T. – rel. Min. Eliana Calmon – j. 1º.10.13 – *DJe* 09.10.13).

19.3.3 Base de cálculo

A *base de cálculo* é o valor venal do veículo, a saber: a) no caso de veículo novo será considerado o valor constante da nota fiscal e/ou documento de transmissão de propriedade, sendo proporcional ao número de meses restantes do exercício fiscal, calculado a partir do mês de sua aquisição; b) no caso de veículo de procedência estrangeira, para primeiro lançamento será considerado o valor constante do documento relativo ao desembaraço aduaneiro.

Criticam-se os parcos elementos considerados na legislação em relação às aeronaves (peso máximo de decolagem e ano de fabricação), porquanto deveriam ser considerados diversos elementos, como, a) a marca (o fabricante) da aeronave; b) se é movida a jato, por turbo-hélice ou por motor de explosão, ou explosão turbo-comprimido; c) radar; d) instrumentos de navegação (IRF); e) equipamentos de pouso por instrumento (ILS); f) número de pás de hélices; g) carga ou de passageiro; h) sistema de rádio; i) horas de voo da parte mecânica e da carcaça; e j) ano de fabricação.[371]

Relativamente a veículo usado, tem sido expedida tabela de valores venais, levando em conta a) em relação a veículos terrestres: marca, modelo, espécie, ano de fabricação e procedência; b) em relação a embarcações: potência, combustível, comprimento e ano de fabricação; e c) em relação a aeronaves: peso máximo de decolagem e ano de fabricação. Entretanto, é necessário considerar demais elementos (instrumentos especiais, destinação etc.) para se apurar o real valor venal dos veículos.

A correção da tabela de valores no ano de cobrança do tributo não significa violência aos princípios insculpidos na Constituição Federal, uma vez que prevalecem o fato gerador, a base de cálculo e as alíquotas previstas na legislação que instituiu o IPVA. A simples correção da tabela não tem o condão de modificar o fato gerador e a base de cálculo (STJ, ROMS nº 8.039-RJ, 2ª Turma, rel. Min. Laurita Vaz, j. 28.08.01, *DJU* de 08.10.01, p. 189).

19.3.4 Alíquota

A alíquota será estabelecida na lei ordinária, que normalmente fixa percentuais distintos, tendo em vista a diversidade dos veículos (esporte e corrida, uso misto, motocicletas), tendo o Judiciário decidido que "a Constituição Federal, artigos 150 e 152, proíbe os Estados de estabelecer alíquotas diferenciadas do IPVA para carros importados" (STJ, ROMS nº 10.906-RJ, 1ª Turma, rel. Min. Garcia Vieira, j. 02.05.00, DJU 1-E de 05.06.00, p. 120).

A partir da Emenda Constitucional nº 42/03, e desde que seja integrada na legislação estadual, o imposto I) terá alíquotas mínimas fixadas pelo Senado Federal; e II) poderá ter alíquotas diferenciadas em função do tipo e da utilização.

---

[371] SALOMÃO, Marcelo Viana. Das Inconstitucionalidades do IPVA sobre a Propriedade de Aeronaves. *Revista Dialética de Direito Tributário*, n. 13, p. 49-50, 1996.

19.3.5 EC nº 132/23

A Emenda Constitucional nº 132, promulgada em 20.12.23, alterou a redação original do art. 155, III, da CF, na forma seguinte:

(art. 155)
III – incidirá sobre a propriedade de veículos automotores terrestres, aquáticos e aéreos, excetuados:
a) aeronaves agrícolas e de operador certificado para prestar serviços aéreos a terceiros;
b) embarcações de pessoa jurídica que detenha outorga para prestar serviços de transporte aquaviário ou de pessoa física ou jurídica que pratique pesca industrial, artesanal, científica ou de subsistência;
c) plataformas suscetíveis de se locomoverem na água por meios próprios, inclusive aquelas cuja finalidade principal seja a exploração de atividades econômicas em águas territoriais e na zona econômica exclusiva e embarcações que tenham essa mesma finalidade principal;
d) tratores e máquinas agrícolas.

Ressalto que o STF havia firmado o entendimento de que o imposto não deveria incidir sobre as embarcações e aeronaves (RE nº 255.111-2 – Pleno – rel. Min. Marco Aurélio – sessão de 24.10.02, *DJU* 1 de 13.02.02, p. 60), constatando que a ampliação dos bens que podem ser objeto de materialidade do imposto.

IMPOSTOS MUNICIPAIS

20.1 Imposto sobre a Propriedade Predial e Territorial Urbana

20.1.1 Materialidade

O IPTU tem como *fatos geradores* a propriedade, o domínio útil ou a posse de bem imóvel por natureza ou por acessão física, como definido na lei civil, localizado na zona urbana do Município (art. 156, I, da CF, art. 32 do CTN), conforme elucidado anteriormente (subitem 18.6.1 –ITR).

O conceito de *propriedade* não está expresso na legislação, defluindo de preceito (art. 1.228 do Código Civil), que consagra o direito de propriedade, ao dispor que "o proprietário tem a faculdade de usar, gozar e dispor da coisa, e o direito de reavê-la do poder de quem quer que injustamente a possua ou detenha".

Entretanto, como a propriedade deve atender à sua função social (art. 5º, XXII e XXIII; art. 170, III, arts. 184 e 186, da CF), o exercício do seu direito deve estar em consonância com as suas finalidades econômicas e sociais, preservando a flora, a fauna, as belezas naturais, o equilíbrio ecológico e o patrimônio histórico e artístico, evitando a poluição do ar e das águas (art. 1.228, §1º, do Código Civil).

Os objetivos da função social podem ser alcançados mediante obrigações positivas (proprietário construir em terreno ocioso), e como regras impeditivas de ações (proibição de edificações, visando a funções do urbanismo; ordenamento do crescimento de atividades, segregação de indústrias insalubres, conveniente uso e ocupação do solo, evitando especulação imobiliária).

A CF (art. 182) dispôs sobre a política de desenvolvimento urbano, executada pelo Poder Público Municipal, conforme diretrizes gerais fixadas em lei, tendo o *Estatuto da Cidade* (Lei federal nº 10.257, de 10.07.01, com alterações), estabelecido que a propriedade urbana cumpre sua "função social", quando atende às exigências fundamentais de ordenação da cidade expressas no plano diretor, assegurando o atendimento das necessidades dos cidadãos quanto à qualidade de vida, à justiça social e ao desenvolvimento das atividades econômicas, respeitadas específicas diretrizes, utilizando diversos instrumentos, tais como, (i) planejamento municipal, em especial: (a) plano diretor; (b) disciplinamento do parcelamento, do uso e da ocupação do solo; e (c) zoneamento ambiental; (ii) institutos tributários e financeiros; (iii) institutos jurídicos e políticos; e (iv) estudo prévio de impacto ambiental.

Aspectos fundamentais da propriedade devem ser considerados a saber:
a) Aquisição: usucapião (extraordinário, ordinário, especial, rural, urbano individual (pró-moradia) urbana familiar, urbana coletiva, imobiliária administrativa ou cartorária, indígenas); registro de título; acessão, quilombolas. Considere-se a situação dos compartilhamentos, tais como condomínio, incorporação, loteamento e condomínio fechado, cemitérios privados, clubes de campo, *time sharing, shopping Center.*
b) Restrição: área de preservação ambiental, edificação compulsória, limitação administrativa, ocupação temporária, parcelamento, requisição, servidão (civil e administrativa), e tombamento.
c) Perda: alienação, renúncia, abandono, perecimento.

O *domínio útil* compreende os direitos de utilização e disposição, inclusive o de alienação, conferidos ao foreiro, relativamente a prédio enfitêutico; contrapondo-se ao "domínio direto" (restrito à substância do bem).

A enfiteuse – denominada aforamento ou emprazamento –, ocorria por ato entre vivos, ou de última vontade, quando o proprietário (senhorio direto) atribuía a outrem (enfiteuta ou foreiro) o domínio útil do imóvel (terras não cultivadas ou terrenos destinados à edificação), pagando a pessoa que o adquiria, e assim se constituía enfiteuta, ao senhoria direto uma pensão, ou foro, anual, certo e invariável (CC de 1916, part. 678).

O CC de 2002 (art. 2.038) proíbe a constituição de enfiteuses e subenfiteuses, subordinando-se as existentes, até sua extinção, às disposições do Código Civil anterior (Lei nº 3.017, de 1º.01.16), e leis posteriores.

A CF (Ato das Disposições Transitórias) determinara o seguinte:

> Art. 49. A lei disporá sobre o instituto da *enfiteuse* em imóveis urbanos, sendo facultada aos foreiros, no caso de sua extinção, a remição dos aforamentos mediante aquisição do domínio direto, na conformidade do que dispuserem os respectivos contratos.
> §1º Quando não existir cláusula contratual, serão adotados os critérios e bases hoje vigentes na legislação especial dos imóveis da União.
> §2º Os direitos dos atuais ocupantes inscritos ficam assegurados, pela aplicação de outra modalidade de contrato.
> §3º A enfiteuse continuará sendo aplicada aos terrenos de marinha e seus acrescidos, situados na faixa de segurança, a partir da orla marítima.
> §4º Removido o foro, o antigo titular do domínio direto deverá, no prazo de noventa dias, sob pena de responsabilidade, confiar à guarda do registro de imóveis competente toda a documentação a ele relativa.

Nos aforamentos a que se refere este artigo é defeso (I) cobrar laudêmio ou prestação análoga nas transmissões de bem aforado, sobre o valor das construções ou plantações; (ii) constituir enfiteuse. A enfiteuse dos terrenos de marinha, e acrescidos, regula-se por lei especial (CC, art. 2.038, parágrafos 1º e 2º).

O caso de contrato de concessão de uso (negócio jurídico bilateral de natureza pessoal), para fins tributários, não se equipara ao domínio útil de bem, não caracterizando expressão de *animus dominis*. Não exterioriza propriedade, nem abre espaço para se considerar o cessionário como possuidor, em razão do que não se considera como contribuinte do IPTU do imóvel que ocupa (STJ, REsp nº 681.406-RJ, 1ª Turma, rel. Min. José Delgado, j. 07.12.04, *DJU* 1 de 28.02.05, p. 252; e REsp nº 685.316-RJ, 2ª Turma, rel. Min. Castro Meira, j. 08.03.05, *DJU* 1 de 18.04.05, p. 277).

A *posse* deflui do conceito de possuidor, como sendo todo aquele que tem de fato o exercício, pleno ou não, de algum dos poderes inerentes à propriedade (art. 1.196 do Código Civil); o que não ocorre com o mero detentor, que, achando-se em relação de dependência com outro, conserva a posse em nome deste e em cumprimento de ordens ou instruções suas (art. 1.198 do Código Civil).

É controvertida a consideração da posse como fato gerador do IPTU, pois, se de um lado se compreende tratar de situação nitidamente distinta da propriedade (materialidade prevista na CF), em razão de inocorrer o domínio do imóvel, implicando ampliação da competência municipal por norma infraconstitucional (art. 32 do CTN); de outro, é justificável sua tipificação como fato gerador no caso da posse *ad usucapionem* (atendimento a requisitos que possibilitem postular o domínio).

A ocupação irregular de imóvel público caracteriza-se como detenção – e não como posse – conforme consta do aresto seguinte:

> Agravo regimental em recurso especial – Terra pública – Ocupação irregular – Mera detenção – Proteção possessória – Inadmissibilidade – Verbete 83/STJ. Conforme precedentes do STJ, a ocupação irregular de terra pública não pode ser reconhecida como posse, mas como mera detenção, caso que se afigura inadmissível o pleito da proteção possessória contra o órgão público (...).
> (AgRg no REsp nº 1.200.736-DF – 2ª. T. – rel. Min. Cesar Asfor Rocha – j. 24.05.11, *DJe* 08.06.11)

"Permissão" ou "tolerância" não induzem a posse, assim como não autorizam a sua aquisição os "atos violentos ou clandestinos", senão depois de cessar a violência ou a clandestinidade (CC, art. 1208).

"Atos violentos" são constituídos pelo emprego de força, como é o caso de roubo à propriedade, e invasão de terras, que também podem caracterizar "ato clandestino", a respeito do qual fora decidido o seguinte:

> Processual. Interdito Proibitório. Invasão. Posse. Ato clandestino ou violento. Poder de polícia. CC, arts. 65 e 497 (CC/2002, arts. 98 e 1208).
> I – O art. 65 do CC (art. 98 do CC/2002) não veda ao Distrito Federal o exercício do poder de polícia em relação ao uso de imóveis urbanos, nem outorga a posse a invasores confessos. A ampliação do dispositivo legal evidentemente o maltratou.
> II – Em nosso direito positivo vige a regra de que 'não induzem posse os atos de mera permissão ou tolerância, assim como não autorizam a sua aquisição os atos violentos ou clandestinos" (CC, art. 497; CC/2002, art. 1.208). Ora, a invasão é necessariamente clandestina ou violenta – não pode, assim, gerar posse.
> (REsp nº 219.579/DF – 1ª. T. – rel. Min. Humberto Gomes de Barros – j. 26.09.00 – *DJ* 04.12.00, p. 55)

O imposto tem por objeto *bem imóvel* que compreende o solo e tudo quanto se lhe incorporar natural ou artificialmente (art. 79 do Código Civil), não perdendo esta característica as edificações que, separadas do solo, mas conservando sua unidade, forem removidas para outro local; e os materiais provisoriamente separados de um prédio, para nele se reempregarem (art. 81 do Código Civil).

Os prédios e os terrenos, basicamente, são considerados bens imóveis por natureza; enquanto "circos, parques, barracas de campismo, bancas de jornais, barracas de feira etc., nestes termos, não integram a noção jurídica de prédio, uma vez que não estão incorporados permanentemente ao solo, já que podem ser retirados a qualquer momento sem destruição, modificação, fratura ou dano".[372]

A acessão física do imóvel pode dar-se por formação de ilhas, aluvião (acréscimos formados por depósitos e aterros naturais ao longo das margens das correntes o pelo desvio das águas destas), avulsão (porção de terra que se destaca de um prédio e se junta a outro, por força natural violenta), abandono de álveo e plantações ou construções (art. 1.248 do Código Civil).

A *zona urbana* é conceituada no CTN (art. 32, §§1º e 2º):

§1º Para os efeitos deste imposto, entende-se como zona urbana a definida em lei municipal, observado o requisito mínimo da existência de melhoramentos indicados em pelo menos dois dos incisos seguintes, construídos ou mantidos pelo Poder Público:
I – meio-fio ou calçamento, com canalização de águas pluviais;
II – abastecimento de água;
III – sistema de esgotos sanitários;
IV – rede de iluminação pública com ou sem posteamento para distribuição domiciliar;
V – escola primária ou posto de saúde a uma distância máxima de 3 (três) quilômetros do imóvel construído.

No tocante ao conceito de "zona urbana", deve ser aplicada a diretriz do CTN (§§1º e 2º, art. 32), conforme esclarecido na análise do ITR. Poderá a legislação municipal considerar urbanas, para efeito do IPTU, as áreas urbanizáveis e as de expansão urbana, destinadas à habitação, inclusive residencial de recreio, à indústria ou ao comércio, ainda que realizadas fora da zona urbana do Município, a saber:
   a) as áreas pertencentes a parcelamentos de solos regularizados pela Administração municipal, mesmo que executados irregularmente;
   b) as áreas pertencentes a loteamentos aprovados de conformidade com a legislação;
   c) as áreas dos conjuntos habitacionais, aprovados e executados nos termos da legislação pertinentes;
   d) as áreas com uso ou edificação aprovada de acordo com a legislação urbanística de parcelamento, uso e ocupação do solo e de edificações.

Para efeito de incidência do tributo, pode ser considerado como construído todo imóvel no qual exista edificação que possa servir para habitação ou para o exercício de quaisquer atividades.

É legítima a cobrança do imposto sobre "sítio de recreio", considerado por lei municipal como situado em área de expansão urbana, ainda que não dotada dos melhoramentos previstos no art. 31, §1º, do CTN. Interpretação do art. 32, §2º, do CTN c/c

---

[372] CARRAZZA, Roque Antonio. Impostos Municipais. *Revista de Direito Tributário*, v. 52, p. 154, abr./jun. 1990.

os arts. 14, do DL nº 57/66, e 29, da Lei nº 5.172/66 (STJ, REsp nº 215.460-SP, 2ª Turma, rel. Min. Francisco Peçanha Martins, j. 20.09.01, *DJU* 1 de 12.11.01, p. 136).

Incide o IPTU sobre as áreas consideradas como de expansão urbana por lei municipal, mesmo quando não providas dos melhoramentos previstos no art. 32, §1º, do CTN (STJ, AgRg no REsp nº 191.311-SP, 1ª Turma, rel. Min. Francisco Falcão, j. 27.04.04, *DJU* 1 de 24.05.04, p. 153).

O CTN (art. 32) valeu-se do critério topográfico para delimitar o fato gerador do IPTU e do ITR. A jurisprudência reconheceu a validade do antigo Decreto-Lei nº 57/66 (art. 15) que estabelecera a incidência do ITR para os imóveis situados na zona rural quando utilizados em exploração vegetal, agrícola, pecuária ou agroindustrial. Assim, *não incide* o IPTU quando o imóvel situado na zona urbana receber quaisquer das destinações previstas no DL nº 57/66 (REsp nº 492.869-PR, 1ª Seção, rel. Min. Teori Albino Zavascki, j. 15.02.05, *DJU* 1 de 07.03.05, p. 141).

A localização do imóvel é insuficiente para que se decida sobre a exigência do IPTU ou ITR, sendo necessário observar-se o critério da destinação econômica, conforme já decidiu a Egrégia 2ª Turma, com base em posicionamento do STF sobre a vigência do DL nº 57/66 (STJ, AgRg no AI nº 498.512-RS, 2ª Turma, rel. Min. Francisco Peçanha Martins, j. 22.03.05, *DJU* 1 de 16.05.05, p. 296).

Não incide IPTU, mas, sim, ITR, sobre imóvel localizado na área urbana do Município, desde que comprovadamente utilizado em exploração extrativa, vegetal, agrícola, pecuária ou agroindustrial, nos termos do art. 15 do DL nº 57/66 (STJ, REsp nº 1.112.646-SP, 1ª Seção, rel. Min. Herman Benjamin, j. 26.08.09, *DJe* de 28.08.09).

Devem ser apuradas as situações em que fica prejudicada a exigência do imposto, em razão de restrições ao uso da propriedade; limitações administrativas (destinação residencial ou comercial); ocupação temporária (art. 5º, XXV, da CF, por motivo de inundação); tombamento (art. 216, §1º, da CF, pela proteção ao patrimônio histórico e cultural); requisição (art. 22, III, da CF, iminente perigo em tempo de guerra); desapropriação (art. 5º, XXIV, da CF, pela perda do bem por necessidade ou utilidade pública, ou interesse social); parcelamento e edificação compulsórios (art. 182, §4º, I, em razão de não promover adequado aproveitamento do solo urbano, não edificado, subutilizado ou não utilizado, em áreas incluídas no Plano Diretor); servidão administrativa (arts. 1.378 a 1.389 do Código Civil); e demais situações previstas no Estatuto da Cidade (instituição de unidades de preservação; de zonas especiais de interesse social; direito de superfície; direito de preempção; outorga onerosa do direito de construir e de alteração de uso; transferência do direito de construir; operações urbanas consorciadas; regularização fundiária e respectiva demarcação urbanística).

Entende-se que no caso das limitações administrativas, da ocupação temporária, do tombamento, da requisição e da servidão administrativa, as restrições ao direito de propriedade não retiram o conteúdo econômico da propriedade, salvo se houver desvalorização do imóvel, que possibilitará redução da base de cálculo.[373]

O imóvel situado em áreas de preservação ambiental (art. 225, §1º, III, da CF), contidas em unidades de uso sustentável em propriedades de particulares, também pode implicar a perda do seu valor econômico no caso de submeter-se a regras impostas

---

[373] CEZAROTI, Guilherme. A Incidência do IPTU sobre Propriedades com Limitações de Uso. In: PEIXOTO, Marcelo Magalhães (coord.). *IPTU* – Aspectos Jurídicos Relevantes. São Paulo: Quartier Latin, 2002. p. 229.

pelo Poder Público, acarretando a desigualdade em relação a proprietário de imóvel sem restrição. Assim, há necessidade de redução da carga do imposto, harmonizando o direito de propriedade com as exigências da proteção ao meio ambiente.[374]

O STJ examinou situação relativa à incidência do imposto sobre área de preservação permanente interna a empreendimento imobiliário, proferindo a seguinte decisão:

> Ementa
> Processual Civil. Tributário. Recurso Especial. Violação de Dispositivos Constitucionais. Análise. Impossibilidade. IPTU. Loteamento. Incidência sobre Área de Imóvel Urbano Denominada Área de Preservação Permanente. Legalidade. Restrição à Utilização de Parte do Imóvel que não desnatura a Ocorrência do Fato Gerador do Tributo. Propriedade. Limitação de Natureza Relativa. Ausência de Lei Isentiva.
> 1. Hipótese em que se questiona a violação do artigo 32, I e II, do CTN, e dos artigos 5º, I, II, XXII, 156, §1º, II, da Constituição Federal, ao argumento de que não deve incidir IPTU sobre área de preservação permanente interna a empreendimento imobiliário urbano.
> (...)
> 3. A restrição à utilização da propriedade referente à área de preservação permanente em parte de imóvel urbano (loteamento) não afasta a incidência do Imposto Predial e Territorial Urbano, uma vez que o fato gerador da exação permanece íntegro, qual seja, a propriedade localizada na zona urbana do município. Cuida-se de um ônus a ser suportado, o que não gera o cerceamento total da disposição, utilização ou alienação da propriedade, como ocorre, por exemplo, nas desapropriações. Aliás, no caso dos autos, a limitação não tem caráter absoluto, pois poderá haver exploração da área mediante prévia autorização da Secretaria do Meio Ambiente do município.
> 4. Na verdade, a limitação de fração da propriedade urbana por força do reconhecimento de área de preservação permanente, por si só, não conduz à violação do artigo 32 do CTN, que trata do fato gerador do tributo. O não pagamento da exação sobre certa fração da propriedade urbana é questão a ser dirimida também à luz da isenção e da base de cálculo do tributo, a exemplo do que se tem feito no tema envolvendo o ITR sobre áreas de preservação permanente, pois, para esta situação, por exemplo, há lei federal permitindo a exclusão de áreas da sua base de cálculo (artigo 10, §1º, II, "a" e "b", dia Lei 9.393/96).
> (...).
> (REsp nº 1.128.981-SP, 1ª Turma, rel. Min. Benedito Gonçalves, j. 18.03.10, *DJe* de 25.03.10)

No caso da "servidão administrativa" (direito real de gozo instituído sobre imóvel de propriedade alheia, pertinente à utilização de solo público, e subterrâneo pela instalação de poste, redes de iluminação e telefonia pública), é mantida a titularidade dos bens com os Poderes Públicos (concedente do serviço público), que afasta a hipótese de incidência do imposto.[375]

O STJ decidiu que não há base legal para cobrança do IPTU de quem apenas se utiliza de servidão de passagem de imóvel alheio (REsp nº 601.129-SP, 2ª Turma, rel. Min. Eliana Calmon, j. 09.03.04, *DJU* 1 de 24.05.04, p. 253).

---

[374] NOGUEIRA, Simone Paschoal; KUNTZ, Maria Elenir Lacerda. A Cobrança do IPTU sobre Áreas de Proteção Ambiental. In: PEIXOTO, Marcelo Magalhães (coord.). *IPTU – Aspectos Jurídicos Relevantes*. São Paulo: Quartier Latin, 2002. p. 481.

[375] FERNANDES, Edison Carlos. Cobrança de IPTU sobre Infra-estrutura dos Serviços Públicos. In: PEIXOTO, Marcelo Magalhães (coord.). *IPTU – Aspectos Jurídicos Relevantes*. São Paulo: Quartier Latin, 2002. p. 123.

20.1.2 Sujeito ativo e contribuinte

O imposto é de competência dos Municípios, considerando-se *contribuintes* o proprietário do imóvel, o titular do seu domínio útil ou o seu possuidor a qualquer título (art. 34 do CTN), cujas qualificações já foram examinadas (subitem 18.6.2 – ITR).

Normalmente, o sujeito passivo tributário é a pessoa (natural ou jurídica) que conste do cadastro imobiliário da Prefeitura; mas, no caso de inexistência ou omissão deste, a municipalidade procede à constatação física da pessoa que esteja utilizando efetivamente o imóvel.

O *proprietário* é aquele que tem a faculdade de usar, gozar e dispor da coisa, e o direito de reavê-la do poder de quem injustamente a possua ou detenha (art. 1.228 do Código Civil). Adquire a propriedade imóvel mediante registro do título translativo no Registro de Imóveis. Enquanto não se registrar o título, o alienante continua sendo o dono do imóvel. O registro é eficaz desde o momento em que se apresentar o título ao oficial do registro, e este prenotar no protocolo (arts. 1.245 e 1.246 do Código Civil), combinado com a Lei federal nº 6.015, de 31.12.73, que dispõe sobre os registros públicos.

A aquisição originária ocorre quando o bem não é efetivamente transmitido por alguém (acessão e usucapião), enquanto a aquisição derivada decorre de transmissão por ato singular ou universal do domínio (direito hereditário ou transcrição).

O *titular do domínio útil* (no regime da enfiteuse) ficará obrigado a satisfazer os impostos e os ônus reais que gravam o imóvel (art. 682 do antigo Código Civil). O *superficiário* também poderá figurar como contribuinte, uma vez que responde pelos encargos e tributos que incidirem sobre o imóvel (art. 1.371 do Código Civil).

O *possuidor* é todo aquele que tem de fato o exercício, pleno ou não, de algum dos poderes inerentes à propriedade; o que não ocorre com o detentor, que, achando-se em relação de dependência com outro, conserva a posse em nome deste e em cumprimento de ordens ou instruções suas (art. 1.198 do Código Civil). Poderá ter adquirido a posse de modo originário (arts. 1.196, 1.204 e 1.263 do Código Civil), ou derivado, mediante tradição real ou simbólica consensual, pelo constituto possessório, e acessão.

O STJ firmara diretriz no sentido de que o possuidor (promitente comprador), pode ser considerado contribuinte do IPTU, conjuntamente com o proprietário do imóvel (responsável pelo seu pagamento), a saber:

> Tributário. Execução Fiscal. IPTU. Contrato de Promessa de Compra e Venda de Imóvel. Legitimidade Passiva do Possuidor (Promitente Comprador) e do Proprietário Vendedor.
> 1. Segundo o art. 34 do CTN, consideram-se contribuintes do IPTU o proprietário do imóvel, o titular do seu domínio útil ou seu possuidor a qualquer título.
> 2. A jurisprudência desta Corte Superior é no sentido de que tanto o promitente comprador (possuidor a qualquer título) do imóvel quanto seu proprietário/promitente vendedor (aquele que tem a propriedade registrada no Registro de Imóveis) são contribuintes responsáveis pelo pagamento do IPTU. Precedentes (...)).
> 3. 'Ao legislador municipal cabe eleger o sujeito passivo do tributo, contemplando qualquer das situações previstas no CTN. Definindo a lei como contribuinte o proprietário, o titular do domínio útil, o possuir a qualquer título, pode a autoridade administrativa optar por um ou por outro visando a facilitar o procedimento da arrecadação (REsp nº 475.078/SP, Rel. Min. Teori Albino Zavascki, DJ 27.09.04) (...)
> (REsp nº 1.111.202/SP – 1ª. Seção – rel. Min. Mauro Campbell Marques – j. 10.06.09 – *DJe* 18.06.09)

Aquele que recebeu o imóvel a título de *doação* (adiantamento de legítima), e ingressou em sua posse, sem efetuar, contudo, o respectivo registro no cartório de imóveis, possui legitimidade ativa para discutir a legalidade da cobrança do imposto (REsp nº 753.300/SP, 1ª. T., rel. Min. Denise Arruda – j. 04.11.08, *DJe* 31.12.08).

Não se qualifica como possuidor a pessoa que obteve mera permissão ou tolerância, assim como não autorizam a sua aquisição os atos violentos, ou clandestinos, senão depois de cessar a violência ou clandestinidade (CC, art. 1.208).

O *condômino* não se enquadra como contribuinte, consoante a decisão judicial seguinte:

> Processual Civil. Tributário. Violação do Art. 535 do CPC. Alegação Genérica. Súmula 284/STF: IPTU. Contribuinte. Ausência de *Animus Domini*. Condomínio. Mero Administrador. (...)
> 2. O fato gerador do IPTU, conforme dispõe o art. 32 do CTN, é a propriedade, o domínio útil ou a posse. O contribuinte da exação é o proprietário do imóvel, o titular do seu domínio útil ou seu possuidor a qualquer título (art. 34 do CTN).
> 3. A jurisprudência do STJ é pacífica no sentido de que somente a posse com *animus domini* é apta a gerar a exação predial urbana, o que não ocorre com o condomínio, *in casu*, que apenas possui a qualidade de administrador de bens de terceiros.
> 4. *'Não é qualquer posse que deseja ver tributada. Não é a posse direta do locatário, do comodatário, do arrendatário de terreno, do administrador de bem de terceiro, do usuário ou habitador (uso e habitação) ou do possuidor clandestino ou precário (posse nova etc). A posse prevista no Código Tributário como tributável é a de pessoa que já é ou pode ser proprietário da coisa'* (Curso de Direito Tributário, Coordenador Ives Gandra da Silva Martins, 8ª. edição – Imposto Predial e Territorial Urbano, p. 736/737).
> (REsp nº 1.327.534/DF, 2ª. T., rel. Min. Humberto Martins, j. 14.08.12, *DJe* 20.08.12)

Estas figuras jurídicas (proprietário, titular do domínio útil e possuidor) são consideradas contribuintes na medida em que revelam efetiva capacidade econômica, destacando-se as situações peculiares seguintes:

a) o *usufrutuário* (art. 718 do Código Civil) é contribuinte porque tem direito a posse, uso, administração e percepção dos frutos dos imóveis;

b) o *usuário* e o *titular do direito de habitação* (arts. 1.412 a 1.416 do Código Civil) não são contribuintes, porque apenas usam coisas e percebem seus frutos quando o exigirem as necessidades suas e de sua família; e habitam gratuitamente casa alheia e não possuem a titularidade do imóvel e sequer a posse com *animus domini*;

c) o *locatário*, o *arrendatário* e o *comodatário* de bens imóveis não são contribuintes, porque somente possuem a posse direta do imóvel, não podendo transferir, locar ou ceder a terceiros. A circunstância de terem se obrigado a suportar os ônus do imposto não os qualificam como contribuintes, especialmente porque as convenções particulares não podem ser opostas à Fazenda Pública (art. 123 do CTN).

A posse é que exterioriza o domínio, não aquela exercida pelo locatário ou pelo comodatário, meros titulares de direitos pessoais limitados em relação à coisa (REsp nº 93.402-DF, 1ª Turma, rel. Min. Garcia Vieira, j. 15.12.93, *DJU* 1 de 21.02.94, p. 2.141).

A arrendatária de imóvel pertencente à União não é contribuinte do imposto, posto que não tem a posse com *animus domini*, como é o caso da Companhia Docas de Santos com relação à área portuária (AgRg no Agravo de Instrumento nº 1.287.790-SP, 2ª Turma, rel. Min. Castro Meira, j. 24.08.10, *DJe* de 08.09.10).

    d) o *promitente comprador do imóvel* somente será contribuinte se se tratar de promessa irretratável de venda, houver pago as parcelas contratuais e se encontrar habilitado a lavrar escritura ou promover a adjudicação compulsória.

A existência de possuidor apto a ser considerado contribuinte do IPTU não implica exclusão automática do polo passivo da obrigação tributária do titular do domínio (assim entendido aquele que tem a propriedade registrada no Registro de Imóveis). O possuidor, na qualidade de promitente comprador, pode ser considerado contribuinte do IPTU, conjuntamente com o proprietário do imóvel, responsável pelo seu pagamento (REsp nº 784.101-SP, 1ª Turma, rel. Min. Luiz Fux, j. 03.10.06, *DJU* 1 de 30.10.06, p. 252).

Enquanto não decidida a ação de desapropriação indireta em favor do proprietário do imóvel e transcrita no registro imobiliário do imóvel urbano a respectiva carta de sentença, continua sendo responsável pelo pagamento do tributo (REsp nº 247.164-SP, 2ª Turma, rel. Min. Francisco Peçanha Martins, j. 02.10.01, *DJU* 1 de 18.02.02, p. 297).

Os litígios possessórios entre particulares não afetam a obrigação de pagar o imposto, resolvendo-se entre eles a indenização se acaso devida a esse título; já quem, sendo o contribuinte não só na condição de possuidor, é esbulhado na posse pelo próprio Município, não está obrigado a recolher o tributo até nela ser reintegrado por sentença judicial, à míngua do fato gerador (art. 33 do CTN), confundindo-se nesse caso o sujeito ativo e o sujeito passivo (AgRg em Ag nº 117.895-MG, 2ª Turma, rel. Min. Ari Pargendler, j. 10.10.96, *DJU* 1 de 29.10.96, p. 41.639).

    e) o *cessionário do direito de uso* é possuidor por relação de direito pessoal, e como tal, não é contribuinte relativamente ao imóvel que ocupa.

O caso de contrato de concessão de uso (negócio jurídico bilateral de natureza pessoal), para fins tributários não se equipara ao domínio útil de bem, não caracterizando expressão de *animus dominis*. Não exterioriza propriedade, nem abre espaço para se considerar o cessionário como possuidor, em razão do que não se considera como contribuinte do IPTU do imóvel que ocupa (REsp nº 681.406-RJ, 1ª Turma, rel. Min. José Delgado, j. 07.12.04, *DJU* 1 de 28.02.05, p. 252; e REsp nº 685.316-RJ, 2ª Turma, rel. Min. Castro Meira, j. 08.03.05, *DJU* 1 de 18.04.05, p. 277).

Elucidando a questão do domínio, o STJ decidiu:

Recurso Especial. Tributário. IPTU. Contribuinte. Art. 34 do CTN.
1. Os impostos caracterizam-se pela compulsoriedade que encerram, sem a necessidade da comprovação de contraprestação específica. Em conseqüência, tratando-se de IPTU, o seu fato gerador, à luz do art. 32 do CTN, é a propriedade, o domínio útil ou a posse.
2. A exegese legal prioriza o proprietário conhecido e o designa como responsável pelo tributo, haja vista que este é uma espécie de 'imposto real', gerador da obrigação *propter rem*.
3. O Eg. STF, secundado a tese acima, decidiu que o IPTU é *"inequivocamente um imposto real, porquanto ele tem como fato gerador a propriedade, o domínio útil ou a posse de imóvel localizado na zona urbana do município, sem levar em consideração a pessoa do proprietário, do titular do domínio útil ou do possuidor"* (RE nº 204.827-5, de 12.12.96).
4. Conseqüentemente, enquanto não desconstituído o domínio, o proprietário tem a obrigação *ex lege*, muito embora à luz do princípio do enriquecimento sem causa, possa reaver o que pagou.

5. É que a capacidade contributiva é *ex lege* e não econômica, no sentido de que haja correlação entre quem paga e quem aufere benefícios (art. 126, II, do CTN).
(REsp nº 678.765-MG, 1ª Turma, rel. Min. Luiz Fux, j. 06.12.05, *DJU* 1 de 14.09.06, p. 262)

f) o *arrematante* de bem imóvel em hasta pública realiza aquisição originária, inexistindo relação jurídica com o anterior proprietário do bem, em razão do que não pode ser considerado responsável pelos débitos tributários anteriores à arrematação que se sub-rogam-se no preço da hasta (AgRg no Agravo de Instrumento nº 1.225.813-SP, 2ª Turma, rel. Min. Eliana Calmon, j. 23.03.10, *DJe* de 08.04.10).

g) o *fiduciante* – considerado aquele que transfere o bem fiduciado ao credor ou fiduciário para que este o guarde ou administre, restituindo-o por ocasião do adimplemento da obrigação contratual – é contribuinte porque, nos termos da Lei federal nº 9.515, de 20.11.97 (parágrafo 8º do art. 27), responde pelo pagamento dos impostos que recaiam sobre o imóvel.;

h) o *sem terra, os moradores de habilitações coletivas, favelas e cortiços* não devem ser considerados como contribuintes em razão de posse precária, e inexistência de capacidade econômica, sendo difícil precisar a extensão dos imóveis.

No caso de imóvel invadido, se ficar decidido que o Município é o responsável pela invasão, o proprietário poderá eximir-se do imposto em razão do esvaziamento da propriedade. Entretanto, se o Município não tem culpa pela invasão, não pode sofrer consequência de fato a que não deu causa, persistindo o direito de propriedade.[376]

O Judiciário apreciou caso de imóvel invadido por "sem-terras", em que o proprietário impugnou a exigência do ITR (Imposto Territorial Rural) – situação aplicável ao IPTU – sob o argumento de que não conseguira se valer de suas prerrogativas de proprietário, porque o Estado não lhe reintegrou na posse, aos fins de poder fruir a propriedade em referência, tornando o seu direito mera propriedade documental, frágil como o papel, sendo julgada indevida a sua cobrança (TRF da 4ª Região, AMS nº 1998.04.01.046999-3/PR, 2ª Turma, rel. Juiz Marcio Antonio Rocha, nov./00).

O imposto é devido, a critério da legislação competente I) por quem exerça a posse direta do imóvel, sem prejuízo da *responsabilidade solidária* dos possuidores indiretos; II) por qualquer dos possuidores indiretos, sem prejuízo da *responsabilidade solidária* dos demais e do possuidor direto (art. 30 do CTN).

O STJ consolidou o entendimento de que "cabe à legislação municipal estabelecer o sujeito passivo do IPTU" (Súmula nº 399 do STJ).

Caso haja transmissão sucessiva de propriedade e conste do lançamento o novo proprietário, este dado – segundo Becker – em nada altera a realidade jurídica, pois os "novos proprietários, durante o ano civil, são os *responsáveis legais* tributários, ou *solidários*, com aquele que fora proprietário, no dia 1º de janeiro, o qual continua com o seu original dever jurídico tributário; b) ou *isoladamente,* por lhes ter sido transmitido, sucessivamente, o dever jurídico tributário preexistente, com a conseqüente liberação do primitivo credor. A escolha dentre estas soluções fica ao arbítrio do legislador".[377]

---

[376] ATALIBA, Geraldo. Questões. *Revista de Direito Tributário*, v. 64, p. 164, 1994.
[377] BECKER, Alfredo Augusto. *Teoria Geral do Direito Tributário*. São Paulo: Saraiva, 1963. p. 394, *apud* Valéria Furlan, *IPTU*, p. 83.

O contribuinte do IPTU é notificado do lançamento pelo envio do carnê ao seu endereço (Súmula nº 397 do STJ).

20.1.3 Base de cálculo

O imposto é calculado conforme o valor venal do imóvel, não se considerando o valor dos bens móveis mantidos em caráter permanente ou temporário no imóvel, para efeito de sua utilização, exploração, aformoseamento ou comodidade (art. 33 e parágrafo único, do CTN).

A apuração do referido valor pode ser feita pela Prefeitura segundo normas e métodos específicos, considerando as características de toda a área urbana, em função de diversos elementos (preços correntes das transações e das ofertas à venda no mercado imobiliário; custos de produção; locações correntes; face de quadras ou quarteirões, a logradouros; profundidade, terrenos encravados, de fundo, interno; idade do imóvel, reconstrução, ampliação etc.).

Este procedimento deve culminar com a edição de uma Planta Genérica de Valores (lei municipal contendo), que constitui um parâmetro para efeito de consideração do adequado valor venal, por representar os reais elementos do mercado imobiliário.

A simples atualização do valor venal dos imóveis, pelos índices oficiais de correção monetária, não constitui autêntica majoração da base de cálculo do IPTU, podendo ser promovida pelo próprio Executivo, sem que ocorra violação ao princípio da legalidade, conforme previsto no §2º do art. 97 do CTN (RE nº 93.661-1-SP, Pleno, *DJU* 1 de 27.11.81, p. 12.015).

A base de cálculo do IPTU é o valor venal do imóvel (art. 33 do CTN), sendo indiferente a destinação que lhe é dada. Existente apenas uma matrícula e um registro imobiliário do bem, incabível a existência de três lançamentos tributários. Bitributação verificada (STJ, REsp nº 739.419-PB, 1ª Turma, rel. Min. José Delgado, j. 02.06.05, *DJU* 1 de 27.06.05, p. 294).

É proibido o Município adotar como base de cálculo a superfície do imóvel ou o status econômico do seu proprietário (REsp nº 4.379, rel. Min. Humberto Gomes de Barros, j. 26.04.93, *DJU* de 17.05.93, p. 9.249).

20.1.4 Alíquota e progressividade

As *alíquotas* são estabelecidas em lei municipal, dispondo a CF que, sem prejuízo da progressividade no tempo a que se refere o art. 182, §4º, inciso III, o IPTU poderá I) ser progressivo em razão do valor do imóvel, e II) ter alíquotas diferentes de acordo com a localização e o uso do imóvel (na redação da Emenda Constitucional nº 29, de 13.09.00).

Anteriormente, tinha vigência preceito constitucional dispondo que o imposto poderá ser progressivo, nos termos de lei municipal, de forma a assegurar o cumprimento da função social da propriedade (§1º do art. 156), permanecendo válida a regra dispondo que o imposto será progressivo no caso de o proprietário do solo urbano não edificado, subutilizado ou não utilizado, não promover o seu adequado aproveitamento, segundo lei específica relativamente à área incluída em plano diretor, nos termos de lei federal (§4º, art. 182).

A temática da *progressividade imobiliária* foi abordada anteriormente (subitem 1.4.10), tornando-se desnecessário expender considerações complementares.

Em razão de o STF haver decidido que o IPTU tem natureza real e que não se pode levar em consideração a capacidade econômica do contribuinte (Pleno, RE nº 153.771, sessão de 20.11.96), entende-se que a EC nº 29/00 "aniquila o direito individual de os contribuintes não serem tributados progressivamente. Deveras, como o *discrímen* se dá pelo valor de cada imóvel, ficam em condição altamente privilegiada (infringindo a Constituição pela desigualdade) os inúmeros proprietários (de casas, lojas, unidades autônomas destinadas à locação ou de loteamentos inteiros), cujos imóveis, de *per si* considerados, têm um valor venal baixo, em confronto com os titulares de um só imóvel de valor expressivo".[378]

Afigura-se "um exemplo: se o titular de um único imóvel de R$ 150.000,00 ficar sujeito ao IPTU, em razão de uma alíquota de 1,8%, e outro, titular de centenas de imóveis de pequeno valor, for submetido ao imposto, com base em alíquotas de 0,5%, ter-se-á, nesse caso, flagrante ofensa ao princípio da igualdade".[379]

A jurisprudência do STF é firme no sentido de que a diferenciação de alíquotas, por estar ou não edificado o imóvel urbano, não se confunde com a progressividade do tributo, não havendo ofensa ao §1º do art. 156 da CF (STF, Ag. Reg. no Agravo de Instrumento nº 457.057, 2ª Turma, rel. Min. Ayres Britto, j. 26.04.11, *DJe* de 18.08.11, p. 37).

Também deixou claro admitir a progressividade extrafiscal concernente à função social da propriedade, a saber:

> IPTU – Progressividade de Alíquota – Função Social da Propriedade – Finalidade Extrafiscal – Necessidade de Lei Nacional – Recurso de Agravo Improvido.
> A Constituição Federal de 1988, ao delinear o esquema normativo pertinente ao IPTU, contemplou a possibilidade de essa espécie tributária ser *progressiva*, em ordem a assegurar o cumprimento da *função social da propriedade* (CF, art. 156, §1º, e art. 182, §§2º e 4º, Ii). O discurso normativo consubstanciado nesses preceitos constitucionais evidencia que a *progressividade* do IPTU, no sistema instaurado pela Constituição da República, *assume uma nítida qualificação extrafiscal*, vocacionada a garantir o cumprimento da *função social da propriedade urbana*, desde que estritamente observados os requisitos fixados pelo art. 156, §1º, e também, pelo art. 182, §4º, II, ambos da Constituição da República. Precedente (Pleno). (RE nº 590.360 – AgR/ES, rel. Min. Celso de Mello – j. 31.05.11)

A Lei federal nº 10.257, de 10.07.01, que regulamenta os arts. 182 e 183 da CF (Estatuto da Cidade), estabelece que, no caso de descumprimento das condições e dos prazos relativos ao parcelamento, edificação ou utilização compulsórios, o Município procederá à aplicação do imposto progressivo, mediante a majoração da alíquota pelo prazo de cinco anos consecutivos.

Nessa situação, o valor da alíquota a ser aplicado a cada ano será fixado na lei municipal específica para área incluída no plano diretor, e não excederá a duas vezes o valor referente ao ano anterior, respeitada a alíquota máxima de 15% (quinze por cento).

---

[378] MARTINS, Ives Gandra da Silva; BARRETO, Aires. A Inconstitucionalidade da Progressividade Prevista na EC nº 29/2000. In: PEIXOTO, Marcelo Magalhães (coord.). *IPTU* – Aspectos Jurídicos Relevantes. São Paulo: Quartier Latin, 2002. p. 80-81.

[379] BARRETO, Aires. IPTU: Progressividade e Diferenciação. *Revista Dialética de Direito Tributário*, n. 76, p. 9, jan. 2002.

Caso a obrigação de parcelar, edificar ou utilizar não esteja atendida em cinco anos, o Município manterá a cobrança pela alíquota máxima, até que se cumpra a referida obrigação, garantida a prerrogativa de desapropriação do imóvel, com pagamento em títulos da dívida pública.

Estas imposições são inconstitucionais por infringência aos princípios constitucionais federativos, republicano, indelegabilidade de competência; sendo que a utilização das mencionadas alíquotas configura confisco.[380]

20.1.5 EC nº 132/23

A Emenda Constitucional nº 132, promulgada em 20.12.23, inseriu preceito ao art. 156, §1º, da CF, do teor seguinte:

> III – ter sua base de cálculo atualizada pelo Poder Executivo, conforme critérios estabelecidos em lei municipal.

Assinalo que o STF havia firmado a diretriz seguinte:

> Recurso Extraordinário. 2. Tributário. 3. Legalidade. 4. IPTU. Majoração da base de cálculo. Necessidade de lei em sentido formal. 5. Atualização monetária. Possibilidade. 6. É inconstitucional a majoração do IPTU sem edição de lei em sentido formal, vedada a atualização, por ato do Executivo, em percentual superior aos índices oficiais. 7. Recurso extraordinário não provido.
> (RE nº 648.245/MG – Plenário – rel. Min. Gilmar Mendes, sessão de 1º.08.13)

Peculiarmente "assentou a decisão recorrida que o incremento no valor cobrado, a título de imposto predial, excede, consideravelmente o percentual cabível, em termos de atualização monetária. Em vez de aplicar o percentual de 5,88%, correspondente à variação do IPCA/IBGE entre os meses de janeiro a dezembro de 2006, a Fazenda Municipal de Belo Horizonte, por meio do Decreto nº 12.262/05, majorou o valor venal dos imóveis em questão em mais de 58%, no ano de 2006".

O STF modificara o seu entendimento nos termos seguintes:

> (...) 2. O Plenário desta Corte já admitiu a possibilidade de a Fazenda Municipal aferir diretamente a base calculada do IPTU, desde que o faça de forma casuística, considerando as características individuais de cada imóvel. Precedente.
> (...) 4. Fixação da seguinte tese: "É constitucional a lei municipal que delega ao Poder Executivo a avaliação individualizada para fins de cobrança do IPTU, de imóvel novo não previsto na Planta Genérica de Valores, desde que fixados em lei os critérios para a avaliação técnica e assegurado ao contribuinte o direito ao contraditório.
> (RE com Ag. nº 1.245.095-PR – Plenário –rel. Min. Roberto Barroso – sessão de 05.06.23 – Tema 1.084 da Repercussão Geral)

---

[380] LACOMBE, Rodrigo Santos Masset. Lei 10.257/01 e Função Extrafiscal do IPTU. In: PEIXOTO, Marcelo Magalhães (coord.). *IPTU – Aspectos Jurídicos Relevantes*. São Paulo: Quartier Latin, 2002. p. 580.

20.2 Imposto sobre a Transmissão *Inter Vivos* de Bens Imóveis, e de Direitos a ele Relativos

20.2.1 Materialidade

O ITBI tem como *fatos geradores* I) a transmissão *inter vivos*, a qualquer título, por ato oneroso, a) de bens imóveis, por natureza ou acessão física; e b) de direitos reais sobre bens imóveis, exceto os de garantia e as servidões; II) a cessão, por ato oneroso, de direitos relativos à aquisição de bens imóveis.

A aquisição da propriedade imóvel pode ser realizada pelo registro do título translativo no Registro de Imóveis. Enquanto não se registrar o título, o alienante continua a ser havido como dono do imóvel. O registro é eficaz desde o momento em que se apresentar o título ao oficial do registro, e este o prenotar no protocolo (arts. 1.245 e 1.246 do Código Civil, combinado com a Lei federal nº 6.015, de 31.12.73, que dispõe sobre os registros públicos).

A aquisição por acessão pode dar-se por formação de ilhas, aluvião, avulsão, abandono de álveo e plantações ou construções (art. 1.248 do Código Civil).

Assim, considerando os institutos de Direito Civil, podem ser compreendidos na *incidência* do imposto a compra e venda; a dação em pagamento; a permuta (troca); o mandato em causa própria ou com poderes equivalentes para a transmissão de bem imóvel e respectivo substabelecimento; a arrematação, a adjudicação e a remição; o valor dos imóveis que, na divisão de patrimônio comum ou na partilha, forem atribuídos a um dos cônjuges separados ou divorciados, ao cônjuge supérstite ou a qualquer herdeiro acima da respectiva meação ou quinhão, considerado, em conjunto, apenas os bens imóveis constantes do patrimônio comum ou monte-mor; o uso e o usufruto; a cessão de direitos do arrematante ou adjudicatário, depois de assinado o auto de arrematação ou adjudicação a instituição e a extinção do direito de superfície; e todos os demais atos onerosos translativos de imóveis, por natureza ou acessão física, e de direitos reais sobre imóveis.

O imposto *não incide* no usucapião, desapropriação, os bens de mão-morta no mandato em causa própria ou com poderes equivalentes e seu substabelecimento, quando outorgado para o mandatário receber a escritura definitiva do imóvel; sobre a transmissão de bem imóvel, quando este voltar ao domínio do antigo proprietário por força de retrovenda, de retrocessão ou pacto de melhor comprador; sobre a transmissão de bens ou direitos aos mesmos alienantes, em decorrência de sua desincorporação do patrimônio da pessoa jurídica a que foram conferidos; sobre a transmissão de bens ou direitos decorrentes de fusão, incorporação, cisão ou extinção da pessoa jurídica, salvo se, nesses casos, a atividade preponderante do adquirente for a compra e venda desses bens ou direitos, locação de bens imóveis ou arrendamento mercantil (inciso I, §2º, art. 156, da CF).

Na realidade, o imposto (conhecido por *sisa*) é exigido por ocasião da lavratura de escritura de alienação imobiliária, ou de direitos a ela relativos, sendo que os tabeliães podem ficar proibidos de praticar este ato atinente ao seu ofício, sem a prova de seu pagamento.

A escritura pública é essencial à validade dos negócios jurídicos que visem à constituição, transferência, modificação ou renúncia de direitos reais sobre imóveis de valor superior a 30 vezes o maior salário-mínimo vigente no País (art. 108 do Código Civil).

Contudo, esse procedimento recebe a repulsa judicial, ao entender que "o fato gerador do imposto de transmissão de bens imóveis ocorre com a transferência efetiva da propriedade ou do domínio útil, na conformidade da lei civil, com o registro no cartório imobiliário; e que a cobrança do ITBI, sem obediência dessa formalidade ofende o ordenamento jurídico em vigor" (STJ, ROMS nº 10.650, 2ª Turma, rel. Min. Peçanha Martins, j. 16.06.00, *DJU* 1-E de 04.09.00, p. 13).

Com mais forte razão, o STJ também repeliu a exigibilidade do imposto em "promessa de compra e venda, contrato preliminar que poderá ou não se concretizar em contrato definitivo, este sim ensejador da cobrança do aludido tributo" (REsp nº 57.641-PE, 2ª Turma, rel. Min. Eliana Calmon, j. 04.04.00, *DJU* 1-E de 22.05.00, p. 91).

O STJ também decidiu que "a promessa de cessão de direitos à aquisição de imóvel não é fato gerador de ITBI" (AgRg no REsp nº 327.188-DF, 1ª Turma, rel. Min. Humberto Gomes de Barros, j. 07.05.02, *DJU* 1 de 24.06.02, p. 203), na concepção jurídica da Egrégia 1ª Seção, deste STJ, cujo fato gerador é o registro do respectivo título (referência ao REsp nº 5.178-SP, 6ª Turma, rel. Min. William Paterson, j. 28.02.96, *DJU* 1 de 13.05.96, p. 15.574).

A renúncia de todos os herdeiros da mesma classe, em favor do monte, não impede seus filhos de suceder por direito próprio ou por cabeça. Homologada a renúncia, a herança não passa à viúva, e, sim, aos herdeiros remanescentes. Esta renúncia não configura doação ou alienação à viúva, não caracterizando o fato gerador do ITBI, que é a transmissão da propriedade ou do domínio útil de bens imóveis (REsp nº 36.076-MG, 1ª Turma, rel. Min. Garcia Vieira, j. 03.12.98, *DJU* 1 de 29.03.99, p. 76-77, *RSTJ* 116/64, e *Revista dos Tribunais* nº 767, p. 186).

Ilegal é a exigência do imposto tendo como fato gerador a outorga de procuração para alienação de imóvel, no caso de o instrumento procuratório apenas indicar a quem deve ser transmitido o imóvel.

Entretanto, em caso de separação consensual, com desigualdade nos valores partilhados (a um cônjuge coube o terreno e respectiva residência, com reposição de quantia ao outro), entendeu-se devido o imposto para complementar a sua meação (TJSP, Ag nº 299.684-4/2-00, 4ª Câmara de Direito Privado, j. 02.10.03, *DJSP* de 12.11.03, p. 40).

A respeito da "nulidade do negócio jurídico" o STJ decidira o seguinte:

PROCESSUAL CIVIL. TRIBUTÁRIO. AUSÊNCIA DE OMISSÃO. ART. 535, II, DO CPC. RESTITUIÇÃO DE INDÉBITO. DECLARAÇÃO DE NULIDADE DA COMPRA E VENDA DE IMÓVEL. DESFAZIMENTO DO FATO GERADOR. DEVOLUÇÃO. VALORES. IMPOSTO DE TRANSMISSÃO. ITBI.

(...)

2. O art. 118, I, do CTN não pode ser interpretado de forma insulada, porquanto pode trazer sérias contradições aos demais dispositivos. O princípio do *non olet*, expresso no artigo citado, foi criado por Albert Hensel e Otmar Buhler e tem como escopo permitir a tributação das atividades ilícitas. Irrelevante, portanto, para a determinação do fato gerador, a validade jurídica dos atos efetivamente praticados pelos contribuintes.

3. No caso *sub judice*, houve declaração de nulidade do negócio jurídico de compra e venda de imóvel entabulado pelas partes, sem que houvesse dolo do recorrido, tendo-se desfeito o fato gerador do ITBI. Desse modo, nada mais justo que o restabelecimento do *status quo ante*, para que não haja enriquecimento ilícito do Estado. Na hipótese dos autos trata da declaração de nulidade do próprio fato que gerou a exação, o que não originou o benefício econômico para a parte (...).

(REsp nº 1.493.162-DF – 2ª. T. – rel. Min. Herman Benjamin – sessão de 25.11.14)

20.2.2 Sujeito ativo e contribuintes

O Município é a pessoa política competente para instituir o tributo (art. 156, II, da CF), sendo que os *contribuintes* serão quaisquer das partes na operação tributada, como dispuser a lei (art. 42 do CTN), que, assim, pode atribuir a respectiva obrigação aos transmitentes ou adquirentes dos bens, ou dos direitos; e aos cedentes ou cessionários, nas cessões de direitos.

20.2.3 Base de cálculo

A *base de cálculo* é o valor venal dos bens, ou direitos transmitidos (art. 38 do CTN). Não devem ser abatidas do valor venal quaisquer dívidas que onerem o imóvel transmitido; sendo que, nas cessões de direitos à aquisição, o valor ainda não pago pelo cedente será deduzido da base de cálculo.

A legislação municipal normalmente estabelece um piso mínimo, ao dispor que o imposto não será calculado sobre valor inferior ao bem, utilizado, no exercício, para a base de cálculo do IPTU, atualizado monetariamente de acordo com os índices oficiais, no período compreendido entre 1º de janeiro e a data da ocorrência do fato.

O fato de a municipalidade estipular um valor para o imóvel (embasado nos preços correntes das transações e das ofertas no mercado imobiliário, face às características do bem e da região em que se situa) não pode significar que referido valor deve ser obrigatoriamente utilizado para cálculo do ITBI.

Não se pode jamais ignorar que, apesar de se encontrarem adstritas ao bem imóvel, trata-se de situações distintas (propriedade e alienação), razão pela qual a base imponível deve refletir o valor da transação imobiliária, sob pena de violarem-se os superiores princípios da capacidade contributiva e da vedação de confisco.

Verifica-se nova tendência da legislação municipal estipular *distinto valor venal do ITBI face o IPTU*, o que tem acirrado controvérsias doutrinárias.

O STJ decidira o seguinte:

PROCESSUAL CIVIL E TRIBUTÁRIO. RECURSO ESPECIAL REPRESENTATIVO DE CONTROVÉRSIA. INCIDENTE DE RESOLUÇÃO DE DEMANDAS REPETITIVAS. ITBI. BASE DE CÁLCULO. AFETAÇÃO.
(...)
2. Tese controvertida – definir: a) se a base de cálculo do ITBI está vinculada à do IPTU; b) se é legítima a adoção de valor venal de referência previamente fixado pelo fisco municipal como parâmetro para a fixação da base de cálculo do ITBI.
3. Afetação do recurso especial como representativo da controvérsia para que julgado na Primeira Seção.
(REsp nº 1.937.821-SP – 1ª. Seção – rel. Min. Gurgel Faria – sessão de 05.10.21)

Em momento recente (2022), o STJ firmara a diretriz seguinte:

TRIBUTÁRIO. RECURSO ESPECIAL REPRESENTATIVO DE CONTROVÉRSIA. IMPOSTO SOBRE TRANSMISSÃO DE BENS IMÓVEIS (ITBI). BASE DE CÁLCULO. VINCULAÇÃO COM IMPOSTO PREDIAL E TERRITORIAL URBANO (IPTU). INEXISTÊNCIA. VALOR VENAL DECLARADO PELO CONTRIBUINTE. PRESUNÇÃO DE VERACIDADE. REVISÃO PELO FISCO. INSTAURAÇÃO DE PROCESSO

ADMINISTRATIVO. POSSIBILIDADE. PRÉVIO VALOR DE REFERÊNCIA. ADOÇÃO. INVIABILIDADE.

1. A jurisprudência pacífica desta Corte Superior é no sentido de que, embora o Código Tributário Nacional estabeleça como base de cálculo do Imposto Predial e Territorial Urbano (IPTU) e do Imposto sobre Transmissão de Bens Imóveis (ITBI) o "valor venal", a apuração desse elemento quantitativo faz-se de formas diversas, notadamente em razão da distinção existente entre os fatos geradores e a modalidade de lançamento desses impostos.

2. Os arts. 35 e 38 do CTN dispõem, respectivamente, que o fato gerador do ITBI é a transmissão da propriedade ou de direitos reais imobiliários ou a cessão de direitos relativos a tais transmissões e que a base de cálculo do tributo é o "valor venal dos bens ou direitos transmitidos", que corresponde ao valor considerado para as negociações de imóveis em condições normais de mercado.

3. A possibilidade de dimensionar o valor dos imóveis no mercado, segundo critérios, por exemplo, de localização e tamanho (metragem), não impede que a avaliação de mercado específica de cada imóvel transacionado oscile dentro do parâmetro médio, a depender, por exemplo, da existência de outras circunstâncias igualmente relevante e legítimas para a determinação do real valor da coisa, como a existência de benfeitorias, o estado de conservação e os interesses pessoais do vendedor e do comprador no ajuste do preço.

4. O ITBI composta apenas duas modalidades de lançamento originário: por declaração, se a norma local exigir prévio exame das informações do contribuinte pela Administração para a constituição do crédito tributário, ou por homologação, se a legislação municipal disciplinar que caberá ao contribuinte apurar o valor do imposto e efetuar o seu pagamento antecipado sem prévio exame do ente tributante.

5. Os lançamentos por declaração ou por homologação se justificam pelas várias circunstâncias que podem interferir no específico valor de mercado de cada imóvel transacionado, circunstâncias cujo conhecimento integral somente os negociantes têm ou deveria ter para melhor avaliar o real valor do bem quando da realização do negócio, sendo essa a principal razão da impossibilidade prática da realização do lançamento originário de ofício, ainda que autorizado pelo legislador local, pois o fisco não tem como possuir, previamente, o conhecimento de todas as variáveis determinantes para a composição do valor do imóvel transmitido.

6. Em face do princípio da boa-fé objetiva, o valor da transação declarado pelo contribuinte presume-se condizente com o valor médio de mercado do bem imóvel transacionado, presunção que somente pode ser afastada pelo fisco se esse valor se mostrar, de pronto, incompatível com a realidade, estando, nessa hipótese, justificada a instauração do procedimento próprio para o arbitramento da base de cálculo, em que deve ser assegurado ao contribuinte o contraditório necessário para apresentação das peculiaridades que amparariam o quantum informado (art. 148 do CTN).

7. A prévia adoção de um valor de referência pela Administração configura indevido lançamento de ofício do ITBI por mera estimativa e subverte o procedimento instituído no art. 148 do CTN, pois representa arbitramento da base de cálculo sem prévio juízo quanto à fidedignidade da declaração do sujeito passivo.

8. Para o fim preconizado no art. 1.039 do CPC/2015, firmam-se as seguintes teses: a) a base de cálculo do ITBI é o valor do imóvel transmitido em condições normais de mercado, não estando vinculada à base de cálculo do IPTU, que nem sequer pode ser utilizada como piso de tributação; b) o valor da transação declarado pelo contribuinte goza da presunção de que é condizente com o valor de mercado, que somente pode ser afastada pelo fisco mediante a regular instauração de processo administrativo próprio (art. 148 do CTN); c) o Município não pode arbitrar previamente a base de cálculo do ITBI com respaldo em valor de referência por ele estabelecido unilateralmente (...).

(REsp nº 1.937.821-SP – 1ª. Seção – rel. Min. Gurgel Faria – sessão de 24.02.22)

É firme o entendimento do STJ no sentido de que a arrematação corresponde à aquisição do bem alienado judicialmente, razão pela qual a base de cálculo do imposto é o valor alcançado na hasta pública. Precedentes (AgRg no REsp nº 1.386.560-MG – 2ª. T. – rel. Min. Humberto Martins – j. 06.05.14 – *DJe* 13.05.14).

20.2.4 Alíquota e progressividade

A *alíquota* do imposto é estabelecida em lei municipal, sendo vedado estabelecer sua progressividade, por não haver previsão constitucional.

O STF fulminou a pretensão dos Municípios, a saber:

> Constitucional. Tributário. Imposto de Transmissão de Imóveis, *Inter Vivos* –ITBI – Alíquotas Progressivas: a Constituição Federal não autoriza a progressividade das alíquotas, realizando-se o princípio da capacidade contributiva proporcionalmente ao preço da venda.
> (RE nº 234.105-3-SP, Pleno, rel. Min. Carlos Velloso, j. 08.04.99, *DJU* 1-E de 31.03.00, p. 61)

Diante da decretação de inconstitucionalidade das alíquotas progressivas, poderia ser cogitada a aplicação da alíquota mínima prevista no mesmo diploma legal, o que não fora aceito pelo STF, conforme aresto seguinte:

> ITBI: progressividade: L. 11.154/91, do Município de São Paulo: inconstitucionalidade.
> A inconstitucionalidade, reconhecida pelo STF (RE 234.105), do sistema de alíquotas progressivas do ITBI do Município de São Paulo (L. 11.154/91, art. 10, II) atinge esse sistema como um todo, devendo o imposto ser calculado, não pela menor das alíquotas progressivas, mas na forma da legislação anterior, cuja eficácia, em relação às partes, se restabelece com o trânsito em julgado da decisão proferida neste feito.
> (RE nº 259.339-7, 1ª Turma, rel. Min. Moreira Alves, j. 09.05.00, *DJU* 1-E de 16.06.00, p. 40)

Em decorrência, firmou a diretriz seguinte:

> É inconstitucional a lei que estabelece alíquotas progressivas para o imposto de transmissão *inter vivos* de bens imóveis – ITBI com base no valor venal do imóvel (Súmula nº 656).

20.3 Imposto sobre Serviços de Qualquer Natureza

20.3.1 Materialidade

20.3.1.1 Conceito jurídico

O cerne da materialidade do ISS não se restringe a "serviço", mas a uma *prestação de serviço*, compreendendo um negócio (jurídico) pertinente a uma obrigação de "fazer", de conformidade com as diretrizes do Direito Privado.

A obrigação de "fazer" concerne à prestação de uma utilidade ou comodidade a terceiro, de modo personalizado e incindível, configurando-se de modo negativo à obrigação de "dar" (entrega de coisas móveis ou imóveis a terceiros).

O fato de a CF não ter conceituado "serviço" – para fins de incidência do ISS – não causa problema para o operador do Direito, uma vez que o texto constitucional contém materialidades, também adstritas às obrigações de "dar" e de "fazer", que permitem separar os respectivos campos de incidência tributária.

Nesse sentido, devem ser examinados os lineamentos do IPI (art. 153, IV), em harmonia com o ISS (art. 156, III), em razão do que o conceito de produto industrializado deve arranjar-se com o conceito pertinente a serviço.

Embora ambos impliquem um "fazer", a atividade de industrialização compreende a produção ou beneficiamento de bens em massa, repetidos, sendo distinta de serviço, por possuir individualidade. Embora os impostos apresentem um natural substrato econômico (inerente à própria capacidade contributiva), devem ser consideradas as distintas categorias jurídico-tributárias, inexistindo sentido em conferir-se preeminência a etapas econômicas (produção, circulação, consumo), para a conceituação do serviço.

Os tributos distinguem-se pela circunstância de que o IPI não consiste unicamente num "fazer", mas também num "dar" (produto industrializado); enquanto o ISS implica apenas um "fazer", mediante esforço pessoal, que pode (ou não) traduzir-se em bem corpóreo, ou na utilização de materiais.

O conceito constitucional de serviço ("prestação de esforço humano a terceiros, com conteúdo econômico, em caráter negocial, sob regime de direito privado, tendente à obtenção de um bem material ou imaterial") abrange:

a) obrigações de fazer (e nenhuma outra);
b) serviços submetidos ao regime de direito privado, não incluindo, portanto, o serviço público (porque este, além de sujeito ao regime de direito público, é imune a imposto, conforme o art. 150, VI, "a" da Constituição);
b.1) que revelem conteúdo econômico, realizados em caráter negocial –o que afasta, desde logo, aqueles prestados 'a si mesmo', ou em regime familiar ou desinteressadamente (afetivo, caritativo);
b.2) prestados sem relação de emprego –como definida pela legislação própria –excluído, pois, o trabalho efetuado em regime de subordinação (funcional ou empregatício), por não estar *in commercium*.[381]

Ademais, os serviços (obrigação de "fazer") distinguem-se das mercadorias (obrigação de "dar"), sendo irrelevante a significação econômica, os bens utilizados e o fato de se traduzirem em elementos corpóreos. Também, é impertinente aplicar uma teoria da preponderância, com o objetivo de mensurar o custo pertinente ao esforço intelectual e material (*serviço*), e aos bens aplicados (*mercadoria*).

Não se pode cogitar da existência de operações mistas, mediante a interpenetração de serviços e mercadorias, e a alocação de valores a cada uma das atividades, e consequentes implicações tributárias diferenciadas.

Importa considerar o negócio jurídico objetivado pelas partes: na empreitada de construção civil só se pode compreender a existência de negócio regido pelo Direito Civil, não se dissociando os materiais fornecidos dos serviços prestados.

---

[381] BARRETO, Aires. ISS – Não-incidência sobre Cessão de Espaço em Bem Imóvel. *Repertório IOB de Jurisprudência*, n. 19/99, caderno 1, p. 580, 1ª quinzena out. 1999.

A realidade mostra inúmeras situações em que poderia reinar conflito tributário se apenas fossem utilizados conceitos econômicos (ao invés dos imprescindíveis critérios jurídicos), a saber: a) o fornecimento de argamassa para uma obra de construção civil constitui material auxiliar na prestação de serviços; enquanto a argamassa vendida em loja caracteriza mercadoria; b) o remédio ou a alimentação fornecida ao paciente hospitalar não se qualifica como mercadoria, mas bem utilizado na prestação de serviço médico; c) o garçom que serve fregueses do restaurante não realiza prestação de serviços, mas participa do fornecimento da alimentação.

Nas prestações de serviços – obrigação de fazer (ISS) – os bens empregados ou utilizados constituem meros elementos intermediários, não devendo se sujeitar à incidência do ICMS.

O STF, entretanto, ao tratar das atividades das *operadoras de planos privados à saúde* (Plano de Saúde e Seguro-Saúde) conferiu um tratamento mais amplo para a incidência do ISS, por entender que o direito constitucional adota conceitos próprios, não existindo um primado de direito privado, e que esta espécie de tributo (sobre consumo) assimila considerações econômicas ou conceitos tecnológicos.

Neste sentido, entendera que a classificação das obrigações em "obrigação de dar", e "obrigação de fazer", tem cunho eminentemente civilista, não sendo a mais apropriada para o enquadramento dos serviços resultantes da atividade econômica.

Destaco as conclusões do STF (RE nº 651.703 – Paraná – Plenário – rel. Min. Luiz Fux, j. 29.09.16), constantes da ementa do aresto, a saber:

> (...) 18. O artigo 156, III, da CRFB/88, ao referir-se a serviços de qualquer natureza não os adstringiu às típicas obrigações de fazer (...);
> 20. A classificação (obrigação de dar e obrigação de fazer) escapa à *ratio* que o legislador constitucional pretendeu alcançar (...);
> 22. A LC nº 116/2003 imbricada ao *thema decindedum* traz consigo lista anexa que estabelece os serviços tributáveis pelo ISSQN (...);
> 24. A LC nº 116/03 teve por objetivo ampliar o campo de incidência do ISSQN, principalmente no sentido de adaptar a sua anexa lista de serviços á realidade atual, relacionando numerosas atividades que não constavam dos atos legais antecedentes.

20.3.1.2 Conceito legal (lista de serviços)

A CF-88 dispõe sobre a incidência do ISS sobre serviços de qualquer natureza, não compreendidos no art. 155, II (serviços de transporte interestadual e intermunicipal, e de comunicação), definidos em lei complementar (art. 156, III).

A definição de serviços em listas contidas em leis infraconstitucionais gerara acirrada controvérsia, revelando o antagonismo seguinte: autonomia municipal para instituir o imposto (ISS) *versus* outorga de competência ao legislador nacional para estipular os serviços que podem ser tributáveis (ISS).

Na medida em que os Municípios estejam subordinados ao Congresso Nacional – relativamente à edição de lei complementar definindo (estipulando) os serviços que poderão prever em suas legislações e promover à respectiva exigibilidade –, é evidente que a referida autonomia fica prejudicada.

Os interesses do Congresso Nacional não poderiam sobrepor-se à autonomia municipal, uma vez que os Municípios ficariam impossibilitados de auferir os valores (ISS) necessários ao atendimento de suas necessidades. Não há sentido jurídico no fato de a arrecadação tributária ficar submetida aos interesses do Congresso, na medida em que as listas sejam mais ou menos abrangentes da gama significativa de serviços.

Entretanto, o STF firmou a diretriz de que é *taxativa a lista de serviços* (RE nº 77.183-SP, Pleno, rel. Min. Aliomar Baleeiro, j. 19.04.74, *RTJ* 73/490), embora admita interpretação ampla e analógica (RE nº 75.952-SP, 2ª Turma, rel. Min. Thompson Flores, j. 29.10.73, *RTJ* 68/198).

Não havendo expressa disposição acerca do serviço de valor adicionado na lista anexa ao antigo Decreto-Lei nº 406/68, nem qualquer identidade entre esse serviço e outro congênere nela expressamente previsto, não ocorre a incidência do ISS (REsp nº 719.635-RS, 2ª Turma, rel. Min. Mauro Campbell Marques, j. 10.03.09, *DJe* de 07.04.09).

O STF (junho de 2020) revisitou o tema para fixar o entendimento seguinte:

RECURSO EXTRAORDINÁRIO COM REPERCUSSÃO GERAL. TRIBUTÁRIO. IMPOSTO SOBRE SERVIÇOS DE QUALQUER NATUREZA – ISS. ART. 156, III, DA CARTA POLÍTICA. OPÇÃO CONSTITUCIONAL PELA LIMITAÇÃO DA CAPACIDADE TRIBUTÁRIA DOS MUNICÍPIOS POR MEIO DA ATRIBUIÇÃO Á LEI COMPLEMENTAR DA FUNÇÃO DE DEFINIR OS SERVIÇOS TRIBUTÁVEIS PELO ISS. LISTAS DE SERVIÇOS ANEXAS AO DECRETO-LEI 406/1968 E LEI COMPLEMENTAR 116/2003. CARÁTER TAXATIVO COMPATÍVEL COM A CONSTITUIÇÃO DA REPÚBLICA.
(...)
5. Ao determinar que compete á lei complementar definir os serviços tributáveis pelo ISS, a Constituição fez escolha pragmática para evitar que, a todo momento, houvesse dúvida se determinada operação econômica seria tributada como prestação de serviços ou de circulação de mercadorias, especialmente tendo em conta o caráter economicamente misto de muitas operações.
6. Os precedentes formados por este Supremo Tribunal Federal definiram interpretação jurídica no sentido do caráter taxativo das listas de serviços. Nesse sentido: Re nº 361.829, Rel. Ministro Carlos Velloso, Segunda Turma, *DJ* de 24.02.06; RE nº 464.844, AgR, Rel. Ministro Eros Grau, Segunda Turma, *DJe* de 09.05.08; RE nº 450.342, AgR, Rel. Ministro Celso de Mello, Segunda Turma, *DJ* -03.08.07.
7. As listas de serviços preveem ser irrelevante a nomenclatura dada ao serviço e trazem expressões de alguns de seus itens, notadamente se socorrendo da fórmula "congêneres". Não existe obstáculo constitucional contra esta sistemática legislativa. Excessos interpretativos que venham a ocorrer serão dirimíveis pelo Poder Judiciário.
8. Embora a lei complementar não tenha plena liberdade de qualificar como serviços tudo aquilo que queira, a jurisprudência do Supremo Tribunal Federal não exige que ela inclua apenas aquelas atividades que o Direito Privado qualificaria como tais. Precedentes nesse sentido julgados em regime de repercussão geral, a saber: "*É taxativa a lista de serviços sujeita ao ISS a que se refere ao art. 156, III, da Constituição Federal, admitindo-se, contudo, a incidência do tributo sobre as atividades inerentes aos serviços elencados em lei em razão da interpretação extensiva*" (Tema 296).
(RE nº 784.439-DF – Plenário – rel. Min. Rosa Weber – sessão de 30.06.20)

Vigora a lista prevista na Lei Complementar nº 116, de 31.07.03 (com alterações das LCs. nº 157/16, nº 175/20, e nº 183/21), contendo as notas características seguintes:

a) relacionam diversos negócios jurídicos que não constituem autênticos serviços, tais como itens 3.03 – exploração de salões de festas etc.; 3.04 – locação, sublocação, arrendamento, direito de passagem etc.; 3.05 – cessão de andaimes etc.; 9.01 – hospedagem de qualquer natureza; 11.01 – guarda e estacionamento de veículos; 15.03 – locação; 15.12 – serviços relacionados a operações de câmbio; 17.08 – franquia (*franchising*); 17.23 – atividades relativas a operações de faturização (*factoring*); 25.01 – fornecimento de caixão, aluguel de capela; 25.03 – planos ou convênios funerários;
b) mencionam as expressões "congêneres", "auxiliares" e "semelhantes", que não se justifica na tipicidade cerrada;
c) a utilização dos vocábulos "quaisquer", "qualquer natureza", "qualquer espécie", e "semelhantes" conferem amplitude a específicos serviços e demandam a utilização do método analógico.

Em diversos itens (7.02, 7.05, 14.01, 14.03, 17.11) existe ressalva da incidência do ICMS sobre mercadorias, partes, peças, alimentos e bebidas; o que demonstra a inobservância de adequado critério jurídico, uma vez que os aludidos bens deveriam constituir meros elementos (atividade-meio) integrantes da prestação de serviços.

Nos demais serviços que compreendam a aplicação, emprego ou utilização de bens materiais etc., não se cogita da exigência do ICMS. É o caso dos hospitais que ministram medicamentos, dependem de material cirúrgico; e dos hotéis que fornecem alimentação incluída na diária.

Relativamente aos *serviços de informática* (item 1.05 – licenciamento ou cessão de direito de uso de programas de computação"), enquadram-se as modalidades de negócios na <u>computação na nuvem</u>:

i) *IaaS (infrastructure as a Service)*: os contratos formalizados são para uso de espaço em servidor externo ao ambiente do usuário, com a finalidade de armazenamento de dados sem que o usuário tenha a necessidade de se aparelhar com servidores à medida que opte por aumentar sua capacidade de armazenamento digital (exemplos seriam a *Amazon Web Services* e o *Rackpace*, que são os *softwares pay-per-use*), onde se contrata a utilização de servidores por um período determinado e depois, quando não mais for necessário, cancela-se a utilização;

ii) *PaaS (Plataform as a Service)*; os contratos pactuados são para acesso remoto, pela internet, de *software* com propósito específico disponibilizado ao usuário sem a instalação em máquina própria, pagando, ou não, pelos recursos utilizados (exemplos seriam o *Google Drive* ou o *Dropbox*, que são os *softwares* de armazenamento em nuvem, que permitem o arquivo de documentos ou o encaminhamento destes a terceiros, ou, então, o *Netflix*, o *Paypal*, o primeiro para armazenamento de filmes e séries, o segundo uma plataforma para realização de pagamentos;

iii) *SaaS (Software as a Service:* os contratos celebrados são para uso de plataforma de computação sob medida ao usuário, com a possibilidade de desenvolvimento e/ou implementação de aplicativos e isenção do usuário sob a administração e controle da infraestrutura para criação de novos aplicativos e serviços auxiliares, por limitação ou inexistência de algum fornecedor em modelo *SaaS* (exemplos seriam o *Microsoft Azure* e o *Google App Engine* – que são *softwares*

que permitem desenvolver aplicações fundamentais ao modelo de negócio específico do usuário e que não são encontradas em *SaaS* já existente.[382]
Diretrizes firmadas pelo STF:

Ação direta de inconstitucionalidade. Direito Tributário. Lei nº 6.763/75 e Lei Complementar Federal nº 87/96. Operações com programa de computador (*software*). Critério objetivo. Subitem 1.05 da lista anexa à LC nº 116/03. Incidência de ISS. Aquisição por meio físico ou por meio eletrônico (*download, streaming* etc.). Distinção entre *software* sob encomenda ou padronizado. Irrelevância. Contrato de licenciamento de uso de programas de computador. Relevância do trabalho humano desenvolvido. Contrato complexo ou híbrido. Dicotomia entre obrigação de dar e obrigação de fazer. Insuficiência. Modulação dos efeitos da decisão.
(ADI nº 5.659-MG – Plenário – rel. Min. Dias Toffoli – sessão de 24.02.21)

EMENTA. Ação direta de inconstitucionalidade. Direito Tributário. Lei nº 7.098, de 30 de dezembro de 1998, do Estado do Mato Grosso. ICMS-comunicação. Atividade-meio. Não incidência. Critério para definição de margem de valor agregado. Necessidade de lei. Operações com programa de computador (*software*). Critério objetivo. Subitem 1.05 da lista anexa á LC nº 116/03. Incidência do ISS. Aquisição por meio físico ou por meio eletrônico (*download, streaming* etc.). Distinção entre *software* sob encomenda e padronizado. Irrelevância. Contrato de licenciamento de uso de programas de computador. Relevância do trabalho humano desenvolvido. Contrato complexo ou híbrido. Dicotomia entre obrigação de dar e obrigação de fazer. Insuficiência. Modulação dos efeitos da decisão.
(ADI – Mato Grosso – Plenário – rel. p/ac. Min. Dias Toffoli – sessão de 24.02.21)

Examinando as atividades relativas a *serviços gráficos* (item 13.05), o STF "reconheceu que o ISS não incide sobre operações de industrialização por encomenda de embalagens, destinadas a integração ou utilização direta em processo subsequente de industrialização ou de circulação de mercadoria; e que, presentes os requisitos constitucionais e legais, incidirá o ICMS" (Medida Cautelar em ADIn nº 4.389-DF, Plenário, rel. Min. Joaquim Barbosa, j. 13.04.11, *DJe* de 24.05.11, p. 36).

Determinadas atividades (itens 14.06 e 14.09) só são consideradas como serviços se forem prestadas a "usuário final", numa evidência de que, constituindo meras etapas intermediárias da produção ao consumo, não poderá incidir o ISS.

No caso de o material ter sido fornecido exclusivamente pelo destinatário (itens 14.06 – instalação e montagem de bens industriais ao usuário final e 14.09 – alfaiataria e costura ao usuário final) é que incide o ISS; a contrário senso, não poderá ser cobrado o tributo se o próprio prestador fornecer o material.

Relativamente ao item 14.05, fora entendido que a "industrialização por encomenda", elencada na lista anexa à LC nº 116/03, caracteriza prestação de serviço (obrigação de fazer), fato jurídico tributável pelo ISS (STJ, AgRg no Agravo de Instrumento nº 1.279.303-RS, 2ª Turma, rel. Min. Herman Benjamim, j. 06.05.10, *DJe* de 21.06.10).

O exame detalhado das mencionadas listas revela que, no âmbito da incidência tributária (IPI-ICMS-ISS-IOF-Taxas), existem diversos serviços controvertidos (por

---

[382] ERBOLATO, Henrique Munia; VEIGA, Lucas Di Francesco. Aspectos da tributação decorrente da importação do *cloud computing* no Brasil. In: FARIA, Renato Vilela; SILVEIRA, Ricardo Maitto da; MONTEIRO, Alexandre Luiz Moraes do Rego (coords.). *Tributação da Economia Digital*. São Paulo: Saraivajur, 2018. p 239-240.

exemplo, *apart-service*, bancos, câmbio, *commodities*, construção civil, empreitada industrial, *factoring*, *franchise*, filmes e videoteipes, gráficas, instalação e montagem, Internet, locação, plano de saúde, propaganda e publicidade visual, proteção ao crédito, *software*, telefonia), como apontado em obra específica.[383]

Nesse sentido, o STF declarou a inconstitucionalidade da expressão "locação de bens móveis", constante do item 79 da lista de serviços a que se refere o DL nº 406/68, na redação dada pela LC nº 56/87, na forma da seguinte ementa:

> Tributo – Figurino Constitucional. A supremacia da Carta Federal é conducente a glosar-se a cobrança de tributo discrepante daqueles nela previstos.
> Imposto sobre Serviços – Contrato de Locação. A terminologia constitucional do Imposto sobre Serviços revela o objeto da tributação. Conflita com a Lei Maior dispositivo que imponha o tributo considerado contrato de locação de bem móvel. Em Direito, os institutos, as expressões e os vocábulos têm sentido próprio, descabendo confundir a locação de serviços com a de móveis, práticas diversas regidas pelo Código civil, cujas definições são de observância inafastável – artigo 110 do Código Tributário Nacional.
> (RE nº 116.121-3, Pleno, rel. para o acórdão Min. Marco Aurélio, j. 11.10.00, *DJU* 1 de 25.05.01)

> A Súmula Vinculante 31 somente pode ser aplicada em relações contratuais complexas se a locação de bens móveis estiver claramente segmentada da prestação de serviços, seja no que diz com o seu objeto, seja no que concerne ao valor específico da contrapartida financeira. Hipótese em que contratada a locação de maquinário e equipamentos conjuntamente com a disponibilização de mão de obra especializada para operá-los, sem haver, contudo, previsão de remuneração específica da mão de obra disponibilizada à contratante. Baralhadas as atividades de locação de bens e de prestação de serviços, não há como acolher a presente reclamação constitucional.
> (Ag. Reg. na Reclamação nº 14.290 – DF – Plenário – rel. Min. Rosa Weber – j. 22.05.14 – *Dje* 26.06.14, p. 25).

O STJ decidiu que não incide o ISS sobre as atividades *de franquia*, por se tratar de contrato de natureza complexa, e não caracterizar uma simples prestação de serviço (RE nº 221.577-MG, 1ª Turma, rel. Min. Garcia Vieira, j. 23.11.99, *DJU* 1-E de 03.04.00, p. 117; e RE nº 189.225-RJ, 2ª Turma, rel. Min. Francisco Peçanha Martins, j. 04.09.01, *DJU* 1 de 03.06.02, p. 169).

O STF decidira pela incidência sobre contratos de *cessão de direito de uso de marca*, nos termos do item 3.02, da LC nº 116/03 (Ag. Reg. na Reclamação nº 8.623-RJ, 2ª Turma, rel. Min. Gilmar Mendes, j. 22.02.11, *DJe* de 09.03.11, p. 27).

É constitucional a incidência do ISS sobre as operações de arrendamento mercantil (*leasing financeiro*, conforme diretriz do STF (Tema 125 de Repercussão Geral no RE nº 592.905, j. em 02.12.09).

---

[383] MELO, José Eduardo Soares de. *Aspectos Teóricos e Práticos do ISS*. 7. ed. São Paulo: Editora*Jus*Podivm e Malheiros Editores, 2022. p. 89 a 268.

20.3.1.3 Serviços do exterior (importação)

A LC nº 116/03 (art. 1º, §1º) inova ao dispor que "o imposto incide também sobre serviço proveniente do exterior do País ou cuja prestação se tenha iniciado no exterior do País".

Este preceito é questionável porque não retira fundamento de validade do ordenamento constitucional, uma vez que objetiva alcançar fatos ocorridos fora do território nacional, além de criar uma esdrúxula obrigação tributária (inexistência de contribuinte-prestador do serviço na legislação, e a exclusiva estipulação do responsável pelo imposto, na pessoa do respectivo tomador).

A territorialidade constitui a regra da tributação, tendo a CF (excepcionalmente) contemplado os tributos que podem incidir sobre situações ocorridas fora do território nacional:

a) Imposto de Importação de produtos estrangeiros (art. 153, I);
b) Imposto sobre a Renda e Proventos de Qualquer Natureza (art. 153, III);
c) ICMS relativamente às operações e prestações que se iniciem no exterior (art. 155, II), e aos serviços prestados exclusivamente no exterior (art. 155, IX, *a*);
d) ITCMD (art. 155, I e III, *b*);
e) Cide, PIS-Importação (art. 149, §2º, II), e Cofins-Importação (art. 195, IV);
f) ITBI (art. 155, I).

São específicas, excepcionais e limitadas as previsões de incidências tributárias no que concernem a fatos, estados, negócios e situações ocorridas no exterior, ou dela decorrentes.

Não prospera o argumento que pode ser gravado o consumo, a destinação ou a aquisição do serviço, porque a CF teria disposto sobre a incidência de "imposto sobre serviços" (art. 153, III), e não sobre "prestação de serviços", como no caso do ICMS (art. 155, II), em que se menciona "operações" (negócios jurídicos).

É cediço que os impostos sobre a produção, circulação e serviços recaem sobre negócios bilaterais, envolvendo distintas pessoas na relação jurídica de Direito Privado (pertinentes às obrigações de dar ou fazer), em consonância com os ancilares postulados do Direito Privado. Não há sentido jurídico em tributar um bem ou uma coisa, mas situações contempladas pelo Direito, que tem por conteúdo tais elementos (materiais ou imateriais).

Não se aceita a invocação da exigência do IPI sob a assertiva de que incide sobre industrializações realizadas no exterior. Com efeito, a CF já outorga competência à União referente a um específico imposto (federal), relativo à importação de produtos estrangeiros, não tendo sentido jurídico (constitucional) a cobrança de outro imposto federal que se funda em norma inferior à CF (no caso, o art. 46 do CTN).

Também é insustentável o argumento de que se objetiva estimular a economia nacional, mediante a oneração de serviços importados do exterior, na forma promovida por lei complementar. Realmente, competiria exclusivamente à CF dispor sobre a referida discriminação, a exemplo do procedido no âmbito do ICMS, pela via da EC nº 33/01, ao ampliar a previsão de sua incidência nas operações de importação (art. 155, IX, *a*).

Portanto, inexiste amparo constitucional para exigir-se o ISS sobre a prestação de serviço proveniente do exterior, ou cuja prestação se tenha iniciado no exterior. Assim, por exemplo, é objetável o ISS relativamente a bens estrangeiros que ingressaram no País, a título de arrendamento mercantil (negócio tipificado como serviço, em lista anexa à LC nº 116/03); bem como a assistência técnica desenvolvida no exterior e implementada no País.

Pertinente a conclusão seguinte:

(...) por meio da aplicação da "Teoria da Preponderância" sobre a importação de serviços "cuja prestação se tenha iniciado no exterior do País", investigando a natureza jurídica da "tarefa desenvolvida" no País pelo prestador estrangeiro, poder-se-ia concluir que, na hipótese de tratar-se de mera "atividade-meio", não haveria fundamento jurídico para a incidência do imposto e, no caso de se configurar "serviço-fim", a incidência do imposto se revelaria possível (no entanto, no segundo caso, robusta argumentação jurídica afastaria referida incidência, conforme abordado neste estudo.[384]

20.3.1.4 Serviço público

O ISS somente poderia incidir sobre as relações de natureza privada, compreendendo os negócios jurídicos (prestações de serviços), vinculando prestador e tomador, mediante remuneração (preço), de conformidade com o princípio da autonomia da vontade.

Não haveria fundamento para incidir sobre os serviços públicos específicos, e divisíveis (remunerados por taxas), e sequer sobre o preço público, que significa a contraprestação de atividade desenvolvida pelo Estado (*lato sensu*) em regime de Direito Privado, despido de suas prerrogativas, em igualdade de condições e em plena concorrência com os particulares.

Todavia, a LC nº 116/03 passou a dispor que o ISS "incide ainda sobre os serviços prestados mediante a utilização de bens e serviços públicos explorados economicamente mediante autorização, permissão ou concessão, com o pagamento da tarifa, preço ou pedágio pelo usuário final do serviço" (art. 1º, §3º).

A expressão "serviços prestados mediante a utilização de bens" não é clara para compreender o seu significado e alcance, no que concerne ao âmbito dos serviços e à titularidade dos bens (públicos ou privados).

Tratando-se de serviços prestados por particulares, mediante a utilização de postes, das vias públicas, inclusive do espaço aéreo, do solo e do subsolo, para a passagem de cabo, por companhia de telecomunicações ou energia elétrica, descabe a cobrança (a título de imposto, taxa ou preço público) por parte do Município.

O STJ decidiu que, na ocupação do solo pelas empresas dedicadas à comercialização de energia elétrica, descabe a cobrança de taxa, por não se vislumbrar qualquer tipo de serviço prestado pelo Município, nem tampouco caracterizado o exercício do poder de polícia (ROMS nº 12.202-SE, 1ª Turma, rel. Min. Garcia Vieira, j. 18.06.02, *Revista Dialética de Direito Tributário* nº 62, p. 103).

Entendera que a colocação de postes de iluminação em vias públicas não pode ser considerada como de natureza tributária porque não há serviço algum do Município, nem poder de polícia; também não ocorrendo serviço público de natureza comercial ou industrial que pudesse justificar a cobrança como preço (RMS nº 12.081-SE, *DJU* 1 de 10.09.01).

---

[384] MELO, Fábio Soares de. Imposto sobre Serviços de Qualquer Natureza (ISS). Arrendamento Mercantil (*Leasing*). Critério para Definição do Município Competente. Lei Complementar nº 116/03. *Revista Dialética de Direito Tributário*, n. 102, p. 68-85, mar. 2004. p. 113.

Em consequência, é controvertida a incidência do ISS relativamente ao item 3.04 (lista anexa à LC nº 116/03), que trata do uso de ferrovia, rodovia, postes, cabos, dutos e condutos de qualquer natureza.

20.3.2 Sujeito ativo

Os *Municípios* são dotados de competência para criar o ISS, dentro do âmbito territorial de validade, circunscrito aos respectivos limites geográficos, como o local da específica realização do fato gerador.

Aplica-se a LC nº 116, de 31.07.03 (art. 3º), estabelecendo que o serviço se considera prestado e o ISS devido no local do estabelecimento prestador, ou na falta de estabelecimento, no local do domicílio do prestador, exceto nas hipóteses previstas nos incisos I a XXV (instalações, execuções de obra, limpezas, jardinagem, diversão etc.), quando o imposto será devido basicamente no local da execução dos serviços.

Estabelecimento prestador de serviço é o local onde o contribuinte desenvolve atividade de prestar serviços, de modo permanente ou temporário, e que configure unidade econômica ou profissional, sendo irrelevantes para caracterizá-lo as denominações de sede, filial, agência, posto de atendimento, sucursal, escritório de representação ou contato, ou quaisquer outras que venham a ser utilizadas.

O estabelecimento deve compreender todos os bens (máquinas, equipamentos, mobiliário, veículos etc.) e pessoas suficientes para possibilitar a prestação de serviços. A existência efetiva dos referidos elementos é que permite caracterizar um real estabelecimento prestador de serviços.

Entretanto, a consideração a local "temporário" e à "unidade econômica profissional" – para fins de qualificação do estabelecimento do prestador – não pode significar uma porta aberta para exigências do ISS desprovido de critério razoável, por parte do Município onde se realiza o serviço.

Não é pelo fato de a empresa prestadora de serviço utilizar galpão (mantendo ferramentas, e onde seus funcionários trocam de roupa etc.) – em um canteiro de obras, ou no imóvel do tomador dos serviços (que até mesmo é o estabelecimento deste) –, que poderá ser considerado estabelecimento para fins de exigibilidade do imposto.

Essa, a razão pela qual é ponderável a postura do legislador paulistano ao estabelecer que "a existência de estabelecimento prestador que configure unidade econômica ou profissional é indicada pela conjugação, parcial ou total, dos seguintes elementos: I) manutenção de pessoal, material, máquinas, instrumentos e equipamentos próprios ou de terceiros necessários à execução dos serviços; II) estrutura organizacional ou administrativa; III) inscrição nos órgãos previdenciários; IV) indicação como domicílio fiscal para efeito de outros tributos; V) permanência ou ânimo de permanecer no local, para a exploração econômica de atividade de prestação de serviços, exteriorizada, inclusive, através da indicação do endereço em impressos, formulários ou correspondências, site na 'internet', propaganda ou publicidade, contratos, contas de telefone, contas de fornecimento de energia elétrica, água ou gás, em nome do prestador, seu representante ou preposto" (Decreto nº 63.698, de 27.08.24, do Município de São Paulo, art. 212, §1º).

Relativamente aos serviços executados em *águas marítimas*, há que se considerar que o *mar territorial* brasileiro compreende uma faixa de 12 milhas marítimas de largura, medidas a partir da linha de baixo-mar do litoral continental e insular brasileiro, tal como indicadas nas cartas náuticas de grande escala, reconhecidas oficialmente no Brasil (Lei federal nº 8.617, de 04.01.93).

A *plataforma continental* compreende o leito e o subsolo das áreas submarinas que se estendem além do seu mar territorial, em toda a extensão do prolongamento natural do seu território terrestre, até o bordo exterior da margem continental, ou até uma distância de 200 milhas marítimas das linhas de base a partir das quais se mede a largura do mar territorial, nos casos em que o bordo exterior da margem continental não atinja essa distância (Convenção de Genebra de 29.04.58, e a das Nações Unidas sobre Direito do Mar, de 10.12.82, assinada em Montego Bay, art. 76, §1º).

O espaço marítimo constitui domínio exclusivo da União (art. 20, XI, da CF), que detém competência para legislar sobre Direito do Mar, navegação marítima, defesa marítima (art. 22, I, X, XXVII, da CF), e sobre os limites do território marítimo (art. 48, VI, da CF), o que afastaria a intromissão de quaisquer dos Municípios brasileiros. Os poderes da União são soberanos e nacionais, enquanto os poderes dos Municípios restringem-se aos assuntos de interesse local (art. 30, I, da CF).

Em sentido oposto, argumenta-se que a plataforma continental e o mar territorial constituem áreas de projeção do Município, integrando o seu território no que lhe for confrontante.

Positivando-se a incidência do ISS, sua instituição e exigência competem ao Município onde estiver localizado o estabelecimento prestador de serviço. Assim, mesmo que o serviço seja executado em plataforma marítima situada no Estado do Rio de Janeiro, por pessoa (prestador) estabelecida (legal e fisicamente) em Vitória (Estado do Espírito Santo), o ISS terá que ser recolhido neste último Município.

As regras básicas para efeito de fixação de competência do Município para auferir o ISS, e do devedor tributário no tocante ao local do seu estabelecimento, podem ser consideradas de conformidade com os elementos de domicílio e conexão, na forma prevista na LC nº 116/03 (alterada pela LC nº 157/16):

a) o Município do estabelecimento prestador (art. 3º, *caput*);
b) o Município do local onde se situar o domicílio do prestador, no caso de inexistência do estabelecimento prestador (art. 3º, *caput*);
c) o Município do local da prestação (serviços indicados nos incisos II a XXV, do art. 3º);
d) o Município do estabelecimento do tomador ou intermediário do serviço; ou, na falta de estabelecimento, onde ele estiver domiciliado, no caso de serviço proveniente do exterior do País, ou cuja prestação se tenha iniciado no exterior do País (art. 3º, I).

Entendimento do STJ:

Ementa

Tributário e Processual Civil. ISSQN. LC 116/03. Competência. Local Estabelecimento Prestador. Súmula 83/STJ. Fundamento não Atacado. Súmula 283/STF.

1. De acordo com os arts. 3º e 4º da LC 116/03, a municipalidade competente para realizar a cobrança do ISS é a do local do estabelecimento prestador dos serviços. Considera-se como tal a localidade em que há uma unidade econômica ou profissional, isto é, onde a atividade é desenvolvida, independentemente de ser formalmente considerada como sede ou filial da pessoa jurídica. Isso significa que nem sempre a tributação será devida no local em que o serviço é prestado. O âmbito de validade territorial da lei municipal compreenderá,

portanto, a localidade em que estiver configurada uma organização (complexo de bens) necessária ao exercício da atividade empresarial ou profissional.

2. Afastar a aplicação das regras contidas na LC 116/03 apenas seria possível com a declaração de sua inconstitucionalidade, o que demandaria a observância da cláusula de reserva de plenário.

3. No caso, o tribunal *a quo* concluiu que os serviços médicos são prestados em uma unidade de saúde situada no Município de Canaã, o que legitima esse ente estatal para a cobrança do ISS (...).

(REsp nº 1.160.253-MG, 2ª Turma, rel. Min. Castro Meira, j. 10.08.10, *DJe* de 19.08.10)

Em 19 de maio de 2011, o STF proferiu dois significativos julgamentos relativos ao *local da prestação de serviços* para fins de incidência e competência do ISS, a saber:

Ementa
Processual Civil e Tributário. ISS. Competência. Local da Prestação do Serviço. Questão Pacificada pela Primeira Seção. REsp nº 1.117.121/SP. Aplicação do Art. 543-C do CPC. Ausência de Qualquer um dos Vícios Elencados no Art. 535 do CPC. Impossibilidade de Efeitos Infringentes.

1. A Primeira Seção desta Corte consolidou o entendimento no sentido de que o ISS deve ser recolhido no local da efetiva prestação de serviços, pois é nesse local que se verifica o fato gerador (nos termos do art. 12, letra 'b', do DL n. 406/68 e art. 3º, da LC n. 116/2003).

2. Conforme consignado no acórdão embargado, *in casu*, a empresa encontra-se sediada em Belo Horizonte, prestando serviços de manutenção e aluguel de maquinaria e equipamentos para indústrias em diversos outros Municípios, dentre à MBR, em sua unidade denominada Mina do Pico, em Itabirito. Logo, o fato gerador ocorreu no Município de Itabirito e, assim, a ele cabe a cobrança do tributo (...).

(EDcl no AgRg no Agravo de Instrumento nº 1.318.064-MG, 2ª Turma, rel. Min. Humberto Martins, j. 19.05.11, *DJe* de 25.05.11)

Ementa
Processual Civil. Tributário. Violação do Art. 535 do CPC. Alegação Genérica. Súmula 284/STF. ISS. Competência. Local do Estabelecimento Prestador. Presença de Unidade Econômica ou Profissional (Filial).

(...)

2. A jurisprudência do Superior Tribunal de Justiça, interpretando o art. 12, 'a', do Decreto-Lei n. 406/68, entendia que a competência tributária para cobrança do ISS era da municipalidade onde o serviço era prestado.

3. Com o advento da Lei Complementar n. 116/2003, a competência passou a ser o local do estabelecimento prestador do serviço, considerando-se como tal a localidade em que há uma unidade econômica ou profissional, isto é, onde a atividade é desenvolvida, independentemente de ser formalmente considerada como sede ou filial da pessoa jurídica (arts. 3º e 4º). Precedentes (...).

(REsp nº 1.245.310-MG, 2ª Turma, rel. Min. Humberto Martins, j. 19.05.11, *DJ* de 25.05.11)

A partir do julgamento do Recurso Especial nº 1.060.210/SC (1ª. Seção, rel. Min. Napoleão Nunes Maia Filho, *DJ* 05.03.13), o STJ alterou a orientação sobre a legitimidade ativa para recolhimento do ISS, definindo que: (a) sujeito ativo da relação tributária na vigência do DL 406/68, é o Município da sede do estabelecimento prestador (art. 12); (c) a partir da LC 116/03, é aquele onde o serviço é efetivamente prestado, onde a relação é perfectibilizada, assim entendido o local onde se comprove haver unidade econômica o profissional da instituição financeira com poderes decisórios suficientes à concessão e aprovação do financiamento – núcleo da operação de *leasing* financeiro e fato gerador do tributo (AgRg no Agravo em Recurso Especial nº 168.620-RS – 1ª. T. – rel. Min. Napoleão Nunes Maia Filho – j. 18.09.14 – *DJe* 09.10.14).

Objetivando fixar o local do recolhimento do ISS nas atividades de arrendamento mercantil (*leasing*), percuciente estudo considerou o principal objetivo das contratantes (financiamento do bem por intermédio da concessão de crédito), e a necessidade de realização de diversas atividades, dentre as quais: a) preenchimento do formulário de descrição do bem objeto do contrato; b) consulta aos órgãos de proteção ao crédito (Serasa, SPC etc.); c) aprovação do financiamento; d) discussão acerca das condições da operação (fixação de preço e prazos para pagamento das prestações); e) celebração do contrato; f) entrega do bem e respectivo termo de recebimento; g) emissão dos boletos; h) administração da cobrança dos valores estabelecidos etc.[385]

Para tanto, examinara os critérios pertinentes ao negócio jurídico como I) o local da assinatura; II) o local da tradição do bem; e III) o local do financiamento. Partindo da premissa fundamental de que a "atividade-fim" é a concessão do financiamento, entendera que o ISS deverá ser recolhido no Município em que o financiamento for concedido, considerando para fins de determinação desse local, especialmente, a) onde estão os diretores com poder de representação; b) onde ficam concentrados os exames técnicos e econômicos e o poder decisório; e c) registros contábeis do ativo e passivo da operação na instituição financeira.[386]

A jurisprudência consolidou o entendimento seguinte:

> O sujeito ativo da relação tributária, na vigência do DL 406/68, é o Município da sede do estabelecimento prestador (art. 12); a partir da LC 116/03 é aquele onde o serviço é efetivamente prestado, onde a relação é perfectibilizada, assi8m entendido o local onde se comprova haver unidade econômica ou profissional da instituição financeira com poderes decisórios suficientes à concessão e aprovação do financiamento – núcleo da operação de leasing financeiro e fato gerador do tributo.
> (REsp nº 1.060.210/SC – 1ª. Seção – rel. Min. Napoleão Nunes Maia Filho, *DJe* 05.13.12)

Essa nova sistemática não resolverá os naturais conflitos que decorrem da prestação de serviços fragmentados em diversos Municípios (como é o caso dos serviços médicos, administração de consórcio, publicidade em lista telefônica, topografia). Ainda se sujeitam a controvérsia os serviços jurídicos em que, por exemplo, o advogado tem escritório na capital de São Paulo (onde mantém salas, equipamentos, biblioteca, funcionários), é contratado por empresa de Salvador (onde realiza reuniões) e propõe medida judicial no STF (Brasília).

A pluralidade de estabelecimentos que realizam prestação dos serviços, a diversidade de etapas pertinentes a essas atividades, ou até mesmo a sua execução sem a

---

[385] MELO, Fábio Soares de. Imposto sobre Serviços de Qualquer Natureza (ISS). Arrendamento Mercantil (*Leasing*). Critério para Definição do Município Competente. Lei Complementar nº 116/03. *Revista Dialética de Direito Tributário*, n. 102, p. 68-85, mar. 2004.

[386] MELO, *ob. cit.*, p. 85.

participação de estabelecimento, é que torna difícil precisar o sujeito ativo (Município credor do ISS), como se extrai dos exemplos seguintes:

– Empresa com estabelecimento em São Bernardo do Campo que presta serviços médicos. Resgata em Campinas seu cliente, e mediante até a eventual atuação de médicos, enfermeiros, transporta-o para São Paulo, onde, em seu hospital, continua o atendimento médico.
– Perito que, possuindo escritório no Município A realiza sua perícia no Município B, concluindo seu serviço (elaboração de laudo) no Município A.
– Empresa organizadora de eventos (feiras) com sede no Município de Santos realiza serviços de montagem de *stands* ou pavilhões no Município de São Paulo, e, concomitantemente, arregimenta expositores no Município de São Paulo, onde também possui estabelecimento.[387]

O STJ procurou solucionar conflito tributário entre Municípios, relativamente a *serviços de vigilância*, fixando a jurisprudência seguinte:

Embargos de Divergência. ISS. Competência. Local da Prestação de Serviços. Precedentes.
I – Para fins de incidência do ISS – Imposto sobre Serviços –, importa o local onde foi concretizado o fato gerador, como critério de fixação de competência do Município arrecadador e exigibilidade do crédito tributário, ainda que releve o teor do art. 12, alínea 'a' do Decreto-Lei n. 406/68.
II – Embargos rejeitados.
(Emb. Div. em Recurso Especial nº 130.792-CE, 1ª Seção, 1997/0090500-4, rel. p/ acórdão Min. Nancy Andrighi, j. 07.04.00, *DJU* 1 de 12.06.00, p. 66)

Também firmou diretriz em atividades consentâneas à *construção civil*, a saber:

Ementa
Tributário – ISS – Prestação de Serviços – Construção Civil – Projeto, Assessoramento na Licitação e Gerenciamento da Obra Contratada –Competência do Município onde se realizou o Serviço de Construção – Contrato Único sem Divisão dos Serviços Prestados.
1. A competência para cobrança do ISS, sob a égide do DL 406/68 era o local da prestação do serviço (art. 12), o que foi alterado pela LC 116/2003, quando passou a competência para o local da sede do prestador do serviço (art. 3º).
2. Em se tratando de construção civil, diferentemente, antes ou depois da lei complementar, o imposto é devido no local da construção (art. 12, letra "b" do DL 406/68 e art. 3º da LC 116/2003).
3. Mesmo estabeleça o contrato diversas etapas da obra de construção, muitas das quais realizadas fora da obra e em município diverso, onde esteja a sede da prestadora, considera-se a obra como uma universalidade, sem divisão das etapas de execução para efeito de recolhimento do ISS (...).
(REsp nº 1.117.121-SP, 1ª Seção, rel. Min. Eliana Calmon, j. 14.10.09, *DJe* de 29.10.09)

A LC nº 157/16 ampliou as situações previstas no art. 3º da LC nº 116/03, em que o imposto será devido no local da prestação (itens XII, XVI, XIX, XXIII e XXV).

---

[387] ALVES, Anna Emília Cordelli. Imposto Municipal sobre Serviços – Lei Complementar –Aspecto Espacial. *Revista de Direito Tributário*, São Paulo, n. 71, p. 113, 1998.

20.3.3 Contribuinte e responsáveis

Contribuinte é o prestador de serviço. A circunstância de a norma (LC nº 116/03, art. 5º) não haver feito referência expressa à empresa e ao profissional autônomo contida na legislação anterior (DL nº 406/68, art. 8º) não prejudica a aplicação da sujeição passiva à entidade e à pessoa física, porque podem qualificar-se como naturais prestadores de serviços.

Não são contribuintes as pessoas que prestem serviços em relação de emprego, os trabalhadores avulsos, os diretores e membros de conselho consultivo ou de conselho fiscal de sociedades e fundações, bem como os sócios-gerentes e gerentes-delegados.

Consolidação das Leis do Trabalho

Art. 3º Considera-se *empregado* toda pessoa física que prestar serviços de natureza não eventual a empregador, sob a dependência deste e mediante salário.

Regulamento Geral da Previdência Social
Art. 9º, VI

Trabalhador Avulso: aquele que, sindicalizado ou não, presta serviços de natureza urbana ou rural, a diversas empresas, sem vínculo empregatício, com a intermediação obrigatória do órgão gestor de mão de obra, nos termos da Lei nº 6.830, de 25.02.93, ou do sindicato da categoria, assim considerados:

a) o trabalhador que exerce atividade portuária de capatazia, estiva, conferência e conserto de carga, vigilância de embarcação e bloco;
b) o trabalhador de estiva de mercadorias de qualquer natureza, inclusive carvão e minério;
c) o trabalhador em alvarenga (embarcação para carga e descarga de navios);
d) o amarrador de embarcação;
e) o ensacador de café, cacau, sal e similares;
f) o trabalhador na indústria de extração de sal;
g) o carregador de bagagem em porto;
h) o prático de barra em porto;
i) o guindasteiro;
j) o classificador, o movimentador e o empacotador de mercadorias em portos.

Os *diretores* têm por atividade a representação da companhia e a prática dos atos necessários ao seu funcionamento regular; os *membros do conselho consultivo* opinam sobre matérias específicas, enquanto os *membros do conselho fiscal* têm por competência fiscalizar os atos dos administradores, analisar o balancete e demais demonstrações financeiras (art. 163 da Lei federal nº 6.404, de 15.12.76).

As *cooperativas de serviços* não poderiam ser caracterizadas como contribuintes, porque inexiste prestação de serviços "consigo mesmo" (há plena integração entre cooperativas e cooperados), além de não revelarem efetiva capacidade contributiva, pelo simples fato de que a Lei federal nº 5.764/71 dispõe que o respectivo contrato de sociedade é realizado sem objetivo de lucro, sendo que suas sobras são destinadas a Fundos de Reserva e de Assistência.

O objetivo central das cooperativas é atingir o interesse comum dos associados (médicos etc.), sem almejarem finalidade lucrativa, em razão do que agem em nome e no interesse exclusivo de tais associados, não possuindo receitas, uma vez que os valores apenas transitam por seu caixa, porque, em realidade, pertencem exclusivamente aos referidos associados.

A natureza civil das cooperativas denota uma singularidade em sua forma associativa (integrada por pessoas e não por capitais), despida de interesses mercantis, uma vez que seu objetivo fundamental é possibilitar o melhor exercício das atividades profissionais de seus associados.

O ingresso de valores nos cofres das cooperativas não se qualifica como preço de serviços, sendo rateado entre os cooperados na proporção dos serviços prestados. O atendimento das pessoas beneficiadas por contratos de assistência médica é realizado pelas cooperativas, com firmas ou companhias, de modo exclusivo pelos médicos (associados), em seus consultórios e hospitais (esses serviços realizados sob a forma de trabalho pessoal é que são suscetíveis de incidência do ISS).

A capacidade contributiva somente é revelada nas atividades dos associados, em razão de seus serviços serem remunerados por preços, mas jamais nas atividades específicas das cooperativas, que não auferem remuneração.

O STJ decidiu o seguinte:

> Tributário. Recurso Especial. ISS. Cooperativa de Serviços Médicos. Ilegalidade de Auto de Infração. Direito Local. Súmula 280 do STF. Ofensa aos Princípios da Legalidade e da Irretroatividade. Matéria Constitucional. Atos não Cooperados.
> Incidência do ISS sobre a Taxa de Administração.
> 1. O ISS não incide sobre os atos praticados pelas cooperativas médicas consistentes no exercício de atividades em prol dos associados que prestam serviços médicos a terceiros (*atos cooperados*).
> 2. Deveras, os atos não cooperados, vale dizer, aqueles decorrentes de relação jurídica negocial advinda da venda de planos de saúde a *terceiros*, sujeitam-se à incidência do ISS, tendo como base de cálculo tão-somente a receita advinda da cobrança da taxa de administração.
> Isto porque a receita tributável não abrange os valores pagos ou reembolsados aos cooperados, haja vista não constituírem parte do patrimônio da Cooperativa. Exegese do artigo 79, da Lei 5.764/71, c/c artigos 86 e 87, do mesmo diploma legal (Precedentes desta Corte: REsp nº 72.709/RJ, Segunda Turma, publicado no DJ de 17.10.05; REsp nº 487.854/SP, Segunda Turma, publicado no DJ de 23.08.04; e REsp nº 254.549/CE, Primeira Turma, publicado no DJ de 18.09.00).
> (...)
> 4. Ressalva do posicionamento no sentido de que essas entidades não exercem qualquer espécie de serviço ou fornecimento de mão-de-obra, mercê de não visarem o fim lucrativo ensejador da incidência. A forma de associação corporativa implica em impor a obrigação tributária aos médicos cooperativados pelos serviços que prestam.
> 5. Acaso as cooperativas empreendam a venda de planos de saúde com o intuito de lucro devem pagar IR, e, excluído, portanto, o ISS, pela ausência de tipicidade do fato gerador e pela interdição de que o mesmo fato possa sustentar duas exações. Ressalva do entendimento do relator.
> (...)
> 7. Recurso especial parcialmente conhecido e, nesta parte, parcialmente provido, para afastar a incidência do ISS sobre os atos cooperados praticados pela recorrente, bem como determinar a incidência da exação no que tange aos atos não cooperados, tão somente sobre a taxa de administração, excluindo-se os valores pagos ou reembolsados aos associados.
> (REsp nº 875.388-SP –1ª. T – rel. Min. Luiza Fux – j. 02.10.07 – *DJU* I 2510.07, p. 130)

Não é possível a tributação pelo ISS sobre a atividade prestada pela cooperativa –recebimento de valores pagos pela prestação dos serviços, posteriormente repassados aos cooperados, com as deduções das despesas operacionais – quer pela absoluta ausência de tipicidade (aspecto material), já que não há, nem nunca houve, previsão de incidência do imposto sobre essa atividade em quaisquer das listas anexas até hoje elaboradas (DL 406/68, LC 56/87 ou LC 116/03); quer pela gratuidade do serviço (aspecto dimensível), que obsta a quantificação do imposto por ausência do elemento "preço".
(REsp nº 1.212.479-AL – 2ª. T. – rel. Min. Castro Meira – j. 09.11.10 – DJe 23.11.10)

O *incorporador imobiliário*, tal como definido no art. 29 da Lei nº 4.591/65, não pode, logicamente, figurar como contribuinte do ISQN relativamente aos serviços de construção da obra incorporada. Com efeito, se a construção é realizada por terceiro, o incorporador não presta serviço algum, já que figura como tomador. Contribuinte, nesse caso, é o construtor. E se a construção é realizada pelo próprio incorporador, não há prestação de serviço a terceiros, mas a si próprio, o que descaracteriza o fato gerador. É que os adquirentes das unidades imobiliárias incorporadas não celebram, com o incorporador, um contrato de prestação de serviço de construção, mas, sim, um contrato de compra e venda do imóvel, a ser entregue construído (REsp nº 922.956-RN, 1ª Turma, rel. Min. Teori Albino Zavascki, j. 22.6.10, *DJe* de 1.7.10).

Responsável é a pessoa prevista na LC nº 116/03, a saber:

Art. 6º Os Municípios e o Distrito Federal, mediante lei, poderão atribuir de modo expresso a responsabilidade pelo crédito tributário a terceira pessoa, vinculada ao fato gerador da respectiva obrigação, excluindo a responsabilidade do contribuinte ou atribuindo-a a este em caráter supletivo do cumprimento total ou parcial da referida obrigação, inclusive no que se refere à multa e aos acréscimos legais.
§1º Os responsáveis a que se refere este artigo estão obrigados ao recolhimento integral do imposto devido, multa e acréscimos legais, independentemente de ter sido efetuada sua retenção na fonte.
§2º Sem prejuízo do disposto no *caput* e no §1º deste artigo, são responsáveis:
I – o tomador ou intermediário de serviço proveniente do exterior do País ou cuja prestação se tenha iniciado no exterior do País;
II – a pessoa jurídica, ainda que imune ou isenta, tomadora ou intermediária dos serviços descritos nos subitens 3.05, 7.02, 7.04, 7.05, 7.09, 7.10, 7.12, 7.14, 7.15, 7.16, 7.17, 7.19, 11.02, 17.05 e 17.10 da lista anexa.

A redação não é primorosa porque, ao tratar de "terceira pessoa", poderia estar cogitando de pessoa que não participa do negócio jurídico *prestação de serviços*) – prestador e tomador –, mas um terceiro que manteria vinculação indireta com o fato gerador, como é o caso das administradoras, financeiras etc.

Ao se entender que a "terceira pessoa" seria na verdade uma "segunda pessoa" (tomador do serviço), a exclusão da sujeição passiva do contribuinte (prestador) caracterizaria a substituição tributária, passando o ônus fiscal a ser suportado pelo tomador, não podendo ser exigido o ISS do prestador. Nessa situação, não se poderia conceber a retenção na fonte, porque fica desconsiderada a antecipação e/ou obrigação cometida ao prestador.

A hipótese que cuida da responsabilidade supletiva do contribuinte (total ou parcial) pode dar a entender que, inicialmente, exige-se o ISS do responsável (tomador);

e, no caso de verificar-se sua inviabilidade, o encargo tributário seria suportado pelo contribuinte. Todavia, esta faculdade conferida ao legislador municipal não pode ser exercida sem observância dos critérios norteadores da competência tributária.

O Município A (onde está inscrito o prestador do serviço) não pode atribuir responsabilidade pelo ISS do tomador do serviço, localizado no Município B, nos casos em que não haja a excepcional previsão na LC nº 116/03 (reproduzida na legislação municipal), sob pena de invasão de competência. O tomador do serviço (Município B) não fica sujeito às normas emitidas por distinto Município (como é o caso do A).

Oportuno referir-se à legislação paulistana (Decreto nº 63.698, de 27.08.14, de São Paulo), que determinara a responsabilidade pelo pagamento do ISS, com a retenção na fonte, concernente a serviços tomados por instituições financeiras; sociedades seguradoras; sociedades de capitalização; Caixa Econômica Federal e Banco Nossa Caixa; agências de publicidade e propaganda; órgãos de Administração Pública direta do Município de São Paulo, bem como suas autarquias, fundações, empresas públicas, sociedades de economia mista e demais entidades controladas direta ou indiretamente pelo Município; órgãos da Administração Pública direta da União e dos Estados, bem como suas autarquias e fundações; empresas públicas, sociedades de economia mista e demais entidades controladas direta ou indiretamente pela União ou pelos Estados; empresas concessionárias, subconcessionárias e permissionárias de serviços públicos de energia elétrica, telecomunicações, gás, saneamento básico e distribuição de água; sociedades que explorem serviços de planos de medicina de grupo ou individual; e convênios ou de outros planos de saúde; ou de seguros através de plano de medicina de grupo e convênios, empresas administradoras de aeroportos e de terminais rodoviários; os hospitais e prontos-socorros; a Empresa Brasileira de Correios e Telégrafos.

Esta atribuição de responsabilidade fora estabelecida basicamente nos casos de serviços prestados por agentes, corretores e intermediários; limpeza, manutenção e conservação de imóveis; vigilância ou segurança de pessoas e bens; transporte, coleta, remessa ou entrega de bens e valores; fornecimento de mão de obra; conserto e restauração de bens sinistrados; regulação de sinistros; distribuição e venda de bilhetes de loteria, cartões, pules ou cupons de apostas, sorteios ou prêmios; cobrança, recebimento ou pagamento de títulos, contas, carnês; varrição, coleta, remoção e incineração de lixo; limpeza e dragagem de rios; portos e canais; baías, lagos, represas, açudes e congêneres; controle e tratamento de efluentes de qualquer natureza e de agentes físicos e biológicos; incineração de resíduos; saneamento ambiental; execução de obras de construção civil, hidráulicas e semelhantes, inclusive serviços auxiliares ou complementares; demolição; reparação, conservação e reforma de edifícios, estradas, pontes e congêneres etc.

20.3.4 Base de cálculo

O cálculo do imposto deve considerar o preço do serviço, e ser integrado pelos eventuais reajustes contratuais, observando-se as atividades seguintes:

a) locação, sublocação, arrendamento, direito de passagem ou permissão de uso, compartilhado ou não, de ferrovia, rodovia, postes, cabos, dutos e condutos de qualquer natureza, que forem prestadas no território de mais de um Município, a base de cálculo será proporcional, conforme o caso, à extensão da ferrovia, rodovia, dutos, condutos e cabos de qualquer natureza, ou ao número de postes existentes em cada Município (item 3.04 da lista de serviços anexa à LC nº 116/03);

b) *engenharia* e *construção civil* – não se inclui na base de cálculo o valor dos materiais fornecidos pelo prestador dos serviços (itens 7.02 e 7.05 da lista anexa à LC nº 116/03).

Entretanto, o STJ firmara distinta postura:

> TRIBUTÁRIO. ISS. CONSTRUÇÃO CIVIL. MATERIAIS UTILIZADOS. SUBEMPREITADAS. BASE DE CÁLCULO. ABATIMENTO. IMPOSSIBILIDADE.
> 1. "A jurisprudência uniforme desta Corte é no sentido de que a base de cálculo do ISS é o custo integral do serviço, não sendo admitida a subtração dos valores correspondentes aos materiais utilizados e às subempreitadas" (REsp nº 926.339/SP, Rel. Min. Eliana Calmon, Segunda Turma, DJU de 11.05.07).
> 2. Tanto o DL 406/68 como as Leis Complementares 56/87, e 116/03, fixaram que o ISS incide sobre a totalidade dos serviços de construção civil, exceto sobre o fornecimento de mercadorias produzidas pelo próprio prestador dos serviços fora do local da prestação, que fica sujeito ao ICMS.
> 3. A tese de que não apenas os materiais produzidos pelo próprio prestador, mas também os adquiridos de terceiros, devem ser excluídos da base de cálculo do ISS não encontra respaldo no ordenamento jurídico, pois a regra legal que trata da incidência do ISS sobre serviços de construção civil é clara ao excluir apenas os materiais produzidos pelo próprio prestador fora do local onde prestados os serviços.
> 4. A situação do prestador que fabrica seus produtos fora do canteiro de obras não pode ser equiparada à daquele que adquire materiais de terceiros para uso nas obras de construção civil. Os produtos fabricados pelo prestador estão sujeitos ao ICMS, razão por que não devem se sujeitar a uma nova incidência de ISS.
> Já os produtos adquiridos de terceiros, se não incluídos na base de cálculo do ISS pelo serviço de construção civil, ficariam imunes à tributação, somente sendo tributados na operação anterior, que não tem o construtor como contribuinte ou responsável tributário.
> 5. Assim, quando os materiais são produzidos pelo próprio prestador fora do local onde prestados os serviços, incide ICMS; quando os materiais são produzidos pelo prestador no canteiro de ou quando são adquiridos de terceiros, como não há possibilidade de incidência do ICMS, devem ter seus valores mantidos na base de cálculo do ISS.
> 6. (...) subempreitada é denominação que se oferece à empreitada menor, isto é, à empreitada secundária. Por meio de subempreitadas são executados trabalhos parcelados, contratados pelo empreiteiro construtor (...). Em referência ao ISS, é irrelevante saber se o empreiteiro maior executa pessoalmente a obra pactuada ou se incumbe a terceiros para realizá-la.
> Ambas as formas de serviços (empreitada maior ou empreitada menor) são alcançadas pelo ISS (Bernardo Ribeiro de Moraes *in* "Doutrina e Prática do Imposto sobre Serviços", Revista dos Tribunais, São Paulo, 1975)
> (AgRg no REsp nº 1.002.693-RS – 2ª. T. – rel. Min. Castro Meira – j. 25.03.08 – DJe 07.04.08)

Embora a expressão "preço" – significando a remuneração pela prestação de serviços – não ofereça dificuldade para ser apurada (previsão contratual e indicação em nota fiscal), o fato é que nem todos os valores auferidos pelo prestador do serviço devem ser considerados para a quantificação do tributo.

Diversos valores não mantêm conexão com a quantia acordada como forma de remuneração de serviços, podendo tratar-se de simples recebimentos temporários, ou ingressos de distinta natureza, uma vez que só pode ser considerado como receita aquele valor que integra o patrimônio do prestador, nos termos seguintes:

a) *administrações de imóveis*: os valores pertinentes a alugueres, tributos, despesas de condomínio, não podem ser calculados no cômputo do imposto.

b) *agenciamento de mão de obra*:

> Tributário. ISS. Empresas que Agenciam Mão-de-obra.
>
> 1. Há de se compreender, por ser a realidade fática pausada nos autos, que a empresa agenciadora de mão-de-obra temporária atua como intermediária entre a parte contratante da mão-de-obra e terceiro que irá prestar os serviços.
>
> 2. Atuando nessa função de intermediação, é remunerada pela comissão acordada, rendimento específico desse tipo de negócio jurídico.
>
> 3. O ISS, no caso, deve incidir, apenas, sobre a comissão recebida pela empresa, por ser esse o preço do serviço prestado.
>
> 4. Não há de se considerar, por ausência de previsão legal, para fixação da base de cálculo do ISS, outras parcelas, além da taxa de agenciamento, que a empresa recebe como responsável tributário e para o pagamento dos salários dos trabalhadores. Aplicação do princípio da legalidade tributária.
>
> 5. Impossível, em nosso regime tributário, subordinado ao princípio da legalidade, um dos sustentáculos da democracia, ampliar a base de cálculo de qualquer tributo por interpretação jurisprudencial.
>
> 6. Embargos conhecidos e providos para fazer prevalecer pelo paradigma, com o conseqüente provimento do Recurso Especial, para que o ISS incida, apenas, sobre o valor fixado para a taxa de agenciamento, excluídas as demais parcelas.
>
> (Emb. Div. em REsp nº 613.709-PR, 1ª Seção, rel. Min. José Delgado, j. 14.11.07, *DJU* 1 de 17.12.07, p. 120)

Em período recente, o STJ deslindou controvérsia relativa ao referido serviço, da forma seguinte:

Ementa

> *Tributário. Recuso Especial Representativo de Controvérsia. Art. 543-C, do CPC. Imposto sobre Serviços de Qualquer Natureza – ISSQN. Agenciamento de Mão-de-obra Temporária. Atividade-fim da Empresa Prestadora de Serviços. Base de Cálculo. Preço do Serviço. Valor Referente aos Salários e aos Encargos Sociais.*
>
> 1. A base de cálculo do ISS é o preço do serviço, consoante o disposto no artigo 9º, *caput*, do Decreto-Lei 406/68.
>
> 2. As empresas de mão-de-obra temporária podem encartar-se em duas situações, em razão da natureza dos serviços prestados: *(i)* como intermediária entre o contratante da mão-de-obra e o terceiro que é colocado no mercado de trabalho; *(ii)* como prestadora do próprio serviço, utilizando de empregados a ela vinculados mediante contrato de trabalho.
>
> 3. A intermediação implica o preço do serviço que é a comissão, base de cálculo do fato gerador consistente nessas "intermediações".
>
> 4. O ISS incide, nessa hipótese, apenas sobre a taxa de agenciamento, que é o preço do serviço pago ao agenciador, sua comissão e sua receita, excluídas as importâncias voltadas para o pagamento dos salários e encargos sociais dos trabalhadores. Distinção de valores pertencentes a terceiros (os empregados) e despesas com a prestação. Distinção necessária entre receita e entrada para fins financeiro-tributários.

5. A exclusão da despesa consistente na remuneração de empregados e respectivos encargos da base de cálculo do ISS, impõe perquirir a natureza das atividades desenvolvidas pela empresa prestadora de serviços. Isto porque as empresas agenciadoras de mão-de-obra, em que o agenciador atua para o encontro das partes, quais sejam, o contratante da mão-de-obra e o trabalhador, que é recrutado pela prestadora na estrita medida das necessidades dos clientes, dos serviços que a eles prestam, e ainda, segundo as especificações deles recebidas, caracterizam-se pelo exercício de intermediação, sendo essa a sua atividade-fim.

6. *Consectariamente, nos termos da Lei 6.019, de 3 de janeiro de 1974, se a atividade de prestação de serviço de mão-de-obra temporária é prestada através de pessoal contratado pelas empresas de recrutamento, resta afastada a figura da intermediação, considerando-se a mão-de-obra empregada na prestação do serviço contratado como custo do serviço, despesa não dedutível da base de cálculo do ISS.*

(...)

9. O Tribunal *a quo*, a seu turno, assentou que: "Para melhor esclarecer a questão faz-se necessário definir a relação jurídica e as partes envolvidas.

(...)

Verifica-se, pois, que existe a empresa tomadora do serviço de mão-de-obra, a empresa prestadora agenciadora do serviço de mão-de-obra, e o trabalhador que irá prestar o serviço. Em decorrência disso, *existe também um contrato entre a empresa tomadora do serviço e a empresa agenciadora, bem como entre a empresa agenciadora e trabalhador.* Nesse sentido, a empresa agenciadora, no caso a apelada, irá determinar ao trabalhador que execute um determinado trabalho, sendo que ele será remuneração pela execução da tarefa. Dessa forma, a empresa agenciadora de mão-de-obra recebe a taxa de administração e o reembolso do valor concernente à remuneração do trabalhador, da empresa tomadora do serviço.

Assim, o único serviço que a empresa agenciadora de mão-de-obra presta é o de indicar uma pessoa (trabalhador) para a execução do trabalho e a remuneração bruta é o pagamento que recebe (taxa de administração)".

10. Com efeito, verifica-se que o Tribunal incorreu em inegável equívoco hermenêutico, porquanto atribuiu, à empresa agenciadora de mão-de-obra temporária regida pela Lei 6.019/74, a condição de intermediadora de mão-de-obra (...).

11. Destarte, a empresa recorrida encarta prestações de serviços tendentes ao pagamento de salários, previdência social e demais encargos trabalhistas, sendo, portanto, devida a incidência do ISS sobre a prestação de serviços, e não apenas sobre a taxa de agenciamento.

12. Recurso especial do Município provido, reconhecendo-se a incidência do ISS sobre a taxa de agenciamento e as importâncias voltadas para o pagamento dos salários e encargos sociais dos trabalhadores contratados pelas prestadoras de serviços de fornecimento de mão-de-obra temporária (Lei 6.019/74). Acórdão submetido ao regime do art. 543-C do CPC e da Resolução STJ 08/2008.

No tocante à base de cálculo, o ISSQN incide apenas sobre a taxa de agenciamento quando o serviço prestado por sociedade empresária de trabalho temporário for de intermediação, devendo, entretanto, englobar também os valores dos salários e encargos sociais dos trabalhadores por ela contratados nas hipóteses de fornecimento de mão de obra.
(Súmula n. 524 do STJ)
(REsp nº 1.138.205-PR, 1ª Seção, rel. Min. Luiz Fux, j. 09.12.09, *DJe* de 1º.02.10)

c) *agências de turismo*: excluem-se os valores necessários à aquisição de passagens aéreas, estadias de hotéis, locação de veículos. As agências só devem recolher o ISS incidente sobre a respectiva comissão;

d) *atividades hospitalares*: "ISS incide sobre o valor dos serviços de assistência médica, incluindo-se neles as refeições, os medicamentos e as diárias hospitalares" (Súmula nº 274 do STJ).

e) *compartilhamento*: os valores recebidos por determinadas pessoas jurídicas (normalmente integrantes de grupo de empresas, condomínios, ou associados de empreendimentos civis, comerciais, industriais etc.) – em razão de específicas atividades – nem sempre devem ser caracterizados como preço, e sujeitar-se ao ISS.

Trata-se de rateios de custos e despesas de diversificada natureza (atividades jurídicas, telefonia, telecomunicações, limpeza, pessoal, transportes, material de escritório), suportadas por uma empresa, entidade, pessoa etc. (condômino, associado), centralizadora; e que correspondem a efetivos ressarcimentos por parte dos demais participantes.

As sociedades de um grupo empresarial (ou mesmo de grupos distintos), compartilhando de um mesmo parque ou prédio administrativo – pela sistemática de rateio –, concordam em usufruir em conjunto os bens, estruturas, pessoal, utilidades etc., comprometendo-se a reparar a diminuição patrimonial incorrida pela empresa (condômino ou associado) líder, a fim de evitar o enriquecimento ilícito.

Tipifica-se o contrato de rateio em que todos os contratantes ajustam, entre si, a utilização comum de determinados departamentos ou utilidades, não se contrapondo deveres e obrigações, mediante comunhão de interesses, ajustamento mútuo de compartilhamento, distinto do contrato de prestação de serviços, porque nestes os interesses são opostos, embora complementares, como é o caso em que uma das partes pretende vender, e outra comprar.[388]

Esta peculiar situação jurídica deve ser objeto de acurada reflexão, para que não se submeta à tributação valores que não representam preço de serviço, não integram o patrimônio daqueles que a recebem, e que não podem comprometer a capacidade contributiva dos beneficiários.

f) *distribuição de filmes cinematográficos e videoteipe*: a base de cálculo deve ser o montante da comissão da empresa distribuidora (diferença entre o valor cobrado do exibidor e o que é entregue ao dono da película);

g) *exibição de filmes* (salas de cinema): a base de cálculo é o valor do ingresso pago à exibidora. Para o consumidor, pouco importam os custos do contribuinte, sejam com aluguel, pessoal ou com os produtores das películas. Os preços pagos pelo consumidor (ingressos), cujo somatório equivale ao faturamento bruto do contribuinte, correspondem à base de cálculo. A legislação (LC nº 116/03) não prevê abatimento (REsp nº 1.139.610-SC – 2ª. T. – rel. Min. Herman Benjamin – j. 23.02.10 – *DJe* 04.03.10).

h) *factoring*: o ISS deve ser calculado unicamente sobre o valor do serviço cobrado pela atividade de compra e venda de título financeiro (REsp nº 998.566-RS – 1ª. T. – rel. Min. José Delgado – j. 22.04.08 – *DJe* 21.05.08);

i) *marketing*: não podem ser excluídos da base de cálculo os valores recebidos a título de reembolso pelo pagamento de profissionais contratados integralmente, a exemplo de serviços contratados de vigilância e de limpeza (EDcl nos EDcl no AgRg no REsp nº 1.366.045-SP – 2ª. T. – rel. Min. Humberto Martins – j. 13.08.13 – *DJe* 26.08.13);

---

[388] MARTINS, Natanael. O Contrato de Rateio de Despesas e suas Implicações Tributárias. In: SCHOUERI, Luís Eduardo (coord.). *Direito Tributário, Homenagem a Alcides Jorge Costa*. São Paulo: Quartier Latin, 2003. v. II. p. 737-748.

j) planos de saúde: ilegítima a incidência do imposto sobre o total as mensalidades pagas pelo titular do plano à empresa gestora, pois, em relação aos serviços prestados pelos profissionais credenciados, há a incidência do tributo, de modo que a nova incidência sobre o valor destinado a remunerar tais serviços caracteriza-se como dupla incidência de um mesmo tributo sobre uma mesma base imponível. Por essa razão, o valor repassado aos profissionais credenciados deve ser excluído da base de cálculo do tributo devido pela empresa gestora (REsp nº 783.022/MG -0 1ª. T – rel. Min. Denise Arruda – *DJe* 16.03.09).

A *inexistência de remuneração* em serviços gratuitos, filantrópicos, cortesia e familiar implica ausência de base de cálculo e impossibilidade de ser exigido o imposto.

No caso de *fornecimento de talões de cheques*, entende-se ser indevida a cobrança do ISS, na ausência de formação de contrato bilateral, destacando-se o seguinte:

(...)
5. Não se trata, evidentemente, dos serviços prestados pelos bancos, em que a bilateralidade é essencial (o consumidor tem direito de exigir a prestação, apesar da alegada 'gratuidade').
6. O preço relativo ao fornecimento dos talões de cheque está embutido nas tarifas bancárias cobradas. Para que o imposto municipal seja impingido, é necessário sua aferição e distinção, até para evitar dupla tributação (o ISS não pode incidir sobre o total da tarifa bancária genérica e, novamente, sobre o preço do talão de cheques).
(REsp nº 1.212.026-MG – 2ª. T. – rel. Min. Herman Benjamin – j. 08.02.11 – *DJe* 02.03.11)

Relativamente aos *descontos* e *abatimentos* (diminuição do preço) os respectivos valores não deveriam integrar o cálculo do imposto (ausência de capacidade econômica); bem como os *seguros, juros, multas* e *indenizações*, por constituírem elementos estranhos ao preço dos serviços.

Confira-se as posturas jurisprudenciais

a) os *descontos incondicionais* não integram a base de cálculo do tributo (STJ, REsp nº 1.015.165-BA, rel. Min. Denise Arruda, j. 17.11.09, *DJe* de 09.12.09);

b)

Tributário. Embargos de Declaração. Imposto sobre Serviços. Base de Cálculo. Desconto no Valor do Serviço Prestado Incondicionado.
1. Segundo o artigo 9º do DL 406/69, a base de cálculo do ISS é o valor do serviço prestado, entendendo-se como tal o correspondente ao que foi recebido pelo prestador.
2. Se o abatimento no preço do serviço fica condicionado a uma condição a cargo do tomador do serviço, tal desconto não é condicionado, há base econômica imponível para fazer incidir o ISS sobre o valor não recebido pelo prestador.
3. Diferentemente, se o desconto não é condicionado, não há base econômica imponível para fazer incidir o ISS sobre o valor não recebido pelo prestador.
4. O desconto incondicionado, concedido por liberalidade do prestador sem qualquer imposição, reduzirá o valor do serviço, com reflexo para o Fisco que, em decorrência da liberalidade, receberá menos tributo. Conforme reconhece a doutrina, se a base imponível é o valor recebido pelo prestador, nada pode ser feito, senão considerar como base de cálculo o valor do serviço com o abatimento (...).
(EDcl no REsp nº 1.412.951-SP – 2ª. T. – rel. Min. Eliana Calmon – j. 17.12.13 – *DJe* 07.12.14)

O cálculo por *estimativa*, por vezes, é previsto na legislação municipal, com base em dados declarados pelo contribuinte, ou em outros elementos informativos, parcelando-se mensalmente o respectivo montante, para recolhimento no prazo e forma previstos em regulamento.

Nesse caso, findo o exercício civil ou o período da estimativa, serão apurados os preços efetivos dos serviços e o montante do tributo efetivamente devido pelo contribuinte (diferença entre a receita efetiva dos serviços e a receita estimada), que deverá ser objeto de recolhimento.

O *arbitramento* do preço pode ser realizado quando ocorrerem as situações seguintes:
a) o sujeito passivo não exibir à fiscalização os elementos necessários à comprovação do respectivo montante;
b) quando houver fundada suspeita de que os documentos fiscais não refletem o preço real dos serviços, ou quando o valor declarado for notoriamente inferior ao corrente na praça;
c) quando o sujeito passivo não estiver inscrito na repartição fiscal competente;
d) quando o sujeito passivo utilizar equipamento autenticador e transmissor dos documentos eletrônicos que não atendam aos requisitos legais.

20.3.5 Alíquota

A Constituição estabelecera que cabe à lei complementar fixar as alíquotas máximas (art. 156, §3º, I).

Esta determinação implica antinomia constitucional, porque se de um lado é atribuída competência ao legislador nacional (Congresso Nacional); de outro ocorre interferência na autonomia municipal para instituir os tributos de sua competência (art. 30, III), no que estaria compreendida a fixação de alíquotas de seu interesse.

Nesse sentido, a autonomia seria violada na medida em que o legislador nacional venha a estipular alíquotas sem nenhuma significação, impedindo que os Municípios obtenham uma adequada arrecadação e desenvolvam suas peculiaridades atividades, como assegurado pela própria Constituição.

Excepcionalmente a LC nº 100/99 (art. 4º) estabelecera a alíquota máxima de 5% (cinco por cento) calculada sobre parcela do preço relativo à atividade de exploração de rodovia envolvendo a execução de serviços de conservação, manutenção, melhoramentos para adequação de capacidade e segurança, de trânsito, operação, monitoração e assistência aos usuários.

A EC nº 37, de 2002, passou a dispor que cabe à lei complementar fixar as alíquotas máximas e mínimas (modificação ao §3º, do art. 156, da CF); e regular a forma e as condições como isenções, incentivos e benefícios fiscais serão concedidos e revogados (art. 88 das Disposições Transitórias).

Outrossim, estabelecera que, enquanto não ocorrer a expedição da lei complementar, o imposto I) terá alíquota mínima de 2%, salvo para os serviços afetos à construção civil (itens 32, 33 e 34 da lista de serviços constante da legislação nacional anexa à anterior LC nº 56/87); e II) não será objeto de concessão de isenções etc., que resulte, direta ou indiretamente, na redução da alíquota mínima.

A LC nº 116/03 (art. 8º, II) dispusera sobre a alíquota máxima de 5% (cinco por cento), sem excepcionar nenhuma espécie de serviço, nada dispondo com relação à alíquota mínima.

Portanto, a partir de 2004 (acrescido o período nonagesimal), os Municípios devem observar *a alíquota máxima de 5%*, e a *mínima de 2%* (esta não se aplica aos serviços relativos à construção civil, previstos basicamente nos itens 7.02, 7.043 e 7.05 da lista anexa à LC nº 116/03).

Relativamente ao *trabalho pessoal e às sociedades uniprofissionais*, deveriam ser adotadas alíquotas fixas ou variáveis, em função da natureza do serviço ou de outros fatores pertinentes, nestes não compreendida a importância paga a título de remuneração do próprio trabalho (Dec.Lei nº 406/68, art. 9º, §1º).

Abrangera os serviços de médico, enfermeiro, obstetra, ortóptico, fonoaudiólogo, protético, contabilidade, agente da propriedade industrial, advogado, engenheiro, arquiteto, urbanista, agrônomo, dentista, economista e psicólogo.

Os preceitos estabeleceram uma diferenciação de carga tributária (minorada) para os serviços prestados por profissionais liberais (estabelecidos individualmente, ou agrupados em sociedades civis), em que se tem considerado basicamente um valor tributário determinado (tantas unidades fiscais), independente do volume de receitas (preços) que auferem em razão de suas atividades.

A exigência do ISS segundo um valor previamente estipulado não guardaria consonância com a estrutura das normas de incidência, uma vez que a base de cálculo está fundamentada no princípio da capacidade contributiva, atrelado aos princípios da isonomia e da vedação do confisco.

A questão foi solucionada pelo STF:

CONSTITUCIONAL. TRIBUTÁRIO. ISS. SOCIEDADES PRESTADORAS DE SERVIÇOS PROFISSIONAIS. ADVOCACIA. DL 406/68, ART. 9º, §§1º E 3º, CF, ART. 151, III, ART. 150, II, ART. 145, §1º.
1. O art. 9º, §§1º e 3º, do DL 406/68, que cuidam da base de cálculo do ISS, foram recebidos pela CF/88: CF/88, art. 146, III, *a*.
Inocorrência de ofensa ao art. 151, III, art. 34, ADCT/88, art. 150, II e 145, §1º, CF/88.
II – RE conhecido.
(RE nº 236.604-78-PR – rel. Min. Carlos Velloso – j. 26.05.99 – *DJU* 1 de 06.08.99, p. 52)

O STJ elucidara as características das *sociedades de advogados*, a saber:

TRIBUTÁRIO. RECURSO ESPECIAL. ISS. BASE DE CÁLCULO. SOCIEDADE DE ADVOGADOS.
(...)
2. O art. 16 da Lei nº 8.906/94 (Estatuto da Advocacia) permite concluir que as sociedades de advogados, qualquer que seja o respectivo contrato social, caracterizam-se como sociedades uniprofissionais. O dispositivo proíbe que essas entidades realizem "atividades estranhas à advocacia", ou incluam em seus quadros "sócio não inscrito como advogado ou totalmente proibido de advogar".
3. Os profissionais que compõem os quadros de uma sociedade de advogado prestam serviços em nome da sociedade, embora sob responsabilidade pessoal. Essa conclusão é possível diante da leitura do art. 15, §3º, da Lei nº 8.906/94, segundo o qual "as procurações

devem ser outorgadas individualmente aos advogados e indicar a sociedade que façam parte", do art. 17 que fixa a responsabilidade pessoal e ilimitada do sócio pelos danos causados aos clientes por ação ou omissão no exercício da advocacia; bem como do art. 18, do mesmo diploma legal, que estabelece que "a relação de emprego, na qualidade de advogado, não retira a isenção técnica nem reduz a independência profissional inerente à advocacia".
4. O art. 16 da Lei nº 8.906/94 espanca qualquer dúvida acerca da natureza não empresarial das sociedades de advogados. Segundo a previsão normativa, não serão admitidas a registro, nem poderão funcionar "as sociedades de advogados que apresentem formas ou características mercantis".
5. Tranquila a conclusão de que a sociedade civil de advocacia, qualquer que seja o conteúdo de seu contrato social, goza do tratamento tributário diferenciado previsto no art. 9º, §§1º e 3º, do Decreto-Lei nº 406/68, já que são necessariamente uniprofissionais, não possuem natureza mercantil, sendo pessoal a responsabilidade dos profissionais nela associados ou habilitados (...).
(REsp nº 124.908-GO – 97/0020299-2 – rel. Min. Francisco Peçanha Martins – *DJU* 18.11.02)

O STJ (ambas Turmas) conferira tratamento diferenciado às sociedades profissionais, com manifesto caráter empresarial, a saber:

> Tributário. ISS. Sociedades Profissionais.
> 1. As sociedades profissionais de prestação de <u>serviços contábeis</u> não têm direito ao privilégio previsto no art. 9º, §3º, do DL nº 406/68, quando não desenvolvem as suas atividades por meio de profissionais autônomos e de forma individualizada.
> 2. Se a sociedade presta serviços em seu nome, de modo generalizado, descaracterizada a maneira pessoal do trabalho do profissional, está obrigada ao pagamento do ISS.
> 3. Panorama processual revelador de que não há prestação de serviços individualizados e com responsabilidade pessoal de cada profissional.
> 4. Recurso improvido.
> (RMS nº 6.136-CE, 95/42978-0–1ª. T. – rel. Min. José Delgado – j. 22.09.98 – *DJU* 1 de 23.11.98, p. 117-118)

Objeta-se referida postura pelas circunstâncias de que (i) a responsabilidade dos sócios é pessoal; (ii) a natureza de sociedade simples e não de sociedade empresária; (iii) a irrelevância da estrutura administrativa da sociedade para a caracterização da sociedade simples (em contraposição à sociedade com caráter empresarial; e (iv) a participação da sociedade em outras empresas não descaracteriza a sociedade simples.

> Tributário. ISS. Sociedade Profissional com Caráter Empresarial – <u>Médicos</u> que prestam Serviço Especializado, sem Responsabilidade Pessoal – Decreto-Lei nº 406/68, artigo 9º, parágrafos 1º e 3º – Precedentes – STJ.
> As sociedades profissionais constituídas exclusivamente por médicos, para a prestação de serviços especializados, com caráter empresarial ou comercial, não fazem jus ao privilégio do §3º, do artigo 9º, do DL 406/68, que beneficia apenas as sociedades que prestam serviços em caráter pessoal, ou seja, em que o sócio assume responsabilidade profissional, individualmente.
> Recurso não conhecido.
> (REsp nº 124.908-GO, 97/0020299-2 – rel. Min. Francisco Peçanha Martins – j. 18.05.99 – *DJU* 1 de 23.08.99, p. 98)

Os serviços de registros públicos, cartorários, e notariais, não se enquadram na prestação de serviços sob a forma de trabalho pessoal, de modo que inviável o benefício fiscal de recolher o ISS com base em alíquotas fixas, na forma do parágrafo 1º do artigo 9º do Decreto-Lei nº 406/68.
(AgRg no REsp nº 1.237.357-RS – 1ª. T. – rel. Min. Hamilton Carvalhido – j. 17.03.11 – *DJe* 13.04.11)

O STF solucionou a controvérsia:

RECURSO EXTRAORDINÁRIO. REPERCUSSÃO GERAL. DIREITO TRIBUTÁRIO. IMPOSTO SOBRE SERVIÇOS DE QUALQUER NATURERZA. ISSQN. BASE DE CÁLCULO. LEI COMPLEMENTAR NACIONAL. SOCIEDADE DE PROFISSIONAIS. ADVOGADOS. COMPETÊNCIA TRIBUTÁRIA DE MUNICÍPIO. REGIME DE TRIBUTAÇÃO FIXA. NATUREZA DO SERVIÇO. REMUNERAÇÃO DO LABOR. DECRETO-LEI 405-1968 (sic*)*. RECEPÇÃO. LEI COMPLEMENTAR 7/1973 DO MUNICÍPIO DE PORTO ALEGRE. CONFLITO LEGISLATIVO. ISONOMIA TRIBUTÁRIA.
1. A jurisprudência do STF se firmou no sentido da recepção do Decreto-Lei 406/1968 pela ordem constitucional vigente com *status* de lei complementar nacional, assim como pela compatibilidade material da prevalência do cálculo do imposto por meio de alíquotas fixas, com base na natureza do serviço, não compreendendo a importância paga a título de remuneração do próprio labor. Precedente: RE 220.323, de relatoria do Ministro Carlos Velloso, Tribunal Pleno, DJ 18.05.01.
2. É inconstitucional lei municipal que disponha de modo divergente ao DL 406/1968 (*sic*) sobre base de cálculo do ISSQN por ofensa direta ao art. 146, III, "a", da Constituição da República.
3. Reduziu-se o âmbito de incidência e contrariou-se o comando da norma prevista no art. 9º, §§1º e 3º, do Decreto-Lei 406/1968, por meio do código tributário porto-alegrense. Logo, há inconstitucionalidade formal em razão da inadequação de instrumento legislativo editado por ente federativo incompetente, nos termos do art. 146, III, "a", do Texto Constitucional.
4. Fixação de Tese Jurídica ao Tema 918 do sistema de repercussão geral: *"É inconstitucional lei municipal que estabelece impeditivos à submissão de sociedades profissionais de advogados ao regime de tributação fixa em bases anuais na forma estabelecida por lei nacional"*.
5. Recurso extraordinário a que se dá provimento, com a declaração incidental de inconstitucionalidade dos arts. 20, §4º, II, da Lei Complementar 7/73, e 49, IV, §§3º e 4º, do Decreto 15.416/2006, ambos editados pelo Município de Porto Alegre".
(RE nº 940.769-RS – Plenário – rel. Min. Edson Fachin – sessão de 24.02.19)

20.3.6 Substituição pelo IBS

O ISS será substituído pelo Imposto sobre Bens e Serviços (IBS) observadas as regras básicas previstas na Emenda Constitucional nº 132, promulgada em 20.12.23.

Art. 128. De 2029 a 2032 as alíquotas dos impostos previstos nos arts. 155, II, e 156, III (ISS), da Constituição Federal, serão fixadas nas seguintes proporções das alíquotas fixadas nas respectivas legislações:
I – 9/10 (nove décimos), em 2029;
II – 8/10 (oito décimos), em 2030;
III – 7/10 (sete décimos), em 2031;

IV – 6/10 (seis décimos), em 2031.

§1º Os benefícios ou incentivos fiscais ou financeiros relativos aos impostos previstos nos arts. 155, II, e 156, III (ICMS), da Constituição Federal não alcançados pelo disposto no caput deste artigo serão reduzidos na mesma proporção.

(...)

§3º Ficam mantidos em sua integralidade, até 31 de dezembro de 2031, os percentuais utilizados para calcular os benefícios ou incentivos fiscais ou financeiros já reduzidos por força da redução das alíquotas, em decorrência do disposto no caput.

A partir de 2033, ficará extinto o ISS (art. 129), com sua plena revogação (art. 22, II, *a*, do Ato das Disposições Transitórias).

IMPOSTO SOBRE BENS E SERVIÇOS (IBS)

A Emenda Constitucional 132, promulgada 20.10.23, introduziu preceito na CF (art. 156-A) dispondo que Lei Complementar instituirá o imposto sobre bens e serviços, que conterá legislação única em todo o território nacional (art. 156, *caput*, e IV), exceto no que concerne à fixação de alíquota, que competirá a cada ente federativo.

O Projeto de Lei Complementar (PLP nº 68/24) – contendo parte da Reforma Tributária –, fora apresentado ao Congresso Nacional em 25.04.24.

21.1 Sujeito ativo

Os Estados, o Distrito Federal e os Municípios exercerão de forma integrada, exclusivamente, por meio do Comitê Gestor do IBS, nos termos e limites estabelecidos na Constituição, e em lei complementar, as seguintes competências administrativas (art. 156-B):

I – editar regulamento único e uniformizar a interpretação e a aplicação da legislação do imposto;

II – arrecadar o imposto, efetuar as compensações e distribuir o produto da arrecadação entre Estados, Distrito Federal e Municípios;

III – decidir o contencioso administrativo;

§1º O Comitê Gestor, entidade pública sob regime especial, terá independência técnica, administrativa, orçamentária e financeira;

§2º Na forma da lei complementar:

I – Os Estados, o Distrito Federal e os Municípios serão representados, de forma paritária, na instância máxima de deliberação do Comitê Gestor;

II – Será assegurada a alternância na presidência do Comitê Gestor entre o conjunto dos Estados e o Distrito Federal e o conjunto dos Municípios e o Distrito Federal;

III – O Comitê Gestor será financiado por percentual do produto da arrecadação do imposto destinado a cada ente federativo;

IV – O controle externo do Comitê Gestor será exercido pelos Estados, pelo Distrito Federal e pelos Municípios;

V – A fiscalização, o lançamento, a cobrança, a representação administrativa e a representação judicial relativos ao imposto serão realizados no âmbito de suas respectivas competências, pelas administrações tributárias e procuradorias dos Estados, do Distrito Federal e dos Municípios, que poderão definir hipóteses de delegação ou de compartilhamento de competências, cabendo ao Comitê Gestor a coordenação dessas atividades administrativas com vistas à integração entre os entes federativos;

VI – As competências exclusivas das carreiras da administração tributária e das procuradorias dos Estados, do Distrito Federal e dos Municípios serão exercidas, no Comitê Gestor, e na representação deste, por servidores das referidas carreiras;

VII – Serão estabelecidas a estrutura e a gestão do Comitê Gestor, cabendo ao regimento interno dispor sobre sua organização e funcionamento.

§3º A participação dos entes federativos na instância máxima de deliberação do Comitê Gestor observará a específicas e determinadas composições (incisos I e II);

§4º As deliberações no âmbito do Comitê Gestor serão consideradas aprovadas se obtiverem, cumulativamente, específica votação (incisos I e II);

§5º O Presidente do Comitê Gestor deverá ter notórios conhecimentos de administração tributária;

§6º O Comitê Gestor, a administração tributária da União e a Procuradoria-Geral da Fazenda Nacional compartilharão informações fiscais relacionadas ao IBS, e atuarão com vistas a harmonizar normas, interpretações, obrigações acessórias e procedimentos a eles relativos;

§7º O Comitê Gestor e a administração tributária da União poderão implementar soluções integradas para a administração e cobrança do IBS:

§8º Lei Complementar poderá prever a integração do contencioso administrativo relativo ao art. 156-A.

Compete ao Superior Tribunal de Justiça processar e julgar, originariamente, os conflitos entre entes federativos, ou entre estes e o Comitê Gestor do IBS, relacionado ao imposto (inserção do §3º, ao art. 145, da CF).

Comentários

Questionável a constitucionalidade da alteração da titularidade tributária dos Estados, Distrito Federal e dos Municípios, no que concerne às competências contidas na CF/88 (ICMS – Estados e Distrito Federal; e ISS – Municípios e Distrito Federal).

Nesse sentido, a CF (art. 60, §4º) categoricamente estabelece que "não será objeto de deliberação a proposta de emenda tendente a abolir (I) a forma federativa de Estado". Trata-se de cláusula pétrea insuscetível de sofrer qualquer espécie de modificação por parte do Congresso Nacional.

Entendo que a modificação de competência tributária constante da EC nº 132/23 que restringe, ou mesmo suprime (ainda que parcialmente), o direito à instituição e à arrecadação dos impostos, significa mudança na "forma federativa do Estado".

Preciso o entendimento de que a PEC nº 45 (origem da EC nº 132/23) não trata, propriamente, de uma *emenda*, mas de uma *revisão*, não autorizada, por inexistência de *competência* para essa função, qual seja a de reformulação do texto constitucional, no que se refere à ação de *tributar*, inclusive, porque ofende, explicitamente, as duas cláusulas pétreas: (I) a forma federativa do Estado e (II) os direitos e garantias individuais.[389]

Patente a limitação dos entes federativos (Estados, Distrito Federal e Municípios) para tributar as atividades ou situações jurídicas pertinentes a bens e serviços. Suprime-se a autonomia municipal (art. 156-A).

Preocupante a ampla competência do Comitê Gestor, responsável por arrecadar o imposto, efetuar as compensações e distribuir o produto da arrecadação entre Estados e Municípios.

21.2 Sujeito passivo

Lei Complementar poderá definir como sujeito passivo do imposto a pessoa que concorrer para a realização, a execução, ou o pagamento da operação, ainda que residente ou domiciliado no exterior (art. 156-A, §3º).

Disporá sobre o adquirente que possa efetuar o recolhimento do imposto nas aquisições de bens e serviços; ou que o recolhimento ocorra na liquidação financeira da operação (art. 156-A, §5º, inciso II, *a* e *b*).

Qualifica-se como contribuinte o importador de bens materiais ou imateriais, inclusive direitos, ou de serviços (pessoa física ou jurídica), ainda que não seja sujeito passivo habitual do imposto, qualquer que seja a sua finalidade (art. 156-A, III).

Durante o período de transição do ICMS para o IBS (2026), os sujeitos passivos que cumprirem as obrigações acessórias poderão ser dispensados do recolhimento, nos termos de lei complementar (§4º, inciso II, art. 125, da PLP nº 68/24).

O produtor rural pessoa física ou jurídica que obtiver receita anual inferior a R$3.600.000,00 (três milhões e seiscentos mil reais), atualizada anualmente pelo Índice Nacional de Preços ao Consumidor Amplo (IPCA), e o produtor integrado de que trata o art. 2º, II, da Lei nº 13.288, de 16.05.16, com a redação vigente em 31.05.23, poderão optar por ser contribuintes do tributo (§4º, IV, do art. 9º, do Ato das Disposições Transitórias).

O PLP nº 68/24 dispôs o seguinte:

> Art. 21. É contribuinte do IBS:
> I – o fornecedor que realizar operações:
> a) no desenvolvimento de atividade econômica;
> b) de modo habitual ou em volume que caracterize atividade econômica; ou
> c) de forma profissional, ainda que a profissão não seja regulamentada;
> II – aquele previsto expressamente em outras hipóteses nesta Lei Complementar.

A sistemática do Simples Nacional, ou pelo MEI, também fora prevista (art. 21, §§2º a 5º).

(...)

§6º É contribuinte do IBS e obrigado a se inscrever no regime regular o fornecedor residente ou domiciliado no exterior com relação às operações ocorridas no país, observada a definição do local da operação prevista no art. 11.

---

[389] BRITO, Edvaldo. Unificação de Tributos e Carga Tributária. In: BRITO, Edvaldo. *Direito Tributário*. Fundamentos Jurídicos da Incidência. XX Congresso Nacional de Estudos Tributários. São Paulo: IBET e Ed. NOESES, 2023. p. 471.

(...)
Art. 22. Na aquisição de bem em licitação promovida pelo poder público ou em hasta pública, o adquirente é contribuinte do IBS.

Art. 23. As plataformas digitais, ainda que domiciliadas no exterior, são responsáveis pelo recolhimento do IBS e da CBS relativos às operações realizadas por seu intermédio nas seguintes hipóteses (...).
§1º Considera-se plataforma digital aquela que:
I – atua como intermediária entre fornecedores e adquirentes nas operações, realizadas de forma não presencial o por meio eletrônico; e
II – controla um ou mais dos seguintes elementos essenciais à operação:
a) cobrança;
b) pagamento;
c) definição dos termos e condições; ou
d) entrega.
§2º Não é considerada plataforma digital aquela que executa somente uma das seguintes atividades:
I – fornecimento do acesso á internet;
II – processamento de pagamentos;
III – publicidade; ou
IV – busca ou comparação de fornecedores, desde que não cobre pelo preço do serviço com base nas vendas realizadas.

O art. 24 trata das hipóteses de responsabilidade solidária pelo pagamento do IBS.
O art. 25 estipula que as responsabilidades compreendem a obrigação pelo pagamento do IBS, acrescidos de correção e atualização monetária, multa de mora, multas punitivas e demais encargos.

Art. 26. Não são contribuintes do IBS as seguintes entidades sem personalidade jurídica:
I – condomínio edilício;
II – consórcio; e
III – sociedades em conta de participação.

Os parágrafos 1º a 4º contêm peculiaridades, e efeitos tributários, decorrentes das atividades exercidas.
Comentários
Na EC nº 132/23 (§3º, do art. 156-A) fora previsto que "lei complementar poderá definir como sujeito passivo do imposto a pessoa que concorra para a realização, execução ou ao seu pagamento da operação".

Questionável esta regra, porque a participação de terceiros revela-se genérica, podendo se tratar de meros auxiliares, instituições financeiras, intermediários ou corretores. Além disso, não integram a imprescindível relação jurídica entre fornecedor e tomador dos bens e serviços.

A tipificação do contribuinte evidencia o pleno exercício de atividade econômica por profissional, com habitualidade e volume significativo. Em consequência, pode-se entender que a venda de veículo por pessoa física, por si só, não caracteriza a prática de operações, estando afastado da obrigação tributária.

A pessoa residente ou domiciliada no exterior enquadra-se como obrigada ao imposto (art. 156-A, §3º), na medida em que realiza operações no território nacional, não sendo afrontado o princípio da territorialidade.

Entretanto, não fora qualificada a pessoa que promove especificamente o exercício de direitos (materialidade do IBS), e fornecimento de bens, cingindo-se ao fornecimento de operações.

A tributação das *plataformas digitais* ganha especial relevo tendo em vista o objetivo de serem tributadas as operações digitais.

O *condomínio edilício* caracteriza-se como propriedade comum o solo, a estrutura do prédio, o telhado, a rede geral de distribuição de água, o esgoto, o gás e a eletricidade, a calefação e refrigeração centrais, inclusive o acesso a logradouro público, que não podem ser alienados separadamente ou divididos; além do terraço de cobertura, salvo disposição contrária da escritura de constituição do condomínio (Código Civil, art. 1.331, §§2º e 5º).

Consórcio é a reunião de pessoas naturais ou jurídicas, em grupo, com prazo de duração e número de cotas previamente determinados, promovida por administradora de consórcio, com a finalidade de propiciar a seus integrantes a compra de bens e serviços, por autofinanciamento.

Grupo de Consórcio é uma sociedade não personificada constituída por consorciados com o escopo de aquisição de bens e serviços. Representa-se por sua administradora, em caráter irrevogável e irretratável, ativa ou passivamente, em juízo ou fora dele, na defesa dos direitos e interesses coletivamente considerados e para a execução do contrato de participação em grupo de consórcio, por adesão.

A *sociedade em conta de participação* é aquela em que a atividade constitutiva do objeto social é exercida unicamente pelo sócio ostensivo, em seu nome individual e sob sua própria e exclusiva responsabilidade, participando os demais dos resultados correspondentes. Obriga-se perante terceiro tão somente o sócio ostensivo; e, exclusivamente perante este, o sócio participante, nos termos do contrato social (Código Civil, art. 991, e parágrafo único).

A imputação de responsabilidade solidária – pela lei complementar – não se cingiu exclusivamente às regras contidas no CTN, procurando abranger diversificadas situações. Todavia, estatuíra que não enseja responsabilidade solidária a mera existência de grupo econômico, quando inexistente qualquer ação ou omissão que se enquadra no inciso V do *caput*.

Neste sentido, sensíveis as ponderações contidas no aresto do STJ:

> (...) ainda que se admita que as empresas integram o grupo econômico, não se tem isso como bastante para fundar a solidariedade no pagamento de tributo devido por uma delas, ao ponto de se exigir sem adimplemento por qualquer delas" (AgInt no REsp nº 1860479/PR, relator Ministro Napoleão Nunes Maia Filho, Primeira Turma, julgado em 28.09.2020, DJe 01.10.2020). É que "a responsabilidade solidária do art. 124 do CTN, c/c o art. 30 da Lei n. 8.212/1990, não decorre exclusivamente da demonstração da formação do grupo econômico, mas demanda a comprovação de práticas comuns, prática conjunta do fato gerador ou, ainda, quando Há confusão patrimonial.
> (AgRg no AREsp nº 89.618/PE, relator Ministro Gurgel de Faria, Primeira Turma, julgado em 23.06.16, DJe 18.08.16)

21.3 Materialidade

O *imposto incidirá sobre operações* com bens materiais ou imateriais, inclusive *direitos*, ou com *serviços* (art. 156-A, I), bem como sobre a *importação* de bens materiais ou imateriais, inclusive *direitos* ou *serviços* (art. 156-A, III).

Comentários

Constata-se a ampliação do âmbito de tributação porque não se restringe a "mercadoria" (bem da atividade empresarial do produtor, industrial e comerciante, tendo por objeto sua distribuição para consumo), como fora estabelecido para o ICMS, passando a tributar operações realizadas com bens e direitos.

Bens: no âmbito do direito privado – aplicável para fins tributários (art. 110 do CTN) – entende-se que "os bens são coisas materiais ou imateriais que têm valor econômico e que podem servir de objeto a uma relação jurídica".[390]

Direitos: com fundamento em Miguel Reale, pode-se dizer que direito é uma ordenação heterônoma das relações sociais baseada numa integração normativa de fatos e valores.[391]

"Direito Adquirido" é o que já se incorporou definitivamente ao patrimônio e à personalidade de seu titular, de modo que nem a lei nem um fato posterior pode alterar tal situação jurídica, pois há direito concreto, ou seja, subjetivo, e não direito potencial ou abstrato.[392]

Serviços: a incidência tributária não pode se restringir à figura do "serviço" como uma atividade realizada; mas deve considerar "a prestação de serviço" qualificada como negócio jurídico que deve compreender todos os elementos que lhes são pertinentes (especialmente o prestador e tomador), no âmbito de relação jurídica privada.

Tendo em vista que inexiste um conceito constitucional de serviços, seria cogitável que viesse a ser instituída uma tipificação aberta, por intermédio de lei complementar, ou estatuída uma ampla lista de serviços tributáveis, nos moldes da Lei Complementar nº 116/03.

Considerando que a tributação deve compreender os serviços prestados em regime de direito privado, não haverá embasamento jurídico para os serviços públicos serem submetidos a essa sistemática.

A transmissão de energia elétrica de uma usina onde é gerada, para a sua distribuidora, não deve ser considerada como prestação de serviços de transporte.

Com o objetivo de conferir segurança e certeza à exigência tributária, seria aconselhável que a lei complementar se referisse às diversas modalidades de transporte (rodoviário de cargas; de passageiros; aquaviário; ferroviário; multimodal de cargas, dutoviário etc.).

*

Lei Complementar poderá estabelecer o conceito de operações com serviços, seu conteúdo e alcance, admitida essa definição para qualquer operação que não seja classificada como operação com bens materiais ou imateriais, inclusive direitos (art. 156-A, §8º).

---

[390] Agostinho Alvim, *Curso de Direito Civil*, apostila PUC, v. 1, p. 13, *apud* Maria Helena Diniz, *Curso de Direito Civil Brasileiro*, 28ª. ed., Ed. Saraiva, 2011, p. 357.
[391] *Apud* DINIZ, Maria Helena. *Dicionário Jurídico*. 3. ed. São Paulo: Editora Saraiva, 2007. v. D-I. p. 148.
[392] DINIZ, *ob. cit.* p. 149.

O PLP nº 68/24 dispôs sobre os fatos geradores, nos termos básicos seguintes:

Art. 4º O IBS e a CBS incidem sobre:
I – operações onerosas com bens ou com serviços; e
II – operações não onerosas com bens ou com serviços expressamente previstos nesta Lei Complementar.
§1º As operações de que trata o inciso I do caput compreendem o fornecimento de bens ou de serviços e podem decorrer de qualquer ato ou negócio jurídico, tais como:
I – alienação, inclusive compra e venda, troca ou permuta e dação em pagamento;
II – locação;
III – licenciamento, concessão, cessão;
IV – empréstimo;
V – doação onerosa;
VI – instituição onerosa de direitos reais;
VII – arrendamento, inclusive mercantil; e
VIII – prestação de serviços.
§2º Para fins de incidência do IBS e da CBS, considera-se operação com serviço qualquer operação que não seja classificada como operação com bem.

Comentários
Operações concernem a negócios jurídicos implicadores de fatos geradores de tributos, referentes à obrigação de dar (alienação), no âmbito do ICMS ("operações relativas à circulação de mercadorias"). Significam a prática de ato jurídico relativo a mercadorias com pertinência à venda, troca e dação em pagamento.

Diretriz firmada pelo STF no sentido de que somente pode incidir o ICMS no caso de realização de ato de mercancia, sendo necessária a prática de operação jurídica com tramitação de posse e propriedade de bens (ARE nº 1.255.885 – Plenário – rel. Min Dias Toffoli – sessão de 14.08.20 – Tema 1.099 de Repercussão Geral).

Negócios jurídicos:
a) compra e venda: um contratante se obriga a transferir o domínio de certa coisa (atual ou futura), a outro mediante pagamento de certo preço em dinheiro, que pode ser fixada à taxa de mercado ou de bolsa, ou em função de índices ou parâmetros, desde que suscetíveis de objetiva determinação (Código Civil, arts. 481, 483, e 486 e 487);
b) troca ou permuta: tem por objeto dois bens suscetíveis de serem vendidos, passíveis de determinação, não sendo necessário que sejam da mesma espécie ou que tenham igual valor. Trata-se de contrato bilateral, oneroso, comutativo e translativo de propriedade (Código Civil, art. 553);
c) dação em pagamento: acordo liberatório feito entre credor e devedor em que aquele consente na entrega de uma coisa diversa da avençada;[393]
d) locação de coisa: contrato em que uma das partes se obriga a ceder a outra, por tempo determinado ou não, o uso e gozo de coisa não fungível, mediante certa remuneração (Código Civil, art. 565), apresentando como caracteres remuneração (aluguel), contratualidade (negócio bilateral, oneroso, comutativo, consensual e de execução sucessiva, e presença das partes intervenientes);

---

[393] DINIZ, Maria Helena. *Dicionário Jurídico*. 3. ed. São Paulo: Editora Saraiva, 2007. v. D-I. p. 3.

e) locação de imóvel urbano: negócio jurídico em que uma pessoa natural ou jurídica (locador) cede o uso de imóvel para utilização de outra pessoa, natural ou jurídica (locatário), mediante remuneração (aluguel), por prazo determinado ou indeterminado;
f) licenciamento: negócio jurídico em que uma pessoa, natural ou jurídica, autoriza outro contraente, a utilização dos conhecimentos, técnicas ou experiências desenvolvidas, durante certo tempo, mediante o pagamento de determinada quantia, denominada *royalty*, estipulada livremente;
g) concessão: negócio jurídico mercantil concernente à distribuição de veículos automotores e similares, de via terrestre, realizado entre produtores e distribuidores, disciplinada em lei federal;
h) cessão de direitos: patente obrigação de transferir a outrem créditos, pretensões, ações, faculdades e direitos potestativos. Suas facetas são as mais variadas, como sucessões universais (*causa mortis*), sucessões contratuais, doações, cessões de créditos, sub-rogações, fusões e incorporações;[394]
i) empréstimo (comodato): significa negócio gratuito de coisas (móveis ou imóveis), que não podem substituir-se por outros da mesma espécie, qualidade e quantidade (bens infungíveis), que se perfazem com a sua tradição, e que devem ser restituídos no prazo avençado ou pelo tempo necessário para o respectivo uso (Código Civil, arts. 579 a 585);
j) empréstimo (mútuo): significa negócio oneroso de coisas fungíveis (substituição por outros bens da mesma espécie, qualidade e quantidade), mediante transferência do domínio da coisa emprestada ao mutuário, por cuja conta corre todos os riscos dela desde a tradição (Código Civil, arts. 586 e 587);
k) doação onerosa: modal ou com encargo (é aquela em que o doador impõe ao donatário uma incumbência em seu benefício, em benefício de terceiro ou do interesse ou do interesse geral (Código Civil, arts. 553, parágrafo único, 562 e 1938); remuneratório (é aquela em que sob a aparência de mera liberalidade, há firme propósito do doador de pagar serviços prestados pelo donatário ou alguma outra vantagem que haja recebido dele (Código Civil, art. 540);
l) instituição onerosa de direitos reais: compreende basicamente a propriedade, a superfície às servidões, o usufruto, o uso, a habitação, o direito do promitente comprador do imóvel, o penhor, a hipoteca, a anticrese, a concessão de uso especial para fins de moradia, a concessão de direito real de uso e a laje (Código Civil, art. 1225);
m) arrendamento, inclusive mercantil: negócio que mantém conotações com a compra e venda, locação e financiamento, com características especiais devido à triangularidade, intermediação de um agente que financia a operação, e em razão de tríplice opção conferida ao arrendatário (lei federal nº 6.099/74, com alterações e resoluções do Banco Central do Brasil);
n) prestação de serviços: negócio pertinente a uma obrigação de "fazer", de conformidade com os postulados do direito privado, não sujeito às leis trabalhistas, que tem por objeto o desempenho de atividade, material ou imaterial, realizada mediante remuneração por pessoa natural ou jurídica (Código Civil, arts. 593 a 609).

---

[394] SCHARLACK, José Rubens. ISS e cessão de direitos. In: PEIXOTO, Marcelo Magalhães; MARTINS, Ives Gandra da Silva (orgs.). *ISS* – lc 116/2003. Curitiba; São Paulo: Juruá e Apet, 2004. p. 314.

Observa-se que o inciso I (afeto a operações "onerosas") revela certa contrariedade prevista no respectivo §1º, na medida em que determinados negócios jurídicos podem revelar "não onerosidade", como é o caso de empréstimo e prestação de serviços.

*

§3º. São irrelevantes para a caracterização das operações de que trata o caput:
I – o título jurídico pelo qual o bem se encontra na posse do respectivo titular;
II – a espécie, tipo ou forma jurídica, a validade jurídica e os efeitos dos atos ou negócios jurídicos;
III – a obtenção do lucro com a operação; e
IV –o cumprimento de exigências fiscais, regulamentares, ou administrativas.

Comentários
O tipo tributário é reconhecido por intermédio de sua essência jurídica, haurida exclusivamente do texto constitucional, razão pela qual "por mais cediço que possa parecer, o nome que um instituto recebe não é suficiente para desvendar sua estrutura, até porque, infelizmente, a impropriedade técnica é um dos traços mais marcantes das nossas leis. O que define a natureza de uma exação é apenas, a consistência material de sua hipótese de incidência".[395]

Entretanto, não se pode simplesmente desprezar os elementos essenciais do negócio jurídico (título, forma, validade), porque, por exemplo, compra e venda, doação, empréstimo e arrendamento mercantil têm implicações nitidamente distintas.

Preceito mandamental do CTN (art 105) reza que "a lei tributária não pode alterar a definição, o conteúdo e o alcance de institutos, conceitos e formas, de direito privado, utilizados expressa ou implicitamente, pela Constituição Federal, pelas Constituições dos Estados, ou pelas Leis Orgânicas do Distrito Federal ou dos Municípios, para definir ou limitar competências tributárias".

O lucro (resultado positivo da atividade profissional, pessoal ou empresarial, tendo como espécies o lucro real, arbitrado, contábil, de exploração, inflacionário, líquido, operacional e presumido), atém-se aos fatos geradores da CSLL e à base de cálculo do IRPJ.

*

Art. 5º O IBS e a CBS também incidem sobre as seguintes operações, ainda que não onerosas:
I – o fornecimento não oneroso ou a valor inferior ao de mercado de bens e serviços para uso e consumo pessoal:
a) do próprio contribuinte, quando este for pessoa física;
b) das pessoas físicas que sejam sócios, acionistas, administradores e membros de conselhos de administração e fiscal e comitês de assessoramento do conselho de administração do contribuinte previstos em lei, quando este não for pessoa física;
c) dos empregados dos contribuintes de que tratam as alíneas "a" e "b";
II – doação por contribuinte para parte relacionada;

---

[395] CARRAZZA, Roque Antonio. *O Sujeito Ativo da Obrigação Tributária*. São Paulo: Resenha Tributária, 1977. p. 52.

III – fornecimento de brindes e bonificações; e
IV – demais hipóteses previstas nesta Lei Complementar.
§1º A incidência de que trata o inciso I do caput:
I – se dará na forma do disposto na Seção X deste Capítulo; e
II – também se aplica ao fornecimento não oneroso ou a valor inferior ao de mercado de bens e serviços para uso e consumo pessoal de cônjuges, companheiros ou parentes, consanguíneos ou afins, até o terceiro grau, das pessoas físicas referidas nas alíneas "a", "b" e "c" do inciso I do caput.
§2º Para fins do disposto no inciso II do caput, consideram-se partes relacionadas aquelas definidas pela legislação de preços de transferência no âmbito do imposto de renda.
§3º O disposto no inciso III do caput não se aplica às bonificações que atendam ás mesmas condições dos descontos incondicionais, de que trata o §3º, do art. 12, exceto se o bem dado em bonificação estiver sujeito à alíquota específica por unidade de medida.

Comentários

Importante apurar se cada uma das apontadas operações revela efetivamente a presença de capacidade contributiva, caracterizado como superior princípio constitucional (art. 145, §1º, da CF), pois a eventual apuração de vantagem por parte vinculada em operação jurídica, por si só, pode ter distinta e específica implicação tributária, no âmbito do Imposto de Renda.

*

Art. 7º O IBS e o CBS não incidem nas seguintes hipóteses:
I – fornecimento de serviços por pessoas físicas em função de:
a) relação de emprego com o contribuinte; ou
b) sua atuação como administradores ou membros de conselhos de administração e fiscal e comitês de assessoramento do conselho de administração do contribuinte previsto em lei;
II – transferência de bens entre estabelecimentos pertencentes ao mesmo contribuinte, observada a obrigatoriedade de emissão de documento fiscal eletrônico, nos termos do inciso II do §2º do art. 43;
III – transmissão de participação societária, incluindo alienação;
IV – transmissão de bens em decorrência de fusão, cisão e incorporação e de integralização e devolução do capital;
V – rendimentos financeiros, com exceção do disposto no regime específico de serviços financeiros de que trata o Capítulo II do Título V deste Livro e da regra de apuração da base de cálculo prevista no inciso II do §1º do art. 12;
VI – operações com títulos ou valores mobiliários, desde que não resultem em qualquer fornecimento de bens ou serviços, com exceção do disposto no regime específico de serviços financeiros de que trata o Capítulo II do Título V deste Livro.
Parágrafo único. O IBS e a CBS incidem sobre arranjos envolvendo as hipóteses previstas nos incisos III a VII do caput que constituam, na essência, operação onerosa com bem ou com serviço.

Comentários

A exclusão das pessoas físicas como contribuintes (item I) procura manter a não incidência tributária (art. 2º, II, da LC 116/03), com pequenas alterações, evidenciando a não incidência nos casos em que se caracteriza plena autonomia profissional.

A não incidência nas transferências de bens (item II) observa diretriz firmada pelo STF no âmbito do ICMS no sentido de que não incide no deslocamento de bens de um estabelecimento para outro do mesmo contribuinte localizado em estados distintos, visto não haver a transferência de titularidade ou a realização de ato de mercancia (ARE nº 1.255.885, j. 14.08.20 – Tema 1.099 de repercussão geral; e ADC nº 49 – Sessão Virtual de 19.04.21).

No tocante à realização de negócios societários (item IV), objetivou-se manter a desoneração prevista para o ICMS (LC 87/96, art. 3º, VI), e objeto de postura do STJ (REsp nº 242.721-SC – 1ª. T., rel. p/ac. Min. Humberto Gomes de Barros – j. 19.06.00), compreendendo as atividades a seguir examinadas:

– *Cisão* é a operação pela qual a companhia transfere parcelas do seu patrimônio para uma ou mais sociedades, constituídas para esse fim ou já existentes, extinguindo-se a companhia cindida, se houver versão de todo o seu patrimônio, ou dividindo-se o seu capital, se parcial a versão (art. 229 da Lei nº 6.404/76, que regra as sociedades por ações);

– *Fusão* é a operação pela qual se unem duas ou mais sociedades para formar sociedade nova, que lhes sucederá em todos os direitos e obrigações (art. 228 da Lei federal nº 6.406/76);

– *Incorporação* é a operação pela qual uma ou mais sociedades são absorvidas por outra, que lhes sucede em todos os direitos e obrigações (art. 227, da Lei federal nº 6.406/76 e art. 1.116 do Código Civil).

21.4 Base de cálculo

O PLP nº 68/40 dispôs o seguinte:

Art. 12. A base de cálculo é o valor da operação, salvo disposição em contrário previsto nesta Lei Complementar.
§1º. O valor da operação compreende o valor integral cobrado pelo fornecedor a qualquer título, incluindo o valor correspondente a:
I – acréscimos decorrentes de ajuste do valor da operação;
II – juros, multas, acréscimos e encargos;
III – descontos concedidos sob condição;
IV – valor do transporte cobrado como parte do valor da operação, seja o transporte efetuado pelo próprio fornecedor ou por sua conta e ordem;
V – tributos e preços públicos, inclusive tarifas, incidentes sobre a operação ou suportados pelo fornecedor, exceto aqueles previstos no §2º; e
VI – demais importâncias cobradas ou recebidas como parte do valor da operação, inclusive seguros e taxas.
§2º. Não integram a base de cálculo do IBS e da CBS
I – o montante do IBS e da CBS incidente sobre a operação;
II – o montante do Imposto sobre Produtos Industrializados – IPI;
III – os descontos incondicionais; e
IV – os reembolsos ou ressarcimentos recebidos por valores pagos relativos a operações por conta e ordem ou em nome de terceiros, desde que a documentação fiscal relativa a essas operações seja emitida em nome do terceiro; e

V – de 1º de janeiro de 2026 a 31 de dezembro de 2032, o montante incidente na operação dos tributos a que se refere os arts. 155, II, 156, III, 195, I, "b" e IV e da Contribuição para o Programa de Integração Social – PIS a que se refere o art. 239 todos da Constituição Federal.

Trata, ainda, da utilização de valor de mercado dos bens ou serviços, nos casos de falta do valor da operação; operação sem valor determinado; valor da operação não representado em dinheiro; e operação entre partes relacionadas (art. 12 §4º).

O valor da operação poderá ser arbitrado pela administração tributária em situações específicas (art. 13).

Comentários

O tributo tem que ser legitimamente calculado de conformidade com o valor atribuído aos direitos, ao preço dos bens e serviços, compreendendo o efetivo valor das operações (negócios jurídicos).

O valor determinado dos bens e direitos negociados, ou transacionados, é que devem ser considerados para efeito de quantificação tributária.

Relativamente aos serviços há que ser levado em conta unicamente o respectivo preço, como elemento básico da remuneração, devendo ser excluídos os valores que não mantém conexão com a quantia contratada e que não integram o patrimônio do prestador.

Nem todos os valores auferidos pelo contribuinte podem ser objeto de tributação, devendo haver a expressa exclusão dos descontos (condicionais ou incondicionais), fretes, correção monetária, seguros, multas (contratuais, moratórias, fiscais, penais), juros de mora e acréscimos financeiros decorrentes da utilização de cartão de crédito.

Mencionados valores não integram a efetiva remuneração das atividades realizadas pelo fornecedor, e prestador do serviço, consistindo em meros reembolsos, atualização de valores, ou elementos sujeitos a distintas tributações.

A utilização de "valor de mercado dos bens ou serviços" revela plena insegurança no tocante à quantificação tributária, em razão de naturais oscilações.

O "arbitramento" deveria constituir excepcional procedimento fazendário, não podendo ser arbitrário e adotado para quaisquer situações, sem que exista cabal fundamento (documentos ou empresas inidôneas).

Deve possibilitar o contraditório, conferindo-se ao sujeito passivo o direito de oferecer todos os elementos contestatórios, ressalvando-se que, em regra, o contribuinte pode adotar valores e preços que entender conveniente, no desenvolvimento de suas atividades, tendo em vista o princípio da autonomia da vontade aplicável aos negócios privados.

21.5 Alíquota

Cada ente federativo (Estados, Distrito Federal e Municípios) fixará sua alíquota própria por lei específica, que deverá ser a mesma para todas as operações com bens materiais ou imateriais, inclusive direitos, ou com serviços, ressalvadas as hipóteses previstas na Constituição; sendo o imposto cobrado pelo somatório das alíquotas do Estado, Distrito Federal e do Município de destino da operação (art. 156-A, §1º, V, VI e VII).

Resolução do Senado Federal fixará alíquota de referência do imposto para cada esfera federativa, nos termos de lei complementar, que será aplicada se outra não houver sido estabelecida pelo próprio ente federativo (art. 156-A, XII).

Qualquer alteração na legislação federal que reduza ou eleve a arrecadação do imposto (art. 156-A, §9º):
I – deverá ser compensada pela elevação ou redução, pelo Senado Federal, das alíquotas de referência de que trata o §1º, XII, de modo a preservar a arrecadação das esferas federativas, nos termos da lei complementar;
II – somente entrará em vigor com o início da produção de efeitos do ajuste das alíquotas de referência de que trata o §1º, XI.

Os Estados, o Distrito Federal e os Municípios poderão optar por vincular suas alíquotas à alíquota de referência de que trata o §1º, XII (art. 156-A, §10).

Em 2026, o imposto será cobrado à alíquota estadual de 0,1% (um décimo por cento), nos termos do art. 125.

Em 2027 e 2028, o imposto será cobrado à alíquota estadual de 0,05% (cinco centésimos por cento), e à alíquota municipal de 0,05% (cinco centésimos por cento), nos termos do art. 127.

Resolução do Senado Federal fixará, para todas as esferas federativas, as alíquotas de referência do imposto, observados a forma de cálculo e os limites previstos em lei complementar, de forma a assegurar a receita dos Estados e Distrito Federal de modo específico (art. 130).

Cesta Nacional Básica de Alimentos fica criada considerando a diversidade regional e cultural da alimentação do País, e garantirá a alimentação saudável e nutricionalmente adequada, em observância ao direito social à alimentação previsto no art. 6º da CF (art. 8º da EC nº 132/23).

Lei Complementar definirá os produtos destinados à alimentação humana que comporão a referida Cesta, sobre os quais as alíquotas previstas nos arts. 156-A (IBS), e 195, IV (CBS), da CF, serão reduzidas a zero.

O PLP nº 68/24 (arts. 14 a 20) contém as normas disciplinadoras na fixação das respectivas alíquotas.

Comentários

Imprescindível a fixação de alíquotas para a quantificação do imposto, sendo certo que, durante o período de transição, as alíquotas de referência serão estabelecidas e revisadas anualmente pelo Senado Federal para manter os mesmos níveis de arrecadação dos atuais tributos.

Importante não serem estabelecidas alíquotas excessivas sobre as materialidades tributárias, porque os respectivos valores podem representar condenável intromissão no patrimônio dos fornecedores, cessionários e prestadores de serviços, caracterizando confisco tributário (art. 150, VI, a, da CF), com violação do princípio da capacidade contributiva (art. 145, §1º, da CF).

Há previsão de alíquota média de 26,5% do denominado IVA-dual (IBS e CBS), que vai substituir IPI, PIS, Cofins, ICMS e ISS. Este percentual poderá ser alterado na medida em que a lista da cesta básica de alimentos seja ampliada, contando com alíquotas mais baixas.

21.6 Não cumulatividade

O imposto será não cumulativo, compensando-se o imposto devido pelo contribuinte com o montante cobrado sobre todas as operações nas quais seja adquirente de bem material ou imaterial, inclusive direito, ou de serviço, excetuadas exclusivamente as consideradas de uso ou consumo pessoal especificadas em lei complementar, e as hipóteses previstas na Constituição (art. 156-A, VIII).

Lei complementar disporá sobre o regime de compensação, podendo estabelecer as hipóteses em que o aproveitamento do crédito ficará condicionado à verificação do efetivo recolhimento do imposto incidente sobre a operação com bens materiais ou imateriais, inclusive direitos, ou com serviços desde que:

a) o adquirente possa efetuar o recolhimento incidente nas suas aquisições de bens e serviços; ou

b) o recolhimento do imposto ocorra na liquidação financeira da operação.

(art. 156-A, §5º, II)

Estipulara a forma e o prazo para <u>ressarcimento de créditos acumulados</u> pelo contribuinte (art. 156-A, §5º, III).

A *isenção* e a *imunidade* (I) não implicarão crédito para compensação com o montante devido nas operações seguintes; e (II) acarretarão a anulação do crédito relativo às operações anteriores, salvo nas hipóteses de imunidade, inclusive com relação ao inciso XI do §1º, quando determinado em contrário em lei complementar (art. 156-A, §7º).

Lei complementar poderá prever a concessão de crédito ao contribuinte que adquira bens móveis usados de pessoa física não contribuinte para revenda, desde que esta seja tributada e o crédito seja vinculado ao respectivo bem, vedado o ressarcimento (art. 9º, §7º, do Ato das Disposições Transitórias).

Os saldos credores relativos ao ICMS, existentes ao final de 2032 poderão ser aproveitados pelos contribuintes nos termos de lei complementar (art. 134):

> §1º O disposto neste artigo alcança os saldos credores cujos aproveitamentos ou ressarcimentos sejam admitidos pela legislação em vigor em 31 de dezembro de 2032, e que tenham sido homologados pelos respectivos entes federativos, observadas as seguintes diretrizes:
> I – apresentado o pedido de homologação, o ente federativo deverá se pronunciar no prazo estabelecido na lei complementar a que se refere o *caput*:
> (...)
> §3º O saldo dos créditos homologados será informado pelos Estados e pelo Distrito Federal ao Comitê Gestor do IBS para que seja compensado com o IBS:
> II – pelo prazo remanescente, apurado nos termos do art. 20, §5º, da LC nº 87/96, para os créditos relativos à entrada de mercadorias destinadas ao ativo permanente;
> III – em 240 (duzentos e quarenta) parcelas mensais, iguais e sucessivas, nos demais casos;
> §4º O Comitê Gestor deduzirá do produto da arrecadação do IBS ao respectivo ente federativo o valor compensado na forma do §3º, o qual não comporá a base de cálculo para fins do disposto nos arts. 158, IV, 198, §2º, 204, parágrafo único, 212, 212-A, II e 216, §6º, todos da Constituição Federal.
> §5º A partir de 2033, os saldos credores serão atualizados pelo IPCA ou por outro índice que venha a substituí-lo.
> §6º Lei Complementar disporá sobre:
> I – as regras gerais de implementação do parcelamento previsto no §3º.
> II – a forma pela qual o crédito de que trata este artigo poderá ser ressarcido ao contribuinte pelo Comitê Gestor, caso não seja possível compensar o valor da parcela nos termos do §3º.

O PLP nº 68/24 dispôs sobre o regime da não cumulatividade, examinando-se aspectos relativos a estorno de créditos; vedação para bens considerados de uso e consumo pessoal; operações imunes, isentas ou sujeitas à alíquota zero; a condição de efetivo pagamento (diferimento ou suspensão) para fruição do crédito; modalidades de utilização; transferência e vedação a crédito; restituição, Simples Nacional; e documento fiscal.

Comentários
Apropriação do Crédito

Questionável o direito aos créditos correspondentes aos valores "efetivamente pagos" em relação às aquisições (art. 28, §2º, da PLP nº 68/24), que considera ocorrido o pagamento, mediante (I) pagamento com créditos do IBS apropriados pelo sujeito passivo; (II) pagamento pelo sujeito passivo; (III) recolhimento na liquidação financeira da operação da operação (*split payment*), nos termos dos arts. 50 e 51; (IV) recolhimento pelo adquirente, nos termos do art. 52; ou (V) recolhimento por aquele a quem esta Lei Complementar atribuir responsabilidade.

A EC nº 132/23 dispusera (art. 156A, VII) sobre o direito à compensação do imposto com o montante "cobrado" sobre todas as operações; mas estabelecera (art. 156, §5º, II) que a lei complementar poderá condicionar o aproveitamento do crédito ao efetivo recolhimento.

Na análise do direito de abater há que se ter em conta o sentido da expressão montante "cobrado", que não pode ser interpretado literalmente, porque a efetiva cobrança (arrecadação) escapa ao conhecimento do adquirente dos bens e direitos, ou do tomador dos serviços.

Tendo em vista os diversos motivos pelos quais um contribuinte deixa de recolher o imposto (esquecimento, falta de suporte financeiro, questionamento etc.), ou o Fisco de lançá-lo no prazo decadencial, entende-se que a prévia cobrança (ou a liquidação do tributo) não deveria constituir pressuposto essencial do direito ao crédito.

Discordo da condição referente à exclusiva nota fiscal para permitir o direito ao crédito, visto que o documento representa mero dever acessório que não pode jamais sobrepor-se ao princípio constitucional da mais alta envergadura. Conquanto os documentos tenham o condão de retratar (e materializar) os atos jurídicos realizados, não se lhes pode emprestar valor preeminente de modo a direcionar todo o direito (constitucional) do abatimento.

Inaceitável norma restritiva do direito ao crédito por questões atinentes a aspectos meramente formais, relativos a documentos, nos casos em que haja simples omissões e incorreções, como exemplo dos dados cadastrais, placas de veículos etc.

Existem situações em que o vendedor das mercadorias se nega a entregá-las (inadimplência, falência etc.), obrigando o adquirente a promover busca e apreensão judicial, compelindo a proceder à sua entrega, o que vem a ser realizado sem emissão de nota fiscal. Esta situação, por óbvio, não pode vedar o aproveitamento do respectivo crédito do imposto calculado sobre o valor da venda.

O denominado *"split payment"* – recolhimento na liquidação financeira, e exaustivamente previsto nos arts. 50 e 51 do PLP nº 68/24 – prevê que os impostos serão recolhidos no momento da compra, quando a instituição financeira separa o imposto para os cofres públicos, e o valor destinado para quem forneceu o bem ou o serviço. Evidente que esta sistemática não tem condição de ser utilizada ocorrendo o pagamento em dinheiro.

Análise desta temática apurara o seguinte:

Na liquidação financeira da operação realizada por meio eletrônico é <u>obrigatória</u> a segregação dos débitos do IBS/CBS das notas fiscais, identificadas de forma unívoca por chave eletrônica, para consulta aos sistemas oficiais e recolhimento aos cofres públicos (arts. 50/51).

São elegíveis nesta hipótese os pagamentos efetuados por arranjos financeiros (pix, Drex, cartão de crédito, cartão de débito, boleto).

A receita recebida será utilizada para quitar os débitos das contas das respectivas operações, se ainda pendentes de pagamento ou para quitação de outros débitos do período de apuração ou anterior ou ainda, se inexistirem débitos, será devolvida para o contribuinte fornecedor em até 3 dias úteis.

Nos pagamentos a prazo, o Split será feito a cada parcela.

Existe a possibilidade de procedimento simplificado para varejistas, com segregação em percentual menor que a alíquota padrão.[396]

Ressaltara, ainda, que o regulamento precisará classificar, entre outros, o pagamento por meio de (i) crédito em conta corrente do fornecedor; (ii) débito automático, especialmente das contas de consumo ou fornecimentos recorrentes; (iii) antecipação de pagamento, prévio ao fornecimento; (iv) duplicatas, inclusive as mantidas em carteira; (v) encontro de contas entre fornecedor e cliente; e (vi) pagamento com criptomoeda (*ob. cit.*).

Estorno do Crédito

Situação em que o bem adquirido vem a perecer, deteriorar, ou ser objeto de roubo, furto ou extravio (art. 28, §7º da PLP nº 68/24).

O fato de os bens desaparecerem não pode simplesmente implicar no estorno de créditos, porque tais situações não foram enquadradas nas restrições constitucionais. Além disso, na medida em que se tratara de legítimas aquisições conferidoras do crédito, não se há como prejudicar o direito consagrado na CF.

Assinala-se que as situações pertinentes a roubo, furto ou extravio podem ocorrer após a saída dos bens do estabelecimento, onde se verificara o lançamento dos débitos do imposto, não podendo nesta situação cogitar a posterior anulação de créditos.

Devolução de materiais

O art. 28, §9º, da PLP nº 68/24 preceitua que "o estabelecimento que receber bens materiais devolvidos por pessoa que não seja contribuinte do IBS poderá creditar-se dos tributos pagos por ocasião da saída do bem, conforme disciplinado no regulamento".

Trata-se de excepcional direito ao crédito, porque no retorno/ingresso de bens no estabelecimento originário, não se positiva nenhuma incidência tributária.

Estranhamente caberá ao regulamento especificar as situações, condições, etc., em que será possível o creditamento do imposto sem constar o lançamento na respectiva nota fiscal.

---

[396] CABRERA, José Clovis. IBS E CBS: Temas Polêmicos da Não Cumulatividade e do Casback. *CAEFT – ACSP*, 20 maio 2024.

Bens de uso e Consumo Pessoal

Vedação ao crédito dos bens de uso ou consumo pessoal (art. 28, *caput*, da PLP 68/24), especificamente no caso de obras de arte, bebidas alcoólicas, derivados do tabaco, armas e munições e bens e serviços recreativos, esportivos e estéticos), exceto quando forem necessários à realização de operações pelo contribuinte (art. 29 da PLP nº 68/24).

Embora a restrição decorra de previsão constitucional (art. 156-A, VIII), a PLP nº 68/24 permite o crédito aos bens considerados necessários para a realização de operações pelo contribuinte (casos de fabricação, comercialização, utilização por empresas de segurança, e de modo preponderante pelos adquirentes de bens e serviços em estabelecimento físico).

Penso que para a plena aplicação do regime da não cumulatividade – diferença do valor adicionado (ou acrescido) – deveria ser integralmente considerado o confronto do montante de créditos de IBS *versus* o somatório dos débitos de IBS, alcançando o universo de suas atividades (operacionais e não operacionais).

Na regulamentação da matéria há que haver preocupação pela circunstância dos entes federativos poderem ampliar exaustivamente o conceito de bens de uso e consumo, procurando abranger os produtos intermediários e secundários, e os materiais auxiliares mesmo que participem das atividades operacionais.

Imunidade e Isenção

Operações imunes e isentas não permitirão a apropriação de crédito para a utilização nas operações subsequentes, sendo que tais situações acarretarão a anulação do crédito relativo às operações anteriores, salvo as exportações (arts. 30 e 31 da PLP nº 68/24). Trata-se de norma instituída na EC nº 132/23 (art. 156-A, §7º).

A vedação ao crédito já se continha na CF/88 (art. 155, §2º), no âmbito do ICMS: "a isenção ou não incidência, salvo determinação em contrário da legislação, (a) não implicará crédito para compensação com o montante devido nas operações ou prestações seguintes; e (b) acarretará a anulação do crédito relativo às operações anteriores".

A "imunidade" não deveria se adequar a esta situação, uma vez que não haveria o mínimo sentido jurídico a Constituição proibir a incidência tributária; e, ao mesmo tempo, vedar a manutenção dos créditos. Sem dúvida, este estranho entendimento acarretaria a tributação parcial das operações imunes.

Entretanto, apenas a EC nº 42/2003 assegurou a manutenção e o aproveitamento do montante do imposto cobrado nas operações e prestações anteriores, relativamente às operações que destinem mercadorias para o exterior, e sobre serviços prestados a destinatários no exterior.

Assim, todas as mercadorias, insumos, materiais intermediários, materiais de embalagem etc. – adquiridos pelo industrial, comerciante, produtor e prestador de serviço, com destino ao exterior, ou que sejam utilizados na confecção de produtos destinados à exportação – deveriam autorizar o creditamento do imposto incidente sobre os negócios jurídicos anteriores.

Alíquota Zero

Operações sujeitas à alíquota zero não permitirão a apropriação de crédito para utilização nas operações subsequentes, permitindo, entretanto, a manutenção do crédito relativo às operações anteriores (arts. 30 e 32 da PLP nº 68/24).

Embora se possa entender que a menção a "0 (zero)" somente poderia significar total desoneração tributária, e não flexibilidade para aumentar o gravame fiscal, o STF expedira a Súmula nº 576 ("é lícita a cobrança do ICMS sobre produtos importados sob o regime de alíquota zero").

Pondere-se que a referida diretriz não constitui dogma jurídico, nem verdade sagrada, inquestionável ou perpétua, porque a edição pretoriana enfocada ocorrera há muitas décadas, tendo sido integralmente alterada a composição do STF no apontado lapso de tempo.

Diferimento e Suspensão

Estas situações somente admitem o creditamento no momento do efetivo pagamento do imposto (art. 30, parágrafo único, da PLP nº 68/24).

"Diferimento" significa técnica impositiva de deslocamento da exigência do tributo para momento posterior à ocorrência do originário fato gerador, com imputação de responsabilidade de seu recolhimento a terceiros.

Pode enquadrar-se como substituição regressiva em que a legislação atribui a responsabilidade do tributo ao adquirente da mercadoria, por razões de comodidade, praticidade ou pela circunstância do efetivo contribuinte não manter organização adequada dos seus negócios.

Exemplo: nas operações com sucata (restos, resíduos e fragmentos de tecidos, vidros etc.), o imposto pode ser exigido do adquirente da mercadoria (ex: indústria siderúrgica) em lugar do vendedor (sucateiro).

Não se confunde a hipótese de diferimento do lançamento tributário com a concessão de incentivos fiscais ou benefícios fiscais de ICMS, podendo ser estabelecida sem a prévia celebração de convênio. Precedentes (ADI nº 3.676 – Plenário – rel. Min. Alexandre de Moraes – sessão de 30.08.19).

O STF decidira o seguinte:

> Constitucional. Tributário. ICMS. Diferimento. Transferência de Crédito ao Adquirente. Princípio da Não-Cumulatividade. Impossibilidade.
> 1. O regime de diferimento, ao substituir o sujeito passivo da obrigação tributária, com o adiamento do recolhimento do imposto, em nada ofende o princípio da não-cumulatividade (RE nº 112.098, *DJ* 14.02.92 e RE nº 102.354, *DJ* 23.11.84).
> (...)
> 3. Na hipótese dos autos, na saída da produção dos agravantes, não recolhe o ICMS, portanto não escritura qualquer crédito desse imposto. Se a entrada da mercadoria não é tributada, não há créditos a compensar na saída (...).
> (Ag. Reg. no RE nº 325.623-8 – 2ª. T. – rel. Min. Ellen Gracie – j. 14.03.06 – *DJU* 1 de 07.12.06, p. 65)

"Suspensão" do tributo significa a não exigência do imposto em determinadas saídas de bens do estabelecimento do contribuinte, tais como para exposição, demonstração, atendidas determinadas condições (destinação, prazos etc.).

Modalidades de Utilização (Compensação)

A utilização dos créditos poderá ser promovida mediante (I) compensação com o IBS incidente sobre operações ocorridas no mesmo período de apuração;

(II) compensação com o saldo devedor não pago, referente a períodos de apuração anteriores; e (III) por opção do contribuinte, em razão de (a) solicitação de ressarcimento; ou (b) compensação com o IBS incidente sobre operações ocorridas em períodos de apuração subsequentes, sempre pelo seu valor nominal, vedada a correção ou atualização monetária (art. 33 da PLP nº 68/24).

Compreensível entender legitimo o direito à atualização dos créditos, tendo em vista a natureza da correção monetária, o ordenamento jurídico e as posturas doutrinárias, e até mesmo jurisprudenciais.

O preceito legal restritivo não poderia ser erigido como princípio fundamental, especialmente por haver considerado a questão jurídica de modo unilateral, ferindo superior princípios de equidade e isonomia, que determinam tratamento equalitário entre Fisco-contribuinte (correção de débitos possibilitaria correção de créditos).

Ambas as turmas do STF já se manifestaram no sentido de que não têm os contribuintes do ICMS o direito de corrigir monetariamente os créditos escriturais excedentes (RE nº 213.583-0-RS – 1ª. T. – rel. Min. Moreira Alves – j. 13.04.99 – *DJU* de 06.08.89).

Entretanto, o STF *admite a correção de valores* que não puderam ser escriturados na época própria pelo contribuinte, em decorrência de obstáculo criado pelo Fisco, sob os fundamentos seguintes:

> (...) 1. Créditos escriturais não realizados no momento adequado por óbice do Fisco, em observância à suspensão cautelar da norma autorizadora. Retorno da situação ao *status quo* anterior. Garantia de eficácia da lei desde sua edição. Correção monetária devida, sob pena de enriquecimento sem causa da Fazenda Pública.
> 2. Atualização monetária que não advém da permissão legal de compensação, mas do impedimento causado pelo Estado para o lançamento na época própria. Hipótese diversa da mera pretensão de corrigir-se sem previsão legal, créditos escriturais do ICMS. Acórdão mantido por fundamentos diversos.
> (RE nº 282.120-9-2ª. T. – rel. Min. Maurício Corrêa – j. 15.10.02 – *DJU* 1 de 22.11.02, p. 55)

Transferência de Crédito e Vedação

Transferência de créditos de IBS, a qualquer título, vedada para outra pessoa ou entidade sem personalidade jurídica (art. 35 da PLP nº 68/24).

A vedação à plena utilização dos créditos ofende o princípio constitucional da não cumulatividade.

A simples existência de saldos credores de imposto, em decorrência das atividades operacionais, nem sempre permite concretizar o desígnio constitucional da não cumulatividade, porque de nada adianta ser conferido o direito ao abatimento dos débitos se o contribuinte permanece com créditos do imposto sem que lhe seja concedido o direito de utilizar integralmente os respectivos valores.

Restituição

Restituição de pagamento indevido. Condições (art. 36 da PLP nº 68/24).

A repetição do indébito (arts. 165 a 169) tem assento no enriquecimento sem causa, instituto com raízes na Teoria Geral do Direito, consistente em restituir valores indevidamente recolhidos aos cofres públicos.

Situações previstas para a repetição do indébito (art. 166):
I – cobrança ou pagamento espontâneo do tributo indevido ou maior que o devido em face da legislação tributária aplicável, ou da natureza ou circunstâncias materiais do fato gerador efetivamente ocorrido;
II – erro na edificação (*sic*) do sujeito passivo, na determinação da alíquota aplicável, no cálculo do montante do débito ou na elaboração ou conferência de qualquer documento relativo ao pagamento;
III – reforma, anulação, revogação ou decisão condenatória.

O CTN (art. 166) estabelece que "a restituição de tributos que comportem, por sua natureza, *transferência do respectivo encargo financeiro* somente será feita a quem prove haver assumido referido encargo, ou, no caso de tê-lo transferido a terceiro, estar por este expressamente autorizado a recebê-la".

Entretanto, a transferência do encargo não ocorre de forma inevitável, porque nem sempre é imputado a terceiro, uma vez que a competitividade do mercado, a lei da oferta e da procura e as situações de crise podem impedir uma energia oposta, ocorrendo pressão do terceiro ao contribuinte, com o consequente empobrecimento deste. Não se segue, inexoravelmente, como um dogma que o valor correspondente ao tributo seja sempre suportado pelo terceiro.

O preceito do art. 166 visa obstar a duplicidade de reposição de valores ao sujeito passivo: a) do terceiro, mediante o pagamento do preço dos produtos incluindo os valores tributários; e b) da Fazenda, ao proceder à restituição desses mesmos valores.

O STF pontificou que "cabe restituição do tributo pago indevidamente, quando reconhecido por decisão que o contribuinte *de jure* não recuperou do contribuinte *de facto o quantum* respectivo" (Súmula nº 546).

Inaplicável o art. 166 do CTN no caso de não ser identificado o terceiro, como acontece com as operações realizadas com consumidores finais dos bens e serviços, porque acabaria sendo inviabilizada a restituição ao sujeito passivo, o que caracterizaria o locupletamento da fazenda, que recebera valores sem causa jurídica.

O STF (RE nº 593.849, Plenário, rel. Min Edson Fachin, j. em 19.10.16) passou a permitir a restituição do ICMS-ST (Substituição Tributária) nos casos em que as operações/prestações venham a ser realizadas em valor inferior à presumida, mediante a fixação do Tema 201 da sistemática da repercussão geral: "É devida a restituição da diferença do Imposto sobre Circulação de Mercadorias e Serviços – ICMS pago a mais no regime de substituição tributária para frente se a base de cálculo efetiva da operação for inferior à presumida".

Ressalte-se que não houve previsão da sistemática de "substituição tributária" – a exemplo do ICMS, prevista na CF (art. 150, §7º) e consagrada pelo STF – consistente na imputação de responsabilidade a determinada pessoa, por obrigação tributária de terceiro que não praticou o fato gerador respectivo, mas que tem vinculação indireta com o contribuinte.

21.7 Operacionalização

O PLP nº 68/24 (arts. 41 a 56) dispõe que o Comitê Gestor do IBS e a RFB atuarão de forma conjunta para implementar soluções integradas para a administração do imposto, sem prejuízo das respectivas competências legais; compreendendo o pagamento do tributo que poderá ser operacionalizado por meio de plataforma unificada, com gestão compartilhada entre o Comitê e a RFB.

O período de apuração do imposto será mensal, podendo ser reduzido por regulamento, que estabelecerá o mencionado período; o prazo para conclusão da operação, e a data de vencimento, devendo o contribuinte apurar, separadamente, o saldo do IBS e da CBS, que corresponderá à diferença entre os valores.

Determina a forma de apuração (a) do pagamento pelo sujeito passivo mediante recolhimento; (b) do recolhimento na liquidação financeira (*Split Payment*); (c) o recolhimento pelo adquirente; (d) o ressarcimento e a compensação; e (e) os programas de incentivo à cidadania fiscal.

21.8 Importações

Art. 57. O IBS e a CBS incidem sobre a importação de bens ou de serviços do exterior, realizada por pessoa física ou jurídica, ainda que realizada por quem não seja inscrito ou obrigado a se inscrever no regime regular do IBS e da CBS, qualquer que seja a sua finalidade.

Parágrafo único. Salvo disposição específica prevista neste Capítulo, aplicam-se à importação de que trata o caput as regras relativas às operações onerosas de que trata o Capítulo II deste Título.

Importação de Bens Imateriais e Serviços

Art. 58. Para fins do dispôs no art. 57, considera-se importação:

I – de serviço, a prestação por residente ou domiciliado no exterior:

a) executada no País;

b) executada no exterior para consumo no País;

c) relacionada a bem imóvel ou bem móvel localizado no País; ou

d) relacionada a bem móvel que seja remetido para o exterior para execução do serviço e retorne ao País após a sua conclusão.

II – de bem imaterial, inclusive direitos, o fornecimento realizado por residente ou domiciliado no exterior:

a) para residente ou domiciliado no país; ou

b) para consumo no País.

(...)

§4º Na importação de bens imateriais ou de serviços, a que se refere o caput;

I – o IBS e a CBS incidem sobre as operações de que tratam os arts. 4º e 5º, realizadas por residente ou domiciliado no exterior;

II – considera-se ocorrido o fato gerador do IBS e da CBS:

a) no momento definido conforme o disposto no art. 10;

b) no local definido conforme o disposto no art. 11;

III – a base de cálculo será o valor da operação nos termos do art. 12.

O inciso IV trata de alíquotas; o inciso V de local da operação; o inciso VI de contribuinte, e o VII de apropriação de crédito.

Os incisos VII e IX examinam a responsabilidade solidária.

Importação de Bens Materiais

O art. 59 preceitua que o fato gerador da importação de bens materiais é a entrada de bens de procedência estrangeira no território nacional.

O art. 60 trata das hipóteses de não incidência do IBS sobre a importação de bens materiais:

O art. 61 dispõe que são isentas do pagamento do IBS e da CBS na importação de bens materiais na mesma medida em que sejam isentas do Imposto de Importação.

O art. 62 assinala o momento em que se considera ocorrido o fato gerador do IBS na importação de bens materiais; e ao art. 63 dispõe sobre o local da importação de bens materiais.

> Art. 64. A base de cálculo do IBS e da CBS na importação de bens materiais é o valor aduaneiro acrescido de:
> I – Imposto de Importação;
> II – Imposto Seletivo – ISD;
> III – taxa de utilização do Sistema Integrado do Comércio Exterior – Siscomex;
> IV – Adicional ao Frete para Renovação da Marinha Mercante – AFRMM;
> V – Contribuição de Intervenção no Domínio Econômico incidente sobre a importação e a comercialização de petróleo e seus derivados, gás natural e seus derivados, e álcool etílico combustível – CIDE-Combustíveis;
> VI – direitos antidumping;
> VII – diretos compensatórios;
> VIII – medidas de salvaguarda;
> IX – quaisquer outros impostos, taxas, contribuições ou direitos incidentes sobre os bens importados até a sua liberação.

O art. 66 dispõe sobre alíquota, o art. 67 sobre contribuinte; o art. 68 sobre responsabilidade, o art. 69 sobre responsabilidade solidária; o art. 71 sobre a sujeição passiva na remessa internacional de bens materiais; o art. 75 sobre pagamento; e o art. 77 sobre a não cumulatividade.

Comentários

Trata-se de ampla modificação na sistemática da tributação de bens e serviços, uma vez que a CF/88, somente em caráter excepcional, contemplara os tributos que podem incidir sobre situações ocorridas fora do território nacional, a saber:
a) Imposto de importação sobre produtos estrangeiros (art. 153, I);
b) Imposto sobre a renda e proventos de qualquer natureza (art. 153, III);
c) ICMS relativamente às operações e prestações que se iniciem no exterior (art. 155, II), e aos serviços prestados exclusivamente no exterior (art. 155, IX, alínea "a");
d) ITCMD no caso de bens situados no exterior (art. 155, I e §1º, III, alínea "d");
e) Cide, PIS-Importação (art. 149, §2º, II) e COFINS-Importação (art. 195, IV).

A EC nº 132/23 introduziu o Imposto Seletivo (IS), passando a prever a incidência na importação (art. 153, VIII); a Contribuição sobre Bens e Serviços (CBS), com incidência na importação (art. 195, V, e §16); alterara o ITCMD (art, 16, II), dispondo sobre a competência do Estado ou do Distrito Federal, da situação do bem, se o doador tiver domicílio ou residência no exterior); e sobre o Imposto sobre Bens e Serviços (IBS), no art. 156, §2º, II (incidência sobre "importação de bens materiais e imateriais, inclusive direitos, ou de serviços realizada por pessoa física ou jurídica, ainda que não seja sujeito passivo habitual do imposto, qualquer que seja a sua finalidade").

Constata-se que o princípio da territorialidade sofre substancial ampliação, uma vez que, no âmbito do ISS (que será incorporado ao IBS, e também à CBS), norma infraconstitucional (LC nº 116/03, art. 1º, §1º) havia apenas disposto que "o imposto incide também sobre serviço proveniente do exterior do País ou cuja prestação se tenha iniciado no exterior".

Preceito questionável porque não retirara seu fundamento de validade do ordenamento constitucional, uma vez que objetivara alcançar fatos ocorridos fora do território nacional, além de criar uma esdrúxula obrigação tributária (inexistência de contribuinte/prestador do serviço na legislação, e exclusiva estipulação do responsável pelo imposto, na pessoa do respectivo tomador).

É cediço que as competências estabelecidas na CF levam em conta o local onde se verifica o fato gerador tributário e onde se revela a respectiva riqueza. A extraterritorialidade tem sido considerada em situações peculiares, com expressa determinação constitucional. Diante dessa circunstância excepcional é que a legislação pode incidir tanto sobre fatos ocorridos dentro do País, como também relativamente a fatos verificados fora do território nacional.

Os impostos sobre a produção, circulação e serviços recaem sobre negócios bilaterais, envolvendo distintas pessoas na relação jurídica de direito privado (pertinentes às obrigações de dar e de fazer, em consonância com os postulados do direito privado).

No tocante à base de cálculo, inexiste respaldo jurídico para considerar os tributos federais, e demais direitos no cálculo do IBS, uma vez que este imposto só poderia ser calculado sobre o valor das operações com bens e serviços, compreendidos como tal exclusivamente o preço dos bens ou dos serviços importados, sendo inadmissível a agregação de valores que não se traduzem no pacto jurídico.

Os aludidos impostos, taxas, contribuições e direitos são elementos estranhos à remuneração devida pela aquisição dos bens e serviços.

21.9 Exportações

A PLP nº 68/24 disciplina a aplicação do imposto nas exportações (arts. 78 a 82), destacando os pontos seguintes:
I) imunidade do imposto nas exportações de bens e serviços para o exterior, assegurados ao exportador a apropriação e a utilização dos créditos relativos às operações nas quais seja adquirente de bem ou de serviço, observadas as vedações ao creditamento (...);
II) nas exportações de bens imateriais e de serviços, considera-se exportação:
– de serviços, o fornecimento para residente ou domiciliado no exterior, (a) cuja execução ou consumo ocorra no exterior; (b) relacionado a bem móvel que ingresse no País para a prestação de serviço e retorne ao exterior após a sua conclusão, observado o prazo estabelecido no regulamento; ou (c) relacionado a bem imóvel localizado no exterior;
– de bens materiais, inclusive direitos, o fornecimento para residente ou domiciliado no exterior, para consumo no exterior;

III) nas exportações de bens materiais aplica-se para as exportações sem saída do território nacional, na forma disciplinada no regulamento em específicas situações dos bens exportados.

Poderá ser suspenso o pagamento do imposto no fornecimento de bens materiais com o fim específico de exportação a empresa comercial exportadora que atenda cumulativamente específicos requisitos.

O regulamento estabelecerá os requisitos específicos para o procedimento de habilitação, e a periodicidade para apresentação da escrituração contábil.

Também poderá estabelecer (a) hipóteses em que os bens podem ser remetidos para locais diferentes daqueles previstos (embarque de exportação, recintos alfandegados), sem que reste descaracterizado o fim específico de exportação; (b) requisitos e condições para a realização de operações de transbordo, baldeação, descarregamento ou armazenamento no curso da remessa; (c) prazo estendido para exportação em razão do tipo do bem.

21.10 Imunidades e incentivos

Imunidades

O PLP nº 68/24 (arts. 8º e 9º) contempla as imunidades aplicáveis às exportações de bens e serviços para o exterior, nos temos do Capítulo V, deste Título, bem como as demais imunidades que já se encontravam previstas na CF/88 antes da promulgação da EC nº 132/23. Assim, torna-se desnecessária sua reprodução pelo fato de que constam do item V, do Sumário deste Curso.

Destacam-se as inovações seguintes:

Imunidade recíproca: extensiva às autarquias e às fundações instituídas e mantidas pelo poder público e à empresa pública prestadora de serviço postal (§1º, do art. 9º), foram inseridas as condições e restrições seguintes:

I – compreende somente as operações relacionadas com as suas finalidades essenciais, ou as delas decorrentes;
II – não se aplica às operações relacionadas com a exploração de atividades econômicas regidas pelas normas aplicáveis a empreendimentos privados, ou em que haja contraprestação ou pagamento de preços ou tarifas pelo usuário; e
III – não exonera o promitente comprador da obrigação de pagar tributos relativamente a bem imóvel.

Imunidade dos "templos" considera o seguinte:

I – entidade religiosa: a pessoa jurídica de direito privado, sem fins lucrativos, que tenha como objetivos professar a fé religiosa e praticar a religião; e
II – organização assistencial e beneficente: a pessoa jurídica de direito privado, sem fins lucrativos, vinculada e mantida por entidade religiosa e templo de qualquer culto, que forneça exclusiva e gratuitamente bens e serviços na área de assistência social, sem discriminação ou exigência de qualquer natureza aos assistidos.

Incentivos

A EC nº 132/23 (art. 156-A, inciso XII) dispôs que o imposto "não será objeto de concessão de incentivos e benefícios financeiros ou fiscais relativos ao imposto ou de regimes específicos, diferenciados ou favorecidos de tributação, excetuadas as hipóteses previstas nesta Constituição".

Comentários

Questionáveis as condições e as restrições previstas para a legislação complementar porque não constaram do texto constitucional (diploma jurídico competente), entendendo-se que o STF acolhe a interpretação extensiva para a imunidade, sob o entendimento seguinte:

> É evidente que as normas constitucionais devem ser interpretadas através de uma exegese *ampla*, com a utilização de diversos métodos interpretativos, com o mais rigoroso exame do Texto Constitucional. Dar à norma constitucional um sentido restrito seria correr o perigo de caminhar na linha da inconstitucionalidade.[397]

21.11 Regimes aduaneiros especiais e zonas de processamento de exportação

Lei Complementar disporá sobre as hipóteses de diferimento e desoneração do imposto (art. 156-A, §5º, VI).

O PLP nº 68/24 (arts. 84 a 91) trata dos regimes de trânsito, de depósito, de permanência temporária, de aperfeiçoamento, Repetro (aplicação no setor de petróleo e gás), estabelecendo sistemática especial atinente à suspensão de pagamento do imposto incidente na importação, observada disciplina da legislação aduaneira.

Também são previstas zonas de processamento de exportação, possibilitando importações ou aquisições no mercado interno de máquinas, de aparelhos, de instrumentos e de equipamentos, realizadas por empresa autorizada a operar em zonas de processamento de exportação, serão efetuadas com suspensão do pagamento do imposto (art. 92); bem como de matérias-primas, produtos intermediários e materiais de embalagem (art. 93).

21.12 Bem de capital

Lei Complementar disporá sobre a forma de desoneração de *aquisição de bens de capital* pelos contribuintes (art. 156-A, §5º, V), que poderá ser implementada por meio de:
 a) crédito integral e imediato do imposto;
 b) diferimento; ou
 c) redução em 100% (cem por cento) das alíquotas do imposto.

A PLP 68/24 prevê os regimes tributários seguintes:

Incentivo à modernização e à ampliação a estrutura portuária – Reporto (art. 98) mediante a suspensão do pagamento do imposto às importações e às aquisições no mercado interno de máquinas, equipamentos, peças de reposição e outros bens realizados diretamente pelos beneficiários e destinados ao seu ativo imobilizado para utilização exclusiva na execução de específicos serviços (carga, armazenagem, proteção

---

[397] MORAES, Bernardo Ribeiro de. A Imunidade Tributária e seus Novos Aspectos. In: MORAES, Bernardo Ribeiro de. *Imunidades Tributárias, Pesquisas Tributárias, Nova Série 4*. São Paulo: RT e Centro de Extensão Universitária, 1998. p. 133.

ambiental, segurança, dragagens, treinamento e formação de trabalhadores, etc.).

A suspensão do pagamento converte-se em alíquota zero após decorridos cinco anos, contados da data de ocorrência dos respectivos fatos geradores.

Incentivos para o desenvolvimento da Infraestrutura – Reidi (art. 99) mediante a suspensão do pagamento do imposto e as aquisições no mercado interno de máquinas, aparelhos, instrumentos e equipamentos, novos, e de materiais de construção realizados diretamente pelos beneficiários para utilização ou incorporação em obras de infraestrutura destinadas ao ativo imobilizado.

A suspensão do pagamento converte-se em alíquota zero após a utilização ou incorporação do bem, material de construção ou serviço na obra de infraestrutura.

Comentários

Para a compreensão desta temática, importante atentar para as considerações seguintes:

> Para a Ciência Econômica, os bens podem ser classificados segundo alguns critérios, como aqueles que se referem à materialidade, à finalidade e à relação que guardam entre si.
>
> Interessa, aqui, a classificação quanto à finalidade. Essa categorização, resumidamente, divide os bens econômicos em "bens de consumo", "bens de capital" e "bens de produção". Enquanto os primeiros atendem às necessidades humanas diretas ou imediatas (a exemplo de alimentos, roupas e veículos), os segundos e os terceiros atendem-nas de forma indireta, servindo, de modo geral, para a produção de outros bens (tais como energia, matérias-primas, máquinas, equipamentos e instalações).
>
> Ainda que possa haver alguma discussão doutrinária em torno da classificação dos bens como bens de capital como uma espécie autônoma de bem, ou como uma subespécie dos chamados bens de produção, o certo é que ambas as expressões (bens de capital e bens de produção) se referem àqueles bens utilizados no processo de produção, não constituindo o produto final da atividade empresarial.[398] Grifei

Entende-se que bens de capital são ativos que uma empresa possui com o objetivo de produzir bens de consumo, compreendendo os denominados bens de produção, assim considerados (art. 610 do Regulamento do IPI aprovado pelo Decreto federal nº 7.212, de 15.06.10):

I – as matérias-primas;
II – os produtos intermediários, inclusive os que, embora não integrando o produto final, sejam consumidos ou utilizados no processo industrial;
III – os produtos destinados à embalagem e ao acondicionamento;
IV – as ferramentas, empregadas no processo industrial, exceto as manuais; e
V – as máquinas, instrumentos, aparelhos e equipamentos, inclusive suas peças e outros componentes que se destinem a emprego no processo industrial.

Esta temática fora objeto de apreciação pelo STJ, proferindo a decisão seguinte:

RECURSO ESPECIAL. RECUPERAÇÃO JUDICIAL. PRODUTORES RURAIS, VIOLAÇÃO DO ART. 1.022 DO CPC/2015. SÚMULA 284/STF. NEGATIVA DE PRESTAÇÃO JURISDICIONAL. NÃO OCORRÊNCIA. AUSÊNCIA DE PREQUESTIONAMENTO. BEM DE CAPITAL. CLASSIFICAÇÃO QUE NÃO ABRANGE O PRODUTO FINAL DA

---

[398] NUSDEO, Fabio. *Curso de Economia*). 4. ed. São Paulo: Revista dos Tribunais, 2005 (livro eletrônico).

ATIVIDADE EMPRESÁRIA. RESTRIÇÃO DA PARTE FINAL DO ART. 49, §3º, DA LEI 11.101/05. INAPLICABILIDADE Á HIPÓTESE DOS AUTOS.
(...)
2. O propósito recursal consiste em definir se os produtos agrícolas (soja e milho) podem ser classificados como bens de capital essenciais à atividade empresarial – circunstância apta a atrair a aplicação da norma contida na parte final do §3º do art. 49 da Lei 11.101/05 – e se é possível ao juízo da recuperação judicial autorizar o descumprimento de contratos firmados pelos devedores.
(...)
7. Bem de capital é aquele utilizado no processo de produção (veículos, silos, geradores, prensas, colheitadeiras, tratores etc.), não se enquadrando em seu conceito o objeto comercializado pelo empresário. Doutrina.
8. Se determinado bem não puder ser classificado como bem de capital, ao juízo da recuperação, não é dado fazer nenhuma inferência quanto à sua essencialidade para fins de aplicação da ressalvada contida na parte final do §3º do art. 49 da Lei nº 11.101/05. Precedente (...).
(REsp nº 1.991.898-A – 3ª. T., rel. Min. Nancy Andrighi – sessão de 03.05.22)

Verifica-se a limitação no âmbito dos incentivos porque não se adotou os incentivos constantes da EC nº 132/23 (crédito integral e imediato do imposto e diferimento), mas suspensão do imposto com posterior conversão em alíquota zero, o que equivaleria à redução de 100% do imposto.

Em se tratando de incentivo fiscal, não se concebe que possa haver questionamento por parte dos beneficiários, mas debates acerca do alcance financeiro e a possível ampliação para outros setores da economia.

21.13 Devolução personalizada (*Cashback*)

A EC nº 132/23 (art. 156-A, §5º, VIII) preceitua que Lei Complementar disporá sobre a devolução do imposto a pessoas físicas, inclusive os limites e os beneficiários, com o objetivo de reduzir as desigualdades da renda.

A PLP nº 68/24 (arts. 100 a 113) estabelece sistemática de devolução do IBS – pelos Estados, Distrito Federal e Municípios – para pessoas físicas que forem integrantes de famílias de baixa renda, e que será aquele responsável por unidade familiar regularmente cadastrada.

A devolução será gerida pela Receita Federal do Brasil a quem caberá (I) normatizar, coordenar, controlar e supervisionar sua execução; (II) definir os procedimentos para determinação do montante e a sistemática de pagamento dos valores devolvidos; (III) elaborar relatórios gerenciais e de prestação de contas relativos aos valores devolvidos; e (IV) adotar outras ações e iniciativas necessárias à operacionalização da devolução.

As devoluções dos tributos serão concedidas (I) no momento da cobrança da operação quando se tratar de fornecimento de energia elétrica, água, esgoto e gás natural e em outras hipóteses definidas no regulamento; e (II) em momento distinto nas demais hipóteses nos termos do regulamento.

As devoluções serão calculadas mediante aplicação de percentual sobre o valor do produto relativo ao consumo que servir de base para essas devoluções, formalizado por meio da emissão de documentos fiscais.

21.14 Regimes diferenciados

A Lei complementar poderá prever os *regimes diferenciados* de tributação, desde que sejam uniformes em todo o território nacional, e sejam realizados os respectivos ajustes nas alíquotas de referência com vistas a reequilibrar a arrecadação da esfera federativa (art. 9º do Ato das Disposições Transitórias), observando-se o seguinte:

§1º A lei complementar definirá as operações beneficiadas com redução de 60% (sessenta por cento) das alíquotas dos tributos de que trata o *caput* entre as relativas a diversos bens e serviços:

I – serviços de educação;
II – serviços de saúde;
III – dispositivos médicos;
IV – dispositivos de acessibilidade para pessoas com deficiência;
V – medicamentos;
VI – produtos de cuidados básicos à saúde menstrual;
VII – serviços de transporte público coletivo de passageiros rodoviário e metroviário de caráter urbano, semiurbano e metropolitano;
VIII – alimentos destinados ao consumo humano;
IX – produtos de higiene pessoal e limpeza majoritariamente consumidos por famílias de baixa rena;
X – produtos agropecuários, aquícolas, pesqueiros, florestais, extrativistas vegetais *in natura*;
XI – insumos agropecuários e aquícolas;
XII – produções artísticas, culturais de eventos, jornalísticas e audiovisuais nacionais, atividades desportivas e comunicação institucional;
XIII – bens e serviços relacionados à soberania e à segurança nacional, segurança da informação e segurança cibernética.
(...)

§3º A lei complementar a que se refere o *caput* preverá a hipótese de isenção, em relação aos *serviços* de que trata o §1º, VII; e redução em 100% (cem por cento) das alíquotas dos tributos referidos no *caput* para específico bens (...);
(...)
IV – isenção, ou redução, em até 100% (cem por cento) das alíquotas dos tributos referidos no *caput* para atividades de reabilitação urbana de zonas históricas e de áreas críticas de recuperação e reconversão urbanística.
(...)

§4º O produtor rural pessoa física ou jurídica que obtiver receita anual inferior a R$3.600.000,00, atualizada anualmente pelo Índice Nacional de Preços ao Consumidor Amplo (IPCA), e o produtor integrado de que trata o art. 2º, II, da Lei nº 13.288, de 16.05.16, com a redação vigente em 31.05.23, poderão optar por ser contribuinte dos tributos de que trata o *caput*.

§5º É autorizada a concessão de crédito ao contribuinte adquirente de bens e serviços de produtor rural pessoa física ou jurídica que não opte por ser contribuinte na hipótese de que trata o §4º, nos termos da lei complementar, observado o seguinte (...).

§10 Os *regimes diferenciados* serão submetidos à avaliação quinquenal de custo-benefício, podendo a lei fixar regime de transição para a alíquota padrão, não observado o disposto no §2º (...).
(...)
§12 A lei complementar estabelecerá as operações beneficiadas com redução de 30% (trinta por cento) das alíquotas dos tributos relativas à prestação de serviços de profissão intelectual, de natureza científica, literária ou artística, desde que sejam submetidas à fiscalização por conselho profissional.

Trata, ainda, de serviços financeiros, operações com bens imóveis (construção, incorporação, parcelamento do solo e alienação, locação e arrendamento, administração e intermediação de bem imóvel), nos termos do art. 10, I e II, do Ato das Disposições Transitórias.

A *proteção do meio ambiente* ("pauta verde") contém-se na inserção (ao art. 225, §1º, da CF) do preceito seguinte:

> VIII – manter regime fiscal favorecido para os biocombustíveis e para o hidrogênio de baixa emissão de carbono, na forma de lei complementar, a fim de assegurar-lhes tributação inferior à incidente sobre os combustíveis fósseis, capaz de garantir diferencial competitivo em relação a estes, especialmente em relação às contribuições de que tratam o art. 195, I, "b", IV e V, e o art. 239 e aos impostos a que se referem os arts. 155, I e 156-A.

A PLP nº 68/24 disciplina a sistemática tributária (arts. 115 a 160).

21.15 Regimes específicos

Os *regimes específicos* de tributação serão dispostos em lei complementar (art. 156, §6º), para:

I – combustíveis e lubrificantes sobre os quais o imposto incidirá uma única vez, qualquer que seja a sua finalidade (...);

II – serviços financeiros, operações com bens imóveis, planos de assistência à saúde e concurso de prognósticos (...);

III – sociedades cooperativas, que será optativo com vistas a assegurar sua competitividade, observados os princípios da livre concorrência e da isonomia tributária (...);

IV – serviços de hotelaria, parques de diversão e parques temáticos, agências de viagens e de turismo, bares e restaurantes, atividade desportiva desenvolvida por Sociedade Anônima de Futebol e aviação regional (...);

V – operações alcançadas por tratado ou convenção internacional, inclusive referentes a missões diplomáticas, repartições consulares, representações de organismos internacionais e respectivos funcionários acreditado;

VI – serviços de transporte coletivo de passageiros, rodoviário intermunicipal e interestadual, ferroviário e hidroviário (...).

A PLP nº 68/24 (arts. 161 a 295) disciplina a sistemática tributária.

Comentários

A tributação do <u>setor financeiro</u> atualmente é muito complexa porque conta com três regimes de PIS/Cofins (dois tributos federais), convivendo simultaneamente, além do ISS (municipal), que incide apenas sobre denominadas taxas e comissões, não sendo possível gerar créditos em nenhum deles.

Um primeiro regime para bancos, corretoras, distribuidoras, seguradoras, entre outros prestadores de serviços, que possuem uma alíquota de 4,65%, sem direito a crédito, mas com deduções de base de cálculo.

Um segundo regime aplica-se às grandes companhias, por exemplo, as empresas de meio de pagamento e a B3, a Bolsa de Valores de São Paulo, que pagam uma alíquota de 9,25%, mas podem se creditar pelos insumos.

Um terceiro regime para um grupo menor de empresas, especialmente as gestoras de recursos, que pagam 3,65%, porém consideram uma base de cálculo mais ampla.[399]

Assim, a tributação está concentrada principalmente na União, sendo que os Municípios só podem tributar uma parte restrita dos serviços financeiros (ISS), relativa a tarifas e comissões, enquanto os Estados não contam com essa fonte de recurso.

Em razão da reforma tributária, todo o segmento financeiro passará a ser alvo tanto da nova CBS (o IVA federal), quanto do IBS (IVA dos Estados e Municípios).

Em consequência, os bancos poderão abater os créditos com a contratação de serviços e custos com a operação do negócio: compra de máquinas, equipamentos, call centers, advogados aluguéis.

21.16 Regime único

A Constituição Federal sofre alteração no tocante à competência da lei complementar (prevista no art. 146), mediante a inclusão das regras seguintes:

> §2º É facultado ao optante pelo regime único de que trata o §1º apurar e recolher os tributos previstos nos arts. 156-A e 195-V, nos termos estabelecidos nesses artigos, hipótese em que as parcelas a eles relativas não serão cobradas pelo regime único.
> §3º Na hipótese de o recolhimento dos tributos previstos nos arts. 156-A e 195-V, ser realizado por meio do regime único de que trata o §1º, enquanto perdurar a opção.
> I – não será permitida a apropriação de créditos dos tributos previstos nos arts. 156-A e 195, V, pelo contribuinte optante pelo regime único; e
> II – será permitida a apropriação de créditos dos tributos previstos nos arts. 156-A e 195-V, pelo adquirente não optante pelo regime único de que trata o §1º de bens materiais ou imateriais, inclusive direitos, e de serviços do optante, em montante equivalente ao cobrado por meio do regime único.

21.17 Zona franca de Manaus

A EC nº 132/23 (arts. 92-B) dispôs que "as leis instituidoras dos tributos previstos nos arts. 156-A e 196, V, da Constituição Federal, estabelecerão os mecanismos necessários, com ou sem contrapartidas, para manter, em caráter geral, o diferencial competitivo assegurado à Zona Franca de Manaus pelos arts. 40 e 92-A e às áreas de livre comércio existentes em 31.05.23, nos níveis estabelecidos pela legislação relativa

---

[399] GRIBEL, Álvaro; LIMA, Bianca. Tributos Fase de Regulamentação. *O Estado de S. Paulo – Economia e & Negócios – B2*, 04 maio 2024.

aos tributos extintos a que se referem os arts. 126 e 129, todos deste Ato das Disposições Constitucionais Transitórias. §1º Para assegurar o disposto no caput, serão utilizados, isolada ou cumulativamente, instrumentos fiscais, econômicos ou financeiros".

Lei Complementar instituirá Fundo de Sustentabilidade e Diversificação Econômica do Estado do Amazonas, nos termos previstos na EC nº 132/23 (§§3º a 7º).

A PLP nº 68/24 disciplina a sistemática tributária (arts. 424 a 455).

21.18 Obrigações acessórias

Lei Complementar disporá sobre "os critérios para as obrigações tributárias acessórias, visando à sua simplificação" (inciso IX, do §5º, do art. 156-A).

A PLP nº 68/24 trata da operacionalização do imposto, destacando-se o seguinte:

I – Cadastro com Identificação Única: registro obrigatório das pessoas físicas e jurídicas e as entidades sem personalidade jurídica sujeitas ao imposto (art. 42);

II – Documento Fiscal Eletrônico: obrigação atribuída ao sujeito passivo do imposto ao realizar operações com bens ou com serviços, inclusive importações (art. 43). Aplica-se, inclusive, a operações imunes, isentas ou contempladas com alíquota zero ou suspensão; à transferência de bens entre estabelecimentos pertencentes ao mesmo contribuinte; e outras hipóteses previstas em regulamento (§2º).

III – Os Municípios e o Distrito Federal ficam obrigados, a partir de 1º de janeiro de 2026, a:

a) autorizarem seus contribuintes a emitirem a Nota Fiscal de Serviços Eletrônica de padrão nacional – NFS-e no ambiente nacional ou, na hipótese de possuírem emissor próprio, compartilharem os documentos fiscais eletrônicos gerados, conforme leiaute padronizado, para o ambiente de dados nacional da NFS-e; e

b) compartilharem o conteúdo de outras modalidades de declaração eletrônica, conforme leiaute padronizado definido no regimento, para o ambiente de dados nacional da NFS-e.

Comentários

As obrigações acessórias consistem na atribuição de deveres aos administrados (contribuintes, responsáveis), relativo à emissão de notas fiscais, escrituração de livros, prestações de informações, e não causar embaraço à fiscalização, com o objetivo fundamental de serem registrados e documentados fatos que tenham, ou possam ter, implicação tributária.

A LC nº 87/96 (ICMS) não tratara das obrigações acessórias, cabendo aos Convênios firmados pelos Estados, e Distrito Federal, dispor sobre referidas obrigações, inclusive disciplinando o SPED (Sistema Público de Escrituração Digital), e EFD (Escrituração Fiscal Digital), tendo a LC nº 190/22 instituído Portal próprio para divulgação das informações tributária, nas operações e prestações interestaduais conforme o tipo.

A LC nº 116/03 (ISS) também não cogitara das obrigações acessórias, cumprindo a cada legislação municipal dispor e disciplinar a adoção dos documentos, livros etc.

A simples menção a "critérios" e "simplificação", por si só, constitui referência genérica a respeito da documentação que venha a ser prevista e obrigatória. Entretanto, logicamente, pode-se entender que deverá facilitar a vida dos contribuintes na medida em que se terá uma única legislação a ser observada, e não mais 27 legislações dos Estados, e Distrito Federal, e 5570 dos municípios.

Os preceitos normativos não trataram de nenhuma outra espécie de documento, como livros e notas fiscais para específicas atividades operacionais.

21.19 Destinação

A EC nº 132/23 dispôs o seguinte:

> Art. 149-C O produto da arrecadação do imposto previsto no art. 156-A e da contribuição prevista no art. 195, V, incidentes sobre operações contratadas pela administração pública direta, por autarquias e por fundações públicas, inclusive suas importações, será integralmente destinado ao ente federativo contratante, mediante redução a zero das alíquotas do imposto e da contribuição devidos aos demais entes e equivalente elevação da alíquota do tributo devido ao ente contratante.

> (art. 156-A)
> §4º Para fins de distribuição do produto da arrecadação do imposto, o Comitê Gestor do Imposto sobre Bens e Serviços:
> I – reterá montante equivalente ao saldo acumulado de créditos do imposto não compensados pelos contribuintes e não ressarcidos ao final de cada período de apuração e aos valores decorrentes do cumprimento do §5º, VIII;
> II – distribuirá o produto da arrecadação do imposto, deduzida a retenção de que trata o inciso deste parágrafo, ao ente federativo de destino das operações que não tenham gerado creditamento.
> §5º Lei Complementar disporá sobre:
> I – as regras para distribuição do produto da arrecadação do imposto, disciplinando, entre outros aspectos:
> a) a sua forma de cálculo;
> b) o tratamento em relação às operações em que o imposto não seja recolhido tempestivamente;
> c) as regras de distribuição aplicáveis aos regimes favorecidos, específicos e diferenciados de tributação previstos nesta Constituição.
> (...)
> IV – os critérios para a definição do destino da operação que, poderá ser inclusive o local da entrega, da disponibilização ou da localização do bem, o da prestação ou da disponibilização do serviço ou do domicílio ou da localização do adquirente ou destinatário do bem ou serviço, admitidas diferenciações em razão das características da operação.

21.20 Transição para o IBS

A EC nº 132/23 estabelece que a transição dos impostos (art. 124) atenderá aos critérios estabelecidos nos arts. 125 a 133 do Ato das Disposições Constitucionais Transitórias, sendo que, em 2026, o IBS será cobrado à alíquota estadual de 0,1% (um décimo por cento), nos termos do art. 125 do mencionado Ato.

Durante o mencionado período, os sujeitos passivos que cumprirem as obrigações acessórias relativas ao IBS poderão ser dispensados do seu recolhimento, nos termos da lei complementar (§4º, do art. 125).

Em 2027 e 2028, o IBS será cobrado à alíquota estadual de 0,05% (cinco centésimos por cento), e à alíquota municipal de 0,05% (cinco centésimos por cento), nos termos do art. 127 do mencionado Ato.

De 2029 a 2032, as alíquotas do ICMS serão fixadas nas proporções das alíquotas fixadas nas respectivas legislações (*vide* item específico sobre ICMS).

Ficam *extintos*, a partir de 2033, o ICMS (art. 155, II, da CF), e o ISS (art. 156, III, da CF).

O PLP nº 68/24 (arts. 330 a 392) dispõe sobre os devidos procedimentos jurídicos/operacionais, mediante a disposição dos temas seguintes:

a) fixação das alíquotas do IBS durante a transição;
b) disposições comuns ao IBS e à CBS em 2026;
c) fixação das alíquotas de referência de 2027 a 2035;
d) limite para redução das alíquotas do IBS de 2029 a 2077;
e) transição aplicável ao regime de compras governamentais;
f) reequilíbrio dos contratos de longo prazo;
g) utilização do saldo credor do PIS e da Cofins;
h) critérios, limites e procedimentos relativos à compensação de benefícios fiscais ou financeiro-fiscais do ICMS.

PROCESSO ADMINISTRATIVO FEDERAL

22.1 Consulta

O contribuinte tem o direito de formular Consulta sobre a interpretação e a aplicação da legislação tributária, para obter o entendimento fazendário sobre suas atividades, para que tenha segurança e certeza de seus procedimentos, evitando riscos fiscais (autuações, imposições de penalidades etc.).

A Consulta *verbal* formulada na repartição fiscal é mais prática, mas não oferece tranquilidade ao contribuinte, porque não poderá invocar a manifestação fazendária em momento futuro, face a ausência de prova documentando a mencionada orientação.

A Consulta *escrita* encontra-se regulada no Decreto federal nº 70.235, de 06.03.72 (artigos 46 a 58), no Decreto federal nº 7.574, de 30.09.11 (artigos 88 a 102), na Lei federal nº 9.430, de 27.12.96 (artigos 48 a 50), e na Instrução Normativa RFB nº 2058, de 09.12.21, contendo a sistemática para a formulação de Consultas sobre a interpretação da legislação tributária e aduaneira, e a classificação de serviços intangíveis e outras operações que produzam variações no patrimônio relativas à Receita Federal.

O disposto na IN RFB nº 2058/21 não se aplica às consultas relativas ao Regime Especial Unificado de Arrecadação de Tributos e Contribuições devidas pelas Microempresas e Empresas de Pequeno Porte (Simples Nacional), quando a competência para solucioná-las competir aos Estados, Distrito Federal ou Municípios, e ao Programa de Recuperação Fiscal (Refis).

A *legitimidade* para formular Consulta é atribuída ao (i) sujeito passivo de obrigação tributária principal ou acessória; (ii) órgão da Administração Pública; ou (iii) entidade representativa de categoria econômica ou profissional. No caso de pessoa jurídica, a consulta será apresentada pelo estabelecimento matriz, não sendo admitida a consulta oferecida por mais de um sujeito passivo em um único processo, ainda que sejam partes interessadas no mesmo fato, envolvendo a mesma matéria fundada em idêntica norma jurídica.

Os *requisitos* da Consulta são os seguintes: (I) identificação do consulente e de seus representantes; (II) declaração de que (a) não se encontra sob procedimento fiscal iniciado ou já instaurado para apurar fatos que se relacionem com a matéria objeto da Consulta; (b) não está intimado a cumprir obrigação relativa ao fato objeto da Consulta; e (c) o fato nela exposto não foi objeto de decisão anterior, ainda não modificada, proferida em consulta ou litígio em que foi parte o consulente.

A declaração prevista no inciso II referido aplica-se à Consulta apresentada por entidade representativa de categoria econômica ou profissional, salvo se formulada em nome dos associados ou filiados. Nesta situação deverá apresentar autorização expressa destes para representá-los no âmbito administrativo, em estatuto ou documento individual ou coletivo.

Na hipótese de Consulta que verse sobre situação determinada ainda não ocorrida, o consulente terá que demonstrar a sua vinculação com o fato, bem como a efetiva possibilidade da sua ocorrência.

No caso de Consulta sobre *classificação de serviços, intangíveis e outras operações que produzam variações no patrimônio*, o consulente deverá informar: (I) a classificação adotada e pretendida, com os correspondentes critérios utilizados; (II) o enquadramento do serviço, do intangível ou de outras operações na legislação do ICMS, ou do ISS, quando for o caso; e (III) a descrição do serviço, do intangível ou da operação objeto da Consulta.

A Consulta poderá referir-se a mais de um serviço, intangível ou operação, desde que conexos.

Informações e documentos necessários para a correta caracterização técnica dos elementos indicados, quando expressos em língua estrangeira, serão acompanhados de tradução para o idioma nacional.

A *solução* da Consulta compete à unidade central ou descentralizada da Coordenação-Geral de Tributação (Cosit). A Consulta será respondida em instância única, não cabendo recurso nem pedido de reconsideração da Solução de Consulta o do Despacho Decisório que declarar sua ineficácia, ressalvados os casos específicos de recurso especial e de representação.

Deverá conter a (I) identificação da unidade expedidora, (II) o número, o assunto, a ementa e os dispositivos legais; (III) o relatório; (IV) os fundamentos legais; (V) a conclusão; e (VI) a ordem de intimação.

As soluções de consulta proferidas pela Cosit, a partir da data de sua publicação, (I) têm efeito vinculante no âmbito da RFB e (II) respaldam o sujeito passivo que as aplicar, ainda que não seja o respectivo consulente, desde que se enquadre na hipótese por elas abrangida, sem prejuízo da verificação de seu efetivo enquadramento pela autoridade fiscal em procedimento de fiscalização.

Será solucionada em instância única, e não caberá recurso nem pedido de reconsideração relativamente à solução de consulta ou ao despacho decisório que declarar sua ineficácia, ressalvado o disposto no capítulo referente à "divergência entre soluções de consulta.

Os *efeitos* da Consulta – formulada antes do prazo legal para recolhimento do tributo –, impede a aplicação de multa de mora e juros de mora, relativamente à matéria consultada, a partir da data de sua protocolização até o 30º dia seguinte ao da ciência da Solução da Consulta, pelo consulente. No caso da resposta implicar pagamento, este deverá ser efetuado no referido prazo, ou no prazo normal de recolhimento do tributo, o que for mais favorável ao consulente.

A Consulta não suspende o prazo para o recolhimento do tributo retido na fonte, ou autolançado, antes ou depois de sua apresentação, nem para entrega da declaração de rendimentos ou cumprimento de outras obrigações acessórias. A Consulta da matriz da pessoa jurídica gera efeito aos demais estabelecimentos.

No caso de Consulta apresentada por órgão da Administração Pública que versar sobre situação em que este não figure como sujeito passivo, os efeitos referidos não atingirão o sujeito passivo da obrigação tributária. No caso de entidade representativa de categoria econômica ou profissional em nome dos associados ou filiados, os efeitos somente os alcançarão depois de cientificada a consulente da solução da Consulta.

Na hipótese de alteração de entendimento expresso em Solução de Consulta sobre interpretação da legislação, a nova orientação alcança apenas os fatos geradores que ocorrerem depois da sua publicação na imprensa oficial, ou depois da ciência da consulente, exceto se a nova orientação lhe for mais favorável, caso em que esta atingirá, também, o período abrangido pela solução anteriormente dada.

Não produzirá efeitos a Consulta formulada (I) em desacordo com os procedimentos e requisitos estabelecidos nos Capítulos II e III da IN nº 2058/21; (II) em tese, com referência a fato genérico, ou ainda, que não identifique o dispositivo da legislação tributária e aduaneira sobre cuja aplicação haja dúvida; (III) por consulente intimado a cumprir obrigação tributária relativa ao fato objeto da consulta; (IV) sobre fato objeto de litígio, no qual o consulente seja parte, pendente de decisão definitiva nas esferas administrativa ou judicial; exceto nas hipóteses previstas no §1º; (V) por consulente sob procedimento fiscal, instaurado antes de sua apresentação, para apurar fatos relacionados à matéria consultada, exceto na hipótese prevista no §2º; (VI) sobre fato que tenha sido objeto de decisão proferida em consulta ou litígio administrativo ou judicial em que o consulente tenha sido parte, desde que o entendimento da administração não tenha sido alterado por ato superveniente; (VII) sobre fato disciplinado em ato normativo publicado na Imprensa Oficial antes de sua apresentação; (VIII) sobre constitucionalidade ou legalidade da legislação tributária e aduaneira; (IX) sobre fato definido ou declarado em disposição literal de lei; (X) sobre fato definido como crime ou contravenção penal; (XI) sem a descrição precisa e completa do fato a que se referir, ou sem os elementos necessários à solução, exceto se a inexatidão ou omissão for considerada escusável pela autoridade competente; (XII) sobre procedimentos relativos a parcelamento de débitos administrados pela RFB, exceto na hipótese prevista no §3º; (XIII) sobre matéria estranha à legislação tributária e aduaneira; e (XIV) com o objetivo de obter a prestação de assessoria jurídica ou contábil-fiscal pela RFB.

As soluções de consulta proferidas pela Cosit, a partir da data de sua publicação, têm *efeito* vinculante no âmbito da RFB; e respaldam o sujeito passivo que as aplicar, ainda que não seja o respectivo consulente, desde que se enquadre na hipótese por elas abrangida, sem prejuízo da verificação de seu efetivo enquadramento pela autoridade fiscal em procedimento de fiscalização.

Cabe *recurso especial* para a Cosit, sem efeito suspensivo, no caso de divergência entre as conclusões entre Soluções de Consulta relativas à mesma matéria, fundadas em idêntica norma jurídica. O recurso poderá ser interposto pelo destinatário da solução divergente, no prazo de 30 dias contado da ciência da Solução que gerou a divergência, cabendo-lhe comprovar a existência das soluções divergentes sobre idênticas soluções, mediante a juntada dessas soluções publicadas.

Cabe *representação de divergência* no caso do servidor da administração tributária federal tomar conhecimento de soluções divergentes sobre a mesma matéria, com a indicação das divergências observadas.

O sujeito passivo que tiver conhecimento de solução divergente daquela que esteja observando, em decorrência de resposta à Consulta anteriormente formulada sobre idêntica matéria, poderá interpor o recurso, no prazo de 30 (trinta) dias contado da data da ciência da referida solução.

Da Solução de Divergência será data ciência imediata ao destinatário da solução reformada, aplicando-se seus efeitos a partir da data da ciência, uniformizando o entendimento e acarretando a edição de ato específico de caráter geral.

22.2 Regime Especial

I – *Interesse do Contribuinte*. O Regulamento do IPI (Decreto federal nº 7.212, de 15.06.10) dispôs que o Secretário da Receita Federal do Brasil poderá autorizar a adoção de regimes especiais para a emissão e a escrituração de documentos e livros fiscais, emitidos por processo manual, mecânico ou por sistema de processamento eletrônico de dados (art. 387).

A competência para a concessão do regime especial é do Superintendente da Receita Federal do Brasil que jurisdiciona o estabelecimento do contribuinte interessado, cabendo recurso ao Coordenador-Geral de Tributação, em caso de indeferimento.

II – *De Ofício*. A Lei federal nº 9.430, de 27.12.96 (art. 33) dispôs que a Secretaria da Receita Federal pode determinar regime especial para cumprimento de obrigações, pelo sujeito passivo, nas seguintes hipóteses:

> I – embaraço à fiscalização, caracterizado pela negativa não justificada de exibição de livros e documentos em que se assente a escrituração das atividades do sujeito passivo, bem como pelo não fornecimento de informações sobre bens, movimentação financeira, negócio ou atividade, próprios ou de terceiros, quando intimado, e demais hipóteses que autorizam a requisição do auxílio da força pública;
>
> II – resistência à fiscalização, caracterizada pela negativa de acesso ao estabelecimento, ao domicílio fiscal ou a qualquer outro local onde se desenvolvam as atividades do sujeito passivo, ou se encontrem bens de sua posse ou propriedade;
>
> III – evidências de que a pessoa jurídica esteja constituída por interpostas pessoas que não sejam os verdadeiros sócios ou acionistas, ou o titular, no caso de firma individual;
>
> IV – realização de operações sujeitas à incidência tributária, sem a devida inscrição no cadastro de contribuintes apropriado;
>
> V – prática reiterada de infração da legislação tributária;
>
> VI – comercialização de mercadorias com evidências o contrabando ou descaminho; e
>
> VII – incidência em conduta que enseje representação criminal, nos termos da legislação que rege os crimes contra a ordem tributária.

O Regime Especial pode consistir em I) manutenção de fiscalização ininterrupta no estabelecimento do sujeito passivo; (II) redução, à metade, dos períodos de apuração e dos prazos de recolhimento dos tributos; (III) utilização compulsória de controle eletrônico das operações realizadas e recolhimento diário dos respectivos tributos; (IV) exigência de comprovação sistemática do diário dos respectivos tributos; (V) controle especial da impressão e emissão de documentos comerciais e fiscais e da movimentação financeira.

As mencionadas regras estão previstas no mencionado Regulamento do IPI (art. 541), e na Instrução Normativa RFB nº 979, de 16.02.09, que, em relatório circunstanciado, considerará os elementos básicos seguintes: (I) identificação do sujeito passivo submetido a procedimento de fiscalização; (II) enquadramento em uma ou mais das mencionadas hipóteses; (III) descrição dos fatos que justifiquem a aplicação do regime; (IV) cópia dos termos de constatação lavrados e das intimações efetuadas; (V) relação dos tributos que devam ser objeto do regime; e (VI) propostas das medidas e período de vigência do regime.

O Regime Especial será aplicado por despacho fundamentado, no qual constarão a motivação, as medidas adotadas, os tributos em relação aos quais se aplicam e o prazo de sua duração, que poderá ser ampliado se persistirem as hipóteses que ensejaram a sua aplicação. A qual tempo as autoridades poderão determinar medidas adicionais ou a suspensão de medidas que não sejam mais necessárias, inclusive a interrupção do regime.

22.3 Imunidade – Reconhecimento e Suspensão

A Lei federal nº 9.430, de 27.12.96 (art. 32), e o Decreto federal nº 7.574, de 29.09.11 (art. 123), estabelecem que, constatado que a entidade beneficiária de imunidade de tributos federais, de que trata a alínea *c*, do inciso IV do art. 150 da CF, não está observando requisitos ou condições previstas no CTN (§1º, do art. 9º, e no art. 14), o Fisco expedir notificação relatando os fatos que determinaram a suspensão do benefício, indicando a data em que os requisitos legais deixaram de ser atendidos. Esta determinação não se aplica no caso de descumprimento de requisito estabelecido no art. 12 da Lei nº 9.532, de 1997.

A entidade poderá, no prazo de 90 dias contados da ciência da notificação, apresentar as alegações e provas que entender necessárias.

O Delegado ou o Inspetor da Receita Federal decidirá sobre a procedência das alegações, expedindo o *ato declaratório suspensivo do benefício*, no caso de improcedência, dando de sua decisão, ciência à entidade. Será igualmente expedido o ato suspensivo se decorrido o prazo referido sem qualquer manifestação da parte interessada.

Efetivada a suspensão da imunidade (I) a entidade interessada poderá, no prazo de 30 dias, contados da data da ciência, apresentar *impugnação* ao ato declaratório, a qual será objeto de decisão pela DRF-Julgamento competente, e (II) a fiscalização de tributos lavrará Auto de Infração, se for o caso.

A impugnação obedecerá às demais normas reguladoras do processo administrativo fiscal. A impugnação e o recurso apresentados pela entidade não terão efetivo suspensivo em relação ao ato declaratório contestado.

Caso seja lavrado *Auto de Infração*, as impugnações e os recursos contra o ato declaratório, e contra a exigência de crédito tributário, serão reunidos em um único processo, devendo as decisões respectivas às matérias litigadas serem objeto de um único acórdão.

Critica-se a possibilidade de ser atribuída à autoridade fazendária a faculdade de suspender a imunidade (art. 14, §1º, do CTN), no caso de descumprimento dos apontados requisitos, ou ainda, se a entidade deixar de reter tributos na fonte na condição de responsável, ou de observar deveres acessórios (art. 9º, §1º, do CTN).

Ao Fisco não é concedido o poder de paralisar temporariamente os efeitos imunitórios por mera discricionariedade, porque se trata de exclusão de competência constitucional. Se a entidade descumpre a Constituição e a lei (CTN) pode ocorrer a perda dos direitos à desoneração tributária, impondo-se a exigência dos impostos, que não é formulada por simples critérios de conveniência e oportunidade.

Entretanto, o STF declarou a inconstitucionalidade formal dos arts. 13, e 14, da Lei federal nº 9.532/91 – que dispusera sobre a pena de suspensão do gozo da imunidade, sob o fundamento de invadir o campo reservado à lei complementar de que trata o art. 146, II, da CF (ADI nº 1.802-DF – Plenário – rel. Min. Dias Toffoli – sessão de 12.04.18).

22.4 Reconhecimento de Direito Creditório – Restituição – Compensação – Ressarcimento – Reembolso

A Instrução Normativa RFB nº 2.055, de 06.12.21, disciplina a restituição, a compensação, o ressarcimento e o reembolso, no âmbito da Secretaria Especial da Receita Federal do Brasil (RFB), no caso de:

I – restituição e compensação de quantias recolhidas a título de tributo administrado pela RFB;

II – restituição e compensação de outras receitas da União arrecadadas mediante Documento de Arrecadação de Receitas Federais (Darf) ou Guia de Previdência Social (GPS);

III – ressarcimento e compensação de créditos do IPI, das Contribuições para o PIS/Pasep, Cofins e do Regime Especial de Reintegração de Valores Tributários para as Empresas Exportadoras (Reintegra);

IV – reembolso de quotas de salário-família e de salário-maternidade.

22.5 Contencioso

22.5.1 Medidas Preparatórias

O procedimento fiscal tem início com (I) o primeiro ato de ofício, por escrito, praticado pelo servidor competente, cientificado ao sujeito passivo da obrigação tributária ou seu preposto; (II) a apreensão de mercadorias; (III) a apreensão de documentos ou livros; (IV) o começo de despacho aduaneiro de mercadoria importada (art. 7º do Decreto nº 70.235/72, e art. 33 do Decreto nº 7.574/11).

O início do procedimento exclui a espontaneidade do sujeito passivo em relação aos atos anteriores e, independente de intimação, a dos demais envolvidos nas infrações verificadas.

Terão validade pelo prazo de 60 dias prorrogável, sucessivamente, por igual período contado a partir do término, com qualquer outro ato escrito que indique o prosseguimento dos trabalhos, desde que lavrado e cientificado ao sujeito passivo dentro do prazo anterior.

A legislação estabelece os diversos prazos para o contribuinte apresentar informações e documentos, e o caso de prorrogação, bem como fixa os procedimentos relativos à requisição, acesso e uso, pela RFB, de informações referentes a operações e serviços das instituições financeiras e das entidades a ela equiparadas.

O procedimento de fiscalização somente terá início por força de ordem específica denominada Termo de Distribuição do Procedimento Fiscal (TDPF), salvo nos casos de despacho aduaneiro, revisão aduaneira, vigilância e repressão ao contrabando e descaminho realizados em operações ostensivas e malhas fiscais.

Os *exames referentes a terceiros*, constantes de documentos, livros e registros de financeiras e entidades equiparadas, inclusive os relativos a contas de depósitos e de aplicações financeiras, somente serão considerados indispensáveis nas seguintes hipóteses:

> I – subavaliação de valores de operação, inclusive comércio exterior de aquisição ou alienação de bens ou direitos, tendo por base os correspondentes valores de mercado;
> II – obtenção de empréstimos de pessoas jurídicas não financeiras ou de pessoas físicas, quando o sujeito passivo deixar de comprovar o efetivo recebimento dos recursos;
> III – pratica de qualquer operação com pessoa física ou jurídica residente ou domiciliada em país, com tributação favorecida ou beneficiária de regime fiscal de que tratam os artigos 24 e 24-A da Lei nº 9.430/96 enquadrado nas condições estabelecidas no art. 24, da Lei nº 9.430/96;
> IV – omissão de rendimentos ou ganhos líquidos, decorrentes de aplicações financeiras de renda fixa ou variável;
> V – realização de gastos ou investimentos em valor superior à renda disponível;
> VI – remessa, a qualquer título, para o exterior, por intermédio de conta de não residente, de valores incompatíveis com as disponibilidades declaradas;
> VII – previstas no art. 33 da Lei nº 9.430/96;
> VIII – pessoa jurídica enquadrada no CNPJ, nas seguintes situações cadastrais:
> a) cancelada;
> b) inapta.
> IX – pessoa física sem inscrição no CPF ou com inscrição cancelada;
> X – negativa, pelo titular de direito da conta, da titularidade de fato ou da responsabilidade pela movimentação financeira;
> XI – presença de indício de que o titular de direito é interposta pessoa do titular de fato;
> XII – presença de indício de que o titular de direito é interposta pessoa do titular de fato;
> XIII – intercâmbio de informações, com fundamento em tratados, acordos ou convênios internacionais, para fins de arrecadação e fiscalização de tributos.

22.5.2 Exigência de Crédito Tributário – Auto de Infração – Impugnação – Decisão – Recursos – Julgamentos

O Decreto federal nº 70.235/72, art. 9º (na redação da Lei federal nº 11.941, de 27.05.09, art. 25); e o Decreto federal nº 7.574/11 (art. 38), estabelecem o seguinte:

> Art. 9º A exigência do crédito tributário e a aplicação de penalidade isolada serão formalizados em *autos de infração* ou *notificações de lançamento*, distintos para cada tributo ou penalidade, os quais deverão estar instruídos com todos os termos, depoimentos, laudos e demais elementos de prova, indispensáveis à comprovação do ilícito.

O *Auto de Infração* será lavrado por servidor competente, no local da verificação da falta, e conterá, obrigatoriamente: (I) a qualificação do autuado; (II) o local, a data e a hora da lavratura; (III) a descrição dos fatos; (IV) a disposição legal infringida e a penalidade aplicável; (V) a determinação da exigência e a intimação para cumpri-la ou impugná-la no prazo de 30 (trinta) dias, contados da ciência; e (VI) a assinatura do Auditor-Fiscal da Receita Federal do Brasil responsável pela autuação, e o número de matrícula.

O "lançamento complementar poderá ser efetuado por meio de lavratura de auto de infração complementar, específicos em relação à matéria modificada, quando, em exames posteriores, diligências ou perícias realizadas no curso do processo, forem verificadas incorreções, omissões ou inexatidões, de que resultem agravamento da exigência inicial, inovação ou alteração da fundamentação legal da exigência".

A formalização do referido lançamento ocorre nos casos seguintes:

I – em que seja aferível, a partir da descrição dos fatos e dos demais documentos produzidos na ação fiscal, que o autuante, no momento da formalização da exigência:

a) apurou incorretamente a base de cálculo do crédito tributário; ou

b) não incluiu na determinação do crédito tributário matéria indevidamente; ou

II – em que forem constatados fatos novos, subtraídos ao conhecimento da autoridade lançadora quando da ação fiscal e relacionados aos fatos geradores objeto da autuação, que impliquem agravamento da exigência inicial.

Será concedido o prazo de 30 dias, contados da data da ciência da intimação da exigência complementar para a apresentação de impugnação apenas no concernente à matéria modificada.

A *impugnação* formalizada por escrito, e instruída com os elementos em que se fundamentar, e apresentada em unidade da RFB com jurisdição sobre o domicílio tributário do sujeito passivo, bem como remetida por via postal, no prazo de 30 dias, contados da ciência da intimação da exigência, instaura a fase litigiosa do procedimento.

A impugnação mencionará (I) a autoridade julgadora a quem é dirigida; (II) a qualificação do impugnante; (III) os motivos de fato e de direito em que se fundamenta, os pontos de discordância e as razões e provas que possuir; (IV) as diligências, ou perícias que o impugnante pretenda que sejam efetuadas, expostos os motivos que as justifiquem, com a formulação dos quesitos referentes aos exames desejados, assim como, no caso de perícia, o nome, o endereço e a qualificação profissional do seu perito; e (V) se a matéria impugnada foi submetida à apreciação judicial, devendo ser juntada cópia da petição.

As *provas* constituem instrumentos hábeis para comprovar a verdade dos fatos que devem ser apresentadas no momento da impugnação, salvo em situações excepcionais.

As diligências e as perícias serão determinadas pela autoridade julgadora de primeira instância, de ofício ou a requerimento do impugnante, quando entendê-las necessárias. Deferido o pedido de perícia, ou determinada de ofício sua realização, será designado servidor para atuar como perito da União, intimando o sujeito passivo ao realizar o exame requerido, e cabendo a ambos apresentar os respectivos laudos em prazo que será fixado segundo o grau de complexidade dos trabalhos a serem executados.

Aos laudos e pareceres técnicos sobre produtos, elaborados pelo Laboratório Nacional de Análises, Instituto Nacional de Tecnologia ou outro órgão federal congênere, exarados em outros processos administrativos fiscais, é conferida eficácia, devendo ser trasladados mediante certidão de inteiro teor ou cópia fiel.

O *julgamento* de processos sobre a aplicação da legislação referente a tributos ou contribuições administrados pela RFB compete, em primeira instância, às Delegacias da Receita Federal do Brasil de Julgamento, órgãos de deliberação interna e natureza colegiada da RFB.

O acórdão conterá relatório resumido do processo, fundamentos legais, conclusão e ordem de intimação, devendo referir-se, expressamente a todos os autos de infração e notificações de lançamento objeto do processo, bem como às razões de defesa suscitadas pelo impugnante contra todas as exigências.

A *decisão administrativa* não pode afastar a aplicação, ou deixar de observar, tratado, acordo internacional, lei ou decreto, sob o fundamento de inconstitucionalidade (Decreto nº 70.235/72, art. 26-A; e nº 7.574/11, art. 59), salvo nos casos em que ocorram as situações seguintes:

I – que já tenha sido declarado inconstitucional por decisão plenária definitiva do Supremo Tribunal Federal;

II – que fundamente crédito tributário objeto de:

a) dispensa legal de constituição ou de ato declaratório do Procurador-Geral da Fazenda Nacional (PGFN), na forma dos arts. 18 e 19 da Lei nº 10.522, de 19.06.02 (incluído pela Lei nº 11.941, de 2009);

b) súmula da Advocacia-Geral da União, na forma do art. 43, de 10.02.93 (ou incluído pela Lei nº 11.941, de 2009);

c) pareceres do Advogado-Geral da União aprovados pelo Presidente da República, na forma do art. 40 da Lei Complementar nº 73, de 10.02.93 (incluído pela Lei nº 11.841, de 2009).

A jurisprudência administrativa firmara o entendimento de que "o CARF não é competente para se pronunciar sobre a inconstitucionalidade das normas (arts. 97 e 102 da CF)".

Importa renúncia às instâncias administrativas a propositura pelo sujeito passivo de ação judicial por qualquer modalidade processual, antes ou depois do lançamento de ofício, com o mesmo objeto do processo administrativo, de matéria distinta da constante do processo judicial" (Súmula nº 1º do CARF).

Da decisão de primeira instância não cabe pedido de reconsideração.

Em *segunda instância administrativa*, o julgamento de processos compete ao Conselho Administrativo de Recursos Fiscais (CARF), órgão colegiado, paritário, integrante da estrutura do Ministério da Economia, com atribuição de julgar *recursos de ofício* e *voluntário* de decisão de primeira instância, bem como *recursos de natureza especial*, bem como *embargos de declaração* e *agravo*.

A CSRF é órgão judicante diretamente subordinado ao Ministro da Fazenda, tem por finalidade o julgamento administrativo, em *instância especial*, dos litígios fiscais incluídos em competências específicas.

Compete-lhe o julgamento, por suas turmas, do *recurso especial* contra decisões proferidas pelos colegiados do CARF. Ao Pleno da CSRF compete a uniformização de decisões divergentes, em tese, das turmas da CSRF, por meio de resolução, que vincularão as turmas julgadoras do CARF, devendo ser disponibilizadas no sítio do CARF.

O *recurso de ofício* deve ser interposto pela autoridade competente de primeira instância, sempre que a decisão exonerar o sujeito passivo do pagamento de tributo e encargos de multa de valor total (lançamento principal e decorrente), a ser fixado em ato do Ministro de Estado da Fazenda, bem como quando deixar de aplicar a pena de perdimento de mercadoria com base na legislação do IPI.

O *recurso voluntário*, total ou parcial, que tem efeito suspensivo, poderá ser interposto contra decisão de primeira instância contrária ao sujeito passivo, no prazo de 30 dias, contados da data da ciência da decisão.

O *recurso especial* tem cabimento, à Câmara Superior de Recursos Fiscais, no prazo de 15 dias da ciência do acórdão ao interessado, de decisão que der à lei tributária interpretação divergente da que lhe tenha dado outra câmara, turma especial, a própria CSRF.

Não cabe o recurso de decisão das turmas que adote entendimento de súmula de jurisprudência dos Conselhos de Contribuintes, da CSRF ou do CARF, ainda que a súmula tenha sido aprovada posteriormente à data da interposição do recurso.

Também não tem cabimento no caso de decisão de qualquer das turmas que, na apreciação de matéria preliminar, decida pela anulação da decisão de primeira instância por vício na própria decisão.

Cabe *agravo* do despacho de admissibilidade que negar seguimento ao recurso especial, ou lhe der seguimento parcial.

As partes terão vistas para oferecer contrarrazões, e, se for o caso, apresentar recurso especial relativo à parte do acórdão que lhe foi desfavorável.

Os *embargos de declaração* têm cabimento quando o acórdão tiver obscuridade, omissão ou contradição entre a decisão e os seus fundamentos, ou for omitido ponto sobre o qual devia pronunciar-se a Turma.

O *agravo* tem cabimento do despacho que negar seguimento, total ou parcial, ao recurso especial. Será requerido em petição dirigida ao Presidente da CSRF, no prazo de cinco dias contados da ciência do despacho.

Em situações específicas, não é cabível a interposição deste recurso.

Na hipótese de o julgamento de processo administrativo fiscal resolvido definitivamente a favor da Fazenda Pública pelo voto de qualidade previsto no §9º do art. 25 deste Decreto, e desde que haja a efetiva manifestação do contribuinte para pagamento no prazo de 90 (noventa) dias, serão excluídos, até a data do acordo para pagamento, os juros de mora de que trata o art. 13 da Lei nº 9.064, de 20.06.95 (incluído pela Lei nº 14.689, de 2023.

As *decisões definitivas* (a) serão cumpridas no prazo para cobrança amigável no caso de contrária ao sujeito passivo; e (b) implicará na exoneração dos gravames decorrentes do litígio, quando favoráveis ao autuado.

A Lei federal nº 13.655, de 25.04.18 (alterando a Lei de Introdução às Normas do Direito Brasileiro – objeto do Decreto-Lei nº 4.567, de 04.09.42), dispusera o seguinte:

> Art. 21. <u>A decisão</u> que, <u>nas esferas administrativa</u>, controladora ou judicial, decretar a invalidação de ato, contrato, ajuste, processo ou norma administrativa deverá indicar de modo expresso suas consequências jurídicas e administrativas.

Parágrafo único. A decisão a que se refere o caput deste artigo deverá, quando for o caso, indicar as condições para que a regularização ocorra de modo proporcional e equânime e sem prejuízo aos interesses gerais, não se podendo impor aos sujeitos atingidos ônus ou perdas que, em função das peculiaridades do caso, sejam anormais ou excessivos.

Art. 23. <u>A decisão administrativa,</u> controladora ou judicial que estabelecer interpretação ou orientação nova sobre norma de conteúdo indeterminado, impondo novo dever ou novo condicionamento de direito, deverá prever regime de transição quando indispensável para que o novo dever ou condicionamento de direito seja cumprido de modo proporcional, equânime e eficiente e sem prejuízo aos interesses gerais.

Art. 27. <u>A decisão do processo, nas esferas administrativa,</u> controladora ou judicial, poderá impor compensação por benefícios indevidos ou prejuízos anormais ou injustos resultantes do processo ou da conduta dos envolvidos.
§1º <u>A decisão sobre a compensação</u> será motivada, ouvidas previamente as partes sobre seu cabimento, sua forma e, se for o caso, seu valor.

<u>O Regimento Interno do CARF</u> consta na Portaria MF nº 1.634, de 21.12.23.

MEDIDAS JUDICIAIS

23.1 Ações dos Particulares

23.1.1 Ação anulatória

Questionamento de dívida tributária tendo por objetivo a anulação de atos administrativos como notificações, lançamentos, decisões dos órgãos singulares e colegiados, inscrição da dívida e cobrança decorrente da declaração do sujeito passivo, ou promovida pela fiscalização.

Objetiva configurar a certeza de anterior existência de um direito para que possam ser evitados litígios fiscais, não se cogitando de um novo direito. A sentença tem natureza declaratória com a anulação do ato administrativo.

A Lei federal nº 6.830, de 22.09.80, dispõe (art. 38, parágrafo único) que a propositura pelo contribuinte de ação anulatória do ato declarativo da dívida será precedida *de depósito preparatório do valor do débito*, monetariamente corrigido e acrescido de juros, multa de mora e demais encargos.

Entretanto, o depósito não representa condição imprescindível para o trâmite do processo, face à jurisprudência:

> Não constitui pressuposto da ação anulatória do débito fiscal o depósito de que cuida o art. 38 da Lei nº 6.830, de 1980.
> (Súmula nº 247 do antigo Tribunal Federal de Recursos)

> A doutrina e a jurisprudência enraizaram a compreensão de que o depósito prévio ditado no artigo 38, Lei 6.830/80, não constitui indispensável pressuposto de procedibilidade de ação anulatória de débito fiscal.
> (REsp nº 183.969-SP, 1ª Turma, rel. Min. Milton Luiz Pereira, *DJU* de 22.05.00)

> Ação anulatória de débito fiscal. Depósito prévio. Art. 38 da lei de execuções fiscais (Lei nº 6.830/80).
> Pressuposto da ação anulatória de débito declaratório da dívida ativa é o lançamento do crédito tributário, não havendo sentido em protraí-lo ao ato de inscrição da dívida.

O depósito preparatório do valor do débito não é condição de procedibilidade da ação anulatória, apenas, na circunstância, não é impeditiva da execução fiscal, que com aquela não produz litispendência, embora haja conexidade.
(RE nº 103.400/9-SP, 1ª Turma, rel. Min. Rafael Mayer, *DJU* de 1º.02.85)

O STF consolidou o entendimento seguinte:

É inconstitucional a exigência de depósito prévio como requisito de admissibilidade de ação judicial na qual se pretenda discutir a exigibilidade de crédito tributário.
(Súmula Vinculante nº 28)

O depósito integral em dinheiro do valor exigido pela Fazenda Pública (Súmula nº 112 do STJ) suspende a exigibilidade do crédito tributário, nos termos do art. 151, III, do CTN (STJ, EDiv no REsp nº 49.737-DF, 1ª Seção, rel. Min. Hélio Mosimann, j. 09.09.98, *DJU* 1 de 05.10.98), e desautoriza a instauração da execução fiscal (STF, RE nº 103.400-9-SP).

A Ação Anulatória mantém *conexão* com a Ação de Execução Fiscal e os Embargos à Penhora, em razão de ser comum o objeto ou a causa de pedir, conforme postura do STJ:

A conexão existente entre a execução fiscal e a ação de anulação de débito tributário induz à reunião dos processos para julgamento simultâneo; correndo elas perante juízes que têm a mesma competência territorial; considera-se prevento aquele que despachou em primeiro lugar (CPC, art. 219, *caput*).
(Proc. nº 16.201-DF, 1ª Seção, rel. Min. Ari Pargendler, j. 22.05.96, *DJU* de 12.08.96, p. 27.439)

Exemplo: contribuinte ingressa com ação judicial pretendendo anular decisão administrativa que mantivera exigência tributária. Não tendo realizado depósito, a Fazenda promove Execução Fiscal.

Relativamente à propositura de Anulatória face ao Executivo Fiscal, o STJ decidira o seguinte:

Processual Civil. Ação de Débito Fiscal Proposta durante a Tramitação de Execução Fiscal. Suspensão de Atos Executivos mediante Antecipação de Tutela. Hipótese de Suspensão e não de Extinção da Execução Fiscal.
1. Suspensa a exigibilidade do crédito tributário, notadamente pelo depósito do seu montante integral (art. 151, II, do CTN), em ação anulatória de débito fiscal, deve ser extinta a execução fiscal ajuizada posteriormente; se a execução fiscal foi proposta antes da anulatória, aquela resta suspensa até o final desta última *actio* (REsp nº 167 789.920/MA, Primeira Turma, Rel. Min. Francisco Falcão, DJ de 06.03.06).
2. É possível a suspensão dos atos executivos, no processo de execução fiscal, em virtude da antecipação dos efeitos a tutela jurisdicional pleiteada em ação anulatória de débito fiscal proposta durante a tramitação da execução (REsp nº 167 758.655/PR, Primeira Turma, Rel. Min. Teori Albino Zavascki – DJ de 28.05.07).
3. Hodiernamente, esse entendimento deve ser adaptado à regra insculpida no art. 739-A, do CPC (incluído pela Lei nº 167 11.382, de 2006), que exija parta a suspensão da execução fiscal, além do juízo de verossimilhança e do perigo de dano irreparável ou de difícil reparação, *a garantia da execução por penhora, depósito ou caução suficientes.*

4. Quanto à suspensão da exigibilidade do crédito tributário ocorre após o ajuizamento da execução fiscal, é incabível a extinção da execução por inexigibilidade do título executivo enquanto perdurar a prefalada suspensão da exigibilidade. Nesse sentido, AgRg no Resp nº 701.729/SP, 2ª. Turma, Rel. Min. Herman Benjamin, DJe de 19.03.09; AgRg no REsp nº 1.057.717/RS, 1ª. Turma, Rel. Min. Francisco Falcão, DJe de 06.10.08 (...).
(REsp nº 1.153.771-SP – 2ª. T. – rel. Min. Mauro Campbell Marques – j. 12.04.12 – *Dje* 18.04.12).

A decisão que julgar procedente a ação acarretará anulação do ato administrativo, em razão do que a exigência, decisão ou lançamento tributário ficarão prejudicados, bem como os demais atos supervenientes relativos ao processo (julgamentos, inscrição da dívida etc.). No caso de ser anulada a decisão por vício, deverá ser renovado o julgamento administrativo.

23.1.2 Ação consignatória

Trata-se de forma de extinção do crédito tributário (arts. 156, VIII, e 163 do CTN), consistindo em ação judicial (arts. 539 a 545 do novo CPC, de 2015), que compete ao sujeito passivo, ou terceiro interessado, tendo por objeto o depósito do respectivo valor tributário, com a finalidade de liquidação do débito em situações específicas:

I – recusa de recebimento, ou subordinação deste ao pagamento de outro tributo ou penalidade, ou ao cumprimento de obrigação acessória.
II – subordinação do recebimento ao cumprimento de exigências administrativas sem fundamento legal.
III – exigência, por mais de uma pessoa jurídica de direito público, de tributo idêntico, sobre um mesmo fato gerador.

Este tema fora examinado em capítulo anterior (14.1.2) em razão do que se reporta às considerações expendidas, às quais remete o leitor.

Cogita-se de situações em que dois Municípios exigem o IPTU relativo a um mesmo imóvel na sua integralidade; o Estado e o Município cobram ICMS e ISS referentes a um único negócio jurídico (fornecimento de argamassa); ou, ainda, a União e o Município lançam IPI e ISS (relativos à venda de etiquetas adesivas a produtos do contribuinte).

O fato de a Lei federal nº 6.830/80 não haver mencionado a ação consignatória – dentre outras expressamente referidas como hábeis para promover a discussão judicial da dívida ativa da Fazenda Pública – não constitui impedimento para a sua utilização, pela circunstância de estar prevista no CTN (natureza de lei complementar), que não pode ser modificado por lei ordinária.

Tem fisionomia declaratória com a finalidade de ver atendido o direito – material – do devedor de liberar-se da obrigação e de obter quitação (REsp nº 976.570-RS – 1ª. Turma – rel. Min. José Delgado – j. 09.10.07, *DJU* 1 de 22.10.07, p. 27). Tem natureza dúplice, já que se presta, em certos casos, a outorgar tutela jurisdicional em favor do réu, a quem assegura não apenas a faculdade de levantar, em caso de insuficiência de depósito, a quantia oferecida, prosseguindo o processo pelas diferenças controvertidas (CPC, art. 899, §1º), como também a de obter, em seu favor, título executivo pelo valor das referidas diferenças que vierem a ser reconhecidas na sentença (REsp nº 606.289/RS, rel. Min. Teori Albino Zavascki, j. 17.08.04, *DJ* 30.08.04).

Entende-se que tem caráter restrito ao crédito que o consignante se propõe a pagar (art. 164, §1º, do CTN), não sendo ação hábil para tratar de outros conflitos entre o Poder Público e os particulares. Assim, a ação pode ser denegada no caso de crédito já devidamente constituído; não se prestando para a discussão de aspectos classificatórios de imóvel; sobre outros fatores e coeficientes; muito menos quanto à constitucionalidade de critérios de progressão do tributo, ou de exigibilidade de taxas.

Em que pese a propositura de consignação não ensejar a suspensão do crédito tributário, o autor promoveu o depósito integral do montante cobrado, razão pela qual o Estado não poderia ajuizar a execução fiscal. Excepcionalmente, é possível aplicar ao caso a sistemática do enunciado da Súmula nº 112 do STJ no sentido de que "o depósito somente suspende a exigibilidade do crédito tributário se for integral e em dinheiro" (REsp nº 1.040.603-MG, 2ª. Turma, rel. Min. Mauro Campbell Marques, j. 09.06.09, *DJe* de 23.06.09).

A tutela típica do contribuinte, quando o Fisco subordina a quitação do tributo ao pagamento de juros e de correção monetária, é a de ação em consignação em pagamento (STJ, REsp nº 55.911-SP, 2ª. Turma, rel. Min. Ari Pargendler, j. 18.04.96, *DJU* 1 de 20.05.96, p. 16.689); que também se tem por legítima quando o fisco se recusa a receber sem que esteja acompanhado da obrigação acessória (STJ, REsp nº 496.747-SC, rel. Min. José Delgado, j. 22.04.03, *DJU* 1 de 09.06.03, p. 191).

A consignação poderá versar sobre a natureza, a origem e o valor da obrigação, quando controvertidos (STJ, REsp nº 256.275-GO, 2ª. Turma, rel. Min. Eliana Calmon – j. 19.02.02, *DJU* 1 de 08.04.02).

A ação de consignação não é via processual adequada para obter a compensação de débito tributário com créditos estampados em precatório (AgRg em REsp nº 29.214-RS–1ª. T., rel. Min. Benedito Gonçalves, j. 12.06.12, *Dje* 15.06.12).

O depósito constitui condição imprescindível para permitir a regular tramitação do processo, como providência indispensável à extinção do crédito tributário e obtenção do termo de quitação da dívida, sendo impertinente a realização de depósito bancário (art. 539, §1º, do novo CPC de 2015).

Deve ser integral o depósito a ser efetivado no prazo de cinco dias, contado do deferimento do pedido, incluindo multa por atraso de pagamento e correção monetária, sob pena de improcedência (STJ, REsp nº 369.773-ES, 1ª Turma, rel. Min. Garcia Vieira, j. 16.04.02, *DJU* 1 de 20.05.02, p. 104).

Tratando-se de prestações periódicas, uma vez consignada a primeira parcela, podem as demais ser realizadas em até cinco dias, contados da data do vencimento (art. 541 do novo CPC de 2015).

Exemplo: contribuinte ajuíza ação face à pessoa jurídica de direito público que entender como legítima na relação jurídica. Argumentará que realiza atividade concernente à veiculação de anúncios publicitários (*banners, outdoors,* empenas), entendendo ser devido o ISS (comunicação visual – item 23.01 da Lei Complementar nº 116/03, e respectiva legislação municipal). Todavia, como o Estado também entende ser devido o ICMS (prestação de serviço de comunicação), promove a integração da lide do Município e do Estado.

Julgada procedente a consignação, o pagamento reputa-se efetuado e a importância consignada é convertida em renda; julgada improcedente a demanda no todo ou em parte, cobrar-se-á o crédito acrescido de juros de mora, sem prejuízo das penalidades cabíveis (art. 164, §2º, do CTN).

Na primeira situação ocorre o efetivo pagamento do crédito, uma vez que o valor tributário fora consignado com o objetivo de liquidar a obrigação, mas que não deve ser confundida com a "conversão do depósito em renda" (art. 156, VI, do CTN), que tem por intuito apenas garantir o valor do tributo, e não liquidá-lo.

No segundo caso, o Fisco poderá promover o lançamento dos valores tributários devidos, em razão de positivar-se a liquidez e a certeza do crédito. Contudo, não poderá utilizar-se do valor depositado para satisfazer o crédito tributário, embora se tenha entendido que, julgada improcedente a ação, impõe-se a conversão em renda do valor do depósito (REsp nº 471.389-MG, 2ª Turma, rel. Min. Castro Meira, j. 18.03.08, *DJe* de 1º.04.08).

O débito tributário deve, necessariamente, ser pago "em moeda ou cujo valor nela se possa exprimir", sendo que o credor não pode ser compelido a receber coisa diversa da obrigação. Em se tratando de dívida tributária, indisponível à autoridade fazendária, não há como se admitir a dação em pagamento por via de título da dívida pública se este procedimento escapa à estrita legalidade (STJ, REsp nº 480.404-MG, rel. Min. Luiz Fux, Dju. 20.11.03, *DJU* 1 de 19.12.03, p. 331).

O novo CPC de 2015 (parágrafo único, do art. 542) dispõe que, não realizado o depósito no prazo do inciso I (cinco dias), o processo será extinto sem resolução do mérito.

A *sentença* que concluir pela insuficiência do depósito determinará o montante devido, sempre que possível; valendo como título executivo, facultado ao credor promover-lhe a execução nos mesmos autos (art. 545, §2º do novo CPC de 2015).

23.1.3 Ação declaratória

Objetiva a obtenção de certeza jurídica relativa à existência ou inexistência de obrigação tributária, tornando necessária a reprodução de ações idênticas. Não se trata de declaração de mero fato, ou de simples questão de direito, mas de uma situação concreta, não se destinando a remover ato lesivo nem significando formulação de consulta.

Exemplos: reconhecimento de imunidade tributária do ISS, em razão de estarem atendidos os pressupostos do CTN (art. 14); ou declaração do direito a crédito do IPI relativamente à aquisição de bens isentos do imposto.

O STJ entende que "a ação declaratória exige, para sua propositura, que haja incerteza objetiva e injurídica, isto é, relativa a direitos e obrigações já existentes e atuais e não apenas possíveis" (REsp nº 72.417-RJ).

Cabível a propositura de Ação Declaratória combinada com Ação Anulatória de débito fiscal, durante a tramitação de execução fiscal, a saber:

> Ementa:
> (...)
> 2. Se é certo que a propositura de qualquer ação relativa ao débito constante do título não inibe o direito do credor de promover-lhe a execução (CPC, art. 585, §1º), o inverso

também é verdadeiro: o ajuizamento da ação executiva não impede que o devedor exerça o direito constitucional de ação para ver declarada a nulidade do título ou a inexistência da obrigação, seja por meio de embargos (CPC, art. 736), seja por outra ação declaratória ou desconstitutiva.

3. Para dar à ação declaratória ou anulatória anterior o tratamento que daria à ação de embargos, no tocante ao efeito suspensivo da execução, é desnecessário que o juízo esteja garantido.

4. Na hipótese dos autos, em que o autor ajuizou ação declaratória de inexistência de relação jurídico-tributária cumulada com anulatória de débito fiscal, sem qualquer pretensão de suspensão da exigibilidade do crédito tributário, deve ser respeitado seu direito subjetivo de ação (...).
(REsp nº 743.547-RJ, 1ª Turma, rel. Min. Teori Albino Zavascki, j. 11.11.08, *DJe* de 17.11.08)

A *sentença* que julgar procedente a ação implicará o reconhecimento da inexistência de relação jurídica (caso da imunidade tributária), ou a inexistência da referida relação (sujeição ao ISS, e não ao ICMS). Havendo sido efetuados depósitos, os valores serão levantados pelo autor.

O alcance da decisão judicial deve ser considerado com relação à Súmula nº 239 do STF, dispondo que "a decisão que declara indevida a cobrança de imposto em determinado exercício não faz coisa julgada em relação aos posteriores".

Esta súmula deve ser aceita com ressalvas, pois ficara circunscrita aos casos de tributos sujeitos a lançamento anual, como era o caso do imposto de renda. É nesse sentido jurídico que deve ser considerada a diretriz jurisprudencial.

A decisão pode servir de título para execução forçada, independentemente de prévia ação condenatória, a saber:

(...)
2. Tem eficácia executiva a sentença declaratória que traz definição integral da norma jurídica individualizada. Não há razão alguma, lógica ou jurídica, para submetê-la, antes da execução, a um segundo juízo de certificação, até porque a nova sentença não poderia chegar a resultado diferente do da anterior sob pena de comprometimento da garantia da coisa julgada, assegurada constitucionalmente. E instaurar um processo de cognição em oferecer às partes e ao juiz outra alternativa de um resultado que não um, já prefixado, representaria atividade meramente burocrática e desnecessária, que poderia receber qualquer outro qualificativo, menos o de jurisdicional.
3. A sentença declaratória que, para fins de compensação tributária, certifica o direito de crédito do contribuinte que recolheu indevidamente o tributo, contém juízo de certeza e de definição exaustiva a respeito de todos os elementos da relação jurídica questionada e, como tal, é título executivo para a ação visando à satisfação, em dinheiro, do valor devido. Precedente da 1ª Seção: EREsp nº 502.618/SP, Min. João Otávio Noronha, DJ de 1º.07.05.
(STJ, 1ª Seção, EREsp nº 609.266-SP, rel. Min. Teori Albino Zavascki, *DJe* de 11.09.06)

Proposta a ação declaratória e obtida coisa julgada, não há que ser renovada a ação a cada ano, no caso de não ter ocorrido mudança na situação fática, e nos fundamentos normativos. Não se justifica a necessidade de serem propostas inúmeras ações versando sobre a mesma temática, em cada ano, o que certamente ocasionaria balbúrdia processual, eventuais julgados antagônicos, incomensurável ônus (custas, acompanhamento), desprestigiando o princípio da economia processual.

23.1.4 Ação monitória

Compete a quem pretender, com base em prova escrita sem eficácia de título executivo, pagamento de soma em dinheiro, entrega de coisa fungível ou de determinado bem móvel (art. 700 do novo CPC de 2015).

O procedimento tem por objetivo a solução de conflitos desprovidos de matéria de alta indagação, abrangendo as discussões fundadas em direito material de aferição imediata, observando rito comum, tendo a natureza de processo cognitivo sumário, cuja finalidade é agilizar a prestação jurisdicional, sendo facultada sua utilização ao credor que possuir prova escrita do débito, sem força de título executivo (*RSTJ* 120-393, 4ª Turma).

O STJ decidiu que "a prova hábil a instruir a ação monitória, a que alude o art. 1.102-A, do Código de Processo Civil, não precisa, necessariamente, ter sido emitida pelo devedor ou nela constar sua assinatura ou de um representante. Basta que tenha forma escrita e seja suficiente para, efetivamente, influir na convicção do magistrado acerca do direito alegado. Dessarte, para a admissibilidade da ação monitória, não é necessário que o autor instrua a ação com prova robusta, estreme de dúvida, podendo ser aparelhada por documento idôneo, ainda que emitido pelo próprio credor, contanto que, por meio do prudente exame do magistrado, exsurja o juízo de probabilidade acerca do direito afirmado pelo autor" (REsp nº 925.584–4ª. T. – rel. Min. Luis Felipe – j. 09.10.12 – *DJ* 07.11.12).

O novo CPC de 2015 (art. 700) dispôs o seguinte:

§1º A prova escrita pode consistir em prova oral documentada, produzida antecipadamente nos termos do art. 381.
§2º Na petição inicial, incumbe ao autor explicitar, conforme o caso:
I – a importância devida, instruindo-a com memória de cálculo;
II – o valor da coisa reclamada;
III – o conteúdo patrimonial em discussão ou o proveito econômico perseguido.

O Tribunal consolidara a diretriz de que "em ação monitória fundada em cheque prescrito, ajuizada contra o emitente, é dispensável a menção ao negócio jurídico subjacente à emissão da cártula" (Súmula nº 531).

Pelo *descabimento da oposição à Fazenda*, fora asseverado o seguinte:

a) o CPC contempla procedimento específico para a execução de débito da Fazenda que deverá, na execução por quantia certa, ser citada para oposição de embargos no prazo de 30 dias e, na sua ausência, requisitará o magistrado o pagamento do débito ao presidente do Tribunal competente, observada a ordem de apresentação de precatório (incisos I e II), condicionando à existência de prévia sentença condenatória;

b) na ação monitória, diversamente, com a citação do devedor, há pronta expedição de mandado para pagamento ou entrega da coisa, medida que vai de encontro à disposição do art. 100 da Constituição Federal, que impõe o pagamento de débitos da Fazenda Pública pela via do precatório. Não obstante o óbice da imprescindibilidade do precatório o CPC dispõe que, na hipótese dessa rejeição dos embargos ou de sua não oposição, o mandado inicial se converte em mandado executivo, sendo o título constituído de pleno direito e o devedor terá que cumprir a obrigação em 24 horas ou nomear bens à penhora, sendo incompatível com a impenhorabilidade dos bens públicos, além do duplo grau de jurisdição.

Pelo cabimento *da Monitória face à Fazenda*, fora decidido o seguinte:

Ementa
Ação Monitória contra a Fazenda Pública. Possibilidade.
1. O procedimento monitório não colide com o rito executivo específico da execução contra a Fazenda Pública previsto no art. 730 do CPC.
O rito monitório, tanto quanto o ordinário, possibilita a cognição plena, desde que a parte ré ofereça embargos, forma-se o título executivo judicial, convertendo-se o mandado inicial em mandado executivo, prosseguindo-se na forma do Livro II, Título II, Capítulo II e IV (execução *strito sensu*), propiciando à Fazenda, mais uma vez, o direito de oferecer embargos à execução de forma ampla, sem malferir princípios do duplo grau de jurisdição; da imperiosidade do precatório; da impenhorabilidade dos bens públicos; da inexistência de confissão ficta; da indisponibilidade do direito e não incidência dos efeitos da revelia.
2. O rito da ação monitória é exclusivamente encurtar o caminho até a formação de um título executivo. A execução deste título contra a Fazenda Pública deve seguir normalmente os trâmites do art. 730, que explicita o cânone do art. 100, da Carta Constitucional vigente.
3. Os procedimentos executivo e monitório têm natureza diversa. O monitório é processo de conhecimento. A decisão 'liminar' que nele se emite e determina a expedição do mandado de pagamento não assegura ao autor a prática de atos de constrição patrimonial, nem provimento satisfativo, uma vez que a defesa (embargos) tempestiva do réu instaura a fase cognitiva e impede a formação do título;
(...)
5. Considere-se, por fim, que a rejeição da monitória contra a Fazenda Pública implica em postergar o direito do credor de créditos fazendários em face da entidade pública, impondo-se a *via crucis* do processo de conhecimento, gerando odiosa situação anti-isonômica em relação aos demais titulares de créditos semelhantes.
(REsp nº 434.571-SP, 1ª Seção, rel. p/ acórdão Min. Luiz Fux, j. 08.06.05, *DJU* 1 de 20.03.06, p. 181)

O STJ consagrou o entendimento de que "é cabível ação monitória contra a Fazenda Pública" (Súmula nº 339). O novo CPC de 2015 (§6º, do art. 700) também preceitua no mesmo sentido.

A sentença terá os efeitos seguintes: a) julgando procedentes os embargos, com ou sem apreciação do mérito, faz coisa julgada. Resolvendo o mérito, reconhece a inexistência de crédito sustentado pelo autor da ação, embargado na defesa; b) rejeitando os embargos, por razões de mérito ou processuais, faz coisa julgada, que deve ser objeto de cumprimento na forma dos arts. 523 a 533 do novo CPC de 2015.

23.1.5 Ação de repetição de indébito

Finalidade de obter da Fazenda Pública a restituição de valores tributários recolhidos indevidamente nas *situações* seguintes: I) cobrança ou pagamento espontâneo do tributo indevido ou maior que o devido em face da legislação tributária aplicável, ou da natureza ou circunstâncias materiais do fato gerador efetivamente ocorrido; II) erro na edificação (*sic*) do sujeito passivo, na determinação da alíquota aplicável, no cálculo do montante do débito ou na elaboração ou conferência de qualquer documento relativo ao pagamento; e III) reforma, anulação, revogação ou rescisão de decisão condenatória (art. 165 do CTN).

A restituição de tributos que comportem, por sua natureza, transferência do respectivo encargo financeiro somente será feita a quem prove haver assumido referido encargo, ou, no caso de tê-lo transferido a terceiro, estar por este expressamente autorizado a recebê-lo (art. 166 do CTN).

As questões pertinentes à restituição dos valores tributários (espécies aplicáveis, prazos, documentos, repercussão do ônus financeiro, jurisprudência), foram objeto de análise no item 14.1.3, interessando nesse tópico os aspectos pertinentes ao procedimento judicial.

A demanda deverá conter a qualificação do autor, a indicação dos fundamentos legais (CTN, art. 165; Lei federal nº 6.830/80, art. 38, *caput;* e art. 319 do novo CPC de 2015) e a identificação da ré (Fazenda Pública).

Os fatos deverão referir-se às atividades realizadas pelo contribuinte ou à respectiva situação jurídica, contendo o respectivo enquadramento jurídico; a informação precisa e específica do indébito tributário; a formulação do pedido (restituição da quantia recolhida); e o valor da causa (montante recolhido, com acréscimos legais).

Exemplo: empresa de construção civil adquire materiais provenientes de outro Estado, tendo o vendedor efetuado a remessa com a indicação do ICMS calculado à alíquota de 12%. Considerando que a autora não se caracteriza como contribuinte do ICMS referente ao mencionado diferencial, pleiteia a respectiva restituição. O valor da causa deverá compreender o montante dos valores efetivamente recolhidos (e atualizados), salvo se a apuração depender de liquidação em execução.

Nesta singular ação, a autora não terá que fazer prova da repercussão do encargo financeiro (art. 166 do CTN), uma vez que atua no ramo da construção civil, não ocorrendo o repasse do imposto incidente sobre o valor dos materiais no preço dos imóveis vendidos.

Em situação específica (ajuizamento da ação visando à repetição do indébito referente à taxa de iluminação do município de Londrina), o STJ entendera dispensável a apresentação de todos os comprovantes de recolhimento do tributo, por se tratar de providência que deverá ser levada a termo, quando da apuração do montante que se pretende restituir, em sede de liquidação do título executivo judicial (REsp nº 1.111.003-PR, 1ª Seção, j. 13.05.09, *DJ* de 25.05.09).

O Tribunal considerou tratar-se de uma prestação de trato sucessivo e de recolhimento rotineiro, já que acompanha a conta de consumo da energia elétrica, bastando a apresentação (com a inicial) do pagamento de algumas parcelas indevidas.

Para a execução, o autor deverá observar o procedimento previsto no novo CPC de 2015, *verbis:*

> Art. 910. Na execução fundada em título extrajudicial, a Fazenda Pública será citada para opor embargos em trinta (trinta) dias.
> §1º Não opostos embargos ou transitada em julgado a decisão que os rejeitar, expedir-se-á precatório ou requisição de pequeno valor em favor do exequente, observando-se o disposto no art. 100 da Constituição Federal.

O autor poderá renunciar ao ressarcimento por precatórios, mediante opção pela compensação com demais débitos tributários, de conformidade com a postura adotada pelo STJ:

O contribuinte pode optar por receber, por meio de precatório ou por compensação, o indébito tributário certificado por sentença declaratória transitada em julgado.
(Súmula nº 461)

Prescreve em dois anos a ação anulatória da decisão administrativa que denegar a restituição (art. 169 do CTN).

O *prazo de prescrição* para a ação de repetição de indébito passou a ser disciplinado pela Lei Complementar nº 118, de 09.02.05, dispondo que, para interpretação do inciso I do art. 169 do CTN, a extinção do crédito tributário ocorre, no caso de tributo sujeito a lançamento por homologação, no momento do pagamento antecipado de que trata o §1º do art. 150 do CTN.

Este preceito objetiva fixar – como termo inicial do prazo de prescrição – a data do seu pagamento (que seria considerada como momento de extinção do crédito tributário); desconsiderando a data da homologação (expressa ou tácita), que ocorre em momento posterior.

Na análise do preceito (com eficácia a partir de 10.06.05) não tem cabimento (lógico, jurídico, moral) determinar o sentido da expressão "extinção do crédito tributário", como sendo o momento do pagamento antecipado, procurando conferir interpretação a texto (art. 168, I, do CTN) editado há mais de cinquenta anos (25.10.66).

Nesse largo espaço de tempo, o STJ examinou exaustivamente a matéria relativa ao termo *a quo* do prazo prescricional, consagrando a postura de considerar a homologação tácita, fixando o prazo de "cinco mais cinco" (totalizando dez anos) contado do fato gerador da obrigação tributária.

Não há cabimento na aventada norma interpretativa, porquanto as divergências, dúvidas e incertezas já foram há muito tempo solucionadas pelo Judiciário, mantendo firme a diretriz do prazo "de cinco mais cinco", para efeito prescricional.

Em verdade, pela teoria interpretativa, o Legislativo procura alterar o conteúdo da norma adstrita ao prazo prescricional, porque a época do pagamento (assim considerada a extinção do crédito) naturalmente ocorre em momento bem anterior à homologação.

E, ao cogitar de "mera interpretação", não se estará cuidando de direito novo (eficácia futura), razão pela qual os efeitos jurídicos decorrentes retroagem à data do fato/pagamento (assim considerada a extinção do crédito), alcançando as situações consolidadas, como aquelas em curso.

A prevalecer a nova norma restarão prejudicadas as restituições que tenham sido efetivamente liquidadas (coisa julgada e precatórios cumpridos), se a ação judicial tiver sido promovida após o decurso do prazo de cinco anos após o pagamento do tributo. Também serão desconsideradas as ações em curso se houver sido ultrapassado o mencionado prazo.

A pretexto de expedir norma interpretativa, não poderão ser restringidos direitos outorgados aos contribuintes, especialmente diminuindo os prazos de prescrição para possibilitar a restituição de valores recolhidos indevidamente, que têm por escopo evitar o locupletamento ilícito (enriquecimento sem causa).

A modificação do prazo prescricional, mediante a fixação de termo específico (data da extinção do crédito significando data de pagamento), somente se reputará plenamente jurídica desde que sejam respeitados os princípios constitucionais (direito adquiridos, ato jurídico perfeito e coisa julgada).

O STJ assentou o entendimento seguinte:

Constitucional. Tributário. Recurso Especial Representativo de Controvérsia (Art. 543-C, do CPC). Lei Interpretativa. Prazo de Prescrição para a Repetição de Indébito dos Tributos Sujeitos a Lançamento por Homologação. Art. 3º da LC 118/2005. Posicionamento do STF. Alteração da Jurisprudência do STJ. Superado Entendimento Firmado em Sede de Recurso Representativo da Controvérsia.

1. O acórdão proveniente da Corte Especial no AI nos EREsp nº 644.736/PE, Relator o Ministro Teori Albino Zavascki, DJ de 27.08.07, e o recurso representativo da controvérsia REsp nº 1.002.932/SP, Primeira Seção, Rel. Min. Luiz Fux, julgado em 25.11.09, firmaram o entendimento no sentido de que o art. 3º da LC 118/2005 somente pode ter eficácia prospectiva, incidindo apenas sobre situações que venham a ocorrer a partir de sua vigência. Sendo assim, a jurisprudência desse STJ passou a considerar que, relativamente aos *pagamentos efetuados a partir de 09.06.05*, o prazo para a repetição do indébito é de cinco anos a contar da data do pagamento; e, relativamente aos *pagamentos anteriores*, a prescrição obedece ao regime previsto no sistema anterior.

2. No entanto, o mesmo tema recebeu julgamento pelo STF no RE n. 566.621/RS, Plenário, Rel. Min. Ellen Gracie, julgado em 04.08.2011, onde foi fixado marco para a aplicação do regime novo de prazo prescricional levando-se em consideração a *data do ajuizamento da ação* (e não mais a data do pagamento) *em confronto com a data da vigência da lei nova (09.06.05)*.

3. Tendo a jurisprudência deste STJ sido construída em interpretação de princípios constitucionais, urge inclinar-se este caso ao decidido pela Corte Suprema competente para dar a palavra final em temas de tal jaez, notadamente em havendo julgamento de mérito em repercussão geral (arts. 543-A e 543-B, do CPC). Desse modo, para as ações ajuizadas a partir de 9.6.2005, aplica-se o art. 3º da Lei Complementar n. 118/2005, contando-se o prazo prescricional dos tributos sujeitos a lançamento por homologação em cinco anos a partir do pagamento antecipado de que trata o art. 150, §1º, do CTN.

4. Superado o recurso representativo da controvérsia REsp nº 1.002.932/SP, Primeira Seção, Rel. Min. Luiz Fux, julgado em 25.11.2009.

5. Recurso especial não provido. Acórdão submetido ao regime do art. 543-C do CPC e da Resolução STJ 08/2008.

(REsp nº 1.269.57-MG, 1ª Seção, rel. Min. Mauro Campbell Marques, j. 23.05.12, DJe de 04.06.12)

23.1.6 Ação rescisória

Medida cabível para rescindir a sentença de mérito transitada em julgado nas situações previstas no CPC (art. 966 do <u>novo CPC de 2015</u>), a saber:

I – se verificar que foi dada por prevaricação, concussão ou corrupção do juiz;
II – proferida por juiz impedido ou absolutamente incompetente;
III – resultar de dolo da parte vencedora em detrimento da parte vencida, ou de colusão entre as partes, a fim de fraudar a lei;
IV – ofender a coisa julgada;
V – violar literal disposição de lei;
(O art. 966, IV, do <u>novo CPC de 2015</u> dispõe sobre "violar manifestamente norma jurídica").
VI – se fundar em prova, cuja falsidade tenha sido apurada em processo criminal, ou seja, provada na própria ação rescisória;

VII – depois da sentença, se o autor obtiver documento novo, cuja existência ignorava, ou de que não pôde fazer uso, capaz, por si só, de lhe assegurar pronunciamento favorável;
VIII – houver fundamento para invalidar confissão, desistência, ou transação em que se baseou a sentença;
IX – fundada em erro de fato, resultante de atos ou de documento da causa.
§1º Há erro quando a sentença admitir um fato inexistente, ou considerar inexistente um fato efetivamente ocorrido.
§2º É dispensável, num como noutro caso, que não tenha havido controvérsia, nem pronunciamento judicial sobre o fato.

O novo CPC de 2015 preceitua que é cabível ação rescisória da decisão proferida em ação monitória em situação específica (§3º, do art. 701).

Podem propor a ação (art. 967 do novo CPC de 2015), "I – quem foi parte no processo ou o seu sucessor a título universal ou singular; II – o terceiro juridicamente interessado; e III – o Ministério Público; (a) se não foi ouvido no processo, em que lhe era obrigatória a intervenção; e (b) quando a sentença é feito de colusão das partes a fim de fraudar a lei".

Casos práticos tributários

I) Ação proposta com o objetivo de desconstituir acórdão que entendera pela inconstitucionalidade da majoração das alíquotas do Finsocial relativamente às empresas prestadoras de serviços.

O STJ decidira da forma seguinte:

> Ação Rescisória. Art. 485, V, do CPC. Finsocial. Majoração de Alíquota. Empresas Prestadoras de Serviço. Constitucionalidade. Súmula nº 343/STF. Não-incidência.
> 1. É cabível ação rescisória para desconstituir acórdão que tenha deixado de aplicar determinado dispositivo de lei por considerá-lo inconstitucional, sobrevindo decisão do STF que atesta sua constitucionalidade. Hipótese que não se subsume no enunciado da Súmula nº 343/STF.
> 2. É devida a contribuição para o Finsocial pelas empresas dedicadas exclusivamente à prestação de serviços nos moldes previstos nos arts. 7º da Lei nº 7.787/89, 1º da Lei 7.894/89, e 1º da Lei nº 8.147/90.
> (REsp nº 449.828-DF, 2ª Turma, rel. Min. Eliana Calmon, j. 1º.09.05)

II) Ação ajuizada pelo Estado sob o fundamento de haver sido violado o art. 485, V, do CPC (anterior), objetivando desconstituir julgado proferido pelo Tribunal de Justiça que reconheceu, em síntese, ser possível a restituição de valores de ICMS quando a operação tenha sido realizada em base de cálculo menor que a presumida.

O STJ decidiu que não se verificou qualquer ofensa a texto expresso e literal de lei, senão a oferta precisa da tutela legal que as partes vindicaram em juízo. Asseverara que eventual e posterior alteração do entendimento aplicado à determinada questão de direito, ainda que proclamado pelo STF, não justifica e nem caracteriza, por si só, ofensa a preceito normativo o mesmo defeito na prestação jurisdicional que foi entregue. Entendera incidente a Súmula nº 343 do STF (Ação Rescisória nº 2.894-GO, 1ª Seção, rel. Min. José Delgado, j. 10.05.06, *DJU* 1 de 12.06.06, p. 407).

III) Ação rescisória com o fim de rescindir julgado que estabeleceu ser decenal a prescrição para a restituição do PIS, declarada inconstitucional, é contada a partir da declaração de inconstitucionalidade pelo STF.

O STJ assinalou cogitar-se de discussão a respeito da correta exegese dos arts. 165, 168, do CTN, para efeito de delimitar o termo inicial do prazo prescricional da ação, que visa à declaração de tributos declarados inconstitucionais. Trata-se de matéria controvertida nos tribunais, que atrai a incidência da Súmula nº 343 do STF. Em consequência, julgou a carência da ação (AgRg na Ação Rescisória nº 3.603-RS, 1ª Seção, rel. Min. Humberto Martins, j. 23.04.08, *DJe* de 05.05.08).

IV) Ação proposta pelo Estado fundado na assertiva de que o acórdão rescindendo contrariou o disposto na cláusula 2ª do Convênio ICMS nº 13/97, que dispusera sobre a vedação de restituição ou cobrança complementar do imposto quando a operação ou prestação subsequente à cobrança do imposto, na modalidade de substituição tributária, se realizar com valor inferior ou superior àquele estabelecido com base no art. 8º da Lei Complementar nº 87/06.

O STF entendera que o direito do contribuinte se coadunara com a jurisprudência dominante da época em que foi prolatada a decisão. Entretanto, o STF (ADIn nº 1.851, j. 08.05.02) decidira que somente nos casos de não realização do fato imponível presumido é que se permite a repetição dos valores recolhidos, sem relevância o fato de ter sido o tributo pago à maior ou à menor por parte do contribuinte substituído.

Assim, o STJ embasara sua decisão na argumentação seguinte:

(...)
8. A ação rescisória por ofensa a literal disposição de lei é incabível quando a decisão rescindenda se tiver baseado em texto legal de interpretação controvertida nos tribunais. Sob esse enfoque é o teor da Súmula 343 do STF, que prima por prestigiar um dos pilares do direito, qual seja, a segurança jurídica, que se funda no respeito à coisa julgada.
9. Deveras, a eliminação da lei inconstitucional, em geral, deve obedecer os princípios que regulam a vigência das leis, impedindo-as de retroagir. Desta sorte, salvo manifestação expressa nos acórdãos das ações de declaração de inconstitucionalidade, em controle concentrado, as decisões judiciais anteriores não podem ficar à mercê de rescisórias, sob o fundamento de terem sido proferidas com base em lei inconstitucional (...).
(REsp nº 765.823, 2ª Turma, rel. Min. Herman Benjamin, j. 27.03.07, *DJU* 1 de 10.09.07, p. 212)

23.1.7 *Habeas* data

A Constituição Federal dispõe que conceder-se-á *habeas data* (a) para assegurar o conhecimento de informações relativas à pessoa do impetrante, constantes de registros ou bancos de dados de entidades governamentais; e (b) para retificação de dados, quando não se prefira fazê-lo por processo sigiloso, judicial ou administrativo (art. 5º, LXXII). É gratuita a ação de *habeas data* (art. 5º, LXXVII).

A Lei federal nº 9.507, de 12.11.97, regulou o direito de acesso a informações e disciplinou o rito processual, considerando de caráter público todo registro ou banco de dados contendo informações que sejam ou que possam ser transmitidas a terceiros, ou que não sejam de uso privativo do órgão ou da entidade produtora ou depositária das informações.

Enquadra-se nessa situação os registros tipicamente comerciais, como é o caso do SPC (Serviço de Proteção ao Crédito), e do Serasa (TJSP, Ap. Civ. 160.063-4/00, rel. Des. Cezar Peluso, *ADV* 2001, ementa nº 98.249), que é empresa privada, constituída com base na lei das sociedades por ações, que se dedica à atividade de prestar serviços de interesse geral a partir do seu banco de dados de informações para crédito, sendo reconhecida pelo Código de Defesa do Consumidor como entidade de caráter público, por força do disposto na Lei federal nº 8.078, de 11.09.90 (art. 43, §4º). Sua atuação abrange todos os Estados, reunindo dados sobre empresas e pessoas obtidos diretamente dos próprios interessados, cartórios extrajudiciais e outras serventias públicas, instituições financeiras, publicações oficiais e outras fontes próprias e pertinentes.

Além das finalidades contidas na CF ("conhecimento de informações" e "verificação de dados"), também será concedido para "anotação nos assentamentos do interessado, de contestação ou explicação sobre dado verdadeiro, mas justificável e que esteja sob pendência judicial ou amigável".

A natureza do *habeas data* não se confunde com o Direito Constitucional de obter certidões. A pretensão de cada impetrante é sempre obter todas as informações, objetivas ou subjetivas, que constem, a seu respeito, em registro ou banco de dados governamentais (STJ, Edcl no Habeas Data 64-DF, 1ª Seção, rel. Min. Denise Arruda, j. 09.06.04, *DJU* de 02.08.04, p. 273).

Visa assegurar o acesso às informações pertinentes à própria pessoa do impetrante e desconhecidas por ele, não se confundindo com o direito à informação, que abrange os mais variados temas, como o direito de petição. Garante o acesso a banco de dados, aí incluídas as concessionárias, permissionárias, exercentes de atividades autorizadas, órgãos de restrição ao crédito e até mesmo as empresas de colocação de profissionais no mercado de trabalho, tutelando o que parte da doutrina denomina *liberdade informática*.

Casos de *descabimento* da medida:

a) se não houve recusa de informações por parte da autoridade administrativa (Súmula nº 2 do STJ);

b) para obter certidões ou informações sobre procedimento administrativo (STJ, HD 102, 1ª Seção, rel. Min. Luiz Fux, j. 18.10.04, *DJU* de 25.10.04, p. 194);

c) para impulsionar processo administrativo (REsp nº 433.471-RJ, rel. Min. Gilson Dipp, *ADV* 2003, p. 116);

d) para satisfazer pretensão de obter informações de dados relativos a terceiros pertinentes ao sistema "Sincor" da Receita Federal, que não se enquadra na hipótese legal de cadastro público, sendo tipicamente de "uso privativo do órgão" (TRF da 1ª Região, Recurso de Habeas Data 2004.38.01.006768-5/MG, 8ª Turma, rel. Des. Fed. Carlos Fernandes Mathias, j. 27.4.07, *DJU* 2 de 1º.6.07, p. 146);

e) para localização de processo administrativo no qual o impetrante não figura como parte, em razão do caráter personalíssimo, vez que o instrumento processual cabível no caso é a cautelar de exibição de documentos (TRF da 4ª Região, Apelação em Habeas Data, 4ª Turma, rel. Des. Fed. Edgard A. Lippmann Junior, j. 8.10.03, *DJU* 2 de 19.11.03, p. 844);

f) para obrigar autoridade coatora a prestar informações sobre inquérito que tramita em segredo de justiça, cuja finalidade precípua é a de elucidar a prática de uma infração penal e cuja quebra de sigilo poderá frustrar seu objetivo de descobrir a materialidade do delito (STJ – HD nº 980DF/AgRg/EDcl.–rel. Min. Teori Albino Zavascki – *DJU* 11.10.04, p. 211).;

g) para a simples obtenção de extratos bancários, ainda que de banco público, pois não trata de instrumento de índole meramente consumerista.

(REsp nº 1.128.739-RJ, rel. Min. Castro Meira – *Dje* 10.02.10)

O *habeas data* não pode substituir a ação declaratória, ou ser impetrado quando a matéria é controversa, uma vez que a correção de dados pressupõe liquidez e certeza, como previsto para a segurança (TJSP, Ap. Civ. 165.159-1/3, 2ª Câmara, j. 05.05.92, *RT* 686/109).

A *legitimidade* para interpor a medida compete exclusivamente à pessoa física ou jurídica diretamente nos registros ou banco de dados, de entidades governamentais ou de caráter público.

O *coator* deve ser sempre considerado o órgão ou entidade, e não uma pessoa que ocupe um determinado cargo. Será legitimado passivo para o *habeas data* o próprio órgão ou entidade depositária do registro ou banco de dados, que poderá ter personalidade jurídica independente ou não, e que será representado em juízo por quem de direito, de acordo com os seus atos constitutivos, estatutos ou regimentos (Hely Lopes Meirelles, *ob. cit.*, p. 288).

Casos tributários

a) Pedido formulado para retificação da lista da Dívida Ativa do INSS, e, por via oblíqua, a exclusão de nome da lista de inadimplentes da autarquia.

O STJ decidiu pelo descabimento porque a) a exclusão da lista de inadimplentes reclama o exame de aspectos probatórios relacionados ao eventual pagamento da dívida, ou a prestação de garantia; b) o *habeas data* não é meio idôneo a substituir a ação declaratória ou ser impetrado para garantir direito controverso; c) a ação prescinde da prova de recusa da autoridade coatora em fornecer as informações, ou proceder à retificação solicitada (AgRg no Habeas Data 116-DF, 1ª Seção, rel. Min. Luiz Fux, j. 28.09.05, *DJU* 1 de 10.10.05, p. 206).

b) O *habeas data* não é meio processual idôneo para o Município (São Paulo) obter dados sobre o recolhimento do ICMS pelo Estado (Maranhão) relativamente a repasses, não tendo a pretensão de caráter pessoal, mas relacionando-se à própria atuação administrativa do Estado (STJ, Pet. nº 1.318-MA, rel. Des. Francisco Falcão, *DJU* de 12.08.02).

23.1.8 Mandado de injunção

A Constituição Federal estabelece o *cabimento* nas situações seguintes:
a) conceder-se-á *mandado de injunção* sempre que a falta de norma regulamentadora torne inviável o exercício dos direitos e das liberdades constitucionais, e das prerrogativas inerentes à nacionalidade, à soberania e à cidadania (art. 5º, LXXI);
b) compete ao Supremo Tribunal Federal processar e julgar, originariamente, *o mandado de injunção*, quando a elaboração da norma regulamentar for atribuição do Presidente da República, do Congresso Nacional, da Câmara dos Deputados, do Senado Federal, das Mesas de uma dessas Casas Legislativas, do Tribunal de Contas da União, de um dos Tribunais Superiores, ou do próprio Supremo Tribunal Federal (art. 102, I, *q*);
c) compete ao Supremo Tribunal julgar em recurso ordinário o *habeas corpus*, o *mandado de injunção*, decididos em única instância pelos Tribunais Superiores, se denegatória a decisão (art. 102, II, *a*);

d) compete ao Superior Tribunal de Justiça processar e julgar originariamente o *mandado de injunção*, quando a elaboração da norma regulamentadora for atribuição de órgão, entidade federal e dos órgãos da Justiça Militar, da Justiça Eleitoral, da Justiça do Trabalho e da Justiça Federal (art. 105, I, *h*).

A Lei federal nº 13.300, de 23.06.16, disciplina o processo e o julgamento dos mandados de injunção individual e coletivo, destacando-se o seguinte:

I – São legitimados para o mandado de injunção, como impetrantes, as pessoas naturais ou jurídicas que se afirmam titulares dos direitos, das liberdades ou das prerrogativas inerentes à nacionalidade, à soberania e à cidadania.

II – A petição inicial deverá preencher os requisitos estabelecidos pela lei processual e indicará, além do órgão impetrado, a pessoa jurídica que ele integra ou aquela a que está vinculado.

III – Recebida a petição inicial, será ordenada:
a) a notificação do impetrado sobre o conteúdo da petição inicia, devendo-lhe ser enviada a segunda via apresentada com as cópias dos documentos, a fim de que, no prazo de 10 (dez) dias, preste informações;
b) a ciência do ajuizamento da ação ao órgão de representação judicial da pessoa jurídica interessada, devendo-lhe ser enviada cópia da petição inicial, para que, querendo, ingresse no feito.

IV – A petição inicial será desde logo indeferida quando a impetração for manifestamente incabível ou manifestamente improcedente. Da decisão de relator que indeferir a petição inicial, caberá agravo, em 5 (cinco) dias, para o órgão colegiado competente para o julgamento da impetração.

V – Findo o prazo para a apresentação das informações, será ouvido o Ministério Público, que opinará em 10 (dez) dias, após o que, com ou sem parecer, os autos serão conclusos para decisão.

VI – Reconhecido o estado de mora legislativa, será deferida a injunção para:
a) determinar prazo razoável para que o impetrado promova a edição da norma regulamentadora;
b) estabelecer as condições em que se dará o exercício dos direitos, das liberdades ou das prerrogativas reclamados ou, se for o caso, as condições em que poderá o interessado promover ação própria visando exercê-los, caso não seja suprida a mora legislativa no prazo determinado.

VII – A decisão terá eficácia subjetiva limitada às partes e produzirá efeitos até o advento da norma regulamentadora.

VIII – Sem prejuízo dos efeitos já produzidos, a decisão poderá ser revista, a pedido de qualquer interessado, quando sobrevierem relevantes modificações das circunstâncias de fato ou de direito.

IX – A norma regulamentadora superveniente produzirá efeitos *ex tunc* em relação aos beneficiados por decisão transitada em julgado, salvo se a aplicação da norma editada lhes for mais favorável.

X – O mandado de injunção coletivo poderá ser promovido:
a) pelo Ministério Público, quando a tutela requerida for especialmente relevante para a defesa da ordem jurídica, do regime democrático ou dos interesses sociais ou individuais indisponíveis;

b) por partido político com representação no Congresso Nacional, para assegurar o exercício de direitos, liberdades e prerrogativas de seus integrantes ou relacionados com a finalidade partidária;

c) por organização sindical, entidade de classe ou associação legalmente constituída e em funcionamento há pelo menos 1 (um) ano, para assegurar o exercício de direitos, liberdades e prerrogativas em favor da totalidade ou de parte de seus membros ou associados, na forma de seus estatutos e desde que pertinentes a suas finalidades, dispensada, para tanto, autorização especial;

d) pela Defensoria Pública, quando a tutela requerida for especialmente relevante para a promoção dos direitos humanos e a defesa dos direitos individuais e coletivos dos necessitados, na forma do inciso LXXIV do art. 5º da Constituição Federal.

XI – No mandado de injunção coletivo, a sentença fará coisa julgada limitadamente às pessoas integrantes da coletividade, do grupo, da classe ou da categoria substituídos pelo impetrante, sem prejuízo da eficácia *ultra partes* ou *erga omnes*, e extensão de efeitos a casos análogos.

XII – Aplicam-se subsidiariamente ao mandado de injunção as normas do mandado de segurança disciplinado pela Lei nº 12.016, de 07.08.09, e do Código de Processo Civil (Lei nº 5.869, de 11.01.73, e pela Lei nº 13.105, de 16.03.15.

Ressalve-se a postura do Judiciário com relação à ausência de competência para suprir a omissão legislativa (até a edição da Lei nº 13.300/16), na linha seguinte:

a) o mandado não se destina a constituir Direito novo, nem a ensejar ao Judiciário o anômalo desempenho das funções normativas, que não é sucedâneo constitucional das funções político-jurídicas dos órgãos estatais inadimplentes (TJSP, MI nº 164.487-0-SP, Plenário de 07.04.93);

b) não serve para invadir a área de competência do Executivo, decidindo acerca da conveniência e da oportunidade da aplicação de dinheiro público (TJSP, MI nº 56.189-0/6, Órgão Especial, rel. Des. Luiz Tâmbara, AASP nº 2.194/1.683).

Casos de descabimento do mandado de injunção:

a) no caso de qualquer tipo de omissão legislativa, mas apenas para aquela que afeta o exercício de direitos constitucionais fundamentais. Não serve para obter a regulamentação dos efeitos de medida provisória rejeitada (STF, MI nº 415-4, rel. Min. Octávio Gallotti, *ADV* 1993, ementa 62.273);

b) para buscar o cumprimento de norma regulamentadora já existente que estaria sendo desobedecida (STJ, Pet. nº 1.309-MA, rel. Min. José Delgado, *DJU* de 02.04.01, p. 252); e

c) na situação em que a Constituição simplesmente faculta ao legislador a outorga de um direito, sem ordená-lo (STF, MI nº 107-3-DF, rel. Moreira Alves, *RT* 677/235; MI nº 444-7-MG, rel. Min. Sidney Sanches, *ADV* 1994, ementa 67.809; MI nº 425-1-DF, rel. Min. Sidney Sanches, *ADV* 1995, ementa 68.804).

Casos de cabimento do mandado de injunção:

a) para reconhecimento da existência de omissão, sendo assinado prazo para ser ultimado o processo legislativo faltante, sob pena, vencido o referido prazo sem legiferação, passar a requerente a gozar da imunidade nos termos do art. 195, §7º, da CF (STF, MI 232-1-RJ, *RDA* 188/155);

b) no caso de o Congresso Nacional não haver elaborado e promulgado a lei prevista no art. 8º, §3º, do ADCT, estabelecendo prazo para aprovação da legislação, e sanção, no caso de seu descumprimento, facultando ao impetrante obter da União, pela via processual adequada, sentença líquida de condenação à reparação constitucional devida, pelas perdas e danos que se arbitrem (STF, MI nº 283-5-DF, *RTJ* 135/882); e
c) para suprir o vazio legislativo e conferir de imediato ao autor a fruição do direito constitucional afetado pela omissão do legislador (TJRS, MI nº 592.045.603, Órgão Especial, rel. Des. Décio Antônio Erpen, *RF* 325/213; e TJMG, MI 7, Corte Superior, rel. Des. Bernardino Godinho, *RT* 702/144).

23.1.9 Mandado de segurança

23.1.9.1 Cabimento

A proteção constitucional a direito líquido e certo, em decorrência de ato lesivo ao particular praticado por autoridade do Poder Público, ou o justo receio de sua efetivação (ameaça), constitui o cerne do mandado, aplicando-se de forma significativa e abrangente ao Direito Tributário.

A Constituição Federal preceitua (art. 5º) o seguinte:

> LXIX – Conceder-se-á mandado de segurança para proteger direito líquido e certo, não amparado por habeas corpus ou habeas data, quando o responsável pela ilegalidade ou abuso de poder for autoridade pública ou agente de pessoa jurídica no exercício de atribuições do Poder Público.

A autoridade administrativa, ou quem esteja exercendo sua respectiva função (via delegação), realiza diversos atos de natureza fiscal, como é o caso de lançamentos de tributos, a negativa em autorizar a emissão de documentos, a imposição de penalidades (apreensão de bens, perdimento de mercadorias, multas, regimes especiais, cancelamento de inscrições) etc.

Trata-se de controle de constitucionalidade das normas tributárias, exercido pela pessoa privada (impetrante) diante de situações concretas, ou na iminência de tornarem-se realidades, tendo o STF consagrado o entendimento de que "controvérsia sobre matéria de direito não impede concessão de mandado de segurança" (Súmula nº 625 do STF).

Não se concederá mandado de segurança nas situações seguintes:

I) Ato do qual caiba recurso administrativo com efeito suspensivo, independente de caução

O recurso administrativo suspende a exigibilidade do crédito tributário (art. 151, III, do CTN), em razão do que não se pode cogitar da existência de efetiva coação (medida ilegal ou abusiva), que possa constranger as atividades ou o patrimônio dos interessados. O efeito suspensivo paralisa ou inibe qualquer exequibilidade ou operatividade da decisão administrativa.

Não se concebe que haja o prévio esgotamento da esfera administrativa, uma vez que o princípio da universalidade da jurisdição constitui cláusula pétrea, de superior magnitude sobre a regra impeditiva do mandado. Admite-se o mandado contra ato administrativo se o interessado deixou escoar o prazo de recurso com efeito suspensivo (*TFR-RDA* 170-130; *RTJSP* 45-178, *JTJ* 173-282).

No entanto, a existência de recurso administrativo com efeito suspensivo não impede o uso do mandado contra a omissão de autoridade (Súmula nº 429 do STF), não sendo considerada essa diretriz no procedimento comissivo (STF, *RT* 631-235).

II) Decisão judicial da qual não caiba recurso com efeito suspensivo

Trata-se de consagração da diretriz jurisprudencial, no sentido de que "Não cabe mandado de segurança contra ato judicial passível de recurso ou correição" (Súmula nº 267 do STF).

Consideram-se os mesmos argumentos jurídicos esposados na alínea anterior, no sentido de que não se cogita de ato de autoridade exequível e de efeito operativo.

III) Decisão judicial transitada em julgado

Observa-se postura jurisprudencial (Súmula nº 268 do STF), não cabendo distinguir entre coisa julgada formal e material (STF, Pleno, *RTJ* 129-816 e *RDA* 175-96).

O mandado pode ser ajuizado por titular do direito individual líquido e certo, como qualquer pessoa física ou jurídica, órgão público mesmo despersonalizado (Mesas do Congresso, Senado, Câmara), ou universalidade patrimonial privada (espólio, massa falida, condomínio), domiciliada no País ou fora dele, admitindo-se a impetração por estrangeiro residente no exterior (RE nº 215.267-6-SP, rel. Min. Ellen Gracie, *RT* 792-199 e *RTJ* 177-965).

O *mandado de segurança coletivo* pode ser impetrado por a) partido político com representação no Congresso Nacional, na defesa de seus interesses legítimos relativos aos seus integrantes ou à finalidade partidária; e b) por organização sindical, entidade de classe, ou associação legalmente constituída e em funcionamento há pelo menos um ano, em defesa de seus direitos líquidos e certos da totalidade ou de parte dos seus membros ou associados (Súmula nº 630 do STF), na forma de seus estatutos e desde que pertinentes às suas finalidades, sendo dispensada, para tanto, autorização especial (observando a Súmula nº 629 do STF).

O preceito constitucional que instituiu o mandado coletivo (art. 5º, LXX) independe, para sua aplicação, de lei complementar ou ordinária (*RT* 648-88, *RJTJSP* 123-367).

23.1.9.2 Direito líquido e certo

O mandado objetiva a proteção de direito líquido e certo, que resulta de fato certo capaz de ser comprovado de plano (*RSTJ* 41-1427, 27-140, 147-386), por documento inequívoco (*RTJ* 83-130, 83-855, *RSTJ* 27-169, 55-325, 129-72).

A medida judicial compreende tanto a matéria de fato (manifestação positiva ou omissão da autoridade) quanto à respectiva situação jurídica que lhe é pertinente.

A "liquidez e certeza" tem pleno cabimento relativamente às *questões de fato*, que devem ser demonstradas e comprovadas no pleito judicial. Não deve persistir qualquer dúvida no tocante à matéria fática posta na lide.

Os fatos devem ser incontroversos e independerem de exame técnico (*RTFR* 160-329), não podendo ser complexos, que reclamem produção e cotejo de provas (*RTJ* 124-948; no mesmo sentido, *RSTJ* 154, RT 676-187). A complexidade dos fatos não exclui o mandado, desde que todos estejam comprovados de plano (*STF, RT* 594-248,

RTJ 111-1.280), sendo levados em conta em caso de desconsideração da personalidade jurídica na medida em que a prova pré-constituída tenha caracterizado a fraude (RMS 12.873-SP, rel. Min. Fernando Gonçalves, *JSTF – JTRF* 175-36).

A situação fática será certa no caso de ser impugnado o auto de infração (ato de autoridade), lavrado sob o suposto de não ter sido emitida nota fiscal pelo impetrante; e quando o impetrante comprova o cumprimento da respectiva obrigação tributária. Será incerta na hipótese de ser questionado o lançamento de IPI (produção de bens), sob o argumento de não efetivar industrialização, mas prestação de serviços sujeita ao ISS, que demanda exame técnico.

As *questões de direito* não se submetem ao âmbito de liquidez e certeza, uma vez que a prestação jurisdicional impõe a interpretação e a aplicação das normas ao caso concreto, adstritas à apreciação subjetiva do legislador. A controvérsia sobre matéria de direito não impede a concessão de mandado de segurança (Súmula nº 625 do STF).

É o que pode ocorrer em lançamento realizado contra empresa editorial exigindo ICMS, sob o suposto de que os veículos culturais ("álbum de figurinhas", e "pecinhas que compõem os fascículos") não se qualificam como livros, e que estariam fora do alcance da imunidade tributária, estando sujeitos à interpretação restritiva ou teleológica da norma face à situação fática.

23.1.9.3 Prazo

O direito de requerer mandado de segurança extinguir-se-á decorridos 120 dias, contados da ciência, pelo interessado, do ato impugnado (Lei federal nº 12.016/09, art. 23). O pedido de reconsideração na via administrativa não interrompe o prazo para o mandado (Súmula nº 430 do STF).

No *mandado repressivo* o termo inicial do prazo é contado da ciência do respectivo ato administrativo (decretação de pena de perdimento, apreensão de bens, auto de infração, decisão que não admite a interposição do recurso etc.). Inicia-se, também, na data em que o ato a ser impugnado se torna operante ou exequível, capaz de produzir lesão ao impetrante (*RSTJ* 67/503); da data em que o auto produz efeitos concretos (*RSTJ* 102/31); e, em se tratando de lei com efeito concreto, na data da publicação desta (*RSTJ* 151/209).

No *mandado preventivo*, em regra, não há subsunção ao prazo decadencial de 120 dias, consoante julgados do STF (MS nº 23.126-DF, rel. Min. Ilmar Galvão, *RTJ* 175/128; e RMS nº 23.987-DF, rel. Min. Moreira Alves, *RTJ* 185/588); e do STJ, porquanto o "justo receio" renova-se, enquanto o ato inquinado de ilegal pode vir a ser perpetrado (precedentes judiciais).

O pedido de mandado pode ser renovado, dentro do prazo decadencial, se a decisão denegatória não lhe houver apreciado o mérito (art. 6º, §6º, da Lei nº 12.016/09). É o caso da extinção do processo sem julgamento de mérito pelo fato de o impetrante haver deixado de atender as condições da ação (ausência de procuração, documentos societários, indicação da autoridade coatora etc.), podendo reiterá-lo desde que seja proposta no prazo de 120 dias do ato coator (no caso de mandado preventivo, à evidência não há que se cogitar do referido prazo).

23.1.9.4 Espécies

Repressivo

Trata-se da consumação de violação efetiva a direito líquido e certo, praticada de modo ilegal ou com abuso de poder, relativo à situação concreta, já acontecida por parte de autoridade. Pode ocorrer no exercício de atividades eminentemente tributárias, ou no âmbito do processo administrativo.

Tem por finalidade a impugnação e a desconsideração de atos de distintas naturezas, como apreensão de mercadorias, lançamento tributário, lavratura de auto de infração, decisão inadmitindo o processamento de recurso.

A decisão administrativa da autoridade singular, ou de órgão colegiado, não constitui ato passível de repressão pelo mandado, em razão de não conter execução ou sua determinação (função administrativa), mas exercício de função judicante, salvo no caso do julgamento haver preterido direito de defesa, ou contiver nulidades.

Preventivo

Objetiva-se evitar a prática de atos ilegais por parte de autoridade, que venham compelir o particular ao cumprimento de deveres tributários, à imposição de sanções etc., que possam impedir a realização de atividades.

Assim, havendo a autoridade emitido normas específicas impeditivas do direito a crédito de ICMS, relativamente a determinados bens utilizados pelo contribuinte em suas operações industriais, positiva-se a ameaça de sofrer glosa fazendária no caso de escriturar os respectivos créditos do valor do imposto.

O decreto ou a lei instituidora de tributo, que o contribuinte considere inexigível, constituem ameaça suficiente para a impetração do mandado preventivo, na medida que devem ser obrigatoriamente aplicados pela autoridade fazendária, nos termos do art. 142, parágrafo único do CTN (*RTJ* 127-157).

Todavia, não se deve ter em conta o entendimento de que "Não cabe o mandado de segurança contra a lei em tese" (Súmula nº 266 do STF).

Tendo sido proferida decisão administrativa desfavorável da Secretaria de Fazenda do Estado, com potencial inscrição do débito em dívida ativa, e o ajuizamento da competente ação de execução fiscal, revela-se o justo receio do contribuinte, tendo pertinência a impetração do mandado preventivo (REsp nº 768.523-RJ, 1ª Turma, rel. Min. Luiz Fux, j. 02.10.07, *DJe* de 28.05.08), não se voltando a lesão a direito já ocorrida (REsp nº 539.826/RS, rel. Min. Teori Albino Zavascki, *DJ* de 11.10.04).

Entretanto, não se configura omissão se a parte impetra o *mandamus* pouco tempo após ser apresentado pedido escrito à autoridade, não lhe dando tempo suficiente para proferir decisão em processo administrativo (STJ, MS nº 4.318-DF, 3ª Seção, rel. Min. Felix Fischer, j. 28.05.97, *DJU* de 30.06.97, p. 30.853).

Diretriz do STF: "O cabimento de mandado de segurança preventivo exige muito mais do que um mero receio subjetivo da lesão a um direito, mas sim a existência de uma ameaça real, plausível, concreta e objetiva, traduzida em atos da Administração preparatórios ou ao menos indicativos da tendência da autoridade pública a praticar o ato ou a se omitir deliberadamente quando esteja obrigada a agir" (MS nº 25.563-AgInt. – 1ª. Seção – rel. Min. Mauro Campbell, j. 17.03.20, *DJ* 20.03.20).

23.1.9.5 Autoridade coatora – Medida liminar – Execução

Autoridade coatora é a pessoa natural (e não o órgão público ou a pessoa de Direito Público) que praticou (ou praticará) a ilegalidade ou o abuso do poder; ou seja, aquele que tem competência funcional relativamente à exigência do tributo.

Menciono os entendimentos jurisprudenciais:

I – *Considera-se autoridade coatora*:
– quem ordena manifestamente (ainda que incompetente para a sua prática, ou omite a prática do ato impugnado, e não o superior que recomenda ou baixa normas para a sua execução (STJ, 1ª Turma, REsp nº 62.174-7-SP, rel. Min. Demócrito Reinaldo, j. 07.06.95);
– em matéria tributária, quem pratica o ato considerado lesivo ao direito do contribuinte, não aquela que expediu Resolução de caráter genérico e abstrato (STJ, REsp nº 1.485-RJ, 2ª Turma, rel. Min. Hélio Mosimann, j. 06.03.91, *DJU* de 08.04.91, p. 3.869);
– no ato administrativo complexo, a que o aprova (*RJTJESP* 49-104);
– aquela que tem a responsabilidade funcional de defender o ato impugnado; assim "nos mandados de segurança preventivos, que visam a inibir lançamentos de ofício a propósito de tributos lançados por homologação, essa autoridade é o chefe do órgão em que está lotado o agente fazendário que pratica os atos de fiscalização" (STJ, RMS nº 4.987-6, 2ª Turma, rel. Min. Ari Pargendler, j. 21.08.95, *DJU* de 09.10.95, p. 33.536); e
– praticado o auto por autoridade, no exercício de competência delegada, contra ele cabe o mandado de segurança ou medida judicial (Súmula nº 510 do STF).

II – *Não se considera autoridade coatora*:
– o chefe do Poder Executivo, pelo simples fato de haver sancionado lei aprovada pelo Legislativo (*RSTJ* 132-515); e
– aquele que não pode corrigir o ato inquinado de ilegal (STJ, Corte Especial, *RSTJ* 77-22, 110-85, *RT* 508-74, *RTJESP* 99-166).

A legislação vigente dispõe que *"considera-se autoridade coatora* aquela que tenha praticado o ato impugnado ou da qual emane a ordem para a sua prática" (Lei nº 12.016/09, art. 6º, §3º).

A indicação errada da autoridade coatora tem fulminado a pretensão do impetrante a) não restabelecendo o prazo consumido na respectiva impetração (STJ, MS nº 3.705-DF, 1ª Seção, rel. Min. Ari Pargendler, j. 12.09.95, *DJU* de 03.12.95, p. 42.072); e b) não cabendo ao órgão julgador fazer a substituição da autoridade indicada como coatora (STF, RMS nº 24.552-DF, Pleno, rel. Min. Gilmar Mendes, j. 28.09.04, *DJU* de 22.10.04, p. 38).

Assim, *no âmbito tributário* qualifica-se como autoridade coatora:
– o Chefe do Posto Fiscal da Secretaria da Fazenda, no caso de lavratura de auto de infração exigindo ICMS, ou o Delegado Regional Tributário (autoridade superior);
– o Delegado Regional Tributário, que nega a admissibilidade do recurso interposto contra a decisão de primeira instância que mantém a exigência tributária;

- o Procurador da Fazenda, para que deixe de promover a inscrição da dívida, após o término do processo administrativo que tenha mantido as exigências tributárias contidas no auto de infração;
- o Chefe do Posto Fiscal, para que se abstenha de efetuar lançamento tributário relativamente à resposta proferida pela Consultoria da Fazenda; e
- o Coordenador da Administração Tributária, que nega o reconhecimento de decisão.

Medida liminar é o despacho judicial proferido em razão do exame da petição inicial, suspendendo o ato que deu motivo ao pedido, ou impedindo a sua expedição (na situação omissiva), quando houver fundamento relevante, e do ato impugnado puder resultar a ineficácia da medida, caso seja finalmente deferida.

A liminar poderá ser concedida independente de prévia manifestação da autoridade coatora; mas não há impedimento para que o juiz aguarde as informações fiscais, e mesmo ouça o Ministério Público (*RSTJ* 142/96), para que a liminar venha a ser concedida posteriormente.

O "fundamento relevante" (*fumus boni iuris*, ou "fumaça do bom direito") consiste na demonstração inequívoca de que o ato coator (ou situação omissiva) representa manifesta violação do direito líquido e certo, no caso de violação aos princípios e normas constitucionais, quando ocorra desrespeito à legislação ordinária, ato jurídico perfeito, coisa julgada etc.

No item 13.4 deste curso foram examinadas questões específicas com relação à "medida liminar em mandado de segurança", tornando-se desnecessária sua repetição.

A *execução* do mandado concedido em caráter definitivo deverá ensejar diferenciados efeitos, de conformidade com a natureza do pedido, seguindo-se o exemplário seguinte:

I – MS preventivo
a) Direito à compensação tributária

No caso de o impetrante haver limitado o MS ao direito à compensação entre tributos recolhidos (indevidos) e tributos a recolher (devidos), a execução implicará na efetividade da compensação por conta exclusiva do contribuinte, sujeitando-se à apuração fazendária.

Na hipótese de o impetrante ter pleiteado a compensação de valores líquidos e certos, mediante a comprovação dos recolhimentos indevidos, e a indicação dos valores que pretenda compensar, a execução considerará o montante objeto de julgamento.

b) Evitar o lançamento tributário (ameaça de lavratura de auto de infração decorrente de resposta à consulta fazendária contrária aos interesses do contribuinte).

Nesta situação o Fisco ficará proibido de cobrar o tributo nos estritos termos da lei.

c) Obstar leilão decorrente de aplicação de pena de perdimento

O processo administrativo terá que ser considerado encerrado, em consequência do que será liberado o bem do impetrante, em razão de ficará totalmente prejudicado o seu perdimento.

d) Celebração de escritura pública sem a exigência de alíquota progressiva de ITBI.

A aquisição do imóvel e o respectivo registro imobiliário, relativos à transmissão da propriedade do imóvel, poderão ser promovidos sem o recolhimento do valor tributário indevidamente exigido. O Tabelião e o Oficial do Registro de Imóveis ficarão desonerados de responsabilidades relativas ao recolhimento do tributo, bem como o impetrante será considerado liberado do respectivo ônus.

e) Impedir exigência tributária decorrente de normas de efeito concreto, a saber: a) comunicado fazendário relativo à glosa de crédito de ICMS em aquisições interestaduais; e b) decisão normativa fazendária referente à vedação de crédito de ICMS na aquisição de energia elétrica por parte de estabelecimento equiparado a industrial.

A decisão garantirá ao impetrante o direito à escrituração dos valores relativos ao ICMS incidentes nas referidas aquisições.

II – *MS repressivo*

a) Apreensão de mercadorias.

A autoridade coatora deverá proceder à liberação das mercadorias, realizando a respectiva entrega ao impetrante.

b) Auto de infração.

O processo administrativo deverá ser considerado extinto, ficando prejudicadas as exigências tributárias contidas no referido lançamento.

c) Ato processual denegando direito à produção de prova, sustentação oral etc.

A autoridade administrativa deverá conceder ao impetrante o direito de efetuar a prova e realizar a sustentação oral. No caso do processo administrativo haver sido concluído com desfecho desfavorável ao impetrante (manutenção das exigências tributárias), deverá ser decretada sua nulidade, ficando prejudicados todos os atos administrativos praticados posteriormente ao julgamento, reabrindo-se o direito à mencionada prova e sustentação oral.

d) Inscrição na dívida ativa

O ato administrativo será tornado sem efeito, e somente será renovado no caso de não ter sido decidida pela insubsistência da ação fiscal.

23.2 Ações de Controle de Constitucionalidade

23.2.1 Ação cível originária

Cabimento nas causas e nos conflitos entre a União e os Estados, a União e o Distrito Federal, ou entre uns e outros, inclusive as respectivas entidades da administração indireta (art. 102, I, *f*, da Constituição Federal).

A competência originária concedida ao STF diz respeito somente àqueles litígios que possam provocar situações caracterizadoras de conflito confederativo (STF, Pleno, *RTJ* 181/1.002), conforme decidido na ação envolvendo a Assembleia Legislativa e a autarquia federal.

Caracterizando-se como tribunal da federação, tem a atribuição e o poder de dirimir as controvérsias que culminam, perigosamente, por antagonizar as unidades federativas. Nesse sentido, tem o dever de zelar pelo equilíbrio harmonioso das relações políticas entre as pessoas estatais, razão pela qual, ao interpretar a norma de competência inscrita no art. 102, I, *f*, da CF, veio a proclamar que "o dispositivo constitucional invocado visa a resguardar o equilíbrio federativo" (*RTJ* 81/330-331, rel. Min. Xavier de Albuquerque).

Entretanto, adverte-se que não é qualquer causa que legitima a invocação do preceito constitucional, restringindo-se somente àqueles litígios cuja potencialidade ofensiva revela-se apta a vulnerar os valores que informa o princípio fundamental que rege, em nosso ordenamento jurídico, o pacto da Federação. Não é por outro motivo que o STF tem assinalado, em sucessivas decisões (*RTJ* 81/675 – *RTJ* 95/485, *v.g.*) que, ausente qualquer situação que introduza instabilidade no equilíbrio federativo ou que ocasione ruptura da harmonia que deve prevalecer nas relações entre as entidades integrantes do Estado Federal, deixa de incidir, ante a inocorrência dos seus pressupostos de atuação, a norma de competência que confere o papel eminente do Tribunal da Federação (ACO 597, Pleno, AgRg/SC, rel. Min. Celso de Mello).

A dúvida suscitada por particular, sobre o direito de tributar, manifestado por dois Estados, não configura litígio da competência originária do STF (Súmula nº 503).

Casos práticos:

I) O Estado do Mato Grosso do Sul ajuíza contra o Estado de São Paulo "ação declaratória de legitimidade ativa para exigência do ICMS sobre a importação de gás natural", objetivando a declaração exclusiva de legitimidade do Estado do Mato Grosso do Sul como sujeito ativo do imposto nas referidas operações procedentes da Bolívia e realizadas por sociedade de economia mista, através de gasoduto.

Havendo ocorrido a lavratura de auto de infração por São Paulo, objetivara pacificar a controvérsia travada entre os Estados, fazendo-se necessária a ação declaratória, com pedido de tutela antecipada, para que fosse declarada a legitimidade em definitivo do Mato Grosso do Sul como sujeito ativo nas importações. Postulara a determinação de medida liminar para que São Paulo se abstivesse de formular futuros lançamentos ou autuações referentes à tributação questionada.

O STF deferiu o pedido de antecipação de tutela em ordem a determinar que São Paulo, até final julgamento da ação, se abstivesse de proceder a qualquer tipo de autuação ou lançamento tributário do ICMS incidente nas referidas importações (ACO nº 854, rel. Min. Celso de Mello, j. 15.05.06, *DJU* de 19.05.06).

No mérito proferira a decisão seguinte:

> 1. Ações Cíveis Originárias. ICMS. Importação. Art. 155, §2º, IX, *a*, da Constituição Federal. 2. Sujeito ativo. Estado em que localizado o domicílio ou o estabelecimento do destinatário jurídico da mercadoria importada. Precedentes. 3. Aspecto material do fato gerador do ICMS incidente na importação é a circulação de mercadoria, caracterizada pela transferência do domínio (compra e venda) (RE nº 540.829, RG, Redator p/acórdão Min. Luiz Fux, Tribunal Pleno, DJe 18.11.14). 4. Gás natural oriundo da Bolívia. Irrelevância da impossibilidade de estocagem ou armazenamento pela transferência gasosa de modo contínuo. Importação em nome próprio, sob encomenda, pela Petrobrás. ARE 665.134 RG, Rel. Min. Edson Fachin, Pleno, DJe 19.05.2020. 5. Análise fático-contratual: duas operações de compra e venda, sendo a primeira entre a empresa boliviana e a Petrobrás, com sujeição ativa do ICMS devido na importação correspondente ao Estado do destinatário jurídico da importação do gás, qual seja, Mato Grosso do Sul. Posterior transferência do domínio jurídico às empresas estatais dos Entes federativos subnacionais em segunda operação de compra e venda de gás natural já internalizado, com nova incidência tributária de ICMS. 6. Ações julgadas procedentes. 7. Honorários advocatícios arbitrados em quantia fixa, diante do baixo valor atribuído à causa.
>
> (ACO nº 854–MS – Plenário – rel. Min Gilmar Mendes – sessão de 22.10.20).

Também proferiu idênticas decisões em casos de mesma natureza (ACO nº 1.076-MS, Plenário, rel. Min. Ricardo Lewandowski, j. 16.10.07, *DJU* de 16.10.07; e ACO nº 1.093-MS, Pleno, rel. Min. Celso de Mello, j. 04.10.07, *DJU* 1 de 04.12.07).

II) Os Estados da Bahia e de São Paulo ajuizaram ação cível originária em face do Distrito Federal, e de pessoa jurídica privada, postulando a anulação do Termo de Acordo de Regime Especial (Tare nº 1/98-DF), celebrado entre os dois requeridos, que estabeleciam a aplicação de privilegiadas alíquotas de ICMS.

Os autores pretenderam a declaração de nulidade dos efeitos do mencionado termo de acordo com o objetivo de restabelecer a ordem tributária instituída, no sentido de permitir a exigibilidade e o recolhimento do ICMS, nas operações interestaduais, a ser calculado conforme as alíquotas fixadas pela Resolução do Senado Federal nº 22/89.

O STF julgou a lide da forma seguinte:

Ementa
1. Ação Cível Originária.
2. Estados de São Paulo e Distrito Federal e empresa particular.
3. Possibilidade de desconstituição dos efeitos de acordo ou convênio administrativo após o término de vigência. Inocorrência de prejudicialidade.
4. Ação prejudicada, apenas, no período entre 1.07.99 e 31.07.99, por celebração do Tare nº 44/99, dispondo sobre o mesmo objetivo.
5. Vício formal. Acordo firmado em desobediência à forma estabelecida na Lei Complementar nº 24/75. Fixação de alíquotas de ICMS diversa da fixada na Resolução n. 22, do Senado Federal.
6. Passagem ficta de mercadorias. Inocorrência de fato gerador. Prejuízo na incidência do ICMS aos Estados requerentes. Violação do pacto federativo e princípios tributários.
7. Ação Cível Originária julgada procedente.
(Ação Cível Originária nº 541-1-DF, Plenário, rel. Min. Gilmar Mendes, j. 19.04.06, *DJ* de 30.06.06)

III) A Empresa Brasileira de Correios e Telégrafos – ECT – ajuizou ação face ao Estado do Rio de Janeiro, objetivando pronunciamento judicial no sentido da inexigibilidade do IPVA e do afastamento de sanções decorrentes do não pagamento do tributo, considerando o desempenho de atividades típicas de serviço público e exclusivo.

O STF proferiu a decisão seguinte:

Ementa
Tributário. Imunidade recíproca. Art. 150, VI, 'a', da Constituição Federal. Extensão. Empresa pública prestadora de serviço público. Precedentes da Suprema Corte.
1. Já assentou a Suprema Corte que a norma do art. 150, VI, 'a', da Constituição Federal alcança as empresas públicas prestadoras de serviço público, como é o caso da autora, que não se confunde com as empresas públicas que exercem atividade econômica em sentido estrito.
Com isso, impõe-se o reconhecimento da imunidade recíproca prevista na norma supraticada.
2. Ação cível originária julgada procedente.
(ACO nº 765-1-RJ, Plenário, rel. p/ acórdão Min. Menezes Direito, j. 13.05.09, *DJe* de 04.09.09)

23.2.2 Ação declaratória de constitucionalidade

A Constituição Federal preceitua que compete ao Supremo Tribunal Federal processar e julgar, originariamente, a ação declaratória de constitucionalidade de lei ou ato normativo federal (art. 102, I, *a*), tendo a Lei federal nº 9.868, de 10.11.99, disposto sobre o respectivo processo de julgamento perante o STF, tendo legitimidade para propor a ação o Presidente da República, a Mesa da Câmara dos Deputados, a Mesa do Senado Federal e o Procurador-Geral da República.

A petição inicial indicará a) o dispositivo de lei ou do ato normativo questionado e os fundamentos jurídicos do pedido; b) o pedido com suas especificações; e c) a existência de controvérsia judicial relevante sobre a aplicação da disposição objeto da ação declaratória.

Entende-se que, no âmbito de "lei ou ato normativo", enquadram-se as disposições constitucionais, as leis (ordinárias, complementares), as medidas provisórias, os decretos legislativos (de integração de tratados e de suspensão de execução de ato do Executivo), os decretos que promulgam os tratados e convenções, os atos normativos editados por pessoas jurídicas de direito público, os regimentos internos dos tribunais superiores, os pareceres da Consultoria-Geral da República e os tratados internacionais incorporados à ordem interna.

O julgamento relativo à legitimidade de lei, ou do ato normativo, somente será tomado se presentes na sessão pelos menos oito ministros. Na apreciação da lide, o Tribunal não fica adstrito aos fundamentos jurídicos da petição inicial, prevalecendo o princípio da *causa petendi aberta* (ADIn nº 2.718, rel. Min. Maurício Corrêa, *DJU* de 20.02.04).

Proclamada a constitucionalidade, julgar-se-á procedente a ação, fazendo-se comunicação à autoridade ou ao órgão responsável pela expedição do ato. A decisão é irrecorrível, ressalvada a interposição de embargos declaratórios, não podendo ser objeto de ação rescisória.

Proferido o julgamento, será proclamada a constitucionalidade da disposição da norma impugnada se num ou noutro sentido tiverem se manifestado pelo menos seis ministros do STF. Tendo em vista razões de segurança ou de excepcional interesse social, poderá o STF (maioria de dois terços dos seus membros) restringir os efeitos daquela declaração, ou decidir que tenha eficácia a partir de seu trânsito em julgado ou de outro momento que venha a ser fixado.

A declaração de constitucionalidade, inclusive a interpretação conforme a Constituição, e a declaração parcial de inconstitucionalidade sem redução de texto, têm eficácia contra todos e efeito vinculante em relação aos órgãos do Judiciário e à Administração Pública federal, estadual e municipal.

Casos tributários

a) a ADC 1/93 teve por fundamento dispositivos da Lei Complementar nº 70/91 relativa à Contribuição para o Financiamento da Seguridade Social (Cofins). O STF declarou, incidentalmente, a constitucionalidade da redação dada à letra "a" do inciso I do art. 102 da CF pela EC nº 3/93, bem como do §2º acrescentado ao mencionado art. 102 pela mesma Emenda (decisão de 1º.12.93, *DJU* de 16.6.95);

b) a ADC 3/93 tomou como embasamento preceitos da Lei federal nº 9.424/96, referente à Contribuição Social do Salário Educação. O STF julgou procedente a ação e declarou a constitucionalidade do art. 15, §1º, I e II, e §3º, da Lei nº 9.424/96 (decisão de 2.12.99, *DJU* de 14.12.99);

c) a ADC 13/05 alicerçou-se na Resolução nº 71, de 26.12.2005, do Senado Federal, concernente ao Crédito-prêmio de IPI. Em decisão monocrática, o STF negou seguimento por ilegitimidade ativa *ad causam* (decisão de 13.2.07);

c) a ADC nº 18/98 apreciou o art. 3º, §2º, I, da Lei nº 9.718/98 relativa à inclusão do valor do ICMS na base de cálculo da COFINS e do PIS/PASEP. Medida Cautelar deferida (decisão de 13.8.08);

d) ADC n 49/21 declarou a inconstitucionalidade dos artigos 11, §3º, II, 12, I (parte), e 13, §4º, da Lei Complementar nº 87/96, relativa ao deslocamento de mercadorias entre estabelecimentos do mesmo titular, não configurando fato gerador do ICMS (decisão de 19.04.21).

23.2.3 Ação direta de inconstitucionalidade

É competência do Supremo Tribunal Federal para processar e julgar, originariamente, a ação direta de inconstitucionalidade de lei ou ato normativo federal ou estadual, tendo a Lei federal nº 9.868, de 10.11.99, disposto sobre o respectivo processo e julgamento. Nessa competência inclui-se o controle de constitucionalidade por omissão que possa afetar a efetividade da norma constitucional, no caso de inércia ou mora do legislador, não tomando a providência legislativa.

O desrespeito à CF tanto pode ocorrer mediante ação estatal quanto em razão de inércia governamental, podendo derivar de um comportamento ativo do Poder Público (agindo em desacordo com o previsto na Constituição); ou quando deixa de editar as medidas provisórias necessárias à realização concreta dos preceitos constitucionais, incidindo em violação negativa, resultando em inconstitucionalidade por omissão (Med. Caut. em ADIn nº 1.439-1, j. 22.05.96, *DJU* 1 de 30.05.03, p. 28-29).

Tem cabimento a ação nas situações seguintes:
- quando se trata de inconstitucionalidade direta, imediata e frontal (STF, Pleno, *RT* 808/171; *RTJ* 133/69, 134/558, 137/550 e 139/67);
- no exame da constitucionalidade de decreto legislativo (STF, Pleno, *RTJ* 143/510);
- na impugnação de portaria editada por secretaria estadual (STF, Pleno, ADPF 72-6, j. 1º.06.05, conhecida como ação direta de inconstitucionalidade, *DJU* de 02.12.05, p. 2);
- violação de leis ou atos normativos municipais, em face da Constituição Estadual, a serem processadas e julgadas, originariamente, pelos tribunais de justiça dos estados (STF, Pleno, *RTJ* 185/373 e *RT* 824/121).

Não tem cabimento a ação nas situações seguintes:
- em razão de alteração substancial do texto constitucional face à emenda superveniente prejudicando a análise da ação, porquanto o controle concentrado de constitucionalidade é feito com base no texto em vigor (ADIn nº 2.159-1, j. 12.08.04, *DJU* 1 de 07.12.07, p. 18);
- não pode ser utilizada com o objetivo de transformar o STF, indevidamente, em legislador positivo, não sendo lícita a pretensão de, a partir da supressão seletiva de fragmentos normativos, proceder à virtual criação de outra regra legal (*RJT* 178/22);
- no exame de alcance de tratado internacional subscrito pelo Brasil (*RTJ* 808/171);
- em caso de violação à sumula, porque não apresenta as características de ato normativo, não estando sujeita à jurisdição constitucional concentrada (*RTJ* 151/20 e *STF-RDA* 196/204);
- lei ou ato normativo municipal em face de lei federal (STF, Pleno, RE 251.470-RJ, j. 24.05.00, *DJU* de 18.08.00, p. 96).

Não há prazo de decadência para a representação de inconstitucionalidade (Súmula nº 360 do STF).

Proclamada a inconstitucionalidade, será julgada procedente a ação direta, fazendo-se a comunicação à autoridade ou ao órgão responsável pela expedição do ato. A decisão é irrecorrível, ressalvada a interposição de embargos declaratórios, não podendo ser objeto de ação rescisória.

Tendo em vista razões de segurança jurídica ou de excepcional interesse social, poderá o STF restringir os efeitos daquela declaração, ou decidir que só tenha eficácia a partir de seu trânsito em julgado, ou de outro momento que venha a ser fixado.

A declaração final de inconstitucionalidade importa – considerando o efeito repristinatório que lhe é inerente – em restauração das normas estatais anteriormente revogadas pelo diploma normativo objeto do juízo de inconstitucionalidade; eis que o ato inconstitucional, por ser juridicamente inválido (*RTJ* 146/461-462), sequer possui eficácia derrogatória (ADIn nº 2.867-7, j. 03.12.03, *DJU* 1 de 09.02.07, p. 16).

A procedência da ação por omissão, significando reconhecimento judicial do estado de inércia do Poder Público, confere ao STF, unicamente, o poder de cientificar o legislador inadimplente, para que adote as medidas necessárias à concretização do texto constitucional. Não assiste ao Tribunal a prerrogativa de expedir provimentos normativos com o objetivo de suprir a inatividade do órgão legislativo inadimplente (Med. Caut. em ADIn nº 1.439-1, j. 22.05.96, *DJU* 1 de 30.05.03, p. 28-29).

O STF adotou peculiar postura no sentido da extensão da declaração de inconstitucionalidade a dispositivos não impugnados expressamente na inicial, sob o enfoque de *inconstitucionalidade por arrastamento*, no caso em que um dispositivo depende irreversivelmente do destino do outro (Questão de Ordem em ADIn nº 2.982-7-CE, Plenário, rel. Min. Gilmar Mendes, j. 17.06.04, *DJ* de 12.11.04).

Casos tributários
ICMS
A ADIn tem sido utilizada pelos Estados e Distrito Federal relativamente a benefícios (fiscais, financeiros etc.) concedidos unilateralmente por outras unidades federativas, sem a celebração de Convênios-ICMS, ao arrepio da Lei Complementar nº 24/75:

I) O Governador do Estado de Minas Gerais propusera ação tendo o Tribunal decidido pela inconstitucionalidade de normas editadas pelos Governos do Estado de São Paulo, Rio de Janeiro e Espírito Santo, unilateralmente, em que foram estabelecidos incentivos fiscais aos fornecimentos de bens industriais destinados às plataformas marítimas e demais operações relativas à exploração e produção de petróleo.

No acórdão fora argumentado o seguinte:

Ementa
ICMS "guerra fiscal", concessão unilateral de benefícios (incluída a outorga de crédito presumido) por Estado federado. 'Guerra fiscal' repelida pelo STF: liminar deferida.
A orientação do Tribunal é particularmente severa na repressão à guerra fiscal entre as unidades federadas, mediante a prodigalização de isenções e benefícios fiscais atinentes ao ICMS, com afronta à norma constitucional do art. 155, §2º, II, *g* – que submete sua concessão à decisão consensual dos Estados na forma da lei complementar (precedentes).
(Medida Cautelar em ADIn nº 2.377-MG, rel. Min. Sepúlveda Pertence, j. 22.02.01, *DJU* de 07.11.03, p. 81)

II) Declarou inconstitucional parte da Lei nº 6.489/02 (art. 5º, inciso I), do Estado do Pará, que permitia a concessão de benefícios fiscais (isenção, redução de base de cálculo, diferimento, crédito presumido e suspensão do ICMS) a empresas participantes da política de incentivos ao desenvolvimento do Estado (ADIn nº 3.246, j. 19.04.06, *DJU* de 1º.09.06).

A inconstitucionalidade fora declarada com efeito retroativo (*ex tunc*) ao dispositivo da lei estadual, anulando seus efeitos desde 2002.

III) Declarou a inconstitucionalidade de legislação do Estado do Paraná (Leis nºˢ 13.212/01 e 13.214/01), que concedera benefícios fiscais de ICMS de várias espécies (isenção, redução de base de cálculo, créditos presumidos e dispensa de pagamento), sem a observância da LC nº 24/75 e sem a existência de convênios entre os Estados e o DF (ADIn nº 2.548-1-PR, j. 10.11.06, *DJU* de 15.06.07).

ISS

Relativamente aos serviços de registros públicos, cartorários e notariais, firmou posições descoincidentes, a saber:

I) ADIn nº 1.447, julgada em 12.02.03: decidira que as custas e os emolumentos judiciais ou extrajudiciais, por não serem preços públicos, mas taxas relativas a serviços públicos, não podem ter seus valores fixados por decreto, por estarem sujeitos ao princípio da legalidade (Plenário, rel. Min. Sidney Sanches, j. 12.02.03, *DJU* 1 de 29.04.03);

II) ADIn nº 3.089, julgada em 13.02.08: decidira que as pessoas que exercem atividade notarial não são imunes ao ISS (LC nº 116/03, itens 21 e 21.1 da lista anexa), porquanto a circunstância de desenvolverem os respectivos com intuito lucrativo invoca a exceção prevista no art. 150, §3º, da Constituição. O recebimento da remuneração pela prestação dos serviços confirma, ainda, a capacidade contributiva (Plenário, rel. Min. Carlos Britto).

IPVA

ADIn proposta pela Confederação Nacional do Comércio de Bens, Serviços e Turismo (CNC), em 29.02.10, com o objetivo de suspender a eficácia e declarar a inconstitucionalidade da Lei do Estado de São Paulo nº 13.296, de 23.12.08 (arts. 2º a 4º e demais correlatos por arrastamento), que estabeleceu novo tratamento tributário para o imposto, inclusive a incidência no local do domicílio ou da residência do arrendatário do veículo.

IOF

Ementa: IOF: incidência sobre operações de *factoring* (L. 9.532/97, art. 58): aparente constitucionalidade que desautoriza a medida cautelar.
No âmbito constitucional de incidência possível do IOF sobre operações de crédito não se restringe às praticadas por instituições financeiras, de tal modo que, à primeira vista, a lei questionada poderia estendê-la às operações de *factoring*, quando impliquem financiamento (*factoring* com direito de regresso ou com adiantamento do valor do crédito vincendo – *conventional factoring*); quando, ao contrário, não contenha operação de crédito, o *factoring*, de qualquer modo, paree substantivar negócio relativo a títulos e valores mobiliários, igualmente suscetível de ser submetido por lei à incidência tributária questionada.
(ADIn nº 1.763-8-DF – rel. Min. Sepúlveda Pertence – j. 20.08.98 – *DJ* 26.09.03)

MULTA

A tributação confiscatória é vedada pela Constituição da República.
É cabível, em sede de controle normativo abstrato, a possibilidade de o Supremo Tribunal Federal examinar se determinado tributo ofende, ou não, o princípio constitucional da não confiscatoriedade consagrado no art. 150, IV, da Constituição da República. Hipótese que versa o exame de diploma legislativo (Lei 8.846/94, art. 3º seu parágrafo único) que instituiu multa fiscal de 300% (trezentos por cento) (...).
(Med. Caut. Em ADIn nº 1.075-DF, rel. Min. Celso de Mello – j. 17.06.98 – *DJU* 1 de 24.11.06)

23.2.4 Arguição de descumprimento de preceito fundamental

A Constituição Federal estabelece a competência do Supremo Tribunal Federal para apreciar a referida medida judicial (art. 102, I), disciplinada pela Lei federal nº 9.882, de 03.12.99, que tem por objetivo evitar ou reparar lesão a preceito fundamental, resultante de ato do Poder Público. Também tem cabimento quando for relevante o fundamento da controvérsia constitucional sobre lei ou ato normativo federal, estadual ou municipal, incluídos os anteriores à Constituição.

Esta medida objetiva completar ou preencher lacuna para o controle difuso da constitucionalidade das normas, que não se enquadra no controle concentrado (ação declaratória de constitucionalidade, e inconstitucionalidade), e nem no âmbito do recurso extraordinário, uma vez que trata da interpretação direta de cláusulas constitucionais, direito pré-constitucional, controvérsia constitucional sobre normas revogadas e controle de direito municipal.

Entendo que a omissão legislativa no processo de controle abstrato de normas ocorre tanto no caso de o órgão legislativo não cumprir seu dever, mas também quando atua de modo incompleto.

Entretanto, não se revela adequada para revisão de enunciados de súmulas de jurisprudência do STF, uma vez que não consubstancia ato do Poder Público, porém, tão somente expressão de entendimentos reiterados do Tribunal, que são passíveis de revisão paulatina (Ag. Reg. na ADPF nº 80-7, rel. Min. Eros Grau, j. 12.06.06, *DJU* 1 de 10.08.06, p. 20).

Relativamente à legitimidade para propor a ação, é imprescindível a existência de pertinência temática que se traduz na relação de congruência que necessariamente deve existir entre os objetivos estatutários, ou as finalidades institucionais da entidade autora e o conteúdo material da norma questionada em sede de controle abstrato que foi erigida à condição de pressuposto qualificador da própria legitimidade ativa *ad causam* para efeito de instauração do processo objetivo de fiscalização concentrada de constitucionalidade (Pleno, ADIn nº 1.157, Med. Cautelar, rel. Min. Celso de Mello, j. 1º.12.94, *DJU* de 17.11.06, p. 47).

Não será admitida a arguição quando houver qualquer outro meio eficaz de sanar a lesividade. Na medida em que seja literalmente considerado o restrito âmbito processual ("inexistência de outro meio para sanar a lesão"), à ADPF pouco restaria examinar, uma vez que as ações relativas às declarações de constitucionalidade e de inconstitucionalidade, bem como o recurso extraordinário, abrangeriam toda a espécie de controle (concentrado ou difuso).

A invocação do princípio da subsidiariedade, para não conflitar com o caráter objetivo de que se reveste a arguição, supõe a impossibilidade de utilização, em cada caso, dos demais instrumentos de controle normativo abstrato (v. ADPF 33/PA).

A decisão terá eficácia contra todos e efeito vinculante relativamente aos demais órgãos do Poder Público. Assim, arguição que solucione uniformidade relativa ao conceito de serviços de comunicação, para fins de aplicação do princípio da não cumulatividade do ICMS, aplica-se a todas as legislações estaduais.

Ao declarar a inconstitucionalidade de lei ou ato normativo, no processo de arguição, e tendo em vista razões de segurança jurídica ou de excepcional interesse social, poderá o STF restringir os efeitos daquela declaração, ou decidir que só tenha eficácia a partir de seu trânsito em julgado ou de outro momento que venha a ser fixado. Não cabe ação rescisória da decisão de que julgue procedente ou improcedente o pedido.

Casos tributários

I) Impugnação à legislação do Município de Barueri (art. 41 da Lei Complementar nº 118/02, na redação da Lei Complementar nº 185/07), tendo em vista a violação ao art. 1º, *caput*, da Constituição Federal, e ao art. 88 do ADCT, estabelecendo tributação inferior relativa aos abatimentos na base de cálculo do ISS, criando nova fórmula de calcular o imposto, deixando de resguardar o mínimo de 2% (ADPF nº 189/7/80 do Distrito Federal, ajuizada em 08.09.09).

II) Objeção à legislação do Município de Poá, Leis nºs 3.269/07 e 3.276/07, arts. 190, §2º e 191, §§6º e 7º), violando o princípio federativo ao burlar as alíquotas do ISS (ADPF nº 190-1/800 do Distrito Federal ajuizada em 08.09.09).

III) A Associação Brasileira dos Agentes Comercializadores de Energia Elétrica (Abraceel) propôs a arguição para evitar lesão a preceitos constitucionais (art. 1º, *caput*; 5º, II e LIV; 145, §1º, 150, I, §7º, e 170, IV) em razão de ato lesivo a preceitos do Regulamento do ICMS/SP relativo a vícios formais caracterizados em razão de violação ao princípio da legalidade, da invasão à competência legislativa privativa da União e regulatória da Agência Nacional de Energia Elétrica; e de vícios materiais face a violação aos princípios da livre concorrência, do devido processo legal substantivo (proporcionalidade) aplicado à arrecadação e à capacidade contributiva.

O STF conheceu a demanda como ação direta de inconstitucionalidade (ADPF/180-SP, j. 07.08.09, *DJe* de 05.08.09).

IV) Objeção à Lei Complementar nº 116, de 27.12.05, editando o Código Tributário do Município de Palmas (Tocantins), instituindo a Contribuição para o Custeio do Serviço de Iluminação Pública (Cosip), argumentando sobre o tratamento diferenciado entre contribuintes relativamente à previsão da respectiva base de cálculo.

O Tribunal não conheceu da arguição sob o fundamento de que a Constituição do Estado de Tocantins possui regra possibilitando a representação de inconstitucionalidade perante o Tribunal de Justiça (ADPF/100, j. 15.12.08).

23.2.5 Reclamação

A Constituição Federal estabelece que a) compete ao Supremo Tribunal Federal processar e julgar originariamente a *reclamação* para a preservação de sua competência originária, facultada a delegação de atribuições para a prática de atos processuais (art. 102, I, *i*); e ao Superior Tribunal de Justiça processar e julgar, originariamente, a *reclamação* para preservação de sua competência e garantia da autoridade de suas decisões (*RT* 105, I, *f*).

A Lei federal nº 8.038, de 28.05.90, que institui normas procedimentais para os recursos extraordinário e especial, perante o STF e o STJ, também dispõe sobre a reclamação dirigida ao Presidente do Tribunal, instruída com prova documental, não apenas para garantir o cumprimento de decisão do tribunal, como também para impedir a invasão de sua competência (STJ, Recl. 3-DF, 2ª Seção, rel. Min. Eduardo Ribeiro, j. 13.09.89, *DJU* de 02.10.89).

A Lei federal nº 9.882, de 03.12.99, preceitua que cabe reclamação contra o descumprimento da decisão proferida pelo STF, na forma do seu Regimento Interno, relativamente à arguição de descumprimento de preceito fundamental (art. 13).

É legítimo o uso da reclamação ao STF no caso de desrespeito ao efeito vinculante da decisão proferida em ação de constitucionalidade, ou inconstitucionalidade, pelos órgãos do Poder Judiciário e da Administração Pública (STF, Pleno, *RTJ* 185/3).

O novo CPC de 2015 dispõe que caberá *reclamação* da parte ou do Ministério Público para (art. 998):

I – preservar a competência do tribunal;
II – garantir a autoridade das decisões do tribunal;
III – garantir a observância de decisão do Supremo Tribunal Federal em controle concentrado de constitucionalidade;
IV – garantir a observância de enunciado de súmula vinculante e de precedente proferido em julgamento de casos repetitivos ou em incidência de assunção de competência;
§1º A reclamação poderá ser proposta perante qualquer tribunal, e seu julgamento compete ao órgão jurisdicional cuja competência se busca preservar ou cuja autoridade se pretenda garantir;
§2º A reclamação deverá ser instruída com prova documental e dirigida ao presidente do tribunal;
§3º Assim que recebida, a reclamação será autuada e distribuída ao relator do processo principal, sempre que possível.
§4º As hipóteses dos incisos III e IV compreendem a aplicação indevida da tese jurídica e sua não aplicação aos casos que a ela correspondam.
§5º É admissível a reclamação proposta após o trânsito em julgado da decisão.
§6º A inadmissibilidade ou o julgamento do recurso interposto contra a decisão proferida pelo órgão reclamado não prejudica a reclamação.

Ao despachar a reclamação, o relator (art. 999):

I – requisitará informações da autoridade a quem for imputada a prática do ato impugnado, que as prestará no prazo de 10(dez) dias;
II – se necessário, ordenará a suspensão do processo ou do ato impugnado para evitar dano irreparável;
III – determinará a citação do beneficiário da decisão impugnada, que terá o prazo de 15 (quinze) dias para apresentar sua contestação.

Caso prático
Reclamação apresentada por contribuinte sob o argumento de que a Secretaria da Receita Federal descumprira cautelar deferida na AC nº 1.282 pela Ministra Ellen Gracie (RISTF, art. 13, VIII), que atribuiu "efeito suspensivo ao recurso extraordinário

interposto do acórdão proferido pela 3ª Turma do TRF-3ª Região exclusivamente quanto à ampliação da base de incidência promovida pelo art. 3º, parágrafo 1º, da Lei federal nº 9.718/98 (contribuições ao PIS e à Cofins)".

Ao prestar informações, a SRF sustentara basicamente que I) o pedido do impetrante não teria feito menção à questão da incidência das contribuições sobre as receitas provenientes de aluguéis, taxa de administração e vendas de bens imóveis; II) consta da autuação a observação de que não foram levadas em consideração receitas que ampliaram a referida base de cálculo; III) as receitas das referidas verbas não dizem respeito ao processo judicial em causa; e IV) trata-se de matéria de índole infraconstitucional, estranha à competência do STF.

O julgador assinalara que foram autuadas as receitas provenientes de aluguéis, taxas de administração e venda de bens imóveis, compreendidas no objeto social da reclamante.

Ressaltara que no STF (RREE nº 346.084, rel. Min. Ilmar Galvão; 357.950 e 358.273, rel. Min. Marco Aurélio, Pleno, j. 09.11.05) ficara assentado o seguinte: "A jurisprudência do Supremo, ante a redação do artigo 195 da Carta Federal anterior à Emenda Constitucional nº 20/98, consolidou-se no sentido de tomar as expressões receita bruta e faturamento como sinônimas, jungindo-as à venda de mercadorias, de serviços ou de mercadorias e serviços. É inconstitucional o §1º do artigo 3º da Lei nº 9.718/98, que ampliou o conceito de receita bruta, para envolver a totalidade das receitas auferidas por pessoas jurídicas, independentemente das atividades por elas desenvolvidas e da classificação contábil adotada".

Entendera não se tratar de questão infraconstitucional, não sendo preciso adentrar à interpretação da LC nº 79/91 para concluir que nem a locação de bens móveis, nem a administração e locação de bens próprios concretizam "venda de mercadorias, de serviços ou de mercadoria e serviços", e, portanto, que são operações não compreendidas, no período anterior à EC nº 20/98, no âmbito constitucional de incidência possível das contribuições questionadas.

Assim, evidenciando o descumprimento da liminar concedida pelo STF, fora julgada procedente a reclamação (RISTF, art. 161, parágrafo único) para determinar que o reclamado se abstenha de incluir na base de cálculo da Cofins e do PIS as receitas provenientes dos aluguéis e da administração de bens próprios da reclamante (Reclamação nº 5.129-3, rel. Min. Sepúlveda Pertence, j. 29.06.07, *DJU* 1 de 1º.08.07, p. 122).

23.3 Ações da Coletividade

23.3.1 Ação civil pública

A Lei federal nº 7.347, de 24.07.85, disciplina a ação em razão de danos causados ao meio ambiente; ao consumidor; a bens e direitos de valor artístico, estético, histórico, turístico e paisagístico; a qualquer outro interesse difuso ou coletivo; por infração da ordem econômica e da economia popular; e à ordem urbanística (art. 1º).

Também pode ser utilizada em defesa da ordem urbanística (Lei federal nº 10.257/01 – Estatuto da Cidade); no mercado de capitais (Lei federal nº 7.913, de 07.12.89); na defesa do consumidor (Lei federal nº 8.078, de 11.09.90); para a proteção da criança e do adolescente (Lei federal nº 8.069, de 13.07.90); infrações de ordem econômica

(Lei federal nº 8.884, de 11.06.94); improbidade administrativa (Lei federal nº 8.249, de 02.06.92).

Entretanto, "não será cabível ação civil pública para veicular pretensões que envolvam *tributos, contribuições previdenciárias,* Fundo de Garantia por Tempo de serviço – FGTS, ou outros fundos de natureza institucional cujos beneficiários podem ser individualmente determinados" (redação da Medida Provisória nº 2.180-35, de 24.08.01).

Para a regular aplicação da medida judicial, devem ser compreendidos os seguintes interesses:

a) *Difuso* é o direito de natureza transindividual, indivisível, em que os titulares são pessoas indeterminadas ou indetermináveis ligadas por circunstâncias de fato;
b) *Coletivos* consistem nos direitos cujos titulares compreendem grupos, categoria ou classes de pessoas ligadas entre si ou com a parte contrária pela relação jurídica base (Código de Defesa do Consumidor, art. 81, parágrafo único, II);
c) *Individuais e homogêneos* que têm origem comum (Código de Defesa do Consumidor, art. 81, parágrafo único, III), cujo titular coletivo em juízo pode ser feito por ação.

Matéria tributária

A legitimidade do Ministério Público para ajuizar ação civil pública relativa à questão tributária fora objeto de controvérsia, tendo em vista o disposto na Lei Complementar nº 75/93, a saber:

> Art. 5º São funções institucionais do Ministério Público da União:
> (...)
> II –zelar pela observância dos princípios constitucionais relativos:
> a) ao sistema tributário, às limitações do poder de tributar, à repartição do poder impositivo e das receitas tributárias e aos direitos do contribuinte.

Argumentara-se que a atuação do *parquet* tinha por escopo exclusivo a defesa do patrimônio público, em sentido amplo, porquanto a não arrecadação do tributo resulta na redução da capacidade do Estado de atender às demandas sociais.

Fora questionada a referida competência em razão de se configurar a hipótese de interesses difusos, como tais considerados os pertencentes concomitantemente a todos e a cada um dos membros da sociedade, como um bem, não individualizável ou divisível; mas, ao revés, interesses de grupo ou classe de pessoas, sujeitos passivos de uma exigência tributária cuja impugnação, por isso, só pode ser promovida por eles próprios de forma individual ou coletiva.

O Judiciário admitira a ação quando o objetivo visado era a imposição do recolhimento integral do tributo devido, pois a receita tributária compreendia patrimônio público. Nesse sentido, reconhecera a legitimidade do Ministério Público para ajuizar referida ação com vistas à anulação de Termos de Acordo de Regime Especial (Tare) supostamente ilegais (TJDF, AC nº 2004.01.1.119760, 3ª Turma Cível, rel. Des. Vasquez Cruxên, *DJU* 3 de 16.03.06).

O STJ apreciou o cabimento da referida medida judicial proposta pelo MP do DF, objetivando a anulação de Termo de Acordo em Regime Especial firmado com particular, concedendo autorização ao comércio atacadista ou distribuidor para abater, a título de montante de ICMS cobrado nas operações e prestações anteriores, incidente sobre a saída de mercadorias, ou equivalente a alíquotas variáveis.

Entendera tratar-se de conflito legal de natureza tributária, situação que, na espécie, torna manifesta a ilegitimidade ativa do Ministério Público para a causa (REsp nº 845.034-DF, 1ª Seção, rel. Min. José Delgado, j. 14.02.07, *DJU* de 11.06.07).

A medida judicial também fora repelida nos casos seguintes:
a) admitida a ação civil pública para impedir a cobrança de tributo tachado de inconstitucional, possibilitaria a prolação de sentenças contraditórias com efeito *erga omnes*, o que é absurdo (STJ, REsp nº 90.406-MG, 2ª Turma, rel. Min. Garcia Vieira, j. 17.03.98);
b) o Ministério Público não tem legitimidade ativa para manifestar ação civil pública, com o objetivo de impedir a cobrança de tributo, como a taxa de iluminação pública, assumindo a defesa dos interesses de contribuinte (REsp nº 141.446-RS, 2ª Turma, rel. Min. Francisco Peçanha Martins, j. 04.06.02, *DJ* de 05.08.02);
c) o Ministério Público carece de legitimidade ativa *ad causam* para, em sede de ação civil pública, postular direitos individuais homogêneos, identificáveis e divisíveis, de titularidade dos consumidores do serviço público de telefonia, que reclamam definição do sujeito passivo da Cofins e do PIS/Pasep (STJ, AgRg no AgRg no REsp nº 669.371-RS, rel. Min. Francisco Falcão, j. 14.08.07, *DJ* de 11.10.07; e REsp nº 821.395-PE, 1ª Turma, rel. Min. Luiz Fux, j. 23.03.09, *DJe* de 20.05.09).

23.3.2 Ação popular

A Lei federal nº 4.717, de 29.06.56 (alterada pela Lei federal nº 6.014, de 27.12.73, que trata da adaptação do Código de Processo Civil), dispôs que qualquer cidadão será parte legítima para pleitear a anulação ou a declaração de nulidade de atos lesivos ao patrimônio da União, do Distrito Federal, dos Estados, dos Municípios, de entidades autárquicas e de sociedades de economia mista (art. 141, §38, da Constituição Federal de 1967; e art. 5º, LXXIII, da CF-88).

Trata-se de ação ordinária cujo objetivo fundamental é amparar interesses da comunidade (e não individuais), mediante a desconstituição do ato impugnado, e a determinação da reparação dos danos causados ao patrimônio público, inclusive pelos servidores públicos.

O cidadão é a pessoa legítima para promover a medida judicial mediante prova de título de eleitor, ou apresentação de documento que a ele corresponda, podendo requerer às entidades públicas as certidões e informações que julgar necessárias, bastando indicar a finalidade das medidas. Pessoa jurídica não tem legitimidade para propor ação popular (Súmula nº 365 do STF).

São nulos os atos lesivos ao patrimônio das entidades referidas na mencionada lei, nos casos de incompetência, vício de forma, ilegalidade do objeto, inexistência dos motivos e desvio de finalidade.

A ação será proposta contra as pessoas públicas ou privadas, e as entidades referidas, contra as autoridades, os funcionários ou os administradores que houverem autorizado, aprovado, ratificado ou praticado o ato impugnado, ou que, por omissão, tiverem dado oportunidade à lesão, e contra os beneficiários diretos desse. Se não houver beneficiário direto do ato lesivo, ou se for ele indeterminado ou desconhecido, a ação será proposta somente contra as pessoas indicadas.

A concessionária arrecadadora do serviço público de coleta de lixo tem legitimidade passiva (AgRg no AI nº 962.939-RS, 1ª Turma, rel. Min. Luiz Fux, j. 26.05.09, DJe de 1º.07.09).

Julgada procedente a ação popular, decretando a invalidade do ato impugnado, a sentença condenará ao pagamento de perdas e danos os responsáveis pela sua prática e os beneficiários dele, ressalvada a ação regressiva contra os funcionários causadores de dano, quando incorrerem em culpa.

A sentença terá eficácia de coisa julgada oponível *erga omnes*, exceto no caso de haver sido a ação julgada improcedente por deficiência de prova. Nesse caso, qualquer cidadão poderá intentar outra ação com idêntico fundamento, valendo-se de nova prova.

Matéria tributária
a) isenção fiscal concedida ilegalmente (TJSP, *RDA* 69/241, *RT* 313/178, 328/163);
b) ato administrativo que outorga benefício tributário, sem que o sujeito passivo tenha preenchido os requisitos legais. Por exemplo: isenção de ICMS para táxi a álcool concedida para motorista que não faça prova da respectiva condição profissional;
c) liberação aduaneira de produtos importados sujeitos à incidência de tributos, sem a prova do recolhimento dos impostos. Por exemplo: fiscal federal que não exige o recolhimento do ICMS relativo à importação de bens;
d) concessão de direito a crédito de ICMS relativamente à aquisição de bens de uso e consumo do estabelecimento, antes do prazo previsto na legislação;
e) cobrança de taxa de iluminação pública, por meio de decreto municipal fixando sua base de cálculo e alíquota (AGREsp nº 776.848/RJ – 1ª. T. – rel. Min. Luiz Fux – *Dje* 03.08.10).

A ação popular pode impugnar ato administrativo e lei de efeito concreto (EREsp nº 519.356-SC, 2ª Turma, rel. Min. Eliana Calmon, j. 14.04.04, *DJU* de 21.06.04, p. 198).

Entretanto, a concessão de incentivos fiscais (âmbito do ICMS) – por via de decretos e despachos proferidos por autoridades fiscais, de modo unilateral, sem fundamento em convênios específicos, e desconsiderando norma constitucional –, por si só, impediria o ingresso de ação popular.

Os atos administrativos relativos a julgamento de processos fiscais – decorrentes de reclamações e impugnações a lançamentos tributários, que venham a excluir exigências tributárias –, não possibilitam a anulação pela via da ação popular, por envolverem critérios subjetivos de apreciação, valoração de provas e sopesamento de argumentação/documentação das partes litigantes.

23.4 Ações da Fazenda Pública
23.4.1 Medida cautelar fiscal

O procedimento cautelar fiscal poderá ser instaurado após a constituição do crédito, inclusive no curso da execução judicial da Dívida Ativa da União, dos Estados, do Distrito Federal, dos Municípios e das respectivas Autarquias. Excepcionalmente, na hipótese do inciso V, alínea *b*, e VII (adiante mencionado), o requerimento da medida independente da prévia constituição do crédito tributário (Lei federal nº 8.397, de 06.01.92).

A medida cautelar fiscal poderá ser pleiteada face ao sujeito passivo de crédito tributário ou não tributário, quando o devedor:

> I – sem domicílio certo, intenta ausentar-se ou aliena bens que possui, ou deixa de pagar a obrigação no prazo fixado;
> II – tendo domicílio certo, ausenta-se ou tenta se ausentar, visando elidir o adimplemento da obrigação;
> III – caindo em insolvência, aliena ou tenta alienar bens;
> IV – contrai ou tenta contrair dívidas que comprometam a liquidez do seu patrimônio;
> V – notificado pela Fazenda Pública para que proceda ao recolhimento do crédito fiscal (a) deixa de pagá-lo no prazo legal, salvo se suspensa sua exigibilidade; ou (b) transfira ou intente transferir, a qualquer título, seus bens e direitos para terceiros;
> VI – possui débitos, inscritos ou não em Dívida Ativa, que somados ultrapassem trinta por cento do seu patrimônio conhecido;
> VII – aliena onera ou transfira bens ou direitos sem proceder à devida comunicação ao órgão da Fazenda Pública competente, quando exigível em virtude de lei;
> VIII – tem sua inscrição no cadastro de contribuintes declarada inapta, pelo órgão fazendário;
> IX – pratica outros atos que dificultem ou impeçam a satisfação do crédito tributário.

Para a *concessão da medida é essencial* I) prova literal da constituição do crédito fiscal; e II) prova documental de alguns dos casos mencionados no parágrafo anterior.

O juiz concederá liminarmente a medida fiscal, dispensada a Fazenda Pública de justificação prévia e de prestação de caução. Do despacho que conceder liminarmente a medida caberá agravo de instrumento.

A *decretação da medida cautelar*, de imediato, *produzirá a indisponibilidade dos bens do requerido*, até o limite da satisfação da obrigação. Na hipótese de pessoa jurídica, a indisponibilidade recairá somente sobre os bens do ativo permanente, podendo, ainda, ser estendida aos bens do acionista controlador e aos dos que em razão do contrato social ou do estatuto tenham poderes para fazer a empresa cumprir suas obrigações fiscais, ao tempo a) do fato gerador, nos casos de lançamento de ofício; e b) do inadimplemento da obrigação fiscal, nos demais casos.

A indisponibilidade patrimonial poderá ser estendida em relação aos bens adquiridos a qualquer título do requerido ou daqueles que estejam ou tenham estado na função de administrador, desde que seja capaz de frustrar a pretensão da Fazenda Pública.

Quando a medida for concedida em procedimento preparatório, deverá a Fazenda Pública propor a execução judicial da Dívida Ativa, no prazo de 60 dias, contados da data em que a exigência se tornar irrecorrível na esfera administrativa.

A medida *conserva sua eficácia* no prazo referido no parágrafo anterior e na pendência do processo de execução judicial da Dívida Ativa, mas pode, a qualquer tempo, ser revogada ou modificada. Salvo decisão em contrário, a medida conservará sua eficácia durante o período de suspensão do crédito tributário ou não tributário.

Cessa a eficácia da medida I) se a Fazenda Pública não propuser a execução judicial da Dívida Ativa no prazo de 60 dias contados da data em que a exigência se tornar irrecorrível na esfera administrativa; II) se não for executada dentro de 30 dias; III) se for julgada extinta a execução judicial da Dívida Ativa da Fazenda Pública; e IV) se o requerido promover a quitação do débito que está sendo executado. Se, por qualquer motivo, cessar a eficácia da medida, é defeso à Fazenda Pública repetir o pedido pelo mesmo fundamento.

O *indeferimento* da medida não obsta a que a Fazenda Pública intente a execução judicial da Dívida Ativa, nem influi no julgamento desta, salvo se o juiz, no procedimento cautelar fiscal, acolher alegação de pagamento, compensação, transação, remissão, prescrição ou decadência, conversão do depósito em renda, ou qualquer outra modalidade de extinção da pretensão deduzida.

Ressalvado o disposto no parágrafo anterior, a *sentença* proferida na medida cautelar não faz coisa julgada, relativamente à execução judicial da Dívida Ativa da Fazenda Pública. Da sentença que decretar a medida caberá apelação, sem efeito suspensivo, salvo se o requerido oferecer a garantia mencionada neste tópico.

A Instrução Normativa RFB nº 2091, de 22.06.22, estabelece procedimentos de representação para propositura de medida cautelar fiscal.

23.4.2 Execução fiscal

23.4.2.1 Legitimidade e título executivo

Legitimidade ativa: Compete à União, aos Estados, ao Distrito Federal, e aos Municípios, promover a cobrança judicial da dívida ativa, nos termos da Lei federal nº 6.830, de 22.09.80, com a aplicação de preceitos do Código de Processo Civil.

Incluem-se as autarquias que constituem serviço autônomo, criado por lei, com personalidade jurídica, patrimônio e receita própria, para executar atividades típicas da Administração Pública que requeiram, para seu melhor funcionamento, gestão administrativa e financeira descentralizada (art. 5º, do Decreto-Lei nº 200, de 25.02.67).

A execução será processada perante o juízo competente, na conformidade com o disposto no Livro I, Título IV, Capítulos II e III, tendo o <u>novo CPC de 2015</u> (art. 781) estabelecido o seguinte:

> I – a execução poderá ser proposta no foro de domicílio do executado, de eleição constante do título ou, ainda, da situação dos bens a ela sujeitos;
> II – tendo mais de um domicílio, o executado poderá ser demandado no foro de qualquer deles;
> III – sendo incerto ou desconhecido o domicílio do executado, a execução poderá ser proposta no foro de qualquer deles, à escolha do exequente;
> IV – havendo mais de um devedor, com diferentes domicílios, a execução será proposta no foro de qualquer deles, à escolha do exequente;
> V.– a execução poderá ser proposta no foro do lugar em que se praticou o ato ou em que ocorreu o fato que deu origem ao tributo, mesmo que nele não mais resida o executado.

Em ações de execução fiscal, a petição inicial não pode ser indeferida sob o argumento da falta de indicação do CPF e/ou RG ou CNPJ da parte interessada (Súmula nº 558 do STJ); como também é desnecessária a instrução da petição inicial com o demonstrativo de cálculo do débito, por tratar-se de requisito não previsto no artigo 6º da Lei 6.830/1980 (Súmula nº 559 do STJ).

Não pode cobrar seus créditos pela execução fiscal a) a autarquia que atua como banco no setor privado (*RSTJ* 50-107, 64-133); b) a empresa pública (DL nº 200/67); c) a sociedade de economia mista (DL nº 200/67, com a redação dada pelo Decreto-Lei nº 900, de 29.06.69); d) a fundação pública (Lei federal nº 7.596, de 10.04.87).

As contribuições compulsórias devidas aos conselhos de fiscalização das profissões regulamentadas podem ser cobradas pela via da execução fiscal (STF, Pleno, ADIn 1.717-DF, rel. Min. Sidney Sanches, j. 07.11.02, *DJ* de 28.03.03, p. 61). Esta diretriz não se aplica às contribuições devidas à Ordem dos Advogados do Brasil (EREsp nº 503.252-SC, 1ª Seção, rel. Min. Castro Meira, j. 25.08.04, *DJ* de 18.10.04, p. 181).

Legitimidade passiva: A execução fiscal poderá ser promovida contra as pessoas seguintes:

I – devedor: pessoa física ou jurídica a quem é atribuído o cumprimento da obrigação tributária (principal ou acessória), em razão de haver declarado os respectivos débitos tributários, por meio de documentos; ou em decorrência de apuração em processos fiscais (autos de infração).

A "meação" só responde pelo ato ilícito quando o credor, na execução fiscal, provar que o enriquecimento dele resultante aproveitou o casal (Súmula nº 251 do STJ).

II – fiador: pessoa qualificada como principal pagador, garante (devedor-afiançado), com a obrigação de satisfazer ao credor uma obrigação assumida pelo devedor, caso este não a cumpra (art. 818 do Código Civil). A fiança pode resultar de garantia ofertada pelo importador de bens, que promove o ingresso deles no país, sob regime de admissão temporária, com suspensão de impostos aduaneiros.

III – espólio: massa de bens resultante de falecimento. O inventariante pode ser executado pelas dívidas existentes anteriormente ao falecimento, bem como pelos débitos tributários decorrentes do patrimônio ainda não partilhado.

IV – a massa falida: conjunto de bens decorrentes de falência decretada face à pessoa jurídica, ficando o síndico executado pelos tributos devidos pela referida massa, ou pelo concordatário.

V – responsável: o Judiciário tem considerado a responsabilidade dos sócios e administradores das pessoas jurídicas, conforme assinalado em tópico específico desta obra.

VI – sucessores a qualquer título.

Título executivo (obrigação certa, líquida, exigível) é considerado a certidão de dívida ativa da Fazenda Pública da União, dos Estados, do Distrito Federal, e dos Municípios, correspondente aos créditos inscritos na forma da lei (novo CPC de 2015, art. 783, IX).

Relativamente à *petição inicial* o STJ firmou as diretrizes seguintes:

> Em ações de execução fiscal, a petição inicial não pode ser indeferida sob o argumento da falta de indicação do CPF e/ou RG ou CNPJ da parte executada.
> (Súmula nº 558)

Em ações de execução fiscal, é desnecessária a instrução da petição inicial com o demonstrativo de cálculo do débito, por tratar-se de requisito não previsto no art. 6º da Lei nº 6.830/1980).
(Súmula nº 559)

23.4.2.2 Redirecionamento da execução

O novo CPC de 2015 dispôs o seguinte:

> Art. 790. São sujeitos à execução os bens:
> (...)
> VII – do responsável, nos casos de *desconsideração da personalidade jurídica*.

Introduziu o incidente processual (art. 133), que será instaurado a pedido da parte, ou do Ministério Público, quando lhe couber intervir no processo, e que será aplicável à hipótese de desconsideração inversa da personalidade jurídica, observada a sistemática seguinte:

> Art. 134. O incidente de desconsideração é cabível em todas as fases do processo de conhecimento, no cumprimento de sentença e na execução fundada em título executivo extrajudicial.
> §1º a instauração do incidente será imediatamente comunicada ao distribuidor para as anotações devidas.
> §2º Dispensa-se a instauração do incidente se a desconsideração da personalidade jurídica for requerida na petição inicial, hipótese em que será citado o sócio ou a pessoa jurídica.
> §3º A instauração do incidente suspenderá o processo, salvo na hipótese do §2º.
> §4º O requerimento deve demonstrar o preenchimento dos pressupostos legais específicos para desconsideração da personalidade jurídica.

Conforme apontado, suspende-se o curso da execução fiscal – não podendo ser promovida a penhora ou quaisquer outros atos de constrição patrimonial –, o que, normalmente, não se verifica nos casos de "exceção de pré-executividade", por ausência de expressa previsão legal.

Compete à Fazenda Pública proceder à prova exaustiva do preenchimento de todas as condições previstas no CTN, relativas à plena caracterização do responsável solidário, não só no tocante aos fatos irregulares como também no que diz respeito à participação (efetiva e dolosa) das pessoas que se pretende executar judicialmente.

> Art. 135. Instaurado o incidente, o sócio ou a pessoa jurídica será citado para manifestar-se e requerer as provas cabíveis no prazo de 15 (quinze) dias.

O executado (pretenso responsável solidário) poderá oferecer todos os documentos que justifiquem sua exclusão do polo passivo, (retirada da sociedade antes dos fatos tributários; inexistência de poderes de gerência, ou sociedade; viagem etc.).

> Art. 136. Concluída a instrução, se necessária, o incidente será resolvido por decisão interlocutória.

Parágrafo único. Se a decisão for proferida pelo relator, cabe agravo interno.

Art. 137. Acolhido o pedido de desconsideração, a alienação ou a oneração de bens, havida em fraude de execução, será ineficaz em relação ao requerente.

Acolhido o incidente de desconsideração, a execução fiscal prosseguirá face os responsáveis solidários (pessoas físicas ou jurídicas), ficando prejudicada a interposição de exceção de pré-executividade, ou a discussão de ilegitimidade de parte no âmbito de embargos.

Caso seja *desprovido o incidente de desconsideração*, fica afastada a inclusão dos aventados responsáveis solidários na lide da execução, somente prosseguindo-se a ação judicial, se for o caso, contra os demais executados.

23.4.2.3 Prazo

A ação para a cobrança do crédito tributário prescreve em cinco anos contados da data da sua constituição definitiva (art. 174 do CTN), que ocorre no momento em que a Fazenda Pública passa a ter condição jurídica de ingressar com a ação judicial.

A prescrição se interrompe (parágrafo único do art. 174 do CTN) nas situações seguintes: I) pelo despacho do juiz que ordenar em execução fiscal (LC nº 118, de 09.02.05); II) pelo protesto judicial; III) por qualquer ato judicial que constitua em mora o devedor; e IV) por qualquer ato inequívoco, ainda que extrajudicial, que importe em reconhecimento do débito pelo devedor.

A Lei federal nº 6.830/80 estabeleceu que a) a inscrição da dívida suspenderá a prescrição, para todos os efeitos de direito, por 180 dias, ou até a distribuição da execução fiscal (§3º, do art. 2º); e b) o despacho do juiz que ordenar a citação interrompe a prescrição (§3º do art. 8º).

Entretanto, cuida-se de lei ordinária, ou seja, instrumento jurídico incompetente para modificar os preceitos de lei complementar (CTN), que é norma legítima para dispor sobre prescrição (art. 146, III, *b*, da CF).

O STJ sedimentou o entendimento de que às dívidas de natureza tributária é aplicável o art. 174 do CTN por constituir norma recepcionada pela Constituição Federal com *status* de lei complementar, não se aplicando o disposto na Lei federal nº 6.830/80, direcionada às dívidas de natureza não tributária (AgRg no EREsp nº 1.106.445-SP, 1ª Turma, rel. Min. Francisco Falcão, j. 21.08.08, *DJe* de 1º.09.08).

O STF firmou diretriz de que "são inconstitucionais o parágrafo único do artigo 5º do Decreto Lei nº 1.569/77, e os artigos 45 e 46 da Lei nº 8.212/91, que tratam da prescrição e decadência de crédito tributário" (Súmula Vinculante nº 8), que tratam da prescrição no período de 10 anos.

A prescrição intercorrente é aplicável em sede de execução fiscal, tendo em vista que o art. 174 do CTN deve prevalecer sobre os arts. 8º, §2º, e 40 da Lei das Execuções Fiscais. A partir da Lei federal nº 11.051, de 30.12.04 (inserção do §4º ao art. 40 da Lei nº 6.830/80), passou-se a admitir a decretação de ofício da prescrição intercorrente, depois da prévia oitiva da Fazenda Pública (REsp nº 751.354-RS, 1ª Turma, rel. Min. Denise Arruda, j. 06.03.08, *DJe* de 14.04.08).

23.4.2.4 Exceção de pré-executividade

Trata-se de incidente processual para defesa do executado, processado nos próprios autos da execução, sem necessidade de garantia de juízo, em que, munido de prova documental inquestionável e simples petição, pleiteia ao juízo o reconhecimento de nulidades que atingem o processo.

As questões afetas a condições da ação e aos pressupostos processuais, demonstradas e comprovadas de plano, terão a virtude de impedir o prosseguimento da execução, evitando a constrição dos bens do executado e os naturais dispêndios pertinentes ao andamento do processo, especialmente sem a necessidade de bloqueio patrimonial (penhora de bens).

Em termos genéricos, são os casos de ilegitimidade de parte, falta de interesse processual, incompetência jurisdicional, capacidade postulatória, litispendência, impossibilidade jurídica do pedido, coisa julgada; bem como a ocorrência de pagamento, decadência, prescrição, remissão, anistia, imunidade, isenção; e, ainda, vícios do procedimento administrativo.

Objetivamente, *a exceção pode ter cabimento* nas situações seguintes:
a) *pagamento* do débito inscrito, mediante a simples exibição de guia de recolhimento;
b) *depósito judicial* anteriormente efetuado em ação anulatória do débito objeto da execução fiscal;
c) *decadência* do lançamento do tributo executado, em razão do decurso do prazo de cinco anos contados dos fatos geradores, ou do primeiro dia do exercício seguinte aos referidos fatos;
d) *liminar* concedida em mandado de segurança para o fim de impedir a inscrição do valor tributário na dívida ativa;
e) *liminar ou tutela antecipada* concedida em outras espécies de ação judicial;
f) *prescrição ou tutela antecipada.*

O STJ *admite a exceção* nas situações seguintes:
a) inconstitucionalidade do tributo (REsp nº 625.203, 1ª Turma, rel. Min. Francisco Falcão, j. 03.05.05, *DJU* 1 de 1º.07.05, p. 381);
b) prescrição, desde que a matéria tenha sido aventada pela parte, e que não haja necessidade de dilação probatória (ED no REsp nº 388.000, Corte Especial, rel. p/ acórdão Min. José Delgado, j. 16.03.05, *DJU* de 28.11.05);
c) irresponsabilidade do inventariante pelos tributos devidos pelo espólio (REsp nº 371.460-RS, 1ª Turma, rel. Min. José Delgado, j. 05.02.02, *DJU* de 18.03.02, p. 188; e EREsp nº 614.272-SP, 1ª Seção, rel. Min. Castro Meira, *DJ* de 06.06.05);
d) por ausência de título executivo e ilegitimidade de parte (RF nº 364/397);
e) com fundamento na nulidade da certidão da dívida ativa, em razão da postergação do vencimento do débito tributário, previamente autorizada em sede de mandado de segurança (REsp nº 371.460, 1ª Turma, rel. Min. José Delgado, j. 05.02.02, *DJU* de 18.03.02);
f) imunidade tributária comprovada de plano, por não exigir para a verificação do direito do executado a dilação probatória (REsp nº 909.886/SP, rel. Min. Luiz Fux, *DJ* de 1º.12.08).

23.4.2.5 Garantia

A *impenhorabilidade de bens e direitos* encontra-se prevista no novo CPC de 2015 (art. 833); na Lei federal nº 9.009, de 29.03.90, que dispõe sobre o bem de família; e às pequenas e microempresas, e a fundação pública.

A *penhora* de bens do executado obedecerá à seguinte ordem:

I – dinheiro (bloqueio de conta corrente, *online*);
II – títulos da dívida pública, bem como título de crédito, que tenham cotação em bolsa;
III – pedras e metais preciosos;
IV – imóveis;
V – navios e aeronaves;
VI – veículos;
VII – móveis e semoventes.

O novo CPC de 2015 (art. 835) passa a dispor o seguinte:

§1º. É prioritária a penhora em dinheiro, podendo o juiz nas demais hipóteses, alterar a ordem prevista no *caput* de acordo com as circunstâncias do caso concreto.

§2º Para fim de substituição da penhora, equiparam-se a dinheiro a fiança bancária e o seguro-garantia judicial, desde que em valor não inferior ao do débito constante da inicial, acrescido de trinta por cento.

A jurisprudência consagrou o entendimento de que "é impenhorável o único imóvel *residencial* do devedor que esteja locado a terceiros, desde que a renda obtida com a locação seja revertida para a subsistência ou a moradia da sua família" (Súmula nº 486 do STJ).

VIII – direitos e ações.

A penhora pode recair em *empresa, estabelecimentos (industrial, comercial ou agrícola), plantações ou edifício em construção*, situação em que o juiz nomeará um depositário, determinando-lhe que apresente em 10 (dez) dias o plano de administração (novo CPC de 2015, art. 862), que também atribui ao depositário a função de administrador.

É lícito às partes ajustarem a forma de administração, escolhendo o depositário; caso em que o juiz homologará por despacho a indicação (novo CPC de 2015, §2º, do art. 862).

O novo CPC de 2015 dispõe sobre edifícios em construção (art. 862); empresa que funcione mediante concessão ou autorização, e penhora de navio ou aeronave (arts. 863 a 864); faturamento de empresa (art. 866).

É legítima a penhora da sede do estabelecimento comercial (Súmula nº 451 do STJ).

O novo CPC de 2015 também trata da penhora das quotas ou das ações de sociedades personificadas (simples ou empresária), estabelecendo que, efetivadas as penhoras, o juiz assinará prazo razoável, não superior a 3 (três) meses, para que a sociedade (art. 861) tome específicas providências.

O novo CPC de 2015 admite a redução, a ampliação, e a transferência da penhora (art. 850); a segunda penhora (art. 851); a alienação antecipada dos bens (art. 852).

A Portaria nº 164, de 27.02.14, de 13.08.09, do Procurador-Geral da Fazenda Nacional regulamenta o oferecimento e a aceitação do *seguro garantia* para débitos inscritos em Dívida Ativa da União, tanto em processos judiciais, quanto em parcelamentos administrativos em trâmite nas unidades da referida Procuradoria.

A penhora *online* fora disciplinada na legislação (novo CPC de 2015, art. 854).

23.4.2.6 Trâmites processuais

A defesa do executado (embargos) somente poderá ser formalmente aprovada se promover a garantia do juízo, devendo a respectiva penhora ou o arresto de bens de conformidade com ordem anteriormente mencionada, inclusive a penhora *online*.

O novo CPC de 2015 disciplinara o seguinte:

> Art. 854. Para possibilitar a penhora de dinheiro em depósito ou aplicação financeira, o juiz, a requerimento do exequente, requisitará á autoridade supervisora do sistema bancário, preferencialmente por meio eletrônico, informações sobre a existência de ativos em nome do executado, podendo no mesmo ato determinar sua indisponibilidade, até o valor indicado na execução.
> §1º As informações limitar-se-ão à existência ou não de depósito ou aplicação até o valor indicado na execução.
> §2º Compete ao executado comprovar que as quantias depositadas em conta corrente referem-se às hipóteses do inc. IV, do *caput* do art. 649 desta Lei, ou que estão revestidas de outras formas de impenhorabilidade.

O curso processual compreende a avaliação, o registro, o arresto (se for o caso) dos bens penhorados; a decisão judicial; os recursos; o pagamento, a remição ou a adjudicação (no caso de embargos rejeitados) e o leilão para quitação do débito.

CAPÍTULO 24

SÚMULAS TRIBUTÁRIAS

24.1 Considerações Básicas

O sistema jurídico-positivo brasileiro assenta-se, por tradição, na lei, ou seja, ato emanado do Legislativo ou do Executivo, nos casos em que, de modo atípico, este é investido de competência legislativa. São tais atos, à luz do nosso Direito, os únicos dotados de aptidão para inovar a ordem jurídica, obrigando alguém a "fazer ou deixar de fazer alguma coisa" (art. 5º, II, da CF).

Dentro dessa perspectiva, pouco sobra em termos de desempenho normativo, às tradicionais fontes subsidiarias de Direito (analogia, costumes e princípios gerais), e tampouco a jurisprudência, que sequer é mencionada pelo art. 4º da Lei de Introdução às Normas do Direito Brasileiro (objeto da Lei federal nº 12.376/10).

No caso específico do Direito Tributário, pode-se dizer que, ao menos formalmente, a jurisprudência judicial não mereceu qualquer consideração.

Com efeito, o Código Tributário Nacional, tratando as fontes, ao mesmo tempo em que atribui as decisões e atos administrativos – e até mesmo as práticas administrativas reiteradas – *status* de "normas complementares" das leis, tratados e convenções internacionais, bem como dos decretos que versem tributos e relações jurídicas a eles pertinentes, nenhuma alusão faz ao direito produzido pelo Judiciário.

Portanto, pode-se afirmar que, por virtude própria, a jurisprudência judicial não gera efeitos normativos. Nada obstante, é inegável o fato de que a jurisprudência sempre teve forte peso – que poderia ser denominado de "persuasivo" –, em termos de compreensão, e interpretação da ordem jurídica, peso este tanto maior quanto for a hierarquia e o prestígio dos tribunais de onde ela provém.

Consoante disposto nos arts. 926 a 928 do novo CPC de 2015 os tribunais judiciais editarão enunciados de súmula correspondentes a sua jurisprudência dominante, em razão do que os juízes e tribunais observarão:

I – as decisões do STF em controle concentrado de constitucionalidade;
II – os enunciados de súmula vinculante;
III – os acórdãos em incidente de assunção de competência ou de resolução de

demandas repetitivas e em julgamento de recursos extraordinário e especial repetitivos;

IV – os enunciados das súmulas do STF em matéria constitucional e do STF em matéria infraconstitucional;

V – a orientação do plenário ou do órgão especial aos quais estiverem vinculados.

A modificação de enunciado de súmula, de jurisprudência pacificada ou de tese adotada em julgamento de casos repetitivos observará a necessidade de fundamentação adequada e específica, considerando os princípios da segurança jurídica, da proteção da confiança e da isonomia.

Os tribunais darão publicidade a seus precedentes, organizando-os por questão jurídica decidida e divulgando-os, preferencialmente, na rede mundial de computadores.

Considera-se julgamento de casos repetitivos a decisão proferida em (I) incidente de resolução de demandas repetitivas; e (II) recursos especial e extraordinário repetitivos.

Os Regimentos Internos do STF, e do STJ, disciplinam a matéria fixando as competências para deliberar sobre a inclusão, cancelamento ou alteração de enunciados na súmula.

Em tempos recentes, passou a verificar-se, em nosso ordenamento, uma notável expansão daquele que poderia ser denominado de "poder sumular", que longe está de circunscrever-se aos preceitos processuais apontados. Atente-se para o art. 102, §2º, da CF (EC nº 3/93, alterada pela EC nº 45/04), que, tratando das decisões proferidas em ações declaratórias da constitucionalidade de leis ou atos normativos federais, declara que elas "produzirão eficácia contra todos e efeito vinculante aos demais órgãos do Poder Judiciário e ao Poder Executivo".

A própria figura da *arguição de descumprimento,* disciplinada pela Lei nº 9.882/99, não deixa de apresentar conotações que muito a aproximam, em termos de efeitos das súmulas, sobretudo quando se constata que o art. 4º, §3º, deste diploma permite que o STF determine a "juízes e tribunais que suspendam o andamento de processo ou os efeitos de decisões judiciais, ou de qualquer outra medida que apresente relação com a matéria objeto da ação de descumprimento de preceito fundamental, salvo se decorrente de coisa julgada".

A culminância desta tendência de incensação do aludido "poder sumular" veio com a Emenda Constitucional nº 45, de 08.12.04, que atribuiu ao STF, com expressiva amplitude, competência para aprovar súmulas vinculantes, de observância obrigatória pelos demais órgãos do Judiciário, e pela Administração Pública direta e indireta, nas esferas federal, estadual e municipal.[400]

O ilustre processualista Sidnei Agostinho Beneti traça panorama sobre a utilização, no plano do Direito Comparado, de precedentes judiciais como mecanismos vinculantes da atuação do Judiciário. Mostra que, diferentemente do que ocorre no Reino Unido e nos Estados Unidos – terras do *common law,* do *stare decisis* e dos precedentes –, em países que adotam sistema jurídico inserido no *civil law,* como é o caso da Alemanha, da França e da Itália, os precedentes judiciais, conquanto possam apresentar, em maior ou menor intensidade, a aqui já discutida "relevância persuasiva", não são vinculantes, nem obrigam os julgamentos futuros.

---

[400] BENETI, Sidnei Agostinho. Doutrina de precedentes e Organização Judiciária. In: FUX, Luiz; NERY JR., Nelson; WAMBIER, Teresa Arruda Alvim (coords.). *Processo e Constituição* – Estudos em Homenagem ao Professor José Carlos Barbosa Moreira. São Paulo: RT, 2006.

Sobre os países ibero-americanos (Espanha, Portugal e os de influência ibérica na América Latina), relata Sidnei Agostinho Beneti: "os sistemas de processo e organização judiciária se avizinham do sistema italiano, atentando-se, contudo, a enorme confusão sistemática registrada na atualidade, ante as sucessivas tentativas de reforma do sistema judiciário, fundadas em princípios provindos de diferentes origens, muitas vezes contraditórias, marcados, muitos por evidente influência política de momento e não raro de profunda nota populista".[401]

As súmulas – sobretudo as de eficácia normativa – contam com defensores e opositores. Os que defendem enfatizam seu efeito neutralizador do "mal" consistente na multiplicação descontrolada e, não raro, desnecessária de litígios versando a mesma matéria. Apontam que, por meio delas, realiza-se o ideal de igualdade na prestação jurisdicional. Em sentido contrário, a mais candente crítica recai sobre o dever de observância que delas decorre. Tal imposição volta-se contra atributo próprio e característico da atividade do juiz, o modo de oferecer prestação jurisdicional, que lhe é solicitada no interior de cada processo, obrigando-o a submeter-se a aplicação de fórmulas sintetizadas que, não raras vezes, contrariam suas convicções.

As súmulas compulsórias impedem a "livre possibilidade de enunciação da fala" em cada processo, fazendo prevalecer, com crescente intensidade, em oposição às tradições do Direito brasileiro e em diferentes níveis de jurisdição, o controle abstrato da juridicidade, em detrimento do controle difuso.

Independente do posicionamento que os operadores do Direito possam adotar em relação às súmulas – máxime as do STF e do STJ –, é inegável e progressivamente crescente a importância do papel que elas desempenham na compreensão do sistema jurídico-positivo brasileiro.

O STF e o STJ expediram diversas súmulas de natureza tributária, das quais algumas ficaram superadas, enquanto algumas permanecem válidas, conforme análise em estudo específico sobre a matéria.[402]

24.2 Vinculantes

24.2.1 Judiciais

A Lei federal nº 11.417, de 19.12.06 (com vigência em 20.02.07) disciplina a edição, a revisão e o cancelamento de enunciado de *súmula vinculante* pelo Supremo Tribunal Federal, que poderá editá-la, de ofício ou por provocação, após reiteradas decisões sobre matéria constitucional, e terá força vinculativa em relação aos demais órgãos do Judiciário e à Administração Pública direta e indireta nas esferas federal, estadual e municipal.

O enunciado da súmula terá por objeto a validade, a interpretação e a eficácia de normas determinadas, acerca das quais haja entre órgãos judiciários ou entre esses e a Administração Pública, controvérsia atual que acarreta grave insegurança jurídica e relevante multiplicação de processos sobre idêntica questão.

---

[401] BENETI, *ob. cit.*, item l.14.
[402] BOTTALLO; MELO, *ob. cit.*, p. 19-26.

A edição, a revisão e o cancelamento de enunciado de súmula com efeito vinculante dependerão de decisão tomada por 2/3 dos membros do STF, em sessão plenária, e serão publicadas no prazo de 10 (dez) dias.

São legitimados a propor a edição, a revisão ou o cancelamento de enunciado de súmula vinculante: o Presidente da República; a Mesa do Senado Federal; a Mesa da Câmara dos Deputados; o Procurador-Geral da República; o Conselho Federal da Ordem dos Advogados do Brasil; o Defensor Público-Geral da União; partido político com representação no Congresso Nacional; confederação sindical ou entidade de classe de âmbito nacional; a Mesa de Assembleia Legislativa ou da Câmara Legislativa do Distrito Federal; o Governador de Estado ou do DF; os Tribunais Superiores, os Tribunais de Justiça de Estados ou do DF e Territórios, os Tribunais Regionais Federais, os Tribunais Regionais do Trabalho, os Tribunais Regionais Eleitorais e os Tribunais Militares.

O Município poderá propor, incidentalmente ao curso de processo em que seja parte, a edição, a revisão ou o cancelamento de enunciado de súmula vinculante, o que não autoriza a suspensão do processo.

A súmula com efeito vinculante tem eficácia imediata, mas o STF, por decisão de 2/3 dos seus membros, poderá restringir os efeitos vinculantes ou decidir que só tenha eficácia a partir de outro momento, tendo em vista razões de segurança jurídica ou de excepcional interesse público.

Revogada ou modificada a lei em que se fundou a edição de enunciado de súmula vinculante, o STF, de ofício ou por provocação, procederá à sua revisão ou cancelamento, conforme o caso.

A proposta de edição, revisão ou cancelamento de enunciado de súmula vinculante não autoriza a suspensão dos processos em que se discuta a mesma questão.

Da decisão judicial ou do ato administrativo que contrariar enunciado de súmula vinculante, negar-lhe vigência ou aplicá-lo indevidamente, caberá reclamação ao STF, sem prejuízo dos recursos ou outros meios admissíveis de impugnação.

Contra omissão ou ato da Administração Pública, o uso da reclamação só será admitido após esgotamento das vias administrativas.

Ao julgar procedente a reclamação, o STF anulará o ato administrativo ou cassará a decisão judicial impugnada, determinando que outra seja proferida com ou sem aplicação da súmula, conforme o caso.

O STF (até novembro de 2024) editou enunciados relativos à matéria tributária, a saber:

Súmula nº 8: São inconstitucionais o parágrafo único do artigo 5º do Decreto-Lei nº 1.569/1977 e os artigos 45 e 46 da Lei nº 8.212/1991, que tratam de prescrição e decadência de crédito tributário.

Súmula nº 19: A taxa cobrada exclusivamente em razão dos serviços públicos de coleta, remoção e tratamento ou destinação de lixo ou resíduos provenientes de imóveis, não viola o artigo 145, II, da Constituição Federal.

Súmula nº 21: É inconstitucional a exigência de depósito ou arrolamento prévio de dinheiro ou bens para admissibilidade de recurso administrativo.

Súmula nº 24: Não se tipifica crime material contra a ordem tributária, previsto no artigo 1º, incisos I a IV, da Lei nº 8.137/90, antes do lançamento definitivo do tributo.

Súmula nº 28: É inconstitucional a exigência de depósito prévio como requisito de admissibilidade de ação judicial na qual se pretenda discutir a exigibilidade do crédito tributário.

Súmula nº 29: É constitucional a adoção no cálculo do valor de taxa, se um ou mais elementos da base de cálculo própria de determinado imposto, desde que não haja integral identidade entre uma base e outra.

Súmula nº 31: É inconstitucional a incidência do Imposto sobre Serviços de Qualquer Natureza – ISS sobre operações de locação de bens móveis.

Súmula nº 32: O ICMS não incide sobre a alienação de salvados de sinistro pelas seguradoras.

Súmula nº 41: O serviço de iluminação pública não pode ser remunerado mediante taxa.

Súmula nº 48: Na entrada de mercadoria importada do exterior, é legítima a cobrança do ICMS por ocasião do desembaraço aduaneiro.

Súmula nº 50: Norma legal que altera o prazo de recolhimento de obrigação tributária não se sujeita ao princípio da anterioridade tributária.

Súmula nº 52: Ainda quando alugado a terceiros, permanece imune ao IPTU o imóvel pertencente a qualquer das entidades referidas pelo art. 150, VI, "c", da Constituição Federal, desde que o valor dos aluguéis seja aplicado nas atividades para as quais tais entidades foram constituídas.

Súmula nº 57: A imunidade tributária constante do art. 150, VI, d, da CF/88 aplica-se à importação e comercialização no mercado interno, do livro eletrônico (e-book) e dos suportes exclusivamente utilizados para fixá-lo, como os leitores de livros eletrônicos (e-readers), ainda que possuam funcionalidades acessórias.

Súmula nº 58: Inexiste direito a crédito presumido de IPI, relativamente à entrada de insumos isentos, sujeitos à alíquota zero ou não tributáveis, o que não contraria o princípio da não cumulatividade.

24.2.2 Administrativas (Carf)

O Regimento Interno do Conselho Administrativo de Recursos Fiscais, do Ministério da Fazenda, dispôs que "as decisões reiteradas e uniformes do Carf serão consubstanciadas em súmulas de observância obrigatória pelos seus membros" (art. 72).

Compete ao Pleno da CSRF (Câmara Superior de Recursos Fiscais) a edição de enunciado de súmula quando se tratar de matéria que, por sua natureza, for submetida a duas ou mais turmas da CSRF.

As turmas da CSRF poderão aprovar enunciado de súmula que trate de matéria concernente à sua atribuição. As súmulas serão aprovadas por 2/3 (dois terços) da totalidade dos conselheiros do respectivo colegiado. As súmulas aprovadas pelos Primeiro. Segundo e Terceiros Conselhos de Contribuintes são de adoção obrigatória pelos membros do Carf.

A proposta de súmula será de iniciativa de conselheiro do Carf, do Procurador-Geral da Fazenda Nacional, do Secretário da Receita Federal do Brasil, de Presidente de confederação representativa de categoria econômica de nível nacional habilitada à indicação de conselheiros ou de Presidente de central sindical, neste caso limitado às matérias relativas às contribuições previdenciárias.

A observância às súmulas é tão significativa que o Regimento Interno (art. 45, VI) determina que perderá o mandato o conselheiro que deixar de observar, reiteradamente, enunciado de súmula ou de resolução do Pleno da CSRF expedidas, respectivamente, na forma dos arts. 73 e 77, bem como o disposto no art. 62.

Se houver superveniência de decisão definitiva do STF ou do STJ, em sede de julgamento realizado nos termos dos arts. 1.036 a 1.041 novo CPC de 2015, que contrarie Súmula do CARF, esta súmula será revogada por ato do presidente do CARF, sem a necessidade de observância do rito de que tratam os §§1º a 3º.

Relaciono os enunciados vigentes (até novembro de 2024):

Súmula nº 1: Importa renúncia às instâncias administrativas a propositura pelo sujeito passivo de ação judicial por qualquer modalidade processual, antes ou depois do lançamento de ofício, com o mesmo objeto do processo administrativo, sendo cabível apenas a apreciação, pelo órgão de julgamento administrativo, de matéria distinta do constante do processo judicial.

Súmula nº 2: O Carf não é competente para se pronunciar sobre a inconstitucionalidade de lei tributária.

Súmula nº 3: Para a determinação da base de cálculo do Imposto de Renda das Pessoas Jurídicas e da Contribuição Social sobre o Lucro, a partir do ano-calendário de 1995, o lucro líquido ajustado poderá ser reduzido em, no máximo, trinta por cento, tanto em razão da compensação de prejuízo, como em razão da compensação da base de cálculo negativa.

Súmula nº 4: A partir de 1º de abril de 1995, os juros moratórios incidentes sobre débitos tributários administrados pela Secretaria da Receita Federal são devidos, no período de inadimplência, à taxa referencial do Sistema Especial de Liquidação e Custódia – Selic para títulos federais.

Súmula nº 5: São devidos juros de mora sobre o crédito tributário não integralmente pago no vencimento, ainda que suspensa sua exigibilidade, salvo quando existir depósito no montante integral.

Súmula nº 6: É legítima a lavratura de auto de infração no local em que foi constatada a infração, anda que fora do estabelecimento do contribuinte.

Súmula nº 7: A ausência da indicação da data e da hora de lavratura do auto de infração não invalida o lançamento de ofício quando suprida pela data da ciência.

Súmula nº 8: O Auditor Fiscal da Receita Federal é competente para proceder ao exame da escrita fiscal da pessoa jurídica, não lhe sendo exigida a habilitação profissional de contador.

Súmula nº 9: É válida a ciência da notificação por via postal realizada no domicílio fiscal eleito pelo contribuinte, confirmada com a assinatura do recebedor da correspondência, ainda que este não seja o representante legal do destinatário.

Súmula nº 10: O prazo decadencial para constituição do crédito tributário relativo ao lucro inflacionário diferido é contado do período de apuração de sua efetiva realização ou do período em que, em face da legislação, deveria ter sido realizado, ainda que em percentuais mínimos.

Súmula nº 11: Não se aplica a prescrição intercorrente no processo administrativo fiscal.

Súmula nº 12: Constatada a omissão de rendimentos sujeitos à incidência do imposto de renda na declaração de ajuste anual, é legítima a constituição do crédito tributário na pessoa física do beneficiário, ainda que a fonte pagadora não tenha procedido à respectiva retenção.

Súmula nº 13: Menor pobre que o sujeito passivo crie e eduque, pode ser considerado dependente na Declaração do Imposto de Renda da Pessoa Física, desde que o declarante detenha a guarda judicial.

Súmula nº 14: A simples apuração de omissão de receita ou de rendimentos, por si só, não autoriza a qualificação da multa de ofício, sendo necessária a comprovação do evidente intuito de fraude do sujeito passivo.

Súmula nº 15: A base de cálculo do PIS, prevista no artigo 6º da Lei Complementar n. 7, de 1970, é o faturamento do sexto mês anterior, sem correção monetária.

Súmula nº 16: O direito ao aproveitamento dos créditos de IPI decorrentes da aquisição de matérias-primas, produtos intermediários, e material de embalagem utilizados na fabricação de produtos cuja saída seja com isenção ou alíquota zero, nos termos do art. 11 da Lei nº 9.779, de 1999, alcança, exclusivamente, os insumos recebidos pelo estabelecimento do contribuinte a partir de 1º de janeiro de 1999.

Súmula nº 17: Não cabe a exigência de multa de ofício nos lançamentos efetuados para prevenir a decadência, quando a exigibilidade estiver suspensa na forma dos incisos IV ou V do art. 151 do CTN e a suspensão do débito tenha ocorrido antes do início de qualquer procedimento de ofício a ele relativo.

Súmula nº 18: A aquisição de matérias-primas, produtos intermediários, e material de embalagem tributados à alíquota zero, não gera crédito de IPI.

Súmula nº 19: Não integram a base de cálculo do crédito presumido da Lei nº 9.363, de 1996, as aquisições de combustíveis e energia elétrica uma vez que não são consumidos em contato direto com o produto, não se enquadrando nos conceitos de matéria-prima o produto intermediário.

Súmula nº 20: Não há direito aos créditos de IPI em relação às aquisições de insumos aplicados na fabricação de produtos classificados na Tipi como NT.

Súmula nº 21: É nula, por vício formal, a notificação de lançamento que não contenha a identificação da autoridade que a expediu.

Súmula nº 22: É nulo o ato declaratório de exclusão do Simples que se limite a consignar a existência de pendências perante a Dívida Ativa da União ou do INSS, sem a indicação dos débitos inscritos cuja exigibilidade não esteja suspensa.

Súmula nº 23: A autoridade administrativa pode rever o Valor da Terra Nua mínimo (VTNm) que vier a ser questionado pelo contribuinte do imposto sobre a propriedade territorial rural (ITR) relativo aos exercícios de 1994 a 1996, mediante a apresentação de laudo técnico de avaliação do imóvel, emitido por entidade de reconhecida capacidade técnica ou por profissional devidamente habilitado, que se reporte à época do fato gerador e demonstre, de forma inequívoca, a legitimidade da alteração pretendida, inclusive com a indicação das fontes pesquisadas.

Súmula nº 24: Não compete à Secretaria da Receita Federal do Brasil promover a restituição de obrigações da Eletrobrás nem sua compensação com débitos tributários.

Súmula nº 25: A presunção legal de omissão de receita ou de rendimentos, por si só, não autoriza a qualificação da multa de ofício, sendo necessária a comprovação de uma das hipóteses dos arts. 71, 72 e 73 da Lei nº 4.502/64.

Súmula nº 26: A presunção estabelecida no art. 42 da Lei nº 9.430/96 dispensa o Fisco de comprovar o consumo da renda representada pelos depósitos bancários sem origem comprovada.

Súmula nº 27: É válido o lançamento formalizado por Auditor-Fiscal da Receita Federal do Brasil de jurisdição diversa da do domicílio tributário do sujeito passivo.

Súmula nº 28: O Carf não é competente para se pronunciar sobre controvérsia referente a Processo Administrativo de Representação Fiscal para Fins Penais.

Súmula nº 29: Todos os co-titulares da conta bancária devem ser intimados para comprovar a origem dos depósitos nela efetuados, na fase que se precede à lavratura do auto de infração com base na presunção legal de omissão de receitas ou rendimentos, sob pena de nulidade do lançamento.

Súmula nº 30: Na tributação da omissão de rendimentos ou receitas caracterizada por depósitos bancários com origem não comprovada, os depósitos de um mês não servem para comprovar a origem de depósitos havidos em meses subsequentes.

Súmula nº 31: Descabe a cobrança de multa de ofício isolada exigida sobre os valores de tributos recolhidos extemporaneamente, sem o acréscimo da multa de mora, antes do início do procedimento fiscal.

Súmula nº 32: A titularidade dos depósitos bancários pertence às pessoas indicadas nos dados cadastrais, salvo quando comprovado com documentação hábil e idônea o uso da conta por terceiros.

Súmula nº 33: A declaração entregue após o início do procedimento fiscal não produz quaisquer efeitos sobre o lançamento de ofício.

Súmula nº 34: Nos lançamentos em que se apura omissão de receita ou rendimentos, decorrente de depósitos bancários de origem não comprovada, é cabível a qualificação da multa de ofício, quando constatada a movimentação de recursos em contas bancárias de interpostas pessoas.

Súmula nº 35: O art. 11, §3º, da Lei nº 9.311/96, com a redação dada pela Lei nº 10.174/2001, que autoriza o uso de informações da CPMF para a constituição do crédito tributário de outros tributos, aplica-se retroativamente.

Súmula nº 36: A inobservância do limite legal de trinta por cento para compensação de prejuízos fiscais ou bases negativas da CSLL, quando comprovado pelo sujeito passivo que o tributo deixou de ser pago em razão dessas compensações o foi em período posterior, caracteriza postergação do pagamento do IRPJ ou da CSLL, o que implica em excluir da exigência a parcela paga posteriormente.

Súmula nº 37: Para fins de deferimento do Pedido de Revisão de Ordem de Incentivos Fiscais (Perc), a exigência de comprovação de regularidade fiscal deve se ater ao período a que se referir a Declaração de Rendimentos da Pessoa Jurídica na qual se deu a opção pelo incentivo, admitindo-se a prova da quitação em qualquer momento do processo administrativo, nos termos do Decreto nº 70.235/72.

Súmula nº 38: O fato gerador do Imposto sobre a Renda da Pessoa Física, relativo à omissão de rendimentos apurada a partir de depósitos bancários de origem não comprovada, ocorre no dia 31 de dezembro do ano-calendário.

Súmula nº 39: Os valores recebidos pelos técnicos residentes no Brasil a serviço da ONU e suas Agências Especializadas, com vínculo contratual, não são isentos do Imposto sobre a Renda da Pessoa Física (revogada em 09.01.19).

Súmula nº 40: A apresentação de recibo emitido por profissional para o qual haja Súmula Administrativa de Documentação Tributariamente Ineficaz, desacompanhado de elementos de prova da efetividade dos serviços e do correspondente pagamento, impede a dedução a título de despesas médicas e enseja a qualificação da multa de ofício.

Súmula nº 41: A não apresentação do Ato Declaratório Ambiental (ADA) emitido pelo Ibama, ou órgão conveniado, não pode motivar o lançamento de ofício relativo a fatos geradores ocorridos até o exercício de 2000.

Súmula nº 42: Não incide o imposto sobre a renda das pessoas físicas sobre os valores recebidos a título de indenização por desapropriação.

Súmula nº 43: Os proventos de aposentadoria, reforma ou reserva remunerada, motivadas por acidente em serviço e os percebidos por portador de moléstia profissional ou grave, ainda que contraída após a aposentadoria, reforma ou reserva remunerada, são isentos do imposto de renda.

Súmula nº 44: Descabe a aplicação da multa por falta ou atraso na entrega da Declaração de Ajuste Anual do Imposto de Renda das Pessoas Físicas, quando o sócio ou titular de pessoa jurídica inapta não se enquadre nas demais hipóteses de obrigatoriedade de apresentação dessa declaração.

Súmula nº 45: O Imposto sobre a Propriedade Territorial Rural não incide sobre áreas alagadas para fins de constituição de reservatório de usinas hidroelétricas.

Súmula nº 46: O lançamento de ofício pode ser realizado sem prévia intimação ao sujeito passivo, nos casos em que o Fisco dispuser de elementos suficientes à constituição do crédito tributário.

Súmula nº 47: Cabível a imputação da multa de ofício à sucessora, por infração cometida pela sucedida, quando provado que as sociedades estavam sob controle comum ou pertenciam ao mesmo grupo econômico (revogada em 17.10.17).

Súmula nº 48: A suspensão da exigibilidade do crédito tributário por força de medida judicial não impede a lavratura de auto de infração.

Súmula nº 49: A denúncia espontânea (art. 138 do Código Tributário Nacional) não alcança a penalidade decorrente do atraso na entrega de declaração.

Súmula nº 50: É cabível a exigência de multa de ofício se a decisão judicial que suspendia a exigibilidade do crédito tributário perdeu os efeitos antes da lavratura do auto de infração.

Súmula nº 51: As multas previstas no Código de Defesa do Consumidor não se aplicam às relações de natureza tributária.

Súmula nº 52: Os tributos objeto de compensação indevida formalizada em Pedido de Compensação ou Declaração de Compensação apresentada até 31.10.03, quando não exigíveis a partir de DCTF, ensejam o lançamento de ofício.

Súmula nº 53: Não se aplica ao resultado decorrente da exploração de atividade rural o limite de 30% do lucro líquido ajustado, relativamente à compensação da base de cálculo negativa de CSLL, mesmo para os fatos ocorridos antes da vigência do art. 42 da Medida Provisória nº 1991-15, de 10 de março de 2000.

Súmula nº 54: A constatação de existência de "passivo não comprovado" autoriza o lançamento com base em presunção legal de omissão de receitas somente a partir do ano-calendário de 1997.

Súmula nº 55: O saldo devedor da correção monetária complementar, correspondente à diferença verificada em 1990 entre o IPC e o BNTF, não pode ser deduzido na apuração da base de cálculo da Contribuição Social sobre o Lucro Líquido (CSLL).

Súmula nº 56: No caso de contribuintes que fizeram a opção pelo Simples Federal até 27 de julho de 2001, constatada uma das hipóteses de que tratam os incisos III a XIV, XVII e XVIII do art. 9º da Lei nº 9.317, de 1996, os efeitos da exclusão dar-se-ão a partir de 1º de janeiro de 2002, quando a situação excludente tiver ocorrido até 31 de dezembro de 2001 e a exclusão for efetuada a partir de 2002.

Súmula nº 57: A prestação de serviços de manutenção, assistência técnica, instalação ou reparos em máquinas e equipamentos, bem como os serviços de usinagem, solda, tratamento e revestimento de metais, não se equiparam a serviços profissionais prestados por engenheiros e não impedem o ingresso ou a permanência da pessoa jurídica no Simples Federal.

Súmula nº 58: As variações monetárias ativas decorrentes de depósitos judiciais com a finalidade de suspender a exigibilidade do crédito tributário devem compor o resultado do exercício, segundo o regime de competência, salvo se demonstrado que as variações monetárias passivas incidentes sobre o tributo, objeto dos depósitos, não tenham sido computadas na apuração desse resultado.

Súmula nº 59: A tributação do lucro na sistemática do lucro arbitrado não é invalidada pela apresentação posterior ao lançamento, de livros e documentos imprescindíveis para a apuração do crédito tributário que, após regular intimação, deixaram de ser exibidos durante o procedimento fiscal.

Súmula nº 60: Os juros aplicados na restituição de valores indevidamente retidos na fonte, quando do recebimento de verbas indenizatórias decorrentes da adesão a programas de demissão voluntária, devem ser calculados a partir da data do recebimento dos rendimentos, se ocorrido entre 1º de janeiro de 1997, ou a partir do mês subsequente, se posterior.

Súmula nº 61: Os depósitos bancários iguais ou inferiores a R$12.000,00 (doze mil reais), cujo somatório não ultrapasse R$80.000,00 (oitenta mil reais) no ano-calendário, não podem ser considerados na presunção da omissão de rendimentos caracterizada por depósitos bancários de origem não comprovada, no caso de pessoa física.

Súmula nº 62: A base de cálculo das contribuições previdenciárias será o valor total fixado na sentença ou acordo trabalhista homologado, quando as parcelas legais de incidência não estiverem discriminadas.

Súmula nº 63: Para gozo da isenção do imposto de renda da pessoa física pelos portadores de moléstia grave, os rendimentos devem ser provenientes de aposentadoria, reforma, reserva remunerada ou pensão e a moléstia deve ser devidamente comprovada por laudo pericial emitido por serviço médico oficial da União, dos Estados, do Distrito Federal ou dos Municípios.

Súmula nº 64: Não incidem contribuições previdenciárias sobre as verbas concedidas aos segurados empregados a título de auxílio-creche, na forma do artigo 7º, inciso XXV, da Constituição Federal, em face de sua natureza indenizatória.

Súmula nº 65: Inaplicável a responsabilidade pessoal do dirigente de órgão público pelo descumprimento de obrigações acessórias, no âmbito previdenciário, constatadas na pessoa jurídica de direito público que dirige.

Súmula nº 66: Os Órgãos da Administração Pública não respondem solidariamente por créditos previdenciários das empresas contratadas para prestação de serviços de construção civil, reforma e acréscimo, desde que a empresa construtora tenha assumido a responsabilidade direta e total pela obra ou repasse o contrato integralmente.

Súmula nº 67: Em apuração de acréscimo patrimonial a descoberto a partir do fluxo de caixa que confronta origens e aplicações de recursos, os saques ou transferências bancárias, quando não comprovada a destinação, efetividade da despesa, aplicação ou consumo, não podem lastrear lançamento fiscal.

Súmula nº 68: A Lei nº 8.852, de 1994, na outorga isenção nem enumera hipóteses de não incidência de Imposto sobre a Renda da Pessoa Física.

Súmula nº 69: A falta de apresentação da declaração de rendimentos ou a sua apresentação fora do prazo fixado sujeitará a pessoa física à multa de um por cento ao mês ou fração, limitada a vinte por cento, sobre o Imposto de Renda devido, ainda que integralmente pago, respeitado o valor mínimo.

Súmula nº 70: É imune ao ITR o imóvel pertencente às entidades indicadas no artigo 150, VI, "c", da Constituição, que se encontra arrendado, desde que a receita assim obtida seja aplicada nas atividades essenciais da entidade.

Súmula nº 71: Todos os arrolados como responsáveis tributários na autuação são parte legítima para impugnar e recorrer acerca da exigência do crédito tributário e do respectivo vínculo de responsabilidade.

Súmula nº 72: Caracterizada a ocorrência de dolo, fraude ou simulação, a contagem do prazo decadencial rege-se pelo art. 173, inciso I, do CTN.

Súmula nº 73: Erro no preenchimento da declaração de ajuste do imposto de renda, causado por informações erradas, prestadas pela fonte pagadora, não autoriza o lançamento de multa de ofício.

Súmula nº 74: Aplica-se retroativamente o art. 14 da Lei no 11.488, de 2007, que revogou a multa de oficio isolada por falta de acréscimo da multa de mora ao pagamento de tributo em atraso, antes prevista no art. 44, §1º, II, da Lei nº 9.430/96.

Súmula nº 75: A recuperação da espontaneidade do sujeito passivo em razão da inoperância da autoridade fiscal por prazo superior a sessenta dias aplica-se retroativamente, alcançando os atos por ele praticados no decurso desse prazo.

Súmula nº 76: Na determinação dos valores a serem lançados de ofício para cada tributo, após a exclusão do Simples, devem ser deduzidos eventuais recolhimentos da mesma natureza efetuados nessa sistemática, observando-se os percentuais previstos em lei sobre o montante pago de forma unificada.

Súmula nº 77: A possibilidade de discussão administrativa do Ato Declaratório Executivo (ADE) de exclusão do Simples não impede o lançamento de ofício dos créditos tributários devidos em face da exclusão.

Súmula nº 78: A fixação do termo inicial da contagem do prazo decadencial, na hipótese de lançamento sobre lucros disponibilizados no exterior, deve levar em consideração a data em que se considera ocorrida a disponibilização, e não a data do auferimento dos lucros pela empresa sediada no exterior.

Súmula nº 79: A partir da vigência da Lei no 9.249, de 1995, a dedução de contraprestações de arrendamento mercantil exige a comprovação da necessidade de utilização dos bens arrendados para produção ou comercialização de bens e serviços.

Súmula nº 80: Na apuração do IRPJ, a pessoa jurídica poderá deduzir do imposto devido o valor do imposto de renda retido na fonte, desde que comprovada a retenção e o cômputo das receitas correspondentes na base de cálculo do imposto.

Súmula nº 81: É vedada a aplicação retroativa de lei que admite atividade anteriormente impeditiva ao ingresso na sistemática do Simples.

Súmula nº 82: Após o encerramento do ano-calendário, é incabível lançamento de ofício de IRPJ ou CSLL para exigir estimativas não recolhidas.

Súmula nº 83: O resultado positivo obtido pelas sociedades cooperativas nas operações realizadas com seus cooperados não integra a base de cálculo da Contribuição Social sobre o Lucro Líquido – CSLL, mesmo antes da vigência do art. 39 da Lei no 10.865, de 2004.

Súmula nº 84: Pagamento indevido ou a maior a título de estimativa caracteriza indébito na data de seu recolhimento, sendo passível de restituição ou compensação.

Súmula nº 85: Na revenda de veículos automotores usados, de que trata o art. 5º da Lei no 9.716, de 26 de novembro de 1998, aplica-se o coeficiente de determinação do lucro presumido de 32% (trinta e dois por cento) sobre a receita bruta, correspondente à diferença entre o valor de aquisição e o de revenda desses veículos.

Súmula nº 86: É vedada a retificação da Declaração de Ajuste Anual do Imposto sobre a Renda da Pessoa Física que tenha por objeto a troca de forma de tributação dos rendimentos após o prazo previsto para a sua entrega.

Súmula nº 87: O imposto de renda não incide sobre as verbas recebidas regularmente por parlamentares a título de auxílio de gabinete e hospedagem, exceto quando a fiscalização apurar a utilização dos recursos em benefício próprio não relacionado à atividade legislativa.

Súmula nº 88: "A Relação de Co-Responsáveis – CORESP", o "Relatório de Representantes Legais – " e a "Relação de Vínculos – VÍNCULOS", anexos a auto de infração previdenciário lavrado unicamente contra pessoa jurídica, não atribuem responsabilidade tributária às pessoas ali indicadas nem comportam discussão no âmbito do contencioso administrativo fiscal federal, tendo finalidade meramente informativa.

Súmula nº 89: A contribuição social previdenciária não incide sobre valores pagos a título de vale-transporte, mesmo que em pecúnia.

Súmula nº 90: Caracteriza infração às medidas de controle fiscal a posse e circulação de fumo, charuto, cigarrilha e cigarro de procedência estrangeira, sem documentação comprobatória da importação regular, sendo irrelevante, para tipificar a infração, a propriedade da mercadoria.

Súmula nº 91: Ao pedido de restituição pleiteado administrativamente antes de 9 de junho de 2005, no caso de tributo sujeito a lançamento por homologação, aplica-se o prazo prescricional de 10 (dez) anos, contado do fato gerador.

Súmula nº 92: A DIPJ, desde a sua instituição, não constitui confissão de dívida, nem instrumento hábil e suficiente para a exigência de crédito tributário nela informado.

Súmula nº 93: A falta de transcrição dos balanços ou balancetes de suspensão ou redução no Livro Diário não justifica a cobrança da multa isolada prevista no art. 44 da Lei nº 9.430, de 27 de dezembro de 1996, quando o sujeito passivo apresenta escrituração contábil e fiscal suficiente para comprovar a suspensão ou redução da estimativa.

Súmula nº 94: Os lucros auferidos no exterior por filial, sucursal, controlada ou coligada serão convertidos em reais pela taxa de câmbio, para venda, do dia das demonstrações financeiras em que tenham sido apurados tais lucros, inclusive a partir da vigência da MP nº 2.158-35, de 2001.

Súmula nº 95: A presunção de omissão de receitas caracterizada pelo fornecimento de recursos de caixa à sociedade por administradores, sócios de sociedades de pessoas, ou pelo administrador da companhia, somente é elidida com a demonstração cumulativa da origem e da efetividade da entrega dos recursos.

Súmula nº 96: A falta de apresentação de livros e documentos da escrituração não justifica, por si só, o agravamento da multa de ofício, quando essa omissão motivou o arbitramento dos lucros.

Súmula nº 97: O arbitramento do lucro em procedimento de ofício pode ser efetuado mediante a utilização de qualquer uma das alternativas de cálculo enumeradas no art. 51 da Lei nº 8.981, de 20 de janeiro de 1995, quando não conhecida a receita bruta.

Súmula nº 98: A dedução de pensão alimentícia da base de cálculo do Imposto de Renda Pessoa Física é permitida, em face das normas do Direito de Família, quando comprovado o seu efetivo pagamento e a obrigação decorra de decisão judicial, de acordo homologado judicialmente, bem como, a partir de 28 de março de 2008, de escritura pública que especifique o valor da obrigação ou discrimine os deveres em prol do beneficiário (revogada em 03.09.18).

Súmula nº 99: Para fins de aplicação da regra decadencial prevista no art. 150, §4º, do CTN, para as contribuições previdenciárias, caracteriza pagamento antecipado o recolhimento, ainda que parcial, do valor considerado como devido pelo contribuinte na competência do fato gerador a que se referir a autuação, mesmo que não tenha sido incluída, na base de cálculo deste recolhimento, parcela relativa a rubrica especificamente exigida no auto de infração.

Súmula nº 100: O Auditor-Fiscal da Receita Federal do Brasil tem competência para fiscalizar o cumprimento dos requisitos do regime de drawback na modalidade suspensão, aí compreendidos o lançamento do crédito tributário, sua exclusão em razão do reconhecimento de benefício, e a verificação, a qualquer tempo, da regular observação, pela importadora, das condições fixadas na legislação pertinente.

Súmula nº 101: Na hipótese de aplicação do art. 173, inciso I, do CTN, o termo inicial do prazo decadencial é o primeiro dia do exercício seguinte àquele em que o lançamento poderia ter sido efetuado.

Súmula nº 102 – É válida a decisão proferida por Delegacia da Receita Federal de Julgamento – DRJ de localidade diversa do domicílio fiscal do sujeito passivo.

Súmula nº 103: Para fins de conhecimento de recurso de ofício, aplica-se o limite de alçada vigente na data de sua apreciação em segunda instância.

Súmula nº 104: Lançamento de multa isolada por falta ou insuficiência de recolhimento de estimativa de IRPJ ou de CSLL submete-se ao prazo decadencial previsto no art. 173, inciso I, do CTN.

Súmula nº 105: A multa isolada por falta de recolhimento de estimativas, lançada com fundamento no art. 44 §1º, inciso IV da Lei nº 9.430, de 1996, não pode ser exigida ao mesmo tempo da multa de ofício por falta de pagamento de IRPJ e CSLL apurado no ajuste anual, devendo subsistir a multa de ofício.

Súmula nº 106: Caracterizada a ocorrência de apropriação indébita de contribuições previdenciárias descontadas de segurados empregados e/ou contribuintes individuais, a contagem do prazo decadencial rege-se pelo art. 173, inciso I, do CTN.

Súmula nº 107: A receita da atividade própria, objeto da isenção da Cofins prevista no art. 14, X, c/c art. 13, III, da MP nº 2.158-35, de 2001, alcança as receitas obtidas em contraprestação de serviços educacionais prestados pelas entidades de educação sem fins lucrativos a que se refere o art. 12 da Lei nº 9.532, de 1997.

Súmula nº 108: Incidem juros moratórios, calculados à taxa referencial do Sistema Especial de Liquidação e Custódia – SELIC, sobre o valor correspondente à multa de ofício (vinculante – Portaria ME nº 129, de 01.04.19).

Súmula nº 109: O órgão julgador administrativo não é competente para se pronunciar sobre controvérsias referentes a arrolamento de bens (vinculante – Portaria ME nº 129/19).

Súmula nº 110: No processo administrativo fiscal, é incabível a intimação dirigida a endereço de advogado do sujeito passivo (vinculante – Portaria ME nº 129/19).

Súmula nº 111: O Mandado de Procedimento Fiscal supre a autorização prevista no art. 106, do Decreto nº 3.000, de 1999, para reexame de período anteriormente fiscalizado (vinculante – Portaria ME nº 129/19).

Súmula nº 112: É nulo, por erro na identificação do sujeito passivo, o lançamento formalizado contra pessoa jurídica, na liquidação voluntária ocorrida e comunicada ao fisco federal, antes da lavratura do auto de infração (vinculante – Portaria ME nº 129/19).

Súmula nº 113: A responsabilidade tributária do sucessor abrange, além dos tributos devidos pelo sucedido, as multas moratórias e punitivas, desde que seu fato gerador tenha ocorrido até a data da sucessão, independente de esse crédito ser formalizado, por meio de lançamento de ofício, antes ou depois do evento sucessório (vinculante – Portaria ME nº 129/19).

Súmula nº 114: O Imposto de Renda incidente na fonte sobre pagamento a beneficiário não identificado, ou sem comprovação da operação ou da causa, submete-se ao prazo decadencial previsto no art. 173, I, do CTN (vinculante – Portaria ME nº 129/19).

Súmula nº 115: A sistemática de cálculo do "Método do Preço de Revenda menos Lucro com margem de lucro de sessenta por cento (PRL 60)", prevista na Instrução Normativa SRF nº 243, de 2002, não afronta o disposto no art. 18, inciso II, da Lei nº 9.430, de 1996, com a redação dada pela Lei nº 9.959, de 2000 (vinculante – Portaria ME nº 129/19).

Súmula nº 116: Para fins de contagem do prazo decadencial para a constituição de crédito tributário relativo à glosa de amortização de ágio na forma dos arts. 7º e 8º da Lei nº 9.532, de 1997, deve-se levar em conta o período de sua repercussão na apuração do tributo em cobrança (vinculante – Portaria ME nº 129/19).

Súmula nº 117: A indedutibilidade de despesas com "royalties, prevista no art. 71, parágrafo único, alínea "g", da Lei nº 4.506, de 1964, não é aplicável à apuração da CSLL (vinculante – Portaria ME nº 129/19).

Súmula nº 118: Caracteriza ganho tributável por pessoa jurídica domiciliada no país a diferença positiva entre o valor das ações ou quotas de capital recebidas em razão da transferência do patrimônio de entidade sem fins lucrativos para (...). empresarial e o valor despendido na aquisição de título patrimonial (vinculante – Portaria ME nº 129/19).

Súmula nº 119: No caso de multas por descumprimento de obrigação principal e descumprimento de obrigação acessória pela falta de declaração em GFIP, associadas e exigidas em lançamentos de ofício referentes a fatos geradores anteriores à vigência da Medida Provisória nº 449, de 2008, convertida na Lei nº 11.941, de 2009, a retroatividade benigna deve ser aferida mediante a comparação entre a soma das penalidades pelo descumprimento das obrigações principal e acessória, aplicáveis à época dos fatos geradores com a multa de ofício de 75% prevista no art. 44 da Lei nº 9.430, de 1996 (vinculante – Portaria ME nº 129/19) (revogada em 06.08.21).

Súmula nº 120: Não é válida a intimação para comprovar a origem de depósitos bancários em cumprimento ao art. 42 da Lei nº 9. 430, de 1996, quando dirigida ao espólio, relativamente aos fatos geradores ocorridos antes do falecimento do titular da conta bancária (vinculante – Portaria ME nº 129/19).

Súmula nº 121: A isenção do imposto de renda prevista no art. 6º, inciso XIV, da Lei nº 7.713, de 1988, referente à cegueira, inclui a cegueira monocular (vinculante – Portaria ME nº 129/19).

Súmula nº 122: A averbação da Área de Reserva Legal (ARL) na matrícula do imóvel em data anterior ao fato gerador supre a eventual falta de apresentação do Ato Declaratório Ambiental (ADA) (vinculante – Portaria ME nº 129/19).

Súmula nº 123: Imposto de renda retido na fonte relativo a rendimentos sujeitos a ajuste anual caracteriza pagamento apto a atrair a aplicação da regra decadencial prevista no artigo 150, §4º, do Código Tributário Nacional (vinculante – Portaria ME nº 129/19).

Súmula nº 124: A produção e a exportação de produtos classificados na Tabela de Incidência do IPI (TIPI) como "não tributados" não geram direito ao crédito presumido de IPI de que trata o art. 1º da Lei nº 9.363, de 1996 (vinculante – Portaria ME nº 129/19).

Súmula nº 125: No ressarcimento da COFINS e da Contribuição para o PIS não cumulativas não incide correção monetária ou juros, nos termos dos artigos 13 e 15, VI, da Lei nº 10.833, de 2003 (revogada em 27.09.22).

Súmula nº 126: A denúncia espontânea não alcança as penalidades infligidas pelo descumprimento dos deveres instrumentais decorrentes da inobservância dos prazos fixados pela Secretaria da Receita Federal do Brasil para a prestação de informações, à administração aduaneira, mesmo após o advento da nova redação do art. 102 do Decreto Lei nº 37, de 1966, dada pelo art. 40 da Lei nº 12.350, de 2010 (vinculante – Portaria ME nº 129/19).

Súmula nº 127: A incidência da Contribuição de Intervenção no Domínio Econômico (CIDE) na contratação de serviços técnicos prestados por residentes ou domiciliados no exterior prescinde da ocorrência de transferência de tecnologia (vinculante – Portaria ME nº 129/19).

Súmula nº 128: No cálculo do crédito presumido de IPI, de que tratam a Lei nº 9.363 de 1996 e a Portaria MF nº 38, de 1997, as receitas de exportação de produtos não industrializados pelo contribuinte incluem-se na composição tanto da Receita de Exportação – RE, quanto da Receita Operacional Bruta – ROB, refletindo nos dois lados do coeficiente de exportação numerador e denominador (vinculante – Portaria ME nº 129/19).

Súmula nº 129: Constatada irregularidade na representação processual, o sujeito passivo deve ser intimado a sanar o defeito(...). decisão acerca do conhecimento do recurso administrativo (vinculante – Portaria ME nº 129/19).

Súmula nº 130: A atribuição de responsabilidade a terceiros com fundamento no art. 135, inciso III, do CTN, não exclui a pessoa jurídica do polo passivo da obrigação tributária (vinculante – Portaria ME nº 410/20).

Súmula nº 131: Inexiste vedação legal à aplicação de multa de ofício na constituição do crédito tributário em face de entidade submetida ao regime de liquidação extrajudicial (vinculante – Portaria ME nº 410/20).

Súmula nº 132: No caso de lançamento de ofício sobre débito objeto de depósito judicial em montante parcial, à incidência de multa de ofício e juros de mora atinge apenas o montante da dívida não abrangida pelo depósito (vinculante – Portaria ME nº 410/20).

Súmula nº 133: A falta de atendimento à intimação para prestar esclarecimentos não justifica, por si só, o agravamento de multa de ofício, quando essa conduta motivou presunção de omissão de receitas ou de rendimentos.

Súmula nº 134: A simples existência, no contrato social, de atividade vedada ao Simples não resulta na exclusão do contribuinte, sendo necessário que a fiscalização comprove a efetiva execução de tal atividade (vinculante – Portaria ME nº 410/20).

Súmula nº 135: A antecipação do recolhimento do IRPJ e da CSLL, por meio de estimativas mensais, caracteriza pagamento apto a atrair a aplicação da regra decadencial prevista no art. 150, §4º do CTN.

Súmula nº 136: Os ajustes decorrentes de superveniências e insuficiências de depreciação, contabilizados pelas arrecadadoras em obediência às normas do Banco Central do Brasil, não causam efeitos tributários para a CSLL, devendo ser neutralizados extracontabilmente mediante exclusão das receitas ou adição das(...) correspondentes na apuração da base de cálculo da contribuição (vinculante – Portaria ME nº 410/20).

Súmula nº 137: Os resultados positivos decorrentes da avaliação de investimentos pelo método da Equivalência Patrimonial não integram a base de cálculo do IRPJ ou da CSLL na sistemática do lucro presumido (vinculante – Portaria ME nº 410/20).

Súmula nº 138: Imposto de renda retido na fonte incidente sobre as receitas auferidas por pessoa jurídica, sujeitas à apuração trimestral ou anual, caracteriza pagamento apto a atrair a aplicação da regra decadencial prevista no art. 150, §4º do CTN (vinculante – Portaria ME nº 410/20).

Súmula nº 139: Os descontos e os abatimentos concedidos por instituição financeira na renegociação de créditos com seus clientes constituem despesas operacionais dedutíveis do lucro real e da base de cálculo da CSLL, não se aplicando (...). circunstância as disposições dos artigos 9º a 12 da Lei nº 9.4301996 (vinculante – Portaria ME nº 410/20).

Súmula nº 140: Aplica-se retroativamente o disposto no art. 11 da Lei nº 13.202, de 2015, no sentido de que os acordos e convenções internacionais celebrados pelo Governo da República Federativa do Brasil para evitar dupla tributação da renda. abrangem a CSLL (vinculante – Portaria ME nº 410/20).

Súmula nº 141: As aplicações financeiras realizadas por cooperativas de crédito constituem atos cooperativos, o que afasta a incidência de IRPJ e CSLL sobre os respectivos resultados (vinculante – Portaria ME nº 410/20).

Súmula nº 142: Até 31.12.08 são enquadradas como serviços hospitalares todas as atividades tipicamente promovidas em hospitais, voltadas diretamente à promoção da saúde, mesmo eventualmente prestadas por outras pessoas jurídicas, excluindo-se as simples consultas médicas (vinculante – Portaria ME nº 410/20).

Súmula nº 143: A prova do imposto de renda retido na fonte deduzido pelo beneficiário na apuração do imposto de renda devido, se faz exclusivamente por meio de comprovante de retenção emitido em seu nome pela fonte pagadora dos rendimentos (vinculante – Portaria ME nº 410/20).

Súmula nº 144: A presunção legal de omissão de receitas com base na manutenção no passivo, de obrigações cuja exigibilidade não seja comprovada ("passivo não comprovado") caracteriza-se no momento do registro contábil do passivo, tributando-se a irregularidade no período de apuração correspondente (vinculante – Portaria ME nº 410/20).

Súmula nº 145: A partir de 01.10.02 a compensação de crédito de saldo negativo de IRPJ ou CSLL, ainda que com tributo de mesma espécie, deve ser promovida mediante apresentação de Declaração de Compensação – DECOMP (vinculante – Portaria ME nº 410/20).

Súmula nº 146: A variação cambial ativa resultante de investimento no exterior avaliado pelo método de equivalência patrimonial não é tributável pelo IRPJ e CSLL (vinculante – Portaria ME nº 410/20).

Súmula nº 147: Somente com a edição da Medida Provisória nº 351/2007, convertida na Lei nº 11.488/2007, que alterou a redação do art. 44 da Lei nº 9.430/1996, passou a existir a previsão específica de incidência de multa isolada na hipótese de falta de pagamento do carnê-leão (50%), sem prejuízo da penalidade simultânea pelo lançamento de ofício do respectivo rendimento no ajuste anual (75%) (vinculante – Portaria ME nº 410/20).

Súmula nº 148: No caso de multa por descumprimento de obrigação acessória previdenciária, a aferição da decadência tem sempre como base o art. 173, I, d CTN, ainda que se verifique pagamento antecipado da obrigação principal correlata ou esta tenha sido fulminada pela decadência dom base no art. 150, §4º, do CTN (vinculante – Portaria ME nº 410/20).

Súmula nº 149: Não integra o salário de contribuição a bolsa de estudos de graduação ou de pós-graduação concedida aos empregados, em período anterior à vigência da Lei nº 12.513, de 2011, nos casos em que o lançamento aponta como único motivo para exigir a contribuição previdenciária o fato desse auxílio se referir a educação de ensino superior (vinculante – Portaria ME nº 410/20).

Súmula nº 150: A inconstitucionalidade declarada por meio do RE nº 363.852/MG não alcança os lançamentos de sub-rogação da pessoa jurídica nas obrigações do produtor rural pessoa física que tenham como fundamento a Lei nº 10.256, de 2001 (vinculante – Portaria ME nº 410/20).

Súmula nº 151: Aplica-se retroativamente o inciso II do §4º do art. 1º da Lei nº 11.945/2009 referente a multa pela falta ou atraso da apresentação da "DIF – Papel Imune" devendo ser cominada por apresentação não apresentada no prazo trimestral, e não mais por mês calendário, conforme anteriormente estabelecido no art. 57 da MP nº 2.158-35/2001, consagrando-se a retroatividade benéfica nos termos do art. 106, do Código Tributário Nacional (vinculante – Portaria ME nº 410/20).

Súmula nº 152: Os créditos relativos a tributos administrados pela Receita Federal do Brasil (RFB), reconhecidos por sentença judicial transitada em julgado que tenha permitido apenas a compensação com débitos de tributos da mesma espécie, podem ser compensados com débitos próprios relativos a quaisquer tributos, administrados pela Receita Federal do Brasil, observada a legislação vigente por ocasião de sua realização (vinculante – Portaria ME nº 410/20).

Súmula nº 153: As receitas decorrentes das vendas de produtos efetuadas por estabelecimentos situados na Zona Franca de Manaus equiparam-se às receitas de exportação, não se sujeitando, portanto, à incidência das contribuições para o PIS/Pasep e para a COFINS.

Súmula nº 154: Constatada a oposição ilegítima ao ressarcimento de crédito presumido do IPI, a correção monetária pela taxa Selic deve ser contada a partir do encerramento do prazo de 360 dias para análise do pedido do contribuinte, conforme o art. 24 da Lei nº 11.457/07 (vinculante – Portaria ME nº 410/20).

Súmula nº 155: A multa prevista no art. 33 da Lei nº 11.488/07 não se confunde com a pena de perdimento, do art. 23, inciso V, do Decreto-Lei nº 1.455/76, o que afasta a aplicação da retroatividade benigna definida no art. 106, II, "c", do Código Tributário Nacional (vinculante – Portaria ME nº 410/20).

Súmula nº 156: No regime de drawback, modalidade suspensão, o termo inicial para a contagem do prazo quinquenal de decadência do direito de lançar os tributos suspensos é o primeiro dia do exercício seguinte ao encerramento do prazo de trinta dias posteriores à data limite para a realização das exportações compensadas compromissadas, nos termos do art. 173, I, do CTN (vinculante – Portaria ME nº 410/20).

Súmula nº 157: O percentual da alíquota do crédito presumido das agroindústrias de produtos de origem animal ou vegetal, previsto no art. 8º da Lei nº 10.925/2004, será determinado com base na natureza da mercadoria produzida ou comercializada pela referida agroindústria, e não em função da origem do insumo que aplicou para obtê-lo (vinculante – Portaria ME nº 410/20).

Súmula nº 158: O Imposto de Renda Retido na Fonte – IRRF incidente sobre valores pagos, creditados, entregues, empregados ou remetidos, a cada mês, a residentes ou domiciliados no exterior, a título de remuneração pelas obrigações contraídas, compõe a base de cálculo da Contribuição de Intervenção no Domínio Econômico – CIDE de que trata a Lei nº 10.168/2000, ainda que a fonte pagadora assuma o ônus do imposto retido (vinculante – Portaria ME nº 410/20).

Súmula nº 159: Não é necessária a realização do lançamento para a glosa de ressarcimento do PIS/Pasep e Cofins não cumulativos, ainda que os ajustes se verifiquem na base de cálculo das contribuições (vinculante – Portaria ME nº 410/20).

Súmula nº 160: A aplicação da multa substitutiva do perdimento a que se refere o §3º do art. 23, do Decreto-Lei nº 1.455, de 1976, independe da comprovação de prejuízo ao recolhimento de tributos ou contribuições (vinculante – Portaria ME nº 410/20).

Súmula nº 161: O erro de indicação, na Declaração de Importação, da classificação da mercadoria na Nomenclatura Comum do Mercosul, por si só, enseja a aplicação da multa de 1%, prevista no art. 84, I da MP nº 2.158-35, de 2001, ainda que o órgão julgador conclua que a classificação indicada no lançamento de ofício seria (...) (vinculante – Portaria ME nº 410/20).

Súmula nº 162: O direito ao contraditório e à ampla defesa somente se instaura com a apresentação de impugnação ao lançamento (vinculante – Portaria ME nº 12.975/21).

Súmula nº 163: O indeferimento fundamentado de requerimento de diligência ou perícia não configura cerceamento do direito de defesa, sendo facultado ao órgão julgador indeferir aquelas que considerar prescindíveis ou impraticáveis (vinculante – Portaria ME nº 12.975/21).

Súmula nº 164: A retificação de DCTF após a ciência do despacho decisório que indeferiu o pedido de restituição ou que não homologou a declaração de compensação é insuficiente para a c comprovação do crédito, sendo indispensável a comprovação do erro em que se fundamenta a retificação (vinculante – Portaria ME nº 12.975/21).

Súmula nº 165: Não é nulo o lançamento de ofício referente a crédito tributário depositado judicialmente, realizado para fins de prevenção da decadência, com reconhecimento da suspensão de sua exigibilidade e sem a aplicação de penalidade ao sujeito passivo (vinculante – Portaria ME nº 12.975/21).

Súmula nº 166: Inexiste vedação legal à aplicação de juros de mora na constituição de crédito tributário em face de entidade submetida ao regime de liquidação extrajudicial (vinculante – Portaria ME nº 12.975/21).

Súmula nº 167: O art. 76, inciso II, alínea "a" da Lei nº 4.502, de 1964, deve ser interpretado em conformidade com o art. 100, inciso II do CTN, e, inexistindo lei que atribua eficácia normativa a decisões proferidas no âmbito do processo administrativo fiscal federal, a observância destas pelo sujeito passivo não exclui a aplicação de penalidades (vinculante – Portaria ME nº 12.975/21).

Súmula nº 168: Mesmo após a ciência do despacho decisório, a comprovação de inexatidão material no preenchimento da DCOMP permite retomar a análise do direito creditório.

Súmula nº 169: O art. 24 do Decreto-Lei nº 4.657, de 1942 (LINDB), incluído pela Lei nº 13.655, de 2018, não se aplica ao processo administrativo fiscal (vinculante – Portaria ME nº 12.975/21).

Súmula nº 170: A homologação tácita não se aplica a pedido de compensação de débito de um sujeito passivo com crédito de outro (vinculante – Portaria ME nº 12.975/21).

Súmula nº 171: Irregularidade na emissão, alteração ou prorrogação do MPF não acarreta a nulidade do lançamento (vinculante – Portaria ME nº 12.975/21).

Súmula nº 172: A pessoa indicada no lançamento na qualidade de contribuinte não possui legitimidade para questionar a responsabilidade imputada a terceiros pelo crédito tributário lançado (vinculante – Portaria ME nº 12.975/21).

Súmula nº 173: A intimação por edital realizada a partir da vigência da Lei nº 11.196, de 2005, é válida quando houver demonstração de que foi improfícua a intimação por qualquer um dos meios ordinários (pessoal, postal ou eletrônico), ou quando, após a vigência da Medida Provisória nº 449, de 2008, convertida na Lei nº 11.941, de 2009, o sujeito passivo tiver sua inscrição declarada inapta perante o cadastro fiscal.

Súmula nº 174: Lançamento de multa por descumprimento de obrigação acessória submete-se ao prazo decadencial previsto no art. 173, inciso I, do CTN (vinculante – Portaria ME nº 12.975/21).

Súmula nº 175: É possível a análise de indébito correspondente a tributos incidentes sobre o lucro sob a natureza de saldo negativo se o sujeito passivo demonstrar, mesmo depois do despacho decisório de não homologação, que errou ao preencher a Declaração de Compensação – DCOMP e informou como crédito pagamento indevido ou a maior de estimativa integrante daquele saldo negativo (vinculante – Portaria ME nº 12.975/21).

Súmula nº 176: O imposto de renda pago por sócio pessoa física, em tributação definitiva de ganho de capital, pode ser deduzido do imposto de renda exigido de pessoa jurídica em razão da requalificação da sujeição passiva na tributação da mesma operação de alienação de bens ou direitos (vinculante – Portaria ME nº 12.975/21).

Súmula nº 177: Estimativas compensadas e confessadas mediante Declaração de Compensação (DCOMP) integram o saldo negativo de IRPJ ou CSLL ainda que não homologadas ou pendentes de homologação (vinculante – Portaria ME nº 12.975/21).

Súmula nº 178: A inexistência de tributo apurado ao final do ano-calendário não impede a aplicação de multa isolada por falta de recolhimento de estimativa na forma autorizada desde a redação original do art. 44 da Lei nº 9.430, de 1996 (vinculante – Portaria ME nº 12.975/21).

Súmula nº 179: É vedada a compensação pela pessoa jurídica sucessora de bases de cálculo negativas de CSLL acumuladas por pessoa jurídica sucedida, mesmo antes da vigência da Medida Provisória nº 1.858-6, de 1999 (vinculante – Portaria ME nº 12.975/21).

Súmula nº 180: Para fins de comprovação de despesas médicas, a apresentação de recibos não exclui a possibilidade de exigência de elementos comprobatórios adicionais (vinculante – Portaria ME nº 12.975/21).

Súmula nº 181: No âmbito das contribuições previdenciárias, é incabível lançamento por descumprimento de obrigação acessória, relacionada à apresentação de informações e documentos exigidos, ainda que em meio digital, com fulcro no caput e parágrafos dos artigos 11 e 12, da Lei nº 8.218, de 1991.

Súmula nº 182: O seguro de vida em grupo contratado em favor do grupo de empregados, sem que haja a individualização do montante a que a beneficia a cada um deles, não se inclui no conceito de remuneração, sujeito à incidência de contribuições previdenciárias, ainda que o benefício não esteja previsto em acordo ou convenção coletiva de trabalho.

Súmula nº 183: O valor das aquisições de matérias-primas, produtos intermediários, materiais de embalagem, energia elétrica, e combustíveis, empregados em atividades anteriores à fase industrial do processo produtivo, não deve ser incluído na base de cálculo do crédito presumido do IPI, de que tratam as Leis nºs 9.363/96 e 10.276/01 (vinculante – Portaria ME nº 12.975/21).

Súmula nº 184: O prazo decadencial para aplicação de penalidade por infração aduaneira é de 5 (cinco) anos contados da data da infração, nos termos dos artigos 138 e 139, ambos do Decreto-Lei nº 37/66 e do artigo 753 do Decreto nº 6.759/2009 (vinculante – Portaria ME nº 12.975/21).

Súmula nº 185: O Agente Marítimo, enquanto representante do transportador estrangeiro no País, é sujeito passivo da multa descrita no artigo 107 inciso IV alínea "e" do Decreto-Lei 37/66 (vinculante – Portaria ME nº 12.975/21).

Súmula nº 186: A retificação de informações tempestivamente prestadas não configura a infração descrita no artigo 107, inciso IV, alínea "e" do Decreto-Lei nº 37/66 (vinculante – Portaria ME nº 12.975/21).

Súmula nº 187: O agente de carga responde pela multa prevista no art. 107, IV, "e" do DL nº 37, de 1966, quando descumpre o prazo estabelecido pela Receita Federal para prestar informação sobre a desconsolidação da carta (vinculante – Portaria ME nº 12.975/21).

Súmula nº 188: É permitido o aproveitamento de créditos sobre as despesas com serviços de fretes na aquisição de insumos não onerados pela Constituição para o PIS/Pasep e pela Cofins não cumulativas, desde que tais serviços, registrados de forma autônoma em relação aos insumos adquiridos, tenham sido efetivamente tributados pelas referidas contribuições.

Súmula nº 189: Os gastos com insumos da fase agrícola, denominados de "insumos do insumo", permitem o direito ao crédito relativo à Contribuição para o PIS/Pasep e à Cofins não cumulativas.

Súmula nº 190: Para fins do disposto no art. 3º, da Lei nº 10.637/2002, e no art. 3º, IV, da Lei nº 10.833/2003, os dispêndios com locação de veículos de transporte de carga ou de passageiros não geram créditos de Contribuição para o PIS/Pasep e da Cofins não cumulativas.

Súmula nº 191: É possível a utilização, para a formação de saldo negativo de IRPJ, das retenções na fonte correspondentes às receitas financeiras cuja tributação tenha sido diferida por se encontrar a pessoa em fase pré-operacional.

Súmula nº 192: É defeso à autoridade julgadora alterar o regime de apuração adotada no lançamento do IRPJ e da CSLL, de lucro real para lucro arbitrado, quando configurada hipótese legal de arbitramento do lucro.

Súmula nº 193: Os tributos discutidos judicialmente, cuja exigibilidade estiver suspensa, nos termos do art. 151 do CTN, são indedutíveis para efeito de determinar a base de cálculo da CSLL.

Súmula nº 194: "Para fins de incidência de contribuições previdenciárias, os escreventes e auxiliares de cartórios, filiam-se ao Regime Geral de Previdência Social (RGSP), ainda que tenham sido admitidos antes de 21/11/1994".

Súmula nº 195: Os valores pagos a diretores não empregados a título de participação nos lucros ou nos resultados estão sujeitos à incidência de contribuições previdenciárias.

Súmula nº 195: No caso de multas por descumprimento de obrigação principal, bem como de obrigação acessória pela falta de declaração em GFIP, referentes a fatos geradores anteriores à vigência da Medida Provisória nº 449/2008, a retroatividade benigna deve ser aferida da seguinte forma: (i) em relação à obrigação principal, os valores lançados sob amparo da antiga redação do art. 35 da Lei nº 8.212/1991 deverão ser comparados com o que seria devido nos termos da nova redação dada ao mesmo art. 35 pela Medida Provisória nº 449/2008, sendo a multa limitada a 20%, e (ii) em relação à multa por descumprimento de obrigação acessória, os valores lançados nos termos do art. 32, IV, §§ 4º e 5º, da Lei 8.212/1991, de forma isolada ou não, deverão se comparados com o que seria devido nos termos do que dispõe ao rt. 32-A da mesma Lei nº 8.212/1991.

Súmula nº 197: Os valores recebidos a título de diferenças ocorridas na conversão da remuneração de Cruzeiro Real para a Unidade Real de Valor – URV são de natureza salarial, razão pela qual estão sujeitos à incidência de IRPJ nos termos doa rt. 43 do CTN.

Súmula nº 198: Não incide imposto de renda sobre os juros de mora devidos pelo atraso no pagamento de remuneração por exercício de emprego, cargo ou função.

Súmula nº 199: A isenção do art. 4º, "d", do Decreto-Lei nº 1.510/1976 se aplica a alienações ocorridas após a sua revogação pela Lei nº 7.713/1998, desde que já completados cinco anos sem mudança de titularidade das ações na vigência do Decreto-Lei nº 1.510/1976.

Súmula nº 200: Incabível a manutenção do arbitramento com base no SIPT, quando o VTN é apurado sem levar em conta a aptidão agrícola do imóvel. Rejeitado o valor arbitrado, e tendo o contribuinte reconhecido um VTN maior do que o declarado na DITR, deve se adotar tal valor.

Súmula nº 201: São isentos do imposto de renda os rendimentos do trabalho recebidos por técnicos a serviços das Nações Unidas, de seus programas ou de suas Agências Especializadas expressamente enumeradas no Decreto nº 59.308/1966 abrangidos por acordo de assistência técnica que atribua os benefícios fiscais decorrentes da Convenção sobre Privilégios e Imunidades das Nações Unidas, promulgada pelo Decreto nº 27.784/1950, contratados no Brasil por período pré-fixado ou por empreitada, para atuar como consultores.

Súmula nº 202: O prazo para homologação tácita da compensação declarada pelo sujeito passivo conta-se da data da entrega da Declaração de Compensação (DCOMP), ou da data do pedido de compensação convertido em DCOMP, mesmo quando anteriores a 31.10.2003.

Súmula nº 203: A compensação não equivale a pagamento para fins de aplicação do art. 138 do Código Tributário Nacional que trata de denúncia espontânea.

Súmula nº 204: Enquanto não transcorrido o prazo de homologação tácita da Declaração de Compensação (DCOMP) pode o Fisco confirmar os requisitos legais de dedução de retenções na fonte e estimativas mensais na apuração de saldo negativo de IRPJ e CSLL.

Súmula nº 205: Os valores pagos a título de auxílio-alimentação em pecúnia compõem, a base de cálculo das contribuições previdenciárias e das devidas a outras entidades e fundos.

Súmula nº 206: A compensação de valores discutidos em ações judiciais antes do trânsito em julgado, efetuada em inobservância à decisão judicial e ao art. 170ª, configura hipótese de aplicação da multa isolada e dobro, prevista no § 10 do art. 89 da Lei nº 8.212/1991.

Súmula nº 207: As contribuições previdenciárias referentes à parte dos segurados, pagas por pessoa jurídica interposta em relação a seus sócios, cujas contratações tenham sido reclassificadas como relação de emprego diversa, podem ser deduzidas do valor lançado no auto de infração.

Súmula nº 208: Não incide contribuição previdenciária sobre os valores repassados pelas operadoras de planos de saúde intermediárias na remuneração aos profissionais de saúde credenciados que prestam serviços aos pacientes beneficiários do plano.

Súmula nº 209: As contribuições previdenciárias podem ser exigidas do tomador de serviços, ainda que sem apuração prévia do prestador, no caso de prestação de serviços executados mediante cessão de mão de obra, cabendo ao tomador de serviços, na qualidade de responsável solidário, comprovar o efetivo recolhimento.

Súmula nº 210: As empresas que integram grupo econômico de qualquer natureza respondem solidariamente pelo cumprimento das obrigações previstas na legislação previdenciária, nos termos do rt. 30, inciso IX, da Lei nº 8.212/1991, c/c o art. 124, inciso II, do CTN, sem necessidade de o fisco demonstrar o interesse comum a que alude o art. 124, inciso I, do CTN.

Súmula nº 211: A contribuição previdenciária incide sobre as importâncias pagas aos segurados empregados a título de auxílio educação, bolsas de estudo e congêneres, concedido a seus dependentes antes da vigência da Lei nº 12.513/2011.

Súmula nº 212: A apresentação de requerimento junto à Administração Tributária é requisito indispensável á fruição do benefício da desoneração das contribuições previdenciárias, para fatos geradores ocorridos sob a égide do art. 55, §1º, da Lei nº 8.212/1991, por se caracterizar aspecto procedimental referente à fiscalização e ao controle administrativo.

Súmula nº 213: O auxílio-alimentação pago in natura ou na forma de tíquete ou congêneres não integra a base de cálculo das contribuições previdenciárias, independentemente de o sujeito passivo estar inscrito no PAT.

Súmula nº 214: A pensão paga por mera liberalidade a maiores de vinte e quatro anos, ainda que em razão de acordo homologado judicialmente ou por escritura pública, não é dedutível na apuração do Imposto de Renda Pessoa Física (IRPJ).

Súmula nº 215: A entrega intempestiva da Declaração de Imposto sobre a Propriedade Territorial Rural (DITR), antes de iniciado o procedimento fiscal, enseja o lançamento da multa por atraso calculada apenas com base no imposto apurado pelo sujeito passivo na DITR, ainda que sobrevenha lançamento de ofício.

Súmula nº 216: O desembaraço aduaneiro não é instituto homologatório do lançamento e a realização do procedimento de "revisão aduaneira", com fundamento no art. 54 do Decreto-Lei nº 37/1966, não implica "mudança de critério jurídico" vedada pelo art. 146 do CTN, qualquer que seja o canal de conferência aduaneira.

Súmula nº 217: Os gastos com fretes relativos ao transporte de produtos acabados entre estabelecimentos da empresa não geram créditos de Contribuição para o PIS/Pasep e de Cofins não cumulativas.

ÍNDICE ALFABÉTICO DE ASSUNTOS
(Remete-se aos capítulos, itens e subitens)

Ação anulatória 21.1.1
Ação civil pública 21.3.1
Ação consignatória 21.1.2
Ação declaratória 21.1.3
Ação de repetição de indébito 21.1.5
Ação monitória 21.1.4
Ação popular 21.3.2
Ação rescisória 21.1.6
Ação cível originária 21.2.1
Ação declaratória de constitucionalidade 21.2.3
Ação direta de inconstitucionalidade 21.2.3
Adicional ao frete para renovação da marinha mercante 3.5.3.2.3
Administração tributária 17
Analogia 8.4
Anistia 15.3
Anterioridade 1.4.4
Aplicação da legislação 7.4
Aplicação, vigência e eficácia da legislação tributária 7
Apreensão de bens 11.7.4
Arbitramento 12.3.4
Arguição de descumprimento de preceito fundamental 21.2.4
Arrolamento 11.7.9
Artesanal 3.5.5.7
Aspectos do fato gerador 9.3.2
Atividade financeira do Estado 1.1
Atividades rurais e pesca artesanal 3.5.5.7
Atos administrativos, decretos e regulamentos 6.10
Atos ilícitos e tributação 9.3.5
Auto de infração 21.5.2
Autonomia do Direito Tributário – inexistência 1.3

Bitributação e *bis in idem* 4.8

Capacidade contributiva 1.4.7
Capacidade passiva 10.5

Capacidade tributária 10.1
CBS 3.5.5.10
Certidão negativa 17.5
Cisão, transformação, fusão, incorporação 11.2.2
Classificações e espécies de tributos 3 e 3.6
Cofins 3.5.5.1
Cofins-importação – PIS/Pasep 3.5.5.3
Compensação 14.2
Compensação – processo administrativo 21.4
Competência e capacidade tributária – sujeito ativo 10.1
Competência tributária 10.1
Competência tributária da União 4.2
Competência tributária do Distrito Federal 4.4
Competência tributária dos Estados 4.3
Competência tributária dos Municípios 4.5
Competência tributária dos Territórios 4.6
Competência tributária e partilha das receitas 4
    - características 4.1
Conceito de tributo 2
Conceito de vigência 7.1
Condecine 3.5.3.2.9
Confisco – vedação 1.4.8
Consignação em pagamento 14.1.2
Consulta 21.1
Constituição do crédito tributário 12
    - noções gerais 12.1
Constituição Federal e emendas 6.1
Contabilidade e direito 1.6
Contencioso – processo administrativo 21.5
Continuidade e extinção da atividade 11.2.3
Contribuições 3.5
    - considerações genéricas 3.5.3.1
Contribuições corporativas 3.5.3.3
Contribuições de intervenção econômica 3.5.3.2
Contribuições de melhoria 3.3
Contribuições de seguridade social 3.5.5
Contribuições sociais e imunidades 5.8
Contribuições sociais, interventivas e de interesse de categorias profissionais e econômicas 3.5.3
Contribuinte 10.2
Convênios 6.9

Conversão de depósito em renda 14.7
Cosip 3.5.4
Crédito tributário – Constituição 12
    - noções gerais 12.1
Crédito tributário – exclusão 15
Crédito tributário – extinção 14
    - considerações gerais 14.1.1
Crédito tributário – garantias e privilégios 16
Crédito tributário – suspensão da exigibilidade 13

Dação em pagamento 14.1.5
Decadência 14.5
Decisão administrativa irreformável 14.8
Decisão – processo administrativo 21.5.2
Decisão judicial passada em julgado 14.9
Declaração 12.3.1
Decretos legislativos 6.7
Decretos, regulamentos e atos administrativos 6.10
Definição e noção constitucional de tributo no CTN 2.1
Denominação do tributo 2.2
Denúncia espontânea 11.5
Depósito 13.2
Depósito – conversão em renda 14.7
Destinação do tributo 2.3
Devedor remisso 11.7.7
Dever de informação 17.2
Direito – princípios gerais 8.5
Direito creditório – reconhecimento 21.4
Direito Tributário – fontes 6
Direito Tributário – fundamentos básicos 1
Direito Tributário – posição constitucional 1.2
Direito Tributário – regime jurídico 1.5
Direitos e deveres da fiscalização 17.1
Distinção entre tarifa, taxa e preço público 3.2.3
Distrito Federal – competência tributária 4.4
Dívida ativa 17.4
Domicílio 10.6
Draw back 15.6
Drop Down 11.2.2

Eficácia, vigência e aplicação da legislação tributária 7
Eficiência 1.4.14
Emendas à Constituição Federal 6.1
Empréstimo compulsório 3.4
Entidades sindicais – imunidade 5.4
Equidade 8.6
Espécies e classificações de tributos 3
Estados – competência tributária 4.3
Exclusão do crédito tributário e incentivos fiscais 15
Execução fiscal 21.4.2
    - exceção de pré-executividade 21.4.2.3
    - legitimidade 21.4.2.1
    - prazo 21.4.2.2
    - trâmites processuais 21.4.2.4
Extinção de pessoas jurídicas e continuidade da atividade 11.2.3
Extinção do crédito tributário 14
    - considerações gerais 14.1.1

Falecimento, natureza pessoal da obrigação tributária e negócios imobiliários 11.2.1
Fato gerador – considerações gerais 9.3.1
Fato gerador e obrigação tributária 9 e 9.3
Fato gerador – momentos da ocorrência 9.3.3
Fatos futuros e pendentes 7.5
Federativo 1.4.1
FGTS 3.5.3.4.2
Ficções, indícios e presunções 9.3.4
Fiscalização – direitos e deveres 17.1
Folha de salários e rendimentos de trabalho 3.5.5.4
Fontes do Direito Tributário 6
Fraude – presunção 16.2
Fundamento básico do Direito Tributário 1
Funttel 3.5.3.2.6
Fusão, transformação, incorporação, cisão 11.2.2
Fust 3.5.3.2.7

Garantias e privilégios do crédito tributário 16
    - disposições gerais 16.1
Grupo econômico 11.6
Guerra fiscal 15.4

Habeas data 21.1.1.7
Homologação de lançamento 12.3.3
Homologação de lançamento e pagamento antecipado 14.1.4

IAA 3.5.3.2.4
IBS 21
ICMS 19.2
Igualdade 1.4.6
Impessoalidade 1.4.11
Imposto de exportação 18.2
    - alíquota 18.2.4
    - base de cálculo 18.2.3
    - materialidade 18.2.1
    - sujeito ativo, contribuintes e responsáveis 18.2.2
Imposto de importação 18.1
    - alíquota 18.1.4
    - base de cálculo 18.1.3
    - materialidade 18.1.1
    - regimes especiais 18.1.5.
    - siscoserv 18.1.6
    - sujeito ativo, contribuintes e responsável 18.1.2
Imposto de renda 18.3
    - alíquota 18.3.4
    - base de cálculo 18.3.3
    - materialidade 18.3.2
Imposto de transmissão, *causa mortis* 19.1
    - alíquota 19.1.5
    - base de cálculo 19.1.4
    - contribuintes e responsáveis 19.1.3
    - materialidade 19.1.1
    - sujeito ativo 19.1.2
    - EC nº 132/23 – 19.1.6
Imposto seletivo 18.8
Imposto sobre a propriedade de veículos automotores 19.3
    - alíquota 19.3.4
    - base de cálculo 19.3.3
    - materialidade 19.3.1
    - sujeito ativo, contribuinte e responsáveis 19.3.2
Imposto sobre a propriedade predial e territorial urbana 20.1
    - alíquota e progressividade 20.1.4
    - base de cálculo 20.1.3

- materialidade 20.1.1
- sujeito ativo e contribuinte 20.1.2

Imposto sobre a renda e proventos de qualquer natureza 18.3

Imposto sobre a transmissão *inter vivos* de bens imóveis, e de direitos a ele relativos 20.2
- alíquota e progressividade 20.2.4
- base de cálculo 20.2.3
- materialidade 20.2.1
- sujeito ativo e contribuintes 20.2.2

Imposto sobre grandes fortunas 18.7

Imposto sobre operações de crédito, câmbio e seguro, e relativas a títulos e valores mobiliários 18.5
- alíquota 18.5.4
- base de cálculo 18.5.3
- materialidade 18.5.1
- sujeito ativo e contribuintes 18.5.2
- EC nº 132/23 18.5.5

Imposto sobre operações relativas à circulação de mercadorias e sobre prestações de serviços de transporte interestadual e intermunicipal e de comunicação – ICMS 19.2
- alíquota 19.2.5
- base de cálculo 19.2.4
- materialidade 19.2.2
- não cumulatividade 19.2.6
- obrigações acessórias 19.2.8
- pressuposto jurídico 19.2.1
- seletividade 19.2.7
- sujeito ativo e contribuintes 19.2.3

Imposto sobre produtos industrializados 18.4
- alíquota 18.4.4
- base de cálculo 18.4.3
- materialidade 18.4.1
- não cumulatividade 18.4.5
- obrigações acessórias 18.4.7
- seletividade 18.4.6
- sujeito ativo e contribuinte 18.4.2
- EC nº 132/23 18.4.8

Imposto sobre propriedade territorial rural 18.6
- alíquotas 18.6.4
- base de cálculo 18.6.3
- materialidade 18.6.1
- sujeito ativo, contribuinte e responsável 18.6.2

Imposto sobre serviço de qualquer natureza 20.3
    - alíquota 20.3.5
    - base de cálculo 20.3.4
    - conceito jurídico 20.3.1.1
    - conceito legal (lista de serviços) 20.3.1.2
    - contribuinte e responsáveis 20.3.3
    - materialidade 20.3.1
    - serviços do exterior (importação) 20.3.1.3
    - sujeito ativo 20.3.2
Imposto sobre transmissão *causa mortis* e doação, de quaisquer bens ou direitos 19.1
    - alíquota 19.1.5
    - base de cálculo 19.1.4
    - contribuintes e responsáveis 19.1.3
    - materialidade 19.1.1
    - sujeito ativo 19.1.2
Impostos 3.1
Impostos estaduais 19
Impostos federais 18
Impostos municipais 20
Impugnação 21.5.2
Imputação de pagamento 14.2.5
Imunidade dos livros, jornais, periódicos e respectivo papel 5.2.4
Imunidade dos partidos políticos, suas fundações, entidades sindicais dos trabalhadores, instituições de educação e de assistência social 5.2.3
Imunidade dos templos 5.2.2
Imunidade – exportação 5.2.5
    - produtos e mercadorias 5.2.5.1
    - serviços de transporte internacional 5.2.5.2
    - serviço internacional de comunicação 5.2.5.3
    - serviços municipais 5.6.4
Imunidade – fonogramas e videogramas musicais 5.2.11
Imunidade – glebas rurais 5.2.10
Imunidade – natureza 5.1
Imunidade recíproca 5.2.1
Imunidade – ouro 5.2.9
Imunidade – petróleo, lubrificantes, combustíveis e energia elétrica em operações interestaduais 5.2.5.8
Imunidade – serviços de radiodifusão 5.2.5.6
Imunidade – taxas 5.3
Imunidade – transmissões societárias e desapropriação rural 5.2.7
Imunidades 5

Imunidades e contribuições sociais 5.2.4
Imunidade – reconhecimento e suspensão 21.3
Incentivos fiscais e exclusão do crédito tributário 15
    - regime jurídico 15.1
Incorporação, cisão, transformação, fusão 11.2.2
Indícios, presunções e ficções 9.3.4
Inexistência de autonomia do Direito Tributário e seu relacionamento com os demais ramos do Direito 1.3
Infrações – responsabilidade 11.4
Inscrição no Serasa – serviço de proteção ao crédito 11.7.112
Instituições de educação e assistência social 5.4
Integração da legislação tributária 8
    - introdução 8.1
    - noções gerais 8.2.1
Interdição de estabelecimento 11.6.10
Interpretação benigna 8.8
Interpretação com base econômica 8.9
Interpretação e integração da legislação tributária 8
    - introdução 8.1
    - noções gerais 8.2.1
Interpretação literal 8.7
Interpretação – métodos 8.2
IOF 18.5
IPI 18.4
IPTU 20.1
IPVA 19.3
Irretroatividade 1.4.5
Isenção 15.2
ISS 20.3
ITBI 20.2
ITR 18.6

Julgamentos – processo administrativo 21.5.2
Jurisprudência – tributo 3.2.4
Juros 11.6.1

Lacunas e métodos integrativos 8.3
Lançamento – alterações 12.2.1
Lançamento, conceito e objeto 12.2
Lançamento – modalidades 12.3
Lançamento – revisão de ofício 12.3.2

Legalidade 1.4.3
Legislação – aplicação 7.4
Lei complementar 6.2
Lei delegada 6.5
Lei ordinária 6.3
Liberdade de tráfego 1.4.9
Livros, jornais, periódicos e respectivo papel – imunidade 5.5
Lucro 3.5.5.5

Mandado de injunção 21.1.1.8
Mandado de segurança 21.1.9
    - Autoridade coatora. Medida liminar. Execução 21.1.9.5
    - Cabimento 21.1.9.1
    - Direito líquido e certo 21.1.9.2
    - Espécies 21.1.9.4
    - Prazo 21.1.9.3
Medida cautelar fiscal 21.4.1
Medida liminar em mandado de segurança 13.4
Medida liminar ou tutela antecipada em outras espécies de ação judicial 13.5
Medida provisória 6.4
Medidas judiciais 21
    - Ações dos particulares 21.1
    - Ações de controle de constitucionalidade 21.2
    - Ações da coletividade 21.3
    - Ações da Fazenda Pública 21.4
Medidas preparatórias 21.5.1
Método gramatical 8.2.2
Método histórico 8.2.4
Método lógico 8.2.3
Método sistemático 8.2.6
Método teleológico 8.2.5
Métodos de interpretação 8.2
Métodos integrativos e lacunas 8.3
Microempresa e empresa de pequeno porte (Simples nacional) 15.7
Modalidades de lançamento 12.3
Momento da ocorrência do fato gerador 9.3.3
Moralidade 1.4.12
Moratória 13.1
Multa moratória 11.7.2
Multas penais 11.7.3
Municípios – competência tributária 4.5

Natureza jurídica das contribuições 3.5.1
Natureza pessoal da obrigação tributária, negócios imobiliários e falecimento 11.2.1
Noção constitucional de tributo e definição no Código Tributário Nacional 2.1
Normas – recepção 6.11

Obrigação acessória 9.2
Obrigação principal 9.1
Obrigação tributária e fato gerador 9
Obrigação tributária – sujeitos ativo e passivo 10
Operações com petróleo, gás natural (e seus derivados) e álcool combustível – contribuições 3.5.3.2.2

Pagamento 14.1
Pagamento antecipado e homologação de lançamento 14.1.4
Pagamento indevido – repetição 14.1.3
Parafiscalidade 3.5.2
Parcelamento 13.6
Parcelamento – microempresa e empresa de pequeno porte 13.6.2
Partidos políticos - imunidade 5.4
Partilha das receitas 4 e 4.7
Pasep 3.5.5.2.1
Pedágio 3.2.2
Perda da propriedade imóvel 11.6.11
Perdimento de bens 11.7.5
Pesquisa e desenvolvimento do setor elétrico – contribuição 3.5.3.2.8
PIS 3.5.5.2
PIS/Pasep – Cofins-importação 3.5.5.3
Poder de polícia e serviço público 3.2.1
Posição constitucional do Direito Tributário 1.2
Preço público, tarifa e taxa – distinção 3.2.3
Preferências 16.3
Prescrição 14.6
Presunção de fraude 16.2
Presunções, indícios e ficções 9.3.4
Princípio da anterioridade 1.4.4
Princípio da capacidade contributiva 1.4.7
Princípio da cooperação 1.4.19
Princípio da eficiência 1.4.14
Princípio da justiça tributária 1.4.18
Princípio da igualdade 1.4.6
Princípio da impessoalidade 1.4.11

Princípio da irretroatividade 1.4.5
Princípio da legalidade 1.4.3
Princípio da liberdade de tráfego 1.4.9
Princípio da moralidade 1.4.12
Princípio da neutralidade 1.4.21
Princípio da publicidade 1.4.13
Princípio da segurança jurídica 1.4.15
Princípio da simplicidade 1.4.16
Princípio da transparência 1.4.17
Princípio da vedação de confisco 1.4.8
Princípio do meio ambiente 1.4.20
Princípio federativo 1.4.1
Princípio republicano 1.4.2
Princípios constitucionais 1.4
Princípios específicos para determinados impostos 1.4.10
Princípios gerais de Direito 8.5
Prisão (crimes tributários) 11.7.14
Privilégios e garantias do crédito tributário 16
    - disposições gerais 16.1
Procedimento especial de fiscalização 11.6.8
Processo administrativo federal 21
Programa de estímulo à integração universidade-empresa – contribuição 3.5.3.2.5
Publicidade 1.4.13
Protesto de título 1.7.11

Quitação de tributos 16.4

Receita de concurso de prognóstico 3.5.5.10
Recepção das normas 6.11
Reclamação 21.2.5
Reclamações e recursos administrativos 13.3 e 21.5.2
Regime jurídico – Direito Tributário 1.5
Regime jurídico – incentivos fiscais e exclusão do crédito tributário 15.1
Regimes especiais 11.6.6
Regimes especiais 18.1.5
Regime especial. Processo administrativo 21.2
Regulamentos, atos administrativos e decretos 6.10
Relacionamento do Direito Tributário com os demais ramos do Direito e a inexistência de sua autonomia 1.3
Remissão 14.4
Renúncia tributária em face da responsabilidade na gestão fiscal 15.5

Repetição de pagamento indevido 14.1.3
Republicano 1.4.2
Resoluções 6.6
Responsabilidade de terceiros 11.3
Responsabilidade por infrações 11.4
Responsabilidade tributária 11
Responsável 10.3
Ressarcimento 21.4
Restituição 21.4
Retroatividade benigna 7.6
Revisão de ofício de lançamento 12.3.2

Salário-educação 3.5.3.4.1
Sanções tributárias 11.7
    - apreensão de bens 11.7.4
    - arrolamento 11.7.9
    - devedor remisso 11.7.7
    - juros 11.7.1
    - multa moratória 11.7.2
    - multas penais 11.7.3
    - perdimento de bens 11.7.5
    - procedimento especial de fiscalização 11.7.8
    - regimes especiais 11.7.6
Sebrae 3.5.3.2.10
Segurança jurídica – princípio 1.4.15
Seguro de acidente do trabalho 3.5.5.9
Serviço público 20.3.1.4
Serviço público e poder de polícia 3.2.1
Serviço social rural 3.5.5.8
Serviços sociais autônomos – contribuição 3.5.3.4.3
Sigilo 17.3
Simples nacional (microempresa e empresa de pequeno porte) 15.7
Siscoserv 18.1.6
Sociais genéricas 3.5.3.4
Solidariedade 10.4
Substituição 11.1
Sucessores 11.2
Sujeito ativo – competência e capacidade tributária 10.1
Sujeitos ativo e passivo da obrigação tributária 10
Súmulas tributárias 22
    - administrativas (Carf) 22.4

- considerações básicas 22.1
- judiciais 22.3
- vinculantes 22.2

Suspensão da exigibilidade do crédito tributário 13

Taxa, tarifa e preço público – distinção 3.2.3
Taxas 3.2
Taxas – imunidade 5.7
Templos - imunidade 5.3
Terceiros – responsabilidade 11.3
Territórios – competência tributária 4.6
Trabalhadores e segurados da previdência 3.5.5.6
Tráfego – liberdade 1.4.9
Transação 14.3
Transformação, fusão, incorporação, cisão 11.2.2
Tratados internacionais 6.8
Tributação e atos ilícitos 9.3.5
Tributo – classificação 3 e 3.6
Tributo – conceito 2
Tributo – definição no CTN 2.1
Tributo – denominação 2.2
Tributo – destinação 2.3
Tributo – jurisprudência 3.2.4
Tributo – noção constitucional 2.1
Tutela antecipada ou medida liminar em outras espécies de ação judicial 13.5

União – competência tributária 4.2

Vedação de confisco 1.4.8
Vigência – conceito 7.1
Vigência, eficácia e aplicação da legislação tributária 7
Vigência no espaço 7.3
Vigência no tempo 7.2

Zona Franca de Manaus 15.8

REFERÊNCIAS

ALMEIDA, Edvaldo Nilo. O princípio constitucional da transparência tributária no Direito atual. *Consultor Jurídico*, 29 fev. 2024.

ALLÓRIO, Eurico. *Diritto Processuale Tributario*. 5. ed. Turim: Unione Tipografico, 1969.

ALVES, Anna Emília Cordelli. Imposto Municipal sobre Serviços – Lei Complementar – Aspecto Espacial. *Revista de Direito Tributário*, São Paulo, n. 71, p. 108-115, 1998.

AMARAL, Antonio Carlos Rodrigues; YAMASHITA, Douglas. PIS e Cofins sobre a Importação de Produtos: Ilegalidades e Inconstitucionalidades. In: PEIXOTO, Marcelo Magalhães; FISCHER, Octavio Campos (coords.). *PIS-Cofins* – Questões Polêmicas. São Paulo: Quartier Latin, 2005.

AMARO, Luciano. Conceito e Classificação dos Tributos. *Revista de Direito Tributário*, São Paulo, Revista dos Tribunais, n. 55, p. 239-296, 1991.

AMARO, Luciano. Desconsideração da Pessoa Jurídica no Código de Defesa do Consumidor. *Revista de Direito Mercantil, Industrial, Econômico e Financeiro*, v. 88, p. 70-90, 1993.

AMARO, Luciano. *Direito Tributário Brasileiro*. 14. ed. São Paulo: Saraiva, 2008.

AMARO, Luciano. O Imposto de Renda e os Princípios da Irretroatividade e da Anterioridade. *Caderno de Pesquisas Tributárias*, Resenha Tributária e Centro de Estudos de Extensão Universitária, São Paulo, v. 11, 1986.

ANDRADE FILHO, Edmar Oliveira. Imunidades Tributárias na Constituição Federal. In: PEIXOTO, Marcelo Magalhães; CARVALHO, Cristiano (coords.). *Imunidade Tributária*. São Paulo: MP e Apet, 2005.

ANDRADE, Leonardo Aguirra; GOLDSCHMITD, Fabio Brun. Por um princípio da cooperação tributária *Migalhas*, 04 jan. 2024. Disponível em: https://www.migalhas.com.br/depeso/399826/por-um-principio-da-cooperacao-tributaria. Acesso em: 08 out. 2024.

ARZUA, Heron. *Contribuição ao Estudo dos Tributos Parafiscais*: o Tributo Previdenciário Rural. São Paulo: Resenha Tributária, 1974.

ARZUA, Heron; GALDINO, Dirceu. A Contribuição ao Incra e a Constituição de 1988. *Revista Dialética de Direito Tributário*, São Paulo, Oliveira Rocha – Comércio e Serviços, n. 16, p. 7-14, 1997.

ASHIKAGA, Carlos Eduardo Garcia. O Legislador Tributário e as Recentes Ofensas aos Princípios Constitucionais da Anterioridade e da Noventena. *Revista Dialética de Direito Tributário*, n. 115, p. 47-54, abr. 2005.

ATALIBA, Geraldo. Federação. *Revista de Direito Público*, n. 81, p. 173-181, 1987.

ATALIBA, Geraldo. Hermenêutica e Sistema Constitucional Tributário. In: MORAES, Bernardo Ribeiro de et al. (coords.). *Interpretação no Direito Tributário*. São Paulo: Educ e Saraiva, 1975.

ATALIBA, Geraldo. *Hipótese de Incidência Tributária*. 5. ed. 6. tir. São Paulo: Malheiros, 1997.

ATALIBA, Geraldo. Normas Gerais de Direito Financeiro e Tributário e Autonomia dos Estados e Municípios – Limites à Norma Geral – Código Tributário Nacional. *Revista de Direito Público*, v. 2, n. 10, p. 45-80, 1969.

ATALIBA, Geraldo. Progressividade e Capacidade Contributiva. *Revista de Direito Tributário*, 1991.

ATALIBA, Geraldo. Questões. *Revista de Direito Tributário*, v. 64, 1994.

ATALIBA, Geraldo. Regime Constitucional da Parafiscalidade. *Revista de Direito Administrativo*, n. 86, p. 16-33, 1966.

ATALIBA, Geraldo. *República e Constituição*. São Paulo: RT, 1985.

ATALIBA, Geraldo. *Sistema Constitucional Tributário*. São Paulo: RT, 1968.

ATALIBA, Geraldo; BARRETO, Aires. Pedágio Federal. *Revista de Direito Tributário*, n. 46, p. 90-96, out./dez. 1988.

ATALIBA, Geraldo; BARRETO, Aires. *X Curso de Especialização em Direito Tributário*. São Paulo: Resenha Tributária, 1983.

ATALIBA, Geraldo; GIARDINO, Cléber. Hipótese de Incidência ao IPI. *Revista de Direito Tributário*, São Paulo, ano 10, n. 37, p. 147-152, jul./set. 1986.

ATALIBA, Geraldo. Segurança do Direito, Tributação e Anterioridade – Imposto sobre a Renda (Exame do Dec.lei 1.967/82 – Exercício Social Encerrado em Março de 1983). *Revista de Direito Tributário*, n. 27/28, p. 51-75, jan./jun. 1984.

AUGUSTO FILHO, João. *Isenções e Exclusões Tributárias*. São Paulo: José Bushatsky, 1979.

ÁVILA, Humberto. *Teoria da Igualdade Tributária*. São Paulo: Malheiros, 2008.

ÁVILA, Humberto. *Segurança Jurídica*. São Paulo: Malheiros, 2011.

AYALA, José Luiz Pérez de; GONZÁLEZ, Eusebio. *Curso de Derecho Tributario*. Madrid: Edersa, 1975. v. 1.

BALEEIRO, Aliomar. Alcuni Problemi e Giuridici della Parafiscalitá. *Archivio Finanziario*, v. IV, 1956.

BALEEIRO, Aliomar. *Direito Tributário Brasileiro*. 10. ed. Rio de Janeiro: Forense, 1984.

BALEEIRO, Aliomar. Isenção de Impostos Estaduais. *Revista de Direito Administrativo*, n. 61, 1960.

BALEEIRO, Aliomar. *Limitações Constitucionais ao Poder de tributar*. 6. ed. Rio de Janeiro: Forense, 1955; 7. ed. Rio de Janeiro: Forense, 1997.

BALEEIRO, Aliomar. *Uma Introdução à Ciência das Finanças*. 5. ed. Rio de Janeiro: Forense, 1968; 15. ed. Rio de Janeiro: Forense, 1988.

BALERA, Wagner. *Seguridade Social na Constituição de 1988*. São Paulo: RT, 1989.

BARBOSA, Ruy. *Oração aos Moços – Escritos e Discursos Seletos*. Rio de Janeiro: José Aguilar, 1960.

BARRETO, Aires. A Progressividade nos Impostos sobre Propriedade Imobiliária. *Suplemento Tributário*, n. 58, LTr, São Paulo, 1978.

BARRETO, Aires. *Base de Cálculo, Alíquota e Princípios Constitucionais*. São Paulo: Resenha Tributária, 1987.

BARRETO, Aires. Contribuições no Sistema Constitucional Tributário. In: MARTINS, Ives Gandra da Silva (coord.). *Caderno de Pesquisas Tributárias*. São Paulo: Resenha Tributária e Centro de Extensão Universitária, 1977. v. 2. p. 9-26.

BARRETO, Aires. IPTU: Progressividade e Diferenciação. *Revista Dialética de Direito Tributário*, n. 76, p. 7-11, jan. 2002.

BARRETO, Aires. *ISS na Constituição e na Lei*. 3. ed. São Paulo: Dialética, 2009.

BARRETO, Aires. ISS – Não-incidência sobre Cessão de Espaço em Bem Imóvel. *Repertório IOB de Jurisprudência*, n. 19/99, caderno 1, 1ª quinzena out. 1999.

BARRETO, Aires; MARTINS, Ives Gandra da Silva. A Inconstitucionalidade da Progressividade Prevista na EC nº 29/2000. In: PEIXOTO, Marcelo Magalhães (coord.). *IPTU – Aspectos Jurídicos Relevantes*. São Paulo: Quartier Latin, 2002.

BARRETO FILHO, Oscar. *Teoria do Estabelecimento Comercial*. 2. ed. São Paulo: Saraiva, 1988.

BASTOS, Celso. *Curso de Direito Constitucional*. São Paulo: Saraiva, 1996.

BECKER, Alfredo Augusto. *Teoria Geral do Direito Tributário*. São Paulo: Saraiva, 1963.

BELLAN, Daniel Vitor. *Tratados Internacionais contra Dupla Tributação – Regime Jurídico Aplicável aos Rendimentos de Pessoa Física*. 2008. Tese de Doutorado em Direito apresentada à Pontifícia Universidade Católica de São Paulo, São Paulo, 30 maio 2008, inédita.

BENETI, Sidnei Agostinho. Doutrina de precedentes e Organização Judiciária. In: FUX, Luiz; NERY JR., Nelson; WAMBIER, Teresa Arruda Alvim (coords.). *Processo e Constituição – Estudos em Homenagem ao Professor José Carlos Barbosa Moreira*. São Paulo: RT, 2006.

BERLIRI, Antonio. *Corso Istituzionale di Diritto Tributario*. Milano: Giuffrè, 1974. v. I.

BORGES, Souto Maior. *Isenções Tributárias*. São Paulo: Sugestões Tributárias, 1969.

BORGES, Souto Maior. *Lei Complementar Tributária*. São Paulo: RT, 1975.

BOTTALLO, Eduardo Domingos. A Contribuição para o Custeio do Serviço de Iluminação Pública. *Portal Migalhas*, 10 set. 2003. Disponível em: https://www.migalhas.com.br/depeso/2642/a-contribuicao-para-o-custeio-do-servico-de-iluminacao. Acesso em: 28 out. 2024.

BOTTALLO, Eduardo Domingos. *Fundamentos do IPI*. São Paulo: RT, 2002.

BOTTALLO, Eduardo Domingos. Imunidades de Instituições de Educação e de Assistência Social e Lei Ordinária – Um Intrincado Confronto. In: BOTTALLO, Eduardo Domingos. *Imposto de Renda – Alterações Fundamentais*. São Paulo: Dialética, 1998. v. 2.

BOTTALLO, Eduardo Domingos; CARRAZZA, Roque Antonio. Inconstitucionalidade da Contribuição Interventiva Instituída pela Lei 10.336/2001. *Repertório IOB de Jurisprudência*, n. 14, caderno 1, 2ª quinzena jul. 2002.

BOTTALLO, Eduardo Domingos; MELO, José Eduardo Soares de. *Comentários às Súmulas Tributárias do STF, STJ, TRFs e CARF*. 2. ed. São Paulo: Quartier Latin. 2011.

BRITO, Edvaldo. *Comentários ao Código Tributário Nacional*. São Paulo: Saraiva, 1998. v. 1.

BRITO, Edvaldo. Unificação de Tributos e Carga Tributária. In: BRITO, Edvaldo. *Direito Tributário. Fundamentos Jurídicos da Incidência*. XX Congresso Nacional de Estudos Tributários. São Paulo: IBET e Ed. NOESES, 2023.

BUJANDA, Sainz de. *Hacienda y Derecho*. Madrid: IEP, 1963. v. III.

CABRERA, José Clovis. IBS E CBS: Temas Polêmicos da Não Cumulatividade e do Casback. *CAEFT – ACSP*, 20 maio 2024.

CAMANO, Fernanda Donnabella. Incidência (ou não) das Normas Jurídicas Tributárias do 'ICMS' e 'ISS' sobre as Atividades de Telecomunicação Exploradas pelas Televisões de Sinais Abertos e 'TVs por Assinatura. In: CAMANO, Fernanda Donnabella. *XII Congresso Brasileiro de Direito Tributário*. São Paulo: Idepe, 1998.

CANTO, Gilberto de Ulhôa. Algumas Considerações sobre a Imunidade Tributária dos Entes Públicos. *Revista de Direito Administrativo*, n. 52, p. 34-41, 1958.

CANTO, Gilberto de Ulhôa. Taxa e Preço Público. In: MARTINS, Ives Gandra da Silva (coord.). *Caderno de Pesquisas Tributárias*. São Paulo: Resenha Tributária, 1985. v. 10.

CANTO, Gilberto de Ulhôa. *Temas de Direito Tributário*. Rio de Janeiro: Alba, 1963. v. III.

CANTO, Gilberto de Ulhôa; SOUZA, Antonio Carlos Garcia de; FONSECA, Marcelo Beltrão da. Contribuições Sociais. In: MARTINS, Ives Gandra da Silva (coord.). *Caderno de Pesquisas Tributárias*. São Paulo: Resenha Tributária e Centro de Extensão Universitária, 1992. v. 17. p. 25-68.

CARDOSO, Laís Vieira. Imunidade e o Terceiro Setor. In: PEIXOTO, Marcelo Magalhães; CARVALHO, Cristiano (coords.). *Imunidade Tributária*. São Paulo: MP e Apet, 2005.

CARRAZZA, Roque Antonio. Breves Considerações sobre o art. 12 do Decreto-lei nº 406/68. *Revista de Direito Tributário*, São Paulo, n. 6, p. 153-157, out./dez. 1978.

CARRAZZA, Roque Antonio. *Curso de Direito Constitucional Tributário*. 24. ed. São Paulo: Malheiros, 2008.

CARRAZZA, Roque Antonio. Depósito do Montante Integral do Crédito Tributário (arts. 151, II, do CTN e 38 da Lei das Execuções Fiscais). Garantia em Dinheiro. Possibilidade Jurídica de sua Substituição. *Revista de Processo*, v. 17, p. 44-60, abr./jun. 1992.

CARRAZZA, Roque Antonio. *ICMS*. 17. ed. São Paulo: Malheiros, 2015.

CARRAZZA, Roque Antonio. ICMS e Serviços de Comunicação Internacional. *Revista Dialética de Direito Tributário*, n. 60, 2000.

CARRAZZA, Roque Antonio. Importação de Bíblias em Fitas – Sua Imunidade – Exegese do Art. 150, VII, d, da Constituição Federal. *Revista Dialética de Direito Tributário*, n. 26, 1997.

CARRAZZA, Roque Antonio. Impostos Municipais. *Revista de Direito Tributário*, v. 52, abr./jun. 1990.

CARRAZZA, Roque Antonio. ISS – Serviços de Reparação de Turbinas de Aeronaves para Destinatários no Exterior – Não-incidência – Exegese do Art. 2º, I, e seu Parágrafo Único, da Lei Complementar 166/2003. *Revista de Direito Tributário*, São Paulo, n. 93, 2005.

CARRAZZA, Roque Antonio. Mercosul e Tributos Estaduais, Municipais e Distritais. *Revista de Direito Tributário*, n. 64, p. 182-191, s.d.

CARRAZZA, Roque Antonio. *O Regulamento no Direito Tributário Brasileiro*. São Paulo: RT, 1981.

CARRAZZA, Roque Antonio. *O Sujeito Ativo da Obrigação Tributária*. São Paulo: Resenha Tributária, 1977.

CARRAZZA, Roque Antonio. *Princípios Constitucionais Tributários e Competência Tributária*. São Paulo: Malheiros, 1986.

CARRAZZA, Roque Antonio; BOTTALLO, Eduardo Domingos. Inconstitucionalidade da Contribuição Interventiva Instituída pela Lei 10.336/2001. *Repertório IOB de Jurisprudência*, n. 14, caderno 1, 2ª quinzena jul. 2002.

CARVALHO, Cristiano. *Ficções Jurídicas no Direito Tributário*. São Paulo: Noeses, 2008.

CARVALHO, Fabio Junqueira; MURGEL, Maria Inês. Limites da Coisa Julgada em Matéria Tributária. In: ROCHA, Valdir de Oliveira (coord.). *Problemas de Processo Judicial Tributário*. São Paulo: Dialética, 1999. v. 3.

CARVALHO, Paulo de Barros. *Curso de Direito Tributário*. 5. ed. São Paulo: Saraiva, 1991; 17. ed. São Paulo: Saraiva, 2005; 19. ed. São Paulo: Saraiva, 2007.

CEZAROTI, Guilherme. A Incidência do IPTU sobre Propriedades com Limitações de Uso. In: PEIXOTO, Marcelo Magalhães (coord.). *IPTU – Aspectos Jurídicos Relevantes*. São Paulo: Quartier Latin, 2002.

CLÈVE, Clèmerson Merlin. *Crédito-prêmio de IPI – Estudos e Pareceres*. Barueri: Minha Editora e Manole, 2005.

COELHO, L. Fernando. *Lógica Jurídica e Interpretação das Leis*. Rio de Janeiro: Forense, 1979.

COÊLHO, Sacha Calmon Navarro. *Comentários à Constituição de 1988 – Sistema Tributário*. 7. ed. Rio de Janeiro: Forense, 1998.

COÊLHO, Sacha Calmon Navarro. Interpretação Econômica em Direito Tributário. Prevalência do Conteúdo sobre a Forma. Impossibilidade no Direito Brasileiro. Princípio da Legalidade. *Revista de Direito Tributário*, n. 49, p. 34-48, jan./mar. 1995.

COÊLHO, Sacha Calmon Navarro. Tratados Internacionais em Matéria Tributária (perante a Constituição Federal do Brasil de 1988). *Revista de Direito Tributário*, n. 59, p. 180-194, s.d.

COSTA, Alcides Jorge. Natureza Jurídica dos Empréstimos Compulsórios. *Revista de Direito Administrativo*, n. 70, p. 1-11, 1962.

COSTA, Eliud José Pinto da. *ICMS Mercantil*. São Paulo: Quartier Latin, 2008.

COSTA, Regina Helena. *Imunidades Tributárias – Teoria e Análise da Jurisprudência do STF*. 2. ed. São Paulo: Malheiros, 2006.

COSTA, Regina Helena. *Praticabilidade e Justiça Tributária – Exequibilidade de Lei Tributária e Direitos do Contribuinte*. São Paulo: Malheiros, 2007.

CRUZ, Antonio Maurício da. *O IPI – Limites Constitucionais*. São Paulo: RT, 1984.

DANTAS, San Thiago. *Problemas de Direito Positivo*. Rio de Janeiro: Forense, 1953.

DERZI, Misabel Abreu Machado. Contribuições. *Revista de Direito Tributário*, n. 48, p. 221-252, abr./jun. 1989.

DERZI, Misabel Abreu Machado. *Direito Tributário, Direito Penal e Tipo*. São Paulo: RT, 1988.

DERZI, Misabel Abreu Machado. Medidas Provisórias – Sua Absoluta Inadequação à Instituição e Majoração de Tributos. *Revista de Direito Tributário*, n. 45, p. 130-142, jul./set. 1988.

DINIZ, Maria Helena. *As Lacunas no Direito*. São Paulo: RT, 1981.

DINIZ, Maria Helena. *Curso de Direito Civil Brasileiro*. 14. ed. revista. São Paulo: Saraiva, 2000. v. 2; 18. ed. São Paulo: Saraiva, 2002. v. 2; 28. ed. São Paulo: Saraiva, 2013.

DINIZ, Maria Helena. *Dicionário Jurídico*. 3. ed. São Paulo: Editora Saraiva, 2007. v. D-I.

DI PIETRO, Maria Sylvia Zanella. *Direito Administrativo*. 10. ed. São Paulo: Atlas, 1998.

DÓRIA, Antonio Roberto Sampaio. *Elisão e Evasão Fiscal*. São Paulo: José Bushatsky e Ibet, 1977.

DÓRIA, Antonio Roberto Sampaio. *Princípios Constitucionais Tributários e a Cláusula "Due Process of Law"*. Tese de concurso à livre-docência na Faculdade de Direito da Universidade de São Paulo, São Paulo, 1964.

EISELE, Andreas. *Crimes contra a Ordem Tributária*. 2. ed. São Paulo: Dialética, 2002.

EMANUEL, Steven L. Constitutional Law. *Harvard Law School, J. D., Aspen Law & Business*, 1976.

ERBOLATO, Henrique Munia; VEIGA, Lucas Di Francesco. Aspectos da tributação decorrente da importação do *cloud computing* no Brasil. In: FARIA, Renato Vilela; SILVEIRA, Ricardo Maitto da; MONTEIRO, Alexandre Luiz Moraes do Rego (coords.). *Tributação da Economia Digital*. São Paulo: Saraivajur, 2018.

ESCOBAR, S.C. Mariense. *O Novo Direito das Telecomunicações*. Porto Alegre: Livraria do Advogado, 1999.

FAGUNDES, Seabra. *O Controle dos Atos Administrativos pelo Poder Judiciário*. 5. ed. Rio de Janeiro: Forense, 1971.

FAGUNDES, Seabra. O Princípio Constitucional da Igualdade perante a Lei e o Poder Judiciário. *Revista dos Tribunais*, n. 253, p. 3, 1955.

FALCÃO, Amílcar de Araújo. Empréstimo Compulsório e Tributo Restituível. Sujeição ao Regime Jurídico Tributário. *Revista de Direito Público*, n. 6, p. 22-47, s. d.

FALCÃO, Amílcar de Araújo. *Fato Gerador da Obrigação Tributária*. 4. ed. São Paulo: RT, 1977.

FALCÃO, Amílcar de Araújo. *Introdução ao Direito Tributário*. Rio de Janeiro: Financeiras, 1959.

FARIA, Sylvio dos Santos. *Aspectos da Parafiscalidade*, 1955.

FERNANDES, Edison Carlos. Cobrança de IPTU sobre Infra-estrutura dos Serviços Públicos. In: PEIXOTO, Marcelo Magalhães (coord.). *IPTU – Aspectos Jurídicos Relevantes*. São Paulo: Quartier Latin, 2002.

FERNANDES, Regina Celi Pedrotti Vespero. *Imposto sobre Transmissão Causa Mortis e Doação – ITCMD*. São Paulo: RT, 2002.

FERRAGUT, Maria Rita. *Presunções no Direito Tributário*. São Paulo: Dialética, 2001.

FERRAGUT, Maria Rita. *Responsabilidade Tributária e o Código Civil de 2002*. São Paulo: Noeses, 2005.

FERRAZ JUNIOR, Tercio Sampaio. Coisa Julgada em Matéria Tributária. *Revista dos Tribunais*, n. 663, p. 19, s.d.

FERRAZ JUNIOR, Tercio Sampaio; SOUZA, Hamilton Dias de. Contribuições de Intervenção no Domínio Econômico e a Federação. In: MARTINS, Ives Gandra da Silva (coord.). *Contribuições de Intervenção no Domínio Econômico, Pesquisas Tributárias – Nova Série 8*. São Paulo: Centro de Extensão Universitária e RT, 2002.

FERREIRA, Waldemar. *Instituições de Direito Comercial*. 3. ed. Rio de Janeiro: Freitas Bastos, 1955. v. 2.

FERREIRA, Wolgran Junqueira. *Princípios da Administração Pública*. Bauru: Edipro, 1996.

FIGUEIREDO, Lucia Valle. *Estudos de Direito Tributário*. São Paulo: Malheiros, 1996.

FIGUEIREDO, Lucia Valle. Princípios de Proteção ao Contribuinte: Princípio da Segurança Jurídica. *Revista de Direito Tributário*, n. 47, p. 56-61, jan./mar. 1989.

FONSECA, Marcelo Beltrão da; CANTO, Gilberto de Ulhôa; SOUZA, Antonio Carlos Garcia de. Contribuições Sociais. In: MARTINS, Ives Gandra da Silva (coord.). *Caderno de Pesquisas Tributárias*. São Paulo: Resenha Tributária e Centro de Extensão Universitária, 1992. v. 17.

GALDINO, Dirceu; ARZUA, Heron. A Contribuição ao Incra e a Constituição de 1988. *Revista Dialética de Direito Tributário*, n. 16, p. 7-14, jan. 1997.

GAMA, Tácio Lacerda. Contribuições Especiais – Natureza e Regime Jurídico. In: SANTI, Eurico Marcos Diniz de (coord.). *Curso de Especialização em Direito Tributário* – Estudos Analíticos em Homenagem a Paulo de Barros Carvalho. Rio de Janeiro: Forense, 2005.

GARZA, Sergio Francisco de la. *Derecho Financiero Mexicano*. 4. ed. México: Porrua, 1969.

GIANNINI, Achille Donato. *Istituzioni di Diritto Tributario*. 8. ed. Milano: Giuffrè, 1960.

GIARDINO, Cléber; ATALIBA, Geraldo. Hipótese de Incidência do IPI. *Revista de Direito Tributário*, ano 10, n. 37, p. 147-152, jul./set. 1986.

GIARDINO, Cléber; ATALIBA, Geraldo. Segurança do Direito, Tributação e Anterioridade – Imposto sobre a Renda (Exame do Dec. Lei 1.967/82 – Exercício Social Encerrado em Março de 1983). *Revista de Direito Tributário*, n. 27/28, p. 51-75, jan./jun. 1984.

GODOY, Leonardo Rodrigues. A Guerra Fiscal e o Princípio da Neutralidade Tributária. *Revista Foco – interciplinary Studies*, Curitiba, v. 16, n. 11 e 3704, p. 1-27, 2023.

GOLDSCHIMTD, Fabio Brun; ANDRADE, Leonardo Aguirra. Por um princípio da cooperação tributária. *Migalhas*, 04 jan. 2024.

GOMES, Mariângela Gama de Magalhães. *O Princípio da Proporcionalidade no Direito Penal*. São Paulo: RT, 2003.

GONÇALVES, José Artur Lima. *Imposto sobre a Renda* – Pressupostos Constitucionais. 5. tir. São Paulo: Malheiros, 2002.

GONTIJO, Paulo César. *A Parafiscalidade*, 1958.

GONZÁLEZ, Eusebio; AYALA, José Luiz Pérez de. *Curso de Derecho Tributario*. Madrid: Edersa, 1975. v. 1.

GORDILLO, Augustin. *Princípios Gerais de Direito Público*. Tradução de Marco Aurélio Greco. São Paulo: RT, 1976.

GRAU, Eros. *Conceito de Tributo e Fontes de Direito Tributário*. São Paulo: Resenha Tributária, 1975.

GRECO, Marco Aurélio. Contribuição de Intervenção no Domínio Econômico – Parâmetros para sua Criação. In: GRECO, Marco Aurélio (coord.). *Contribuições de Intervenção no Domínio Econômico e Figuras Afins*. São Paulo: Dialética, 2001.

GRECO, Marco Aurélio. Perempção no Lançamento Tributário. *Princípios Tributários no Direito Brasileiro e Comparado*. Rio de Janeiro: Forense, 1988. p. 502-517.

GRECO, Marco Aurélio; SOUZA, Hamilton Dias de. Distinção entre Taxa e Preço Público. In: MARTINS, Ives Gandra da Silva (coord.). *Caderno de Pesquisas Tributárias*. São Paulo: Resenha Tributária e Centro de Extensão Universitária, 1992. v. 10.

GRIBEL, Álvaro; LIMA, Bianca. Tributos Fase de Regulamentação. *O Estado de S. Paulo – Economia e & Negócios – B2*, 04 maio 2024.

GRIZIOTTI, Benvenuto. *Principios de Política, Derecho y Ciencia de la Hacienda*. Madrid: Reus, 1935.

GRUPENMACHER, Betina Treiger. Tributação e Direitos Fundamentais. In: FISCHER, Octavio Campos (coord.). *Tributos e Direitos Fundamentais*. São Paulo: Dialética, 2004.

GUEIROS, Juliana; TROIANELLI, Gabriel Lacerda. O ISS e Exportação e Importação de Serviços. In: PEIXOTO, Marcelo Magalhães; MARTINS, Ives Gandra da Silva (orgs.). *ISS* – LC 116/03. Curitiba: Apet e Juruá, 2004.

GUIMARÃES, Carlos da Rocha. *Interpretação Literal das Isenções Tributárias* –Proposições Tributárias. São Paulo: Resenha Tributária, 1975.

HECK, Philip. *Interpretação da Lei e Jurisprudência dos Interesses.* São Paulo: Saraiva, 1948.

HOFFMANN, Susy Gomes. *Contribuições no Sistema Constitucional Tributário.* Campinas: Copola, 1996.

HORTA, Raul Machado. Regime Jurídico das Serventias de Justiça – Competência Normativa do Poder Judiciário. *Revista de Direito Público*, n. 24, p. 61-70, 1998.

HORVATH, Estevão. *Lançamento Tributário e "Autolançamento".* São Paulo: Dialética, 1997.

HOUAISS, Antonio. *Dicionário Houaiss da Língua Portuguesa.* Rio de Janeiro: Objetiva, 2001.

HUNGRIA, Nelson. *Comentários ao Código Penal.* Rio de Janeiro: Forense, 1980.

IBRACON – Instituto Brasileiro de Contadores. *Princípios Contábeis.* 2. ed. São Paulo: Atlas, 1998.

JUSTEN FILHO, Marçal. *Concessão de Serviços Públicos* – Comentários às Leis nos 8.987 e 9.074 de 1995. São Paulo: Dialética, 1997.

JUSTEN FILHO, Marçal. *O Imposto sobre Serviços na Constituição.* São Paulo: RT, 1985.

JUSTEN FILHO, Marçal. Princípios Constitucionais Tributários. In: MARTINS, Ives Gandra da Silva (coord.). *Caderno de Pesquisas Tributárias.* São Paulo: Resenha Tributária, 1993. v. 18.

JUSTEN FILHO, Marçal. *Sujeição Passiva Tributária.* Belém: Cejup, 1986.

KUNTZ, Maria Elenir Lacerda; NOGUEIRA, Simone Paschoal. A Cobrança do IPTU sobre Áreas de Proteção Ambiental. In: PEIXOTO, Marcelo Magalhães (coord.). *IPTU – Aspectos Jurídicos Relevantes.* São Paulo: Quartier Latin, 2002.

LACOMBE, Américo. Contribuições no Direito Brasileiro. *Revista de Direito Tributário*, v. 13, n. 47, p. 189-201, jan./mar. 1989.

LACOMBE, Américo. Mandado de Segurança e Ações Cautelares. *Revista de Direito Tributário*, v. 12, n. 46, p. 133-145, out./dez. 1988.

LACOMBE, Américo. Taxa e Preço Público. In: MARTINS, Ives Gandra da Silva (coord.). *Caderno de Pesquisas Tributárias.* São Paulo: Resenha Tributária e Centro de Extensão Universitária, 1985. v. 10.

LACOMBE, Rodrigo Santos Masset. Lei 10.257/01 e Função Extrafiscal do IPTU. In: PEIXOTO, Marcelo Magalhães (coord.). *IPTU – Aspectos Jurídicos Relevantes.* São Paulo: Quartier Latin, 2002.

LAUFENBURGER, Henry. À Propos du Point de Vue Théorique de la Parafiscalité. *Revue de Science et de Législation Financières*, v. 43, n. 2, s.d.

LEAL, Hugo Barreto Sodré. *Responsabilidade Tributária do Adquirente do Estabelecimento Empresarial.* Tese. Dissertação de Mestrado apresentada à Pontifícia Universidade Católica de São Paulo, 2005, inédita.

LIMA, Pérsio de Oliveira. Bitributação na Doutrina do Direito Tributário. *Revista de Direito Público*, n. 25, p. 129-146, jul./set. 1973.

LIMA, Ruy Cirne. *Princípios de Direito Administrativo.* 5. ed. São Paulo: RT, 1982.

LUÑO, Antonio-Enrique Pérez. *La Seguridad Jurídica.* Barcelona: Ariel Derecho, 1991.

MACHADO, Brandão. *Princípios no Direito Brasileiro e Comparado* – Estudos em Homenagem a Gilberto Ulhôa Canto. Rio de Janeiro: Forense, 1988.

MACHADO, Brandão. São Tributos as Contribuições Sociais? *Direito Tributário Atual*, Resenha Tributária, São Paulo, v. 7/8, p. 1.813-1.870, 1987/88.

MACHADO, Hugo de Brito. A Questão da Lei Interpretativa na Lei Complementar nº 118/2005: Prazo para Repetição do Indébito. *Revista Dialética de Direito Tributário*, n. 116, p. 52-68, 2005.

MACHADO, Hugo de Brito. Aspectos da Coisa Julgada em Matéria Tributária. *Revista dos Tribunais*, n. 663, p. 19, 1991.

MACHADO, Hugo de Brito. Contribuições Sociais. In: MARTINS, Ives Gandra da Silva (coord.). *Caderno de Pesquisas Tributárias*. São Paulo: Resenha Tributária e Centro de Extensão Universitária, 1992. v. 17.

MACHADO, Hugo de Brito. *Os Princípios Jurídicos da Tributação na Constituição de 1988*. 5. ed. São Paulo: Dialética, 2004.

MACHADO, Hugo de Brito. Regime Tributário da Venda de Água. Verbete jurídico da *Procuradoria da Fazenda Estadual/Minas Gerais*, n. 5, s.d.

MALERBI, Diva. Segurança Jurídica e Tributação. *Revista de Direito Tributário*, n. 47, p. 202-210, jan./mar. 1989.

MANCUSO, Rodolfo de Camargo. Divergência Jurisprudencial e Súmula Vinculante. In: CLÈVE, Clèmerson Merlim *et al.* (org.). *Crédito-prêmio de IPI* – Estudos e Pareceres. Barueri: Minha Editora e Manole, 2005.

MANEIRA, Eduardo; DERZI, Misabel Abreu Machado (coord.). *Construindo o Direito Tributário na Constituição* – Uma Análise da Obra do Ministro Carlos Mário da Silva Velloso. Belo Horizonte: Del Rey, 2004.

MARINS, James. *Direito Processual Tributário Brasileiro*. São Paulo: Dialética, 2001.

MARTINS, Fran. *Curso de Direito Comercial*. 21. ed. Rio de Janeiro: Forense, 1995.

MARTINS, Ives Gandra da Silva. As Contribuições de Intervenção no Domínio Econômico e a Constituição. *X Simpósio Nacional IOB de Direito Tributário*, IOB, 2001.

MARTINS, Ives Gandra da Silva. *As Contribuições Especiais numa Divisão Qüinqüipartida dos Tributos*. São Paulo: Resenha Tributária, 1976.

MARTINS, Ives Gandra da Silva. A Substituição Tributária no Fato Gerador do Imposto. *Repertório IOB de Jurisprudência*, n. 20/93, caderno 1, texto 1.6.749.

MARTINS, Ives Gandra da Silva. Contribuições Sociais. In: MARTINS, Ives Gandra da Silva. *A Constituição Aplicada*. Belém: Cejup, 1991. v. 3.

MARTINS, Ives Gandra da Silva. Contribuições Sociais para o Sistema "S" – Constitucionalização da Imposição por Força do Artigo 240 da Lei Suprema – Recepção pela Nova Ordem do Artigo 577 da CLT. *Revista Dialética de Direito Tributário*, n. 57, p. 124-138, 2000.

MARTINS, Ives Gandra da Silva. Imunidade Constitucional de Publicações (Interpretação Teleológica da Norma Maior – Análise Jurisprudencial). *Revista de Direito Tributário*, n. 41, p. 221-237, jul./set. 1987.

MARTINS, Ives Gandra da Silva; BARRETO, Aires. A Inconstitucionalidade da Progressividade Prevista na EC nº 29/2000. In: PEIXOTO, Marcelo Magalhães (coord.). *IPTU* – Aspectos Jurídicos Relevantes. São Paulo: Quartier Latin, 2002.

MARTINS, Natanael. O Contrato de Rateio de Despesas e suas Implicações Tributárias. In: SCHOUERI, Luís Eduardo (coord.). *Direito Tributário, Homenagem a Alcides Jorge Costa*. São Paulo: Quartier Latin, 2003. v. II.

MARTINS, Natanael. Tratados Internacionais em Matéria Tributária. In: MARTINS, Natanael. *Caderno de Direito Tributário e Finanças Públicas*. São Paulo: Resenha Tributária, v. 12. p. 193-201.

MAXIMILIANO, Carlos. *Comentários à Constituição Brasileira*. 2. ed. Rio de Janeiro: Jacinto Ribeiro dos Santos Editor, 1923.

MAXIMILIANO, Carlos. *Hermenêutica e Aplicação do Direito*. Rio de Janeiro: Freitas Bastos, 1941.

MAZETO, Cristiano de Souza; RIBEIRO, Maria de Fátima. A Imunidade dos Partidos Políticos e suas Repercussões no Contexto Econômico e Social. In: PEIXOTO, Marcelo Magalhães; CARVALHO, Cristiano (coords.). *Imunidade Tributária*. São Paulo: MP e Apet, 2005.

MEIRELLES, Hely Lopes. Autarquias e Entidades Parestatais. *Revista dos Tribunais*, v. 51, n. 322, p. 19-43, ago. 1962.

MEIRELLES, Hely Lopes. *Direito Administrativo Brasileiro*. 42. ed. São Paulo: Malheiros, 2016.

MEIRELLES, Hely Lopes. *Direito Municipal Brasileiro*. 3. ed. São Paulo: RT, 1977.

MELLO, Celso Antônio Bandeira de. *Conteúdo Jurídico do Princípio da Igualdade*. São Paulo: RT, 1978.

MELLO, Celso Antônio Bandeira de. *Curso de Direito Administrativo*. 15. ed. São Paulo: Malheiros, 2003; 26. ed. São Paulo: Malheiros, 2009.

MELLO, Celso Antônio Bandeira de. *Elementos de Direito Administrativo*. 12. ed. São Paulo: Malheiros, 2000.

MELLO, Celso Antônio Bandeira de. Natureza Jurídica do Pedágio: Taxa? Preço? *Revista Trimestral de Direito Público*, n. 32, p. 21, 2000.

MELLO, Celso Antônio Bandeira de. *Prestação de Serviços Públicos e Administração Indireta*. 3. ed. 3. tir. São Paulo: Malheiros, 1996.

MELLO, Celso Antônio Bandeira de. Serviço Público e sua Feição Constitucional no Brasil. In: MELLO, Celso Antônio Bandeira de. *Direito do Estado*: Novos Rumos – Direito Administrativo. São Paulo: Max Limonad, 2001. t. 2.

MELLO, Celso Antônio Bandeira de. Taxa de Serviços. *Revista de Direito Tributário*, n. 9, p. 25-31, jul./dez. 1979.

MELO, Fábio Soares de. Imposto sobre Serviços de Qualquer Natureza (ISS). Arrendamento Mercantil (*Leasing*). Critério para Definição do Município Competente. Lei Complementar nº 116/03. *Revista Dialética de Direito Tributário*, n. 102, p. 68-85, mar. 2004.

MELO, José Eduardo Soares de. A Coexistência dos Processos Administrativo e Judicial Tributário.
MELO, José Eduardo Soares de. *Processo Administrativo Fiscal*. São Paulo: Dialética, 1997. v. 2. p. 65-78.

MELO, José Eduardo Soares de. *Aspectos Teóricos e Práticos do ISS*. 7. ed. São Paulo: Editora*Jus*Podivm e Malheiros Editores, 2022.

MELO, José Eduardo Soares de. Compensação de Créditos Tributários. separata da *Revista de Direito Tributário*, p. 68-74, set. 1993.

MELO, José Eduardo Soares de. *Contribuições Sociais no Sistema Tributário*. 5. ed. São Paulo: Malheiros, 2006.

MELO, José Eduardo Soares de. Decisões Judiciais e Tributação. In: MARTINS, Ives Gandra da Silva (coord.). *Caderno de Pesquisas Tributárias*. São Paulo: Resenha Tributária e Centro de Extensão Universitária, 1994. p. 132.

MELO, José Eduardo Soares de. Direitos Fundamentais do Contribuinte. *Pesquisas Tributárias, Nova Série 6*. São Paulo: Centro de Extensão Universitária e RT, 2000.

MELO, José Eduardo Soares de. Do Lançamento. In: MARTINS, Ives Gandra da Silva (coord.). *Caderno de Pesquisas Tributárias*. São Paulo: Resenha Tributária e Centro de Extensão Universitária, 1987.

MELO, José Eduardo Soares de. Elisão e Evasão Fiscal. In: MARTINS, Ives Gandra da Silva (coord.). *Caderno de Pesquisas Tributárias*. São Paulo: Resenha Tributária e Centro de Extensão Universitária, 1988. v. 13.

MELO, José Eduardo Soares de. *ICMS – Teoria e Prática*. 11. ed. São Paulo: Dialética, 2009.

MELO, José Eduardo Soares de. Interpretação e Integração da Legislação Tributária. In: MARTINS, Ives Gandra da Silva (coord.). *Curso de Direito Tributário*. 11. ed. Belém: Cejup, 2009. v. 1.

MELO, José Eduardo Soares de. *IPI – Teoria e Prática*. São Paulo: Malheiros, 2009.

MELO, José Eduardo Soares de. IPTU – a Função Social da Propriedade e a Progressividade das Alíquotas. *Revista Dialética de Direito Tributário*, n. 1, p. 41-56, s.d.

MELO, José Eduardo Soares de. Local da Incidência Tributária. *Revista de Direito Tributário*, n. 67, p. 323-338, s.d.

MELO, José Eduardo Soares de. O AFRMM e a Relação Conflituosa com o ICMS na Constituição de 1988. *Revista Dialética de Direito Tributário*, n. 2, p. 42-48, 1995.

MELO, José Eduardo Soares de. O Fato Gerador do Imposto sobre a Renda e Proventos de Qualquer Natureza. In: MARTINS, Ives Gandra da Silva (coord.). *Caderno de Pesquisas Tributárias*. São Paulo: Resenha Tributária e Centro de Extensão Universitária, 1986. v. 11.

MELO, José Eduardo Soares de. *O Imposto sobre Produtos Industrializados (IPI) na Constituição de 1988*. São Paulo: RT, 1991.

MELO, José Eduardo Soares de. O Princípio da Moralidade no Direito Tributário. In: MARTINS, Ives Gandra da Silva (coord.). *Pesquisas Tributárias – Nova Série 2*. São Paulo: RT, 1996.

MELO, José Eduardo Soares de. Periodicidade do Imposto de Renda. separata da *Revista de Direito Tributário*, set. 1993.

MELO, José Eduardo Soares de. Presunções no Direito Tributário. In: MARTINS, Ives Gandra da Silva (coord.). *Caderno de Pesquisas Tributárias*. São Paulo: Resenha Tributária e Centro de Extensão Universitária, 1984. v. 9. p. 331-356.

MELO, José Eduardo Soares de. Repetição do Indébito. In: MARTINS, Ives Gandra da Silva (coord.). *Caderno de Pesquisas Tributárias*. São Paulo: Resenha Tributária e Centro de Extensão Universitária, 1983. v. 8. p. 253-266.

MELO, José Eduardo Soares de. Substituição Tributária Progressiva e a Emenda Constitucional 3/93. *Revista de Direito Tributário*, n. 63, p. 253-263, 1993.

MELO, José Eduardo Soares de. Taxa e Preço Público. In: MARTINS, Ives Gandra da Silva (coord.). Caderno de Pesquisas Tributárias. São Paulo: Resenha Tributária e Centro de Extensão Universitária, 1985. v. 10.

MELO, José Eduardo Soares de; BOTTALLO, Eduardo Domingos. *Comentários às Súmulas Tributárias do STF, STJ, TRFs e CARF*. 2. ed. São Paulo: Quartier Latin, 2011.

MELO, Marcia Soares de. O Lançamento Tributário e a Decadência. In: MACHADO, Hugo de Brito (coord.). *Lançamento Tributário e Decadência*. São Paulo: Dialética e Icet, 2002.

MENDONÇA, J. X. Carvalho de. *Tratado de Direito Comercial Brasileiro*. Atualizado por Ricardo Negrão. Campinas: Bookseller, 2003. v. 3. t. 1.

MERIGOT, Jean Guy. Élements d'une Théorie de la Parafiscalité. Revue de Science et de Législation Financière, tradução de Guilherme dos Anjos. *Revista de Direito Administrativo*, v. 41, n. 33, s.d.

MICHELI, G. Antonio. *Corso de Diritto Tributário*. Turim: Utet, 1972.

MINATEL, José Antonio. *Conteúdo do Conceito de Receita e Regime Jurídico para sua Tributação*. São Paulo: MP e Apet, 2005.

MIRANDA, Francisco Cavalcanti Pontes de. *Comentários à Constituição de 1967*. São Paulo: RT, 1967. t. V.

MIRANDA, Francisco Cavalcanti Pontes de. *Comentários à Constituição de 1969*. 3. ed. Rio de Janeiro: Forense, 1987. v. II.

MORAES, Bernardo Ribeiro de. A Imunidade Tributária e seus Novos Aspectos. In: MORAES, Bernardo Ribeiro de. *Imunidades Tributárias, Pesquisas Tributárias, Nova Série 4*. São Paulo: RT e Centro de Extensão Universitária, 1998.

MORAES, Bernardo Ribeiro de. A Transferência do 'Pedágio' – uma Injusta e Ilegítima Concessão. *Revista Dialética de Direito Tributário*, n. 12, p. 7-13, set. 1996.

MORATO, Francisco. Do Lançamento, sob Falso Nome, de um Tributo Municipal. *Miscelânea Jurídica*, v. I, p. 145.

MORSELLI, Emmanuelle. Le Point de Vue Théorique de la Parafiscalité. *Revue de Science et de Législation Financières*, v. 43, 1951.

MORSELLI, Emmanuelle. Une République. *Revue de Science et de Législation Financières*, v. 43, 1951.

NASCIMENTO, Theodoro A. Preços, Taxas e Parafiscalidade. In: NASCIMENTO, Theodoro A. *Tratado de Direito Tributário Brasileiro*. Rio de Janeiro: Forense, 1977. v. VII.

NEVES, Luís Fernando de Souza. Apontamentos sobre o ITR e sua Progressividade. In: SANTI, Eurico Marcos Diniz de (coord.). *Curso de Especialização em Direito Tributário* – Estudos Analíticos em Homenagem a Paulo de Barros Carvalho. Rio de Janeiro: Forense, 2005.

NOGUEIRA, Johnson Barbosa. Contribuinte Substituto no ICM. *Revista de Direito Tributário* n°s 21/22, p. 90-113, 1982.

NOGUEIRA, Ruy Barbosa. Contribuições Parafiscais. *Revista dos Tribunais*, n. 321, 1962.

NOGUEIRA, Ruy Barbosa. *Da Interpretação e da Aplicação das Leis Tributárias*. 2. ed. São Paulo: RT, 1965.

NOGUEIRA, Ruy Barbosa. *Direito Tributário Brasileiro*. 10. ed. Rio de Janeiro: Forense, 1984.

NOGUEIRA, Simone Paschoal; KUNTZ, Maria Elenir Lacerda. A Cobrança do IPTU sobre Áreas de Proteção Ambiental. In: PEIXOTO, Marcelo Magalhães (coord.). *IPTU – Aspectos Jurídicos Relevantes*. São Paulo: Quartier Latin, 2002.

NUSDEO, Fabio. *Curso de Economia*). 4. ed. São Paulo: Revista dos Tribunais, 2005 (livro eletrônico).

OLIVEIRA, José Marcos Domingues de. A Chamada Contribuição de Iluminação Pública – Emenda Constitucional 39, de 2003. In: MARTINS, Ives Gandra da Silva; PEIXOTO, Marcelo de Magalhães; FERNANDES, Edison Carlos (coords.). *Tributação, Justiça e Liberdade* – Homenagem a Ives Gandra da Silva Martins, Marcelo de Magalhães Peixoto e Edison Carlos Fernandes. Curitiba: Juruá, 2005. p. 335-353.

OLIVEIRA, José Marcos Domingues de. Contribuição ao Sebrae – Questões Polêmicas e Recentes Desdobramentos Jurisprudenciais. In: GRECO, Marco Aurélio (coord.). *Contribuições de Intervenção no Domínio Econômico e Figuras Afins*. São Paulo: Dialética, 2001. p. 289-304.

OLIVEIRA, Ricardo Mariz de. Conceito de Renda como Hipótese de Incidência das Contribuições para a Seguridade Social (para Efeito da Cofins e da Contribuição ao PIS). *Repertório IOB de Jurisprudência*, n. 1, IOB, São Paulo, caderno 1, p. 1-41, 1ª quinzena jan. 2001.

OLIVEIRA, Ricardo Mariz de. Contribuições de Intervenção no Domínio Econômico – Concessionárias, Permissionárias e Autorizadas de Energia Elétrica – Aplicação Obrigatória dos Recursos (Lei 9.991). In: GRECO, Marco Aurélio (coord.). *Contribuições de Intervenção no Domínio Econômico e Figuras Afins*. São Paulo: Dialética, 2001.

OLIVEIRA, Ricardo Mariz de. *Fundamentos do Imposto de Renda*. São Paulo: IBDT, 2020.

OLIVEIRA, Yonne Dolacio de. *A Tipicidade no Direito Tributário Brasileiro*. São Paulo: Saraiva, 1980.

PACHECO, Ângela Maria da Motta. *Ficções Tributárias* – Identificação e Controle. São Paulo: Noeses, 2008.

PACHECO, Ângela Maria da Motta. *Sanções Tributárias e Sanções Penais Tributárias*. São Paulo: Max Limonad, 1997.

PALMA, Elidie Bifano. Contabilidade e direito: a nova relação. In: MOSQUERA, Roberto Quiroga; LOPES, Alexsandro Boredel (coord.). *Controvérsias jurídico-contábeis* – aproximações e distanciamentos. São Paulo: Dialética, 2010.

PANDOLFO, Rafael. Sugestões que a PEC nº 45-A, de 2019, se Aproxima do que Dela se Espera. In: Direito Tributário. Fundamentos Jurídicos da Incidência. *XX Congresso Nacional de Estudos Tributários*. São Paulo: IBET e Ed. NOESES, 2023.

PAVAN, Cláudia Fonseca Morato. A Contribuição Destinada ao Fundo para o Desenvolvimento Tecnológico das Telecomunicações – Funttel. In: PAVAN, Cláudia Fonseca Morato. *Tributação nas Telecomunicações* –Tributação Setorial. São Paulo: IPT e Quartier Latin, 2005.

PETRY, Rodrigo Caramori. O STF e a Imunidade Tributária das Receitas de Exportação (Art. 149, §2º, I, CF) em Face das Contribuições Sociais CSL, CPMF, PIS, Cofins e Funrural. *Revista Dialética de Direito Tributário*, n. 191, ago. 2011.

PIMENTA, Paulo Roberto Lyrio. *Contribuições de Intervenção no Domínio Econômico*. São Paulo: Dialética, 2002.

PINTO, Bilac. A Crise da ciência das Finanças – Os Limites do Poder Fiscal do Estado – Uma Nova Doutrina sobre a Inconstitucionalidade das Leis Fiscais. *Revista Forense*, n. 82, jun. 1940.

PONTES, Helenilson Cunha. *O Princípio da Proporcionalidade e o Direito Tributário*. São Paulo: Dialética, 2000.

PONTES, Helenilson da Cunha; MACHADO, Hugo de Brito (coord.). *Coisa Julgada Tributária, Coisa Julgada* – Constitucionalidade e Legalidade em Matéria Tributária. São Paulo; Ceará: coedição Dialética e Instituto Cearense de Estudos Tributários – Icet, 2006.

RAMALHO, Mariana Oiticica. ISS – Serviços de Importação e Exportação. In: RAMALHO, Mariana Oiticica. *Imposto sobre Serviços de Acordo com a Lei Complementar n. 116/03*. São Paulo: Quartier Latin, 2004.

REALE, Miguel. ICMS – Semi-elaborados. *Revista de Direito Tributário*, v. 13, n. 48, p. 7-13, abr./jun. 1989.

REALE, Miguel. O Sigilo Bancário no Direito Brasileiro. *Ciclo de Estudos de Direito Econômico*. São Paulo: IBCB, 1993.

RENCK, Renato Romeu. A nova contabilidade internacional: da adequação metodológica das três contabilidades exigidas pela legislação brasileira. *RDDT*, v. 204, 2012.

RIBEIRO, Maria de Fátima; MAZETO, Cristiano de Souza. A Imunidade dos Partidos Políticos e suas Repercussões no Contexto Econômico e Social. In: PEIXOTO, Marcelo Magalhães; CARVALHO, Cristiano (coords.). *Imunidade Tributária*. São Paulo: MP e Apet, 2005.

ROCHA, Carmen Lúcia Antunes. Princípio da Coisa Julgada e o Vício de Inconstitucionalidade. In: CLÈVE, Clèmerson Merlin *et al.* (org.). *Crédito-prêmio de IPI* – Estudos e Pareceres. Barueri: Minha Editora e Manole, 2005.

ROCHA, Valdir de Oliveira. Contribuições de Seguridade Social sobre o Faturamento – Incidência e não Incidência. *Repertório IOB de Jurisprudência*, n. 23/93, caderno 1, 1ª quinzena de dezembro de 1993.

ROCHA, Valdir de Oliveira. Tratados Internacionais e Vigência das Isenções por Eles Concedidas, em face da Constituição de 1988. *Repertório IOB de Jurisprudência* n. 21/91, caderno 1, p. 83, 1ª quinzena mar. 1991.

ROSA, Salvatore de la. *Eguaglianza Tributaria ed Esenzionini Fiscali*. Milano: Giuffrè, 1968.

SALES, João Victor Porto. A Tutela do Meio Ambiente Através de Tributos. *Themis. Revista da Escola Superior da Magistratura do Estado do Ceará*, v. 8, n. 2, 2010.

SALOMÃO, Marcelo Viana. Das Inconstitucionalidades do IPVA sobre a Propriedade de Aeronaves. *Revista Dialética de Direito Tributário*, n. 13, p. 41-54, 1996.

SANTI, Eurico Marcos Diniz de. *Lançamento Tributário*. São Paulo: Max Limonad, 1996.

SANTOS, Claudio. As Contribuições Sociais na Constituição. In: MARTINS, Ives Gandra da Silva (coord.). *Caderno de Pesquisas Tributárias*. São Paulo: Resenha Tributária e Centro de Extensão Universitária, 1992. v. 17.

SCHARLACK, José Rubens. ISS e cessão de direitos. In: PEIXOTO, Marcelo Magalhães; MARTINS, Ives Gandra da Silva (orgs.). *ISS – lc 116/2003*. Curitiba; São Paulo: Juruá e Apet, 2004.

SCHOUERI, Luís Eduardo. *Direito Tributário*. 9. ed. São Paulo: Saraivajur, 2018.

SEABRA, Antonio Fernando. *Deslocamento do Fato Gerador*. São Paulo: José Bushatsky, 1982.

SILVA, José Afonso da. *Aplicabilidade das Normas Constitucionais*. 2. ed. São Paulo: RT, 1982.

SILVEIRA, Alípio. *Hermenêutica no Direito Brasileiro*. São Paulo: RT, 1968.

SOUSA, Rubens Gomes de. A Previdência Social e os Municípios. *Revista de Direito Público*, n. 24, p. 215-269, 1974.

SOUSA, Rubens Gomes de. *Compêndio de Legislação Tributária*. Rio de Janeiro: Financeiras, 1952.

SOUSA, Rubens Gomes de. *Estudos de Direito Tributário*. São Paulo: Saraiva, 1960.

SOUSA, Rubens Gomes de. Natureza Tributária da Contribuição para o FGTS. *Revista de Direito Público*, n. 17, p. 305-321, 1997.

SOUSA, Rubens Gomes de. Sujeito Passivo das Taxas. *Revista de Direito Público*, n. 16, p. 341.

SOUZA, Antonio Carlos Garcia de; CANTO, Gilberto de Ulhôa; FONSECA, Marcelo Beltrão da. Contribuições Sociais. In: MARTINS, Ives Gandra da Silva (coord.). *Caderno de Pesquisas Tributárias*. São Paulo: Resenha Tributária e Centro de Extensão Universitária, 1992.

SOUZA, Hamilton Dias de. Contribuições de Intervenção no Domínio Econômico. In: *X Simpósio Nacional IOB de Direito Tributário*, IOB, São Paulo, 2001.

SOUZA, Hamilton Dias de; FERRAZ JUNIOR, Tercio Sampaio. Contribuições de Intervenção no Domínio Econômico e a Federação. In: MARTINS, Ives Gandra da Silva (coord.). *Contribuições de Intervenção no Domínio Econômico, Pesquisas Tributárias* – Nova Série 8. São Paulo: Centro de Extensão Universitária e RT, 2002.

SOUZA, Hamilton Dias de; GRECO, Marco Aurélio. Distinção entre Taxa e Preço Público. In: MARTINS, Ives Gandra da Silva (coord.). *Caderno de Pesquisas Tributárias*. São Paulo: Resenha Tributária e Centro de Extensão Universitária, 1985. v. 10.

SOUZA, Leandro Marins de. *Imunidade Tributária* – Entidades de Educação e Assistência Social. Curitiba: Juruá Editora, 2001.

SOUZA, Leandro Marins de. *Tributação do Terceiro Setor no Brasil*. São Paulo: Dialética, São Paulo, 2004.

TEMER, Michel. *Elementos de Direito Constitucional*. São Paulo: RT, 1990.

TILBERY, Henry. Alteração do Exercício Social. Correção Monetária dos Lucros Apurados em cada Exercício Social. *Direito Tributário Atual*, Resenha Tributária, São Paulo, n. 2, p. 243-266, 2022.

TÔRRES, Heleno Taveira. Tipologia da Dupla (Múltipla) Tributação Internacional de Rendas das Empresas: 'Dupla Tributação Jurídica Internacional' e 'Dupla Tributação Econômica Internacional', o Fim de um Paradigma. *RTJE*, v. 133, p. 33, fev. 1995.

TÔRRES, Heleno Taveira. *Direito Constitucional Tributário e Segurança Jurídica*. São Paulo: Revista dos Tribunais. 2011.

TÔRRES, Heleno Taveira. *Direito Tributário Ambiental*. São Paulo: Malheiros, 2009.

TORRES, Ricardo Lobo. *Normas de Interpretação e Integração do Direito Tributário*. Rio de Janeiro: Forense, 1991; 4. ed. Rio de Janeiro: Forense, 2006.

TÔRRES, Ricardo Lobo. O IPI e o princípio da seletividade. *Revista Dialética de Direito Tributário*, n. 18, p. 94-102, mar. 1997.

TROIANELLI, Gabriel Lacerda; GUEIROS, Juliana. O ISS e Exportação e Importação de Serviços. In: PEIXOTO, Marcelo Magalhães; MARTINS, Ives Gandra da Silva (orgs.). *ISS – LC 116/03*. Curitiba: Apet e Juruá, 2004.

UTUMI, Ana Claudia Akie. A Tributação dos Serviços Internacionais de Telecomunicações. In: BORGES, Eduardo de Carvalho (org.). *Tributação nas Telecomunicações*. São Paulo: Tributação Setorial – Ipet e Quartier Latin, 2005.

VELLOSO, Andrei Pitten. Contribuições sobre a Receita de Concursos de Prognósticos. *Revista Dialética de Direito Tributário*, n. 114, p. 7-22, mar. 2005.

VELLOSO, Andrei Pitten; ÁVILA, Humberto (org.). *Justiça Tributária*. Fundamentos do Direito Tributário. São Paulo: Marcial Pons, 2012.

VERGUEIRO, Guilherme Von Muller. Teoria Constitucional da Imunidade dos Templos Religiosos. In: PEIXOTO, Marcelo Magalhães; CARVALHO, Cristiano (coords.). *Imunidade Tributária*. São Paulo: MP e Apet, 2005.

VERLI, Fabiano. *Taxas e Preços Públicos*. São Paulo: RT, 2004.

VIEIRA, José Roberto. *IPI* – a Regra-matriz de Incidência – Texto e Contexto. Curitiba: Juruá, 1993.

VIEIRA, Maria Leonor Leite. Imposto Territorial Rural: Hipótese de Incidência e Base de Cálculo – Provocações. In: SANTI, Eurico Marcos Diniz de (coord.). *Curso de Especialização em Direito Tributário – Estudos Analíticos em Homenagem a Paulo de Barros Carvalho*. Rio de Janeiro: Forense, 2005.

VILLEGAS, Hector. *Curso de Finanzas, Derecho Financiero y Tributario*. 2. ed. Buenos Aires: Depalma, 1975.

WALD, Arnoldo. A Contribuição para o Senac e as Prestadoras de Serviços. *Revista de Direito Tributário*, n. 82, p. 178-194, 2000.

XAVIER, Alberto. *Conceito e Natureza do Lançamento Tributário*. São Paulo: Juriscredi, 1972.

XAVIER, Alberto. *Direito Tributário Internacional*. Coimbra: Almedina, 1993.

XAVIER, Alberto. *Manual de Direito Fiscal*. Coimbra: Almedina, 1974. v. 1.

YAMASHITA, Douglas. Contribuições de Intervenção no Domínio Econômico. In: MARTINS, Ives Gandra da Silva (coord.). *Contribuições de Intervenção no Domínio Econômico, Pesquisas Tributárias* – Nova Série 8. São Paulo: Centro de Extensão Universitária e RT, 2002. p. 345.

YAMASHITA, Douglas; AMARAL, Antonio Carlos Rodrigues. PIS e Cofins sobre a Importação de Produtos: Ilegalidades e Inconstitucionalidades. In: PEIXOTO, Marcelo Magalhães; Fischer, Octavio Campos (coords.). *PIS-Cofins* – Questões Polêmicas. São Paulo: Quartier Latin, 2005.

ZANCANER, Weida. Razoabilidade e Moralidade: Princípios Concretizadores do Perfil Constitucional do Estado Social e Democrático de Direito. In: MELLO, Celso Antônio Bandeira de (org.). *Direito Administrativo e Constitucional* – Estudos em Homenagem a Geraldo Ataliba 2. São Paulo: Malheiros, 1997.

Esta obra foi composta em fonte Palatino Linotype, corpo 10
e impressa em papel Offset 75g (miolo) e Supremo 250g (capa)
pela Gráfica Forma Certa.